MANUAL BÍBLICO
AVENTURANDO-SE através da BÍBLIA

de Gênesis a Apocalipse

MANUAL BÍBLICO

AVENTURANDO-SE através da BÍBLIA

de Gênesis a Apocalipse

RAY C. STEDMAN

Adventuring Through the Bible: A Comprehensive Guide to the Entire Bible
Copyright © 1997 by Elaine Stedman. All rights reserved.
Translated and Published by special arrangement with
Our Daily Bread Publishing,
3000 Kraft Avenue SE, Grand Rapids, Michigan, 49512 USA

© 2019 Publicações Pão Diário

Coordenação editorial: Dayse Fontoura
Tradução: João Ricardo Morais
Revisão: Dayse Fontoura, Dalila de Assis, Rita Rosário, Thaís Soler, Lozane Winter
Projeto gráfico e capa: Audrey Novac Ribeiro

Dados Internacionais de Catalogação na Publicação (CIP)

Stedman, Ray (1917–1992)
Manual bíblico: Aventurando-se através da Bíblia
Tradução: João Ricardo Morais – Curitiba/PR, Publicações Pão Diário.
Título original: *Adventuring Through the Bible: A Comprehensive Guide to the Entire Bible*

1. Bíblia   2. Teologia prática   3. Vida cristã   4.Religião Prática

---

Proibida a reprodução total ou parcial, sem prévia autorização, por escrito, da editora.
Todos os direitos reservados e protegidos pela Lei 9.610, de 19/02/1998.
Pedidos de permissão para reprodução: permissao@paodiario.org

Exceto quando indicado o contrário, os trechos bíblicos mencionados são da edição Revista
e Atualizada de João F. de Almeida © 2009 Sociedade Bíblica do Brasil.

Publicações Pão Diário
Caixa Postal 9740,
82620-981 Curitiba/PR, Brasil
publicacoes@paodiario.org
www.publicacoespaodiario.com.br
(41) 3257-4028

Código: AV115
ISBN: 978-1-68043-596-2

1.ª edição: 2019 • 3.ª impressão: 2025

Impresso na China

SUMÁRIO

Prefácio do editor sobre esta edição expandida............................9

PARTE UM: UM PANORAMA DAS ESCRITURAS.............................11

1. O objetivo da Palavra de Deus, de Gênesis a Apocalipse..........17

2. Deus falou em tempos passados, o Antigo Testamento.............27

3. Deus falou nestes últimos dias, o Novo Testamento................39

PARTE DOIS: CINCO PASSOS PARA A MATURIDADE..................47

4. Cinco passos para a maturidade,
   de Gênesis a Deuteronômio...................................49

5. O início da história da fé, Gênesis................................59

6. O plano de libertação, Êxodo...................................77

7. O caminho para a integridade, Levítico.........................91

8. Do fracasso à vitória, Números................................103

9. A lei que traz libertação, Deuteronômio.......................115

PARTE TRÊS: A MENSAGEM DA HISTÓRIA..........................131

10. A mensagem da história, de Josué a Ester....................133

11. O manual da vitória, Josué...................................143

12. Um panorama de derrota, Juízes..............................157

13. O romance remidor, Rute.....................................167

14. A carne e o espírito, 1 Samuel...............................175

15. A história de Davi, 2 Samuel.................................189

16. Como perder um reino, 1 Reis................................201

17. Vida desperdiçada, 2 Reis....................................215

18. Davi e a arca de Deus, 1 Crônicas..223

19. O rei de Deus na casa de Deus, 2 Crônicas...........................233

20. O caminho de volta, Esdras...245

21. Reconstruindo os muros, Neemias...255

22. A coragem da rainha, Ester...273

PARTE QUATRO: VIVER PELA MÚSICA 285

23. Viver pela música, de Jó a Cântico dos Cânticos..................287

24. A pergunta mais difícil, Jó 293

25. Cânticos de corações sinceros, Salmos.................................309

26. O que é a vida, Provérbios 321

27. O engano da vaidade, Eclesiastes 333

28. Canção de amor, Cântico dos Cânticos.................................347

PARTE CINCO: AS PROMESSAS DE DEUS 357

29. As promessas de Deus, de Isaías a Malaquias......................359

30. O evangelho segundo Isaías, Isaías 371

31. Um perfil de coragem, Jeremias 383

32. A terapia de Deus, Lamentações 397

33. Rodas de fogo e ossos vivificados, Ezequiel 409

34. A caminho do futuro, Daniel..421

35. O amor e a noiva infiel, Oseias 439

36. A revelação da mão de Deus, Joel...449

37. Deus não tem favoritos, Amós 461

38. Extermine Edom!, Obadias...471

39. O embaixador relutante, Jonas...481

40. Quem é como Deus?, Miqueias..491

41. A terrível ira de Deus, Naum 499

42. Um profeta para os nossos tempos, Habacuque 509

43. O dia da ira, Sofonias 521

44. Encorajamento aos construtores, Ageu..................................529

45. O Apocalipse do Antigo Testamento, Zacarias......................539

46. "Eu vos tenho amado", Malaquias 551

PARTE SEIS: JESUS: O FOCO DOS DOIS TESTAMENTOS.............563

47. Entre os Testamentos, os Apócrifos 565

48. Jesus e Sua Igreja, de Mateus a Atos 567

49. Eis o vosso rei!, Mateus..575

50. Ele veio para servir, Marcos..589

51. O homem perfeito, Lucas...605

52. O Deus-homem, João...619

53. A história inacabada, Atos..633

PARTE SETE: CARTAS DO SENHOR.....................................651

54. Cartas à Igreja: As epístolas de Paulo,
de Romanos a Filemom 653

55. A chave-mestra para a Escritura, Romanos.........................659

56. A epístola para o século 21, 1 Coríntios............................673

57. Quando sou fraco, então, é que sou forte, 2 Coríntios..........689

58. Como ser livre, Gálatas..701

59. O chamado dos santos, Efésios 715

60. Cristo, nossa confiança e nossa força, Filipenses.................727

61. Poder e alegria, Colossenses 737

62. Esperança para um mundo desesperançado,
1 Tessalonicenses 751

63. Detendo a iniquidade, 2 Tessalonicenses...........................763

64. Como edificar a Igreja, 1 Timóteo 773

65. Cristãos firmes em um mundo decadente, 2 Timóteo 785

66. Esperança para o futuro, auxílio para o presente, Tito..........799

67. Um irmão restaurado, Filemom..809

PARTE OITO: GUARDANDO A FÉ..819

68. Tudo sobre fé, de Hebreus a Judas..........................821

69. A galeria dos heróis da fé, Hebreus 827

70. Fé em ação, Tiago 843

71. Pedras vivas, 1 Pedro 855

72. Fé diante da falsidade, 2 Pedro 869

73. Cristianismo autêntico, 1 João 881

74. O equilíbrio vital, 2 João 891

75. Cristãos e donos de igrejas, 3 João 897

76. Batalhando pela fé, Judas 905

PARTE NOVE: OS SINAIS DOS TEMPOS 915

77. O fim — e o novo começo, Apocalipse...................917

Leia a Bíblia em um ano 933

Índice temático...939

PREFÁCIO DO EDITOR
SOBRE ESTA EDIÇÃO EXPANDIDA

RAY STEDMAN (1917–92) serviu como pastor da Igreja *Peninsula Bible* de 1950 a 1990, onde era conhecido e amado como um homem de extraordinário conhecimento bíblico, integridade cristã, calor humano e humildade. Nascido em Temvik, Dakota do Norte, EUA, Stedman cresceu na paisagem acidentada de Montana. Quando ainda bem pequeno, sua mãe ficou doente e seu pai, um ferroviário, abandonou a família. Como resultado disso, a partir dos seis anos, Stedman cresceu na fazenda de sua tia em Montana. Aos 10 anos, conheceu o Senhor em um encontro de avivamento metodista.

Quando jovem, Stedman se mudou e trabalhou em vários empregos diferentes, em Chicago, Denver, Havaí e em outros lugares. Alistou-se na Marinha durante a Segunda Guerra Mundial, onde frequentemente realizava estudos bíblicos para civis e o pessoal da Marinha, além de pregar em uma estação de rádio local, no Havaí. Ao fim da guerra, Stedman casou-se com Elaine em Honolulu, a quem conhecera em Great Falls, Montana. Em 1946, eles voltaram para o continente. Em 1950, Stedman formou-se no Seminário Teológico de Dallas. Depois de dois verões estagiando sob a supervisão do Dr. J. Vernon McGee, Stedman viajou por vários meses com o Dr. H. A. Ironside, pastor da Igreja Moody em Chicago.

Em 1950, Stedman foi chamado pela *Comunidade Peninsula Bible* em Palo Alto, Califórnia, com dois anos de organização, para atuar como seu primeiro pastor. A *Comunidade Peninsula Bible* tornou-se a *Igreja Peninsula Bible*, e Stedman lá serviu por um período de 40 anos, aposentando-se em 30 de abril de 1990. Durante esses anos, Stedman escreveu vários livros cristãos que influenciaram vidas, incluindo a obra clássica sobre o significado e a missão da igreja, *Body Life*. Ele foi recolhido à presença de seu Senhor em 7 de outubro de 1992.

A edição original de *Aventurando-se através da Bíblia* (*Adventuring Through the Bible* — publicado em 1997), combinava duas séries de sermões que Stedman pregou na década de 1960, *Panorama of the Scriptures* (Panorama das Escrituras, 1963–64) e *Adventuring Through the Bible* (Aventurando-se através da Bíblia, 1964–1968). Quinze anos mais tarde, para a edição ampliada e atualizada de 2012, voltamos a consultar os arquivos de sermões de Ray Stedman para trazer mais de suas percepções valiosas e práticas da Palavra de Deus.

Esta nova edição de *Aventurando-se através da Bíblia* traz uma leitura ainda mais aprazível do que a anterior. Quase todas as páginas foram revisadas para que haja mais facilidade de leitura e precisão. Fornecemos novos recursos e auxílio ao estudo, incluindo:

- Planos de leitura bíblica (anual)
- Linhas do tempo de acontecimentos bíblicos
- Listas (tais como "Dez Portas de Jerusalém" ou "Dons espirituais")
- Guias de estudo e de discussão para cada livro da Bíblia
- Perguntas de aplicação pessoal
- Imagens, mapas e gráficos

Mais do que nunca, *Aventurando-se através da Bíblia* é um auxílio indispensável para o estudo da Bíblia tanto para indivíduos quanto para grupos. E o que é mais importante: este livro transforma o estudo da Palavra de Deus em uma aventura de vida!

Então, vire a página e se prepare para ser instruído, inspirado e surpreendido à medida que você se aventura através do maior livro já escrito, a Bíblia Sagrada.

Editores do *Pão Diário*

Parte 1
Um panorama das Escrituras

LINHA DO TEMPO

2100 a.C.
Deus chama Abraão de Ur, na Caldeia (atual Iraque), e o conduz a Canaã (atual Israel/Palestina). Deus faz um pacto com Abraão, chamado de Pacto Abraâmico, prometendo que ele será o pai de uma grande e duradoura nação (Gn 12–25).

Acontecimentos mundiais: Idade do Bronze e do Antigo Império no Egito.

1800 a.C.
Período da vida de José, filho de Jacó. Os irmãos de José o vendem como escravo. No Egito, ele, mais tarde, alcança proeminência como primeiro ministro. O pai e os irmãos de José mudam-se de Canaã para o Egito e são salvos da fome pelas mãos de José (Gn 37–50).

3000–2100 a.C.
O dilúvio e a construção da torre de Babel (Gn 6–11).

Acontecimentos mundiais: A ascensão das dinastias egípcias e das civilizações mesopotâmicas da Suméria, Elão, Acádia, os amorreus, a Assíria, os hititas, e a Caldeia (Babilônia).

2000 a.C.
O filho de Abraão, Isaque, nasce (Gn 21–35). O filho de Isaque, Jacó, o pai das doze tribos de Israel, nasce (Gn 26–49).

Acontecimentos mundiais: A Era dos Faraós, no Egito, e da civilização minoica em Creta. O Épico de Gilgamesh na Mesopotâmia é escrito.

3000   2500   1900   1700

970 a.C.
Salomão torna-se rei de Israel e reina por 40 anos. Ele constrói o primeiro Templo e expande dramaticamente o poder, esplendor e influência global de Israel como nação (1Rs 1–11; 2Cr 1–9).

Acontecimentos mundiais: A ascensão das dinastias maias na América Central.

1010 a.C.
Davi torna-se rei de Israel e amplia o território da nação. Ele reina por cerca de 40 anos (1Sm 16–31; livros de 2 Samuel e 2 Crônicas).

Acontecimentos mundiais: A Idade do Ferro começa. O arroz é cultivado no Japão. Desenvolvimento da cultura Chavin nos Andes da América do Sul. A população mundial é estimada em torno de 50 milhões.

931 a.C.
Salomão morre em Jerusalém e seu filho Roboão é incapaz de manter a nação unida. Israel divide-se em Reino do Norte (Israel) e Reino do Sul (Judá, que inclui a cidade de Jerusalém). Os dois reinos existem em perpétuo estado de guerra um contra o outro (1Rs 12–22; 2Rs; 2Cr 10–36).

998 a.C.
O rei Davi estabelece Jerusalém como capital de Israel.

940 a.C.
Conclusão do primeiro Templo por Salomão.

850 a.C.
Acontecimentos mundiais: Homero escreve *A Ilíada* e *A Odisseia*.

1000   900   800

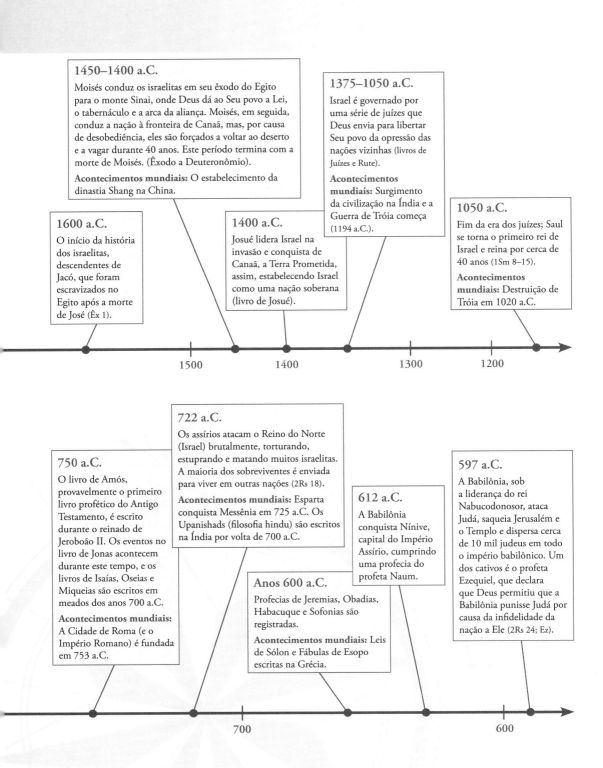

LINHA DO TEMPO

Anos 500 a.C.

Profecias de Daniel, Ezequiel e Joel são escritas.

Acontecimentos mundiais: Pitágoras, o filósofo grego jônico e matemático, (autor do teorema de Pitágoras) viaja para o Egito, Arábia, Índia e Babilônia em busca de conhecimento. Alguns historiadores acreditam que Pitágoras estudou sob a orientação do profeta Ezequiel no exílio, enquanto os dois estavam na Babilônia.

587 a.C.

Segundo ataque da Babilônia contra a nação de Judá. A cidade e o que resta do Templo de Salomão são destruídos, e mais judeus são deportados para a Babilônia (2Rs 25).

583 a.C.

Gedalias, o governador da Judeia nomeado pelos babilônicos, é assassinado. Terceira possível deportação de judeus para a Babilônia. Muitos judeus fogem para o Egito (2Rs 25).

539 a.C.

Acontecimentos mundiais: Ciro, o Grande, e os persas conquistam Nabonido e o Império Neobabilônico; assim estabelecem o Império Medo-Persa.

538 a.C.

Ciro decreta que os judeus na Babilônia podem voltar a Jerusalém para reconstruir seu lar. Embora Judá seja agora uma província do Império Medo-Persa, Ciro permite mais liberdade (incluindo liberdade religiosa) do que os babilônios permitiram (2Cr 36, livros de Esdras, Neemias e Ester).

Acontecimentos mundiais: Confúcio viveu na China de 551–479 a.C.

600

250 a.C.

A tradução da Septuaginta (edição em língua grega das escrituras do Antigo Testamento) começa em Alexandria, Egito. O trabalho de tradução é realizado entre o terceiro e o primeiro séculos a.C.

Acontecimentos mundiais: A ascensão da República Romana.

200–100 a.C.

Os primeiros livros apócrifos do Antigo Testamento são escritos.

Acontecimentos mundiais: Estabelecimento da dinastia Han na China enquanto Roma conquista a Grécia, Cartago e Ásia Menor.

167–160 a.C.

Acontecimentos mundiais: A revolta dos Macabeus que resulta em um período de independência judaica e o estabelecimento da dinastia hasmoneana (164–63 a.C.). Esse período eleva a religião judaica, expande a terra de Israel e reduz a influência grega sobre a nação.

63 a.C.

Acontecimentos mundiais: O exército romano, sob o comando de Pompeu, o Grande (Gnaeus Pompeius Magnus), estabelece cerco a Jerusalém por três meses. Doze mil judeus morrem e Jerusalém cai. A República Romana toma o controle de Israel e o Reino Hasmoneano é desfeito. Os remanescentes da dinastia continuam a governar como sumos sacerdotes da Judeia.

3–5 a.C.

Jesus, o Messias, nasce em Belém, conforme predito pelos profetas. Ele começa Seu ministério público com mais ou menos 30 anos, quando começa a pregar, profetizar e realizar milagres. Após três anos de ministério, Jesus se apresenta em Jerusalém no Domingo de Ramos como o Messias, o Rei dos judeus. Uma semana mais tarde, é falsamente acusado por Seus inimigos, julgado e crucificado fora de Jerusalém. No terceiro dia após Sua morte, Ele ressuscita dentre os mortos e é visto por muitas testemunhas. Em resposta, Seus seguidores começam a espalhar as *boas-novas* a respeito da ressurreição em todo Israel e no mundo romano.

28-33 d.C.

Período de tempo histórico da crucificação de Jesus.

200　　　　　**100**　　　　　**30 d.C.**

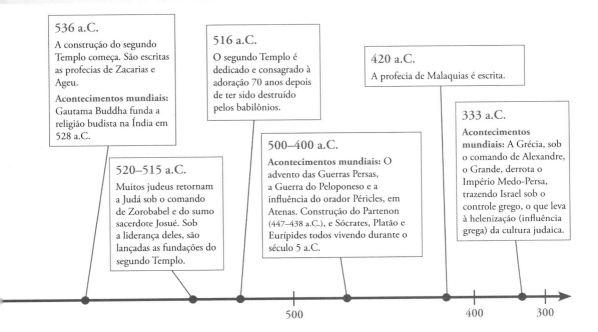

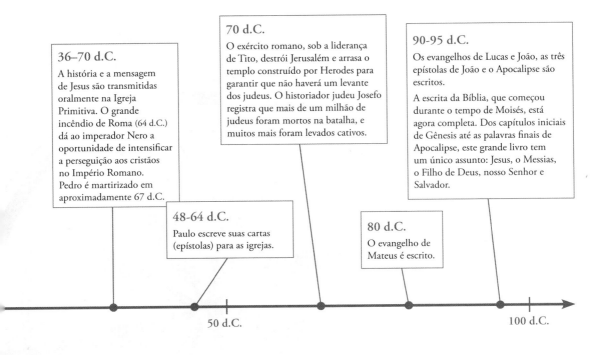

Pequeno oásis no deserto

DE GÊNESIS A APOCALIPSE — CAPÍTULO 1
O objetivo da Palavra de Deus

Certa vez, um incrédulo perguntou a um cristão:

—Será que o seu Deus me dará cem dólares?

A resposta do cristão:

—Ele dará se você o conhecê-lo bem o suficiente.

As riquezas que Deus colocou à nossa disposição são as riquezas do Seu reino, as riquezas da Sua Palavra, as riquezas da Sua vida eterna, em um interminável relacionamento com Ele. Mas Deus realmente dará centenas, milhares, e mesmo milhões de dólares — se isso servir ao Seu propósito e se essa pessoa o conhecer bem o suficiente.

Veja George Müller, por exemplo. Ele era um homem de oração e foi o fundador dos Orfanatos Bristol na Inglaterra, que administravam cinco lares para órfãos. Durante sua vida, sua organização cuidou de mais de 10 mil crianças de rua. Antes de Müller fundar os Orfanatos Bristol, essas crianças eram rotineiramente abrigadas em prisões.

George Müller não foi apenas um reformador social, mas um pregador que pastoreou uma igreja até seus 70 anos, depois, começou uma segunda carreira como missionário, viajando para 42 países, pregando o evangelho onde quer que fosse. Aposentou-se do trabalho missionário aos 87 anos, mas continuou a ensinar e a pregar em sua igreja até sua morte aos 92 anos. Ele leu a Bíblia de capa a capa quase 200 vezes — não é de se admirar que conhecesse tão bem a Deus!

Na manhã em que Müller dirigiu sua última reunião de oração, ele foi encontrado no chão ao lado de sua cama. Faleceu enquanto estava de joelhos em oração.

Durante sua vida, George Müller pediu a Deus o dinheiro para financiar seus orfanatos e outros ministérios, e Deus lhe concedeu milhões de dólares. Mas Müller nunca pediu doações a qualquer pessoa. Nunca pediu dinheiro do púlpito, nunca fez um apelo

> **OBJETIVOS DO CAPÍTULO**
>
> Este capítulo responde a perguntas como: Por que eu preciso compreender toda a Bíblia? O Novo Testamento não é tudo que preciso saber como cristão? Como surgiu a Bíblia? Como posso ter certeza de que a Bíblia é a Palavra de Deus? Qual foi o propósito de Deus em nos dar a Bíblia?

particular a um doador rico, nunca escreveu uma carta pedindo recursos. Nunca teve salário, não tomou um tostão emprestado e jamais teve falta de dinheiro ao longo de sua vida. Ele simplesmente orava e confiava em Deus para mover o coração das pessoas. George Müller conhecia a Deus — e Deus concedeu milhões de dólares para George Müller.

O segredo é conhecer a Deus. Ele quer ser seu amigo. Quer derramar as riquezas do Céu sobre a sua vida — "boa medida, recalcada, sacudida e transbordante", como Jesus disse (Lc 6:38).

Por que Jesus veio à Terra? "Eu vim para que tenham vida", Ele disse, "e a tenham em abundância" (Jo 10:10). E o que é essa vida em abundância que Jesus descreve? "E a vida eterna é esta", disse o Mestre, "que te conheçam a ti, o único Deus verdadeiro, e a Jesus Cristo, a quem enviaste" (Jo 17:3). A vida abundante, vida eterna, vem de conhecer a Deus e de conhecer a Jesus Cristo.

Portanto, a fim de conhecer as bênçãos da vida abundante e eterna, *devemos* conhecê-lo. E a maneira de conhecê-lo é através das páginas das Escrituras, uma vez que estas nos são reveladas e interpretadas pelo Espírito Santo. As Escrituras e o Espírito — você não pode separá-los. A Bíblia sem o Espírito leva à monotonia, tédio e ao cristianismo morto e institucional. O Espírito sem a Bíblia leva ao fanatismo e ao fogo incontrolável. Precisamos tanto do Espírito quanto da Palavra.

Aliás, precisamos de *toda* a Bíblia.

Precisamos entender a história da humanidade antes da queda, para que possamos conhecer a intenção original de Deus ao criar a raça humana — e para que possamos entender o tipo de relacionamento que Deus tinha em mente quando nos criou. O relacionamento puro e imaculado que existia antes de o pecado entrar no mundo é o relacionamento que Ele quer restaurar para nós agora.

Também precisamos conhecer a vida dos homens e mulheres de fé em toda a Bíblia, para que vejamos como Deus age em situações específicas. À medida que lemos essas histórias, vemos que Abraão, Isaque, Jacó, José, Moisés, Josué, Davi, Rute, Isaías, Jeremias, Daniel, Pedro, Estêvão, Paulo e todos os outros santos da história passaram pelas mesmas experiências que nós. Eles se apropriaram da mesma força e poder sobrenaturais que estão disponíveis para nós. Ao estudarmos suas vidas, a Bíblia torna-se não apenas um "livro religioso", mas um guia prático e relevante para a vida diária.

A vida dos profetas nos mostra como Deus trabalha através da história humana, do começo ao fim. Ao estudarmos o que Paulo chama de "a sabedoria de Deus em mistério, outrora oculta, a qual Deus preordenou desde a eternidade para a nossa glória" (1Co 2:7), começamos a conhecer Seus pensamentos, que não são os nossos pensamentos, e Seus caminhos, que são muito mais altos do que os nossos caminhos. Como disse Jesus a Deus Pai: "ocultaste estas coisas aos sábios e instruídos e as revelaste aos pequeninos" (Mt 11:25).

Os evangelhos revelam a vida perfeita de Jesus Cristo — Sua sabedoria singular, Seu poder divino, Sua dor humana, Sua extraordinária personalidade, Seu caráter ímpar e Seu amor sem medida por pessoas. Nas Escrituras, descobrimos a riqueza multifacetada e a profundidade daquele que foi singularmente o Filho de Deus e o Filho do Homem.

As epístolas — as cartas escritas por Paulo, Pedro, João, Tiago e Judas às igrejas do primeiro século — nos mostram como aplicar as grandes verdades do evangelho à nossa vida cotidiana. Sob a inspiração do Espírito Santo, os escritores das cartas do Novo Testamento traduziram a verdade de Deus em princípios práticos para orientar nossas ações e decisões diárias.

Por fim, o livro do Apocalipse nos traz sabedoria, esperança e segurança à medida que o mundo se aproxima da hora da crise final. Como indivíduos e como comunidade de cristãos, precisamos da segurança de que as trevas atuais passarão, que a futilidade e horrores desta era vão acabar, que nossa escravidão cessará, e que Jesus Cristo será manifestado no Universo — e Ele reinará.

O propósito eterno de Deus em nossa vida

A história de como surgiu a Bíblia é o fascinante relato de um milagre de Deus. Em 2Pe 1:21, o apóstolo Pedro nos diz que as Escrituras foram compostas por homens que foram tocados pelo Espírito Santo. A profecia não se originou da vontade de seres humanos. Em vez disso, os homens escreveram a mensagem de Deus enquanto eram dirigidos pelo Espírito Santo.

A Bíblia transcende a todos os documentos humanos. É muito maior do que qualquer documento que os seres humanos poderiam produzir. Apesar da enorme diversidade de autoria humana e do amplo período de tempo durante o qual foi ela escrita, a Bíblia tem uma mensagem, conta uma história, vai em direção a uma conclusão e dirige nossa atenção para uma Pessoa.

Como Paulo escreveu: "Toda a Escritura é inspirada por Deus e útil para o ensino, para a repreensão, para a correção, para a educação na justiça, a fim de que o homem de Deus seja perfeito e perfeitamente habilitado para toda boa obra" (2Tm 3:16,17). Seria simplesmente impossível tomar aleatoriamente qualquer coleção de livros de literatura, colocá-los juntos dentro de uma capa, e ter o desenvolvimento de qualquer tema consistente e coeso. Tal coleção só é possível se houver um Autor transcendente por trás de seus muitos autores humanos.

A Bíblia não é apenas a história de Deus e Seu Filho Jesus Cristo. É também a história da sua e da minha vida, bem como a história da raça humana. A Bíblia explica o que somos e como chegamos a ser assim. Ela ilumina a condição humana. Ela nos instrui, exorta, admoesta, corrige, fortalece e ensina. Neste livro, Deus incorporou todas as verdades que precisamos conhecer sobre nós mesmos.

Como os seres humanos comuns — alguns com as vocações mais comuns — capturaram os pensamentos e propósitos de Deus? Como o Espírito Santo os conduziu no registro da Palavra de Deus, em vez de meras opiniões humanas? É um milagre que vai além da nossa compreensão.

Porém, disto sabemos: Quanto mais estudamos a veracidade da Bíblia, mais emocionante e atraente ela se torna. Como um cientista com uma paixão para descobrir os segredos do Universo, estou cativado por um intenso desejo para desvendar as maravilhas da Palavra de Deus. Depois de décadas de estudo, descobri que a familiaridade crescente com este livro só fez com que ele se tornasse mais fascinante, mais profundo e mais

Aventurando-se através da Bíblia

Constelação de Carina

maravilhoso em relação às suas implicações para a minha vida.

Este livro sobreviveu a inúmeras tentativas de supressão e destruição. Foi preservado e defendido para nós ao longo dos séculos de maneiras que só podem ser chamadas de providenciais. Repetidamente, suas páginas foram manchadas pelo sangue, suor e lágrimas de mártires que investiram suas próprias vidas a fim de salvar este livro para as gerações posteriores.

Por que este livro tem sido tão importante para Deus e Seu povo? Qual é o propósito final da Bíblia? A própria Bíblia nos dá a resposta. O apóstolo Paulo escreve:

> ...desvendando-nos o mistério da sua vontade, segundo o seu beneplácito que propusera em Cristo, de fazer convergir nele, na dispensação da plenitude dos tempos, todas as coisas, tanto as do céu como as da terra; nele, digo, no qual fomos também feitos herança, predestinados segundo o propósito daquele que faz todas as coisas conforme o conselho da sua vontade, a fim de sermos para louvor da sua glória, nós, os que de antemão esperamos em Cristo (Ef 1:9-12).

Impressionante! O Criador do Universo, o grande *fabricante de estrelas* que moldou um bilhão de galáxias, cada uma contendo milhões de estrelas, tem um propósito para a sua e para a minha vida — e Ele revelou esse propósito em Sua Palavra, a Bíblia. O apóstolo Paulo amplia esse emocionante pensamento:

> A mim, o menor de todos os santos, me foi dada esta graça de pregar aos gentios o evangelho das insondáveis riquezas de Cristo e manifestar qual seja a dispensação do mistério, desde os séculos, oculto em Deus,

que criou todas as coisas, para que, pela igreja, a multiforme sabedoria de Deus se torne conhecida, agora, dos principados e potestades nos lugares celestiais, segundo o eterno propósito que estabeleceu em Cristo Jesus, nosso Senhor, pelo qual temos ousadia e acesso com confiança, mediante a fé nele (Ef 3:8-12).

Paulo diz que Deus está usando a Igreja — cristãos comuns como você e eu — para tornar a Sua sabedoria conhecida pelos "principados e potestades" nos reinos espirituais. Ele está provando Sua sabedoria aos espíritos rebeldes, a Satanás e a outros anjos caídos que se revoltaram contra o Senhor — e usa a sua e a minha vida para fazer isso. Quando vivemos em obediência a Deus através da nossa fé em Cristo, provamos que o Seu julgamento contra Satanás e os anjos caídos é justo e reto. Satanás vivia na presença visível de Deus — e ele se rebelou contra Deus. Você e eu não podemos ver o Senhor, entretanto, o amamos e obedecemos. Assim, Satanás está condenado, e a sabedoria de Deus está vindicada.

Paulo prossegue afirmando que o Senhor Jesus, depois de ter terminado a Sua obra na Terra por meio da cruz e da ressurreição, subiu ao Céu e concedeu dons a você e a mim e para todos em Sua Igreja:

E ele mesmo concedeu uns para apóstolos, outros para profetas, outros para evangelistas e outros para pastores e mestres, com vistas ao aperfeiçoamento dos santos para o desempenho do seu serviço, para a edificação do corpo de Cristo, até que todos cheguemos à unidade da fé e do pleno conhecimento do Filho de Deus, à perfeita varonilidade, à medida da estatura da plenitude de Cristo (Ef 4:11-13).

O propósito de Deus é nos levar à maturidade. Ele quer que nos tornemos maduros, tornando-nos *semelhante a Cristo*. Seu propósito para a raça humana não é um objetivo vago e impessoal; é aqui, é agora, é definido, e está profundamente entrelaçado com a nossa vida cotidiana. Tudo o que existe foi criado para que você e eu pudéssemos cumprir o maravilhoso plano de Deus para nossa vida. E Seu plano para você e para mim é que alcancemos a plenitude de nos tornarmos semelhante a Jesus Cristo.

O ideal humano

Eu costumava me reunir regularmente com cinco jovens em idade colegial. Em uma ocasião, perguntei-lhes: "Qual é a sua imagem de um homem verdadeiramente masculino?".

"Um cara realmente bombado", disse um deles. "Um cara com abdômen definido, que pode levantar de 100 a 130 quilos."

Eu sabia de um atleta na escola deste jovem que tinha músculos bem desenvolvidos em seu corpo — mas descuidado com a mente! "Ah", eu disse, "você quer dizer como fulano?"

Surpreso, o jovem disse: "Não, não como ele! Ele passa muito tempo levantando pesos e tem braços e pernas como troncos de árvores — mas não tem muito caráter e não é assim tão inteligente."

"Ok", eu disse, "então acho que os músculos não são um padrão muito confiável de masculinidade. Então o que é? O que o resto de vocês pensa que é preciso para ser um homem? Vamos fazer uma lista de qualidades realmente masculinas".

Aventurando-se através da Bíblia

Todos pensaram um pouco mais. "Bem", um jovem se aventurou, "acho que teria que ser um cara com coragem. Coragem mesmo".

Assim, escrevemos "coragem" em nossa lista. Os jovens pensaram um pouco mais e acrescentaram mais algumas qualidades à lista: consideração, bondade, integridade, um senso de propósito, e assim por diante. Em pouco tempo, tínhamos uma lista bastante longa.

Por fim, eu disse: "Isso é incrível! Pensem nisso! Vocês podem ir a qualquer lugar do mundo e perguntar a qualquer homem, e não importa se ele for rico ou pobre, alto ou baixo, negro ou branco, ou qualquer tom de pele. Pergunte-lhe: 'O que significa ser homem?' e vocês obterão as mesmas respostas que vocês deram nesta lista! Porque os homens em todos os lugares querem ser homens. Todas as mulheres querem ser mulheres. Pode haver pequenas variações de pormenores, mas as virtudes que vocês listaram são admiradas em todos os lugares".

Os jovens concordaram meneando a cabeça, pensativos.

"Agora", eu disse, "como vocês estão se saindo no cumprimento desses ideais?"

"Acho que consigo cerca de 30% do tempo", disse um deles.

"De jeito nenhum!", disse outro. "Você não consegue nem 5% — e nem eu!".

Perguntei: "Existe alguém que exemplifica essas qualidades o tempo todo?"

Seus rostos se iluminaram. "Claro!", disseram. "Jesus!"

É verdade. Jesus é o homem perfeito de Deus, a expressão mais completa de masculinidade que jamais andou na Terra. Ele é o ideal de Deus para nossa vida. Isso é o que Paulo nos diz: Deus está nos capacitando e edificando "até que todos cheguemos à unidade da fé e do pleno conhecimento do Filho de Deus, à perfeita varonilidade, à medida da estatura da plenitude de Cristo" (Ef 4:13).

Os passos em direção a esse objetivo são dois.

O *primeiro passo* que nos leva a esse objetivo é encontrado na frase "até que todos cheguemos à unidade da fé". Claramente, *fé* é a palavra de ação. Fé é sempre a maneira pela qual experimentamos tudo o que Deus coloca à nossa disposição.

O *segundo passo* que nos leva a esse objetivo é "o conhecimento do Filho de Deus" — o conhecimento *exato e pleno* de Jesus, o Filho. Não podemos alcançar a maturidade em Cristo como Deus planejou se não conhecermos Seu Filho. Por conhecimento, Deus não quer dizer apenas informações bíblicas; em vez disso, Ele está falando sobre uma *experiência pessoal* com Jesus Cristo. *Fé*, o primeiro passo, conduz ao *conhecimento*, o segundo passo.

O apóstolo Paulo tem o cuidado de deixar claro que não é apenas a minha fé ou a sua fé, mas a *nossa* fé — o que ele chama de "unidade da fé" — que nos leva a este conhecimento. Em Efésios 3, Paulo ora para que possamos vir a saber, com todos os santos, qual é a largura, o comprimento, a altura, e a profundidade do amor de Cristo. Isso significa que, a menos que você esteja em contato com outros santos, você não pode desenvolver-se como deveria como cristão. Precisamos uns dos outros no Corpo de Cristo, e, enquanto temos comunhão, adoramos e estudamos a Palavra de Deus juntos, crescemos em maturidade e no conhecimento prático de Cristo.

Investigaremos a Bíblia juntos para aprender o que significa ter um relacionamento pessoal com Jesus Cristo. No processo, veremos que a Bíblia não é apenas uma coleção de 66 livros escritos por mais de 40 autores humanos durante um período de 15 séculos. Ela é um único livro com um tema unificado, uma mensagem coerente e de uma relevância surpreendente para a nossa vida diária.

Esta "biblioteca divina" de um só volume é um livro de variedade maravilhosa. Suas belas histórias de amor refletem a mais terna das paixões humanas. Suas histórias de intrigas políticas superam qualquer coisa que venhamos a ler nas manchetes de hoje. Suas histórias de violência e batalha são cheias de heroísmo e horrores da guerra. Suas passagens poéticas vão às alturas da expressão artística. Ela contém narrativas de drama humano intenso. Suas passagens estranhas e enigmáticas são tão intrigantes de compreender como qualquer história de mistério.

No entanto, um assunto domina e permeia este livro: Jesus Cristo — Criador, Redentor e Senhor. Nós o conhecemos primeiramente como uma das vozes na criação que diz: "Façamos o homem à nossa imagem" (Gn 1:26). Sua vinda em forma humana é predita ao longo de todo o Antigo Testamento. Sua vida é detalhada de forma quadruplicada pelos evangelhos, e Seu caráter permeia as epístolas do Novo Testamento. Por fim, o Seu retorno e o Seu reino são descritos no livro do Apocalipse: "Vem, Senhor Jesus" (Ap 22:20).

De Gênesis a Apocalipse, a Bíblia é um livro sobre Jesus Cristo. Em símbolo, em contos, em visão profética, em relatos de simples narrativa, em história, em poesia, em cada aspecto e dimensão do livro, o foco é sempre no Filho de Deus. Ele é o fio condutor do livro. Ao aprendermos sobre Jesus, aprendemos o plano

e padrão de Deus para nossa própria vida. Entendemos nossos problemas e encontramos as soluções refletidas nele. Entendemos nossas necessidades e encontramos a satisfação de nossas necessidades no Senhor.

As boas-novas

Quando Jesus disse "eu vim para que tenham vida e a tenham em abundância", Ele queria que soubéssemos que a vida eterna significa *muito mais* do que viver para sempre com Ele no Céu (por mais maravilhoso que isso seja). A vida eterna é verdadeiramente a vida abundante aqui na Terra. É a experiência diária de realização, alegria e paz aqui e agora. Não temos que apenas "seguir em frente" na vida, tirando o melhor de uma situação ruim. Por meio dele, temos *vida* — e em abundância.

Como Ian Thomas Ramsey (1915–72) disse certa vez: "Devemos ter o que Ele é para sermos o que Ele foi". Quando nos tornamos maduros à semelhança de Cristo, então o propósito de Deus para a nossa vida será realizado.

Pense nisso: Quem foi esse homem Jesus? Ele foi o ideal de Deus para a humanidade. Por 33, anos Ele viveu entre nós, neste planeta repleto de pecado e devastado pela dor, sofrendo as mesmas pressões que enfrentamos todos os dias. A oposição que Ele enfrentou revelou a perfeição divina de Seu caráter com brilho e poder.

"Mas", você pode dizer, "não posso me tornar o que Ele foi! Não posso viver uma vida perfeita". É claro que não. Mas nossa semelhança com Cristo não depende de nós. Vamos nos tornar como Cristo quando permitirmos que Ele viva Sua vida através de nós. Se ousarmos crer nele, a cada momento e dia

Aventurando-se através da Bíblia

BOAS-NOVAS!

Não há nada complicado com respeito às boas-novas. Não é um princípio teológico elevado que requer anos de estudo para ser entendido. As boas-novas são a cruz e o túmulo vazio. É isso. É o bastante.

As boas-novas transformam vidas, restauram famílias desfeitas e são a solução para a maldade humana. As boas-novas nos resgatam do pecado e desespero e nos tornam vivos para sempre!

Algumas pessoas pensam que as boas-novas são que o Céu nos espera depois que morrermos, ou que Deus é amor, ou alguma outra coisa maravilhosa. Embora tudo isso seja verdadeiro e bom, essas coisas não são as boas-novas que Jesus nos comissionou a pregar, porque elas não são as boas-novas da cruz e da ressurreição. O Céu não é as boas-novas; é apenas resultado delas.

As boas-novas são que a cruz destruiu o poder do mal e do pecado e que o túmulo vazio destruiu o poder da morte. O Senhor está vivo e Ele vive em nós e através de nós, dando-nos o poder de viver verdadeiramente. Estas são as boas-novas que devemos pregar enquanto vivermos.

Ray Stedman
The Ruler Who Serves: Exploring the Gospel of Mark, Vol. II
[O governante que serve: Explorando o evangelho de Marcos],
Discovery House Publishers, 2002.

a dia, poderemos permitir que Ele *viva através de nós*. Isso é uma boa notícia!

Mas, para isso, precisamos da revelação de Deus, a Bíblia. Não chegamos ao conhecimento do Filho de Deus sem um processo de aprendizagem, sem um compromisso consciente para uma compreensão sempre crescente de Sua verdade. É por isso que, juntos, estamos nos aventurando através deste incrível livro.

Visão orbital

Qual é o modo "certo" de olhar para o mundo?

Na maioria das vezes, vemos o mundo a olho nu. Os físicos, no entanto, usam aceleradores de partículas poderosos para ver o mundo de um átomo ou um elétron de cada vez. Os astronautas saem em órbita e olham o mundo lá de cima, a distância, vendo o mundo inteiro com seus continentes, mares e padrões climáticos cíclicos. Quem tem a visão "correta" do mundo: o físico, o astronauta ou o observador a olho nu?

Resposta: Todos eles. Cada um vê o mundo em uma escala diferenciada, a partir de uma perspectiva diferente; e cada ponto de vista é válido em sua própria maneira.

Agora, considere o seguinte: Qual é o modo "certo" de olhar para a Bíblia? Ela deve ser examinada minuciosamente, frase por frase e verso por verso? Ou devemos estudar a Bíblia livro por livro? Ou devemos voltar e ter uma visão mais panorâmica, a visão do astronauta, vendo os grandes temas e alcance histórico da Bíblia como se fosse da órbita?

Resposta: Cada método é igualmente válido, oferece uma perspectiva diferente serve a um propósito específico. Nosso propósito em *Aventurando-se através da Bíblia* é tomar a perspectiva de grande amplitude — a vista aérea das Escrituras.

Uma visão geral

Nossa pesquisa da Bíblia é dividida em nove partes:

Usando isso como esboço, vamos viajar através de todos os 66 livros da Bíblia, examinando seus grandes temas e seguindo as tramas desses temas desde o seu início em Gênesis até à sua conclusão triunfante no Apocalipse. Vamos sondar o grande projeto da Palavra revelada de Deus e descobrir como cada parte da Bíblia se encaixa com todas as outras partes. Vamos ver o fluxo dinâmico da revelação de Deus para a humanidade e descobrir a autoria divina por trás de cada livro e cada escritor humano.

Quero encorajá-los a ler esses livros da Bíblia à medida que avançamos juntos. Este livro não é um substituto para o estudo da

- PARTE UM: .... **Um panorama das Escrituras**
  Uma visão geral da Bíblia, de Gênesis a Apocalipse

- PARTE DOIS: .... **Cinco passos para a maturidade**
  Os Livros de Moisés, de Gênesis a Deuteronômio

- PARTE TRÊS: .... **A mensagem da história**
  Aplicando os livros históricos, de Josué a Ester

- PARTE QUATRO: ..... **Viver pela música**
  Poesia do Antigo Testamento, de Jó a Cântico dos Cânticos

- PARTE CINCO: .... **As promessas de Deus**
  Os livros proféticos, de Isaías a Malaquias

- PARTE SEIS: .... **Jesus: O foco dos dois Testamentos**
  Jesus e Sua Igreja, de Mateus a Atos

- PARTE SETE: .... **Cartas do Senhor**
  Cartas para a Igreja, de Romanos a Filemom

- PARTE OITO: .... **Guardando a fé**
  Tudo sobre fé, de Hebreus a Judas

- PARTE NOVE: .... **Sinais dos tempos**
  O Fim — e um novo começo, Apocalipse

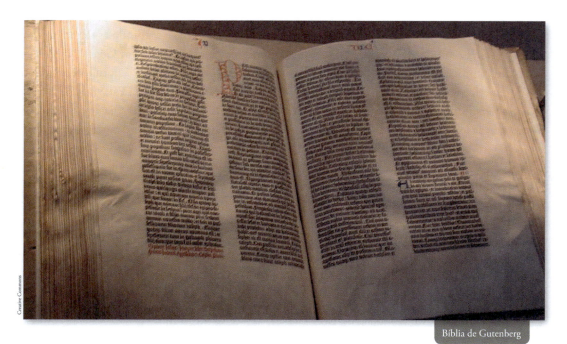
Bíblia de Gutenberg

Bíblia. Na verdade, preferiria que você jogasse fora este livro a que o usasse como um substituto para ler e estudar a Palavra de Deus. Este livro foi desenvolvido para ser aberto com as Escrituras, não no lugar delas.

Então, junte-se a mim na aventura de uma vida, uma aventura de grandes descobertas e avanços emocionantes. Junte-se a mim à medida que nos aventuramos juntos através do maior livro já escrito.

O ANTIGO TESTAMENTO

CAPÍTULO 2

Deus falou em tempos passados

Você se lembra de onde estava e o que estava fazendo em 11 de setembro de 2001? Quase todos os americanos que estavam vivos naquele dia podem recordar com clareza, horror e tristeza o momento em que ouviram sobre os ataques de 11 de setembro. Podemos fechar nossos olhos e ainda ver as torres em chamas no sul de Manhattan, Nova Iorque, as pessoas aterrorizadas que saltaram para a morte para escapar das chamas, a ferida aberta e enegrecida do lado do edifício do Pentágono, e a cicatriz na beira da floresta em Shanksville, Pensilvânia, onde o voo 93 caiu.

As consequências emocionais desse evento são de choque, consternação e depressão. É como se o sol de repente se apagasse e toda a paisagem ficasse escura. Amplie essas emoções muitas vezes mais e você poderá começar a entender como os discípulos de Jesus se sentiram após a crucificação.

Lucas 24 contém a história de dois de Seus discípulos enquanto caminhavam ao longo da estrada de Jerusalém a Emaús. Sempre que leio a história da estrada de Emaús, sinto uma forte emoção, um desejo de ter testemunhado esse evento com meus próprios olhos. Creio que, desde a vinda do Espírito Santo no dia de Pentecostes, a vida de Jesus é mais real e disponível aos cristãos agora do que quando Ele andava fisicamente na Terra. Ainda assim, eu gostaria de ter estado lá para assistir a esse acontecimento incrível na vida desses dois aflitos discípulos.

Era o dia da ressurreição de nosso Senhor. A zona rural já estava explodindo com a incrível notícia de que Jesus tinha ressuscitado — mas poucos acreditavam. Esses dois discípulos estavam cheios de tristeza e desespero. Eles não viam futuro pela frente. Enquanto caminhavam, falavam sobre sua dor — e foi aí que um estranho se aproximou e caminhou com eles.

> **OBJETIVOS DO CAPÍTULO**
>
> Este capítulo nos fornece uma visão geral "miniatura" de todos os 39 livros do Antigo Testamento e responde a perguntas como: Qual é o tema central do Antigo Testamento? Por que há tantos sacrifícios de sangue no Antigo Testamento? Por que tantas passagens do Antigo Testamento lidam com anseios não satisfeitos, dor, angústia e injustiça? De que maneira Jesus é profética e simbolicamente retratado em todo o Antigo Testamento?

O estranho perguntou: "Sobre o que vocês estão discutindo?".

Os discípulos olharam para Ele com espanto. "És o único, porventura, que, tendo estado em Jerusalém, ignoras as ocorrências destes últimos dias? [...] Jesus de Nazaré [...] era varão profeta, poderoso em obras e palavras, diante de Deus e de todo o povo. Os principais sacerdotes e as nossas autoridades o entregaram para ser condenado à morte e o crucificaram. Mas nós esperávamos que fosse Ele quem havia de redimir a Israel; mas, depois de tudo isto, é já este o terceiro dia desde que tais coisas sucederam. Além disso, também que algumas mulheres nos surpreenderam. Elas foram de madrugada ao túmulo e não encontraram o corpo dele. Voltaram dizendo terem tido uma visão de anjos, os quais afirmam que ele vive. Então, alguns dos nossos foram ao sepulcro e verificaram a exatidão do que disseram as mulheres; mas não o viram".

O estranho disse: "Ó néscios e tardos de coração para crer tudo o que os profetas disseram!". Em seguida, Lucas nos diz: "começando por Moisés, discorrendo por todos os Profetas", o estranho — o próprio Senhor Jesus ressurreto — "expunha-lhes o que a seu respeito constava em todas as Escrituras".

Mais tarde, quando eles estavam pensando sobre os acontecimentos daquele maravilhoso incidente, disseram um para o outro: "Porventura, não nos ardia o coração, quando ele, pelo caminho, nos falava, quando nos expunha as Escrituras?".

O que causou essa sensação maravilhosa e inspiradora de "santo ardor do coração", esse brilho divino de antecipação em seus corações? E você não deseja ter uma experiência como essa? Eu certamente desejo!

Bem, a fonte dessa experiência estranhamente calorosa na estrada de Emaús foi nada menos que a exposição do Antigo Testamento no poder e clareza do Espírito Santo: "começando por Moisés, discorrendo por todos os Profetas, expunha-lhes o que a seu respeito constava em todas as Escrituras". Isso é o que o Antigo Testamento faz: Aponta para Cristo! O Antigo Testamento prepara nosso coração para receber Aquele que verdadeiramente satisfaz. Jesus não é apenas assunto do Novo Testamento, mas também do Antigo Testamento.

Como certa vez Ele disse aos líderes judeus que se opunham a Ele: "Examinais as Escrituras, porque julgais ter nelas a vida eterna, e são elas mesmas que testificam de mim" (Jo 5:39).

No capítulo anterior, descobrimos que o propósito de Deus ao nos revelar Sua verdade através da Bíblia é levar-nos à maturidade em Cristo. É preciso toda a Bíblia, Antigo e Novo Testamentos, para realizar isso, e é necessária a obra do Espírito Santo para abrir o nosso entendimento às Escrituras.

Neste capítulo, vamos examinar a contribuição que o Antigo Testamento traz à nossa maturidade em Cristo — não em detalhes, mas em uma pesquisa de "visão orbital". Vamos ter uma visão panorâmica do Antigo Testamento para que possamos ver claramente o papel que este desempenha em nós — o desenvolver da maturidade à semelhança de Cristo.

Um livro incompleto

O Antigo Testamento é um livro incompleto — e essa foi a intenção de Deus. Ele nunca pretendeu que o Antigo Testamento fosse Sua última palavra para a raça humana.

O Dr. W. H. Griffith Thomas sugeriu que, se nos aproximássemos do Antigo Testamento como se nunca o tivéssemos lido antes, veríamos que é uma série de previsões sobre uma Pessoa. Essas previsões começam nos primeiros capítulos de Gênesis. À medida que o texto avança, as previsões sobre essa Pessoa tornam-se cada vez mais detalhadas. Um senso de antecipação cresce. Por fim, nos livros dos Profetas — de Isaías até Malaquias — elas irrompem em cores brilhantes, descrevendo em termos de tirar o fôlego Aquele que estava por vir.

No entanto, depois de completar o último livro do Antigo Testamento, ainda não saberíamos quem é essa Pessoa. Assim, o Antigo Testamento é um livro de profecias *não cumpridas.*

Mas o mistério do Antigo Testamento não termina aí. Leia esses primeiros 39 livros da Bíblia e você notará que um estranho e perturbador fluxo de sangue surge em Gênesis e flui em volume crescente por todo o restante desse Testamento. O sangue de milhares de sacrifícios de animais é derramado em uma maré de afluência em toda a história de Israel. Os sacrifícios enfatizam uma mensagem que sem sacrifício, sem sangue, não há perdão, não há reconciliação. Os sacrifícios de animais parecem apontar para algo — mas o quê? O significado final dos sacrifícios é deixado sem explicação no final do Antigo Testamento.

E há uma terceira dimensão do Antigo Testamento: repetidas vezes, os grandes homens e mulheres de fé do Antigo Testamento parecem expressar um desejo por algo mais do que a vida lhes oferece, algo transcendente, algo eterno. Por exemplo, Abraão sai para encontrar a cidade cujo construtor e criador é Deus.

O povo de Israel estava em uma peregrinação por todos os livros do Antigo Testamento. Em Jó, nos Salmos e nos livros de Salomão, há um contínuo clamor das almas sedentas desejando por algo que ainda não fora realizado. Assim, o Antigo Testamento não é apenas um livro de profecias não cumpridas e sacrifícios inexplicáveis, mas também de desejos insatisfeitos.

Porém, algo maravilhoso ocorre no momento em que se passa do Antigo para o Novo Testamento. À medida que você abre as páginas de Mateus, as primeiras palavras que lê são: "Livro da genealogia de Jesus Cristo". Essa é a Pessoa para a qual todo o Antigo Testamento estava apontando. Somente Jesus cumpre as profecias, explica os sacrifícios e satisfaz os desejos. O Novo Testamento cumpre a promessa do Antigo — e não podemos apreciar plenamente o significado profundo do Novo Testamento até que primeiramente tenhamos sido despertados pela mensagem do Antigo Testamento.

O Antigo Testamento foi planejado para nos preparar para algo. A carta neotestamentária aos Hebreus se une em estreita colaboração com os temas do Antigo Testamento, e os dois primeiros versículos de Hebreus capturam essa ideia:

Havendo Deus, outrora, falado, muitas vezes e de muitas maneiras, aos pais, pelos profetas, nestes últimos dias, nos falou pelo Filho, a quem constituiu herdeiro de todas as coisas, pelo qual também fez o universo (Hb 1:1,2).

Lá você tem os dois Testamentos lado a lado: "Havendo Deus, outrora, falado, muitas vezes e de muitas maneiras, aos pais" (o Antigo

Aventurando-se através da Bíblia

Testamento), e "nestes últimos dias, nos falou pelo Filho" (o Novo Testamento). O Novo Testamento completa o Antigo Testamento.

Basta pensar nas muitas vezes e nas várias maneiras em que Deus falou no Antigo Testamento. Começando com Gênesis, temos o relato simples e majestoso da criação, a queda da humanidade e o dilúvio — um relato nunca igualado em toda a literatura pelo poder e simplicidade de expressão. Em seguida, vem a narrativa direta da vida dos patriarcas: Abraão, Isaque e Jacó. Depois, nos deparamos com os trovões da lei em Levítico, Números e Deuteronômio; o verdadeiro drama dos livros históricos; os doces hinos e tristes lamentos dos Salmos; a sabedoria prática de Provérbios; a linguagem elevada dos profetas Isaías e Jeremias; a tocante ternura humana de Rute, de Ester e de Cântico dos Cânticos; os mistérios vívidos e visionários de Daniel e de Ezequiel; e assim por diante — muitos livros e diversas formas de expressar a verdade de Deus.

E ainda não está completo! Nada no Antigo Testamento pode estar completo em si mesmo. Tudo foi concebido como preparação.

Muitas sílabas, muitas expressões, uma única voz

Como estudante do primeiro ano universitário, fui iniciado em uma organização chamada de a Antiga Ordem de Soueu. Parecendo tão ridículos quanto possível em nossos pequenos capacetes de proteção verdes, nosso grupo foi levado para uma sala onde fomos submetidos a uma variedade de indignidades. Vários alunos do segundo ano ficaram ao nosso redor com remos nas mãos, prontos para fazer valer as suas ordens. Fomos alinhados em uma fileira, e um colega estava diante de nós

e nos ordenou a repetir este canto: "Quebo! ...Bo!...Soueu!"

Nós respeitosamente repetimos o canto.

"Mais uma vez", ele gritou, para que todos nós disséssemos novamente.

"Mais rápido", ele ordenou. Então dissemos mais rápido. Então, novamente, ainda mais rápido.

De repente, percebemos que estávamos cantando: "Que bobo sou eu!"

Então, éramos membros da Ordem de Soueu.

Às vezes, o significado de uma coisa não emerge até que você coloque tudo junto. Em um sentido muito mais sério, uma experiência semelhante ocorre quando obtemos o grande quebra-cabeças do Antigo Testamento. Cada livro do Antigo Testamento pode ser comparado a uma frase ou a uma sílaba. Cada livro produz o seu próprio som, mas é um som incompleto. Só através da fusão de todas as frases e sílabas é que o significado geral se torna claro. Uma manifestação maravilhosa aparece — a manifestação da plenitude do Filho de Deus.

E onde é que todas as expressões e sílabas do Antigo Testamento se fundem? No Novo Testamento. É onde todas as vozes do Antigo Testamento se fundem em uma só voz, a voz do Filho de Deus. Bem no final do Novo Testamento, no Apocalipse, o apóstolo João escreve que viu o Cordeiro e ouviu uma voz como a voz de muitas águas. Essa voz produz um estrondo, reunindo-se a todos os milhares de rios que correm juntos em uma grande sinfonia de sons: a voz do Filho!

Em sua incompletude, o Antigo Testamento é como um conjunto de sílabas e expressões faladas para nós por Deus — frases maravilhosas, sílabas ricas, mas nunca completamente conectadas e completas. Mas, no Novo Testamento, essas sílabas e expressões se unem em uma manifestação singular e unificada da realidade do Filho de Deus.

Você pode perguntar: "Por que eu deveria gastar tempo com o material preparatório? Por que não pular o Antigo Testamento e ir direto para o Novo Testamento, a voz final do Filho?" Isso seria um grande erro! Você não pode apreciar a plenitude e a riqueza do Novo Testamento sem estar preparado pelo Antigo. Embora grande parte do Novo Testamento seja fácil de entender, há muito que é construído sobre o fundamento do Antigo Testamento. Nunca poderemos entender tudo o que Deus tem para nós no Novo Testamento, até que estejamos preparados por um entendimento do Antigo.

Por que um agricultor investe tempo e esforço para arar seu campo para o plantio? Por que ele não simplesmente pega a semente e a joga sobre o solo? Algumas dessas sementes são obrigadas a encontrar um lugar onde se enraizar e crescer. O agricultor realmente precisa gastar todo aquele tempo extra para preparar o solo? Sim! Todos os agricultores sabem que, embora a semente seja o item mais importante na produção de uma cultura, a maior parte delas nunca vai ter raiz, a menos que o solo tenha sido adequadamente preparado.

Por que os professores começam com o ABC em vez de começarem logo de cara ensinando Shakespeare? Não pouparíamos muito tempo, dinheiro e esforço se simplesmente enviássemos nossos filhos de cinco anos direto para a faculdade? Obviamente

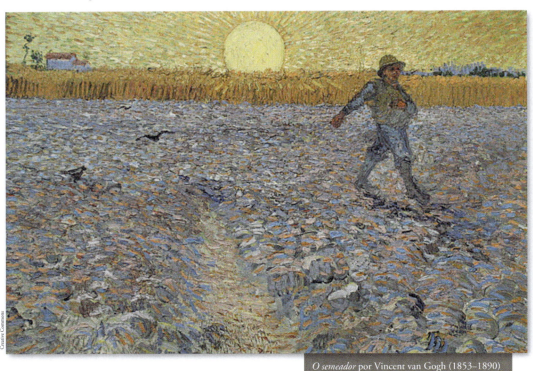

O semeador por Vincent van Gogh (1853–1890)

que não podemos ensinar os alunos desta maneira. Por quê? Porque essa não é a forma como os seres humanos aprendem. Sem preparação adequada, todo o conhecimento do mundo, dispensado pelos maiores professores do mundo, seria inútil, não causando nenhuma mudança neles.

Como Paulo diz em Gl 3:24: "De maneira que a lei [do Antigo Testamento] nos serviu de aio para nos conduzir a Cristo, a fim de que fôssemos justificados por fé". Algo estará faltando em nossa vida, se tentarmos compreender a realidade de Cristo sem captar a realidade dos Dez Mandamentos. Não podemos compreender tudo o que Cristo fez por nós, a menos que, como Paulo, tenhamos lutado com as demandas de uma lei rígida e inflexível — a lei que nos faz gritar: "Desventurado homem que sou! Quem me livrará do corpo desta morte?" (Rm 7:24).

Por muitos anos, ensinei o livro de Romanos, incluindo os grandes temas libertadores dos capítulos 6 a 8, sem entender as verdades centrais do livro. Falhei em não experimentar o grande poder contido em Romanos em meu próprio coração até que tivesse passado algum tempo com os filhos de Israel no Antigo Testamento, vivendo no deserto com eles, sentindo o calor ardente do deserto sobre mim e a dor de uma existência estéril e derrotada latejando em minha alma. Depois de ver o que Deus realizou na vida do povo do Antigo Testamento, livrando-os, fui capaz de compreender o que Deus está nos dizendo em Romanos 6, 7 e 8. O "solo" do meu coração precisava da preparação do Antigo Testamento a fim de receber a "semente" da Palavra do Novo Testamento.

O livro da experiência humana

O Dr. Harry A. Ironside me contou uma história dos seus primeiros anos de ministério, quando ele ocupava um cargo no Exército de Salvação. Ele conduzia reuniões evangelísticas num grande salão de uma grande cidade, e um grande número de pessoas afluía para lá todas as noites a fim de ouvi-lo. Certa noite, ele notou um jovem muito interessado sentado ao fundo do salão, inclinado para frente e ouvindo atentamente. O jovem voltou noite após noite, e o Dr. Ironside queria conhecê-lo. Ele tentava segurá-lo antes que ele deixasse o recinto, mas, a cada noite, o jovem se misturava à multidão e desaparecia.

Uma noite, o jovem chegou tarde, e os únicos dois lugares desocupados no auditório estavam na fila da frente. Ele veio pelo corredor, embaraçado pelo atraso, e sentou-se sorrateiramente na cadeira. O Dr. Ironside pensou consigo mesmo: *Ahã! Você não me escapa esta noite, meu jovem amigo.*

Como esperado, quando a reunião terminou, o jovem virou-se para ir embora, mas o corredor estava cheio. O Dr. Ironside foi em sua direção, bateu em seu ombro e disse: "Você se importaria se sentássemos aqui e conversássemos?".

Eles se sentaram e o Dr. Ironside disse:

—Você é cristão?

—Não, disse o jovem, não acho que poderia me chamar de cristão.

—Bem, o que você é?

—Eu realmente não sei dizer. Houve um tempo em que eu me chamava de ateu. Mas, recentemente, não acho que poderia dizer com certeza que Deus não existe. Acho que você poderia me chamar de agnóstico.

—Bem, disse o Dr. Ironside, o que causou esta mudança em seu pensamento?

O rapaz apontou para um homem mais velho sentado a alguns assentos de distância.

—É a mudança naquele homem bem ali.

O Dr. Ironside olhou e reconheceu o homem mais velho como Al Oakley, que tinha sido o coproprietário de um bar popular naquela cidade — isto é, antes de se tornar seu próprio melhor cliente, tornando-se um bêbado necessitado. Porém, Al tinha experimentado uma conversão surpreendente em um culto do Exército da Salvação na prisão, e sua vida mudou completamente.

—Conheço Al Oakley há anos, disse o jovem, e sei que ele não tem mais espinha dorsal do que uma água-viva. Ele tentou parar de beber muitas vezes, mas nunca conseguiu. O que quer que tenha mudado sua vida deve ser a coisa certa. Então, estou lendo a Bíblia recentemente. Não consigo entender nada do Novo Testamento. Mas tenho lido o livro de Isaías. Sempre admirei a boa oratória, e Isaías utiliza a linguagem melhor do que ninguém! Se eu pudesse me tornar cristão crendo em Isaías, eu me tornaria.

Então, o Dr. Ironside abriu sua Bíblia e disse

—Eu gostaria de ler para você um breve capítulo de Isaías. É sobre alguém que não tem seu nome revelado na passagem — mas, quando eu terminar de ler, acredito que você vai ser capaz de dizer o nome.

—Não conheço a Bíblia tão bem, disse o jovem.

—Não acho que você vai ter algum problema, disse o Dr. Ironside. Ele abriu em Isaías 53 e leu:

Quem creu em nossa pregação? E a quem foi revelado o braço do Senhor?

Porque foi subindo como renovo perante ele e como raiz de uma terra seca; não tinha aparência nem formosura; olhamo-lo, mas nenhuma beleza havia que nos agradasse.

Era desprezado e o mais rejeitado entre os homens; homem de dores e que sabe o que é padecer; e, como um de quem os homens escondem o rosto, era desprezado, e dele não fizemos caso.

Certamente, ele tomou sobre si as nossas enfermidades e as nossas dores levou sobre si; e nós o reputávamos por aflito, ferido de Deus e oprimido.

Mas ele foi traspassado pelas nossas transgressões e moído pelas nossas iniquidades; o castigo que nos traz a paz estava sobre ele, e pelas suas pisaduras fomos sarados.

Todos nós andávamos desgarrados como ovelhas; cada um se desviava pelo caminho, mas o Senhor fez cair sobre ele a iniquidade de nós todos.

Ele foi oprimido e humilhado, mas não abriu a boca; como cordeiro foi levado ao matadouro; e, como ovelha muda perante os seus tosquiadores, ele não abriu a boca.

Por juízo opressor foi arrebatado, e de sua linhagem, quem dela cogitou? Porquanto foi cortado da terra dos viventes; por causa da transgressão do meu povo, foi ele ferido.

Designaram-lhe a sepultura com os perversos, mas com o rico esteve na sua morte, posto que nunca fez injustiça, nem dolo algum se achou em sua boca
(Is 53:1-9).

O Dr. Ironside continuou lendo até o fim do capítulo. Em seguida, virou-se para o jovem e disse:

—Diga-me, sobre quem eu estava lendo?

O jovem disse:

—Deixe-me ler eu mesmo.

Ele pegou o livro e leu o capítulo inteiro. Em seguida, ele deixou cair a Bíblia nas mãos do Dr. Ironside, correu pelo corredor e saiu pela porta sem dizer uma palavra. Sem saber o que mais fazer pelo jovem, o Dr. Ironside orou por ele.

O jovem não retornou por duas noites. Então, na terceira noite, ele estava de volta. Desta vez, havia uma expressão diferente no rosto do jovem enquanto vinha pelo corredor. Ele sentou-se na primeira fileira e, quando o momento de testemunhos foi anunciado, o jovem se levantou e contou sua história.

"Fui criado em uma família que negava a existência de Deus", disse ele. "Em meus anos de escola, li todos os críticos e estava convencido de que não havia nada neste negócio de 'cristão'. Mas, enquanto eu estava na Palestina, trabalhando para o governo britânico, fui exposto a uma série de influências que me sugeriram que a Bíblia podia ser verdadeira.

Em Jerusalém, fiz parte de um grupo de turistas que foi visitar o 'Calvário de Gordon', o local fora do Portão de Damasco onde o general Charles Gordon acreditou ter encontrado o Gólgota, o morro em forma de caveira com o túmulo do jardim próximo. Fui com o grupo ao topo do monte. Lá, o guia explicou que esse era o lugar onde a fé cristã começou. Em minha mente, esse era o local onde começou o engano cristão. Fiquei tão furioso que comecei a xingar e blasfemar. As pessoas ao meu redor correram de medo, amedrontadas

de que Deus me castigasse por minha blasfêmia naquele lugar sagrado".

Nesse momento, o jovem caiu em lágrimas. "Estas últimas noites", ele continuou, "aprendi que aquele a quem amaldiçoei no Calvário foi quem foi ferido pelas minhas transgressões e por cujas feridas sou curado".

Foi necessário uma profecia do Antigo Testamento para preparar o coração deste jovem para as boas-novas do Novo Testamento. Sua experiência demonstra o propósito e o poder do Antigo Testamento. O Antigo Testamento foi escrito para incendiar nosso coração, para fazer nosso coração arder em nosso interior desejando o Cristo do Novo Testamento. Verdadeiramente, o Senhor Jesus Cristo supre todas as nossas necessidades, mas o Antigo Testamento desperta o nosso coração para a realidade da nossa necessidade dele.

Nenhum livro em todo o Novo Testamento faz perguntas profundas e introspectivas como as que você encontra no Antigo Testamento — perguntas que continuam a flagelar o coração de homens e mulheres na contemporaneidade. Não há lugar no Novo Testamento em que você encontre os sérios anseios do coração humano todos reunidos em um mesmo lugar. No Antigo Testamento, encontramos expressa toda a dor, angústia e confusão que aflige a alma hoje: Por que há injustiça? Por que os maus prosperam? Qual o nosso lugar no esquema cósmico? Como podemos encontrar significado e propósito? Será que somos amados? Será que temos valor? Ou tudo é fútil? Será que apenas vivemos, rimos, sofremos, e em seguida, morremos e voltamos ao pó?

O Antigo Testamento é desenvolvido para articular a nossa profunda fome espiritual, para colocar a vida em termos que possamos

Um panorama das Escrituras

ver e expressar, para definir a sede da alma, para que possamos colocar o dedo sobre a nossa dor, nossa necessidade e nosso desejo. Como poderemos reconhecer Aquele que satisfaz se não identificarmos as fontes de nossa insatisfação?

Por milhares de anos, até o presente momento, pessoas de todas as culturas e origens têm se voltado para o Antigo Testamento e lido suas preciosas e poderosas palavras, e dito: "É exatamente assim que me sinto!". Elas têm encontrado resposta para suas dores e problemas nessas páginas. O Antigo Testamento é o livro da experiência humana. Ele foi desenvolvido para nos retratar como somos. No espelho do Antigo Testamento, vemos a nós mesmos de forma clara, e este reflexo de nós mesmos nos prepara para ouvir o Espírito Santo à medida que Ele nos fala através do Novo Testamento.

Como seríamos carentes sem o Antigo Testamento — ainda assim muitos cristãos optam por serem pobres. Eles ignoram a revelação preparatória que Deus entregou no Antigo Testamento, para que as ricas verdades do Novo Testamento pudessem se tornar vivas em seus corações. À medida que avançamos do Antigo para o Novo Testamento, espero que você seja desafiado e transformado em sua abordagem deste grande livro e que as páginas dos primeiros 39 livros de sua Bíblia se tornem tão gastas, sublinhadas e valorizadas como as páginas de seus livros favoritos no Novo Testamento.

As divisões do Antigo Testamento

Há quatro divisões do Antigo Testamento e cada uma delas é especialmente concebida para nos preparar para um relacionamento com o Senhor Jesus Cristo. Da história das origens da humanidade à história de Israel à grande poesia do Antigo Testamento aos livros trovejantes de profecia, cada parte do Antigo Testamento estabelece o seu próprio fundamento da verdade. Cada divisão toca o nosso coração de uma forma ligeiramente diferente e apresenta o ministério vindouro e a pessoa de Jesus, o Messias a uma luz sutilmente diferente. Quando Ele é finalmente revelado no momento crucial na história, vemos o

DIVISÕES DO ANTIGO TESTAMENTO	
• GÊNESIS – DEUTERONÔMIO	
Cinco passos para a maturidade	*Origem do Universo e da humanidade*
• JOSUÉ – ESTER	
A mensagem da história	*Perigos que confrontam a caminhada de fé*
• JÓ – CÂNTICO DOS CÂNTICOS	
A música que flui do coração	*Louvor e protesto do coração humano*
• ISAÍAS – MALAQUIAS	
As promessas de Deus	*Verdades para a vida*

Aventurando-se através da Bíblia

Senhor e dizemos: "Sim! Esse é Aquele sobre quem nós sempre ouvimos e lemos no Antigo Testamento!".

CINCO PASSOS PARA A MATURIDADE: OS LIVROS DE MOISÉS.
Estes cinco livros nos levam da origem do Universo e da humanidade, em direção à maturidade através da apresentação do pecado (e o primeiro brilho do plano de salvação), o primeiro julgamento da humanidade através do Dilúvio, os heróis da fé (Abraão, Isaque, Jacó e José), o início da nação de Israel, o cativeiro no (e a saída do) Egito, a liderança de Moisés, a apresentação da lei, a perambulação no deserto, e até as fronteiras da Terra Prometida.

Gênesis significa "início", e esse livro se inicia com o maior mistério da nossa existência: nosso relacionamento com o Universo e com o seu Criador. Em Gênesis, vemos repetidas reflexões da nossa própria necessidade humana. Adão e Eva precisaram de uma cobertura para os seus pecados. Noé precisou de um barco para salvá-lo das águas do julgamento. Abraão continuamente precisava de Deus para intervir, livrá-lo e fornecer-lhe as coisas que ele não tinha. Isaque precisou de Deus para incitá-lo à ação. Jacó precisou de um Salvador para tirá-lo das enrascadas em que ele se meteu em sua vida. José precisou de um libertador para retirá-lo do poço, da prisão e da injustiça da vida. A mensagem de Gênesis é a mensagem da resposta de Deus à nossa necessidade humana.

Êxodo é a história da resposta de Deus à nossa necessidade humana. É a lição de Seu poder redentor em nossa vida — a história da primeira Páscoa, da divisão do mar Vermelho e da entrega da lei no Sinai. É a história de opressão humana na terra de Faraó e a história da redenção milagrosa e libertação da escravidão. Os israelitas não fizeram nada para causar sua própria salvação. Deus fez tudo. É assim que Ele ainda age em nossa vida hoje.

Levítico é um livro de instruções detalhadas. Ele foi desenvolvido para tornar Deus acessível a nós para que estejamos disponíveis para Deus. Ele começa com a história do Tabernáculo, a morada de Deus. O Tabernáculo é um símbolo de nossa vida, o lugar em que Deus elegeu para habitar.

Números é o livro do fracasso no deserto. O livro começa em Cades-Barneia, na fronteira da Terra Prometida. O povo de Israel saiu vagando daquele lugar, perdendo de vista a promessa de Deus por 40 anos. Depois de vagar em esterilidade, solidão e areias escaldantes, assombrados quilômetro após quilômetro pela derrota, eles finalmente chegam ao mesmo lugar onde Números começou — Cades-Barneia. Números é um registro de fracasso — e um alerta para nossa própria vida.

Deuteronômio significa "segunda lei". É a história da reentrega da lei — e do compromisso renovado das pessoas para segui-la. O livro termina com o anúncio das bênçãos que esperam por aqueles que moldam suas vidas de acordo com a vontade revelada de Deus.

Assim, o fio condutor que une esses cinco livros, de Gênesis a Deuteronômio, é que estamos avançando, passo a passo, livro a livro, em direção à maturidade, em direção a um relacionamento com o Deus vivo do Universo.

A MENSAGEM DA HISTÓRIA: DE JOSUÉ A ESTER.
Os livros históricos dão uma contribuição única para a obra

36 *Um panorama das Escrituras*

preparatória do Antigo Testamento. Enquanto os cinco primeiros livros do Antigo Testamento nos deram o padrão de atuação de Deus na raça humana, os próximos 12 livros de história nos apresentam os perigos que enfrentamos em nossa caminhada diária de fé. Esses livros traçam a história de uma nação com um ministério específico: o de representar Deus ao mundo e perpetuar a linhagem daquele que iria nascer, o Messias, o Filho de Deus. Nos perigos e fracassos de Israel, vemos os perigos e fracassos que nos afligem hoje como cristãos. E, na disciplina amorosa de Deus e na redenção de Israel, vemos Sua obra de nos santificar e salvar do nosso pecado e fracasso.

Os livros de história nos levam ao campo de batalha quando Josué obedientemente busca conquistar a Terra Prometida. Vemos as forças intimidadoras de Jericó seguidas pela vitória miraculosa de Deus. Vemos o fracasso da carne em Ai e o engano dos gibeonitas. Através de tudo isso, vemos Josué constantemente marchando adiante, lutando a batalha da fé, não se desviando da missão que Deus lhe confiara.

Em Juízes, vemos os ciclos de sucesso e derrota espiritual e vemos Deus usar sete pessoas em especial, os juízes de Israel, para trazer libertação a Israel. Em Rute, temos uma história maravilhosa de fidelidade, contrapondo-se ao cenário dos fracassos dos juízes. Rute, uma mulher estrangeira em Israel, ouve a voz de Deus e se junta ao Seu povo, Israel. É uma bela história de romance e fé.

Os livros de Samuel, Reis e Crônicas contam os anos de glória de Israel como um reino poderoso e as tragédias que resultam quando os reis humanos desobedecem ao Rei dos reis.

Estes livros nos contam as histórias do rei Saul, do rei Davi, do rei Salomão, e assim por diante — reis que eram fortes, reis que eram fracos, reis sábios e tolos, reis justos e maus, reis grandes e pequenos. E, sempre que um rei mau levava Israel à desgraça, o Senhor levantava um homem como Ezequias ou Josias para purificar o Templo, redescobrir o Livro da Lei e levar Israel de volta a Deus.

Os livros de Esdras, Neemias e Ester tratam do cativeiro e restauração de Israel. Deus está sempre agindo em nossa vida — mesmo quando em escravidão e dor. Ele nos tira da derrota e do desânimo e nos ajuda a reconstruir os muros de nossa vida, assim como Neemias liderou a reconstrução dos muros de Jerusalém. Deus nos permite gritar em triunfo, mesmo em meio a circunstâncias aparentemente sem esperança, assim como a rainha Ester foi capaz de triunfar sobre suas probabilidades impossíveis. Nesses 12 livros históricos, vemos como Deus prepara nosso coração para a chegada, há muito aguardada, do Messias.

A MÚSICA QUE FLUI DO CORAÇÃO: DE JÓ A CÂNTICO DOS CÂNTICOS.

Esses são os livros poéticos que expressam tanto o louvor quanto o protesto do coração humano. Jó, Salmos, Provérbios, Eclesiastes e Cânticos dos Cânticos deixam nosso coração exposto a Deus, expressando honestamente nossa dor e desejo pelo Senhor. Não há uma única emoção que experimentemos na vida que não seja expressa nestes livros. Se você quiser entender sua própria experiência de vida e encontrar um reflexo de sua própria alma nas Escrituras, volte-se para estes belos livros do Antigo Testamento.

Aventurando-se através da Bíblia

AS PROMESSAS DE DEUS: DE ISAÍAS A MALAQUIAS. Esses são os livros onde Deus diz o que Ele vai fazer. Há 17 desses livros, geralmente divididos entre profetas "maiores" e profetas "menores". Não são maiores ou menores em relevância — somente na extensão. Quer curtos ou longos, todos esses livros contêm grandes verdades para nossa vida.

Isaías é um livro de glória e majestade. Ele prediz em detalhes surpreendentes a vida, ministério e a morte sacrificial de nosso Senhor Jesus. É também um livro de graça. Ele conta a história de como nós nos autodestruímos por meio do pecado e como Deus interveio e nos deu a promessa de um novo começo. Jeremias e Lamentações, por outro lado, alertam sobre Deus se ausentar de nossa vida se dermos as costas para Ele. Ezequiel começa com uma visão transcendente e em cascata de Deus e nos conduz em uma jornada da história futura, revelando a promessa de intervenção de Deus nos acontecimentos humanos em todo o mundo. Daniel nos mostra o poder de Deus em nos encorajar, mesmo em um mundo hostil e em rápida mudança; Daniel prossegue revelando o que Deus está planejando fazer por intermédio das nações do mundo, durante o curso da história, mesmo além de nossos próprios dias.

Oseias é um dos mais belos livros na Bíblia, uma imagem do amor incondicional de Deus por seres humanos falíveis e pecadores. É a promessa da busca persistente de Deus para nos levar à redenção. Joel é a promessa de que Deus pode tecer nossas tragédias em Seu plano eterno. Amós é a promessa de que Deus nunca negligencia Seus padrões, mas sempre procura nos levar à perfeição nele. Obadias é a promessa de vitória espiritual, como visto no contraste entre Jacó e Esaú, o espírito e a carne. Jonas é a promessa da paciência de Deus e Sua segunda chance de graça, como revelada na vida de Jonas e do arrependimento dos ninivitas.

Miqueias é a promessa do perdão de Deus, ecoando os temas de Isaías. Naum promete a destruição de Nínive; ela vem 100 anos depois da história de Jonas e do arrependimento dos ninivitas e demonstra que Deus não muda. Se nos arrependermos uma vez, e depois reincidimos em desobediência, podemos esperar o julgamento disciplinar de Deus. Habacuque promete que Deus finalmente responderá aos nossos clamores por justiça em um mundo injusto. Sofonias é um livro sombrio que promete julgamento no "Dia do Senhor".

Ageu promete restauração material, se voltarmos nosso coração a Deus. Zacarias é "o Apocalipse do Antigo Testamento", prometendo o governo de Deus sobre eventos futuros e a preservação de Seu povo em tempos de juízo. Malaquias promete que Deus responderá à nossa necessidade e nos enviará um Salvador; ele prediz a primeira vinda de Jesus (precedido por João Batista), depois pula para a segunda vinda de Jesus, o alvorecer do Sol da Justiça.

Nestes poucos parágrafos, fizemos o esboço do Antigo Testamento. Nas páginas que se seguem, olharemos para algumas das nuances mais sutis do grandioso livro de Deus, que traz preparação a vida de cada um de nós.

O NOVO TESTAMENTO

CAPÍTULO 3

Deus falou nestes últimos dias

Há duas maneiras de aprender a verdade: razão e revelação. Qual é a mais importante? É como perguntar qual das lâminas de uma tesoura é mais importante. Ambas são necessárias. É impossível adquirir uma compreensão completa e equilibrada da verdade bíblica sem usar tanto a razão quanto a revelação.

Algumas pessoas jogariam fora a razão e confiariam apenas na revelação. O resultado disso seria fanatismo. Se decidirmos que a faculdade mental dada a nós por Deus não tem absolutamente valor, então iremos nos comportar irracionalmente.

Uma vez li sobre um homem que afirmou que a solução para cada problema poderia ser encontrada na Bíblia. Quando roedores começaram a comer os vegetais em seu jardim, ele levou sua Bíblia para fora no quintal e leu o evangelho de João nos quatro cantos de sua propriedade. De alguma forma, ele entendeu que isso resolveria o problema dos roedores. Não resolveu. A razão sugeriria que a melhor maneira de livrar seu quintal de roedores seria instalar armadilhas. Por depender exclusivamente da revelação sem aplicar a razão e bom senso, esse homem acabou por se comportar irracionalmente.

Mas e se jogarmos fora a revelação e confiarmos apenas na razão? O resultado seria igualmente desastroso. A razão nos dá muitas percepções científicas e avanços tecnológicos, mas a razão sozinha nunca nos mostrou como transformar o coração humano; como acabar com a guerra; ou como eliminar o crime, a pobreza, o abuso de drogas ou o racismo. Na verdade, nossos avanços tecnológicos têm efetivamente tornado o futuro mais obscuro e assustador. Nunca poderemos começar a resolver nossos problemas sociais e humanos, enquanto deixarmos de lado a revelação de Deus e confiarmos apenas na razão humana.

> **OBJETIVOS DO CAPÍTULO**
>
> Este capítulo fornece uma visão geral "miniatura" de todo o Novo Testamento, o canal pelo qual Deus torna o Senhor Jesus vivo e real para nosso coração. O Novo Testamento responde a todas as perguntas levantadas pelo Antigo Testamento. Este capítulo trata de questões cruciais como: Quem é Jesus, segundo os evangelhos? Como surgiu a Igreja? Qual a importância das epístolas (as cartas de Paulo e de outros apóstolos)? Qual é o propósito do livro de Apocalipse?

A Palavra e o Espírito juntos

O que é revelação? É simplesmente a verdade que não pode ser conhecida pela razão. É o que Paulo chamou de "a sabedoria de Deus em mistério, outrora oculta [...] essa que nenhum dos poderosos deste século conheceu; porque, se a tivessem conhecido, jamais teriam crucificado o Senhor da glória" (1Co 2:7,8). Quando Paulo falou dos poderosos deste século, não estava necessariamente falando de reis e príncipes. Estava falando sobre líderes do pensamento humano em todos os domínios. E ele disse que há um corpo de conhecimento — uma sabedoria secreta e escondida — que é concedida por Deus aos seres humanos, que nenhum dos poderosos, com toda sua inteligência e sabedoria, poderia entender. Se eles soubessem disso, eles nunca teriam crucificado o Senhor da glória.

Os líderes religiosos que exigiram a crucificação de nosso Senhor eram um corpo de homens instruídos os quais se gabavam de que, mais do que ninguém, poderiam reconhecer a verdade quando a vissem. Mas, quando a Verdade encarnada estava diante deles, eles nem o reconheceram nem receberam Sua palavra. Eles o crucificaram porque tinham jogado fora a revelação e estavam agarrados apenas ao poder de seu próprio raciocínio.

A revelação, no sentido mais amplo, é a Escritura interpretada pelo Espírito Santo. Temos a Bíblia, que nos foi dada por Deus, como Paulo disse a Timóteo: "Toda a Escritura é inspirada por Deus" (2Tm 3:16). As Escrituras não se originaram de seres humanos. Em vez disso, certos seres humanos escolhidos tornaram-se canais por meio dos quais Deus entregou a Sua Palavra.

Como Pedro escreveu: "homens [santos] falaram da parte de Deus, movidos pelo Espírito Santo" (2Pe 1:21). Os autores do Novo Testamento escreveram cartas da mesma forma que as escreveríamos hoje, expressando seus sentimentos, suas atitudes e as suas ideias de forma mais natural e descomplicada. Mas, nesse processo, um estranho mistério ocorreu: O Espírito Santo agiu através dos escritores do Novo Testamento para orientar, dirigir e inspirar. O Espírito escolheu as palavras que expressariam os pensamentos de Deus aos seres humanos.

A sabedoria oculta de Deus não pode ser descoberta em um experimento de laboratório, mas Sua sabedoria é essencial para o tipo de vida que o Senhor planejou para vivermos. Essa sabedoria é revelada na Bíblia; no entanto, ela nos será inútil se não formos instruídos pelo Espírito Santo. É possível conhecer a Bíblia de capa a capa e não apreender absolutamente nada com isso. Você pode ir a qualquer livraria e encontrar dezenas de livros cheios de informações extensas sobre o conteúdo histórico, arqueológico e literário da Bíblia; contudo, os autores desses livros são ateus convictos.

Portanto, a revelação não é encontrada apenas através da leitura da Bíblia. A Bíblia deve ser iluminada, interpretada e validada em nossa vida pelo Espírito Santo. A Palavra e o Espírito devem agir em conjunto para nos levar ao conhecimento salvífico que provém de Deus.

Um livro de cumprimentos

Você já se perguntou por que Jesus veio para os judeus? Por que Ele não veio para os astecas? Ou para os chineses? Ou para os

Manuscrito do século 13
Início do Evangelho de Mateus

esquimós? Não há uma resposta simples e de senso comum a essa pergunta: Ele veio para os judeus porque esta era a nação que tinha o Antigo Testamento. Os judeus, por esta razão, estavam, exclusivamente, preparados para receber o que Deus ofereceu em Cristo.

Certamente, nem todos os judeus o receberam. Mas, nos primórdios de sua existência, a Igreja Primitiva era predominantemente uma igreja judaica. A nação judaica estava qualificada para receber o Messias, porque tinha sido preparada pelo Antigo Testamento para receber Jesus, que é o caminho, a verdade e a vida.

É por isso que muitas pessoas hoje que leem somente o Novo Testamento só podem ir até um ponto na compreensão da plenitude de Jesus Cristo. Seus corações não estão adequadamente preparados. Nossa vida é sempre superficial e limitada se tentarmos compreender algo que não estamos prontos para receber. É por isso que precisamos do ministério do Antigo Testamento.

Se o Antigo Testamento prepara, então o Novo Testamento cumpre. Deus concebeu o Novo Testamento para atender às necessidades despertadas e expressas pelo Antigo Testamento. Como o Novo Testamento atende a essas necessidades? Ao nos revelar Aquele que é a resposta para todas as nossas necessidades. Jesus disse: "Se alguém tem sede, venha a mim e beba" (Jo 7:37). "[Se] alguém comer deste pão [referindo-se a Ele mesmo], viverá eternamente" (Jo 6:51). "Vinde a mim, todos os que estais cansados e sobrecarregados, e eu vos aliviarei" (Mt 11:28). "Quem me segue não andará nas trevas; pelo contrário, terá a luz da vida" (Jo 8:12). Todas as necessidades do coração humano são satisfeitas em Jesus.

O Novo Testamento é um canal pelo qual o Espírito Santo torna o Jesus Cristo vivo real ao nosso coração. No Novo Testamento, a carta aos Hebreus nos diz: "Havendo Deus, outrora, falado, muitas vezes e de muitas maneiras, aos pais, pelos profetas" (Hb 1:1). Em outras palavras, o Antigo Testamento nos deu uma mensagem incompleta, não a palavra final. "Nestes últimos dias", a passagem continua, "nos falou [Deus] pelo Filho" (Hb 1:2). O Novo Testamento é a resposta ao anseio que o Antigo Testamento coloca dentro de nós.

Quando os líderes religiosos corruptos tentaram armar ciladas para pegar Jesus e destruí-lo, Ele respondeu: "Examinais as Escrituras" — isto é, o Antigo Testamento — "porque julgais ter nelas a vida eterna, e são elas mesmas que testificam de mim" (Jo 5:39). É verdade. O

Antigo Testamento testifica sobre o vindouro Messias, e o Novo Testamento testifica sobre o Messias que veio.

O Novo Testamento responde às perguntas do Antigo Testamento porque o Novo Testamento deixa claro o que o Antigo Testamento fala em símbolos, profecias e veladas referências. Uma vez que encontramos o Cristo do Novo Testamento, somos capazes de vê-lo claramente também em todo o Antigo Testamento.

Jesus se destaca em todas as páginas, tanto no Antigo quanto no Novo Testamento.

Divisões do Novo Testamento

Cada divisão do Novo Testamento é especialmente concebida para estabelecer o Senhor Jesus Cristo como a resposta às necessidades de nossa vida.

Os **evangelhos** são a seção biográfica do Novo Testamento. Lá, aprendemos sobre Jesus, quem Ele é e o que Ele fez. Quem é Jesus, segundo os evangelhos? Ele é o Filho de Deus nascido em forma humana por nós. O que Ele fez? Entregou-se para ser sacrificado

na cruz. Ele irrompeu do túmulo no poder da ressurreição. Ele nos salvou da punição pelos nossos pecados.

Houve um tempo em que, na plenitude de minha ignorância depois de me formar no seminário, eu pensava que os evangelhos quase não valiam a pena ser lidos! Eu tinha ouvido falar que eles eram "meramente" a história da vida de Jesus. Havia certamente *algum* valor neles, mas eu acreditava que as partes mais importantes do Novo Testamento eram as epístolas de Paulo. Alguns dos meus professores no seminário imprudentemente reforçaram essa noção, encorajando-me a investir minha atenção quase exclusivamente nas epístolas. Eles prometeram que se eu entendesse as epístolas, meu conhecimento bíblico estaria completo.

Em tempo, descobri que não conseguiria entender as epístolas se as separasse dos evangelhos. À medida que lia sobre a vida de Cristo e o via retratado nas quatro dimensões dos quatro evangelhos, descobri o segredo que transformou a minha própria vida e ministério. A declaração mais radical e revolucionária

DIVISÕES DO NOVO TESTAMENTO	
• EVANGELHOS	
Mateus a João	*A vida de Jesus*
• ATOS	
Livro de Atos	*A vida da Igreja*
• EPÍSTOLAS	
Romanos a Judas	*Cartas às Igrejas*
• APOCALIPSE	
Livro de Apocalipse	*Acontecimentos futuros*

jamais apresentada à mente humana é revelada nas palavras de Jesus Cristo e está registrada de várias maneiras nos evangelhos: "...igualmente eu vivo pelo Pai, também quem de mim se alimenta por mim viverá" (Jo 6:57). Essa declaração explica a vida de Cristo — os milagres que Ele realizou, os sermões que pregou, as parábolas que contou, a obra que realizou, e até mesmo Sua morte e ressurreição.

Atos nos dá o relato do início da Igreja. E a Igreja não é nada mais, nada menos, do que o Corpo de Jesus Cristo hoje, através do qual Ele pretende continuar a ser quem Ele é e a fazer o que Ele fez. Ele derramou a Sua vida física, a fim de que pudesse derramá-la num corpo de pessoas que manifestam essa vida em todo o mundo. O livro de Atos é nada mais do que o relato simples e direto de como esse corpo começou, como foi cheio do Espírito Santo, e como começou a lançar-se de Jerusalém para a Judeia e Samaria, e muito além até os confins da Terra.

O ministério que pertencia a Jesus durante Sua vida terrena agora pertence ao Seu Corpo, a Igreja. Nossa tarefa como Seus seguidores é abrir os olhos dos cegos, libertar os cativos, confortar aqueles que precisam de conforto, ser canal para o poder transformador de Deus na vida de homens e mulheres em todos os lugares.

As **epístolas** são uma série de cartas escritas para indivíduos e igrejas em linguagem direta e simples, transmitindo verdades práticas para a vida cristã. Essas cartas são reveladoras, porque nada é mais revelador do que uma carta pessoal. Se eu quisesse saber como é um grupo de pessoas (sem que seja sentar-se e conversar com elas face a face), leria suas cartas. As epístolas são cartas escritas por seres humanos, sob a inspiração direta de Deus. Nelas, encontramos a revelação da personalidade de seus escritores humanos e a personalidade de seu Autor divino.

As epístolas representam um variado leque de pontos de vista. Encontramos a verdade de Deus expressa por meio das personalidades dos escritores dessas cartas. Há Pedro, o pescador, sempre lançando sua rede para alcançar a alma humana. Há Paulo, o fazedor de tendas e edificador de Igreja, sempre lançando fundamentos e edificando. Há João, o restaurador de redes (é isso o que ele estava fazendo quando Cristo o encontrou pela primeira vez), e seu ministério é de reparação, restauração, levando-nos de volta ao padrão original de Deus.

Nas cartas do Novo Testamento, descobrimos o conteúdo básico da vida cristã e aprendemos como permitir que Jesus Cristo manifeste Sua vida através de nós. Essas cartas são quase todas compostas no mesmo padrão simples. A primeira parte é doutrinária, a segunda, prática. A primeira parte apresenta a verdade, a segunda, aplica essa verdade à vida real.

A verdade deve ser aplicada. Como o Senhor Jesus disse: "Se vós permanecerdes na minha palavra, sois verdadeiramente meus discípulos; e conhecereis a verdade, e a verdade vos libertará" (Jo 8:31,32). Até que comecemos a aprender quem Ele é e o que Ele faz e, depois, o apliquemos nas atividades específicas de nossa própria vida e coração, podemos ler nossas Bíblias durante anos, e ainda permaneceremos totalmente intocados por Sua magnífica verdade.

Muitas pessoas pensam que, se alguém exemplifica o que a vida cristã deve ser, este é o pastor. É como se a reunião de vários pastores juntos significasse praticamente o Céu na Terra! Deixe-me dizer-lhe, não é nada disso.

Em uma conferência de pastores que participei, havia ministros que estavam desencorajados, confusos e de alma enferma. Na verdade, alguns estavam tão feridos e derrotados que a sua própria fé estava por um fio. Nosso palestrante trouxe uma excelente mensagem em 1Co 2:16, onde Paulo diz: "Nós, porém, temos a mente de Cristo". Depois do sermão, tivemos uma reunião de oração. Para meu espanto, todos os pastores individualmente oraram: "Ó Senhor, dá-nos a mente de Cristo! Ó, se tivermos a mente de Cristo!".

Bem, o que a passagem diz? "Nós temos a mente de Cristo". Se isso é o que a Palavra de Deus nos diz, que tipo de fé oraria "Dê-me a mente de Cristo"? Até mesmo muitos pastores, fico triste em dizer, rotineiramente ignoram e não entendem bem as promessas das Escrituras. Pedimos a Deus por coisas que Ele já nos concedeu. Ele nos diz: "Aqui! Pegue! Tudo isso é seu!" E, em resposta, ficamos em pé e lamentamos: "Ah, o que eu poderia fazer, se eu tivesse a mente de Cristo!".

À medida que nos aventuramos juntos através das epístolas, oro para que você abra seu coração para as verdades simples apresentadas nelas. Rogo para que você se aproprie de tudo o que Deus lhe deu, e que você tome essas verdades e as aplique em sua vida cotidiana.

Por fim, o livro do **Apocalipse**. Esse é o único livro do Novo Testamento que trata completamente de profecia. Aqui, sob a forma de uma visão, Deus nos revela não só uma lista de eventos futuros, mas a realidade de quem Ele é agora e por todas as gerações por vir. Aqui lemos a história de como os

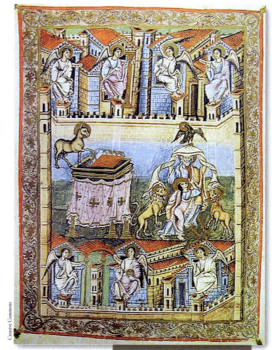

Frontispício do Livro das Revelações, Bíblia de São Paulo

reinos deste mundo se tornarão os reinos de nosso Senhor e do Seu Cristo, como Ele reinará para todo o sempre e como o povo de Deus se tornará Sua habitação, de modo que uma multidão de toda tribo e nação triunfará sobre o pecado, a morte e o inferno.

Paz, perfeita paz

A mensagem do Novo Testamento é fundamentalmente simples. É a mesma mensagem que Paulo afirma tão eloquentemente: "Cristo em vós, a esperança da glória" (Cl 1:27). Não temos qualquer esperança se Cristo não estiver em nós. Se Cristo não está ativo em sua vida, e você ainda não começou a experimentar o mistério da Sua habitação em seu coração, então você não é cristão e não tem esperança — esperança de glória, esperança de cumprimento, esperança de vida eterna e amor eterno.

Porém, se você colocou sua confiança nele, então tem todos os motivos para ter esperança. Graças a Deus e a Seu Filho Jesus Cristo, você tem a maior esperança que se possa imaginar!

O hino *Peace, perfect peace* (Paz, perfeita paz) [N.E.: indisponível em português], escrito por Edward H. Bickersteth, coloca isso muito bem. Mas não podemos compreender a mensagem deste hino a menos que notemos sua pontuação, porque ele tem uma estrutura bastante peculiar. Há duas linhas em cada verso. A primeira termina com um ponto de interrogação. A segunda responde à pergunta. Todas as perguntas dizem respeito à vida agora, e as respostas são aspectos de "Cristo em vós".

Pergunta: "Paz, perfeita paz, neste mundo de trevas de pecado?".

Resposta: "O sangue de Jesus sussurra paz interior".

Pergunta: "Paz, perfeita paz, com uma multidão de deveres urgentes?"

Resposta: "Fazer a vontade de Jesus, isso é descanso".

Pergunta: "Paz, perfeita paz, com tristezas aumentando ao nosso redor?"

Resposta: "No peito de Jesus nada além de calma é encontrado".

Pergunta: "Paz, perfeita paz, nosso futuro é todo desconhecido?"

Resposta: "Conhecemos Jesus, e Ele está no trono".

Pergunta: "Paz, perfeita paz, a morte nos fazendo sombra?"

Resposta: "Jesus venceu a morte e todos os seus poderes".

Essas são as perguntas feitas de forma desesperada pela raça humana devastada pela enfermidade do pecado e dor. E são essas as respostas encontradas no Novo Testamento. Observe que cada resposta tem como foco o nome de Jesus! Ele é o âmago do Novo Testamento. Ele é a resposta para todas as nossas necessidades.

O propósito da Bíblia é nos direcionar para a pessoa viva de Cristo. Ele é o único cuja imagem está inserida em cada página da Bíblia. O Novo Testamento foi escrito a fim de que possamos vê-lo — "Cristo em vós, a esperança da glória". Nas páginas do Novo Testamento, vemos Jesus.

Monte Arbel

Parte 2
Cinco passos para a maturidade

Portão Oriental em Jerusalém

DE GÊNESIS A DEUTERONÔMIO   CAPÍTULO 4

Cinco passos para a maturidade

Os judeus chamam os primeiros cinco livros da Bíblia de "a Lei" ou (em hebraico) a Torá. Em grego, é chamado de "o Pentateuco", de *penta* (cinco) e *teuchos* (rolos). Apesar das teorias da chamada "Alta Crítica" de que o Pentateuco é uma colcha de retalhos composta por diferentes escritores e editores ao longo de séculos, há fortes evidências para a crença tradicional de que o autor desses livros foi Moisés. Esses cinco livros demonstram uma unidade de tema, conteúdo e estilo que sugere que eles foram escritos por uma única mão.

Os primeiros capítulos de Gênesis podem ter sido entregues a Moisés em uma visão ou transmitidos a ele através de tradições orais. O último capítulo de Deuteronômio, que registra a morte e o sepultamento de Moisés, é provavelmente a obra do sucessor de Moisés, Josué, pois flui perfeitamente no livro de Josué, estabelecendo uma continuidade estilística e temática com o restante do Antigo Testamento. O grandioso alcance do Pentateuco, juntamente com seu relato simples e digno da história da humanidade e do povo judeu primitivo, constitui um argumento convincente para a crença de que Moisés é o autor de todos os cinco livros.

Os livros do Pentateuco e seus principais temas são:

Gênesis. A palavra *gênesis* significa "o começo", e este livro fornece o fundamento para tudo o que se segue no Antigo e Novo Testamentos. Os capítulos 1 e 2 estabelecem as origens do mundo. Os capítulos 3 a 5 estabelecem as origens da raça humana e da condição humana. Aqui vemos que somos criados à imagem e semelhança de Deus, contudo essa imagem está manchada pelo pecado. A tragédia do pecado entrou no mundo através do livre-arbítrio humano — nossa capacidade de escolher rebelar-nos contra Deus. Os seis primeiros capítulos de Gênesis concentram-se em três eventos que dão forma e depois estremecem as fundações do mundo:

- A criação
- A queda do homem
- O dilúvio

A partir de Gênesis 6, o foco muda desses três principais acontecimentos para cinco pessoas de destaque: Noé, Abraão, Isaque, Jacó e José. Essas cinco pessoas são apresentadas não como meros personagens históricos do passado, mas como verdadeiras personalidades de carne e osso com as quais todos nós podemos nos identificar. Este relato preserva para nós

---

OBJETIVOS DO CAPÍTULO

Este capítulo apresenta o Pentateuco, os cinco primeiros livros da Bíblia. Ele fornece um esboço "miniatura" de cada um dos cinco livros de Moisés, de Gênesis a Deuteronômio, e responde a perguntas como: Quem foi o escritor humano desses livros e como eles foram escritos? De onde vem o relato da criação? Qual foi o propósito de Deus em nos dar estes livros de história e Lei? Como devemos aplicar as verdades desses livros antigos para nossa vida hoje?

Aventurando-se através da Bíblia

Monte Nebo

não somente os fatos da vida deles, mas a cor, a profundidade e o tom de vida da época em que viveram.

Êxodo. Em Gênesis, Deus disse a Jacó: "Já não te chamarás Jacó, e sim Israel, pois como príncipe lutaste com Deus e com os homens e prevaleceste" (32:28). No final de Gênesis, a família de Jacó/Israel mudou-se para o Egito, onde o filho de Jacó, José, tinha sido elevado a uma posição de proeminência e poder. Mas agora, à medida que o Êxodo se abre, quatro séculos se passaram desde os acontecimentos finais de Gênesis. Os filhos de Israel gemem sob a servidão a um novo e cruel faraó egípcio. Com este livro, o foco muda para Moisés.

Êxodo narra a história de Moisés, sua disputa de vontades com o faraó egípcio, a redenção de Israel na primeira Páscoa, a fuga de Israel através das águas divididas do mar Vermelho e a jornada até o monte Sinai, onde Deus dá ao povo judeu Sua lei da aliança. A história de Êxodo é a história da libertação de Israel da escravidão no Egito.

Levítico. Agora que o povo de Israel fora libertado, ele deve aprender a viver como o povo escolhido de Deus. Em Levítico, Deus dá a Israel um conjunto de instruções sobre purificação cerimonial e expiação sacrificial para separar Seu povo a fim de que vivam de maneira santa. O foco de Levítico está na adoração, santificação e obediência.

Números. Tendo sido santificado, o povo de Israel está pronto para adentrar a Terra Prometida — ou não? Assim, quando eles são levados próximos a tomar posse de sua herança, a fé do povo vacila e sua obediência falha. Mesmo o servo de Deus, Moisés, falha e peca. Assim, Deus disciplina Seu povo, condenando-os a vagar no deserto por 40 anos até que a geração incrédula e desobediente morresse e uma nova geração surgisse — uma geração de pessoas que aprendera com o erro dos pais. Essa geração chega a Moabe, a porta de entrada para a Terra Prometida. Lá, Deus dá instruções a Seu povo de como deveriam viver como herdeiros desta nova terra.

Deuteronômio. Moisés, no final de sua vida, passa o bastão para seu discípulo e sucessor, Josué. Na sequência, Moisés entrega uma mensagem de despedida ao povo. É, em essência, um sermão no qual ele lhes lembra da justiça e fidelidade de Deus no passado e os dirige para os desafios do futuro. Moisés liderara e amara os filhos de Israel, entretanto eles também lhe foram uma fonte de grande decepção, lamento e raiva. Porém, esse é o povo escolhido de Deus; portanto Moisés os abençoa. Então, do cume do monte Nebo, ele vê o horizonte de Canaã, a Terra Prometida. Por fim, Moisés morre e é sepultado na terra de Moabe. É neste momento que Josué assume o comando da nação de Israel.

Lendo com perspectiva

O propósito da revelação de Deus é estimular o nosso crescimento, nos tornar mais maduros e completos em Cristo. Se a Bíblia não estiver produzindo maturidade em nossa vida, ela está sendo desperdiçada, no que nos diz respeito. Seu propósito é nos tornar instrumentos eficazes da graça de Deus e de Sua vontade, de modo que "não mais sejamos como meninos, agitados de um lado para outro e levados ao redor por todo vento de doutrina" (Ef 4:14).

Claramente, se esses livros são para trazer amadurecimento em nossa vida, devemos lê-los e mergulhar neles. Mas quantos de nós realmente nos sentamos para estudar esses livros? Ah, frequentemente começamos bem em Gênesis, com sua majestosa história da criação e suas dramáticas narrativas da vida fascinante dos patriarcas. Passamos para o Êxodo e ficamos detidos no tenso drama entre Moisés e Faraó. Porém, na sequência, chegamos a Levítico, com suas estranhas exigências legais, e nós patinamos. Jamais conseguimos chegar ao fim de Levítico e avançarmos para Números e Deuteronômio, muito menos para Josué.

Lembro-me de uma charge que vi uma vez depois do lançamento do filme *Os Dez*

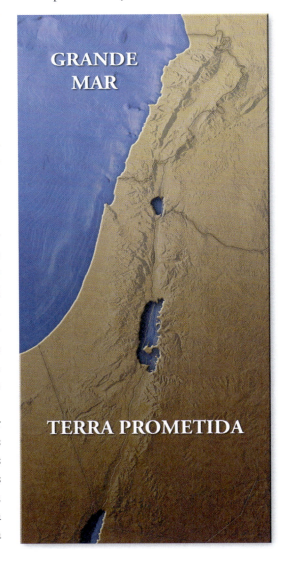

Aventurando-se através da Bíblia

Mandamentos. Duas mulheres passam em frente a um teatro onde o letreiro dizia: "Os Dez Mandamentos". Uma diz à outra: "Ah, sim, eu vi o filme, mas não li o livro". A maioria de nós cai nessa categoria. Vimos as versões das Escrituras produzidas por Hollywood, mas nunca conseguimos ler os livros.

Creio que a razão por que muitos de nós não vamos adiante nesses livros é porque os lemos sem perspectiva. Não sabemos *por que* os estamos lendo. Não sabemos o que esperar deles. Não sabemos o que procurar. Lemos o texto como uma simples narrativa que, às vezes, é interessante e, por vezes, complicada, e não conseguimos sondar o texto para descobrir como Deus quer aplicar suas verdades a nossa vida.

Alguns segredos surpreendentes estão embutidos nesses livros. É por isso que, neste estudo, estamos adotando uma visão panorâmica, examinando a paisagem do Pentateuco. Embora seja gratificante estudar esses livros em detalhes, é fácil perder o impacto da passagem em uma abordagem versículo por versículo. À medida que lermos estes livros com visão, com uma perspectiva panorâmica, poderemos ver o alcance total e o impacto impressionante da mensagem de Deus para nós no Pentateuco, para que Sua Palavra possa produzir sua obra de maturidade em nossa vida.

O livro dos começos

Começamos com Gênesis. Compare a palavra gênese com a palavra gene. Um gene é um minúsculo, mas complexo, componente químico dentro de um cromossomo. Ele determina o desdobramento físico da vida de uma pessoa.

O livro de *Gênesis* é muito parecido com esse *gene*. É apenas um sexagésimo sexto de toda a Bíblia, é simples e até modesto em seu estilo; contudo, é rico e complexo na verdade e percepção da condição humana. Ele inicia e define o tom para toda a história da Bíblia. Ele explica por que os seres humanos precisam de um Salvador. Já em Gn 3:15, sugere que a linhagem de Adão e Eva um dia produzirá o Salvador que esmagará a cabeça de Satanás. Gênesis é o nosso fundamento bíblico; sem ele não podemos entender completamente o restante da Bíblia.

Gênesis é a história do começo do nosso Universo, o começo da raça humana, o começo do pecado e o início da civilização. É um registro fascinante da origem do mundo físico que nos rodeia. A Bíblia se abre com essa visão majestosa e incrível: "No princípio, criou Deus os céus e a terra" (Gn 1:1).

Assim, a Bíblia começa confrontando uma das maiores questões da nossa existência: o mistério do Universo. Não é de se surpreender, este é exatamente o tema da ciência

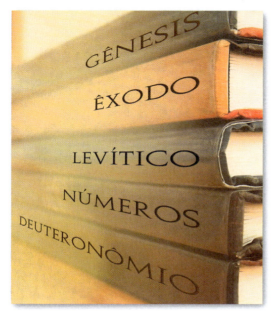

52   *Cinco passos para a maturidade*

e da filosofia hoje: Quem somos e qual é o nosso lugar no Universo? É aqui, no coração de uma das questões mais fascinantes da experiência humana, onde a Bíblia começa. E começa com essas palavras grandiosas: "No princípio".

Gênesis prossegue nos contando sobre nós mesmos. Nós seres humanos, diz ele, somos criaturas notáveis que foram criadas para ser um reflexo da mente de Deus, uma expressão do amor de Deus, o instrumento do plano de Deus. A raça humana é vista nos primeiros capítulos de Gênesis em um relacionamento maravilhoso com Deus. Os seres humanos amam a Deus e têm comunhão com Ele. Adão, o primeiro homem, caminha em comunhão com Deus, como nos diz Gn 3:8, no jardim, "pela viração do dia". Corretamente traduzido, esse versículo deveria dizer que Deus andava no jardim "no espírito do dia" — isto é, num espírito de compreensão e comunhão com Adão. Esta é a intenção de Deus para a humanidade.

Porém, esta doce comunhão foi quebrada pelo pecado. Começando em Gênesis 3, vemos a tragédia da desobediência e da incredulidade. A Palavra de Deus nos confronta imediatamente com um caso de fé mal direcionada — a terrível destruição que entra em nossa vida quando, na cegueira e ignorância obstinada, colocamos nossa fé no erro. Isso nos mostra que fomos criados para sermos criaturas de fé.

A história do fracasso e queda humanos é seguida imediatamente pela história do fracasso da primeira criação e sua destruição no dilúvio. Isso é seguido por histórias do povo de Deus — Abraão, Isaque, Jacó e José — vivenciando grandes fracassos, profundas mágoas e grandes sucessos. Suas vidas são lições para nós, e todos podemos nos identificar com pelo menos um desses quatro tipos de personalidade.

A história de Abraão ilustra nossa necessidade de um provedor. Ali estava um homem que sempre precisava de alguém para lhe entregar algo que lhe faltava. Ele sempre precisava de algo, estava sempre necessitando de algo. É a história de um homem cuja necessidade foi continuamente suprida por Deus.

Isaque foi um homem que teve outro tipo de necessidade. Ele nunca teve escassez. Não há registro de fome na vida de Isaque. Mas ele precisava de um motivador. Ele adorava ficar apenas sentado. Repetidamente, Isaque precisava de alguém para fazê-lo entrar em ação, para levá-lo ao lugar para onde Deus queria que ele fosse. A maioria de nós precisa deste tipo de motivação de vez em quando (se não todo o tempo).

Jacó estava continuamente precisando de um guarda-costas, um protetor. Ele estava sempre se colocando em situações de risco. Durante a sua vida, ele sempre precisou de alguém para resgatá-lo da confusão que ele causava a si mesmo.

Então temos a maravilhosa história de José. Como ele era diferente de Abraão, Isaque e Jacó! Aqui está José — tão humano, tão real, entretanto tão admirável. Mas a vida de José também é uma história de necessidade — a necessidade de um libertador. José não causou problemas para si mesmo por sua própria culpa ou pecado. Na verdade, muitos de seus problemas resultaram de sua integridade e compromisso com a vida justa diante de Deus. Mas sua história nos lembra do poder libertador de Deus.

Aventurando-se através da Bíblia

A história de José termina com as palavras "num caixão no Egito". Mesmo na morte, José precisava de um último ato de libertação de Deus. Seus ossos estavam em um caixão no Egito, e ele precisava que seus restos mortais fossem retirados do Egito e levados à Terra Prometida. A necessidade de José simbolizava a necessidade de seu povo e a nossa necessidade como crentes em Cristo. Nossa esperança final é ter nossa própria mortalidade resgatada da corrupção e levada à pátria eterna que Deus nos prometeu.

Assim está claro, a partir dessa visão panorâmica de Gênesis, que toda a história desse livro é uma mensagem sobre a profunda necessidade da raça humana. É a história da sua e da minha necessidade.

O livro da redenção

Êxodo é a história da resposta redentora de Deus à necessidade humana. O livro gira em torno de quatro grandes acontecimentos: a primeira Páscoa, a travessia do mar Vermelho, a entrega da Lei no monte Sinai e a construção do Tabernáculo. Os dois primeiros — a Páscoa e a travessia do mar — significam o perdão e a liberdade que Deus dá. Aqui aprendemos que liberdade e perdão são dádivas de Deus. Não temos poder para gerar liberdade ou perdão por nossos próprios esforços.

A primeira parte do livro conta como Deus agiu para libertar Seu povo. Ele engendrou os encontros entre Moisés e Faraó. Ele realizou os grandes milagres que culminaram na passagem do anjo da morte pelo Egito; Deus protegeu Seu povo do julgamento — uma proteção divina que é celebrada na Festa da Páscoa. Aqui está uma imagem de Deus em ação, libertando Seu povo. Eles eram impotentes

para se libertarem. Eles só podiam aceitar sua liberdade como uma dádiva da graça de Deus.

A travessia do mar Vermelho é a história da milagrosa intervenção de Deus libertando Seu povo da escravidão. Como um cristão passando pelas águas do batismo, o povo de Israel foi levado a um novo relacionamento quando passou pelas águas do mar Vermelho, caminhando na própria sombra da morte, um vale entre duas paredes de água prestes a causar uma inundação de destruição no momento em que a mão de Deus se retirasse. Quando os israelitas surgiram na margem distante, já não eram mais apenas uma multidão de refugiados; agora, pela primeira vez, eles eram uma nação sob o senhorio de Deus.

O que eles encontraram no outro lado do mar Vermelho? O monte Sinai e a entrega da Lei. A questão é clara: quando nós, como seres humanos, somos libertos da escravidão (seja escravidão a um governo opressivo ou escravidão à opressão do pecado), passamos a estar sob o controle de outro. A entrega da Lei é uma expressão do senhorio de Deus. A mensagem de Êxodo é que um novo relacionamento tinha começado; um novo domínio foi celebrado. No Novo Testamento, Paulo expressa a mensagem de Êxodo de forma concisa: "não sois de vós mesmos; porque fostes comprados por preço" (1Co 6:19,20).

Assim como a Páscoa e a travessia do mar Vermelho caminham juntas na vida do povo de Deus, também a entrega da Lei e a construção do Tabernáculo são inseparáveis. O modelo do Tabernáculo foi dado a Moisés ao mesmo tempo em que a Lei foi dada no monte Sinai.

Deus projetou o Tabernáculo para estar no centro do acampamento de Israel. E, sobre todo o acampamento, estava a grande nuvem durante o dia e a coluna de fogo durante a noite. Esta coluna dava evidência de que a presença de Deus habitava entre Seu povo. Mas eles só podiam vivenciar essa presença através de um complexo sistema de sacrifícios e rituais destinados a concentrar sua fé e a purificar suas vidas.

A construção do Tabernáculo foi acompanhada por um elaborado conjunto de símbolos e regras para seu uso. Os símbolos nos ensinam que Deus é santo e imutável. O Tabernáculo é uma representação do desejo permanente de Deus de habitar com Seu povo.

O livro de instrução

Em seguida, chegamos a Levítico. Este é o livro do Pentateuco onde as pessoas frequentemente patinam. Levítico é um livro de instrução projetado para tornar a santidade de Deus acessível a fim de que as pessoas possam estar disponíveis para o Senhor. O tema de Levítico é o acesso a Deus.

Levítico começa com a história do Tabernáculo, onde a presença de Deus habitava entre o povo de Israel. Se pudéssemos ter subido ao topo da montanha e contemplado o deserto onde as doze tribos de Israel estavam acampadas, teríamos uma visão estranha e maravilhosa ao ver essa vasta assembleia espalhada nas planícies em perfeita ordem e simetria, cada uma das doze tribos em seu próprio lugar designado. Descendo a montanha, entrando no acampamento, passaríamos por milhares de israelitas até chegarmos ao átrio exterior do Tabernáculo.

Entrando pelo grande portal do Tabernáculo, passaríamos pelo altar do sacrifício e a

bacia de bronze (bacia de lavagem de bronze). Então, chegaríamos à porta do próprio Tabernáculo. Atravessando o misterioso véu exterior, adentraríamos ao Santo Lugar, onde se guardavam os pães da proposição, o altar do incenso e o grande candelabro dourado. Mais ao fundo, nos depararíamos com o véu interior. Por trás dele — se ousássemos entrar — nos encontraríamos no Santo dos Santos. O único item nesse compartimento era a arca da aliança.

A misteriosa e temida arca era a habitação de Deus, com o propiciatório sobre ela tendo dois querubins cobrindo-a com suas asas. Lá, brilhava a luz *Shekinah* da glória de Deus. Era um lugar de profunda santidade e um lugar de terror para qualquer um cujo coração não fosse 100% puro e justo. O único que ousava entrar no Santo dos Santos e se aproximar da arca era o sumo sacerdote — e somente uma vez por ano com o sangue do bode expiatório. Era tarefa do sumo sacerdote fazer expiação pelos pecados do povo. Esta é uma representação da habitação de Deus no meio do Seu povo, demonstrando como eles poderiam ter comunhão com o Senhor.

Inseridos no livro de Levítico estão três princípios principais: (1) nossa necessidade por representação diante de Deus, (2) a suficiência de Deus para nos livrar de nossos pecados e (3) nossa fé em Deus demonstrada por nossa obediência a Ele. Vamos examinar cada um desses princípios por sua vez.

1. Representação. O israelita comum não tinha direito de entrar no Santo dos Santos. Apenas o sumo sacerdote podia entrar e, quando o fazia, ele representava toda a nação diante de Deus. Por essa representação, a nação começou a aprender o princípio de

Aventurando-se através da Bíblia

apropriar-se do valor da obra de outra pessoa. Afinal, é exatamente o que nos pedem para fazer hoje, não é mesmo? Somos convidados a crer que Cristo — nosso representante — morreu por nós e que morremos com Ele. Aqui vemos o valor preparatório do Antigo Testamento. Aqui, no meio do Pentateuco, Deus instrui o povo de Israel em sua necessidade de ter um representante para que possam ser perdoados e aceitáveis a Ele.

2. Suficiência de Deus. Levítico começa com a instituição de cinco ofertas, cada uma falando de Jesus em Sua morte por nós, cada uma mostrando como uma necessidade básica da vida humana é plenamente satisfeita no que Cristo faria mais tarde no Novo Testamento. Todas essas cinco ofertas, juntas, mostram-nos que nunca encontraremos nada que Deus ainda não tenha resolvido. Ele é suficiente para todas as nossas necessidades, incluindo a nossa necessidade de libertação do pecado e da morte.

3. Nossa obediência. A representação de Jesus por nós diante de Deus e a suficiência de Deus para todas as nossas necessidades são expressas em nossa vida por meio de nossa obediência. Obediência é fé em ação, fé em movimento, fé agindo sob a premissa de que as promessas de Deus são verdadeiras e Seus mandamentos são bons e justos.

Levítico é o livro de instrução do Antigo Testamento e, em muitos aspectos, se compara ao livro de instrução do Novo Testamento, Hebreus. Se você quiser se envolver em um estudo esclarecedor das Escrituras, leia Levítico e Hebreus lado a lado e compare os ensinamentos desses dois instrutivos livros.

O livro da experiência no deserto

Em Números, chegamos ao deserto do fracasso. A história trágica e circular de Números começa em Cades-Barneia, à margem da Terra Prometida. No final do livro, estamos de volta a Cades-Barneia. Nenhum progresso ocorre nesse livro.

Entre as duas cenas em Cades-Barneia, há 40 anos de caminhada sem direção no deserto. A intenção original de Deus para os hebreus era que eles passassem 40 dias entre o limite do Egito e a fronteira da terra. Mas, por causa da incredulidade do povo, eles foram condenados a 40 anos de provações, desespero, murmuração, esterilidade e arrependimento. Durante esses 40 anos, os israelitas repetidamente se lembraram de seu cativeiro no Egito e falaram de sua escravidão como se fossem "os bons velhos tempos". Se a escravidão lhes parecia boa, você pode imaginar como eles se sentiram derrotados no deserto.

O povo de Israel foi milagrosamente liberto em Êxodo. Eles receberam a instrução de Deus em Levítico. Por que, então, falharam tão miseravelmente em Números? Confesso que não entendo. No entanto, continuamente me deparo com esse fenômeno em minha própria vida, e ouço a respeito nas vidas de outros. Como as pessoas podem ler a Bíblia por anos, ir à escola bíblica, frequentar uma igreja bíblica, participar de estudo bíblico semanal e depois agir como se não tivessem aprendido nada? Contudo, isso acontece.

Lembro-me de uma mulher que tinha um grande conhecimento da verdade bíblica. Ela tinha estudado a Palavra por anos e podia responder perguntas que deixariam perplexos muitos teólogos e estudiosos da Bíblia. Mas ela vivia em derrota. Sua fé tinha desaparecido.

Sua família estava desmoronando. Seu comportamento era inconsistente com toda a verdade bíblica que tinha absorvido ao longo dos anos.

Assim foi com os israelitas em Números. Esse livro é um registro de fracasso e serve como um alerta para você e para mim. No entanto, é também um testemunho do amor e da paciência de Deus. Sim, Seu povo o entristeceu, e sim, Ele os disciplinou, mas não porque Ele os odiava ou desejava destruí-los. O Senhor ainda queria levar esse tipo de pessoas à bela terra que Ele lhes havia prometido. Então Ele os disciplinou. Mesmo em suas andanças, em sua ingratidão e em suas queixas, Ele lhes proveu amor e cuidado paternal.

Devemos criar coragem e prestar atenção às lições do Pentateuco. Deus disciplina aqueles que Ele ama, mas Ele também perdoa e restaura. Embora Números seja um livro de fracassos, sabemos que o sucesso de Israel está à frente. O livro termina com a nação israelita mais uma vez em Cades-Barneia, à porta de Canaã. Seu deserto ficou para trás agora. A Terra Prometida está à frente deles.

O livro da "segunda lei"

Finalmente chegamos a Deuteronômio. O nome do livro significa "segunda lei", do grego *deuter* (segundo) e *nomas* (lei). Deuteronômio começa com uma mensagem de despedida de Moisés. É, primeiramente, uma mensagem retrospectiva, revendo todas as bênçãos de Deus para o povo. Segundo, é um recontar da Lei que Moisés tinha entregado ao povo em Êxodo. E terceiro, é uma revelação das ricas bênçãos que Deus tem reservado para aqueles que guardam a Lei.

Por que a Lei é dada uma segunda vez neste livro? No Novo Testamento, Paulo nos diz que a Lei tem um propósito crucial em nossa vida: que ela, diz ele, "nos serviu de aio para nos conduzir a Cristo, a fim de que fôssemos justificados por fé" (Gl 3:24). É quando a Lei diz "não" (cobiçarás, roubarás, matarás, cometerás adultério) que percebemos nosso desejo interior de fazer essas mesmas coisas. Descobrimos nossa rebeldia em relação a qualquer autoridade que diga: "Não, você não pode". Descobrimos a guerra dentro de nós: queremos fazer o que é certo, mas somos impotentes contra a tentação. Somos injustos aos olhos de Deus. Não podemos nos salvar; precisamos de um Salvador. Se a Lei não brilhasse a luz da verdade sobre o nosso pecado, não reconheceríamos a nossa condição de perdição. A Lei é o nosso mestre estrito e intransigente, sem compaixão, sem misericórdia. Ela nos conduz aos braços do nosso amado Salvador.

A Lei foi dada a Israel pela primeira vez para dizer: "Você é pecador". Foi dada a segunda vez, após o fracasso no deserto, para dizer: "Você não tem esperança". Deus queria que o povo de Israel reconhecesse sua completa dependência e desamparo.

Quando a Lei foi dada pela primeira vez no monte Sinai, o povo respondeu com confiança, mesmo de forma presunçosa. "Tudo o que o Senhor disse faremos". Mas, quando ela foi dada pela segunda vez em Cades-Barneia, a resposta do povo foi mais humilde, mais submissa, até mesmo mais temente: "Nós não temos, por nós mesmos, o que é preciso para fazer isso". Isso era o que Deus queria ouvir: humildade e uma vontade de viver dependente de uma força superior do que a sua

Aventurando-se através da Bíblia

própria. Estavam, então, prontos para adentrarem à terra.

E quem os guiaria? O fato de um homem chamado Josué ser aquele que lideraria o povo de Israel à Terra Prometida significa muito. "Josué" é a forma hebraica de um nome que você conhece muito bem em sua forma grega: "Jesus". Isso mesmo — Josué, no Antigo Testamento, tinha o mesmo nome que Jesus no Novo Testamento. O simbolismo é óbvio demais para ser mal interpretado.

Quando chegamos ao fim de Deuteronômio, descobrimos que Deus preparou Seu povo para o propósito que Ele sempre teve. Os cinco livros de Moisés foram escritos para levar o povo à fronteira da Terra Prometida. Moisés não podia levá-los para dentro dela. Moisés representa a Lei. Como Paulo diz em Romanos: "o que fora impossível à lei, no que estava enferma pela carne, isso fez Deus enviando o seu próprio Filho" (8:3).

Foi Josué quem conduziu o povo à Terra Prometida geográfica. E é o novo Josué, Jesus, que nos conduz à eterna Terra Prometida.

O padrão quíntuplo de Deus

Este, então, é o Pentateuco em perspectiva panorâmica. Estes cinco livros nos dão o padrão do programa de Deus, que Ele segue em nossa vida:

1. Uma consciência de nossa necessidade (*Gênesis*);
2. A atividade de Deus em agir para satisfazer essa necessidade, Sua resposta na redenção (*Êxodo*);
3. Instrução sobre como viver, adorar e se aproximar de Deus (*Levítico*);
4. As consequências do nosso fracasso e incredulidade (*Números*) e
5. Uma chegada a um lugar onde o esforço próprio termina, onde a Lei novamente esmaga a nossa autossuficiência e nos conduz humildemente de volta ao Senhor (*Deuteronômio*).

Você encontrará este padrão estampado em quase todas as páginas da Bíblia: cinco passos, cinco divisões ou uma ordem quíntupla.

O livro de Salmos contém cinco divisões que coincidem exatamente com esse padrão. Assim como as cinco ofertas apresentadas em Levítico, as cinco grandes festas que Israel celebra, e as cinco seções em que tanto o Antigo como o Novo Testamentos são divididos. O número cinco está impresso em todas as partes das Escrituras, e cada vez é uma repetição desse padrão que Deus seguirá. Alguém até sugeriu que talvez Deus, querendo que nos lembrássemos disso, nos deu cinco dedos em cada mão e em cada pé.

É nesta quinta fase em que Deus pode verdadeiramente agir, porque dizemos: "Senhor, por mim mesmo não posso fazer nada". E Deus diz: "Bom, é exatamente onde eu quero que você esteja. Agora posso usá-lo. Agora posso agir por seu intermédio. Agora posso cumprir meu propósito através de você".

Este é o Pentateuco. Sem ele, os grandes temas do restante da Bíblia são incompreensíveis. Com ele, temos a chave para desvendar os profundos segredos das Escrituras. Agora que adquirimos nossa visão orbital do Pentateuco, vamos nos aproximar um pouco mais e explorar, um a um, esses cinco livros fantásticos.

Cinco passos para a maturidade

GÊNESIS

CAPÍTULO 5

O início da história da fé

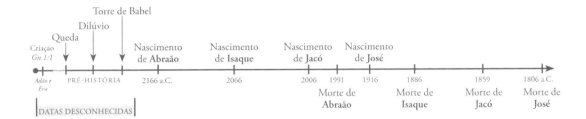

Henry Ward Beecher foi um proeminente ministro americano no século 17, que uma vez foi visitado por um amigo, o advogado Robert Ingersoll. A amizade entre Beecher e Ingersoll era estranha, já que este era um famoso agnóstico e crítico da Bíblia. Mas Beecher nunca desistiu da tentativa de converter seu amigo incrédulo.

Certa vez, Ingersoll contou a Beecher tudo sobre um novo livro de Charles Darwin que ele havia lido. O livro, disse ele, explicava como tudo passou a existir sem Deus.

—Bem, de onde vêm as pessoas, de acordo com o Sr. Darwin?, perguntou Beecher.

—Dos macacos, respondeu Ingersoll.

—Ah, disse Beecher, e os macacos vieram de…?

—Animais inferiores, respondeu Ingersoll. E os animais inferiores surgiram de formas ainda mais inferiores, e assim por diante, até que você percorra toda a cadeia da vida chegando às criaturas unicelulares que se formaram nos mares.

—E de onde vieram os mares?, perguntou Beecher. E o próprio mundo? E o Sol, a Lua e as estrelas?

Ingersoll acenou com as mãos.

—Eles simplesmente surgiram. Não precisamos de alguma divindade mítica para explicar tais coisas.

Mais tarde naquela noite, Beecher levou Ingersoll à biblioteca para mostrar-lhe alguns livros novos que acabara de comprar. A atenção de Ingersoll foi atraída por um globo na escrivaninha de Beecher, que retratava as estrelas e as constelações do céu noturno.

—Este é um globo maravilhoso, disse ele. Quem o fez?

—Ora, ninguém o fez, disse Beecher, sorrindo. Simplesmente surgiu.

O livro de Gênesis, como veremos, não se preocupa muito com o modo como as coisas surgiram, mas com *quem* as fez surgir. As

> **OBJETIVOS DO CAPÍTULO**
>
> Este capítulo examina a grande extensão do primeiro livro da Bíblia, da história da criação e da queda aos tempos dos patriarcas (Abraão, Isaque e Jacó), até a vida de José, um símbolo inconfundível da vinda do Servo-Messias, Jesus. Aqui descobrimos o tema que percorre todo o Gênesis: A humanidade é insuficiente sem Deus. No entanto, Gênesis também revela o segredo para a vida plena: Amizade com Deus.

quatro primeiras palavras de Gênesis deixam claro que tudo tem um Autor divino:

No princípio, criou Deus...

Um livro antigo… uma mensagem atemporal

No capítulo anterior, tivemos uma visão "orbital" dos cinco primeiros livros da Bíblia. Agora, damos um zoom para uma perspectiva mais próxima e detalhada.

Qual a idade de Gênesis? O historiador grego Heródoto, que viveu três séculos antes de Cristo, é chamado de "o Pai da História". Ele é o primeiro historiador secular cujos escritos foram preservados para nós. No entanto, Moisés, que escreveu os cinco primeiros livros de nossa Bíblia, estava em seu túmulo mais de mil anos antes de Heródoto nascer. Gênesis é antigo assim — porém, suas perspectivas são tão atuais como as notícias desta manhã.

Que outros escritos antigos são comparáveis ao Gênesis? Se você está familiarizado com as descobertas da arqueologia, então sabe que as antigas colunas, lajes e fragmentos de cerâmica que foram desenterrados nos últimos séculos nos dão uma visão da vida nas civilizações antigas. A partir dessas fontes, não conseguimos encontrar escritos antigos de outras culturas primitivas que se aproximem de Gênesis na vivacidade de seu drama humano, da realidade de seus personagens ou da riqueza de sua linguagem e descrição. É um livro verdadeiro sobre pessoas reais que viveram num lugar e tempo reais.

Mas Gênesis não é apenas um livro da história. Ele contém uma mensagem profunda — e essa mensagem pode ser resumida em uma única declaração: *Os seres humanos são insuficientes sem Deus.* Essa é a essência do livro. É uma mensagem profundamente pessoal, pois vemos nossas próprias histórias refletidas na linha do tempo. Você e eu nunca poderemos ser plenos sem Deus, nem poderemos cumprir nosso verdadeiro propósito na vida sem um relacionamento pessoal e genuíno com o Deus que habita em nós.

Nossa insuficiência à parte de Deus nos é revelada por Gênesis em três reinos:

1. *O reino da ciência natural:* A história da criação aborda a cosmologia — o estudo do Universo, sua origem e formação. A vastidão do nosso Universo faz-nos sentir pequenos e insignificantes — separados de Deus. A história do dilúvio aborda a geologia — o estudo das características e forças da Terra. As forças geológicas demonstradas em Gênesis nos fazem sentir pequenos e impotentes — separados de Deus. A criação da vida aborda a biologia — o estudo da vida em todas as suas manifestações. Sentimo-nos fracos e insignificantes comparados aos predadores da terra e do mar; somos também vulneráveis a bactérias e outras formas de vida invisíveis a olho nu. No reino da ciência natural, sentimo-nos humildes e insuficientes — separados de Deus.

2. *O reino das relações humanas:* Nas histórias dramáticas de Gênesis, vemos princípios da sociologia, da antropologia, da psicologia e da psiquiatria agindo nas relações humanas reais. Existem dinâmicas relacionais complexas na história de Adão e Eva e da queda. Há dinâmicas sociológicas realistas nas histórias de Noé e seus vizinhos antes do dilúvio, ou na história de Abraão, Ló e a cidade de Sodoma. O comportamento de autossabotagem de Jacó é um estudo psicológico fascinante. A

Céu estrelado

lição dessas histórias, repetidamente, é que a humanidade é irremediavelmente disfuncional — separada de Deus.

3. *O reino das relações espirituais:* Nos primeiros capítulos de Gênesis, somos apresentados às questões mais profundas da teologia (o estudo de Deus), soteriologia (estudo da salvação), angelologia (estudo de anjos e demônios) e filosofia (estudo da existência, razão e valores). Em todas essas áreas vitais, o livro de Gênesis revela que você e eu somos totalmente insuficientes, separados de Deus.

O mundo da natureza

Os dois primeiros capítulos de Gênesis dizem respeito principalmente ao mundo da natureza. Gênesis começa com a grande verdade de que vivemos em um Universo. Existimos em um conjunto específico de coordenadas no espaço e no tempo. Se sabemos alguma coisa sobre ciência, estamos cientes de que nosso planeta faz parte de um sistema solar, que é parte de uma galáxia de 100 bilhões de estrelas, que é uma entre bilhões de galáxias num vasto Universo além de nossa compreensão.

A Bíblia inicia com o majestoso reconhecimento desse fato: "No princípio, criou Deus os céus e a terra" (1:1). Que combinação estranha — colocar todos os vastos céus de um lado e nosso pequeníssimo planeta Terra do outro. Mas o livro segue em frente para nos dizer que a humanidade — o que a ciência moderna retrata como "o homem insignificante", uma pequena partícula de vida agarrada a um planeta pequeno nos arredores de uma galáxia comum num Universo incrivelmente vasto — é de fato o objeto *principal* da atenção e interesse de Deus.

O versículo 2 nos diz que a Terra começou como um planeta completamente coberto por um oceano, que estava envolvido em escuridão. Estava "sem forma e vazia", sem características e sem vida. Não havia terra, nem cordilheiras, nem litoral para atrair a atenção;

O LIVRO DE GÊNESIS

O mundo da natureza (Gênesis 1–2)

A Criação 1:1–2:25

  A. Criação do mundo 1:1–2:3

  B. Criação da raça humana 2:4-25

Relacionamentos humanos (Gênesis 3–5)

A Queda 3:1-24

  A. Tentação 3:1-5

  B. Pecado 3:6,7

  C. Julgamento 3:8-24

Depois da queda 4:1–5:32

  A. O primeiro homicídio 4:1-15

  B. A linhagem de Caim 4:16-24

  C. A linhagem de Sete 4:25–5:32

Relacionamentos espirituais (Gênesis 6–50)

O Dilúvio 6:1–10:32

  A. A raça humana ímpia é julgada 6:1-22

  B. A arca e o dilúvio 7:1–8:19

  C. Após o dilúvio 8:20–10:32

  Noé adora a Deus; Deus faz uma aliança com Noé; os pecados de Noé e seus filhos; as linhagens familiares dos filhos de Noé

A Torre de Babel 11:1-9

  A. Construindo a torre 11:1-4

  B. Julgamento contra os construtores 11:5-9

A vida de Abraão 11:10–25:18

A história de Abraão; a aliança de Deus com Abraão (Abrão); a circuncisão instituída; Sodoma e Gomorra; a fé do patriarca Abraão; a vida de Isaque; a morte de Sara; a morte de Abraão

A vida de Isaque 21:1–26:35

  A. Isaque nasce 21:1-34

  B. Isaque é oferecido.. 22:1-24

  C. A família de Isaque...23–25

  D. O fracasso de Isaque 26:1-33

  E. O fracasso de Esaú...26:34,35

A vida de Jacó...27:1–36:43

  A. Jacó usurpa a bênção de Esaú 27:1–28:9

  B. O sonho de Jacó.. 28:10-22

  C. Jacó trabalha para obter suas esposas 29:1–30:43

  D. Jacó foge.. 31:1-55

  E. Jacó retorna..32:1–33:20

Jacó luta com o anjo do Senhor e faz as pazes com seu irmão

  F. Jacó em Canaã 34:1–35:29

A filha de Jacó, Diná, é desonrada e vingada; o nome de Jacó é mudado para Israel.

  G. A história de Esaú..36

A vida de José 37–50

  A. Os irmãos de José o maltratam...........................37–38

  B. José é provado 39–40

  C. José interpreta sonhos 41:1-36

  D. José é exaltado sobre o Egito............................. 41:37-57

  E. José testa seus irmãos...42–45

  F. José abençoa sua família 46:1–49:32

  G. A morte e o sepultamento de Jacó....................49:33–50:14

  H. A morte e o sepultamento de José...................... 50:15-26

Aventurando-se através da Bíblia

simplesmente um grande mundo de água. Com essa imagem dos primórdios da Terra, a ciência concorda plenamente.

Porém, a revelação da Palavra de Deus acrescenta um fator-chave que muitos cientistas seculares não reconhecem: o fato de que "o Espírito de Deus pairava por sobre as águas". Deus estava agindo em Seu Universo, interagindo com ele. Algo sai do nada porque Deus está se movendo. O Espírito de Deus traz luz da escuridão, forma da falta de forma, vida da ausência de vida.

A primeira coisa que Deus fez, de acordo com o registro bíblico, foi criar a luz: "'Haja luz', e houve luz". A luz é essencial para a vida. Com o advento da luz, estamos agora prontos para o registro dos seis dias da criação. Cada dia, exceto o sétimo, inclui uma noite e uma manhã. Cada um, exceto o sétimo, registra uma ordem progressiva de criação.

Há forte controvérsia se são dias de 24 horas literais ou se são eras geológicas. Essa controvérsia perde completamente o foco do relato de Gênesis. Deve estar claro para qualquer pessoa que lê a passagem, de que Gênesis não se concentra na questão de tempo. Mesmo que nos possa parecer importante, não é o propósito de Deus. Ele quer mostrar que, na Criação, Ele estava se movendo em direção a um objetivo através de uma progressão de etapas sucessivas que logicamente sucedem umas às outras. A Criação não acontece de repente com um estalar de Seus dedos. Deus escolheu realizar a Criação em etapas, e essas etapas são evidentes ao longo desta passagem.

Apesar do conhecimento que continuamos a adquirir através de sondas espaciais, radiotelescópios e o Telescópio Espacial *Hubble*, o Universo ainda é um mistério para nós.

Sabemos muito pouco sobre ele. Uma vez, um físico nuclear descreveu para mim a complexidade do núcleo de um átomo, o que antes se pensava ser o bloco de construção mais simples e básico da matéria. Descobertas de novas "espécies" no "zoológico de partículas" tornaram o outrora simples átomo em algo de complexidade incompreensível.

Aqui, onde os limites exteriores do conhecimento humano encontram as fronteiras da ignorância humana, a Bíblia começa a responder às questões desconcertantes dos cientistas: O que colocou o Universo em movimento? O que mantém o Universo em movimento? De onde viemos? Qual é o seu propósito? Por que estamos aqui?

Gênesis revela que os mistérios da existência humana e do Universo físico estão ligados ao reino espiritual. Sem entender Deus, não podemos entender nosso Universo, nós mesmos ou nosso relacionamento com o mundo à nossa volta. Microscópios e telescópios podem nos dar apenas uma visão parcial. O alcance espiritual da Bíblia nos permite completar o quadro que a ciência começou a esboçar para nós.

Albert Einstein colocou seu dedo diretamente sobre a insuficiência da ciência quando disse: "A ciência é como ler um romance de mistério". Você pode comprar o que costumava ser chamado de "romance barato" (e que atualmente custa caro), levá-lo para casa, apoiar-se em seus travesseiros e lê-lo em um quarto escuro com apenas uma lâmpada de leitura como companhia. Pelo menos um assassinato (e talvez mais alguns) ocorrerá no primeiro ou segundo capítulo. A história logo se concentra num único tema: o enigma de detetive. As evidências aparecem à medida que você lê.

A Criação de Adão, por Michelangelo (1475–1564)

Lá pelo terceiro capítulo, você decide que foi o mordomo. Lê mais adiante, e a evidência aponta para o mordomo. Mas, no último capítulo, todos os seus pressupostos anteriores são frustrados. Afinal de contas, não era o mordomo — era a senhorinha de tênis! Einstein diz que a ciência é assim. Ela vai adiante lutando de evidência a evidência, e nunca parece chegar perto da resposta final.

Gênesis começa onde a ciência se retira. Isso não é uma crítica à ciência, porque ela nunca foi projetada para responder à pergunta "Por que o Universo existe?". O escopo da ciência é deliberadamente limitado a certas vias de investigação. Gênesis responde à pergunta "por quê?" e à pergunta "quem?". Gênesis dá respostas endereçadas à fé — não um irracional "salto de fé", mas uma fé racional. Quanto mais a ciência aprende sobre a natureza fundamental do Universo, mais parece concordar com a Bíblia.

Assim, a Bíblia permanece fiel às descobertas mais complexas da ciência, enquanto ao mesmo tempo mantém a simplicidade que mesmo os menos instruídos entre nós podem entender. As Escrituras jamais foram inspiradas por Deus para ser um tratado sobre ciência. Deus deliberadamente estruturou o Universo físico para manifestar uma realidade espiritual interior. Uma vez que o mundo é feito para o ser humano, esse mundo reflete a verdade de Deus para o homem. É por isso que Jesus considerou a natureza um instrumento adequado para ensinar verdades espirituais, como revelam Suas parábolas.

Gênesis 1:26 nos mostra que Deus realizou uma consulta divina sobre o homem, dizendo: "Façamos o homem à nossa imagem, conforme a nossa semelhança". Essa conversa é a primeira evidência de que Deus é composto por mais de uma pessoa. A frase-chave sobre o homem neste versículo é que ele foi criado à "imagem" e "semelhança" de Deus. Essa imagem é encontrada não no corpo ou na alma do homem, mas em seu espírito. Como Jesus disse à mulher no poço em Samaria: "Deus é espírito; e importa que os seus adoradores o adorem em espírito e em verdade" (Jo 4:24).

O que há de Deus em nosso espírito? Se nosso espírito é feito à imagem de Deus, então, ele pode fazer coisas que Deus pode fazer, mas que nenhum animal pode. Três coisas são sugeridas ao longo do primeiro capítulo de Gênesis que só Deus faz: primeiro, Deus cria; segundo, Deus se comunica e terceiro, Deus avalia, pronunciando algumas coisas boas e outras ruins. É aqui que aparece a imagem de Deus no homem. O homem pode criar. O homem se comunica como nenhum animal pode fazer. E o homem é a única criatura que tem um senso moral, reconhecendo algumas coisas como boas e outras como más. Assim, o espírito da humanidade está marcado com a imagem de Deus.

O capítulo 2 descreve Adão caminhando no jardim em comunhão com Deus, atuando como um espírito vivendo dentro de um corpo físico e manifestando as características de personalidade da alma. Nesse momento, Deus dá a Adão um projeto de pesquisa, para investigar o mundo animal em busca de uma possível companheira para si mesmo. Deus sabia que Adão não encontraria o que estava procurando, mas no processo, Adão descobriu pelo menos três verdades maravilhosas.

Primeira, ele aprendeu que uma mulher não era para ser um simples animal de carga, como são os animais, porque isso não satisfaria a sua necessidade de uma ajudadora e companheira. Segunda, ele percebeu que a mulher não era apenas um laboratório biológico para produzir crianças. Para isso é que os animais usam o sexo, mas isso não era suficiente para

as necessidades de Adão. O sexo na humanidade, portanto, é diferente do sexo entre os animais. Terceira, Adão aprendeu que a mulher não era uma coisa fora dele, para ser usada ao capricho do homem e depois descartada. Ela foi feita para ser sua ajudadora, adequada para ele, idônea, para que o complementasse e o completasse.

Assim, em uma passagem notável, nos é dito que Adão caiu em um sono profundo e Deus tirou-lhe uma costela, fez uma mulher dessa costela e a trouxe para ele. Esse período de inconsciência de Adão sugere o que a psicologia moderna confirma, que o relacionamento conjugal é muito mais profundo do que a mera afeição superficial. Diz respeito não só à vida consciente, mas também à subconsciente e inconsciente também.

A raça humana entra em cena

Nos capítulos 3 a 5 de Gênesis, a raça humana entra em cena. Esses capítulos traçam a história da humanidade de Adão até Noé e revelam que a unidade básica da sociedade é a família. Esse padrão permanece inalterado entre 10 a 20 mil anos de história. A família ainda é a base da sociedade humana. Quando as pessoas ignoram esse fato e começam a destruir a vida familiar, os fundamentos de uma sociedade se desintegram. Por quê? Uma nação é uma extensão das famílias que ela contém. As nações do mundo são simplesmente grandes e complexos grupos familiares.

Quando um presidente morre, quando um furacão devasta uma cidade, quando centenas morrem em um prédio que desmorona, quando um ônibus espacial explode, o que acontece? Uma nação inteira chora. Nós, americanos, temos um vínculo comum, uma conexão comum. Quanto mais perdemos de vista nossa conexão como sociedade familiar, mais fragmentada e disfuncional nossa nação se torna.

Esses capítulos também revelam o fracasso dos seres humanos em seus relacionamentos mais básicos. As pessoas tentaram ser humanas sem Deus, e o resultado foi a introdução do princípio do pecado. O pecado é a chave inglesa jogada no maquinário humano. É a razão pela qual nos comportamos de maneiras tão destrutivas para nós mesmos e para os outros — mesmo quando sabemos fazer melhor e queremos o melhor para nós mesmos e para os outros. Keith Miller chamou o pecado de "o vício final", porque não importa o quanto queremos ficar livres dele, o hábito destrutivo do pecado é impossível de se romper por nosso próprio poder.

Aqui em Gênesis, vemos como Adão rejeitou o plano de Deus e perdeu o Paraíso. Vemos como Caim rejeitou Deus e se tornou um assassino, depois fundou uma civilização que terminou em apostasia e se afogou no dilúvio. Vemos o sábio e piedoso Noé, após ver sua família ser poupada do dilúvio, cair no pecado do abuso do álcool, trazendo vergonha à sua família. Mais tarde, ainda em Gênesis, veremos de que maneira homens como Jacó e Ló causaram enorme dor para si mesmos e para suas famílias. Hoje em dia, ouvimos muito sobre "famílias disfuncionais", mas Deus, há muito, já escreveu o livro sobre esse assunto.

Gênesis 3 explica mais de 100 séculos de sofrimento humano, de miséria, tortura e derramamento de sangue. Remova este capítulo de Gênesis, e toda a Bíblia se tornará incompreensível. Mais importante ainda, Gênesis 3 explica o nosso próprio sofrimento e fracasso.

Podemos nos encontrar nessas páginas. A tentação e a queda são reproduzidas em nossa vida muitas vezes ao dia. Todos nós ouvimos a voz do tentador e sentimos a atração pelo pecado — e todos nós conhecemos as dores da culpa que vêm depois.

Muitos estudiosos bíblicos acham que o tentador no jardim não era uma serpente, mas "aquele que brilha", que é o que a palavra serpente em hebraico significa. As serpentes foram, sem dúvida, criadas para representar o castigo que caiu sobre este ser quando ele causou a queda do homem com sua astúcia e engano. A serpente no jardim é claramente o diabo em seu disfarce como um anjo de luz. Ele confronta a mulher no jardim do Éden, e sua tática é despertar um desejo pelo que Deus já proibira.

Primeiramente, ele implanta no coração dela uma desconfiança a respeito do amor de Deus — "É assim que Deus disse: Não comereis de toda árvore do jardim?" (Gn 3:1). Em seguida, ele ousa negar abertamente os resultados sobre os quais Deus advertiu — "É certo que não morrereis" (3:4). Então controla seu ataque com uma verdade distorcida — "Porque Deus sabe que no dia em que dele comerdes se vos abrirão os olhos e, como Deus, sereis conhecedores do bem e do mal" (Gn 3:5). Assim Eva está diante da fruta pendurada ao seu alcance com toda a sua encantadora fascinação. Esta oferece-lhe uma experiência que ela nunca sonhou possível: "ser como Deus".

O diabo despertou as emoções de Eva. Ela anseia pela fruta tentadora. Quando ela tenta fazer uma escolha racional, isso já não é mais possível. Seu pensamento já está confuso por suas emoções. De fato, suas emoções já fizeram a escolha — e sua mente pode apenas

Aventurando-se através da Bíblia

racionalizar a escolha feita por suas emoções. Sua mente teve que distorcer os fatos para satisfazer seu desejo. Depois de racionalizar seu desejo, Eva toma a fruta e a come.

Mesmo assim, nem tudo está perdido. Ainda há esperança para a raça humana. Adão ainda não caiu, apenas Eva. Uma batalha foi perdida, mas não a guerra. Nas palavras inocentes, mas sinistras "e deu também ao marido, e ele comeu" (3:6), deparamo-nos com o início da escuridão de uma humanidade caída. O que a Bíblia chama de "morte" acontece imediatamente.

Isso é seguido pela expulsão do casal do jardim — não, como frequentemente imaginamos, para impedi-los de vir à árvore da vida, mas como o texto especificamente afirma, "para guardar o caminho da árvore da vida" (3:24). Há um caminho para a árvore da vida, mas já não é um caminho físico. No livro de Apocalipse, aprendemos que a árvore da vida é para a cura das nações (Ap 22:2). É certamente a isso que Jesus se refere quando diz: "Eu sou o caminho". Devemos viver na presença de Deus porque um caminho foi aberto de volta à árvore da vida. Esse caminho é apenas Jesus.

O trágico pecado de Adão conduz diretamente ao pecado criminoso de seu filho, Caim, que mata seu irmão Abel. Caim é motivado por amargura e ciúme quando a oferta de sangue de Abel é aceita em detrimento da oferta de grãos de Caim a Deus. A partir de Caim, traçamos os primórdios da civilização e especialmente a parte que a vida urbana desempenha na formação da sociedade humana.

Caim é o pai de Enoque e constrói uma cidade na terra ainda manchada com o sangue de Abel. Dá a essa cidade o nome de seu filho.

Nela, estão contidos todos os ingredientes da vida moderna: viagem, música e artes, o uso de metais, vida política organizada e domesticação de animais. Ela é impressionante, mas construída em terreno instável. Violência, assassinato e imoralidade abundam à medida que o Estado se levanta para substituir a família como centro do interesse humano. A preferência pela vida urbana à vida rural torna-se evidente. A raça humana torna-se cada vez mais tolerante ao excesso sexual e à imoralidade.

Entretanto, em meio a essa corrupção e deterioração, Deus tem outro plano pronto. Depois do assassinato de Abel e da expulsão de Caim, Adão e Eva têm outro filho, cujo nome — Sete — significa "o nomeado". Mais tarde, nasce Noé da linhagem de Sete.

O espírito humano no relacionamento com Deus

O restante de Gênesis explora o reino dos relacionamentos espirituais. É a história do espírito humano no relacionamento com Deus, contada por meio da vida de cinco homens. Se você se lembrar da vida desses cinco homens e o que elas significam, terá a maior parte de Gênesis na palma de sua mão. Eles são Noé, Abraão, Isaque, Jacó e José. Gênesis revela em suas histórias o que os seres humanos estão sempre buscando.

Temos a tendência de gastar nossa vida buscando *coisas*. Na tentativa de serem bem-sucedidos, muitos neste mundo lutam para acumular bens a fim de dar sentido à sua existência. Contudo, repetidas histórias dos momentos finais de pessoas que tiveram tudo nesta vida demostram que não chegaram onde esperavam. Aqueles que morrem sem nada para representar suas vidas, com exceção de uma coleção de castelos, carros, fama, riqueza e impérios tendem a morrer miseravelmente, agarrando-se a uma vida que não podem mais manter. E se arrependem por terem investido suas vidas em coisas efêmeras.

Toda a inquietação de nossos dias pode ser entendida como uma tentativa de adquirir as coisas certas da maneira errada. Quais são as coisas certas? De acordo com a Bíblia, justiça, paz e alegria são as coisas que devemos perseguir. Mas, devido ao nosso entendimento estar deformado pelo pecado, nossa busca por essas coisas fica distorcida.

No profundo de nosso ser, queremos justiça, uma sensação de retidão e justificação. Mas, em vez de buscar a justiça de Deus e sermos justificados pela fé no justo sacrifício de Jesus Cristo, tentamos nos autojustificar. Quando alguém o acusa de algo errado, o que você faz? Começa a se justificar. Você apresenta desculpas. Essa é a natureza humana. Mesmo quando sabemos que estamos errados, queremos de alguma forma torná-lo certo. Mas a única justiça que pode nos justificar é a justiça de Deus. Somente a Sua justiça nos cobre e satisfaz nossa fome e busca por justiça.

A segunda coisa que buscamos é paz. John F. Kennedy disse certa vez: "A mera ausência de guerra não é paz". Pura verdade! Mesmo quando nossa sociedade desfruta o chamado tempo de paz, passamos por tensão, desconforto e insatisfação. Como povo, não estamos em paz uns com os outros, nem conosco mesmos. Por quê? Não estamos em paz porque a buscamos nos lugares errados e de maneira errada. Procuramos dinheiro e um padrão de vida mais elevado como a chave para a paz de espírito; entretanto, quanto mais temos, mais queremos. A única paz verdadeira é aquela que Deus nos dá, mesmo em tempos de incertezas — a paz que excede todo o entendimento.

A terceira coisa que buscamos é alegria. Queremos um senso de felicidade e aventura na vida. Tragicamente, a maioria de nós procura nosso substituto para alegria na forma de entusiasmo, energia e prazeres pecaminosos. O propósito da última parte de Gênesis é nos apresentar a Deus, Aquele de quem o salmista escreveu: "Tu me farás ver os caminhos da vida; na tua presença há plenitude de alegria, na tua destra, delícias perpetuamente" (Sl 16:11).

Onde encontramos a verdadeira satisfação para esses três objetivos ocultos da vida, quase inconscientes — justiça, paz e alegria? Romanos nos diz: "Porque o reino de Deus não é comida nem bebida, mas justiça, e paz, e alegria no Espírito Santo" (14:17). Somente Deus oferece essas coisas aos seres humanos, e essa é a história desse livro.

Nossa suficiência com Deus

Gênesis revela nossa insuficiência enquanto separados de Deus e demonstra nossa completude e suficiência com Deus. Esta é a grande e positiva mensagem de Gênesis.

No jardim, antes da queda do homem, vemos Adão como o senhor da criação. Deus lhe deu domínio. Se ao menos pudéssemos conhecer Adão antes da queda! Que personalidade rica ele deve ter tido. Que tremendo poder e conhecimento deveria ter. Conhecia os mistérios do mundo e controlava suas atividades. A humanidade já não pode mais fazer isso. Temos o desejo de fazê-lo, mas não podemos.

Quando olhamos para o Novo Testamento e lemos sobre os milagres do Senhor Jesus

Aventurando-se através da Bíblia

andando sobre as águas, transformando água em vinho, acalmando a tempestade com uma palavra, dizemos a nós mesmos: "Isso é Deus em ação". Mas o Antigo Testamento diz: "Não, isso não é Deus; isso é a humanidade não caída. Isso é o que os seres humanos foram criados para ser: governantes do mundo".

Encontramos isso refletido no Salmo 8, quando Davi ao olhar para os céus, declara: "que é o homem, que dele te lembres? E o filho do homem, que o visites?" (v.4). Então responde à pergunta: "Deste-lhe domínio sobre as obras da tua mão e sob seus pés tudo lhe puseste" (v.6). Desde a queda, o único ser humano em quem vimos essas palavras cumpridas é Jesus. É por isso que o escritor de Hebreus diz: "Agora, porém, ainda não vemos todas as coisas a ele sujeitas; vemos, todavia [...] Jesus..." (2:8,9).

Gênesis revela que quando os seres humanos vivem com Deus, eles são capazes de viver em paz e em harmonia com outros seres humanos. Uma das histórias mais bonitas deste livro é a de Abraão morando sob os carvalhos de Manre com todos os cananeus ao redor dele, uma raça que por muitos anos fora inimiga. Porém, Deus trabalhou na vida de Abraão, de modo que até seus inimigos estavam em paz com ele.

A história de Abraão se encerra com as tribos dos cananeus vindo a ele e dizendo: "tu és príncipe de Deus entre nós" (Gn 23:6). Quando as atitudes de uma pessoa agradam ao Senhor, Ele faz até os inimigos daquela pessoa ficarem em paz com ela. Este é o segredo da vida para todos os nossos relacionamentos.

Gênesis declara que somente os seres humanos em comunhão com Deus podem conhecer a suprema felicidade — a justiça, paz e alegria que as pessoas sempre almejam ter. A realização só ocorre quando as pessoas descobrem que o Deus que deseja habitar nelas é a resposta a todas as suas necessidades.

Isso é revelado de cinco maneiras, por intermédio da vida de cinco homens:

Noé é um homem que passou pela morte simbolicamente. Esse é o significado do dilúvio. Ele foi rodeado pelas águas do dilúvio, manteve-se sobre as águas, foi preservado com a morte que recaiu sobre o mundo e foi salvo. As águas do juízo, as águas da morte, não puderam absorvê-lo. Ele foi levado para um novo mundo e uma nova vida por sua fé no Deus redentor.

Muitos livros foram escritos descrevendo o que o mundo poderia ser após um holocausto atômico. No entanto, este era praticamente o mesmo cenário produzido nos dias do dilúvio. A civilização humana foi destruída, e Noé e sua família foram forçados a começar de novo em uma nova terra. Aqui está uma imagem de regeneração, de nova vida. O ato da conversão cristã é uma transição da morte para a vida em Cristo, assim como Noé passou da morte para a vida no dilúvio.

O dilúvio começou quando as fontes do grande abismo romperam, as janelas do céu se abriram e a chuva continuou por 40 dias e noites, depois cessou. Ao fim de 150 dias, as águas começaram a diminuir e a arca repousou no monte Ararate no décimo sétimo dia do sétimo mês.

O décimo sétimo dia do sétimo mês é exatamente o mesmo dia do ano em que, séculos mais tarde, Jesus ressuscitou dos mortos. Depois da saída do Egito, Deus mudou o início do ano, do sétimo mês (no outono) para o primeiro mês (na primavera), quando

Jacó e Esaú, por Jacob van Zeunen (1650)

a Páscoa era celebrada. Jesus ressuscitou no décimo sétimo dia do primeiro mês, que seria o mesmo do décimo sétimo dia do sétimo mês, no antigo relato desta passagem de Gênesis.

Assim, a saída de Noé da arca pretende ser um retrato de uma nova vida, um novo começo. É a nova vida que todos os cristãos experimentam quando entram na vida de ressurreição de Jesus Cristo pelo novo nascimento.

Abraão ensina que somos justificados pela fé. Embora longe de ser perfeito, ele viveu pela fé. Tudo o que Abraão realizou foi resultado da graça de Deus, não do mérito ou esforço próprio. À medida que Deus o conduzia e Abraão avançava fiel na dependência das promessas de Deus, ele descobriu que as promessas do Senhor eram verdadeiras. Oito vezes a fé de Abraão foi dramaticamente testada, e oito vezes ele passou no teste. Se você estiver em uma prova de fé, leia a vida de Abraão. Você encontrará circunstâncias semelhantes às suas. Abraão nos ensina o que significa ser amigo de Deus pela fé.

Uma das maiores manifestações da fé de Abraão foi a sua confiança na promessa do Senhor do nascimento de um filho, apesar da idade avançada de Abraão. É nesse ponto da sua caminhada de fé que lemos pela primeira vez nas Escrituras essa declaração maravilhosa: "Ele creu no Senhor, e isso lhe foi imputado para justiça" (Gn 15:6), e esse é o motivo pelo qual Abraão foi chamado de "amigo de Deus" (Tg 2:23).

Isaque é um belo retrato de filiação, o que significa ser filho de Deus. Se alguma vez um menino foi mimado e paparicado por seu pai, esse era Isaque. Duvido que qualquer mensagem possa ser mais bem-vinda hoje do que aquela tão lindamente exemplificada em Isaque: Deus nos ama, nos valoriza e nos chama de amados de Seu coração. João afirma: "Amados, agora, somos filhos de Deus, e ainda não se manifestou o que haveremos de ser. Sabemos que, quando ele se manifestar, seremos semelhantes a ele" (1Jo 3:2). Seremos como Cristo.

Jacó era o trapaceiro de Gênesis. Ele era o maquinador, o homem que pensava que poderia viver por sua própria inteligência e seus próprios esforços. Tentou enganar a todos e acabou sendo enganado. Causou problemas em sua própria família praticando o favoritismo, preferindo um de seus filhos em relação aos demais, criando assim amargura e ressentimento entre esses rapazes.

Apesar de suas muitas falhas, Jacó é um belo retrato de santificação, provando que Deus age através de provações e fracassos, moldando o caráter de Seu povo, conduzindo-os para si. Às vezes, não damos ao Senhor nenhuma escolha a não ser a de nos encurralar e contender conosco até descobrirmos que Ele está falando conosco, e nos rendermos. Com a nossa rendição, Deus assume o controle, e nós podemos realmente viver.

Isso é o que Jacó fez no ribeiro de Peniel. Ele sabia que Esaú estava vindo com um bando de homens armados prontos para tirar sua vida, assim mesmo ele atravessou o ribeiro, enviou primeiro sua família e servos e esperou sozinho. Naquela noite, um anjo na forma de um homem o encontrou e lutou com ele durante a longa noite. Quando o dia raiou, o anjo procurou desprender-se, mas Jacó teimosamente permaneceu agarrado a ele. O anjo tocou a coxa de Jacó e a deslocou, mesmo assim Jacó se agarrou ao mensageiro divino, recusando-se a soltá-lo até ser abençoado por Deus.

Então, o ser divino mudou o nome de Jacó para Israel, que significa "aquele que prevalece com Deus". Quando o sol nasceu, Jacó caminhou mancando para se encontrar com Esaú com uma atitude totalmente diferente em seu coração. Ele já não temia as pessoas, mas estava confiante de que Deus lutaria suas batalhas por ele. Jacó aprendeu o grande princípio da santificação: Deus é a sua força e refúgio, e Ele é poderoso para resolver todos os seus problemas.

A vida de Jacó pode ser vista em três etapas distintas: (1) Seus primeiros anos em casa quando enganava os outros, exemplificados por seu roubo do direito de primogenitura de Esaú. (2) O período intermediário de sua vida, quando Jacó aprende o que é ser enganado, como ilustrado na história na qual Jacó trabalha por sete anos para ganhar Raquel como sua esposa, sendo enganado e levado a se casar primeiro com a irmã de Raquel, Lia. (3) Por fim, Jacó aprende a viver como um homem devotado à palavra e à vontade de Deus, quando ele luta com o Anjo de Deus e é abençoado por Ele.

José é um retrato de glorificação. Esse jovem é amado por seu pai, Jacó, e maltratado por seus irmãos. Eles o atacam e o vendem como escravo, mas mesmo nas correntes da escravidão, José é exaltado por Deus. Sua vida é como uma montanha russa, cheia de altos e baixos. Seu empregador, Potifar, lhe dá uma posição de prestígio e autoridade. Mas, quando a mulher de Potifar mente sobre ele, Potifar o lança na prisão. Mais tarde, José é novamente exaltado, tirado da prisão e nomeado conselheiro do Faraó. Por último, José se torna o segundo maior líder do Egito.

José simboliza a esperança de todos os cristãos. O que esperamos depois da morte? Esperamos libertação das trevas e da dor desta existência terrena, e da prisão em que vivemos nossos anos — libertação e exaltação ao próprio trono e presença do próprio Deus.

Como José obteve a libertação e exaltação de Deus em sua própria vida? A fé é a única maneira de alcançar a Deus e apoderar-se de Seu poder libertador. "Sem fé é impossível agradar a Deus" (Hb 11:6). Observe que na vida de José e na nossa, fé não significa dar credibilidade intelectual às promessas de Deus. Significa sair e agir de acordo com Suas promessas. Quando agimos com fé, tudo se torna verdadeiro em nossa experiência.

O caráter de José nos é apresentado quase com consistência impecável. Ele é, muitas vezes, considerado símbolo do Cristo, porque foi amado por seu pai, mas rejeitado por seus irmãos, vendido à escravidão por 20 peças de prata, e aparentemente morreu (ou assim pensava seu pai) e foi "trazido à vida" novamente como um governante triunfante em vez de um servo sofredor. Como nosso Senhor, José perdoou a seus irmãos pelo modo como o trataram e ele foi usado para salvá-los da morte e preservar a linhagem da família.

O segredo da vida

O fio que percorre todos os 50 capítulos de Gênesis é que há um segredo para viver. Nós nunca experimentaremos a plenitude da vida até que tenhamos aprendido e experimentado esse segredo. O segredo é simples — mas muitas pessoas não conseguem obtê-lo: é a amizade com Deus. Sem Ele, você não pode entender o mundo ao seu redor. Você não pode entender a si mesmo nem ao seu próximo, nem mesmo a própria vida. Você nunca terá respostas sem Deus. Mas, com Ele, tudo entra em foco e faz sentido.

O segredo da vida é um relacionamento pessoal e diário com o Deus vivo. Ele realmente quer ter comunhão com as pessoas que amorosamente criou. Essa é a primeira nota soada nos primeiros capítulos de Gênesis — e é a nota conclusiva soada no livro do Apocalipse. Do começo ao fim, a Bíblia é uma carta de amor à raça humana. E examinamos apenas o primeiro capítulo dessa carta.

Aventurando-se através da Bíblia

PERGUNTAS PARA DISCUSSÃO

GÊNESIS
O início da história da fé

1. O autor diz que a mensagem de Gênesis pode ser resumida em uma única declaração: Os seres humanos são insuficientes sem Deus. Olhando para as circunstâncias que o cercam, a vida de pessoas que você conhece e a sua própria história, você encontra evidências de que essa é uma declaração precisa? Explique sua resposta.

2. O autor observa que a arca de Noé veio a repousar no monte Ararate no décimo sétimo dia do sétimo mês, no mesmo dia do ano em que, séculos mais tarde, Jesus ressuscitou dentre os mortos. O autor acrescenta que Noé "passou pela morte simbólica... As águas do juízo, as águas da morte, não puderam absorvê-lo. Ele foi levado para um novo mundo e uma nova vida por sua fé em um Deus redentor". Essa percepção o ajuda a se identificar mais com Noé? Por quê?

3. Abraão acreditou na promessa de Deus que lhe daria um filho, apesar de sua idade avançada, e a sua fé lhe foi creditada como justiça. Compare a fé veterotestamentária de Abraão com a sua própria fé neotestamentária. A base da salvação de agora é diferente da que era nos dias de Abraão? Por quê?

4. A vida de Jacó passou por três etapas distintas: (1) Ele começou como um maquinador e enganador. (2) Mais tarde, ele conheceu a dor de ser enganado. (3) Por último, ele lutou com Deus e aprendeu a viver de acordo com a vontade do Senhor. Como a sua jornada de fé se compara com a de Jacó? Quais semelhanças ou diferenças você percebe?

APLICAÇÃO PESSOAL

5. O autor escreve sobre a tentação de Eva: "Suas emoções já fizeram sua escolha... Sua mente teve que distorcer os fatos para satisfazer seu desejo. Uma vez que racionalizou seu desejo, Eva toma a fruta e a come". Você pode se identificar com essa descrição de tentação? Alguma vez você já decidiu fazer algo errado, enquanto o racionalizava como a coisa "certa" a se fazer? Como você pode se proteger contra a tentação de racionalizar o pecado?

6. Qual destas pessoas em Gênesis fala mais claramente à necessidade de sua vida:

- *Noé, levado sobre as águas do juízo pela arca da graça de Deus?*
- *Abraão, o amigo de Deus?*
- *Isaque, o filho de Deus?*
- *Jacó, o trapaceiro e maquinador que foi santificado por Deus?*
- *José, o servo sofredor que foi exaltado no final?*

O que a vida dessa pessoa o ensina? Explique sua resposta.

7. O segredo para a vida, que se encontra em todo o Gênesis, é a amizade com Deus. Você descobriu esse segredo? Que passos você pode dar nesta semana para se tornar um amigo mais próximo e mais íntimo de Deus?

Observação: Para uma pesquisa mais aprofundada da vida de Abraão, leia *Friend of God: The Legacy of Abraham, Man of Faith* (Amigo de Deus: O legado de Abraão, um homem de fé), Ray C. Stedman (Discovery House Publishers, 2010).

Aventurando-se através da Bíblia

Deserto da Judeia

ÊXODO

O plano de libertação

CAPÍTULO 6

Nascimento de **Moisés** — 1526 a.C.
Moisés em Midiã — 1486
O êxodo de Israel — 1446
A Lei é entregue *Monte Sinai — 90 dias*
O Tabernáculo é construído — 1445
Peregrinação pelo deserto
Morte de **Moisés** — 1406 a.C.

Quando Deus quer fazer algo grande, Ele começa com um bebê. Ele usa as coisas fracas, as coisas simples, as coisas pequenas, para confundir o grande e o sábio.

O que consideramos serem grandes eventos históricos? Guerras, batalhas, revoluções, levantes. Nunca pensamos em incluir o nascimento de um bebê quando consideramos grandes movimentos históricos e mudanças sociais. Pensamos que os bebês são pequenos, frágeis e essencialmente sem importância. Mas Deus sabe mais. Ele sabe que são os bebês que se tornam os grandes homens e as grandes mulheres que abalam as estruturas do mundo.

Em 1809, o mundo inteiro ansiosamente concentrou-se nas façanhas militares de Napoleão Bonaparte. Ele queria conquistar o mundo, e estava caminhando para essa realização. O mundo inteiro tremia diante de suas imponentes ambições e ansiosamente aguardava notícias do campo de batalha.

No entanto, nesse mesmo ano, 1809, bebês estavam nascendo em todo o mundo. O mundo deu pouca importância a esses bebês durante o tempo em que Napoleão estava redesenhando os mapas da Europa. Entretanto, as sementes da mudança revolucionária estavam sendo plantadas naquele ano. O grande poeta inglês Alfred Lord Tennyson nasceu naquele ano. Assim como Charles Darwin, cuja teoria da evolução enviaria ondas de choque por toda comunidade científica. Gladstone, que um dia se tornaria primeiro-ministro da Inglaterra, nasceu. E, numa cabana de madeira no Kentucky (EUA), nascia também Abraham Lincoln.

Quando Deus quer mudar a história, Ele não começa com uma batalha. Começa com um bebê. Esse é o padrão de Deus ao longo da história, e é assim que o Êxodo começa. À medida que a história se inicia, um bebê nasce sob a sentença de morte — contudo, a vida desse pequeno é preservada

> **OBJETIVOS DO CAPÍTULO**
>
> Este capítulo examina a narrativa e os temas de Êxodo — a vida de Moisés, a Páscoa, a travessia do mar Vermelho, a entrega da Lei e a construção do Tabernáculo. Em Êxodo, descobrimos que o povo de Israel foi resgatado da escravidão no Egito da mesma maneira que os cristãos são resgatados da escravidão do pecado — pela graça através da fé.

pela mão interveniente de Deus. Com um toque de ironia, o Espírito Santo de Deus se move de forma bela: A despeito da ordem do Faraó de matar todos os bebês hebreus do sexo masculino no Egito, o bebê Moisés não é apenas salvo, mas é trazido diretamente para a família do Faraó. Então, ironia das ironias, Deus leva o Faraó a contratar a própria mãe do bebê para cuidar dele.

Tal projeto é certamente uma expressão do humor de Deus. Se você ainda não descobriu que Deus tem senso de humor, uma grande descoberta o aguarda. Vislumbres de humor aparecem ao longo do Antigo e Novo Testamentos. Gosto dos relatos bíblicos sobre as maneiras inteligentes em que Deus habilmente vira as mesas e tira de uma situação ruim algo prazeroso.

Moisés cresceu na corte de Faraó, com acesso a todas as oportunidades de aprendizagem dos egípcios. Foi treinado na melhor universidade do maior império do mundo antigo. Era o filho adotivo do próprio Faraó e usufruía de todos os privilégios e vantagens que a corte lhe proporcionava. Mas antes que Deus pudesse esclarecer-lhe sua missão e colocar sobre ele o manto de libertador de Israel, Moisés saiu para fazer a obra de Deus em sua própria força, acabou assassinando um homem e fugindo para o deserto.

Ao seguir a história, você descobre que Moisés deixou o Egito e pastoreou ovelhas por 40 anos no deserto. Aqui, Deus o encontrou e lidou com ele no notável confronto da sarça ardente. Deus chamou Moisés à sua tarefa original, para a qual Moisés se sentia completamente despreparado. Ele teve que aprender a mesma lição que você e eu devemos aprender: para fazer qualquer coisa em nome de

Deus, não precisamos de nada mais do que o próprio Deus.

A estrutura de Êxodo

Primeiramente, vamos colocar Êxodo dentro de seu contexto no Pentateuco. Ele segue imediatamente a Gênesis, o livro que revela a necessidade da raça humana. Gênesis é sobre a humanidade — nossa criação, nosso pecado e nossa busca às cegas por Deus como personificado na vida de Abraão, Isaque, Jacó e José. Gênesis termina com as palavras "num caixão no Egito", uma frase que sublinha o fato de que nós, seres humanos, vivemos no reino da morte.

Se Gênesis é totalmente sobre a humanidade, Êxodo é totalmente sobre Deus. Êxodo é a resposta de Deus à necessidade humana. Este livro começa com o agir de Deus, e o restante descreve o Senhor poderosamente em ação. Êxodo é uma imagem da ação divina para nos redimir, seres humanos caídos, de nossa necessidade, nosso pecado, nossa miséria, nossa morte. É um belo retrato e contém lições instrutivas sobre a graça redentora de Deus, Seu envolvimento em nossa vida e Seu propósito para nós.

Mas Êxodo é um livro incompleto. A redenção que começa em Êxodo não é completada neste livro. Para obter toda a perspectiva da história redentora de Deus, você deve continuar por Levítico, Números, Deuteronômio e prosseguir até o livro de Josué, a história da triunfante conquista de Israel da Terra Prometida.

Você pode entender a história de Êxodo lembrando-se de quatro grandes eventos que resumem seus grandes temas:

Cinco passos para a maturidade

O LIVRO DE ÊXODO

Libertados do Egito (Êxodo 1–18)

Israel multiplica-se; Moisés nasce 1–2:25

Moisés é chamado por Deus 3–4

A libertação de Israel do Egito 5:1–15:21

    A. Moisés se opõe ao Faraó 5:1–7:13

    B. As dez pragas sobre o Egito 7:14–11:10

    C. A Páscoa 12:1–13:16

    D. Moisés, o libertador, conduz Israel através
    do mar Vermelho 13:17–15:21

Israel é preservado no deserto 15:22–18:27

A Lei e o Tabernáculo (Êxodo 19–40)

A revelação da Lei 19:1–24:11

A revelação do Tabernáculo 24:12–31:18

Israel quebra a aliança 32:1-6

Moisés intercede por Israel 32:7–34:35

A construção do Tabernáculo 35–40

Aventurando-se através da Bíblia

1. A Páscoa (Êx 12–13)
2. A travessia do mar Vermelho (Êx 14)
3. A entrega da Lei (Êx 19–31)
4. A construção do Tabernáculo (Êx 35–40)

A Páscoa e a travessia do mar Vermelho são apenas dois aspectos de uma grande verdade: a libertação do povo de Deus da escravidão e da morte. Elas simbolizam o ato de conversão e regeneração cristã — isto é, a libertação de um indivíduo da escravidão do pecado e da morte espiritual. Se você quer saber o que Deus fez em sua vida quando se tornou cristão, estude a Páscoa e a travessia do mar Vermelho.

A entrega da Lei e a construção do Tabernáculo são igualmente inseparáveis. O modelo do Tabernáculo foi transmitido a Moisés enquanto ele estava na montanha com Deus, ao mesmo tempo em que a Lei foi dada. A Lei e o Tabernáculo estão intricadamente ligados, como logo descobriremos.

Vamos examinar os quatro grandes temas deste livro:

Primeiro tema: *A Páscoa*

Os dois primeiros capítulos de Êxodo formam uma transição da história de José em Gênesis para a história de Moisés. Aprendemos que, depois da morte de José no Egito, os israelitas — os descendentes de Jacó, pai de José — se multiplicaram e se tornaram numerosos. Então surgiu um novo rei egípcio que não conhecia José. Temendo o crescente número dos israelitas, este novo Faraó trama para escravizá-los. Ele ordena a matança de todos os bebês meninos dos israelitas.

Quando Moisés nasce, sua mãe o esconde e depois o coloca em uma cesta e o lança flutuando ao longo das margens do Nilo.

A filha do Faraó encontra a cesta, resgata o bebê Moisés e o adota. Dessa forma, Moisés torna-se parte da família real do Faraó. No capítulo 2, Moisés mata um egípcio que está batendo em um escravo hebreu, então escapa para o deserto de Midiã, onde vive como pastor de ovelhas.

Nos capítulos 3 e 4, Deus vem a Moisés e o chama para assumir o papel de redentor de seu povo. Falando com Moisés de uma sarça que queima, mas não se consome, Deus desafia Moisés e o instrui a retornar ao Egito. No início, Moisés reluta e argumenta: "Ah! Senhor, eu nunca fui eloquente, nem outrora, nem depois que falaste a teu servo; pois sou pesado de boca e pesado de língua" (4:10).

Deus não repreende Moisés por seu senso de incapacidade. Em vez disso, diz-lhe: "Quem fez a boca do homem? Ou quem faz o mudo, ou o surdo? Não sou eu, o Senhor? Vai, pois, agora, e eu serei com a tua boca e te ensinarei o que hás de falar" (4:11,12).

Mas Moisés ainda está relutante. "Ah! Senhor! Envia aquele que hás de enviar" (4:13).

Neste momento, o Senhor se ira com Moisés. Por quê? Por que Deus inicialmente foi paciente com ele? E por que, por fim, se irou com Moisés?

Inicialmente, Moisés expressou insegurança, um humilde senso de incapacidade. Mas, quando Deus prometeu estar com ele e Moisés ainda reclamou, ficou claro que Moisés não apenas duvidava de si mesmo —duvidava de Deus. Na verdade, Moisés estava dizendo: "Deus, eu não consigo fazer isso — e não acredito que tu podes fazer isso também". Quando Moisés desafiou a capacidade de Deus para ser sua força, a ira do Senhor se acendeu contra ele. É importante nos lembrarmos dessa distinção sempre que Deus nos instruir a assumir um desafio em Seu nome.

Moisés retornou ao Egito e imediatamente desafiou o Faraó. Não há cena mais dramática no Antigo Testamento do que este tremendo teste de vontades entre o Faraó e Moisés. É um choque entre o representante de Satanás e o representante de Deus. No decorrer dessa disputa de vontades, o Faraó força Deus a liberar Seu poder contra o Egito. Repetidamente lemos: "o Faraó endureceu seu coração".

Houve dez pragas no total: sangue, rãs, piolhos, moscas, doenças nos animais, furúnculos nas pessoas e animais, granizo, gafanhotos, escuridão e, por fim, a morte dos primogênitos. Cada uma das primeiras nove pragas é dirigida a um dos deuses do Egito, e com a intenção de mostrar a inutilidade do falso sistema religioso egípcio. A décima praga destina-se ao próprio Faraó, atingindo o seu filho e a todos os filhos primogênitos no Egito. É a tentativa de Deus para amolecer o coração de pedra do Faraó. Através dessas pragas, Deus age em julgamento contra os falsos deuses do Egito e o coração empedernido do soberano do Egito.

Depois que o Faraó perde seu filho na décima praga, seu coração obstinado é finalmente vencido. O poder de Deus rompe a vontade de ferro do rei. O Faraó cede — e diz a Moisés para sair e levar seu povo. Durante a décima praga, o poder e o amor de Deus são dramaticamente revelados — poder para punir aqueles que se opõem a Ele e amor para com aqueles que confiam nele e o obedecem. Durante a décima praga, a bela tradição chamada Páscoa é celebrada pela primeira vez, a qual os judeus celebram ainda hoje.

Na Páscoa, Deus ordenou que Seu povo espargisse sangue nos batentes de suas casas e compartilhasse uma refeição especial de cordeiro com pão ázimo — a ceia da Páscoa. Esse evento é um belo prenúncio veterotestamentário de uma verdade neotestamentária. Antes da fé em Jesus Cristo, lutamos em vão para vivermos nossa própria vida. Mas depois de receber o dom da vida eterna através do derramamento de Seu sangue sobre os "batentes" da cruz, compartilhando do Cordeiro inocente e do pão ázimo do Seu corpo partido, nos tornamos parte dele e de todos os outros cristãos que também fazem parte do Seu Corpo — a Igreja.

A Páscoa é uma bela imagem da Cruz de Cristo. O anjo da morte passa por sobre a terra, escurecendo o Egito com a morte dos primogênitos. Mas os israelitas — aqueles que, através de um simples ato de fé, se colocam sob a cobertura do sangue derramado do cordeiro — são perfeitamente salvos. Outrora e agora, a salvação é realizada pelo simples ato de fé, uma resposta confiante à amorosa provisão do Senhor, do Salvador que pagou por nossa culpa diante de Deus. Outrora e agora, o anjo da morte passa por sobre aqueles que estão cobertos pelo sangue do Cordeiro.

O segundo tema: *A travessia do mar Vermelho*

A Páscoa é apenas parte da história. A Páscoa nunca é de valor até que esteja ligada com a experiência do mar Vermelho, que vem imediatamente depois.

Quando o Faraó liberta o povo de Israel, eles imediatamente vão para o deserto e caminham até a margem do mar Vermelho. Ainda estão no lado egípcio do mar, e a sua situação

Aventurando-se através da Bíblia

parecia desesperadora. Olhando para atrás, eles veem que Faraó novamente endureceu seu coração e agora vem atrás deles com um exército. As pessoas clamam a Moisés e lhe perguntam por que ele os trouxe para morrerem à margem do mar.

Moisés responde com uma declaração de fé inabalável em Deus: "Não temais; aquietai-vos e vede o livramento do SENHOR que, hoje, vos fará" (14:13). Os israelitas, entretanto, não têm os olhos de fé de Moisés. Esse líder obedece à instrução do Senhor e estende seu cajado sobre o mar. Quando o faz, as águas rolam para trás e o povo passa com segurança entre duas paredes de água suspensa. Assim que a última pessoa põe o pé do outro lado do mar, as águas rolam para o lugar, afogando seus perseguidores egípcios.

A experiência do mar Vermelho não é apenas um acontecimento histórico; é também um poderoso símbolo para a sua e a minha vida. Ela tipifica nossa ruptura com o mundo, uma vez que colocamos nossa confiança em Jesus Cristo. O Egito fica para trás de nós; a jornada para a Terra Prometida está a nossa frente. É verdade que o povo de Israel se viu num deserto além do mar Vermelho, mas eles estavam fora do Egito em segurança e fora da servidão. Eles haviam passado pelas águas da morte.

Essas mesmas águas da morte rolam entre o mundo e nós mesmos uma vez que proclamamos Jesus Cristo como nosso Senhor. Quando passamos pela experiência do mar Vermelho, quando morremos para a velha vida, através do batismo cristão, e tomamos uma posição por Jesus Cristo, nos divorciamos de nossa vida anterior. Damos as costas à nossa antiga escravidão. Como Paulo nos diz:

"se alguém está em Cristo, é nova criatura; as coisas antigas já passaram; eis que se fizeram novas" (2Co 5:17).

Antes da experiência do mar Vermelho, o povo de Israel não era uma nação. Eles se tornaram nação quando passaram juntos pelo mar Vermelho. Esse é o significado das palavras de 1 Coríntios: "tendo sido todos batizados, assim na nuvem como no mar, com respeito a Moisés" (10:2). Por meio desse batismo milagroso, eles foram transformados de uma multidão desorganizada em uma poderosa nação. Isso simboliza notoriamente a transformação que ocorre quando nós, através da fé em Cristo, nos tornamos parte do Corpo de Cristo, a Igreja. Por meio do batismo na água, mostramos que morremos com Cristo e que, por meio dele, estamos unidos num organismo vivo com todos os outros cristãos.

Observe a ligação entre a Páscoa e a travessia do mar Vermelho. Ambos envolvem fé, mas a travessia do mar Vermelho leva a fé a um passo adiante. Os israelitas foram recipientes passivos de sua libertação da Páscoa: eles pintaram os batentes das portas com sangue, eles comeram a refeição e esperaram que Deus agisse. Porém, a travessia do mar Vermelho foi ativa, exigiu obediência, exigiu um passo de fé deliberado e arriscado.

Hoje, como nos dias de Êxodo, a verdadeira fé requer ação e obediência. Não podemos permanecer passivos como na Páscoa. Devemos avançar conforme Deus ordena, ir adiante corajosamente e confiar nele para separar as águas e guiar o caminho. Ao cortarmos nossos laços com a escravidão deste mundo, permitindo que as águas do juízo de Deus fluam entre nós e os caminhos do

mundo, nossa fé adquire substância e poder. Isso acontece quando Deus verdadeiramente habita em nós e se move por nosso intermédio. Deus não pode completar Sua obra em nós e nos levar à maturidade até que tenhamos atravessado o mar Vermelho.

Observe, em Êxodo 15, que a primeira coisa que os israelitas fizeram quando chegaram à outra margem foi cantar. Eles não haviam cantado no Egito — aquele lugar de escravidão, miséria e tribulação. Mas quando emergiram de seu "batismo seco" através do mar Vermelho, eles não conseguiram deixar de cantar!

Preservados no deserto

Imediatamente após atravessar o mar Vermelho, os israelitas chegam às águas de Mara, lugar de amargura. Para curar as águas, Moisés corta uma árvore que o Senhor lhe mostra e a lança na água. Então, a água torna-se doce (Êx 15:25). A árvore simboliza a cruz. A árvore em que o Senhor Jesus foi crucificado é a resposta de Deus à amargura do pecado e do sofrimento.

Em seguida, os israelitas saem para o deserto. Lá, o maná, comida vinda do céu, alimenta e sustenta o povo. Deus instrui as pessoas a recolherem esse pão enviado do céu diariamente, seis dias por semana. No sexto dia, eles deviam recolher um dia extra de suprimento para sustentá-los durante o *Shabbat*. Deus proíbe o povo de armazenar maná extra, exceto o necessário para o *Shabbat*. Mas alguns consideram difícil obedecer a essa ordem, assim como achamos difícil confiar em Deus para nosso pão diário hoje. Quando as pessoas recolhiam maná extra, este estragava e ficava cheio de larvas. Deus quer que Seu povo confie nele dia a dia.

A fé do povo é novamente testada quando chegam a um deserto estéril e sem água. Aqui, novamente, Deus responde pacientemente ao seu murmúrio e incredulidade, provendo água de uma rocha.

Em Êxodo 17, chegamos a uma batalha que simboliza a batalha do cristão contra a carne. A batalha contra o pecado da carne é sempre perturbadora para os novos cristãos. Eles experimentaram o ápice emocional e espiritual ao descobrir a nova vida em Cristo, e de repente o pecado levanta sua repulsiva cabeça. Eles se perguntam: "O que aconteceu?". Os israelitas passaram pela glória da Páscoa, pela travessia do mar Vermelho, pela demonstração do amor paternal de Deus por meio da provisão do maná — mas agora percebem que há batalhas a travar. Amaleque ataca Israel, e Deus declara guerra contra os amalequitas (17:10).

O apóstolo Paulo descreveu a batalha que ocorre em cada cristão: "Porque a carne milita contra o Espírito, e o Espírito, contra a carne, porque são opostos entre si" (Gl 5:17). Você nunca pode fazer as pazes com Amaleque, com os desejos pecaminosos da carne.

No capítulo 19, chegamos ao Sinai, o lugar onde o Tabernáculo de Deus e a Lei são transmitidos. Esses são os terceiro e quarto temas principais de Êxodo. Vamos examiná-los e ver como se relacionam.

Terceiro tema: *A entrega da Lei*

O que é a Lei? É um retrato do caráter imutável de Deus e de Sua santidade, expresso em normas para o viver. É por isso que a entrega da Lei é um tempo de terror, porque nada é mais assustador para os seres humanos do que o momento de enfrentar a verdadeira natureza de Deus.

A natureza imutável de Deus nos conforta, porque Ele é o Deus de amor e graça. Mas o Seu caráter nos enche de admiração e temor quando pensamos em Sua santidade, ira e justiça. A Lei significa que Deus não pode se eximir de Seus justos juízos. Não pode ser subornado. Não comprometerá Seus padrões. A Lei é a expressão dos padrões absolutos e irrevogáveis do caráter de Deus.

Algumas pessoas pensam que há dois Deuses: o Deus do Antigo Testamento, que é implacável, e o Deus do Novo Testamento, que é caloroso e agradavelmente indulgente, que dá uma piscadela para o pecado. Nada poderia estar mais longe da verdade! Jesus disse: "Portanto, sede vós perfeitos como perfeito é o vosso Pai celeste" (Mt 5:48). Jesus sabe que não podemos atingir a perfeição, vamos falhar, vamos pecar; mas Ele também quer que saibamos que o padrão de Deus não mudou. A Lei é a Lei, e ela permanece em vigor nos dois Testamentos — Antigo e Novo.

Como Deus espera que sejamos perfeitos e guardemos todos os preceitos de Sua Lei sem falhar? Ele não espera! Mas possibilitou que nossos pecados fossem cobertos por Sua perfeição. Sua resposta a nossa imperfeição é o quarto tema de Êxodo: o Tabernáculo.

Quarto tema: *O Tabernáculo*

No monte Sinai, onde Deus deu a Moisés a Lei como revelação de Seu caráter, também deu instruções sobre o Tabernáculo. Esta é a provisão de Deus para Seu lugar de habitação com a raça humana e para a remissão do pecado humano.

O acampamento de Israel era dividido de forma ordenada, com algumas das tribos ao leste, algumas ao norte, algumas ao oeste, algumas ao sul. No centro, estava o Tabernáculo. Sobre todo o acampamento estava a grande nuvem de dia e a coluna de fogo à noite. A nuvem e o fogo davam provas da presença de Deus habitando entre Seu povo. Isso foi possível graças a um complexo sistema de sacrifícios e rituais destinados a concentrar a fé do povo de Deus e a purificar suas vidas. Somente através de uma purificação regular e renovada as pessoas poderiam ser trazidas à Sua presença.

Se você tivesse ido ao acampamento de Israel, teria passado por todas as tribos de cada lado e, no centro do acampamento, teria encontrado a tribo de Levi — a tribo sacerdotal. Continuando, você teria chegado ao Tabernáculo. De início, você teria atravessado uma grande entrada para o pátio exterior onde teria encontrado certos itens — o altar de bronze e a pia de bronze. Então chegaria a uma construção interior com um véu em frente à entrada, onde apenas os sacerdotes podiam entrar: o Santo Lugar. Por trás de outro véu, dentro do Santo Lugar, estava o Santo dos Santos. O único móvel no Santo dos Santos era a arca da aliança, adornada pelos querubins da misericórdia com suas asas se tocando sobre a arca. Nesse lugar só o sumo sacerdote podia entrar — uma vez por ano e sob condições rígidas e precisas.

O que os símbolos do Tabernáculo nos ensinam? Aqui, novamente, encontramos uma mensagem de que Deus é imutável e santo. Ele poderia habitar entre Seu povo apenas sob certas condições, e o povo comum só poderia se aproximar dele por meio de um mediador, um intermediário, os sacerdotes da tribo de Levi.

Réplica do Tabernáculo do Antigo Testamento

Por que as pessoas não podiam se aproximar diretamente de Deus? O ato de se reunir diretamente diante de Deus era proibido porque o Tabernáculo e os sistemas sacrificiais não eram suficientes em si mesmos. Eles não eram finais. Eles eram uma sombra, um símbolo, não a realidade espiritual final. É por isso que, quando chegamos a Hebreus do Novo Testamento, todo esse livro é dedicado a nos ensinar que a lei de Deus é imutável, mas nossa aproximação de Deus é diferente sob a nova aliança do que era sob a antiga aliança.

Em Êxodo, só o sumo sacerdote podia entrar no santuário. Mas em Hebreus lemos: "Tendo, pois, irmãos, intrepidez para entrar no Santo dos Santos" (Hb 10:19) sem medo. O sangue de Jesus, o sacrifício perfeito do Deus-Homem sobre a cruz, completa o que os sacrifícios de sangue do Antigo Testamento apenas simbolizavam. Através do sacrifício perfeito de Cristo, agora temos acesso à presença de Deus, o que era proibido ao povo comum nos dias de Moisés.

A mensagem de Êxodo é que, por meio da cruz, o Senhor tornou possível ao Deus santo e imutável habitar conosco. O Tabernáculo é uma representação da habitação de Deus no meio do Seu povo. A grande verdade para nós aqui é que Deus resolveu completa e finalmente o problema do pecado. Paulo afirma: "Agora, pois, já nenhuma condenação há" (Rm 8:1), absolutamente nenhuma! Temos o perfeito acesso ao Pai através do Filho, e o Espírito de Deus que habita em nós nunca nos deixará ou nos abandonará. Ele estabeleceu Seu Tabernáculo em nosso coração e vida.

É trágico que muitas vezes ensinemos às crianças que um *edifício* é a casa de Deus. Isso não é verdade. Um edifício (o Tabernáculo) era a casa de Deus no Antigo Testamento — mas era uma mera sombra. A casa de Deus no Novo Testamento, na nossa própria época de hoje, são pessoas — aqueles que depositaram sua confiança em Jesus Cristo. Como Paulo escreve: "Não sabeis que *sois* santuário de Deus" (1Co 3:16 — ênfase adicionada). Uma vez estando em Cristo, você nunca está fora da Igreja. Todo cristão é um Tabernáculo em movimento.

O livro de Êxodo foi escrito para imprimir em nós uma grande verdade do Novo Testamento: a glória de Deus vive em nós e conosco. Esta verdade nos exalta, dá energia e anima. Essa verdade também coloca uma grande responsabilidade sobre nós. Precisamos lembrar continuamente de andar dignamente conforme a presença eterna que habita em nós. Todos os nossos pensamentos, palavras, escolhas e ações devem ser examinados à luz da pergunta: "Estou trazendo honra ou vergonha a Deus e a Seu Tabernáculo, meu corpo?".

Idolatria em Israel — *o bezerro de ouro*

Quando Moisés subiu ao monte Sinai para receber a Lei (Êx 19:20), ele se ausentou por 40 dias e noites. Durante esse tempo, o povo de Israel ficou inquieto e temeu que ele não voltasse. Então, persuadiram Arão a fazer um ídolo na forma de um bezerro de ouro — uma violação grosseira das instruções de Deus para a nação. A adoração a touros era comum nas nações circunvizinhas, incluindo o Egito, e, ao retratar Deus como um touro de ouro, os israelitas haviam misturado a verdadeira adoração a

Deus com a falsa adoração praticada pelas nações pagãs vizinhas.

Quando Moisés voltou e viu o que Arão e o povo haviam feito, ficou zangado e quebrou as tábuas da Lei. Moisés ordenou que o bezerro de ouro fosse moído em pó e espalhado sobre a água. Então ordenou ao povo que bebesse a água. Moisés mais tarde voltou ao monte Sinai para receber outras tábuas com a Lei do Senhor.

Olhamos para a idolatria dos israelitas e dizemos: "Como essas pessoas eram tolas! Deus as poupou das pragas no Egito e as conduziu ilesas pelas profundezas do mar Vermelho — e é assim que elas respondem? Enquanto Moisés esteve ausente por 40 dias e noites, elas fizeram um ídolo! Com que rapidez elas se voltam à idolatria depois de tudo o que Deus fez por elas!".

Mas não fazemos o mesmo? Não trocamos facilmente o Deus da Bíblia pelo "Deus" de nossa própria imaginação? Alguns cristãos dizem: "O Deus do Antigo Testamento era muito irado e crítico. Prefiro um Deus que seja sempre amável e bondoso". Porém, o Deus do Antigo Testamento e o Deus do Novo Testamento são um e são o mesmo! Ambos os Testamentos o apresentam como o Deus de justiça e de misericórdia; o Deus que ama, mas que julgará o mundo. Não vamos fingir que existem dois deuses, um Deus diferente para cada testamento.

Sempre que rejeitamos o Deus da Bíblia em favor de um "Deus" de nossa própria escolha, de nossa própria imaginação, *cometemos o pecado da idolatria*. Criamos um "bezerro de ouro" para ficar no lugar do único Deus verdadeiro — o da Bíblia.

É comum que as pessoas refaçam Deus à sua própria imagem. O indivíduo severo, legalista, crítico tende a adorar um Deus severo, legalista e crítico. Outros preferem adorar um Deus que dá uma piscada de olho para o pecado, que não faz exigências e que ignora as violações de Sua Lei.

Deus só será adorado em espírito e em verdade — não sob a forma de um ídolo. Não vamos recriá-lo à nossa própria imagem. Isso é idolatria. Esse é o nosso bezerro de ouro.

Lei e graça juntas

Às vezes ouvimos que a fraqueza do Antigo Testamento era que Israel estava debaixo da Lei e não conhecia a graça de Deus. Isso não é verdade! Sim, Israel estava debaixo da Lei — mas a lei não foi dada ao povo judeu para ser seu salvador. Foi dada para revelar seu pecado e para torná-los cientes da desesperança de sua condição de separados da graça redentora de Deus. Mesmo no Antigo Testamento, a salvação era uma questão da graça de Deus, alcançada pela fé.

Os símbolos de Êxodo nos ensinam que, por meio da cruz, Deus agora habita conosco. É por isso que Mateus escreve de Jesus: "a virgem conceberá e dará à luz um filho, e ele será chamado pelo nome de Emanuel (que quer dizer: Deus conosco)" (1:23). Deus está conosco, aqui e agora. Ele fez Sua habitação em nosso coração. Esta é a mensagem de Êxodo.

Porém, Êxodo não é suficiente. Precisamos prosseguir para Levítico e ver como as exigências da Lei de Deus servem para corrigir e direcionar nossa vida.

Aventurando-se através da Bíblia

PERGUNTAS PARA DISCUSSÃO

ÊXODO
O plano de libertação

1. Quando Moisés tentou fazer a obra de Deus por sua própria força, o resultado foi o fracasso — a morte de um egípcio. Moisés só obteve sucesso quando fez a obra de Deus com a força do Senhor. Você já tentou fazer a obra de Deus à sua maneira? Qual foi o resultado? O que o exemplo de Moisés nos diz hoje?

2. O autor diz: "A Páscoa é uma bela imagem da cruz de Cristo". Explique em suas próprias palavras como a Páscoa simboliza a cruz. O que o simbolismo da Páscoa significa para você, como cristão?

3. Por que Deus proibiu os israelitas de recolherem e armazenarem maná extra? Que lições Deus deseja que aprendamos hoje sobre o maná que Ele forneceu no deserto?

4. O que os símbolos do Tabernáculo nos ensinam?

APLICAÇÃO PESSOAL

5. Quando Deus deu a Moisés a tarefa de libertar o povo de Israel, Moisés inicialmente expressou insegurança sobre si mesmo, dizendo: "sou pesado de boca e pesado de língua". Deus respondeu: "eu serei com a tua boca e te ensinarei o que hás de falar". Moisés respondeu: "Ah! Senhor! Envia aquele que hás de enviar". Você já teve uma conversa semelhante com Deus? Você já tentou deixar de fazer o que Deus lhe chamou para fazer? Qual foi o resultado dessa experiência?

6. A Páscoa foi uma libertação passiva; os israelitas marcaram os batentes das portas com sangue, comeram a refeição e esperaram que Deus agisse. Porém, a travessia do mar Vermelho envolveu fé ativa, um passo de fé deliberado e arriscado. Deus já o chamou para dar um passo arriscado de fé ativa? Ele já pediu a você para atravessar o seu mar Vermelho? Qual foi o resultado? Explique sua resposta.

7. A glória de Deus que outrora habitou no Tabernáculo, agora habita em mim e em você. Como o apóstolo Paulo nos disse: "Não sabeis que *sois* santuário de Deus?". Você vive hoje para trazer honra a Deus e ao Seu santo Tabernáculo, que é o seu corpo? Por quê? Que passos você pode dar esta semana para começar a honrar o templo de Deus?

Mar Morto

LEVÍTICO CAPÍTULO 7
O caminho para a integridade

Quando vim pela primeira vez à área da baía da Califórnia, visitei uma grande fábrica de produtos de aço de propriedade de um amigo meu. Ele estava prestes a me guiar por um tour quando foi chamado para lidar com uma questão de negócios. Enquanto o esperava, dei uma volta pela fábrica observando o movimento que ocorria ali.

Minha primeira impressão quando entrei no enorme prédio foi a de era muito barulhento. Grandes máquinas batiam, martelavam, ressoavam e retiniam. Outras máquinas faziam ruídos de esmerilhação e "cuspiam" peças. Eu não conseguia me ouvir pensar.

Minha impressão seguinte foi a de uma confusão generalizada. As pessoas corriam para lá e para cá e, sem se importar umas com as outras, entravam umas nos caminhos das outras.

Então meu amigo chegou e começamos nosso tour. Ele me mostrou uma área da fábrica e explicou o que eles faziam lá. Explicou o funcionamento de várias máquinas e me disse o que os operários faziam. Passamos de um departamento para outro, e ele explicou como cada operação era cuidadosamente planejada e executada para produzir o resultado esperado.

Por fim, chegamos ao departamento de entrega. Lá, embalado em filme plástico cintilante e muito bem acondicionado em caixas de papelão com isopor picado, estava o produto final.

De repente, entendi a fábrica. Não era tudo "só barulho sem sentido", como eu supusera inicialmente. O ruído, a atividade, a aparente confusão eram cuidadosamente orquestrados para produzir o resultado desejado. Não estava mais confuso. Tudo fazia sentido.

Ler o livro de Levítico pode ser muito parecido com uma visita sem guia a uma fábrica. Neste livro bíblico, você se depara com muitas cerimônias estranhas, sacrifícios e restrições. Você se pergunta o que tudo isso significa.

> **OBJETIVOS DO CAPÍTULO**
>
> Este capítulo examina o tema central de Levítico: "Ser-me-eis santos, porque eu, o SENHOR, sou santo e separei-vos dos povos, para serdes meus" (Lv 20:26). Este capítulo explica o significado de santidade, que significa verdadeiramente integridade — o estado de ser completo diante de Deus.

Porém, quanto mais você entender Levítico, mais esses detalhes estranhos se fundirão em um relacionamento coeso e intrincadamente coordenado, movendo-se em direção a um objetivo proposital.

Qual é o objetivo de Levítico? Você o encontra claramente em um versículo mais ou menos no meio do livro. Se você compreender este único versículo, compreenderá a essência de Levítico: "Ser-me-eis santos, porque eu, o SENHOR, sou santo e separei-vos dos povos, para serdes meus" (Lv 20:26).

Na verdade, Deus diz: "Eu os separei de todas as nações ao seu redor para que sejam meus". O que Deus disse a Israel naquele dia também nos diz hoje, porque no novo relacionamento que temos em Jesus Cristo não existe nem judeu nem gentio. Somos um corpo em Cristo. As promessas que aparecem na forma de representações no Antigo Testamento também pertencem a nós, que vivemos deste lado da cruz.

Santidade e integridade

Quando o Senhor diz ao povo: "Ser-me-eis santos, porque eu, o SENHOR, sou santo", temos que nos perguntar: "O que realmente significa 'santo'?". A maioria de nós associa santidade à solenidade religiosa. Achamos que as pessoas santas parecem ter sido embebidas em fluido de embalsamamento. Eu costumava pensar na santidade dessa maneira — e o conceito de santidade não era nem um pouco atraente para mim.

Então me deparei com o Salmo 29:2, que fala da "beleza da santidade". Tive que me perguntar: "O que há de tão belo na santidade?". Quando descobri, tive que concordar que a santidade é realmente algo belo.

Para chegar ao significado dessa palavra, você deve voltar a sua raiz original. A palavra *santidade* é derivada da mesma raiz que a palavra *integridade*. Santidade realmente significa "integridade", o estado de ser completo. Em todas as Escrituras, "santidade" significa ter todas as partes exatamente no lugar em que foram destinadas a estar, e tê-las funcionando como foram destinadas a funcionar.

Assim, Deus está realmente dizendo em Levítico: "Ser-me-eis íntegros, porque eu sou íntegro". Deus é completo. Ele é perfeito. Não há defeito em Deus. Ele vive em harmonia consigo mesmo e não conhece o conflito interior que nós, seres humanos, muitas vezes experimentamos. Deus é uma pessoa bela. Ele é o que uma pessoa deveria ser. Está pleno de alegria, amor e paz. Vive em integridade. Ele nos vê em nosso estado de quebrantamento e diz: "Você também será íntegro".

Na vida, somos continuamente lembrados de nosso estado de quebrantamento, e desejamos ser íntegros. Sabemos o quanto nos machucamos e ferimos os outros. Estamos conscientes de nossa incapacidade de lidar com a vida. Colocamos uma fachada e blefamos ao longo da vida, fingindo que podemos lidar com qualquer coisa, entretanto, interiormente fugimos assustados.

Quando o homem foi feito pelas mãos do Criador, ele estava inteiro. Feito à imagem e semelhança de Deus, Adão se comportava como Deus planejou que ele se comportasse. Mas, quando o pecado entrou em cena, a imagem de Deus foi manchada. A semelhança de Deus foi quebrada. Ainda temos a imagem, mas a semelhança está destruída.

Deus tomou a decisão de curar nosso estado fragmentado e nos tornar íntegros novamente. Ele sabe como fazê-lo, pois diz: "Eu sou o Senhor, vosso Deus, que vos separei dos povos" (Lv 20:24). Nosso estado fragmentado está enraizado no fracasso de nossa raça. Nossas atitudes são erradas. Nossa visão da vida é distorcida. Acreditamos em ilusões, as tomamos como fatos e agimos baseados nelas. Sendo assim, Deus tem que nos libertar da escravidão dos padrões de pensamento de nossa raça decaída.

Porém, Deus jamais nos obriga a nos tornarmos íntegros e santos. Nós nos tornamos santos à medida que voluntariamente confiamos em Deus e respondemos ao Seu amor.

Aprendendo a confiar nele

Quando adolescente, uma vez tentei atrair uma corça para fora da mata para fazê-la comer uma maçã na minha mão. A corça era selvagem e estava assustada, mas viu a maçã e a queria. Ela se aventurou a dar alguns passos em minha direção, depois recuou para a mata. Aventurou-se para fora e recuou novamente. Por fim, ela saiu, ficou parada e olhou ao redor por um minuto e, calmamente, começou a pastar como se estivesse indiferente àquela maçã. Fiquei totalmente imóvel, segurando a maçã, esperando que ela viesse até mim com confiança.

Bem, era completamente possível para aquela corça simplesmente se aproximar, pegar a maçã e começar a comê-la. Eu não a teria machucado ou tentado capturá-la, mas ela não sabia disso. Fiquei lá por muito tempo, pelo menos meia hora, tentando fazê-la sair da mata. Finalmente, ela chegou na metade do caminho em minha direção e ficou com o pescoço esticado, tentando reunir coragem para alcançar a maçã. No momento que pensei que ela fosse conseguir, um carro passou por perto e ela foi embora. Eu mesmo tive que comer a maçã.

Esse incidente é um retrato de como Deus paciente e amavelmente nos alcança. Ele quer eliminar nosso medo e dúvidas a fim de nos dar boas dádivas — mas nossa capacidade de confiar nele e nos aproximar dele está prejudicada. É por isso que Deus nos deu este livro.

O Senhor começa conosco no jardim de infância espiritual. Usa imagens e sombras como auxílio visual para nos mostrar o que Ele vai fazer um dia. Todas as cerimônias e ofertas do Antigo Testamento são sombras e imagens de Jesus. O Senhor Jesus Cristo está tão presente no livro de Levítico quanto está nos evangelhos, portanto, como Ele está presente em símbolos e sinais, você precisa olhar cuidadosamente para ver Sua imagem. Jesus é o foco de Levítico, e o tema desse livro é que Deus tornou Sua santidade e integridade disponíveis para nós através do próprio Jesus.

"Mas", você pode dizer, "o povo do Antigo Testamento não sabia que as imagens e sombras de Levítico apontavam para Jesus". É verdade que os israelitas não entendiam completamente que os sacrifícios e o Tabernáculo do Antigo Testamento apontavam para Jesus, mas isso não importa. As pessoas do Antigo Testamento precisavam de Cristo tanto quanto precisamos dele hoje. Elas estavam feridas e fragmentadas, assim como nós. E Cristo estava disponível para elas através dos símbolos e imagens de Levítico. Elas o encontravam por meio da forma de adoração que Deus lhes deu em Levítico. Ao colocarem sua confiança em Deus, elas entraram na mesma alegria e paz que agora temos como crentes do Novo Testamento.

Aventurando-se através da Bíblia

É por isso que Levítico é um livro tão importante para nós hoje. Os sacrifícios, rituais e cerimônias de Levítico são uma prefiguração de Jesus e Sua obra salvadora. É por isso que este livro nos ensina tanto sobre como Jesus Cristo pode satisfazer nossas necessidades hoje. Esse não é apenas um livro de história. É um manual prático sobre como viver a vida cristã.

A estrutura de Levítico

Levítico possui duas divisões principais. A primeira parte (capítulos 1 a 17) fala à necessidade humana e nos diz como devemos nos aproximar do Deus santo. Revela nossa incapacidade como povo pecador e apresenta a resposta de Deus à nossa incapacidade.

A segunda parte (capítulos 18 a 27) revela o que Deus espera de nós como resposta. Ele nos ensina a viver de maneira santa e santificada, diferente do mundo que nos rodeia.

Parte 1: Como se aproximar de Deus

Os primeiros dezessete capítulos de Levítico são todos sobre como nós, pecadores, podemos nos aproximar de Deus. Eles contêm quatro elementos que estabelecem a necessidade humana e revelam como somos. A primeira é uma série de cinco ofertas que simbolizam, de diferentes maneiras, a oferta de Jesus Cristo na cruz por nossos pecados. Talvez Deus nos tenha dado cinco dedos em cada mão para que possamos lembrar as cinco ofertas:

1. A oferta queimada
2. A oferta de manjares
3. A oferta de sacrifício pacífico
4. A oferta pelo pecado
5. A oferta pela culpa

Essas são todas imagens do que Jesus Cristo faz por nós, mas também são imagens das necessidades fundamentais da vida humana. Elas falam dos dois elementos essenciais para a existência humana: amor e responsabilidade. Nunca poderemos ser completos se não formos amados ou se não amarmos. O amor é um ingrediente essencial à vida. Nada prejudica, distorce, desfigura ou fere mais uma pessoa do que ser-lhe negado o amor.

Porém, há outro elemento essencial: para sermos íntegros, para termos respeito próprio e valor próprio, devemos ter um senso de responsabilidade. Devemos ser capazes de realizar o que vale a pena. Assim, além do amor, precisamos de responsabilidade.

O segundo elemento nos primeiros dezessete capítulos é o sacerdócio. No Antigo Testamento, o sacerdócio era composto somente pelos filhos de Levi (de onde Levítico recebe seu nome). Mas o sacerdócio assume uma nova forma no Novo Testamento.

Primeiramente, há o nosso Senhor e Sumo Sacerdote, Jesus Cristo, que abriu o caminho através do véu do Tabernáculo, o Santo dos Santos, e nos deu livre acesso a Deus Pai. Segundo, o sacerdócio de todos os convertidos, o Corpo de Cristo, em que todos nós somos feitos sacerdotes (veja 1Pe 2:5). Amamos uns aos outros, confessamos uns aos outros, oramos uns pelos outros, encorajamos uns aos outros, exortamos uns aos outros e executamos todas as funções que, no Antigo Testamento, eram realizadas pela classe sacerdotal, os filhos de Levi. É por isso que precisamos uns dos outros no Corpo de Cristo.

O terceiro elemento que vemos nestes primeiros dezessete capítulos é a revelação de um padrão de verdade. Por esse padrão, somos

O LIVRO DE LEVÍTICO

Como se aproximar de Deus (Levítico 1–17)

Leis sobre a entrega de ofertas a Deus...1–7

    A. Oferta queimada 1

    B. Oferta de manjares 2

    C. Oferta de sacrifício pacífico 3

    D. Oferta pelo pecado 4:1–5:13

    E. Oferta pela culpa...5:14–6:7

    F. Resumo das ofertas..6:8–7:38

Leis sobre o sacerdócio 8–10

Leis sobre pureza...11–15

    A. Leis sobre os alimentos 11

    B. Leis sobre o parto 12

    C. Leis sobre doenças infecciosas de pele..........................13–14

    D. Leis sobre impurezas corporais...15

Leis sobre a expiação e sacrifícios...16–17

Maneira de viver: Santificação e santidade (Levítico 18–27)

Leis sobre comportamento sexual...18

Leis sobre a sociedade..19

Punições para idolatria e imoralidade 20

Santificação do sacerdócio...21–22

As festas e leis sobre a adoração 23–24

A vindoura santificação da Terra Prometida......................................25–26

As leis de consagração do povo e de seus bens 27

Aventurando-se através da Bíblia

capazes de dizer a diferença entre o verdadeiro e o falso, entre a realidade e a ilusão. Não é estranho que os seres humanos em sua condição natural não possam fazer essa diferença? Por isso é que existem milhões de pessoas que fazem coisas que acham úteis, mas que acabam causando danos e destruição — e não entendem o porquê. Nosso Deus amoroso nos direciona para a verdade e nos adverte para evitar os enganos e armadilhas que venham a nos destruir.

O quarto e último elemento que vemos nestes primeiros dezessete capítulos é uma oportunidade de responder a Deus. Ela é completamente voluntária. Deus nunca impõe Sua vontade sobre nós. Essa oportunidade é proporcionada por meio do chamado "Dia da Expiação". Se lhe dissermos "não" e rejeitarmos a expiação que Ele nos oferece, Ele nos permitirá fazê-lo.

Oferta queimada, ilustração de 1897 por Charles Foster

Porém, devemos reconhecer que talvez jamais voltaremos ao momento da oportunidade outra vez. Deus sempre nos dá um longo período de preparo em que nos leva a uma plena compreensão da escolha que Ele nos propõe. Nossa rejeição a Ele tende a ser progressiva, resultando em um endurecimento gradual de nosso coração. Por fim, chegamos a um ponto em que nossa rejeição a Ele se torna tragicamente final.

Parte 2: Maneira de viver: Santificação e santidade

A segunda parte do livro, capítulos 18 a 27, descreve o estilo de vida santo e santificado que Deus torna possível. Essa parte de Levítico diz respeito a como devemos viver como pessoas obedientes que pertencem ao Deus santo. Note que Deus não nos diz como devemos viver até que Ele nos tenha dito a respeito da provisão que Ele ofereceu para nos capacitar a nos aproximarmos dele. Primeiramente, Ele discute o poder pelo qual devemos agir, e então fala sobre o nosso comportamento.

Nós, na igreja, muitas vezes, começamos de trás para frente. Causamos enormes danos, insistindo que as pessoas se comportem de uma determinada maneira sem lhes mostrar como aproveitar o poder de Deus para viver. Novos cristãos e não-cristãos, muitas vezes, pensam que devem atingir certo padrão de vida antes de Deus aceitá-los. Essa é uma mentira mortal e legalista de Satanás, destinada a manter as pessoas afastadas da verdade do Senhor e fora da Igreja de Deus. O Senhor contesta essa mentira no livro de Levítico. Ele quer que entendamos que primeiramente nos deu Sua provisão, e esta nos dá a base sobre a qual construir um estilo de vida santo.

LEVÍTICO: O CLAMOR DO ESPÍRITO HUMANO

O livro de Levítico ensina que Deus quer que vejamos a nossa necessidade por um substituto. Apesar de todo o nosso conhecimento psicológico e científico acumulado, não podemos lidar com a vida por nós mesmos. Assim, por meio das ofertas de sacrifício, Deus nos diz que Ele providenciou um Substituto que, através do derramamento de Seu sangue, pode tirar todo o peso de nossos pecados. Nosso substituto é Jesus Cristo.

Além disso, Levítico nos ensina que não podemos compreender os mistérios de nossa existência separados de alguém que possa nos ajudar a explicá-los e aplicá-los. Portanto, precisamos do grande Sumo Sacerdote, que também é encontrado em Cristo.

Precisamos também de um padrão pelo qual possamos medir nossa vida e nossas ações, para que possamos saber a diferença entre o saudável e o nocivo, entre o bem e o mal. Precisamos da Palavra revelada de Deus para entender o que nos confronta na vida, para que possamos distinguir o certo do errado. Discernir essa diferença nem sempre é fácil, mas Deus providenciou um padrão.

Finalmente, Levítico nos ensina sobre o Dia da Expiação — um dia conhecido como *Yom Kippur* em Israel, que ainda é o momento mais elevado do ano judaico. Dentro de cada ser humano há uma fome e um clamor por expiação — uma sensação maravilhosa de reconciliação entre Deus e nós. É o clamor do espírito humano para ver a face de Deus. Parece que há uma parte de nós que jamais esquece que os seres humanos, no passado, caminharam em comunhão diária com Deus, no frescor do jardim. Ainda desejamos essa relação especial com Aquele que nos criou, e nenhum relacionamento humano pode satisfazer esse anseio.

Ray C. Stedman
The Way to Wholeness: Lessons from Leviticus ([O caminho para a santidade: Lições de Levítico] Discovery House Publishers, 2005)

A segunda parte de Levítico, como a primeira, é construída sobre quatro elementos essenciais. Primeiro, há uma necessidade de compreender a base para a integridade, que é o sangue. Qualquer um que tenha lido o Antigo Testamento sabe que um rio de sangue flui através de suas páginas. Há sacrifícios de touros, bezerros, cabras, ovelhas e pássaros de todos os tipos. Por que todo esse derramamento de sangue? Porque Deus está tentando nos impressionar com um fato fundamental: nossa condição de pecado é profunda e só pode ser resolvida por uma morte. A morte que é retratada em cada um desses sacrifícios simboliza a morte do unigênito Filho de Deus, Jesus Cristo.

O segundo elemento que percorre a parte final de Levítico é a prática do amor em todos os relacionamentos da vida. A Bíblia é intensamente prática. Ela não se preocupa apenas com o que você faz no Tabernáculo, mas com o que faz em casa como resultado de ter estado no Tabernáculo. Assim, este livro trata de relacionamentos na família,

Aventurando-se através da Bíblia

entre amigos e com a sociedade em geral. Ele nos mostra exatamente o tipo de amor que o relacionamento com Deus torna possível em todas essas áreas da vida.

O terceiro elemento dessa última parte é o contentamento em Deus — Sua presença e Seu poder. Essa parte nos diz como viver em relação a Deus, como adorá-lo e como experimentar Sua presença viva. Nosso foco na vida não deve estar em rituais e leis, mas na experiência com o Deus vivo. Todos os rituais e leis apontam para Ele.

O quarto e último elemento é a escolha que Deus nos chama a fazer. Ele nos faz cientes das questões importantes em jogo, de como nossa vida está em situação precária e que devemos tomar uma decisão. Em última análise, a escolha é inteiramente nossa. Deus jamais diz: "Vou fazer você deixar sua miséria". Pelo contrário, Ele diz: "Se você prefere a destruição e não quer ser curado, pode continuar como está. Mas se quer vida, então deve *escolher* a vida". Deus jamais força Sua vontade sobre nós, mas Ele certamente espera a nossa resposta.

A escolha é nossa.

O tema principal de Levítico

Para concluir, voltemos ao versículo-chave e ao tema-chave de Levítico, encontrados em Lv 20:26: "Ser-me-eis santos [íntegros], porque eu, o Senhor, sou santo [íntegro] e separei-vos dos povos, para serdes meus". É importante observar o tempo verbal dessa última frase. No texto em português, está no tempo futuro: "Ser-me-eis... meus". Mas a língua hebraica incorpora nesta frase todos os três tempos — passado, presente e futuro. É como se Deus estivesse dizendo:

"Vocês eram meus, vocês são meus, vocês serão meus".

Se você buscar essa ideia por toda a Bíblia, verá como ela é verdadeira. Você pode saber por experiência que, depois que se tornou cristão, percebeu que havia um certo sentido no qual você sempre pertenceu a Deus. Ele estava ativo e envolvido em sua vida muito antes de você tornar-se ciente dele. O apóstolo Paulo expressou esse pensamento quando escreveu: "[Deus] me separou antes de eu nascer" (Gl 1:15). Antes de sua conversão, Paulo era um inimigo fanático do cristianismo, mas Deus pacientemente o atraiu para si mesmo quando Paulo se opunha ao Senhor.

"Vocês são meus", Deus nos diz. "Mesmo que vocês estejam lutando contra mim, vocês são meus!"

No tempo presente, Deus olha para nós em nosso estado de abatimento, dor e imperfeição e coloca Sua mão amorosa sobre nós dizendo: "Vocês são meus, agora, assim como estão. Vocês me pertencem".

Alguns anos atrás, um culto para crianças foi realizado em uma missão de resgate no Centro-oeste. Uma das crianças participantes do programa era um menino de 6 anos, com uma corcunda bem saliente. Atravessou o palco para recitar sua parte, terrivelmente tímido e consciente de sua deformidade. Ao atravessar o palco, um menino cruel na plateia gritou: "Ei, garoto, aonde você vai com essa mochila nas costas?". O garoto parou de repente, tremendo e soluçando diante da plateia.

Um homem se levantou, foi ao palco e levantou o menino em seus braços. Depois olhou para a plateia. "Quem disse isso?", perguntou.

Cavernas de Khirbet Qumran (atual Cisjordânia), onde foram encontrados os Pergaminhos do Mar Morto (1946–1956).

Ninguém respondeu.

"Foi o que pensei. Só um covarde para dizer algo assim. Este menino é meu filho, e quem quer que você seja, você magoou meu filho sem motivo algum. Mas quero que todos aqui saibam que eu amo meu filho do jeito que ele é. Ele pertence a mim e tenho muito orgulho dele".

É o que Deus diz para você e para mim. Ele vê nossa dor e abatimento, e diz: "Você é meu!"

Mas isso não é tudo. Por causa de Seu poder e sabedoria, Deus também se dirige ao futuro, com toda a esperança de um pai amoroso. "Vocês serão meus", diz ele no tempo futuro. "Vocês serão curados e aperfeiçoados. Todas as suas imperfeições e deformidades serão corrigidas, todos os seus pecados serão apagados, todos os seus relacionamentos caóticos colocados em ordem. Vocês serão íntegros, porque eu sou íntegro".

Essa é a mensagem de Levítico, e esta é a mensagem do evangelho de Jesus Cristo: "Vocês serão meus".

PERGUNTAS PARA DISCUSSÃO

LEVÍTICO
O caminho para a integridade

1. O tema central de Levítico é encontrado neste versículo: "Ser-me-eis santos, porque eu, o SENHOR, sou santo e separei-vos dos povos, para serdes meus" (Lv 20:26). O que significa "ser santo"?

2. O autor diz: "Todas as cerimônias e ofertas do Antigo Testamento são sombras e imagens de Jesus". O que essas cerimônias e ofertas em Levítico nos dizem sobre Jesus?

3. Os primeiros dezessete capítulos de Levítico tratam de uma série de sacrifícios ou ofertas. Eles também descrevem como o sacerdócio faz os sacrifícios em nome do povo. Hoje, já não temos uma classe especial de sacerdotes entre nós e Deus, fazendo sacrifícios em nosso favor. No entanto, há um sacerdócio na Igreja, de acordo com o que lemos em 1Pe 2:5. Quem são esses sacerdotes e como eles agem dentro do Corpo de Cristo?

4. Leia os capítulos 19 e 20 de Levítico. Qual frase ou frases você vê repetidas nesses capítulos? Que atributo de Deus você vê enfatizado nesses capítulos? Por que essas repetidas declarações servem como razão para obedecer aos mandamentos de Deus?

APLICAÇÃO PESSOAL

5. O autor diz: "Novos cristãos e não-cristãos, muitas vezes, pensam que devem atingir certo padrão de vida antes de Deus aceitá-los. Essa é uma mentira mortal e legalista de Satanás, destinada a manter as pessoas afastadas da verdade de Deus e fora da Igreja do Senhor". Você já pensou que deveria ser "bom" e "limpar sua vida" antes que Deus possa aceitá-lo? Você ainda tem esse ponto de vista? Se não, o que transformou o seu entendimento sobre o amor e a graça de Deus? Quem é responsável pela limpeza de sua vida? Explique a sua resposta.

6. A morte que é retratada nas ofertas de sangue aponta para a morte sacrificial do unigênito Filho de Deus, Jesus. Em outras palavras, os crentes do Antigo Testamento foram salvos pela graça através da fé em Jesus e Sua morte sacrificial, assim como os crentes desde o Novo Testamento são salvos. Como esse fato afeta seu entendimento sobre a salvação? Explique sua resposta.

7. O autor retorna ao tema-chave de Levítico: "Ser-me-eis santos, porque eu, o SENHOR, sou santo e separei-vos dos povos, para serdes meus" (Lv 20:26). Na língua hebraica, a frase incorpora todos os três tempos — passado, presente e futuro — como se Deus estivesse dizendo: "Vocês eram meus, vocês são meus, você serão meus". Como um entendimento mais profundo do amor abrangente de Deus afeta o modo como você vê e se relaciona com o Senhor? Explique sua resposta.

Observação: Para uma pesquisa mais aprofundada da vida de Abraão, leia *The Way to Wholeness: Lessons from Leviticus*, Ray C. Stedman (Discovery House Publishers, 2005).

Cânion em Ein Avdat

NÚMEROS

CAPÍTULO 8

Do fracasso à vitória

| Preparo para a partida (Segunda Páscoa Nm 1–10) | Envio de espias (Nm 13–14) | Peregrinação (Nm 15–21) *Serpente de bronze* | Profecias de Balaão (Nm 22–24) | Censo para a distribuição de terras (Nm 25) | Alocação no outro lado do Jordão (Nm 33–36) | Véspera da conquista |

1445 a.C. — 1443 — 1406 a.C.

Um rei, certa vez, estava enfermo em seu quarto. Ele chamou o médico real para trazer remédio para seu estômago doente. Porém, antes de o médico chegar, um mensageiro entregou uma carta secreta, acusando o médico de conspirar para assassinar o rei. "Não receba nenhum remédio das mãos do médico", dizia a carta. "É veneno".

O rei escondeu a carta debaixo do travesseiro momentos antes da chegada do médico real com uma taça cheia de uma poção medicinal.

—Confie em mim, senhor, este remédio curará seu estômago. Afirmou o médico.

—Eu confio em você, disse o rei. Colocando a mão debaixo do travesseiro, pegou a carta acusadora e entregou-a ao médico enquanto, ao mesmo tempo, com a outra mão pegava a taça.

—O que é isso?, perguntou o médico.

—Leia, disse o rei. Então levantou a taça e bebeu a poção.

O médico leu a carta e olhou em choque. —Vossa Majestade, esta carta não passa de mentiras! Eu nunca lhe causaria nenhum dano!

—Eu acredito em você, e eu confio inteiramente em você — entendeu?, disse o rei. O monarca segurou a taça. Havia bebido cada gota. Na manhã seguinte, estava recuperado. Ele havia demonstrado sua total confiança em seu médico.

O tema de Números é confiança. Nesse livro, Deus estabelece dramaticamente o que pode ser a lição mais difícil que qualquer um de nós tem que aprender: a nossa necessidade de confiar em Deus em vez de em nossa própria razão.

No deserto da disciplina

A questão da confiança é uma grande luta para muitos cristãos. É a mesma luta que os israelitas enfrentaram — a luta para acreditar e confiar que Deus está no controle, que Ele

> **OBJETIVOS DO CAPÍTULO**
>
> Este capítulo apresenta Números como um livro de fracasso e peregrinações — entretanto, um livro que, em última instância, indica o caminho para a vitória espiritual. Os ensinamentos em Números são tremendamente práticos para nossa própria vida hoje, e nos lembram do perigo espiritual de se queixar contra Deus.

sabe o que está fazendo e não comete erros. Lutamos para acreditar que tudo que Ele nos diz em Sua Palavra é verdadeiro e que é para o nosso bem.

Repetidas vezes, nós, cristãos, nos metemos em problemas porque acreditamos que sabemos mais do que Deus, e que é melhor que tomemos o controle da situação porque não podemos confiar em Deus quando precisamos dele. Provérbios coloca isso com precisão: "Há caminho que ao homem parece direito, mas ao cabo dá em caminhos de morte" (Pv 14:12). O livro de Números é um quadro dessa experiência na vida de um cristão.

A contrapartida neotestamentária de Números é Romanos 7, que retrata o cristão infeliz e derrotado, que se vê sendo disciplinado por Deus, o Pai amoroso, que o ama e quer o melhor para ele. O cristão em Romanos 7 está experimentando um "amor rigoroso" — uma forma dolorosa de amor criada para produzir crescimento do caráter e maturidade. Esse é também o tipo de amor retratado em Números.

O livro de Números retrata um povo que saiu do Egito, mas que ainda não chegou a Canaã. Eles tiveram fé suficiente para sair da escravidão do Egito seguindo a Deus, mas ainda não chegaram à liberdade e ao descanso. Não chegaram à Terra Prometida. Deus os preserva em suas andanças, mas eles estão no deserto da disciplina, não no refúgio de paz e descanso.

Números é um livro de peregrinações. Até que o povo de Israel aprenda a confiar em seu Deus, eles devem suportar o deserto da disciplina. Esse livro trágico é carregado com instruções e avisos relevantes para nossa própria vida hoje.

A estrutura de Números

O livro de Números divide-se em três partes. Na primeira, o povo de Israel está preparado para herdar a Terra Prometida, a terra de Canaã. Na segunda parte, o povo falha, peca e é julgado; o julgamento de Deus é que esta geração deve vagar no deserto e não herdar a Terra Prometida. Na terceira e última parte, uma nova geração está preparada para entrar e possuir a Terra Prometida.

A provisão de Deus para orientação e batalha

A primeira parte de Números, capítulos 1 a 10, é um retrato da provisão de Deus para orientação e vitória na batalha. Essas são as duas necessidades críticas dos israelitas em sua marcha desde o monte Sinai, onde a lei foi dada, até o deserto do norte de Pará, na fronteira da Terra Prometida. No caminho, eles precisariam de orientação, porque esse era um deserto sem trilhas. E eles precisariam de proteção e vitória na batalha, porque o deserto estava ocupado por tribos ferozes e hostis.

Isso soa familiar? Todos precisamos de orientação à medida que avançamos entre perigos, tentações e males deste mundo. Todos precisamos de proteção dos inimigos que nos cercam.

Essa parte também descreve a organização do acampamento, incluindo a posição do Tabernáculo com as tribos de cada um dos lados, e uma contagem dos homens armados de Israel. Para nós, essas são imagens da necessidade de defesa contra os inimigos de Deus. Ele fornece a estratégia e os recursos necessários para enfrentar cada inimigo. Providencia, também, a nuvem sobre o acampamento

O LIVRO DE NÚMEROS

Preparando o povo para herdar a Terra Prometida (Números 1–10)

O Censo (contagem) do povo 1

A organização do acampamento... 2

O ministério dos sacerdotes (os levitas) 3–4

A santificação de Israel 5–10

Fracasso de Israel ao herdar a Terra Prometida (Números 11–25)

As reclamações do povo 11:1-9

As reclamações de Moisés... 11:10-15

Deus provê para Moisés e para o povo....................................... 11:16-32

Deus castiga o povo (pragas) 11:33-35

O fracasso de Moisés e de Arão 12

O fracasso e julgamento de Israel em Cades-Barneia 13–14

Israel vagueia pelo deserto...15–19

    A. As ofertas 15

    B. A rebelião de Corá...16

    C. O papel dos levitas...17–19

O pecado de Israel, o fracasso de Moisés 20:1-13

Israel na batalha...20:14–22:35

Os oráculos de Balaão, o falso profeta 23–24

Israel peca com os moabitas 25

A nova geração se prepara para herdar a Terra Prometida (Números 26–36)

A reorganização e a recontagem de Israel...26

A nomeação de um novo líder, Josué...27

A reinstituição das ofertas e votos...28–30

Preparo militar e espiritual para a conquista de Canaã..........................31–36

Aventurando-se através da Bíblia

durante o dia e a coluna de fogo durante a noite.

Esses três elementos — o Tabernáculo, a nuvem e a coluna de fogo — representam para nós a grande verdade da morada do Espírito Santo. Temos Deus entre nós. Ele é capaz de nos guiar e conduzir pelo deserto do mundo através da orientação de Sua Palavra. Somos guiados pela nuvem e pelo fogo, assim como Israel foi conduzido, e devemos obedecer a essa liderança. Isso é tudo o que precisamos para nos levar do lugar da Lei (o conhecimento da santidade de Deus) para o lugar de repouso no Espírito, que a terra de Canaã representa. Temos tudo o que precisamos, assim como o povo de Israel tinha tudo o que precisava.

Rebelião e reclamação

Nos capítulos de 11 a 25, acontece algo tragicamente errado. Essa tragédia ocupa a parte central de Números. Aqui encontra-se uma descrição da rebelião e da desobediência voluntária contra Deus. A rebelião começa com murmúrios e queixas. Sempre que você começa a se queixar contra suas circunstâncias, leve em conta isto: está no limiar da rebelião, porque a rebelião sempre começa com reclamações.

Três níveis de reclamação marcam esta parte da jornada no deserto:

Primeiro, as pessoas se queixaram contra suas circunstâncias. Deus lhes tinha dado o maná e carne de codorna para comer e água para beber, mas eles reclamaram do maná e da água. Queixaram-se sobre a carne. Queixaram-se sobre o deserto. Nada lhes satisfazia, nem mesmo a providência milagrosa de Deus para suas necessidades.

O que o maná simboliza para nós hoje? É um tipo, ou símbolo, do Espírito Santo. O maná tinha gosto de uma fina massinha de óleo misturado com mel. Óleo e mel são ambos símbolos do Espírito Santo. Eles deveriam comer essa substância, e seria suficiente para sustentar o povo. Não era suficiente para satisfazê-los, porque Deus nunca pretendeu que eles vivessem por tanto tempo no deserto. Ele pretendia que eles prosseguissem para a terra de Canaã e começassem a comer ali o alimento abundante.

Porém, o povo se cansou do maná. Afinal, quem não teria se cansado de ter massa de óleo e mel no café da manhã, almoço e janta? Todos os dias, nada além de maná, maná, maná! Primeiramente, o povo se queixou. Por fim, ele se rebelou.

De quem foi a culpa pela rebelião? Não de Deus. Seu plano era que o povo possuísse uma terra de abundância e infinita variedade. As pessoas escolheram dar as costas para o contentamento e vagar em um deserto seco com nada além de maná para comer.

Quando o povo se queixou de falta de carne, Deus lhes deu carne por um mês até que estivessem cansados de carne. Então, as pessoas se queixaram de que havia carne demais. E assim era. Deus providenciava, o povo reclamava; Deus providenciava mais, o povo reclamava mais. Em seu murmúrio, o único assunto ao qual as pessoas continuavam voltando era o Egito — a terra da escravidão.

Aqui está uma imagem simbólica de uma experiência cristã degenerada. Tudo sobre o que os israelitas podiam pensar era a carne, melão, pepino, alho-poró, cebola e alho do Egito. Que memória seletiva! Eles não se lembravam do cansaço, do chicote do capataz, das

Nômades que vivem junto ao Mar Morto, Jordânia

© Shutterstock

correntes da escravidão? E quanto à terra para a qual Deus os estava chamando? Eles não pensavam em Canaã porque não a conheciam. Ouviram falar de Canaã, mas não tinham a experiência de estar nela.

A murmuração do povo contra suas circunstâncias trouxe o julgamento de Deus que veio em três formas: fogo, praga e serpentes venenosas. Este é um retrato do resultado inevitável da reclamação. Quando nos queixamos de onde Deus nos colocou e do tipo de pessoas com quem Ele nos cercou, e do tipo de alimento que temos para comer, e de todas as outras circunstâncias, logo descobrimos:

- o fogo da fofoca, escândalo e calúnia;
- a praga da ansiedade e da tensão nervosa e
- o veneno da inveja e do ciúme.

Os israelitas não apenas murmuraram contra suas circunstâncias, mas *murmuraram contra a bênção de Deus.* Imagine — chegaram finalmente às fronteiras da terra de Canaã, e, ali, Deus disse: "Envia homens que espiem a terra de Canaã, que eu hei de dar aos filhos de Israel" (13:2).

Os israelitas enviaram espiões e souberam que Canaã era uma terra que manava leite e mel. Os espiões retornaram com cachos de uvas tão grandes que tiveram de carregá-los em uma vara entre os ombros de dois homens. Mas também souberam que era uma terra cheia de gigantes — e por causa dos gigantes eles tiveram medo de seguir em frente. Seu medo dos gigantes era maior do que sua confiança em Deus, então recusaram a bênção que o Senhor estava prestes a derramar sobre eles.

Aventurando-se através da Bíblia   107

Então, Deus os julgou. Eles foram condenados a vagar no deserto por 40 anos. Porque eles se recusaram a prosseguir e se apropriar da vontade amorosa de Deus para suas vidas, o julgamento disciplinar do Senhor exigiu que experimentassem os resultados completos de seu fracasso. Somente então poderiam progredir no plano de Deus.

Muitos cristãos vivem da mesma maneira, definhando em um imenso e miserável deserto, vivendo com o suprimento mínimo do Espírito Santo — apenas o suficiente para continuar, nada mais. Eles se queixam de suas circunstâncias, entretanto, não estão dispostos a entrar na terra que Deus providenciou para eles. Você pode ser sustentado no deserto, mas nunca estará satisfeito lá. É por isso que a experiência do deserto é sempre marcada por um coração queixoso.

Para Israel, a experiência do deserto não terminaria até que uma nova geração estivesse pronta para entrar na terra. Deus disse-lhes: "Neste deserto, cairá o vosso cadáver — de vinte anos para cima, os que dentre vós contra mim murmurastes; não entrareis na terra... salvo Calebe... e Josué" (Nm 14:29,30). Esses dois homens foram os únicos membros da geração mais velha que tinham demonstrado a fé e a confiança para avançar e possuir a Terra Prometida.

Há uma poderosa lição aqui para nossa própria vida cristã. Muitas vezes, descobrimos que não precisamos esperar chegar ao fim de nossas forças, até que se torne claro que devemos ter um novo começo em nossa vida, que possamos permitir que o Espírito tome o controle e nos conduza à nossa própria Terra Prometida. É por isso que muitos cristãos nunca parecem encontrar vitória até que tenham

uma experiência de crise seguida por um novo começo. Deus diz: "Confie em mim", mas resistimos e resistimos, então Deus precisa derrubar todos os suportes sob nós. Quando não temos mais nada a que nos apegar, a não ser a Ele, clamamos: "Deus, Tu és a minha única esperança!". Ele pode dizer: "Agora você está pronto para confiar em mim. Agora posso abençoá-lo como sempre desejei".

Um dos traços distintivos da experiência de Israel no deserto é a morte. O povo vagou em uma terra de morte. Você já refletiu sobre quantos israelitas morreram nos 40 anos de deserto?

Números começa com um censo de Israel, e totaliza 603 mil homens — homens capazes de ir à guerra, que têm pelo menos 20 anos de idade. A maioria é casada, então deve haver um número comparável de mulheres, além de muitas crianças no acampamento. Muitos estudiosos estimam que a população total era bem mais de 2 milhões de pessoas.

Assim, no deserto, durante esses 40 anos, aproximadamente 1,2 milhão de pessoas morreram. Isso é uma média de 82 mortes por dia! A viagem no deserto foi uma longa e triste marcha fúnebre — 40 anos de tristeza e perda. O deserto era um enorme cemitério. Esse é um retrato veterotestamentário contra o qual Paulo adverte: "Porque o pendor da carne dá para a morte" (Rm 8:6).

A trilha sonora de Números é um interminável murmúrio e reclamação. O povo murmura contra suas circunstâncias. Murmuram contra a provisão de Deus para eles. Por fim, murmuram contra a liderança divinamente designada a Moisés e Arão. As pessoas reclamam: "Basta! Pois que toda a congregação é santa, cada um deles é santo, e o Senhor

Cinco passos para a maturidade

está no meio deles; por que, pois, vos exaltais sobre a congregação do Senhor?" (16:3). Eles se julgam por seus próprios padrões e se rebelam contra a autoridade devidamente constituída entre eles.

Essa é outra característica dos cristãos derrotados. Eles sempre pensam que são santos o bastante, que são tão santos quanto precisam ser e se ressentem de qualquer outra pessoa que pareça exercer autoridade espiritual ou moral.

Deus trata essa atitude com o juízo mais severo de todos. A situação culmina com uma clara rebelião de dois sacerdotes israelitas, Corá e Abirão. Esses homens trouxeram divisão à nação de Israel, assim como as pessoas rebeldes frequentemente dividem igrejas hoje. Quando eles desafiam abertamente a autoridade de Moisés e Arão, Deus diz aos dois homens que Ele escolheu para liderar a nação: "Apartai-vos do meio desta congregação, e os consumirei num momento... Fala a toda esta congregação, dizendo: Levantai-vos do redor da habitação de Corá, Datã e Abirão" (16:21,24).

...se morrerem estes como todos os homens morrem e se forem visitados por qualquer castigo como se dá com todos os homens, então, não sou enviado do Senhor. Mas, se o Senhor criar alguma coisa inaudita, e a terra abrir a sua boca e os tragar com tudo o que é seu, e vivos descerem ao abismo, então, conhecereis que estes homens desprezaram o Senhor (16:29,30).

Enquanto Moisés diz estas palavras, a terra se abre abaixo de Corá e Abirão e de suas famílias, e eles caem vivos para dentro da cratera.

Assim, Deus estabelece Sua autoridade através de Moisés por meio deste notável julgamento. Quando nos rebelamos contra a autoridade, Deus julga com severidade.

Após este julgamento, vemos uma incrível demonstração da obstinação de mula da natureza humana. Murmúrio e crítica são tão parte de quem somos como seres humanos que, mesmo depois de ver o chão se abrir e engolir um grupo de rebeldes, o povo continua a reclamar! A reclamação diminui apenas quando ocorrem duas coisas.

A primeira foi depois da morte de Corá e Abirão, quando todos os líderes das doze tribos pegaram varas e as colocaram diante do Senhor. Uma dessas varas pertencia a Arão. Na manhã seguinte, viram que na vara de Arão cresceram ramos, os ramos floresceram, e suas flores produziram frutos, e amêndoas estavam penduradas nos galhos. Tudo isso ocorreu da noite para o dia! Das doze varas, somente a de Arão floresceu. Essa é uma imagem da vida de ressurreição. Deus estava dizendo para Israel que os únicos que têm o direito de ter autoridade são aqueles que andam na plenitude e poder da vida de ressurreição.

Depois, quando o povo murmurou quanto a comida, Deus enviou serpentes venenosas entre eles. O povo morreria sem um salvador. Então, Moisés curou os efeitos do veneno, levantando uma serpente de bronze sobre uma haste. De acordo com a orientação de Deus, todos que olharam para a serpente foram curados. Através desse símbolo, Deus diz a Israel e a nós: "A única cura para o pecado, incluindo o pecado dos cristãos, é olhar de novo para a cruz".

Em João 3, o Senhor Jesus faz referência a esse acontecimento e indica o seu significado simbólico em nossa vida: "E do modo por que

Aventurando-se através da Bíblia

Moisés levantou a serpente no deserto, assim importa que o Filho do Homem seja levantado, para que todo o que nele crê tenha a vida eterna" (Jo 3:14,15). A cruz repudia completamente todos os esforços e dignidade humanos. Somos impotentes para nos salvar e só podemos ser salvos com base na vida de ressurreição de Jesus Cristo.

Enfim, a vitória

O capítulo 26 inicia o terceiro e último movimento do livro. Registra o segundo censo dos homens de guerra e suas famílias. Deus dá instruções específicas a Moisés a respeito da divisão da terra quando eles entram em Canaã.

Um acontecimento interessante está relacionado às cinco filhas de Zelofeade. Como essas filhas são órfãs de pai, não poderiam esperar receber uma parcela da terra quando Israel entrasse em Canaã, de acordo com as normas culturais do Oriente Médio. No entanto, essas mulheres pedem e recebem uma herança na Terra Prometida (27:1-11). Isso pode parecer um acontecimento insignificante, mas estabelece simbolicamente o princípio de que (como Paulo escreve no Novo Testamento) "não pode haver judeu nem grego; nem escravo nem liberto; nem homem nem mulher; porque todos vós sois um em Cristo Jesus" (Gl 3:28). Este princípio tanto no Antigo como no Novo Testamento estabeleceu o caminho para o tratamento igualitário das mulheres.

Em seguida, Deus informa a Moisés de que chegou a hora de ele morrer. A pedido de Moisés, Deus designa Josué, filho de Num, para ser seu sucessor (27:18,19). Josué não herda a plena autoridade que Moisés exerceu, assim ele descobrirá a vontade de Deus através do sumo sacerdote.

Deus também repete as várias ofertas e sacrifícios para os grandes dias de festa de Israel, como previamente descritos em Levítico. Algumas exceções são feitas à regra geral relativa aos votos.

Os capítulos finais do livro, 31 a 36, descrevem o relato de uma guerra santa liderada por Fineias, o sacerdote contra os midianitas, durante a qual Balaão, o falso profeta, é morto.

Aqui as duas tribos de Rúben e Gade e metade da tribo de Manassés insistem insensatamente em estabelecer-se no lado leste do Jordão, em vez de nas regiões apropriadas da Terra Prometida. Eles são autorizados a fazê-lo apenas concordando em se unirem a seus irmãos na conquista de seus inimigos cananeus.

Depois de analisar a rota tomada por Israel do Egito ao Jordão e dar Instruções para a divisão da terra quando as tribos entrassem nela, Moisés, em seguida, atribui certas cidades como residências para os levitas, seis das quais são especialmente designadas como cidades de refúgio (35:10-15). As cidades de refúgio eram para pessoas que tinham acidentalmente tirado uma vida humana, e que precisavam de um lugar seguro para fugir de vingadores até que um julgamento fosse realizado.

Números é o registro do fracasso do povo em sua teimosia e tolice perpétuas, mas é também a história da contínua paciência e fidelidade de Deus. Esse livro nos encoraja em nossa própria vida espiritual, mostrando-nos que, mesmo quando falhamos, a vitória ainda pode ser nossa se permanecermos firmes em nossa confiança em Deus. Assim, chegamos ao aprendizado, como declara o Novo Testamento, de que "se somos infiéis, ele permanece fiel, pois de maneira nenhuma pode negar-se a si mesmo (2Tm 2:13).

Balaão e o jumento por Rembrandt (1625)

PERGUNTAS PARA DISCUSSÃO

NÚMEROS
Do fracasso à vitória

1. Provérbios nos diz: "Há caminho que ao homem parece direito, mas ao cabo dá em caminhos de morte" (Pv 14:12). O livro de Números nos apresenta duas maneiras de viver contrastantes: a reclamação versus a confiança. Em suas circunstâncias atuais, você acha mais fácil confiar em Deus ou reclamar? Explique sua resposta.

2. O autor nos diz que o Tabernáculo, a nuvem e a coluna de fogo simbolizam "a grande verdade da morada do Espírito Santo. Temos Deus entre nós". A liderança do Espírito é tudo o que precisamos para nos levar "do lugar da lei (o conhecimento da santidade de Deus) para um lugar de repouso no Espírito, que a terra de Canaã representa". Como o Espírito Santo se move em nossa vida pessoal, levando-nos do conhecimento da santidade de Deus para um lugar de repouso?

3. A comida celestial chamada maná é doce e sustenta. Contudo, mais tarde, as pessoas começaram a se queixar de não ter nada além de maná para comer. O que o maná simboliza para nós hoje? Existe algo em sua vida agora que é como o maná? (Ou seja, algo que o sustenta em sua vida, mas do qual você já se cansou e sente vontade de reclamar). Esse estudo em Números muda sua perspectiva? Explique sua resposta.

4. Em Números 27, há um acontecimento relativo às cinco filhas de Zelofeade. Essas órfãs de pai receberam uma porção na Terra Prometida, em contraste com as antigas normas culturais do Oriente Médio sobre o status das mulheres. Este acontecimento, afirma o autor, estabelece o princípio de que em Cristo não há nem homem nem mulher e abre caminho para o tratamento igualitário das mulheres. Você concorda ou discorda da afirmação do autor de que a Bíblia eleva o status das mulheres? Explique sua resposta.

Cinco passos para a maturidade

APLICAÇÃO PESSOAL

5. A questão da confiança é uma grande luta para muitos cristãos. É a mesma luta que os israelitas tiveram — a luta para acreditar e confiar que Deus está no controle, que Ele sabe o que está fazendo e não comete erros. Você acha fácil confiar em Deus para o seu futuro — ou você luta para crer em Suas promessas e agir ousadamente de acordo com elas? Dê alguns exemplos.

6. A queixa dos israelitas trouxe julgamento sobre eles em três formas: fogo, praga e serpentes venenosas. Quando nos queixamos de Deus e de Seu cuidado por nós, trazemos três consequências sobre nós mesmos:

- o fogo da fofoca, escândalo e calúnia;
- a praga da ansiedade e da tensão nervosa; e
- o veneno da inveja e do ciúme.

Você já sofreu essas consequências como resultado de sua atitude de reclamar?
Explique sua resposta.

7. Números é o registro do fracasso do povo — mas também um registro da paciência e fidelidade de Deus. Esse livro nos mostra que, mesmo quando falhamos, podemos experimentar vitória ao retornar a Deus em arrependimento, obediência e confiança. Como essa verdade o encoraja em sua caminhada de fé? Explique sua resposta.

Aventurando-se através da Bíblia

Ovelhas

DEUTERONÔMIO   CAPÍTULO 9

A lei que traz libertação

A maioria das pessoas sabe que John Newton, o compositor de "Preciosa a graça de Jesus", tinha sido comerciante de escravos antes de entregar sua vida a Cristo. Mas poucas pessoas sabem que a conversão de Newton foi uma das mais longas e mais lentas da história, ocorrendo ao longo de um período de anos.

Enquanto navegava a bordo do *Greyhound* em 1748, o navio se deparou com uma terrível tempestade e quase afundou. Enquanto o navio se enchia de água, Newton clamou a Deus e suplicou que Ele o salvasse. O navio resistiu à tempestade — e Newton começou a ler a Bíblia. Antes de chegar à Inglaterra, decidiu que queria Jesus como seu Salvador. Ele abandonou a obscenidade, a jogatina e a bebida — mas não conseguia abandonar os lucros de comercializar escravos.

Navegando como primeiro marinheiro no navio de escravos *Brownlow* em 1749, ele ficou doente e com febre. Mais uma vez, implorou a Deus para salvá-lo e prometeu entregar sua vida ao Senhor. Mas de 1750 a 1754, fez mais três viagens — cada uma como capitão de navios negreiros. Os capitães recebiam muito dinheiro — e Newton não conseguia resistir a essas quantias.

Voltando para casa depois da terceira viagem, ele sofreu um derrame. Novamente, implorou a Deus e prometeu viver para Ele. Após sua recuperação, Newton finalmente deixou o comércio de escravos para sempre. Conseguiu um emprego como coletor de impostos portuários em Liverpool e passava seu tempo livre estudando grego e hebraico para que pudesse ler a Bíblia nas línguas originais. Ele pregava em tempo parcial como ministro leigo, e em 1764 foi ordenado sacerdote anglicano.

Em 1779, Newton tornou-se pároco da Igreja St. Mary Woolnoth em Londres. Ele se juntou ao movimento abolicionista com a ativista social Hannah More e o membro do parlamento William Wilberforce. Trabalhando juntos por mais de uma década, eles

> **OBJETIVOS DO CAPÍTULO**
>
> Este capítulo explora os temas e a importância dos três grandes sermões que Moisés fez pouco antes de sua morte, conforme registrado no quinto livro do Pentateuco — Deuteronômio.

conseguiram acabar com o tráfico de escravos na Grã-Bretanha. Durante esse tempo, Newton escreveu seus famosos hinos, *Glorious Things of Thee Are Spoken* (Coisas gloriosas se dizem de ti), *Bendito o nome do Senhor* (Louvor e Adoração, 80) e, é claro, *Preciosa a graça de Jesus* (HCC 314).

John Newton sempre pensou de si mesmo como um escravo do pecado, que foi liberto pela graça de Deus. Sobre a lareira em seu escritório, onde escreveu seus hinos e sermões, Newton tinha pintado um versículo das Escrituras:

> *Lembrar-te-ás de que foste servo na terra do Egito e de que o SENHOR, teu Deus, te remiu; pelo que, hoje, isso te ordeno* (15:15).

A lição da vida de John Newton — e do livro de Deuteronômio — é que nós não devemos nos apegar às lembranças de nossa escravidão. Em vez disso, devemos nos lembrar da provisão de Deus para nós quando nos libertou da escravidão. Ele nos redimiu — e isso lhe dá o direito de comandar nossa vida hoje.

A estrutura de Deuteronômio

Deuteronômio consiste em três grandes sermões pregados por Moisés pouco antes de sua morte. Esses sermões foram dados a Israel enquanto esperavam no lado leste do Jordão, no Arabá, depois de seu triunfo militar sobre Seom, rei dos amorreus, e Ogue, rei de Basã. Nessa época, a nação de Israel consistia, em grande parte, de uma geração de israelitas que eram crianças ou sequer tinham nascido quando Moisés entregou a Lei no monte Sinai.

Primeiro sermão: *O que Deus fez por Israel*

Quando o povo estava prestes a entrar na terra de Canaã, era essencial que eles compreendessem sua história. Assim, os capítulos 1 a 4 nos dão a primeira mensagem de Moisés, na qual ele revisou a jornada desde a entrega da Lei no monte Sinai até o povo chegar a Moabe, na margem do rio Jordão.

A primeira tarefa de Moisés foi recitar ao povo sobre o maravilhoso amor e cuidado de Deus, que os tinha *conduzido* e *alimentado*. Deus *conduziu* os israelitas com uma coluna de fogo à noite e uma coluna de nuvem de dia. E os *alimentou* por meio de uma provisão milagrosa. Moisés lembrou o povo de como Deus fez brotar água da rocha para saciar a sede deles, como os alimentou com maná e codornas e como os livrou repetidamente de seus inimigos.

No capítulo 1, Moisés recorda a migração do povo, desde a entrega da Lei no Sinai (também chamado monte Horebe) até a recusa do povo de entrar na terra de Canaã em Cades-Barneia. No capítulo 2, ele revisa o segundo movimento de Cades-Barneia a Hesbom, ao redor da terra de Edom, e pelo deserto de Moabe até seu encontro com Seom, o rei de Hesbom. Ao longo dessa passagem, Moisés enfatiza a contínua libertação, das mãos dos inimigos, que Deus promove em favor de Seu povo, apesar da incredulidade deles.

Continuando seu discurso no capítulo 3, Moisés revisa a conquista do vale do Jordão até ao norte do Monte Hermom, e a decisão de Rúben e Gade de se estabelecerem no lado leste do rio. Ele se lembra, de forma emocionante e comovente, de seu próprio desejo de entrar na terra com seu povo, mas reconhece

O LIVRO DE DEUTERONÔMIO

Primeiro sermão de Moisés: uma revisão do que Deus fez por Israel

(Deuteronômio 1–4)

Do monte Sinai a Cades-Barneia..1

De Cades-Barneia a Moabe... 2:1-23

A Conquista de terras a leste do Jordão 2:24–3:20

Resumo: a Aliança 3:21–4:43

Segundo sermão de Moisés: uma revisão da Lei de Deus (Deuteronômio 4–26)

Introdução à Lei.. 4:44-49

Exposição dos Dez Mandamentos..5–11

Exposição das leis cerimoniais, civis, sociais e criminais............................12–26

Terceiro sermão de Moisés: uma revisão da aliança de Deus (Deuteronômio 27–34)

A ratificação da aliança..27–30

A transição da liderança 31–34

A. Moisés encarrega Josué e Israel 31

B. O cântico de Moisés.. 32:1-47

C. A morte de Moisés...32:48–34:12

que Deus negou-lhe esse privilégio de forma justa. Ainda assim, foi-lhe permitido ver a Terra Prometida do alto do monte Pisga.

Moisés encerra sua revisão histórica no capítulo 4. Exorta o povo a se lembrar da grandeza de seu Deus e a viver em obediência a Ele. Adverte contra o perigo da idolatria e da criação de imagens esculpidas. Conclui, separando três cidades de refúgio no lado leste do Jordão para a proteção daqueles que cometessem homicídio involuntário.

Ao examinarmos esse registro da provisão de Deus ao povo de Israel, vemos que Deus os conduziu para fora do Egito, pelo deserto, e até as fronteiras de Canaã. Em sua jornada, eles experimentaram os mesmos tipos de problemas, obstáculos, inimigos, fracassos e vitórias que encontramos na vida cristã. A escravidão que os israelitas experimentaram no Egito nos lembra da escravidão do pecado e do mundo que experimentamos antes de sermos cristãos. A terra de Canaã, manando leite e mel, representa uma vida cheia de vitória e alegria, que é nossa em Cristo.

Se você ler seu Antigo Testamento com esta chave na mão, ele se torna um livro luminoso e prático. Cada história do Antigo Testamento é cheia de significado e lições para nossa vida diária. Não creio que possamos realmente compreender as poderosas verdades do Novo Testamento até que as vejamos demonstradas no Antigo Testamento.

Segundo sermão: *A Lei de Deus*

Os capítulos 5 a 26 contêm a segunda mensagem de Moisés. Começa com uma nova recitação dos Dez Mandamentos como Deus os entregou a Moisés no monte Sinai. Deuteronômio significa "a segunda lei" ou "a segunda entrega da lei". A mensagem de Moisés nesses capítulos é mais do que uma mera narração da Lei. É o comentário divinamente inspirado de Moisés sobre a Lei.

Moisés lembra ao povo que haviam prometido ouvir e fazer tudo o que Deus lhes dissera. A isso, Deus respondeu: "Quem dera que eles tivessem tal coração, que me temessem e guardassem em todo o tempo todos os meus mandamentos, para que bem lhes fosse a eles e a seus filhos, para sempre" (5:29).

Em seguida, Moisés declara o "Shema", ou "Ouve, Israel", que os judeus devotos ainda recitam até hoje como um resumo da característica central de sua fé — a singularidade de Deus. Moisés adverte o povo a guardar essas palavras e a ensiná-las diligentemente a seus filhos. Essa é uma grande lição sobre paternidade — sobre a importância de aproveitar ao máximo os "momentos ensináveis", usando situações à mão para reforçar valores e crenças familiares.

Moisés então revê as condições que eles vão encontrar na terra e as bênçãos que os esperam lá. Ele os adverte especialmente para que estejam cientes de três perigos espirituais: o perigo da prosperidade, o perigo da adversidade e o perigo de negligenciar o ensino aos seus filhos.

No capítulo 7, Moisés lida com o perigo com o qual Israel se deparará ao enfrentar as nações corruptas que já estão na terra. Moisés ordena aos israelitas que não mostrem qualquer misericórdia aos habitantes de Canaã, mas que os eliminem completamente para que nenhum vestígio de suas idolatrias e práticas permaneça para afastar os israelitas da verdadeira adoração a Jeová. Moisés lembra aos israelitas de que eles foram escolhidos, que o Senhor tinha colocado Seu amor sobre eles e que Ele seria a sua força para subjugar as nações inimigas. Sua prosperidade e saúde dependeriam da fidelidade e obediência deles.

O capítulo 8 lembra às pessoas as lições que Deus lhes ensinou no deserto: como eles foram humilhados e alimentados com maná, para que soubessem que "não só de pão viverá o homem, mas de tudo o que procede da boca do Senhor" (8:3). Essas eram palavras conhecidas por Jesus, que as usou para o bom efeito contra o tentador no deserto de Judá (veja Mt 4:4).

Deus queria que Seu povo tomasse cuidado com o orgulho espiritual quando eles entrassem na terra e festejassem por sua riqueza. Ele sabia o quão rapidamente as pessoas se tornariam espiritualmente presunçosas, e tenderiam a receber o crédito por tudo o que Ele lhes havia dado. Elas não deveriam confiar em sua própria justiça, mas lembrar-se de sua obstinação persistente no deserto. Haviam provocado o Senhor repetidas vezes, mas Ele continuou a amá-los.

Moisés também lembra a cena impressionante no Sinai, quando, no meio da poderosa demonstração do poder de Deus, o povo pecou fazendo um bezerro de ouro de ídolo. Cometeram esse pecado ao mesmo tempo em que Moisés intercedia por eles durante 40 dias e noites. Naquele tempo Moisés também recebeu as segundas tábuas de pedra e, mais tarde, as colocou na arca da aliança onde elas permaneceram.

Em uma passagem de grande beleza e poder, Moisés lembra ao povo de que Deus não lhes pede nada a não ser que eles o amem e sirvam de todo o coração, guardando Seus mandamentos e estatutos para seu próprio benefício. A ênfase central dessa passagem é que "o Senhor, vosso Deus, é o Deus dos deuses e o Senhor dos senhores, o Deus grande, poderoso e temível" (10:17). No entanto, Suas ações com relação ao Seu povo são demonstrações de Sua infinita ternura e amor.

À medida que o povo entra na terra, Deus promete-lhes chuva do céu para regar a terra, relva nos campos para o seu gado e poder em sua guerra para expulsar as nações inimigas. Toda a terra devia se tornar sua possessão. Para lembrá-los do amor e disciplina divinos, Deus os instrui a recitar anualmente as bênçãos no monte Gerizim e as maldições no monte Ebal, que estão de frente para o local onde estava o poço de Jacó.

Os capítulos 12 a 21 de Deuteronômio contêm uma série de estatutos e ordenanças que foram dados ao povo para direcionar seu comportamento dentro da terra. Receberam ordens para destruir todos os lugares de adoração aos ídolos das nações que ocupavam aquela terra. Deveriam derrubar os altares estrangeiros e queimar os aserins (símbolos fálicos) — evidência da impureza da idolatria na terra naquela época.

Deus disse a Israel que, no devido tempo, lhes mostraria um lugar onde trariam suas ofertas queimadas e sacrifícios, onde adorariam e se alegrariam diante do Senhor. Essa promessa foi cumprida nos dias de Davi e Salomão, quando o Templo foi construído (embora uma provisão temporária tivesse sido feita quando a arca estava localizada em Siló).

O Senhor deu a Israel mais instruções sobre os alimentos que podiam comer, dizendo-lhes que deveriam sempre evitar comer o sangue. Deus também disse ao povo como distinguir falsos profetas de verdadeiros

AS TRÊS FESTAS DE DEUTERONÔMIO 16

1. A Páscoa

> *Guarda o mês de abibe e celebra a Páscoa do Senhor, teu Deus; porque, no mês de abibe, o Senhor, teu Deus, te tirou do Egito, de noite. Então, sacrificarás como oferta de Páscoa ao Senhor, teu Deus, do rebanho e do gado, no lugar que o Senhor escolher para ali fazer habitar o seu nome. Nela, não comerás levedado; sete dias, nela, comerás pães asmos, pão de aflição (porquanto, apressadamente, saíste da terra do Egito), para que te lembres, todos os dias da tua vida, do dia em que saíste da terra do Egito* (16:1-3).

O relato da primeira Páscoa é encontrado em Êxodo 12. O povo hebreu foi instruído a sacrificar o cordeiro pascoal e colocar seu sangue nos batentes das portas de suas casas. Então, quando Deus enviou Seu anjo para tomar os primogênitos do Egito, toda a casa que tinha o sangue do cordeiro da Páscoa sacrificado foi poupada.

A Páscoa fala profeticamente de Jesus, o Cordeiro de Deus, que foi sacrificado no Calvário, e cujo sangue foi colocado nas vigas da cruz, para que a ira de Deus "passasse por cima" de nós. O pão asmo era simbólico de várias maneiras. Quando o povo hebreu saiu do Egito, as pessoas tiveram que partir apressadamente. Não havia tempo para fazer pão com fermento e deixar que crescesse. Os hebreus tiveram que fazer pão achatado, sem fermento.

O fermento é também uma imagem simbólica do pecado em nossa vida. Assim como uma pitada de fermento pode fazer com que uma massa inteira cresça, uma pitada de luxúria, ódio, ego ou falsidade pode nos fazer inchar com orgulho e pecado. Deus nos chama a um modo de vida "sem fermento" — isto é, uma vida que é pura, humilde e santa. A Páscoa serviu ao povo hebreu como uma lembrança do livramento de Deus e de Seu mandamento para que eles sejam santos como Ele é santo. E a Páscoa nos lembra do sacrifício do santo Cordeiro de Deus por nós.

2. A Festa das Semanas (Pentecostes)

> *Sete semanas contarás; quando a foice começar na seara, entrarás a contar as sete semanas. E celebrarás a Festa das Semanas ao Senhor, teu Deus, com ofertas voluntárias da tua mão, segundo o Senhor, teu Deus, te houver abençoado. Alegrar-te-ás perante o Senhor, teu Deus, tu, e o teu filho, e a tua filha, e o teu servo, e a tua serva, e o levita que está dentro da tua cidade, e o estrangeiro, e o órfão, e a viúva que estão no meio de ti, no lugar que o Senhor, teu Deus, escolher para ali fazer habitar o seu nome. Lembrar-te-ás de que foste servo no Egito, e guardarás estes estatutos, e os cumprirás* (16:9-12).

A Festa das Semanas, ou Pentecostes, era uma festa de ação de graças. Era uma resposta a Deus pela bênção e alegria da colheita. O povo hebreu dava uma oferta voluntária a Deus proporcional à bênção divina em suas vidas. Em vez de ritual, cerimonial e sacrificial, o Pentecostes devia ser uma expressão do coração.

Levítico 23:15-21 descreve como o povo hebreu devia celebrar a festa de Pentecostes, trazendo grãos novos como oferta a Deus e dois pães levedados movidos diante do Senhor. Estes símbolos falam da nova aliança de Deus com a raça humana em Jesus Cristo.

Sob a nova aliança, nenhum sacrifício de expiação é exigido porque Jesus já fez o sacrifício perfeito. Sob a nova aliança, há uma grande colheita para Deus — a colheita de cristãos judeus e gentios. Sob a nova aliança, as obrigações da Lei foram substituídas por uma alegre resposta do coração a Deus. E os dois pães fermentados representam o fato de que, sob a nova aliança, a Igreja do Senhor inclui o "pão fermentado" do povo gentio, movido como santo diante do Senhor.

Essas imagens proféticas foram cumpridas no dia de Pentecostes em Atos 2, quando o Espírito Santo encheu a Igreja recém-nascida em Jerusalém.

3. A Festa dos Tabernáculos

A Festa dos Tabernáculos, celebrá-la-ás por sete dias, quando houveres recolhido da tua eira e do teu lagar. Alegrar-te-ás, na tua festa, tu, e o teu filho, e a tua filha, e o teu servo, e a tua serva, e o levita, e o estrangeiro, e o órfão, e a viúva que estão dentro das tuas cidades. Sete dias celebrarás a festa ao SENHOR, teu Deus, no lugar que o SENHOR escolher, porque o SENHOR, teu Deus, há de abençoar-te em toda a tua colheita e em toda obra das tuas mãos, pelo que de todo te alegrarás (16:13-15).

A Festa dos Tabernáculos celebrava a provisão de Deus para Israel durante os 40 anos de andança pelo deserto. A festa começava e terminava com repouso, simbolizando o descanso e a renovação que vêm somente de Deus. A festa também olhava para o descanso milenar que Deus dará a Israel e a todo Seu povo quando Jesus vier para reinar na Terra (veja Zc 14:16-19).

Guarde todas as três festas

Três vezes no ano, todo varão entre ti aparecerá perante o SENHOR, teu Deus, no lugar que escolher, na Festa dos Pães Asmos, e na Festa das Semanas, e na Festa dos Tabernáculos; porém não aparecerá de mãos vazias perante o SENHOR; cada um oferecerá na proporção em que possa dar, segundo a bênção que o SENHOR, seu Deus, lhe houver concedido (16:16,17).

Deus ordenou a Israel que guardasse as três festas anualmente. Todo judeu, se possível, deveria ir ao Tabernáculo ou Templo e participar desta festa com o restante de sua nação, Israel. O próprio Senhor Jesus obedeceu a esse mandamento, viajando da Galileia para Jerusalém para participar das festas (veja, por exemplo, João 7).

Ray C. Stedman

profetas. Embora o falso profeta poderia vir a fazer sinais e maravilhas, se sugerisse que eles seguissem outros deuses, o povo deveria apedrejá-lo. Mesmo que amigos íntimos ou parentes buscassem atraí-los à idolatria, Israel foi instruído a eliminar tais pessoas. Se uma cidade inteira apostatasse e começasse a servir a outros deuses, os habitantes dessa cidade seriam postos à espada, pois "Filhos sois do SENHOR, vosso Deus" (14:1).

Em seguida, vemos as leis a respeito dos alimentos, as regras sobre o dízimo para o sustento dos levitas, os anos sabáticos (para solucionar as injustiças econômicas), e as grandes festas da Páscoa, Pães Asmos e Tabernáculos são novamente reiteradas. Deus providencia para que os juízes decidam casos sobre os quais a Lei não tenha falado especificamente e para a escolha de um rei (que deveria caminhar cuidadosamente de acordo com os estatutos da Lei e manter seu coração humilde diante do Senhor seu Deus).

Em Deuteronômio 18, encontramos a grande promessa de Deus de que "O SENHOR, teu Deus, te suscitará um profeta do meio de ti, de teus irmãos, semelhante a mim; a ele ouvirás" (18:15). O que significa essa promessa? Ela foi parcialmente cumprida por todos os verdadeiros profetas que mais tarde surgiram em Israel. Porém, seu cumprimento final ocorreu quando Jesus veio, como Moisés, capaz de contemplar o rosto de Deus, e em Sua pregação ao povo. Jesus cumpriu perfeitamente o ideal veterotestamentário de sacerdote, profeta e rei.

Em seguida, em Deuteronômio 19, por meio de Moisés, Deus novamente designa três cidades de refúgio, desta vez no lado oeste do Jordão. Qualquer pessoa culpada de assassinato deliberado não poderia encontrar nenhum santuário nessas cidades, mas aqueles que matassem acidentalmente (homicídio culposo) deveriam fugir para essas cidades e escapar da vingança de sangue. Deus também estabeleceu a importância da integridade, ordenando que as pedras de fronteira marcando linhas de propriedade não pudessem ser removidas, e que o povo de Israel deveria ser sincero uns *com* os outros e *sobre* os outros em todos os momentos.

Deuteronômio 20 dá instruções aos israelitas com respeito à guerra. As pessoas frequentemente ficam incomodadas pela quantidade de guerras e derramamento de sangue no Antigo Testamento. Mas temos que lembrar que Deus estava enviando os israelitas para um território hostil. Eles não deviam apenas ganhar a Terra Prometida para seu próprio uso, mas Deus também estava enviando Israel como Seu instrumento para limpar aquela terra de um povo mau e perverso. Os cananeus praticavam ritos horríveis de idolatria, incluindo o sacrifício de seus próprios filhos ao fogo do deus demônio Moloque.

Deus foi cruel ao ordenar o extermínio dessas pessoas perversas, juntamente com as atrocidades que cometeram contra seus próprios filhos? Ou Deus foi verdadeiramente misericordioso em dar fim a essas práticas abomináveis?

Deus encarregou Seu povo de ter sempre diante dele a visão de Deus e Seu poder. Ele ordenou que os israelitas oferecessem termos de paz a cada cidade que eles atacassem. Se os termos fossem aceitos, os habitantes não seriam mortos, mas submetidos a trabalho forçado. Se o inimigo recusasse esses termos, a cidade deveria ser destruída.

Nos capítulos 22 a 26, encontramos os vários regulamentos para a vida das pessoas dentro da terra. Essas regras governavam assuntos como propriedade perdida ou roubada, uso de roupas do sexo oposto, pureza sexual, saneamento, empréstimo de dinheiro, votos e divórcio. Instruções foram então dadas para a punição contra roubo, mas castigo cruel e incomum foi estritamente proibido. Também foi proibido amordaçar um boi enquanto ele estivesse pisando o milho — um mandamento ao qual foi dado significado espiritual pelo apóstolo Paulo em 1Co 9:8-10.

Deuteronômio 25 estabelece a lei do resgatador. Aparentemente, isso parece ser apenas uma provisão para aqueles que morrem sem deixar um herdeiro. Mas esses versículos acabam por ter um significado profético mais profundo:

Se irmãos morarem juntos, e um deles morrer sem filhos, então, a mulher do que morreu não se casará com outro estranho, fora da família; seu cunhado a tomará, e a receberá por mulher, e exercerá para com ela a obrigação de cunhado. O primogênito que ela lhe der será sucessor do nome do seu irmão falecido, para que o nome deste não se apague em Israel (25:5,6).

O resgatador é um tipo simbólico do Messias vindouro. O irmão sobrevivente é o parente que redime a noiva do irmão morto. Para ser um resgatador, ele deve atender a certas qualificações: deve ser um parente de sangue do marido morto, assim como Cristo se tornou nosso parente de sangue através do nascimento virginal. Na história de Rute e seu resgatador em Rute 4, vemos outros paralelos entre o resgatador e Cristo. O parente deve ser capaz de pagar o preço da herança do falecido, assim como Cristo pagou o preço por nós quando estávamos mortos em nossos pecados. E o parente deve casar-se com a viúva, assim como Cristo se tornou marido de Sua noiva, a Igreja. Olharemos para este relacionamento mais de perto quando estudarmos o livro de Rute.

O princípio mais importante aqui em Dt 25:5,6 é que Deus dá os meios para que o resgatador faça o que o irmão morto não pode fazer por si mesmo. Ele torna possível que o nome do irmão morto "não se apague em Israel", assim como o Senhor Jesus Cristo nos dá meios para que nossos nomes não sejam apagados do Livro da Vida de Deus.

O segundo sermão conclui com as instruções de Moisés sobre o modo como o povo devia adorar na nova terra. Eles deviam trazer as primícias e oferecê-las a Deus, reconhecendo com gratidão Sua provisão e graça. As primícias são seguidas pelas ofertas dadas aos levitas, aos estrangeiros, aos órfãos e às viúvas. Então Moisés dá instruções detalhadas a respeito da cerimônia a ser realizada nas montanhas de Gerizim e Ebal. Os Dez Mandamentos deviam ser exibidos em monumentos de pedra cobertos de gesso, e, todos os anos, os filhos de Raquel e Lia deviam recitar as bênçãos no monte Gerizim, e os filhos das concubinas de Jacó deviam recitar as maldições no monte Ebal. As maldições estão detalhadas no capítulo 27 e as bênçãos nas palavras iniciais do capítulo 28.

Terceiro sermão: *A aliança de Deus*

A terceira mensagem de Moisés, capítulos 27 a 31, apresenta as escolhas que Israel deve

Aventurando-se através da Bíblia

LEIS DO CÓDIGO DEUTERONÔMICO (DEUTERONÔMIO 12–26)

Leis da observância religiosa e cerimonial

Leis sobre a adoração no local de culto .... Dt 12:1-28

Leis contra a adoração de outros deuses... Dt 12:29-31

Leis contra falsos profetas...Dt 13

Leis que proíbem a autodesfiguração como demonstração de luto ....Dt 14:1,2

Leis sobre animais puros e impuros .... Dt 14:3-20

Leis que proíbem comer carniça (animais já mortos) ....Dt 14:21

Leis sobre o dízimo .... Dt 14:22-29

Leis sobre a oferta de animais primogênitos machos........................... Dt 15:19-23

Leis referentes a três festas anuais (Páscoa, Festa das Semanas,
Festa dos Tabernáculos).. Dt 16:1-17

Leis proibindo aserins e colunas ....Dt 16:21,22

Leis contra sacrifícios defeituosos ....Dt 17:1

Leis excluindo certos indivíduos da assembleia do povo .... Dt 23:1-8

Leis contra a prostituição religiosa...Dt 23:17,18

O ritual das primícias e dízimos .... Dt 26:1-15

Lei criminal

Leis que exigem a pena de morte para os idólatras...................................... Dt 17:2-7

Leis que proíbem sacrifício humano, feitiçaria e outras práticas detestáveis.... Dt 18:9-13

Leis relativas a homicídio culposo e assassinato .... Dt 19:1-13

Leis sobre testemunhas... Dt 19:15-21

Ritual de expiação por um assassinato não solucionado.................................. Dt 21:1-9

Leis que exigem pena de morte para um filho rebelde .... Dt 21:18-21

Leis sobre o cadáver de um criminoso executado..Dt 21:22,23

Leis a respeito de adultério, sedução e estupro.................................... Dt 22:22-29

Leis contra o sequestro..Dt 24:7

Leis que limitam a punição .... Dt 25:1-3

Lei Civil

Leis relativas ao cancelamento da dívida no sétimo ano .... Dt 15:1-11

Leis relativas à libertação de servos .... Dt 15:12-18

Leis contra a mudança de marcação de limites de propriedade ....Dt 19:14

Leis relativas aos direitos do primogênito .... Dt 21:15-17

Leis sobre propriedade perdida... Dt 22:1-4

Leis contra o uso de roupas do sexo oposto ....Dt 22:5

Leis relativas ao tratamento de animais fêmeas e seus filhotes ....Dt 22:6,7

Leis relativas à construção de telhados seguros (com parapeitos)..........................Dt 22:8

Leis que proíbem a mistura de tipos diferentes.. Dt 22:9-11

Leis sobre franjas rituais ou borlas para vestuário...Dt 22:12

Leis relativas ao casamento e à violação do casamento .... Dt 22:13-30

Leis que protegem uma mulher recém-casada de calúnia........................... Dt 22:13-21

Leis contra o casamento com a madrasta...Dt 22:30

Leis que exigem limpeza no acampamento .... Dt 23:9-14

Leis referentes ao refúgio para escravos fugitivos.....................................Dt 23:15,16

Leis contra a cobrança de juros de um irmão..Dt 23:19,20

Leis sobre votos... Dt 23:21-23

Leis sobre a plantação de um vizinho ....Dt 23:24,25

Leis sobre o divórcio .... Dt 24:1-4

Leis relativas ao penhor de dívidas... Dt 24:6, 10-13

Leis sobre a lepra..Dt 24:8,9

Leis que exigem salários justos aos trabalhadores ....Dt 24:14,15

Leis sobre os familiares inocentes de criminosos ....Dt 24:16

Leis que exigem justiça para com estrangeiros, viúvas e órfãos ....Dt 24:17,18

Leis que permitem a colheita pelo estrangeiro .... Dt 24:19-22

Leis contra amordaçar um boi durante a debulha...Dt 25:4

Leis relativas ao levirato (o resgatador) .... Dt 25:5-10

Exigências para que as mulheres sejam modestas...Dt 25:11,12

Leis que exigem pesos e medidas justos .... Dt 25:13-16

Leis referentes aos oficiais do governo

Leis exigindo que juízes sejam nomeados em cada cidade..................................Dt 16:18

Leis que exigem a imparcialidade dos juízes...Dt 16:19,20

Leis que exigem um tribunal central... Dt 17:8-13

Restrições sobre o rei.. Dt 17:14-20

Leis relativas aos direitos dos levitas... Dt 18:1-8

Leis sobre a guerra

Leis relativas à conduta em tempos de guerra ....Dt 20

Leis sobre o casamento com mulheres capturadas na guerra .... Dt 21:10-14

Uma Profecia Messiânica

Uma profecia do Messias vindouro .... Dt 18:14-22

Aventurando-se através da Bíblia

fazer, bem como as potenciais bênçãos e maldições que decorreriam dessas escolhas. Esse sermão poderia ser visto como uma grande exposição do tema que Moisés estabeleceu em Dt 11:26: "Eis que, hoje, eu ponho diante de vós a bênção e a maldição".

No coração dessa mensagem, encontramos o capítulo 28, uma das profecias mais incríveis jamais registradas. Ela prediz em notáveis detalhes toda a história do povo judeu. Ela até prevê eventos após a crucificação de Jesus quando o povo judeu deixaria de ser uma nação e seria espalhado sobre a face da Terra.

Deuteronômio 28:1-14 fala do prazer de Deus em derramar Suas abundantes bênçãos sobre Seu povo, caso fossem fiéis ao Senhor e aos Seus mandamentos. Os versículos 15 a 44 falam das maldições pela desobediência. Essa profecia prediz o cativeiro babilônico e a dispersão (sob o rei babilônico Nabucodonosor) que ocorreria como consequência da incredulidade e desobediência do povo. Depois disso, vem uma previsão do retorno final dos israelitas à terra de Israel.

Incorporadas nessa mensagem estão pistas intrigantes sobre o Messias vindouro que Deus enviaria — e a quem a nação de Israel rejeitaria. Como consequência da rejeição de Israel ao Messias, uma nação estrangeira — o Império Romano — um dia se levantaria contra Israel. Eis como Moisés descreveu esses eventos:

O Senhor levantará contra ti uma nação de longe, da extremidade da terra virá, como o voo impetuoso da águia, nação cuja língua não entenderás; nação feroz de rosto, que não respeitará ao velho, nem se apiedará do moço[...] Sitiar-te-á em todas as tuas cidades, até que venham a cair, em toda a tua terra, os altos e fortes muros em que confiavas; e te sitiará em todas as tuas cidades, em toda a terra que o Senhor, teu Deus, te deu (28:49,50,52).

O Império Romano conquistou Israel em 63 a.C. e oprimiu a nação judaica até que o povo se rebelasse em 67 d.C. A previsão de Moisés de que esta nação estranha viria "da extremidade da terra, como o voo impetuoso da águia" foi literalmente cumprida quando os exércitos de Roma foram chamados dos quatro cantos do império para convergir em Israel — cada legião romana marchava atrás de um estandarte com a imagem esculpida de uma águia em voo. Os historiadores antigos registram a destruição de quase mil aldeias israelitas pelos romanos.

O comandante das forças romanas era Tito, que mais tarde se tornou o imperador de Roma. Em 70 d.C., Tito sitiou Jerusalém, causando fome e terror dentro dos muros da cidade. Assim como Moisés predisse, os cidadãos presos em Jerusalém começaram a matar e a comer seus próprios filhos. O historiador Flávio Josefo registra em detalhes horrorosos a história de uma mulher rica que matou seu próprio filho e ofereceu sua carne aos soldados que guardavam os muros da cidade. O cerco terminou quando os romanos entraram na cidade, mataram os habitantes, derrubaram os muros e destruíram o grande Templo de Jerusalém.

Moisés adverte no versículo 64: "O Senhor vos espalhará entre todos os povos, de uma até à outra extremidade da terra". Depois da queda de Jerusalém, o povo judeu foi disperso por todo o mundo. Eles permaneceram um povo sem pátria até que a nação de Israel foi restaurada em maio de 1948.

No final de sua grande profecia, Moisés lembra ao povo que eles estão sob o governo de Deus. Moisés os lembrou de seu passado para que eles andassem fielmente diante de Deus no futuro. Em termos gráficos, descreveu-lhes qual seria seu futuro se eles se desviassem de Deus por causa de desobediência.

Em sua palavra final ao povo de Israel, Moisés parece olhar para o futuro para vê-los dispersos ao redor do globo. Lembra-lhes de que, se retornarem a Deus de todo o coração, Ele perdoará seus pecados, restaurará seu destino e os reunirá novamente na terra que o Senhor lhes deu.

Então, em Dt 30:11-14, Moisés expressa as grandes palavras que o apóstolo Paulo citará séculos mais tarde em Rm 10:6-10. Essas palavras revelam porque Deuteronômio é chamado de "segunda lei". Moisés diz ao povo: "este mandamento que, hoje, te ordeno não é demasiado difícil, nem está longe de ti" (30:11). Fala da provisão divina pela qual as exigências da lei podem ser plenamente satisfeitas. "Não está", continua Moisés, "nos céus, para dizeres: Quem subirá por nós aos céus, que no-lo traga? [...] nem está além do mar, para dizeres: Quem passará por nós além do mar que no-lo traga e no-lo faça ouvir, para que o cumpramos?" (30:12,13). Em vez disso, como Moisés coloca muito claramente: "esta palavra está mui perto de ti, na tua boca e no teu coração, para a cumprires" (30:14).

Em Romanos 10:5, Paulo escreve que "Moisés escreveu que o homem que praticar a justiça decorrente da lei viverá por ela". Aqui, ele cita as palavras de Moisés em relação à lei dada no Sinai e tiradas do livro de Êxodo.

Então, em Romanos 10:6-9, Paulo cita Deuteronômio 30, indicando que se refere a Cristo: "Mas a justiça decorrente da fé assim diz: Não perguntes em teu coração: Quem subirá ao céu?, isto é, para trazer do alto a Cristo; ou: Quem descerá ao abismo?, isto é, para levantar Cristo dentre os mortos. Porém que se diz? A palavra está perto de ti, na tua boca e no teu coração; isto é, a palavra da fé que pregamos. Se, com a tua boca, confessares Jesus como Senhor e, em teu coração, creres que Deus o ressuscitou dentre os mortos, serás salvo" (Rm 10:6-9).

Nesta citação de Deuteronômio 30, Paulo declara que não é necessário fazer Cristo descer do Céu (a encarnação) ou ressuscitá-lo dos mortos (a ressurreição), pois isso já foi feito. Só é necessário que o coração creia e os lábios confessem que Jesus é Senhor e que Ele ressuscitou dentre os mortos. Assim, a segunda lei, que Paulo chama de "a lei do Espírito da vida, em Cristo Jesus", cumpre, por outro princípio, a justiça que a Lei exige.

Moisés claramente ensinou esses princípios ao povo de Israel. Ele reiterava constantemente as justas exigências de Deus, como expressas nos Dez Mandamentos. Essa é a primeira lei. Mas Moisés também lhes lembrou da graciosa provisão através dos sacrifícios e ofertas pelas quais eles poderiam receber a vida do Senhor vivo, o Messias vindouro, pela graça através da fé. Se guardassem a Palavra de Deus em sua boca e em seu coração, seriam capazes de fazer tudo o que Deus exigia.

Moisés conclui esse grande discurso dizendo: "Vê que proponho, hoje, a vida e o bem, a morte e o mal" (30:15), palavras que ecoam o seu primeiro tema: "Eis que, hoje, eu ponho diante de vós a bênção e a

Aventurando-se através da Bíblia

127

maldição" (11:26). Com palavras sinceras, Moisés implora ao povo que escolha vida "para que vivas, tu e a tua descendência, amando o SENHOR, teu Deus, dando ouvidos à sua voz e apegando-te a ele; pois disto depende a tua vida e a tua longevidade; para que habites na terra" (30:19,20).

De Moisés a Josué

Finalmente, Moisés convoca Josué e lhe dá este solene encargo:

> *Sê forte e corajoso; porque, com este povo, entrarás na terra que o SENHOR, sob juramento, prometeu dar a teus pais; e tu os farás herdá-la. O SENHOR é quem vai adiante de ti; ele será contigo, não te deixará, nem te desamparará; não temas, nem te atemorizes* (31:7,8).

Então, Deus diz a Moisés que tinha chegado a hora de ele dormir com seus pais e que, apesar de suas advertências fiéis, o povo que havia conduzido não cumpriria todas as suas predições solenes, e Deus teria que disciplinar o povo como Ele tinha prometido.

Deus ordena a Moisés que escreva uma canção que permanecerá na memória do povo muito depois de Moisés partir. A canção trata dos grandes temas da aliança eterna de Deus com Israel, Suas misericórdias para com eles, seus fracassos, as punições por sua desobediência e a promessa de livramento final. Então, Moisés oferece ao povo sua última bênção, lembrando-os de que "o Deus eterno é a tua habitação e, por baixo de ti, estende os braços eternos" (Dt 33:27).

O capítulo final é, sem dúvida, acrescentado por outra mão, talvez a de Josué, pois narra como Moisés subiu ao monte Nebo, e, lá, com seus olhos não escurecidos, com sua força natural não diminuída, Moisés deitou-se no chão e morreu. O próprio Senhor sepultou Moisés em um lugar desconhecido no vale de Moabe, e não o vemos novamente nas Escrituras até que o encontremos no monte da Transfiguração, juntamente com Elias, o profeta, e Jesus, o Messias, conversando sobre a crucificação que aguardava por Jesus em Jerusalém (veja Mt 17:1-13; Mc 9:2-13).

Embora o povo se reunisse em torno de Josué e lhe desse a obediência que haviam mostrado a Moisés, eles sabiam que nunca mais veriam alguém como Moisés — um homem que falava com Deus face a face, um homem cujos feitos foram tremendos, terríveis e frequentemente milagrosos. Somente quando o próprio Messias aparecesse, as realizações e maravilhas de Moisés seriam superadas.

PERGUNTAS PARA DISCUSSÃO

DEUTERONÔMIO
A lei que traz libertação

1. Aqui em Deuteronômio, os israelitas estão à entrada da Terra Prometida. Deus os tirou da escravidão no Egito, livrou-os através das profundezas do mar Vermelho, sustentou-os durante 40 anos de andança no deserto e está prestes a conduzi-los à terra de Canaã, uma terra que mana "leite e mel". É uma terra que simboliza uma vida de vitória e alegria. Ao olhar para onde você está na jornada de sua vida, diria que está:

- no cativeiro no Egito?
- atravessando o mar Vermelho?
- vagando pelo deserto?
- prestes a entrar na Terra Prometida?
- bebendo leite e mel na Terra Prometida?

Explique sua resposta.

2. Em Dt 8:3, Moisés lembra ao povo que "não só de pão viverá o homem, mas de tudo o que procede da boca do SENHOR viverá o homem". O próprio Jesus usou essas palavras para vencer a tentação de Satanás no deserto de Judá (Mt 4:4). O que esse versículo nos diz sobre o valor de memorizar as Escrituras? Que passos você pode tomar esta semana para memorizar a Palavra de Deus para que Suas palavras estejam disponíveis para tempos de tentação e adversidade?

3. Em Dt 18:15, encontramos a promessa de que Deus "te suscitará um profeta do meio de ti, de teus irmãos, semelhante a mim; a ele ouvirás". Mais tarde, no capítulo 25, Deus estabelece a lei do resgatador. Essas são apenas duas das muitas profecias do Antigo Testamento do Messias vindouro, Jesus, que perfeitamente cumpriu o ideal veterotestamentário de sacerdote, profeta e rei. Como isso afeta sua fé para ver referências proféticas a Jesus nestas primeiras páginas do Antigo Testamento?

Aventurando-se através da Bíblia

4. Não há como negar que o Antigo Testamento está cheio de derramamento de sangue e guerra. Deuteronômio 20 dá instruções aos israelitas sobre guerra. Algumas pessoas consideram perturbador que Deus ordenasse aos israelitas que matassem as pessoas idólatras que viviam naquela terra. No entanto, o autor assinala que os cananeus mantinham práticas religiosas horríveis, que envolviam o sacrifício de bebês, inclusive lançando seus próprios filhos ao fogo do deus demônio Moloque. À luz dessa informação, Deus parece cruel ou misericordioso em ordenar a Israel erradicar essas pessoas e sua religião vil e sanguinária? Explique sua resposta.

APLICAÇÃO PESSOAL

5. Em Deuteronômio 1, Moisés começa recitando sobre o amor e o cuidado de Deus pelo povo. Durante suas andanças, Deus os guiou e os alimentou. Moisés ressalta a contínua provisão de Deus e a libertação de Seu povo, apesar de sua incredulidade. Você pode recordar de momentos em sua própria vida em que, ao olhar para trás, pode ver que Deus proveu e o livrou, apesar de sua incredulidade? Explique sua resposta.

6. Em seu segundo sermão, Deuteronômio 5 a 26, Moisés adverte os israelitas quanto a três perigos espirituais — o perigo da prosperidade, o perigo da adversidade e o perigo de negligenciar o ensino aos filhos a respeito do amor e a Lei de Deus. Qual desses três perigos lhe é familiar agora? Que passos você poderia dar esta semana para enfrentar esse perigo e tornar você e sua família espiritualmente mais seguros e fortes?

7. O terceiro sermão de Moisés estabelece as escolhas que Israel deve fazer. "Eis que, hoje, eu ponho diante de vós a bênção e a maldição", diz em 11:26. Mais tarde, acrescenta: "esta palavra está mui perto de ti, na tua boca e no teu coração, para a cumprires" (30:14). Assim, o povo de Israel teve que fazer uma escolha — e todo ser humano na Terra deve fazer a mesma escolha: vida ou morte, bênção ou maldição. Deus, por intermédio de Moisés, suplica que escolhamos a vida "para que vivas, tu e a tua descendência, amando o Senhor, teu Deus, dando ouvidos à sua voz e apegando-te a ele; pois disto depende a tua vida e a tua longevidade; para que habites na terra" (30:19,20). A recusa em escolher é, em si, uma escolha — e uma trágica escolha. Você escolheu vida? Escolheu bênção? Se não, por quê?

Cinco passos para a maturidade

Parte 3
A mensagem da história

Wadi Qelt

DE JOSUÉ A ESTER

CAPÍTULO 10

A mensagem da história

Nossa aventura através da Bíblia nos traz agora aos livros históricos do Antigo Testamento, de Josué a Ester. O grande propósito da Palavra de Deus é nos levar à maturidade em Jesus Cristo, para que possamos refletir Sua imagem e caráter. Deus quer que sejamos maduros em Cristo, para que não mais sejamos crianças, agitadas por todo o vento de doutrina humana.

A Bíblia não é como qualquer outro livro. Não foi designada meramente para acumular conhecimento em nossa mente. Deus nos deu Sua Palavra para mudar nossa vida. Assim, Ele também nos concedeu Seu Espírito, para abrir nossos olhos espirituais a fim de que possamos entender a Bíblia e aplicá-la à nossa vida diária. Por meio de Sua Palavra e do poder esclarecedor do Espírito Santo, somos capazes de descobrir de onde viemos, para onde estamos indo e por que estamos aqui.

Cada divisão do Antigo Testamento traz uma contribuição única à nossa maturidade como cristãos. O Pentateuco estabelece o fundamento para a nossa fé e maturidade, dizendo que somos portadores da imagem de Deus, mas que também somos decaídos, destruídos pelo pecado e necessitados de um Salvador. Exploramos as verdades fundamentais do Pentateuco: desesperança e necessidades humanas, a resposta de Deus a essas necessidades por meio de Sua provisão de um padrão de adoração, o exemplo do fracasso de Israel e a peregrinação no deserto, o encorajamento da provisão graciosa e imerecida de Deus para Israel, e a segunda entrega da Lei em Deuteronômio que restaura e prepara o povo para entrar na Terra Prometida, o lugar da vitória.

Agora estamos prontos para escavar a rica história apresentada nos livros de Josué, Juízes, Rute, 1 e 2 Samuel, 1 e 2 Reis, 1 e 2 Crônicas, Esdras, Neemias e Ester. Veremos como esses livros contribuem para a obra preparatória do Antigo Testamento. Se o Pentateuco nos deu o padrão do agir de Deus, então os livros históricos nos dão os perigos que enfrentamos quando tentamos andar na vida da fé. O registro da história existe para servir de alerta para as gerações futuras: "Aqueles que não aprendem com a história", diz o ditado, "estão fadados a repeti-la". A história de Israel inclui muito do que seria sábio não repetir.

Alguns dizem que história é a "Sua história", significando a história de Cristo. Mas isso é verdade apenas num sentido secundário. Cristo está na história, mas Ele está nos bastidores. É por isso que amo estas palavras de James Russell Lowell:

OBJETIVOS DO CAPÍTULO

Deus nos deu Sua Palavra para mudar nossa vida. O objetivo deste capítulo é apresentar os livros históricos do Antigo Testamento — de Josué a Ester — como livros que transformam vidas. Os livros históricos do Antigo Testamento nos mostram os perigos que circundam a vida de fé e como obter a vitória sobre esses perigos.

Aventurando-se através da Bíblia

A verdade para sempre no cadafalso,
O erro para sempre no trono,
Mas Deus está nas sombras,
Vigiando sobre os Seus. (Tradução livre)

Essa é a relação de Deus com a história. Ele sempre está ativo, mas fica nas sombras, nos bastidores.

A história é principalmente o relato do fracasso cíclico da humanidade, a ascensão e queda de um império após outro, uma civilização após outra. Grandes historiadores, como Arnold Toynbee, lembram-nos que a história humana é um ciclo de fracasso após outro.

Nos livros históricos da Bíblia, encontramos todas as mesmas lições que a história secular ensina, mas elas são mais condensadas, mais pessoais — e temos o bônus da perspectiva de Deus para nos ajudar a entendê-las. Esses livros traçam a história de uma nação, uma nação peculiar com um ministério especial. De forma simbólica, esses livros representam para nós os perigos, as pressões e os problemas que enfrentam todos os cristãos.

Todo cristão está envolvido na guerra. Uma das primeiras regras da guerra é: Conheça seus inimigos. Saiba quem são. Conheça seu estilo de ataque. Saiba como eles estão armados e conheça suas defesas. Isso é verdade na guerra humana e na guerra espiritual.

Ninguém seria tolo o suficiente para enviar um submarino contra um exército entrincheirado no deserto. Da mesma forma, os cristãos não devem escolher suas armas espirituais de forma aleatória para o uso contra os poderes das trevas. Devemos conhecer nossos inimigos — e suas armas.

Esses livros históricos lançam luz sobre nossos inimigos. Eles nos mostram os perigos que circundam a vida de fé. E nos mostram como obter a vitória sobre eles.

Josué

O primeiro dos livros históricos é Josué. Começa com uma história de vitória quando Israel entra na Terra Prometida — o lugar que Deus queria que eles possuíssem desde que os tirou do Egito. Há um paralelo aqui com a vida cristã. Como cristãos, não somos apenas chamados *para fora* do deserto, mas também somos chamados para *entrarmos* em uma herança, a Terra Prometida.

Infelizmente, muitos de nós estamos bastante contentes por sermos tirados do Egito — o mundo e suas formas de escravidão — mas nunca chegamos a entrar na Terra Prometida. Temos fé suficiente para deixar o Egito, mas vacilamos no deserto. Não conseguimos nos apropriar da fé que nos leva ao Jordão e à Terra Prometida.

Porém, nesse livro, vemos o padrão de Deus para a vitória. Vemos Israel entrando na terra. Vemos os seus erros e seus triunfos à medida que o livro de Josué traça para nós a experiência da conquista.

Qual foi o primeiro inimigo que os israelitas enfrentaram do outro lado do Jordão? Jericó — aquela cidade murada que era uma superfortaleza. As armas dos israelitas pareciam fracas e inúteis em comparação com aquelas paredes inexpugnáveis. Perguntaram-se: "Como podemos prevalecer sobre uma cidade como esta?".

Você já enfrentou um obstáculo que parecia insuperável? Um adversário que zomba e despreza você? Uma tarefa que está além de sua força ou uma doença que não vai embora? Essa é a sua Jericó. O cerco de Jericó simboliza o mundo em seu ataque ao cristão e a vitória de nosso Senhor sobre o mundo.

A vitória de Israel em Jericó é imediatamente seguida por sua derrota em Ai. A ironia dessas duas histórias é que Jericó era uma fortaleza enquanto Ai é uma pequena aldeia insignificante, um lugar perdido no meio do nada. Ai deveria ser uma vitória fácil para Josué e seu exército — mesmo assim os aldeões de Ai derrotaram habilmente os israelitas, colocando o exército de Josué para correr. Por quê? Porque o pecado estava no acampamento israelita — pecado que era a ruína de Israel. Um dos israelitas, chamado Acã, tinha tomado e escondido alguns dos espólios da vitória em Jericó, violando a ordem de Deus. Aqui vemos uma ilustração do princípio bíblico de que o pecado de um cristão pode causar dano e retrocesso a toda a comunidade cristã. Até que os israelitas tratassem do pecado de Acã, eles não puderam derrotar Ai.

A história de Ai simboliza o perigo de pecados aparentemente "menores" e "ocultos". Pensamos que pecados "insignificantes" como raiva, ressentimento, luxúria e maus pensamentos não vão ferir mais ninguém. Esses pecados estão escondidos dentro de nós. Quem vai saber? Mas esses pecados "ocultos" têm um jeito de se tornar o calcanhar de Aquiles de um servo de Deus — o pecado que causa tristeza e desgraça a um cristão. Os pecados da carne não só produzem uma derrota trágica em nossa própria vida, mas também podem causar danos às pessoas ao nosso redor, assim como o pecado de Acã causou a morte de três dúzias de soldados israelitas.

O livro de Josué conta a história de nossa vida. Se você não conseguir encontrar as ameaças à sua vida nesse livro, não está olhando bem de perto, porque elas estão todas lá.

O tema do livro é apresentado no capítulo 13, versículo 1: "Era Josué, porém, já idoso, entrado em dias; e disse-lhe o SENHOR: Já estás velho, entrado em dias, e ainda muitíssima terra ficou para se possuir". O perigo enfrentado por Josué é o mesmo que todos nós enfrentamos de tempos em tempos. É a tentação de recuar às vésperas da vitória completa.

Nosso Senhor, que habita em nós, nos capacita a experimentar a vitória sobre Satanás, e, quando provamos dessa vitória, é uma experiência de fato gloriosa! Todo cristão tem acesso ao poder de Deus para experimentar tal vitória — mas muitos de nós recuamos e desistimos prestes a obtê-la por completo. Dizemos: "Por que ir além? Sei que não conquistei todos os aspectos da minha pecaminosidade em nome de Cristo, mas conquistei muito. Senhor, deixe-me descansar aqui. Sem mais desafios, sem mais batalhas, só por um pouco de tempo". Você conhece esse sentimento? O inimigo sempre ataca sutilmente quando experimentamos um momento de vitória espiritual.

Jesus disse: "Bem-aventurados os que têm fome e sede de justiça, porque serão fartos" (Mt 5:6). Nossa vida deve ser marcada pela fome e sede da justiça de Deus. Não devemos nunca superar essa fome e sede. Até que a guerra seja completamente vencida e o Senhor nos chame para um lugar de descanso na Terra Prometida, estamos em pé de guerra. Devemos ver a batalha até a vitória — ou a batalha será perdida.

No capítulo final do livro, Josué adverte o povo contra a concessão moral e espiritual,

Aventurando-se através da Bíblia

porque eles ainda têm uma grande quantidade de terra para conquistar e possuir. Ele os exorta: "...escolhei, hoje, a quem sirvais, se aos deuses a quem serviram vossos pais que estavam dalém do Eufrates ou aos deuses dos amorreus em cuja terra habitais. Eu e a minha casa serviremos ao SENHOR" (Js 24:15). Josué foi inflexível em sua fé e obediência. Estava em marcha, servindo ao Senhor até o dia de sua morte.

Em cada um dos livros históricos do Antigo Testamento, encontramos um perigo em especial muito parecido com aquele enfrentado por Josué — o perigo de desistir na véspera em que a missão será concluída. Mas em cada um desses livros históricos, encontramos também pelo menos uma pessoa que conquista a vitória sobre esse perigo, um ser humano que serve de exemplo e de encorajamento para nós. No livro de Josué, esse exemplo é o próprio Josué.

Juízes e Rute

Em seguida, chegamos aos livros de Juízes e Rute, que examinaremos juntos porque os acontecimentos de Rute são contemporâneos aos da última parte de Juízes. Enquanto o livro de Josué cobre um período de apenas 25 anos, Juízes cobre um período de cerca de 300 anos. O livro de Juízes é a história de um ciclo que se repete várias vezes ao longo da história: primeiramente, o declínio; depois, a disciplina, e, por fim, a libertação. Repetidamente, Deus envia juízes ao povo de Israel para livrá-los deste ciclo recorrente.

Juízes começa com a história de Otoniel, o primeiro juiz enviado a Israel por Deus e termina com a conhecida história de Sansão, o último juiz mencionado no livro. No total,

Deus usou doze juízes para livrar os israelitas. Em cada caso, assim que o juiz enviado por Deus colocava Seu povo de novo nos trilhos, eles se desviavam novamente.

Por que o povo fracassou repetidamente? Qual é o perigo espiritual que nos confronta no livro de Juízes? Encontramos esse perigo declarado em Jz 2:11-13.

Então, fizeram os filhos de Israel o que era mau perante o SENHOR; pois serviram aos baalins. Deixaram o SENHOR, Deus de seus pais, que os tirara da terra do Egito, e foram-se após outros deuses, dentre os deuses das gentes que havia ao redor deles, e os adoraram, e provocaram o SENHOR à ira. Porquanto deixaram o SENHOR e serviram a Baal e a Astarote.

Por que os israelitas caíram em idolatria? Como as pessoas vão da vitória para a degradação moral e espiritual tão rapidamente? Você encontra a chave do livro no versículo final — e esse princípio também é a chave para a vitória ou o fracasso em nossa própria vida.

Naqueles dias, não havia rei em Israel; cada um fazia o que achava mais reto (Jz 21:25).

Juízes nos adverte contra o que podemos chamar de "o perigo do erro bem-intencionado". Não era que o povo de Israel não quisesse fazer o certo. Eles estavam simplesmente iludidos. O livro de Juízes não diz que eles fizeram errado; diz que fizeram o que acharam melhor. Fizeram o que era certo aos seus próprios olhos — mas seus olhos não viam claramente. Eles realmente não sabiam o que era certo. Este é o perigo da ignorância

136   *A mensagem da história*

bem-intencionada e é um perigo muito presente nos dias atuais.

Muitos do povo de Deus estão debilitados pela ignorância bem-intencionada em nossa própria época. Estão fracos e derrotados porque sofrem com o que podemos chamar de "devota ignorância". Eles são dedicados à sua fé, e querem fazer o bem — mas não têm conhecimento e sabedoria para saber o que é certo e verdadeiro.

Já ouvi muitas pessoas, jovens e idosas, contando suas histórias de arrependimento, dizendo: "Não sei o que aconteceu. Comecei querendo fazer a coisa certa, mas algo deu terrivelmente errado". O "algo" que deu errado é que eles não se expuseram à verdade de Deus. Em vez disso, fizeram o que parecia correto aos seus próprios olhos. O resultado inevitável, assim como nos dias dos juízes, foi fracasso, tristeza e arrependimento.

Os últimos capítulos de Juízes descrevem um dos piores momentos de depravação sexual na história de Israel. No entanto, é nessa mesma época que ocorrem os acontecimentos de Rute — uma maravilhosa história de fé e fidelidade em meio à derrota. É uma história contada brevemente em apenas quatro capítulos. É o relato de uma mulher chamada Rute da terra pagã de Moabe. Ela ouve a voz de Deus e deixa sua casa, amigos e família para ficar com sua amada sogra, Noemi, que crê no Deus de Israel.

É uma bela história de romance em que esta jovem viúva, Rute, encontra um solteiro rico, Boaz, com quem ela encontra o verdadeiro amor. É importante notar que, ao se casar com Boaz, Rute se une à linhagem de Cristo e se torna um dos elos históricos que Deus usa para trazer Seu Filho, o Messias, ao mundo. Rute está listada na genealogia de Cristo no livro de Mateus: "Salmom gerou de Raabe a Boaz; este, de Rute, gerou a Obede…" (Mt 1:5).

A história de Rute não só comove o coração, mas é parte integrante da história maior do plano de Deus para a redenção humana. Não é apenas um dos mais encantadores relatos bíblicos, é também histórica e espiritualmente profunda.

1 Samuel

O livro de 1 Samuel é em grande parte a história de dois homens: Samuel e Saul. Na última parte, o início da história de Davi está entrelaçado com a história do rei Saul. Samuel foi o maior juiz que Israel teve com seu ministério durante aproximadamente 40 anos. Durante este tempo o povo ainda estava muito desejoso de algo diferente de Deus. O grande perigo de fé estabelecido neste livro nos é dado no capítulo 8, versículo 5. Um dia, o povo de Israel veio a Samuel e disse: "Vê, já estás velho, e teus filhos não andam pelos teus caminhos; constitui-nos, pois, agora, um rei sobre nós, para que nos governe, como o têm todas as nações".

O problema é que Deus chamou Israel para ser *diferente* de outras nações. Mesmo assim, eles exigiam ser como todas as outras nações — governadas por uma autoridade, não por Deus. Aqui, encontramos o perigo da conformidade legalista, o desejo pelo governo externo sobre suas vidas. Em vez de assumir a responsabilidade por suas próprias escolhas, os legalistas entregam a liberdade dada por Deus a autoridades e regras externas.

Fico sempre espantado ao notar quantas pessoas realmente não querem a liberdade

Aventurando-se através da Bíblia

137

que Deus nos dá em Cristo. Elas vêm a mim e dizem: "Não me diga que tenho que praticar sabedoria e discernimento na vida cristã. É muito difícil avaliar as circunstâncias e fazer escolhas. Apenas me dê uma regra. Isso é o que eu quero. Se eu apenas tivesse uma regra, então eu poderia satisfazer a Deus e eu não teria que me preocupar em exercer julgamento e tomar decisões". Essa é a história de Israel durante o tempo de Samuel.

Então Deus escolheu um rei que tomaria decisões por Israel. A história de Saul é uma das grandes tragédias da Bíblia. Ele era um homem de grande esperança, um homem bonito com grandes habilidades. A lição da vida de Saul é relevante para nossa vida hoje e merece ser ressaltada:

Colocamos nossa vida e alma em perigo mortal quando buscamos o favor e a aprovação de outras pessoas.

A derrota de Saul ocorreu como resultado de sua expedição contra os amalequitas. Deus lhe dissera para matar todos os amalequitas, mas Saul rechaçou a ordem de Deus e poupou o rei Agague. Por que fez isso? Porque pensava que, ao fazê-lo, acharia graça aos olhos do povo. Saul adorava a glória, adorava receber honra e aclamação.

A terrível tragédia da vida de Saul foi que ele dividiu sua fidelidade. Ficava bastante satisfeito em servir a Deus enquanto agradasse aos que o cercavam — mas quando chegou a uma escolha entre agradar a Deus e agradar pessoas, Saul escolheu as pessoas. Seu desejo por favor e aclamação foi a sua ruína.

Você procura o favor de Deus ou o favor das pessoas? O perigo de querer agradar os outros pode derrotá-lo tão certo quanto derrotou Saul. No final, Saul perdeu seu reino, sua coroa foi arrebatada de sua cabeça e ele caiu em derrota e desgraça, perdendo tudo.

As pessoas às vezes perguntam: "E quanto ao relacionamento de Saul com Deus? E quanto à sua salvação? Ele a perdeu também?". Os estudiosos da Bíblia chegaram a conclusões divergentes, e as Escrituras não nos dão uma resposta direta. Mas o apóstolo Paulo sugere que a resposta pode ser que Saul foi salvo, embora tenha sido rejeitado por Deus como rei de Israel. Paulo escreve:

Contudo, se o que alguém edifica sobre o fundamento é ouro, prata, pedras preciosas, madeira, feno, palha, manifesta se tornará a obra de cada um; pois o Dia a demonstrará, porque está sendo revelada pelo fogo; e qual seja a obra de cada um o próprio fogo o provará. Se permanecer a obra de alguém que sobre o fundamento edificou, esse receberá galardão; se a obra de alguém se queimar, sofrerá ele dano; mas esse mesmo será salvo, todavia, como que através do fogo (1Co 3:12-15).

Saul construiu sua vida e seu reinado sobre o fundamento errado — o desejo de agradar pessoas em vez de agradar a Deus. Suas glórias e realizações como rei foram testadas pelo fogo — e consumidas. Ele foi salvo, mas apenas como alguém que escapa através das chamas.

No entanto, em meio a esta história sombria, a luz de Deus irrompe. O relato do filho de Saul, Jônatas, e sua amizade com Davi, o futuro rei de Israel, é uma das grandes histórias do Antigo Testamento.

2 Samuel e 1 Crônicas

O livro seguinte, 2 Samuel, se sobrepõe cronologicamente ao livro que se segue, 1 Crônicas. No entanto, estes são dois livros muito diferentes, escritos sob diferentes perspectivas. E concentram-se na história de um homem: Davi, o rei segundo o coração de Deus.

Davi é um herói falho. Porém, apesar de suas falhas, ele serve como um retrato simbólico do Senhor Jesus Cristo. Sabemos disso porque o próprio Jesus usou essa analogia. Davi não foi apenas o precursor e antepassado de Jesus segundo a carne, mas seu reinado no antigo Israel é um retrato simbólico do reinado de Cristo durante o milênio. Davi experimentou um longo período de rejeição e perseguição, mas, durante o seu exílio, reuniu homens ao seu redor que, mais tarde, se tornaram seus comandantes e oficiais. Assim, Davi significa Cristo em Sua rejeição — abandonado pelo mundo, mas reunindo em segredo aqueles que serão Seus comandantes e líderes quando Ele vier reinar em poder e glória sobre a Terra.

Davi também simboliza cada crente em Cristo. A história de Davi retrata o que acontece na vida de um cristão à medida que segue a Deus para o lugar de dominação. A cada cristão é oferecido um reino, assim como a Davi foi oferecido um. Esse reino é a própria vida do crente em Cristo e é exatamente como o reino de Israel. Os inimigos internos e externos o ameaçam, assim como havia nações inimigas fora e dentro das fronteiras de Israel. Os inimigos externos representam os ataques diretos do diabo sobre nós. Os inimigos internos representam a carne que ameaça derrubar a influência de Deus em nossa vida. Enquanto Davi contendia com os amonitas, jebuseus, ferezeus e outros inimigos mencionados no Antigo Testamento, contendemos com ciúmes, inveja, luxúria, amargura, ressentimento, preocupação e assim por diante. Em muitos aspectos, nossos próprios inimigos externos e internos nos atacam da mesma forma.

Enquanto a história de Davi é uma das mais maravilhosas do Antigo Testamento, há também um lado desagradável nela. Ele se tornou um adúltero e assassino. É quase incompreensível pensar em Davi, um homem segundo o coração de Deus, cometendo esses pecados. Como foi seu fracasso? Encontramos uma pista em 2Sm 11:1, que nos diz: "no tempo em que os reis costumam sair para a guerra, enviou Davi a Joabe, e seus servos, com ele, e a todo o Israel [...] porém Davi ficou em Jerusalém".

Qual era o perigo de Davi? Eu o chamo de "o perigo do chamado negligenciado". Davi era o rei de Israel e de Judá. Era seu trabalho estar à frente do exército — mas ele negligenciou seu chamado. Ficou em casa e descansou enquanto outros foram à batalha. O resultado foi que ele se entregou aos desejos da carne.

Enquanto estava em casa, foi para o terraço e olhou para o quintal do vizinho. Lá, ele viu uma bela mulher tomando banho. Essa visão lhe fez o que faria a qualquer homem normal — encheu-o de desejo. Seu desejo se tornou um plano, e ele tomou a mulher e a possuiu sexualmente. Ela ficou grávida. Então, para encobrir o seu pecado, ele assassinou o marido da mulher — um homem que servia fielmente no exército de Israel.

O brilho da graça nessa história é o arrependimento de Davi. É por isso que, apesar de sua queda, ele ainda pode ser chamado de o homem segundo o próprio coração de

Aventurando-se através da Bíblia

Deus. No momento em que é confrontado com o seu pecado, ele o admite, se arrepende e aceita a graça perdoadora de Deus. Davi descreve um retrato maravilhoso de um coração contrito, prostrado diante de Deus, clamando com tristeza e arrependimento por seu pecado. Desta experiência surge o Salmo 51, o salmo de um coração verdadeiramente arrependido.

2 Crônicas, 1 e 2 Reis

Podemos vincular 2 Crônicas com 1 e 2 Reis porque cobrem o mesmo período histórico geral. Esses livros se concentram nas histórias de dois homens, Salomão e Jeroboão. Salomão, é claro, foi o rei de Israel que era conhecido por sua sabedoria e que escreveu alguns dos mais belos livros de sabedoria do Antigo Testamento. Jeroboão era o rival do filho de Salomão, Roboão. Jeroboão tornou--se rei do Reino do Norte, Israel. Esses livros contam a história da divisão da nação em dois reinos, Judá (o Reino do Sul) e Israel (o Reino do Norte).

A história de Salomão é fascinante. Ele recebeu sua herança e foi coroado rei de Israel, mesmo antes da morte de seu pai Davi. Ele iniciou seu reinado no auge de sua glória, e Deus lhe deu riqueza e poder. No início do seu reinado, ainda jovem, Salomão escolheu um coração sábio em vez de riqueza. Junto com sua sabedoria, Deus lhe deu poder, magnificência e riqueza em abundância. Mas a apropriação indevida de Salomão dessas dádivas, mais tarde na vida, provou ser a semente de sua queda.

Em 1Rs 3:1-3, encontramos um vislumbre do perigo que, em última instância, lhe trouxe fracasso e derrota.

Salomão aparentou-se com Faraó, rei do Egito, pois tomou por mulher a filha de Faraó e a trouxe à Cidade de Davi, até que acabasse de edificar a sua casa, e a Casa do Senhor, e a muralha à roda de Jerusalém. Entretanto, o povo oferecia sacrifícios sobre os altos, porque até àqueles dias ainda não se tinha edificado casa ao nome do Senhor. Salomão amava ao Senhor, andando nos preceitos de Davi, seu pai; porém sacrificava ainda nos altos e queimava incenso.

Ao seguirmos o relato, descobrimos que Salomão levou 7 anos para construir o Templo. Mas em 1Rs 7:1 lemos: "Edificou Salomão os seus palácios, levando 13 anos para os concluir". Isso não lhe parece estranho? Ele passou 7 anos construindo o Templo, mas esbanjou 13 anos construindo sua própria mansão. Isso sugere o início de uma vida egocêntrica e o perigo do amor por coisas materiais. A queda de Salomão foi causada pelo perigo da magnificência material, por um coração afastado do Senhor devido ao amor a bens mundanos.

O restante do livro é a história de Jeroboão, a rebelião que ele fomentou e o início do reino de Israel. O perigo estabelecido na vida de Jeroboão é o perigo de uma fé substituta, ou de uma religião falsa e enganosa. Lemos:

Disse Jeroboão consigo: Agora, tornará o reino para a casa de Davi. Se este povo subir para fazer sacrifícios na Casa do Senhor, em Jerusalém, o coração dele se tornará a seu senhor, a Roboão, rei de Judá; e me matarão e tornarão a ele, ao rei de Judá (1Rs 12:26,27).

Depois de procurar aconselhamento, o rei fez dois bezerros de ouro. Ele disse ao povo: "Basta de subirdes a Jerusalém; vês aqui teus deuses, ó Israel, que te fizeram subir da terra do Egito!" (1Rs 12:28).

Uma vez falei sobre a encarnação, o nascimento virginal e a glória do bebê em Belém, que era o próprio Deus, manifestado na carne. No final do encontro, uma mulher subiu ao local do púlpito e me disse:

—Eu entendi que você disse que o bebê de Belém era Deus?

—Exatamente, respondi.

—Ó, ela disse, não posso acreditar em algo assim! Deus está em toda parte. Deus é grandioso e infinito. Ele enche o Universo. Como ele poderia ser um bebê em Belém?

—Essa é a glória do mistério, que Deus foi manifestado na carne, eu disse. Você sabia que houve um momento em que um de Seus discípulos prostrou-se aos pés do Senhor Jesus e disse-lhe: "Senhor meu e Deus meu". Bem, você sabe mais sobre Ele do que seus discípulos?

—Fui criada numa fé que ensinou que Deus está em todo o Universo e, simplesmente, não posso aceitar essa ideia.

—O que você aprendeu, eu disse, não é o que a Bíblia ensina claramente. Você aprendeu uma falsa fé.

Não querendo ouvir mais nada, ela virou-se e foi embora.

Este é o perigo que ilude e destrói a fé de tantas pessoas hoje. Há muitas seitas, credos e "ismos" que afirmam ser "cristãos", mas ensinam uma fé substituta, uma "fé" que se opõe ao ensinamento claro da Bíblia. Esse é o tipo de fé enganosa que Jeroboão trouxe para a nação de Israel. Mas mesmo naqueles dias

espiritualmente obscuros, a graça de Deus veio brilhando sob a forma de um homem santo e irrepreensível: Elias, o profeta.

Em 2 Reis e na última parte de 2 Crônicas (que estão cronologicamente ligados), temos história após história narrando a queda de um rei após o outro. Muitos desses reis foram assassinados por rivais sedentos pelo poder. Os relatos deste período na história de Israel — as dez tribos do Reino do Norte — é uma história de falha moral e de abdicação.

Enfrentamos o mesmo perigo moral hoje que Israel enfrentou no passado. Em nossa busca louca pela chamada "liberdade", em nossa rejeição pelos padrões morais e restrições, corremos o risco de cair em escravidão. Esta é a suprema ironia: somos tão facilmente escravizados por nossa chamada "liberdade". Muitas vezes ouvimos as pessoas dizerem: "Ó, estou cansado dos cristãos com todas as suas restrições morais! Eu só quero fazer o que quero e ir onde quiser e me divertir. Então serei feliz e livre!" Porém, encontramos o resultado de tal "liberdade" em 2 Reis:

Desprezaram todos os mandamentos do Senhor, seu Deus, e fizeram para si imagens de fundição, dois bezerros; fizeram um poste-ídolo, e adoraram todo o exército do céu, e serviram a Baal. Também queimaram a seus filhos e a suas filhas como sacrifício, deram-se à prática de adivinhações e criam em agouros; e venderam-se para fazer o que era mau perante o Senhor, para o provocarem à ira (17:16,17).

Como Paulo escreve em Romanos 1, as pessoas que conheciam Deus se recusaram em reconhecê-lo ou dar-lhe graças. Então,

Aventurando-se através da Bíblia

Deus os entregou às práticas mais dissolutas, depravadas e imorais. Deus lhes deu a "liberdade" que eles exigiram. O resultado dessa "liberdade" é sempre depravação, cativeiro e escravidão.

Esdras, Neemias e Ester

Os livros de Esdras, Neemias e Ester contam a história da nação de Israel no cativeiro — moralmente falida, socialmente desintegrada, economicamente despojada e levada à escravidão. Mas, mesmo no tempo de desgraça e de cativeiro de Israel, Deus começou a agir. Depois dos 70 anos de exílio de Israel, Deus levantou o profeta Esdras para levar um grupo de volta à terra desolada da Palestina para começar a reconstruir o Templo.

O livro de Esdras é a história de um povo desanimado que estava relutante em deixar o cativeiro. Assim como seus antepassados olhavam ansiosamente para o seu cativeiro egípcio, estes israelitas estavam muito contentes em permanecer como cativos na Babilônia. Somente poucos quiseram retornar a sua pátria enquanto o restante desviou-se e se "perdeu" nas nações circunvizinhas. Nós os chamamos de "as dez tribos perdidas de Israel". Ninguém sabe onde estão ou quem são. Eles estão perdidos. Mas aqueles que estavam dispostos a retornar a Israel encontraram todas as promessas de Deus esperando por eles ali.

O perigo descrito nesses três livros é um coração desanimado. Às vezes, chegamos a esse mesmo estado de espírito, não é? Dizemos: "Qual é o benefício? Eu poderia muito bem abrir mão de tudo isso e ficar apenas onde estou. Sei que não sou vitorioso. Sei que não estou indo a lugar algum. Poderia muito bem desistir". Mas a história de Esdras, Neemias e Ester é a história do triunfo da fé em meio a circunstâncias desencorajadoras.

Em Esdras, um remanescente fiel escolheu voltar e construir o segundo Templo. Em Neemias, o povo persevera contra uma oposição determinada e reconstrói os muros demolidos da cidade. Em Ester, Deus traz a vitória em meio a circunstâncias impossíveis. Todos os três livros demonstram que a fé é triunfante mesmo quando as circunstâncias parecem predizer desastre e derrota.

Nesta breve pesquisa dos livros históricos do Antigo Testamento, você pode reconhecer sua própria vida e os perigos morais e espirituais que enfrenta. Se assim for, exorto-o a abrir o livro que trata desse perigo, a ajoelhar-se e a ler esse livro em oração, pedindo a Deus que lhe fale e mostre o caminho da libertação.

Esse é o propósito de Deus para esses livros históricos: lançar luz sobre as pressões e perigos que enfrentamos na vida cristã para que possamos encontrar a força de Deus e ver Sua liderança enquanto Ele nos guia a um lugar de segurança e descanso. Que a mensagem da história, contida nestes 12 preciosos livros, o instrua, encoraje e abençoe a sua vida enquanto os exploramos juntos.

JOSUÉ
O manual da vitória

CAPÍTULO 11

Relatório dos seis espias / Conquista iniciada — 1406 a.C.
Conquista finalizada — 1399
Distribuição da terra
Tabernáculo em Siló
Tribos além do Jordão / Construção do memorial / Altar da Unidade
Instituição do governo informal
Morte de Josué — 1390 a.C.

Abraham Lincoln era um advogado desconhecido da pradaria de Illinois, EUA, quando alguém lhe perguntou se ele tinha ambições políticas. "Vou me preparar e estar pronto", respondeu o futuro presidente. "Talvez a minha chance chegue". O livro de Josué é a história de outro líder que se preparou. Quando chegou a sua oportunidade, Josué, filho de Num, discípulo de Moisés, estava pronto.

Juntamente com Daniel, Josué é um dos dois livros do Antigo Testamento que todo cristão deveria dominar. Josué e Daniel servem primeiramente para ajudar os cristãos a resistirem ao impacto total de nossa batalha espiritual contra o mundo, a carne e o diabo. Se você luta contra o engano e oposição de forças espirituais desta era, se você quiser ver uma demonstração histórica da guerra espiritual que enfrentamos, Josué e Daniel serão especialmente úteis para você.

Josué é também importante para aqueles que vão ser líderes no mundo ou na Igreja, pois o modelo de liderança de Josué é poderosamente relevante para o mundo em que vivemos hoje. O mundo precisa urgentemente de líderes justos e corajosos que possam enfrentar as pressões e a hostilidade desta era.

O livro de Josué está repleto de lições práticas — conceitos desafiadores para nos ajudar a entender os princípios de uma vida guiada pelo Espírito Santo. A chave desse livro nos é dada no Novo Testamento: "Estas coisas [...] foram escritas para advertência nossa, de nós outros sobre quem os fins dos séculos têm chegado" (1Co 10:11). Os acontecimentos em Josué são padrões ou metáforas que podemos aplicar às batalhas espirituais em nossa vida.

Os capítulos 1 a 4 dizem respeito à entrada de Israel na Terra Prometida e tudo o que a envolve. Se você luta para entrar em uma vida de vitória com Cristo, sair do deserto da dúvida, resolver suas andanças turbulentas e adentrar na completa bênção da experiência

> **OBJETIVOS DO CAPÍTULO**
>
> Este capítulo revela uma perspectiva sobre a vida e a liderança de Josué ao mesmo tempo que oferece lições práticas sobre como ter uma vida guiada pelo Espírito Santo, como sair do deserto da dúvida e como travar a guerra espiritual e viver vitoriosamente através de Cristo.

O LIVRO DE JOSUÉ

A entrada em Canaã (Josué 1–4)

Josué é comissionado 1

A espionagem em Jericó 2

A travessia do Jordão 3

A construção de memoriais 4

A conquista de Canaã (Josué 5–12)

A consagração do povo 5

A campanha central 6–8

A campanha do sul 9–10

A campanha do norte 11:1-15

A recapitulação das vitórias 11:16–12:24

A repartição de Canaã (Josué 13–21)

A porção das duas tribos e meia 13

A porção de Calebe 14

A porção das nove tribos e meia 15:1–19:48

A porção de Josué; cidades de refúgio; os levitas 19:49-21:45

Conclusão (Josué 22–24)

A disputa na fronteira 22

Os dias finais de Josué 23–24

A mensagem da história

guiada pelo Espírito Santo, estes capítulos o instruirão e encorajarão.

Os capítulos 5 a 12 tratam da conquista de Israel, a Terra Prometida, por meio de uma série de batalhas e conflitos. Os capítulos 13 a 21 falam da partilha da terra. Os capítulos 22 a 24, que incluem muitas passagens ditas pelos próprios lábios de Josué, colocam diante de nós os perigos contra os quais devemos nos proteger para mantermos nossa vitória.

Começando com o capítulo 1, vemos um retrato descritivo da vida cheia do Espírito — a vida que Deus quer que *todo* cristão viva, não apenas alguns "supersantos". Deus diz a Josué: "Moisés, meu servo, é morto; dispõe-te, agora, passa este Jordão, tu e todo este povo, à terra que eu dou aos filhos de Israel" (Josué 1:2).

A entrada em Canaã

O nome de Josué é especialmente relevante. Significa "Deus é salvação". Os nomes Josué e Jesus são duas formas em português do mesmo nome original em hebraico *Yeshua*. Para seus contemporâneos judeus, Josué e Jesus eram conhecidos como *Yeshua*, "Deus é salvação". Isso não é mera coincidência. Josué é um precursor simbólico do Messias vitorioso, Jesus, o Senhor.

A Terra Prometida foi dada ao povo de Israel, assim como a vida prometida em Cristo

Aventurando-se através da Bíblia

é posta à nossa disposição como cristãos, sem nenhum esforço de nossa parte. Porém, embora a terra tenha sido dada, eles ainda precisavam possuí-la. O título da terra é uma dádiva de Deus; a possessão da terra é resultado da obediência: "Todo lugar que pisar a planta do vosso pé, vo-lo tenho dado, como eu prometi a Moisés" (1:3).

Você pode ter tudo o que desejar. Pode ter todas as partes da vida espiritual em Cristo que você quiser. Deus nunca lhe dará mais do que você está pronto para receber. Se você não está satisfeito com o nível de sua verdadeira experiência de vitória, é porque você realmente não almejou mais.

A terra é descrita como abundante e vasta, uma terra em que se encontra tudo o que se necessita em cada área da vida — "terra que mana leite e mel", como descrita em Êx 3:8. A extensão da terra é tão longa e larga quanto a imaginação: "Desde o deserto e o Líbano até ao grande rio, o rio Eufrates, toda a terra dos heteus e até ao mar Grande para o poente do sol será o vosso limite" (Js 1:4).

Porém, possuir a terra não é fácil. A vida cristã é uma vida de aventura, e o caminho para a vitória é através do campo de batalha da guerra espiritual. Mesmo assim, o fim da guerra jamais está em dúvida: "Ninguém te poderá resistir todos os dias da tua vida; como fui com Moisés, assim serei contigo; não te deixarei, nem te desampararei" (1:5).

Uma das primeiras coisas que aprendemos ao adentrar o lugar de andar no Espírito é que, embora seja um lugar de conflito, todo conflito pode terminar em vitória. A Terra da Promessa é uma fronteira, e nada é mais emocionante do que a vida em uma fronteira. Porém, a vida na fronteira requer coragem.

Você não pode andar sem rumo com a multidão. Deve nadar contra a correnteza, como o Senhor disse a Josué:

"Tão somente sê forte e mui corajoso para teres o cuidado de fazer segundo toda a lei que meu servo Moisés te ordenou; dela não te desvies, nem para a direita nem para a esquerda, para que sejas bem-sucedido por onde quer que andares. Não cesses de falar deste Livro da Lei; antes, medita nele dia e noite, para que tenhas cuidado de fazer segundo tudo quanto nele está escrito; então, farás prosperar o teu caminho e serás bem-sucedido" (1:7,8).

Josué é um livro de grandes promessas. A Palavra de Deus é o nosso livro de fonte de sabedoria, orientação e discernimento. Quanto mais o lemos, meditamos nele, falamos dele e o colocamos em prática, nossa prosperidade e sucesso serão maiores no modo que Deus nos conduz.

"Não to mandei eu?", continua o Senhor no versículo 9. "Sê forte e corajoso; não temas, nem te espantes, porque o Senhor, teu Deus, é contigo por onde quer que andares" (1:9). Juntamente com a Palavra de Deus está a presença do Espírito de Deus. Um coração obediente sempre traz o Espírito capacitador.

Essa é a vida na Terra Prometida.

Raabe e os espias

No capítulo 2, encontramos a intrigante história de Raabe e dos espiões israelitas. Quando estes espias entraram na casa de Raabe, ela os escondeu debaixo de alguns talos de linho secando no telhado. Enquanto os homens de Jericó procuravam por eles, os espiões aprenderam um segredo surpreendente de Raabe:

> *"...Bem sei que o Senhor vos deu esta terra, e que o pavor que infundis caiu sobre nós, e que todos os moradores da terra estão desmaiados. Porque temos ouvido que o Senhor secou as águas do mar Vermelho diante de vós, quando saíeis do Egito; e também o que fizestes aos dois reis dos amorreus, Seom e Ogue, que estavam além do Jordão, os quais destruístes. Ouvindo isto, desmaiou-nos o coração, e em ninguém mais há ânimo algum, por causa da vossa presença; porque o Senhor, vosso Deus, é Deus em cima nos céus e embaixo na terra"* (2:9-11).

Esses eventos ocorreram quanto tempo antes que os espias entrassem na cidade? Por quanto tempo os cananeus viveram com medo da misteriosa nação errante cujo Deus os conduziu pelo meio do mar Vermelho? Quarenta anos! Em outras palavras, durante 40 anos os habitantes de Jericó foram um inimigo derrotado. Seus corações estavam desencorajados. Estavam derrotados antes que o exército de Israel se aproximasse. Os israelitas poderiam ter entrado a qualquer momento e tomado a terra. Em vez disso, eles tinham recuado com medo, levando o Senhor a sentenciá-los a 40 anos de andança pelo deserto. Que desperdício!

Mas, antes de condenar os israelitas com severidade por sua falta de confiança, devemos nos perguntar: Que oportunidade Deus colocou diante de nós? Será que aceitamos corajosamente esse desafio — ou encolhemos de medo? Há quanto tempo estamos esperando e

hesitando em vencer aquele inimigo que Deus já entregou em nossas mãos? Em nossa timidez, perdemos cinco, dez ou quarenta anos de nossa vida, quando poderíamos ter confiado em Deus e possuído a terra que Ele queria nos dar?

Em seguida, lemos sobre os espiões:

> *Foram-se, pois, e chegaram ao monte, e ali ficaram três dias, até que voltaram os perseguidores; porque os perseguidores os procuraram por todo o caminho, porém não os acharam. Assim, os dois homens voltaram, e desceram do monte, e passaram, e vieram a Josué, filho de Num, e lhe contaram tudo quanto lhes acontecera; e disseram a Josué: Certamente, o Senhor nos deu toda esta terra nas nossas mãos, e todos os seus moradores estão desmaiados diante de nós* (2:22-24).

Depois de três dias eles voltaram e contaram essa história. Observe o versículo de abertura do capítulo 3. No terceiro dia, "de madrugada", eles se prepararam para entrar na terra. Deus incluiu esses detalhes por uma razão. Aqui está um lembrete para nós de que no terceiro dia, de manhã cedo, a ressurreição ocorreu. E é no poder da ressurreição que eles entraram para tomar Canaã, simbolizando Cristo em Sua vida ressurreta trabalhando em nós e através de nós para nos fazer vencedores sobre tudo o que ameaça nos impedir ou derrotar.

Atravessando o Jordão

Entre os israelitas e a Terra Prometida, entretanto, permanecia uma barreira: o rio Jordão. Este relato da travessia do Jordão é muito

Aventurando-se através da Bíblia

semelhante à história da travessia do mar Vermelho. De muitas maneiras, as duas travessias representam a mesma coisa: morte. Qualquer um que se aventurasse no mar Vermelho sem as águas terem sido separadas teria enfrentado a morte certa.

A travessia do mar Vermelho é uma imagem da morte de Cristo por você e por mim — quando Ele nos separa do mundo em todas as suas atitudes e formas. Em outras palavras, quando você se tornou cristão, suas ideias e senso de valores foram alterados. Seu batismo descreve o fato de que você desistiu de uma vida por outra e toda a sua atitude mudou. O mar Vermelho representa a morte do Senhor por você.

Porém, o Jordão retrata sua morte com Cristo quando tudo o que você é como um filho caído de Adão chega ao fim — incluindo sua autossuficiência e seu desejo de fazer as coisas do seu jeito. Se você se apegar ao seu próprio plano, terá apenas a sua própria vida adâmica decaída. Porém, se quiser a vida de Jesus, deve também adotar Seu plano, que é um plano de vitória. Você cruza o Jordão quando deixa de lado a sua agenda e diz a Deus: "Tudo bem, se é isso que tu queres para mim, Senhor, isso é o que será. Não seja feita a minha vontade, mas a Tua". Foi o que aconteceu na vida nacional de Israel quando o povo atravessou o Jordão e entrou na Terra Prometida.

Você atravessa o Jordão da mesma maneira que atravessou o mar Vermelho: pela obediência e fé. Deus diz a Josué: "Da mesma maneira que usei Moisés para conduzir Israel através do mar Vermelho, assim o usarei para guiar Israel para o outro lado do Jordão". A fé que o tirou do Egito é a mesma fé que o faz entrar na Terra Prometida. "Ora, como recebestes Cristo Jesus, o Senhor", escreve o apóstolo Paulo, "assim andai nele" (Cl 2:6).

Foi mais difícil para Israel atravessar o rio Jordão do que atravessar o mar Vermelho? Não! Eles apenas caminharam para a praia, as águas rolaram para trás, e eles atravessaram direto. Foi o mesmo processo ambas as vezes. E sua caminhada espiritual não é diferente. Você simplesmente crê que Deus está em você e que o que Ele disse sobre você é verdade — que Ele eliminou a antiga vida (como você lhe pediu) e lhe deu um novo fundamento para viver. Agindo de acordo com esse fundamento, você diz: "Obrigado, Senhor, por me capacitares a fazer tudo o que tu me chamaste a fazer" e entra na terra.

No capítulo 4, Israel estabelece dois memoriais. Um é uma coluna de doze pedras na margem do rio, erguido como um lembrete perpétuo para o povo do princípio de fé ao qual voltaram depois de anos de vagar pelo deserto. Este memorial representa a Ceia do Senhor, que é um lembrete perpétuo para nós do princípio da vida pelo qual devemos viver.

O outro memorial era uma série de doze pedras no meio do rio que foram colocadas onde os sacerdotes estavam enquanto Israel passava para o outro lado. As pedras foram colocadas antes que as águas retornassem para encher o leito do rio. Isso simboliza para nós a maneira como Jesus Cristo permanece no lugar da morte tempo suficiente para que entreguemos o controle de cada área de nossa vida a Ele.

A conquista de Canaã
No capítulo 5, chegamos à segunda parte, a conquista da terra. À medida que os israelitas

contemplam a tomada de posse da terra, eles veem a fortaleza da cidade de Jericó com suas muralhas monumentais. Embora Jericó seja o primeiro obstáculo visível no caminho de Israel, o primeiro obstáculo que os israelitas enfrentam não é exterior, mas interior. Eles devem primeiramente lidar com algo em suas próprias vidas. Deus nunca começa Sua conquista com o problema exterior. Ele sempre começa com o que está dentro de nós.

O povo de Israel tinha que fazer três coisas antes que pudesse destruir o inimigo exterior. Primeiro, eles precisavam *ser circuncidados.* Toda a geração que foi circuncidada no Egito tinha morrido no deserto. Uma nova geração incircuncisa havia crescido. Assim, quando entraram na terra, seu primeiro ato foi a circuncisão. Como sabemos, por meio do Novo Testamento, a circuncisão é uma representação do coração rendido — um coração no qual a dependência da carne foi eliminada e posta de lado. Paulo chama isso de "circuncisão do coração" (Rm 2:29).

A segunda coisa que o povo teve que fazer foi *celebrar a Páscoa* — a primeira celebração desde a sua saída do deserto. A Páscoa é uma lembrança da noite em que o Senhor e o anjo da morte passaram sobre as casas dos israelitas no Egito. Ela também simboliza um coração grato que olha para aquele dia de livramento quando Cristo se tornou sacrifício da Páscoa por nós.

Depois da celebração da Páscoa, veio um novo alimento. O maná que os tinha sustentado no deserto cessou no dia seguinte após terem entrado na terra, e começaram a comer o agradável alimento da Terra Prometida. De acordo com o que descobri, o alimento que temos hoje que mais se assemelha ao maná é cereal matinal de milho. Que tal cereal de milho para o café da manhã, almoço e janta todos os dias durante 40 anos? Os israelitas estavam cansados de "cereais celestiais" quando chegaram à terra de Canaã. O maná sustentou a força deles, mas não os satisfazia. Quando entraram na terra, no entanto, eles encontraram comida agradável.

Por fim, antes da conquista começar, Josué teve que *planejar a estratégia para o ataque a Jericó.* Ele deve ter ficado perplexo. Como poderia conquistar esta enorme cidade murada com esse desorganizado "exército" composto de pessoas que nunca haviam lutado uma guerra?

Josué retirou-se do acampamento e olhou para a cidade ao luar. De repente, viu um homem de frente para ele, com uma espada na mão, a poucos passos de distância. Josué não sabia se a espada do homem era uma ameaça ou uma oferta de ajuda. Instintivamente, Josué desafiou o estranho: "Você é por nós", ele perguntou, "ou por nossos inimigos?".

"Nem um nem outro", respondeu o homem, "sou príncipe do exército do Senhor e acabo de chegar" (5:14). Em outras palavras, "não vim para tomar partido. Vim para assumir o comando. Não é seu trabalho planejar a estratégia da batalha. Esse é o meu trabalho. Eu entreguei a cidade de Jericó em suas mãos".

Josué sabia que esse não era um soldado mortal. Era o próprio mensageiro de Deus. De fato, esse estranho pode ter sido o que os teólogos chamam de "teofania", uma aparência pré-encarnada do Senhor Jesus Cristo em forma humana.

O homem prosseguiu preparando para Josué o plano de batalha mais notável que já foi planejado. Josué devia fazer o povo

Aventurando-se através da Bíblia

149

marchar ao redor da cidade com a arca da aliança no meio deles. Eles fariam isso uma vez por dia durante seis dias e, no sétimo dia, sete vezes. Então, deveriam tocar um longo sonido nas trombetas e, em seguida, gritar — assim os muros cairiam.

A lição de Jericó

Três momentos de preparo foram necessários antes da batalha. Assim, nesta parte, vemos três grandes obstáculos a serem superados antes que a terra seja conquistada. Esses obstáculos representam para nós os três tipos de problemas que enfrentamos na vida cristã.

O primeiro obstáculo era Jericó, uma cidade com dois muros, um muro interno de cerca de três metros e meio de espessura e outro externo de cerca de quase dois metros de espessura, ambos com cerca de seis metros de altura — um obstáculo aparentemente intransponível na época. Jericó simboliza os problemas que geralmente ocorrem quando começamos a andar no Espírito. Em nossa experiência cristã inicial, somos muitas vezes confrontados por algo que nos confunde e zomba de nós há anos. Talvez seja um antigo hábito que não conseguimos abandonar.

Mas, quando seguimos a estratégia descrita aqui — quando obedientemente andamos em torno do problema na presença de Deus (que é representado pela arca da aliança) e gritamos o grito de triunfo — então os muros cairão. Quando há uma mudança completa de atitude em relação a um problema "intransponível", o problema se torna como pó. O obstáculo visível não é o problema, mas, sim, nossa atitude em relação a esse obstáculo.

Por que Deus orientou Israel a marchar por sete dias ao redor da cidade de Jericó? Talvez Israel tenha marchado por sete dias, porque foi esse o tempo que levou para mudar sua atitude em relação a Jericó. Todo esse tempo eles estavam pensando: "Que lugar enorme. Como vamos tomar esta cidade?". Dia após dia, enquanto andavam ao redor da cidade, eles tiveram tempo para pensar sobre Deus no meio deles, o poder que Ele já havia demonstrado e o que Ele poderia fazer de novo. Gradualmente, a atitude deles mudou. Por fim, no sétimo dia, gritaram em triunfo e os muros caíram. Não havia nada mais a fazer quando obedeceram.

A lição de Ai, Gibeão e Bete-Horom

O segundo obstáculo no caminho de Israel foi a pequena cidade de Ai. A história da campanha contra Ai começa com a revelação do pecado de um homem chamado Acã. Ele cobiçou um objeto proibido tirado da derrotada cidade de Jericó, então o pegou e o escondeu entre seus pertences pessoais. Mais tarde, quando o exército de Israel subiu

Josué manda o sol parar, por Gustave Doré (1833)

contra a cidade de Ai — uma cidade relativamente fraca e não fortificada — Israel foi totalmente derrotado.

Josué prostrou-se em terra sobre o rosto diante do Senhor e disse: "Ah! Senhor Deus, por que fizeste este povo passar o Jordão, para nos entregares nas mãos dos amorreus, para nos fazermes perecer?" (7:7). Deus lhe disse: "Levanta-te! Por que estás prostrado assim sobre o rosto? Israel pecou [...] já não serei convosco, se não eliminardes do vosso meio a coisa roubada" (7:10-12). Finalmente, depois de procurar nas fileiras de Israel, ficou claro que Acã era aquele que tinha pecado — e confessou.

Ai, então, é uma lição instrutiva e séria: Deus espera que lidemos completamente com nossas concupiscências. Ele espera que o obedeçamos sem ceder ao pecado. Mesmo um pecado aparentemente pequeno pode ter consequências desastrosas, então não ousemos permitir que ele encontre guarida em nós.

Quando o pecado de Acã estava escondido, Israel foi derrotado. Porém, uma vez que Acã confessou seu pecado, o exército de Israel pôde vencer Ai com facilidade. Ao lidar com firmeza e decisivamente com o pecado no acampamento, Israel foi capaz de entrar em batalha sem obstáculos. A chave para obter a vitória no campo de batalha é obter a vitória sobre o inimigo interior — o pecado escondido dentro de nós. Uma vez que obtivermos a vitória sobre o inimigo da carne, a guerra espiritual deixa de ser um problema. Deus vencerá a batalha por nós.

As duas batalhas de Gibeão e de Bete-Horom significam um terceiro aspecto dos ataques especiais de Satanás ao cristão. O ataque satânico retratado na história de Gibeão é engano. Os gibeonitas vestiram-se com roupas velhas, levaram pão bolorento e odres rotos e montaram jumentos magros para encontrar Josué (veja 9:3-27).

Eles vieram ao acampamento israelita e disseram: "Teus servos vieram de uma terra mui distante, por causa do nome do Senhor, teu Deus; porquanto ouvimos a sua fama e tudo quanto fez no Egito; e tudo quanto fez aos dois reis dos amorreus [...]. Pelo que nossos anciãos e todos os moradores da nossa terra nos disseram: 'Tomai convosco provisão alimentar para o caminho, e ide ao encontro deles, e dizei-lhes: 'Somos vossos servos; fazei, pois, agora, aliança conosco'".

Os israelitas estavam desconfiados, mas os gibeonitas continuaram: "Este nosso pão tomamos quente das nossas casas, no dia em que saímos para vir ter convosco; e ei-lo aqui, agora, já seco e bolorento; e estes odres eram novos quando os enchemos de vinho; e ei-los aqui já rotos; e estas nossas vestes e estas nossas sandálias já envelheceram, por causa do mui longo caminho".

Josué acreditou nessa história e fez um pacto com eles. Quando assinaram o tratado, Israel caminhou sobre a colina e lá estava Gibeão! Bem, Deus havia instruído Josué anteriormente a remover todos os habitantes da terra — e isso incluía Gibeão. Mas Josué fora apanhado em um ardil inteligente e satânico. Mesmo tendo sido levado enganosamente a assinar o tratado, Josué honrou o acordo e poupou os gibeonitas. Em consequência, Gibeão transformou-se em um espinho para Israel por séculos futuros.

Em seguida, vem o relato de Bete-Horom, onde todos os reis dos cananeus se uniram e vieram rugindo em um tremendo eixo do mal

Aventurando-se através da Bíblia

contra Josué — uma reminiscência das várias épocas do nosso século, como a Guerra dos Seis Dias em 1967, quando várias nações vizinhas se uniram para atacar a atual nação de Israel. A batalha de Bete-Horom foi um poderoso empreendimento militar. Embora Israel fosse superado em número, Deus lhes deu a vitória de uma maneira notável: Ele parou o Sol no céu, fazendo com que o dia da batalha durasse até que a vitória chegasse. Este foi o famoso "dia longo" de Josué.

Aqui está uma imagem do que acontece quando o diabo vem como um leão rugindo em alguma impressionante catástrofe que parece nos destruir, abalar nossa fé e nos fazer clamar: "Deus, por que permitiste que isso acontecesse?". Sentimos que estamos sendo esmagados por nossos obstáculos e oposição. Mas Josué ficou firme na fé, dependendo de Deus para operar um milagre — e Deus honrou sua fé.

Provérbios 10:30 afirma: "O justo jamais será abalado". É por isso que Paulo diz em Efésios que, quando o inimigo vier assim, é para ficarmos quietos, firmando nossos pés nas promessas de Deus — e nosso inimigo *será* derrotado (Ef 6:13).

A partilha da terra de Canaã

O restante desta parte (capítulos 11 a 21) trata da operação limpeza após as grandes batalhas e da partilha da terra de Canaã entre as tribos de Israel. Depois da batalha de Bete-Horom, a terra era praticamente deles, embora as vitórias individuais continuassem a ser ganhas. As vitórias de Calebe, Otoniel e os Josefinos, e a provisão para as cidades de refúgio, contêm maravilhosas lições sobre a fé audaciosa

— tomando e usando corajosamente o que Deus prometeu.

Na última parte, aprendemos três formas particulares de perigo que nos assola na vida cristã. Primeiro, vem o relato dos motivos *incompreendidos* atribuídos aos rubenitas, aos gaditas e à meia tribo de Manassés. Eles construíram um altar no lado errado do Jordão, causando indignação entre as outras tribos de Israel.

Para as outras tribos, isso era idolatria e desobediência ao mandamento de Deus. Assim essas tribos se reuniram e foram guerrear contra seus próprios irmãos. Quando chegaram, todos paramentados para a guerra, os rubenitas, os gaditas e a meia tribo de Manassés ficaram profundamente ofendidos. "Se edificamos altar para nos apartarmos do Senhor...", clamaram eles, "o Senhor mesmo de nós o demande" (22:23).

Então eles explicaram que temiam que algum dia no futuro os israelitas na terra pudessem dizer às tribos fora da terra: "'não tendes parte no Senhor'". Nesse caso, uma boa resposta seria: "quando suceder que, amanhã, assim nos digam a nós e às nossas gerações, então, responderemos: Vede o modelo do altar do Senhor que fizeram nossos pais, não para holocausto, nem para sacrifício, mas para testemunho entre nós e vós" (22:28).

Esta cena lhe parece familiar? Quantas vezes você chegou à conclusão errada, atribuindo motivos errados ao seu cônjuge, a um membro da família, a seu pastor, ou a outro cristão? Quantas vezes outras pessoas o julgaram mal ou erradamente o atacaram? Isso acontece com frequência em famílias e igrejas cristãs. Se alguma coisa pode nos tirar

A Terra Prometida

da terra da vitória, é o conflito por motivos incompreendidos.

O segundo perigo é a *obediência incompleta*. Embora a terra tivesse sido dada ao povo de Israel, eles não a conquistaram por completo, mas abriram mão de parte dela. Próximo ao fim de sua vida, Josué advertiu o povo que as nações não conquistadas, que haviam permitido viver, seriam sempre um espinho para eles (veja 23:12,13).

O perigo final que vemos aqui é o perigo da *falsa confiança e orgulho*. Josué fez uma aparição final perante o povo, desafiando-os a andarem na presença do Senhor seu Deus, dizendo: "...escolhei, hoje, a quem sirvais..." (24:15). Na verdade, ele está dizendo: "Vocês acham que podem manter uma posição neutra entre seguir o diabo e seguir o Senhor — mas vocês não podem". Isso é o que Jesus disse: "Ninguém pode servir a dois senhores" (Mt 6:24). Você deve servir a Deus ou a Satanás. Não pode servir a ambos. Ouvindo esse desafio, o povo respondeu:

"Então, respondeu o povo e disse: Longe de nós o abandonarmos o Senhor para servirmos a outros deuses; porque o Senhor é o nosso Deus; ele é quem nos fez subir, a nós e a nossos pais, da terra do Egito, da casa da servidão, quem fez estes grandes sinais aos nossos olhos e nos guardou por todo o caminho em que andamos e entre todos os povos pelo meio dos quais passamos. O Senhor expulsou de diante de nós todas estas gentes, até o amorreu, morador da terra; portanto, nós também serviremos ao Senhor, pois ele é o nosso Deus" (24:16-18).

Aventurando-se através da Bíblia

Bravas palavras! Mas Josué confronta sua bravata (assim como Jesus confrontou a bravata de Pedro quando este prometeu nunca negar seu Senhor). "Não podereis servir ao Senhor", diz Josué no versículo 19. Por que Josué enfrentou seu povo exatamente quando eles prometem fidelidade ao Senhor? Porque ele compreendeu que o maior perigo que os filhos de Deus enfrentam é a falsa confiança, que vem do orgulho.

Você pode dizer: "Posso fazer o que Deus quer. Tenho o que é preciso. Afinal, conheço as Escrituras. Fui criado na igreja certa. Posso andar fielmente diante de Deus. Não fale comigo sobre apostasia, derrota, desvio ou pecado. Servirei ao Senhor!". A esse orgulho espiritual, Josué responde: "Não podereis servir ao Senhor".

Jamais poderemos nos firmar em nossas próprias forças. O verdadeiro poder espiritual vem de admitir nossa própria fraqueza e dependência de Deus. Somente quando estamos dispostos a nos apegar a Deus e a Sua força, podemos experimentar a vitória. É por isso que o sábio Josué, perto do fim de sua vida, declarou:

> ...Não podereis servir ao Senhor, porquanto é Deus santo, Deus zeloso, que não perdoará a vossa transgressão nem os vossos pecados. Se deixardes o Senhor e servirdes a deuses estranhos, então, se voltará, e vos fará mal, e vos consumirá, depois de vos ter feito bem (24:19,20).

Ouvir a resposta do povo deve ter entristecido profundamente a Josué, pois, na verdade, eles disseram: "Não, Josué, você não sabe o que está falando. Vamos servir ao Senhor de qualquer maneira". Palavras de arrogância espiritual! Por causa da atitude do povo, a história não termina com as vitórias do livro de Josué. A história continua no próximo livro, o de Juízes — o livro da derrota.

PERGUNTAS PARA DISCUSSÃO

JOSUÉ
O manual da vitória

1. Deus diz a Josué: "Todo lugar que pisar a planta do vosso pé, vo-lo tenho dado, como eu prometi a Moisés" (1:3). Em outras palavras, o título da terra é a dádiva gratuita de Deus — mas a posse da terra é resultado de obediência. Da mesma forma, Deus nos deu o dom da salvação como um dom gratuito — contudo, devemos possuir a vida cristã por meio da obediência. De que maneira essa explicação da diferença entre tomar o título e tomar posse da Terra Prometida afeta sua compreensão da vida cristã? Exemplifique.

2. Antes que Deus pudesse conduzir Seu povo na conquista de Jericó, Ele teve que lidar com a condição espiritual de Seu povo. Então, ordenou que os israelitas se submetessem a dois ritos — a circuncisão e a celebração da Páscoa. O que esses dois ritos trouxeram à vida espiritual de Israel? O que eles simbolizavam? Que significado esses símbolos têm para nossa vida hoje?

3. Quais lições você tira da conquista de Jericó que podem ser aplicadas à sua vida?

4. Que lições o pecado de Acã e a derrota dos israelitas em Ai traz à sua vida? O que essa história nos diz sobre os pecados escondidos e as concessões em nossa própria vida?

5. A história do engano dos gibeonitas é uma reminiscência dos astutos ardis que Satanás usa para nos enganar e destruir. Que lições você tira do artifício gibeonita que podem ser aplicadas à sua vida?

Aventurando-se através da Bíblia

APLICAÇÃO PESSOAL

6. Como cristão, seguindo o exemplo de Josué (cujo nome significa "Deus é salvação"), você apenas recebeu o título da promessa de Deus — ou se moveu em obediência para "possuir a terra" e experimentar a vida cristã vitoriosa? Explique sua resposta.

7. Os israelitas enviaram espias a Jericó, e os espias retornaram com um relato de que o povo de Jericó vivia com medo de Israel e do Senhor há 40 anos. O povo de Israel poderia facilmente ter tomado a terra de Canaã sem ter que passar quatro décadas vagando no deserto. Há algum momento em sua vida quando você descobriu que Deus quis fazer uma grande obra em sua vida, mas, por medo ou incredulidade, você recuou e perdeu a bênção de Deus? Explique sua resposta.

8. Próximo ao fim de sua vida, Josué fez um apelo final ao povo: "...escolhei, hoje, a quem sirvais..." (24:15). O povo jurou que jamais abandonaria a Deus por causa de falsos ídolos, porém Josué sabia que eles falavam por causa de falsa confiança e orgulho espiritual. "Não podereis servir ao Senhor", Josué advertiu, mas eles continuaram em seu orgulho e arrogância e, mais tarde, a nação caiu em idolatria. Você já experimentou o perigo do excesso de confiança espiritual? O orgulho espiritual já o levou ao pecado ou ao arrependimento? Que passos você pode dar esta semana para se proteger contra esse perigo?

A mensagem da história

JUÍZES   CAPÍTULO 12

Um panorama de derrota

[OS JUIZADOS NÃO SÃO SUCESSIVOS]

Otniel versus mesopotâmios	Eúde versus moabitas	Débora/Baraque versus cananeus	Gideão versus midianitas	Jefté versus amonitas	Sansão versus filisteus	Rei Saul
1390 a.C.	40 anos	80 anos	40 anos	40 anos	6 anos	20 anos	1050 a.C.

Poucos livros da Bíblia se comparam ao de Juízes quanto a emoção e intriga. É possível estremecer ao ler como Eúde, o juiz — ao visitar o rei em seu palácio de verão — crava seu punhal, provavelmente, entre a quinta e a sexta costelas do rei de modo que a carne se fecha ao redor e a faca não pode ser retirada (Juízes 3). Encolhemos quando Jael pega a estaca da tenda e crava-a no crânio de Sísera até chegar ao chão (Juízes 4). Roemos as unhas ao lado de Gideão enquanto Deus faz cortes militares significativos, reduzindo o exército de Israel de 32 mil para 300 homens — então envia essa miniatura de exército, em termos numéricos, para a batalha (6–7).

Talvez o seu coração fique apertado como o meu quando a filha de Jefté sai ao encontro dele quando este regressa da batalha, e ele se lembra do voto que fizera de sacrificar a Deus a primeira pessoa que encontrasse — então ele cumpre esse horrível juramento (11). Talvez você exulte com Sansão enquanto ele causa estragos entre os filisteus, mas admira-se de sua tolice ao permitir que uma sedutora filisteia o engode, levando-o a revelar o segredo de sua força (13–17). E você, sem dúvida, sente repulsa com a história da perversão benjamita que marca um dos piores capítulos da história de Israel (19–20).

Apreciadores de romance histórico, história militar, novelas, teorias de conspiração, romances de espionagem, aventuras intrépidas ou intrigas políticas encontrarão tudo isso no livro de Juízes. Por puro drama e fascínio, Juízes é um livro fascinante. Mas, a partir de uma perspectiva histórica mais profunda, Juízes deve ser lido como a história de uma nação deteriorada. Ele serve como uma séria advertência contra o declínio moral e espiritual em nossa própria nação e nossa própria vida cristã.

De Josué, o livro da vitória, passamos a Juízes, o livro da derrota. É o primeiro de uma série de livros que coloca diante de nós

> **OBJETIVOS DO CAPÍTULO**
>
> Este capítulo revela a natureza multidimensional de Juízes. Na superfície, trata-se de um livro de intrigas e drama. Escavando mais a fundo, descobre-se que ele narra o declínio de uma nação em deterioração. Escavando ainda mais, encontram-se advertências cruciais contra as concessões moral e espiritual que podem destruir nossa vida hoje.

as advertências e sinais de perigo em relação às ameaças que se encontram em nosso caminho como cristãos. O padrão de derrota descrito em Juízes se repete muitas vezes. O princípio-chave que sempre descreveu a derrota na vida do povo de Israel nos é dado no último versículo do livro: "Naqueles dias, não havia rei em Israel; cada um fazia o que achava mais reto" (21:25).

O povo não estava tentando fazer o mal. Não eram rebeldes, empenhados em frustrar a vontade de Deus para suas vidas. Nesta fase da história de Israel, essas pessoas estavam determinadas a fazer o que era certo, mas o que era certo aos seus próprios olhos. Elas sucumbiram à loucura do engano consagrado. Eram pessoas bem-intencionadas que cometiam erros, com a intenção de fazer o que era certo, mas acabavam fazendo tudo errado.

Presenciei esse padrão repetidas vezes em minha experiência com aconselhamento. Vez após vez, ouvi pessoas dizerem: "Não sei o que deu errado. Tentei fazer o certo. Fiz o que pensei ser o melhor. Mas tudo pareceu dar errado". Esse era o problema com Israel no livro de Juízes.

Como afirma o texto, não havia autoridade objetiva em suas vidas. O Senhor Jeová era supostamente o Rei deles, mas eles não o levavam a sério. E, por não levarem Deus a sério, acabaram se levando muito a sério. Então fizeram o que achavam certo, guiados por seu próprio intelecto e raciocínio — provando ao final que seus caminhos não eram os caminhos de Deus.

O padrão de derrota e livramento

Nos dois primeiros capítulos, vemos o padrão de derrota que se repetirá por vezes. Cada vez que Deus, em Sua graça, livra o povo, eles deslizam para outro ciclo de derrota. O tom da derrota é definido no capítulo 1: "Manassés não expulsou os habitantes de Bete-Seã [...] os cananeus lograram permanecer na mesma terra" (v.27).

A tribo de Manassés falhou em obedecer ao mandamento de Deus de expulsar todas as tribos dos cananeus. E há outras histórias de fracasso: "Efraim não expulsou os cananeus, habitantes de Gezer; antes, continuaram com ele em Gezer. Zebulom não expulsou os habitantes de Quitrom, nem os de Naalol; porém os cananeus continuaram com ele [...] Aser não expulsou os habitantes de Aco, nem os de Sidom [...] Naftali não expulsou os habitantes de Bete-Semes, nem os de Bete-Anate" (1:29-31,33).

Esse foi apenas o começo da história da derrota de Israel. Eles não levaram Deus a sério, a despeito da ameaça que seus inimigos representavam. Em vez disso, se mudaram para viver entre seus inimigos. Deus havia dito que eles deveriam expulsar todos os moradores dessas aldeias cananeias. Não deveriam se misturar nem ter nada a ver com eles. Não deviam casar com pessoas daqueles povos.

Porém, quando Israel chegou a algumas dessas aldeias, não foi à guerra. Em vez disso, entraram e se reuniram com o povo de lá — as pessoas pareciam inofensivas e pacíficas. Assim, os israelitas ignoraram a ordem de Deus e permitiram que os cananeus permanecessem. Construíram sua própria cidade israelita ao lado dos cananeus. Negociaram, misturaram-se com eles e comprometeram a ordem de Deus. Eles se contentaram com menos do que a vitória completa.

O LIVRO DE JUÍZES

Israel fracassa em completar a conquista de Canaã (Juízes 1:1–3:4)

O fracasso das tribos de Israel 1

O julgamento das tribos 2:1–3:4

Os sete ciclos de livramento (Juízes 3:5–16:31)

O juiz Otniel 3:5-11

O Juiz Eúde 3:12-30

O Juiz Sangar 3:31

Débora e Baraque 4–5

Gideão derrota os midianitas 6:1–8:32

O juiz Abimeleque 8:33–9:57

O juiz Tolá 10:1-2

O juiz Jair 10:3-5

O juiz Jefté 10:6–12:7

O juiz Ibsã 12:8-10

O juiz Elom 12:11-12

O juiz Abdom 12:13-15

O juiz Sansão 13-16

A depravação de Israel sob o governo dos juízes (Juízes 17–21)

Israel atola-se na idolatria 17–18

Israel atola-se em imoralidade 19

A guerra entre as tribos 20–21

Aventurando-se através da Bíblia

Lemos essa história e pensamos como foram tolos esses israelitas em não obedecer a ordem de Deus! Mas não fazemos exatamente o mesmo? Não nos conformamos com menos que uma vitória completa sobre nossos pecados e maus hábitos? Não dizemos: "Bem, sim, eu tenho um problema com a raiva, ou fofoca, ou palavrões, ou pensamentos impuros, ou abuso de substâncias, ou pornografia — mas isso é apenas um pequeno mau hábito! Afinal, todo mundo precisa de um pequeno vício, não é mesmo?"

Não! Deus diz que quando nos conformamos com essas "pequenas coisas" e cedemos ao pecado, elas, ao final, acabarão por nos derrotar e destruir. Não podemos nos permitir nada menos do que a vitória completa.

Israel despreza Deus e serve Baal e a Astarote

Agora, olhe para o próximo passo no processo de declínio e derrota de Israel. No capítulo 2 vemos a graça de Deus quando Ele adverte o povo sobre os resultados do fracasso:

*Subiu o Anjo do SENHOR de Gilgal a Boquim e disse: Do Egito vos fiz subir e vos trouxe à terra que, sob juramento, havia prometido a vossos pais. Eu disse: nunca invalidarei a minha aliança convosco. Vós, porém, não fareis aliança com os moradores desta terra; antes, derribareis os seus altares; contudo, não obedecestes à minha voz. Que é isso que fizestes? Pelo que também eu disse: não os expulsarei de diante de vós; antes,
vos serão por adversários, e os seus deuses vos serão laços* (2:1-3).

O que Israel fez em resposta?

Então, fizeram os filhos de Israel o que era mau perante o SENHOR; pois serviram aos baalins. Deixaram o SENHOR, Deus de seus pais, que os tirara da terra do Egito, e foram-se após outros deuses, dentre os deuses das gentes que havia ao redor deles, e os adoraram, e provocaram o SENHOR à ira (2:11,12).

Imagem de Baal

O passo seguinte foi a franca idolatria. Os baalins e os astarotes eram os deuses das tribos dos cananeus. Baal era o deus masculino da fertilidade, Astarote, a deusa da fertilidade. No início, os israelitas não pretendiam fazer o mal. Sabiam que Deus lhes tinha ordenado não se prostrar diante de quaisquer ídolos. Eles conheciam os Dez Mandamentos, mas começaram a ceder ao mal, permitindo que os idólatras coexistissem com eles na terra que Deus lhes deu como herança. Assim, logo estavam fazendo o impensável: participando das práticas pagãs dos ímpios cananeus.

Como isso aconteceu? Os israelitas foram agricultores no Egito e irrigavam suas plantações. Portanto, não estavam acostumados a cultivar a terra seca. Após 40 anos de andança pelo deserto, não sabiam realmente mais como cultivar, especialmente em uma terra árida sem irrigação, e suas lavouras se tornaram pobres e irregulares. Os israelitas viram os exuberantes campos de cereais dos cananeus e pediram conselhos.

Os cananeus disseram que suas abundantes colheitas eram uma bênção dos deuses da fertilidade que eles adoravam e convidaram os israelitas a se adaptar aos seus modos. Você já experimentou pressões culturais como essas enfrentadas pelos israelitas? "Se você quiser progredir nesta empresa, terá que jogar do nosso jeito. Vamos! Todo mundo trapaceia um pouco! Todo mundo joga sujo, a fim de ganhar! Se você espera ser um de nós, terá que se adaptar aos nossos modos".

Assim, os israelitas se nivelaram ao povo que lhes foi ordenado destruir. Os cananeus ensinaram aos israelitas como plantar e fertilizar o solo, assim como a maneira apropriada de sacrificar aos seus demoníacos deuses. Na primavera seguinte — com certeza! — viram que as colheitas eram maravilhosas. Os israelitas pensaram: "Deve haver algo nesses deuses da fertilidade. É melhor adorarmos essas divindades, afinal". Eles abandonaram o Deus de Israel e se curvaram aos baalins e astarotes.

Embora as Escrituras não registrem todos os detalhes obscenos sobre os baalins e astarotes, a história nos diz que eles eram deidades sexuais dos cananeus. A adoração a esses deuses envolvia mais do que simplesmente se curvar diante de ídolos de pedra. Significava também envolver-se em práticas sexuais obscenas. Desta forma, enquanto os israelitas se envolviam em idolatria, também caíam em uma indescritível imoralidade sexual.

A ira e a graça de Deus

O próximo passo do ciclo é a rejeição da graça de Deus. O Senhor, em Sua notável graça, coloca repetidos obstáculos no caminho do povo, tentando alertá-los sobre as consequências de sua desobediência e depravação. No capítulo 2, vemos como Deus lidou com a desobediência de Israel:

Porquanto deixaram o Senhor e serviram a Baal e a Astarote. Pelo que a ira do Senhor se acendeu contra Israel e os deu na mão dos espoliadores, que os pilharam; e os entregou na mão dos seus inimigos ao redor; e não mais puderam resistir a eles. Por onde quer que saíam, a mão do Senhor era contra eles para seu mal, como o Senhor lhes dissera e jurara; e estavam em grande aperto (vv.13-15).

Você já experimentou a mão do Senhor contra você? O que você pensava estar fazendo

Aventurando-se através da Bíblia

com sinceridade era tão contrário à vontade dele para sua vida que você descobriu que Sua mão estava contra você — não para machucá-lo, mas para salvá-lo de sua própria tolice. Isso é o que Israel descobriu: nada parecia dar certo. Eles se viram em escravidão. Uma após outra, as nações que os cercavam foram autorizadas a governar sobre eles. Essas nações entraram e os escravizaram, ano após ano.

Por fim, a graça de Deus vem para libertá-los:

Suscitou o SENHOR juízes, que os livraram da mão dos que os pilharam. Contudo, não obedeceram aos seus juízes; antes, se prostituíram após outros deuses e os adoraram. Depressa se desviaram do caminho por onde andaram seus pais na obediência dos mandamentos do SENHOR; e não fizeram como eles. Quando o SENHOR lhes suscitava juízes, o SENHOR era com o juiz e os livrava da mão dos seus inimigos, todos os dias daquele juiz; porquanto o SENHOR se compadecia deles ante os seus gemidos, por causa dos que os apertavam e oprimiam (2:16-18).

É por isso que este livro se chama Juízes. Mais e mais, este padrão é repetido. Deus levantou juiz após juiz — doze no total, onze homens e uma mulher, cada um representando a graça interveniente de Deus. Os doze juízes são os seguintes:

- **Otniel** (3:9-11). Derrotou o rei da Mesopotâmia e trouxe 40 anos de paz a Israel.
- **Eúde** (3:12-29). Livrou Israel da servidão dos moabitas.

- **Sangar** (3:31). Repeliu uma invasão dos filisteus, matando 600 soldados inimigos armados apenas com uma aguilhada de bois.
- **Débora** (4–5). Reuniu Israel contra Jabim, rei de Canaã, e seu comandante militar Sísera, trazendo 40 anos de paz a Israel. A inclusão de Débora na lista de juízes indica outro exemplo em que a Bíblia eleva a posição das mulheres, em contraste com a baixa condição das mulheres em todo o Oriente Médio até hoje.
- **Gideão** (6-8). Obedeceu a Deus, diminuindo seu exército de 32 mil homens para meros 300, com os quais derrotou as forças vastamente superiores dos midianitas, apenas pelo poder de Deus.
- **Tolá** (de quem pouco se sabe).
- **Jair** (de quem pouco se sabe).
- **Jefté** (11:1–12:7). Livrou Israel derrotando os amonitas — mas, tragicamente, fez um voto imprudente e desnecessário ao Senhor, que o obrigou a sacrificar sua única filha.
- **Ibsã** (de quem pouco se sabe).
- **Elom** (de quem pouco se sabe).
- **Abdom** (de quem pouco se sabe).
- **Sansão** (13–16). O mais famoso dos juízes, Sansão causou estragos entre os filisteus. Armado apenas com uma queixada de jumento, matou mil soldados filisteus. Sansão tolamente entregou o segredo de sua força à espiã filisteia, Dalila. Ela o traiu, e os filisteus o cegaram e o escravizaram em Gaza. No fim, Sansão orou por força e derrubou as colunas de um

Sansão e Dalila, por Antoon van Dyck (1599–1641).

templo filisteu, destruindo a estrutura e matando a si mesmo e aos governantes filisteus.

(Vale a pena notar que dois homens nos livros de Samuel — Eli, o sumo sacerdote de Siló, e o próprio profeta Samuel — também serviram como juízes em Israel, embora não sejam mencionados no livro de Juízes.)

Por intermédio desses doze juízes, Deus repetidamente tenta resgatar o povo de sua loucura e desobediência. A loucura perpétua de Israel é demonstrada por estas trágicas palavras:

Sucedia, porém, que, falecendo o juiz, reincidiam e se tornavam piores do que seus pais, seguindo após outros deuses, servindo-os e adorando-os eles; nada deixavam das suas obras, nem da obstinação dos seus caminhos (2:19).

Assim, o livro de Juízes registra o declínio implacável do povo de Israel. A grande lição de Juízes é que devemos levar Deus a sério, e devemos levar nosso inimigo a sério. Jesus veio para *nos salvar de nossos pecados*, não para nos ajudar a nos acomodarmos ao pecado. Ele veio para banir esses hábitos pecaminosos de nossa vida. Se não levarmos Deus a sério com relação a essas chamadas "pequenas coisas", então, passo a passo, nos afastaremos gradualmente de Sua graça e causaremos nossa própria destruição.

Às vezes, ouvimos a história de um homem ou uma mulher de Deus que inesperadamente experimenta uma "queda" moral. Um escândalo irrompe, e todo aquele que o ouve diz: "Como isso pode acontecer tão de repente? O que causou uma mudança tão abrupta nessa pessoa?" Mas isso não foi uma "queda" repentina. Foi um desmoronamento longo e gradual envolvendo concessões morais, hábitos secretos e "pequenos" pecados. Eles começaram a produzir efeito, dia a dia, até que um grande colapso moral se tornou inevitável.

É importante lembrar, ao ler Juízes, que alguns desses juízes eram seres humanos profundamente falhos. Algumas de suas ações servem como advertências, não como modelos. Sansão, por exemplo, se comportou mais como um "herói" bárbaro cabeça-dura do que como um verdadeiro servo de Deus. Ele se casou com uma mulher filisteia, violando os mandamentos de Deus e os conselhos de seus pais, matou filisteus por pura vingança egoísta quando sentiu que o insultaram, visitou uma prostituta em Gaza e se apaixonou por Dalila, entregando-lhe o segredo de sua força, mesmo sabendo que ela planejava traí-lo.

Jefté é outro juiz que serve como alerta, não como modelo. Ele fez o precipitado voto de sacrificar a primeira criatura ou pessoa que saísse de sua casa depois que Deus lhe desse a vitória sobre os amonitas. Em toda a Bíblia, Deus jamais exigiu sacrifício humano, além do Seu próprio Filho. Mesmo quando testou Abraão, ordenando-lhe que sacrificasse Isaque, Deus, no final, poupou Isaque e providenciou um cordeiro como substituto. Portanto, Jefté fez esse voto baseado em sua própria tolice. Quando ele volta para casa após a guerra, sua própria filha amada corre para fora da casa. Comprometido a seu voto, Jefté sente que deve matar sua própria filha. Sem dúvida, essa é uma história horrível.

O que muitas pessoas deixam de perceber, no entanto, é o espírito doce da filha de Jefté.

Após um período de graça de dois meses, durante o qual ela vai às montanhas para lamentar a vida que ela jamais experimentará, ela retorna e voluntariamente se entrega para ser sacrificada por Jefté. Creio que a filha pura e virgem de Jefté é mais um símbolo de Cristo no Antigo Testamento. Como virgem, ela representa a perfeição sem pecado de Cristo, nosso sacrifício. Embora o voto de Jefté seja tolo e repugnante, o sacrifício de sua filha é belo e semelhante ao de Cristo.

Devemos lembrar, ao lermos este livro, que Juízes descreve um padrão de derrota que se repete muitas vezes. O princípio-chave de Juízes é declarado duas vezes, em 17:6 e 21:25 — "Naqueles dias, não havia rei em Israel; cada qual fazia o que achava mais reto" — ou como a versão *Almeida Revista e Corrigida* traduz a última frase: "cada qual fazia o que parecia direito aos seus olhos". Quando vivemos de acordo com nossa própria vontade, de acordo com nossa própria tola "sabedoria", estamos nos condenando à derrota. Essa é a mensagem — e a advertência — do livro de Juízes.

Ouça a mensagem de Juízes. Leia o livro cuidadosamente. Ouça Deus falando através dessas histórias. Ele o adverte, mas também o chama em amor. O livro de Juízes é um espelho no qual nos vemos mais claramente. Possa essa imagem no espelho diminuir em relação ao desobediente Israel e crescer cada vez mais em semelhança a Cristo.

PERGUNTAS PARA DISCUSSÃO

JUÍZES
Um panorama de derrota

1. O livro de Juízes descreve um padrão recorrente de derrota, à medida que o povo tenta fazer o que é certo de acordo com seu padrão errôneo e bem-intencionado — mas invariavelmente acaba tudo errado. O autor lembra-se de ver padrões semelhantes na vida da pessoas que o procuraram para aconselhamento pastoral. O problema era que não havia autoridade objetiva para orientar suas vidas. Todos faziam o que achavam ser o melhor. Como podemos encontrar uma autoridade objetiva para nos orientar hoje? Explique sua resposta.

2. Em Juízes 1, vemos, exemplo após exemplo, o fracasso de Israel em expulsar seus inimigos como Deus ordenara. O resultado foi que os israelitas aceitaram menos do que a vitória completa. Qual foi a consequência da vitória comprometida e incompleta em Israel (Veja Juízes 2)? Você vê algum paralelo com a guerra espiritual em sua própria vida? Explique sua resposta.

3. Leia a história de um ou mais destes juízes — Otniel (3:9-11), Eúde (3:12-29), Débora (4–5), Gideão (6–8), Jefté (11:1–12:7), ou Sansão (13–16). Que lições você tira da história, ou histórias, que estudou? Como pode aplicar essas lições à sua vida hoje?

APLICAÇÃO PESSOAL

4. Deus repetidamente enviou juízes a Israel para enfrentar o pecado do povo e restaurar a nação à fidelidade e à integridade. Quem são os "juízes" que Deus enviou à sua vida quando você errou ou se desviou, para ajudá-lo a restaurar seu relacionamento com Ele? O que essa pessoa lhe disse? Você respondeu imediatamente e mudou seu comportamento — ou inicialmente se ressentiu daquela pessoa por "se intrometer"? Qual foi o resultado final?

5. O autor escreve: "Às vezes ouvimos a história de um homem ou uma mulher de Deus que inesperadamente experimenta uma 'queda' moral... Foi um desmoronamento longo e gradual envolvendo concessões morais, hábitos secretos e 'pequenos' pecados. Eles começaram a produzir efeito, dia a dia, até que um grande colapso moral se tornou inevitável". Há alguma área de "concessão moral, hábitos secretos e 'pequenos' pecados" em sua vida neste momento? Que passos você pode dar nesta semana para eliminar esses pecados e hábitos de sua vida?

Aventurando-se através da Bíblia

Muros ao redor de Jerusalém

RUTE

O romance remidor

CAPÍTULO 13

Quando Benjamin Franklin era embaixador na França, ele ocasionalmente frequentava o Clube dos Infiéis, um grupo de intelectuais que juntos passavam a maior parte do tempo lendo e discutindo obras-primas literárias. Assim como tantos intelectuais esnobes, os membros desse grupo eram em sua maioria ateus e agnósticos que zombavam da Bíblia.

Certa ocasião, Franklin trouxe um livro e o leu diante do grupo. Quando terminou, os outros membros o elogiaram unanimemente. Disseram que era uma das mais belas histórias que jamais tinham ouvido e exigiram que ele contasse onde havia encontrado aquela notável obra-prima. Ele teve muito prazer em dizer que a história era de um livro que eles menosprezavam abertamente. Franklin tinha mudado os nomes na história para que não reconhecessem que era um livro da Bíblia!

O livro de Rute é certamente uma obra-prima literária e um romance tocante. Imagino como ele poderia ser apresentado em algumas de nossas revistas contemporâneas. Posso visualizar a manchete: "Mulher encontra a felicidade nos braços do segundo marido". É um livro que incendeia a imaginação porque é entrelaçado com o tema cativante de amor, devoção e romance verdadeiro.

No entanto, os acontecimentos desse belo livro ocorrem em meio a um péssimo cenário durante a era dos juízes. Embora Rute seja uma bela história, é a história por trás da história — seu significado e importância — que torna este livro tão valioso para nossa vida. O livro de Rute é uma daquelas belas figuras do Antigo Testamento que Deus instituiu para ilustrar as verdades da fé cristã, como encontradas no Novo Testamento. Ele ilustra o romance da redenção.

Noemi: uma mulher desamparada

O livro de Rute começa com uma introdução aos seus personagens principais:

> **OBJETIVOS DO CAPÍTULO**
>
> O objetivo deste capítulo é revelar a beleza e o romance da história de amor entre Rute e Boaz, e também mergulhar no significado simbólico mais profundo desta história para nossa vida hoje. A história da redenção de Rute por Boaz, o resgatador, faz paralelo à história de nossa redenção pelo nosso resgatador, Jesus, o Messias.

Aventurando-se através da Bíblia   167

Nos dias em que julgavam os juízes, houve fome na terra; e um homem de Belém de Judá saiu a habitar na terra de Moabe, com sua mulher e seus dois filhos. Este homem se chamava Elimeleque, e sua mulher, Noemi; os filhos se chamavam Malom e Quiliom, efrateus, de Belém de Judá; vieram à terra de Moabe e ficaram ali. Morreu Elimeleque, marido de Noemi; e ficou ela com seus dois filhos, os quais casaram com mulheres moabitas; era o nome de uma Orfa, e o nome da outra, Rute; e ficaram ali quase dez anos. Morreram também ambos, Malom e Quiliom, ficando, assim, a mulher desamparada de seus dois filhos e de seu marido (1:1-5).

Elimeleque, cujo nome significa "meu Deus é Rei", sai da cidade de Belém com sua esposa Noemi, cujo nome significa "agradável". Por causa da fome na região, eles levam seus dois filhos, Malom e Quiliom, e se mudam para a terra de Moabe. Note que em Belém — cujo nome significa "a Casa do Pão" — não havia pão, apenas fome. O livro de Levítico já nos disse que fome indica um baixo nível de vitalidade espiritual numa terra.

Em Moabe, Elimeleque morreu e seus dois filhos, Malom e Quiliom, se casaram com mulheres de Moabe, Orfa e Rute. Depois de dez anos, os dois filhos também morreram e Noemi foi deixada com suas duas noras.

Rute: uma nora devotada

Depois que o período de fome terminou, Noemi expressou seus planos de retornar a Belém, mas ela encorajou suas duas noras moabitas a permanecerem em Moabe e a se casarem novamente. Orfa não estava disposta a deixar sua casa por uma vida incerta na Palestina e decidiu acatar o conselho de Noemi de ficar em Moabe. Porém, Rute se recusou a ficar em Moabe e, em um apelo de consistente beleza, declarou sua determinação de se identificar com a terra, o povo e a fé de Noemi.

O LIVRO DE RUTE

Rute, uma mulher de profundo amor e devoção (Rute 1–2)

A amizade de Rute com Noemi e sua devoção a ela 1

Rute encontra Boaz; Boaz gosta de Rute 2

O amor de Rute é recompensado (Rute 3–4)

O pedido de Rute por redenção 3

Boaz se casa com Rute; Rute gera um filho, Obede 4

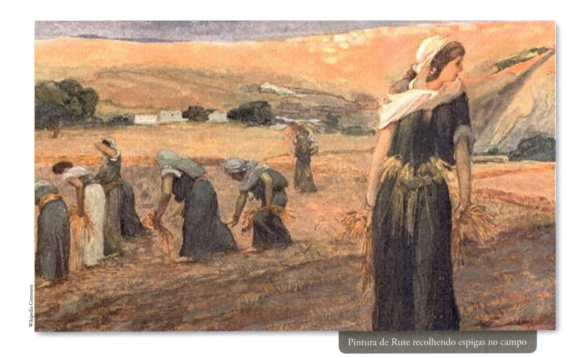

Pintura de Rute recolhendo espigas no campo

A fonte da devoção e determinação de Rute é vista em sua declaração: "...o teu Deus é o meu Deus..." (1:16). Isso claramente representa sua disposição de deixar os ídolos de Moabe e passar a adorar o Deus vivo de Israel.

Boaz: um homem de caráter

Noemi e Rute chegaram a Belém no início da colheita de cevada, com um futuro muito incerto diante delas. A provisão e proteção da mão do Senhor são evidentes na declaração de que Rute foi para os campos colher espigas e "por casualidade entrou na parte que pertencia a Boaz" (Rt 2:3). Esse homem, parente próximo de Elimeleque, marido de Noemi, aparece na história como um homem de caráter incomum e de sensibilidade.

Essa é uma história maravilhosa de um menino encontrando uma menina, o tipo de história romântica que nunca sai de moda.

Rute estava colhendo espigas no campo e Boaz a viu. Ele disse aos seus trabalhadores: "De quem é esta moça?". Eles lhe disseram, e Boaz foi se encontrar com Rute. O texto não entra em detalhes sobre o encontro dos dois, mas, se você usar sua imaginação santificada, poderá concluir que deve ter sido um pouco estranho no começo.

Ela está trabalhando longe, colhendo grãos aqui e ali, e vem este belo indivíduo — evidentemente um homem rico pelas roupas que vestia. Ela baixa o olhar timidamente e ele, um tanto envergonhado, limpando a garganta, finalmente, diz: "*Shalom*, paz". Ela olha para cima e diz: "*Shalom*". Ele prossegue elogiando-a por sua bondade para com sua sogra e especialmente por sua fé em Jeová, o Deus de Israel.

Obviamente atraído pela bela moabita, entretanto, agindo sempre com moderação

Aventurando-se através da Bíblia   169

e dignidade, Boaz instrui seus trabalhadores para deixar deliberadamente grãos no campo para Rute colher. Para seu espanto, Rute descobre que esses trabalhadores são os trabalhadores mais negligentes em Israel! À noite, quando ela retorna a Noemi com uma quantidade inesperada, ela sabe por sua sogra que Boaz é um resgatador em potencial.

Vimos anteriormente que a lei do resgatador foi estabelecida em Deuteronômio:

Se irmãos morarem juntos, e um deles morrer sem filhos, então, a mulher do que morreu não se casará com outro estranho, fora da família; seu cunhado a tomará, e a receberá por mulher, e exercerá para com ela a obrigação de cunhado. O primogênito que ela lhe der será sucessor do nome do seu irmão falecido, para que o nome deste não se apague em Israel (Dt 25:5,6).

Essa lei (na qual o irmão de um homem que morre sem filhos é obrigado a se casar com a viúva) é chamada de "casamento levirato". O irmão que se casa com a viúva é chamado de resgatador.

O resgatador é um tipo simbólico do Messias vindouro. O irmão sobrevivente é o parente (parente de sangue) que redime a noiva do irmão morto. O parente paga o preço da herança do falecido, assim como Jesus pagou o preço por nossa redenção quando estávamos mortos em nossos pecados. O parente casa-se com a viúva do falecido, assim como Cristo tornou-se marido de Sua noiva, a Igreja.

Esse é o pano de fundo da instrução de Noemi a Rute, enquanto Rute continua colhendo nos campos de cevada e trigo de Boaz por aproximadamente três meses.

Um plano de redenção

No final da colheita, após a limpeza dos grãos, Noemi toma a iniciativa. Invocando os direitos de seu parentesco com Boaz, Noemi aconselha Rute com um plano para sua redenção. Isto é o que Rute fez: ela se aproximou de Boaz e, enquanto ele dormia à noite, deitou-se a seus pés. Ao fazer isso, Rute seguiu um antigo costume em Israel, pelo qual, ela simbolicamente pede a Boaz para cumprir a responsabilidade de um parente em se casar com ela e gerar herdeiros para o falecido Elimeleque.

Rute fez isso tão modestamente que Boaz a elogiou por sua ação. Tendo se apaixonado por ela, Boaz avidamente consentiu em assumir a responsabilidade. Evidentemente, ele esperava que tal situação ocorresse, pois informou imediatamente a Rute que havia um parente mais próximo disponível e que sua reivindicação deveria ser considerada primeiro por esse parente.

Pela manhã, Boaz enviou Rute de volta a Noemi com um generoso presente de seis medidas de cevada, e Noemi sabiamente diz a Rute que o assunto será resolvido naquele dia. Naquela mesma manhã, Boaz toma seu lugar na porta da cidade, onde os anciãos se reúnem para a resolução de litígios e julgamento de disputas. Quando o parente mais próximo vem, Boaz pede um julgamento informal. Quando todos estão sentados, ele apresenta seu caso ao outro parente.

Boaz declara que Noemi quer vender um pedaço de terra que pertenceu a Elimeleque, mas, se ela o fizer, o parente mais próximo será responsável por cuidar da família, já que agora não teriam propriedade. Vendo a possibilidade de obter uma excelente propriedade, o primeiro parente declara sua disposição de

Moabe
Wikipedia Commons

assumir essa responsabilidade. Foi quando Boaz deu sua cartada final.

Boaz informa ao outro parente que a terra tem um ônus matrimonial. De acordo com o costume, se ele comprar a propriedade, ele deve se casar com a mulher que legalmente onera a propriedade. Isso altera a situação do primeiro parente, uma vez que a terra não lhe pertenceria, mas a qualquer filho resultante de sua união com Rute. Ele decide que ficaria melhor sem a propriedade e desiste de obtê-la.

Para tornar solene sua decisão, no exuberante costume do Oriente, o homem remove sua sandália direita e a entrega a Boaz na presença de testemunhas. O sapato simboliza seu direito, como proprietário, de pisar na terra. Este direito agora é transferido para Boaz, e agora ele está livre para tomar Rute como sua esposa.

O relato termina com o nascimento do filho de Boaz e Rute. Esse filho, chamado Obede, traz grande alegria para o coração de sua avó, Noemi. Ele cresce e torna-se o pai de Jessé, e o avô de Davi, o rei mais poderoso de Israel.

A bela história de Rute não apenas fornece uma ligação entre os dias dos juízes e o reinado posterior de Davi, mas simboliza (por meio da figura de Boaz) a maneira como Cristo, nosso grande Resgatador, supera o obstáculo de nosso nascimento em Adão. Revela como Cristo nos leva a Ele em uma união que produzirá o fruto do Espírito Santo, para a honra e glória de Deus.

A genealogia do Senhor Jesus, como registrada em Mateus, remete a esses acontecimentos no livro de Rute:

Salmom gerou de Raabe a Boaz; este, de Rute, gerou a Obede; e Obede, a Jessé; Jessé gerou ao rei Davi... (Mt 1:5,6).

A fidelidade de Rute e sua representação como um tipo simbólico da Igreja, a Noiva de Cristo, renderam-lhe um lugar significativo e honrado na genealogia de Jesus, o Messias.

PERGUNTAS PARA DISCUSSÃO

RUTE
O romance remidor

1. O livro de Rute é o único livro da Bíblia que recebeu um nome gentio. Por que você acha que Deus dedicou um livro inteiro de Sua Palavra a uma mulher moabita?

2. Depois que Rute e sua cunhada Orfa perderam seus maridos (os dois filhos de Noemi), Noemi decidiu voltar a Israel. Ela disse a Rute e Orfa que permanecessem em Moabe e se casassem novamente, mas Rute se apegou a Noemi, determinada a segui-la até Judá. Por que Rute estava tão desesperada para ficar com Noemi? Foi por amor a Noemi ou por medo de um futuro desconhecido em Moabe?

3. Enquanto trabalhava nos campos, Rute encontrou-se com o rico e influente proprietário de terras, Boaz (2:3-23). Que tipo de homem Boaz parece ser? Como ele trata Rute? O que podemos aprender com as ações de Boaz?

4. Como as ações de Boaz o lembram de Cristo?

5. Deus honrou Rute, uma mulher gentia, fazendo dela a bisavó do rei Davi e ancestral de Jesus, o Messias. Que conclusões você tira dessa história a respeito da atitude de Deus em relação a questões de raça, cultura e etnicidade?

A mensagem da história

APLICAÇÃO PESSOAL

6. Rute foi levada pela tristeza, perda e adversidade a seguir Noemi para uma nova terra, uma nova fé e um novo modo de vida. Quando olha para o passado, você vê exemplos em que Deus usou a adversidade para conceder-lhe a uma nova aventura na vida? Explique sua resposta.

7. Rute tem muitas qualidades e atrativos. Ela é leal e amorosa com Noemi, parece que jamais sente pena de si mesma, é corajosa, confia em Deus, trabalha arduamente e voluntariamente deixou para trás os ídolos de Moabe, a fim de servir ao Deus vivo. Você pode pensar em outras qualidades não listadas aqui? Quais das qualidades de Rute você gostaria de ter em sua própria vida? Que passos você pode dar esta semana para se tornar mais semelhante a Rute?

Aventurando-se através da Bíblia

Reconstrução de alojamentos em Katzrin, Israel

1 SAMUEL

CAPÍTULO 14

A carne e o espírito

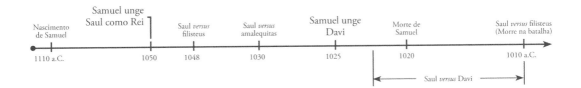

Primeiro Samuel registra a história de dois homens, Saul e Davi, que simbolizam dois princípios em ação no coração de cada cristão que procura caminhar com Deus: o *princípio da carne* e o *princípio da fé*. Saul é um homem carnal, um cristão carnal. Davi é um homem de fé, um cristão espiritual.

Em 1 Samuel, vemos como esses dois princípios, o da carne e o da fé, entram em um conflito dramático em nossa vida. Vemos em Saul a ruína causada pela vontade que está alicerçada na carne. Em Davi, vemos as bênçãos que resultam da mente controlada pelo Espírito de Deus. Como diz Paulo em Romanos: "Porque o pendor da carne dá para a morte, mas o do Espírito, para a vida e paz" (8:6).

Ambos são reis, ilustrando a supremacia da vontade na vida humana. Quando Deus criou a raça humana, Ele nos deu o supremo livre-arbítrio. Mesmo o Espírito de Deus não o transgride. Se quisermos dizer "não" a Deus, podemos. Governamos o reino de nossa vida, assim como Saul e Davi governaram sobre seus reinos.

Embora o livro de Samuel seja principalmente sobre Saul e Davi, ele começa com a história do homem que dá seu nome ao livro, Samuel. O profeta Samuel é a expressão humana da voz de Deus tanto para Saul quanto para Davi. As histórias destes três homens — Samuel, Saul e Davi — marcam as três divisões do livro. Os primeiros sete capítulos relatam sobre a vida de Samuel, os capítulos 8 a 15 apresentam o rei Saul, o homem carnal, e os capítulos 16 a 31, são a respeito de Davi, o homem de fé, que simboliza a mente que é controlada pelo Espírito.

Samuel, o juiz-profeta

Samuel foi o último dos juízes e o primeiro dos profetas. Os acontecimentos deste livro ocorrem depois que Israel passou por cerca de 300 anos sob o governo dos juízes. Samuel é o instrumento escolhido por Deus para encerrar

> **OBJETIVOS DO CAPÍTULO**
>
> Este capítulo explora os dois temas centrais encontrados em 1 Samuel: o princípio da carne e o princípio da fé. A lição central de 1 Samuel é que a vida daqueles que confiam na carne terminará em tragédia, mas Deus usará a vida daqueles que vivem pela fé de forma poderosa.

a era dos juízes e iniciar a era dos profetas e da monarquia.

O livro começa com a história de uma mulher estéril, Ana, uma das duas esposas de um homem chamado Elcana. A outra esposa tinha dado a Elcana vários filhos e ela provocava e zombava de Ana por causa de sua esterilidade. A esterilidade de Ana simboliza o estado espiritual de Israel nesse momento. O povo escolhido de Deus tinha caído num estado de infertilidade e esterilidade espiritual. O sacerdócio, que Deus havia estabelecido juntamente com o Tabernáculo e a lei levítica, estava se desintegrando. A causa desse fracasso é encontrada na canção que Ana canta depois que sua oração é respondida e ela dá à luz um menino, Samuel. Em sua canção, Ana anuncia:

> *Não multipliqueis palavras de orgulho, nem saiam coisas arrogantes da vossa boca; porque o SENHOR é o Deus da sabedoria e pesa todos os feitos na balança. O arco dos fortes é quebrado, porém os débeis, cingidos de força* (2:3,4).

Ana prossegue cantando que Deus exalta os humildes e derruba os orgulhosos. Neste livro, vemos o eterno conflito entre o coração orgulhoso e autossuficiente e o espírito humilde que depende de Deus. Esse era o problema de Israel. O sacerdócio fracassava não por causa de qualquer falha na instituição sacerdotal (que Deus estabeleceu para simbolizar o ministério vindouro de Jesus, o Messias). Pelo contrário, o sacerdócio fracassava porque o povo se recusava a submeter-se ao Senhor. Eles se recusavam a se purificarem. Recusavam-se a abandonar a idolatria. Como resultado, o sacerdócio estava prestes a desaparecer como um meio eficaz de mediação entre Deus e Seu povo.

Nessa altura, temos o relato do nascimento e infância de Samuel. Quando Samuel era apenas um menino, ele foi levado ao Templo e dedicado a Deus. Ele se torna a voz de Deus para Eli, o sacerdote, e recebe uma mensagem de julgamento. Mais tarde Samuel se torna a

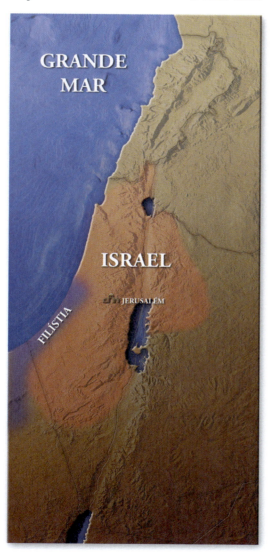

A mensagem da história

O LIVRO DE 1 SAMUEL

A história de Samuel (1 Samuel 1–7)

O nascimento e os primeiros anos de Samuel 1–2

Samuel assume a liderança em Israel 3

Israel é conquistado pelos filisteus; os filisteus capturam a arca....................4–5

A arca retorna, mas Israel peca contra a arca e setenta morrem 6

A vitória de Israel sobre os filisteus...7

Saul, o primeiro rei de Israel — o homem carnal (1 Samuel 8–15)

Israel rejeita a Deus como rei 8

Deus escolhe Saul como o rei de Israel 9–12

O reinado de Saul, sucessos e fracassos 13–14

Deus rejeita Saul como rei..15

Davi, o segundo rei de Israel — o homem de fé (1 Samuel 16–31)

Deus unge a Davi como rei... 16–17

Saul repetidamente tenta matar Davi 18–20

A ascensão de Davi no exílio;
protegido pelo sacerdote; fingindo estar louco...21

Davi foge; Saul mata os sacerdotes 22

Davi derrota os filisteus; Saul persegue Davi...23

Davi salva a vida de Saul 24

Samuel morre; Davi se casa com Abigail 25

Davi salva novamente a vida de Saul 26

Davi se junta aos filisteus 27

A desintegração de Saul; ele visita a médium de En-Dor 28

Davi evita lutar contra Saul...29

Davi derrota os amalequitas 30

A morte de Saul 31

Aventurando-se através da Bíblia

voz de Deus para a nação — e especialmente para os dois reis, Saul e Davi.

A captura da arca e o declínio da nação

Os primeiros sete capítulos contam a história do declínio de Israel. A marca mais óbvia do declínio desse povo é a história da arca da aliança nos capítulos 3 a 6. A arca é o peitoral dourado que contém as duas tábuas da Lei, que foram inscritas pelo dedo de Deus no monte Sinai. A arca foi carregada pelos israelitas durante seu êxodo no deserto, durante sua travessia do Jordão e durante a conquista de Jericó. Sempre representou a presença de Deus entre os israelitas, dando-lhes a vitória sobre seus inimigos.

Entretanto, em 1 Samuel 4, os filisteus derrotam os israelitas na batalha e capturam a arca da aliança. Ao ouvir sobre a captura da arca, Eli — o sacerdote e juiz israelita, que treinou o jovem Samuel — caiu e morreu. O sacerdócio foi tirado dele porque não disciplinou seus filhos. E, quando o neto de Eli nasceu, sua mãe o chamou de Icabô, significando "Foi-se a glória de Israel", em referência à perda da arca.

Os filisteus permaneceram com a arca durante sete meses, levando-a para vários locais diferentes. Onde quer que os filisteus pusessem a arca, a calamidade os atingia. A pior desgraça ocorreu na cidade de Asdode. Os filisteus colocaram a arca no templo do seu grotesco deus-peixe Dagon, mas, na manhã seguinte, a estátua de Dagon estava de bruços diante da arca. Os filisteus puseram a imagem de Dagon em pé novamente — mas, na manhã seguinte, a imagem estava novamente prostrada diante da arca — desta vez em pedaços. O deus-peixe não podia ficar em pé na presença da arca.

As pessoas também sofreram surtos de tumores ou furúnculos em seus corpos e havia ratos em suas ruas. Os filisteus perceberam que não podiam escapar de punição se tentassem manter a arca de Deus em seu próprio templo. Então, depois de ficarem com a arca por sete meses, os filisteus a devolveram a Israel.

A arca foi posta no campo de Josué, Bete-Semes. Por curiosidade, os homens daquele lugar olharam para dentro da arca — e foram punidos por essa blasfêmia. Setenta deles foram abatidos pelo Senhor. Assim, no capítulo 7, a arca foi levada à casa de Abinadabe, cujo filho Eleazar foi consagrado como o guardador da arca. Ela permaneceu na cidade de Quiriate-Jearim, cerca de 11 km a oeste de Jerusalém, pelos 20 anos seguintes.

No decorrer desses acontecimentos, Israel atingiu um dos piores retrocessos de sua história nacional.

Saul, o primeiro rei de Israel — um homem carnal

Em seguida, lemos sobre o rei Saul — a resposta de Deus à exigência do povo para que tivessem um rei como as outras nações:

Então, os anciãos todos de Israel se congregaram, e vieram a Samuel, a Ramá, e lhe disseram: Vê, já estás velho, e teus filhos não andam pelos teus caminhos; constitui-nos, pois, agora, um rei sobre nós, para que nos governe, como o têm todas as nações (1Sm 8:4,5).

Aqui encontramos o princípio da carne em ação na nação de Israel. A mente carnal

178   *A mensagem da história*

e mundana do povo está claramente em ação para destruir a comunhão de Israel com Deus e a alegria do povo em receber Sua bênção. Eles rejeitaram a autoridade de Deus para ter um rei humano — o mesmo tipo de autoridade como todas as outras nações. Em outras palavras, o desejo da carne é viver da maneira aceita pelo mundo, conduzir seus negócios como o resto do mundo o faz.

Você pode ter visto este princípio no trabalho em sua igreja, onde as pessoas talvez tenham tentado introduzir princípios de negócios mundanos na conduta da igreja, em vez dos princípios das Escrituras. Em vez de confiar na liderança do Espírito Santo, muitas vezes preferimos nomear uma comissão para desenvolver um programa; depois pedimos a Deus para abençoar nosso programa e fazê-lo funcionar. O problema é que este é um programa carnal, não o programa espiritual de Deus.

Alguém disse: "Tenha cuidado com o que você pede — você pode vir a receber". Aqui está um caso que prova ser verdadeiro o ditado: Israel ora por um rei humano e Deus lhes dá um. Samuel ficou descontente quando o povo pediu um rei, porque sabia que esse não era o plano de Deus para Israel. Quando Samuel orou ao Senhor, Ele respondeu:

> *Disse o SENHOR a Samuel: Atende à voz do povo em tudo quanto te diz, pois não te rejeitou a ti, mas a mim, para eu não reinar sobre ele. Segundo todas as obras que fez desde o dia em que o tirei do Egito até hoje, pois a mim me deixou, e a outros deuses serviu, assim também o faz a ti. Agora, pois, atende à sua voz, porém adverte-o solenemente e explica-lhe qual será o direito do rei que houver de reinar sobre ele* (8:7-9).

Este é sempre o modo de Deus. Se desejamos muito algo, Ele geralmente nos dá o que pedimos — mesmo que não seja Sua vontade perfeita para nossa vida. O segredo é que também devemos estar prontos para enfrentar as consequências.

Uma história verdadeira: Certa vez, uma criança de 8 anos pediu a seu pai por novos patins. "Os patins que eu tenho são muito lentos!", disse ela. "Todas as outras crianças têm patins novos e rápidos!". Seu pai resistiu muito, mas a menina continuou implorando por patins mais rápidos. Ela até mesmo colocou bilhetinhos no travesseiro dele à noite: "Papai, por favor, você vai me agradar tanto, compre novos patins? Por favor! Por favor! Por favor!".

Finalmente, o pai cedeu e comprou para ela os novos patins. A criança os colocou com muita alegria, foi direto para a calçada e desapareceu ao virar a esquina. O pai ouviu um grito, seguido por um estrondo daqueles. Ele correu até a esquina e encontrou sua filha na calçada, inconsciente. Ela tinha escorregado sobre os patins mais rápidos e batido sua cabeça. O pai a levou rapidamente ao hospital, mas ela morreu sem nunca recuperar a consciência.

Às vezes, imploramos a Deus por "patins" em nossa própria vida. Pensamos que Deus é insensível ao dizer "não" às nossas repetidas orações. Porém, às vezes, um "não" como resposta é a bênção de Deus para nós — pois se continuarmos a implorar e Ele finalmente disser "sim", podemos receber mais tragédia e angústia do que jamais imaginaríamos. Essa é a situação dos israelitas quando Deus atendeu a exigência deles por um rei.

A história de Saul é a história de um jovem que, como tantos de hoje, viveu de acordo

Aventurando-se através da Bíblia

com o princípio da carne, não segundo o princípio da fé. Ele fez o que queria fazer, desconsiderando o plano de Deus para sua vida. O jovem Saul estava envolvido no negócio de jumentos de seu pai. Como Deus alcançou Saul? O próprio Deus entrou no negócio de jumentos! O Senhor fez os jumentos de Saul se desgarrarem, forçando Saul a partir em busca dos animais. Depois de uma busca infrutífera, Saul chegou à cidade onde Samuel morava.

No capítulo 9, Saul estava prestes a desistir e voltar para casa quando seu servo disse: "Nesta cidade há um homem de Deus [...]; vamo-nos, agora, lá; mostrar-nos-á, porventura, o caminho que devemos seguir" (9:6). Saul não estava ansioso para fazer isso. Na verdade, ele queria ficar o mais longe possível do profeta, porque profeta era um tipo de pessoa que lhe perturbava. Saul só queria ir para casa. Porém, o servo o convenceu a ir ver Samuel e, para espanto de Saul, este o esperava.

Deus havia dito a Samuel no dia anterior para esperar uma visita de um jovem chamado Saul. Samuel tinha preparado um grande jantar para Saul e 30 convidados. Saul ficou surpreso ao saber que ele era o convidado de honra. Aqueles jumentos incômodos o tinham colocado naquela situação e ele queria sair dela o mais rápido possível.

Samuel o levou para o lado, enquanto terminavam o jantar, e anunciou a ele uma coisa espantosa: "Não te ungiu, porventura, o Senhor por príncipe sobre a sua herança [...]?" (10:1).

Saul estava à procura de jumentos, mas acabou se tornando o rei de Israel. Ele nem queria o emprego! Na verdade, quando Saul estava a caminho de casa, ele encontrou seu tio, que perguntou o que estava acontecendo em sua vida. Saul disse que tinha saído à procura dos jumentos, mas tinha encontrado Samuel, que lhe disse que os jumentos estavam seguros em casa.

Obviamente, Samuel tinha dito ao jovem muito mais do que isso. Duvido que simplesmente tenha fugido da mente de Saul que Samuel o tinha ungido e comissionado como rei de Israel — mas ele não disse uma palavra sobre isso. Saul não estava interessado no que Deus queria que ele fizesse, a menos que pudesse usar Deus para seus próprios propósitos.

O próximo passo do profeta Samuel foi anunciar a Israel que Deus tinha ouvido a sua súplica e lhes daria um rei. Samuel reuniu o povo para lançar sortes para a escolha de um rei. Houve um primeiro sorteio para ver de qual tribo Deus chamaria o rei: a tribo de Benjamim foi indicada. Então qual grupo familiar: a família de Quis foi escolhida. Finalmente, Saul foi selecionado.

Veio a palavra e "...tornaram a perguntar ao Senhor se aquele homem viera ali...". Ninguém podia encontrá-lo. Finalmente, sob a direção do Senhor, eles o encontraram escondido entre a bagagem — um lugar bastante improvável para encontrar o rei.

Por que Saul se escondeu? Ele era tímido? Não, Saul se escondeu porque não queria ser incomodado pelo plano de Deus para sua vida. Saul queria viver sua vida à sua maneira e fugir do chamado de Deus. Mais tarde, Saul foi coroado rei e ele parecia a própria imagem de um rei. Era o mais alto dentre todos, muito bonito, um jovem de várias maneiras sábio, e justo.

A mensagem da história

Porém, o problema estava se formando à medida que os amonitas estavam se juntando para a guerra. Saul mandou dizer ao povo de Israel para se unir. Trinta e seis mil homens responderam positivamente. Eles marcharam para o norte e destruíram completamente os amonitas em uma grande vitória. Saul começou a sentir que servir a Deus podia ser uma coisa boa, afinal. Talvez ele pudesse usar sua nova nomeação para sua própria glória e progresso.

Em seguida, Saul foi para a guerra contra os filisteus, que não são apenas uma tribo, mas o equivalente antigo de uma superpotência fortemente armada e feroz. Os filisteus reuniram uma força de 30 mil carruagens de ferro, 6 mil cavaleiros e um exército muito numeroso para se contar. Quando Saul viu a grande multidão de pessoas avançando, ele se perguntou se ser rei de Israel era, de fato, um grande emprego.

Saul enviou uma palavra para mais voluntários, tal como tinha feito quando os amonitas ameaçaram; então, esperou. E esperou. Onde estava o apoio? Onde estavam os ávidos jovens soldados?

Finalmente, mil homens apareceram, e depois outros mil, e depois outros mil. E foi isso. Não veio mais ninguém. Ele comparou essa força lamentável de três mil soldados com a tremenda força dos filisteus. Então mandou chamar o profeta Samuel. Como de costume, o homem carnal depende de seus próprios recursos até que comecem os problemas; então ele invoca o Senhor.

Mas Deus estava à frente de Saul como de costume, e Samuel demorou em vir. Enquanto Saul esperava que Samuel chegasse, seus soldados começaram a fugir um por um e voltar para casa. Seu exército diminuiu de 3 mil para 2 mil e para mil e, finalmente,

para apenas 600 homens. Por esta altura, Saul estava ficando desesperado.

Quando Samuel não veio depois de cinco ou seis dias, Saul tomou sobre si mesmo a responsabilidade de oferecer holocausto ao Senhor. No momento em que terminou, Samuel chegou. Lemos:

Samuel perguntou: Que fizeste? Respondeu Saul: Vendo que o povo se ia espalhando daqui, e que tu não vinhas nos dias aprazados, e que os filisteus já se tinham ajuntado em Micmás, eu disse comigo: Agora, descerão os filisteus contra mim a Gilgal, e ainda não obtive a benevolência do Senhor; e, forçado pelas circunstâncias, ofereci holocaustos. Então, disse Samuel a Saul: Procedeste nesciamente em não guardar o mandamento que o Senhor, teu Deus, te ordenou; pois teria, agora, o Senhor confirmado o teu reino sobre Israel para sempre. Já agora não subsistirá o teu reino. O Senhor buscou para si um homem que lhe agrada e já lhe ordenou que seja príncipe sobre o seu povo, porquanto não guardaste o que o Senhor te ordenou (13:11-14).

Samuel profetizou que o reino de Saul seria tirado dele. Continuando a ler, descobrimos que Deus deu uma grande vitória através da fé de Jônatas e livrou o povo da grande horda dos filisteus.

Quando finalmente a batalha foi ganha, Saul construiu um altar. É o primeiro altar que somos especificamente informados de que ele construiu. Aqui está um homem que pensa que as marcas externas da fé são tudo o que é necessário. Infelizmente, muitos acreditam dessa maneira hoje. "Se eu passar por rituais exteriores", pensam eles, "se eu pertencer a uma igreja, recitar o credo, cantar os hinos, então Deus ficará satisfeito". Esse é o pensamento carnal.

Porém, Deus diz que quando você age dessa maneira, perde sua autonomia. Você não tem mais autoridade em seu próprio reino. Você se torna escravo de uma força inexorável que o esmagará com o calcanhar e o levará à sujeição. Isso é o que todo homem ou mulher que vive pela carne finalmente descobre (veja Rm 6:16).

Depois que Saul construiu um altar de acordo com sua própria vontade, Deus o põe de joelhos e lhe dá uma última chance de viver pela fé em vez de pela carne. No início de 1 Samuel 15, lemos:

> *Disse Samuel a Saul: Enviou-me o S*ENHOR *a ungir-te rei sobre o seu povo, sobre Israel; atenta, pois, agora, às palavras do S*ENHOR. *Assim diz o S*ENHOR *dos Exércitos: Castigarei Amaleque pelo que fez a Israel: ter-se oposto a Israel no caminho, quando este subia do Egito. Vai, pois, agora, e fere a Amaleque, e destrói totalmente a tudo o que tiver, e nada lhe poupes; porém matarás homem e mulher, meninos e crianças de peito, bois e ovelhas, camelos e jumentos.*

Essa era a última chance de Saul, porque, se Saul obedecesse a essa ordem, ele demonstraria que estava pronto para permitir que o Espírito fizesse Sua obra contra a carne. Nos termos do Novo Testamento, Deus estava dando a Saul uma chance de permitir que Deus crucificasse a carne e a matasse. Os amalequitas são um retrato em toda a Escritura do princípio da carne que se opõe às coisas de Deus.

Eles eram uma tribo estrangeira sobre a qual Moisés disse a Israel: "haverá guerra do SENHOR contra Amaleque de geração em geração" (Êx 17:16). Deus deu a Saul esta oportunidade de cumprir a Sua vontade e acabar com os amalequitas, mas o que Saul escolheu fazer?

> *Então, feriu Saul os amalequitas, desde Havilá até chegar a Sur, que está defronte do Egito. Tomou vivo a Agague, rei dos amalequitas; porém a todo o povo destruiu a fio de espada. E Saul e o povo pouparam Agague, e o melhor das ovelhas e dos bois, e os animais gordos, e os cordeiros, e o melhor que havia e não os quiseram destruir totalmente; porém toda coisa vil e desprezível destruíram* (15:7-9).

A derrota de Agague, rei dos amalequitas

Note esta frase: "toda coisa vil e desprezível destruíram". Vil e desprezível aos olhos de quem? Imagino se não eram os jumentos que Saul queria salvar. Afinal, ele gostava de animais de fazenda. Ele provavelmente raciocinou: "Por que devemos destruir esses animais perfeitamente bons?". Ele supôs que encontraria algo bom no que Deus já havia condenado como inútil.

No Novo Testamento, Paulo escreveu que devemos nos despir da velha natureza com seus ciúmes, perversidade, amargura, inveja, raiva, intemperança, egoísmo e coisas semelhantes (Cl 3:9). A mente do espírito não se compromete com tais coisas. Mas a mente da carne racionaliza: "Ó, alguma coisa disso vale a pena manter. Dificilmente posso ser uma pessoa de personalidade real se eu não tiver um temperamento forte e repreender as pessoas de vez em quando". Portanto, supomos que vamos encontrar coisas boas no que Deus declarou ruim.

Então Samuel veio a Saul, e este lhe disse: "...executei as palavras do SENHOR" (15:13).

Porém, Samuel questionou: "Que balido, pois, de ovelhas é este nos meus ouvidos e o mugido de bois que ouço?" (v.14).

Saul respondeu: "De Amaleque os trouxeram; porque o povo poupou o melhor das ovelhas e dos bois, para os sacrificar ao SENHOR, teu Deus; o resto, porém, destruímos totalmente" (1Sm 15:15). Essa é uma desculpa comum, não é? Guardamos algo para nós mesmos e fingimos dedicá-lo a Deus! A interação entre Samuel e Saul é muito instrutiva para nós hoje:

Por que, pois, não atentaste à voz do SENHOR, mas te lançaste ao despojo e

fizeste o que era mau aos olhos do SENHOR? Então, disse Saul a Samuel: Pelo contrário, dei ouvidos à voz do SENHOR e segui o caminho pelo qual o SENHOR me enviou; e trouxe a Agague, rei de Amaleque, e os amalequitas, os destruí totalmente; mas o povo tomou do despojo ovelhas e bois, o melhor do designado à destruição para oferecer ao SENHOR, teu Deus, em Gilgal. Porém Samuel disse: Tem, porventura, o SENHOR tanto prazer em holocaustos e sacrifícios quanto em que se obedeça à sua palavra? Eis que o obedecer é melhor do que o sacrificar, e o atender, melhor do que a gordura de carneiros. Porque a rebelião é como o pecado de feitiçaria, e a obstinação é como a idolatria e culto a ídolos do lar. Visto que rejeitaste a palavra do SENHOR, ele também te rejeitou a ti, para que não sejas rei (15:19-23).

Ninguém pode andar em autoridade e liberdade como Deus pretende enquanto rejeita a autoridade do Espírito de Deus. Essa é a lição da trágica história de Saul — o homem carnal.

Davi, o segundo rei de Israel — um homem de fé

A história de Davi, começando no capítulo 16, é a história de um homem segundo o próprio coração de Deus. Podemos extrair grandes lições do relato de Davi, sua rejeição e seu exílio. Ele foi escolhido dentre os oito filhos de Jessé. Os sete filhos mais velhos passaram diante de Samuel e cada um parecia — a partir de uma perspectiva humana — um rei em potencial. Porém, um a um, Deus disse através de Samuel: "O Senhor não escolheu a este".

Aventurando-se através da Bíblia

Por fim, chegou o mais jovem e mais magro de todos: Davi. Deus colocou Seu selo sobre ele. A escolha de Deus não foi de acordo com a aparência exterior, mas, em vez disso, Ele olhou para o coração de Davi.

Ao contrário de Saul, Davi não foi colocado imediatamente no trono, mas foi testado e provado pela luta e adversidade. Com frequência, esse é o princípio que Deus segue com relação àqueles que aprendem a andar pela fé. Eles passam por um tempo de obscuridade e de testes. Tudo parece ir contra eles até que finalmente reconhecem o grande princípio pelo qual a atividade de Deus sempre é levada adiante: Os seres humanos não podem fazer nada na sua própria força, mas apenas em completa dependência do poder do Deus que habita em nós.

Essa é a lição que Davi aprendeu ainda como um jovem pastor, para que pudesse dizer: "O Senhor é o meu pastor; nada me faltará. Ele me faz repousar em pastos verdejantes. Leva-me para junto das águas de descanso; refrigera-me a alma. Guia-me pelas veredas da justiça por amor do seu nome" (Sl 23:1-3).

O mais famoso dos vários testes de Davi foi o seu confronto com o gigante filisteu Golias. Israel estava paralisado de medo enquanto Golias desfilava para cima e para baixo na terra desocupada entre os dois exércitos. Ele provocava os israelitas, mas ninguém ousava enfrentá-lo.

Quando o pequeno Davi veio de seus rebanhos para trazer comida a seus irmãos, encontrou o acampamento de Israel mergulhado em desânimo e desespero. Ele perguntou: "Quem é, pois, esse incircunciso filisteu, para afrontar os exércitos do Deus vivo?" (1Sm 17:26). Essa é sempre a perspectiva da fé. Aqueles que confiam em Deus nunca são abalados pelas circunstâncias.

Saul recebe informação sobre este jovem em seu meio e pergunta a Davi o que ele quer fazer. Davi diz: "…teu servo irá e pelejará contra o filisteu". Saul, para ser útil, põe sua armadura em Davi. Ora, Saul era cerca de 45 cm mais alto do que Davi, logo a armadura devia pesar sobre ele, e sequer conseguia dar um passo. Por fim ele disse: "Não posso andar com isto, pois nunca o usei". Davi então desceu ao ribeiro e pegou cinco pedras lisas. Por que cinco? Um pouco mais tarde, em 2 Samuel, você vai ler que Golias tinha quatro irmãos. Davi pegou cinco pedras porque estava preparado para derrotar toda a família!

Davi saiu com sua funda em mãos, girou-a e Golias caiu ao chão com uma pedra fincada entre seus olhos. Então Davi tomou a própria espada de Golias e cortou-lhe a cabeça. Esta cena nos lembra de Hebreus 2:14, que nos diz que por Sua própria morte o Senhor Jesus matou aquele que tinha o poder da morte, o diabo. Assim, Davi simboliza Cristo e o cristão que permite que Jesus Cristo viva Sua vida por meio dele.

Esse evento é seguido pelo ciúme que Saul passou a ter de Davi. A partir do capítulo 18, temos a história da crescente perseguição de Saul a Davi — uma ilustração do princípio que Paulo declara em Gálatas: "Como, porém, outrora, o que nascera segundo a carne perseguia ao que nasceu segundo o Espírito, assim também agora" (4:29).

Então, Saul perseguiu Davi e tentou matá-lo. Assim, Davi foi para o exílio. Foi durante esse tempo que Davi escreveu tantos salmos, aquelas maravilhosas canções que falam da fidelidade de Deus em meio a condições angustiantes e deprimentes.

Nos capítulos 21 e 22, encontramos a provisão abundante de Deus para Davi, mesmo no exílio. Deus fornece a Davi o pão sagrado do Tabernáculo para sustentá-lo. Esse pão representava a presença de Deus e simbolizava a libertação de Deus para todos os que olham para Ele enquanto passam por grande estresse. A todas essas pessoas, Deus dá o pão escondido, o pão da própria mesa do Senhor. Jesus disse "Eu sou o pão da vida" (Jo 6:35) e "eu vivo pelo Pai, também quem de mim se alimenta por mim viverá" (Jo 6:57).

Em seu exílio, o rei Davi tinha um profeta, Gade, e um sacerdote, Abiatar. Os recursos desses homens de Deus estavam à disposição de Davi, embora ele fosse caçado como um animal selvagem. Recursos ainda maiores estão disponíveis para nós em nossos próprios momentos de dificuldade, porque temos à nossa disposição todos os recursos do Senhor Jesus Cristo (nosso Profeta, nosso Sacerdote e nosso Rei).

Duas vezes durante este período de exílio, Davi teve a oportunidade de matar Saul — e duas vezes Davi o poupou. Em um notável espírito de fé, Davi esperou que Deus solucionasse seus problemas.

O final de 1 Samuel nos leva ao fim do homem carnal — Saul. Devido ao desespero, Saul começa a desmoronar mental e espiritualmente. Ele apela para bruxaria em um esforço para determinar a mente do Senhor depois que o Espírito de Deus se apartou dele. Embora a bruxaria fosse proibida por Deus, Saul visitou a médium de En-Dor e tentou levá-la a invocar o espírito de Samuel. A médium provavelmente pretendia enganar Saul com algum tipo de "manifestação" fraudulenta. Porém, Deus desfez os planos da médium e, em vez de enviar um espírito de personificação como a médium esperava, Ele enviou o verdadeiro espírito do profeta Samuel. O espírito de Samuel previu a derrota de Saul no campo de batalha no dia seguinte.

Fiel à profecia, Saul e seu filho Jônatas, amigo de Davi, foram mortos. A morte de Saul ilustra as palavras de Paulo em 1 Coríntios 3, relativas às obras do cristão carnal — o cristão que confia na carne em vez da fé no Espírito de Deus. Paulo escreveu: "se a obra de alguém se queimar, sofrerá ele dano; mas esse mesmo será salvo, todavia, como que através do fogo" (1Co 3:15).

Assim, Saul passa da história para a eternidade — um homem cuja vida terrena e oportunidades para servir a Deus são em grande parte desperdiçadas. É uma tragédia instrutiva para todos nós.

Contudo, há mais histórias de glória e tragédia à nossa frente. A história do rei Davi continua no segundo livro de Samuel.

Aventurando-se através da Bíblia

PERGUNTAS PARA DISCUSSÃO

1 SAMUEL
A carne e o espírito

1. Quando o livro começa, a nação de Israel está em declínio. O símbolo do declínio de Israel é a captura da arca pelos inimigos mais ferozes de Israel, os filisteus (1Sm 4). Quando Eli, o sacerdote, ouve falar da perda da arca, ele cai e morre. Por que a perda da arca é um acontecimento tão catastrófico na vida de Israel?

2. Em Samuel 8, os israelitas vêm ao profeta Samuel e exigem que ele designe certo tipo de líder. Que tipo de líder Israel queria — e por que eles queriam esse líder? O que essa exigência demonstrou sobre a condição espiritual do povo?

3. Deus, por intermédio de Samuel, adverte o povo que o líder que eles exigem será severo e tirará sua liberdade, enviará seus filhos à guerra e os imporá pesadas taxas (Veja 8:10-22). Como o povo respondeu? Por que você acha que responderam dessa maneira?

4. No capítulo 15, Saul vai para a guerra contra os amalequitas, mas ele desobedece a Deus poupando o rei amalequita e o melhor do gado amalequita para si mesmo. Então, Deus rejeita Saul (um homem carnal) e direciona Samuel a ungir outro para, mais tarde, substituir Saul — um jovem pastor chamado Davi (um homem espiritual).

Por que você acha que cuidar de ovelhas seria uma boa preparação para a liderança nacional? Leia o Salmo 23; o que este salmo, escrito por Davi, nos fala sobre o coração deste homem?

5. O Senhor ordenou a Samuel que ungisse a Davi como rei enquanto Saul ainda reinava. Portanto, Davi não subiu ao trono durante muitos anos. Enquanto esperava para se tornar rei, Davi serviu a Saul. Davi, um homem espiritual, fez seu "estágio" sujeito ao rei Saul, um homem carnal. Por que Deus planejou que Davi passasse algum tempo como servo de Saul antes de se tornar rei?

APLICAÇÃO PESSOAL

6. Você se identifica com Davi? Sente que está "queimando seus cartuchos", fazendo um "estágio" em vez de fazer o trabalho que Deus planejou para você? Por que acha que Deus o mantém neste lugar de espera? Está satisfeito em esperar e servir — ou questiona por que Deus parece estar o segurando?

Ou você, em algum momento do passado, serviu em tal "estágio"? Qual foi o resultado de esperar em Deus por sua oportunidade de liderar?

7. Leia 1Sm 16:11-23 e Mt 25:21. O que você acha que Davi aprendeu sobre ser "fiel no pouco"? O que você aprendeu sobre ser "fiel no pouco"? Que passos pode dar nesta semana para ser fiel nas tarefas que Deus lhe dá hoje para que Ele possa lhe dar maiores desafios amanhã?

8. Quando Saul morre, ele termina seus dias como um homem carnal, um homem (o autor escreve) "cuja vida terrena e oportunidades para servir a Deus são em grande parte desperdiçadas. É uma tragédia instrutiva para todos nós". Em contraste a Saul, Davi é um homem espiritual, "um homem segundo o coração do Senhor" (13:14). O que essa declaração diz sobre Davi? Que passos você pode dar esta semana para se tornar ainda mais um homem ou uma mulher segundo o coração de Deus?

Aventurando-se através da Bíblia

Gilgal atualmente

2 SAMUEL CAPÍTULO 15
A história de Davi

Davi coroado rei de Judá — 1010 a.C.
Davi rei sobre as 12 tribos — 1003
Davi traz a arca para Jerusalém — 1000
Reino consolidado — 995
Nascimento de Salomão — 990
Salomão, regente adjunto — c. 973
Morte de Davi — 970 a.C.

Certa vez, o repórter de uma revista visitou um fazendeiro rico.

—Gostaria de fazer uma reportagem sobre sua carreira como criador de ovelhas, disse o repórter. Ouvi dizer que a sua é um verdadeiro conto de riquezas, e eu gostaria de compartilhar o segredo do seu sucesso com meus leitores.

—Tudo bem — disse o fazendeiro. Fico feliz em lhe contar tudo.

—Bem, sei que o senhor possui várias centenas de milhares de ovelhas. Sua fazenda cobre metade do município e seu patrimônio líquido é de milhões. No entanto, ouvi dizer que, 20 anos atrás, começou com apenas uma ovelha.

—Não só isso — disse o fazendeiro — mas, naqueles dias, minha esposa e eu não tínhamos um teto sobre nossas cabeças ou um dólar em nosso nome. Então, tosquiamos aquela ovelha, vendemos a lã e usamos o dinheiro para comprar outra ovelha.

—E o que aconteceu depois?

—Na primavera seguinte, uma de nossas ovelhas deu à luz dois cordeiros. Então tínhamos quatro ovelhas. Nós as tosquiamos, vendemos a lã e usamos o dinheiro para comprar mais duas ovelhas. Isso nos deu um total de seis ovelhas.

—Então, o que mais?

—Na primavera seguinte, tivemos mais seis cordeiros — então, agora, tínhamos doze ovelhas para tosquiar. Vendemos a lã e compramos mais ovelhas.

—Então agora estamos chegando lá — o segredo do seu sucesso!

—Isso mesmo, disse o fazendeiro. No ano seguinte...

—Eu sei! Eu sei! — o repórter interrompeu. Você vendeu mais lã e comprou mais ovelhas!

—Não, disse o fazendeiro. Esse foi o ano em que meu sogro morreu e nos deixou cinquenta milhões de dólares.

> **OBJETIVOS DO CAPÍTULO**
>
> Este capítulo explora a história do rei Davi no livro de 2 Samuel, e desvenda as lições aprendidas por esse rei que pecou muito, arrependeu-se em lágrimas, mas que permaneceu como "um homem segundo o coração de Deus".

O rei Davi teve seu início mais ou menos da mesma maneira. Ele começou com algumas ovelhas e, de repente, inesperadamente, Deus o exaltou e o fez rei sobre Israel, um homem de extraordinária riqueza e poder. Se a história de Davi fosse transformada em uma minissérie de TV, o episódio que cobre 1 Samuel 16 a 31 poderia ser chamado de "Rei Davi, os primeiros anos". Agora, em 2 Samuel, chegamos ao episódio que poderíamos chamar de "Rei Davi, a agonia e o êxtase".

Esboço de 2 Samuel

O livro de 2 Samuel apresenta quatro divisões simples:

(1) Os capítulos 1 a 5 traçam o caminho para o domínio. Davi começa seu reinado como rei sobre a tribo de Judá. Sete anos depois, ele é coroado rei sobre as doze tribos de Israel.

(2) Os capítulos 6 a 10 destacam a adoração e a vitória. Estes dois elementos sempre estão juntos na economia de Deus e na vida cristã.

(3) Os capítulos 11 a 20 registram o fracasso de Davi e o perdão de Deus.

(4) Os capítulos 21 a 24 encerram o livro com um apêndice que apresenta algumas das importantes lições que o rei Davi aprendeu no curso de seu reinado.

A estrada para o domínio

Há duas maneiras de olhar a vida de Davi.

Você pode olhar para ele como uma representação simbólica de Jesus Cristo — não apenas como o precursor e antepassado genético de Jesus, mas também como um reflexo de Jesus Cristo em Seu reinado milenar no final da história. Davi foi rejeitado e perseguido, assim como Cristo. Durante o exílio de Davi, ele reuniu ao seu redor os homens que se tornaram seus líderes e generais quando ele se tornou rei. Assim, Davi é um retrato de Cristo que também foi rejeitado, abandonado pelo mundo e que secretamente reuniu seu círculo mais próximo de líderes para o dia em que Ele viria para estabelecer Seu reino e reinar sobre a Terra.

Mas Davi não é apenas um retrato de Cristo. Ele é também uma imagem de cada cristão individualmente, de você e de mim. Quando lemos essa história deste ponto de vista, as lições da vida de Davi ganham vida para nós. Se você olhar esses livros do Antigo Testamento como espelhos, você sempre se encontrará lá.

A história de Davi simboliza o que acontece na vida de um cristão quando ele entrega tudo a Deus. A cada cristão é oferecido um reino, assim como aconteceu a Davi. O reino é o reino da vida de cada pessoa e é muito parecido com o reino de Israel; os inimigos o ameaçam exteriormente enquanto a tentação e a loucura ameaçam miná-lo em seu interior. Enquanto vemos como Deus estabeleceu Davi como governante sobre seu reino, veremos como o Espírito Santo trabalha em nossa vida para nos capacitar a reinar com Cristo Jesus.

A primeira parte começa com a morte de Saul, um homem carnal. Davi fica sabendo sobre a morte de Saul e seu filho Jônatas por um amalequita que se vangloria de ter matado o rei Saul, tirado a coroa de sua cabeça e a ter trazido para Davi (1:10). Os amalequitas são descendentes do irmão de Jacó, Esaú; como Moisés profetizou: "haverá guerra do SENHOR contra Amaleque de geração em geração" (Êx 17:16).

O LIVRO DE 2 SAMUEL

Rei Davi, a estrada para o domínio (2 Samuel 1–5)

O reinado de Davi sobre Judá 1:1–2:7

Isbosete é feito rei sobre Israel 2:8-11

Davi derrota Isbosete 2:12–4:12

Davi reina em Jerusalém sobre Israel 5

Rei Davi, adoração e vitória (2 Samuel 6–10)

O transporte da arca da aliança 6

A aliança de Davi com Deus; Deus promete a Davi uma casa eterna 7

As vitórias militares de Davi sobre os filisteus, Moabe, Zobá e Síria..................8

O reinado justo do rei Davi 9

Vitórias militares sobre Amom e Síria 10

Rei Davi: fracasso e perdão (2 Samuel 11–20)

Davi comete adultério com Bate-Seba.. 11:1-5

Davi assassina o marido de Bate-Seba, Urias....................................11:6–11:25

Davi se casa com Bate-Seba...11:26,27

Davi é confrontado pelo profeta....................................Natã 12:1-12

Davi se arrepende de seu pecado 12:13,14

O filho de Davi morre 12:15-23

Outro filho lhe é dado 12:24-31

Incesto na casa de Davi; o assassinato de Amnom;
e a rebelião de Absalão 13–18

Davi é restaurado como rei...19–20

Apêndice: Lições aprendidas pelo rei Davi (2 Samuel 21–24)

Sobre a fome.. 21:1-14

Sobre a guerra com os filisteus.. 21:15-22

Salmos de ações de graças a Deus...22:1–23:7

Realizações dos homens poderosos de Davi.. 23:8-39

O terceiro pecado de Davi (a contagem do povo) e a praga 24

Aventurando-se através da Bíblia

Podemos considerar esta história contada pelo amalequita como uma vanglória mentirosa, porque difere consideravelmente do relato da morte de Saul em 1 Samuel. Este homem, sem dúvida, encontrou o corpo morto do rei, saqueou-o e tentou usar esse saque para sua própria promoção. Uma lição dessa história é como a carne (simbolizada pelos amalequitas) pode roubar nossas coroas e buscar glorificar a si mesma. No entanto, Davi honra Saul como o ungido do Senhor e mata o amalequita.

Em uma canção de grande beleza e poder, Davi louva Saul e Jônatas como homens usados por Deus, apesar de suas fraquezas. A música se encerra com uma expressão eloquente da profunda perda de Davi com a morte de seu querido amigo Jônatas (2Sm 1:26).

Com Saul morto, Davi está livre para ser rei. Isto simboliza para nós o tempo em que finalmente chegamos à verdade completa da cruz. A cruz de Jesus Cristo põe o velho homem à morte e traz um fim ao reino da carne, como simbolizado por Saul. Quando isso finalmente rompe com o nosso intelecto estarrecido de que Deus verdadeiramente procura crucificar a vida de Adão em nós e nos elevar com Cristo, estamos ao lado de Davi: nosso "Saul interior" está morto. Somos livres para reinar sobre nossa própria vida.

No princípio, Davi era rei sobre sua própria tribo, Judá. Durante sete anos, viveu e governou na cidade de Hebrom. Porém, enquanto era rei sobre Judá, houve uma feroz luta entre a casa de Davi e a casa de Saul. A velha carne demora para morrer. Ela não se rende tão facilmente.

Por fim, no capítulo 5, lemos que Davi chega ao lugar onde é reconhecido rei sobre as doze tribos. Ele está livre agora para assumir suas prerrogativas reais dadas por Deus sobre toda a nação. É uma estrada longa e difícil, mas Davi finalmente chega ao lugar de domínio.

Adoração e vitória

O capítulo 6 começa com a segunda divisão deste livro. Aqui Davi assume total autoridade dentro do reino. Como rei sobre todas as doze tribos, a primeira preocupação de Davi é trazer a arca de Deus de volta ao centro da vida nacional de Israel. Ele quer que a presença e a santidade de Deus tenham o primeiro lugar na vida da nação. A percepção do rei Davi apresenta um paralelo com a percepção que um cristão comprometido tem ao reconhecer que Jesus tem o direito de ser Senhor em todas as áreas da vida.

Durante 20 anos, a arca foi preservada na casa da colina de Abinadabe, na cidade de Quiriate-Jearim, a cerca de 11 km a oeste de Jerusalém (veja 1Sm 6:21–7:2). Aqui, no início de 2 Samuel 6, Davi constrói uma carroça nova e coloca a arca sobre ela. Então, ele inicia o retorno com todas as pessoas se regozijando ao redor da arca.

No entanto, uma coisa terrível acontece. Os bois tropeçam na estrada, e a carroça balança. Um homem chamado Uzá, caminhando ao lado da carroça, estende a mão para firmar a arca. No momento em que sua mão toca a arca, o poder de Deus atinge esse homem e ele cai morto.

Esta tragédia lança um medo súbito sobre toda a procissão. Até Davi fica com medo de Deus por causa desse julgamento súbito e assustador contra Uzá. Por que Uzá morreu? Suas intenções eram boas. Ele queria evitar que a arca caísse ao chão, mas ele tinha ignorado as instruções de Deus sobre como a arca deveria ser transportada.

Davi ficou tão desgostoso que interrompeu a procissão e colocou a arca de Deus na primeira casa que encontrou disponível. Então voltou para Jerusalém, amargurado e ressentido com o Senhor. Esta foi a primeira lição que Davi teve que aprender como rei.

Na verdade, foi por culpa de Davi que Uzá morreu. Deus havia instruído Israel através da lei de Moisés que somente os coatitas da tribo de Levi deveriam ser responsáveis pela arca, e eles deveriam levar a arca em varais sobre seus ombros (veja Dt 10:8; Nm 7:9). A arca não era para se transportada por carroça ou animal de carga. Mesmo aqueles que eram responsáveis pela arca estavam proibidos de tocá-la (veja Nm 4:15). Davi era tão prepotente que supôs que Deus o deixaria ignorar a lei de Moisés. Simplesmente carregou a arca em uma carroça e começou a transportá-la ao longo da estrada — e um homem inocente morreu.

Davi teve que aprender que Deus deve ser servido da maneira que Ele estabeleceu, não da nossa. Nossas boas intenções jamais serão suficientes se quisermos cumprir a vontade de Deus. Devemos agir em obediência aos Seus mandamentos.

Uma vez falei com um jovem que, como Davi, experimentou um tempo de profundo ressentimento em relação a Deus. Ele estava convencido de que Deus o chamara para realizar determinado plano. Ele até mesmo anunciou aos seus amigos o que Deus estava prestes a realizar por meio dele. Mas tudo desmoronou — e o jovem ficou perplexo.

"Não consigo deixar de sentir que Deus é injusto", ele me disse. "Ele não cumpre o que promete".

Enquanto falávamos, ficou claro que ele tinha cometido alguns dos mesmos erros que Davi cometera. Ele era prepotente em relação à vontade de Deus e tentou realizar a vontade do Senhor à sua própria maneira, ao invés da maneira que Deus estabeleceu em Sua Palavra. Se quisermos servir a Deus, precisamos seguir Seu plano e usar Seus métodos — não simplesmente esperar que Ele endosse nossos planos. Davi teve que aprender essa verdade, e a morte de Uzá fica como testemunho vivo de que Deus jamais fará concessões com relação às Suas ordenanças.

Em seguida, lemos sobre o desejo de Davi de construir um templo para Deus. Davi disse ao profeta Natã: "Olha, eu moro em casa de cedros, e a arca de Deus se acha numa tenda" (7:2). Natã encorajou Davi a prosseguir com esse plano.

Porém, Deus enviou uma mensagem a Natã para dizer que Davi não deveria prosseguir, pois era um homem de guerra. Somente Jesus Cristo, ou em termos do Antigo Testamento, alguém que simboliza Cristo como o Príncipe da Paz, construirá o templo de Deus entre a humanidade.

Deus havia escolhido Davi para simbolicamente representar Jesus como o rei conquistador sobre todos. Contudo, Deus rejeitou o plano de Davi de construir o Templo, embora Davi fosse bem-intencionado e sincero. Pela resposta de Davi, parece que ele aprendeu a lição resultante da morte de Uzá. Davi louva a Deus e graciosamente aceita essa frustração. Ele concorda que Deus está certo e que o templo deveria ser edificado por Salomão, seu filho.

O restante desta parte relata as vitórias de Davi sobre os inimigos de Israel, os filisteus

Aventurando-se através da Bíblia

e os amonitas. Quando Deus está no centro da vida de Davi, quando o rei de Israel se sujeita ao Rei do Universo e ao Seu plano eterno, nada pode impedir a vitória. Todos os inimigos internos e externos estão em completa sujeição àquele que anda em um relacionamento humilde e obediente com Deus.

Fracasso e perdão

A próxima parte principal conta a história do fracasso e do pecado de Davi. O capítulo 11 começa: "…no tempo em que os reis costumam sair para a guerra…" (11:1).

De certa forma, as guerras nos tempos antigos eram conduzidas de uma forma mais civilizada do que em outros tempos na história. Os reis esperavam pelo bom tempo antes de mandar seus homens para a luta. Era a primavera do ano, e o plano do Senhor exigia que as guerras fossem travadas contra as nações maléficas e idólatras. Era a estação para que os reis fossem à batalha.

Porém, onde encontramos o rei Davi? O texto continua e nos diz que: "enviou Davi a Joabe, e seus servos, com ele, e a todo o Israel, que destruíram os filhos de Amom e sitiaram Rabá; porém Davi ficou em Jerusalém" (11:1).

Aqui vemos onde o fracasso começa. Davi tinha abandonado seu posto. Ele não tinha permissão para se ausentar do serviço do Senhor. Sempre que não estivermos fazendo o que Deus nos chamou a fazer, nos expomos à tentação. O que acontece em seguida pode ser dito em três simples declarações: Davi viu. Ele perguntou. Ele se apossou.

Andando no terraço de sua casa, *ele viu* uma mulher bonita tomando banho. Ele enviou um mensageiro e *ele perguntou* sobre ela. E, então, *ele a tomou*.

É assim que a tentação progride. Segue o mesmo padrão na sua vida e na minha. A tentação começa primeiro com o desejo simples. Não há nada de errado com o desejo. Ele é despertado em nós simplesmente porque somos humanos, mas deve ser tratado assim que surge. Ou colocamos a tentação para longe de nós completamente, ou ela se transforma em intenção de pecar.

Davi viu uma bela mulher chamada Bate--Seba. Ele a desejou e começou a planejar uma forma de tomá-la para si. Ele enviou alguém e perguntou sobre ela e o ato pecaminoso de tomá-la seguiu-se imediatamente. Assim fez Davi — o homem segundo o coração de Deus, um homem espiritual — envolveu-se em um pecado da carne profundo e traiçoeiro.

Depois de ter tomado a mulher sexualmente, recusou-se a enfrentar a verdade de seu pecado. Em vez de confessar abertamente seu pecado e se arrepender dele, cometeu outro pecado para encobri-lo. Isso, como todos nós sabemos por triste experiência, inicia uma espiral descendente de pecado progressivo e de encobrimento.

O pecado de adultério de Davi resultou na gravidez de Bate-Seba. Esse era um grande problema já que o marido de Bate-Seba, Urias, estava no campo de batalha (onde Davi deveria estar!). Seria óbvio que Urias não era o pai do bebê. Desse modo, Davi mandou chamar Urias e tentou convencê-lo a ter relações sexuais com Bate-Seba. Mas Urias, em sua simples fidelidade a Deus e ao seu rei, recusou-se a passar a noite com sua própria esposa. O plano de Davi falhou.

Por fim, Davi providenciou para que Urias fosse enganado no campo de batalha. Davi fez seus próprios soldados se apartarem de Urias na batalha, deixando-o para ser morto pelo inimigo. Foi um dos atos mais insensíveis e desonrosos que um ser humano jamais cometeu com o outro — e mal podemos compreender quão baixo esse homem de Deus tinha descido. Na tentativa de encobrir o seu pecado, Davi corrompeu um dos seus generais, fazendo Joabe participar da conspiração contra Urias. Embora tenha sido a espada de um amonita que matou Urias, foi como se o próprio Davi a tivesse transpassado no coração de Urias.

O veredito de Deus sobre o ato de Davi está registrado em 2Sm 11:27: "Porém isto que Davi fizera foi mau aos olhos do Senhor". Davi era adúltero e assassino.

Então Deus enviou o profeta Natã a Davi. Natã aproximou-se do rei muito cuidadosamente, usando o mesmo método de ensino que Jesus usaria mais tarde com tanta eficácia: uma parábola. Natã contou a Davi a história de um homem rico que tinha muitos rebanhos de ovelhas e tinha tomado uma ovelha de um pobre homem. Ao ouvir a história, Davi ficou zangado e disse: "o homem que fez isso deve ser morto" (12:1-5).

Natã o pegou! "Esse homem é você!" (NTLH), o profeta disse em tom acusador.

Imediatamente, Davi identificou a moral dessa história e reconheceu seu pecado. Ele não tentou mais justificar ou escondê-lo. Na verdade, Davi escreveu o Salmo 51 durante esse momento — o salmo de confissão e arrependimento. Este deve ser o nosso salmo sempre que estivermos sobrecarregados pela culpa e pelo remorso.

A restauração de Davi

A graça e o perdão de Deus são tão grandes que Ele restaurará até mesmo uma pessoa que

SALMO 51

¹Compadece-te de mim, ó Deus, segundo a tua benignidade; e, segundo a multidão das tuas misericórdias, apaga as minhas transgressões. ²Lava-me completamente da minha iniquidade e purifica-me do meu pecado. ³Pois eu conheço as minhas transgressões, e o meu pecado está sempre diante de mim. ⁴Pequei contra ti, contra ti somente, e fiz o que é mau perante os teus olhos, de maneira que serás tido por justo no teu falar e puro no teu julgar. ⁵Eu nasci na iniquidade, e em pecado me concebeu minha mãe. ⁶Eis que te comprazes na verdade no íntimo e no recôndito me fazes conhecer a sabedoria. ⁷Purifica-me com hissopo, e ficarei limpo; lava-me, e ficarei mais alvo que a neve. ⁸Faze-me ouvir júbilo e alegria, para que exultem os ossos que esmagaste. ⁹Esconde o rosto dos meus pecados e apaga todas as minhas iniquidades. ¹⁰Cria em mim, ó Deus, um coração puro e renova dentro de mim um espírito inabalável. ¹¹Não me repulses da tua presença, nem me retires o teu Santo Espírito. ¹²Restitui-me a alegria da tua salvação e sustenta-me com um espírito voluntário. ¹³Então, ensinarei aos transgressores os teus caminhos, e os pecadores se converterão a ti. ¹⁴Livra-me dos crimes de sangue, ó Deus, Deus da minha salvação, e a minha língua exaltará a tua justiça. ¹⁵Abre, Senhor, os meus lábios, e a minha boca manifestará os teus louvores. ¹⁶Pois não te comprazes em sacrifícios; do contrário, eu tos daria; e não te agradas de holocaustos. ¹⁷Sacrifícios agradáveis a Deus são o espírito quebrantado; coração compungido e contrito, não o desprezarás, ó Deus. ¹⁸Faze bem a Sião, segundo a tua boa vontade; edifica os muros de Jerusalém. ¹⁹Então, te agradarás dos sacrifícios de justiça, dos holocaustos e das ofertas queimadas; e sobre o teu altar se oferecerão novilhos.

Aventurando-se através da Bíblia

cometeu pecados tão grandes quanto os de Davi. Mas, mesmo que Seu perdão seja abrangente, o pecado tem consequências naturais — e essas consequências não podem ser evitadas. Davi teve de enfrentar estas consequências como o profeta Natã lhe disse:

Agora, pois, não se apartará a espada jamais da tua casa, porquanto me desprezaste e tomaste a mulher de Urias, o heteu, para ser tua mulher. Assim diz o SENHOR: Eis que da tua própria casa suscitarei o mal sobre ti, e tomarei tuas mulheres à tua própria vista, e as darei a teu próximo, o qual se deitará com elas, em plena luz deste sol (12:10,11).

Essa profecia foi mais tarde cumprida por Absalão, filho de Davi. Natã continua:

Porque tu o fizeste em oculto, mas eu farei isto perante todo o Israel e perante o sol. Então, disse Davi a Natã: Pequei contra o SENHOR. Disse Natã a Davi: Também o SENHOR te perdoou o teu pecado; não morrerás. Mas, posto que com isto deste motivo a que blasfemassem os inimigos do SENHOR, também o filho que te nasceu morrerá (12:12-14).

A Lei exige pena de morte para esse pecado — mas Deus, em Sua graça, perdoa Davi depois de sua confissão. A vida do rei é poupada, e o Senhor restaura um relacionamento pessoal entre Ele e Davi.

No entanto, Deus não lida conosco apenas de acordo com Sua graça, mas também de acordo com Seu governo. O governo de Deus exige que nossas ações, que afetam os outros, tenham consequências, mesmo que o perdão tenha sido oferecido. Assim, Davi enfrenta o resultado de suas ações e, como aprendemos no Novo Testamento, Deus disciplina aqueles a quem Ele ama (Ap 3:19).

O bebê nascido desta união ilegítima morre, apesar das súplicas e lágrimas de Davi registradas no Salmo 51.

Além disso, há problemas se instaurando na família de Davi e em seu reino. O Novo Testamento nos diz: "Não vos enganeis", isto é, não se iludam — "de Deus não se zomba; pois aquilo que o homem semear, isso também ceifará. Porque o que semeia para a sua própria carne da carne colherá corrupção" (Gl 6:7,8). Por causa de seu pecado, Davi nunca mais vivenciará a paz em sua casa.

Nos capítulos 13 a 20, vemos como essa profecia se desenvolve na vida de Davi. O capítulo 13 conta a história de Amnom, filho de Davi, ao pecar contra sua própria irmã, Tamar. Esse pecado produz ódio em Absalão, o outro filho de Davi, contra Amnom. Assim, luxúria, amargura e assassinato brotam dentro da família de Davi — e o rei é incapaz de evitá-lo. Davi não tem a autoridade moral para repreender Amnom, porque Amnom está seguindo os passos de seu pai, cometendo pecados de paixão para os quais o próprio Davi dera o exemplo.

No capítulo 15, lemos sobre a traição e a rebelião de Absalão. Esse belo e talentoso filho de Davi rouba do rei a fidelidade da nação, levando homens a uma conspiração para lhe tomar o trono. Absalão é tão bem-sucedido que Davi teve que fugir para o exílio. Imagine que o homem que Deus colocou sobre Israel como rei tem agora que fugir como um criminoso comum e essa é apenas uma das consequências de seu pecado com Bate-Seba. Davi

196   *A mensagem da história*

Absalão, por Albert Weisgerber - Absalom (1914)

viu. Ele perguntou. Ele se apossou. E, durante anos depois, ele pagou o preço por isso.

A despeito de todos os problemas, o coração de Davi é humilde, penitente e confiante. Davi jamais se queixou ou culpou a Deus. Ele reconhece que Deus ainda pode resolver os detalhes de sua vida. Mais tarde, Deus leva de volta Davi ao trono, e Absalão é vencido, conquistado por sua própria vaidade. Seu cabelo comprido — a fonte de seu orgulho — fica preso nos galhos de uma árvore, e Joabe, o implacável general de Davi (que também executou a ordem de Davi contra Urias), encontra Absalão e o mata.

Com a morte de Absalão, a rebelião é desmantelada. Mas essa não é toda a história. No capítulo 20, encontramos o resultado final do pecado de Davi na rebelião de Seba, filho de Bicri, contra o rei. Todos os problemas na vida de Davi derivam de seu fracasso moral, anos antes. Não há paz durante o restante de seu reinado. Ele tem o perdão de Deus, a graça de Deus, a restauração de Deus e a bênção de Deus, mas continua a colher o resultado de sua própria loucura. A tristeza do rei é uma lição para todos nós.

Lições aprendidas pelo rei Davi

Nos capítulos 21 a 24, chegamos ao epílogo ou apêndice deste livro. Aqui encontramos algumas das lições que o rei Davi aprendeu ao longo de seu reinado de 40 anos. No capítulo 21, lemos a história dos gibeonitas, que nos ensina que o passado deve ser tratado. Se tivermos pecados passados que ainda podem ser corrigidos, devemos voltar e resolvê-los. Muitos cristãos descobrem que uma mentira contada ou um algo roubado na vida antiga agora pesa fortemente sobre uma consciência conduzida pelo Espírito Santo. Então, faça as pazes, pague a dívida, acerte aquilo que estava errado.

Na história dos gibeonitas, Davi voltou e corrigiu algo que aconteceu sob o governo do rei Saul. Como herdeiro de Saul ao trono, ele tinha a responsabilidade de fazê-lo. O segundo livro de Samuel 22:26,27 reproduz o texto do Salmo 18, no qual Davi canta: "Para com o benigno, benigno te mostras; com o íntegro, também íntegro. Com o puro, puro te mostras; com o perverso, inflexível".

Davi diz que Deus será para você o que você é para Ele. Se você for aberto e honesto com Ele, Deus será aberto e honesto com você. Se você for trapaceiro e enganador para com Deus, Ele fará com que todas as suas circunstâncias o enganem e mintam para você. Se você for puro de coração, você descobrirá que Deus traz mais de Sua beleza, pureza e perfeição para seu próprio coração e alma.

Isso é o que Paulo declara em Filipenses quando diz: "Não que eu o tenha já recebido ou tenha já obtido a perfeição; mas prossigo para conquistar aquilo para o que também fui conquistado por Cristo Jesus" (Fp 3:12).

O último capítulo do livro contém o relato do último fracasso moral de Davi — o pecado da contagem do povo de Israel. Uma praga veio sobre eles quando Davi, em seu orgulho, começou a confiar em seus próprios recursos e em seu poder militar, em vez de confiar no poder de Deus. Essa história nos ensina que nossa velha natureza está sempre presente, pronta para entrar em ação no momento em que deixamos de confiar no Espírito de Deus.

O pecado jamais morre de velhice. Não importa quanto tempo você anda com Deus, ainda é passível de cair. A única coisa que mantém a vida espiritual é a caminhada de fé calma, diária e constante. É apropriado, então, que 2 Samuel termine com o homem segundo o coração de Deus se arrependendo de seu pecado e voltando-se para a adoração do Deus vivo.

PERGUNTAS PARA DISCUSSÃO

2 SAMUEL
A história de Davi

1. O autor diz que a vida de Davi pode ser vista como uma representação simbólica de Jesus Cristo em Seu reino milenar no fim da história — e Davi também pode ser visto como uma representação simbólica da vida de um cristão que entrega tudo a Deus. Qual dessas duas visões é mais útil para você? Explique sua resposta.

2. Saul, "um homem carnal", teve que morrer antes que Davi, "um homem espiritual", pudesse reinar sobre o reino de Israel. Da mesma forma, nosso próprio "Saul interior", o princípio da carne, deve morrer para que o princípio do Espírito reine sobre nossa própria vida. Como isso acontece? Como podemos fazer nosso "Saul interior" morrer para que Deus possa viver em nós e reinar em nossa vida como Ele pretende?

3. Quando o rei Davi tenta trazer a arca de volta a Jerusalém, uma tragédia acontece e um homem morre. De quem é a culpa pela morte de Uzá? Por que essa tragédia aconteceu? O que poderia tê-la evitado? Que lições podemos aprender dessa tragédia?

4. Por que Davi ficou irado com Deus depois da morte de Uzá? A quem Davi culpou? Você já ficou irado com Deus? Que lições podemos aprender com a ira de Davi?

5. Quais lições podemos aprender sobre tentação e pecado a partir do pecado de Davi com Bate-Seba (2 Samuel 11 e 12)? Que advertência devemos tomar para nós mesmos a partir do fato de que Davi se arrependeu e foi completamente perdoado, embora nunca mais tenha tido paz em sua casa?

6. Por que a contagem do povo de Israel, por Davi, foi considerado pecado (Veja capítulo 24)? Que lições podemos aprender com o pecado final de Davi?

Aventurando-se através da Bíblia

APLICAÇÃO PESSOAL

7. Davi era um homem segundo o coração de Deus. Ao ler os Salmos, você olha para a alma de um homem que amou a Deus de maneira profunda e sinceramente quis segui-lo. No entanto, Davi sucumbiu aos pecados de adultério e assassinato. O que isso nos diz sobre os perigos e armadilhas que Satanás engendra, mesmo para o cristão mais fiel e sincero? Que passos precisamos dar para guardar nosso coração contra a tentação e o fracasso moral?

8. A história de Davi e dos gibeonitas no capítulo 21 nos diz que devemos lidar de modo firme e decisivo com o passado. Sempre que possível, precisamos corrigir os pecados passados antes de seguirmos adiante com nossa vida. Existem problemas ou pecados no seu passado que podem e devem ser corrigidos? Preste contas a alguém que você confia no trato dessas questões de uma vez por todas.

1 REIS

CAPÍTULO 16

Como perder um reino

O livro de 1 Reis é a emocionante história de como perder um reino. Como tantos outros livros do Antigo Testamento, este serve como um auxílio visual dramático e poderoso através do qual Deus ilustra muitos princípios importantes sobre como nós, como cristãos, devemos viver. Podemos ver nossa própria vida, lutas e necessidades refletidas nas histórias nele relatadas.

1 Reis contém o segredo do sucesso em governar sobre o reino de sua vida. É o segredo de aprender a ser submisso à autoridade de Deus. Em outras palavras, você jamais pode exercer domínio sobre a sua vida, a menos que primeiro se submeta ao domínio de Deus. Quando o faz, Ele lhe dá maior liberdade e responsabilidade. Se rejeitar o reinado do Senhor sobre sua vida, você não conseguirá governá-la e não cumprirá o enorme potencial que Deus planejou para você.

Aqueles que insistem em conduzir sua vida a sua própria maneira acabam, inevitavelmente, entregando o controle a outras forças: à luxúria e aos desejos, aos apetites e aos fortes anseios, a outras pessoas, a valores e pressões mundanos. Somente ao submeter nossa própria vontade à de Deus é que podemos ser verdadeiramente livres!

Na Bíblia hebraica, os livros de 1 e 2 Reis formam um único volume. São acertadamente chamados Reis, pois traçam as dinastias reais de Israel e Judá. Ao longo das páginas desses livros, o foco está sempre sobre o rei; a nação reflete o estado de seu monarca. Quando o rei caminha humildemente com Deus, Ele abençoa o reino.

Não houve tais bênçãos para o Reino do Norte, porque lá não havia reis piedosos. Mas, em Judá, na casa de Davi, houve vitória e prosperidade quando reis piedosos governaram. As chuvas vinham, as plantações cresciam, a economia florescia, os inimigos eram derrotados e havia paz na terra. Quando o monarca caminhava com Deus, havia vitória e prosperidade. Porém, quando

> **OBJETIVOS DO CAPÍTULO**
>
> Este capítulo examina a tragédia dos reis de Israel e Judá, extraindo poderosas lições de vida de como nós, como cristãos, devemos "governar" sabiamente sobre o "reino" de nossa vida.

o desobedecia, havia fome, seca, guerra e sofrimento.

Os bons reis são sempre tipos simbólicos de Cristo. A lista dos que se destacaram por serem bons e piedosos inclui Davi, Salomão, Ezequias, Joás e Josafá. Na vida desses reis (apesar de suas falhas humanas), vemos símbolos do reino real do Senhor Jesus Cristo. Os reis desobedientes eram tipos do Anticristo, o homem de pecado, a personificação do mal que ainda está para aparecer sobre a Terra.

A era de Salomão começa

No início do livro, vemos que Deus chamou Israel dentre todas as nações da Terra e o marcou como Seu próprio povo especial. Tornou esta pequena porção de terra um palco internacional e concentra a atenção do mundo sobre este povo pequeno, mas especial.

No capítulo 1, encontramos o rei Davi sobre o trono. Seu filho, Salomão, está na linha de sucessão para substituí-lo como rei. Mas um dos demais filhos de Davi, Adonias, tem ideias diferentes. Ele planeja uma rebelião para obter o controle do trono, mesmo antes de seu pai morrer. Davi, sabendo disso, age imediatamente para coroar Salomão. Assim, este filho, é ungido rei enquanto seu pai ainda vive.

Isso simbolicamente sugere o que deve ser a autoridade reinante em nossa vida. A verdadeira autoridade vem como uma dádiva das mãos do Senhor. Não podemos reinar a menos que tenhamos sido estabelecidos por Deus. Quando nos entregamos à autoridade divina, Ele traz todas as circunstâncias, todos os rebeldes e todos os inimigos debaixo de Seu controle para que eles não ameacem nosso reino.

Nos capítulos 2 e 3, Salomão ascende ao trono e governa em poder e glória. O reinado de Salomão marca a maior extensão do reino de Israel. Seu domínio é caracterizado por uma demonstração de visível majestade e poder. E, no capítulo 3, encontramos também as sementes da derrota. Isso merece atenção:

Salomão aparentou-se com Faraó, rei do Egito, pois tomou por mulher a filha de Faraó e a trouxe à Cidade de Davi, até que acabasse de edificar a sua casa, e a Casa do Senhor, e a muralha à roda de Jerusalém. Entretanto, o povo oferecia sacrifícios sobre os altos, porque até àqueles dias ainda não se tinha edificado casa ao nome do Senhor. Salomão amava ao Senhor, andando nos preceitos de Davi, seu pai; porém sacrificava ainda nos altos e queimava incenso (3:1-3).

Salomão amava a Deus com todo o seu coração e começou seu reinado com uma maravilhosa expressão de submissão e desejo pela autoridade de Deus sobre sua vida. Ele seguiu os passos de seu pai, Davi. No entanto, tomou duas pequenas decisões — aparentemente triviais — que plantaram as sementes para a derrocada final de seu reino.

Primeiro, fez aliança com Faraó, rei do Egito. Em toda a Escritura, o Egito é geralmente apresentado como uma imagem simbólica do mundo. Salomão não só faz uma aliança política com o Egito, mas faz também uma aliança pessoal: ele se casa com a filha do Faraó e a traz para o coração da nação de Israel. Assim, Israel, por intermédio do rei Salomão, faz uma aliança com o mundo.

Segundo, Salomão adorava nos lugares altos. Ele seguia todos os estatutos de seu pai

202   *A mensagem da história*

O povo traz ofertas ao rei Salomão, Tapeçaria do século 17 - Museu da Cidade de Antuérpia, Rimini (Itália).

Davi, a passagem nos diz — *porém sacrificava ainda nos altos e queimava incenso*. Nas religiões pagãs daqueles dias, toda a adoração era realizada no topo das montanhas. As tribos pagãs haviam erguido altares, muitos dos quais eram o centro da adoração idólatra e obscena. Frequentemente, o altar do topo da montanha era onde os ritos de fertilidade dos deuses do sexo eram realizados. Pelo fato de Israel não possuir um templo, estes altares pagãos foram adotados pelo povo e eram usados para sacrifícios a Jeová.

Embora Davi tivesse colocado a arca de Deus no Tabernáculo em Jerusalém, Salomão não apresentava suas ofertas lá, mas fazia suas ofertas nos lugares altos. Mesmo que Salomão sacrificasse ao Deus que amava, ele ainda queimava os sacrifícios em altares pagãos.

Exteriormente, o governo do jovem rei Salomão era admirável e seu coração era honrado. No entanto, havia uma área de sua vida que não estava totalmente comprometida com Deus. Sua comunhão com o Senhor fora enfraquecida por sua aliança com o mundo. Ele não compreendeu que o segredo de experimentar as bênçãos de Deus estava numa submissão interior à vontade do Senhor, representada pela adoração em estrita conformidade com Sua Palavra. Salomão deveria ter adorado a Deus diante da arca da aliança. A falta do cumprimento de Salomão com as regras levíticas em relação à adoração foi a primeira indicação de que algo estava errado em sua vida.

O LIVRO DE 1 REIS

A era de Salomão (1 Reis 1–11)

A trama de Adonias; a unção de Salomão 1–2

A sabedoria e o governo de Salomão 3–4

Salomão constrói o Templo..5–8

O reino cresce em poder e riqueza...9–10

A desobediência e declínio de Salomão 11:1-40

A morte de Salomão.. 11:41-43

Um Reino dividido (1 Rei 12–22)

Roboão e a revolta das tribos do Norte.. 12:1-24

O reinado do ímpio Jeroboão..12:25–14:31

O reinado de Abias em Judá... 15:1-8

O reino de Asa em Judá 15:9-24

Cinco reis de Israel: Nadabe, Baasa, Elá, Zinri e Onri 15:25–16:28

O reinado do perverso Acabe em Israel e o ministério
milagroso do profeta Elias...16:29–22:40

O reinado de Josafá em Judá 22:41-50

O reinado de Acazias em Israel... 22:51-53

O único pedido de Salomão

Também no capítulo 3, temos o relato do sonho de Salomão, no qual Deus aparece e lhe diz para pedir o que quiser. Em resposta, Salomão não pede riquezas ou honra, mas sim sabedoria: "Dá, pois, ao teu servo coração compreensivo para julgar a teu povo, para que prudentemente discirna entre o bem e o mal; pois quem poderia julgar a este grande povo?" (v.9).

Ao iniciar seu reinado dessa maneira, Salomão mostrou que compreendia o ingrediente imprescindível na liderança eficaz: a sabedoria. A grande sabedoria de Salomão é demonstrada em 1Rs 3:16-28, quando ele resolve uma disputa entre duas mulheres que alegavam ser a mãe do mesmo bebê. As duas mulheres eram prostitutas que viviam na mesma casa e haviam dado à luz mais ou menos na mesma época, mas um bebê morrera. Cada mulher reivindicou o bebê vivo como sendo seu. Então, as duas levaram o assunto à corte e pediram ao rei Salomão que julgasse de quem era o bebê.

Em uma demonstração dramática da sabedoria dada por Deus, Salomão disse: "Trazei-me uma espada". Então, colocando o bebê deitado diante dessas duas mulheres, disse: "Dividi em duas partes o menino vivo e dai metade a uma e metade a outra". Uma mulher disse: "Nem meu nem teu; seja dividido". Mas a outra mulher — a verdadeira mãe — imediatamente protestou: "Ah! Senhor meu, dai-lhe o menino vivo e por modo nenhum o mateis".

Salomão descartou a impostora e destacou a verdadeira mãe. Essa foi uma poderosa demonstração da sabedoria — e um desafio para os juízes de hoje que decidem casos de divórcio, de custódia e de adoção, dividindo emocionalmente as crianças pela metade ao invés de colocá-las com pessoas que realmente as amam. Os juízes de hoje precisam desesperadamente da sabedoria dada por Deus a Salomão.

Em 1 Reis 4, encontramos um comentário sobre a grande sabedoria de Salomão [meu próprio comentário aparece entre colchetes]:

Deu também Deus a Salomão sabedoria, grandíssimo entendimento e larga inteligência como a areia que está na praia do mar. Era a sabedoria de Salomão maior do que a de todos os do Oriente e do que toda a sabedoria dos egípcios. Era mais sábio do que todos os homens, mais sábio do que Etã, ezraíta, e do que Hemã, Calcol e Darda, filhos de Maol [esses eram os gurus midiáticos daqueles dias]; *e correu a sua fama por todas as nações em redor. Compôs três mil provérbios* [os temos registrados no livro de Provérbios], *e foram os seus cânticos mil e cinco* [temos apenas um deles — Cânticos dos cânticos, de Salomão]. Discorreu sobre todas as plantas, desde o cedro que está no Líbano até ao hissopo que brota do muro; também falou dos animais e das aves, dos répteis e dos peixes. De todos os povos vinha gente a ouvir a sabedoria de Salomão, e também enviados de todos os reis da terra que tinham ouvido da sua sabedoria (4:29-34).

Aqui temos uma descrição do tipo de intelecto que Paulo apresenta: "Temos a mente de Cristo", e "o homem espiritual julga todas as coisas" (1Co 2:15,16). Salomão não precisava de ninguém para ensinar-lhe, já que ele discernia

Aventurando-se através da Bíblia

todas as coisas. Era capaz de analisar e compreender o funcionamento do mundo e do coração humano, porque tinha a sabedoria que vem de Deus.

Por que Salomão era tão sábio? Porque a sabedoria foi o único pedido que fez a Deus, e o Senhor lho concedeu. Como Tiago afirma: "Se, porém, algum de vós necessita de sabedoria, peça-a a Deus, que a todos dá liberalmente e nada lhes impropera; e ser-lhe-á concedida" (1:5).

Contudo, o pedido de Salomão continha uma ligeira fraqueza. Ele pediu sabedoria para governar o povo. Gostaríamos que também tivesse pedido sabedoria para governar sua própria vida. Foi aí que ele falhou com tanta frequência. Deus lhe concedeu a sabedoria para governar, mas também permitiu que circunstâncias na vida pessoal de Salomão pusessem sua sabedoria à prova. Além de sabedoria, Deus deu a Salomão riquezas e honra que acabaram por provocar sua ruína. Enquanto se gloriava e se exaltava na magnificência de seu reino, o orgulho começou a se estabelecer em seu coração; e como o próprio Salomão observou nos seus primeiros dias mais sábios: "A soberba precede a ruína, e a altivez do espírito, a queda" (Pv 16:18).

A glória do reino de Salomão

A sabedoria de Salomão produz um reino bem ordenado, pacífico e próspero, como nos mostra o capítulo 4. Nos versículos 1 a 19, vemos que Salomão é um mestre em delegar, nomeando onze príncipes e doze governadores sobre o reino. Ao dividir o governo do reino desta forma, Salomão garante que os vários níveis de governo funcionarão eficaz e eficientemente. O governo mais receptivo é aquele que está mais próximo ao povo.

Salomão sabiamente compreende que Deus não é o autor da confusão. O Senhor da criação faz todas as coisas decentemente e em ordem. Assim Salomão padroniza seu reinado segundo o governo ordenado de Deus. Como resultado, o povo de Israel prospera e é feliz debaixo de sua firme e sábia liderança, como lemos:

Eram, pois, os de Judá e Israel muitos, numerosos como a areia que está ao pé do mar; comiam, bebiam e se alegravam. Dominava Salomão sobre todos os reinos desde o Eufrates até à terra dos filisteus e até à fronteira do Egito; os quais pagavam tributo e serviram a Salomão todos os dias da sua vida (4:20,21).

Aqui está um retrato da autoridade piedosa de Salomão sobre o domínio que Deus lhe havia dado. Esse é o tipo de controle firme que o Senhor quer que todos exerçamos sobre nossa própria vida.

Nos capítulos de 5 a 8, encontramos o relato do Templo glorioso que esse rei construiu. Por 400 anos, Israel tinha adorado no Tabernáculo — uma simples tenda! Porém, Salomão realizou o sonho de seu pai, Davi, o sonho de ter um lugar permanente e esplêndido no qual o povo de Israel poderia adorar ao seu Deus.

A descrição do Templo nesses capítulos comunica um esplendor além da imaginação. Foi construído com grandes pedras extraídas à mão e cedro importado. O interior era coberto de ouro. Em moeda corrente, a estrutura teria custado bilhões. A verdadeira grandeza do

Templo, porém, não era o ouro, mas a glória — a glória *Shekinah* de Deus que desceu e habitou no Lugar Santo quando Salomão dedicou o Templo [N.E.: Embora consagrado no meio evangélico, o termo hebraico *shekinah* não é encontrado nos textos bíblicos. É um termo que começou a ser usado na mística da cabala judaica a partir do século 13 d.C.].

No capítulo 10, temos a história, maravilhosa em seus detalhes, das visitas da rainha de Sabá e do rei de Tiro. Eles vieram ver as glórias amplamente relatadas do reino de Salomão.

O declínio e a queda de Salomão

Então chegamos ao capítulo 11, onde a história de Salomão dá uma repentina virada para pior. As sementes de declínio e desobediência que foram semeadas anteriormente na vida desse rei agora começam a brotar.

Ora, além da filha de Faraó, amou Salomão muitas mulheres estrangeiras: moabitas, amonitas, edomitas, sidônias e hetéias, mulheres das nações de que havia o SENHOR dito aos filhos de Israel: Não caseis com elas, nem casem elas convosco, pois vos perverteriam o coração, para seguirdes os seus deuses. A estas se apegou Salomão pelo amor. Tinha setecentas mulheres, princesas e trezentas concubinas; e suas mulheres lhe perverteram o coração (11:1-3).

Esse é o mesmo homem que, no livro de Provérbios, escreveu: "O que acha uma esposa acha o bem e alcançou a benevolência do SENHOR" (Pv 18:22). Aparentemente, Salomão não sabia que essa quantidade de mulheres o prejudicaria! Mil esposas significam novecentas e noventa e nove a mais do que deveria ser.

Aqui vemos o fracasso de Salomão à medida que seu coração se afasta de Deus. Onde começou o seu declínio? Com o regozijo na magnificência de seu governo. A riqueza e o poder do reinado de Salomão eram evidência da bênção do Senhor sobre sua vida, mas o seu declínio começou quando aquilo que Deus havia proibido conquistou o coração dele. Deus havia advertido os israelitas contra o casamento com mulheres das culturas idólatras ao redor.

...não faças aliança com os moradores da terra; não suceda que, em se prostituindo eles com os deuses e lhes sacrificando, alguém te convide, e comas dos seus sacrifícios e tomes mulheres das suas filhas para os teus filhos, e suas filhas, prostituindo-se com seus deuses, façam que também os teus filhos se prostituam com seus deuses (Ex 34:15,16).

...nem contrairás matrimônio com os filhos dessas nações; não darás tuas filhas a seus filhos, nem tomarás suas filhas para teus filhos; pois elas fariam desviar teus filhos de mim, para que servissem a outros deuses; e a ira do SENHOR se acenderia contra vós outros e depressa vos destruiria (Dt 7:3,4).

Salomão apresenta um retrato vívido de um princípio declarado por Jesus no Sermão do Monte: "...porque, onde está o vosso tesouro, aí estará também o vosso coração" (Lc 12:34). Salomão deu seu coração às mulheres de culturas idólatras — e com o tempo, aquelas mulheres afastaram o coração dele de Deus.

Lembro-me da história de um homem que desfrutou de um tremendo ministério no púlpito e de muitas outras maneiras. De repente,

Aventurando-se através da Bíblia

seu ministério desmoronou, bombardeado vergonhosamente por acusações de imoralidade. Descobriu-se que durante muitos anos houve um apego iníquo, impenitente e não sentenciado em seu coração. Exteriormente, ele era ministro de Deus; interiormente, o pecado devorava o coração e a vida desse homem. Por fim, seu ministério foi destruído. Tragicamente, essa história é repetida várias vezes na vida dos cristãos em todas as esferas da vida.

O primeiro passo no declínio moral começa sempre com nossos desejos e emoções. O que conquistou o primeiro lugar em sua mente, seus desejos e suas emoções? Se for algo que Deus desautorizou, então você plantou as sementes da destruição em sua própria vida, assim como Salomão as plantou na vida dele. Vemos o resultado trágico nos versículos a seguir:

Salomão seguiu a Astarote, deusa dos sidônios, e a Milcom, abominação dos amonitas. Assim, fez Salomão o que era mau perante o SENHOR e não perseverou em seguir ao SENHOR, como Davi, seu pai. Nesse tempo, edificou Salomão um santuário a Quemos, abominação de Moabe, sobre o monte fronteiro a Jerusalém, e a Moloque, abominação dos filhos de Amom. Assim fez para com todas as suas mulheres estrangeiras, as quais queimavam incenso e sacrificavam a seus deuses. Pelo que o SENHOR se indignou contra Salomão, pois desviara o seu coração do SENHOR, Deus de Israel, que duas vezes lhe aparecera (11:5-9).

Quemos era a imagem horrenda à qual os adoradores pagãos sacrificavam seus filhos no fogo. Incrivelmente, o próprio Salomão construiu um lugar de adoração para esse risonho deus demoníaco! Ao lermos o restante deste capítulo, vemos que três vezes em rápida sucessão, "Levantou o SENHOR contra Salomão um adversário".

No final desse capítulo, Salomão "descansou com seus pais" e foi sepultado na Cidade de Davi — um súbito colapso da glória e majestade de seu reino. Até a glória do Templo de Salomão prova ser transitória. Embora esse edifício duraria 400 anos, mais tarde seria saqueado e despojado de seu ouro e mobília apenas cinco anos depois da morte de Salomão.

Um reino dividido

O capítulo 12 inicia o segundo movimento neste livro: a dissolução e o declínio da nação de Israel. O desastre atinge o reino quando o filho de Salomão, Roboão, assume o governo. Jeroboão divide o reino, levando consigo as dez tribos de Israel ao norte para começar o Reino do Norte, Israel, enquanto Roboão é deixado para governar as tribos restantes do Sul, que ficaram conhecidas como Judá. Durante o reinado de Jeroboão sobre Israel ao norte, ele reintroduziu a adoração a bezerros de ouro — um pecado que Deus havia julgado durante a peregrinação de Israel pelo deserto (veja Ex 32).

O capítulo 14 narra a história da invasão do Egito e da derrota de Roboão e do Reino do Sul, Judá — a própria nação da qual Deus libertou Israel por meio de Moisés (14:25,26). Novamente, o Egito é uma representação do mundo e de seus caminhos — sua maldade, sua loucura e sua futilidade. A maioria dos tesouros que Salomão acumulou durante o auge de seu reinado foi saqueado e levado.

O relato fala de vários reis que ascendem ao trono de Israel — a maioria deles são maus, ou incompetentes, ou ambos. Jeroboão é seguido por Nadabe, que é seguido por Baasa e Zinri. Por fim, vem Acabe — provavelmente o pior rei que Israel jamais conheceu — e sua esposa ímpia Jezabel.

A parte final do livro, começando no capítulo 17 com Elias, apresenta o ministério profético. Embora tenha havido outros profetas antes de Elias, eles não realizaram milagres como Elias. Os profetas que ministraram a Judá, o Reino do Sul, não fizeram milagres porque o testemunho de Deus ali ainda era central para a vida da nação. Porém, Israel, o Reino do Norte, rejeitou a presença de Deus e adorou a bezerros de ouro em vez de adorar o Senhor. O ministério de milagres era um testemunho para o povo de que Deus ainda estava no meio deles e exigia a atenção deles. Deus procurou sacudi-los para que pudessem ver o quanto tinham se afastado do Senhor.

O ministério de Elias é uma revelação de como Deus lida com o coração do ser humano desobediente. Primeiro, ele pede a Deus para fechar os céus para que não chova por três anos. Depois, o profeta pediu fogo do céu sobre aqueles que foram enviados para prendê-lo e levá-lo diante do rei. Esses milagres chamaram a atenção do povo e produziram pelo menos certo grau de arrependimento. Deus age com rigor para provocar nosso arrependimento quando nós, seres humanos, o forçamos a fazê-lo.

No capítulo 18, chegamos ao julgamento contra Baal quando as duas filosofias religiosas opostas em Israel chegam a um drástico confronto no monte Carmelo. Aqui Elias desafia 400 sacerdotes de Baal a uma disputa para determinar qual divindade tem o poder de enviar fogo do céu. Em uma cena excepcional, Elias zomba dos sacerdotes idólatras enquanto eles retalham seus corpos e clamam ao seu deus. "'Clamai em altas vozes!', disse Elias, 'porque ele é deus; pode ser que esteja meditando, ou atendendo a necessidades, ou de viagem, ou a dormir e despertará'" (1Rs 18:27).

Quando os sacerdotes ficam esgotados e sem sucesso, Elias arregaça as mangas e vai à obra. Ele repara o altar do Senhor, que ficou em ruínas. Então ordena que quatro grandes jarros de água fossem derramados sobre o touro e a madeira que estavam sobre o altar. Ele pretende ter certeza de que a demonstração do poder de Deus não seja apenas espetacular, mas nada menos que surpreendente. Então, ele invoca ao Senhor, e Deus envia um fogo tão intenso que não só consome o sacrifício, mas a água e as pedras do altar! Uma vez que o juízo é exercido, os céus se abrem novamente e a chuva cai sobre a terra.

Essa é uma representação do que acontece na vida de qualquer um que resiste ao legítimo governo de Deus. No que foi chamado de "misericórdia severa" de Deus, Ele nos coloca sob Sua disciplina até que nossa obstinação seja quebrada e nos encontremos finalmente humilhados diante dele. Então a chuva da graça de Deus pode se derramar uma vez mais em nosso coração, trazendo bons frutos e uma doce bênção uma vez mais.

Em 1 Reis 19 é apresentado um relato que sempre achei divertido: a história do medo que Elias teve de Jezabel. Esse ousado e corajoso profeta de Deus enfrentou 400 sacerdotes

Aventurando-se através da Bíblia

CRONOLOGIA DOS REIS DE JUDÁ E ISRAEL

Saul	1050–1010 a.C.
Davi	1010–970 a.C
Salomão	970–931 a.C.

REIS DE JUDÁ (Reino do Sul)				REIS DE ISRAEL (Reino do Norte)			
REI	**REINO**	**CARÁTER**	**PROFETAS**	**REI**	**REINO**	**CARÁTER**	**PROFETAS**
Roboão	931–914	17 anos	Mau	Semaías	Jeroboão I	931–910	22 anos	Mau	Aías
Abias	914–911	3 anos	Mau		Nadabe	910–909	2 anos	Mau	
Asa	911–871	41 anos	Bom *(obedecia a lei)*		Baasa	909–886	24 anos	Mau	
					Elá	886–885	2 anos	Mau	
					Zinri	885	7 dias	Mau	
					Onri	885–874	12 anos	Mau	Elias Micaías
Josafá	871–848	25 anos	Bom *(retirou os ídolos de Judá)*		Acabe	874–853	22 anos	Mau	
Jeorão	848–841	8 anos	Mau		Acazias	853–852	2 anos	Mau	
Acazias	841	1 ano	Mau		Jorão	852–841	12 anos	Mau	Eliseu
Atalia	841–835	6 anos	Má		Jeú	841–814	28 anos	Mau	Oseias Amós Jonas
Joás	835–796	40 anos	Bom *(recobrou o imposto do Templo)*	Joel	Jeoás	814–798	17 anos	Mau	
Amazias	796–767	29 anos	Bom e mau		Jeoacaz	798–782	16 anos	Mau	
Uzias	767–740	25 anos	Bom e mau	Isaías Miqueias	Jeroboão II	782–753	41 anos	Mau	
Jotão	740–732	16 anos	Bom *(Fortaleceu Judá militarmente, não espiritualmente)*		Zacarias	753–752	6 meses	Mau	

CONTINUAÇÃO

REIS DE JUDÁ (Reino do Sul)				REIS DE ISRAEL (Reino do Norte)			
REI	REINO		CARÁTER	PROFETAS	REI	REINO		CARÁTER	PROFETAS
Acaz	732–716	16 anos	Mau	Isaías Miqueias	Salum	752	1 mês	Mau	
Ezequias		29 anos	Bom (purificou o Templo)		Menaém	752–742	10 anos	Mau	
Manassés	anos	55 anos	Mau, depois bom (2Cr 33)	Naum Habacuque Sofonias	Pecaías	742–740	2 anos	Mau	
Amom	716–687	2 anos	Mau		Peca	740-732	20 anos	Mau	
Josias	687–642	31 anos	Bom (restaurou a leitura da Palavra de Deus)		Oseias	732-722	9 anos	Mau	
Jeoacaz		3 meses	Mau	Daniel Ezequiel Jeremias					
Jeoaquim	642-640	11 anos	Mau						
Joaquim	640-608	3 meses	Mau						
Zedequias	608	11 anos	Mau						

Os assírios conquistam o Reino do Norte, 722 a.C. (2 Reis 18)

Os babilônios destroem Jerusalém e o Templo. O reino de Judá chega ao fim 587 a.C. (2 Reis 25)

Aventurando-se através da Bíblia

no monte — contudo, foge de medo de uma mulher irada! Está tão derrotado que, enquanto se esconde debaixo de um zimbro, implora a Deus que lhe tire a vida. Mas Deus lida com Elias de acordo com Sua graça.

A primeira coisa que Deus faz é colocar Elias para dormir debaixo do zimbro e lhe dá uma boa noite de descanso. Depois, o Senhor lhe propicia uma boa refeição, divinamente fornecida por um anjo. Por fim, Deus leva Elias para uma montanha, e este testemunha toda a fúria desencadeada da natureza — um terremoto, fogo e uma estrondosa tempestade. Através dessa experiência, Elias aprende um incrível segredo: Jeová, o Senhor Deus Todo-Poderoso, nem sempre se encontra nas forças impressionantes da natureza. Às vezes, Seu poder é demonstrado de forma mais dramática quando Ele se move através da voz suave e calma de uma consciência transformada.

A história de 1 Reis é a história de um reino perdido. Salomão, talvez o homem mais sábio que já viveu, caiu em tolice e desobediência e perdeu o reino. Depois de sua morte, o reino foi dividido em dois, e uma sucessão de reis imprudentes e maus trouxeram nada mais do que miséria ao povo. O livro termina com a história do rei Acabe e seu desejo egocêntrico pela vinha de Nabote, que finalmente traz o julgamento de Deus.

No capítulo 22, aprendemos como Deus age através de circunstâncias aparentemente acidentais, quando o rei de Israel e o rei de Judá saem para a batalha. Acabe, rei de Israel, em sua astúcia satânica, tenta colocar o rei de Judá na frente de batalha. Mas, enquanto Acabe elogia e se vangloria por sua astúcia, uma flecha perdida, aleatoriamente disparada por um guerreiro do lado oposto, perfura uma fenda em sua armadura e penetra seu coração.

Nosso Deus é o Senhor de todas as circunstâncias. Sua vontade é realizada mesmo através de aparentes acasos e coincidências. Ele está por trás de todos os movimentos de nossa vida, e Sua perfeita vontade é estabelecida.

Circunstâncias externas jamais o destronarão de governar sua vida, como Deus planejou desde o início. Nada com o que você se depare — pressões, maus-tratos, obstáculos, acidentes — jamais conseguirá destroná-lo. Você pode ser escravizado pela carne e pelo diabo se permitir que alguma forma contrária de adoração entre em seu coração, não deixando espaço para Deus. Essa forma rival de adoração pode ser um hábito, uma obsessão por posição e dinheiro, um desejo pecaminoso ou afeição proibida, ou uma atitude de rebelião.

Se você, como Salomão, permitir que a tolice substitua a sabedoria piedosa em sua vida, então os dias de seu reinado estarão contados. Mas, se você fizer de Deus e Seu reino o único desejo de seu coração, então reinará para sempre, e o reino de sua vida estará seguro.

PERGUNTAS PARA DISCUSSÃO

1 REIS
Como perder um reino

1. O reinado do rei Salomão começa com seu desejo de servir a Deus e governar seu povo com sabedoria. No entanto, há duas coisas que ele faz que plantam as sementes de fracasso futuro. Quais são esses dois erros aparentemente triviais que Salomão comete, e por que eles acabam se tornando tão importantes?

2. No início do seu reinado, Salomão não pede por riquezas ou honra, mas por sabedoria: "Dá, pois, ao teu servo coração compreensivo para julgar a teu povo, para que prudentemente discirna entre o bem e o mal; pois quem poderia julgar a este grande povo?" (1Rs 3:9). E Tiago afirma: "Se, porém, algum de vós necessita de sabedoria, peça-a a Deus [...] e ser-lhe-á concedida" (1:5). Por que a sabedoria é um ponto tão importante à oração no Antigo e no Novo Testamentos?

3. Liste algumas das evidências que demonstram que Deus concedeu grande sabedoria a Salomão.

4. Se Salomão foi tão sábio, como ele caiu na armadilha de acumular muitas esposas de nações estrangeiras que fizeram seu coração se voltar para deuses falsos?

Aventurando-se através da Bíblia

APLICAÇÃO PESSOAL

5. O autor diz: "O primeiro passo no declínio moral começa sempre com nossos desejos e emoções". O que conquistou o primeiro lugar em seus desejos e emoções? Se você tiver que responder honestamente que Deus não tem a primazia em seu coração, que passos pode dar esta semana para conceder a Deus o lugar que pertence a Ele em sua vida?

6. O declínio e dissolução do reino começa quase imediatamente após a morte do rei Salomão. Por que o esplendor e a força de Israel não prosseguiram após sua morte? Que tipo de legado você espera deixar quando sua vida terminar? O que pode fazer para garantir que as boas obras que você fez permaneçam após a sua morte?

7. Os bons reis de Israel produziram prosperidade para a nação, enquanto os reis maus levaram Israel ao declínio, destruição e escravidão. No Novo Testamento, Paulo escreve: "Antes de tudo, pois, exorto que se use a prática de súplicas, orações, intercessões, ações de graças, em favor de todos os homens, em favor dos reis e de todos os que se acham investidos de autoridade, para que vivamos vida tranquila e mansa, com toda piedade e respeito" (1Tm 2:1,2). Como cidadãos, quais responsabilidades dos nossos líderes devemos apoiar em oração? Que passos você pode dar esta semana para se lembrar de orar por seus líderes e sua nação?

2 REIS

Vida desperdiçada

CAPÍTULO 17

930 a. C. — Reino dividido

JUDÁ — Reino do Sul

Jeorão	Atalia	Joás	Uzias	Acaz	Ezequias		Manassés	Josias	Daniel	Daniel cativo	Ezequiel cativo	Cativeiro babilônico
853	840	834					642		609	605	597	586 a.C

| | 852 | | | 841 | | | 753 | 732 | 722 | | | |
| | Jorão | | | Jeú | | | Zacarias | Oseias | Exílio assírio e Reino do Norte (Israel) perdido na história | | | |

ISRAEL — Reino do Norte

Certa vez, um pastor disse à sua congregação para ir para casa e ler o livro de Ezequias em preparação para o sermão da semana seguinte. No domingo subsequente, ele foi ao púlpito e perguntou quantos na congregação haviam feito a leitura recomendada. Várias pessoas levantaram as mãos.

Se você está familiarizado com os livros da Bíblia, sabe por que essa história é engraçada: não há nenhum livro de Ezequias! Mas encontraremos o bom rei Ezequias aqui no livro de 2 Reis.

A primeira parte de 1 Reis foi dominada pela história do rei Salomão. Na segunda metade de 1 Reis, surge uma figura nova e imponente — não um rei, mas um profeta, Elias. A história de Elias continua em 2 Reis, à medida que Deus intervém repetidamente na vida dos reis de Israel em uma tentativa de reverter a tendência de corrupção e declínio. Além de Elias, Deus também levanta o profeta Eliseu. O livro de 2 Reis é notável principalmente por causa do ministério desses dois poderosos servos de Deus.

O Senhor jamais falou à nação por intermédio de um rei. O papel do rei era governar e administrar a justiça. A vida e o caráter do reino eram um reflexo da vida e do caráter do rei.

Quando Deus queria falar à nação e chamar a nação de volta aos seus princípios fundamentais, Ele enviava um profeta. Em outra parte do Antigo Testamento, Deus envia outros profetas a Israel — homens como Oseias, Amós, Joel, Isaías e Jeremias. Porém, os profetas que estão em cena, no centro do palco em 1 e 2 Reis, são Elias e Eliseu.

O profeta Elias, estrondos da Lei

Elias era um homem tempestuoso que gostava muito de estar ao ar livre e usava roupas feitas com crina de cavalo amarrada por um cinturão de couro. Ele era uma figura desalinhada,

---

OBJETIVOS DO CAPÍTULO

Este capítulo analisa o declínio da sociedade israelita sob o governo de uma série de reis maus, e o ministério de dois profetas, Elias e Eliseu, que foram enviados por Deus para despertar a nação de seu sono mortal. Neste capítulo, encontraremos lições para a vida cristã vitoriosa extraídas do registro trágico do declínio e queda de Israel.

Aventurando-se através da Bíblia

215

de má aparência, que repetidamente arriscava sua vida ao confrontar-se com o rei face a face. Era ousado e fiel, e Deus o protegeu. Já vimos em 1 Reis 18 como ele desafiou os 400 profetas de Baal no monte Carmelo e desafiou sozinho o poder de seu abominável falso deus.

O ministério de Elias — o ousado e rude profeta da Lei — era trazer os estrondos da lei a Israel, para despertar a nação para sua condição vergonhosa. Seu ministério era uma mistura de amor, fogo e juízo.

No final, Elias foi triunfante e miraculosamente levado ao Céu em uma carruagem de fogo como descrito no capítulo 2. Quando o fiel Eliseu se recusou a deixar seu mentor, Elias, o manto deste profeta literalmente caiu sobre Eliseu e lhe foi prometida uma dupla porção do espírito profético de Elias.

O profeta Eliseu: graça e glória

Em contraste com Elias, o ministério de Eliseu é de graça, doçura e glória por todo Israel. Por que foi assim? Se você estudar cuidadosamente a narrativa, comparando-a com a narrativa dos quatro evangelhos, você verá que Elias e Eliseu simbolizam o ministério de dois gumes de Jesus Cristo, que, como Jo 1:14 nos diz, "habitou entre nós, cheio de graça e de verdade". Eliseu representa a doce graça de Jesus; Elias representa Sua estrondosa verdade.

Quando o Senhor Jesus veio a Israel, Ele encontrou a nação em estado de decadência e corrupção, assim como era quando Elias veio. Herodes estava no trono como um vassalo de Roma. O ofício de sumo sacerdote estava nas mãos dos saduceus — os racionalistas daquele dia. Eles haviam transformado o Templo em um lugar de corrupção e comércio.

O ministério do Senhor Jesus para todo o Israel estava no poder de Elias. Ele começou Seu ministério com um ato profético: a purificação do Templo. Fez um chicote de muitas cordas e, com uma voz de trovão e olhos de fogo, expulsou os cambistas do Templo, virando mesas e jogando a mercadoria no pátio.

Porém, o ministério de nosso Senhor para com o indivíduo era como o de Eliseu — o ministério de graça e de terna compaixão e perdão.

Há outra comparação interessante aqui: Eliseu também parece simbolizar o ministério do Espírito Santo na Igreja depois do dia de Pentecostes. O ministério de Eliseu começa quando Elias ascende ao Céu em corpo, assim como o ministério do Espírito Santo começa quando Jesus ascende ao Céu. O primeiro milagre de Eliseu descreve o ministério do Espírito Santo: colocar sal na água, fazendo com que ela se torne doce. O milagre do óleo que continuava fluindo continuamente é outro símbolo do Espírito Santo, assim como o milagre da água que, de repente, aparece na terra seca e estéril. Há também o milagre da ressurreição quando Eliseu faz voltar à vida um menino morto, colocando o seu cajado sobre ele e respirando em seu rosto. Isso não foi ressuscitação boca a boca, mas uma verdadeira ressurreição.

Quando tudo parece morto e sem esperança, o Espírito (como simbolizado por Eliseu) vence a morte e produz vida.

O declínio e a queda dos reinos

O livro de 2 Reis traça o declínio progressivo destes dois reinos. Israel, o Reino do Norte, é o primeiro a cair. No capítulo 17, enquanto

Monte Carmelo
Wikipedia Commons

sob o reinado do rei Oseias, Israel é conquistado pelo rei assírio Salmaneser e levado para a escravidão e o cativeiro:

> O SENHOR advertiu a Israel e a Judá por intermédio de todos os profetas e de todos os videntes, dizendo: Voltai-vos dos vossos maus caminhos e guardai os meus mandamentos e os meus estatutos, segundo toda a Lei que prescrevi a vossos pais e que vos enviei por intermédio dos meus servos, os profetas. Porém não deram ouvidos; antes, se tornaram obstinados, de dura cerviz como seus pais, que não creram no SENHOR, seu Deus. Rejeitaram os estatutos e a aliança que fizera com seus pais, como também as suas advertências com que protestara contra eles; seguiram os ídolos, e se tornaram vãos, e seguiram as nações que estavam em derredor deles, das quais o SENHOR lhes havia ordenado que não as imitassem.
>
> Desprezaram todos os mandamentos do SENHOR, seu Deus, e fizeram para si imagens de fundição, dois bezerros; fizeram um poste-ídolo, e adoraram todo o exército do céu, e serviram a Baal. Também queimaram a seus filhos e a suas filhas como sacrifício, deram-se à prática de adivinhações e criam em agouros; e venderam-se para fazer o que era mau perante o SENHOR, para o provocarem à ira.
>
> Pelo que o SENHOR muito se indignou contra Israel e o afastou da sua presença; e nada mais ficou, senão a tribo de Judá (17:13-18).

Aqui está um quadro chocante do mal do ser humano, e as consequências do pecado humano. Aqui vemos o mal infectar a vida de uma nação que, no passado, foi dedicada a Deus. Descobrimos também que o mal tem um enorme poder de infectar e escravizar as pessoas, mesmo aquelas que um dia se dedicaram a Deus. Mesmo os menores pecados e concessões morais podem levar a um pecado maior e rebelião contra Deus.

O declínio e a queda de Judá foram atrasados por algum tempo graças a um rei piedoso chamado Ezequias, que se levantou durante este momento de trevas nacional e levou o seu país à luz por um tempo. Surpreendentemente, o pai de Ezequias tinha sido um rei ímpio, e, com o tempo, o próprio filho de Ezequias também se tornaria um rei ímpio. Mas o próprio Ezequias foi um presente da graça de Deus ao Reino do Sul, Judá.

Quando Ezequias chega ao trono, no capítulo 18, seu primeiro ato oficial é purificar o Templo. Foi por esse abandono que a nação se tornou corrupta. Os sacerdotes levitas levaram 16 dias só para remover todo o lixo e sujeira do Templo antes mesmo que eles pudessem começar a purificá-lo para o culto.

Em seguida, Ezequias reintroduziu a Páscoa. Ele destruiu a serpente de bronze que o povo adorava. Esta era a mesma serpente que Deus usara para abençoar o povo quando Moisés a ergueu no deserto (veja Nm 21:8-9), mas o Senhor jamais quis que ela se tornasse um objeto de adoração. Era apenas um símbolo da obra salvífica de Cristo, que ainda estava por vir na história. Ezequias entendeu que não havia nada intrinsecamente sagrado na serpente de bronze, então ele a destruiu para ter certeza de que nunca mais seria usada para adoração idólatra.

Aqui está uma lição importante para todos nós: qualquer coisa, mesmo uma bênção dada por Deus em nossa vida, pode se tornar uma fonte de idolatria se colocarmos nossa confiança nela. Isso inclui dinheiro, carreira, um líder religioso ou uma igreja. Em vez de confiar em nossas bênçãos, devemos confiar unicamente naquele de quem todas as bênçãos fluem.

A vida de Ezequias foi milagrosamente estendida quando a sombra no relógio de sol voltou dez graus e ele recebeu mais 15 anos de vida. Naqueles 15 anos, porém, ele teve um filho chamado Manassés, que se tornou um dos piores reis de todos os tempos que houve em Judá — levando alguns a sugerir que talvez Ezequias tivesse vivido tempo demais! Mas é importante comparar a Bíblia com a Bíblia para entender toda a história de Manassés.

Em 2Rs 21:1-18, só vemos a maldade de Manassés. Mas, comparando esse relato com 2Cr 33:11-13,18,19, descobrimos que, depois de ser derrotado na batalha e levado cativo para a Babilônia, Manassés se arrependeu, buscou o perdão de Deus e foi restaurado ao trono de Judá, onde reinou sabiamente pelo resto de seus dias.

Mais tarde, o reino entrou em declínio e o povo de Judá foi levado por Nabucodonosor para a Babilônia, símbolo da corrupção mundana e impureza. Por alguns anos, o Templo permaneceu em Jerusalém, porém, mais tarde, foi também despojado e queimado. Os muros da cidade foram derrubados, e todo o povo foi levado para o cativeiro. O livro termina com Zedequias, o último rei de Israel. O rei da Babilônia capturou Zedequias, matou seus filhos diante dele e furou seus olhos. Cego e totalmente devastado, Zedequias foi amarrado e levado para Babilônia.

Zedequias foi o último rei que Judá teve. Mais tarde, no tumulto e na confusão em Jerusalém durante a semana da Páscoa, quando nosso Senhor foi crucificado, Pilatos ofereceu a Israel um novo rei: o Senhor Jesus, espancado e sangrando, usando uma coroa de espinhos. "Eis aqui o vosso rei", disse ele.

O LIVRO DE 2 REIS

Mais informação histórica sobre o Reino dividido (2 Reis 1–17)

O reinado de Acazias em Israel..1

O reinado de Jorão em Israel...2:1–8:15

    A. O ministério passa de Elias para Eliseu;
    a carruagem de fogo leva Elias corporalmente ao Céu 2

    B. O reinado de Jorão avaliado 3

    C. O ministério e os milagres de Eliseu..4:1–8:15

O reinado de Jeorão em Judá 8:16-24

O reinado de Acazias em Judá..8:25–9:29

O reinado de Jeú em Israel...9:30–10:36

O reinado da rainha Atalia em Judá 11:1-16

O reinado de Joás em Judá...11:17–12:21

O reinado de Jeoacaz em Israel.. 13:1-9

O reinado de Jeoás em Israel 13:10-25

O reinado de Amazias em Judá 14:1-21

Os reinados de Jeroboão II (Israel), Azarias (Judá),
Zacarias (Israel), Salum (Israel), Menaém (Israel),
Pecaías (Israel), Peca (Israel) e Jotão (Judá) 14:22–15:38

O reinado de Acaz em Judá..16

O reinado de Oseias em Israel; cativeiro sob os assírios..........................17

Judá, o sobrevivente Reino do Sul (2 Reis 18–25)

O reinado do bom rei Ezequias..18–20

O reinado de Manassés e de Amom 21

O reinado do bom rei Josias; restauração do Templo,
da Lei e da aliança..22:1–23:30

O reinado de Jeoacaz.. 23:31-34

O reinado de Jeoaquim 23:35–24:7

O reinado de Joaquim.. 24:8-16

Aventurando-se através da Bíblia

O reinado de Zedequias	24:17–25:21
A administração de Gedalias	25:22-26
A libertação de Joaquim	25:27-30

Mas a multidão o rejeitou. Eles deixaram isso claro quando clamaram: "Não temos rei, senão César!" (Jo 19:14-15). No entanto, foi o governador gentio de César que falou a verdade de Deus a Israel, tendo colocado esta inscrição acima da cruz: "JESUS NAZARENO, O REI DOS JUDEUS" (veja Jo 19:19). A nação de Israel nunca mais conhecerá outro momento de paz e bênção genuínas – tanto espiritual quanto politicamente – até que o povo veja Aquele a quem traspassaram e o reconheçam como o Rei que lhes foi enviado em humildade como Zacarias havia profetizado (veja Zc 12:10).

Vida desperdiçada

No final, este livro é um retrato de uma vida desperdiçada. A vida da nação de Israel é análoga à vida individual de um cristão. A fim de cumprirmos nosso potencial e nos tornarmos tudo o que Deus deseja que sejamos, devemos edificar nossa vida sobre o fundamento construído por Jesus Cristo, não um fundamento feito de madeira, feno e palha.

Aqueles que, nos lugares secretos do coração, deixam de andar em obediência à liderança do Espírito Santo gradualmente se afundarão cada vez mais em corrupção. O templo do espírito humano se tornará escurecido e contaminado. Mais tarde, crueldade e rebelião se estabelecerão, de modo que, por fim, o templo da personalidade é queimado e destruído.

O apóstolo Paulo nos diz que cada um de nós enfrentará o julgamento de fogo que revelará nossa obra. A madeira, o feno e a palha serão queimados, e o cristão será salvo, "todavia, como que através do fogo" (1Co 3:13-15). A lição de 2 Reis é que não precisa ser assim.

Podemos estar propensos a vagar, propensos a deixar o Deus que amamos, mas o Senhor em Sua misericórdia interrompe continuamente o curso imprudente de nossa vida. Ele quer chamar nossa atenção para as verdadeiras questões da vida e nos livrar de nossos caminhos obstinados e voluntariosos. Como os dois reinos, Israel e Judá, somos livres para ignorar Suas recomendações. Somos livres para desobedecer. Somos livres para desperdiçar nossa vida.

Mas, um dia, estaremos nus e sem desculpas diante daquele que nos ama e que se entregou por nós. Nós o ouviremos dizer: "Muito bem, servo bom e fiel" — ou teremos que nos ajoelhar e confessar que o banimos do templo de nossa vida? Ficaremos contentes com Sua vinda — ou envergonhados?

Que Deus permita que a lição de 2 Reis se enraíze em nosso coração — e, acima de tudo, que a lição deste livro transforme a nossa vida.

PERGUNTAS PARA DISCUSSÃO

2 REIS
Vida desperdiçada

1. Compare e contraste os ministérios proféticos de Elias e Eliseu. Quais são as similaridades entre eles? Quais as diferenças? Como os ministérios destes dois profetas combinados servem como antecipação simbólica do ministério de Jesus Cristo?

2. Por que Deus permitiu que Elias escapasse da morte e subisse corporalmente ao Céu numa carruagem de fogo?

3. O que os milagres de Eliseu representam ou nos relembram?

4. 2 Reis 17 descreve Israel em um estado de chocante declínio. Por que você acha que essa nação que tinha recebido tantas bênçãos de Deus caiu em idolatria e pecado? Você acha que é possível os cristãos se afastarem assim da verdade na contemporaneidade?

APLICAÇÃO PESSOAL

5. O autor diz: "No final, este livro é um retrato de uma vida desperdiçada. A vida da nação de Israel é análoga à vida de um cristão". Que analogias você vê entre a vida nacional de Israel e a vida espiritual de um cristão? Que lições você encontra para sua própria vida nessas analogias? Justifique.

6. Você crê que ficará feliz ou envergonhado no retorno do Senhor? Explique sua resposta.

Aventurando-se através da Bíblia

7. O autor observa que somos propensos a vagar, "mas Deus em Sua misericórdia... quer chamar nossa atenção para as verdadeiras questões da vida e nos livrar de nossos caminhos obstinados e voluntariosos". Que passos você pode dar esta semana para garantir que não vai se afastar de Deus ou desperdiçar sua vida irresponsavelmente?

1 CRÔNICAS   CAPÍTULO 18

Davi e a arca de Deus

Os livros de 1 e 2 Crônicas cobrem o mesmo período histórico dos livros de Samuel e Reis, mas de uma perspectiva diferente. Assim como os quatro evangelhos oferecem quatro perspectivas diferentes sobre a vida de Cristo, os livros de Crônicas nos dão uma perspectiva adicional sobre a história do período do reino de Israel. O propósito, o estilo e a seleção dos eventos nos livros de Crônicas diferem dramaticamente das narrativas de Samuel e Reis.

Os relatos de Crônicas se concentram no Rei Davi e no Templo. O primeiro livro concentra-se na vida e reinado do próprio Davi, enquanto o segundo livro traça a linhagem de Davi, à medida que se sentam no trono de Judá, o Reino do Sul. Israel, o Reino do Norte, é quase completamente ignorado nesses livros. Por quê? Porque o Templo está localizado em Judá e porque Davi, que é visto como o rei de Deus, é o rei de Judá.

É evidente que 1 Crônicas foi escrito depois dos 70 anos do cativeiro de Israel na Babilônia. O escritor foi provavelmente Esdras, o sacerdote, que também escreveu o livro que leva seu nome. Esdras foi uma das grandes figuras que voltaram do cativeiro babilônico para restabelecer o Templo e a adoração a Deus em Jerusalém.

Não pule as genealogias!

O caráter seletivo de 1 Crônicas é imediatamente evidente. Os primeiros nove capítulos são dedicados a uma lista de genealogias. À primeira vista, você pode pensar que nada poderia ser mais tedioso do que uma longa lista de nomes. Parece uma lista telefônica! Somos tentados a passar por esses nomes apressadamente, de forma muito semelhante ao velho pregador escocês que estava lendo o capítulo de abertura de Mateus. Começando em Mt 1:2, ele leu: "Abraão gerou a Isaque; Isaque, a Jacó; Jacó, a Judá e [...] e eles

> **OBJETIVOS DO CAPÍTULO**
>
> Embora 1 e 2 Crônicas cubram alguns dos mesmos acontecimentos dos livros de Samuel e Reis, eles o fazem de maneira notadamente diferente. Este capítulo analisa a perspectiva singular encontrada no livro de 1 Crônicas e descortina lições importantes para nossa vida hoje.

continuaram gerando filhos até o fim deste lado da página e do outro lado".

Essas genealogias, no entanto, são muito importantes para obter uma plena compreensão de 1 Crônicas e a história de Israel por duas razões:

Primeiro, as genealogias nos ajudam a determinar e compreender a cronologia bíblica. Segundo, as genealogias são cuidadosamente selecionadas e ordenadas para mostrar o plano de Deus em ação por intermédio de seres humanos a fim de alcançar Seus propósitos.

A genealogia remonta ao alvorecer da história humana e lista os filhos e descendentes de Adão: Sete, Enos, Cainã e Maalalel. Sabemos que Adão teve filhos chamados Caim, Abel e Sete, mas aqui, Caim e Abel não são mencionados. Todo o foco está nos descendentes de Sete, pois dele veio a família de Abraão e os israelitas.

Então a linhagem de Sete é traçada de Enoque até Noé. Os três filhos de Noé — Sem, Cam e Jafé — estão listados, mas Cam e Jafé são deixados de lado com uma breve palavra. A atenção concentra-se na linhagem de Sem. De Sem, seguimos até Abraão e sua família. A genealogia se estreita, excluindo o filho de Abraão, Ismael, excluindo então Esaú, o irmão de Jacó. Ela se concentra nos doze filhos de Jacó, os pais das doze tribos de Israel. E seleciona as tribos de Judá e Levi — isto é, as tribos do rei e da linhagem sacerdotal. Ela traça a tribo de Judá até Davi, Salomão, e depois até os reis da casa de Davi, e depois até o cativeiro. A tribo de Levi remonta a Arão, o primeiro dos sacerdotes, e depois aos sacerdotes que foram proeminentes no reino na época de Davi.

Um incidente fascinante destaca-se entre essas genealogias. No capítulo 4, lemos sobre um homem chamado Jabez:

Foi Jabez mais ilustre do que seus irmãos; sua mãe chamou-lhe Jabez, dizendo: Porque com dores o dei à luz. Jabez invocou o Deus de Israel, dizendo: Oh! Tomara que me abençoes e me alargues as fronteiras, que seja comigo a tua mão e me preserves do mal, de modo que não me sobrevenha aflição! E Deus lhe concedeu o que lhe tinha pedido (4:9,10).

É significativo que esta breve história apareça no meio de uma "lista telefônica" de nomes. Este é o modo de Deus iluminar a Jabez e dizer: "Preste atenção a este homem. Há algo altamente instrutivo em sua história".

O nome Jabez significa "dor" em hebraico, e sua mãe lhe deu esse infeliz nome porque ela experimentou uma grande dor ao dar-lhe à luz. Porém, Jabez fez uma oração maravilhosa, pedindo a Deus para abençoá-lo, para ampliar seu território (que também poderia ser uma oração para maior influência a fim de abençoar outros) e pela mão protetora de Deus em sua vida para que o significado de seu nome ("Jabez, a grande dor") fosse anulado.

No hebraico original, a última frase da oração de Jabez poderia ser tomada de duas maneiras: Pode significar: "Preserva-me do mal, de modo que não me sobrevenha dor", ou, "Preserva-me de fazer o mal, para que eu não possa causar dor aos outros". Algumas traduções, como a Nova King James, refletem essa segunda interpretação. A beleza desta oração é que qualquer dessas traduções é igualmente válida e significativa. Jabez, sem

O LIVRO DE 1 CRÔNICAS

Genealogias: a linhagem real do rei Davi (1 Crônicas 1–9)

A genealogia de Adão a Davi 1–2

Os filhos de Davi e Salomão 3

As genealogias das doze tribos de Israel 4–8

A genealogia do remanescente e de Saul 9

O reinado do rei Davi (1 Crônicas 10–20)

A morte do rei Saul 10

Davi se torna rei e conquista Jerusalém 11–12

A recuperação e restabelecimento da arca de Deus....................13–17

As vitórias do rei Davi..18–20

Preparando Israel para construir o Templo 21–27

Os dias finais do rei Davi e a unção de Salomão como rei 28–29

Aventurando-se através da Bíblia

dúvida, queria que Deus mantivesse o mal e o sofrimento longe de sua porta — e também queria que Deus o mantivesse longe de pecar e causar dor e sofrimento aos outros. E, as Escrituras nos dizem: "Deus lhe concedeu o que lhe tinha pedido".

Em Sua Palavra, Deus frequentemente destaca aqueles que o obedecem. E, quando Deus exclui um nome, quando Ele se afasta de um indivíduo ou família, Ele geralmente o faz por causa da desobediência deles. Em toda a Escritura, muitas vezes vemos Deus excluindo ou deixando de lado pessoas de alto nível, altos privilégios e alta ascendência — de acordo com as perspectivas humanas sobre tais questões — porque seus corações não estavam alinhados com o coração de Deus. Você pode traçar esse princípio através de toda essa genealogia. Este princípio também define o padrão para o restante do livro.

No capítulo 10, toda a trajetória da vida do rei Saul é mencionada superficialmente em poucos versículos. A razão pela qual Saul recebe tão escassa atenção é dada nos versículos 13 e 14: "Assim, morreu Saul por causa da sua transgressão cometida contra o Senhor, por causa da palavra do Senhor, que ele não guardara; e também porque interrogara e consultara uma necromante e não ao Senhor, que, por isso, o matou e transferiu o reino a Davi, filho de Jessé".

O rei segundo o coração de Deus

O restante de 1 Crônicas é sobre Davi, um rei segundo o coração de Deus. O livro traça a vida de Davi desde o momento em que é ungido rei até a sua morte.

1 Crônicas 11 narra o primeiro ato de Davi depois de se tornar o rei de Israel — a conquista da fortaleza de Sião em Jebus, a terra dos pagãos jebuseus. Os israelitas invadem a fortaleza e derrotam os jebuseus. Em seguida, eles renomeiam a fortaleza de a Cidade de Davi. Depois disso, Davi constrói uma cidade inteira em torno da fortaleza. A cidade torna-se conhecida como Jerusalém, que significa em hebraico "Morada da Paz" — a cidade santa de Deus. Este é o lugar que Deus escolheu para instaurar Seu nome entre as tribos de Israel.

Imediatamente após a conquista de Jerusalém, vem uma retrospectiva do exílio de Davi e dos poderosos soldados reunidos ao seu redor lá. Eram homens de fé e coragem que foram atraídos para Davi devido ao caráter que ele demonstrou. Esses homens poderosos que compartilharam de seu exílio acabaram se tornando líderes em seu reino, simbolizando para nós o reinado do Senhor Jesus com Seus santos depois de retornar à Terra. Aqueles de nós que compartilham os Seus sofrimentos, também compartilharão Sua glória quando Ele vier estabelecer Seu reino de justiça.

Este livro também ressalta a importância da arca de Deus. No capítulo 13, Davi vai à casa de Abinadabe, em Quiriate-Jearim, onde a arca era mantida. Davi transporta a arca em um carro de boi e começa a trazê-la de volta para Jerusalém — mas ele viola a lei que regula o manuseio e transporte da arca. Davi sabia que a Lei de Moisés exigia que a arca fosse levada somente pelos levitas (veja Dt 10:8; Nm 7:9), mas, em sua alegria e zelo pela causa de Deus, ele supôs que Deus não fosse se importar se a arca fosse transportada de forma diferente.

Então veio o desastre. Um dos homens caminhando ao lado da arca, chamado Uzá, viu a arca balançar quando os bois tropeçaram. Instintivamente, ele estendeu a mão para firmá-la. Quando sua mão tocou a arca, ele foi morto imediatamente. Davi ficou tremendamente abalado emocional e espiritualmente por esta tragédia.

Entretanto, enquanto meditava e orava por este incidente, ele percebeu que esse desastre aconteceu por sua própria culpa, não por culpa de Deus. Ele tinha negligenciado a palavra do Senhor. Não há nenhum incidente do Antigo Testamento que ensina mais claramente a importância de conhecer e seguir a Palavra de Deus. Davi ficou mais comedido com a lição dessa tragédia. Depois disso, ordenou aos levitas que trouxessem a arca a Jerusalém segundo a Lei de Moisés.

Ora, o Tabernáculo tinha sido o lar da arca durante toda a jornada dos israelitas no deserto. O Tabernáculo era o lugar central de adoração para Israel durante o tempo dos juízes e do reinado de Saul — mas o Tabernáculo não estava localizado em Jerusalém. Estava na cidade de Gibeão. A arca não deveria ser devolvida ao Tabernáculo? Afinal, o lugar certo da arca era o Santo dos Santos no Tabernáculo.

Em vez disso, Davi mandou levar a arca a Jerusalém, a cidade do rei. Por sua própria autoridade, ele estabeleceu um centro de adoração no local onde o Templo seria construído mais tarde. Ao fazer isso, substituiu a autoridade dos sacerdotes pela autoridade do rei. Por quê? Porque Davi estava fazendo uma declaração simbólica: ele estava mostrando que, quando o Rei viesse, a arca deveria ser estabelecida em um local permanente, não em um Tabernáculo feito de peles e varas de tenda. A arca pertencia a um Templo permanente feito

de madeira, pedra e metais preciosos. Embora o Templo não fosse construído até os dias de Salomão, o local do Templo em Jerusalém simbolizava um novo começo e um novo governo para Israel.

Os capítulos 18, 19 e 20 são dedicados às vitórias do rei Davi sobre os inimigos de Israel dentro das fronteiras do reino. Essas vitórias simbolizam o que acontece no coração de uma pessoa quando Cristo é coroado Senhor e Rei da vida dessa mesma pessoa.

O único incidente negativo no livro encontra-se no capítulo 21, onde lemos sobre o pecado de Davi ao fazer a contagem do povo de Israel. Surpreendentemente, o pecado duplo de Davi — seu adultério com Bate-Seba e o assassinato do marido dela, Urias — não são registrados em 1 Crônicas. Acredito que a razão disso é porque esse duplo pecado do homem Davi era mais de âmbito privado e pessoal, e não envolvia sua administração como governante. O único pecado de Davi registrado em 1 Crônicas é sua má conduta pública como rei.

Porém, o pecado de fazer a contagem do povo de Israel foi um ato oficial do rei Davi e uma demonstração abrupta de sua falta de dependência da força de Deus. Por que ele fez a contagem do povo? Ele queria se gloriar no número de pessoas que estavam disponíveis para ele como rei. Ele queria exibir sua força política e militar.

Vemos esse mesmo problema nos círculos cristãos hoje, quando os líderes cristãos começam a depender mais dos números do que do senhorio de Deus. Precisamos lembrar sempre de que Deus jamais vence Suas batalhas por maioria. Quando pensamos que a causa de Cristo está perdendo porque os

Aventurando-se através da Bíblia

cristãos estão diminuindo em proporção à população do mundo, sucumbimos à falsa noção de que há força nos números. Deus não precisa de números. Tudo que Ele precisa é um núcleo de pessoas que creem e obedecem à Sua Palavra.

Em Juízes, vimos que 32 mil homens eram demais para lutar por Deus sob o comando de Gideão. E 10 mil também era demais. Por fim, quando Gideão reduziu sua força a apenas 300 homens, Deus disse: "Com estes trezentos homens [...] eu vos livrarei, e entregarei os midianitas nas tuas mãos" (veja Juízes 7). Essa é uma lição que Gideão aprendeu bem — e uma lição que Davi precisava aprender.

Como resultado da falta de atenção de Davi a este princípio e porque toda a nação olhou para o rei como um exemplo, o julgamento de Deus sobre Davi foi severo. O Senhor enviou um profeta a Davi com instruções estritas:

Vai e dize a Davi: Assim diz o Senhor: Três coisas te ofereço; escolhe uma delas, para que ta faça.

Veio, pois, Gade a Davi e lhe disse: Assim diz o Senhor: Escolhe o que queres: ou três anos de fome, ou que por três meses sejas consumido diante dos teus adversários, e a espada de teus inimigos te alcance, ou que por três dias a espada do Senhor, isto é, a peste na terra, e o Anjo do Senhor causem destruição em todos os territórios de Israel; vê, pois, agora, que resposta hei de dar ao que me enviou.

Então, disse Davi a Gade: Estou em grande angústia; caia eu, pois, nas mãos do Senhor, porque são muitíssimas as suas misericórdias, mas nas mãos dos homens não caia eu.

Então, enviou o Senhor a peste a Israel; e caíram de Israel setenta mil homens. Enviou Deus um anjo a Jerusalém, para a destruir; ao destruí-la, olhou o Senhor, e se arrependeu do mal, e disse ao anjo destruidor: Basta, retira, agora, a mão. O Anjo do Senhor estava junto à eira de Orná, o jebuseu.

Levantando Davi os olhos, viu o Anjo do Senhor, que estava entre a terra e o céu, com a espada desembainhada na mão estendida contra Jerusalém; então, Davi e os anciãos, cobertos de panos de saco, se prostraram com o rosto em terra.

Disse Davi a Deus: Não sou eu o que disse que se contasse o povo? Eu é que pequei, eu é que fiz muito mal; porém estas ovelhas que fizeram? Ah! Senhor, meu Deus, seja, pois, a tua mão contra mim e contra a casa de meu pai e não para castigo do teu povo (21:10-17).

Então Deus ordenou a Davi que comprasse o gado e a eira de Orná, lá erguesse um altar e adorasse a Deus. O Templo foi construído mais tarde naquele local, e o altar foi colocado onde o anjo de Deus retirou sua mão do julgamento. Assim, a graça de Deus veio mesmo em um momento de desobediência e transformou o julgamento sobre Davi em graça e bênção para a nação.

O guerreiro poderoso e o homem de paz

O restante do livro fala da paixão de Davi pela construção do Templo. Por entender que uma nação sem um centro de adoração nunca poderia ser uma nação, ele desejava muito ver o Templo construído.

A mensagem da história

Réplica da Arca da Aliança

Mas Davi era um homem de guerra, e Deus queria que um homem de paz governasse as nações da Terra (1Cr 22:6-19). Então Deus disse a Davi: "Eis que te nascerá um filho, que será homem sereno, porque lhe darei descanso [...]. Este edificará casa ao meu nome" (1Cr 22:6-19). Então, Davi aprendeu o princípio da obediência tão bem que aceitou a vontade de Deus, mesmo que fosse uma grande decepção.

Pela graça, porém, Deus permitiu que Davi fizesse tudo para o Templo, exceto construí-lo. Ele desenhou as plantas. Projetou os móveis, coletou os materiais, fez os arranjos, estabeleceu a ordem e o ritual, trouxe a madeira de cedro do monte Hermom e do monte Líbano, no Norte. Ele conduziu a extração das pedras da pedreira e juntou ouro, prata e ferro.

Então, quando o livro termina, vemos Salomão ungido e o rei Davi reinando lado a lado. Este é um retrato completo do ministério do Senhor Jesus. Cristo é tanto o poderoso guerreiro, Davi, e o homem de paz, Salomão.

Qual é a mensagem deste livro? Primeiro Crônicas nos fala da suprema importância do Templo — a autoridade de Deus — em nossa vida.

Acima das três grandes portas da catedral em Milão, na Itália, há três inscrições. Sobre a porta do lado direito estão esculpidas uma coroa de flores e as palavras: "Tudo que dá prazer dura um só momento". Sobre a porta do lado esquerdo estão uma cruz e a inscrição: "Tudo que nos aflige é momentâneo". Sobre a entrada principal estão as palavras: "Somente o que é eterno tem importância". Essa é a lição deste livro.

PERGUNTAS PARA DISCUSSÃO

1 CRÔNICAS
Davi e a arca de Deus

1. Como o fato de descobrir que até mesmo as genealogias estão repletas de verdades importantes para nossa vida afeta a sua visão sobre as Escrituras?

2. O escritor de 1 Crônicas separa um tempo para destacar um único indivíduo na genealogia: Jabez. A oração de Jabez é uma oração que todos faríamos bem em incluir em nossos próprios devocionais. De que maneira sua vida mudaria se Deus respondesse a esta oração em sua própria vida?

3. O primeiro ato de Davi depois de se tornar rei de Israel é a conquista da fortaleza pagã de Sião, que era defendida pelos jebuseus. Depois de conquistar a fortaleza, os israelitas reconstroem a cidade ao redor da fortaleza e a chamam de Jerusalém — a cidade santa de Deus. Essa história ilustra como Deus toma as pessoas e coisas que foram uma vez consagradas aos ídolos e propósitos malignos, e as conquista, as renomeia e as usa para Sua glória. Você consegue pensar em outros exemplos de pessoas ou coisas que Deus redimiu desta maneira na Bíblia ou em sua experiência pessoal?

4. Primeiro Crônicas 13 narra a história do esforço de Davi para transportar a arca da aliança de Quiriate-Jearim para Jerusalém — um esforço que termina em tragédia. Quais lições podemos tirar dessa tentativa de fazer a obra de Deus de acordo com a sabedoria humana?

APLICAÇÃO PESSOAL

5. Em 1Cr 21:1, lemos: "Então, Satanás se levantou contra Israel e incitou a Davi a levantar o censo de Israel". Por que Davi pecou em fazer um censo da nação? Quais lições você vê nessa história que pode aplicar em sua vida hoje?

6. Há implicações especiais para a história de Davi e o censo que se aplicam a pessoas em cargos de liderança. Quais lições para os líderes você vê neste incidente? Se você está em posição de liderança, como pretende implementar essas lições em sua vida?

7. O autor cita a sabedoria de uma inscrição nas portas de uma catedral em Milão: "Tudo que dá prazer dura um só momento. Tudo que nos aflige é momentâneo. Somente o que é eterno tem importância". É fácil ou difícil para você manter uma perspectiva eterna sobre os prazeres e problemas desta vida? Quais passos você pode dar esta semana para começar a se concentrar nas coisas que são eternamente importantes?

Aventurando-se através da Bíblia

Queda d'água em En Gedi

2 CRÔNICAS   CAPÍTULO 19

O rei de Deus na casa de Deus

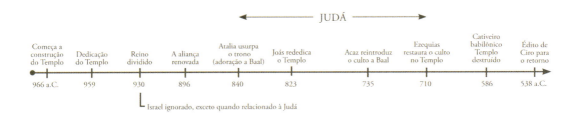

Grandes riquezas estão escondidas no livro tão negligenciado de 2 Crônicas. Assim como 1 Crônicas é todo sobre o rei Davi, 2 Crônicas é todo sobre a casa de Davi. Este livro registra a vida e os feitos dos reis de Judá que foram os descendentes de Davi. Como o primeiro livro, 2 Crônicas se concentra principalmente no Templo. Ele nos mostra que quando o rei do Senhor caminha na luz da casa de Deus, há bênçãos em todo o reino.

A construção do Templo

Os primeiros nove capítulos de 2 Crônicas concentram-se no Templo.

Quando o livro se inicia, Salomão pede a Deus por sabedoria, e Deus responde: "Porquanto foi este o desejo do teu coração, e não pediste riquezas, bens ou honras, nem a morte dos que te aborreçam, nem tampouco pediste longevidade, mas sabedoria e conhecimento, para poderes julgar a meu povo, sobre o qual te constituí rei, sabedoria e conhecimento são dados a ti" (1:11,12).

Então Salomão vai ao Tabernáculo, no santuário na cidade de Gibeão. O Tabernáculo era o centro da orientação de Deus para o povo durante toda a jornada do deserto, nos dias dos juízes e nos reinados do rei Saul e do rei Davi. Então Salomão vai até lá adorar a Deus e oferecer sacrifícios.

A passagem descreve brevemente o glorioso reinado de Salomão. Sob sua liderança, Israel cresce rapidamente em poder militar, poder econômico, comércio internacional e esplendor cultural.

No capítulo 2, o relato muda do Tabernáculo para o local do Templo que Davi escolheu em Jerusalém. Isto simboliza o fato de, quando o Senhor Jesus reina como Soberano em nossa vida e nos rendemos ao Seu senhorio, não temos mais um relacionamento com o Tabernáculo — uma tenda temporária de adoração que é armada aqui e ali durante nossas andanças. Agora temos em um

> **OBJETIVOS DO CAPÍTULO**
>
> Este capítulo registra a ascensão e o esplendor de Israel sob o governo do rei Salomão — e o declínio e o cativeiro de Judá sob o governo de uma sucessão de reis (maus, em sua maioria). Encontramos advertências e lições cruciais para nossa vida na história da glória e tragédia do antigo povo de Deus.

relacionamento permanente com Deus, no qual Ele governa nossa vida e andamos na luz da casa de Deus.

Salomão agora começa a construir o Templo que seu pai Davi planejou e previu. Salomão, como um tipo de Cristo em Seu papel como o Príncipe da Paz, tem a honra de construir o Templo. Ele representa a imagem simbólica, completada no Novo Testamento, que retrata o próprio Senhor Jesus como o construtor do Templo do espírito humano.

A oração de Salomão no capítulo 6 mostra que Deus pretendia que o Templo fosse um lugar para onde o povo viesse e fosse restaurado dos efeitos do pecado. Se as pessoas sofriam de fracasso espiritual ou do castigo do cativeiro, elas sabiam que podiam ir ao Templo, oferecer orações, sacrifícios e confissão genuína e humilde de seus pecados — e Deus as restauraria a um lugar de perdão e justiça.

O povo esperou no pátio do Templo enquanto Salomão orava. Então, quando ele terminou sua oração, fogo desceu do céu e consumiu o sacrifício no altar. Imediatamente, o Templo encheu-se com uma nuvem de glória impedindo que o sacerdote entrasse. Este foi o sinal de que Deus havia aceitado a oferta e que Sua presença havia enchido o Templo.

A glória do reino de Salomão

O capítulo 9 começa com um relato detalhado das glórias e conquistas do reino salomônico. Somos presenteados com a história da visita da rainha de Sabá, que ilustra como Deus torna Sua graça conhecida em todas as nações. Os judeus, nos dias do reino de Israel, não foram enviados para o mundo inteiro, como nos é ordenado agora pela Grande Comissão (veja Mt 28:19,20). Em vez disso, a graça de Deus foi mostrada pelo estabelecimento de uma terra e de um povo tão maravilhosamente abençoado por Deus que a palavra se espalhou até as partes mais remotas da Terra. As pessoas vinham de todo o mundo para ver por si mesmas o que Deus estava fazendo em Israel.

Este é um retrato do principal método de Deus para evangelização. Os cristãos em qualquer parte do mundo devem viver de maneira que sejam tão controlados pelo Espírito de Deus que as pessoas em todos os lugares fiquem maravilhadas ao ver a luz de Deus brilhar através deles. Quando os cristãos manifestam a vitória e a alegria do Senhor, as pessoas não podem deixar de perguntar: "O que há com esses indivíduos? Quero saber do que se trata".

A rainha de Sabá veio para se encontrar com Salomão e viu "a casa que edificara, e a comida da sua mesa, o lugar dos seus oficiais, o serviço dos seus criados, e os trajes deles [...] e o holocausto que oferecia na Casa do Senhor" (9:3,4). Ela ficou como fora de si e maravilhada com tudo o que viu, dizendo: "Eis que não me contaram a metade da grandeza da tua sabedoria; sobrepujas a fama que ouvi" (9:6).

Talvez você tenha vivido a mesma experiência que Salomão teve, a experiência de ouvir alguém dizer: "Há algo em sua vida que me atraiu quando eu o vi pela primeira vez". É a experiência que Pedro descreve quando diz:

> ...santificai a Cristo, como Senhor, em vosso coração, estando sempre preparados para responder a todo aquele que vos pedir razão da esperança que há em vós, fazendo-o, todavia, com mansidão e temor (1Pe 3:15).

O LIVRO DE 2 CRÔNICAS

O reinado do rei Salomão (2 Crônicas 1–9)

O reinado de Salomão começa 1

A construção do Templo 2–7

As glórias da era salomônica 8–9

Os reis depois de Salomão (2 Crônicas 10–36)

O reinado de Roboão.. 10–12

O reinado de Abias 13

O reinado de Asa 14–16

O reinado de Josafá.. 17–20

O reinado de Jeorão 21

O reinado de Acazias, o reinado de Atalia
e o reinado de Joás 22–24

O reinado de Amazias... 25

O reino de Uzias.. 26

O reinado de Jotão... 27

O reinado de Acaz.. 28

O reinado de Ezequias 29–32

O reinado de Manassés e o reinado de Amon... 33

O reinado de Josias 34–35

O reinado de Jeoacaz, o reinado de Jeoaquim,
o reinado de Joaquim e o reinado de Zedequias;
a proclamação de Ciro para o retorno de Israel a Jerusalém 36

Aventurando-se através da Bíblia

Este é o principal método de Deus para a evangelização.

De Salomão ao cativeiro

A morte de Salomão é registrada no final do capítulo 9.

Nos capítulos 10 a 36, encontramos um registro dos reis de Judá desde a morte de Salomão até o tempo do cativeiro babilônico. Nove dos reis deste período são bons reis e onze são maus. Manassés, que reinou durante 55 anos em Judá, começou como o pior rei da história de Judá e acabou se arrependendo. Ele finalmente se tornou um dos melhores reis de Judá porque Deus pôde alcançar seu coração, redimir e restaurá-lo. Ao ler esses relatos, os maus reis revelam o padrão de tentação e pecado em um coração desobediente.

Um declínio moral e espiritual é evidenciado nesta procissão de reis. Começa com uma pequena infiltração do mal no reino. Roboão, filho de Salomão, não quis seguir o bom conselho dos sábios de seu reino. Ele perguntou aos homens mais velhos: "Como aconselhais que se responda a este povo?". Eles disseram: "Se te fizeres benigno para com este povo, e lhes agradares, e lhes falares boas palavras, eles se farão teus servos para sempre". Mas os jovens o aconselharam a dizer: "Meu pai vos impôs jugo pesado, eu ainda vo-lo aumentarei". Roboão se recusou a seguir os bons conselhos dos idosos. Isso foi tudo o que ele fez. Contudo, esse foi o começo do mal progressivo que levou à destruição e ao cativeiro do reino.

Mais tarde, você encontra evidências de um declínio ainda maior nos padrões morais do rei:

Tendo Roboão confirmado o reino e havendo-se fortalecido, deixou a lei do Senhor, e, com ele, todo o Israel (12:1).

Roboão se fez de surdo à ordem de Deus. Como resultado, o reino foi invadido pelos egípcios. No momento em que o rei desobedeceu a Lei de Deus, as defesas da nação foram enfraquecidas e os inimigos vieram aos montes através das fronteiras. Foi somente pela graça de Deus que os egípcios recuaram. Quando Roboão se humilhou e voltou-se para Deus, os egípcios foram repelidos.

O próximo rei mau, Jeorão, aparece em 2Cr 21:

Tendo Jeorão assumido o reino de seu pai e havendo-se fortificado, matou todos os seus irmãos à espada, como também alguns dos príncipes de Israel (v.4).

Roboão recusou os bons conselhos e se fez de surdo para a Lei, Jeorão se volta para o assassinato enquanto seu ciúme desenfreado mina o reino. Ele mata todos os seus irmãos para impedi-los de ameaçar seu reinado e conduz a nação para uma corrupção moral e espiritual ainda mais profunda:

Também fez altos nos montes de Judá, e seduziu os habitantes de Jerusalém à idolatria, e fez desgarrar a Judá (21:11).

O povo hebreu anteriormente adorava a Jeová nos altos, quando não havia Templo. Mas, depois que o Templo de Salomão foi edificado e o Senhor estabeleceu o Seu nome lá, Ele ordenou ao povo que o adorasse e oferecesse sacrifícios no Templo

— não nos lugares altos. Daí em diante, apenas as religiões idólatras ofereciam sacrifícios nas colinas. Jeorão dirigiu a construção de altares nos lugares altos — e aqueles altares foram usados para adorar as imagens de falsos deuses.

À medida que a adoração a Jeová se deteriorava, a sociedade enfraquecia e desmoronava. Os poderes militar e econômico da nação começaram a se desintegrar — e logo a nação foi invadida por potências estrangeiras. Durante o reinado do rei Jeorão, os filisteus, a nação que simbolizava os desejos da carne, invadiu o reino.

O próximo governante mau, o rei Acaz, é apresentado no capítulo 28:

Tinha Acaz vinte anos de idade quando começou a reinar e reinou dezesseis anos em Jerusalém; e não fez o que era reto perante o Senhor, como Davi, seu pai. Andou nos caminhos dos reis de Israel e até fez imagens fundidas a baalins (vv.1,2).

Aqui está a introdução de práticas vis de idolatria que eram principalmente de natureza sexual. Judá era cada vez mais afligida por estas práticas e pelos reis maus — incluindo o rei Acaz — que realmente introduziram essas religiões vis na vida da nação:

Também queimou incenso no vale do filho de Hinom e queimou a seus próprios filhos, segundo as abominações dos gentios que o Senhor lançara de diante dos filhos de Israel. Também sacrificou e queimou incenso nos altos e nos outeiros, como também debaixo de toda árvore frondosa (28:3,4).

O padrão é sempre o mesmo. O rei leva a nação para longe de Deus e para a prática de uma religião falsa e repugnante — e Deus permite que a nação sofra as consequências de seu pecado nas mãos de uma nação invasora.

Pelo que o Senhor, seu Deus, o entregou nas mãos do rei dos siros, os quais o derrotaram e levaram dele em cativeiro uma grande multidão de presos, que trouxeram a Damasco; também foi entregue nas mãos do rei de Israel, o qual lhe infligiu grande derrota (28:5).

Creio que há um princípio semelhante que age no interior de cada cristão. Se permitirmos que o templo interior de nossa vida seja destruído, se nos permitirmos ser espiritual e moralmente enfraquecidos por alguma idolatria interior (o amor ao dinheiro e bens, o amor ao poder, o culto à fama ou a aprovação dos outros), baixaremos nossas defesas. Abrimo-nos aos ataques dos invasores do espírito — amargura, raiva, depressão, frustração e derrota. Na verdade, esta pode ser uma explicação da razão de tantas pessoas serem propensas a aflições emocionais.

Se mantivermos nosso amor obediente por Deus no interior do templo de nossa vida, se obedecermos à Sua vontade e buscarmos Sua sabedoria para nossa vida, nós nos protegeremos e nos defenderemos contra a invasão. Manteremos nosso senso interior com paz e segurança.

Reforma e restauração

Em grande parte deste livro, o povo de Judá sofre sob a má liderança de reis perversos. Em contraste, os bons reis refletem a graça de Deus na purificação e na restauração da nação. Eles trazem paz e prosperidade ao seu povo. Em 2 Crônicas lemos sobre cinco grandes reformas e reavivamentos em Judá. Deus procura continuamente deter a ruína da nação e chamar o reino de volta ao seu lugar de glória e bênção. O primeiro período de reforma foi sob o governo do rei Asa nos capítulos 14 a 16. No capítulo 14, lemos:

Asa fez o que era bom e reto perante o SENHOR, seu Deus. Porque aboliu os altares dos deuses estranhos e o culto nos altos, quebrou as colunas e cortou os postes-ídolos. Ordenou a Judá que buscasse ao SENHOR, Deus de seus pais, e que observasse a lei e o mandamento (14:2-4).

A bondade do rei Asa trouxe bênção e segurança à nação. Quando um ataque maciço veio contra Judá em números superiores vindos do Sul, Deus entregou essa nação a eles de forma poderosa:

Zerá, o etíope, saiu contra eles, com um exército de um milhão de homens e trezentos carros, e chegou até Maressa. Então, Asa saiu contra ele; e ordenaram a batalha no vale de Zefatá, perto de Maressa. Clamou Asa ao SENHOR, seu Deus, e disse: SENHOR, além de ti não há quem possa socorrer numa batalha entre o poderoso e o fraco; ajuda-nos, pois, SENHOR, nosso Deus, porque em ti confiamos e no teu nome viemos contra esta multidão. SENHOR, tu és o nosso Deus, não prevaleça contra ti o homem.
O SENHOR feriu os etíopes diante de Asa e diante de Judá; e eles fugiram (14:9-12).

Podemos ficar sob pressão às vezes, mas, se nosso coração for obediente à proposição do Espírito Santo, nossas defesas estarão seguras, não importa o que vier. Como diz Isaías: "Tu, SENHOR, conservarás em perfeita paz aquele cujo propósito é firme; porque ele confia em ti" (26:3). Vemos esse princípio em ação quando Asa retorna da batalha contra os cuxitas e encontra o profeta Azarias.

Veio o Espírito de Deus sobre Azarias, filho de Odede. Este saiu ao encontro de Asa e lhe disse: Ouvi-me, Asa, e todo o Judá, e Benjamim. O SENHOR está convosco, enquanto vós estais com ele; se o buscardes, ele se deixará achar; porém, se o deixardes, vos deixará (15:1,2).

Azarias está dizendo que Deus abandonaria um cristão para que este se perca? Não! O profeta Azarias está falando de ser abandonado no sentido de perder o acesso ao poder de Deus, à vitória e à capacidade de suportar o estresse. A fim de ter acesso ao poder de Deus, devemos buscar comunhão com o Senhor. Se o abandonarmos, como Ele pode nos conceder Seu poder? Como Paulo declara no Novo Testamento: "...mas prossigo para conquistar aquilo [poder da ressurreição] para o que também fui conquistado por Cristo Jesus" (Fp 3:12). Esse é o segredo do verdadeiro poder.

Aqui está a chave para entender as lições da vida dos bons reis: cada rei que lidera uma reforma em Israel ilustra um princípio diferente de restauração.

Em Asa, encontramos o primeiro princípio da restauração — determinação para obedecer a Lei.

*Entraram em aliança de buscarem ao
SENHOR, Deus de seus pais, de todo o coração
e de toda a alma; e de que todo aquele que
não buscasse ao SENHOR, Deus de Israel,
morresse, tanto o menor como o maior, tanto
homem como mulher. Juraram ao SENHOR,
em alta voz, com júbilo, e com clarins, e
com trombetas. Todo o Judá se alegrou por
motivo deste juramento, porque, de todo
o coração, eles juraram e, de toda a boa
vontade, buscaram ao SENHOR, e por eles foi
achado. O SENHOR lhes deu paz por toda
parte* (15:12-15).

Asa desperta a nação para o fato de que
ela tinha se desviado para a deserção, e com a
deserção vem a invasão, servidão e escravidão.
O caminho da reforma envolve uma determinação renovada para seguir o Senhor, buscá-
-lo de todo o coração, que é selado por um
voto renovado. Como resultado, o Senhor dá
à nação paz e descanso.

No reinado do rei Josafá, o rei na sucessão
do trono de Judá, há outro tempo de restauração. Josafá retira os ídolos da terra. O segundo
princípio da restauração é estabelecido pelo
reinado de Josafá — o ministério do ensino:

Moeda de
meio shekel

*No terceiro ano do seu reinado, enviou
ele os seus príncipes Ben-Hail, Obadias,
Zacarias, Natanael e Micaías, para
ensinarem nas cidades de Judá; e, com eles,
os levitas Semaías, Netanias, Zebadias,
Asael, Semiramote, Jônatas, Adonias,
Tobias e Tobe-Adonias; e, com estes levitas,
os sacerdotes Elisama e Jeorão. Ensinaram
em Judá, tendo consigo o Livro da Lei do
SENHOR; percorriam todas as cidades de Judá
e ensinavam ao povo* (17:7-9).

Vemos o ministério de ensino seguido por
outra reforma e a bênção da paz de Deus:

*Veio o terror do SENHOR sobre todos os reinos
das terras que estavam ao redor de Judá,
de maneira que não fizeram guerra contra
Josafá* (17:10).

Mais tarde, infelizmente, Josafá faz uma
aliança com Acazias, o rei de Israel, o apóstata Reino do Norte. Israel e Judá se unem
em uma expedição naval que termina em
desastre. É um momento de fraqueza na vida
do rei Josafá, e faz com que toda a nação de
Judá fique enfraquecida. Como consequência,
Judá é mais tarde atacado por Amon, Moabe
e Edom — todos tipos simbólicos da carne.

Nos capítulos 23 e 24, chegamos à história do rei Joás, que ilustra o terceiro princípio da restauração — *pagar o que é devido*.
A terceira restauração de Israel foi realizada
quando se cobrou ao povo os impostos devi-
dos ao Templo.

*Depois disto, resolveu Joás restaurar a
Casa do SENHOR. Reuniu os sacerdotes e
os levitas e lhes disse: Saí pelas cidades de*

Aventurando-se através da Bíblia

*Judá e levantai dinheiro de todo o Israel
para repararedes a casa do vosso Deus,
de ano em ano; e, vós, apressai-vos
nisto. Porém os levitas não se
apressaram* (24:4,5).

O imposto do Templo havia sido negligenciado durante muito tempo. Devido a essa negligência, o Templo se encontrava em um estado tão lastimável de ruína que suas portas estavam realmente fechadas. Nenhum sacrifício era oferecido no Templo, e Joás juntou dinheiro para restaurá-lo. O Templo simboliza o espírito humano como lugar de adoração, de modo que restaurar e reparar o Templo é uma representação do fortalecimento do espírito. Como? Pelo que se chama de restituição — pagar o que é devido. Pode envolver pedir desculpas a alguém por um pecado ou ofensa, ou pode exigir a restituição por um furto ou devolução de algo que foi inapropriadamente usado. Esse é o princípio da restituição e da restauração.

No reinado de Ezequias, capítulos 29 a 32, encontramos o quarto princípio da restauração — purificação do Templo. No momento em que Ezequias ascendeu ao trono, a nação havia caído em dias tão maus que o Templo estava cheio de lixo e sujeira. Havia lixo espalhado pelos pátios. Ezequias ordenou a purificação do Templo, e os trabalhadores encontraram tanta sujeira que levaram 16 dias para removê-la.

Uma vez que o Templo estava limpo, Ezequias restaurou a adoração e celebrou a Páscoa pela primeira vez desde os dias de Salomão. O que isso representa? É a purificação do templo do nosso espírito. Ele simboliza o ato de jogar fora a sujeira acumulada e

se afastar de ideias falsas que infectam nossa mente. Esta purificação nos permite retornar à adoração ao Senhor.

Em Josias, o último rei bom de Judá, encontramos o quinto princípio da restauração — *voltar a ouvir a Palavra de Deus*. No momento em que Josias subiu ao trono, o Templo havia caído em completo desuso mais uma vez. Josias ordenou ao povo que o limpasse novamente.

*Quando se tirava o dinheiro que se havia
trazido à Casa do* Senhor, *Hilquias, o
sacerdote, achou o Livro da Lei do* Senhor,
dada por intermédio de Moisés (34:14).

Isso soa como algo inacreditável, mas o povo realmente tinha esquecido que havia uma cópia da Lei de Moisés no Templo. A adoração estava tão negligenciada entre o povo que a Palavra de Deus tinha sido totalmente esquecida. Quando os sacerdotes passaram pelo Templo a fim de limpá-lo, descobriram o rolo da Lei e o trouxeram ao rei e o leram. Ao ouvir as palavras da Lei, o rei Josias rasgou suas vestes. Ele ordenou aos seus conselheiros que perguntassem ao Senhor o que devia fazer.

*Então, deu ordem o rei, e todos os anciãos
de Judá e de Jerusalém se ajuntaram. O rei
subiu à Casa do* Senhor, *e todos os homens
de Judá, todos os moradores de Jerusalém,
os sacerdotes, os levitas e todo o povo, desde
o menor até ao maior; e leu diante deles
todas as palavras do Livro da Aliança que
fora encontrado na Casa do* Senhor. *O
rei se pôs no seu lugar e fez aliança ante o*
Senhor, *para o seguirem, guardarem os seus*

mandamentos, os seus testemunhos e os seus estatutos, de todo o coração e de toda a alma, cumprindo as palavras desta aliança, que estavam escritas naquele livro (34:29-31).

Sempre que o templo de nossa vida cai em ruína e desordem, é hora de redescobrir a Palavra de Deus e voltar a ouvir a Bíblia. Quando ouvimos a Palavra de Deus com um novo entendimento e renovamos nosso relacionamento de aliança com Ele, prometendo segui-lo e guardar Seus mandamentos, o senso de paz, segurança e o relacionamento correto com o Senhor são restaurados.

Julgamento e cativeiro

A paciência de Deus chegou ao fim.

O último capítulo de 2 Crônicas relata como Jerusalém foi conquistada pelo Egito, e o Faraó estabeleceu Jeoaquim como um governante fantoche. Jeoaquim tornou-se rei aos 25 anos, e a passagem afirma que "fez ele o que era mau perante o SENHOR" (36:5).

Os babilônios atacaram Jerusalém, depuseram o rei Jeoaquim e o levaram acorrentado. Nabucodonosor, rei da Babilônia, estabeleceu o filho de Jeoaquim, Joaquim, como o novo rei fantoche de Judá. Então Joaquim fazia o que ordenava Nabucodonosor. Também "fez ele o que era mau perante o SENHOR" (36:9), apesar de ter reinado por apenas três meses e dez dias.

Nabucodonosor então estabeleceu o tio de Joaquim, Zedequias, como rei sobre Judá e Jerusalém — e ele foi o último rei que o povo de Israel teve. Zedequias subiu ao trono aos 21 anos e reinou por 11 anos. A passagem afirma que Zedequias também "fez o que era mau perante o SENHOR, seu Deus, e não

se humilhou perante o profeta Jeremias, que falava da parte do SENHOR" (2Cr 36:12). Ele era duro e obstinado de coração e recusou-se a prestar atenção à Palavra de Deus. Os sacerdotes e o povo seguiram seu exemplo, tornando-se cada vez mais infiéis ao único e verdadeiro Deus, enquanto contaminavam o Templo em Jerusalém com os ritos obscenos das nações idólatras.

Mesmo assim, Deus teve piedade do povo, apesar de seu rei ímpio, e lhes enviou uma série de Seus profetas, pedindo para que eles retornassem a Deus. Mas o povo rejeitou os profetas, zombando deles e expulsando-os.

Zedequias também se rebelou contra Nabucodonosor, o que enfureceu o rei babilônico. Nabucodonosor enviou seu exército a Jerusalém. A passagem a seguir deixa claro que os babilônios eram instrumentos do juízo de Deus:

Por isso, o SENHOR fez subir contra ele o rei dos caldeus, o qual matou os seus jovens à espada, na casa do seu santuário; e não teve piedade nem dos jovens nem das donzelas, nem dos velhos nem dos mais avançados em idade; a todos os deu nas suas mãos. Todos os utensílios da Casa de Deus, grandes e pequenos, os tesouros da Casa do SENHOR e os tesouros do rei e dos seus príncipes, tudo levou ele para a Babilônia. Queimaram a Casa de Deus e derribaram os muros de Jerusalém; todos os seus palácios queimaram, destruindo também todos os seus preciosos objetos (36:17-19).

Contraste esta cena de devastação, morte e horror com aquela cena maravilhosa dos dias de glória do reinado de Salomão: o rei

Salomão, com suas vestes reais, ajoelhou-se diante do povo e orou ao Deus do Céu. O reino estava em paz. O governo de Salomão estendeu-se aos limites mais extremos do reino prometido a Abraão, desde o rio Eufrates até o rio do Egito. Pessoas de todo o mundo fizeram peregrinações a Jerusalém para ver a glória de Deus. O fogo de Deus desceu do céu e a glória de Deus encheu o Templo como uma nuvem.

Mas, no final de 2 Crônicas, o fogo que enchera o Templo, agora era o fogo do juízo e da destruição. O Templo foi arruinado, a cidade derrubada, os muros destruídos, o povo morto ou levado em correntes. O reino uma vez conhecido como a Terra Prometida agora estava repleto de inimigos e carniceiros. Por toda parte havia fumaça e cheiro de morte.

Esta é a imagem que Deus coloca diante de nós a respeito de nossa vida quando escolhemos andar em desobediência. O livro de 2 Crônicas serve como alerta — e um encorajamento. Declínio e destruição não são inevitáveis. Se escolhermos obediência e restauração, poderemos experimentar a presença da glória de Deus no templo de nossa própria vida interior — Sua paz, Sua prosperidade, Sua bênção sobre nossa vida. Poderemos experimentar as maravilhas da era salomônica, as riquezas do Céu derramada no vaso dos nosso próprio espírito humano; "boa medida, recalcada, sacudida, transbordante", como Jesus prometeu (Lc 6:38).

Abundância e bênção — ou perda e devastação. A escolha é nossa.

PERGUNTAS PARA DISCUSSÃO

2 CRÔNICAS
O rei de Deus na casa de Deus

1. No início de 2 Crônicas, o recém-coroado rei Salomão pede a Deus por sabedoria. Qual é o resultado da oração de Salomão — não só em sua própria vida, mas na vida da nação?

2. O autor diz que o esplendor de Jerusalém, que atraiu pessoas de todo o mundo, é "um retrato do principal método de Deus para a evangelização". O que o autor quer dizer? Como você aplicaria esse princípio à vida cristã hoje?

3. Os capítulos 10 a 36 contêm um registro dos reis de Judá desde a morte de Salomão até o cativeiro babilônico. Embora nove sejam bons reis e onze maus, é claro que Judá está em um declive moral e espiritual. O declínio na vida de uma nação ou de um indivíduo é inevitável? Justifique.

4. O que uma nação deveria fazer para ter sua saúde espiritual restaurada? O que um indivíduo deveria fazer para ser restaurado?

5. O declínio da nação começou com Roboão, filho de Salomão, que se recusou a seguir o bom conselho dos sábios de seu reino. Ele começou a inclinar-se para o mal que, mais tarde, levou a nação ao cativeiro. Roboão tinha visto seu pai governar com sabedoria, levando sua nação a um lugar de poder, influência e esplendor — ainda assim ele levou a nação para longe da sabedoria do Senhor. Por que você acha que Roboão parece não ter aprendido nada sobre liderança e sabedoria com seu pai, Salomão?

Aventurando-se através da Bíblia

APLICAÇÃO PESSOAL

6. Como a adoração a Deus foi abandonada em Israel, o alicerce social, a força econômica e o poderio militar começaram a desmoronar — e a nação foi logo invadida por potências estrangeiras. Você vê algum paralelo entre o antigo Israel e o nosso mundo contemporâneo? O que uma pessoa pode fazer para deter a deterioração e desintegração de toda sua sociedade?

7. O autor escreve: "Creio que há um princípio semelhante que age dentro de cada pessoa cristã. Se permitirmos [...] ser espiritual e moralmente enfraquecidos por alguma idolatria interior (o amor ao dinheiro e bens, o amor ao poder, o culto à fama ou a aprovação dos outros), baixaremos nossas defesas. Abrimo-nos aos ataques dos invasores do espírito — amargura, raiva, depressão, frustração e derrota". Você luta contra uma "idolatria interior" em alguma área de sua vida? Que passos você pode dar esta semana para livrar sua alma dessa "idolatria interior" e defender-se contra os ataques?

8. Cada rei que lidera a reforma em Israel ilustra um princípio distinto de restauração:

A. O rei Asa representa o princípio de obedecer a Lei de Deus. Obedecer a Deus é o primeiro passo para restaurar uma nação ou um indivíduo à saúde espiritual.

B. O rei Josafá representa o princípio do ministério do ensino. Ele enviou seus oficiais por todo o reino para ensinarem a Lei de Deus ao povo.

C. O rei Joás ilustra o princípio de pagar o que é devido. Para que uma nação ou um indivíduo seja restaurado, deve haver restituição — pagar o que é devido. No caso de um indivíduo, a restituição pode envolver pagar de volta o que foi roubado, desculpar-se por um pecado ou ofensa, e assim por diante.

D. O rei Ezequias representa o princípio da purificação do Templo. Ele ordenou a retirada do acúmulo de lixo e sujeira do Templo, o resultado da negligência. Os cristãos são um tipo diferente de templo — o templo do Espírito Santo. Podemos precisar limpar o nosso templo do lixo de maus hábitos, da sujeira de más atitudes e dos escombros de pecados.

E. O rei Josias, o último bom rei, ilustra o princípio de retornar a ouvir a Palavra de Deus. Quando uma nação ou um indivíduo se afasta do Senhor e precisa de restauração, a cura consiste em ouvir a Palavra de Deus mais uma vez.

Qual desses princípios de restauração você precisa mais nesse momento? Que passos você pode dar esta semana para colocar esse princípio em prática em sua vida?

A mensagem da história

ESDRAS

O caminho de volta

CAPÍTULO 20

Os livros de Esdras, Neemias e Ester cobrem o cativeiro de Israel na Babilônia e seu retorno a Jerusalém. Este livro da Bíblia descreve como Esdras, o escriba, conduziu os exilados judeus da Babilônia de volta à sua cidade natal, Jerusalém, onde restaurou a observância da Lei de Moisés e purificou a comunidade judaica das práticas ímpias. O nome "Esdras" é uma forma abreviada de Azaryahu, que significa "*Yahweh* tem ajudado".

A viagem para casa, saindo da Babilônia, envolveu cerca de 50 mil homens, mulheres e crianças — muito menos do que os 500 mil refugiados de guerra judeus que inundaram Israel quando a nação foi restabelecida, em 1948, ou os 5,7 milhões de judeus que vivem em Israel hoje. No entanto, embora o número de judeus que retornaram no tempo de Esdras fosse pequeno, esse foi um acontecimento de grande importância histórica.

Na Bíblia hebraica, os livros de Esdras e Neemias são um único volume. E embora a maioria dos comentaristas bíblicos diga que os eventos de Neemias ocorreram após os acontecimentos de Esdras, creio que um estudo cuidadoso desses dois livros revela que os eventos que eles cobrem são paralelos entre si.

Esdras preocupa-se com a reconstrução do Templo. Neemias preocupa-se com a reconstrução da cidade e dos muros de Jerusalém. O Templo foi a última estrutura destruída quando a nação foi para o cativeiro. Foi o último reduto (se podemos assim dizer) do Espírito de Deus dentro da nação de Israel. Em sentido simbólico, o Templo, que representa a morada do Espírito, é o último lugar a ser destruído quando uma pessoa permite que seu relacionamento com Deus caia em ruína. Contudo, é também o primeiro lugar por onde Deus começa Seu trabalho de restauração.

> **OBJETIVOS DO CAPÍTULO**
>
> Este capítulo apresenta a história de Esdras, que conduziu Israel de volta a Jerusalém após a saída do exílio na Babilônia. Aprendemos lições importantes para a vida cristã, incluindo: como retornar depois de nos afastarmos de Deus; como reconstruir nossa vida depois de um tempo de "exílio" espiritual e como restaurar o relacionamento quebrado com Deus. Os três temas "retornar", "reconstruir" e "restaurar" são as chaves deste capítulo.

Aventurando-se através da Bíblia

Assim, o livro de Esdras, que trata da restauração do Templo, é colocado antes de Neemias nas Escrituras. Observe as primeiras palavras deste livro:

No primeiro ano de Ciro, rei da Pérsia,
para que se cumprisse a palavra do SENHOR,
por boca de Jeremias, despertou o SENHOR
o espírito de Ciro, rei da Pérsia, o qual fez
passar pregão por todo o seu reino, como
também por escrito, dizendo:
Assim diz Ciro, rei da Pérsia:
O SENHOR, Deus dos céus, me deu todos
os reinos da terra e me encarregou de lhe
edificar uma casa em Jerusalém de Judá.
Quem dentre vós é, de todo o seu povo, seja
seu Deus com ele, e suba a Jerusalém de
Judá... (1:1-3).

Essas palavras são quase idênticas a de 2 Crônicas 36:22,23. O livro de Esdras começa exatamente onde Crônicas termina. Isso sugere fortemente que Esdras, o escriba, tenha escrito os dois livros.

Retornar, reconstruir e restaurar

O livro de Esdras ilustra a obra de Deus na restauração do coração que caiu em pecado. A restauração pode ocorrer em vários níveis: individual, na vida de uma igreja local, em uma denominação inteira, em uma cidade ou em uma nação. Restauração é a obra de Deus que traz as pessoas de volta do secularismo e materialismo para o verdadeiro conhecimento e força espirituais. A restauração genuína segue sempre o padrão descrito em Esdras.

O LIVRO DE ESDRAS

A restauração do Templo (Esdras 1–6)

O decreto de Ciro e o primeiro retorno do povo sob a liderança de Zorobabel...1–2

A construção do Templo 3–6

A restauração da nação (Esdras 7–10)

O segundo retorno do povo a Jerusalém sob a liderança do profeta Esdras...7–8

Israel se desvia através de casamentos mistos; Esdras intercede a Deus, confessando a fidelidade de Deus e a infidelidade de Israel 9

Israel se arrepende e é restaurado...10

A mensagem da história

O livro divide-se muito naturalmente entre os ministérios de dois homens: Zorobabel, capítulos 1 a 6, e Esdras, capítulos 7 a 10. Esses dois homens trabalharam juntos para conduzir os judeus cativos da Babilônia para Jerusalém. Zorobabel, curiosamente, era um descendente de Davi, um herdeiro da linhagem real. Esdras, descendente do Aarão, era sacerdote.

O livro de Esdras mostra claramente a necessidade do trabalho de um rei e de um sacerdote na realização da restauração. O trabalho do rei é construir (ou, neste caso, reconstruir). O trabalho do sacerdote é purificar e restaurar. Ambas as funções são essenciais para restaurar o relacionamento com Deus.

A restauração no indivíduo exige a entrega total ao Espírito de Deus e humilde submissão à realeza e senhorio de Jesus Cristo. Assim, a restauração pessoal envolve o ministério de Jesus como rei em nossa vida. Significa reconhecer o direito de Deus de ser nosso dono, nos dirigir, nos transformar e substituir nossos planos pelos dele.

Mas restauração também significa purificação. O espírito e a alma são purificados pelo nosso Grande Sumo Sacerdote que, com a nossa confissão de pecado, lava nossa culpa e nos restaura ao lugar de comunhão e bem-aventurança à Sua vista. O abandonar o pecado é sempre obra da graça de Deus, como vemos em Ed 1:1: "despertou o SENHOR o espírito de Ciro, rei da Pérsia".

O versículo 5 continua o tema da graça ativa de Deus, movendo as pessoas à ação: "Então, se levantaram os cabeças de famílias de Judá e de Benjamim, e os sacerdotes, e os levitas, com todos aqueles cujo espírito Deus despertou, para subirem a edificar a Casa do SENHOR, a qual está em Jerusalém".

Deus sempre toma a iniciativa. Ninguém, depois de cair em uma experiência pecaminosa, jamais voltaria a Cristo a menos que Deus trouxesse essa pessoa de volta. Vemos este princípio claramente na vida da nação exilada de Israel.

Na Babilônia, os judeus — que começaram seu cativeiro como escravos — logo se tornaram prósperos. Na verdade, tornaram-se tão prósperos, que seus valores espirituais se deterioraram e eles se entregaram ao materialismo. Mais tarde, muitos ficaram tão apegados aos seus bens materiais que não quiseram voltar para Jerusalém, embora, como cativos, não gozassem de liberdade na Babilônia. Então, quando Deus abriu a porta para retornar, muitos se recusaram.

Porém, o Espírito de Deus despertou os corações de alguns e os fez insatisfeitos com sua prosperidade. Meras coisas materiais nunca satisfarão o profundo clamor do espírito humano. Quando sentimos uma profunda sede espiritual, que as coisas materiais não podem satisfazer, devemos perceber que o Espírito de Deus está nos movendo a retornar e reconstruir as coisas que levam à força espiritual.

O primeiro retorno

O cativeiro babilônico durou cerca de 70 anos.

Então, em 539 a.C., o rei Ciro da Pérsia invadiu e derrotou os babilônios. Ciro emitiu um decreto dando aos israelitas o direito de retornar à sua pátria. Assim, nos capítulos 1 e 2, Zorobabel, o descendente real de Davi, leva 50 mil pessoas da Babilônia de volta a Jerusalém.

Quando as pessoas chegam a Jerusalém, é o sétimo mês do ano — a tempo para a Festa

Aventurando-se através da Bíblia

dos Tabernáculos. Essa festa judaica (também chamada de Festa da Colheita), refere-se ao tempo em que Israel habitou em tendas, o povo devia lembrar de seu passado de peregrinação. Essa festa também aguarda com expectativa a eventual reunificação de Israel da vasta dispersão mundial (ou Diáspora) do Milênio. É a festa que está misturada com lágrimas de tristeza enquanto as pessoas veem a fundação do Templo ser reconstruída.

Os judeus que retornam realizaram duas ações significativas. O primeiro ato foi construir um altar no local original do templo. Debaixo do céu aberto, no meio dos escombros e das ruínas, erguem um altar a Deus. Então eles o adoram e oferecem os sacrifícios que a Lei de Moisés exige.

Essa é uma ação importante. Reconstruir um altar a Deus é o primeiro ato do coração que deseja uma comunhão restaurada com Deus depois de vagar por um tempo. Além disso, um altar simboliza propriedade. É tanto um reconhecimento de que Deus possui o direito exclusivo de nossa vida como um símbolo de nosso relacionamento pessoal com Ele. Portanto, um altar quase invariavelmente envolve sacrifício, adoração e louvor.

Como um cristão que deseja restaurar o relacionamento rompido com Deus, o "altar" que você constrói não seria uma estrutura feita de pedra. Seu "altar" seria um compromisso renovado à oração, meditação e estudo da Palavra de Deus. Seria um "altar de família" renovado, um tempo de devocional passado com seu cônjuge e filhos, aproximando-se de Deus por meio da leitura regular da Bíblia e da oração em família. Pode também incluir um retorno a disciplinas espirituais como jejum ou envolvimento em um pequeno grupo de estudo bíblico. Quando você quer reconstruir o relacionamento rompido com Deus, começa pelo altar.

No Antigo Testamento, um sacrifício envolvia a morte simbólica de um animal. No Novo Testamento, "sacrifício" significa a morte do eu, o reconhecimento de que "não sois de vós mesmos; fostes comprados por preço" (1Co 6:19,20). A experiência de sacrifício, adoração e louvor traz o relacionamento restaurado e a alegria do coração restaurado.

Um homem tirou um tempo de folga do trabalho para se encontrar comigo e falar sobre sua vida de oração. Ele trouxe folhas de papel nas quais havia escrito todas as coisas sobre as quais estava tentando orar — três ou quatro folhas com espaçamento simples.

—Tenho um grande problema com isso, disse. Acho difícil lembrar de todas essas coisas e percorrer essas listas. É tão mecânico, tão vazio.

—Por que você não esquece tudo isso?, disse eu. Passe seu tempo com alguns momentos de oração louvando o Senhor.

No início, esse homem estava resistente, até mesmo ressentido. Ele me disse mais tarde que pensou: *Tirei folga do trabalho para falar com você, e tudo que você me disse foi: "Por que você não passa seu tempo louvando o Senhor?".* Ele queria conselhos na organização de sua vida de oração para torná-la mais eficaz e orientada por objetivos, mas eu lhe disse para abrir mão de suas listas e objetivos!

Porém, depois que foi para casa, ele pensou no que eu dissera e tentou. Quase que, instantaneamente, descobriu que sua vida de oração fora revolucionada. Experimentou uma sensação de restauração, um senso de comunhão pessoal restaurada.

A mensagem da história

Isso é o que Deus quer na sua e na minha vida. É por isso que o altar de adoração é tão importante no processo de restauração espiritual.

O segundo ato dos judeus, assim que retornaram, foi lançar a fundação do Templo, e isso foi feito com sentimentos mistos de lágrimas e brados de alegria:

Cantavam alternadamente, louvando e rendendo graças ao SENHOR, com estas palavras: Ele é bom, porque a sua misericórdia dura para sempre sobre Israel. E todo o povo jubilou com altas vozes, louvando ao SENHOR por se terem lançado os alicerces da sua casa. Porém muitos dos sacerdotes, e levitas, e cabeças de famílias, já idosos, que viram a primeira casa, choraram em alta voz quando à sua vista foram lançados os alicerces desta casa; muitos, no entanto, levantaram as vozes com gritos de alegria. De maneira que não se podiam discernir as vozes de alegria das vozes do choro do povo; pois o povo jubilava com tão grandes gritos, que as vozes se ouviam de mui longe (3:11-13).

Você já se sentiu assim? Você já retornou a Deus depois de um tempo de frieza e distanciamento — um período de cativeiro do poder do pecado? Você se lembra daquela grande sensação de alegria quando o Espírito de Deus restabeleceu os fundamentos da comunhão dentro de seu coração? Sim, houve regozijo — mas também houve tristeza e pesar pelos anos perdidos e desperdiçados.

Essa mistura de emoções é exatamente o que é retratado aqui: lágrimas de alegria misturadas com lágrimas de tristeza, enquanto as pessoas veem a fundação do Templo sendo lançada.

Oposição e atraso

Mesmo neste momento de alegria e restauração, no entanto, a oposição está se desenvolvendo, como vemos nos capítulos 4 a 6. Uma força está em ação em Israel, que reflete a força em cada coração humano que resiste amargamente à obra do Espírito de Deus. Essa força se manifesta imediatamente aqui, e o faz de forma tão enganosa, sob a aparência de solicitude amigável e cortesia:

Ouvindo os adversários de Judá e Benjamim que os que voltaram do cativeiro edificavam o templo ao SENHOR, Deus de Israel, chegaram-se a Zorobabel e aos cabeças de famílias e lhes disseram: Deixai-nos edificar convosco, porque, como vós, buscaremos a vosso Deus; como também já lhe sacrificamos desde os dias de Esar-Hadom, rei da Assíria, que nos fez subir para aqui (4:1,2).

A propósito, esses inimigos são o povo que viria a ser conhecido como samaritanos, frequentemente mencionados no Novo Testamento. Esses samaritanos se aproximam dos judeus e dizem: "Deixai-nos edificar [o Templo] convosco, porque, como vós, buscaremos a vosso Deus; como também já lhe sacrificamos". Eles vêm com mãos abertas, voluntários para arregaçar as mangas e trabalhar.

Seria uma oferta que a maioria de nós teria dificuldade em recusar. É fácil dizer não a um inimigo que vem respirando ameaças, mas o que você responde a um inimigo que diz: "Deixe-me ajudar"? A única maneira de rejeitá-lo é com um coração obediente à Palavra de Deus:

Aventurando-se através da Bíblia

Porém Zorobabel, Jesua e os outros cabeças de famílias lhes responderam: Nada tendes conosco na edificação da casa a nosso Deus; nós mesmos, sozinhos, a edificaremos ao SENHOR, Deus de Israel, como nos ordenou Ciro, rei da Pérsia (4:3).

Isso soa grosseiro e ofensivo, mas Deus ordenou a Israel que não tivesse comunhão com outras nações ou que se envolvesse com elas em empreendimentos relacionados à fé. O que isso significa? Que era errado que uma nação se mesclasse com outra? Não, esse princípio tem sido distorcido e mal aplicado a situações em que não são aplicáveis hoje.

Significa simplesmente que Deus rejeita a filosofia do mundo ao realizar Sua obra. Há uma religião mundana e existe a fé que Deus nos dá, e as duas nunca devem ser misturadas. A religião mundana reflete o espírito de Satanás, o deus desta era, que nos diz: "Use a religião para progredir, para alcançar sua própria glória. Seja religioso para conquistar admiração, poder, fama ou o que quer que seu coração deseje". Porém, Deus rejeita esse princípio.

A desonestidade por trás da oferta dos samaritanos é demonstrada pelo fato de que a rejeição dos judeus à oferta remove toda a pretensão. A "amizade" oferecida pelos samaritanos rapidamente se transforma em ódio:

Então, as gentes da terra desanimaram o povo de Judá, inquietando-o no edificar; alugaram contra eles conselheiros para frustrarem o seu plano, todos os dias de Ciro, rei da Pérsia, até ao reinado de Dario, rei da Pérsia (4:4,5).

Os capítulos 5 e 6 relatam a história do sucesso que os adversários obtiveram em parar o trabalho de reconstrução do Templo. Ao frustrar os judeus deliberadamente, zombando deles e os provocando, impediram Israel de fazer a obra que Deus havia ordenado. Esses chamados amigos usaram todos os meios, inclusive os legais, para minar a autoridade e o direito de Israel de construir.

Esdras lê a lei, Painel de madeira, interior da sinagoga de Dura Europos, Síria

Isso é o que acontece sempre que alguém se levanta a favor de Deus.

Como Paulo escreveu aos gálatas: "Porque a carne milita contra o Espírito" (Gl 5:17). Isso é o que temos aqui, e o princípio foi muito bem-sucedido. O trabalho foi interrompido por 16 anos e o Templo ficou meio acabado, cheio de ervas daninhas e capim. Novamente, a adoração cessou.

Então, Deus enviou dois profetas, Ageu e Zacarias. Esses dois homens foram instrumentos do Senhor para mover o coração das pessoas. Quando elas começaram a se voltar para Deus, Ele também voltou o coração dos reis, Dario e Artaxerxes, e eles emitiram o decreto que determinou que o trabalho no Templo fosse retomado. Assim, o trabalho foi finalmente concluído.

No capítulo 6, lemos que a primeira coisa que os judeus fizeram ao completar o Templo foi celebrar a Páscoa. Isso marcou o início de sua comunhão restaurada com Deus.

Da mesma forma, quando experimentamos um relacionamento restaurado com o Deus vivo, nossa vida deve ser marcada pela celebração e alegria. Separados de Deus, não temos nada para celebrar. Uma vez reunidos com Deus, desfrutamos da glória e da luz do Céu que brilha em nosso coração. O templo de nosso espírito está firme e resplandecente, cheio com a glória da presença de Deus — e podemos usufruir da alegria que Ele nos concede.

O segundo retorno

A última parte do livro diz respeito ao ministério de Esdras, que liderou o segundo retorno a Israel. No capítulo 7, lemos:

Ele era escriba versado na Lei de Moisés, dada pelo Senhor, Deus de Israel; e, segundo a boa mão do Senhor, seu Deus, que estava sobre ele, o rei lhe concedeu tudo quanto lhe pedira (7:6).

Você não gostaria que isso fosse escrito a seu respeito: "o rei lhe concedeu tudo quanto lhe pedira"? Que tipo de pessoa era Esdras a quem um rei gentio pagão considera tanto, que é capaz de conceder qualquer coisa que Esdras lhe pedir? Encontramos o segredo do caráter deste homem neste capítulo:

Porque Esdras tinha disposto o coração para buscar a Lei do Senhor, e para a cumprir, e para ensinar em Israel os seus estatutos e os seus juízos (7:10).

Esdras é um homem da Palavra. Portanto, Deus o enviou a Jerusalém para fortalecer e embelezar o Templo. Essa é a obra da Palavra de Deus em nossa vida: fortalecer e embelezar em nós o lugar de comunhão com o Senhor.

Acabadas, pois, estas coisas, vieram ter comigo os príncipes, dizendo: O povo de Israel, e os sacerdotes, e os levitas não se separaram dos povos de outras terras com as suas abominações, isto é, dos cananeus, dos heteus, dos ferezeus, dos jebuseus, dos amonitas, dos moabitas, dos egípcios e dos amorreus, pois tomaram das suas filhas para si e para seus filhos, e, assim, se misturou a linhagem santa com os povos dessas terras, e até os príncipes e magistrados foram os primeiros nesta transgressão (9:1,2).

Aventurando-se através da Bíblia

Os líderes da nação vieram a Esdras e relataram que os judeus estavam mais uma vez se misturando com as nações vizinhas, adotando suas práticas idólatras e tomando esposas e maridos dentre esses estrangeiros. Essas eram as práticas que tinham quebrado a força da nação anteriormente. Esses foram os pecados que fizeram com que Deus finalmente dispersasse o povo judeu, os separasse em duas nações e os entregasse ao cativeiro e ao exílio. Agora, parecia que, depois de 70 anos sob a mão disciplinadora do Senhor, eles não tinham aprendido nada!

A carne nunca muda. Não importa quanto tempo você ande no Espírito, você nunca vai chegar a um lugar onde não possa cair, onde não possa retroceder para a sua pior condição espiritual. Basta um pouco de desatenção, um pouco de desvio, um pouco de distanciamento de sua dependência do Espírito de Deus e, antes que perceba, você está de volta ao atoleiro de seus velhos caminhos. Esdras ficou arrasado ao saber que isso acontecera.

Ouvindo eu tal coisa, rasguei as minhas vestes e o meu manto, e arranquei os cabelos da cabeça e da barba, e me assentei atônito […] até ao sacrifício da tarde (9:3,4).

À medida que o livro se aproxima de seu fim, Esdras ora a Deus e confessa o grande pecado da nação. Em resposta, Deus graciosamente se move no coração do povo. Os líderes vêm a Esdras com o coração quebrantado, reconhecendo seu pecado. Então fazem uma proclamação, chamando todas as pessoas para se reunirem. Apesar da chuva, o povo ainda se reúne, milhares se aglomeram na praça diante do Templo, e juntos confessam sua desobediência.

O que acontece em seguida é difícil de aceitar: eles se comprometem a mandar embora as esposas e filhos que tiveram fora da vontade de Deus. Bem, isso é uma coisa dolorosa, não é? Isso é o que Jesus quis dizer quando falou: "Se alguém vem a mim e não aborrece a seu pai, e mãe, e mulher, e filhos, e irmãos, e irmãs e ainda a sua própria vida, não pode ser meu discípulo" (Lc 14:26). Nosso relacionamento com Deus vem em primeiro lugar.

Esse é um ensinamento simbólico. Deus não está dizendo que temos que nos divorciar e então abandonar nossos filhos hoje. Pelo contrário, Ele está dizendo que devemos nos divorciar implacavelmente de tudo o que vem da carne e impede nossa pureza espiritual e nosso relacionamento com Deus. Devemos nos divorciar de nosso materialismo, de nossas concupiscências e cobiças, de nossas metas e valores ímpios, de nossa ira e ressentimentos, de nossos hábitos e pecados, todos simbolizados por essas tribos dos cananeus na terra.

Foi difícil para os israelitas mandarem embora suas esposas e filhos, mas eles perceberam que sua única chance de ser restaurado à comunhão com Deus residia na absoluta e radical obediência à Sua Palavra. Jesus disse: "Se o teu olho direito te faz tropeçar, arranca-o e lança-o de ti […] se a tua mão direita te faz tropeçar, corta-a" (Mt 5:29,30). Seja implacável em afastar os pecados que o impedem de um relacionamento correto com Deus.

Esse é o caminho de volta à santidade, o caminho para um relacionamento restaurado com Aquele que nos ama. O caminho da obediência é o caminho de volta a Deus.

PERGUNTAS PARA DISCUSSÃO

ESDRAS
O caminho de volta

1. O autor diz que o processo de restauração espiritual requer sempre o trabalho de um rei e de um sacerdote. Qual é o trabalho do rei na restauração? Qual é o do sacerdote? Como Jesus desempenha a função de rei e sacerdote na restauração de nossa vida espiritual?

2. A primeira ação realizada pelos judeus que retornaram foi a de construir um altar ao Senhor. Qual é o significado simbólico do altar? Porque já não oferecemos sacrifícios de sangue em altares, como faziam os judeus, qual seria o equivalente hoje do altar na vida cristã?

3. A segunda ação realizada pelos judeus que retornaram foi a de lançar a fundação do Templo. O que seria o equivalente a lançar o fundamento do Templo em sua própria vida cristã?

4. Em Esdras 7, lemos que o rei da Babilônia "concedeu [a Esdras] tudo quanto lhe pedira". O que havia sobre Esdras que fez este rei pagão respeitar e lhe conceder cada pedido? O que havia "de especial" na vida de Esdras ou em sua personalidade que encantou o rei e o fez conceder-lhe favores especiais?

APLICAÇÃO PESSOAL

5. Você já voltou a Deus depois de um tempo de comunhão interrompida ou rebelião? Quais foram as emoções que sentiu quando restabeleceu a comunhão com o Senhor? Você também experimentou (como os judeus em Jerusalém) a crescente oposição das circunstâncias, tentação, dúvidas ou resistência interior ao seu relacionamento restaurado com Deus? Quando a oposição surge, de dentro ou de fora, qual é a melhor maneira de reagir?

Aventurando-se através da Bíblia

6. Os capítulos 5 e 6 descrevem como os oponentes de Israel conseguiram impedir a obra de reconstrução do Templo, zombando e insultando os judeus. Você já experimentou zombaria, insulto ou oposição quando tentou fazer algo para Deus? Você conseguiu perseverar durante a oposição ou seus oponentes conseguiram interrompê-lo? Qual foi a coisa mais sábia que você fez em resposta a essa oposição? O que você faria diferente se enfrentasse uma provação de oposição semelhante no futuro?

7. Esdras voltou à Babilônia por vários anos para servir ao rei e depois voltou a Jerusalém. Em seu retorno, ele ficou chocado e decepcionado ao descobrir que a nação havia retornado às mesmas práticas — idolatria e casamento com pessoas de nações idólatras — as quais haviam causado o declínio e o exílio anteriores de Israel. O autor escreve: "A carne nunca muda. Não importa quanto tempo você ande no Espírito, você nunca vai chegar a um lugar onde não possa cair, onde não possa retroceder para a sua pior condição espiritual".

Nossa fidelidade a Deus deve ser renovada todos os dias. Que passos você pode dar hoje e ao longo desta semana para renovar seu compromisso com Deus e abandonar as coisas que o manteriam longe do relacionamento correto com Ele?

A mensagem da história

NEEMIAS

CAPÍTULO 21

Reconstruindo os muros

Neemias não é uma das personalidades mais proeminentes da Bíblia, mas ele foi uma peça-chave no plano de Deus para a nação de Israel. A história de sua vida é rica em lições para nós hoje. Neemias nasceu no exílio e tinha uma posição confortável e honrada como copeiro do rei Artaxerxes. No entanto, carregava um peso no coração em relação a sua pátria, que nunca havia visto. Seu coração estava abatido pelas coisas que entristeciam o coração de Deus.

Ele sabia que sua nação fora destruída e seu povo levado para o cativeiro, por terem pecado contra Deus. Quando chegou a hora de retornarem a Israel, o Senhor deu a Neemias uma visão para restaurar e reconstruir a nação de Israel. Neemias reagiu demonstrando traços de caráter de fé e liderança piedosa.

O livro de Neemias está dividido em duas partes, que chamo de "reconstrução" e "reinstrução". Os seis primeiros capítulos cobrem a *reconstrução* dos muros da cidade, enquanto os capítulos 7 a 13 tratam da *reinstrução* do povo. Reconstrução e reinstrução — essas duas palavras oferecem um esboço em miniatura do livro de Neemias.

Cronologia invertida

Como observamos anteriormente, os dois livros de Esdras e Neemias aparecem como um só livro na Bíblia hebraica. Esdras é a história da reconstrução do Templo; Neemias é a história da reconstrução da cidade e dos muros de Jerusalém. Muitos comentaristas bíblicos acreditam que os eventos de Neemias seguem cronologicamente os eventos de Esdras. Creio, no entanto, que os acontecimentos em Esdras e Neemias são paralelos, ocorrendo ao mesmo tempo.

As histórias contidas nos livros de Esdras, Neemias e Ester ocorreram todas durante o mesmo período geral da história de Israel.

> **OBJETIVOS DO CAPÍTULO**
>
> Este capítulo conta a história de Neemias, um líder muito importante na história de Israel, o arquiteto da reconstrução de Jerusalém e seus muros, após o exílio babilônico. Os dois temas-chave do livro de Neemias são "reconstrução" e "reinstrução". Sua vida nos ensina lições importantes para a vida cristã, incluindo: como sair do cativeiro para um lugar de direito com Deus; como reconstruir sua defesa contra os ataques espirituais e como julgar justamente o pecado.

O LIVRO DE NEEMIAS

A reconstrução dos muros da cidade (Neemias 1–7)

Neemias se prepara para a tarefa...1–2

    A. Neemias ora a Deus...1

    B. O pedido de Neemias ao rei 2:1-8

    C. Neemias retorna a Jerusalém 2:9-20

A reconstrução dos muros..3–7

    A. A restauração das portas 3

    B. Oposição e perseguição 4–6:14

    C. Término da reconstrução...6:15-19

    D. Organização e registro de Israel.....................................7

A reinstrução do Povo (Neemias 8–13)

Renovação da aliança com Deus...8

Reafirmação da aliança com Deus...9–10

Israel obedece à aliança 11–12

Restauração do povo no cap. 13:

    A. A separação das nações pagás.................................... 13:1-9

    B. A restauração da adoração e do sábado 13:10-22

    C. A proibição de casamentos mistos com pagãos 13:23-31

Elas, na verdade, aparecem em ordem cronológica inversa em nossa Bíblia. Em outras palavras, os eventos em Ester, de fato, ocorreram antes dos eventos em Esdras e Neemias, quando Deus começou a retirar o povo de Israel do cativeiro de volta para sua própria terra. O profeta Jeremias havia predito que o cativeiro de Israel duraria 70 anos, e a história de Ester marca o meio desse período de 70 anos. Vamos colocar esses acontecimentos interconectados em uma perspectiva cronológica:

Durante o cativeiro, Deus levantou Ester, uma donzela judia, como rainha no trono da Pérsia. Seu marido, o rei da Pérsia, é conhecido por nomes diferentes nesses três livros. Isso parece confuso no início, mas lembre-se disso: o rei Assuero da Pérsia é o mesmo rei que se chama Artaxerxes nos primeiros capítulos de Neemias. Este rei, embora não fosse um seguidor do Deus de Israel, foi inspirado por Deus a dar ordem para que Neemias retornasse a Jerusalém para reconstruir os muros da cidade.

Quando Neemias relata seu encontro com o rei, há uma frase que ressalta a importância da rainha: "Então, o rei, estando *a rainha assentada junto dele*, me disse…" (2:6 — ênfase adicionada). Creio que a rainha mencionada aqui era a rainha Ester, a mulher judia que Deus tinha elevado a um lugar de proeminência e influência junto ao rei.

Por que esses livros usariam nomes diferentes para o mesmo rei? É porque eles não são nomes, mas títulos. Artaxerxes é um título que significa simplesmente "o grande rei". Assuero é um título que significa "o pai venerável". Estes não eram nomes do rei. Pode ser útil saber que Artaxerxes/Assuero é o mesmo rei que é identificado no livro de Daniel como "Dario, o Medo". Ironicamente, porém, Artaxerxes no livro de Neemias não é a mesma pessoa que o Artaxerxes no livro de Esdras!

Felizmente, a identidade desses reis não é a questão crucial nesses livros. É muito mais importante saber quem são Esdras, Neemias e Ester — e como Deus os usou de maneira poderosa para realizar Seu plano. Cada um deles tem um lugar único no plano da história de Deus, e cada um tem muito a nos ensinar sobre o nosso próprio lugar no plano de Deus.

Esdras é o sacerdote de Deus, chamando o povo de Israel de volta à verdadeira adoração e comunhão com Deus através da restauração do Templo. Ester é um instrumento da graça de Deus, enviada ao trono da Pérsia para tocar o coração de seu marido, o rei.

Neemias é um copeiro — o servo do rei — mas também emerge como um líder de seu povo. Na direção de Deus, sob a influência da rainha Ester, o rei permite que seu servo Neemias volte a Jerusalém. Lá, Neemias demonstra piedosa liderança como o supervisor do projeto divino de revitalização urbana.

Cerca de 25 anos depois de Neemias ter começado a reconstruir a cidade de Jerusalém, Zorobabel retornou com cerca de 50 mil cativos da Babilônia, conforme registrado no livro de Esdras.

Cronologicamente, os eventos nesses três livros seguem esta ordem: Ester, Neemias e Esdras. Mas Deus inverteu a ordem desses livros, por isso temos Esdras, Neemias e Ester. As Escrituras não se atêm apenas à cronologia. Elas se ocupam com o ensino da verdade, e a verdade central que cada um desses livros ensina é *como sair do cativeiro para um lugar*

Aventurando-se através da Bíblia

de direito com Deus. Cada livro explora essa verdade de uma maneira diferente.

Esdras começa com a construção do Templo; o tema deste livro é que a restauração da adoração autêntica é o primeiro passo no caminho de volta a Deus. Neemias conta a história da reconstrução dos muros; o tema deste livro é que Deus supre nossa necessidade de segurança, proteção e força. Ester revela Deus escolhendo uma mulher de um povo em cativeiro para se tornar rainha, influenciando o destino das nações e realizando Seu plano; o tema deste livro é que Deus tem um propósito final para cada um de nós e usa indivíduos para realizar Seu plano universal e eterno.

Dessa forma, como visto nessa breve abordagem, é como esses três livros se encaixam, como peças de quebra-cabeça, formando uma imagem do plano de Deus para o povo de Israel. Cada um desses três líderes — Ester, Neemias e Esdras — entraram em cena num momento significativo da história, quando Deus usa cada um deles para libertar o povo da escravidão e restaurá-lo como um povo de adoradores.

A simbólica cidade de Deus

Um muro é mais do que uma barreira de pedras e argamassa. Um muro é uma declaração.

Os muros da cidade de Jericó simbolizavam o orgulho e a arrogância daquela cidade ímpia. Essa é uma razão pela qual Deus escolheu derrubá-los através de nada além da fé de Israel, Seu próprio poder invisível e o bradar do povo. Deus queria mostrar que a arrogância de Jericó não era páreo para a humilde fé do povo de Deus quando estava alinhada com o poder ilimitado do próprio Deus.

O muro de Berlim simbolizava não só a divisão entre o Oriente e o Ocidente, mas também a miséria e o desespero das pessoas escravizadas pelo comunismo. Não há mais eloquente declaração do colapso do comunismo do que as fotos do povo alemão derrubando aquele odioso muro com suas próprias mãos.

A Grande Muralha da China, de aproximadamente 2.400 km de extensão [N.E.: De acordo com estudos recentes, a extensão total é de 8.850 km], simboliza o grande poder da dinastia Ch'in do século 3 a.C. A Grande Muralha, um dos maiores projetos de engenharia humana já construído, foi erguida para defender a China de tribos guerreiras do norte. Com até 9 m de altura, 7,5 m de largura, com uma estrada que corre ao longo do topo e torres de vigia espaçadas em intervalos regulares, é uma estrutura formidável e intimidadora. Sua declaração não deixa dúvidas: "Nem pense em invadir nossa terra!".

Muros simbolizam força e proteção. Nas cidades antigas, muros maciços eram a primeira, a última e a única linha de defesa. Os muros da Babilônia, como relatado em Daniel, tinham cerca de 115 m de espessura e mais de 30 m de altura — não eram tão compridos quanto a Grande Muralha da China, mas muito mais altos e mais maciços. Dado o tamanho de seus muros, os babilônios tinham todas as razões para se considerarem seguros contra tentativas de ataques.

O muro que Neemias foi chamado a reconstruir em torno de Jerusalém, no entanto, tinha um significado ainda mais profundo, mais espiritual do que qualquer um dos muros mencionados. A reconstrução

Vista de Jericó

dos muros de Jerusalém simboliza um ato que todos os cristãos devem empreender. Deus chama a cada um de nós para reconstruir os muros de nossa vida. O que isso significa?

Jerusalém é um símbolo da Cidade de Deus — Sua habitação e o centro de vida para o mundo. No Novo Testamento, vemos que a morada definitiva de Deus é em nós, Seu povo. Quando reconstruímos os muros de nossa vida, restabelecemos a proteção e a força de Deus em nossa vida.

Todos nós conhecemos pessoas cujas defesas se desintegraram. Tornaram-se seres humanos abandonados, vagando pelas ruas de nossas cidades, sem esperança e impotentes, e frequentemente escravizados pelo álcool, drogas ou vício sexual.

Porém, Deus, em Sua graça, frequentemente alcançará e sustentará tal pessoa. Ele a tirará do cativeiro e trabalhará com ela para reconstruir suas defesas a fim de que possa resistir à tentação e escapar da escravidão do pecado e de qualquer tipo de vício. A reconstrução dos muros de Jerusalém, a Cidade de Deus, simboliza como podemos reconstruir os muros de qualquer vida, qualquer igreja, comunidade ou nação. É uma imagem da força, poder e propósito que Deus quer reconstruir em nós como uma barreira para o pecado, fracasso e destruição.

O processo de reconstrução em cinco passos

O texto descreve um processo de cinco passos que direciona a ação de Neemias — um processo que é relevante para qualquer vida: (1) preocupação, (2) confissão, (3) compromisso, (4) coragem e (5) cautela. Vejamos cada um desses cinco passos.

Passo 1: *Preocupação*. O primeiro passo no processo de reconstrução é dado no capítulo 1: A preocupação de Neemias com as ruínas. Enquanto na cidadela de Susã, servindo como copeiro do rei, Neemias fica sabendo, por meio de viajantes (incluindo seu irmão Hanani), que o muro de Jerusalém estava derrubado, suas portas queimadas e os poucos judeus sobreviventes na região sofriam perseguição. Neemias escreve:

Tendo eu ouvido estas palavras, assentei-me, e chorei, e lamentei por alguns dias; e estive jejuando e orando perante o Deus dos céus (1:4).

Reconstruir os muros começa com a preocupação devido aos danos. Você nunca reconstruirá os muros de sua vida até que lamente pelas ruínas de sua vida. Já parou para comparar o que Deus deseja fazer de sua vida *versus* o que você tem permitido que sua vida seja? Já examinou o potencial com o qual Deus o dotou? Lamentou as possibilidades e oportunidades que já desperdiçou?

Como Neemias, você tomou conhecimento da desolação e da ruína em sua vida — e a resposta normal e apropriada é lamentar, chorar e orar a Deus. Mas não deixe seu remorso paralisá-lo. Perceba, o que Neemias fez: a desolação em sua vida não é um motivo para desistir, mas um *chamado para despertar!* É uma convocação à ação, um desafio para reconstruir.

Quando Neemias ouve o relatório sobre Jerusalém, ele chora e ora por dias, demonstrando sua intensa preocupação e zelo pela morada de Deus, que caiu em ruínas. Sua dor é a primeira etapa necessária, mas ele não para por aí.

Passo 2: *Confissão*. No capítulo 1, ouvimos a poderosa oração de Neemias quando ele confessa que a nação havia abandonado a Deus e que Sua disciplina sobre Israel é justa. Identificando-se completamente com os pecados de seu povo, Neemias diz, em parte:

Faço confissão pelos pecados dos filhos de Israel, os quais temos cometido contra ti; pois eu e a casa de meu pai temos pecado […]. Lembra-te da palavra que ordenaste a Moisés, teu servo, dizendo: Se transgredirdes, eu vos espalharei por entre os povos; mas, se vos converterdes a mim, e guardardes os meus mandamentos, e os cumprirdes, então, ainda que os vossos rejeitados estejam pelas extremidades do céu, de lá os ajuntarei e os trarei para o lugar que tenho escolhido para ali fazer habitar o meu nome (1:6,8,9).

Passo 3: *Compromisso*. Essas palavras de confissão são seguidas imediatamente por um compromisso, como vemos a seguir:

Ah! Senhor, estejam, pois, atentos os teus ouvidos à oração do teu servo e à dos teus servos que se agradam de temer o teu nome; concede que seja bem-sucedido hoje o teu servo e dá-lhe mercê perante este homem. Nesse tempo eu era copeiro do rei (1:11).

Um plano já está se formando na mente de Neemias, mesmo enquanto ele ora. Isso geralmente acontece quando passamos tempo com Deus em oração: Ele fala conosco e nos dá percepções, ideias, inspiração e capacitação para resolver os problemas "impossíveis" que apresentamos diante dele. Aqui, vemos que Deus deu a Neemias o começo de um plano.

Ao término da oração, Neemias tem algo definido para pedir a "este homem". Que homem? A resposta está na última frase do versículo 11:

Eu era copeiro do rei.

O rei! Assim Neemias, o servo do rei, compromete-se com um projeto para o distante Israel. Ele pede a Deus para começar a mover o coração do rei. Esse é sempre o processo pelo qual voltamos à graça de Deus. Demonstramos preocupação. Então, confessamos. Depois, nos comprometemos a agir e pedimos a Deus para atuar em nosso favor. Por enfrentarmos obstáculos e fatores além de nosso controle, Deus deve organizar as circunstâncias que levarão ao sucesso.

Certa vez, ouvi um senhor dar seu testemunho em uma conferência de homens. Ele disse que, nos primeiros dias de sua experiência cristã, alguém o encorajou a orar pelos problemas que ele estava tendo no local de trabalho — relacionamentos tensos com seu chefe e com outros funcionários. Ele disse: "No início, não achei que orar era a coisa certa a fazer. Nem queria orar por pessoas que estavam criando dificuldades para mim. Mas comecei a orar por eles quase contra a minha própria vontade e logo vi mudanças no modo como essas pessoas se relacionavam comigo. Olhando para trás, acho que nós, cristãos, temos uma vantagem injusta sobre aqueles que não conhecem o Senhor! Temos acesso instantâneo Àquele que criou o Universo! Como podem aqueles que não conhecem Deus, em algum momento, esperar competir com isso?".

Nessa passagem, vemos que Neemias está ciente do poder ilimitado de Deus para mudar circunstâncias que estão além do controle humano. Então, Neemias ora para falar com o rei. Mais tarde, quando ele está perante o rei, este percebe o olhar de tristeza no rosto de Neemias, e lhe pergunta o porquê.

Lembre-se, como vimos em Neemias 2:6, quando Neemias se apresenta diante do rei, a rainha também está presente — esta é a rainha Ester. Essa circunstância era parte da resposta de Deus à oração de Neemias: em Sua presciência, Ele já havia planejado colocar uma rainha judia no trono em Susã. Por causa de sua esposa judia, o rei já tinha uma compreensão inerente da história dos judeus e uma preocupação com seus problemas. Então, reage favoravelmente ao pedido de Neemias dando-lhe permissão para retornar a Jerusalém.

Passo 4: *Coragem*. O próximo passo no programa de reconstrução é coragem. Lemos agora:

Então, fui aos governadores dalém do Eufrates e lhes entreguei as cartas do rei; ora, o rei tinha enviado comigo oficiais do exército e cavaleiros. Disto ficaram sabendo Sambalate, o horonita, e Tobias, o servo amonita; e muito lhes desagradou que alguém viesse a procurar o bem dos filhos de Israel (2:9,10).

Preste muita atenção a estes nomes, Sambalate e Tobias, e observe as nações de onde eles vêm, os horonitas e os amonitas. Sempre que você lê sobre amonitas, amorreus, amalequitas, heteus, jebuseus, ferezeus, ou qualquer outro "itas" ou "eus", você tem uma imagem do inimigo de Deus em carne. Essas várias tribos simbolizam a ação satânica

Aventurando-se através da Bíblia

no interior dos seres humanos. São lideradas por Satanás para se opor e resistir à obra de Deus. Sambalate e Tobias não são diferentes; são inimigos de Deus e inimigos de Neemias.

Vemos imediatamente que é necessário ter coragem para reconstruir os muros da morada de Deus. Sempre que alguém como Neemias diz: "Levantarei e construirei", Satanás sempre diz: "Então, eu levantarei e destruirei". Satanás sempre coloca obstáculos no nosso caminho quando começamos a retornar para Deus.

Passo 5: *Cautela*. Por fim, vemos no plano de Neemias a importância da cautela. Quando ele retorna a Jerusalém (2:11-16), não empilha simplesmente tijolos em cima uns dos outros. Ele não se apressa e encoraja as pessoas a construir os muros. Se agisse assim, cairia na armadilha de seus inimigos. Primeiro, ele surge à noite e sai secretamente para inspecionar os muros da cidade e examinar as ruínas. Faz planos cuidadosos e cautelosos sobre o que precisa ser feito.

Estes cinco passos são fundamentais para a tarefa de reconstruir os muros, sejam eles os muros de uma cidade ou os muros de uma vida humana: preocupação, confissão, compromisso, coragem e cautela.

No capítulo 3, vemos como Neemias realizou a tarefa de reconstrução. Se os muros de sua vida estão derrubados, se suas defesas estão no chão, se o inimigo está cercando você de todos os lados, se você facilmente cai em tentação, então preste especial atenção ao processo de reconstrução utilizado por Neemias.

Aprendemos duas percepções importantes: (1) as pessoas estavam dispostas a trabalhar, ...e (2) elas se envolveram e entraram em ação imediatamente. Neemias, em sua sabedoria concedida por Deus, colocou cada trabalhador na tarefa de reconstruir qualquer parte do muro que estivesse mais próxima de sua própria casa, sua própria família. Dessa forma, Neemias assegurou que cada trabalhador tivesse uma participação pessoal na obra de reconstrução.

O significado das portas

O restante de Neemias 3 centra-se nas dez portas da cidade de Jerusalém. Ao ler este capítulo, você encontra os nomes dessas portas, e cada uma tem um significado simbólico específico. Podemos tirar uma importante lição prática a partir dessas portas.

A Porta das Ovelhas (3:1,2). Essa é a porta pela qual as ovelhas eram trazidas à cidade para serem sacrificadas no altar. A Porta das Ovelhas significa o Cordeiro de Deus, cujo sangue foi derramado na cruz por nós. Assim, esta porta revela o princípio da Cruz de Cristo. A cruz é sempre o ponto de partida para a força pessoal. Você tem que começar reconhecendo o princípio da cruz. Você deve crucificar seu ego, seus planos e seu interesse pessoal — pregue-os na Cruz de Cristo. A cruz acaba com o orgulho humano. Não podemos nos salvar. Somente o Cordeiro de Deus, morto por nós, pode nos salvar. A cruz, representada pela Porta das Ovelhas, é o ponto de partida e a fonte de nossa força para a tarefa de reconstrução.

A Porta do Peixe (3:3-5). O que o nome Porta do Peixe lhe sugere? Você se lembra do Senhor Jesus dizendo a Seus discípulos: "Vinde após mim, e eu vos farei pescadores de homens"

(Mc 1:17)? A Porta do Peixe sugere o testemunho do cristão. Essa porta foi derrubada em sua vida? Seu testemunho do Senhor caiu em desuso e abandono? Em caso afirmativo, essa porta e seu muro em volta precisam ser reconstruídos e restaurados. O Senhor Jesus nos diz que todo cristão deve ser uma testemunha para Ele. Se este muro está derrubado, o inimigo terá uma avenida aberta para entrar em sua vida repetidas vezes.

A Porta Velha [Jesana] (3:6-12). Essa porta representa a verdade. Para muitos de nós, ela está derrubada, e não mais repousamos sobre a verdade de Deus, que é estabelecida e eterna. Verdades antigas, estabelecidas e duradouras fornecem a base sobre a qual tudo o que é novo deve repousar. Alguém colocou isso de maneira bem apropriada: "O que quer que seja verdadeiro não é novo, e o que quer que seja novo não é verdadeiro". Estes são dias em que antigas verdades estão sendo descartadas — não apenas em nossa cultura, mas também dentro da Igreja. Muitas pessoas dizem que as antigas verdades e valores são desnecessários, inválidos e obsoletos. Porém, se algo é verdadeiro, jamais será obsoleto. Se permitirmos que a verdade passe ao largo, descobriremos que nossos muros rapidamente se desintegram e nossos inimigos invadem nossa alma. A verdade de Deus nunca muda; é eternamente verdadeira.

Um homem foi visitar um músico idoso. Ele bateu à porta do músico e perguntou: "Qual é a boa palavra para hoje?". O velho músico não disse nada, mas se virou, tirou um diapasão de sua prateleira e o bateu contra a prateleira. Uma nota ressoou pelo quarto.

O músico disse: "Isso, meu amigo, é *A* [N.E.: *A* corresponde a nota Lá no conjunto de notas musicais. Essa nota é a base para a afinação de toda a orquestra.] Foi *A* ontem. Foi *A* há 5 mil anos e será *A* daqui a 5 mil anos". Então ele acrescentou, olhando por cima do ombro: "O tenor do outro lado do corredor desafina. A soprano no andar de cima sai do tom em notas altas. O piano no quarto ao lado está fora de harmonia. Mas a nota desse diapasão é *A*. E isso, meu amigo, é a boa palavra para hoje".

Essa é a natureza da verdade. Muitas vozes ao nosso redor reivindicarão falar a verdade, mas, se a "verdade" deles não estiver de acordo com o diapasão definitivo da verdade de Deus, estarão fora do tom. A "verdade" deles é falsidade. A verdade de Deus jamais muda. Em nossas igrejas e em nossa vida particular, devemos reconstruir a Porta Velha da verdade.

A Porta do Vale (3:13,14). O simbolismo dessa porta é óbvio: é o lugar da humildade na mente. Em toda a Escritura, Deus diz que Ele se opõe ao orgulho humano. Ele busca e exalta os humildes e os contritos. Nosso objetivo deve ser ter uma opinião humilde de nós mesmos e uma opinião elevada de Deus.

A atitude dominante de nossa era é a de arrogância e orgulho: "Posso fazer o que eu quiser!". Mas a atitude que Deus quer desenvolver em nós é de humilde dependência de Seus infinitos recursos: "tudo posso naquele que me fortalece" (Fp 4:13). Quando o ego e o orgulho reinam em nossa vida, nossa porta está derrubada e quebrada. Nossa Porta do Vale — nosso senso de humildade diante de Deus — precisa de reparos.

Aventurando-se através da Bíblia   263

DEZ PORTAS DA JERUSALÉM RECONSTRUÍDA

A Porta das Ovelhas (Ne 3:1,2)

Propósito: Ovelhas para o sacrifício eram trazidas através desta porta.

Simbolismo: Significa o Cordeiro de Deus, morto na cruz por nós. Para passar por essa porta, você deve crucificar seu ego, orgulho e interesse próprio.

A Porta do Peixe (Ne 3:3-5)

Propósito: Essa porta se localizava perto do mercado de peixe, onde os pescadores do mar da Galileia e do rio Jordão traziam peixes para vender.

Simbolismo: Jesus disse: "Eu vos farei pescadores de homens". A Porta do Peixe simboliza nosso testemunho cristão. Essa porta precisa de conserto em sua vida?

A Porta Velha [Jesana] (Ne 3:6-12)

Propósito: Dizia-se que a Porta Velha fazia parte da antiga cidade de Salém (antes de ser conhecida como Jerusalém) — a cidade governada por Melquisedeque (veja Gn 14:18).

Simbolismo: Essa porta representa uma verdade antiga, duradoura e imutável. As promessas de Deus são estabelecidas e eternas e formam a base de nossa vida e nossa fé.

A Porta do Vale (Ne 3:13,14)

Propósito: A Porta do Vale abria-se para o vale de Refaim, a oeste de Jerusalém.

Simbolismo: Essa porta representa humildade de mente. Deus se opõe aos orgulhosos, mas exalta os humildes. Quando o orgulho domina nossa vida, nossa Porta do Vale precisa de reparos.

A Porta do Monturo (Ne 3:14)

Propósito: Essa porta conduz ao lixão no vale de Hinom.

Simbolismo: Essa porta representa a necessidade diária de nos purificarmos do pecado, do egoísmo e da amargura. O fracasso em eliminar o pecado de nossa vida nos levará à ruína. A Porta do Monturo não é agradável para se pensar, mas desempenha uma função necessária em nossa vida.

A Porta da Fonte (Ne 3:15)

Propósito: Essa porta estava perto do Tanque de Siloé.

Simbolismo: A fonte simboliza o Espírito Santo, o fluxo refrescante da vida brotando dentro de nós, capacitando-nos a obedecer a vontade de Deus para nossa vida. Esta porta segue a Porta do Monturo por uma razão: depois que nossa corrupção interior é purgada, a fonte do Espírito nos lava.

A mensagem da história

NA ÉPOCA DE NEEMIAS

A Porta das Águas (Ne 3:26)

Propósito: Essa porta estava no muro oriental, perto do Templo. A água era trazida do Vale de Cedrom, através da Porta das Águas, para os reservatórios do Templo para serem utilizadas nas purificações cerimoniais.

Simbolismo: A água é um símbolo da Palavra de Deus. A Porta das Águas em Jerusalém era a única porta que não precisava de reparos. A Palavra de Deus nunca se rompe, nunca precisa de conserto.

A Porta Oriental (Ne 3:28,29)

Propósito: Essa porta é reservada para o Messias vindouro. O Senhor disse a Ezequiel: "Disse-me o SENHOR: Esta porta permanecerá fechada, não se abrirá; ninguém entrará por ela, porque o SENHOR, Deus de Israel, entrou por ela; por isso, permanecerá fechada" (veja Ez 44:1-3).

Simbolismo: Essa porta dava de frente para o nascer do sol e era a porta da esperança. Sempre que o espírito pessimista desta era destrói nossa esperança, precisamos retornar à Porta Oriental e lembrar que Jesus, o Messias, está voltando.

A Porta dos Cavalos (Ne 3:28,29)

Propósito: Essa porta estava no lado oriental da cidade, com vista para o Vale do Cedrom. Os guerreiros a cavalo se aproximavam e deixavam o palácio de Davi, ao norte do Templo, através da Porta dos Cavalos.

Simbolismo: O cavalo é um símbolo de guerra — incluindo a guerra espiritual. "Porque a nossa luta não é contra o sangue e a carne", escreve Paulo, "e sim contra os principados e potestades, contra os dominadores deste mundo tenebroso, contra as forças espirituais do mal, nas regiões celestes" (Ef 6:12). Somos soldados em uma poderosa luta contra o mal — portanto, monte em seu cavalo! Através da Porta dos Cavalos, cavalguemos para a batalha!

A Porta da Guarda (Ne 3:31)

Propósito: Julgamentos eram realizados nessa porta.

Simbolismo: Devemos parar na Porta da Guarda e nos examinar espiritualmente. Devemos pedir a Deus para esquadrinhar nossa consciência e remover qualquer pecado ou falsidade de nossa vida.

Aventurando-se através da Bíblia

A Porta do Monturo (3:14). Essa porta tem um nome desagradável, mas serve a uma função necessária. Esta é a porta para a eliminação do lixo e coisas ruins na cidade. O lixo era levado através da Porta do Monturo e jogado no lixão no Vale do Hinom.

Nossa vida precisa de uma porta de eliminação também. Paulo nos exorta a "nos purificar de toda impureza, tanto da carne como do espírito, aperfeiçoando a nossa santidade no temor de Deus" (2Co 7:1). Precisamos nos purificar diariamente do pecado secreto e da corrupção particular. O fracasso em nos purificar de nossos pecados acabará por produzir miséria e ruína em nossa vida.

A Porta da Fonte (3:15). O nome dessa porta nos lembra das palavras do Senhor Jesus à mulher no poço: "a água que eu lhe der será nele uma fonte a jorrar para a vida eterna" (Jo 4:14). Esta porta era localizada no final do Tanque de Siloé. Ela simboliza o Espírito Santo, que é o rio da vida em nós, que nos capacita a obedecer a Sua vontade e Sua Palavra. Observe que esta porta vem imediatamente após a Porta do Monturo. Depois que nossa corrupção interior é purificada pelo nosso consentimento ativo, então a fonte purificadora do Espírito nos lava.

A Porta das Águas (3:26). A água é sempre um símbolo da Palavra de Deus. É uma interessante coincidência que, na história dos Estados Unidos, o termo *Watergate* (Porta das Águas) seja gravado como um símbolo da crise governamental, escândalo e desgraça. No Hotel *Watergate* em Washington, D.C., EUA, uma administração presidencial encalhou, encheu-se de água e afundou. Contudo,

à parte dessa terrível tragédia nacional, um personagem do *Watergate* — Charles Colson — descobriu a Palavra de Deus. Depois de confessar seu papel no caso *Watergate* e entregar sua vida a Jesus Cristo, ele emergiu como um homem transformado e, até o fim de sua vida, foi testemunha vital totalmente dedicado a Deus.

Observe que a Porta das Águas em Jerusalém não precisou ser consertada. Evidentemente, era a única parte do muro ainda em pé. O texto menciona que as pessoas viviam nas proximidades, mas não menciona a necessidade de conserto da Porta das Águas. A Palavra de Deus jamais se rompe. Ela não precisa ser consertada. Ela simplesmente precisa ser reabitada.

A Porta Oriental (3:28,29). Esta porta ficava de frente para o sol nascente e é a porta da esperança. É a porta da antecipação do dia vindouro, quando todas as provações da vida e as lutas da Terra acabarão, quando o novo Sol glorioso nascerá no novo dia de Deus. Essa porta precisa ser reconstruída em nós quando caímos no espírito pessimista desta era e somos derrubados pela desesperança de nosso tempo.

A Porta dos Cavalos (3:28,29). O cavalo na Escritura é um símbolo de guerra ou, neste caso, a necessidade de lutar contra as forças das trevas. "Porque a nossa luta não é contra o sangue e a carne", escreve o apóstolo Paulo, "e sim contra os principados e potestades, contra os dominadores deste mundo tenebroso, contra as forças espirituais do mal, nas regiões celestes" (Ef 6:12). A vida é uma batalha, e cada um de nós é um soldado numa poderosa luta contra o mal — e estamos nesta guerra enquanto ela durar.

A Porta da Guarda (3:31). Este era evidentemente o local onde julgamentos eram realizados. Precisamos parar e realizar uma autoinspeção completa. Precisamos pedir a Deus para esquadrinhar nossa consciência, remover o acúmulo de pecados tóxicos, atitudes falsas e maus hábitos de nossa vida. Então, poderemos fortalecer os muros protetores de nossa alma.

O versículo 32 nos traz o ciclo completo, de volta à Porta das Ovelhas, a porta da cruz. A cruz deve estar no princípio e no fim de cada vida. Através do simbolismo dessas belas portas, o livro de Neemias nos mostra como reconstruir os muros em nossa vida.

Oposição!

Os capítulos 4 a 6 nos mostram a oposição que Neemias e seu povo enfrentaram quando começaram a reconstruir os muros da cidade. A oposição veio principalmente de um trio maquiavélico: Sambalate, Tobias e Gesém, o árabe.

Essa perseguição pode ser resumida em três palavras: desdém, conspiração e artimanha. Os inimigos amontoam desdém e zombaria contra a atividade de Deus. Quando isso falha, eles iniciam uma conspiração, tentando envolver os israelitas em um plano que poderia acabar com a obra. Se isso também falhar, eles tentam tirar Neemias de seu trabalho por meio de um esquema muito astucioso. No entanto, você logo chega a esta triunfante afirmação:

Acabou-se, pois, o muro aos vinte e cinco dias do mês de elul, em cinquenta e dois dias. Sucedeu que, ouvindo-o todos os nossos inimigos, temeram todos os gentios nossos circunvizinhos e decaíram muito no seu próprio conceito; porque reconheceram que por intervenção de nosso Deus é que fizemos esta obra (6:15,16).

Esse é um testemunho surpreendente. Agora, com o trabalho de reconstrução feito, é hora de começar o trabalho de reinstrução.

A reinstrução começa

A última parte do livro, capítulos 7 a 13, é a história da reinstrução do povo. A cidade foi fortalecida e fortificada; agora é hora de fortalecer o povo, para que a nação de Israel possa permanecer forte. No capítulo 8, temos a grande convocação do povo por Esdras, o sacerdote — um evento que também está registrado no livro de Esdras. Observe os passos aqui. Esdras começa lendo a Lei diante do povo.

Esdras abriu o livro à vista de todo o povo, porque estava acima dele; abrindo-o ele, todo o povo se pôs em pé. Esdras bendisse ao Senhor, o grande Deus; e todo o povo respondeu: Amém! Amém! E, levantando as mãos; inclinaram-se e adoraram o Senhor, com o rosto em terra (8:5,6).

O que Esdras está fazendo aqui? Chama-se "pregação expositiva". Esta forma de pregar difere da "pregação temática", que é a pregação sobre um determinado tema ou assunto. A pregação expositiva "lança luz" (ou expõe) o significado e a aplicação em uma determinada passagem das Escrituras. Assim, Esdras está "lançando luz" sobre a Palavra de Deus e tornando o seu significado claro para o povo,

Aventurando-se através da Bíblia

para que os muros da vida dos israelitas fossem fortalecidos.

Depois que Esdras pregou, o povo celebrou a Festa dos Tabernáculos, que comemorava a época em que Israel habitou em tendas feitas de ramos de árvores para lembrar-lhes de que eram estrangeiros e peregrinos nesta Terra.

Depois veio a lembrança das lições do passado. No capítulo 9, Esdras ofereceu uma oração contando o que Deus havia feito na vida dos israelitas. Você sempre será encorajado e fortalecido quando parar para lembrar o que Deus fez a seu favor no passado.

Após esta oração, o povo assinou um pacto e concordou em obedecer à Lei de Deus. Resolveram dar o passo de obediência. Posso lhe dizer, por minha própria experiência, que você jamais será capaz de reter a força de Deus em sua vida, até que esteja pronto a obedecê-lo.

No capítulo 11, encontramos o reconhecimento de dons entre o povo. Há os levitas, os porteiros, os cantores e vários outros que ministravam no Templo. Da mesma forma, no Novo Testamento, nos é dito para descobrir os dons que o Espírito nos concedeu e para colocá-los em prática. "Reavives o dom de Deus que há em ti", escreveu Paulo a Timóteo (2Tm 1:6). Se você quiser manter sua força, use os dons espirituais que Deus lhe deu.

No capítulo 12, encontramos a dedicação dos muros. O povo se reúne e marcha em torno destes com instrumentos, cantando e bradando, tocando e se regozijando, e clamando alegremente. Nada acrescentará mais à sua força em Deus do que expressar e celebrar a alegria do Senhor em sua vida.

O livro termina com o tema sobre como resistir ao mal. Você permanecerá forte se adotar a atitude de Neemias. Ele foi firme em dizer "não!" às forças que queriam destruir a obra que Deus estava fazendo em sua vida. Observe o que ele tinha que fazer. No capítulo 13, descobrimos que Neemias deixa Jerusalém e retorna para servir o rei Artaxerxes na Babilônia por um tempo. Depois, com a permissão do rei, volta novamente a Jerusalém. E o que Neemias descobre ao regressar o enfurece:

Então, soube do mal que Eliasibe fizera para beneficiar a Tobias, fazendo-lhe uma câmara nos pátios da Casa de Deus (13:7).

O sacerdote de Deus, Eliasibe, havia, na verdade, permitido que Tobias — o inimigo de Deus que se opusera a Neemias — se mudasse para o Templo! O que Neemias fez? Ele mesmo nos conta:

Isso muito me indignou a tal ponto, que atirei todos os móveis da casa de Tobias fora da câmara (13:8).

Neemias expulsou Tobias! E isso não é tudo. Ele descobriu que os sacerdotes haviam sido enganados, então devolveu o dinheiro que lhes pertencia. Depois, descobriu que os cidadãos de Jerusalém estavam violando o sábado trazendo mercadorias e vendendo-as nas ruas. Neemias diz:

Dando já sombra as portas de Jerusalém antes do sábado, ordenei que se fechassem; e determinei que não se abrissem, senão após o sábado; às portas coloquei alguns dos meus moços, para que nenhuma carga entrasse no dia de sábado (13:19).

Neemias trancou todos fora da cidade! Depois, descobriu que alguns esperavam fora das portas a noite toda, na expectativa de que alguém saísse e fizesse um pequeno negócio. Então, o que ele fez? Neemias escreve:

Protestei, pois, contra eles e lhes disse: Por que passais a noite defronte do muro? Se outra vez o fizerdes, lançarei mão sobre vós. Daí em diante não tornaram a vir no sábado (13:21).

Infelizmente, Neemias descobriu ainda outro problema. As pessoas ainda estavam se casando com pessoas das nações proibidas ao redor. Isso bastava para Neemias:

Contendi com eles, e os amaldiçoei, e espanquei alguns deles, e lhes arranquei os cabelos, e os conjurei por Deus, dizendo: Não dareis mais vossas filhas a seus filhos e não tomareis mais suas filhas, nem para vossos filhos nem para vós mesmos (13:25).

Neemias foi severo demais? Não deveria ter sido mais tolerante? Muitas pessoas hoje acham que há virtude em tolerar maus comportamentos. "Não devemos ser tão críticos", dizem elas. "Não devemos olhar para tudo preto no branco. Precisamos reconhecer que há tons de cinza com relação a assuntos morais".

Porém, jamais devemos ceder ao mal, às forças que se opõem a Deus e à Sua Palavra. Essa é uma das maiores lições que o Espírito de Deus pode nos ensinar, e Neemias aprendeu bem essa lição.

De forma significativa, esse livro da Bíblia termina no mesmo tom em que o ministério do Senhor Jesus começa em Jerusalém. Cristo entrou no Templo e o encontrou cheio de cambistas e mercadores que profanavam a casa de oração. Então fez um chicote de cordas e expulsou os profanadores do Templo. Jesus não estava tentando construir uma reputação como um Messias amável e gentil. Não estava disposto a tolerar aqueles que profanavam a casa de Deus. Purificou o Templo e o fez com uma indignação óbvia, como que soltando faíscas, contudo, com completa justiça e plena justificação.

Sempre que alguém se recusa ceder ao pecado, faz diferença positiva para Deus no mundo. São pessoas como João Batista, o apóstolo Paulo, os Pactuantes, Martinho Lutero, John e Charles Wesley e Dietrich Bonhoeffer.

O livro de Neemias se encerra com uma nota de triunfo. Os muros foram reconstruídos. Os malfeitores foram expulsos. O povo foi novamente instruído e renovado interiormente. Força e vitalidade emergem mais uma vez numa cidade uma vez morta e em ruínas. Jerusalém mais uma vez tornou-se a habitação adequada para Deus.

Os muros reconstruídos de Jerusalém estão em pé mais uma vez, testemunhando o fato de que o Senhor está vivo e ativo na vida de Seu povo. Quando tivermos reconstruído os muros de nossa vida, então Deus viverá e agirá verdadeiramente através de nós, e nossa vida dará um testemunho dinâmico do Senhor.

PERGUNTAS PARA DISCUSSÃO

NEEMIAS
Reconstruindo os muros

1. O autor escreve: "Um muro é mais do que uma barreira de pedras e argamassa. Um muro é uma declaração". Qual declaração os muros de Jerusalém fizeram?

2. O que a reconstrução dos muros de Jerusalém diz (simbolicamente) sobre como devemos reconstruir os "muros" de nossa vida, nossa igreja, nossa comunidade ou nossa nação?

3. O autor descreve um processo de cinco passos que direciona a ação de Neemias — um processo que devemos seguir para reconstruir nossa vida depois de nos afastarmos de Deus. Liste esses passos e explique por que cada um é importante na reconstrução de nossa vida e do nosso relacionamento com Deus.

4. Quando Neemias faz uma oração de confissão dos pecados da nação, ele diz: "faço confissão pelos pecados dos filhos de Israel, os quais temos cometido contra ti; pois eu e a casa de meu pai temos pecado" (Ne 1:6). Ele jamais cometera idolatria ou qualquer outro dos pecados que levou Israel a ser exilado na Babilônia, contudo, se identificou com o povo em seu pecado. Por que Neemias se incluiu nessa oração de confissão?

5. Neemias demonstra uma liderança extremamente sábia na maneira como conduz o povo e organiza seus esforços. Onde ele adquiriu tal sabedoria e conhecimento sobre liderança? O que isso lhe diz sobre seus próprios esforços para se tornar um líder mais eficaz?

A mensagem da história

APLICAÇÃO PESSOAL

6. Neemias ora para que Deus mova o coração do rei. Você crê que Deus é capaz de mover o coração das pessoas apenas pelo poder da oração? Existe uma pessoa em sua vida que precisa ser tocada, que se recusa a se dar bem com você, cuja teimosa recusa é fonte de dor e desgosto em sua vida? Você acredita que Deus poderia mover o coração dessa pessoa apenas pelo poder da oração — sem qualquer persuasão, súplica ou manipulação de sua parte? Quanto tempo você estaria disposto a orar por essa pessoa para ver Deus tocar seu coração?

7. Podemos tirar uma lição prática e importante de cada porta no recém-construído muro de Jerusalém. À medida que você constrói os muros de sua vida espiritual, qual das portas você considera mais significativa para este momento — a Porta das Ovelhas, a Porta do Peixe, a Porta Velha [Jesana], a Porta do Vale, a Porta da Fonte, a Porta das Águas, a Porta Oriental, a Porta dos Cavalos ou a Porta da Guarda? Explique sua resposta.

8. O autor escreve: "Sempre que alguém se recusa ceder ao pecado, faz diferença positiva para Deus no mundo." Há alguma área de concessão ao pecado em sua vida agora? Que passos você pode dar esta semana para eliminar a concessão moral de sua vida para que possa lidar eficazmente com esses pecados?

Aventurando-se através da Bíblia

Deserto da Judeia

ESTER

CAPÍTULO 22

A coragem da rainha

O Holocausto, que tirou a vida de 6 milhões de judeus durante a Segunda Guerra Mundial, é um horror que jamais deve ser esquecido. Infelizmente, o Holocausto não é único na história. Ao longo dos séculos, o povo escolhido de Deus tem sido marcado para a extinção repetidamente por assassinos fanáticos. No livro de Ester, encontramos um desses extremistas, um homem chamado Hamã. Enquanto ele se prepara para lançar seu ataque genocida contra os judeus, apenas uma coisa se interpõe em seu caminho — uma mulher judia chamada Ester.

O livro de Ester é uma joia fascinante no Antigo Testamento. É rico em drama e força emocional, e há evidências consideráveis (apesar daqueles que zombam da Bíblia como se ela fosse uma coleção de lendas) de que Ester é um relato histórico preciso dos acontecimentos que ocorrem durante o exílio de Israel.

É chocante que Ester seja um dos livros mais negligenciados da Bíblia, visto que é lido apenas como um romance. De fato, ele tem tudo o que um bom romance contém: personagens inesquecíveis, romance, intriga, suspense, perversidade, assassinato, traição, ação e um desfecho emocionante. Contudo, o livro de Ester é diferente de qualquer outro romance que você já leu. Ele é literalmente verdadeiro. É um relato ricamente detalhado de acontecimentos históricos reais. Há paralelos entre esse e outros registros históricos da época, como o relato da invasão da Grécia pelo rei Xerxes em *The Histories of Herodotus* (Histórias de Heródoto).

A história da rainha Ester ocorre na Pérsia, que corresponde atualmente ao Irã. Até hoje, há uma população judaica considerável que vive no estado islâmico do Irã — os judeus Mizrahi (ou "orientais"), que são descendentes dos judeus na Pérsia durante o tempo de Ester.

> ### OBJETIVOS DO CAPÍTULO
> Este capítulo explora os níveis de significado oculto inserido na bela história de Ester. É uma poderosa história de fé, coragem e obediência à vontade de Deus — mesmo que Deus não seja mencionado sequer uma vez no livro! Se você está enfrentando um desafio aparentemente impossível em Sua vida neste momento, a história de Ester é exatamente o que você precisa.

Aventurando-se através da Bíblia 273

O livro de Ester nos diz como a festa judaica de Purim começou — a celebração da libertação dos judeus da trama genocida de Hamã há quase 2.500 anos. É aqui, nesse livro, que o povo de Israel é, pela primeira vez, chamado de "judeus" (*Yehudim* no texto original; chamados anteriormente de israelitas ou hebreus). Também nesse livro, vemos o primeiro grande surto desse ódio irracional e genocida que aflige o povo judeu há séculos — até os dias de hoje.

Ester é um dos três livros da Bíblia em que os personagens centrais são mulheres — o livro de Ester, o livro de Rute e o Cântico dos Cânticos de Salomão. Cada livro é uma história de amor encantadora e envolvente na superfície, e cada um deles contém tesouros de significado escondidos logo abaixo da superfície.

Ester é um livro notável em que Deus não é mencionado. Embora não seja um livro abertamente "religioso", a mão invisível de Deus está em cada página, guiando os acontecimentos.

O rei Xerxes e a rainha Vasti

A história começa no mesmo cenário que a cena de abertura do livro de Neemias: o palácio real em Susã. É um tempo de paz e bênção material. O rei Xerxes dá uma grande festa — uma festa que dura seis meses — para mostrar a glória, a riqueza e o poder de seu reino. Como ele está com "o coração alegre do vinho", o rei pede que seus servos tragam a rainha Vasti ao salão de banquetes para que sua beleza seja exibida. Mas a orgulhosa rainha Vasti despreza a ordem do rei. Irritado por sua recusa, o rei Xerxes emite um decreto e se divorcia da rainha.

O LIVRO DE ESTER

A ameaça contra Ester, Mordecai e os judeus (Ester 1–4)

O rei escolhe Ester como sua rainha..1:1–2:20

A trama de Hamã contra Mordecai e os judeus 2:21–4:17

O triunfo de Ester, Mordecai e dos judeus (Ester 5–10)

Ester e Mordecai armam uma armadilha para Hamã...5

O rei honra Mordecai 6

A execução de Hamã...7

Mordecai recebe a herança de Hamã 8:1-3

Israel triunfa sobre seus inimigos..8:4–9:32

A superioridade de Mordecai é relatada..10

Você e eu fomos criados para ser como esse rei, com um "reino" sobre o qual governar. Falo do "reino" de nossa alma, que inclui a mente, as emoções e, acima de tudo, a vontade — o direito de escolher. Seu corpo é a capital do seu reino. Seu império inclui tudo o que você influencia, toca e controla. Como um rei, sua vontade está sentada no trono de seu reino. Há também o aspecto oculto de sua vida — seu ser mais íntimo, seu espírito. Essa é a parte mais profunda e mais sensível de você, a parte que foi projetada para estar em contato com Deus. É o lugar onde o próprio Deus deve habitar.

Quando encontramos o rei no livro de Ester, vemos que ele não tem nada a fazer senão dar uma festa pródiga para exibir a glória do seu reino. Do mesmo modo, Adão e Eva, nossos antepassados, nada tinham a fazer senão exibir a glória de Deus e governar a Terra. No livro de Ester, o rei orgulhoso convoca a rainha Vasti para exibi-la diante de seus amigos bêbados.

Essa cena é paralela ao relato da queda do homem, quando as pessoas optaram por afirmar suas próprias vontades contra a vontade revelada de Deus. No palácio do espírito humano, simbolizado pela rainha Vasti, vivia o Deus da glória e da verdade. Foi ali que a mente, as emoções e a vontade humana foram guiadas pela comunhão com o Senhor vivo, que habitava na residência real do espírito humano. Deus explicou Sua vontade aos dois primeiros membros da raça humana, Adão e Eva. Se eles simplesmente fossem obedientes à Sua vontade revelada, cumpririam o propósito dado por Deus e utilizariam os plenos poderes de sua humanidade não caída, como Deus originalmente pretendia. Tragicamente,

eles estabeleceram sua vontade e razão acima da vontade e revelação de Deus. Com essa escolha humana veio a queda.

A queda, o início dos males da humanidade, é simbolizada para nós nos primeiros capítulos de Ester, quando o rei emite um decreto depondo a rainha Vasti do trono. Uma vez emitido, um decreto tornava-se a lei dos medos e persas; o rei não podia fazer nada para revogá-lo, mesmo que se arrependesse depois desse decreto — quando estivesse sóbrio.

Em sua solidão e remorso, ele procura uma nova rainha. Ele envia uma proclamação por todo o reino, ordenando que todas as mais belas jovens virgens da Terra fossem trazidas diante dele. Uma das jovens nesse desfile era uma linda garota judia chamada Hadassa, em hebraico. Muitos estudiosos acreditam que o nome persa Ester significa "estrela", mas o famoso estudioso bíblico Wilhelm Gesenius (1786–1842), diz que o nome Ester deriva de uma palavra que significa "esconder" ou "escondido", que é uma bela descrição não só da posição escondida de Ester como judia dentre os gentios, mas da posição escondida do espírito no ser humano.

Ester nasceu na comunidade de judeus cativos de Jerusalém que haviam sido exilados e escravizados na Babilônia. Nascida no exílio, Ester nunca conheceu sua pátria ancestral. Tendo crescido na Pérsia, aprendeu a falar e agir como um persa, de modo que ninguém suspeitava que seu coração pertencesse ao Deus de Abraão, Isaque e Jacó. Após a morte de seus pais, o primo de Ester, Mordecai, a criou.

Nesses dois personagens, Ester e Mordecai, vemos uma importante imagem simbólica. Ester significa o espírito renovado que é dado

Aventurando-se através da Bíblia

a alguém quando se torna cristão. Ester está sob a influência e controle de seu primo, Mordecai, que ao longo deste livro é uma imagem do Espírito Santo. Sua influência de bastidores sobre Ester representa a influência do Espírito Santo na vida de um convertido a Cristo.

O nome Mordecai significa "homem pequeno" ou "homem humilde" na língua persa. Em sua humildade, Mordecai é também uma representação simbólica de Jesus Cristo — Aquele que se humilhou e se tornou homem e foi obediente até a morte, e morte de cruz (veja Fp 2:5-8).

Ester é escolhida

No capítulo 2, Ester, sob a orientação de Mordecai, vem diante do rei. Lemos:

O rei amou a Ester mais do que a todas as mulheres, e ela alcançou perante ele favor e benevolência mais do que todas as virgens (2:17).

O rei Xerxes a escolhe para ser sua rainha. Assim, Ester é exaltada de um lugar de escravidão para a segunda posição mais honrada no reino. Seguindo o conselho de Mordecai, Ester não diz ao rei que é judia (O desconhecimento do rei sobre este fato mais tarde se tornará em um detalhe importante na história).

O casamento entre o rei Xerxes e a rainha Ester é uma imagem simbólica da conversão. Em essência, o rei recebe um novo espírito (a rainha), embora ele não tenha consciência da existência de Mordecai (que representa o Espírito Santo). O rei simboliza aqueles cristãos que têm pouca ou nenhuma compreensão do que lhes aconteceu no momento em que receberam a Cristo.

No pano de fundo da história, invisível, mas ativo, está Mordecai. Enquanto orienta as ações de sua prima, Ester, ele ajuda a arquitetar a eventual libertação do povo de Israel.

O capítulo 2 termina com a história da descoberta de Mordecai de um plano para assassinar o rei. Mordecai envia uma palavra sobre o plano ao rei através da rainha Ester, que dá o crédito a Mordecai pela dica. Depois que o relato é investigado e aceito como verdadeiro, os dois supostos assassinos são enforcados. Esses eventos — incluindo o papel de Mordecai na descoberta do plano — estão registrados nos anais do reino. A importância desse registro logo se tornará clara.

Entra o vilão

O capítulo 3 nos apresenta o vilão — um personagem faminto de poder chamado Hamã, o agagita. Traçando sua ancestralidade através das Escrituras, descobre-se que um agagita é um amalequita. Amaleque era um grupo étnico descendente de Esaú, contra quem Deus disse que faria guerra para sempre (veja Êx 17:16). O rei Saul tinha recebido ordens para eliminar Amaleque, mas, em sua insensatez, ele poupou Agague, rei dos amalequitas, e assim perpetuou esta força inimiga dentro de Israel. Em toda a Escritura, os amalequitas representam o desejo do coração humano de se opor a tudo o que Deus quer fazer. O Novo Testamento chama esse desejo de "carne". Sempre que o Espírito de Deus começa a trazer bênção e renovação, a carne surge para se opor ao Espírito e minar a obra de Deus. A vontade da carne é simbolizada em Hamã, o agagita.

Hamã se eleva a um lugar de proeminência, subordinado em poder apenas ao rei. Ele é chamado de "capitão dos príncipes", e sua posição é muito parecida com a de José sob a autoridade do Faraó egípcio, algo como um primeiro-ministro. Quando Hamã descobre que Mordecai se recusa a se inclinar e a honrá-lo, ele se enfurece. Ao saber que Mordecai é judeu, ele promete eliminar Mordecai do reino. Além disso, para retribuir Mordecai por seu insulto, Hamã lança um plano ao melhor estilo de Hitler "para destruir, matar e aniquilar a todos os judeus".

Por meio desse relato, lemos como Hamã é consumido por seu ódio aos judeus. Por que ele odeia tanto essa raça? O texto nos dá uma pista:

> *Então, disse Hamã ao rei Assuero: Existe espalhado, disperso entre os povos em todas as províncias do teu reino, um povo cujas leis são diferentes das leis de todos os povos e que não cumpre as do rei; pelo que não convém ao rei tolerá-lo* (3:8).

Em outras palavras, Hamã está atacando os judeus porque eles obedecem a um princípio de vida diferente. Assim como o espírito humano que é habitado pelo Espírito Santo está sujeito a uma regra de vida e uma maneira oposta de pensar, assim também, esses judeus obedeciam a um princípio de vida singular. Sempre que você vive de uma maneira moral e justa, torna-se uma luz que destaca a imundícia espiritual e a decadência moral daqueles que o rodeiam. Ser facilmente identificado por sua evidente justiça provoca perseguição daqueles cujas ações são más.

Porque os judeus eram o povo de Deus, vivendo de acordo com os princípios do Senhor, Hamã os odiava — e como resultado de seu ódio recorreu a uma estratégia terrível.

O tema central do livro a partir deste ponto é como Deus age para colocar o homem errado fora de controle e o homem certo sob o controle, e como Ele usa Ester para promover salvação de uma situação aparentemente sem saída.

Na árdua luta do bem contra o mal, retratada nesse livro, vemos a luta de nossa própria vida. Algumas pessoas se perguntam por que, depois de se tornarem cristãs, ainda lutam com o pecado e a tentação. A razão é simples: a carne está continuamente em ação, opondo-se ferozmente a tudo o que Deus quer realizar em nossa vida. Recebemos oposição da carne em nosso interior e de inimigos carnais que estão fora de nós. O apóstolo Paulo explica a dinâmica dessa contínua luta interior:

> *Porque a carne milita contra o Espírito, e o Espírito, contra a carne, porque são opostos entre si; para que não façais o que, porventura, seja do vosso querer* (Gl 5:17).

Hamã persuade o rei com astúcia, por interesse próprio, que ele deveria eliminar essas pessoas. Um mestre da agenda política oculta, Hamã se torna o poder por trás do trono, controlando o rei como um marionete. Influenciado pelo conselho de Hamã, o rei emite um édito para eliminar todos os judeus do seu reino — completamente desavisado de que sua própria esposa, a rainha Ester, é judia.

"Se perecer, pereci!"

Em Ester 4, vemos a mão invisível de Deus em ação. Mordecai fica entristecido com a proclamação do rei sobre o futuro holocausto. Seu pesar se compara ao pesar do Espírito Santo — a angústia de Deus sobre o pecado que inquieta o nosso próprio espírito humano. Podemos não ser capazes de explicá-lo, mas, quando o pecado está presente, sabemos que algo não está certo entre nós e Deus.

Ester encontra Mordecai em estado de lamento e angústia, vestido de sacos e cinzas. Não sabendo por que ele está triste, Ester envia-lhe uma muda de roupa, esperando que ele retirasse a roupa de saco e vestisse algumas roupas decentes. Muitas vezes, quando vemos alguém angustiado, tentamos corrigir o problema com uma mudança superficial quando um tratamento mais profundo é necessário.

Então Ester chama um dos eunucos reais designados para servi-la e o envia a Mordecai para descobrir por que ele está tão angustiado. O nome do eunuco é Hataque, que significa "verdadeiramente" ou "na verdade". Então, Ester envia o "Na Verdade" para descobrir a verdade. Mordecai explica o plano de Hamã a Hataque e dá-lhe uma cópia da proclamação determinando o extermínio dos judeus. Sua mensagem a Ester: Vá ter com o rei e peça a ele misericórdia pelos judeus.

Quando Ester recebe esta palavra, ela envia de volta a seguinte mensagem: "A lei estabelece que qualquer homem ou mulher que se aproximar do rei sem ser convocado será morto. A única exceção é se o rei estender o cetro de ouro e poupar a vida dessa pessoa. Essa lei se aplica a todos — incluindo a rainha". Mordecai envia esta resposta:

Não imagines que, por estares na casa do rei, só tu escaparás entre todos os judeus. Porque, se de todo te calares agora, de outra parte se levantará para os judeus socorro e livramento, mas tu e a casa de

teu pai perecereis; e quem sabe se para conjuntura como esta é que foste elevada a rainha? (4:13,14).

Para conjuntura como esta! Deus tinha colocado Ester em uma posição estratégica como Seu instrumento escolhido. E você e eu precisamos lembrar que nós também somos Seus instrumentos escolhidos "para conjuntura como esta". Deus pode não ter colocado você em uma posição "de rei ou rainha", como fez com Ester, mas Ele quer usá-lo em sua casa, seu bairro, seu escritório ou empresa, sua igreja e sua comunidade. Ester não podia se dar ao luxo de ser passiva. Ela precisava se entregar à vontade de Deus. Como Edmund Burke certa vez observou: "Tudo o que é necessário para o triunfo do mal é que homens de bem não façam nada".

Deus tem um número infinito de maneiras de realizar Sua vontade. Se recusarmos Seu chamado, esta é nossa escolha. Porém, nosso fracasso não pode frustrar Seu plano. Se falharmos com Deus, Ele levantará outra pessoa. Mas, quando falhamos com Ele, perdemos a beleza de Sua perfeita vontade para nossa vida. Nós "sofremos dano", como Paulo coloca em 1 Coríntios 3:15. Ester respondeu ao chamado de Deus, enviando a seguinte resposta a Mordecai:

Vai, ajunta a todos os judeus que se acharem em Susã, e jejuai por mim, e não comais, nem bebais por três dias, nem de noite nem de dia; eu e as minhas servas também jejuaremos. Depois, irei ter com o rei, ainda que é contra a lei; se perecer, pereci (4:16).

Como vimos anteriormente, a história de Ester tornando-se a rainha da Pérsia é um quadro simbólico da conversão cristã. Qual é o propósito da conversão? O que Deus tinha em mente para você quando Ele o salvou? Foi só para Ele levá-lo ao Céu algum dia? Não! Ele o salvou para que você pudesse conhecê-lo e se juntasse a Ele em Seu grande plano para a história da humanidade. Ele o salvou para que possa manifestar a plenitude do caráter de Deus. Ele o trouxe para o Seu reino "para conjuntura como esta".

Quando Ester pede a Mordecai para reunir todos os judeus em Susã para jejuar por ela, a rainha está profeticamente prefigurando a morte de Cristo. Observe que ela convoca os judeus para jejuar por três dias. Isso não é coincidência. Ester convoca os judeus para simbolizar um acontecimento que ainda está por vir: a morte e a ressurreição de Jesus Cristo. Durante três dias ficou no túmulo, onde não podia comer nem beber. Ester se identificou com a morte de Cristo e com os três dias que Ele passou no sepulcro.

O segredo para viver como cristão é viver no conhecimento de que nos identificamos com Cristo. Morremos com Ele e somos ressuscitados com Ele. Quando essa é a sua perspectiva sobre a vida, você deixa de se ver como um mundano que encena um número aos domingos e começa a se ver como um cristão que ocasionalmente tropeça e age como um mundano. Quando você falha, o Espírito de Deus se entristece — e Ele chamará sua atenção, para que você possa se arrepender e ser restaurado à doce comunhão com Ele.

A coragem da rainha Ester

No terceiro dia, Ester coloca suas vestes reais e fica no pátio interior do palácio do rei, em frente à sala do rei, antecipando com temor o que acontecerá quando ela entrar na presença do rei. Aqui vemos a verdadeira coragem da rainha. Coragem não é a ausência de medo, mas a vontade de obedecer mesmo quando temos medo. À medida que Ester entra na sala do trono neste terceiro dia, simbolizando lindamente a vida ressuscitada, seu brilho cativa o coração do rei:

> *Então, lhe disse o rei: Que é o que tens, rainha Ester, ou qual é a tua petição? Até metade do reino se te dará* (5:3).

A rainha Ester, por Edwin Long (1879)

Aventurando-se através da Bíblia

Surpreendentemente, Ester não lhe pede nada. Em vez disso, ela o convida para um banquete e diz que ele deve trazer Hamã também. Ela não pediu a cabeça de Hamã em um prato. Ela age de acordo com a lógica de Deus, não com a lógica humana. Em obediência às ordens de Mordecai, ela espera pela hora certa. Ao fazê-lo, ela é capaz de fazer mais do que simplesmente destruir Hamã. Ela dá a Hamã a oportunidade de cair em sua própria armadilha, de modo que ele será exposto como cúmplice do mal que é.

Então, eles vão ao banquete. Depois do jantar, o rei pergunta novamente à rainha Ester o que ela quer. Ela responde: "Venha o rei com Hamã ao banquete que lhes hei de preparar amanhã, e, então, farei segundo o rei me concede".

Hamã sai caminhando nas nuvens. Ele retorna para casa e conta para a família: "Eu sabia que era o garoto do rei, mas agora parece que eu sou o favorito da rainha também! Eles estão comendo na minha mão".

Então, cheio de orgulho e arrogância, ele sai em direção ao seu inimigo, Mordecai, à porta do rei. Quando Mordecai, como de costume, se recusa a se curvar e a se mover diante de Hamã, este pequeno homem cheio de si "encheu-se de furor contra Mordecai" (5:9). Hamã não suporta que Mordecai não se impressione com seu poder. Novamente aqui, Mordecai simboliza o Espírito Santo, que não se impressiona com a arrogância do ser humano. Hamã diz a sua esposa e amigos que ele não pode ser feliz "enquanto vir o judeu Mordecai assentado à porta do rei" (5:13).

Efetivamente, sua esposa e amigos lhe dizem: "Faça-se uma forca de cinquenta côvados de altura, e, pela manhã, dize ao rei que

nela enforquem Mordecai!". Isso não é exatamente como a carne faria? Se alguém comprometer o seu caminho, destrua-o!

Durante aquela noite, o rei Xerxes não consegue dormir. Então ele faz o que muitas pessoas fazem quando têm insônia: Decide ler para tirar os problemas da mente. Ele ordena que os anais do reino — o livro de feitos memoráveis — sejam trazidos e lidos para ele (6:1).

Nos anais, ouve uma vez mais como um homem chamado Mordecai expôs um complô contra sua vida. Ouvindo a história, ele percebe que Mordecai nunca tinha sido devidamente honrado por seu serviço ao rei. Como resultado da sincronia divina, Hamã escolhe esse momento para vir à corte do rei para pedir que Mordecai fosse enforcado.

Hamã é apanhado em sua própria insensatez

O rei fica sabendo que Hamã chegou (mas ele não tem ideia do que Hamã tem em mente). Então o rei chama o homem à sua presença e lhe pergunta: "Que se fará ao homem a quem o rei deseja honrar?" (6:6).

Ironicamente, Hamã chega a uma conclusão errada. Ele diz para si mesmo: "De quem se agradaria o rei mais do que de mim para honrá-lo?". Então Hamã responde:

Quanto ao homem a quem agrada ao rei honrá-lo, tragam-se as vestes reais, que o rei costuma usar, e o cavalo em que o rei costuma andar montado, e tenha na cabeça a coroa real; entreguem-se as vestes e o cavalo às mãos dos mais nobres príncipes do rei, e vistam delas aquele a quem o rei deseja honrar; levem-no a

280   *A mensagem da história*

cavalo pela praça da cidade e diante dele apregoem: Assim se faz ao homem a quem o rei deseja honrar (6:7-9).

Maior ironia ainda é que o rei concorda que a sugestão de Hamã é a maneira perfeita de honrar Mordecai. Então lemos:

Então, disse o rei a Hamã: Apressa-te, toma as vestes e o cavalo, como disseste, e faze assim para com o judeu Mordecai, que está assentado à porta do rei; e não omitas coisa nenhuma de tudo quanto disseste (6:10).

Você pode imaginar a expressão de choque de Hamã. O rei acabou de dizer-lhe para conceder honras reais a seu tão odiado inimigo — o homem a quem ele quer matar! Mas o que Hamã pode fazer? Como ele pode pedir agora que Mordecai seja enforcado?

Assim, Hamã cumpre as ordens do rei! Ele sofre a humilhação de ter que assentar Mordecai no cavalo do rei e conduzi-lo pela cidade. Ele deve render cada louvor que ele buscava receber para si mesmo: "Assim se faz ao homem a quem o rei deseja honrar".

Certa vez, um ator cristão me contou que estava em uma grande igreja de Nova Iorque. A igreja tinha uma banda de jovens que andava pela área realizando concertos e dando testemunhos. O grupo usava o mesmo vocabulário que os evangélicos usam, mas a motivação dos testemunhos era a glorificação das pessoas que davam os testemunhos, não a glória de Deus. Havia um brilho deslumbrante sobre toda a produção, mas era tudo uma encenação.

O ator concluiu: "Foi quando aprendi como a carne pode se comportar de forma religiosa e piedosa, e mesmo assim ser a

carne". Esse tipo de insinceridade e farsa é o que Hamã retrata aqui.

No dia seguinte, o rei Xerxes, Hamã e Ester vêm juntos para outro jantar. Foi então que a rainha Ester revelou o plano de Hamã para destruir os judeus. Além do mais, Ester diz ao rei pela primeira vez que ela é judia — e está sob a mesma sentença de morte como o restante de seu povo.

O rei fica arrasado. Ele sai para o jardim e anda para cima e para baixo. É uma coisa drástica matar um primeiro-ministro — mas o ódio de Hamã pelos judeus colocou a própria rainha sob pena de morte. O rei chega à única conclusão lógica: não pode haver paz no reino até que este assunto seja encerrado, então ele dá a ordem para pendurar Hamã na forca.

Ironicamente, Hamã é pendurado na própria forca que preparou para Mordecai.

A palavra "forca" é um pouco enganosa. Uma forca é uma viga cruzada estendida sobre dois postes verticais nos quais os presos condenados são enforcados com uma corda. No hebraico original, a palavra traduzida "forca" significa simplesmente uma madeira ou poste. A vítima não seria enforcada por uma corda, mas seria pregada ao poste e empalada sobre ele, assim como criminosos no Império Romano seriam pregados a cruzes.

A verdade é que Hamã procurou *crucificar* Mordecai. A carne sempre quer crucificar tudo o que é bom, tudo o que é de Deus. Há algo dentro de todos nós que condenaria Cristo à morte de novo se pudesse. A carne corrupta espreita em nosso interior, gritando: "Crucifica-o! Crucifica-o!". Esse é o Hamã dentro de mim e de você. Quando alguém o despreza, o insulta, o engana, ou é injusto com você,

Aventurando-se através da Bíblia

281

como você se sente? Você cerra os dentes de raiva? Sua pressão arterial aumenta? Você quer se vingar? Esse é Hamã. Essa é a carne.

Hamã — a carne pecaminosa — é nosso inimigo. Mas Deus, em Sua graça, nos leva a nos ajoelharmos — não apenas em oração, não apenas em humildade, mas em reconhecimento da verdade sobre nós mesmos. Ele nos permite ver quem realmente somos sem as nossas máscaras piedosas dos cultos de domingo. Ele nos permite ver que o que espreita atrás de nossas máscaras é a carne mal-intencionada de Hamã.

Uma vez que reconhecemos a corrupção da carne dentro de nós, estamos prontos para sermos perdoados, purificados e curados.

A plenitude do Espírito

Naquele mesmo dia, o rei Xerxes concede a Ester toda a propriedade de Hamã, e ela confere essa propriedade a Mordecai. O rei eleva Mordecai ao lugar de poder, simbolizando a plenitude do Espírito.

No capítulo 2, o Espírito é recebido. No capítulo 3, o Espírito é resistido. No início do capítulo 4, o Espírito é entristecido. Na última parte do capítulo 4, o Espírito é extinto. Agora, no capítulo 8, vemos a plenitude do Espírito, a exaltação de Deus simbolizada na exaltação de Mordecai. Quando Mordecai chega ao poder, tudo muda. Instantaneamente outro decreto é emitido, libertando os judeus para se defender e destruírem seus inimigos.

Em Ester capítulo 8, os judeus são libertos do decreto de morte do rei pela supremacia de Mordecai. Isso se compara à verdade de Romanos 8, que declara que nós somos libertos da lei do pecado e da morte pelo poder

do Espírito em nossa vida. Uma passagem em Romanos resume a história de Ester:

Porquanto o que fora impossível à lei, no que estava enferma pela carne, isso fez Deus enviando o seu próprio Filho em semelhança de carne pecaminosa e no tocante ao pecado; e, com efeito, condenou Deus, na carne, o pecado, a fim de que o preceito da lei se cumprisse em nós, que não andamos segundo a carne, mas segundo o Espírito (Rm 8:3,4).

Este é o desafio que, continuamente, enfrentamos todos os dias de nossa vida: devemos seguir a carne ou o Espírito? Devemos modelar nossa vida de acordo com Hamã, ou de acordo com a vida de Ester e a orientação vinda do Espírito a Mordecai?

Deus está no controle hoje, assim como estava no controle dos acontecimentos na Pérsia durante a época da rainha Ester. O nome de Deus não foi mencionado nem uma só vez na história, mas Sua mão invisível estava em ação por toda a Pérsia, orquestrando eventos e guiando pessoas. Ele fez até mesmo as ações dos homens maus servirem ao Seu propósito e realizarem Seu plano.

E agora o nosso Senhor chama a mim e a você para nos apresentarmos ao trabalho. Deus o colocou onde você está, neste momento único no tempo, para que você possa cumprir sua parte em Seu plano eterno. O Espírito de Deus agora lhe faz a mesma pergunta que Mordecai fez a Ester: "Quem sabe se você foi colocado nesta posição estratégica para um tempo como este?". Qual será a sua resposta?

PERGUNTAS PARA DISCUSSÃO

ESTER
A coragem da rainha

1. O autor compara o reino da Pérsia com o "reino" da alma, que inclui a mente, as emoções e a vontade. Seu corpo é a capital, e sua esfera de influência pessoal é o seu império. Como um rei, sua vontade está sentada no trono. Será que esta analogia lhe soa verdadeira? Você acha que é uma forma útil de olhar para a sua vida? Explique sua resposta.

2. Hamã, o agagita, descendia da raça que Deus havia ordenado ao rei Saul eliminar — mas Saul desobedeceu. O que a história da trama de Hamã contra os judeus nos diz sobre como aparentemente pequenos atos de pecado e desobediência podem produzir, anos mais tarde, consequências horríveis?

3. O autor escreve: "Sempre que você vive de uma maneira moral e justa… você provoca perseguição daqueles cujas ações são más". Por que isso é assim? Como funciona esse princípio? Você já viu ou experimentou esse princípio em ação? Explique sua resposta.

4. Leia Ester 4:13,14. Você acredita que Deus o colocou em uma posição estratégica como Ele fez com Ester? Ele o colocou em uma posição estratégica em sua casa, seu escritório, sua escola ou sua comunidade? Para o que você pensa que Deus o chamou a fim de tentar realizar em um momento como este?

5. Como a história de Ester influencia seu entendimento do que significa ser salvo? Qual é o propósito da conversão cristã?

Aventurando-se através da Bíblia

APLICAÇÃO PESSOAL

6. O autor escreve: "O segredo para viver como cristão é viver no conhecimento de que nos identificamos com Cristo. Morremos com Ele e somos ressuscitados com Ele". À luz dessa verdade, quando falha ou peca, você se vê como quem encena aos domingos ou como um cristão que ocasionalmente tropeça e age como um mundano? Explique sua resposta (Um "mundano" é uma pessoa que manifesta os padrões deste mundo em suas atitudes e comportamento).

7. Há um desafio em sua vida agora para o qual você precisa reunir a coragem de Ester? Que passos você pode dar esta semana para aumentar a sua coragem? Quem são as pessoas a quem você pode pedir oração por você para que Deus lhe dê mais coragem, ousadia, confiança e senso de paz?

8. Ao examinar seu coração e sua vida, você se descreveria como tendo a mente de Hamã (vivendo de acordo com a carne, a natureza pecaminosa) ou como tendo a mente de Mordecai (vivendo de acordo com o Espírito)? Que passos você pode dar esta semana para crucificar o Hamã em seu interior e liberar o Espírito, simbolizado por Mordecai, para inundar seu ser e controlar suas ações?

Observação: Para uma pesquisa mais aprofundada da história da rainha Ester, leia *For Such a Time as This: Queen Esther's Secrets for Strategic Living* [Para um momento como este: Os segredos da rainha Ester para o viver estratégico], escrito por Ray C. Stedman (Discovery House Publishers, 2010).

Parte 4
Viver pela música

Vale do Jordão, dias atuais

DE JÓ A CÂNTICO DOS CÂNTICOS   CAPÍTULO 23

Viver pela música

A terceira seção do Antigo Testamento consiste em cinco livros poéticos: Jó, Salmos, Provérbios, Eclesiastes e Cântico dos Cânticos. Esses livros refletem a tristeza e a alegria de nossa vida e o nosso relacionamento com Deus. Neles, você encontra o suspiro, a exultação, a raiva, o contentamento, as lágrimas e o riso da experiência humana.

Os livros poéticos são a música das Escrituras. Eles foram escritos na forma da poesia hebraica — uma forma que gera sua expressão artística não a partir de rimas e ritmos, mas da estrutura e reformulação de ideias e emoções. Visto que somos seres tridimensionais, e esses cinco livros estão ligados à nossa humanidade, eles refletem a experiência e a natureza humanas em todas as três dimensões: o espírito, a alma e o corpo.

Jó é o clamor do espírito humano, o profundo clamor de alguém que luta desesperadamente para confiar em Deus quando tudo na vida está desmoronando. Quando o sofrimento alcança uma intensidade tão grande que a própria vida parece sem sentido, o único recurso é agarrar-se a Deus com fé. A humanidade foi criada para crer em Deus.

Salmos, Provérbios e Eclesiastes se unem para expressar o clamor da alma humana. Há três facetas da alma humana — as emoções, a mente e a vontade — e cada um desses livros reflete uma dessas realidades. Salmos é o livro das emoções. Provérbios é o livro da vontade. Eclesiastes é o livro da mente, a história da busca filosófica de Salomão pelo significado

e propósito na vida. Nesses três livros, têm-se a expressão do profundo anseio da alma por respostas. Assim como a resposta ao clamor do espírito é a fé, a resposta ao clamor da alma é a esperança.

Em Cântico dos Cânticos, você tem o clamor do corpo, o ser físico, por amor. Nossa mais profunda necessidade como homens e mulheres é o amor. As crianças não podem crescer sadias a menos que tenham o amor expressado não somente nas palavras, mas através de olhares e toque físico que o afirmem. O mesmo é verdade entre os cônjuges. O clamor do corpo por união física e amor é expresso no mais belo poema de amor já escrito, o Cântico dos Cânticos.

Vamos examinar brevemente cada um desses livros:

O livro de Jó

O livro de Jó aborda as necessidades, e particularmente a dor e o sofrimento, do espírito humano. Jó é geralmente considerado o livro

> ### OBJETIVOS DO CAPÍTULO
>
> O objetivo deste capítulo é apresentar os cinco livros poéticos do Antigo Testamento como o clamor do coração da humanidade. Esses são livros que expressam os altos e baixos da emoção humana. Expressam as alturas de nossa fé e devoção — e as profundezas de nossa tristeza e dúvida. Cada emoção que é comum à humanidade está expressa nesses livros com honestidade e autenticidade. Sempre que quisermos expressar nossos sentimentos a Deus, podemos nos voltar para esses livros e encontrar as exatas palavras que procuramos.

Aventurando-se através da Bíblia

honesto do espírito humano em face à dor e ao sofrimento aparentemente sem sentido.

Não experimentamos a vida inteiramente nem pensamos profundamente sobre a vida até que tenhamos feito a nós mesmos as perguntas que Jó faz neste livro. Ele coloca os tipos de perguntas que são feitas por escritores mais contemporâneos, como Philip Yancey em *Decepcionado com Deus* (Ed. Mundo Cristão, 1990), ou C. S. Lewis em *A Anatomia de Uma Dor: um luto em observação* (Ed. Vida, 2006). Ao imergirmos no livro de Jó, aprendemos que Deus compreende nossas limitações e aceita as perguntas difíceis e zangadas que trazemos a Ele em nossa dor.

Os Salmos

Os Salmos refletem cada experiência emocional da vida e estão divididos em cinco livros, e cada um — exceto o último — termina com as palavras "Amém e Amém". O quinto livro termina com as palavras "Aleluia". No livro de Salmos, você encontra um padrão quíntuplo que faz paralelo ao padrão dos cinco livros de Moisés, o Pentateuco:

1. No Pentateuco, Gênesis é o livro da necessidade humana. No primeiro livro de Salmos (Sl 1 a Sl 41), tem-se as grandes expressões da necessidade do coração humano. Esse tema atinge seu ápice no Salmo 23, que começa com "O Senhor é o meu pastor; nada me faltará".

2. Êxodo é o livro da graça e do amor redentor e ecoa no segundo livro dos Salmos (Sl 42 a Sl 72). Esse tema ressoa, por exemplo, no Salmo 46, que fala de Deus como "nosso refúgio e fortaleza, socorro bem presente nas tribulações".

3. Levítico é o livro de adoração em que a humanidade é instruída a viver em estreita comunhão com o Deus vivo. Essa mesma nota reverbera no terceiro livro dos Salmos (Sl 73 a Sl 89). Esses salmos são canções de reverência e adoração, exaltando a majestade de Deus, exemplificada pelas palavras do Salmo 76: "Tu és ilustre e mais glorioso do que os montes eternos".

4. Números é o livro da andança, da experiência do deserto e dos altos e baixos da vida diária. Da mesma forma, o quarto livro dos Salmos (Sl 90 a Sl 106) contém vitórias e derrotas alternadas na experiência da vida. Você encontrará muitas canções alegres nesta seção, mas também muitas passagens semelhantes às de Jó em que o salmista questiona e clama a Deus em angústia. Uma passagem típica é o Salmo 102:1-3.

Ouve, Senhor, a minha súplica, e cheguem a ti os meus clamores. Não me ocultes o rosto no dia da minha angústia; inclina-me os ouvidos; no dia em que eu clamar, dá-te pressa em acudir-me. Porque os meus dias, como fumaça, se desvanecem, e os meus ossos ardem como em fornalha.

5. O último livro do Pentateuco, Deuteronômio, é um livro de desamparo e obediência submissa. Corresponde ao quinto livro dos Salmos (Sl 107 a Sl 150), que ressoa um acorde de obediência e louvor. Talvez nada expresse este tema mais belamente do que as palavras bem conhecidas do Salmo 139:23,24.

Sonda-me, ó Deus, e conhece o meu coração, prova-me e conhece os meus pensamentos; vê se há em mim algum caminho mau e guia-me pelo caminho eterno.

O julgamento de Salomão, por Peter Paul Rubens (1577-1640).

Incontáveis cristãos têm considerado os Salmos como música para a vida. Os Salmos elevam nosso coração e mente a Deus e trazem o Senhor até nós para que possamos experimentar a verdadeira comunhão. Se o seu coração está cantando ou suspirando neste momento, você pode recorrer aos Salmos para encontrar esses sentimentos traduzidos poeticamente de maneira tocante e inspirativa.

Provérbios

O livro de Provérbios é a expressão da inteligência humana guiada pela sabedoria divina. Aqui você tem uma abordagem lógica e racional para a vida — a descoberta das leis do Céu para a vida na Terra. É um livro simples que começa com uma magnífica introdução explicando por que foi escrito.

Em seguida, lemos uma série de discursos sobre a sabedoria, proferidos por um pai ao seu filho. Esses discursos paternais começam com o filho em casa, seguem para a juventude nas ruas movimentadas da cidade, quando ele encontra várias circunstâncias, perigos e tentações da vida. Os provérbios o ensinam a escolher e a fazer amigos; como detectar e evitar perigos; como desenvolver caráter e força.

Os discursos paternais são seguidos por duas coleções de provérbios. A primeira coleção, capítulos 10 a 24, é composta de provérbios de Salomão sobre piedade. A segunda coleção, capítulos 25 a 29, são os provérbios de Salomão sobre relacionamentos; esses foram copiados e preservados pelos escribas de Ezequias.

O capítulo 30 contém os provérbios de Agur. O último capítulo, Provérbios 31, está isolado, pois foi escrito pelo rei Lemuel e contém provérbios que sua mãe lhe ensinou. Os versículos 10 a 31 deste capítulo contêm uma das descrições mais magníficas de uma esposa piedosa encontrada em qualquer lugar na literatura.

Eclesiastes

A palavra *Eclesiastes* significa "O Pregador". Este livro é um protesto humano contra a monotonia e o vazio da vida. É uma investigação sobre o significado — ou aparente falta de sentido — da vida.

Eclesiastes foi escrito por Salomão, um homem com recursos ilimitados e dinheiro, alguém com total liberdade para passar o tempo como desejasse. Salomão deliberadamente impôs a si mesmo o desafio de responder a duas questões filosóficas vitais: "A vida pode ser satisfatória sem Deus? As coisas encontradas neste mundo realmente podem satisfazer o coração humano?"

Ele questiona a satisfação encontrada na aquisição do conhecimento, na busca do prazer, no acúmulo de riqueza e na exploração filosófica. Em cada reino com potencial de significado e satisfação, ele é forçado a concluir: "Vaidade de vaidades. Tudo é vaidade".

A essa altura, você pode estar pensando: "Que livro deprimente!". De modo algum — porque no capítulo 12, o último do livro, Salomão coloca toda a "vaidade" da vida em uma perspectiva apropriada. Em 12:13 ele escreve: "De tudo o que se tem ouvido, a suma é: Teme a Deus e guarda os seus mandamentos; porque isto é o dever de todo homem".

Mas espere! Está vendo essa palavra "dever"? Risque-a! Ela não aparece no texto original em hebraico, mas foi adicionada por um tradutor que não entendeu a ideia de Salomão. Esse sábio rei não estava dizendo que temer (adorar) e obedecer a Deus é nosso dever. Ele estava dizendo que este é o nosso *propósito* na vida. Isso resume *a razão de nossa existência*.

No final do livro, Salomão tropeça em uma verdade profunda. Ele descobriu, depois de anos de busca, que nada pode fazer alguém completo, exceto Deus. Conhecer e obedecer a Deus é a soma total de nossa satisfação na vida. Quando adoramos e obedecemos a Deus, somos completos, estamos fazendo o que fomos criados para fazer e encontramos verdadeira satisfação.

Sem Deus, tudo é vaidade, sem sentido. Porém, quando estamos em um relacionamento correto com Deus, então toda a vida — mesmo a própria morte — tem significado. A pessoa que vive e caminha com Deus não vive em vão.

Cântico dos Cânticos

O último dos livros poéticos é o Cântico dos Cânticos. Esse é provavelmente o menos compreendido e o mais negligenciado de todos os livros da Bíblia. É uma história de amor espiritual, e também um livro surpreendentemente sincero sobre a expressão sexual do amor entre marido e mulher. Em tempos passados, esse livro foi realmente considerado vergonhoso por alguns grupos religiosos que tinham uma visão prejudicial do corpo humano e da sexualidade humana, assim como uma visão prejudicial da Palavra de Deus. Não há nada de vergonhoso sobre esse livro, nem há nada de vergonhoso sobre o corpo humano. O Cântico dos Cânticos nos apresenta uma expressão pura e amorosa da nossa sexualidade dentro do âmbito protetor e santo do casamento.

Não há visão mais estimulante para um homem do que o belo corpo de uma mulher. Não há nenhuma expressão maior de nobreza e força para uma mulher do que o corpo limpo e belo de um homem. Esse livro coloca nosso corpo e nossa sexualidade dados por Deus em uma perspectiva sadia.

A história deste livro pode ser confusa, porque está escrita em várias vozes — a voz do Amante (Salomão), a voz da Amada (a mulher sulamita) e a voz dos Amigos. O Cântico dos Cânticos é a história de uma jovem camponesa que, sem saber, encontra o rei de Israel disfarçado de pastor. Mais tarde, ele se revela a ela como o rei e a leva para o seu palácio onde eles compartilham seu amor e vivem felizes para sempre.

Mas observe o significado mais profundo desse belo livro de poesia de amor. É uma parábola simbólica da graça redentora de Deus em relação à raça humana. A mulher sulamita, a Amada, representa os seguidores de Deus que foram redimidos por Sua graça. O Amante, o Pastor, o grande Rei disfarçado, manifesta Seu amor a ela enquanto disfarçado de pastor. Ele vai embora, então retorna em Seu esplendor real completo para levar a mulher, representando o Senhor Jesus Cristo!

Exploraremos mais este rico simbolismo quando examinarmos o capítulo 28 deste conteúdo. Por enquanto, observe que o Cântico dos Cânticos é, na verdade, dois cânticos em um. Na superfície, é uma canção de amor, uma história maravilhosamente romântica contada em forma poética. Sob a superfície, é um hino, uma narração sagrada e simbólica da história da nossa redenção do pecado por nosso Pastor e Rei, Jesus Cristo.

As páginas da parte poética da Palavra de Deus são ricas, radiantes e perfumadas com experiências que tocam nossas emoções e transcendem nossas experiências. Vire a página comigo e mergulhe em histórias e versos poéticos que retumbam no âmago de nosso ser.

Aqui há música para a vida.

Aventurando-se através da Bíblia

Mar Morto

JÓ

CAPÍTULO 24

A pergunta mais difícil

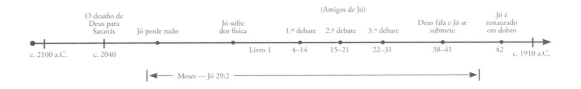

Johnny Gunther era um belo garoto de 16 anos. Ele se formou em matemática e química na Deerfield Academy e sempre foi um estudante nota 10 até que começou a ter dores de cabeças excruciantes. Não demorou muito para os médicos diagnosticarem o problema, Johnny tinha um tumor cerebral.

O caráter deste bravo jovem foi revelado após sua primeira cirurgia. No decorrer daquela cirurgia, os médicos descobriram que não havia realmente nada que pudessem fazer por Johnny. Mais tarde, eles explicaram a gravidade da situação aos pais de Johnny, John e Frances Gunther.

—O que devemos dizer a Johnny sobre sua condição?, perguntaram.

—Ele é tão brilhante e tão curioso sobre tudo que está acontecendo com ele, respondeu o cirurgião.

—Ele realmente quer saber tudo, então acho que devemos ser honestos com ele.

A família Gunther concordou, então o cirurgião foi falar com Johnny sozinho em seu quarto no hospital e lhe explicou a gravidade de seu tumor cerebral. O garoto ouviu atentamente e perguntou: —Doutor, como vamos contar isso aos meus pais?

Mesmo depois de uma segunda operação, Johnny passou nos exaustivos exames de admissão para a Universidade de Columbia. Duas semanas depois de ser aceito na Columbia, Johnny faleceu.

Johnny Gunther era um jovem com um futuro promissor, com muita vida pela frente. Por que uma coisa tão terrível — câncer cerebral — invadiu sua vida? Essa pergunta ecoa as perguntas difíceis e dolorosas que encontramos no livro de Jó.

"Por que, Senhor!"

Jó é poesia e é um drama épico similar aos dramas poéticos gregos de Homero, *A Ilíada* e *A Odisseia*. Porém, o livro de Jó também é

> **OBJETIVOS DO CAPÍTULO**
>
> Este capítulo procura revelar dimensões escondidas da verdade prática contida na história do santo sofredor do Antigo Testamento: Jó. Ele procura responder a perguntas como: Por que sofremos? Onde está Deus em nossos momentos de sofrimento? Por que Ele, às vezes, parece ficar em silêncio? Qual é a melhor maneira de ser amigo para alguém que está sofrendo?

história já que Jó existiu como pessoa real. Esses eventos ocorreram e são contados para nós em um belo estilo literário para que possamos ter uma resposta para uma antiga questão: "Por que a tragédia invade nossa vida?"

Sempre que você estiver passando por dor e provações, sempre que clamar "Por que, Senhor?", abra o livro de Jó. Aqui está um homem que experimentou agonia, perda e desolação de espírito além da nossa capacidade de compreensão. Jó faz perguntas a Deus, procura respostas de Deus, fica zangado com Deus — mas permanece fiel, e Deus o faz passar por seu tempo de provação.

A resposta final à pergunta "Por que" é dada no início do livro. Nas cenas iniciais desse livro, aprendemos sobre os bastidores do drama de Jó — a informação que o próprio Jó não tem. A resposta à grande pergunta "Por quê?" é esta: o sofrimento sem sentido surge do contínuo desafio de Satanás ao governo de Deus.

Quando o livro se inicia, encontramos Deus reunido com os anjos. Entre eles está Satanás, que se aproxima de forma arrogante, convencido de que o interesse próprio é o único fator motivador da humanidade. Na presença de Deus, Satanás afirma que qualquer um que afirme estar motivado de alguma outra forma é um falso. Na verdade, Satanás afirma que pode provar isso. Deus responde escolhendo um homem chamado Jó para ser o campo de batalha.

Batalha é a descrição apropriada do que acontece no livro de Jó. Eu a comparo às batalhas que moldaram o resultado da Segunda Guerra Mundial.

Em 7 de dezembro de 1941, um ataque furtivo a Pearl Harbor, no Havaí, fez os Estados Unidos entrarem naquela guerra. No início do conflito entre o Japão e os Estados Unidos, parecia que a guerra seria travada no meio do Pacífico, em torno das ilhas havaianas. No entanto, antes que assim fosse, os acontecimentos tiveram uma virada repentina. Sem aviso, o palco da batalha mudou abruptamente para o Pacífico Sul, a milhares de quilômetros além do Havaí. Os americanos começaram a ouvir sobre ilhas com nomes estranhos como Guam, Guadalcanal, Ilha Wake, Luzon e Bataan. Nestes cantos remotos da Terra, as maiores potências mundiais estavam travando um combate mortal. Essas ilhas se tornaram a arena para o grande conflito entre impérios.

Isso é semelhante ao que acontece na história de Jó. Aqui está um homem que está cuidando de sua vida, sem saber que repentinamente se transformou no centro da atenção de Deus — e de Satanás, também. Como a pequeníssima Guam ou a remota Ilha Wake, não há nada de especial em Jó, mas sua vida se torna um campo de batalha na luta cósmica entre Deus e Satanás, entre o bem e o mal. Jó é o marco zero, e Satanás está prestes a começar seu primeiro grande ataque.

Tragédias acumuladas após catástrofes

No capítulo 1 vemos que, um a um, todos os sustentáculos são arrancados da vida de Jó — tragédia após tragédia, qualquer uma delas seria quase insuportável. Primeiro, sua riqueza lhe foi tirada. Então todos os bois de Jó foram roubados por ataques inimigos e seus rebanhos de jumentas foram dizimados. Suas ovelhas morreram em uma tempestade. Seu vasto rebanho de camelos — verdadeira riqueza no mundo do Oriente Médio — foi exterminado.

Por fim, a notícia mais dolorosa de todas: os sete filhos e as três filhas de Jó estão juntos em uma casa, desfrutando de um banquete, quando um tornado ataca, destruindo a casa e matando todos os filhos de Jó de uma só vez.

Enquanto atordoado com suas perdas, Jó — um homem de grande fé e fidelidade ao seu Senhor — procura reagir com fé. Diz ele: "Nu saí do ventre de minha mãe, nu voltarei; o SENHOR o deu e o SENHOR o tomou; bendito seja o nome do SENHOR!" (Jó 1:21).

Satanás é surpreendido pela reação de Jó. Ele tinha certeza de que o ataque massivo que tinha lançado contra Jó seria suficiente para destruir sua fé. A atitude contínua de louvor de Jó causou a Satanás um grande revés. Então Satanás volta a Deus e quer que Ele mude as regras do jogo. Satanás decidiu atacar Jó mais diretamente e pede a Deus o direito de atacar o próprio corpo de Jó. Deus concorda, e, sem aviso, Jó é de repente atingido com uma série de terríveis tumores.

Quando eu era mais jovem, experimentei dentro de um período de dezoito meses uma série de furúnculos em meu corpo — não mais do que dois ou três de cada vez, e provavelmente cerca de 25 ao todo. Desde aquela época, tenho profunda simpatia pelo querido velho Jó. Nada é mais incômodo do que um abcesso doloroso cuja dor nenhuma medicação pode aliviar. Só lhe resta suportar a agonia até que o furúnculo se cure sozinho.

Pense em como Jó deve ter se sentido, sendo atingido com tumores do topo de sua cabeça até a planta de seus pés. À medida que a dor continua, sua esposa se volta para ele e diz: "Ainda conservas a tua integridade?

Amaldiçoa a Deus e morre" (Jó 2:9). Jó tem que sofrer sozinho, mas está determinado a permanecer fiel a Deus.

"Consoladores" de Jó

Então vem o teste final, quando Jó recebe uma visita de três de seus amigos: Elifaz, o temanita, Bildade, o suíta, e Zofar, o naamatita. Em Jó 2:11, o livro muda seu foco. Agora não estamos mais olhando apenas para Jó, mas para seu embate com seus três amigos.

Inicialmente, os três amigos de Jó parecem responder com genuína empatia com relação à situação. Quando o veem pela primeira vez, choram, rasgam suas roupas e cobrem-se de cinzas. Jó está tão desfigurado por seu sofrimento que eles quase não o reconhecem. Por sete dias e sete noites, eles se sentam com ele, sem dizer uma palavra, por verem quão grande era o seu sofrimento. Se tivessem simplesmente permanecido desse jeito, silenciosamente presentes, Jó teria se sentido confortado e amparado.

No entanto, depois de sete dias, esses amigos rompem o silêncio. Eles começam a falar e a discutir, empilhando palavras piedosas e julgamentos sobre o sofrimento de Jó, aumentando sua dor.

De sua perspectiva humana limitada, os três amigos de Jó tentam responder à mesma pergunta assombrosa: "Por que há sofrimento no mundo?". Todos os três chegam à mesma conclusão. Com uma certeza dogmática e presunçosa, eles concordam que Jó fora afligido porque cometera algum terrível pecado. Então, eles procedem discutindo com ele, tentando derrubar suas defesas e fazê-lo admitir que estão certos. Que belo consolo eles são!

Aventurando-se através da Bíblia

O LIVRO DE JÓ

As perdas e sofrimentos de Jó (Jó 1–2)

A abundância de Jó 1:1-5

Os ataques de Satanás; Jó perde tudo 1:6–2:10

Os amigos de Jó chegam e lamentam silenciosamente com ele 2:11-13

As conversas de Jó e seus três "amigos" (Jó 3–37)

O primeiro debate 3–14

A. O primeiro discurso de Jó 3

B. Elifaz: Os inocentes não sofrem 4–5

C. Resposta angustiada de Jó e pedido por empatia 6–7

D. Bildade: Jó deve ter pecado 8

E. Respostas de Jó, questionando sua aflição
aparentemente causada por Deus 9–10

F. As acusações de Zofar 11

G. Jó: Só Deus sabe; Jó pede para que Deus fale com ele;
lamenta pela catastrófica virada em sua vida 12–14

O segundo debate 15–21

A. A segunda acusação de Elifaz 15

B. Jó fala com seus "consoladores miseráveis";
sustenta a sua inocência 16–17

C. A segunda acusação de Bildade 18

D. Jó responde a Bildade 19

E. A segunda acusação de Zofar 20

F. A resposta de Jó a Zofar 21

O terceiro debate 22–26

A. A terceira acusação de Elifaz 22

B. Jó responde a Elifaz 23–24

1. "Sairia eu como o ouro" 23

2. "Os ímpios parecem não sofrer" 24

C. A terceira acusação de Bildade..25

D. Jó responde a Bildade 26

Defesa final de Jó..27–37

A. O primeiro monólogo de Jó 27–28

1. Ele defende sua inocência 27

2. "Mas onde se achará a sabedoria?" 28

B. O segundo monólogo de Jó...29–37

1. Jó relembra as alegrias do passado...29

2. Jó lamenta sua dor e humilhação 30

3. Jó novamente defende sua inocência.......................................31:1-34

4. Jó ora para encontrar Deus face a face..................................31:35-40

5. A interrupção e o monólogo do jovem Eliú 32–37

O diálogo de Deus com Jó (Jó 38–42:6)

Deus usa um redemoinho para falar com Jó 38–40:5

A. Deus confronta e questiona Jó..38

1. O reino da criação 38:1-38

2. O reino animal...38:39–39:30

B. A resposta de Jó 40:1-5

C. Deus confronta Jó...40:6–41:34

1. Jó pode salvar a si mesmo?..40:6-14

2. O poder do beemote (uma referência ao elefante
ou hipopótamo) 40:15-24

3. O poder do leviatá...41

D. Segunda resposta de Jó..42:1-6

1. Jó admite sua limitação e ignorância...42:1-3

2. Jó se arrepende 42:4-6

A libertação e restauração de Jó (Jó 42:7-17)

Aventurando-se através da Bíblia

Bem, é fato que Deus, por vezes, usa circunstâncias dolorosas para chamar nossa atenção quando nos afastamos dele. E é verdade que quando violamos as leis naturais de Deus (por exemplo, consumindo drogas ilegais, praticando sexo promíscuo, ou nos entregando a hábitos de gula), nosso corpo pagará o preço pela péssima saúde e até mesmo poderá sofrer intensamente. Porém, é verdade também que coisas ruins às vezes acontecem com pessoas que nada fizeram para provocá-las sobre si.

O problema com o argumento dos três inoportunos "consoladores" de Jó é que eles teimosamente afirmam que o pecado é a única explicação possível para os sofrimentos de Jó.

Como um boxeador que continua a bater em um adversário que está na lona e a contagem foi aberta, cada um dos amigos de Jó tem três *rounds* com ele. Cada um apresenta três argumentos, nove argumentos ao todo, tentam várias abordagens. Primeiro, eles usam o sarcasmo e a ironia. Então, apelam para a honestidade de Jó. Depois, o acusam de crimes e delitos específicos. Por fim, o magoam e vão embora, amuados e emburrados.

O argumento deles é que se Deus é justo, então os justos são sempre abençoados e os ímpios sempre sofrem. Portanto, a dor de Jó é o resultado direto de algum pecado. É uma explicação lógica e ordenada — a menos que seja você quem esteja sofrendo. Em seu livro *Decepcionado com Deus* (Editora Mundo Cristão, 1990) Philip Yancey observa que cristãos, como os amigos de Jó, muitas vezes sentem que devem encontrar alguma razão espiritual escondida por trás do sofrimento, como:

"Deus está tentando ensinar-lhe alguma coisa. Você deve sentir-se

privilegiado, não amargurado, pois você tem uma oportunidade de depender dele pela fé."

"Medite sobre as bênçãos que você ainda desfruta — pelo menos está vivo. Será que você é cristão só quando tudo vai bem?"

"Você está submetendo-se a um treinamento, está tendo uma oportunidade de exercitar novos músculos da fé. Não se preocupe — Deus não vai testá-lo além daquilo que você consegue suportar."

"Não se queixe tanto! Você vai perder esta oportunidade de demonstrar sua fidelidade para os não-cristãos."

"Sempre existe alguém em pior situação do que você. Agradeça apesar das suas circunstâncias."

Os amigos de Jó ofereceram uma versão de cada uma dessas "palavras de sabedoria", e cada uma contém um elemento de verdade. Mas o Livro de Jó mostra claramente que tais "conselhos úteis" em nada ajudam a responder às perguntas da pessoa que sofre. Foi o remédio errado, ministrado na hora errada.

No início, Jó está incomodado com esses amigos. Depois, fica zangado. Por fim, se exaspera, respondendo-lhes com grande sarcasmo. Quando eles o exortam a confessar seu pecado, Jó responde que não pode confessar o pecado do qual não está ciente e não pode pensar em nada que tenha feito para ofender a Deus. Além disso, Jó não acredita mais em justiça, já que seu argumento de que os ímpios sempre sofrem, simplesmente

Jó e seus amigos, por Ilya Yefimovich Repin (1844–1930)

não é verdade. Ele afirma que muitas pessoas notoriamente perversas realmente prosperam e florescem — fato este que não mudou em milhares de anos.

Nesse momento, vemos Jó vacilar em sua fé sob a carga esmagadora de seu sofrimento. Ele diz que não sabe o que fazer, porque Deus não o ouvirá. Nem sequer tem uma chance de colocar seu caso diante de Deus, porque o Senhor se esconde dele. "Ah! Se eu soubesse onde o poderia achar!", ele lamenta. "Então, me chegaria ao seu tribunal. Exporia ante ele a minha causa, encheria a minha boca de argumentos" (Jó 23:3,4).

Finalmente, furioso, confuso e frustrado, Jó grita com seus amigos, expressando seu terror diante do Todo-Poderoso. "Pois ele cumprirá o que está ordenado a meu respeito", lamenta Jó, "e muitas coisas como estas ainda tem consigo. Por isso, me perturbo perante ele; e, quando o considero, temo-o" (23:14,15). Anteriormente, Jó pensava em Deus como um Amigo confiável. Agora seu Amigo aparentemente deu-lhe as costas. Ele está desorientado. As coisas estão invertidas. O certo é errado. O branco é preto. Jó não sabe mais o que pensar sobre o Deus que servira por toda a sua vida. A dor de seu sofrimento consumia sua mente.

Durante a sua provação, ele é totalmente honesto. Tudo o que suporta, tudo o que sente, tudo o que pensa, simplesmente expõe a verdade com franca sinceridade. Despacha as respostas impensadas de seus amigos com o furioso desprezo que essas respostas merecem. Despido de sua própria alma, ele clama repetidamente com algumas das expressões mais profundas do coração humano. Como Jacó quando lutou com o anjo de Deus, Jó trava uma luta com Deus. Jó está com raiva, tem medo, está confuso e enfermo em seu interior — mas não abandona Deus.

Às vezes vemos que a luta de Jó com Deus foi recompensada. Um raio de luz brilha em sua escuridão. Jó diz: "Porque eu sei que o meu Redentor vive e por fim se levantará sobre a terra. Depois, revestido este meu corpo da minha pele, em minha carne verei a Deus" (Jó 19:25,26). Dessa angústia profunda vem um clamor que será cumprido na vinda de Jesus Cristo. Ele é o nosso Redentor que nos permitirá transcender a corrupção da morte, permanecer na carne e ver Deus face a face.

Eliú — um jovem incompreendido

Depois que todos os chamados amigos de Jó deram um golpe verbal nele, um quarto homem, Eliú, o mais novo do grupo, limpa a garganta e começa a falar. Quem é Eliú? Acredito que ele seja uma das pessoas mais incompreendidas em toda a Escritura — e acredito que suas palavras são a chave para entender o livro de Jó. Este jovem merece ser visto mais de perto.

O nome "Eliú" significa "Meu Deus é Ele". Eliú é o filho de Baraquel (um nome que significa "Deus abençoa"). Baraquel era um buzita — um cidadão da terra de Buz. No começo do livro de Jó, vemos que Jó viveu na terra de Uz. As terras de Uz e Buz foram assim chamadas por causa de dois irmãos que viveram durante o tempo de Abraão (veja Gn 22:21).

O jovem Eliú manteve a paz durante toda a discussão entre Jó e seus três "consoladores" por respeito à idade dos outros homens. Sabemos também que Eliú estava zangado. Ele não só estava zangado com Jó por defender-se, mas estava zangado com Elifaz, Bildade e Zofar porque tinham condenado Jó sem provas.

Alguns estudiosos da Bíblia tomaram a ira de Eliú como prova de que o rapaz era imprudente, impulsivo e temperamental — mas creio que esse ponto de vista julga mal a Eliú. No decorrer desse longo debate, Eliú ficou ouvindo calma e pacientemente. Eliú esperou por uma pausa na conversa antes de falar. Somente depois que Jó e seus três "consoladores" ficam em silêncio, Eliú se levanta e fala. Apesar de sua raiva, Eliú fala com cortesia e respeito:

> Disse Eliú, filho de Baraquel, o buzita: Eu sou de menos idade, e vós sois idosos; arreceei-me e temi de vos declarar a minha opinião. Dizia eu: Falem os dias, e a multidão dos anos ensine a sabedoria.
>
> Na verdade, há um espírito no homem, e o sopro do Todo-Poderoso o faz sábio. Os de mais idade não é que são os sábios, nem os velhos, os que entendem o que é reto. Pelo que digo: dai-me ouvidos, e também eu declararei a minha opinião. Eis que aguardei as vossas palavras e dei ouvidos às vossas considerações, enquanto, quem sabe, buscáveis o que dizer. Atentando, pois, para vós outros, eis que nenhum de vós houve que refutasse a Jó, nem que respondesse às suas razões. Não vos desculpeis, pois, dizendo: Achamos sabedoria nele; Deus pode vencê-lo, e não o homem. Ora, ele não me dirigiu palavra alguma, nem eu lhe retorquirei com as vossas palavras (32:6-14).

Ao contrário dos três oradores anteriores, o tom de Eliú é cortês. No versículo 18, ele diz: "o meu espírito me constrange". Creio que ele se refere aqui ao Espírito de Deus, o Espírito Santo, pois no versículo 8, ele diz:

"há um espírito no homem, e o sopro do Todo-Poderoso o faz sábio". Eliú acrescenta:

Não farei acepção de pessoas, nem usarei de lisonjas com o homem. Porque não sei lisonjear; em caso contrário, em breve me levaria o meu Criador (32:21,22).

Eliú quer que seus ouvintes saibam que ele não tem intenção de mostrar qualquer favor ou desfavor. Só quer falar de acordo com a vontade de Deus, seu Criador.

Alguns comentaristas da Bíblia compreensivelmente o consideram como um rapaz impetuoso, cheio da arrogância da juventude. Alguns pensam que ele não acrescenta nada à conversa, mas simplesmente repete os argumentos dos três "consoladores" de Jó. Outros consideram as palavras de Eliú como uma interrupção sem sentido, observando que Deus, ao entrar na discussão no final do livro, parece não dar nenhuma importância a esse jovem.

Creio que todos esses pontos de vista estão errados. Não vejo Eliú como arrogante ou impulsivo. Sua mensagem é distintamente diferente da dos três "consoladores" em vários aspectos importantes. E creio que o argumento de Eliú expressa o tema central do livro de Jó. Aqui estão quatro fatos importantes sobre esse rapaz que muitas vezes não são percebidos pelos comentaristas bíblicos:

(1) *Deus não repreende Eliú*. No final do livro de Jó, Deus repreende os três "amigos" de Jó pela insensatez deles em todas as coisas que disseram a Jó:

Tendo o SENHOR falado estas palavras a Jó, o SENHOR disse também a Elifaz, o

temanita: A minha ira se acendeu contra ti e contra os teus dois amigos; porque não dissestes de mim o que era reto, como o meu servo Jó. Tomai, pois, sete novilhos e sete carneiros, e ide ao meu servo Jó, e oferecei holocaustos por vós. O meu servo Jó orará por vós; porque dele aceitarei a intercessão, para que eu não vos trate segundo a vossa loucura; porque vós não dissestes de mim o que era reto, como o meu servo Jó. Então, foram Elifaz, o temanita, e Bildade, o suíta, e Zofar, o naamatita, e fizeram como o SENHOR lhes ordenara; e o SENHOR aceitou a oração de Jó (42:7-9).

Deus diz aos três "amigos" de Jó que está irado com eles por falarem falsamente sobre o Senhor, e lhes diz para oferecerem um sacrifício e pede a Jó para orar por esses amigos. Mas Deus jamais dirige tal ordem a Eliú. Por que não? Porque Eliú não é culpado de falar falsamente sobre Deus, como são os três "consoladores" de Jó. O Senhor não está zangado com Eliú porque ele falou corretamente.

(2) *A mensagem de Eliú ocupa um lugar proeminente no drama*. Ele fala durante cinco capítulos. Claramente, este é um dos principais discursos do livro. Se Eliú tivesse falado falsamente durante tanto tempo, Deus certamente o teria incluído na ordem para oferecer sacrifícios e buscar as orações de Jó. O fato de que Deus não condena a mensagem de Eliú parece ser um endosso tácito. Creio que Deus aprova as palavras desse jovem, bem como seu espírito cortês e compassivo.

(3) *Ao contrário dos três "consoladores" de Jó, Eliú é sensível ao sofrimento de Jó*. Embora Eliú tenha sentimentos fortes, ele controla suas emoções e fala sensivelmente a Jó. Isso

Aventurando-se através da Bíblia

contrasta com o tom cáustico e sarcástico dos três "amigos" de Jó.

(4) *Eliú alega falar por revelação, não pela idade e experiência.* Isso, creio eu, é a distinção mais importante que separa Eliú dos outros três homens. Lembro-me das palavras de John Wesley: "No momento, não tenho certeza de nada a não ser do que Deus me revelou". Essa é a posição de Eliú.

As pessoas geralmente supõem que a idade produz sabedoria, mas nem sempre é assim. Conheço alguns jovens que são muito sábios para sua idade e alguns idosos são ridiculamente tolos. A idade não garante necessariamente sabedoria. Nós, que somos "jovens" há muitas décadas, achamos que são nossos anos e nossos cabelos grisalhos que nos fazem sábios — mas os verdadeiramente sábios sabem que não é isso.

De fato, uma das verdades mais profundas que encontramos nesta passagem é que *a sabedoria é algo que só Deus pode conceder.* E Ele pode dar sabedoria tanto aos jovens quanto aos idosos. A Bíblia nos diz ainda que o temor (reverência) de Deus é o princípio da sabedoria. Portanto, se tivermos verdadeira reverência por Deus e falarmos com a sabedoria que Deus nos deu, então poderemos ser verdadeiramente sábios, independentemente de nossa idade.

Eliú desempenha um papel vital nesta história. Deus o usa para responder ao clamor de Jó por uma explicação para seu sofrimento. Durante a provação de dor e perda de Jó, Deus permaneceu em silêncio. Jó clamou por ajuda e nenhuma resposta lhe fora dada. Porém, Deus frequentemente escolhe uma maneira surpreendente e inesperada de responder às nossas orações. Nesse caso, essa resposta vem do jovem Eliú.

Leia as palavras de Eliú com cuidado. Se você ler atentamente, verá que, ao final de seu discurso, suas palavras soam semelhantes às palavras ditas mais tarde pela voz de Deus. Creio que Eliú está verdadeiramente falando de acordo com o Espírito de Deus. Jó queria ouvir a mensagem de Deus, e agora finalmente a ouve — dos lábios desse jovem sábio.

A resposta do Senhor

No capítulo 38, o próprio Senhor responde a Jó do meio de um redemoinho. Da fúria dos ventos, Deus vem a ele e diz:

> *Quem é este que escurece os meus desígnios com palavras sem conhecimento? Cinge, pois, os lombos como homem, pois eu te perguntarei, e tu me farás saber* (38:2,3).

Em outras palavras: "Você quer discutir comigo, Jó? Primeiramente, deixe-me ver suas qualificações. Tenho uma lista de perguntas. Se você puder lidar bem com essas questões, então talvez você esteja qualificado para ficar face a face comigo em um debate". Então, nos capítulos 38 a 40, encontramos uma das partes mais notáveis da Bíblia. Deus leva Jó a um passeio pela natureza e lhe faz várias perguntas, tais como:

> *Onde estavas tu, quando eu lançava os fundamentos da terra?... Acaso, desde que começaram os teus dias, deste ordem à madrugada ou fizeste a alva saber o seu lugar* (38:4,12).

> *Porventura, te foram reveladas as portas da morte ou viste essas portas da região tenebrosa* (38:17)?

Viver pela música

Ou poderás tu atar as cadeias do Sete-estrelo ou soltar os laços do Órion? Ou fazer aparecer os signos do Zodíaco ou guiar a Ursa com seus filhos? Sabes tu as ordenanças dos céus (38:31-33)?

Podes levantar a tua voz até às nuvens, para que a abundância das águas te cubra? Ou ordenarás aos relâmpagos que saiam (38:34,35).

Ou é pela tua inteligência que voa o falcão, estendendo as asas para o Sul (39:26)?

Podes tu, com anzol, apanhar o crocodilo ou lhe travar a língua com uma corda (41:1)?

Comparação dos bens de Jó, ANTES e DEPOIS das provações	
Os bens de Jó ANTES de sua enfermidade	Os bens de Jó DEPOIS de sua enfermidade
7 mil ovelhas	14 mil ovelhas
500 cabeças de gado	Mil cabeças de gado
500 jumentos	Mil jumentos
3 mil camelos	6 mil camelos
	Substituição de filhos e filhas

A resposta a todas essas perguntas é óbvia — e humilhante. O Senhor pinta um amplo quadro belamente detalhado do complexo Universo interconectado que Ele criou, desde as formas de vida mais delicadas e belas da Terra até suas forças mais impressionantes e aterrorizantes, indo às estrelas distantes em suas constelações. Claramente, somente uma superinteligência poderia compreender e controlar toda a gama de criação em toda sua complexidade e poder. No final desta demonstração do poder e da sabedoria de Deus, Jó, em sua pequenez, pode apenas responder prostrando-se diante de Deus:

Eu te conhecia só de ouvir, mas agora os meus olhos te veem. Por isso, me abomino e me arrependo no pó e na cinza (42:5,6).

A essência do argumento de Deus é que a vida é muito complicada para respostas simples. Se você exigir que Deus lhe dê respostas simples às questões profundas da existência, estará pedindo para que Ele lhe dê o que você nunca poderia entender. Tentar receber tanta verdade seria como tentar tomar um gole de água de um hidrante totalmente aberto. Assim, como seres humanos finitos na presença do Deus infinito, podemos apenas confiar nele. Podemos questioná-lo, e Ele acolhe nossas perguntas — mas não estamos em condições de discutir com Ele.

Deus não existe por causa das pessoas. As pessoas existem por causa de Deus. Ele não é um garçom glorificado que nos atende ao estalar de nossos dedos para que Ele venha e pergunte: "Posso tirar seu pedido?". Não, somos instrumentos de Deus e existimos para cumprir os Seus propósitos. Alguns desses propósitos são tão complexos e transcendentes que não podemos compreendê-los neste lado da eternidade.

À medida que o livro de Jó se aproxima do fim, vemos o que o apóstolo Tiago mencionou quando escreveu:

Eis que temos por felizes os que perseveraram firmes. Tendes ouvido da paciência de Jó e vistes que fim o Senhor lhe deu; porque o Senhor é cheio de terna misericórdia e compassivo (Tg 5:11).

No capítulo 42, Deus repreende os "consoladores" de Jó e orienta para que Jó ore por eles — estes tolos teimosos, equivocados e egoístas que fizeram mais mal do que bem. Deus, então, restaura tudo o que Jó perdeu — em dobro. Jó tinha 7 mil ovelhas antes; Deus lhe dá 14 mil. Ele tinha 500 bois e 500 jumentos; Deus lhe dá mil de cada um. Ele tinha 3 mil camelos; Deus lhe dá 6 mil. Ele até mesmo substitui seus filhos e filhas. Você pode dizer: "Mas nenhum filho novo pode substituir um filho perdido no coração de um pai! Nada poderia remover esse sofrimento!" E você está certo.

Note que Jó teve sete filhos e três filhas antes do desastre acontecer — mas Deus não lhe deu quatorze filhos e seis filhas depois disso. Deus não dobrou o número de seus filhos como Ele tinha dobrado o tamanho de seus rebanhos. Por quê? Porque os primeiros dez filhos de Jó não foram perdidos para sempre. Eles estavam no Céu com Deus, e Jó um dia se reuniria com eles. Essa foi a confiança e a segurança que Jó expressou em 19:25,26, quando disse: "Porque eu sei que o meu Redentor vive e por fim se levantará sobre a terra. Depois, revestido este meu corpo da minha pele, em minha carne verei a Deus".

Jó não tinha dúvidas de que ele sobreviveria à morte e à corrupção, e também seus filhos. Nada, nem mesmo dez novos filhos, pode substituir mesmo um filho que deixa este mundo muito cedo. As lembranças, as alegrias e as tristezas permanecem por toda a vida no coração dos pais enlutados. Mas Jó conhecia o seu Redentor e sabia que voltaria a ver os seus filhos.

O relato termina: "Então, morreu Jó, velho e farto de dias" (Jó 42:17). A única resposta que nos é dada à questão do sofrimento humano é que nossos sofrimentos ocorrem nos bastidores do desafio de Satanás contra o governo de Deus. Essa resposta nos é dada, mas nunca fora dada a Jó enquanto ele viveu.

No início do livro você encontra Deus, Satanás e Jó. No final do livro, Satanás desapareceu da cena. Do começo ao fim do livro, a câmera foi lentamente se aproximando até que houvesse apenas duas figuras enquadradas pela lente: Deus e Jó. Esse livro é a história de um relacionamento genuíno e dinâmico

Jó, de Léon Bonnat (1880)

Wikipedia Commons

Viver pela música

entre dois amigos, um relacionamento tempestuoso, cheio de dor e ira, bem como de prazer e alegria.

Deus jamais abandonou Jó, e este nunca abandonou Deus. O relacionamento deles emerge mais forte do que nunca por causa do sofrimento que Jó suportou.

"Sairia eu como o ouro"

O ponto mais profundo do livro é atingido, creio eu, quando Jó declara — em meio a toda a sua dor e desolação — "Mas ele sabe o meu caminho; se ele me provasse, sairia eu como o ouro" (Jó 23:10). Essa é a lição do livro de Jó. O sofrimento pode parecer sem propósito, contudo, há uma lição para nós na vida desse homem e na vida de todos os que sofrem perseguição, perda, pobreza, humilhação, câncer, esclerose múltipla, doença de *Alzheimer*, e assim por diante. O teste nos purifica e revela o ouro do caráter de Deus em nosso interior.

No Novo Testamento, Paulo se alegra: "Sabemos que Deus age em todas as coisas para o bem daqueles que o amam, dos que foram chamados de acordo com o seu propósito" (Rm 8:28 NVI). Essa é também a canção triunfante de Jó. É uma canção de esperança para a vida.

Que seja essa a sua canção e a minha também.

Aventurando-se através da Bíblia

PERGUNTAS PARA DISCUSSÃO

JÓ
A pergunta mais difícil

1. O autor escreve: "A resposta final à pergunta "Por que" é fornecida no início do livro. Você acha que a resposta dada aqui realmente responde à pergunta "Por quê"? Explique sua resposta.

2. Com base nos acontecimentos em Jó, o que você diria ser a melhor maneira de confortar um amigo em sofrimento? O que não deveria fazer ou dizer?

3. Durante a provação de Jó, ele é totalmente honesto com Deus. Ele está zangado, com medo e confuso — mas jamais abandona Deus. O que a reação de Jó ao seu sofrimento lhe diz sobre como você deve reagir às suas próprias provações de sofrimento?

4. Depois que os três falsos consoladores de Jó (Elifaz, Bildade e Zofar) falam, um quarto homem, chamado Eliú, conversa com Jó. O autor chama Eliú de "uma das pessoas mais incompreendidas em toda a Escritura". Você concorda ou discorda da imagem de Eliú retratada pelo autor? Explique sua resposta.

5. O autor escreve: "Deus não existe por causa das pessoas. As pessoas existem por causa de Deus. Ele não é um garçom glorificado que nos atende ao estalar de nossos dedos para que Ele venha e pergunte: 'Posso tirar seu pedido?' Não, somos instrumentos de Deus e existimos para realizar os Seus propósitos [...]". Como essa afirmação influencia a maneira que você vê o seu relacionamento com Deus? Explique sua resposta.

APLICAÇÃO PESSOAL

6. Jó escreve: "Pois ele cumprirá o que está ordenado a meu respeito e muitas coisas como estas ainda tem consigo. Por isso, me perturbo perante ele; e, quando o considero, temo-o" (23:14,15). Você já passou por uma provação de sofrimento tão severa que duvidou do amor de Deus por você, ou na qual começou a temê-lo? O que lhe capacitou a passar por essa provação de dor, dúvida e medo?

7. Em meio a toda a sua dor e desolação, Jó declara: "Mas ele sabe o meu caminho; se ele me provasse, sairia eu como o ouro" (23:10). O autor escreve: "Essa é a lição deste livro. O sofrimento pode parecer sem propósito, contudo, há uma lição para nós na vida de Jó e na vida de todos os que sofrem perseguição, perda, pobreza, humilhação, câncer, esclerose múltipla, doença de *Alzheimer*, e assim por diante. O teste nos purifica e revela o ouro do caráter de Deus dentro de nós".

Ao olhar para trás, para os momentos de provação e sofrimento em sua própria vida, ou na vida de alguém próximo, você pode ver evidências desse "ouro" do qual Jó fala? Explique sua resposta. De onde você crê que vem o "ouro" do caráter cristão refinado? O que o produz?

Observação: Para uma pesquisa mais aprofundada do livro de Jó, leia *Let God Be God: Life-Changing Truths from the Book of Job* [Deixe Deus ser Deus: Verdades no livro de Jó que transformam a vida], escrito por Ray C. Stedman (Discovery House Publishers, 2007).

Aventurando-se através da Bíblia

Torre de Davi

SALMOS

CAPÍTULO 25

Cânticos de corações sinceros

O hinário do Antigo Testamento

Uma vez visitei a casa de um homem a quem eu aconselhava. A porta estava aberta, então o chamei, mas ninguém respondeu. Sentindo que algo estava errado, entrei e encontrei o seu corpo sem vida. Ele cometera suicídio. Foi um dos choques mais paralisantes da minha vida encontrar alguém que conhecia e com quem tinha orado — alguém que eu estava tentando ajudar — morto por suas próprias mãos.

Naquela noite, eu estava tão cheio de dor e angústia que não conseguia dormir. Tampouco minha esposa, Elaine. Naquela hora escura de desolação, ela e eu nos voltamos para os Salmos e os lemos juntos. Somente os Salmos podiam confortar nossos corações naquele momento horrível.

Ao longo dos séculos, esta grande coleção de poesia hebraica tem sido descanso para a mente de milhões de cristãos em tempos de angústia e dor. Também tem dado voz a emoções de contentamento, alegria e esperança, assim como transformado corações para Deus com suas expressões de profunda reverência e adoração.

Cada sombra de emoção que surge na alma humana é refletida nos Salmos.

O livro de Salmos é o livro das emoções humanas. Não importa em que estado de espírito você se encontre, há um salmo para expressá-lo.

Os Salmos contêm expressões grandiosas sobre os momentos alegres e de euforia da vida. Se você estiver feliz e desejar expressar sua alegria, leia o Salmo 66 ou 92. Se você estiver grato e quiser expressar sua gratidão a Deus, ore as palavras do Salmo 40. Se seu coração está cheio de louvor inexprimível e amor por Deus, então leia o Salmo 84 ou 116.

Os Salmos também expressam a necessidade da alma quando está no vale das sombras. Se você estiver perturbado pelo medo e temor, leia o Salmo 23, 56 ou 91. Se estiver

---

OBJETIVOS DO CAPÍTULO

Este capítulo examina os Salmos, o hinário do Antigo Testamento, e mostra como o livro de Salmos reflete a estrutura temática dos cinco livros de Moisés. Ele também destaca e aplica as passagens mais significativas dos Salmos à nossa vida hoje. Em meio à vida caótica do século 21, precisamos da paz e do conforto dos Salmos como nunca antes.

desanimado, leia o Salmo 42. Se você se sentir só, sugiro o Salmo 62 ou 71. Se estiver oprimido pela culpa ou vergonha, leia o Salmo 51 (Davi o escreveu depois de seu duplo pecado — adultério e assassinato — veja 2 Samuel 11 e 12); ou leia o Salmo 32, uma grande expressão de confissão e perdão.

Se você estiver preocupado ou ansioso, recomendo os Salmos 37 e 73. Se estiver com raiva, tente o Salmo 13 ou 58. Se estiver lutando contra a amargura e ressentimento, leia o Salmo 77 ou 94. Se você se sentir abandonado, mergulhe no conforto do Salmo 88. Se estiver lutando contra a dúvida, faça sua morada nas verdades que elevam o coração do Salmo 119.

Esses salmos eram o hinário do antigo Israel. Muitos foram escritos para serem cantados em público, razão pela qual um salmo muitas vezes começa com uma frase como: "Ao regente do coro". A maioria das pessoas supõe que Davi escreveu todos os Salmos, e, na verdade, ele é o autor de mais da metade deles. Deus deu a este pastor-rei o dom inspirado de capturar as variadas e ricas emoções de sua experiência e colocá-las em forma lírica. Porém, muitos foram compostos por outros escritores.

O Salmo 90 foi escrito por Moisés e o Salmo 127 foi composto pelo rei Salomão. Outros foram escritos por um grupo chamado "os filhos de Corá", que foram encarregados de liderar o cântico em Israel. Os Salmos 50 e 73–83 foram escritos pelo hebreu Asafe, que era regente de coro.

O rei Ezequias escreveu dez salmos: 120, 121, 123, 125, 126, 128, 129, 130, 132 e 134. Quando estava doente e à beira da morte, orou para que Deus o poupasse e o Senhor respondeu sua oração, concedendo-lhe mais 15 anos de vida. Em resposta, Ezequias louvou a Deus e prometeu ir ao Templo e cantar

SALMOS: CANÇÕES FOLCLÓRICAS SOBRE A FÉ

"Gosto de pensar nos Salmos como 'as canções populares da Bíblia'. Não sei quanto a você, mas eu adoro ouvir canções populares — não apenas as americanas, mas as de muitas culturas e nações. A música popular expressa o coração e a alma de um povo. As canções populares bíblicas chamadas 'os Salmos' expressam não apenas o batimento do coração do antigo Israel, mas o de todas as pessoas que adoram o Deus da Bíblia.

Elas são comumente transmitidas pela tradição oral e destinam-se ao povo de uma comunidade ou cultura específica. Não são destinadas para serem habilmente cantadas e tocadas por músicos profissionais. Elas devem ser compartilhadas por todos nós, pessoas comuns — mesmo aqueles que cantam muito mal! As canções populares são para todos. Isto é tão verdadeiro para os Salmos quanto para qualquer outra tradição de música popular".

Ray C. Stedman
Psalms: Folk Songs of Faith [Salmos: Canções populares sobre a fé]
(Discovery House Publishers, 2006)

os salmos que havia escrito como um ato de adoração ao Senhor:

> O SENHOR veio salvar-me;
> pelo que, tangendo os instrumentos
> de cordas,
> nós o louvaremos todos os dias de nossa vida,
> na Casa do SENHOR (Is 38:20).

A estrutura de Salmos

O livro de Salmos é o mais longo da Bíblia, contém 150 capítulos. Os salmos foram compostos em um período de mil anos (de cerca de 1410 a 430 a.C.). Salmos é, na verdade, cinco livros em um e divide-se em cinco seções, cada uma com seu próprio tema. As primeiras quatro partes terminam com as palavras "Amém e Amém". A quinta divisão termina com "Aleluia". As cinco divisões dos Salmos são paralelas à estrutura do Pentateuco, os cinco primeiros livros da Bíblia.

Os primeiros cinco livros da Bíblia (Gênesis, Êxodo, Levítico, Números e Deuteronômio) foram traçados por Deus para nos revelar os cinco passos da forma do Senhor geralmente agir. Em Sua imutabilidade, Deus sempre segue uma ordem, seja em Seu trato com um indivíduo, com uma nação ou com toda a criação. Salmos segue o mesmo padrão de cinco passos, refletindo as reações do coração humano ao padrão de Deus agir em nossa vida.

Livro 1 de Salmos, a parte de Gênesis

O primeiro livro de Salmos contém Salmos 1 a 41 com seu tema paralelo à mensagem do livro de Gênesis. É a bela e poética expressão da necessidade mais profunda do coração

humano. O Salmo 1 começa com uma imagem do ser humano perfeito, assim como o Gênesis começa com o homem e a mulher no jardim do Éden. O Salmo 2 registra a rebelião humana e é um salmo poderoso que se inicia com as palavras:

> Por que se enfurecem os gentios
> e os povos imaginam coisas vãs?
> Os reis da terra se levantam,
> e os príncipes conspiram
> contra o Senhor
> e contra o seu Ungido, dizendo:
> Rompamos os seus laços
> e sacudamos de nós as suas
> algemas (2:1-3).

Essas palavras do salmista descrevem a rebeldia humana; Gênesis fornece a mesma descrição da humanidade no jardim do Éden. Ao longo do restante do primeiro livro de Salmos, você vê a angústia da separação da humanidade de Deus, exemplificada por passagens como:

> Também a minha alma está
> profundamente perturbada;
> mas tu, SENHOR, até quando?
> Estou cansado de tanto gemer;
> todas as noites faço nadar o meu leito,
> de minhas lágrimas o alago (6:3,6).

Nesta seção também apresentamos a graça e a misericórdia de Deus. Aqui, Deus é retratado como um defensor, um refúgio, um justo Juiz. Deus procura tirar seres humanos da escuridão que eles mesmos criaram para si, assim como Ele fez nas sombras do jardim após o pecado de Adão. Da mesma forma que o Senhor

Aventurando-se através da Bíblia

O LIVRO DE SALMOS

Livro 1 (Salmos 1–41)

    Autor e provável compilador: Davi

    Tema: A parte de Gênesis — humanidade, criação e necessidade humana

    Conteúdo geral: Pedidos de ajuda e canções de louvor

    Datas prováveis da compilação: Aproximadamente 1020 a 970 a.C.

Livro 2 (Salmos 42–72)

    Autores: Davi e os filhos de Corá

    Provável compilador: Ezequias ou Josias

    Tema: A parte de Êxodo — libertação e redenção

    Conteúdo geral: Libertação de Israel do cativeiro nacional e dos indivíduos do pecado

    Datas prováveis da compilação: Aproximadamente 970 a 610 a.C.

Livro 3 (Salmos 73–89)

    Autor: Asafe

    Provável compilador: Ezequias ou Josias

    Tema: A parte de Levítico — adoração, como se aproximar de Deus

    Conteúdo geral: Canções de adoração

    Datas prováveis da compilação: Aproximadamente 970 a 610 a.C.

Livro 4 (Salmos 90-106)

    Autor: Desconhecido

    Provável compilador: Esdras ou Neemias

    Tema: A parte de Números — a caminhada pelo deserto e os altos e baixos da vida

    Conteúdo geral: Confissão de fracasso e expressão de louvor

    Datas prováveis da compilação: Até aproximadamente 430 a.C.

Livro 5 (Salmos 107–150)

    Autores: Davi e outros escritores

    Provável compilador: Esdras ou Neemias

    Tema: A parte de Deuteronômio — Palavra de Deus

    Conteúdo geral: Hinos de exuberante louvor

    Datas prováveis da compilação: Até aproximadamente 430 a.C.

Viver pela música

chamou: "Adão, onde estás?" Ele também nos chama em nossa perdição e obstinação.

A primeira parte de Salmos é uma expressão do profundo anseio do coração humano por Deus — e dos primeiros ecos da resposta de Deus.

Livro 2 de Salmos, a parte de Êxodo

O segundo livro de Salmos, capítulos 42 a 72, corresponde ao livro de Êxodo no Pentateuco, que inicia um novo relacionamento entre Deus e a humanidade. Êxodo conta a história da tristeza e da escravidão de Israel enquanto estava no cativeiro egípcio. Ele também fala do grande poder de Deus em libertar o povo de seu cativeiro. O segundo livro de Salmos traça o mesmo tema.

O Salmo 45 é o salmo de Deus, o Rei. Trata de Seu governo soberano sobre a humanidade. O Salmo 46 fala da libertação e ajuda de Deus em tempos de angústia. O Salmo 50 exalta a força de Deus enquanto o Salmo 51 revela Sua graça para conosco em nosso mais profundo pecado e vergonha. O Salmo 72, o último salmo desta parte, retrata Deus em Seu poder imenso e conquistador — poder de nos libertar do cativeiro do pecado.

Livro 3 de Salmos, a parte de Levítico

O terceiro livro de Salmos, capítulos 73 a 89, corresponde ao livro de Levítico — o livro que detalha o tabernáculo de adoração e revela como a humanidade deve se aproximar do Deus santo. Levítico revela as obras no interior do coração humano: sua necessidade, sua consciência profunda de seu próprio pecado e sua descoberta da solução de Deus. Nos Salmos 73 a 89, o mesmo padrão acontece.

O Salmo 75 expressa nossa consciência do julgamento de Deus no profundo do coração. O Salmo 78 revela a luz do amor inabalável de Deus que Ele nos ama com amor implacável e nos responsabiliza para nosso próprio crescimento e benefício. Ele é misericordioso, mas também é implacável em extirpar e destruir o pecado em nossa vida — assim como Ele, com misericórdia, mas implacavelmente, purificou Seu povo, Israel. Quando estamos prontos para reconhecer nosso pecado e concordar com o julgamento de Deus a respeito do pecado, Ele então lida conosco com graça e amor. O Salmo 81 descreve a nova força que Deus nos oferece, e o Salmo 84 retrata a contínua e generosa provisão que o Senhor nos oferece — assim como supriu as necessidades do antigo Israel.

Livro 4 de Salmos, a parte de Números

Os Salmos 90 a 106 constituem o quarto livro, fazendo um paralelo com o livro de Números — o livro do deserto — que destaca o fracasso humano. Ao longo desta parte, você encontrará a vitória se alternando com a derrota devastadora. Assim como Deus entra em cena e liberta os israelitas no deserto — realizando milagres poderosos e ministrando às suas necessidades, tal como alimentá-los com pão do céu e fender a rocha para que saísse água —, Israel começa a murmurar e reclamar, precipitando um episódio de derrota. Esse mesmo padrão nos é retratado na poesia da quarta parte dos Salmos.

Livro 5 de Salmos, a parte de Deuteronômio

A quinta parte, capítulos 107 a 150, corresponde ao livro de Deuteronômio, que revela

Aventurando-se através da Bíblia

nosso novo recurso em Deus. Estes salmos retratam a pessoa que chegou ao fim de seus próprios meios e está pronta para usufruir da plenitude de Deus. Esta última parte de salmos, do começo ao fim, contém somente ação de graças e louvor. Soa uma nota triunfante até o fim e se aproxima dele com um constante "Aleluia, louvai ao Senhor!". É a expressão de alguém tão cheio de alegria que tudo o que pode fazer é bradar louvores a Deus.

Dificuldade com os Salmos

Alguns cristãos têm dificuldade com os Salmos, especialmente aquelas passagens em que Davi clama contra seus inimigos ou reclama de sofrimentos e perseguições. Particularmente incômodos para muitos cristãos de coração mais sensível são os chamados salmos imprecatórios, os salmos que falam de condenação amarga e ardente (chamadas de "imprecações") contra inimigos. É compreensível que as pessoas considerem essas palavras perturbadoras.

Parece errado e "não cristão" pedir a ira de Deus sobre nossos inimigos, e imaginá-los tendo seus membros rasgados e pendurados no poste mais próximo. "Jesus não nos disse para amarmos nossos inimigos?", eles perguntam. "Por que esses salmos parecem tão violentos enquanto o Novo Testamento parece ser sobre amor e perdão?".

Creio que podemos entender até mesmo o mais preocupante dos salmos se lembrarmos do que o Novo Testamento nos diz sobre o Antigo Testamento. Como afirma o apóstolo Paulo: as Escrituras "foram escritas para advertência nossa" (1Co 10:11). Se nos colocarmos no lugar do salmista, veremos que os inimigos que ele enfrentou são os mesmos inimigos que enfrentamos hoje, ou, como diz o Novo Testamento, "porque a nossa luta não é contra o sangue e a carne" (Ef 6:12).

Às vezes, esquecemos quem é nosso verdadeiro inimigo. Pensamos que a pessoa que se opõe aos nossos planos, ataca nossa reputação ou nos irrita de alguma forma é nosso inimigo. Não, as pessoas podem nos magoar, mas as pessoas não são nossos verdadeiros inimigos. Nossa luta é contra os princípios do mal, as filosofias deste mundo e as forças espirituais que controlam os sistemas deste mundo. Acima de tudo, nossa luta é contra Satanás e suas hostes.

E há outro inimigo que enfrentamos — não externo, mas interno. Como Jesus disse: "não é o que entra pela boca o que contamina o homem, mas o que sai da boca, isto, sim, contamina o homem [...]. Porque do coração procedem maus desígnios, homicídios, adultérios, prostituição, furtos, falsos testemunhos, blasfêmias. São estas as coisas que contaminam o homem" (Mt 15:11,19,20). A carne, com sua inclinação inata para com o pecado, é nossa inimiga também. E a carne guerreará contra o nosso espírito, enquanto vivermos nestes corpos mortais.

Com essas palavras de Jesus soando em nossos ouvidos, a linguagem severa dos Salmos faz todo o sentido. Devemos lidar severamente com esses inimigos. O pecado não tem lugar na vida de um cristão. Os implacáveis salmos imprecatórios são uma representação do modo como devemos lidar com os verdadeiros inimigos do coração — Satanás, os sistemas mundanos que ele controla e nossa própria carne corrompida.

Viver pela música

Salmos sobre Jesus

A percepção mais profunda contida nos Salmos é que eles revelam a obra e a pessoa de Jesus Cristo. Lembre-se de que, depois da ressurreição de Jesus, Ele apareceu ressurreto no meio dos Seus discípulos, que estavam angustiados, e disse-lhes: "importava se cumprisse tudo o que de mim está escrito na Lei de Moisés, nos Profetas e nos Salmos" (Lc 24:44). Embora o caráter, a graça e a verdade de Cristo estejam presentes em cada salmo, vários "salmos messiânicos" especiais apresentam uma clara imagem profética de Cristo. Nos salmos messiânicos, vemos episódios específicos de Sua vida terrena descritos em detalhes surpreendentes — mesmo que esses salmos tenham sido escritos centenas de anos antes de Seu nascimento.

O Salmo 2 representa Cristo como o homem do destino, o ponto central de toda a história. O salmista escreve:

> *Proclamarei o decreto do SENHOR:*
> *Ele me disse: Tu és meu Filho,*
> *eu, hoje, te gerei.*
> *Pede-me,*
> *e eu te darei as nações por herança*
> *e as extremidades da terra*
> *por tua possessão.*
> *Com vara de ferro as regerás*
> *e as despedaçarás como um vaso de*
> *oleiro* (2:7-9).

O Salmo 22 registra a angústia do Senhor e leva você até a cruz com sua frase inicial: "Deus meu, Deus meu, por que me desamparaste?". Prossegue descrevendo a multidão assombrada ao pé da cruz, olhando para Ele, a quem traspassaram e o contaram com os transgressores. Ele conta em detalhes como Seus executores tomaram Suas vestes e lançaram sortes sobre elas. Acima de tudo, esse salmo adentra ao nosso coração com a descrição emocionante do sentimento do Senhor de absoluto abandono de Deus. Essas palavras claramente prefiguram a morte do Messias por crucificação:

> *[Eles] traspassaram-me as mãos e os pés.*
> *Posso contar todos os meus ossos* (22:16,17).

Esse relato angustiante e desolador da crucificação é rapidamente seguido pelo término da história do Senhor — o triunfo de Sua ressurreição, a glória de Sua segunda vinda e a justiça de Seu futuro reinado.

Outros salmos messiânicos refletem o caráter e a obra de Cristo e Seu futuro reinado como Rei sobre toda a Terra. O Salmo 110, por exemplo, valida claramente a divindade de Cristo — o grande mistério de que Ele é plenamente humano e plenamente Deus ao mesmo tempo. E o Salmo 118 simbolicamente o descreve como uma pedra de tropeço, rejeitada pelas pessoas, mas usada por Deus como a pedra angular de Seu plano redentor no dia da ressurreição.

Salmos proféticos e seus cumprimentos no Novo Testamento

A tabela a seguir lista alguns dos mais significativos salmos messiânicos e seus respectivos cumprimentos no Novo Testamento. Uma exploração comparativa desses salmos e passagens neotestamentárias daria um ótimo estudo bíblico individual ou em grupo.

Todos os Salmos são delineados para nos ensinar como adorar a Deus, como ter

Aventurando-se através da Bíblia

Salmo	Profecia messiânica	Cumprimento no NT
2:7	Deus declara o Messias Seu Filho	Mateus 3:17
8:6	Todas as coisas postas debaixo de Seus pés	Hebreus 2:8
16:10	A ressurreição	Marcos 16:6,7
22:1	O Messias abandonado	Mateus 27:46
22:7-8	O Messias rodeado por zombadores	Lucas 23:35
22:16	As mãos e os pés do Messias perfurados na cruz	João 20:25,27
22:18	Lançaram sortes sobre Suas vestes	Mateus 27:35,36
34:20	Os ossos do Messias intactos	João 19:32,33,36
35:11	O Messias acusado por falsas testemunhas	Marcos 14:57
35:19	O Messias odiado e perseguido	João 15:25
40:7-8	O Messias vem para fazer a vontade de Deus	Hebreus 10:7
41:9	Traído por um amigo (Judas)	Lucas 22:47
45:6	O trono do Messias é eterno	Hebreus 1:8
68:18	O Messias ascende e está à direita de Deus	Marcos 16:19
69:9	O zelo do Messias pela casa de Deus (purificação do templo)	João 2:17
69:21	Vinagre e fel na cruz	Mateus 27:34
109:4	O Messias intercede por Seus inimigos	Lucas 23:34
109:8	A função do traidor é dada a outro	Atos 1:20
110:1	Seus inimigos colocados em submissão a Ele	Mateus 22:44
110:4	O Messias é um sacerdote segundo a ordem de Melquisedeque	Hebreus 5:6
118:22	A pedra de tropeço rejeitada torna-se a pedra angular	Mateus 21:42

comunhão com o Senhor e como experimentar a plenitude e a riqueza de Deus. Eles nos ensinam a oferecer honestamente toda a extensão de nossas emoções para Ele. Se você tiver um problema, não o esconda de Deus ou de você mesmo. Conte-lhe sobre ele. Se você estiver zangado com Deus, faça o mesmo. Se você estiver ressentido, coloque para fora e busque solução. Se estiver feliz e alegre, louve-o. Isso é adoração — a expressão honesta de seu coração para Deus.

Como Jesus disse à mulher no poço em Samaria: "Deus é espírito; e importa que os seus adoradores o adorem em espírito e em verdade" (Jo 4:24). Deus está procurando por esse tipo de adorador. Se você puder ser honesto diante de Deus — mesmo com todos os seus estados de espírito, pecados, fracassos, dor e questionamento — encontrará graça para suprir todas as suas necessidades.

Há uma antiga história de um avarento que, já em idade avançada, colocou sua confiança em Cristo. Depois de sua conversão, um de seus vizinhos sofreu uma séria perda. Quando o avarento convertido ouviu falar disso, sua reação imediata foi: "Meu amigo precisa de ajuda e comida para sua família. Vou até meu defumadouro, pego um presunto e o levo para eles". Mas, no caminho para o depósito, sua velha natureza começou a sussurrar para ele: "Por que dar-lhes um presunto inteiro? Meio presunto será suficiente". Ele debateu consigo mesmo ao longo de todo o caminho até o depósito.

Então lembrou-se de que, ao receber a graça de Jesus Cristo em sua vida, ele tinha decidido crucificar seu antigo *eu* e permanecer firme contra todos os antigos traços e hábitos de seu passado pré-cristão. De repente, percebeu de onde vinha a tentação de conter sua generosidade — foi Satanás quem sussurrou: "Dê-lhe meio presunto".

"Olha, Satanás", disse o homem em voz alta, "se você não ficar em silêncio, eu darei a ele o depósito inteiro!"

Onde abunda o pecado, a graça abunda ainda mais. E este é o propósito dos Salmos: eles são a música de Deus, inspirada e escrita para nos levar à graça.

A harpa do rei Davi na entrada da cidade de Davi em Jerusalém

Wikipedia Commons

PERGUNTAS PARA DISCUSSÃO

SALMOS
Cânticos de corações sinceros

Seria difícil, se não impossível, elaborar um guia de discussão que fizesse jus a todo o livro de Salmos numas poucas questões. Assim, este guia examinará apenas dois salmos — Salmos 40 e 51.

Salmo 40 — salmo de Davi

1. Leia o Salmo 40. O tema desse salmo é esperar pacientemente pelo Senhor em tempos de adversidade. Por que é difícil esperar pacientemente pelo Senhor? Que percepções Davi oferece nesse salmo para nos ajudar a desenvolver a paciência e a confiança para esperar no Senhor?

2. No versículo 2, o salmista diz:

> *Tirou-me de um poço de perdição,*
> *de um tremedal de lama;*
> *colocou-me os pés sobre uma rocha*
> *e me firmou os passos.*

Você pode pensar em um momento de sua vida quando Deus o resgatou dessa maneira?

3. No versículo 5, o salmista escreve:

> *São muitas, SENHOR, Deus meu,*
> *as maravilhas que tens operado*
> *e também os teus desígnios para conosco;*
> *ninguém há que se possa igualar contigo.*

Quais são algumas das maravilhas de Deus que o enchem de admiração e louvor por Ele? Identifique algumas coisas que Deus planejou para nós?

Viver pela música

4. No versículo 10, o salmista não pode deixar de contar aos outros sobre Deus:

Não ocultei no coração a tua justiça;
proclamei a tua fidelidade e a tua salvação

Seu amor por Deus e pela justiça dele o fazem querer contar aos outros sobre Ele? Por quê? Que passos você pode dar esta semana para se tornar uma testemunha de Deus mais ousada e mais falante?

Salmo 51 — salmo de Davi

1. Leia o Salmo 51. O tema desse salmo é arrependimento e restauração pelo pecado e culpa. Davi escreveu esse salmo depois de seu duplo pecado — adultério e assassinato (veja 2 Samuel 11 e 12). Ele inicia com estas palavras (51:1):

Compadece-te de mim, ó Deus,
segundo a tua benignidade;
e, segundo a multidão das tuas misericórdias,
apaga as minhas transgressões.

Você considera que o amor e a misericórdia de Deus sejam "infalíveis"? Quando você peca, sente que pode se aproximar de Deus em arrependimento, confiando que Ele o aceitará e o perdoará? Por quê?

2. Davi pecou contra Urias (o homem que ele assassinou), contra Bate-Seba, contra a sua própria família e contra a nação de Israel — contudo, Davi diz a Deus (v.4): "Pequei contra ti, contra ti somente". Por que Davi diz que seu pecado é somente contra Deus?

3. Davi escreveu o Salmo 51 depois de cometer os horríveis pecados de adultério e assassinato. Você já lutou contra o peso do seu pecado, pensando: "Deus nunca poderá perdoar o que fiz — é horrível demais"? Saber que Deus apagou o pecado de Davi, o perdoou e o reintegrou como um homem segundo o Seu coração o ajuda? Por quê?

Aventurando-se através da Bíblia

4.

Davi escreve no versículo 12:

*Restitui-me a alegria da tua salvação
e sustenta-me com um espírito voluntário.*

Por que você acha que a confissão traz a restauração da alegria para a vida de um cristão arrependido? Você já experimentou a alegria do perdão e da restauração em sua própria vida? Explique sua resposta.

5.

No decurso desse salmo de confissão, Davi escreve (51:13):

*Então, ensinarei aos transgressores os teus caminhos,
e os pecadores se converterão a ti.*

Explique como um pecador arrependido pode ter um novo ministério de alcançar e ensinar aos outros como encontrar a restauração e o perdão de Deus. Você acha que Deus pode ter esse ministério em mente para você? Por quê?

6.

O que significa ter "um coração compungido e contrito" (51:17)?

7.

Davi não se arrependeu de seu pecado até que foi confrontado pelo profeta Natã. O que isso sugere para você sobre o valor de estar envolvido em uma comunidade de fé, em comunhão estreita com a igreja? O que isso lhe diz sobre a importância de manter relacionamentos próximos e confiáveis com outros cristãos e dar-lhes permissão para confrontá-lo quando o veem se desviar da vontade de Deus? Atualmente, você está envolvido em uma comunidade de fé unida?

8.

Que medidas você está tomando para se proteger contra a queda em futuros pecados?

Observação: Para uma pesquisa mais aprofundada de salmos selecionados, leia *Psalms: Folk Songs of Faith* [Salmos: Canções populares sobre a fé], escrito por Ray C. Stedman (Discovery House Publishers, 2006).

PROVÉRBIOS

CAPÍTULO 26

O que é a vida

Alguns anos atrás, um homem entrou em meu escritório e me contou uma história comovente. Impaciente com a faculdade e ansioso para sair da casa de seus pais e viver por conta própria, ele deixou a escola e se mudou para São Francisco. Lá, ele experimentou drogas e promiscuidade na esperança de encontrar realização na vida.

Por um tempo, toda noite era uma festa. Mas logo aquele estilo de vida começou a arrastá-lo para baixo. Ele começou a consumir heroína, uma prática com a qual havia dito para si mesmo que jamais se envolveria. Suas experiências com drogas alucinógenas lhe deram visões fantásticas, mas o deixaram cheio de medo e paranoia.

Ele logo ficou desempregado devido ao consumo de drogas e acabou como um aliciador de prostitutas. Ele morava nas ruas mais pobres da cidade. Logo, nada podia abafar o medo e a vergonha que sentia em seu interior — nem drogas, nem sexo. Quando começou a sentir fortes impulsos suicidas, percebeu que precisava encontrar um poder além de si mesmo.

Deus despertou esse homem para sua necessidade, e ele se refugiou em uma missão no centro da cidade. Ele foi desintoxicado e colocado em um programa cristão que lhe permitiu superar seus vícios. Durante o processo, ele entregou sua vida a Jesus Cristo. Em nossa igreja, ele encontrou uma comunidade receptiva e carinhosa, onde sua fé e seu caráter cristão puderam crescer e amadurecer.

Os horrores aos quais esse jovem se submeteu são precisamente o que Deus, falando conosco através do livro de Provérbios, quer nos ajudar a evitar. A mensagem de Provérbios é que a vida jamais poderá ser plenamente compreendida ou vivida, exceto através do relacionamento com Deus. As complexidades e os perigos da vida são simplesmente grandes demais para cuidarmos deles sozinhos. Para navegar com sucesso na vida, com todas as suas tentações, decepções e armadilhas, precisamos da sabedoria eterna e confiável de Deus.

> **OBJETIVOS DO CAPÍTULO**
>
> Este capítulo procura inspirar o leitor por meio do amor pela sabedoria contida em Provérbios, o guia para escolhas sábias.

Aventurando-se através da Bíblia

A estrutura de Provérbios

Este é um livro difícil de esboçar. À primeira vista, o assunto parece mudar a cada versículo. Porém, quando você adquire uma visão geral de Provérbios, você começa a ver que ele é construído de forma lógica e útil. Depois de observar as principais divisões desse livro, você poderá facilmente reconhecer e seguir seu argumento.

Um guia para escolhas sábias

O livro de Provérbios foi escrito e compilado cerca de 950 a 700 a.C. Provérbios começa com um breve prefácio nos seis primeiros versículos e continua com uma série de dez discursos de pai para filho cheio de exortações práticas sobre como enfrentar os problemas da vida.

Começando no capítulo 10, temos uma coleção de provérbios do rei sábio de Israel, Salomão. Como Salomão adquiriu sua sabedoria? Pouco depois de se tornar rei, Salomão foi ao altar do monte em Gibeão para oferecer sacrifícios a Deus. Durante a noite, Deus lhe apareceu num sonho e disse: "Pede-me o que queres que eu te dê" (1Rs 3:5). E Salomão respondeu: "Dá, pois, ao teu servo coração compreensivo para julgar a teu povo".

Deus se agradou com o pedido de Salomão e disse: "Já que pediste esta coisa e não pediste longevidade, nem riquezas, nem a morte de teus inimigos; mas pediste entendimento, para discernires o que é justo; eis que faço segundo as tuas palavras: dou-te coração sábio e inteligente" (1Rs 3:3-15). Porque Salomão pediu o tesouro da sabedoria em vez de riquezas ou vitória, Deus lhe deu todos os três. Assim, as palavras de Salomão contidas nesta parte, Provérbios 10 a 24, são os provérbios de sabedoria do rei mais sábio da história de Israel.

A segunda coleção de provérbios de Salomão começa com o capítulo 25. Esses provérbios de Salomão foram copiados sob a direção de Ezequias, o rei de Judá, depois da morte de Salomão. O livro termina com um poslúdio nos capítulos 30 e 31, contendo as palavras de dois indivíduos desconhecidos, Agur, filho de Jaque, no capítulo 30, e Lemuel, rei de Massá, no capítulo 31.

O livro de Provérbios fala à vontade humana e está primeiramente interessado nas escolhas colocadas diante de nós na vida. Alguém disse com sabedoria que "as escolhas são as dobradiças do destino" porque nossa vida se volta para as escolhas que fazemos. Para ter uma vida boa que seja cheia de satisfação, abundância e serviço a Deus, devemos fazer escolhas piedosas e saudáveis. E o livro de Provérbios é um roteiro para a tomada de decisões com sabedoria.

Provérbios inicia dizendo-nos o título e autor do livro: "Os provérbios de Salomão, filho de Davi, rei de Israel". O tema da tomada de decisão com sabedoria é apresentado claramente no parágrafo introdutório:

Para aprender a sabedoria e o ensino; para entender as palavras de inteligência; para obter o ensino do bom proceder, a justiça, o juízo e a equidade; para dar aos simples prudência e aos jovens, conhecimento e bom siso. Ouça o sábio e cresça em prudência; e o instruído adquira habilidade para entender provérbios e parábolas, as palavras e enigmas dos sábios (1:2-6).

Em outras palavras, essa coleção de sabedoria é delineada para atender às necessidades de pessoas de todas as idades e estágios da vida,

O LIVRO DE PROVÉRBIOS

Introdução: O propósito de Provérbios é apresentar a sabedoria (Provérbios 1:1–1:7)

Tema: O valor da sabedoria

Provérbios para os jovens (Provérbios 1–9)

Tema: Conselhos de um pai sábio e experiente sobre a vida

Provérbios de Salomão (Provérbios 10–24)

A primeira coleção dos ditos sábios de Salomão, compilados pelo próprio Salomão

Tema: Os princípios da sabedoria para uma vida piedosa

Provérbios de Salomão (Provérbios 25–29)

A segunda coleção dos ditos sábios de Salomão, compilados por Ezequias

Tema: Os princípios da sabedoria piedosa para relacionamentos saudáveis

Provérbios de Agur (Provérbios 30)

Tema: Humildade, vida justa e aprendizado da sabedoria a partir das observações do reino animal

Provérbios de Lemuel (Provérbios 31)

Tema: Sabedoria aprendida pelo Rei Lemuel aos pés de sua mãe

Princípios de vida piedosa .... (31:1-9)

A descrição de uma esposa virtuosa .... (31:10-31)

Aventurando-se através da Bíblia

desde a infância à juventude até a maturidade. Este é o guia para entender o que é a vida. É prático, de fácil utilização, e é a chave para desvendar os mistérios mais desconcertantes da vida. Ler um provérbio leva segundos; memorizar um provérbio leva minutos; aplicar um provérbio leva uma vida.

O próximo versículo nos dá a senha que desvenda Provérbios e os segredos da vida e resume o foco de todo o livro:

> *O temor do SENHOR é o princípio do saber, mas os loucos desprezam a sabedoria e o ensino* (1:7).

O princípio da sabedoria

O livro de Provérbios aborda a vida a partir da posição de que Deus tem todas as respostas. Ele sabe de tudo e conhece todas as coisas. Nada está escondido dele. Ele entende todos os mistérios e vê a resposta a todos os enigmas. Portanto, o princípio da sabedoria é reverenciar e temer a Deus.

O que significa o "temor do Senhor"? Essa frase, que é usada com frequência nas Escrituras, não se refere a um tipo de medo covarde e servil. Deus não quer que vivamos aterrorizados com Ele; Ele quer que o amemos, e, como lemos em 1 João: "O perfeito amor lança fora o medo. Ora, o medo produz tormento; logo, aquele que teme não é aperfeiçoado no amor" (4:18).

O "temor do Senhor" não é o temor de que Deus possa nos ferir, mas o temor de que possamos feri-lo! Em outras palavras, é o temor de que algo que venhamos a fazer possa ofendê-lo ou afligir Seu coração de amor. Nesse sentido, "temor" significa realmente reverência ou respeito, e é esse tipo de temor amoroso e respeitoso que é o princípio do verdadeiro conhecimento e sabedoria.

Observação: O temor do Senhor não é o fim da sabedoria. Não é tudo o que é necessário para ser sábio; é apenas o começo. Uma vez que você tenha aprendido a temer e a respeitar a Deus, você ainda precisa aprender e experimentar muito para se tornar maduro, piedoso e sábio.

De pai para filho

Provérbios 1:8 marca o início dos dez discursos de um pai sábio e amoroso ao seu filho em crescimento. Os provérbios começam com o filho em casa, lidam com seus primeiros relacionamentos e depois passam para o momento em que as experiências do filho se ampliam para incluir um conjunto mais amplo de amigos e influências. O pai sábio oferece percepções sobre a poderosa influência que os amigos podem ter nesta idade. Claramente, o problema da pressão dos pares era um problema tão grande naquela época quanto hoje. É vital para os jovens saber como escolher seus amigos com sabedoria.

No capítulo 3, o conselho do pai é direcionado para um jovem quando cresce e sai de casa. Quando os jovens vão fazer a vida na cidade, indo para a faculdade ou para o mercado de trabalho pela primeira vez, eles são confrontados com novas pressões e tentações. De repente, eles têm a liberdade de fazer escolhas para as quais, como adolescentes vivendo na casa dos pais, eram limitados.

O pai fala delicadamente, contudo, francamente, sobre as pressões e os perigos do sexo e como as escolhas erradas podem causar destruição na vida de um jovem. Ele também adverte contra problemas financeiros

Viver pela música

advindos da imprudência. O tema desta passagem prática está resumido em dois versículos que todos os cristãos, jovens e idosos, devem se comprometer a memorizar:

Confia no Senhor *de todo o teu coração e não te estribes no teu próprio entendimento. Reconhece-o em todos os teus caminhos, e ele endireitará as tuas veredas* (3:5,6).

Essa é uma fórmula comprovada para os jovens que querem encontrar o segredo da vida, que querem ser autenticamente bem-sucedidos. Nunca conheci um jovem que não quisesse ser bem-sucedido (no entanto, ele ou ela deve definir sucesso). Na minha experiência, ninguém nunca disse: "Minha ambição é ser um vagabundo qualquer". O caminho para o verdadeiro sucesso está em confiar no Senhor de todo o seu coração se você busca o sucesso nos negócios, sucesso em formar sua família, sucesso nas artes, sucesso no campo missionário ou em alguma outra forma de ministério. Quando você confia em Deus e o reconhece, Ele endireitará os seus caminhos.

Os capítulos 8 e 9 personificam os dois modos de vida. A sabedoria é vista como uma bela mulher, chamando aqueles que a seguem para vir para o lugar de vitória, realização e sucesso na vida. A tolice, que é a confiança arrogante na própria "sabedoria" tola, é personificada como uma mulher má — atraente e tentadora, fazendo os incautos vagarem para uma armadilha de destruição e morte.

A primeira coleção dos provérbios de Salomão

No capítulo 10, encontramos a primeira coleção da sabedoria de Salomão expressa em claras pepitas de conselhos práticos cobrindo todas as situações da vida. Esta é uma parte que deve ser lida e relida até que sua sabedoria permeie o nosso viver e tenhamos nos comprometido a memorizar passagens dela, para que possam estar disponíveis em momentos críticos e de tomada de decisão.

Esta parte de Provérbios é composta principalmente de contrastes nos quais o escritor estabelece dois caminhos opostos, ou cosmovisões, lado a lado, para demonstrar os resultados bons e maus de cada um. Ao ler esta seção, observe as antíteses, como: "O caminho para a vida é de quem guarda o ensino, mas o que abandona a repreensão anda errado" (10:17).

Esta seção também contém comparações e símiles que são poderosamente descritivas e apresentam percepções. Por exemplo: "Como joia de ouro em focinho de porco, assim é a mulher formosa que não tem discrição" (11:22).

Que imagem vívida! Você pode imaginar um anel valioso de ouro brilhando, como estrelas cintilantes — presas no focinho cheio de lavagem e lama de um porco velho e feio? Ouro significa valor, mas aqui é o valor colocado em lugar errado. Da mesma forma, uma mulher bonita que usa mal sua feminilidade e sua beleza não aprendeu a colocar valor real na beleza interior do espírito. Ela tragicamente subestima seu próprio valor e se vende como um adorno para a feiura.

Outras passagens notáveis incluem Provérbios 12:16-22, um poderoso discurso sobre a língua — sobre como usar nossas palavras para louvar a Deus e aos outros, em vez de para amaldiçoar, difamar, fofocar, mentir, atacar, ferir e ofender a Deus e aos outros.

Aventurando-se através da Bíblia

Provérbios 13:24 é aquele conhecido versículo para os pais: "O que retém a vara aborrece a seu filho, mas o que o ama, cedo, o disciplina". Lembre-se, porém, de que a vara é para orientação e disciplina — não para agredir ou destruir o espírito de uma criança. Os pais devem sempre se lembrar das palavras de Davi: "o teu bordão e o teu cajado me consolam" (Salmo 23:4). Sempre que a dor, sob qualquer forma, deva ser infligida a uma criança — seja disciplina física, perda de privilégios, ficar em um canto para pensar, ou qualquer outra coisa — a criança deve sempre saber que você administrou a vara de correção em amor, até mesmo em tristeza, não por raiva ou vingança. A criança deve sentir que quando você diz: "Isso dói mais em mim do que em você", está realmente dizendo a verdade.

Provérbios 14:12 nos conclama a reconhecer as limitações de nosso próprio entendimento. Quantas vezes tenho visto a verdade dessas palavras validadas na vida de pessoas bem-intencionadas: "Há caminho que ao homem parece direito, mas ao cabo dá em caminhos de morte". É por isso as palavras de Provérbios 3:5 são tão importantes: "Confia no Senhor de todo o teu coração e não te estribes no teu próprio entendimento".

Muitas pessoas gastam grandes somas de dinheiro todos os anos comprando livros motivacionais, CD's ou DVD's e seminários, a fim de se tornarem bem-sucedidas. Mas o segredo para o sucesso genuíno encontra-se no livro de Provérbios: "O que atenta para o ensino acha o bem, e o que confia no Senhor, esse é feliz [...]. O entendimento, para aqueles que o possuem, é fonte de vida; mas, para o insensato, a sua estultícia lhe é castigo" (16:20,22).

Em Provérbios 16:32, encontramos instrução sólida para o controle de nossas emoções, tais como impaciência e raiva: "Melhor é o longânimo do que o herói da guerra, e o que domina o seu espírito, do que o que toma uma cidade". Esse versículo é muitas vezes citado, mas raramente acreditado e posto em prática. Nossa vida experimentaria profundas mudanças se compreendêssemos realmente que a pessoa paciente e autocontrolada é um herói maior do que Rambo, Aníbal, Lorde Nelson e o dinâmico Norman Schwarzkopf juntos!

Como podemos desenvolver essas qualidades de paciência e autocontrole em nossa vida? Pedindo a Deus maturidade e convidando o Espírito Santo a assumir o controle sobre nossas emoções. Também ajuda se pedirmos a amigos cristãos confiáveis que observem nossa vida e nos desafiem a prestar contas sobre essas áreas. Mudança e maturidade raramente ocorrem da noite para o dia. Elas acontecem quando Deus gradualmente obtém mais e mais controle sobre cada aspecto do nosso ser. Como Gálatas 5:22,23 indica, longanimidade, benignidade, bondade e domínio próprio estão entre os elementos que compõem o fruto do Espírito — evidências de que Deus habita em nós e de que está limpando a casa.

Provérbios 17:28 declara que "Até o estulto, quando se cala, é tido por sábio", ou como alguém disse: "É melhor calar-se e deixar que as pessoas pensem que você é um idiota do que falar e acabar com a dúvida".

A percepção psicológica de Salomão é verdadeiramente incrível em sua profundidade e aplicabilidade à vida cotidiana. Por exemplo: "A estultícia do homem perverte o seu caminho, mas é contra o Senhor que o seu coração se ira" (19:3). Já vi a verdade deste provérbio comprovada repetidamente. Nós erramos, cometemos enganos, pecamos — então, quando colhemos as consequências ruins de nossas próprias escolhas, culpamos a Deus! Perguntamos: "Por que Deus não me impediu? Por que Deus permitiu que eu fosse tentado? Por que Deus não me protegeu das consequências do meu pecado?". Fazemos nossas próprias escolhas, mas culpamos a Deus pelo mal que trazemos sobre nós mesmos.

Em Provérbios 20:27, encontramos outra declaração perspicaz sobre a natureza da vida humana e do espírito: "O espírito do homem é a lâmpada do Senhor, a qual esquadrinha todo o mais íntimo do corpo". Uma interpretação mais precisa desse versículo seria: "O espírito do homem é a lâmpada do Senhor; ele sonda o seu ser mais íntimo". O Espírito Santo é a luz. Nós somos a lâmpada. Quando a lâmpada do espírito humano mantém a luz do Espírito Santo, Ele sonda a parte mais íntima de nossa vida e realmente começamos a nos entender a nós mesmos pela primeira vez.

Encontramos em Provérbios 22:6 outro clássico conselho para os pais (mas este é muitas vezes mal compreendido): "Ensina a criança no caminho em que deve andar, e, ainda quando for velho, não se desviará dele". Creio que ele deveria ser realmente traduzido assim: "Ensina a criança de acordo com o seu próprio caminho…", que significa, descubra o caráter e as habilidades singulares de seu filho e o crie de tal maneira que aquelas belas características dadas por Deus possam ser polidas, tornando-se um caráter precioso e semelhante ao de Cristo. Quando essas qualidades únicas forem desenvolvidas e realçadas, então a criança crescerá até a maturidade e não se afastará delas.

Como dissemos acima, os provérbios que começam no capítulo 10 estão na forma de paralelos contrastantes — dois caminhos opostos comparados lado a lado. Esses paralelos chegam ao fim com o Provérbios 22:6. Começando com o versículo 17, Salomão muda para uma forma diferente de provérbio. Trata-se de discursos gerais, de dois ou três versos, sobre vários assuntos, como a educação dos filhos, relacionamentos, interação com vizinhos e até o conselho preventivo cristão para perdoar em vez de se vingar: "Não digas: Como ele me fez a mim, assim lhe farei a ele; pagarei a cada um segundo a sua obra" (24:29). Aqui em Provérbios, encontramos uma formulação inicial para um dos ditos morais mais citados na história humana — a Regra de Ouro.

A segunda coleção dos provérbios de Salomão

O capítulo 25 inicia a segunda coleção de provérbios de Salomão – os provérbios copiados e coletados pelos escribas reais do rei Ezequias. O versículo 2 é um exemplo maravilhoso: "A glória de Deus é encobrir as coisas, mas a glória dos reis é esquadrinhá-las". Se você quer ter uma experiência de rei, sugiro que você procure as verdades gloriosas que Deus tem escondido em Sua Palavra. Essa é a glória dos reis: experimentar a emocionante aventura de descobrir as riquezas escondidas na Bíblia.

Alguns dos conselhos nesta parte parecem mundanos, mas são sempre tão práticos! "Não sejas frequente na casa do teu próximo, para que não se enfade de ti e te aborreça" (25:17). Esse conselho tem tanto frescor quanto qualquer conselho da caneta da *Dear Abby* [N.T.: Coluna de conselhos sobre diversas áreas,

Aventurando-se através da Bíblia 327

fundada em 1956, por uma senhora chamada Abigail e publicada em jornais e revistas de grande circulação nos EUA.].

Alguns de nós permitimos que a fofoca e o comportamento ofensivo dos outros destruam nossa felicidade, mas Provérbios afirma: "Como o pássaro que foge, como a andorinha no seu voo, assim, a maldição sem causa não se cumpre" (Pv 26:2). Se alguém disser algo desagradável sobre você e não for verdade, não se preocupe com isso. Ninguém que importe vai acreditar — e aqueles que acreditarem não importam. Esse é apenas um dos muitos provérbios úteis no capítulo 26 sobre como lidar com pessoas problemáticas.

Os versículos 3 a 12 nos falam de como podemos responder aos tolos. Os versículos 13 a 16 falam o que fazer com pessoas preguiçosas. Os versículos 17 a 23 falam a respeito dos intrometidos e como lidar com eles. As pessoas odiosas e vingativas são abordadas no versículo 24. E nos versos 25-28, aprendemos a ficar atentos aos enganadores aduladores.

Em Provérbios 28:27, aprendemos que ninguém é uma ilha, que todos nós estamos conectados mediante as classes, raças e rendimentos. Não devemos nos fechar para o sofrimento e as necessidades que nos rodeiam. Salomão observou: "O que dá ao pobre não terá falta, mas o que dele esconde os olhos será cumulado de maldições".

Não estou dizendo que você deve dar dinheiro a cada mendigo na rua, uma vez que você pode estar apenas subsidiando o consumo de drogas e a ociosidade. Porém, há pessoas realmente necessitadas — adultos e criancinhas desamparadas — e não devemos fechar os olhos para eles.

Agur e Lemuel, autores desconhecidos

Os capítulos 30 e 31 são escritos por dois homens sobre os quais nada sabemos. O capítulo 30 nos fornece os provérbios de Agur. Ele escreve em um estilo bastante diferente do restante de Provérbios, agrupando seus ditos de forma numérica. Seus provérbios tendem a começar com uma estrutura como esta: "Há três coisas que nunca se fartam, sim, quatro que não dizem: Basta!" (30:15) e "Há três coisas que são maravilhosas demais para mim, sim, há quatro que não entendo" (30:18). Um dos provérbios de Agur que ressoa com o grito de minha própria alma é este:

> *Duas coisas te peço;*
> *não mas negues, antes que eu morra:*
> *afasta de mim a falsidade e a mentira;*
> *não me dês nem a pobreza nem a riqueza;*
> *dá-me o pão que me for necessário;*
> *para não suceder que, estando eu farto,*
> *te negue e diga: Quem é o SENHOR?*
> *Ou que, empobrecido, venha a furtar*
> *e profane o nome de Deus* (30:7-9).

Embora ninguém saiba exatamente quem foi Agur, seu conselho é profundo e prático, muitas vezes fazendo comparações entre questões espirituais e o mundo criado.

O capítulo 31 contém as palavras do rei Lemuel sobre o que sua mãe lhe ensinou sobre como ser rei. O epílogo, versos 10 a 31, encerra o livro de Provérbios em uma bela nota descritiva sobre uma esposa virtuosa e piedosa. Muitos acham que esta é a descrição do rei Lemuel a respeito de sua própria mãe — e que mulher ela era! Se você for uma jovem procurando por um exemplo piedoso,

Sonho de Salomão — Deus promete sabedoria a Salomão (1694-1695), por Luca Giordano.

recomendo esta passagem a você. Se você for um jovem à procura de uma esposa modelo, sugiro que você o leia muitas vezes como um lembrete ao longo de seu namoro.

A mulher em Provérbios 31 é um retrato de força, inteligência, competência, perspicácia empresarial, diligência, glória e beleza. Ela é um exemplo do que Deus pretendia quando criou Eva — uma mulher que fora criada da costela de Adão para mostrar (como alguém ressaltou) que ela deveria estar ao seu lado, não em suas costas ou sob seus pés! A mulher de Provérbios 31 é parceira e companheira para seu marido, não inferior ou sua escrava.

Este, então, é o livro de Provérbios — um excelente livro para ler e reler regularmente.

Você pode até querer lê-lo em um mês a cada ano. O livro de Provérbios é composto de 31 capítulos — um capítulo por dia em um mês. Experimente, e a sabedoria de suas páginas se infiltrará em sua alma e transformará sua vida.

PERGUNTAS PARA DISCUSSÃO

PROVÉRBIOS
O que é a vida

1. Como Salomão obteve sua grande sabedoria? Qual é a diferença entre conhecimento e sabedoria? Como devemos buscar e obter sabedoria?

2. Leia Provérbios 1. Para quem são escritos os Provérbios? Qual é o propósito desta coleção de ditos sábios?

3. Esses provérbios antigos ainda são relevantes para nossa vida hoje? Algum desses provérbios está desatualizado ou é irrelevante?

4. Provérbios 1:7 afirma: "O temor do SENHOR é o princípio do saber, mas os loucos desprezam a sabedoria e o ensino". O que significa temer ao Senhor — e por que o temor do Senhor é o princípio do saber e do entendimento?

   Você acha que tem o temor do Senhor de acordo com a Bíblia? Por quê?

5. Leia Pv 3:13-18. Quais são as recompensas da sabedoria?

6. Leia Pv 31:10-31. Por que é importante que as mulheres, jovens e idosas, leiam e estudem esta parte de Provérbios? E para os homens, jovens e idosos, também é importante ler e estudar esses provérbios?

Viver pela música

APLICAÇÃO PESSOAL

7. Existe um provérbio específico que você considere pessoalmente significativo? Por que esse provérbio é o seu favorito?

8. O autor escreve: "Alguém disse com sabedoria que 'as escolhas são as dobradiças do destino' porque nossa vida se volta para as escolhas que fazemos. Para ter uma vida boa que seja cheia de satisfação, abundância e serviço a Deus, devemos fazer escolhas piedosas e saudáveis. E o livro de Provérbios é um roteiro para a tomada de decisões com sabedoria".

Descreva um tempo em que a sabedoria de Deus o livrou de um grande erro — ou quando o fracasso na busca pela sabedoria de Deus o levou a um erro.

9. O autor escreve: "Ler um provérbio leva segundos; memorizar um provérbio leva minutos; aplicar um provérbio leva uma vida". Que passos você poderia dar esta semana para começar a usar seus minutos de folga para memorizar um provérbio a fim de que possa aplicá-lo ao longo de sua vida?

Jerusalém

ECLESIASTES

CAPÍTULO 27

O engano da vaidade

O livro de Eclesiastes é ímpar nas Escrituras, por ser o único livro na Bíblia que reflete um ponto de vista humano em vez de divino.

Eclesiastes está cheio de erro, mas, mesmo assim, é inteiramente inspirado. Isso pode parecer confuso. Como assim a inspiração divina não é garantia da verdade? Não necessariamente. A inspiração meramente garante precisão a partir de um ponto de vista particular: se for o ponto de vista de Deus, é verdadeiro; se for um ponto de vista humano, pode ou não ser verdadeiro. Se for o ponto de vista do diabo, pode ou não ser verdadeiro, pois, sempre que Satanás fala, a maioria de suas declarações é enganosa e até mesmo a verdade que ele usa destina-se a enganar.

A inspiração garante um reflexo preciso desses vários pontos de vista. Quando a Bíblia fala, ela apresenta a verdade sobre a verdade de Deus, e a verdade sobre os erros dos seres humanos e de Satanás.

Como Eclesiastes reflete um ponto de vista humano, e não um ponto de vista divino, muitas vezes é mal utilizado e distorcido fora do contexto pelos inimigos da Palavra de Deus. Eclesiastes é o livro favorito dos ateus e agnósticos. Muitas seitas adoram citar os errôneos pontos de vista desse livro para dar a impressão de que essas palavras representam o ponto de vista de Deus sobre a vida.

Para chegar a tal conclusão, porém, é preciso ignorar o que o Eclesiastes claramente afirma no início e repete em todo o livro: ele chega a sua conclusão a partir de aparências, de olhar para o mundo a partir de uma perspectiva humana. Cada aspecto da vida que esse livro examina é visto como "debaixo do sol". É aí que nós, seres humanos, vivemos.

Deus vê toda a existência e toda a verdade através do que poderíamos chamar de uma perspectiva "além do sol" e "além das estrelas". Mas os seres humanos veem a realidade

> **OBJETIVOS DO CAPÍTULO**
>
> Este capítulo procura colocar Eclesiastes em sua perspectiva apropriada. As pessoas muitas vezes citam esse livro sem perceber que ele representa a vida de um ponto de vista humano, não divino. Embora Eclesiastes seja inspirado por Deus, ele é delineado para mostrar a futilidade da vida a partir de um ponto de vista puramente humano.

Aventurando-se através da Bíblia   333

de uma perspectiva limitada, ao nível do horizonte, isenta de revelação divina. Devemos viver nossa vida "debaixo do sol", e esse é o ponto de vista expresso ao longo da maior parte de Eclesiastes.

O autor de Eclesiastes

O livro começa com esta introdução (na Bíblia NVI): "As palavras do mestre, filho de Davi, rei em Jerusalém". A maioria das outras traduções começa assim: "Palavra do Pregador...". No contexto, não acho que mestre ou pregador sejam as melhores palavras traduzidas do hebraico original.

Embora a palavra hebraica original possa ser traduzida dessas duas maneiras, considerando o contexto de Eclesiastes, acho que uma tradução mais apropriada poderia ser debatedor, alguém que argumenta certo ponto de vista. Ao ler Eclesiastes, você verá que ele é composto por uma série de argumentos apresentados a partir de uma perspectiva humana. O debatedor é Salomão, filho de Davi, rei em Jerusalém — o homem mais sábio que já viveu, de acordo com o registro bíblico.

Salomão estava numa posição incomum para realizar as investigações apresentadas no livro, visto que, durante os 40 anos de seu reinado, houve paz em Israel. E já que Salomão não tinha que se preocupar com a vida militar, teve todo o tempo que precisava para prosseguir em suas investigações sobre o significado da vida.

Ele também tinha todas as riquezas que precisava, além de uma mente aguçada e lógica. Com grandes recursos financeiros, de tempo e intelecto, ele estava livre para descobrir o que a vida significava. Portanto, o valor de Eclesiastes é que ele estabelece a vida do ponto de vista da pessoa natural, sem a revelação divina.

"Vaidade de vaidades"

Ao ler o livro, você notará que tudo procede de Eclesiastes 1:2 — "Vaidade de vaidades, diz o Pregador; vaidade de vaidades, tudo é vaidade".

As traduções mais antigas dessa passagem, infelizmente, tendem a ser confusas aos leitores modernos, usando o termo "Vaidade de vaidades!" em vez de "Sem sentido! Sem sentido!". Há centenas de anos, uma pessoa comum entendia vaidade como "sem sentido". Hoje, no entanto, pensamos na vaidade como um estado de ser convencido e obcecado por si mesmo. Alguém que passa muito

Veredicto do Rei Salomão, Palácio do Doge, Veneza

O LIVRO DE ECLESIASTES

Declaração inicial: Tudo é vaidade (1:1-11)

Introdução 1:1-3

Ilustrações da vaidade humana 1:4-11

Demonstrações da vaidade da vida separada de Deus (Eclesiastes 1:12–6:12)

Tese da vaidade comprovada na Escritura 1:12–2:26

Tese da vaidade comprovada na natureza,
na sociedade humana e no comportamento humano 3–6

Conselho e conclusão: "Temor do Senhor" (Eclesiastes 7–12)

Temer a Deus em um mundo mau e injusto 7–9

Confiar em Deus em um mundo
incerto e imprevisível 10:1–12:8

Conclusão: A chave para o significado é o temor
e a obediência ao Senhor 12:9-14

Aventurando-se através da Bíblia

tempo se enfeitando diante de um espelho é considerado vaidoso, isto é, entregando-se à vaidade.

Esse tipo de vaidade é ilustrado pela história da mulher que uma vez sussurrou ao seu pastor:

—Devo confessar a você, reverendo Jones, que luto com o pecado da vaidade. Todos os dias eu me admiro no espelho por uma hora.

—Minha cara senhora, o pastor respondeu, não é o pecado de vaidade do qual você está sofrendo. Isso é apenas um excesso de imaginação.

A palavra hebraica original traduzida como "vaidade" em traduções inglesas mais antigas é traduzida corretamente na NVI para denotar vazio, futilidade e falta de sentido. O Debatedor completou sua pesquisa sobre a vida e apresenta esta conclusão no começo do livro: tudo é fútil, sem sentido e sem significado.

Ele apoia essa conclusão com uma série de argumentos que reuniu após peneirar através das filosofias da vida. Talvez a coisa mais interessante sobre esse livro é que todas as filosofias através das quais as pessoas tentaram viver estão reunidas aqui. Não há nada de novo debaixo do sol, diz o livro, e como isso é verdade! Aqui estamos, trinta séculos depois do tempo em que esse livro foi escrito, no entanto, nenhum filósofo jamais produziu ideias ou sistemas de crenças a mais do que o Debatedor apresenta em Eclesiastes.

Primeiro, vemos o que poderia ser chamado de visão mecanicista, uma favorita entre os cientistas dos dois últimos séculos. Essa perspectiva interpreta o Universo como sendo nada além de uma grande máquina de moagem. O Debatedor, em sua investigação

dos processos do Universo, não encontra nada além de repetição monótona. Esta é uma passagem notável, prenunciando muitas das descobertas da ciência moderna. Eclesiastes 1:6 afirma: "O vento vai para o sul e faz o seu giro para o norte; volve-se, e revolve-se, na sua carreira, e retorna aos seus circuitos".

Os cientistas não descobriram o circuito do vento até séculos depois que isso foi escrito — nem entendiam o ciclo de evaporação das águas em circulação quando essas palavras foram estabelecidas em Eclesiastes: "Todos os rios correm para o mar, e o mar não se enche; ao lugar para onde correm os rios, para lá tornam eles a correr" (1:7).

O Debatedor observa que os rios correm para o mar, evaporam, voltam às montanhas novamente como chuva e correm para o mar novamente. O escritor descobriu isso em sua observação da natureza e ele diz que tudo isso é repetição sem sentido. Ele sente o cansaço total desse ciclo sem fim.

Então, qual é perspectiva dele? O Universo continua e nós estamos perdidos nas engrenagens giratórias e descuidadas de seu maquinário. Esta filosofia é prevalente hoje. É a conclusão do reducionismo — a crença de que a vida pode ser reduzida a meros processos mecanicistas. O Universo é uma máquina. Somos máquinas. Não há alma, nem espírito, nem Deus. A humanidade é um pequeno rebanho solitário no meio do grande, vasto e indiferente Universo, uma pequena mancha sem significado.

"Apenas faça!"

No capítulo 2, o escritor examina a filosofia do hedonismo: a busca do prazer como a principal finalidade da vida. Viva o máximo

336 *Viver pela música*

enquanto puder, porque tudo vai acabar algum dia. A vida é curta — aproveite bem. Para esses filósofos e redatores de publicidade de hoje, o Debatedor de Eclesiastes responde: "Disse comigo: vamos! Eu te provarei com a alegria; goza, pois, a felicidade; mas também isso era vaidade" (2:1).

O escritor Ernest Hemingway viveu o tipo de vida que o Debatedor descreve. Ele alcançou fama e sucesso financeiro em seus vinte e poucos anos, viveu entre as elites literárias de Paris, fez grandes caçadas na África, assistiu a touradas em Madri, pescou marlim azul em Cuba e desfrutou de quantidades intermináveis de uísque e mulheres. No entanto, Hemingway continuamente questionava o significado de sua própria vida. Em 2 de julho de 1961, ele pegou uma espingarda da parede de sua casa em Idaho, EUA, e deu fim à sua existência terrena.

O dinheiro podia mascarar sua dor. O sexo podia ajudá-lo a esquecer de seu sofrimento. O álcool podia anestesiar sua angústia. Mas o sofrimento continuava lá, debaixo dos prazeres momentâneos.

O Debatedor de Eclesiastes passa a detalhar os prazeres desta vida: os prazeres do riso e os prazeres da sociedade graciosa. Por um tempo, essas experiências lhe permitiram esquecer a falta de sentido de sua vida, mas, com o tempo, mesmo o riso produziu um cansaço de espírito. O Debatedor tentou encontrar significado através da aquisição de bens, como fazem hoje muitos materialistas. Ele escreveu: "Engrandeci-me e sobrepujei a todos os que viveram antes de mim em Jerusalém; perseverou também comigo a minha sabedoria. Tudo quanto desejaram os meus olhos não lhes neguei, nem privei o coração de alegria alguma" (Ec 2:9,10).

No entanto, depois de se entregar ao acúmulo de riquezas e posses, ele chega à conclusão de que isso, também, trouxe apenas o vazio espiritual. "Viva hoje" parece um grande lema — até que o amanhã chegue. O materialismo não satisfaz nossos anseios mais profundos.

Então, para onde o Debatedor se voltou depois? Ao domínio das ideias — os extremos e os opostos dos sistemas de crenças e ideologias:

Então, passei a considerar a sabedoria,
e a loucura, e a estultícia.
Que fará o homem que seguir ao rei?
O mesmo que outros já fizeram.
Então, vi que a sabedoria é mais proveitosa
do que a estultícia, quanto a luz traz
mais proveito do que as trevas.
Os olhos do sábio estão na sua cabeça,
mas o estulto anda em trevas; contudo,
entendi que o mesmo lhes sucede a
ambos (2:12-14).

A sabedoria é melhor que a insensatez, conclui ele, mas, em última instância, tanto o sábio quanto o tolo terminam no mesmo lugar — o túmulo. Se a morte ultrapassa tanto o sábio quanto o tolo, o que você ganha com a sabedoria? Em termos da perspectiva humana, para a vida "debaixo do sol", a sabedoria é sem sentido. Não faz diferença alguma.

No versículo 17, o Debatedor chega a uma conclusão arrasadora: "Pelo que aborreci a vida, pois me foi penosa a obra que se faz debaixo do sol; sim, tudo é vaidade e correr atrás do vento". Prazer. Pessoas. Posses. A busca pela sabedoria. É tudo sem sentido. No final, o Debatedor odeia sua vida, odeia seu trabalho e se rende ao desespero.

Aventurando-se através da Bíblia

Desespero existencial

No capítulo 3, o Debatedor descreve a vida a partir do que hoje chamamos de ponto de vista existencialista. O existencialismo, como escola de pensamento organizada, remonta ao final do século 19 e início do século 20 e é incorporado nas filosofias de Nietzsche, Heidegger, Sartre e outros. No entanto, o existencialismo é verdadeiramente a filosofia mais antiga da humanidade e deriva de uma filosofia mais antiga chamada fatalismo. Seus adeptos acreditam que a vida é fatal. Ninguém sai dessa vida vivo, então viva o momento.

O existencialista francês Jean-Paul Sartre escreveu: "Todo o existente nasce sem razão, prolonga-se por fraqueza e morre por encontro imprevisto". Friedrich Nietzsche expressou assim a visão existencialista: "Em relação à vida, os homens mais sábios de todas as idades julgaram da mesma forma: é inútil". Ponderando a existência de Deus, Nietzsche escreveu: "Será o homem um erro de Deus, ou Deus um erro dos homens?".

A influência do existencialismo aumentou acentuadamente no final da Segunda Guerra Mundial, quando a Europa emergia dos escombros fumegantes da guerra. Tudo aquilo em que as pessoas tinham depositado anteriormente suas esperanças — as instituições governamentais e religiosas — tinha se mostrado impotente para impedir o cataclismo da guerra generalizada. A esperança delas se despedaçou, as pessoas se perguntaram: "Em que podemos confiar?". E concluíram que só poderiam confiar em seus sentimentos e experiências de momento em momento.

É aí que encontramos o Debatedor neste momento em Eclesiastes. Na verdade, ele diz: "Tentei viver como um fatalista, viver no agora, experimentar minha existência presente, sabendo que não há futuro, nenhum significado, nenhum sentido para tudo. Mas eu estava vazio". Ele escreve:

Tudo tem o seu tempo determinado, e há
  tempo para todo propósito debaixo do céu:
há tempo de nascer e tempo de morrer;
  tempo de plantar e tempo de arrancar
  o que se plantou;
tempo de matar e tempo de curar;
tempo de derribar e tempo de edificar;
tempo de chorar e tempo de rir;

Martin Heidegger

Friedrich Nietzsche

Jean-Paul Sartre

> *tempo de prantear e tempo de saltar*
> *de alegria;*
> *tempo de espalhar pedras e tempo*
> *de ajuntar pedras;*
> *tempo de abraçar e tempo de afastar-se*
> *de abraçar;*
> *tempo de buscar e tempo de perder;*
> *tempo de guardar e tempo de deitar fora;*
> *tempo de rasgar e tempo de coser;*
> *tempo de estar calado e tempo de falar;*
> *tempo de amar e tempo de aborrecer;*
> *tempo de guerra e tempo de paz* (3:1-8).

O presente passa. O momento seguinte chega e a mudança vem com ele. Não podemos permanecer no "agora". Todos estes eventos descritos pelo Debatedor de Eclesiastes mais tarde virão sobre nós. E o que nos resta? Temos algo mais significativo, mais duradouro do que este momento fugaz? Se não, então o existencialismo nos leva ao desespero.

Não podemos viver apenas neste momento; Deus não nos criou para fazer isso. O versículo 11 — uma das passagens mais profundas do livro — nos diz que fomos feitos para nada menos que a *eternidade*. Salomão escreve: "Tudo fez Deus formoso no seu devido tempo; também pôs a eternidade no coração do homem, sem que este possa descobrir as obras que Deus fez desde o princípio até ao fim".

Jamais devemos descansar com explicações momentâneas de nossa existência e do mundo que nos cerca. Somos feitos para olhar mais fundo no tempo, no funcionamento do mundo, em nossa própria alma, e mais fundo na mente de Deus. A eternidade está em nosso coração. Deus a colocou lá. O Debatedor viu tudo isso. Ele sabia que os eventos da vida

e da morte são inescapáveis. Quando a vida acaba, todas as pessoas — homens e mulheres, ricos e pobres, sábios e tolos — enfrentam o mesmo destino: voltam ao pó.

Debaixo do sol, do ponto de vista humano, o futuro promete apenas futilidade e desespero — então qual é o benefício de viver?

Tudo é sem significado

No capítulo 4, Salomão lamenta todo o trabalho e a opressão que ele viu no mundo dos negócios: a inveja e a concorrência feroz, a exploração dos trabalhadores, a falta de significado de tentar subir a escada do sucesso. Suas observações são tão atuais hoje como quando foram escritas.

No capítulo 5, ele examina a religião, e sim, até mesmo a religião, ele conclui, é sem sentido! Tentar viver uma boa vida e ser uma boa pessoa não tem sentido! Não há nenhum valor prático nisso, nenhuma satisfação final. Além do mais, é difícil distinguir pessoas religiosas de não religiosas! Ele observa que muitas pessoas religiosas se comportam de maneiras antiéticas. Elas quebram os votos que fizeram a Deus. Elas oprimem os pobres. Elas são gananciosas e egoístas. O formalismo religioso é vazio e sem sentido como tudo o mais.

O capítulo 6 reitera o tema de Salomão da falta de significado das riquezas e bens. Gastamos todos os nossos esforços tentando nos alimentar, mas a nossa fome nunca está satisfeita. Os ricos têm tudo o que querem e precisam, mas ainda assim têm anseios que não podem ser satisfeitos. O que você pode dar a uma pessoa que tem tudo? Aquele que não está satisfeito, mesmo com a riqueza de um rei, não é mais feliz do que um indigente. Tudo chega à mesma coisa no final.

Aventurando-se através da Bíblia

No capítulo 7, Salomão vê a vida do ponto de vista do estoicismo — uma indiferença cultivada frente aos eventos. Felicidade, tristeza, prazer, dor, boa sorte, tragédia; é tudo a mesma coisa. Aceite um sem regozijo e o outro sem reclamar. Aceite o que lhe acontecer com indiferença estoica. Como Salomão observa: "Tudo isto vi nos dias da minha vaidade: há justo que perece na sua justiça, e há perverso que prolonga os seus dias na sua perversidade" (Ec 7:15).

A justiça nem sempre compensa, a maldade às vezes sim, pelo menos como julgada pela evidência do que se pode observar "debaixo do sol", no nível humano de entendimento. Assim, a partir de uma perspectiva humana, não de Deus, o Debatedor conclui: "Não sejas demasiadamente justo, nem exageradamente sábio; por que te destruirias a ti mesmo? Não sejas demasiadamente perverso, nem sejas louco; por que morrerias fora do teu tempo?" (7:16,17).

Em outras palavras, almeje um equilíbrio feliz. Pare de tentar arrancar seu cérebro para ser bom. Claro, é correto ser bom, mas não seja bom demais. Viva um pouco, peque um pouco, e não se preocupe com isso. Não seja um fanático. Evite extremos. Essa é a "sabedoria" do mundo falando, não a sabedoria de Deus.

Os capítulos 8 a 10 e os oito primeiros versículos do capítulo 11 são um discurso conectado que examina o que poderia ser visto como a sabedoria do mundo ou a visão da vida no senso comum. No capítulo 8, qualquer pessoa que aborda a vida deste ponto de vista é encorajada a dominar as estruturas de poder do mundo. Ele diz, na verdade: "Tente entender quem é uma autoridade e quem não é, e faça o

melhor que puder para estar do lado certo no momento certo". Essa é uma filosofia conhecida, não é? Você pode encontrar o mesmo tipo de pensamento nas seções de negócios e de autoajuda de sua livraria local.

Salomão prossegue dizendo o que os livros de autoajuda não farão: Mesmo que você consiga o que quer, mesmo que se alinhe com as estruturas de poder deste mundo, se você se der bem com os "poderosos chefes" e começar a ganhar promoções, prêmios, aumentos, o melhor escritório, e a chave para o banheiro executivo, tudo isso será sem sentido.

No capítulo 9, ele examina os valores de julgamentos do mundo e afirma que todos eles chegam à mesma conclusão:

Vi ainda debaixo do sol que não é dos ligeiros o prêmio, nem dos valentes, a vitória, nem tampouco dos sábios, o pão, nem ainda dos prudentes, a riqueza, nem dos inteligentes, o favor; porém tudo depende do tempo e do acaso (9:11).

Que diferença, então, fazem os valores mundanos?

No capítulo 10, ele explora a desigualdade, a injustiça e a incerteza da vida. Mesmo um estilo de vida sábio pode decepcioná-lo. Às vezes, não importa quão cuidadosa e diligentemente vivamos, acabamos na base da cadeia alimentar. Os escravos acabam no lombo do cavalo, enquanto os príncipes acabam caminhando com sapatos de couro. Os tolos sobem ao topo do monte, enquanto os sábios acabam ficando embaixo. Apesar de seus melhores esforços para viver uma vida boa, no final a vida não é justa. De fato, ela não tem sentido.

No Capítulo 11, Salomão fala sobre a ética do trabalho — a crença de que o sucesso é uma questão de diligência. Para se obter algo da vida, você precisa trabalhar duro e se dedicar. Para ser o mais feliz possível durante o breve período e sem sentido de sua existência, regozije-se quando puder, mas não espere que os bons tempos durem: "contudo, deve lembrar-se de que há dias de trevas, porque serão muitos" (11:8).

Entendeu? O Debatedor provou seu ponto de vista. Tudo é sem sentido. Tudo chega à mesma coisa: zero, nulo, nada.

Mas antes que você fique muito deprimido, lembre-se disso: Todo o livro de Eclesiastes, até este ponto, foi escrito a partir de uma perspectiva humana, não de Deus. De um ponto de vista humano, o Debatedor resumiu tudo muito bem. A vida vivida separada de Deus chega a um único fim: a falta de sentido e desespero.

Porém, há outro ponto de vista que ainda não foi apresentado. Fique atento — pois aqui vem a perspectiva que vê a vida além do sol, não apenas debaixo dele. Aqui vem a perspectiva de Deus.

Uma nova perspectiva

Com o capítulo final, Eclesiastes 12, vem uma mudança no ponto de vista, um reconhecimento de que a vida é altamente significativa quando Deus é entronizado na vida humana. Esta é a verdadeira conclusão de Salomão para todas as suas descobertas e começa com estas palavras: "Lembra-te do teu Criador nos dias da tua mocidade, antes que venham os maus dias, e cheguem os anos dos quais dirás: Não tenho neles prazer" (12:1).

Até agora, temos olhado a vida a partir de uma perspectiva mundana, horizontal, de debaixo do sol, e a conclusão que parece inevitável com relação aos primeiros onze capítulos de Eclesiastes é que a vida é curta, então viva o hoje. A filosofia mundana que Salomão estabeleceu para nós está resumida (ironicamente, quase satiricamente) em Eclesiastes 10:19 — "O festim faz-se para rir, o vinho alegra a vida, e o dinheiro atende a tudo". Parece prático. Parece fazer sentido. Mas este não é o conselho de Deus. É o conselho do mundo. É o conselho de Satanás — e é uma armadilha para os mundanos, arrogantes e incautos.

Deus usa onze capítulos em Eclesiastes para iluminar a loucura do pensamento mundano. Ele deseja que percebamos, sempre que vemos ou ouvimos pessoas que vivem com base em "coma, beba e se alegre, pois amanhã você morrerá", que isso é tudo o que o mundo tem a oferecer, sem Deus. Esta é a conclusão lógica de uma vida que apagou Deus do seu quadro.

Que trágico, que pessimismo cego. Tal pensamento nega a glória de nossa humanidade e nos reduz a animais. Nascemos, prolongamos nossos sórdidos pequenos prazeres no meio dos sofrimentos desta vida, agimos por instinto animal de fome e atração sexual e de autopreservação, até que um dia o caminhão com nosso nome nele chega, passa por cima de nós e nos deixa mortos na estrada. Essa é a sombria cosmovisão de alguém que vive sem Deus.

Contraste essa visão pessimista com o que o escritor diz no último capítulo: "De tudo o que se tem ouvido, a suma é: Teme a Deus e guarda os seus mandamentos; porque isto é o *dever* de todo homem" (12:13 — ênfase adicionada).

Mas espere — a palavra "dever" não deveria estar aqui. Ela não aparece no texto hebraico

Aventurando-se através da Bíblia

original, mas foi erroneamente colocada por um tradutor. Salomão não diz que o ato de temer e obedecer a Deus é nosso *dever*. Ele está dizendo que isso é "o todo do homem". É para isso que fomos feitos. Este é o nosso propósito na vida.

Se temermos a Deus e guardarmos Seus mandamentos, então finalmente encontraremos um sentido. Tudo não é mais "vaidade de vaidades", não é mais sem sentido. A vida é vibrante, emocionante, estimulante. Este é o significado sobre o qual fomos criados para edificar nossa vida. Ao conhecê-lo, encontramos a totalidade. Ao servi-lo, estamos fazendo o que fomos criados para fazer. Ao receber a vida eterna, encontramos verdadeira satisfação.

O segredo da vida é entronizar Deus em nosso viver. Quanto mais cedo aprendermos esta verdade, mais rica nossa vida será. É por isso que o capítulo 12 enfatiza a importância de obedecer a Deus "nos dias de tua mocidade". Pensando em minha própria mocidade, sinto uma grande simpatia pelos jovens de hoje. Eles não querem desperdiçar suas vidas; eles querem que suas vidas *sejam úteis* para algo, que tenham *significado*. É por isso que é tão importante que os jovens entendam o livro de Eclesiastes. Ele derruba todos os falsos adereços de debaixo de nós, então indica o caminho para o verdadeiro significado e satisfação na vida.

Posso testemunhar que a conclusão do Debatedor é verdadeira: Tudo é de fato vaidade e sem significado — *sem Deus*. Mas se você colocar Deus no centro de sua vida, descobrirá tudo o que Deus planejou que você seja. A pessoa que realmente caminha com Deus jamais viverá em vão. Toda a vida e até a própria morte terão significado. Confie nele, adore-o, siga-o, ame-o, e você se alegrará em todos os dias de sua vida.

PERGUNTAS PARA DISCUSSÃO

ECLESIASTES
O engano da vaidade

1. Para quem é escrito o Eclesiastes? Quem é o público de Salomão?

2. Por que Salomão, o autor de Eclesiastes, usa repetidamente a frase "debaixo do sol"? O que Salomão está tentando nos dizer?

3. Salomão orou por sabedoria e Deus atendeu seu pedido, dando-lhe "um coração sábio e inteligente" (1Rs 3:12). A maior parte do livro de Provérbios é uma coleção da sabedoria acumulada de Salomão. Ao longo de Provérbios, ele incentiva continuamente seus leitores a buscar a sabedoria. Mas aqui em Eclesiastes, Salomão canta uma canção diferente:

Porque na muita sabedoria há muito enfado;
*   e quem aumenta ciência aumenta tristeza* (1:18).

E...

Então, vi que a sabedoria é mais proveitosa do que a estultícia,
*   quanto a luz traz mais proveito do que as trevas.*
Os olhos do sábio estão na sua cabeça,
*   mas o estulto anda em trevas;*
*   contudo, entendi que o mesmo lhes sucede a ambos.*
Pelo que disse eu comigo:
*   como acontece ao estulto, assim me sucede a mim;*
*   por que, pois, busquei eu mais a sabedoria?*
Então, disse a mim mesmo que também isso era vaidade (2:13-15).

Esta visão da sabedoria é exatamente a visão oposta que Salomão expressa em Provérbios. Por que ele apresenta esta opinião radicalmente diferente sobre sabedoria em Eclesiastes? Qual é a verdadeira opinião de Salomão?

Aventurando-se através da Bíblia

4. Leia Ec 3:1-8. Salomão, o Debatedor, está enaltecendo os bons tempos, os tempos ricos da vida — ou ele está lamentando os ciclos sombrios de morte, guerra e tristeza? Por que ele diz que deve haver "um tempo para odiar"? Você concorda ou discorda de Salomão?

5. Salomão escreve: "Vi o trabalho que Deus impôs aos filhos dos homens, para com ele os afligir. Tudo fez Deus formoso no seu devido tempo; também pôs a eternidade no coração do homem, sem que este possa descobrir as obras que Deus fez desde o princípio até ao fim" (3:10,11). Em meio a todo o desespero existencial visto em Eclesiastes, encontramos este raio de luz. O que Salomão quer dizer quando afirma que Deus "pôs a eternidade" em nosso coração?

6. Compare Ec 5:15,16 com Jó 1:21. Qual a semelhança entre essas duas declarações? Como elas diferem? Como você explica as diferentes perspectivas dessas duas passagens das Escrituras?

7. Salomão observa: "Tudo isto vi nos dias da minha vaidade: há justo que perece na sua justiça, e há perverso que prolonga os seus dias na sua perversidade" (Ec 7:15). De uma perspectiva "debaixo do sol", a vida parece sem sentido e repleta de injustiça. Os justos perecem, os ímpios florescem e prosperam. Por que este mundo é tão sem sentido e injusto (a partir da perspectiva humana)? Existe uma perspectiva de vida que daria sentido à nossa existência e equilibraria as escalas de justiça? Explique sua resposta.

8. Depois de examinar a falta de significado dessa vida sob a perspectiva humana de debaixo do sol, Salomão, o Debatedor, conclui: "De tudo o que se tem ouvido, a suma é: Teme a Deus e guarda os seus mandamentos; porque isto é o dever de todo homem" (12:13). Seria justo parafrasear as palavras finais desta maneira: "porque este é o significado completo da vida humana"? Por quê? Compare este versículo com Dt 13:4 e Jo 14:5. Qual é o testemunho consistente das Escrituras com relação ao nosso dever para com Deus?

Viver pela música

APLICAÇÃO PESSOAL

9. Muitas pessoas ao nosso redor têm a visão mecanicista da vida, que diz que somos apenas engrenagens em uma grande máquina de moagem. Esta filosofia tem influência em nossa cultura hoje. Talvez você mesmo tenha tido essa visão. Em caso afirmativo, como você se sentia, sabendo que sua vida era uma sucessão de dias sem sentido e que você estava sozinho em um Universo insensível? Você se sentia abandonado? Não amado? Com medo da morte? Temeroso quanto a imensidão do cosmos?

Você conhece alguém que tenha essa visão da vida?

10. Como você pode usar o livro de Eclesiastes como meio de testemunhar a seus amigos não cristãos? Que passos você poderia dar esta semana para ser uma testemunha ousada para seus amigos que se sentem presos em um cosmos insensível e sem Deus?

Tanque para rituais judaicos

CÂNTICO DOS CÂNTICOS   CAPÍTULO 28
Canção de amor

Cântico dos Cânticos é hoje considerado, provavelmente, um dos livros mais obscuros da Bíblia. Mas nem sempre foi assim. Ao longo dos séculos, esse tem sido um dos livros mais lidos e amados de todos.

Antes da Reforma Protestante, Cântico dos Cânticos era frequentemente lido, citado, mencionado e memorizado por vários grupos perseguidos como os Albigenses, que fugiram da Igreja Católica, e os Pactuantes da Escócia, que foram caçados como animais pelas montanhas e vales da Europa.

Como os outros livros de poesia do Antigo Testamento, Cântico dos Cânticos é um livro sobre anseios profundos que são expressos tanto no nível superficial da narrativa como em um nível simbólico mais profundo. Cântico dos Cânticos completa a série de cinco livros de poesia. Jó, o primeiro da série, expressou o anseio do espírito humano por Deus, por respostas e pela libertação do sofrimento. Os livros do meio da série (Salmos, Provérbios e Eclesiastes) expressaram o anseio da alma em seus três componentes respectivos — emoções, vontade e mente.

Agora, em Cântico dos Cânticos, ouvimos o grito de anseio do corpo, a morada física que Deus nos deu — o anseio por amor. Cântico dos Cânticos é uma canção de amor do Oriente Médio — e é transparente em sua descrição de amor romântico. Esse livro revela tudo o que nosso Criador quis para nós na experiência humana de expressão sexual dada por Deus.

Sigmund Freud entendeu muitas coisas erradas em sua análise no funcionamento do ser humano, mas ele estava certo sobre uma coisa: o sexo permeia nossa vida e ele está muito mais disseminado do que percebemos. A resposta sexual e o amor humano são mais do que apenas subprodutos de impulsos nervosos

> **OBJETIVOS DO CAPÍTULO**
>
> Neste capítulo, examinamos Cântico dos Cânticos, uma história de amor que abarca dois níveis — o nível do romance físico e sexual entre marido e sua esposa, e o nível do relacionamento de amor espiritual entre Cristo e Sua Noiva, a Igreja. Nenhum nível de significado é mais importante ou mais "real" do que o outro. Ambos os níveis são igualmente válidos — e cada um contém uma riqueza de percepções e instruções para nossa vida hoje.

e secreções glandulares. Nossa sexualidade está intimamente ligada a todos os outros aspectos do nosso ser — e foi assim que Deus nos criou. Portanto, Cântico dos Cânticos apresenta o sexo como Deus o planejou. A expressão sexual não envolve apenas impulsos físicos, mas a mente, as emoções e o espírito. Toda a nossa humanidade está envolvida em todos os aspectos da nossa expressão sexual.

Cântico dos Cânticos apresenta nossa sexualidade como ela realmente é, evitando tanto os extremos lascivos da chamada "Revolução Sexual" quanto as inibições do pudor vitoriano. O livro é direto, mas jamais pornográfico. Satanás sempre procura tomar algo que Deus criou e levá-lo para um extremo doentio. Ele tenta fazer as pessoas pensarem que o sexo é "sujo" ou tenta provocar as pessoas a degradarem e explorarem o sexo por meio da publicidade, mídia de entretenimento e pornografia. Se ele puder conduzir nossas atitudes para um extremo ou para o outro, ele alcançará seu objetivo de transformar uma das dádivas mais puras e primorosas de Deus em algo horrível.

Deus fez questão de que a Bíblia abordasse o sexo com sinceridade e objetividade como trata de qualquer outro assunto. Assim, primeiro, Cântico dos Cânticos é uma canção de amor que descreve como o marido e a esposa se deleitam nos corpos um do outro. Ao ler Cântico dos Cânticos, note como esse assunto é abordado de forma bela, virtuosa, mas honesta.

O enredo

O escritor de Cântico dos Cânticos é Salomão, o rei de Israel. Dentro de suas páginas, Salomão provavelmente está lembrando seu romance com seu primeiro amor, a esposa de sua juventude. Em 1 Reis 4:32 lemos que Salomão escreveu três mil provérbios e mais de mil canções. Esta canção, então, foi sua obra-prima, a maior de todas as suas muitas canções — e, assim, ele a chamou de "Cântico dos Cânticos".

Essa bela obra lírica, Cântico dos Cânticos, é estruturada como uma peça musical. Os personagens da peça são: Salomão, o amado e jovem rei de Israel em toda a beleza e vigor de sua juventude (o livro foi escrito perto do início de seu reinado); a mulher sulamita, a amada; e as amigas. A história tem uma qualidade romântica de conto de fadas. Na verdade, ao lê-la, você se pergunta se Cântico dos Cânticos não foi a inspiração para o conto de Cinderela (que é muito parecida com a sulamita) e seu Príncipe Encantado (que se assemelha ao jovem rei Salomão).

Por Cântico dos Cânticos não ser uma narrativa, mas uma peça escrita para várias vozes, o enredo pode ser confuso a menos que você saiba quem está falando. As várias partes dessa peça são convenientemente marcadas com subtítulos na Nova Versão Internacional para que fique claro quem está falando. Se você não tem uma Bíblia que contenha tais subtítulos, você pode distinguir os diferentes oradores desta maneira: O noivo sempre se refere a sua noiva como "minha amada", e a noiva chama o noivo de "meu amado".

Essa peça está ambientada em Jerusalém. É a história de uma jovem cuja família evidentemente arrendou um excelente lote de terra do rei Salomão, ao norte de Israel. A mulher sulamita é a Cinderela da família — uma moça simples e de encanto incomum, forçada a passar os dias em árduo trabalho físico. Embora ela tenha dois irmãos e duas irmãs,

Viver pela música

ela é encarregada de cuidar dos rebanhos e trabalhar na vinha. O passar seus dias sob o sol deu-lhe um "bronzeado californiano", então ela canta:

Eu estou morena e formosa,
ó filhas de Jerusalém,
como as tendas de Quedar,
como as cortinas de Salomão.
Não olheis para o eu estar morena,
porque o sol me queimou.
Os filhos de minha mãe se indignaram
contra mim e me puseram
por guarda de vinhas;
a vinha, porém, que me pertence,
não a guardei (1:5,6).

Ela observa as belas damas da corte subindo em suas carruagens e as inveja — mas ela está disposta a permanecer em sua vida tranquila e humilde. Um dia ela levanta os olhos para ver um belo estranho, um pastor, olhando para ela muito atentamente. Ela considera seu olhar direto perturbador, mas ele lhe diz: "Tu és toda formosa, querida minha, e em ti não há defeito" (4:7).

Assim que se apaixonam profundamente, ele tem que partir. Porém, antes de ir, ele promete voltar. Durante a noite, ela sonha com ele e anseia por sua presença, lembrando-se de sua aparência e descrevendo-o para suas amigas.

Um dia, há uma grande comoção causada pelo anúncio de que o rei, em toda a sua glória, está vindo para visitar o vale. Embora a moça sulamita esteja interessada nisso, ela não dá tanta importância porque seu coração anseia por seu amado, o jovem pastor. Então, para espanto de todos, o rei envia seus cavaleiros à casa da jovem com a mensagem de que ele deseja vê-la. Ela vai, tímida e receosa, à carruagem real. Quando ela olha para dentro, ela vê que o rei não é outro senão seu amado pastor!

Você provavelmente se lembra de que, no livro de Eclesiastes, Salomão nos diz que empreendeu várias viagens para descobrir como era a vida em vários níveis. Aparentemente, ele já viajou sob a aparência de um simples pastor do campo. Agora, revelando-se a sua amada como sendo o rei, ele a leva para o palácio, e eles vivem (como diz o ditado) felizes para sempre.

Ao longo do livro, um coro de cantores (as amigas, referidas no texto como as filhas de Jerusalém), fazem algumas perguntas importantes de tempos em tempos, pontuando vários eventos que levam ao cortejo, às bodas e ao casamento de Salomão com a sulamita. É interessante que a palavra "sulamita" seja a forma feminina de Salomão. Portanto, poderíamos chamar essa mulher de "Sra. Salomão". Ao longo da história, lemos sobre o namoro deles, a força e as delícias de seu amor, e até mesmo as técnicas de seus atos de amor.

A linguagem do amor

A linguagem de Cântico dos Cânticos é poética, lírica e figurativa. Enquanto a mulher e o homem descrevem um ao outro, você pode sentir a paixão e o arrebatamento do amor em suas palavras. Aqui está a linguagem do amor que ela usa para descrevê-lo:

O meu amado é alvo e rosado,
o mais distinguido entre dez mil.

O LIVRO DE CÂNTICO DOS CÂNTICOS

O rei disfarçado e a sulamita apaixonam-se (Cântico 1:1–3:5)
Tema: Cortejo.

Eventos: A mulher e o pastor-rei se encontram, apaixonam-se e são separados.

Quando o amado da mulher retorna, ele é revelado como sendo o rei. Ele visita sua casa e o casamento é planejado.

O casamento do rei com a sulamita (Cântico 3:6–5:1)
Tema: Unidos no casamento.

Eventos: O casamento e a consumação sexual do amor deles.

As lutas de amor do jovem casal (Cântico 5:2–7:10)
Tema: Ajuste no casamento.

Eventos: A noiva tem um sonho perturbador no qual ela perde seu amado. Quando ela desperta, ele a assegura de seu amor.

O amor profundo e maduro (Cântico 7:11–8:14)
Tema: Vindo para casa.

Eventos: A noiva convence seu marido a viajar com ela para seu país natal. Na viagem, o relacionamento deles se aprofunda.

A sua cabeça é como o ouro mais apurado,
os seus cabelos, cachos de palmeira,
são pretos como o corvo.
Os seus olhos são como os das pombas
junto às correntes das águas,
lavados em leite, postos em engaste.
As suas faces são como um canteiro de
bálsamo, como colinas
de ervas aromáticas;
os seus lábios são lírios
que gotejam mirra preciosa;
as suas mãos, cilindros de ouro,
embutidos de jacintos;
o seu ventre, como alvo marfim,
coberto de safiras.
As suas pernas, colunas de mármore,
assentadas em bases de ouro puro;
o seu aspecto, como o Líbano,
esbelto como os cedros.
O seu falar é muitíssimo doce;
sim, ele é totalmente desejável.
Tal é o meu amado, tal, o meu esposo,
ó filhas de Jerusalém (5:10-16).

Salomão descreve sua amada em linguagem semelhante:

Formosa és, querida minha, como Tirza,
aprazível como Jerusalém,
formidável como um exército
com bandeiras.
Desvia de mim os olhos,
porque eles me perturbam.
Os teus cabelos descem ondeantes
como o rebanho das cabras de
Gileade (6:4,5).

Pode-se ver como esta linguagem é figurativa. Se um rapaz hoje descrevesse sua amada como tendo cabelos como um rebanho de cabras, ele certamente seria mal interpretado. Mas, naquela cultura, essas eram metáforas de sonoridade doce. Essa é a linguagem do amor.

O livro descreve o amor no casamento como Deus pretendia que fosse. Para que duas pessoas se entreguem inteiramente um ao outro — sem inibições, para sua satisfação mútua — eles devem ter uma unidade completa que existe apenas nos limites seguros do casamento. Essa verdade é enfatizada por todo o livro por uma advertência tripla através da qual a noiva se dirige às mulheres jovens solteiras — o coro de amigas mencionadas como as filhas de Jerusalém. Em três momentos diferentes, a noiva, a partir de seu prazer extasiante com o seu amor, dá a essas jovens o segredo do prazer sexual:

Conjuro-vos, ó filhas de Jerusalém,
pelas gazelas e cervas do campo,
que não acordeis, nem desperteis o amor,
até que este o queira (2:7; cf. 3:5 e 8:4).

Em outras palavras, não apresse o amor. Não se apresse em entrar em um relacionamento sexual antes que esteja a salvo dentro dos limites de uma relação de aliança. Que o amor venha em primeiro lugar — o amor genuíno entre o marido e sua esposa, então desperte a excitação e o êxtase sexual. Esse é o segredo da verdadeira satisfação no amor sexual romântico.

É perturbador ver pais tolos encorajando seus filhos a imitarem o comportamento adulto em danças, namoro e toques íntimos enquanto adolescentes e mesmo pré-adolescentes. Esse comportamento suscita emoções adultas e comportamento adulto em crianças

Aventurando-se através da Bíblia

que não estão preparadas para lidar com as responsabilidades. Os adolescentes não reconhecem as consequências que esses sentimentos e comportamentos podem trazer. Se você tentar abrir o botão de uma flor antes que ele esteja pronto para florescer, você o destruirá. Estamos vendo os resultados dessa insensatez em nossa própria sociedade.

Deus ordenou que os prazeres aqui refletidos fossem uma parte da experiência de homens e mulheres em um relacionamento conjugal, firmados por uma santa aliança. Ao longo de Cântico dos Cânticos, encontramos súplicas de castidade e pureza de vida até o momento de o casamento acontecer.

Significado mais profundo

Como você certamente percebeu, no entanto, não ouvimos a mensagem mais profunda dessa canção até podermos perscrutar por atrás da superfície da história de amor romântico e descobrir a alegoria dessa canção. O significado mais profundo é a expressão do relacionamento de amor e de redenção entre Deus e a humanidade, entre Cristo e Sua Igreja.

Os primeiros cristãos e até mesmo os judeus cristãos reconheceram seu significado alegórico. O prefácio a essa canção em um dos targuns judaicos [N.E:. Targuns, literalmente "versões" ou "traduções". Após o retorno do cativeiro babilônico, no século 6 a.C., os judeus, não familiarizados com o antigo hebraico, exigiram que as Escrituras fossem traduzidas para o caldeu ou aramaico e interpretados] diz assim: "Este é o Cântico de Salomão, o profeta rei de Israel, que ele cantou diante de Jeová, o Senhor". O ponto central desse prefácio é que Salomão não estava cantando uma canção de amor puramente

humana. Ele cantou essa canção como um profeta diante de Jeová.

Essa era uma canção sobre o relacionamento de Salomão com seu Deus, e os pais da Igreja Primitiva também o entenderam assim. Foi por causa dessa interpretação que Cântico dos Cânticos era um consolo para os santos perseguidos dos períodos da Reforma e depois da Reforma.

Com o retrospecto do Novo Testamento para se inspirar, a natureza alegórica desse livro torna-se incrivelmente óbvia. O amor aqui expresso é o amor de Jesus Cristo pela humanidade e o amor arrebatador dos cristãos redimidos pelo seu Senhor. O rei que aparece sob o disfarce de um pastor é o Rei Jesus, o Bom Pastor, o Filho de Davi. A mulher sulamita e a noiva, a amada, somos nós — pessoas que foram redimidas da miséria e da escravidão do pecado.

Não fomos a Jesus por nossos próprios esforços; Ele dignou-se a nós, vindo a nós sob a aparência de um camponês, como um de nós. Ele expressou Seu amor por nós na cruz, e Ele se foi. Um dia, Ele voltará para nós, para nos levar a Seu esplêndido palácio na Nova Jerusalém. Enquanto isso, como a sulamita, ansiamos por Sua presença e aguardamos ansiosamente a Sua vinda.

Depois de ler Cântico dos Cânticos, ganhamos uma perspectiva inteiramente nova e ampliada sobre o que o apóstolo Paulo orienta:

Maridos, amai vossa mulher, como também Cristo amou a igreja e a si mesmo se entregou por ela, para que a santificasse, tendo-a purificado por meio da lavagem de água pela palavra, para a apresentar a si mesmo igreja gloriosa, sem mácula, nem ruga, nem coisa semelhante, porém santa e sem defeito (Ef 5:25-27).

Tenho tido o privilégio de, ao longo dos anos, realizar muitos casamentos. Essa experiência me ensina que o casamento não é produto da sociedade humana. Não é algo que as pessoas inventaram depois que começaram a viver juntas. O casamento remonta à aurora da raça humana. É uma parte integral da vida humana dada por Deus. O ato físico da consumação do casamento não é o aspecto mais significativo do casamento, mas, sim, uma representação de um relacionamento mais profundo, um vínculo espiritual e emocional entre duas pessoas.

Ao ler sobre o prazer arrebatador que é trocado entre o noivo e a noiva, descobre-se uma descrição magnífica do que Deus pretende para o relacionamento entre Ele e a raça humana. Essa percepção enriquece a nossa compreensão do grande mandamento: "Amarás o Senhor, teu Deus, de todo o teu coração, de toda a tua alma e de todo o teu entendimento" (Mt 22:37). Em Cântico dos Cânticos, temos uma imagem do que Deus fará no coração e na vida da pessoa que o ama com esse tipo de amor devotado — o amor que vem do coração, da alma e da mente.

Escute estas belas palavras do noivo à noiva:

Porque eis que passou o inverno,
   cessou a chuva e se foi;
aparecem as flores na terra,
   chegou o tempo de cantarem as aves,
   e a voz da rola ouve-se em nossa terra.
A figueira começou a dar seus figos,
   e as vides em flor exalam o seu aroma;

levanta-te, querida minha,
   formosa minha, e vem (2:11-13).

O noivo fala da primavera da vida, mas não está no passado; está no futuro. Um dia, todo este mundo experimentará uma primavera como essa. O Senhor Jesus Cristo voltará finalmente para reivindicar Sua noiva que o espera. Ele a saudará com palavras muito parecidas com essas. A primavera virá, a estação da canção, o tempo em que a terra florescerá de novo e a maldição será levantada e as flores aparecerão por toda parte. E nós vamos subir e ir com ele.

Esse é um retrato emocionante do que acontece na vida da pessoa que verdadeiramente se apaixona pelo Rei, Jesus Cristo, e entra em Sua primavera. O inverno frio da solidão e do pecado se foi — chegou a hora de cantar!

Aventurando-se através da Bíblia

PERGUNTAS PARA DISCUSSÃO

CÂNTICO DOS CÂNTICOS
Canção de amor

1. Por que Salomão escreveu o Cântico dos Cânticos como uma peça lírica (quase como um musical da Broadway)?

2. Leia os capítulos 4 e 5. Quais são suas metáforas românticas favoritas (linguagem figurativa) nesses versículos?

3. Alguma parte do Cântico dos Cânticos muda, afeta ou aumenta sua compreensão do relacionamento conjugal entre marido e mulher? De que maneira?

4. O autor escreve: "Com o retrospecto do Novo Testamento para se inspirar, a natureza alegórica desse livro torna-se incrivelmente óbvia. O amor aqui expresso é o amor de Jesus Cristo pela humanidade e o amor arrebatador dos cristãos redimidos pelo seu Senhor. O rei que aparece sob o disfarce de um pastor é o Rei Jesus, o Bom Pastor, o Filho de Davi. A mulher sulamita e a noiva, a amada, somos nós — pessoas que foram redimidas da miséria e da escravidão do pecado".

Como essa percepção afeta a maneira como você lê e interpreta Cântico dos Cânticos? Isso muda a maneira como você vê essa história enquanto a lê? Ela aprofunda o significado da história para você? Explique suas respostas.

Viver pela música

APLICAÇÃO PESSOAL

5. Salomão dirige-se à sua noiva, a sulamita, e diz:

Tu és toda formosa, querida minha,
  e em ti não há defeito...
Arrebataste-me o coração, minha irmã, noiva minha;
  arrebataste-me o coração (4:7,9).

Agora considere isto: essas não são apenas as palavras do rei Salomão à sua noiva. São as palavras do Rei Jesus à Sua Noiva, a Igreja. Em outras palavras, o Senhor está expressando Seu amor para nós na linguagem do amor. Quando Ele nos olha, Ele vê uma beleza impecável. Conquistamos Seu coração — não porque somos verdadeiramente sem falhas e sem pecado, mas porque Ele nos libertou de nossos pecados e falhas, substituindo-os por Sua justiça e beleza. Como você se sente quando percebe que é assim que o Senhor Jesus olha para você?

6. Vemos Jesus repetidas vezes por todo o Antigo Testamento. Em Gênesis, Ele é a descendência da mulher, Aquele que vai esmagar a cabeça da serpente (Satanás). Em Êxodo, Ele é o Cordeiro pascal. Em Levítico, Ele é o nosso sacrifício sobre o altar. Em Josué, Ele é o nosso herói conquistador. Em Rute, Ele é nosso resgatador. Na história de Davi, Ele é nosso Rei Guerreiro. Em Salmos, o Senhor é o nosso Pastor. Em Isaías, Ele é um homem de dores e o Cordeiro de Deus levado ao matadouro. E aqui em Cântico dos Cânticos, Ele é nosso Amado e Noivo.

Qual dessas representações veterotestamentárias de Jesus é pessoalmente a mais significativa para você? Explique sua resposta.

7. Ao longo de Cântico dos Cânticos, vemos que o rei Salomão não pode deixar de proclamar seu amor pela sulamita e sua admiração por sua beleza e charme. Da mesma forma, a sulamita não pode deixar de elogiar e adorar a força viril, o poder e a atração de seu amado. É esse o tipo de relacionamento amoroso que você tem com o Senhor Jesus? Por quê? Se você não tem esse tipo de relacionamento hoje, gostaria de tê-lo?

Que passos você pode dar esta semana para começar a desenvolver o tipo de relacionamento de amor arrebatado por Jesus Cristo que é tão liricamente apresentado em Cântico dos Cânticos?

Aventurando-se através da Bíblia

Cabras

Parte 5

As promessas de Deus

Beduíno montado em um jumento

DE ISAÍAS A MALAQUIAS   CAPÍTULO 29

As promessas de Deus

Durante a Segunda Guerra Mundial, um piloto americano estava voando perto da ilha do Pacífico de Guadalcanal quando encontrou uma esquadra de aviões inimigos. Eles o atacaram, e, no combate subsequente, seu avião foi atingido e seriamente danificado. Embora ele não estivesse ferido, seu avião estava sem controle e caindo.

O piloto conseguiu desviar sua aeronave para longe da ilha principal controlada pelo inimigo para uma pequena ilha vizinha não muito longe. Ele se ejetou, abriu seu paraquedas e planou em direção à pequena ilha de florestas. Durante seu voo de reconhecimento, ele tinha sido informado que algumas das ilhas vizinhas eram habitadas por canibais.

Antes que suas botas atingissem a areia, um grupo de habitantes da ilha veio correndo em sua direção. As pessoas da ilha o cercaram e o levaram para a aldeia. Para seu espanto, descobriu que alguns deles falavam inglês — e que não eram canibais. Eles eram cristãos!

O piloto era ateu. Embora aliviado por não estar no cardápio, ele estava convencido de que quando aquelas pessoas se converteram ao cristianismo depois de serem evangelizadas pelos missionários, elas simplesmente trocaram mitos tribais por mitos cristãos. Já que ele esperou longamente antes de ser resgatado, teve muito tempo para conversar com os habitantes da ilha sobre suas crenças.

Um dia, ele notou um dos moradores da ilha sentado, lendo sua Bíblia perto de uma fogueira enquanto cozinhava.

—Você acredita nas histórias desse livro?, perguntou o americano condescendentemente. Bem, na América, aprendemos que não passam de fábulas.

O habitante da ilha apontou para o caldeirão preto sobre o fogo.

—Se não fosse por este livro, respondeu ele, você estaria naquele caldeirão.

A Palavra de Deus é uma força poderosa para transformar o coração das pessoas. Como o escritor de Hebreus observou, a Palavra de Deus é "viva e eficaz, e mais cortante do que qualquer espada de dois gumes, e penetra até ao ponto de dividir alma e espírito, juntas e medulas, e é apta para discernir os pensamentos e propósitos do coração" (Hb 4:12).

O propósito do Antigo Testamento é nos preparar para receber a verdade de Deus. A maioria de nós começa a experiência cristã lendo o Novo Testamento, e isso é compreensível. Mas muitos, infelizmente, nunca leem o Antigo Testamento. Sem o fundamento firme no Antigo Testamento, não podemos compreender plenamente todas as riquezas do Novo Testamento.

> ### OBJETIVOS DO CAPÍTULO
>
> O objetivo deste capítulo é apresentar os livros proféticos do Antigo Testamento como seguros e confiáveis. Deus se uniu a nós por determinadas promessas, e estas são o fundamento da nossa fé. Ao longo de milhares de anos da história humana, Deus sempre manteve Suas promessas, para que creiamos em tudo o que Ele nos diz nesta parte de Sua Palavra.

Aventurando-se através da Bíblia

O Antigo Testamento começa com o Pentateuco, de Gênesis a Deuteronômio. Esses cinco livros mostram o padrão da ação de Deus em nossa vida.

Na sequência, vêm os livros históricos, de Josué a Ester. Esses livros demonstram os perigos que nós, como cristãos, confrontamos ao procurarmos seguir o plano de Deus para nossa vida. Eles nos alertam sobre as forças espirituais que nos ameaçam exteriormente e nos minam interiormente, e nos mostram como confiar no poder de Deus para vencer a batalha espiritual.

Em seguida vêm os livros poéticos, de Jó a Cântico dos Cânticos — cinco livros que expressam as alegrias e tristezas por sermos humanos e nos mostram como experimentar uma profunda e gratificante amizade com Deus.

Os livros das promessas de Deus

Chegamos agora aos últimos 16 livros do Antigo Testamento: os livros dos profetas. Nos livros proféticos descobrimos as poderosas promessas de Deus. Assim como uma noiva e um noivo fazem certas promessas que os unem, Deus se uniu a nós pelas promessas nessa última parte do Antigo Testamento. E, assim como um marido e uma esposa são capazes de se entregar um ao outro por causa da segurança de seus votos matrimoniais, Deus compartilha de si conosco como resultado de Suas promessas na Bíblia. Quanto melhor entendemos as promessas de Deus, mais completamente podemos conhecer e confiar em Sua natureza e caráter.

As promessas de Deus ganharam o direito de serem confiáveis. Elas são seguras e são o fundamento da nossa fé. Sem elas, não temos nenhuma razão objetiva para confiar na Bíblia. A história mostra que Deus cumpriu todas as Suas promessas. Sendo assim, podemos crer em tudo o que Ele nos diz em Sua Palavra. Vamos, de forma breve, examinar as promessas definidas em cada um desses livros proféticos.

A promessa em Isaías

O livro de Isaías, inquestionavelmente um dos livros mais poderosos da Bíblia, registra inúmeras promessas. A principal é que Deus purificará a humanidade e lhe dará um novo começo. Você encontra essa promessa logo no primeiro capítulo:

> Vinde, pois, e arrazoemos, diz o Senhor; ainda que os vossos pecados sejam como a escarlata, eles se tornarão brancos como a neve; ainda que sejam vermelhos como o carmesim, se tornarão como a lã (1:18).

Essa promessa é repetida e ampliada no capítulo 53, que apresenta a visão profética de Isaías a respeito do Messias pendurado na cruz, "traspassado por nossas transgressões" e "moído pelas nossas iniquidades". Aqui está a promessa da graça expiatória de Deus: "pelas suas pisaduras fomos sarados" (Is 53:5). Passei a amar profundamente esse livro, pois ele declara que, sempre que estamos atolados em fraqueza, pecado e fracasso, Deus é capaz de nos alcançar, nos puxar para fora e nos colocar no caminho da justiça. A promessa em Isaías é a da graça e de um novo começo.

A promessa em Jeremias

O livro de Jeremias é, em muitos aspectos, um contraponto a Isaías. Enquanto Isaías promete a graça de Deus, Jeremias promete a ausência de Deus! Você sabia que Deus promete estar ausente de sua vida sob certas condições? Isso não significa que Ele nos abandona, mas que nossa desobediência pode nos levar a perder o senso de Sua comunhão conosco.

A promessa de Jeremias prefigura a promessa do Novo Testamento que foi entregue pelo Senhor Jesus a Jerusalém: "Eis que a vossa casa vos ficará deserta. E em verdade vos digo que não mais me vereis até que venhais a dizer: Bendito o que vem em nome do Senhor!" (Lc 13:35).

A Bíblia nos lembra repetidamente de que, sempre que tentamos, em nosso orgulho arrogante, medir forças com o Todo-Poderoso, Ele nos deixará fazer as coisas do nosso jeito. Porém, Ele também permitirá que vivenciemos as consequências — vagando em escuridão, miséria e desolação de espírito profundas, exatamente como Jerusalém que foi deixada desolada após rejeitar o Messias. Jeremias foi enviado para aquela cidade, que agora sangrava, para declarar ao povo que a cidade deles estava perdida e que eles estavam indo para o cativeiro por 70 anos.

Entretanto, Deus jamais nos abandona em nossa condição de perdidos. Uma vez que nos voltamos para Ele com corações arrependidos, a doce promessa vista em Isaías torna-se eficaz em nossa vida novamente — a promessa de um novo começo.

A promessa em Lamentações

O livro de Lamentações é o segundo livro escrito por Jeremias. Ele contém as tristes reflexões do profeta sobre a destruição de Jerusalém e o cativeiro dos judeus por Nabucodonosor, rei da Babilônia.

Os paralelos entre o ministério profético de Jeremias e o ministério do Senhor Jesus são impressionantes. Este livro de Lamentações prefigura o lamento do Senhor Jesus quando Ele chorou, séculos mais tarde, pela mesma cidade. Poucos dias antes de Jesus ir à cruz, Ele parou no monte das Oliveiras e olhou para a cidade. Com lágrimas escorrendo pelo Seu rosto, Ele exclamou:

Jerusalém, Jerusalém, que matas os profetas e apedrejas os que te foram enviados! Quantas vezes quis eu reunir os teus filhos, como a galinha ajunta os seus pintinhos debaixo das asas, e vós não o quisestes! (Mt 23:37)

Jerusalém, a cidade que uma vez rejeitou o profeta Jeremias e ignorou a Palavra de Deus, também rejeitou Jesus Cristo, o Verbo feito carne. O povo da cidade não tinha reconhecido a vinda de seu Messias e Libertador. Menos de 40 anos depois da crucificação e ressurreição de Jesus, a cidade de Jerusalém foi mais uma vez destruída, o Templo arrasado, os muros derrubados, o povo judeu morto ou disperso para terras distantes.

Em meio à desolação da primeira destruição de Jerusalém nos dias de Jeremias, algo bom emerge. Cada capítulo de Lamentações revela uma lição que Deus quer nos ensinar sobre nossas experiências de dor, perda e tristeza. A promessa de Lamentações é que, mesmo em nossas piores experiências, podemos confiar na grande fidelidade de Deus:

As misericórdias do Senhor são a causa de não sermos consumidos, porque as suas misericórdias não têm fim;

Aventurando-se através da Bíblia

renovam-se cada manhã. Grande é a tua fidelidade (3:22,23).

Seu amor e compaixão nunca falham, mesmo nem meio à destruição e à desolação. O livro de Lamentações é a terapia de Deus para tempos de angústia.

A promessa em Ezequiel

A promessa de Ezequiel é da presença de Deus. Este livro do Antigo Testamento corresponde à promessa de Jesus no Novo Testamento: "Se alguém me ama, guardará a minha palavra; e meu Pai o amará, e viremos para ele e faremos nele morada" (Jo 14:23).

A profecia de Ezequiel começa com uma impressionante visão de Deus. Tenho em minha biblioteca um panfleto interessante que tenta explicar os capítulos iniciais de Ezequiel como sendo um registro de uma aparição de OVNIs — mas essa é uma noção absurda. Ezequiel não trata de uma visita do espaço sideral, mas de uma visão de como Deus é. Ele encerra de forma triunfal com uma imagem do Templo, onde Deus está presente com Seu povo. O Novo Testamento nos diz que somos a morada final de Deus, e Ezequiel mostra como Deus age em nós para encher o coração humano com a Sua presença.

A promessa em Daniel

Daniel é o grande livro profético do Antigo Testamento, estabelecendo a promessa de que Deus iluminará a mente humana. Corresponde à promessa de Jesus no Novo Testamento: "quem me segue não andará nas trevas; pelo contrário, terá a luz da vida" (Jo 8:12). Esse é um dos melhores livros para adolescentes estudarem, porque apresenta a história de um adolescente que representa Deus em um ambiente hostil e ímpio — exatamente o que os jovens enfrentam em nossa sociedade hoje.

O livro de Daniel mostra como Deus pode usar Seu povo — incluindo jovens — como Seu instrumento de bênção na sociedade. Deus iluminou a mente do jovem Daniel para que pudesse ver através de todos os enganos e falsidades da filosofia de seu tempo, e Ele ainda age da mesma maneira hoje.

A promessa em Oseias

Oseias é um dos mais belos livros da Bíblia. É uma história de amor, mas também a história de um casamento destruído e da mágoa da infidelidade. Acima de tudo, é um relato sobre a persistência de Deus, a promessa da determinada ação redentora divina. A promessa de Oseias conecta-se à seguinte promessa no Novo Testamento: "...aquele que começou boa obra em vós há de completá-la até ao Dia de Cristo Jesus" (Fp 1:6).

É uma linda história sobre a graça maravilhosa de Deus em meio à feiura da rebelião e do pecado humanos. Deus diz ao profeta Oseias que se case com uma prostituta. Quando ela o deixa e volta para sua vida de adultério, Deus lhe envia o profeta para que a resgate e a leve novamente para sua casa.

Essa mulher traz angústia e humilhação a Oseias, mas Deus enche o coração dele de amor por ela, até que, finalmente, seja reconquistada e restaurada. É uma alegoria do imensurável amor de Deus pela rebelde nação de Israel no Antigo Testamento — e Seu amor por nós hoje. Deus nos buscou quando o rejeitamos, Ele nos redimiu quando partimos Seu coração, e Ele finalmente nos conquistou para si com o Seu amor persistente e pródigo.

A promessa em Joel

Joel mostra como Deus está agindo entre as nações, moldando eventos e realizando Seus propósitos para que até mesmo as tragédias que experimentamos se tornem parte do tecido da história que Deus está confeccionando.

Se você está perturbado com o que está acontecendo no mundo, leia o livro de Joel. Ele corresponde à promessa em Romanos no Novo Testamento: "Sabemos que todas as coisas cooperam para o bem daqueles que amam a Deus, daqueles que são chamados segundo o seu propósito" (Rm 8:28).

A promessa em Amós

A promessa de Amós é a da perfeição, correspondente à encontrada em Judas: "àquele que é poderoso para vos guardar de tropeços e para vos apresentar com exultação, imaculados diante da sua glória" (v.24). A mensagem do livro de Amós é que Deus jamais rebaixará Seus padrões.

Queremos que Deus "pegue leve" conosco, que deixe as coisas como estão. "Senhor", dizemos, "olhe o progresso que fiz. Não é suficiente? Não tente melhorar meu caráter ainda mais. Mas deixe-me ficar assim mesmo". Porém, Amós vem e diz: "Deus nunca se contentará até que Ele o tenha alinhado com a perfeição absoluta de Jesus Cristo". O prumo de Deus é o grande tema de Amós.

A promessa em Obadias

Obadias é a promessa da vitória espiritual. É a história de dois homens, Jacó e Esaú, que simbolizam dois caminhos de vida. Jacó representa andar no Espírito. Esaú representa andar na carne. Muitas vezes, eu gostaria de poder entrar no meu coração, apoderar-me do mal que lá está e arrancá-lo pelas raízes; Obadias nos traz encorajamento para tais ocasiões. A promessa desse livro relaciona-se com a encontrada em Romanos: "Porque o pecado não terá domínio sobre vós; pois não estais debaixo da lei, e sim da graça" (6:14).

Esse livro declara que a carne sempre falha e que o Espírito sempre triunfa. Quando andamos no Espírito, não satisfazemos os desejos da carne. O texto termina com estas profundas palavras: "o reino será do Senhor" (Ob 21).

Isso é o que queremos para nossa própria vida, não é? Queremos que a nossa vida seja reino do Senhor. Queremos que Ele reine em nosso coração, mas somos Seu maior obstáculo. Obadias nos mostra que Deus também pode superar isso. A promessa em Obadias é a da vitória sobre a carne humana, a própria vontade humana e o pecado humano.

A promessa em Jonas

O livro de Jonas é mais ridicularizado pelos escarnecedores do que qualquer outro livro da Bíblia. Por quê? Porque esta é a "história do peixe" do Antigo Testamento. Mas, como alguém destacou, este é também um livro encorajador: se você já estiver sendo engolido, lembre-se de Jonas; ele conseguiu se sair bem! É importante lembrar que o tema central de Jonas não é a história do peixe, mas é a promessa de uma segunda chance, a promessa da paciência de Deus em relação às nossas falhas. Vemos evidência dessa promessa em Jonas 3: "Veio a palavra do Senhor, segunda vez, a Jonas" (v.1). É por isso que o livro de Jonas é um encorajamento a nossa fé — mostra a disposição de Deus em nos conceder uma segunda chance.

Aventurando-se através da Bíblia

PROFECIAS MESSIÂNICAS NO ANTIGO TESTAMENTO

Durante todo o ministério terreno de Jesus, os líderes religiosos perseguiram e tentaram implacavelmente prendê-lo. Durante um desses confrontos, Jesus disse aos Seus perseguidores: "Examinais as Escrituras, porque julgais ter nelas a vida eterna, e são elas mesmas que testificam de mim" (Jo 5:39).

Depois de Sua crucificação e ressurreição, Jesus apareceu a Seus discípulos. Eles estavam assustados e maravilhados, então Ele lhes lembrou de que tinha tentado prepará-los para Sua morte e ressurreição. "São estas as palavras que eu vos falei", ele disse, "estando ainda convosco: importava se cumprisse tudo o que de mim está escrito na Lei de Moisés, nos Profetas e nos Salmos" (Lc 24:44).

É verdade. O Antigo Testamento está repleto de imagens, símbolos e profecias sobre Jesus, o Messias. Há literalmente centenas de profecias messiânicas.

Muitas profecias concernentes a Jesus, na verdade, nos são representadas na vida dos servos de Deus no Antigo Testamento. Melquisedeque foi um tipo de Cristo como rei e sacerdote de Salém, oferecendo pão e vinho a Abraão (veja Gn 14:18; Sl 110: 4). José foi um tipo de Cristo em Seu papel de servo sofredor. Davi foi um tipo de Cristo em Seu papel como o rei vencedor. E Salomão era um tipo de Cristo em Seu papel como o príncipe da paz.

Outras profecias de Cristo são descritas nos sacrifícios levíticos. Quando o sumo sacerdote fazia expiação pelos pecados do povo através de sacrifícios de sangue, o cordeiro sacrificado representava Jesus, o Cordeiro de Deus. O sangue do sacrifício representava o sangue de Jesus. E o animal imaculado representava a perfeição sem pecado de Jesus.

Muitas promessas do Antigo Testamento sobre o Messias que estava por vir (tais como Isaías 53 e Salmo 22) são tão detalhadas que sua leitura é surpreendente. Aqui está uma lista parcial de algumas profecias do Antigo Testamento que foram registradas por vários escritores, em vários livros, ao longo de um período de aproximadamente mil anos (o cumprimento da profecia no Novo Testamento está entre parênteses):

Gn 3:15 — O Filho da mulher será ferido, mas esmagará a cabeça de Satanás (Ap 12:1-17).
Gn 12:1-3; 22:18 — O Messias será da descendência de Abraão (Gl 3:16).
Gn 12:3; 18:18 — Toda a Terra será abençoada através do Messias, o descendente de Abraão (Mt 1:1; At 3:25,26; Gl 3:16).
Gn 14:18 (cf. Sl 110:4) — Ele é Rei e Sacerdote como Melquisedeque (Hb 6:20; 7:2).
Gn 49:10 — O Messias será da tribo de Judá (Lc 3:23-33; Hb 7:14).
Dt 18:15-19 — O Messias será profeta como Moisés (At 3:22,23).
2Sm 7:12 — O Messias será da casa de Davi (Mt 1:1).
Sl 2:7 — O Messias será o Filho de Deus (Mt 3:17; Mc 1:11; Lc 3:22).
Sl 8:6 — Todas as coisas estarão sujeitas debaixo de Seus pés (Hb 2:8).
Sl 16:10 — O Messias ressuscitará dentre os mortos (Mc 16:6; At 2:31).

Sl 22 — O Messias sofrerá uma morte humilhante (Mt 27; Mc 15; Lc 23; Jo 19).

Sl 22:1 — O Messias será abandonado (Mt 27:46).

Sl 22:7-8 — O Messias será zombado (Mt 27:31).

Sl 22:16 — O Messias terá Suas mãos e pés traspassados (Mt 27:31).

Sl 22:18 — Lançarão sortes sobre suas vestes (Jo 19:23,24).

Sl 34:20 — Nenhum de Seus ossos será quebrado (Jo 19:32-36).

Sl 41:9 — O Messias será traído por um amigo (Jo 13:18).

Sl 68:18 — O Messias subirá aos Céus (At 1:9).

Sl 69:9 — Seu zelo pela casa de Deus; purificação do Templo (Jo 2:17).

Sl 69:21 — Eles lhe darão fel e vinagre para beber (Mt 27:34; Lc 23:36).

Sl 109:4 — O Messias intercederá por Seus inimigos (Lc 23:34).

Sl 110:1 — O Messias se sentará à mão direita de Deus (Hb 1:3).

Sl 110:4 — O Messias é um sacerdote segundo a ordem de Melquisedeque (Hb 5:6).

Sl 118:22 — A pedra de tropeço rejeitada torna-se a pedra angular (Mt 21:42).

Is 7:14 — O Messias nascerá de uma virgem (Lc 1:26-38).

Is 9:1 — O Messias ministrará na Galileia (Mt 4:12-16).

Is 9:6,7 — O Messias será um filho da linhagem da Davi (Lc 2:7).

Is 11:2 — O Messias será ungido pelo Espírito Santo (Mt 3:16,17).

Is 35:5-6 — O Messias realizará milagres de cura (Mt 9:35).

Is 40:3-5 — O Messias será anunciado por um precursor (João Batista — Mt 3:1-3).

Is 50:6 — O Messias será cuspido (Mt 27:30).

Is 52:14 — O Messias será espancado (Mt 27:26).

Is 53 — O Messias sofrerá morte humilhante.

Is 53:1-4 — O Messias será desprezado e rejeitado (Mt 27:20; Jo 1:10,11; 7:5,48; 12:37-43).

Is 53:4-6,11,12 — O Messias levará nosso pecado (Lc 23:33; 1Pe 2:24).

Is 53:7 — O Messias ficará em silêncio diante de Seus acusadores (Mt 27:12-14).

Is 53:9 — O Messias será sepultado no túmulo de um homem rico (Mt 27:57-60).

Is 53:12 — O Messias será crucificado com ladrões (Mt 27:38).

Is 53:12 — O Messias orará por Seus perseguidores (Lc 23:34).

Is 61:1 — O Messias pregará as boas-novas (Lc 4:14-21).

Jr 31:15 — A matança das crianças a mando de Herodes (Mt 2:16-18).

Dn 9:25 — O Messias se apresentará como Rei 173.880 dias depois do decreto para a reconstrução de Jerusalém (Mt 21:4-11).

Os 11:1 — O Messias será levado para o Egito (Mt 2:14,15).

Mq 5:2 — O Messias nascerá em Belém (Mt 2:1; Lc 2:4-7).

Zc 9:9 — O Messias entrará em Jerusalém como rei montado em um jumento (Mt 21:4-9).

Zc 11:12 — O Messias será vendido por trinta moedas de prata (Mt 26:14,15).

Zc 12:10 — Seu lado será traspassado (Jo 19:34).

Ml 3:1 — O Messias será anunciado por um precursor (João Batista – Mt 3:1-3).

Aventurando-se através da Bíblia

O livro também demonstra a paciência e a graça de Deus com a humanidade através da maneira que Ele lidou com a cidade de Nínive. Por meio do profeta Jonas, Deus disse à cidade: "Ainda quarenta dias, e Nínive será subvertida" (Jn 3:4). Ouvindo essa mensagem, toda a cidade de mais de 112 mil habitantes se arrependeu. Deus concedeu ao povo de Nínive uma segunda chance. Em Sua paciência com Jonas e com Nínive, vemos a promessa da graça, perdão e paciência de Deus.

A promessa em Miqueias

O profeta Miqueias foi contemporâneo de Isaías. Miqueias e Isaías ministraram para o Reino do Sul, Judá. Alguém chamou o livro de Miqueias de "Isaías taquigrafado". Miqueias resume muitas previsões e profecias de Isaías e até usa algumas das palavras de Isaías, o que não é surpreendente, uma vez que esses dois profetas trabalharam juntos.

A mensagem de Isaías é a promessa de um novo começo. O tema de Miqueias é a promessa do perdão de Deus. Miqueias, por sinal, é o livro favorito do Antigo Testamento de muitos ativistas sociais por causa deste versículo: "...que é o que o SENHOR pede de ti: que pratiques a justiça, e ames a misericórdia, e andes humildemente com o teu Deus" (6:8). Adlai Stevenson (político americano) citou esse versículo muitas vezes como sendo seu preferido.

Isso resume toda a exigência de Deus para a humanidade. Tudo o que Ele requer de nós é justiça, misericórdia e humildade. Mas quem pode fazer isso? Ninguém pode satisfazer o padrão de perfeição estabelecido por Deus. A mensagem de Miqueias conclui que não podemos realizar nem mesmo o mínimo

que Deus exige de nós até que tenhamos recebido o Seu perdão, até que cheguemos a um lugar de dependência dele, até que coloquemos nossa vida sob a orientação e controle de Seu Espírito. Somente a vida controlada por Deus, cheia de graça, pode satisfazer as exigências perfeitas de Miqueias 6:8.

A promessa em Miqueias é a do gracioso perdão de Deus.

A promessa em Naum

O breve livro do profeta Naum nos traz a promessa de que o caráter de Deus é imutável. Ele é justo e santo, e exige justiça e santidade. Os livros de Jonas e Naum caminham juntos porque ambos preveem a destruição de Nínive. Em Jonas, a pregação deste profeta gera o arrependimento de toda a cidade, e assim a cidade foi poupada. Cem anos mais tarde, entretanto, Naum emitiu sua profecia da destruição de Nínive, e esta foi cumprida ao pé da letra.

A mensagem combinada desses dois livros, Jonas e Naum, é que Deus é paciente, porém não muda. Pode-se confiar que Ele fará exatamente o que diz. O Senhor retira Seu julgamento sempre que as pessoas se arrependem, mas se não se arrependerem, Seu julgamento virá. Essa é a promessa no livro de Naum.

A promessa em Habacuque

Poucos cristãos estão bem familiarizados com o livro de Habacuque, contudo, esse é um livro fascinante. Em Habacuque, temos a resposta para esta eterna pergunta: "Por que Deus permite que o inocente sofra? Por que Ele permite que pessoas perversas tenham poder e riqueza enquanto as pessoas boas sofrem opressão e pobreza?" Habacuque — assim como Jó — confronta o silêncio de Deus e exige saber "Por quê?". A resposta de Deus a Habacuque provê o tema para este livro: a promessa de Deus para as respostas finais.

Esse livro foi um dos documentos fundamentais da Reforma Protestante. Contém a frase que incendiou o coração de Martinho Lutero e pôs em movimento as rodas da Reforma: "o justo viverá pela sua fé" (Hc 2:4). Esse livro é também a base temática para três grandes livros do Novo Testamento: Romanos, Gálatas e Hebreus. Em cada um desses livros, a frase "O justo viverá pela fé" é citada, e cada um coloca ênfase diferente sobre ela.

Em Romanos, a ênfase está no "justo". Em Gálatas, é sobre "viverá". Em Hebreus, é sobre "pela fé". Juntos, esses três livros ressaltam a promessa encontrada em Habacuque: se vivermos pela fé, Deus um dia nos dará as respostas que buscamos.

A promessa em Sofonias

A promessa em Sofonias, um dos livros mais curtos das Escrituras, é a da ira ciumenta de Deus. O tom do livro é sombrio e lúgubre, e fala repetidamente do "dia do Senhor". A ira de Deus é o "outro lado" de Seu amor. Como vemos em Sofonias e em outras partes das Escrituras, nosso Deus é ciumento. Isso não significa que Ele é ciumento da mesma maneira que nós, os seres humanos — isto é, cheios de suspeitas irracionais e obcecados por possuir e controlar outra pessoa. O amor de Deus por nós é perfeito, e Ele odeia qualquer coisa que prejudique Seu relacionamento conosco.

Quando dizemos: "Senhor, eu quero isso", e Ele sabe que nos será prejudicial, Deus diz: "Não, você não pode tê-lo". Isso nos soa injusto, mas é realmente o amor santo e protetor de Deus por nós.

O Senhor, às vezes, nos disciplina intervindo diretamente em nossa vida ou permitindo as consequências naturais de nossas escolhas. Nessas ocasiões, sentimos o calor da ira de Deus. Muitas pessoas dizem que não podem aceitar a ideia de um Deus de ira. Mas você não pode acreditar em um Deus de amor, a menos que acredite que Ele também possa ficar zangado. Se Deus não pode ficar zangado com coisas que ferem aqueles que ama, então Deus não pode verdadeiramente amar. A promessa em Sofonias é a promessa do amor e da ira zelosos de Deus.

A promessa em Ageu

Todos os profetas que acabamos de pesquisar escreveram seus livros antes que Israel e Judá fossem levados para o cativeiro babilônico. Os três livros seguintes — Ageu, Zacarias e Malaquias — foram escritos após o fim do cativeiro. Esses livros foram escritos quase na mesma época que Esdras e Neemias, de modo que a parte profética do Antigo Testamento termina na mesma época que a parte histórica.

A promessa de Ageu é a da bênção material. Esse livro revela a ligação entre o físico e o espiritual. Ageu foi o profeta do povo que se esqueceu de Deus. Eles tinham abandonado a construção do Templo enquanto estavam ocupados construindo suas próprias casas e se concentrando em interesses egoístas. Ageu foi enviado para lembrar-lhes de que aqueles que se comportam egoisticamente acabarão por trazer dor e destruição sobre si mesmos. Toda prosperidade material vem de Deus. Aqueles que não colocam Deus em primeiro lugar verão sua prosperidade desaparecer. A

Aventurando-se através da Bíblia

© Shutterstock

promessa de Ageu é uma promessa da provisão e abundância de Deus para aqueles que o colocam no centro de suas vidas.

A promessa em Zacarias

Às vezes, Zacarias é chamado de "o Apocalipse do Antigo Testamento". O termo Apocalipse significa revelação. O livro de Zacarias tem muitas características em comum com o livro de Apocalipse. Zacarias começa com uma visão de cavaleiros patrulhando a Terra. Termina com o espetáculo transcendente da glória vindoura de Deus na segunda vinda de Jesus Cristo. Nesse livro, encontramos a previsão literal de que os pés do Senhor se firmarão no monte das Oliveiras e que o monte será dividido pela metade e que se formará um grande vale. Esse é o lugar onde o julgamento das nações acontecerá.

Zacarias está intimamente ligado à visão de João em Apocalipse. A promessa encontrada em Zacarias é a de encorajamento e conforto de Deus nos dias de escuridão do fim dos tempos. Se o mundo parece estar se despedaçando e que Deus está prestes a ser derrotado, leia Zacarias. A vitória está logo na esquina!

A promessa em Malaquias

O último livro do Antigo Testamento é Malaquias. Seus quatro breves capítulos nos dão a promessa da luz de Deus sobre as nossas trevas. Ela revela a resposta de Deus ao fracasso e à cegueira do ser humano. À medida que o livro começa, Deus faz uma série de perguntas a Israel, e as respostas de Israel mostram uma completa falta de consciência do amor, da graça e da verdade de Deus.

Deus diz: "Eu vos tenho amado". Israel responde: "Em que nos tens amado?"; Deus diz: "Ofereceis sobre o meu altar pão imundo". Israel responde: "Em que te havemos profanado?"; Deus diz: "Roubará o homem a Deus? Todavia vós me roubais". Israel responde: "Em que te roubamos?".

Um dos Manuscritos do Mar Morto, exibido no Santuário do Livro. Museu de Israel, Jerusalém.

Este é um dos momentos mais desencorajadores de nossa vida — o momento em que reconhecemos nossa própria cegueira, desesperança e fracasso. É uma condição deprimente, uma sensação de que estamos sempre errados e incapazes de alcançar os padrões de Deus.

Malaquias é um remédio maravilhoso para essa condição porque mostra a resposta de Deus à cegueira de nosso coração. Mostra que Deus tomou a iniciativa de brilhar Sua luz sobre nossa cegueira e escuridão.

O livro termina com a visão magnífica da primeira vinda do Senhor Jesus Cristo, precedida por João Batista, e do que essa vinda significará para a raça humana. Então a visão profética salta rapidamente para a segunda vinda do Senhor: a aurora do Sol da justiça, que vem com cura em Suas asas para trazer a visão da glória de Deus para a Terra. A promessa de Jesus, de Seu poder salvífico, e Sua luz para nossa cegueira e escuridão é a promessa em Malaquias.

O que se faz com uma promessa?

A Palavra de Deus contém 3 mil promessas que são para o nosso uso diário. Quantas você já as reivindicou? A resposta a essa pergunta determinará em grande parte sua eficácia, sua satisfação e sua felicidade na vida cristã.

O que se faz com uma promessa? Bem, ou você acredita nela ou a rejeita. Não há outra alternativa.

Você pode dizer: "Não vou acreditar na promessa de Deus. Não vou rejeitá-la. Vou apenas ignorá-la". Receio que essa opção não seja válida. Se você ignorar Suas promessas, então as terá rejeitado, porque uma promessa exige um compromisso. Se você ignorar alguma coisa, virar as costas e se afastar de alguém, isso é rejeição, não é?

Ou cremos, ou rejeitamos uma promessa. Por essa razão, chamo esta parte do nosso estudo do Antigo Testamento de "As Promessas de Deus".

Portão fora da cidade velha de Jerusalém

ISAÍAS

CAPÍTULO 30

O evangelho segundo Isaías

Isaías foi o maior dos profetas e um mestre da linguagem. Se você aprecia belas cadências reverberantes e poderosas passagens literárias, você apreciará este livro.

O livro de Isaías se encontra exatamente no meio da Bíblia e é frequentemente chamado de "Bíblia em miniatura". Quantos livros a Bíblia tem? Sessenta e seis. Quantos capítulos há em Isaías? Sessenta e seis. Quantos livros há no Antigo Testamento? Trinta e nove. No Novo Testamento? Vinte e sete. O livro de Isaías é dividido exatamente da mesma maneira. A primeira parte tem trinta e nove capítulos. Há uma divisão distinta no capítulo 40, de modo que os vinte e sete capítulos restantes constituem a segunda parte desse livro.

O Novo Testamento começa com a história de João Batista, o precursor de Cristo que veio anunciar a vinda do Messias, e termina no livro de Apocalipse e na instauração de um novo Céu e de uma nova Terra. O capítulo 40 de Isaías, que começa a segunda parte do livro, contém a passagem profética que anuncia a vinda de João Batista: "Voz do que clama no deserto: Preparai o caminho do Senhor; endireitai no ermo vereda a nosso Deus" (Is 40:3).

João Batista disse que ele cumpriu essa passagem. O capítulo 66 de Isaías fala dos novos Céus e da nova Terra, que é também mencionado no livro de Apocalipse. Portanto, encontra-se aqui, em Isaías, um paralelo em miniatura de toda a Bíblia.

O livro de Isaías apresenta a revelação mais completa de Jesus Cristo que é encontrada no Antigo Testamento, razão pela qual, às vezes, ele é chamado de "o quinto evangelho" ou "o evangelho segundo Isaías". As passagens proféticas de Isaías apontam claramente para Cristo, embora tenham sido escritas sete séculos antes do Seu nascimento. Essas profecias surpreendentemente claras, que foram cumpridas de várias maneiras na vida de Jesus, o Messias, provam que a Bíblia é a Palavra de Deus divinamente inspirada.

> **OBJETIVOS DO CAPÍTULO**
>
> O objetivo deste capítulo é mostrar que as profecias surpreendentemente claras e a mensagem de salvação no livro de Isaías são compatíveis com a vida e mensagem do Senhor Jesus Cristo. Esse capítulo mostra que esse livro é verdadeiramente "o evangelho segundo Isaías".

O LIVRO DE ISAÍAS

Profecias sobre o julgamento de Deus (Isaías 1–35)

Profecias contra Judá, o Reino do Sul...1–12

    A. Judá é julgada...1

    B. O Dia do Senhor..2–4

    C. A parábola da vinha..5

    D. O chamado de Isaías como profeta...6

    E. Profecia: Israel conquistado pela Assíria..7–9

    F. Profecia: Assíria destruída por Deus..10

    G. A restauração de Israel sob o governo do Messias.............................11–12

Profecias contra os inimigos de Israel..13–23

(Babilônia, Assíria, Filístia, Moabe, Damasco, Samaria, Etiópia, Egito, Edom, Arábia e Tiro)

Profecias sobre o Dia do Senhor...24–27

    A. A tribulação...24

    B. As bênçãos do reino...25–27

Julgamento e bênção entre as nações..28–35

(Ai de Efraim, Ariel (ARC), Egito, Assíria e outras nações inimigas; o futuro rei – e o reino)

A fé — a insensatez — do rei Ezequias (Isaías 36–39)

A Assíria desafia Ezequias e seu Deus...36

Deus derruba a Assíria..37

Deus salva Ezequias de sua enfermidade...38

A insensatez de Ezequias: ele ostenta sua riqueza
para o enviado da Babilônia...39

Profecias sobre as boas-novas (Isaías 40–66)

Profecias sobre o livramento de Deus...40–48

(Observe especialmente a promessa sobre o Servo de Deus, o Messias, no capítulo 42 e a restauração de Israel nos capítulos 43–44)

Profecias sobre o Messias..49–57

Profecias sobre as glórias futuras de Israel renovada................................58–66

Gosto de retratar o livro de Isaías como o *Grand Canyon* das Escrituras: profundo, vasto, majestoso, colorido e estratificado na história. Os visitantes do *Grand Canyon* ficam sempre espantados quando ficam na beirada, olhando sobre o desfiladeiro silencioso e vendo a sinuosa linha prateada do Rio Colorado mais de um quilômetro e meio abaixo. Geralmente, ouve-se um turista exclamar: "Como pôde uma coisa tão pequena como aquele rio esculpir um enorme cânion como este?"

Há uma impressão semelhante ao se olhar para a vasta extensão do livro de Isaías. Imediatamente, podem-se sentir a grandeza e o poder de Deus. É possível sentir a insignificância da humanidade quando comparada com Seu poder e majestade. Você tem que se perguntar: "Como Isaías, um simples ser humano como eu, pôde escrever um livro como este?"

A fonte do livro de Isaías

Sabemos muito pouco sobre Isaías. Ele viveu durante os reinados de quatro reis de Judá: Uzias, Jotão, Acaz e Ezequias. Seu ministério aconteceu cerca de 740 anos antes de Cristo quando Senaqueribe, o invasor assírio, capturou as dez tribos que formavam o Reino do Norte, Israel. O reino do Sul, Judá, ficou mergulhado em idolatria até o fim do ministério de Isaías, em 687 a.C., e o povo de Judá foi levado cativo para a Babilônia em 587 a.C.

Isaías foi contemporâneo dos profetas Amós, Oseias e Miqueias. A tradição nos diz que ele foi martirizado durante o reinado de Manassés, um dos reis mais perversos do

A RETROESCAVADEIRA DE DEUS

O profeta Isaías profetizou que a mensagem de João Batista seria como uma grande retroescavadeira, construindo uma estrada no deserto para que Deus pudesse alcançar almas humanas isoladas no meio do deserto. "Todo vale será aterrado", diz Isaías, "e nivelados, todos os montes e outeiros; o que é tortuoso será retificado, e os lugares escabrosos, aplanados" (40:4). Sem uma estrada, você não pode dirigir no deserto para ajudar os perdidos que estão vagando. Assim, João Batista foi o construtor de estradas — a retroescavadeira de Deus — fazendo um caminho no deserto com a mensagem de arrependimento e perdão.

O arrependimento é o grande nivelador. Preenche os vales e os locais de depressão de nossa vida — os lugares onde nos massacramos e nos torturamos pela culpa — e os nivela. Ele também traz abaixo todos os altos picos de orgulho nos quais nos firmamos quando nos recusamos a admitir que estamos errados. O arrependimento toma os lugares tortuosos, onde mentimos e enganamos, endireitando-os e tornando planos os lugares irregulares. Não é essa uma bela imagem para descrever o papel do arrependimento em nossa vida?

Ray C. Stedman
The Servant Who Rules: Exploring the Gospel of Mark, Vol. 1
[O Servo que governa: Descobrindo o evangelho de Marcos]
(Discovery House Publishers, 2002)

Aventurando-se através da Bíblia

Antigo Testamento (até a conversão de Manassés em 2Cr 33:11-13). Segundo essa tradição, Isaías se escondeu em uma árvore oca para escapar de Manassés. Os soldados do rei, sabendo que ele estava naquela árvore, serraram-na, cortando Isaías ao meio. Alguns estudiosos creem que a referência em Hebreus a heróis da fé que foram "serrados em dois" inclui o profeta Isaías (veja Hb 11:37).

Isaías é o autor humano desse livro, e é incrível pensar que uma pessoa possa escrever em linguagem tão bela e revelar percepções tão tremendas como essas. Mas, da mesma maneira que quando os visitantes do *Grand Canyon* descem a longa trilha até o Rio Colorado e não ficam mais surpresos com o fato de que um rio possa esculpir um cânion tão grande — pois podem ouvir a força da corrente e sentir o poder do rio —, assim é o livro de Isaías. Aqui está um homem conduzido por uma força incrível, declarando profecias magníficas à medida que é movido pelo poderoso Espírito de Deus.

Como Pedro observa, as profecias do Antigo Testamento não são resultado da imaginação humana, mas da inspiração do próprio Espírito de Deus (veja 2Pe 1:20,21). Nada menos do que a inspiração divina poderia explicar a maneira que Isaías pôde falar e escrever.

Aqui está um breve esboço para ajudá-lo a captar o vislumbre do incrível panorama deste livro tão rico e profundo:

Uma visão do Senhor

Ao ler esse livro, você verá que o profeta Isaías estava procurando algo. Pedro diz que ele estava procurando a salvação que viria de Deus (veja 1Pe 1:10). É interessante, então, que o nome Isaías signifique "a salvação de Jeová".

Esse profeta viveu durante um período de estresse nacional, quando a torpe natureza do homem estava deveras evidente. No início do livro, Isaías está furioso por causa da rebeldia de sua nação. A obstinação e a desobediência de seus compatriotas israelitas vão além de sua capacidade de entender ou tolerar. Ele lamenta com raiva: "O boi conhece o seu possuidor, e o jumento, o dono da sua manjedoura; mas Israel não tem conhecimento, o meu povo não entende" (1:3).

Até um animal sabe de onde vem seu alimento, mas Israel não! Seu povo vagueia estúpida e ignorantemente. Isaías está fora de si por causa da frustração e espanto.

No capítulo 6, Deus concede a Isaías a visão de Sua incrível pureza e santidade:

No ano da morte do rei Uzias, eu vi o Senhor assentado sobre um alto e sublime trono, e as abas de suas vestes enchiam o templo. Serafins estavam por cima dele; cada um tinha seis asas: com duas cobria o rosto, com duas cobria os seus pés e com duas voava. E clamavam uns para os outros, dizendo: "Santo, santo, santo é o Senhor dos Exércitos; toda a terra está cheia da sua glória" (6:1-3).

É significativo que essa visão ocorra no ano da morte do rei Uzias, quando o trono estava vazio, porque, nela, Isaías vê o trono jamais desocupado. À medida que a leitura avança, descobre-se que Deus tem poder para abalar os fundamentos da Terra. Ele é o Deus poderoso, falando como trovão e movendo-se com força. Em Sua presença, Isaías responde:

374   *As promessas de Deus*

"Ai de mim! Estou perdido! Porque sou homem de lábios impuros, habito no meio de um povo de impuros lábios, e os meus olhos viram o Rei, o SENHOR dos Exércitos!" (6:5).

Isaías se pergunta como um ser humano pecador pode ficar na presença de tão justa Perfeição. Onde há salvação para um homem de lábios impuros que vem de um povo de impuros lábios?

No capítulo 40, o profeta retorna à questão do desamparo e da indignidade dos seres humanos pecaminosos na presença do Deus Todo-Poderoso. Em uma passagem profética que indica a vinda de João Batista, o precursor do Messias, Isaías escreve:

Uma voz diz: Clama; e alguém pergunta: Que hei de clamar? Toda a carne é erva, e toda a sua glória, como a flor da erva; seca-se a erva, e caem as flores, soprando nelas o hálito do SENHOR.
Na verdade, o povo é erva; seca-se a erva, e cai a sua flor, mas a palavra de nosso Deus permanece eternamente (40:6-8).

Nós, seres humanos, somos como a erva. Isaías vê que a raça humana é impotente, temporária e desamparada, tropeçando em direção ao esquecimento. Porém, ele logo descobre, que isso não é o fim da história.

Entrelaçada em todo o livro está a revelação crescente do amor de Deus, da salvação de Jeová, expressa na Pessoa que há de vir: o Messias, o Servo de Deus. Inicialmente, a imagem do Messias é escura e sombria, mas gradualmente se torna mais brilhante, mais clara e mais detalhada até que, em Isaías 52 e 53, a figura de Cristo salta para fora da página e preenche todo o espaço.

A imagem que Isaías faz do Messias não é o que nós, em nossa limitada imaginação humana, esperaríamos. Em Isaías 52:13, vemos que ele "será exaltado e elevado", entretanto, no versículo seguinte, vemos também que "o seu aspecto estava mui desfigurado, mais do que o de outro qualquer, e a sua aparência, mais do que a dos outros filhos dos homens". Os judeus pré-cristãos devem ter ficado intrigados com essas aparentes contradições.

Como o Servo exaltado de Deus ficou tão terrivelmente desfigurado? Por que Ele "era desprezado e o mais rejeitado entre os homens; homem de dores e que sabe o que é padecer" (53:3)? Por que Ele foi "traspassado pelas nossas transgressões [...] moído pelas nossas iniquidades" (53:5)? Por que Ele foi "oprimido e humilhado, mas não abriu a boca" (53:7)? E por que Ele foi "cortado da terra dos viventes [...] ferido [...] designaram-lhe a sepultura com os perversos, mas com o rico esteve na sua morte, posto que nunca fez injustiça, nem dolo algum se achou em sua boca" (53:8,9)?

Os antigos estudiosos judeus devem ter ficado confusos em contemplar esta imagem do Messias: não um Messias radiante vindo em força e poder, mas um Messias que "derramou a sua alma na morte; foi contado com os transgressores", que "levou sobre si o pecado de muitos e pelos transgressores intercedeu" (Is 53:12). Nessa imagem aparentemente contraditória (mas divinamente inspirada), o profeta Isaías viu como o amor de Deus prevaleceria sobre a força da rebeldia humana e nos alcançaria em nossa desesperança e necessidade.

Aventurando-se através da Bíblia

O "Apocalipse" de Isaías

Em última análise, o profeta Isaías observa além dos séculos escuros ainda por vir e vê a aurora do dia da justiça, quando a glória de Deus encherá a Terra. Isaías 61 anuncia o ano do favor do Senhor, quando Jesus é ungido pelo Espírito do Soberano Senhor para "pregar boas-novas aos quebrantados [...] curar os quebrantados de coração, a proclamar libertação aos cativos e a pôr em liberdade os algemados" (61:1).

O capítulo 62 proclama um novo nome e uma nova paz e prosperidade para Sião, o povo redimido e santo do Senhor. Os capítulos 63 a 66 anunciam o dia de vingança e redenção do Senhor, Seu dom de salvação, julgamento e esperança. Também no capítulo 65, vemos uma imagem do novo Céu e nova Terra que também é vista por João no livro de Apocalipse. Então esta profecia de Isaías será cumprida:

Ele julgará entre os povos e corrigirá muitas nações; estas converterão as suas espadas em relhas de arados e suas lanças, em podadeiras; uma nação não levantará a espada contra outra nação, nem aprenderão mais a guerra (2:4).

Tanto em Isaías quanto em Apocalipse, podem ser vistas duas características opostas do Senhor Jesus — Seu grande poder e Sua grande humildade — juntas. Em Apocalipse 4:2, João nos fala de uma visão poderosa de Deus: a visão de um trono que brilha no Céu. Então ele diz: "...vi, no meio do trono, de pé, um Cordeiro como tendo sido morto" (Ap 5:6). Nesses versículos, vemos o trono e o Cordeiro, poder e humildade, um Rei e um Servo.

Vemos esses mesmos contrastes reunidos em Isaías: "...vi o Senhor assentado sobre um alto e sublime trono" (6:1). Então, em Isaías 53:7, vemos o Servo — que também é o Senhor! — "oprimido e humilhado" e "como cordeiro foi levado ao matadouro".

Este é o plano de Deus. Ele não resolve o problema do pecado na Terra da maneira que você e eu provavelmente faríamos, com guerra, queimando e flagelando a perversa raça humana da face da Terra. Em Isaías 55, vemos evidência convincente da declaração de Deus:

Porque os meus pensamentos não são os vossos pensamentos, nem os vossos caminhos, os meus caminhos, diz o SENHOR, porque, assim como os céus são mais altos do que a terra, assim são os meus caminhos mais altos do que os vossos caminhos, e os meus pensamentos, mais altos do que os vossos pensamentos (vv.8,9).

O método de Deus é eliminar a rebelião humana, não pela força, não pelo poder, mas pelo amor — um amor valioso que sofre e suporta grande dor e vergonha. Quando Deus vem à raça humana como o Servo sofredor e não como o poderoso conquistador, algo de belo acontece quando o coração humano responde, abrindo-se a Deus como as pétalas de uma flor que se abre ao Sol.

Nesse coração aberto, Deus derrama Sua vida eterna.

Os reinos da Assíria e da Babilônia

Enquanto a primeira parte do livro apresenta a ameaça do rei da Assíria, e a última descreve a ameaça do reino da Babilônia, a parte do meio

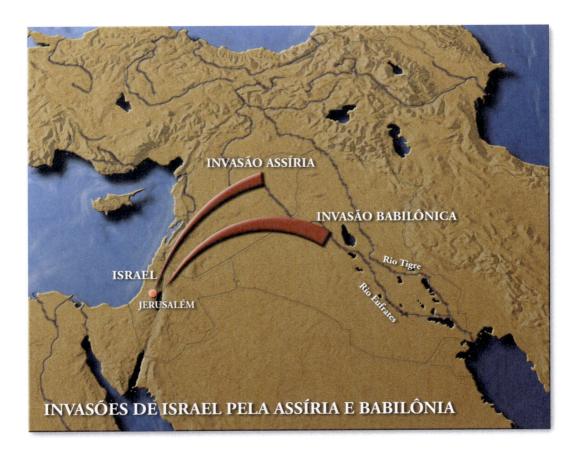

INVASÕES DE ISRAEL PELA ASSÍRIA E BABILÔNIA

do livro, os capítulos 37 a 39, registra o recheio deste sanduíche histórico. Estes capítulos podem ser entendidos como um interlúdio que une o espaço entre Assíria e Babilônia. Essas duas nações estão no mundo de hoje e estavam desde antes do tempo de Isaías. É notável como o livro de Isaías é realmente atual! Onde encontramos esses dois reinos hoje?

O rei da Assíria representa o poder e a filosofia da impiedade. "Assíria" é a arrogante afirmação humana de que não há Deus; de que podemos viver como quisermos, sem prestar contas a nenhuma autoridade moral mais elevada. "Assíria" é a alegação de que habitamos em um Universo insensato e materialista que despreocupadamente transforma a humanidade em pó insignificante; que não podemos fazer nada nesta vida a não ser desfrutar o nosso tempo até morrermos. É a filosofia de que a força resolve tudo e que o homem não precisa prestar contas a ninguém, apenas a si mesmo.

A filosofia assíria ainda é proeminente em nossos dias. É a filosofia por trás do comunismo e outros "ismos" materialistas no mundo — mas também é uma filosofia dominante na América do Norte e no restante do mundo ocidental. Marvin Olasky, editor da revista *World* [Mundo] e autor de *Fighting for Liberty and Virtue* [Lutando por liberdade e virtude], disse certa vez: "Filosofias materialistas que tratam os seres humanos como máquinas ou animais possuem um terreno elevado em nossa cultura — o ambiente acadêmico, a mídia mais poderosa e muitos de nossos tribunais".

A segunda força que vemos em Isaías é o poder da Babilônia. Nas Escrituras, Babilônia é sempre o símbolo da apostasia, do erro religioso e do engano. Novamente, essa filosofia é forte hoje. A voz a partir da qual devemos esperar orientação — a voz da própria Igreja — muitas vezes se levanta contra Deus, contra a verdade inerrante de Sua Palavra, contra a moralidade e piedade que são proclamadas nas Escrituras. Hoje, ouvimos igrejas e líderes religiosos racionalizarem falsas doutrinas, justificar e defender estilos de vida pecaminosos e consagrar pessoas ao ministério que, por sua própria declaração, envolvem-se em um comportamento que é biblicamente intolerável. Estamos vivendo nos tempos descritos em Isaías.

As características dominantes do coração humano são rebelião e abandono. Certa vez, li uma matéria de jornal contando sobre um homem que foi parado por um policial por excesso de velocidade. Quando o policial lhe entregou a multa, o homem a leu, jogou-a no policial, engatou a marcha e saiu em velocidade. O policial saltou em seu carro e perseguiu o infrator em alta velocidade. Por fim, o homem perdeu o controle do carro e saiu da estrada, matando a ele mesmo e sua filha de 6 anos que estava no carro com ele. O que o levou a fazer isso? Não era a rebeldia inata dentro do coração humano quando confrontada pela autoridade? A mesma rebelião se esconde em todos nós; esse homem apenas a levou a um extremo fatal.

As pessoas costumam me dizer em aconselhamento: "Sei o que devo fazer, mas não quero fazê-lo". Por que não? Por causa da rebeldia e da impotência. Isso se reflete no crescente desespero e futilidade que dominam tantas pessoas hoje e na aparente falta de sentido da vida. Duas vezes em Isaías, Deus oferece Sua promessa a um mundo escravizado pela rebelião e impotência — uma promessa de purificação, perdão e um novo começo.

Vinde, pois, e arrazoemos, diz o Senhor; ainda que os vossos pecados sejam como a escarlata, eles se tornarão brancos como a neve; ainda que sejam vermelhos como o carmesim, se tornarão como a lã (1:18).

E:

Ah! Todos vós, os que tendes sede, vinde às águas; e vós, os que não tendes dinheiro, vinde, comprai e comei; sim, vinde e comprai, sem dinheiro e sem preço, vinho e leite (55:1).

A mensagem de Deus para a humanidade não é condenação, mas graça e perdão. Ele nos chama: "Venham! A salvação de Jeová está disponível para todos! É de graça, sem restrições!". E quando aceitamos o evangelho segundo Isaías, descobrimos a resposta à nossa necessidade mais profunda, a cura para a rebelião e impotência em nossa vida, a vitória sobre a Assíria e a Babilônia em nosso coração e a liberdade e comunhão que Deus deseja que cada um de nós experimente com Ele.

O primeiro e o último "todos"

Alguns anos atrás, um professor de ensino bíblico da Inglaterra tinha acabado de falar numa série de encontros evangelísticos noturnos que durariam uma semana. Depois do encontro, ele saiu apressado para pegar um trem para casa. Na estação, quando estava prestes a embarcar, um homem correu até ele e pediu para lhe falar.

—Senhor, disse o estranho, eu estava na reunião esta noite e ouvi você dizer que podemos encontrar paz com Deus, mas eu não entendi tudo o que você disse. Poderia ficar e conversar comigo? Preciso de sua ajuda!

O apito soou. O trem estava para partir da estação em alguns momentos.

—Lamento, disse o professor. Este é o último trem hoje à noite, e eu não posso perdê-lo. Mas vou lhe dizer o que fazer.

Ele entregou ao homem sua Bíblia surrada e disse:

—Pegue esta Bíblia e vá para debaixo do poste mais próximo. Abra em Isaías 53:6. Incline-se e vá para o primeiro "todos", então se levante e vá para o último "todos". Então ele entrou no trem enquanto o trem começava a se afastar.

O homem parecia perplexo.

—Onde você disse...?

—Isaías 53:6, repetiu o professor, gritando mais alto que o barulho do trem.

O homem viu o trem se afastar. Então, encolhendo os ombros, levou a Bíblia até o poste mais próximo e abriu-a em Isaías 53:6. Ele se lembrou do conselho do professor: Incline-se e vá para primeiro "todos", então se levante e vá para o último "todos".

Ele leu em voz alta:

—"'Todos nós andávamos desgarrados como ovelhas; cada um se desviava pelo caminho'. Ó, esse é o primeiro 'todos'. Entendo agora. Preciso me inclinar e ir para o primeiro 'todos'. Preciso admitir que me desviei, que me afastei de Deus e segui meu próprio caminho".

Então ele leu mais adiante:

—"'...mas o SENHOR fez cair sobre ele a iniquidade de nós todos'. Ó! Agora tenho que me levantar e ir para o último 'todos'. É isso! Todo o meu pecado foi colocado sobre Ele, e eu não preciso carregar mais esse peso. Posso ficar de pé, porque Ele tirou todo o meu pecado!"

Na noite seguinte, o homem retornou ao encontro e devolveu a Bíblia ao professor.

—Aqui está a sua Bíblia, disse ele. Ontem à noite, debaixo do poste, eu me inclinei e fui para o primeiro "todos", e eu me levantei e fui para o último "todos".

Esse é o evangelho segundo Isaías, a história do evangelho do Antigo Testamento — e é o mesmo evangelho que encontramos no Novo Testamento. Se você conhece o Messias do evangelho de Isaías, você pode se levantar e ir para o último "todos".

Isaías por Antonio Balestra (séc. 18)

Aventurando-se através da Bíblia

PERGUNTAS PARA DISCUSSÃO

ISAÍAS
O evangelho segundo Isaías

1. Leia Is 1:11-18. Essa passagem ajuda a explicar por que algumas pessoas chamam este livro de "o evangelho segundo Isaías"? Por quê? Quais versículos ou frases nessa passagem apoiam sua conclusão? Como essa passagem se relaciona com a mensagem do Novo Testamento?

2. No livro de Josué, Deus ordenou a Israel que destruísse os povos e nações idólatras na terra. Leia Is 2:1-4. Como a mensagem desta passagem contrasta com os eventos do livro de Josué?

3. Leia Is. 11:1-10. Quem ou o que é o "rebento" do "tronco de Jessé"? Que evento (ou eventos) você vê descrito nesta passagem? Que coisas já aconteceram e quais ainda estão por vir?

4. Um tema que permeia Isaías é o tema do Servo sofredor. Ouvimos refrãos do cântico desse Servo em Is 42:1-4; 49:5-7; 50:4-7, e o crescendo em 52:13 até 53:12. Leia essa parte e reflita sobre estas perguntas: por que Isaías nos diz que o servo "será exaltado e elevado" (52:13)? Como Isaías descreve os sofrimentos de Jesus nessa passagem? Como descreve a exaltação e glória de Cristo nessa passagem?

5. A que Isaías se refere quando diz a respeito do Servo sofredor: "o seu aspecto estava mui desfigurado, mais do que o de outro qualquer, e a sua aparência, mais do que a dos outros filhos dos homens" (52:14)? O que significa dizer que o servo "tomou sobre si as nossas enfermidades e as nossas dores levou sobre si" (53:4)? O que significa dizer que o Servo "foi traspassado pelas nossas transgressões" e "moído pelas nossas iniquidades" (53:5)? Como o fato de o Servo ter sido traspassado e moído nos beneficia?

As promessas de Deus

APLICAÇÃO PESSOAL

6. Em Isaías 53:6, lemos:

Todos nós andávamos desgarrados como ovelhas;
cada um se desviava pelo caminho,
mas o SENHOR fez cair sobre ele
a iniquidade de nós todos.

O que significa pessoalmente para você que Deus colocou seu pecado em Jesus? Como esse fato o motiva a afastar-se do pecado e da desobediência? Como isso o motiva a reagir de maneira diferente às tentações futuras? Como esse fato o desafia a se tornar uma testemunha mais ousada para os outros?

7. Em At 8:26-39, lemos sobre o encontro entre Felipe, o evangelista, e um eunuco etíope na estrada entre Jerusalém e Gaza. Filipe encontra o eunuco, oficial do governo etíope, sentado em sua carruagem, lendo Isaías 53:

Foi levado como ovelha ao matadouro;
e, como um cordeiro mudo perante o seu tosquiador,
assim ele não abriu a boca.
Na sua humilhação, lhe negaram justiça;
quem lhe poderá descrever a geração?
Porque da terra a sua vida é tirada (At 8:32,33; cf. Is 53:7,8).

O eunuco perguntou a Filipe se ele sabia sobre quem o profeta Isaías estava escrevendo. Então, Filipe lhe contou as boas-novas sobre Jesus. Talvez Felipe também tenha lhe mostrado a passagem em Is 56:4,5, onde Deus diz: "Aos eunucos que guardam os meus sábados, escolhem aquilo que me agrada e abraçam a minha aliança [...] um nome eterno darei a cada um deles". Talvez Filipe tenha mostrado as palavras de Deus em Is 55:1: "Todos vós, os que tendes sede, vinde às águas", que podem ter inflamado o desejo do eunuco de ser batizado. O que sabemos é que o eunuco creu em Jesus e foi batizado.

Você pode pensar em maneiras de usar "o evangelho segundo Isaías" para contar aos outros sobre Jesus e levá-los a Cristo, como fez Filipe? Há alguém que o Senhor deseja que você alcance com Suas boas-novas? Que passos você pode dar esta semana para compartilhar as boas-novas com essa pessoa?

Aventurando-se através da Bíblia

Parte antiga de Jerusalém

JEREMIAS

CAPÍTULO 31

Um perfil de coragem

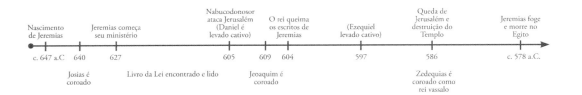

O profeta herói

Imagine por um momento que você é Jeremias, o pregador. Você vive nos últimos dias de uma nação decadente, no tempo do maléfico rei Jeoaquim. Você prega à nação e chama seu povo ao arrependimento, mas ninguém escuta. Você é ameaçado e confrontado constantemente. Você não tem esposa, nem companheiros, porque os dias são maus e Deus lhe disse para não se casar. Você se sente abandonado e sozinho. Até seus amigos se afastaram de você.

Você gostaria de desistir, mas não pode. A Palavra de Deus queima em seus ossos, e você tem que falar, independentemente das consequências. Você ama sua nação e seu povo, mas vê o desastre se aproximando. Você vê o inimigo reunindo-se na fronteira, pronto para

Durante a ocupação alemã na Dinamarca no período da Segunda Guerra Mundial, o rei Christian X demonstrou uma coragem desafiadora diante da opressão nazista. Certa manhã, o rei olhou pela janela e viu a odiada bandeira nazista flamulando sobre um prédio público em Copenhague. Ele chamou o comandante alemão e, com raiva, exigiu que a bandeira fosse removida.

Achando graça, o comandante se recusou.

—Nós, alemães, não recebemos ordens. Nós as damos, respondeu ele.

—Se você não a remover neste instante, um soldado dinamarquês vai retirá-la, disse o rei.

—Então ele será baleado, resmungou o oficial nazista.

—Atire, então, disse o rei, pois eu serei esse soldado.

Os alemães removeram a bandeira.

Esse é um perfil de coragem para defender uma causa mais elevada do que a própria vida. Há muitos perfis assim em todo o Antigo e Novo Testamentos: homens e mulheres que tomaram uma posição corajosa e valiosa a favor de Deus. Um dos mais valentes foi o profeta Jeremias.

> **OBJETIVOS DO CAPÍTULO**
>
> O objetivo deste capítulo é apresentar ao leitor uma imagem heroica do corajoso profeta Jeremias, que viveu em tempos como o nosso — momentos em que a nação estava se desintegrando devido à decadência moral e ao declínio espiritual. As lições da vida de Jeremias são relevantes e aplicáveis aos tempos em que vivemos.

conquistar sua terra e efetuar o julgamento de Deus — e você está impotente para impedi-lo. Em vez de prestar atenção às advertências da vinda da destruição, a nação se volta contra você e procura destruí-lo, o mensageiro de Deus!

Agora, talvez, você entenda o heroísmo de Jeremias. Isaías escreveu mais passagens exaltadas e viu mais claramente a vinda do Messias. Outros profetas falaram mais precisamente de eventos futuros. Porém, Jeremias se destaca como um homem de coragem heroica com uma determinação de ferro para falar a mensagem de Deus independentemente de quanto custasse.

Jeremias foi o último profeta a Judá, o Reino do Sul, enquanto a nação estava desmoronando devido à decadência moral e espiritual. Ele viveu cerca de 60 anos depois dos dias de Isaías e continuou seu ministério em Judá depois que as dez tribos do Reino do Norte haviam sido capturadas pela Assíria. O ministério profético de Jeremias começou durante o reinado do último rei bom de Judá, o menino-rei Josias, que liderou o último reavivamento de Israel antes de seu cativeiro. O reavivamento no reinado de Josias foi um tanto superficial. O profeta Hilquias havia dito a Josias que o povo o seguiria em sua tentativa de fazer a nação retornar a Deus, mas foi somente porque o povo amava o rei — não por amor verdadeiro a Deus.

O ministério de Jeremias durou desde a metade do reinado de Josias, passando pelo reinado de três meses do rei Jeoacaz, o reino miserável do maléfico rei Jeoaquim, e o reinado de três meses de Joaquim. Jeremias continuou a realizar a obra de Deus durante o reinado do último rei de Judá, Zedequias. Foi nessa época, que Nabucodonosor voltou, destruiu a cidade de Jerusalém e levou a nação para o cativeiro babilônico.

O ministério de Jeremias durou cerca de 40 anos, e, durante todo esse tempo, o profeta nunca viu qualquer sinal de que seu ministério fosse pelo menos um pouco bem-sucedido. Sua mensagem era de denúncia e reforma, e o povo não lhe obedeceu. Ele foi chamado para um ministério de fracasso, mas nunca desistiu. Apesar da frustração de 40 anos de

fracasso, ele permaneceu fiel a Deus e à sua missão. Ele nunca hesitou em seu chamado como testemunha de Deus diante de uma nação moribunda e desobediente.

Julgamento e tristeza

Dois temas permeiam o livro de Jeremias. O primeiro diz respeito ao destino da nação, que é o julgamento. O segundo se refere à tristeza de Jeremias pela desobediência de seu povo.

Primeiro, Jeremias lembra repetidas vezes ao povo que o primeiro erro deles foi o fato de não terem levado Deus a sério. Eles não prestaram atenção ao que Deus lhes havia dito. Em vez disso, fizeram o que era certo aos seus próprios olhos — não o que era certo à luz da revelação de Deus. Como lemos em 2 Crônicas 34, a nação havia se rebaixado tanto que, por muitos anos, a Lei de Moisés estava completamente perdida. Tinha sido jogada em um depósito na parte de trás do Templo e esquecida.

Décadas depois, o sacerdote Hilquias estava limpando o Templo e encontrou o livro da Lei. Ele ficou surpreso. Durante anos, a nação ficou completamente sem a Palavra de Deus, e, de repente, a Palavra foi redescoberta.

Hilquias levou o livro da Lei ao rei Josias e o leu para ele. Ouvindo as palavras da Lei, o rei rasgou suas roupas em sinal de tristeza e angústia pelos anos durante os quais a Lei tinha sido perdida. O livro foi lido para toda a nação, e uma aliança foi feita perante o Senhor para guardar Seus mandamentos (2Cr 34:29-31). A redescoberta da Palavra de Deus estimulou um grande avivamento nacional liderado por Josias. A redescoberta da Palavra de Deus é sempre o primeiro passo para o avivamento e a restauração.

É perigoso perder contato com a Palavra de Deus. Quando fechamos os olhos e os ouvidos à voz de Deus e à Sua Palavra, terminamos na perigosa estrada do fazer o que é certo aos nossos próprios olhos. Muitas pessoas, é claro, fazem o que sabem ser errado aos olhos de Deus; isso já é ruim o suficiente. Mas é igualmente perigoso julgar por nós mesmos o que é certo sem consultar a Palavra de Deus. Sem uma fonte objetiva para servir de critério, como podemos determinar corretamente o que devemos fazer?

A Bíblia é nosso verificador da realidade moral e espiritual. Sem ela, nos tornamos irrealistas e equivocados, e nosso julgamento é prejudicado. Encontramo-nos facilmente no mesmo estado de decadência e deterioração que caracterizou o povo nos dias de Jeremias.

Ao negligenciar a Palavra de Deus, o reino de Judá gradualmente adotou os valores das nações ao seu redor. Eles formaram alianças políticas e militares com nações ímpias e logo estavam adorando deuses estrangeiros. Sua idolatria e sua desobediência os levou a lutas internas, ameaças externas, justiça pervertida e separação moral. Essas eram as condições quando Jeremias chamou a nação ao arrependimento — ou julgamento.

Ao longo do livro, Jeremias emite claras e detalhadas profecias, dizendo exatamente como Deus levantaria um povo terrível e ímpio que varreria toda a terra e destruiria tudo em seu caminho. Eles seriam implacáveis, derrubando os muros da cidade e destruindo o Templo, levando embora todas as coisas que a nação valorizava e arrastando as próprias pessoas para a escravidão. Assim Deus julgaria a Israel.

Aventurando-se através da Bíblia

O LIVRO DE JEREMIAS

Deus chama Jeremias ao ministério profético (Jeremias 1)

Profecias de Jeremias contra a nação (Jeremias 2–25)

O primeiro sermão de Jeremias:
Os pecados deliberados da nação 2:1–3:5

O segundo sermão de Jeremias:
Arrependam-se ou serão julgados..3:6–6:30

O terceiro sermão de Jeremias:
A hipocrisia religiosa será julgada..7–10

O quarto sermão de Jeremias:
A nação quebra a aliança..11–12

O quinto sermão de Jeremias:
O cinto de linho e os odres de vinho...13

O sexto sermão de Jeremias:
Os horrores do julgamento 14–15

O sétimo sermão de Jeremias:
O porquê de Jeremias não se casar 16–17

O oitavo sermão de Jeremias:
O oleiro e o barro 18–20

O nono sermão de Jeremias:
Os reis maus e o futuro rei justo 21:1–23:8

O décimo sermão de Jeremias:
Julgando os falsos profetas 23:9-40

O décimo primeiro sermão de Jeremias:
Bons e maus figos 24

O décimo segundo sermão de Jeremias:
Setenta anos de cativeiro...25

Os conflitos de Jeremias (Jeremias 26–29)

Conflito com a nação de Judá...26

Conflito com os falsos profetas...27–29

As promessas de Deus

O futuro distante de Israel, Judá e Jerusalém (Jeremias 30–33)

    A restauração de Israel e Judá 30–31

    A reconstrução de Jerusalém 32

    A restauração da Aliança 33

A queda iminente de Jerusalém (Jeremias 34–45)

    Os avisos de Jeremias ao rei e ao povo 34–36

    Jeremias preso e perseguido 37–38

    A queda de Jerusalém 39–45

Profecias contra os inimigos gentios (Jeremias 46–51)

    Profecias contra o Egito, Filístia, Moabe, Amom, Edom, Damasco, Quedar, Hazor, Elão e Babilônia

A Queda de Jerusalém (Jeremias 52)

    Jerusalém é saqueada e seu povo é exilado na Babilônia

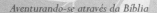

Jeremias também deixa claro que Deus não tem prazer em estabelecer o julgamento. Ele julga com o coração entristecido e em pranto. Quando Deus disciplina uma nação ou um indivíduo, Ele o faz porque Ele é o Deus de amor. Ele é um pai amoroso que instrui repetidamente Seus filhos errantes no caminho da obediência, mas que no final deve corrigi-los. Vemos Seu coração paternal triste descrito em várias passagens do livro, tal como esta:

Mas eu a mim me perguntava: como te porei entre os filhos e te darei a terra desejável, a mais formosa herança das nações? E respondi: Pai me chamarás e de mim não te desviarás (3:19).

Aqui vemos que Deus está mais ferido e triste do que enfurecido. O Senhor é gracioso e misericordioso, mas, quando pisamos em Sua misericórdia, Ele chega ao ponto em que deve nos disciplinar e dar o julgamento que estamos pedindo. É como se Ele estivesse nos dizendo: "Isso vai doer mais em mim do que em você". Todo pai amoroso diz isso aos seus filhos mais cedo ou mais tarde, porém nenhum pai jamais quis dizer isso com mais sinceridade do que Deus, o Pai.

Jeremias foi um dos maiores profetas da Bíblia, vivendo nos dias mais sombrios e mais vergonhosos da história de Israel e Judá. A nação se caracterizava pela idolatria, imoralidade, apostasia e degeneração da adoração e da fé. Por 40 anos, Jeremias proclama o julgamento de Deus contra a nação errante de Judá. Ele emite profecias que predizem eventos do futuro próximo e do futuro milênio. Jeremias vive para ver muitas de suas profecias

se tornarem realidade, incluindo a destruição de Jerusalém. Ele, mais tarde, escreverá seus sentimentos sobre essa destruição no livro de Lamentações.

Doze sermões proféticos

A maior parte do livro de Jeremias consiste em uma série de sermões proféticos. O primeiro, em Jeremias 2:1 a 3:5, lamenta os pecados deliberados de Judá. O segundo, em 3:6 até o capítulo 6, adverte do julgamento e destruição que acontecerá caso Judá não se arrependa. O terceiro, capítulos 7 a 10, expressa a própria tristeza de Jeremias sobre o pecado da nação e detalha a hipocrisia e a idolatria da nação. O quarto, capítulos 11 e 12, trata da infidelidade da nação em quebrar sua aliança com Deus.

O quinto sermão, capítulo 13, usa um cinto podre e odres de vinho para simbolizar o julgamento de Deus. O sexto, capítulos 14 e 15, descreve o julgamento vindouro de Deus em forma de seca, fome e guerra. No sétimo sermão, capítulos 16 e 17, Jeremias explica porque não se casou e que o desastre está se aproximando por causa da idolatria do povo, seu pecado e desprezo pelo *Shabbat*. Quando a sociedade está se desintegrando, diz ele, é melhor ser solteiro.

Em seu oitavo sermão, capítulos 18 a 20, Deus fala através de Jeremias, comparando Seu poder sobre Israel ao controle de um oleiro sobre o barro. Deus é onipotente, e toda a nação é como barro em Suas mãos. Ele tem o poder de fazer, desfazer e remodelar a nação judaica. Neste sermão, Deus pede a Jeremias que vá à casa do oleiro e veja o oleiro trabalhando com a roda. O profeta vê o oleiro fazendo um vaso de barro; à medida que a roda gira, o vaso estraga-se e quebra. O oleiro desfaz o vaso e pacientemente começa a moldá-lo pela segunda vez; depois disso, ele emerge em uma forma que é agradável para o oleiro.

Esta é uma de várias poderosas imagens que Jeremias, inspirado pelo Espírito de Deus, usa ao longo deste livro. O oleiro e o barro simbolizam não só o poder de Deus, mas Sua intenção amorosa e Seu desejo de gerar algo belo de uma vida destruída. Ele toma nosso quebrantamento e deformidade, o resultado de nosso pecado passado, e refaz nossa vida de acordo com a visão criativa do Seu coração de artista.

Aqui, Jeremias anuncia não apenas uma profecia fatídica de ruína e desolação, mas também da esperança e beleza dos dias vindouros em que Deus dará uma nova forma a Israel. Podemos encontrar conforto e encorajamento em perceber que a imagem do oleiro e do barro se aplica não só à nação judaica, mas também à nossa vida.

Em seu nono sermão, capítulos 21 e 23, Jeremias fala contra os reis iníquos de Israel.

DOZE SERMÕES PROFÉTICOS DE JEREMIAS

Sermão 1	Jr 2:1–3:5	Lamenta os pecados deliberados de Judá
Sermão 2	Jr 3:6-30	Julgamento vindouro e destruição que acontecerá caso Judá não se arrependa
Sermão 3	Jr 7–10	A própria tristeza de Jeremias pelo pecado da nação e detalha a hipocrisia e a idolatria da nação
Sermão 4	Jr 11–12	A infidelidade da nação em quebrar sua aliança com Deus
Sermão 5	Jr 13	Jeremias usa um cinto podre e odres para simbolizar o julgamento de Deus
Sermão 6	Jr 14–15	Julgamento vindouro em forma de seca, fome e guerra
Sermão 7	Jr 16–17	Explica porque ele não se casou e que o desastre está se aproximando por causa da idolatria do povo, seu pecado e desprezo pelo *Shabbat*
Sermão 8	Jr 18–20	Compara o poder de Deus sobre Israel ao controle de um oleiro sobre o barro; fala contra os reis maus de Israel
Sermão 9	Jr 21–22	Fala contra os reis iníquos e prediz a vinda de um Rei justo
Sermão 10	Jr 23:9-40	Ataque total contra os falsos profetas
Sermão 11	Jr 24	Contrastas os piedosos exilados na Babilônia com os maldosos líderes que ficaram para trás
Sermão 12	Jr 25	Olha para o futuro e prevê 70 longos anos de cativeiro babilônico para Judá

Aventurando-se através da Bíblia

Então ele prediz a vinda de um Rei justo, um ramo justo da árvore genealógica de Davi (23:1-8). Isto, é claro, é uma previsão do reinado justo do Rei Jesus. Por Seu reinado milenar ainda estar em nosso futuro, Jeremias está olhando para eventos que ainda não se cumpriram.

Seu décimo sermão, 23:9-40, é um ataque total contra os falsos profetas da nação. Seu décimo primeiro sermão, capítulo 24, contrasta as pessoas boas que foram exiladas na Babilônia com os líderes maus de Judá que ficaram para trás, comparando-os com figos bons e figos ruins. Em seu décimo segundo sermão, capítulo 25, Jeremias olha para o futuro e prevê 70 longos anos de cativeiro babilônico para Judá.

Mais tarde, quando estudarmos o livro de Daniel, encontraremos este profeta que viveu durante o cativeiro babilônico previsto por Jeremias. Nesse livro, Daniel lê Jeremias 25 e descobre que este havia profetizado que o cativeiro babilônico duraria exatamente 70 anos. Assim, Daniel sabia que o fim do cativeiro estava próximo e ele ansiava ver a nação restaurada.

Em Jeremias 25, o profeta olha além do tempo de cativeiro para a restauração do povo. Então seu olhar salta muito além dos eventos dos próximos setenta e tantos anos até um tempo distante, centenas e até milhares de anos à frente. Ele prevê a dispersão final de Israel quando os judeus foram expulsos da Palestina no primeiro e segundo séculos d.C. Ele também prevê a reunião final dos judeus de volta à sua terra: o restabelecimento do estado de Israel em 1948. Ele olha além de nossa própria era até os dias que marcarão o início do reinado milenar quando Israel — restaurado, abençoado e chamado por Deus

— será o centro cultural, político, econômico e espiritual do mundo.

Os doze sermões proféticos de Jeremias são seguidos, nos capítulos 26 a 29, por detalhes de vários conflitos que Jeremias experimentou: conflitos com seu próprio povo, a nação de Judá, e conflitos com os falsos profetas Hananias e Semaías. Nessa parte, vemos a ousadia e coragem de Jeremias quando ele se opõe aos líderes cívicos e religiosos de Jerusalém, profetizando a futura destruição da cidade. Este é um ato de desafio contra as autoridades humanas corruptas de Jerusalém — e sua oposição faz com que procurem matá-lo.

A nova Aliança

Nos capítulos 30 a 33, chegamos a uma incrível e bela previsão de Jeremias a respeito da futura restauração de Israel e Judá. Não só a cidade de Jerusalém será reconstruída e remodelada, mas Deus estabelecerá um novo e duradouro acordo com o povo de Israel restaurado. Em Jeremias 31, lemos:

Eis aí vêm dias, diz o SENHOR, em que firmarei nova aliança com a casa de Israel e com a casa de Judá. Não conforme a aliança que fiz com seus pais, no dia em que os tomei pela mão, para os tirar da terra do Egito; porquanto eles anularam a minha aliança, não obstante eu os haver desposado, diz o SENHOR.

Porque esta é a aliança que firmarei com a casa de Israel, depois daqueles dias, diz o SENHOR: Na mente, lhes imprimirei as minhas leis, também no coração lhas inscreverei; eu serei o seu Deus, e eles serão o meu povo (vv.31-33).

Enquanto Jeremias estava sendo perseguido, ele foi conduzido pelo Espírito de Deus a escrever essa radiante visão da futura restauração de Israel. Nessa visão, Deus promete ser o Deus deles, andar entre eles e remover os seus pecados.

O mais significativo de tudo é que essa passagem contém a grande promessa de uma nova aliança a ser feita com Israel. Essa é a mesma nova aliança falada tão poderosamente em Mateus, a que o próprio Senhor se referiu quando se reuniu com Seus discípulos na noite anterior à Sua crucificação e instituiu a Ceia do Senhor. Depois de partir o pão, que simbolizava Seu corpo partido, Ele tomou o cálice e disse: "isto é o meu sangue, o sangue da [nova] aliança, derramado em favor de muitos, para remissão de pecados" (Mt 26:28).

O cumprimento final da nova aliança ainda está no futuro distante. Deus a está cumprindo hoje entre as nações gentias através de Sua Igreja (composta de judeus e gentios cristãos). Mas o cumprimento final da nova aliança para Israel não ocorrerá até o reinado milenar de Jesus, o Messias.

No capítulo 37, o rei Zedequias, filho do bom rei Josias, é levado ao trono por Nabucodonosor da Babilônia. Ao contrário de seu pai, Zedequias temia a Deus. Embora Zedequias não se oponha ativamente a Jeremias e muitas vezes ouça suas palavras, ele é fantoche, um rei fraco e covarde que não tem vontade de enfrentar os oficiais em seu governo que perseguem ativamente o profeta.

Primeiro, Zedequias tacitamente permite Jerias, o capitão da guarda, prender Jeremias e jogá-lo em uma masmorra. Então, quando os oficiais do governo (que supostamente devem lealdade e obediência ao rei Zedequias) se aproximam do rei, pedindo que Jeremias seja morto, Zedequias concorda dizendo: "Eis que ele está nas vossas mãos; pois o rei nada pode contra vós outros" (Jr 38:5). Assim, os oficiais do governo lançam Jeremias em uma cisterna cheia de lama. Somente uma pequena quantidade de luz vem de cima, iluminando muito pouco onde Jeremias está coberto de lodo.

Quando outro oficial real chega a Zedequias e se queixa do tratamento injusto a Jeremias, o covarde rei muda novamente de atitude, enviando 30 homens para resgatar Jeremias da cisterna. O rei manda trazer Jeremias secretamente a ele para que possa questionar o profeta de Deus sobre seu próprio destino e o destino da nação. O fraco rei jura a Jeremias que manterá a conversa deles em segredo.

Os capítulos 39 a 45 contam a triste história da queda de Jerusalém pelos invasores babilônicos, exatamente como Jeremias havia profetizado. Nos capítulos 46 a 51, temos uma série de profecias contra as várias nações e cidades pagãs que se opõem a Deus e a Seu povo: Egito, Filístia, Moabe, Amom, Edom, Damasco, Quedar, Hazor, Elão e Babilônia. Nos capítulos 50 e 51, Jeremias detalha a derrota e a desolação que acabarão por tomar conta da Babilônia.

Jeremias 52 apresenta os últimos dias de Jerusalém: a captura e destruição da cidade e o exílio forçado de seu povo para a Babilônia. Assim são cumpridas as terríveis profecias de Jeremias.

Luta contra o espectro do desânimo

Ao longo do livro de Jeremias, vê-se o profeta em uma batalha constante contra o desânimo. Quem não ficaria desencorajado diante de constante perseguição e fracasso? Por 40

Aventurando-se através da Bíblia

longos anos, ele labuta e prega, mas nunca percebe nem o menor sinal de sucesso.

Podemos aprender uma grande lição através das reações honestas de Jeremias à oposição e ao fracasso. Em seu papel público como profeta de Deus, ele é tão destemido quanto um leão. Ele confronta reis, capitães e assassinos com ferocidade e ousadia. Ele os olha bem nos olhos e entrega a mensagem de Deus, sem dar atenção às suas ameaças.

Porém, sozinho, Jeremias é apenas um ser humano solitário como você e eu. Quando ora, ele derrama a mesma oração que faríamos naquela situação. Ele é honesto com relação às suas emoções de raiva, amargura, desânimo e depressão. Ele não suaviza seus sentimentos. Ele expõe tudo diante do Senhor — até mesmo sua decepção com Deus — e diz:

Por que dura a minha dor continuamente, e a minha ferida me dói e não admite cura? Serias tu para mim como ilusório ribeiro, como águas que enganam? (15:18)

Palavras fortes? Palavras honestas? Com certeza. Ele está derramando seus verdadeiros sentimentos. Ele começou a se perguntar se realmente poderia depender de Deus. Ele está perturbado pela perseguição, desprezo, solidão e desânimo, pois se sente abandonado.

Algumas pessoas diriam: "Eu sei o problema com esse homem! Jeremias desviou-se da comunhão com Deus. Sua fé está esmorecendo". Esse é um diagnóstico simplista e superficial — e é o diagnóstico errado. Jeremias está apegado a Deus enquanto luta com o Senhor. O profeta está se relacionando com o Senhor — um relacionamento

tempestuoso às vezes, mas vivo e dinâmico. De acordo com a oração de Jeremias:

Tu, ó SENHOR, o sabes; lembra-te de mim, ampara-me e vinga-me dos meus perseguidores; não me deixes ser arrebatado [...], Achadas as tuas palavras, logo as comi; as tuas palavras me foram gozo e alegria para o coração, pois pelo teu nome sou chamado, ó SENHOR, Deus dos Exércitos (15:15,16).

Esse é um homem que se alimenta da Palavra de Deus, que testemunha a verdade do Senhor, que carrega publicamente o nome de Deus, o Todo-Poderoso. Jeremias está fazendo todas as coisas que devem ser feitas em tempos de desânimo e depressão. Ele ora, medita na Palavra de Deus e testemunha aos outros sobre a verdade de Deus. Ele faz todas essas coisas, mas ainda assim se sente derrotado e desanimado. Qual é o problema?

Simplesmente isso: Jeremias esqueceu o seu chamado.

Ele esqueceu o que Deus prometeu ser para ele. Então Deus lembra a Jeremias de que Ele o chamou para ser um profeta, para falar Suas palavras. Deus não chamou Jeremias para ter sucesso. Ele não chamou Jeremias para ganhar um concurso de popularidade. Ele chamou Jeremias para ser fiel e ser Seu representante, ponto final.

Por que Jeremias deveria ficar desanimado? E daí se ele for rejeitado? E se os reis e os capitães se opuserem a ele? E se ele não for bem-sucedido aos olhos do mundo? Jeremias precisava se preocupar apenas com um padrão de sucesso: o padrão de Deus.

Jeremias, Teto da Capela Sistina, por Michelangelo (1475–1564).

Se Jeremias for fiel e obediente, se ele pregar a mensagem de Deus com ousadia e clareza, então não importa se essas palavras produzirão resultados a partir de uma perspectiva humana. Não importa se o povo se arrepender, se a nação se voltar para Deus. Os resultados pertencem a Deus. Jeremias tem somente que obedecer ao Senhor. Enquanto ele mantiver em vista o objetivo de obediência a Deus, ele será à prova de depressão. O mesmo é verdade para você e para mim.

Deus é maior do que nossas circunstâncias, nossos contratempos, nossas decepções e nossa oposição. Ele é maior do que qualquer coisa e tudo mais em nossa vida. Não importa quão deprimente possa parecer a vida, o Deus que nos chama é o mesmo grande Deus que nos sustentará. Se tirarmos o nosso olhar das nossas circunstâncias e o firmarmos em Deus, então seremos fortalecidos para nos levantar e alcançar o verdadeiro sucesso — a firme obediência a Deus.

PERGUNTAS PARA DISCUSSÃO

JEREMIAS
Um perfil de coragem

1. Jeremias foi o último profeta de Judá. A nação estava em profundo declínio moral e espiritual durante esse tempo. Você crê que os tempos de decadência social são perigosos para pessoas de ousada fé? Por quê? Como uma pessoa adquire coragem para falar a verdade de Deus em tempos hostis?

2. O autor escreve: "Ao negligenciar a Palavra de Deus, o reino de Judá gradualmente adotou os valores das nações ao seu redor. Eles formaram alianças políticas e militares com nações ímpias e logo estavam adorando deuses estrangeiros. Sua idolatria e sua desobediência os levaram a lutas internas, ameaças externas, justiça pervertida e desintegração moral".

Você vê sintomas semelhantes de declínio espiritual na sociedade ao seu redor? O que você acha que pode ser feito quando uma nação começa a se deteriorar moral e espiritualmente? Existe alguma esperança de restauração? Explique sua resposta.

3. Falando através do profeta Jeremias, Deus diz:

Mas eu a mim me perguntava:
como te porei entre os filhos e
te darei a terra desejável,
a mais formosa herança das nações?
E respondi: Pai me chamarás e
de mim não te desviarás (3:19).

Como essa passagem lhe fala sobre o amor de Deus por você? Como essas palavras tocantes do Antigo Testamento afetam a sua visão de Deus?

4. Em Jeremias 25, o profeta olha além do tempo de cativeiro para a dispersão dos judeus no primeiro século e a restauração do Estado de Israel no século 20. Como ver essas antigas profecias cumpridas afeta a sua fé? Como isso afeta sua visão das profecias que ainda estão para se cumprir?

5. Temos a tendência de pensar nos profetas bíblicos como supersantos, mas Jeremias era apenas um ser humano comum escolhido por Deus para um ministério extraordinário. Quando ele ora, derrama emoções de medo, raiva, desânimo e depressão diante do Senhor. Ele pergunta a Deus:

Por que dura a minha dor continuamente,
e a minha ferida me dói e não admite cura?
Serias tu para mim como ilusório ribeiro,
como águas que enganam? (15:19)

Jeremias duvida se ele realmente pode depender de Deus. Ele é perturbado pela perseguição e solidão, e se sente abandonado. No entanto, Jeremias é também um homem que se alimenta da Palavra de Deus, para que possa orar:

Tu, ó Senhor, o sabes;
lembra-te de mim, ampara-me
e vinga-me dos meus perseguidores;
não me deixes ser arrebatado,
Achadas as tuas palavras, logo as comi;
as tuas palavras me foram gozo e alegria para o coração,
pois pelo teu nome sou chamado,
ó Senhor, Deus dos Exércitos (15:15,16).

Saber que esse profeta trovejante de Deus foi afligido com dúvida, medo e depressão, assim como você o é, afeta sua fé? Saber que a solução é "comer" a Palavra de Deus e se apropriar dela o leva à ação?

APLICAÇÃO PESSOAL

6. O autor nos diz: "Jeremias lembra repetidamente ao povo que o primeiro erro deles foi o fato de não terem levado Deus a sério. Eles não prestaram atenção ao que Deus lhes havia dito... A redescoberta da Palavra de Deus é sempre o primeiro passo para o avivamento e a restauração". Você já experimentou esse princípio em sua vida pessoal, ou em sua família ou igreja? Você já redescobriu a Palavra de Deus, depois descobriu a alegria do avivamento e da restauração? Descreva sua experiência.

Aventurando-se através da Bíblia

7. Em Jeremias 18 a 20, Deus fala através do profeta, comparando Seu relacionamento com Israel ao relacionamento de um oleiro com o barro. Deus diz a Jeremias para observar o oleiro trabalhando na roda. Jeremias vê o oleiro fazendo um vaso de barro — o pote inacabado é desfeito e quebrado, então o oleiro junta o barro e começa a remodelá-lo para formar um belo e útil vaso.

Você já se sentiu como barro no torno de Deus? Em que área de sua vida você está no processo de se tornar um belo vaso a Seu serviço? Você é um punhado de barro disforme prestes a ser modelado? Deus o está girando na roda e começando a modelá-lo? Ele teve que amassá-lo novamente e remodelá-lo? Você ainda está sendo remodelado? Você emergiu como um vaso remodelado e belo, apto para o Seu serviço? Explique sua resposta com exemplos de sua vida.

LAMENTAÇÕES

CAPÍTULO 32

A terapia de Deus

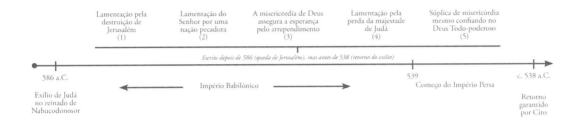

Bart Ehrman é um dos principais estudiosos da Bíblia nos Estados Unidos. E ele é não é cristão. Ele costumava se considerar um "cristão nascido de novo", mas, como escreve em seu livro *God's Problem* [O Problema de Deus], ele chegou a um ponto em que se sentiu compelido a deixar a fé cristã. Ele explica:

> Eu não a deixei facilmente. Pelo contrário, deixei chutando e gritando, querendo desesperadamente manter a fé que eu conhecia desde a infância e tinha chegado a conhecer intimamente desde os meus anos de adolescência. Mas cheguei a um ponto em que não podia mais crer. É uma história muito longa, mas a versão curta é esta: percebi que não podia mais conciliar as alegações de fé com os fatos da vida... O problema do sofrimento tornou-se para mim o problema da fé...
>
> Se Deus tem todo o poder, então Ele é capaz de fazer o que quiser (e pode, portanto, remover o sofrimento). Se Ele é todo amor, então obviamente quer o melhor para as pessoas (e, portanto, não quer que elas sofram). E mesmo assim as pessoas sofrem. Como isso pode ser explicado? [EHRMAN, Bart D. *God's Problem* (New York: HarperCollins, 2008), 3, 8.]

Confrontado com o problema do mal e do sofrimento, Bart Ehrman chegou à conclusão de que o cristão deve deixar sua fé e tornar-se um incrédulo. Há alguma outra solução para o problema do mal? Jeremias, no livro de Lamentações, nos indica outra solução — a solução que está enraizada e é consistente com a nossa fé no Deus amoroso e poderoso.

As lamentações de Jeremias... e de Jesus

O nome completo deste livro é *As Lamentações de Jeremias*. É o segundo de dois livros de Jeremias, contendo as reflexões cheias de lágrimas do profeta sobre a cidade de Jerusalém

> **OBJETIVOS DO CAPÍTULO**
>
> Este capítulo explora as lamentações de Jeremias, revelando que é possível agarrar-se à graça de Deus, Sua bondade e fidelidade mesmo em meio a uma tragédia entorpecedora.

após a sua destruição por Nabucodonosor da Babilônia. Na Septuaginta (a tradução grega do hebraico original), há um breve registro que afirma que Jeremias pronunciou estas lamentações enquanto estava sentado na encosta da colina com vista para a cidade desolada.

À medida que você lê o livro de Lamentações, tem uma forte impressão do prenúncio do Senhor Jesus quando Ele chorou, séculos mais tarde, sobre a mesma cidade. Na última semana de Jesus, antes de ir para a cruz, Ele foi ao monte das Oliveiras e olhou para a cidade. Com lágrimas escorrendo por Seu rosto, Ele exclamou:

Jerusalém, Jerusalém, que matas os profetas e apedrejas os que te foram enviados! Quantas vezes quis eu reunir os teus filhos, como a galinha ajunta os seus pintinhos debaixo das asas, e vós não o quisestes! (Mt 23:37)

A mesma cidade que rejeitou o profeta Jeremias e a mensagem de Deus que ele pregou também rejeitou Jesus Cristo, o Verbo encarnado, cerca de seis séculos mais tarde. O povo de Jerusalém não sabia a hora da Sua visita, por isso, voltaram as costas para o seu Messias e libertador.

Vemos outros paralelos entre as lamentações de Jeremias e o ministério do Senhor Jesus em passagens como:

Lm 1:12 — "Não vos comove isto, a todos vós que passais pelo caminho? Considerai e vede se há dor igual à minha, que veio sobre mim". Essas palavras sugerem o sofrimento da cruz e a indiferença daqueles que observavam o Senhor morrer.

Lm 2:15 — "Todos os que passam pelo caminho batem palmas, assobiam e meneiam a cabeça". Isso recorda a zombaria da multidão aos pés da cruz.

Lm 3:14,15 — "Fui feito objeto de escárnio para todo o meu povo e a sua canção, todo o dia. Fartou-me de amarguras, saciou-me de absinto." Isso sugere a zombaria e a amargura da crucificação, quando os soldados ofereceram a Jesus vinho misturado com fel. Na Bíblia, "fel" é usado para se referir tanto a uma planta amarga quanto ao veneno de cobras (veja Dt 29:18; Jó 20:14; Sl 69:21).

Lm 3:30 — "Dê a face ao que o fere." Isso nos lembra de quando Jesus foi levado a Pilatos para ser julgado e foi agredido pelos soldados.

Portanto, esse pequeno livro capta a tristeza e agonia do Senhor. Jesus foi, de acordo com Isaías 53:3, "homem de dores e que sabe o que é padecer". Essas dores e sofrimentos ecoam aqui no livro de Lamentações.

Uma estrutura intrigante

Há vinte e duas letras no alfabeto hebraico, começando com *alef*, o equivalente ao nosso a, e terminando com *tau*, o equivalente ao nosso t (A letra z, por sinal, está perto do meio do alfabeto hebraico). Lamentações está escrito em uma estrutura poética chamada de acróstico, uma composição na qual as letras iniciais das linhas, quando lidas verticalmente, formam uma palavra, uma frase ou (como neste caso) um alfabeto.

Jeremias usou a forma acróstica para listar, em ordem, as letras do alfabeto hebraico. O

O LIVRO DE LAMENTAÇÕES

A destruição de Jerusalém (Lamentações 1)

A lamentação do profeta Jeremias 1:1-11

A lamentação da cidade subjugada 1:12-22

A ira de Deus (Lamentações 2)

A ira de Deus 2:1-9

A tristeza da cidade subjugada 2:10-22

Jeremias procura a misericórdia de Deus (Lamentações 3)

A tristeza de Jeremias 3:1-21

A bondade do Senhor 3:22-39

Jeremias clama a Deus 3:40-66

O horrível fim de Jerusalém (Lamentações 4)

Os horrores da cidade sitiada 4:1-10

Os pecados e castigo da cidade 4:11-22

Jeremias ora por restauração nacional (Lamentações 5)

A tristeza e o arrependimento da nação 5:1-18

Deus reina para sempre; a súplica de Jeremias:
"converte-nos a ti" 5:19-22

Aventurando-se através da Bíblia

acróstico é formado nos capítulos 1, 2 e 4: cada capítulo consiste em vinte e dois versículos, e cada versículo começa com uma das vinte e duas letras do alfabeto hebraico.

O capítulo 3 foge ao padrão, consistindo em 66 versículos em tríades. Cada versículo de uma tríade começa com a mesma letra do alfabeto, de modo que há 22 grupos de três: os versículos 1 a 3 começam *alef, alef, alef;* versículos 4 a 6 começam *bêt, bêt, bêt;* depois *guímel, guímel, guímel;* e assim por diante até *tau, tau, tau.* O capítulo 5 não segue esse plano acróstico, embora tenha 22 versículos.

Esses capítulos foram escritos com muito cuidado, de acordo com as regras da poesia hebraica. Esta é, certamente, uma estrutura intrigante, mas o interesse real desse livro está no seu conteúdo.

Um hino de lamento

Esse é o tipo de livro que você pode ler quando a tristeza entrar em sua vida, como acontece com todos nós de vez em quando. Enquanto Jeremias estava olhando para Jerusalém, viu sua desolação e lembrou-se da terrível batalha sangrenta em que Nabucodonosor havia capturado e devastado a cidade, destruído o Templo e assassinado os habitantes.

Lamentações é um estudo de tristeza, um hino de lamento. Cada capítulo trata de um aspecto particular desse sentimento. O capítulo 1 descreve as profundezas do pesar, da solidão e da desolação do espírito que a tristeza causa no coração humano. O povo foi derrotado e levado ao cativeiro; a cidade foi incendiada e totalmente destruída. Jeremias escreve:

Por estas coisas, choro eu; os meus olhos,
os meus olhos se desfazem em águas;

porque se afastou de mim o consolador
que devia restaurar as minhas forças;
os meus filhos estão desolados, porque
prevaleceu o inimigo (1:16).

O capítulo 2 descreve o rigor do julgamento. Tudo foi destruído, nada foi deixado. O começo desse capítulo descreve a maneira que os exércitos de Nabucodonosor devastaram completamente a cidade. Jeremias, porém, não atribui essa destruição aos exércitos de Nabucodonosor, mas ao Senhor. O exército babilônico foi apenas uma ferramenta na mão do Todo-Poderoso.

No capítulo 3, um longo capítulo de 66 versículos, o profeta fala de sua própria reação, sua dor pessoal enquanto contempla uma cena de completa devastação. Ele escreve:

Eu sou o homem que viu a aflição pela
vara do furor de Deus. Ele me levou e me
fez andar em trevas e não na luz. Deveras
ele volveu contra mim a mão, de contínuo,
todo o dia. Fez envelhecer a minha carne
e a minha pele, despedaçou os meus
ossos. Edificou contra mim e me cercou de
veneno e de dor. Fez-me habitar em lugares
tenebrosos, como os que estão mortos para
sempre (3:1-6).

No capítulo 4, vemos a chocante incredulidade do profeta ao recordar tudo o que aconteceu. Qualquer pessoa que tenha passado por uma perda traumática e trágica conhece esses sentimentos. Primeiro, há uma sensação de completa desolação. Então vem uma profunda dor pessoal. À medida que a dor aprofunda-se, a mente recua em descrença e negação: "Isso não pode estar acontecendo!".

As promessas de Deus

Esse é o sentido que o profeta transmite nestas palavras:

> *Os nobres filhos de Sião, comparáveis a puro ouro, como são agora reputados por objetos de barro, obra das mãos de oleiro! Os que se alimentavam de comidas finas desfalecem nas ruas; os que se criaram entre escarlata se apegam aos monturos. Porque maior é a maldade da filha do meu povo do que o pecado de Sodoma, que foi subvertida como num momento, sem o emprego de mãos nenhumas [...] As mãos das mulheres outrora compassivas cozeram seus próprios filhos; estes lhes serviram de alimento na destruição da filha do meu povo [...] Não creram os reis da terra, nem todos os moradores do mundo, que entrasse o adversário e o inimigo pelas portas de Jerusalém. Foi por causa dos pecados dos seus profetas, das maldades dos seus sacerdotes que se derramou no meio dela o sangue dos justos* (4:2,5,6,10,12,13).

No capítulo 5, vemos a completa humilhação do juízo, a vergonhosa percepção de que o povo de Jeremias foi completamente desonrado. "Caiu a coroa da nossa cabeça", ele lamenta no versículo 16, "...ai de nós, porque pecamos!".

As lições da tristeza

Em meio a toda essa desolação e depressão, algo de bom emerge. Cada capítulo revela uma percepção crucial, uma lição que Deus quer nos ensinar para os nossos momentos de dor, perda e tristeza. Ao longo do livro, aprendemos que Deus usa nossa dor e sofrimento para nos ensinar lições de vida e nos tornar mais maduros e semelhantes a Cristo.

Como o apóstolo Paulo escreve, podemos nos gloriar "...nas próprias tribulações, sabendo que a tribulação produz perseverança; e a perseverança, experiência; e a experiência, esperança" (Rm 5:3,4).

E em Hebreus 5:8 lemos sobre o Senhor Jesus: "embora sendo Filho, aprendeu a obediência pelas coisas que sofreu". É difícil compreendermos que Jesus, que é Deus, teve que aprender a obediência. Isso não significa, naturalmente, que Cristo tenha sido uma vez desobediente. Em vez disso, o escritor de Hebreus está dizendo que Ele aprendeu o que os seres humanos experimentam, o que sofremos e como é difícil reagirmos ao nosso sofrimento em obediência a Deus. Estes são aspectos da nossa humanidade que só podem ser aprendidos através da experiência humana de sofrimento e tristeza.

Filipenses 2:7 nos diz que Jesus se esvaziou do poder e dos direitos de ser plenamente Deus para se identificar conosco. Então Ele sofreu. E se Jesus, o Senhor da criação, não se eximiu de sofrer, por que deveríamos esperar sermos isentos de sofrimento?

Cada capítulo de Lamentações revela um aspecto particular da tristeza, uma lição específica da graça de Deus para os nossos tempos de provação. Esse livro foi planejado para nos ensinar a terapia de Deus durante os momentos de sofrimento e dor.

Lição 1: O julgamento de Deus é infalível e inquestionável

O capítulo 1 concentra-se no sentido de desolação e abandono no espírito que sentimos quando sofremos. Enquanto Jeremias olha para as ruínas de Jerusalém, ele percebe, de repente, que a devastação é um sinal de que Deus está certo e que Seu julgamento é infalível e inquestionável. Assim, no versículo 18, Jeremias escreve: "Justo é o Senhor, pois me rebelei contra a sua palavra". Essa é a lição do capítulo 1.

A maioria de nós tem o hábito de culpar Deus, direta ou indiretamente, por tudo o que nos acontece. Nossa atitude é: "Faço o meu melhor. Tento o melhor que eu posso, e mesmo assim essas coisas acontecem. Não é justo, e já que Deus é o responsável pela justiça, então deve ser Sua culpa que coisas injustas aconteçam comigo".

Mas, Deus é injusto? O apóstolo Paulo declara a verdade sobre o assunto: "...Seja Deus verdadeiro, e mentiroso, todo homem..." (Rm 3:4). Para Deus, é impossível Ele estar errado. Para os seres humanos, é impossível eles serem mais justos do que Deus, porque nosso próprio senso de justiça é derivado dele. Se não fosse por Deus, nem saberíamos o que é justiça. Para os seres humanos, é impossível serem mais compassivos do que Deus, pois nossos sentimentos de compaixão também vêm dele. Não podemos julgar a Deus.

Lição 2: Deus é fiel às Suas promessas

No capítulo 2, Jeremias ganha mais percepção dessa verdade. Ele vê como Deus usou os exércitos de Nabucodonosor para destruir Jerusalém. Isso é mera crueldade da parte de Deus? Não! Jeremias percebe que esta é a fidelidade de Deus à Sua própria palavra: "Fez o Senhor o que intentou; cumpriu a ameaça que pronunciou" (2:17). Se Deus diz que fará algo, Ele o fará.

Quatrocentos anos antes, em Deuteronômio, Deus havia prometido que, se Seu povo o amasse e seguisse, Ele abriria as janelas do Céu e derramaria bênçãos. Se, entretanto, Seu povo o abandonasse e ignorasse os profetas que Ele lhes enviasse, a destruição viria. Deus foi paciente e deu ao povo todas as oportunidades para se arrependerem. Mas, em última análise, Deus foi fiel à Sua palavra.

Vemos evidências da fidelidade de Deus à Sua palavra na duração do cativeiro babilônico — setenta anos. Essa é a duração do cativeiro que Jeremias profetizou em Jr 25:11, e esse foi exatamente o tempo que durou. O que há de especial com o número setenta? Apenas isso: na Lei que Deus deu a Israel por intermédio de Moisés, Ele exigiu que a nação permitisse que a terra descansasse a cada sete anos. Eles não deveriam arar ou usar o solo. Deveriam deixá-lo descansar, um princípio prático de agricultura e de conservação. Durante o sexto ano, o Senhor os abençoaria com uma superabundância de colheitas para que tivessem comida suficiente para sustentá-los durante o sétimo ano.

Mas Israel nunca obedeceu a essa ordem. Eles continuaram a usar a terra desde o momento em que entraram nela. Em certo sentido, roubaram a Deus 70 anos de descanso para a terra. Eles a usaram continuamente por 490 anos, então Deus os enviou para fora da terra e permitiu que a terra descansasse por 70 anos.

Deus é fiel às Suas promessas. Muitas pessoas acreditam que Deus é tão amoroso, tão terno e tão indulgente que Ele cede com a mínima pressão. Por isso, Ele não vai realmente fazer o que diz. Ele não julgará o pecado. Ele não vai realmente nos responsabilizar por nada.

Esses equívocos sobre Deus foram eternamente postos de lado por um dos maiores versículos na Bíblia: "Aquele que não poupou o seu próprio Filho, antes, por todos nós o entregou…" (Rm 8:32). Pense nisso: Deus não poupou Seu próprio Filho. Isso é o quão inabalável Ele é em manter Sua palavra.

No entanto, esse versículo termina em glória: "…porventura, não nos dará graciosamente com ele todas as coisas?". Um lado dessa promessa é tão verdadeiro quanto o outro. Jeremias aprendeu que Deus é fiel pelo rigor do juízo.

Lição 3: O julgamento de Deus é uma obra de amor

No capítulo 3, onde lemos sobre a dor pessoal de Jeremias, chegamos a uma passagem tremenda. No meio de uma longa recitação sobre sua própria dor e horror, o profeta declara:

As misericórdias do SENHOR são a causa de não sermos consumidos, porque as suas misericórdias não têm fim; renovam-se cada manhã. Grande é a tua fidelidade. A minha porção é o SENHOR, diz a minha alma; portanto, esperarei nele. Bom é o SENHOR para os que esperam por ele, para a alma que o busca… porque não aflige, nem entristece de bom grado os filhos dos homens (3:22-25,33).

Essa é uma das mais belas passagens da Bíblia. Em meio aos horrores do julgamento que as pessoas trouxeram sobre si e suas obras, essa passagem revela a compaixão do coração de Deus. O juízo, como diz Isaías, é a obra "estranha" de Deus: "Porque o SENHOR se levantará, como no monte Perazim, e se

irará, como no vale de Gibeão, para realizar a sua obra, a sua obra estranha, e para executar o seu ato, o seu ato inaudito" (Is 28:21). Deus não gosta de impor juízo. Ele não aflige ou entristece voluntariamente os filhos dos homens. Suas misericórdias se renovam todas as manhãs.

Em sua própria dor, Jeremias se lembra de que, por trás de toda a desolação de Jerusalém, está uma obra de amor. Deus destruiu Jerusalém porque ela estava andando no caminho errado. Ele a destruiu para que Ele mais tarde pudesse restaurá-la e reconstruí-la em alegria, paz e bênção.

O Senhor não nos rejeita para sempre. Ele julga, e Seu julgamento é penoso e doloroso. Mas por todo lado, e acima de tudo, está o grande amor e compaixão de Deus.

Lição 4: A disciplina de Deus nunca é severa demais

No final do capítulo 4, o profeta diz:

O castigo da tua maldade está consumado, ó filha de Sião; o SENHOR nunca mais te levará para o exílio; a tua maldade, ó filha de Edom, descobrirá os teus pecados (4:22).

A filha de Sião é Israel. A filha de Edom refere-se ao país que faz fronteira com Israel e que sempre foi um espinho na carne de Israel. Os edomitas tinham parentesco com os israelitas. Eram filhos de Esaú, que é sempre um símbolo da carne.

Na verdade, o profeta está dizendo: "Deus estabelecerá um limite para o castigo dos Seus. Ele nunca os leva para muito longe. Ele nunca os disciplina com excessiva dureza. Há um limite para o castigo que Ele impõe, e Ele

Aventurando-se através da Bíblia

403

não prolongará essa punição mais do que for necessário. Mas tenha certeza disto: Ele vai expor e punir o pecado".

Lição 5: Deus não está limitado pelo tempo

Lamentações 5 nos traz outra percepção:

Tu, Senhor, reinas eternamente, o teu trono subsiste de geração em geração (5:19).

Jeremias descobre que, embora os seres humanos possam perecer em tristeza, Deus permanece. E porque Deus permanece, Seus grandes propósitos e obras permanecem. Deus nunca faz nada temporariamente. Tudo o que Ele faz permanece para sempre. Jeremias vê que o que Deus lhe ensinou em seu sofrimento terá um uso prático. Mesmo que ele morresse em meio a sua dor, os propósitos de Deus permaneceriam. Deus está simplesmente se preparando para uma obra ainda por vir, centenas e milhares de anos no futuro.

Deus não está limitado pelo tempo. Ele é eterno. Seu trono e Sua autoridade permanecem por todas as gerações. Em termos práticos, o profeta percebe que, depois de passar por esse tempo de dor, terá aprendido uma verdade sobre Deus que não poderia ter aprendido de outra maneira. Ele está pronto para qualquer coisa. E no grande propósito de Deus, haverá uma oportunidade de usar essa força.

Penso muitas vezes nas palavras de nosso Senhor registradas em Lucas 14, quando Ele conta a Seus discípulos duas parábolas sobre calcular o custo. Uma envolveu a construção de uma torre: quem começaria um projeto de construção tão grande sem antes se sentar e calcular o custo para se certificar de que o trabalho, uma vez iniciado, poderia ser concluído?

Em outra parábola, Ele fala de um rei que saiu para lutar com um exército de 10 mil e encontrou um rei adversário vindo contra ele com um exército de 20 mil. Jesus disse: "não se assenta primeiro para calcular se com dez mil homens poderá enfrentar o que vem contra ele com vinte mil? Caso contrário [...] envia-lhe uma embaixada, pedindo condições de paz" (Lc 14:31,32).

Normalmente interpretamos isso com o significado de que, antes de escolhermos nos tornar cristãos, devemos pensar bem nisso e calcular o custo. Mas isso não é o que o

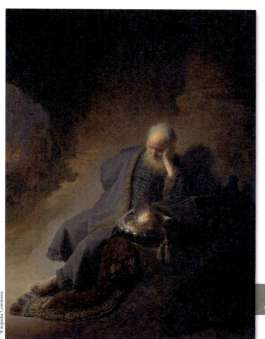

Jeremias lamentando a destruição de Jerusalém (1629), por Rembrandt

404 *As promessas de Deus*

Senhor está dizendo. Ele está dizendo: "Eu, o Senhor, calculei o custo. Não começo a construir, nem vou para a batalha, sem ter certeza de que tenho o que é preciso para terminar o trabalho".

Nesta vida, estamos engajados em uma grande batalha cósmica. Deus desembarcou Suas tropas em uma cabeça de ponte [N.E.: Área à beira mar controlada pelo inimigo, preparada para posteriores desembarques de suas tropas] chamada Terra. Você e eu, e todos os demais em Sua Igreja, estamos acampados diante das portas do inferno. Estamos levando a cabo o Seu ataque contra a fortaleza de Satanás, e Deus prometeu que as portas da fortaleza de Satanás não prevalecerão contra nós, Sua Igreja.

Se Ele nos envia contra um inimigo tão grande — um inimigo de inteligência e impiedade desumanas — Ele deve ter certeza de que nós que o seguimos somos soldados nos quais Ele pode confiar. Ele quer guerreiros que possam resistir a provações e dificuldades, que não esmorecerão nem se dobrarão no calor da batalha. Ele calculou o custo dessa guerra cósmica e Ele nos dimensionou; agora, estamos passando por Seu campo de treinamento, aprendendo as lições para nos preparar para o conflito que está por vir.

Quando aprendermos as lições da tristeza, quando formos encorajados e fortalecidos pela terapia da angústia, quando aprendermos a nos fortalecer através da aflição e desolação de espírito, então nos tornaremos soldados em quem Ele pode confiar. Nada pode nos derrubar. Somos invencíveis na batalha pelo controle e ocupação do Universo.

O que está por vir para você e para mim? Que batalhas Ele está planejando agora em sua sala de guerra celestial? Deus não está nos preparando agora mesmo para fazer um trabalho mais poderoso no futuro? Ele não está nos preparando para continuar um conflito que se estenderá até os confins do nosso vasto Universo? Claro que está. Ele nunca cria nada a menos que pretenda o usar.

Deus pode usar até mesmo a nossa dor e tristeza. Ao enfrentarmos as lições desta vida, ao acrescentarmos nossos lamentos às grandes lamentações de Jeremias, crescemos mais e mais fortes nas qualidades que realmente contam nesta vida e na vida futura: fé, coragem, obediência. Deus nunca faz nada sem um propósito. Louvado seja Deus, você e eu somos parte de Seu plano. Qualquer que seja nossa dor e pesar hoje, sabemos que está chegando o dia quando compartilharemos de Sua vitória final.

Aventurando-se através da Bíblia

PERGUNTAS PARA DISCUSSÃO

LAMENTAÇÕES
A terapia de Deus

1. Lamentações 1 trata da desolação de espírito que sentimos em momentos de perda e sofrimento. O profeta Jeremias olha para as ruínas de Jerusalém e sabe que o juízo de Deus contra Israel era justo. Ele escreve: "Justo é o Senhor, pois me rebelei contra a sua palavra" (1:18). Você já se rebelou contra a autoridade de Deus quando sentiu que Ele tinha falhado com você ou o prejudicado? Isso o ajuda saber que até mesmo o profeta Jeremias conhece esse sentimento, e o registra em Lamentações?

2. O autor escreve: "Para, Deus, é impossível Ele estar errado. Para os seres humanos, é impossível serem mais justos do que Deus, porque nosso próprio senso de justiça é derivado dele. Se não fosse por Deus, nem saberíamos o que é justiça... Não podemos julgar a Deus". Você concorda ou discorda? Explique sua resposta.

3. Em Lamentações, vemos como o efeito do pecado irradia e prejudica o inocente. Os pecados dos adultos trouxeram morte para os jovens. Jeremias lamenta:

Jazem por terra pelas ruas o moço e o velho;
as minhas virgens e os meus jovens
vieram a cair à espada (2:21).

Podemos dizer: "Mas Deus é injusto ao permitir que jovens inocentes morram juntamente com seus pais culpados". Mas os pecados dos pais não afetam sempre os filhos? É culpa de Deus que a geração mais velha pecara e trouxera destruição para a geração mais jovem? Ou é culpa da geração mais velha? Quem merece a culpa? Explique sua resposta.

4. No meio de toda essa tristeza e destruição, chegamos a este texto do registro de Jeremias:

As promessas de Deus

As misericórdias do SENHOR são a causa de não sermos consumidos,
porque as suas misericórdias não têm fim; renovam-se cada manhã.
Grande é a tua fidelidade [...] Bom é o SENHOR para os que esperam por ele,
para a alma que o busca [...] porque não aflige, nem entristece de bom grado
os filhos dos homens (3:22,23,25,33).

De que maneira essa passagem afeta sua visão de Deus? O julgamento de Deus é consistente com a Sua compaixão e amor? Explique sua resposta.

5. O autor nos lembra de que "estamos engajados em uma grande batalha cósmica. Deus desembarcou Suas tropas em uma cabeça de ponte chamada Terra. Você e eu, e todos os demais em Sua Igreja, estamos acampados diante das portas do inferno. Estamos levando a cabo o Seu ataque contra a fortaleza de Satanás... Ele quer soldados que possam resistir a provações e dificuldades, que não esmorecerão nem se dobrarão no calor da batalha... estamos passando por Seu campo de treinamento, aprendendo as lições para nos preparar para o conflito que está por vir".

Essa perspectiva afeta sua visão do julgamento e disciplina de Deus em nossa vida? Como isso afeta sua visão dos problemas e tristezas deste mundo? Explique.

APLICAÇÃO PESSOAL

6. Ao olhar para sua vida, você pode ver que Deus usou suas provações e tristezas como lições para capacitá-lo a crescer mais forte na fé, na coragem e na obediência? Ou você acha que suas provações e tristezas só o deixaram amargo, ferido e com cicatrizes? Por que você acha que suas provações tiveram esse efeito em sua vida e não o efeito oposto?

7. Ao estudar as Lamentações de Jeremias, você sentiu que se identificou com o profeta e se solidarizou com seu sofrimento e tristeza? Você achou o livro de Lamentações confortante ou deprimente? Explique sua resposta.

Aventurando-se através da Bíblia

Escavações das escadas ao sul da antiga Jerusalém

EZEQUIEL

Rodas de fogo e ossos vivificados

CAPÍTULO 33

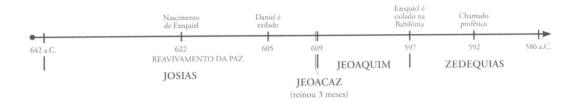

O filósofo francês Montaigne certa vez observou: "Todo homem carrega dentro de si a história do mundo". Em outras palavras, a história é simplesmente um registro, inscrito no mundo, do que já está escrito no interior do coração humano. A história do mundo é apenas uma extensão da vida humana — e a vida humana é um microcosmo da história do mundo.

O livro de Ezequiel demonstra esse princípio ao contar a história não apenas de Ezequiel, mas também a história da nação de Israel e da raça humana. Além disso, é também a história da sua e da minha vida, e é por isso que esse livro é tão imensamente importante e prático para nossa vida hoje.

O profeta Ezequiel foi um cativo na terra da Babilônia que tinha sido levado pelas forças do rei Nabucodonosor quando a Babilônia conquistou e capturou a nação de Judá. Ezequiel foi também o primeiro de dois grandes profetas do cativeiro que profetizaram durante os primeiros 20 ou 25 anos do período de 70 anos do cativeiro de Israel (o outro foi Daniel).

O livro começa com uma tremenda visão de Deus, porque toda a vida começa com Deus. O maior fato em toda a existência humana é Deus. Quem quer pensar logicamente sobre a vida deve começar com Ele. Isto é, obviamente, onde a Bíblia começa: "No princípio, criou Deus...".

O livro de Ezequiel começa com uma visão do Senhor. Se seu coração precisa ser incendiado pela revelação do caráter e da glória de Deus, leia Ezequiel — o profeta que viu a Sua glória.

A revelação de Ezequiel de Cristo

O livro começa com a visão dramática que Deus deu a Ezequiel às margens do rio Quebar na terra da Babilônia:

> **OBJETIVOS DO CAPÍTULO**
>
> Este capítulo examina as fascinantes visões e as grandes profecias de Ezequiel, o profeta que viu a glória de Deus. É um livro poderoso que nos dá vislumbres da guerra espiritual invisível que acontece ao nosso redor, o formato de eventos que acontecerão aqui na Terra, e as glórias de nossa eterna morada na cidade celestial.

Olhei, e eis que um vento tempestuoso vinha do Norte, e uma grande nuvem, com fogo a revolver-se, e resplendor ao redor dela, e no meio disto, uma coisa como metal brilhante, que saía do meio do fogo. Do meio dessa nuvem saía a semelhança de quatro seres viventes, cuja aparência era esta: tinham a semelhança de homem (1:4,5).

Estas são algumas das criaturas mais incomuns descritas na Palavra de Deus. Cada um desses seres viventes tem quatro faces — a face de um homem, a face de uma águia, a face de um boi e a face de um leão. Essas quatro faces olhavam em todas as direções.

Depois de ver os quatro seres viventes, Ezequiel vê objetos em forma de roda. Você pode recordar as palavras do antigo cântico espiritual, com base nestes versos: "Ezequiel viu a roda bem acima, no ar; a grande roda correu pela fé e a pequena roda correu pela graça de Deus, uma dentro da outra, longe no meio do ar". Ezequiel viu as rodas girando, uma dentro da outra. Enquanto o via, também vislumbrou um firmamento acima, brilhando em esplendor. Mais alto do que o firmamento, quando ergueu os olhos, viu um trono. Sentado no trono, havia um homem.

Você já deve ter notado as profundas semelhanças entre a visão de Ezequiel e a visão de João no livro de Apocalipse. João também viu quatro criaturas vivas. Ele também viu um homem em um trono (veja Ap 4:1-6). Tanto em Ezequiel como em Apocalipse, temos visões da grandeza e majestade de Deus contadas em preciosas imagens simbólicas.

É natural perguntar-se o que significam todos esses símbolos. Porém, tanto quanto nós gostaríamos, simplesmente não podemos interpretar todos esses símbolos e imagens porque há um mistério para a pessoa de Deus. Alguns desses símbolos podem ser desvendados comparando-os com outras passagens do livro; outros são mais difíceis e obscuros. Mas uma coisa é certa: mesmo nos mais obscuros desses símbolos, sabemos que Ezequiel está vislumbrando a imensidão, autoridade e poder de Deus.

Os quatro seres viventes iluminam o caráter de Deus para nós, como simbolizado nas faces do leão, homem, boi e águia. Cada face representa certa qualidade nas Escrituras. O leão representa a soberania e a supremacia — "o rei dos animais". O homem é a representação da

A visão de Ezequiel (1517), por Raphael

inteligência, do entendimento e da sabedoria. O boi é o símbolo de serviço e do sacrifício. E a águia representa poder e divindade, voando sobre toda a criação.

É significativo que os quatro evangelhos no Novo Testamento apresentem exatamente essas mesmas qualidades em sua representação de Jesus Cristo. Ele aparece primeiro no evangelho de Mateus como um leão, como o rei soberano. Em seguida, no evangelho de Marcos, Ele é apresentado como servo, o boi. No evangelho de Lucas, Ele é o homem perfeito em Sua inteligência, intuição e compreensão da vida. E, finalmente, no evangelho de João, Ele é a divindade, representada aqui como uma águia. Esses quatro símbolos, considerados em conjunto, refletem o caráter de Jesus Cristo.

Mesmo que Ezequiel, de seu limitado ponto de vista do Antigo Testamento, não podia entender completamente o significado de tudo o que via, sabemos, através de nossa perspectiva do Novo Testamento, que ele vislumbrou a glória de Deus revelada na face de Jesus Cristo. Como Paulo diz: "Porque Deus, que disse: Das trevas resplandecerá a luz, ele mesmo resplandeceu em nosso coração, para iluminação do conhecimento da glória de Deus, na face de Cristo" (2Co 4:6).

Nos três primeiros capítulos, Deus comissiona Ezequiel como Seu profeta, revelando-lhe uma visão poderosa e devastadora de Sua própria glória e majestade. Nesses capítulos iniciais, Deus instrui Ezequiel e lhe dá um manto de responsabilidade.

A degradação humana

Nos capítulos 4 a 24, Ezequiel se move por uma série de profecias que tratam do fracasso da raça humana em geral e da nação de Israel em particular. À medida que a visão continua, Ezequiel vê a glória de Deus saindo do Templo em Jerusalém, saindo do átrio interior e indo para o átrio exterior (capítulo 10), depois subindo e saindo para o monte das Oliveiras e em direção ao céu (capítulo 11).

Esta profecia foi cumprida quando nosso Senhor saiu do Templo, desceu o vale do Cedrom, até o lado do monte das Oliveiras, e para o jardim do Getsêmani. E mais tarde, depois da crucificação e da ressurreição, Ele subiu do monte das Oliveiras e partiu para a glória.

Nos capítulos 12 a 24, Ezequiel conta como Deus luta com Seu povo, como Ele procura conquistá-los e despertá-los para a tolice de virar as costas para Ele. O povo passa por experiências de dor e castigo enquanto Deus procura trazê-lo à razão e mostrar-lhe sua necessidade de comunhão com o Senhor. Sem Ele, o povo está condenado a mergulhar na insensatez e na degradação.

Deus ordena ao profeta que transmita Sua mensagem de várias formas simbólicas e dramáticas. Em uma ocasião, no capítulo 4, Deus pede a Ezequiel que fique deitado do seu lado esquerdo por 390 dias (mais de um ano!) e depois deitar-se do seu lado direito por 40 dias; simbolizando os 390 anos que Deus lutou para trazer esta nação à razão e os últimos 40 anos em que o julgamento era iminente. Deus reteve Sua mão de julgamento todos esses anos, até que finalmente Ele permitiu que as forças de Nabucodonosor entrassem, saqueassem a cidade, profanassem o Templo e arrastassem o povo para a terra de Babilônia.

Quando os seres humanos escolhem desrespeitar o Deus que os criou, Ele deve

Aventurando-se através da Bíblia

411

O LIVRO DE EZEQUIEL

O comissionamento de Ezequiel (Ezequiel 1–3)

A visão da glória de Deus —
os seres viventes e as rodas...1

Ezequiel é enviado a pregar para Israel......................................2–3

O juízo iminente contra Judá (Ezequiel 4–24)

Os sinais do julgamento contra Judá...4–5

Julgamento contra a idolatria...6

A conquista babilônica...7

Visões do juízo vindouro..8–9

A partida da glória de Deus..10

Os governantes maus e os fiéis remanescentes........................ 11:1-21

A partida da glória de Deus do monte das Oliveiras............. 11:22-25

Sinais e parábolas sobre o juízo vindouro 12–24

    A. Os sinais do exílio e do tremor de Ezequiel.......................12

    B. Condenação dos falsos profetas 13

    C. Condenação dos anciãos idólatras.....................................14

    D. Parábola da videira...15

    E. Parábola do casamento de Israel......................................16

    F. Parábola das águias...17

    G. O julgamento do pecado individual.................................18

    H. Parábola da leoa e seus filhotes; a parábola
    da videira elevada...19

    I. Revisão dos tratos passados de Deus com Israel e
    esperança de restauração futura.................................... 20:1-44

    J. Sinais de julgamento contra Jerusalém...................20:45–24:27

O juízo vindouro contra as nações gentias (Ezequiel 25–32)

412   *As promessas de Deus*

A restauração vindoura de Israel (Ezequiel 33–48)

Ezequiel, o atalaia 33

Os falsos pastores comparados ao verdadeiro pastor 34

O julgamento de Edom 35

A restauração de Israel e a visão dos ossos secos 36–37

Profecia de Gogue e Magogue 38–39

O novo Templo 40–43

O culto restaurado 44–46

O rio, a terra e a cidade 47–48

pronunciar o julgamento. Se negligenciarmos a Deus, que é essencial para o nosso ser, e nos recusarmos a responder favoravelmente ao Seu amor e graça, as únicas coisas que restam para nós são as consequências de nos virarmos contra Ele.

Principados e potestades

Nesta profecia, Ezequiel pronuncia julgamento tanto sobre forças visíveis quanto invisíveis. Ele vê através das aparências exteriores das pessoas e nações as forças espirituais que as motivam e as orientam. No capítulo 28, encontramos uma notável passagem na qual o profeta declara julgamento sobre os reinos de Tiro e Sidom. Ele fala do príncipe de Tiro e de um personagem por trás deste príncipe — o rei de Tiro.

Muitos estudiosos da Bíblia concluíram que Ezequiel está falando tanto sobre o príncipe da cidade — um ser humano governante — quanto sobre um ser espiritual sinistro que ele chama de rei de Tiro. Este rei simboliza os principados e potestades mencionados no Novo Testamento — os governantes mundiais desta escuridão presente que manipulam pessoas e eventos na Terra, produzindo os horrores diários que testemunhamos em nossos jornais e na TV. O rei de Tiro é um poder satânico.

O capítulo 28 também relata uma passagem que muitos estudiosos da Bíblia acreditam que representa a queda do próprio Satanás. Esta é apenas uma de duas passagens na Bíblia que descreve a queda de Satanás:

Elevou-se o teu coração por causa da tua formosura, corrompeste a tua sabedoria por causa do teu resplendor; lancei-te

por terra, diante dos reis te pus, para que te contemplem. Pela multidão das tuas iniquidades, pela injustiça do teu comércio, profanaste os teus santuários; eu, pois, fiz sair do meio de ti um fogo, que te consumiu, e te reduzi a cinzas sobre a terra, aos olhos de todos os que te contemplam (28:17,18).

A razão para a queda de Satanás é dada em Isaías 14, onde o Príncipe das Trevas diz cinco vezes o que fará. A vontade — seja a humana ou a demoníaca — é a fonte do pecado e da destruição sempre que é posta contra a boa e perfeita vontade de Deus. A declaração desafiadora de que "farei" é uma declaração de orgulho, e em Ezequiel 28, vemos como Deus julga o orgulho, a exaltação rebelde do eu acima de Deus e contra Deus.

Ossos secos

Em seguida, o profeta se volta para a graça de Deus, que devolve os mortos à vida. No capítulo 37, Ezequiel relata a incrível visão do vale dos ossos secos. Ele vê os ossos juntarem-se ao comando de Deus — mas ainda não há fôlego neles. Somente quando Deus sopra sobre eles é que eles ganham vida! Esta é uma imagem do que Deus pretende fazer com a nação de Israel.

Do ponto de vista de Deus, Israel é um vale de morte, de ossos secos. Mas virá o dia, diz o Senhor, quando Deus soprará sobre esta nação. Como aqueles ossos secos, Israel receberá nova vida, e Deus usará a nação de Israel como um dos fundamentos de Seu reino reestabelecido na Terra.

Nos capítulos 38 e 39, o profeta olha para o futuro distante, para o último ataque contra Israel. Nessa batalha, os inimigos do povo de

As promessas de Deus

Deus serão enfrentados por forças celestiais. Ali, nos montes de Israel, as nações ímpias serão julgadas, destruídas e sepultadas para sempre.

Então, começando no capítulo 40, Ezequiel descreve a restauração do Templo no reino milenar do Senhor. Nessa visão, o profeta vê o Templo em detalhes precisos: a glória *Shekinah* de Deus retorna ao Santo dos Santos e é estabelecida lá mais uma vez.

O livro termina com uma passagem maravilhosa, no capítulo 47, descrevendo a visão de Ezequiel do trono de Deus. Debaixo do trono, vem o rio de Deus, que corre majestosamente através do Templo, para fora do lado oriental, para baixo através da terra e gentilmente derramando-se no mar Morto para curar suas águas. É uma imagem maravilhosa da cura, da purificação, da restauração do Espírito de Deus no dia do reino milenar.

Um rio de água viva

Interpretando literalmente, a profecia de Ezequiel é sobre a restauração de Israel. Mas isso não esgota absolutamente o significado desse livro. Toda a história pode ser aplicada não só à história e ao futuro de Israel, mas também à nossa própria vida de uma maneira intensamente prática. O que Deus está fazendo em grande escala na história do mundo, Ele também está pronto para fazer na escala íntima de sua vida.

Deus quer juntar os ossos secos de sua existência vazia e dar vida à sua alma. Ele quer reverter o processo de desintegração em sua vida e curá-lo pela graça de Jesus Cristo e pelo poder do Espírito Santo. Deus quer que tenhamos uma vida abundante todos os dias.

Através dessa passagem, Deus nos convida a experimentar as gloriosas masculinidade e feminilidade ideais que Ele planejou para nós desde o início da criação. Ele quer que nos levantemos e caminhemos em Seu poder, vivos e revigorados pelo Espírito Santo, conquistando Seus inimigos por Seu braço forte, demonstrando Seu poder pelo modo como vivemos nossa vida.

Por fim, no capítulo 47, vemos um retrato maravilhoso do Templo restaurado de Deus — e o vemos restaurado na vida dos seres humanos. No Novo Testamento, Paulo diz:

Que ligação há entre o santuário de Deus e os ídolos? Porque nós somos santuário do Deus vivente, como ele próprio disse: Habitarei e andarei entre eles; serei o seu Deus, e eles serão o meu povo (2Co 6:16).

Deus escolheu fazer do espírito humano um lugar sagrado onde Ele possa fixar residência. O segredo de uma vida rica, plena e satisfatória — uma vida de verdadeira motivação e significado contínuo — é viver pelos recursos ilimitados do Espírito Santo de Deus. Todo o sentido do livro de Ezequiel está resumido nesta passagem:

Depois disto, o homem me fez voltar à entrada do templo, e eis que saíam águas de debaixo do limiar do templo, para o oriente; porque a face da casa dava para o oriente, e as águas vinham de baixo, do lado direito da casa, do lado sul do altar. Ele me levou pela porta do norte e me fez dar uma volta por fora, até à porta exterior, que olha para o oriente; e eis que corriam as águas ao lado direito.

Saiu aquele homem para o oriente, tendo na mão um cordel de medir; mediu

Aventurando-se através da Bíblia

415

mil côvados e me fez passar pelas águas, águas que me davam pelos tornozelos. Mediu mais mil e me fez passar pelas águas, águas que me davam pelos joelhos; mediu mais mil e me fez passar pelas águas, águas que me davam pelos lombos. Mediu ainda outros mil, e era já um rio que eu não podia atravessar, porque as águas tinham crescido, águas que se deviam passar a nado, rio pelo qual não se podia passar. E me disse: Viste isto, filho do homem?

Então, me levou e me tornou a trazer à margem do rio. Tendo eu voltado, eis que à margem do rio havia grande abundância de árvores, de um e de outro lado. Então, me disse: Estas águas saem para a região oriental, e descem à campina, e entram no mar Morto, cujas águas ficarão saudáveis. Toda criatura vivente que vive em enxames viverá por onde quer que passe este rio, e haverá muitíssimo peixe, e, aonde chegarem estas águas, tornarão saudáveis as do mar, e tudo viverá por onde quer que passe este rio (47:1-9).

O que essa passagem nos lembra? Ouço um eco das palavras do Senhor em João 7, quando Ele estava no Templo em Jerusalém:

No último dia, o grande dia da festa, levantou-se Jesus e exclamou: Se alguém tem sede, venha a mim e beba. Quem crer em mim, como diz a Escritura, do seu interior fluirão rios de água viva. Isto ele disse com respeito ao Espírito que haviam de receber os que nele cressem; pois o Espírito até aquele momento não fora dado, porque Jesus não havia sido ainda glorificado (Jo 7:37-39).

Esses rios de água viva são o principal recurso da vida cristã. Essa imagem merece nossa atenção e estudo mais profundos.

Enquanto o profeta Ezequiel observa, ele vê um rio de água viva passando pelo altar, o lugar do sacrifício. Uma das grandes verdades que precisamos aprender como cristãos é esta: nunca poderemos beber do rio do Espírito, a menos que estejamos dispostos a fazê-lo através da cruz do Calvário. Jesus foi sacrificado no altar do Calvário, e devemos estar dispostos a crucificar nossos próprios desejos carnais, pecados, orgulho e ambições no mesmo altar. Não podemos receber a água da vida por nossos próprios esforços ou nossa própria justiça. Ela se derrama vinda de uma fonte do Calvário.

Observe também o poder desse rio. Tornou-se rapidamente grande o suficiente para que se nade nele, contudo, não há qualquer outro rio que se acrescente a ele. Nenhum afluente. É uma torrente poderosa de vida que vem diretamente de Deus.

Deus conduz Ezequiel a essa revelação passo a passo: cinco vezes nessa passagem, ele diz: "Ele me levou...". Deus o está levando? Você já teve essa experiência? Ezequiel é conduzido um passo de cada vez, e cada passo o leva a águas cada vez mais profundas.

O primeiro passo leva ao lugar onde as águas batem no tornozelo — uma imagem do indivíduo que experimentou apenas um sentido raso da graça e do poder de Deus em sua vida. Esta pessoa é cristã, mas apenas um cristão carnal, como Paulo descreve em Romanos 8. Tal pessoa não aprendeu a viver a vida guiada pelo Espírito — a vida de obediência, confiança, entrega e paz. Muitas pessoas querem entrar na graça de Deus até os tornozelos. Eles não querem entrar fundo.

As promessas de Deus

Em seguida, o profeta diz: "Ele [...] me fez passar pelas águas, águas que me davam pelos joelhos". Você pode ter experimentado um cristianismo "na altura do joelho", o lugar de fome e de sede por Deus, o lugar de buscar Sua face. Nessa fase, o cristão não se satisfaz com o simples novo nascimento, mas tem fome de algo mais profundo.

À medida que Ezequiel vai mais fundo, ele é conduzido através de águas que batem na cintura. Ora, as águas do Espírito começam a possuí-lo. Há menos dele e mais da graça de Deus. Algumas traduções bíblicas usam a palavra lombos, que é um símbolo de poder. Ezequiel chegou a um lugar onde seu próprio poder foi tragado pelas águas do poder de Deus. Ele entende que não é "por força nem por poder, mas pelo meu Espírito, diz o Senhor dos Exércitos" (Zc 4:6) que se vive para Deus.

Mas Ezequiel ainda não foi tão longe quanto ele precisa ir. Ele tem que dar o último mergulho no rio da vida de Deus: "...era já um rio que eu não podia atravessar, porque as águas tinham crescido, águas que se deviam passar a nado, rio pelo qual não se podia passar". Aqui está um homem totalmente comprometido. A água está sobre sua cabeça, ele está indo fundo. Ele é levado pela corrente da graça de Deus.

Observe como esse rio afeta a terra. Quando o profeta chega à margem do rio, ele diz: "Tendo eu voltado, eis que à margem do rio havia grande abundância de árvores, de um e de outro lado". A terra tornou-se fecunda. A esterilidade da terra foi curada. Em todo lugar onde o rio flui, as árvores florescem e dão vida.

João vê o mesmo rio em Apocalipse: "Então, me mostrou o rio da água da vida, brilhante como cristal, que sai do trono de Deus e do Cordeiro. No meio da sua praça" (Ap 22:1,2). O rio flui pelo meio da vida. Você já encontrou o rio do Espírito?

Até que tenhamos mergulhado, a vida não passa de um caminho difícil e penoso, cheio de frustração e derrota espiritual. Mas, quando mergulhamos na poderosa torrente do rio de água viva, e o Espírito de Deus flui através de nós como um rio que dá vida, então toda a vida cristã começa a fazer sentido.

O profeta Ezequiel compreendeu isso e conclui esse livro visionário com uma descrição do Templo (que pode, em última análise, simbolizar o corpo da ressurreição, o novo Templo de Deus). Veja o último versículo da profecia:

Dezoito mil côvados em redor; e o nome da cidade desde aquele dia será: O Senhor Está Ali (48:35).

Que este seja nosso objetivo: tornarmo-nos a cidade de Deus, a morada eterna de Deus, o Templo de Deus através do qual flui o rio da vida. Que mergulhemos plenamente no rio de Seu Espírito, imergindo no frescor revigorante de suas profundezas restauradoras, descobrindo seu poder de cura para nossa vida hoje — e para a vida futura.

Aventurando-se através da Bíblia

PERGUNTAS PARA DISCUSSÃO

EZEQUIEL
Rodas de fogo e ossos vivificados

1. O livro de Ezequiel está repleto de simbolismo, metáforas e visões sobrenaturais. Ele está cheio da compaixão de Deus e de algumas das imagens mais assustadoras nas Escrituras. O que o livro de Ezequiel lhe diz sobre a natureza e o caráter de Deus? Por que você acha que Deus incluiu um livro de símbolos mistificadores e visões assustadoras em Sua Palavra?

2. Leia a descrição da visão de Ezequiel em 1:4-28. Você entende o que essas imagens e sons significam? Você acha que Ezequiel compreendeu o significado de tudo que ele estava vendo? Que efeito você acha que essa visão teve sobre Ezequiel?

3. Leia Ezequiel 2:1–3:3. Deus dá a Ezequiel um rolo e ordena que ele o coma; Ezequiel o come. Antes que Deus envie Seu povo para testemunhar aos outros, Ele espera que se alimentem de Sua Palavra. Como é o gosto do rolo? O que significa o sabor do rolo? Por que Deus ordenou a Ezequiel que comesse o rolo?

4. Leia 3:4-11. Essa passagem lança luz sobre o motivo pelo qual Deus quis que Ezequiel comesse o rolo? O que Deus ordena que Ezequiel faça? Note que Deus diz a Ezequiel para agir em obediência "quer ouçam [os israelitas] quer deixem de ouvir". Em outras palavras, Ezequiel é responsável apenas por sua própria obediência, não pela obediência de seus ouvintes. Como isso afeta a maneira como você vê sua própria responsabilidade de testemunhar às pessoas ao seu redor?

5. O sábado foi originalmente dado em Gênesis 2:2,3 para celebrar o sétimo dia da criação, quando Deus descansou. Mas em Ezequiel 20, Deus diz:

Também lhes dei os meus sábados, para servirem de sinal entre mim e eles, para que soubessem que eu sou o SENHOR que os santifica. Mas a casa de Israel se rebelou contra mim no deserto, não andando nos meus estatutos e rejeitando os meus juízos, os quais, cumprindo-os o homem, viverá por eles; e profanaram grandemente os meus sábados. Então, eu disse que

As promessas de Deus

derramaria sobre eles o meu furor no deserto, para os consumir [...] santificai os meus sábados, pois servirão de sinal entre mim e vós, para que saibais que eu sou o Senhor, vosso Deus (20:12,13,20).

O que Deus diz ser o propósito do sábado? É um lembrete de um evento (o sétimo dia da criação), o lembrete de um relacionamento ou ambos?

O povo de Israel teve muito cuidado em guardar o sábado nos dias de Jesus. Você acha que eles guardaram o sábado da maneira correta, pelas razões certas ou não? Explique sua resposta.

6. Mais de 70 vezes em Ezequiel, Deus faz a declaração "Então saberão que eu sou o Senhor" ou "Sabereis que eu sou o Senhor". Por que Deus pensa que as pessoas precisam ser lembradas de seu relacionamento com Ele? Em qual comportamento a nação de Israel repetidamente se envolve o qual indica que eles facilmente esquecem esse relacionamento?

7. Leia Ezequiel 28. Esta é uma profecia contra o rei de Tiro, um reino em uma região costeira conhecido hoje como Líbano. Você acha que essa profecia tem um duplo significado? Compare essa passagem com Isaías 14:12-15. Poderia o rei de Tiro representar uma pessoa ou ser diferente de um rei humano literal? Explique sua resposta.

APLICAÇÃO PESSOAL

8. Leia Ez 14:1-6. O que fizeram os anciãos de Israel que desagradou a Deus? O que significa levantar um ídolo em nosso coração? Enquanto você olha honestamente para sua própria vida, você já foi tentado a criar um ídolo em seu próprio coração? Você já cedeu a essa tentação? Qual foi o resultado?

9. Leia Ez 37:1-14. O tema desta passagem é a esperança em meio a nossa desesperança e muitas vezes é interpretado como uma profecia sobre o avivamento espiritual e restauração de Israel. Mas também pode nos falar pessoalmente, em especial durante aqueles momentos em nossa vida em que toda a esperança está como os ossos secos no deserto.

Aventurando-se através da Bíblia

Tel Megiddo no norte de Israel

DANIEL

CAPÍTULO 34

A caminho do futuro

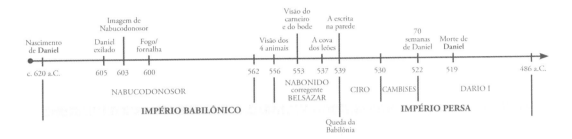

As pessoas são enormemente fascinadas pela profecia bíblica. As profecias de Daniel e do Apocalipse receberam destaque sensacionalista em livros best-seller e grandes filmes. Elas foram exploradas (de forma grosseiramente distorcida) nas manchetes dos tabloides de supermercados. As pessoas querem saber o que o futuro lhes reserva — especialmente se o futuro estiver repleto de eventos tão bizarros e sensacionais quanto um filme de ficção científica, como muitos desses livros e filmes fazem parecer.

Mas profecia bíblica é coisa séria. Deus não enviou visões a homens como Ezequiel, Daniel e João apenas para nos proporcionar um entretenimento emocionante. Deus nos deu os livros proféticos da Bíblia como guias para Seu programa de história. Elas são destinadas a nos informar sobre o futuro — porém, mais do que isso, para nos instruir no presente. Deus nos deu esses livros para que soubéssemos viver hoje com o futuro em mente. Ele no-los deu para nos tranquilizar e nos firmar em Sua perspectiva eterna sobre os acontecimentos humanos e celestiais.

Os livros de Daniel e Apocalipse ainda não foram cumpridos. Esses dois livros, um do Antigo Testamento e um do Novo Testamento, complementam-se notavelmente em sua simetria e harmonia. O livro de Apocalipse explica o livro de Daniel, enquanto o livro de Daniel estabelece a base para o livro de Apocalipse. Se você quiser conhecer o plano de Deus para o futuro, você deve primeiro entender o livro de Daniel.

Como entender profecias

O conhecimento do futuro pode ser uma coisa perigosa. Imagine o que aconteceria se você possuísse a habilidade de saber o que aconteceria amanhã ou na próxima semana. Pense na vantagem que lhe daria no mercado

> **OBJETIVOS DO CAPÍTULO**
>
> Este capítulo procura afastar o sensacionalismo que muitas vezes rodeia as profecias de Daniel para que possamos verdadeiramente apreciar a instrução transformadora e o significado eterno deste grande livro profético. Se você quiser compreender o plano de Deus para o futuro da raça humana, e seu próprio futuro, invista tempo para entender o livro de Daniel.

Aventurando-se através da Bíblia

DANIEL: PROFECIA PRECISA — E HISTÓRIA PRECISA

Nenhum livro do Antigo Testamento foi tão maltratado e desprezado pelos críticos quanto o livro de Daniel. Comentaristas liberais questionaram sua autoria, alegando que não foi escrito pelo profeta Daniel, mas por um escritor desconhecido que viveu não mais de 100 a 160 anos antes de Cristo. Além disso, o conteúdo profético do livro foi negado e ridicularizado. Em muitos aspectos, tem sido atacado com mais crueldade do que qualquer outro livro da Bíblia...

Mas os críticos liberais de Daniel têm uma série de problemas. Por exemplo, se Daniel foi escrito por volta de 100 a.C., então o livro de Ezequiel, que cita a profecia de Daniel, também deve ter uma origem tardia e espúria. No entanto, há evidências muito boas de que Ezequiel é muito mais velho do que isso. Além disso, recentes descobertas arqueológicas confirmam a precisão de Daniel como registro histórico.

Por exemplo, a descoberta de um tablete de argila inscrito chamado "Crônica de Nabonido" confirma a validade histórica de Daniel e acaba com as afirmações dos críticos de que os reis mencionados na profecia de Daniel nunca existiram. Os Pergaminhos do mar Morto contêm oito cópias de Daniel, mais do que qualquer outro manuscrito, o que afirma a alta estima que foi dada ao livro pelos rigorosos essênios que esconderam os pergaminhos...

Jesus considerou o livro de Daniel como uma profecia válida e verdadeira, inspirada pelo Espírito Santo, e precisa em cada detalhe... A palavra de nosso Senhor é verdadeira, assim como a palavra profética que Ele nos falou através de Seu servo, Daniel.

Ray C. Stedman
What on Earth is Happening? What Jesus Said about the End of the Age
[O que é isso que está acontecendo? O que Jesus disse sobre o fim dos tempos]
(Discovery House Publishers, 2003)

---

de ações, na compra de seguros e em outras questões práticas da vida.

Mas você realmente gostaria de saber de antemão todas as tristezas e dores que sobreviriam à sua vida? Jesus tinha boas razões para dizer: "Não vos inquieteis com o dia de amanhã, pois o amanhã trará os seus cuidados; basta ao dia o seu próprio mal" (Mt 6:34).

Deus não nos revela o futuro em detalhes específicos. Ele não diz o seu ou o meu futuro individual. O que Ele, de fato, nos mostra nos livros proféticos da Bíblia é a tendência geral dos acontecimentos, o esboço de Seu plano e a maneira como Seu plano certamente terminará. Qualquer um que investigue profecias de maneira cuidadosa e objetiva encontrará informações úteis sobre eventos futuros e atuais. Podemos entender o presente somente à luz do plano profético de Deus.

Ao revelar o futuro em Sua Palavra, Deus tomou duas precauções. Primeira, Ele revestiu estas passagens proféticas em linguagem

422

As promessas de Deus

O LIVRO DE DANIEL

A vida de Daniel na Babilônia (Daniel 1)

O Plano de Deus para os gentios (Daniel 2–7)

Daniel interpreta o sonho da grande estátua de Nabucodonosor 2

A estátua de ouro de Nabucodonosor...3

Daniel interpreta a visão da grande árvore de Nabucodonosor 4

Belsazar, a escrita na parede e a interpretação de Daniel 5

Dario enganado e Daniel salvo na cova dos leões...6

Visão de Daniel dos quatro animais 7

O plano de Deus para Israel (Daniel 8–12)

Visão de Daniel do carneiro e do bode...8

Visão de Daniel das 70 semanas...9

Interpretação de Daniel da visão 10–12

A. A visão de Daniel sobre o mensageiro estranho.....................................10

B. As primeiras 69 semanas... 11:1-35

C. A septuagésima semana (a tribulação) 11:36–12: 3

D. O selo do livro e as palavras finais
no tempo da tribulação.. 12:4-13

Aventurando-se através da Bíblia

simbólica e as deu a nós em forma figurada. É por isso que vemos imagens tão estranhas e assustadoras em Daniel e Apocalipse — sinais surpreendentes na natureza, animais estranhos com muitas cabeças e chifres diferentes apontando aqui e ali, imagens de acontecimentos mundiais devastadores, e muito mais.

Esses símbolos proféticos sempre intrigaram as pessoas. Você simplesmente não pode se sentar com Daniel ou Apocalipse e lê-los como um romance. Você tem que estudá-los, levando toda a Bíblia em consideração, a fim de interpretar os símbolos nesses livros. Este é um dos "cadeados" que Deus colocou nesses livros para afastar as mentes meramente curiosas e que procuram sensações de desvendar os segredos sagrados de Sua agenda futura.

Uma segunda precaução que Deus tomou em Daniel, e mais especialmente no Apocalipse, é que Ele não apresentasse a parte profética primeiro. Em vez disso, Ele nos conduz através de seis capítulos de ensinamento moral. Ele quer nos levar à compreensão do caráter moral que Ele requer de nós antes que o programa profético possa começar a fazer sentido. Para entender o que tal programa significa, você deve primeiro compreender as lições morais da primeira parte do livro. Não existem atalhos.

Depois de compreender os seis primeiros capítulos de forma intelectual, você deve integrá-los à prática de sua vida. Essa é a beleza da Palavra de Deus: ela não pode ser entendida apenas pelo intelecto, mas deve ser compreendida por todo o ser. Você pode sentar-se com os esboços proféticos de Daniel e Apocalipse, desenhar tabelas de eventos futuros e analisar a escatologia e a doutrina até o

mínimo detalhe — mas, a menos que tenha incorporado as lições espirituais da primeira parte de Daniel em sua própria vida, não encontrará nada no restante do livro para enriquecer seu viver.

O próprio Senhor Jesus deixou isso claro durante o Seu discurso no monte das Oliveiras quando os discípulos lhe perguntaram qual seria o sinal de Seu retorno à Terra. Jesus disse: "Quando, pois, virdes o abominável da desolação de que falou o profeta Daniel, no lugar santo (quem lê entenda), então, os que estiverem na Judeia fujam para os montes". Em outras palavras: "Saia da cidade de Jerusalém, porque coisas horríveis acontecerão lá. Se você permanecer naquela cidade, grande tribulação virá sobre você" (Mt 24:15,16).

Observe que quando a passagem diz "quem lê entenda", significa: "Não leia as passagens proféticas descuidada ou superficialmente. Você tem que entender toda a importância dessa Escritura se quiser reconhecer a abominação da desolação quando ela chegar". O mundo, em sua abordagem superficial da verdade, não conseguirá compreender quando esse dia chegar. As pessoas clamarão: "Paz, paz!" quando não houver paz, e destruição virá sobre elas. Elas serão varridas, assim como as pessoas no tempo de Noé foram varridas pelo dilúvio. Jesus não quer que sejamos destruídos em nossa ignorância, então Ele nos encoraja a buscar uma compreensão real — uma compreensão prática, aplicada e experiencial das verdades da Sua Palavra.

A estrutura de Daniel

Esse livro divide-se facilmente em duas partes. Os seis primeiros capítulos, dedicados à instrução moral e espiritual, é a história do profeta Daniel e seus amigos na terra da Babilônia. É uma história de fé vivida no crisol de provas em um mundo hostil.

Se você se vir lutando para viver de maneira cristã em meio às pressões, tentações e perseguições deste mundo, então você deve ler os seis primeiros capítulos de Daniel. Se você trabalha em um escritório cercado por colegas de trabalho ímpios que tomam continuamente o nome do Senhor em vão; se seu empregador o pressiona a cometer atos antiéticos no trabalho; se seus amigos o desafiam a comprometer sua fé ou sua moralidade; ou se a lei de seu país diz que você não pode ser uma testemunha de seu Senhor ou ler sua Bíblia, então os primeiros seis capítulos de Daniel o guiarão e o consolarão.

Esses capítulos são especialmente valiosos para os adolescentes que devem se opor à pressão dos colegas e à tentação, porque são capítulos que registram as ações de um grupo de adolescentes que foi levado cativo pelo rei Nabucodonosor para a terra da Babilônia. Quando eles começaram sua vida de fé, eles o fizeram com todas as inseguranças que são normais aos adolescentes em um ambiente hostil. Assim como a juventude de hoje deve resistir à pressão dos colegas, das drogas, do sexo ilícito e do ocultismo, esses adolescentes tiveram que adotar uma postura de vida ou morte contra o próprio rei. Daniel e seus amigos adolescentes são talvez os modelos mais fortes e mais encorajadores em toda as Escrituras para a juventude de hoje.

Firmes sob pressão

No capítulo 1, quatro jovens — Daniel, Hananias, Misael e Azarias (respectivamente renomeados Beltessazar, Sadraque, Mesaque e Abede-Nego por seus captores babilônicos) — são pressionados a mudar sua dieta alimentar. Normalmente, a dieta alimentar não seria uma questão particularmente importante, mas Deus já havia instruído esses jovens quanto ao que podiam ou não comer. Os alimentos que Deus havia dito para não comerem eram exatamente os alimentos que os babilônios *exigiam* que comessem como prisioneiros do rei da Babilônia.

O que esses rapazes poderiam fazer? O rei Nabucodonosor era um tirano imensamente poderoso. A Bíblia registra que nenhum rei humano jamais teve ou teria tanta autoridade como o rei Nabucodonosor.

Que tipo de caráter esse rei tinha? Mais tarde em seu reinado, ele demonstra sua absoluta crueldade ao matar os filhos do rei de Judá diante dos olhos do pai deles — então os olhos do pai foram arrancados para que esse horror fosse a última coisa que ele visse. Nabucodonosor fez com que outro homem fosse assado lentamente em uma fogueira. Esse rei era um especialista em tortura; sua imaginação cruel alimentava suas más ações. E a palavra de Nabucodonosor era lei. Então Daniel e seus três amigos enfrentaram esse teste moral sabendo que tinham de cumprir as exigências do rei ou arriscarem-se a morrer por tortura.

O que eles poderiam fazer? Sob tal pressão, deveriam dar ouvidos ao conselho "quando em Roma, faça como os romanos fazem"? É o mesmo argumento que as pessoas usam hoje: "Todo mundo faz". O que haveria de tão errado em comer um sanduíche de presunto com os babilônios? Especialmente se isso o salvasse da tortura e da morte? Quem saberia? Quem se importaria?

Aventurando-se através da Bíblia

No entanto, colocando suas vidas em risco, eles escolheram ficar firmes em honra a Deus. E Deus lhes deu a graça de manter sua posição apesar daquela pressão. Daniel pediu para que ele e seus amigos não recebessem nada além de legumes para comer, e, depois de dez dias, eles pareciam mais saudáveis do que aqueles que se alimentaram da comida do rei.

Como resultado, Daniel e seus amigos foram exaltados e receberam posições de autoridade e de responsabilidade no reino de seu cativeiro. O rei descobriu que a sabedoria e o conselho deles eram superiores aos dos magos e encantadores babilônicos. Essa reviravolta dos eventos nos lembra da maneira como Deus exaltou José no Egito, quando ele manteve sua integridade e obediência a Deus.

Veremos, porém, que a pressão não acaba para esses jovens. Ela continua e se intensifica à medida que avançamos pelo livro de Daniel.

Um sonho perturbador

No capítulo 2, vemos parte da razão pela qual Deus permite que esses jovens sejam submetidos a testes tão intensos. O rei Nabucodonosor sonha uma noite com uma grande estátua de um homem com um corpo estranho. A imagem tinha uma cabeça de ouro, ombros de prata, o ventre e os quadris eram de bronze, pernas de ferro e pés de barro e ferro. Na manhã seguinte, o rei chama os sábios e ordena que lhe deem não só a interpretação, mas também lhe contem o sonho. Se eles falhassem, seriam executados.

É um teste brilhante. Os astrólogos, adivinhos e feiticeiros afirmam ter poder sobrenatural para discernir mistérios e segredos. Bem, se eles realmente têm tais poderes, então certamente podem contar o sonho do rei, bem como interpretá-lo. Se eles não pudessem descrever o sonho, então seriam considerados fraudes. Os chamados homens "sábios" não conseguiram saber o sonho do rei — e foram condenados à morte.

Embora Daniel não tenha sido chamado para interpretar o sonho do rei, ele é considerado um dos sábios do rei, por isso ele está debaixo da ordem de execução também. Daniel pergunta ao capitão da guarda do rei por que ele e os outros seriam executados, e o capitão explica a situação. Daniel suplica pela vida dos outros sábios e pede para ser levado perante o rei para revelar e interpretar o sonho.

Na noite anterior a Daniel comparecer diante do rei, ele e seus três amigos judeus oram juntos, pedindo a Deus misericórdia e uma resposta à pergunta do rei. Mais tarde naquela noite, Deus revela o sonho do rei a Daniel em uma visão.

Assim, no dia seguinte, Daniel se apresenta diante do rei, revela o sonho e o interpreta — e humildemente dá a Deus todo o crédito. "Mas há um Deus no céu", disse Daniel, "o qual revela os mistérios" (2:28). Quando o rei Nabucodonosor ouviu Daniel descrever e interpretar o seu sonho, prostrou-se rosto em terra perante Daniel e honrou a ele e ao seu Deus. "Certamente o vosso Deus é o Deus dos deuses", disse o rei, "e o Senhor dos reis, e o revelador de mistérios, pois pudeste revelar este mistério" (2:47).

Assim, mais uma vez, veio o homem de Deus, provando que ele estava disposto a manter-se firme e obedecer a Deus, apesar da ameaça de tortura e morte. Deus livrou Daniel porque ele confiou no Deus invisível que governa os assuntos humanos visíveis. Essa é a grande lição do livro de Daniel.

426   *As promessas de Deus*

Nabucodonosor dando ordem real aos seus súditos a construção dos Jardins Suspensos da Babilônia (1676), por René-Antoine Houasse

Wikipedia Commons

Como o jovem profeta expressou em sua oração de gratidão:

Seja bendito o nome de Deus, de eternidade a eternidade, porque dele é a sabedoria e o poder; é ele quem muda o tempo e as estações, remove reis e estabelece reis; ele dá sabedoria aos sábios e entendimento aos inteligentes. Ele revela o profundo e o escondido; conhece o que está em trevas, e com ele mora a luz. (2:20-22).

Se você estiver intimamente ligado com o Deus vivo do Universo, você não precisa temer a ira dos reis. O mesmo Deus que criou o mundo é capaz de resolver cada situação e circunstância de sua vida, não importa quão impossível ela possa parecer. Esse mesmo tema é repetido cinco vezes diferentes ao longo desses seis primeiros capítulos de Daniel.

A revelação de Daniel sobre o sonho de Nabucodonosor tem um profundo impacto sobre o rei. O mais poderoso governante do planeta está tão assustado que é forçado a humilhar-se diante de Daniel e reconhecer: "Certamente o vosso Deus é o Deus dos deuses", disse o rei, "e o Senhor dos reis, e o revelador de mistérios, pois pudeste revelar este mistério".

Você pode não perceber, mas você está exatamente na mesma posição que Daniel estava tanto tempo atrás! O mundo vive com a ideia de que não existe Deus ou que, se Ele existe, Ele não tem poder real. Ele não faz nada. Ele não muda a história. Ele não afeta vidas humanas. Ele não entra em situações e faz alguma diferença. Essa é a filosofia do mundo.

Mas, se você andar fielmente, se você obedecer ao que Deus disser, independentemente de ameaças, tentações ou pressão, Ele o colocará em uma posição de destaque. Ele lhe dará o privilégio de abrir os olhos de homens e mulheres para o fato de que Ele existe, que Ele é ativo e está envolvido nos eventos humanos e que *se deve contar com Ele*.

Essa é a mensagem de Daniel para a sua e a minha vida.

Testado pelo fogo

No capítulo 3, temos a história da fornalha ardente. Os jovens hebreus receberam a ordem para se prostrar diante da estátua que Nabucodonosor tinha mandado erguer, uma criação orgulhosa da estátua em seu sonho. Depois que Daniel disse a Nabucodonosor que a cabeça de ouro simbolizava seu reinado, Nabucodonosor ordenou com orgulho que essa estátua fosse erguida na planície de Dura. Era tão alta quanto um foguete de propulsão da NASA.

O rei reuniu a multidão, incluindo esses jovens fiéis, na planície. Todos receberam a ordem para de se curvarem e adorarem a imagem. A fim de "inspirar" a adoração deles, uma grande fornalha foi erguida na outra extremidade da planície. Todos os que se recusassem a se curvar à estátua morreriam no fogo. Uma banda tocava uma variedade de instrumentos — trombeta, flauta, cítara, lira, harpa, gaita de foles. Ao primeiro acorde da banda, todas as pessoas se prostravam e adoravam a imagem.

Como planejado, ao som da música, todos se prostraram e adoraram a imagem. Todos, isto é, exceto três homens — Sadraque, Mesaque e Abede-Nego. Quando esses jovens hebreus foram trazidos à presença de Nabucodonosor, ele ordenou que se prostrassem e adorassem a imagem, mas eles respeitosamente responderam que não podiam.

Se o nosso Deus, a quem servimos, quer livrar-nos, ele nos livrará da fornalha de fogo ardente e das tuas mãos, ó rei. Se não, fica sabendo, ó rei, que não serviremos a teus deuses, nem adoraremos a imagem de ouro que levantaste (3:17,18).

Observe que enquanto eles esperavam que Deus os salvasse — eles acrescentaram, "se não [...] não serviremos a teus deuses". Eles decidiram confiar o destino deles a Deus. Valorizavam a obediência a Deus acima da própria vida. O que quer que acontecesse, mesmo que significasse perecer no fogo, eles não adorariam os deuses babilônios nem a imagem de ouro que Nabucodonosor erigiu.

Esses jovens tinham aprendido que era melhor estar morto e obedecer a Deus do que vivo e desobediente. Um indivíduo se beneficia mais em andar com Deus e morrer com Deus do que viver separado dele. Deus honrou esses homens de uma maneira poderosa, conduzindo-os com segurança através da fornalha.

Portão de Istar, principal entrada da Babilônia, Museu de Pérgamo em Berlim, Alemanha

O rei ordenou que os três homens fossem colocados na fornalha e que ela fosse aquecida sete vezes mais. O fogo estava tão quente que os soldados que os jogaram na fornalha foram mortos por ela. O rei Nabucodonosor olhou para dentro da fornalha e não viu três, mas quatro homens caminhando no fogo — ilesos — "e o quarto", disse ele, "parece um filho dos deuses".

Nabucodonosor chamou os três hebreus e ordenou que saíssem da fornalha. Sadraque, Mesaque e Abede-Nego saíram sãos e salvos, a pele não fora tostada, os cabelos não foram chamuscados e não havia nem mesmo o cheiro de fumaça.

Novamente o rei foi movido a adorar a Deus. "Bendito seja o Deus de Sadraque, Mesaque e Abede-Nego", disse ele, "que enviou o seu anjo e livrou os seus servos, que confiaram nele, pois não quiseram cumprir a palavra do rei, preferindo entregar o seu corpo, a servirem e adorarem a qualquer outro deus, senão ao seu Deus. Portanto, faço um decreto pelo qual todo povo, nação e língua que disser blasfêmia contra o Deus de Sadraque, Mesaque e Abede-Nego seja despedaçado, e as suas casas sejam feitas em monturo; porque não há outro deus que possa livrar como este".

E o rei promoveu a Sadraque, Mesaque e Abede-Nego a posições de mais responsabilidade ainda no reino.

O testemunho do rei

No capítulo 4, testemunhamos a conversão de Nabucodonosor. Mais uma vez, o rei sonha, e novamente Daniel revela e interpreta o sonho. A mensagem do sonho é que o rei será levado à loucura e comerá erva como gado e viverá com os animais selvagens — mas seu reino lhe será devolvido quando reconhecer a Deus, renunciar ao pecado e mostrar bondade aos oprimidos.

Assim como Daniel profetizou, o rei ficou louco por sete anos, comendo erva no campo com os animais. Seu trono foi preservado, mas ele agia como animal. Por que Deus usou esse modo particular de chamar a atenção do rei? Porque Ele queria mostrar o que acontece aos seres humanos que rejeitam a comunhão com o Deus vivo: eles se tornam bestiais e brutais.

Quando a razão do rei lhe foi restabelecida pela graça de Deus, Nabucodonosor emitiu uma declaração de fé: o seu testemunho de como Deus o humilhou, permitiu que ele caísse em loucura e o trouxe de volta à sanidade. Ele concluiu:

Agora, pois, eu, Nabucodonosor, louvo, exalto e glorifico ao Rei do céu, porque todas as suas obras são verdadeiras, e os seus caminhos, justos, e pode humilhar aos que andam na soberba (4:37).

Quem levou o grande rei à sanidade? Deus, é claro. No entanto, Deus escolheu usar Daniel e seus amigos para conquistar o coração do maior rei do maior império que o mundo já viu.

E o Senhor quer usar você e a mim para fazer grandes coisas para Ele também.

A escrita na parede

À medida que o capítulo 5 se inicia, vemos o luxo e licenciosidade do reino da Babilônia. No entanto, em meio a toda essa busca de prazer e egoísmo, Daniel (que viveu durante três reinados) ainda é o primeiro-ministro.

Aventurando-se através da Bíblia

Neste capítulo, Deus usa Daniel para fazer outra interpretação crucial.

No início do capítulo, o rei Belsazar, filho de Nabucodonosor, dá uma festa. O rei, suas esposas e concubinas e seus convidados profanam os cálices de ouro e prata que haviam sido tirados do Templo em Jerusalém. Eles bebem vinho neles e os usam para brindar e louvar seus falsos deuses.

De repente, um dedo humano sem corpo aparece e escreve sobre o gesso da parede, quase matando de susto o rei e seus convidados. O rei chama seus mágicos e astrólogos para decifrar a caligrafia na parede, e Daniel é trazido diante dele. Daniel interpreta a inscrição que diz: *Mene, Mene, Tequel, Peres.* Era um julgamento sobre Belsazar por sua arrogância.

- *Mene:* Contou Deus o teu reino e deu cabo dele.
- *Tequel:* Pesado foste na balança e achado em falta.
- *Peres:* Dividido foi o teu reino e dado aos medos e persas (5:26-28).

Naquela mesma noite, Deus efetua Seu julgamento e Belsazar morre; o rei Dario sobe ao trono.

Esse capítulo apoia a tese de todo o livro: Deus age nos assuntos humanos, e todo aquele que vê além do visível para o invisível e se comporta de acordo descobrirá que Deus fornece toda a força e apoio que é necessário para o sucesso.

Daniel e os leões

O capítulo 6 é mais uma demonstração da provisão de Deus em circunstâncias aparentemente sem esperança; ou seja, a provação de Daniel na cova dos leões. Em um

Dario I (O grande), segurando uma lótus, símbolo da paz e amizade.

esforço para destruí-lo, os rivais ciumentos de Daniel manipulam o rei Dario para emitir um decreto proibindo a qualquer pessoa de orar a qualquer deus ou rei, exceto ao próprio Dario. Eles sabem que é um decreto que Daniel não pode obedecer. Na verdade, Daniel parece se esforçar para ser "apanhado" orando, porque ele ora três vezes ao dia perto de sua janela no andar superior. Uma vez descoberto, os inimigos de Daniel o denunciam ao rei.

O rei Dario estimava Daniel e quando as acusações são trazidas a ele, o rei tenta encontrar uma maneira de livrar Daniel. Mas os inimigos de Daniel lembram o rei que, segundo a lei dos medos e persas, nem mesmo o rei pode mudar seu próprio decreto.

Então o rei, com relutância, envia Daniel à cova dos leões com estas palavras: "O teu Deus, a quem tu continuamente serves, que ele te livre" (6:16). Daniel foi colocado na cova com os leões, e o rei passou a noite incapaz de comer ou dormir. Ao amanhecer, o rei logo foi à cova e chamou por Daniel —

E Daniel respondeu! Ele disse: "Ó rei, vive eternamente! O meu Deus enviou o seu anjo e fechou a boca aos leões, para que não me fizessem dano, porque foi achada em mim inocência diante dele; também contra ti, ó rei, não cometi delito algum" (6:21,22).

Então Daniel foi libertado e o rei Dario emite outro decreto — desta vez exaltando o Deus de Daniel como o único Deus verdadeiro.

A parte profética começa

A parte centrada no futuro começa no capítulo 7 de Daniel com uma visão de quatro animais. Esses quatro animais cobrem o mesmo período de tempo que as quatro divisões da imagem vistas por Nabucodonosor no capítulo 2. Essa imagem tinha uma cabeça de ouro simbolizando o reino babilônico; ombros de prata, o reino Medo-Persa; um tronco de bronze simbolizando o Império Grego; duas pernas de ferro representando as duas divisões do Império Romano; e terminando finalmente em um reino destruído, caracterizado por pés feitos de uma mistura de ferro e argila. Essa grande passagem profética esboça a história dos dias de Daniel a um futuro que ainda está além dos nossos próprios dias, até o fim dos tempos e o retorno de Jesus Cristo.

Enquanto o profeta observa o sonho de Nabucodonosor, ele vê uma pedra, que foi cortada sem o auxílio humano, golpear a imagem nos pés e destruí-la completamente. Os fragmentos são levados pelo vento como palha, mas a pedra cresce para se tornar uma grande montanha que enche toda a Terra (Dn 2:34,35). Isto indica que quando o último reino for destruído por ação divina (não por mãos humanas), inaugurará o reino mundial de Deus e o reinado de Jesus Cristo.

No capítulo 7, então, os quatro animais representam os mesmos reinos, mas do ponto de vista de Deus. Eles não são forças poderosas aos olhos de Deus. Eles são apenas animais rugindo e brigando uns com os outros. Daniel vê essas nações lutando uma contra a outra, e sua luta culmina com o poderoso reinado de um único indivíduo sobre todo o mundo ocidental.

No capítulo 8, vemos o movimento da história ocidental. O carneiro e o bode vêm juntos na batalha — uma imagem, como nos é dito mais tarde no capítulo 11, da conquista de Alexandre, o Grande, e a ascensão do reino selêucida na Síria, em oposição aos Ptolomeus no Egito. Estas duas famílias ocuparam o centro da história por séculos depois do tempo de Daniel — uma luta poderosa entre a Síria e o Egito, com o pequeno Israel no meio. A batalha cresce em violência, e hoje Israel continua a ser a terra mais disputada na imobiliária do mundo. Mais batalhas aconteceram na terra de Israel do que em qualquer outro lugar na face da Terra, e a última grande batalha — a batalha do Armagedom — será travada nessa região.

Em meio a essa profecia, Daniel derrama seu coração a Deus em oração no capítulo 9. A resposta a sua oração, na última parte do capítulo, é uma das profecias mais notáveis na Bíblia: a profecia das 70 semanas. Este é o

Aventurando-se através da Bíblia

cronograma da profecia a respeito da nação de Israel. Ele nos dá um princípio que tem sido chamado de "Grande Parêntese": a interpretação bíblica propondo que Deus interrompeu Seu plano para Israel e inseriu esta era presente na qual vivemos entre a primeira e a segunda vinda do Senhor Jesus.

Esse período indeterminado, que já se estendeu por cerca de 2 mil anos, situa-se entre a sexagésima nona semana de anos e a septuagésima semana da profecia de Daniel. A septuagésima semana, que durará sete anos, ainda está para ser cumprida para Israel. Quando lemos isso, percebemos que é exatamente o que o livro do Apocalipse e outras passagens proféticas chamam de "a grande tribulação", o tempo de luta para Jacó. Ela está por vir. Está separada das outras 69 semanas e ainda está para ser cumprida.

A realidade invisível

O capítulo 10 lança luz sobre a realidade invisível que está além deste mundo visível. Esta é outra grande revelação do governo soberano de Deus nos assuntos da humanidade — e é a explicação para os acontecimentos da história. O que causa os eventos que acontecem em nosso mundo hoje? Claramente, há forças invisíveis em ação, e essas forças são reveladas a Daniel.

Quando o capítulo se inicia, Daniel reúne alguns de seus amigos ao lado do rio Tigre para uma reunião de oração. Ele quer buscar a vontade de Deus, enquanto se prepara para mobilizar seu povo para retornar a Israel. Enquanto oram, algo surpreendente acontece:

No dia vinte e quatro do primeiro mês, estando eu à borda do grande rio Tigre,

levantei os olhos e olhei, e eis um homem vestido de linho, cujos ombros estavam cingidos de ouro puro de Ufaz; o seu corpo era como o berilo, o seu rosto, como um relâmpago, os seus olhos, como tochas de fogo, os seus braços e os seus pés brilhavam como bronze polido; e a voz das suas palavras era como o estrondo de muita gente (10:4-6).

Quem é essa figura incrível? Somos lembrados da experiência que o apóstolo João teve na ilha de Patmos no início do livro do Apocalipse:

...e, no meio dos candeeiros, "um semelhante a filho de homem", com vestes talares e cingido, à altura do peito, com uma cinta de ouro. A sua cabeça e cabelos eram brancos como alva lã, como neve; os olhos, como chama de fogo; os pés, semelhantes ao bronze polido, como que refinado numa fornalha; a voz, como voz de muitas águas. Tinha na mão direita sete estrelas, e da boca saíalhe uma afiada espada de dois gumes. O seu rosto brilhava como o sol na sua força (Ap 1:13-16).

Tanto para Daniel no rio Tigre quanto para João na ilha de Patmos uma cortina cai — a cortina que os separava do reino espiritual invisível com sua guerra invisível. Daniel e João puderam realmente ver Aquele a quem estavam orando momentos antes. Aquela Pessoa estava lá o tempo todo. Ele não apareceu de repente. Porém, Ele era invisível até que a cortina caiu e os olhos deles foram abertos. Creio que inquestionavelmente é o

Senhor Jesus Cristo que se revela em Daniel 10 e Apocalipse 1.

O profeta Daniel está sendo preparado para aprender algo notável do homem vestido de linho: a lição no mistério da oração. O homem diz:

Não temas, Daniel, porque, desde o primeiro dia em que aplicaste o coração a compreender e a humilhar-te perante o teu Deus, foram ouvidas as tuas palavras; e, por causa das tuas palavras, é que eu vim. Mas o príncipe do reino da Pérsia me resistiu por vinte e um dias; porém Miguel, um dos primeiros príncipes, veio para ajudar-me, e eu obtive vitória sobre os reis da Pérsia. Agora, vim para fazer-te entender o que há de suceder ao teu povo nos últimos dias; porque a visão se refere a dias ainda distantes (10:12-14).

Nesse momento, aparece um segundo ser, um anjo enviado para ajudar Daniel, descrito apenas como "semelhante a um homem". Ele toca em Daniel e o ajuda a se levantar. O Novo Testamento nos diz que os anjos são "espíritos ministradores, enviados para serviço a favor dos que hão de herdar a salvação" (Hb 1:14). Eles estão à disposição de Deus, ajudando Seu povo e realizando Sua vontade na Terra.

Certa vez, ouvi a história de um soldado na Guerra do Vietnã cuja vida foi salva quando uma bala inimiga foi interrompida por uma cópia do Novo Testamento e dos Salmos que ele carregava no bolso. A bala passou pelos quatro evangelhos, Atos, Epístolas e Apocalipse, parando no Salmo 91 — a passagem que afirma:

Não te assustarás do terror noturno, nem da seta que voa de dia [...]. Porque aos seus anjos dará ordens a teu respeito, para que te guardem em todos os teus caminhos (Sl 91:5,11).

Não foi por acaso. Isso foi um anjo. O ministério invisível dos anjos acontece continuamente, embora não tenhamos consciência de sua atividade em nossa vida.

Daniel 10:2 nos diz que Daniel passou três semanas em jejum e oração. Quando o homem vestido de linho apareceu, ele disse: "Não temas, Daniel, porque, desde o primeiro dia em que aplicaste o coração a compreender e a humilhar-te perante o teu Deus, foram ouvidas as tuas palavras; e, por causa das tuas palavras, é que eu vim. Mas o príncipe do reino da Pérsia me resistiu por vinte e um dias". Em outras palavras, Deus ouviu a oração de Daniel no primeiro dia e enviou uma resposta, mas a resposta que Daniel buscava foi adiada enquanto o homem vestido de linho batalhava com o príncipe-demônio da Pérsia por três semanas.

A lição aqui é que, quando oramos, a resposta está a caminho no minuto em que começamos a pedir. A resposta pode não chegar instantaneamente porque Deus está trabalhando em todas as circunstâncias que devem ser alteradas para que essa oração seja respondida. Contudo, Deus responde de imediato à oração. Ela não é (como geralmente pensamos) o meio de forçar Deus fazer a nossa vontade. Em vez disso, a oração é o meio pelo qual nos alistamos na emocionante atividade de Deus, na realização de Seu plano para o mundo.

Deus deseja nosso envolvimento em Seu plano eterno. O Senhor quer que peçamos

Aventurando-se através da Bíblia

a Ele que faça o que Ele diz que fará — e, muitas vezes, Ele não o fará a menos que lhe peçamos. É por isso que Tiago diz: "Nada tendes, porque não pedis" (Tg 4:2). Se você pedir, Deus fará o que Ele prometeu.

Embora a resposta de Deus à oração seja imediata, os atrasos são possíveis. Por quê? Em parte, porque vivemos em um mundo corrompido, que está infestado de espíritos caídos — demônios — que se opõem à obra de Deus. Esses espíritos malignos estão relacionados com as nações da Terra. Uma vez que compreendemos que os acontecimentos que lemos nos jornais estão sendo acionados por anjos guerreiros nos bastidores da história; as ações malignas no mundo — da violência nas ruas aos tumultos, ao terrorismo e às guerras entre nações —, tudo se torna mais fácil de entender.

Como Paulo nos diz: "porque a nossa luta não é contra o sangue e a carne, e sim contra os principados e potestades, contra os dominadores deste mundo tenebroso, contra as forças espirituais do mal, nas regiões celestes" (Ef 6:12). Isso é o que o homem vestido de linho e o anjo dizem a Daniel: Por trás dos assuntos terrenos está uma hierarquia invisível do mal, que tem autoridade sobre os reinos. Sem dúvida, existem anjos maus que têm autoridade sobre as nações de nosso mundo hoje, causando problemas, buscando frustrar o plano eterno de Deus.

O capítulo 11 é um dos capítulos mais notáveis da Bíblia. Registra uma profecia que, na maior parte, já foi cumprida em detalhes. Ele anuncia a luta entre o rei da Síria ("o rei do Norte") e o rei do Egito ("o rei do Sul") que aconteceu depois do tempo de Daniel. Esses eventos históricos estão descritos em grande detalhe e cobrem 200 ou 300 anos de história. Muitas figuras históricas proeminentes estão previstas aqui, incluindo Cleópatra, "a filha do rei do Sul" (11:6).

Esses dois reinos, Egito e Síria, lutaram um contra o outro por cerca de 130 anos. O pobre Israel ficou entre eles e se tornou o campo de batalha desses exércitos. Jerusalém foi capturada e saqueada por ambos os lados várias vezes durante todo o conflito. Viver em Jerusalém naqueles dias era como o trigo sendo triturado entre duas pedras de moinho.

Deus nos dá o relato desses reinos por causa do envolvimento involuntário de Israel. Deus está primordialmente interessado em Israel e, por causa dele, Ele nos dá essa profecia detalhada que a história confirmou em cada detalhe.

A septuagésima semana

Chegamos a uma pausa interessante em Daniel 11, onde o anjo diz:

Alguns dos sábios cairão para serem provados, purificados e embranquecidos, até ao tempo do fim, porque se dará ainda no tempo determinado. Este rei fará segundo a sua vontade, e se levantará, e se engrandecerá sobre todo deus; contra o Deus dos deuses falará coisas incríveis e será próspero, até que se cumpra a indignação; porque aquilo que está determinado será feito (11:35,36).

Aqui começamos a discussão sobre a septuagésima semana de Daniel, o período da tribulação que ainda está para se cumprir — os últimos dias, o arranjo final dos reinos da

434

As promessas de Deus

Terra pouco antes do retorno de Jesus Cristo. Essa passagem prevê uma invasão da Palestina e um contra-ataque do Egito no sul, e então a reunião de dois grandes exércitos na terra de Israel e a destruição final desses exércitos entre os montes de Israel. Esse é o mesmo evento descrito em Ezequiel 38–39 e Joel 2.

O início do capítulo 12 apresenta o maior acontecimento da história ainda a ser cumprido: a segunda vinda de Cristo. Esse evento é revelado em linguagem simbólica e é descrito da seguinte forma:

Nesse tempo, se levantará Miguel, o grande príncipe, o defensor dos filhos do teu povo, e haverá tempo de angústia, qual nunca houve, desde que houve nação até àquele tempo; mas, naquele tempo, será salvo o teu povo, todo aquele que for achado inscrito no livro (12:1).

Isso é seguido por uma ressurreição em massa:

Muitos dos que dormem no pó da terra ressuscitarão, uns para a vida eterna, e outros para vergonha e horror eterno (12:2).

Então vem o julgamento final de Deus:

Os que forem sábios, pois, resplandecerão como o fulgor do firmamento; e os que a muitos conduzirem à justiça, como as estrelas, sempre e eternamente. Tu, porém, Daniel, encerra as palavras e sela o livro, até ao tempo do fim; muitos o esquadrinharão, e o saber se multiplicará (12:3,4).

Muitos estudiosos da Bíblia entendem isso como uma indicação de que, à medida que nos aproximamos dos últimos dias, conforme descrito nessa passagem, os meios de transporte, informação e conhecimento aumentarão rapidamente. Claramente, nesta era de viagens a jato, mídia de massa e internet, vemos o cumprimento dessa profecia.

O choque entre o bem e o mal

Nesta última seção, capítulo 12, Daniel faz perguntas ao anjo que lhe revelou estas coisas. Em troca, lhe é permitido entender que existem duas grandes forças em ação no mundo: o bem e o mal. Você e eu muitas vezes ouvimos pessoas discutindo acontecimentos atuais, com comentaristas de jornais e outros constantemente derramando em nossos ouvidos relatos de acontecimentos terríveis e assustadores. Muitas vezes as pessoas perguntam: "O que está acontecendo? O que está acontecendo neste mundo? A situação mundial está se agravando gradualmente ou melhorando progressivamente?".

Algumas pessoas afirmam que a humanidade está progredindo, que a educação está avançando e que a tecnologia está tornando a vida cada vez melhor. Outros afirmam de forma ainda mais convincente que o avanço da tecnologia só nos dá maneiras mais avançadas de nos matar, de tirar a privacidade e a liberdade, de complicar nossa vida e tirar nossa humanidade.

Contudo, o livro de Daniel deixa claro que nunca entenderemos a obra e a Palavra de Deus até que aceitemos a realidade da disputa entre o bem e o mal: o fato de que as forças do mal guerreiam contra Deus nos bastidores

Aventurando-se através da Bíblia

435

da história. Como o homem vestido de linho diz a Daniel:

> *Vai, Daniel, porque estas palavras estão encerradas e seladas até ao tempo do fim. Muitos serão purificados, embranquecidos e provados; mas os perversos procederão perversamente, e nenhum deles entenderá, mas os sábios entenderão* (12:9,10).

Hoje o mal está mais difundido do que nunca. Nossa era atual, com duas guerras mundiais durante o século passado, ataques genocidas à humanidade, a propagação do terrorismo e a proliferação de armas de destruição em massa, é a época mais bárbara e sangrenta da história humana. O mal de nossa era está espalhado e Satanás motivado.

No entanto, contra esse cenário escuro, a piedade e o bem se destacam ainda mais claramente. A justiça de Deus, encarnada em Seu povo, vivida por Suas testemunhas obedientes, contrasta fortemente com a imoralidade e o mal desta era.

Essas duas forças contrastantes atuam na sociedade humana e nenhuma delas dominará a outra até o fim da era. Tanto o bem quanto o mal caminham para um conflito final. A Bíblia registra em várias passagens que, num momento exato da história, Deus intervirá diretamente nos assuntos humanos. Haverá um choque final e decisivo entre esses dois princípios contrastantes, o bem *versus* o mal. Sobre esse conflito, o homem vestido de linho diz:

> *Depois do tempo em que o sacrifício diário for tirado, e posta a abominação desoladora,*
> *haverá ainda mil duzentos e noventa dias. Bem-aventurado o que espera e chega até mil trezentos e trinta e cinco dias. Tu, porém, segue o teu caminho até ao fim; pois descansarás e, ao fim dos dias, te levantarás para receber a tua herança* (12:11-13).

Em última análise, todas as nações e todas as pessoas servem a Deus. Alguns o servem voluntariamente e alguns sem querer e sem vontade. Mesmo que um rei renuncie a Deus dez vezes, nosso Deus é soberano. Seu plano eterno não pode falhar. Ele traz todos os acontecimentos, todas as escolhas humanas e todo o caos satânico sob Seus propósitos. Nabucodonosor, Dario, Alexandre, Cleópatra, César, Herodes, Caifás, Pôncio Pilatos, Stalin, Hitler, Mao, Khruschev e Saddam — nenhum desses líderes pôde resistir à vontade de Deus nem interferir em Seu plano. Os propósitos de Deus acontecem irresistivelmente através do tempo e do espaço, abrangendo bilhões de vidas, incluindo a sua e a minha.

A escolha que você e eu devemos fazer é a escolha entre ser instrumentos voluntários nas mãos de Deus — ou involuntários. Escolhemos receber as bênçãos da obediência ou o julgamento que vem por causa da rebelião? A boa notícia de Daniel é que Deus está vivo e agindo nos assuntos das pessoas e das nações. Não precisamos temer os homens maus ou as nações más. Os leões não podem nos consumir, a fornalha ardente não pode nos queimar, os tiranos não podem nos separar do amor do Rei Jesus.

À medida que entramos nos últimos dias que Daniel descreve nessa profecia, que possamos caminhar corajosa e triunfalmente na força do nosso Deus.

PERGUNTAS PARA DISCUSSÃO

DANIEL
A caminho do futuro

1. O autor escreve: "Você simplesmente não pode se sentar com os livros de Daniel ou Apocalipse e lê-los como um romance. Você tem que estudá-los, levando toda a Bíblia em consideração, a fim de interpretar os símbolos nesses livros. Este é um dos "cadeados" que Deus colocou nesses livros para afastar as mentes meramente curiosas e que procuram sensações de desvendar os segredos sagrados de Sua agenda futura". Se Deus colocou "cadeado" no livro de Daniel, qual é a chave? Por que vale a pena separar tempo para destrancar o "cadeado" deste livro?

2. Em Daniel 1, os babilônios pressionaram Daniel, Hananias, Misael e Azarias a mudar sua dieta alimentar, mas os jovens se recusaram, arriscando suas vidas. Por que essa dieta alimentar era tão importante para eles? O que você teria feito se estivesse na situação deles?

3. Leia Daniel 3, a história do ídolo de ouro e da fornalha ardente. Que percepções você ganha com essa história sobre como enfrentar a pressão, a oposição, a tentação e a perseguição? Como você pode aplicar essas percepções a sua própria vida?

4. O autor escreve: "Se você estiver intimamente ligado com o Deus vivo do Universo, você não precisa temer a ira dos reis... [Deus] é capaz de resolver cada situação e circunstância de sua vida, não importa quão impossível ela possa parecer". Você concorda ou discorda com essa afirmação ao se aplicar a sua própria vida? Você acredita que pode confiar em Deus para resolver todas as circunstâncias de sua vida, incluindo as circunstâncias aparentemente impossíveis? Por quê?

5. Em Daniel 6, na história de Daniel na cova dos leões, os inimigos de Daniel manipularam o rei Dario fazendo-o emitir um decreto destinado a prender e destruir o profeta, e o rei tolamente se permite ser manipulado. Se você estiver em uma posição de liderança, você deve estar ciente de que as pessoas podem tentar manipulá-lo para seus próprios fins e forçá-lo a praticar ações das quais se arrependerá mais tarde. Se você estiver em um cargo de liderança, que lições você pode aprender com os erros do rei Dario? Que lições de liderança você pode aprender com a coragem e a obediência audaciosa de Daniel?

Aventurando-se através da Bíblia

Aplicação pessoal

6. O autor diz: "se você andar fielmente, se você obedecer ao que Deus disser, independentemente de ameaças, tentações ou pressão, Ele o colocará em uma posição de destaque. Ele lhe dará o privilégio de abrir os olhos de homens e mulheres para o fato de que Ele existe, que Ele age e está envolvido nos eventos humanos, e que deve-se contar com Ele". Você já experimentou este princípio em ação? Alguma vez você, como resultado de sua fidelidade e obediência a Deus, recebeu uma oportunidade de serviço ou testemunho que você não teria conseguido de outra maneira? Explique sua resposta.

7. Em Daniel 10:2, o autor nos diz: "Daniel passou três semanas em jejum e oração. Quando o homem vestido de linho apareceu, ele disse: 'Não temas, Daniel, porque, desde o primeiro dia em que aplicaste o coração a compreender e a humilhar-te perante o teu Deus, foram ouvidas as tuas palavras; e, por causa das tuas palavras, é que eu vim. Mas o príncipe do reino da Pérsia me resistiu por vinte e um dias'. Em outras palavras, Deus ouviu a oração de Daniel no primeiro dia e enviou uma resposta — mas a resposta que Daniel buscava foi adiada enquanto o homem de linho batalhava com o príncipe-demônio da Pérsia por três semanas".

Que lições podemos aprender deste incidente sobre nossas próprias orações? Compare esta passagem com Efésios 6:12. Que lições podemos aprender sobre a batalha invisível que chamamos de batalha espiritual? Essa história o encoraja ou o desencoraja em sua fé? Explique sua resposta.

8. Você acredita que estamos nos "últimos dias"? Será que o pensamento de que estes podem ser momentos importantes (como profetizado em Daniel e Apocalipse) o tornam desejoso e encorajado ou ansioso e deprimido? Explique sua resposta. Que passos você pode dar esta semana para ficar mais entusiasmado e esperançoso com o pensamento do retorno do Senhor?

Observação: Para um estudo mais aprofundado das profecias de Jesus e o livro do Apocalipse (com percepções das profecias de Daniel), leia: *What on Earth is Happening? What Jesus Said about the End of the Age* [O que é isso que está acontecendo? O que Jesus disse sobre o fim dos tempos], escrito por Ray C. Stedman (Discovery House Publishers, 2003); *God's Final Word: Understanding Revelation* [A palavra final de Deus: Entendendo o Apocalipse], escrito por Ray C. Stedman (Discovery House Publishers, 1991).

OSEIAS

CAPÍTULO 35

O amor e a noiva infiel

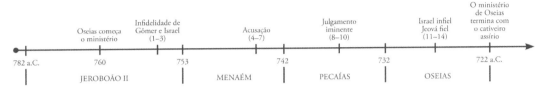

(Oseias data seu ministério de acordo com os reis de Judá, mas ministra a Israel)
—Contemporâneo de Amós—

Enquanto estava na Inglaterra alguns anos atrás, conheci um clérigo anglicano que me contou sobre suas experiências durante a batalha da Grã-Bretanha na Segunda Guerra Mundial. "O que mais me incomodou", disse ele, "foram as placas nas praças públicas em relação ao recrutamento. Elas diziam: 'Todas as pessoas devem se inscrever para o treinamento, exceto mulheres, crianças, idiotas e clérigos'. Como clérigo, não me importei tanto em ser incluído naquela lista, mas gostaria que eles tivessem, pelo menos, me colocado à frente dos idiotas!"

É aqui que o profeta Oseias se encontra. Ele é um pregador cujo público é educado em sua frente, mas o trata com desprezo pelas costas. Sua mensagem é recebida com risos de escárnio. Ele é considerado bom, mas inofensivo, na mesma lista com os idiotas. É assim que as pessoas frequentemente tratam os pregadores.

Oseias, entretanto, não é a pessoa legal e, no entanto, inofensiva, que todos pensam que ele seja. Ele é uma figura imponente nas Escrituras, e sua história e mensagem merecem nossa atenção hoje, assim como em seus próprios dias. Oseias falou de julgamento, da disciplina da nação de Israel e advertiu que Deus enviaria a nação assíria para destruí-los. O povo o desafiou e o acusou de caracterizar Deus como uma divindade vingativa e zangada.

Oseias tentou explicar o amor de Deus a eles — o amor genuíno é também um amor rígido e disciplinador. Esse Deus de amor rígido queria que as pessoas vissem o que elas estavam fazendo a si mesmas. Se a única maneira que Ele pudesse fazê-los escutar fosse tornar a vida difícil para eles, Ele faria isso.

O povo reagiu exatamente como reage hoje quando se fala sobre o amor exigente de Deus. Na verdade, eles culparam Deus e disseram: "Se Deus é realmente um Deus de amor, então por que Ele permite que as coisas se tornem tão confusas? Como um Deus de amor poderia mandar um inimigo implacável

> **OBJETIVOS DO CAPÍTULO**
>
> Neste capítulo, examinamos a obediência de Oseias, que ilustra o amor de Deus pelo infiel Israel ao casar-se com uma mulher ímpia. Nesta história, vemos também o relacionamento entre o Senhor Jesus e os Seus, às vezes, seguidores pecadores e desviados na igreja, a Noiva de Cristo.

Aventurando-se através da Bíblia 439

como os assírios sobre nossa terra? Se Deus realmente nos ama, Ele irá desculpar nossos pecados, não nos disciplinar".

Parece familiar, não é mesmo? Claramente, o livro de Oseias é um livro para hoje.

Oseias é o primeiro dos doze "profetas menores" do Antigo Testamento. Eles são chamados menores, não porque sua mensagem seja menos importante, mas simplesmente devido à extensão do seu conteúdo. Evito fazer uma forte distinção entre os profetas maiores e os menores, porque não quero perpetuar a ideia equivocada de que esses doze livros curtos, mas poderosos, sejam menos relevantes do que os outros livros da Bíblia. Cada um contém uma poderosa mensagem de transformação para a nossa vida conturbada.

A estranha ordem que Deus dá Oseias

Oseias era um jovem pregador enviado ao Reino do Norte — à nação de Israel. Ele foi contemporâneo dos profetas Isaías e Amós, e compôs este livro por volta de 755 a 715 a.C. Oseias viveu, como é dito no primeiro versículo, durante os reinados de Uzias, Jotão, Acaz e Ezequias — reis de Judá, o Reino do Sul, e durante o reinado de Jeroboão, filho de Jeoás, o rei de Israel.

Jeroboão foi um dos reis iníquos de Israel. Como tal, a nação estava em um triste estado moral e espiritual quando Oseias pregou. As pessoas estavam ocupadas demais vivendo de maneira hedonista para pensar muito em Deus. Elas não se consideravam pessoas rebeldes. Em vez disso, elas provavelmente diziam o que a maioria de nós diz: "Minha vida é tão ocupada. Gostaria de ter mais tempo para Deus, mas tenho muito que fazer agora". O

espírito está disposto, mas a carne está pronta para o fim de semana.

Esta é a atitude cultural que se opõe a Oseias, por isso não é de estranhar que ele esteja desanimado quando o encontramos no capítulo de abertura. Em seu desânimo, ele vai a Deus, e Deus lhe dá instruções estranhas. Pode ter soado algo assim: "Oseias, quero que você se case". Oseias, sendo solteiro, provavelmente se animou um pouco ao ouvir isso.

Então Deus disse: "Escolhi uma mulher para você". Quando Ele mencionou seu nome, Oseias provavelmente sentiu um grande entusiasmo porque a mulher com quem Deus lhe tinha dito para se casar era Gômer, a mulher mais linda de Israel. Sem dúvidas, Oseias ficou interessado.

Mas havia uma questão. Deus então disse a Oseias: "Você precisa saber toda a história sobre esta mulher. Depois que você se casar com ela, ela será infiel a você. Mas eu quero que você se case com ela assim mesmo".

Oseias deve ter ficado confuso com a estranha ordem de Deus. O Senhor faz coisas inexplicáveis às vezes, e descobrimos rapidamente que Seus caminhos não são os nossos caminhos.

Nomes significativos

"Sua esposa se tornará uma prostituta de rua comum", continuou Deus, "mas ela lhe dará três filhos — dois meninos e uma menina. E quando eles nascerem, eu mesmo quero dar os nomes a eles". Oseias, então, começou a entender um pouco do que Deus estava fazendo. Ele sabia que era costume em Israel ensinar através de símbolos e que os nomes são símbolos muito importantes. Deus frequentemente usava os significados

O LIVRO DE OSEIAS

A esposa adúltera de Oseias (Oseias 1–3)

O casamento de Oseias com Gômer...1

O adultério de Gômer..2

A restauração de Gômer por meio de Oseias, o marido amoroso e fiel..............3

O povo adúltero de Deus, Israel (Oseias 4–14)

O adultério-idolatria de Israel 4–5

A recusa de Israel em se arrepender 6–8

Israel julgado por Deus 9–10

A restauração de Israel através do amor e fidelidade do Senhor.................11–14

dos nomes para ensinar certas verdades a Israel. E agora Deus estava planejando usar esse profeta e sua família como uma lição objetiva para Israel.

Mais ou menos na mesma época, o amigo de Oseias, Isaías, no Reino do Sul de Judá, estava passando por uma experiência semelhante. Isaías também teve dois filhos que receberam nomes significativos. O nome do menino mais velho (você está preparado para isto?) era Maher-Shalal-Hash-Baz — um nome que significa "Rápido-Despojo-Presa-Segura". Foi a maneira profética de Deus dizer ao povo de Israel que eles estavam em grandes apuros. O nome do menino mais novo era Sear-Jasube, que significa "Um-Resto-Volverá". Essa foi a promessa de Deus a Israel de que, mesmo que a nação fosse levada para o cativeiro, um remanescente voltaria. Através dos nomes dos

dois filhos de Isaías, Deus deu a Israel uma advertência sobre problemas e uma promessa reconfortante de que um remanescente retornaria. Da mesma forma, os nomes dos filhos de Oseias seriam significativos.

Em obediência ao que Deus lhe havia dito, Oseias iniciou o cortejo. Gômer foi atraída a esse jovem e concordou em se casar com ele. No início, o casamento deles era o paraíso na Terra. Oseias amava essa mulher. Não se consegue ler a profecia sem ver isso. Eles devem ter sido maravilhosamente felizes juntos.

Então, eles tiveram seu primeiro filho. Era um menino, como Deus havia dito. O coração de Oseias não cabia nele, e ele consultou Deus para saber o nome do menino. Deus chocou Oseias dizendo-lhe que o nome do menino deveria ser Jezreel, significando "lançado fora" — um nome de vergonha em Israel.

Aventurando-se através da Bíblia

Em 2 Reis 9:30-37, encontra-se a história da iníqua rainha Jezabel, que é julgada por Deus, atirada de uma janela, arremessada para a morte em um pátio e comida por cachorros. O nome desse pátio daquele dia em diante era Jezreel, um nome de desgraça — e o mesmo nome do filho primogênito de Oseias. O nome Jezreel era uma advertência para que o povo deixasse seus pecados e práticas abomináveis, ou eles seriam "lançados fora". Eles não seriam mais Israel; eles seriam Jezreel.

Mais tarde, outra criança nasceu de Oseias e Gômer: uma filha a quem Deus chamou *Desfavorecida* (Lo-Ruama). O nome significa "não amada". Imagine dar o nome para sua bebê de "não amada". O nome significava que Deus não teria mais misericórdia e amor por Seu povo se eles continuassem com sua teimosa rebeldia. Sua paciência estava se esgotando. Chegava o tempo em que Ele não lhes oferecería misericórdia, mas os entregaria aos exércitos invasores.

Quando essa menina foi desmamada, Gômer concebeu novamente e deu à luz um terceiro filho, um menino que Deus chamou "Não meu povo" (Lo-Ami). Deus estava advertindo Israel de que eles não eram Seu povo. Deus havia dito que daria esses nomes a essas crianças como um sinal para Seu povo, mas viria um dia de restauração:

"Compadecer-me-ei da 'Desfavorecida'; e a 'Não-Meu-Povo' direi: 'Tu és o meu povo!' Ele dirá: 'Tu és o meu Deus!'" (Os 2:23). Mesmo enquanto Deus estava pronunciando o julgamento, Ele estava oferecendo e demonstrando Seu amor e graça.

Uma história de vergonha e redenção

Depois disso, não houve mais crianças na casa de Oseias. Gômer começou a cumprir a triste previsão que Deus tinha feito quando disse a Oseias que se casasse com ela. Que desgosto deve ter sido para esse jovem pregador ao ouvir os sussurros que circulavam sobre sua esposa. Talvez seus próprios filhos mencionassem que homens vinham à casa enquanto papai estava ausente. Logo as crianças foram deixadas sem cuidados, enquanto Gômer se envolvia com outros homens.

Um dia, Oseias voltou para casa e encontrou um bilhete de Gômer: ela o deixou com as crianças para ficar com o homem que realmente amava.

Ilustração de Oseias e Gomer, *Bible Historiale* (1372).

Por volta desta época, a pregação de Oseias assumiu um novo tom. Ele ainda advertia sobre o julgamento que viria e que Deus enviaria os assírios para invadir a terra, mas não mais anunciava estrondosamente. Ele lhes falava com lágrimas. E começou a falar de um dia em que o amor finalmente triunfaria, quando a amarga lição de Israel seria aprendida e a nação voltaria para Deus.

A esposa infiel de Oseias tornou-se uma lição vívida e chocante do que estava para acontecer em Israel. O desdobramento foi algo assim: enquanto Gômer passava de homem para homem, finalmente ela caiu nas mãos de um homem que era incapaz de pagar por sua comida e roupas. É como se seu primeiro amante lhe tivesse dado uma estola de visom, mas este outro a fez vestir-se em farrapos retirados do lixão da cidade.

A notícia de seu estado miserável chegou ao profeta Oseias e ele procurou o homem com quem ela vivia. Ele sabia onde poderia encontrá-lo: na taverna local. Quando encontrou esse homem, ele perguntou:

—Você é o homem que está vivendo com Gômer, filha de Diblaim?

O homem deve ter dito:

—Se isso é de sua conta, sou eu.

—Bem, eu sou Oseias, disse o profeta, o marido dela.

Seguiu-se um momento tenso. Então o homem respondeu que não tinha feito nada de errado e não queria nenhum problema. Assim respondeu Oseias:

—Ouça, não estou interessado em causar nenhum problema. Mas sei que você precisa de dinheiro. Quero que você pegue este dinheiro e compre para Gômer algumas roupas e cuide para que ela tenha bastante comida. Se precisar de mais, darei a você.

O homem provavelmente pensou: "Não há tolo como um velho tolo. Se esse coitado quiser ajudar a pagar suas despesas, está bom para mim!" Então ele pegou o dinheiro e comprou alguns mantimentos para Gômer e foi para casa.

Você também pode dizer: "Que coisa tola para se fazer!". Mas quem pode explicar os motivos do amor? O amor tem suas razões que a própria razão desconhece. Portanto, Oseias agiu com base no amor. Ele provavelmente observou de longe para ver a mulher que amava sair correndo pela porta para pegar os mantimentos dos braços desse homem — os presentes do próprio amor de Oseias.

Não sabemos quanto tempo durou essa situação. Mas finalmente chegou a notícia a Oseias de que a mulher que ele amava estava para ser vendida no mercado de escravos. O homem com quem Gômer morava estava cansado dela e queria conseguir algum dinheiro por ela. O profeta, de coração abatido, chorou diante de Deus, e o Senhor lhe disse:

Vai outra vez, ama uma mulher, amada de seu amigo e adúltera, como o Senhor ama os filhos de Israel, embora eles olhem para outros deuses e amem bolos de passas (3:1).

Podemos imaginar a cena enquanto Oseias vai para o mercado. Ele vê sua esposa trazida e colocada no local de leilão. Ela está despida e envergonhada diante da multidão. Os lances começam. Alguém oferece três peças de prata e Oseias levanta para cinco. Alguém sobe para oito e Oseias oferece dez. Alguém vai para onze e Oseias oferece doze. Por fim, Oseias

Aventurando-se através da Bíblia

443

oferece quinze peças de prata e um ômer e meio de cevada. O martelo do leiloeiro bate, e Oseias resgata sua esposa.

Ele a desce do local do leilão, veste-a, e amorosamente a leva para casa. Então lemos um dos versículos mais ternos e belos da Bíblia:

> *...e lhe disse: tu esperarás por mim muitos dias; não te prostituirás, nem serás de outro homem; assim também eu esperarei por ti* (3:3).

Ele promete seu amor a ela novamente. Ela caiu na sarjeta da vergonha, da desgraça e da pobreza, mas o amor firme e incondicional de Oseias amolece seu coração obstinado e a ergue novamente. Daí em diante, Gômer é fiel a Oseias.

No restante do livro, Oseias descreve o efeito dessa história sobre a nação de Israel. Deus disse ao povo: "Como te deixaria?". Ele lhes lembrou do Seu amor por eles todos esses anos mesmo quando lhe viraram as costas. É uma história do amor redentor de Deus por um povo que se vendeu ao pecado, escravidão, pobreza e vergonha.

Esta é a história muito semelhante a que lemos no Novo Testamento, na qual Jesus vem e paga o preço por nossa redenção. Por quê? Para que Ele possa tirar Sua noiva, a Igreja, do local de leilão de Satanás e da escravidão, e para que Ele possa restaurá-la a um lugar de honra e fidelidade.

As profecias de Oseias

Encontramos algumas notáveis previsões em Oseias. Seguindo a história da vida de Oseias e sua noiva infiel, Deus diz sobre o povo de Israel:

> *Porque os filhos de Israel ficarão por muitos dias sem rei, sem príncipe, sem sacrifício, sem coluna, sem estola sacerdotal ou ídolos do lar* (3:4).

Essa profecia ainda está sendo cumprida hoje. O povo de Israel viveu muitos dias — na verdade, muitos séculos — sem um rei. Desde a destruição de Jerusalém, em 70 d.C., pelas mãos do general Tito de Roma, Israel está sem um rei ou um príncipe, sem ninguém que tenha o direito incontestável de governar sobre a nação.

Israel também vive sem sacrifício. Quando os judeus do mundo celebram a Ceia da Páscoa, eles se lembram da ceia instituída no Egito quando Israel foi libertado da mão do Faraó. Deus disse a Israel que cada vez que eles comessem a Páscoa, eles deveriam matar um cordeiro. Mas há 2 mil anos os judeus não matam um cordeiro. Por que não? Por que eles oferecem um osso, um osso queimado para um sacrifício?

Deus disse que viveriam muitos dias sem sacrifício, e, desde a destruição do Templo, nunca houve sacrifício em Israel, nem estola sacerdotal ou ídolo. Deus previu que eles viveriam exatamente como vemos a nação de Israel vivendo hoje: como um povo religioso, mas sem se entregar a ídolos. Então, depois que esses dias terminarem, algo emocionante acontecerá:

> *Depois, tornarão os filhos de Israel, e buscarão ao SENHOR, seu Deus, e a Davi, seu rei; e, nos últimos dias, tremendo, se aproximarão do SENHOR e da sua bondade* (3:5).

As promessas de Deus

Há uma profecia paralela a essa no final do capítulo 5:

Irei e voltarei para o meu lugar, até que se reconheçam culpados e busquem a minha face; estando eles angustiados, cedo me buscarão, dizendo: Vinde, e tornemos para o Senhor, porque ele nos despedaçou e nos sarará; fez a ferida e a ligará. Depois de dois dias, nos revigorará; ao terceiro dia, nos levantará, e viveremos diante dele. Conheçamos e prossigamos em conhecer ao Senhor; como a alva, a sua vinda é certa; e ele descerá sobre nós como a chuva, como chuva serôdia que rega a terra (5:15–6:3).

Essa é a esperança do povo judeu: a promessa de que o Messias ainda virá a eles, os avivará e os levantará.

Retorno a Deus

No coração entristecido e amoroso de Oseias, vemos uma imagem do coração entristecido e amoroso de Deus. No final do livro, chegamos ao Seu último apelo a Israel — e a você e a mim:

Volta, ó Israel, para o Senhor, teu Deus, porque, pelos teus pecados, estás caído (14:1).

Temos a tendência de culpar Deus quando sofremos as consequências de nosso próprio pecado e erro. Mas Deus não merece nenhuma culpa pela queda de Israel — ou a nossa. Ele está simplesmente tentando fazer Seu povo enxergar a verdade. Israel precisava experimentar a dor da severidade do amor divino, e assim, às vezes, acontece conosco também. A única coisa que pode aliviar nosso sofrimento é retornar ao conforto do amor misericordioso de Deus. Assim como o pai do Filho Pródigo, Deus aguarda ansiosamente nosso retorno, não querendo nada além de nos restaurar as bênçãos de sermos Seus filhos. Mas Deus não pode nos abençoar ou restaurar até que voltemos para Ele.

Você pode ver nesta bela história todos os elementos do triângulo eterno? Há o que ama, nosso Deus amoroso. Há a amada, a noiva, o coração humano, que é tragicamente propenso a se desviar do amor de Deus. E há o sedutor, a atração enganosa do mundo que tenta nos separar do amor de Deus. Essa é a sua história e a minha, não é? Tantas vezes tentamos nos satisfazer com os ídolos mentirosos do ego, do prazer ou do materialismo. A nossa é uma cegueira como a de Gômer, que não pode distinguir entre luxúria e amor.

Porém, a Bíblia nos diz como quebrar o triângulo e restaurar a bela e fiel união que Deus planejou que experimentássemos com Ele. Em Belém, Deus entrou no mercado de escravos, onde toda a raça humana tinha se vendido à servidão, prostituindo-se, envergonhando-se em puro pecado. No Calvário, o Senhor Jesus pagou o preço total pela nossa redenção, restaurando-nos a um relacionamento correto com Ele mesmo: o relacionamento de uma bela noiva com um marido amoroso.

Oseias é a história do amor de Deus — um amor que nos restaura. Seu amor apaga nossa vergonha e nos transforma em seres completos e belos que Ele criou para sermos.

PERGUNTAS PARA DISCUSSÃO

OSEIAS
O amor e a noiva infiel

1. Qual é a imagem de Deus apresentada neste livro? Qual seria a sua imagem de Deus se você tivesse apenas o livro de Oseias para se basear?

2. Deus ordenou a Oseias que se casasse com uma mulher bela, mas infiel. Quando ele fez isso, Oseias tornou-se uma "parábola ambulante" do relacionamento de Deus com o adúltero Israel — e o relacionamento de Cristo com a Igreja. A mulher adúltera fez de Oseias motivo de riso e objeto de ridicularização e escárnio. Ela desonrou, descaradamente, o nome de Oseias cometendo adultério com outros homens. O que isso nos diz sobre o efeito que trazemos sobre a reputação de Deus, quando arrastamos Seu nome para a lama através de nossas ações e palavras? Por que você acha que Deus escolheu usar o adultério como símbolo para descrever Seu relacionamento com Israel?

3. Leia Oseias 1:3-9. Como você acha que os filhos de Oseias se sentiram em ter nomes tão infelizes? Como você acha que outras pessoas na cidade tratavam os filhos de Oseias?

4. Leia 3:1-5. De que modo Deus ordenou a Oseias que amasse sua esposa? Como Oseias pensou que o povo de Israel reagiria a essa "parábola ambulante" do profeta e sua esposa infiel?

5. Leia 6:1-2. Em que momento Oseias crê que Deus curará e reavivará Israel? De que esse período de tempo para o avivamento de Israel o faz lembrar, ou o que ele sugere a você?

APLICAÇÃO PESSOAL

6. A mensagem de Oseias é que, mesmo quando somos infiéis e adúlteros, Deus ainda nos ama. Quais são as emoções e ações que essa verdade deve suscitar em nós? Como a história de Oseias e sua esposa iníqua afeta a maneira como você vê Deus? A maneira como você vê a si mesmo? A maneira como você vê o preço sacrificial que Jesus pagou para comprar a nossa redenção?

7. Você acha que Deus sente a ferroada da traição quando pecamos contra Ele? Consegue entender como Deus se sente? Como isso afeta a sua imagem de Deus em vê-lo como um marido desprezado e traído, ferido pela infidelidade de Sua esposa? Você já foi espiritualmente infiel a Deus? Que passos você deu (ou dará) para restaurar esse relacionamento?

Aventurando-se através da Bíblia

Monte Arbel

JOEL
CAPÍTULO 36
A revelação da mão de Deus

O princípio controlador da vida

A trilogia épica de J. R. R. Tolkien, *O Senhor dos Anéis*, é um romance de acontecimentos importantes em grande escala em um lugar chamado Terra Média. Os exércitos de reis poderosos se chocam em batalhas horríveis. Elevadas forças espirituais se engajam numa luta cósmica do bem contra o mal.

No entanto, quando o livro termina, aprendemos que todos os acontecimentos radicais da história, incluindo o destino da Terra Média, dependiam das ações das menores e mais humildes de todas as criaturas — um conjunto de criaturas de aproximadamente 90 centímetros de altura — chamadas *hobbits*. O tema dessa trilogia é claro: nunca subestime o poder das coisas menores.

O pequeno livro de Joel tem apenas três capítulos e é muitas vezes subestimado. Isso é trágico, porque esse é um dos livros mais poderosos da Palavra de Deus. Assim como o destino da Terra Média dependia das ações dos pequenos *hobbits*, o destino de nosso mundo depende das profecias no pequeno livro de Joel.

Durante séculos, as pessoas têm procurado o princípio sobre o qual todos os acontecimentos da história se voltam. Há muito tempo, os filósofos gregos concluíram que a história se move em ciclos. De acordo com essa visão cíclica da história, surge um tirano que toma o controle de uma nação e governa até que essa dinastia termine. Em seguida, o controle passa gradualmente para uma família dominante ou aristocracia. Paulatinamente, seu poder se deteriora até que o controle passe para o povo sob a forma de uma democracia.

Mas uma democracia também eventualmente se degenera e aos poucos produz a quebra de toda autoridade, e a anarquia continua. Da anarquia, um tirano novamente surge, e toma controle, e continua o ciclo da história. Essa teoria soa verdadeira. Vemos

> **OBJETIVOS DO CAPÍTULO**
>
> Em nosso exame do breve, mas poderoso, livro de Joel, nosso objetivo é entender a advertência de Deus sobre o julgamento vindouro — incluindo o "grande e terrível dia do Senhor" — e aplicar as lições dessa advertência à nossa vida diária.

evidências em nossa própria sociedade de que a democracia está se desfazendo e preparando o caminho para a anarquia e o surgimento de um novo ditador de ferro, talvez o tão profetizado Anticristo.

Através dos séculos, outras pessoas contribuíram com suposições sobre o princípio controlador da história. Thomas Jefferson pensou que o princípio fosse político e, quando escreveu a Declaração da Independência, incorporou essa ideia no prólogo — a crença de que certos "direitos inalienáveis" são concedidos natural ou divinamente aos seres humanos e que, para preservar esses direitos, os governos são instituídos entre as pessoas. Um bom governo, disse Jefferson, não concede esses direitos, mas defende os direitos dados por Deus que as pessoas já têm. Jefferson sentiu que as forças que moldam a história humana e formam as nações da Terra eram de natureza política.

No final do século 19, Karl Marx mergulhou sua caneta no ácido de seu próprio espírito amargurado e escreveu a imponente obra que tem influenciado dramaticamente nossos tempos conturbados. Sua ideia era de que a força controladora da história é a economia — a necessidade de atender às demandas materiais da vida molda o curso da história. Ele chamou essa força de "materialismo dialético": o princípio do materialismo derivado do conflito de ideias e interesses econômicos conflitantes. Mesmo após o colapso do comunismo na década de 1990, muitas pessoas, mesmo nos Estados Unidos, ainda se autodenominavam marxistas e consideravam a economia como a força motriz da vida.

Entretanto, a Bíblia diz que todas essas crenças são, em última instância, inadequadas e imperfeitas. O princípio controlador por trás da história humana não é outro senão o próprio Deus. O ponto vital para o qual a história se volta é espiritual: o Espírito de Deus está agindo entre as pessoas, e não é possível entender os acontecimentos humanos se não se reconhece esse fato.

Deus tenta conquistar os homens e as mulheres para si mesmo, refreando as forças destrutivas nos acontecimentos humanos. Mas a paciência de Deus chega ao fim e alcança um tempo — repetido na história humana — quando Deus diz aos indivíduos e às nações: "O meu Espírito não agirá para sempre no homem" (Gn 6:3). E quando Ele remove Seu Espírito, que é a força controladora da vida, tudo entra em colapso. As pessoas são deixadas sozinhas para lidar com o caos que escolheram. Essa é a mensagem contida nos três capítulos do pequeno livro de Joel.

O Dia do Senhor

Joel foi profeta em Judá, o Reino do Sul, e provavelmente foi contemporâneo de Isaías, Oseias e Amós. Não sabemos muito sobre Joel, exceto que ele foi um dos personagens mais visionários da Bíblia. Joel viu muito além de nossa própria era até os estágios finais de como Deus lida com os acontecimentos humanos.

O livro começa com Joel chamando o povo para considerar uma coisa tremenda que tinha acontecido no país. Ele diz:

Ouvi isto, vós, velhos, e escutai, todos os habitantes da terra: Aconteceu isto em vossos dias? Ou nos dias de vossos pais? Narrai isto a vossos filhos, e vossos filhos o façam a seus filhos, e os filhos destes, à outra geração (1:2,3).

O LIVRO DE JOEL

Julgamento passado (Joel 1)

Desastre por causa dos gafanhotos.. 1:1-12

Desastre por causa da seca... 1:13-20

Julgamento futuro (Joel 2–3)

Julgamento de Judá num futuro próximo...2

O grande e terrível Dia do Senhor 3:1-16

A restauração de Judá.. 3:17-21

Sempre que leio esses versículos, lembro-me dos meus dias na Marinha. Toda vez que a Marinha fazia um anúncio importante, este sempre começava com "Agora ouçam isto". E é assim que Joel começa: "Ouça isto…". Seu anúncio diz respeito a um evento de imensa importância: o grande Dia do Senhor.

Na Segunda Guerra Mundial, conversávamos sobre a chegada do Dia D, e depois o Dia V-J. Esperávamos ansiosamente o fim da guerra, o dia em que a luta cessaria e os horrores da guerra acabariam. Aqui em Joel, vemos que Deus tem um dia marcado no calendário cósmico, o Dia do Senhor. Joel recebeu a tarefa de descrever esse grande dia para o povo.

É importante entender que, em sentido amplo, o que a Bíblia chama de Dia do Senhor não é apenas um evento na história humana. Descobriremos nesta profecia que o Dia do Senhor é qualquer acontecimento no qual Deus age em julgamento, que vem se construindo, ciclo a ciclo, em direção ao terrível dia final. O Dia do Senhor é o ápice de todo o julgamento que Joel descreve nos capítulos 2 e 3.

O grande e terrível Dia do Senhor é aquele período descrito pelo Senhor Jesus Cristo como um tempo em que haverá uma tribulação como nunca foi vista desde a criação do mundo, nem jamais haverá. E foi concedido ao profeta Joel ver através dos séculos intercalares de tempo para descrever e ilustrá-lo por acontecimentos que ocorriam em seus próprios dias: a invasão de gafanhotos.

Anos atrás, eu estava em Minnesota durante uma invasão de grilos, insetos muito semelhantes aos gafanhotos. Ainda me lembro como o céu ficou literalmente escuro pela grande nuvem desses insetos. Eu os ouvi descer no campo de plantação de grãos, batendo no chão como granizo. Ouvi o contínuo barulho de suas asas. Dentro de instantes, cada parte de grama, cada pedaço

Aventurando-se através da Bíblia

Joel, Teto da Capela Sistina, por Michelangelo 1475–1564).

de vegetação tinha desaparecido, e os campos estavam como se nunca tivessem sido plantados.

Foi o que aconteceu em Israel. Uma horda de gafanhotos desceu sobre a terra e devorou todos os seres vivos. As colheitas foram arruinadas e o resultado foi a fome.

Todos em Judá estavam dolorosamente cientes desse acontecimento, mas não entendiam de onde havia vindo. Então Joel disse-lhes: "Deus está por trás disso" (Jl 1:10-15). Essa praga não é apenas uma aberração da natureza. Aconteceu em obediência à ordem de Deus, agindo através das leis naturais que governam a Terra. A mão de Deus permite que catástrofes como essa ocorram, a fim de conscientizar as pessoas sobre o pano de fundo da vida espiritual.

Precisamos despertar para o fato de que Deus fala conosco por meio dos acontecimentos de nossa vida. Ele quer nos abençoar, mas não vamos ouvir. Esse é o nosso problema! Isso já aconteceu com você? Deus já permitiu que acontecimentos em sua vida o despertassem para sua necessidade dele? Isso é o que Deus está fazendo em Joel 1.

As promessas de Deus

Uma visão da invasão

No capítulo 2, o profeta Joel salta sobre os séculos até os últimos dias, usando a invasão dos gafanhotos como uma representação do grande exército que devastará Israel nos últimos dias. Somente examinando todo o fluxo de profecia é que podemos perceber que Joel está falando do futuro. Qualquer pessoa tomando esse livro por si só jamais notaria qualquer diferença, exceto que o profeta agora está descrevendo uma invasão por um exército de homens em vez de insetos. Ao descrever esse evento, Joel o chama de o Dia do Senhor:

> *Tocai a trombeta em Sião e dai*
> *voz de rebate no meu santo monte;*
> *perturbem-se todos os moradores da*
> *terra, porque o Dia do Senhor vem,*
> *já está próximo; dia de escuridade e*
> *densas trevas, dia de nuvens e negridão!*
> *Como a alva por sobre os montes, assim*
> *se difunde um povo grande e poderoso,*
> *qual desde o tempo antigo nunca houve,*
> *nem depois dele haverá pelos anos*
> *adiante, de geração em geração* (2:1,2).

Isso soa familiar? Essa é a linguagem que Jesus usou: "…haverá grande tribulação, como desde o princípio do mundo até agora não tem havido e nem haverá jamais" (Mt 24:21).

Joel continua descrevendo como a nação será queimada à medida que esse grande exército avança. O medo toma conta do coração das pessoas enquanto avistam esta horda invasora preparada para a batalha. Nada lhes pode resistir. A Terra treme diante deles. Os céus tremem. E então chegamos a uma passagem significativa:

> *Diante deles, treme a terra, e os céus se*
> *abalam; o sol e a lua se escurecem* (2:10).

Para compreender as passagens proféticas das Escrituras, precisamos procurar por marcos interpretativos. Certos símbolos proféticos ocorrem repetidamente ao longo de várias passagens de profecia, e esses símbolos servem como marcos para que saibamos onde estamos.

O escurecimento do Sol, da Lua e das estrelas é um desses marcos. Vemos esse mesmo marco no grande discurso de Jesus no monte das Oliveiras. Ele se refere a um tempo em que o Sol se escurecerá, a Lua não dará luz, mas se transformará em sangue, e as estrelas cairão do céu (veja Mt 24:29). Vemos esse acontecimento nos livros de Daniel, Isaías e Apocalipse, e descrito em vários outros lugares por toda a Bíblia. Isso sempre destaca o mesmo evento na história humana e serve como um marco interpretativo que aponta para os últimos dias antes do grande e terrível Dia do Senhor.

Essa parte de Joel, portanto, parece descrever uma invasão de Israel que também é predita pelo profeta Ezequiel nos capítulos 38 e 39, quando um grande exército, vindo do Norte, invade a terra e destrói tudo, capturando a cidade de Jerusalém. Mas Deus promete que esse exército será destruído. Os livros de Isaías, Ezequiel e Daniel confirmam isso. Agora Joel acrescenta sua voz ao coro dos profetas enquanto Deus revela o propósito por trás dessa grande invasão:

> *Ainda assim, agora mesmo, diz o Senhor:*
> *Convertei-vos a mim de todo o vosso coração;*
> *e isso com jejuns, com choro e com pranto.*

Aventurando-se através da Bíblia

Rasgai o vosso coração, e não as vossas vestes, e convertei-vos ao SENHOR, vosso Deus, porque ele é misericordioso, e compassivo, e tardio em irar-se, e grande em benignidade, e se arrepende do mal. Quem sabe se não se voltará, e se arrependerá, e deixará após si uma bênção, uma oferta de manjares e libação para o SENHOR, vosso Deus? (2:12-14).

Deus oferece graça nessa passagem, porque Ele não se deleita com o julgamento. Ele nunca se regozija com nossa dor. Pelo contrário, Ele procura corações que o ouvirão e abrirão a porta para as bênçãos que Ele quer derramar em nossa vida. No entanto, a fim de fazer uma pessoa ou nação retornar a Ele, Deus permitirá que acontecimentos terríveis ocorram, porque esses são os acontecimentos que produzem um coração arrependido.

"Rasgai o vosso coração, e não as vossas vestes", diz Ele, implorando com Seu amor. Ele não quer que façamos simplesmente uma demonstração exterior de arrependimento. Ele quer que mudemos interiormente. Mas nós não gostamos de fazer isso, não é?

Somos como o menino cuja mãe lhe disse: "Sente-se!", mas ele não se sentava. Ela disse novamente: "Sente-se!", e ele diz: "Não vou sentar". Então ela o agarrou pelos ombros e o sentou na cadeira. Ele olhou para ela desafiadoramente e disse: "Por fora, estou sentado, mas por dentro, estou em pé!".

Deus não se impressiona com nossa demonstração exterior. Não o enganamos nem por um momento sequer. Ele quer que o amemos e o obedeçamos por dentro e por fora, de um lado a outro.

Deus provê restauração

Depois de saltar para os últimos dias, o profeta Joel retorna ao acontecimento de seus dias: a praga de gafanhotos na terra. Joel diz ao povo que, assim como Deus um dia libertará Seu povo e expulsará os exércitos do Norte, assim será com a catástrofe atual, Ele restaurará a terra de sua condição estéril e de desolação:

As eiras se encherão de trigo, e os lagares transbordarão de vinho e de óleo. Restituir-vos-ei os anos que foram consumidos pelo gafanhoto migrador, pelo destruidor e pelo cortador, o meu grande exército que enviei contra vós outros (2:24,25).

Nunca esquecerei a agonia nos olhos de um homem que conheci alguns anos atrás, que recentemente se tornou cristão. Ele me disse: "É maravilhoso ser cristão, mas não posso deixar de me sentir triste pelos anos que desperdicei e as coisas que perdi durante o meu antigo estilo de vida. Fico enojado ao me lembrar das coisas terríveis que costumava fazer. Ah, se eu tivesse tido o bom senso de ir ao Senhor antes de desperdiçar tanto da minha vida...!".

Ali estava um homem que achava que havia permitido que os gafanhotos comessem e desperdiçassem os melhores anos de sua vida. Mas eu tive a alegria de lhe dizer: "Amigo, nosso Senhor nos diz: 'Restituir-vos-ei os anos que foram consumidos pelo gafanhoto'". Esse versículo foi um grande consolo para ele.

Deus promete compensar a esterilidade de nosso antigo modo de vida. Tudo o que temos a fazer é retornar a Ele em sincero arrependimento. Essa é uma das promessas mais reconfortantes nas Escrituras.

A predição do Pentecostes

Em seguida, Joel salta adiante novamente e escreve a grande passagem que o apóstolo Pedro cita no dia de Pentecostes, que está registrada em Atos 2. Aqui vemos os cristãos reunidos no Cenáculo, em Jerusalém. De repente, um vento impetuoso e poderoso entra nesse lugar, línguas de fogo aparecem sobre a cabeça de cada discípulo de Jesus que ali está, e eles começam a falar em línguas estrangeiras.

Imediatamente, uma multidão formada por pessoas de todo o mundo — partos, medos, elamitas, habitantes da Mesopotâmia, da Capadócia, pessoas do Ponto e da Ásia Menor, Frígia, Panfília, do Egito, Líbia, romanos, cretenses e árabes — se reúne ao redor do local. Cada uma dessas nacionalidades ouve os cristãos pregarem o evangelho e louvar a Deus em sua própria língua. Eles nunca tinham visto ou ouvido algo parecido, e logo procuraram uma maneira de explicá-lo. Finalmente, concluem que os discípulos deveriam estar bêbados. Então Pedro se levanta e diz:

Varões judeus e todos os habitantes de Jerusalém, tomai conhecimento disto e atentai nas minhas palavras. Estes homens não estão embriagados, como vindes pensando, sendo esta a terceira hora do dia. Mas o que ocorre é o que foi dito por intermédio do profeta Joel: (At 2:14-16).

E aqui ele cita Joel 2:28,29

E acontecerá nos últimos dias, diz o Senhor, que derramarei do meu Espírito sobre toda a carne; vossos filhos e vossas filhas profetizarão, vossos jovens terão visões, e sonharão vossos velhos; até sobre os meus servos e sobre as minhas servas derramarei do meu Espírito naqueles dias, e profetizarão (At 2:17,18).

Como já vimos, o profeta Joel testemunhou e profetizou eventos bem para o futuro, incluindo a invasão ainda futura de Israel. Aqui, ele vê algo diferente, um mistério que é algo indefinido para sua visão. Ele diz que a restauração de Israel será seguida por um período indeterminado, quando Deus derramará Seu Espírito em toda a carne, e eles falarão a mensagem de Deus.

Podemos identificar o dia que Joel está descrevendo. É o dia do Espírito Santo em que vivemos, o dia que começou no Pentecostes, quando Deus derramou do Seu Espírito pela primeira vez e continua a derramá-lo por toda esta era. Em Atos 2, Pedro também cita Joel sobre o sinal do fim daquela era:

Mostrarei prodígios em cima no céu e sinais embaixo na terra: sangue, fogo e vapor de fumaça. O sol se converterá em trevas, e a lua, em sangue, antes que venha o grande e glorioso Dia do Senhor. E acontecerá que todo aquele que invocar o nome do Senhor será salvo (At 2:19-21).

Essa é a descrição de Joel do fim da era, que começou no Pentecostes. A profecia de Joel sobre o Pentecostes é o sinal do início da era presente. Sua profecia de condenação e julgamento no grande e glorioso Dia do Senhor é o sinal do fim desta era. Ninguém sabe quanto tempo durará esta era atual, mas, durante este tempo, Deus está derramando Seu Espírito sobre as pessoas ao redor do mundo.

Relhas de arado e podadeiras

Em Joel 3, o profeta retorna ao fim dos tempos e mais ainda. Tudo o que ele vê da era do Espírito Santo é a grande marca da presença do Espírito — mas, além disso, ele vê que Deus restaurará os destinos de Judá e de Jerusalém:

> ...congregarei todas as nações e as farei descer ao vale de Josafá; e ali entrarei em juízo contra elas por causa do meu povo e da minha herança, Israel, a quem elas espalharam por entre os povos, repartindo a minha terra entre si (3:2).

Jesus disse: "Quando vier o Filho do Homem na sua majestade e todos os anjos com ele, então, se assentará no trono da sua glória; e todas as nações serão reunidas em sua presença" (Mt 25:31,32). E então o Filho do Homem os julgará e os dividirá, como um pastor separa as ovelhas dos bodes. Os justos serão convidados a compartilhar a herança do Pai, enquanto os injustos serão afastados. Este é o vale do juízo. Em preparação para esse julgamento vindouro, Deus instrui as nações do mundo com estas palavras incríveis:

> Proclamai isto entre as nações: Apregoai guerra santa e suscitai os valentes; cheguem-se, subam todos os homens de guerra. Forjai espadas das vossas relhas de arado e lanças, das vossas podadeiras; diga o fraco: Eu sou forte (3:9,10).

Você sabia que a Bíblia diz isso? Muitas vezes você ouviu estas palavras de outro profeta do Antigo Testamento:

> Ele julgará entre muitos povos e corrigirá nações poderosas e longínquas; estes converterão as suas espadas em relhas de arados e suas lanças, em podadeiras; uma nação não levantará a espada contra outra nação, nem aprenderão mais a guerra (Mq 4:3).

A profecia de Joel fala de um tempo em que arados serão transformados em espadas. A profecia de Miqueias diz o oposto: espadas serão transformadas em arados. A profecia de Joel vem primeiro, e seu cumprimento virá primeiro. As nações permanecerão em guerra umas contra as outras até que Deus finalmente lhes diga: "convertam as suas espadas em relhas de arados e suas lanças, em podadeiras".

Haverá guerras e rumores de guerras, culminando na reunião final de multidões no "vale da decisão", como diz Joel em 3:14. De quem é a decisão? Não é nossa a decisão. Não a decisão de nações ou reis. O Dia do Senhor será o dia em que Deus tomar a Sua decisão. Deus entrará no vale da decisão e as multidões das nações serão reunidas diante dele. O mundo inteiro estará lá neste dia de julgamento. No retorno de Jesus Cristo em poder e julgamento, todas as nações do mundo saberão que o Senhor é Deus.

E a cidade de Jerusalém será novamente a Cidade Santa.

O futuro está nas mãos de Deus

A cena final em Joel 3 é linda: uma cena de paz, quando a batalha final foi travada e vencida, e o julgamento de Deus foi executado. É nesse momento em que tudo o que é errado será corrigido, e a terra será o Éden que Deus originalmente criou para ser:

E há de ser que, naquele dia, os montes destilarão mosto, e os outeiros manarão leite, e todos os rios de Judá estarão cheios de águas; sairá uma fonte da Casa do SENHOR e regará o vale de Sitim (3:18).

A água é sempre uma imagem do Espírito Santo. Jesus disse: "Quem crer em mim, como diz a Escritura, do seu interior fluirão rios de água viva" (Jo 7:38). Ele fala de rios espirituais de bênção para satisfazer a alma sedenta de uma pessoa.

Ao longo do livro de Joel, vimos a mão de Deus movendo e moldando os acontecimentos, guiando Seu povo, até mesmo com punho cerrado para a guerra. Finalmente, vemos a mão de Deus agindo como a mão de um artista, remodelando o mundo, esculpindo-o em algo belo uma vez mais.

Joel nos mostra claramente que o futuro está nas mãos de Deus. Se estivesse em nossas mãos, certamente faríamos uma bagunça. Se estivesse nas mãos de Satanás, estaríamos a caminho de nossa destruição. Se fosse determinada pelas forças cegas da história, a vida não teria sentido.

O futuro da raça humana está nas mãos de Deus. Temos a escolha: podemos colocar nossas mãos na mão estendida de Deus, nosso misericordioso Pai celestial — ou podemos fugir dele e virar-lhe as costas. Mas, mesmo se fugirmos, jamais poderemos escapar de Sua mão. Virá o dia em que Sua mão segurará o martelo do julgamento. Se colocarmos nossa mão na dele, nunca precisaremos temer esse dia.

PERGUNTAS PARA DISCUSSÃO

JOEL
A revelação da mão de Deus

1. O livro de Joel começa com uma praga de gafanhotos (1:1-4). O povo de Israel dependia de uvas, figos, grãos, vinho e azeite para seu sustento e para a própria vida. Quão devastadora seria uma praga de gafanhotos para a vida deles? Que tipo de calamidade você poderia compará-la em nossa própria cultura hoje? O que simboliza a praga dos gafanhotos?

2. Em 2:13, o profeta diz: "Rasgai o vosso coração, e não as vossas vestes". O que ele quer dizer?

3. Leia Jl 2:28-32 e compare com At 2:1-21. Pedro aplica a profecia de Joel aos acontecimentos de Jerusalém no Dia de Pentecostes. A profecia de Joel foi completamente cumprida naquele dia, ou apenas parcialmente cumprida? Essa profecia poderia também se aplicar a eventos ainda no futuro? Por quê?

4. Em 2:32, Joel diz, "todo aquele que invocar o nome do SENHOR será salvo". O que significa invocar o nome do Senhor?

5. Em Joel 3, depois de um tempo de tremenda violência e julgamento contra os inimigos de Israel — Tiro e Sidom, Filístia, Egito e Edom — Deus abençoará Israel e sua capital, Jerusalém. Então, Deus diz: "os montes destilarão mosto, e os outeiros manarão leite, e todos os rios de Judá estarão cheios de águas". O que essas metáforas significam? O que Deus promete ao povo de Israel?

As promessas de Deus

APLICAÇÃO PESSOAL

6. Leia Jl 1:15. O que é "o Dia do Senhor"? Compare essa passagem com os seguintes textos: Is 13:6; Ez 13:5; Am 5:18; Zc 1:7; Mq 4:5. Você pensa no "Dia do Senhor"? Você se pergunta como será aquele dia para você? Você reflete sobre como será para as pessoas que você conhece e ama?

7. Como cristão, qual é a promessa de Deus a respeito do julgamento futuro (Veja 1Ts 1:10; 4:16,17 e 5:9,10)? Como a consciência da graça de Deus ajuda a motivá-lo a ter uma vida de constante confissão, arrependimento e obediência à Palavra de Deus? Como a consciência da ira de Deus o motiva a testemunhar aos outros?

8. Leia Joel 2. Por que Deus permitiria que tal destruição viesse sobre o Seu povo? Claramente, o povo de Israel não deu o verdadeiro valor ao seu relacionamento de aliança especial com Deus. Ao examinar sua própria vida, você deixa de valorizar seu relacionamento da nova aliança com Jesus Cristo?

Porta dourada de Jerusalém

AMÓS   CAPÍTULO 37

Deus não tem favoritos

O treinador Vince Lombardi transformou-se em uma lenda americana ao levar sua equipe de futebol americano *Green Bay Packers* a cinco campeonatos da NFL (Liga Nacional de Futebol Americano). Um de seus jogadores foi entrevistado por um repórter que perguntou:

— O treinador Lombardi é imparcial e justo, ou ele tem favoritos entre seus jogadores?

— Ó, o treinador não tem favoritos, o jogador disse. Ele nos trata como cães.

Bem, Deus também não tem favoritos, mas Ele não nos trata como cães. Ele nos considera homens e mulheres dignos e de valor, porque somos feitos à Sua imagem. Essa é a mensagem de Amós: a imparcialidade de Deus.

A mensagem de Amós é imensamente prática e relevante para a nossa era — e é distinta de qualquer dos outros livros proféticos. Amós nos diz que Deus não tem favoritos; Ele não faz concessões para uma pessoa que não faça para outra também. Qualquer um que esteja disposto a preencher as condições das promessas de Deus encontrará a bênção de Deus derramada em sua vida, independentemente de status, posição, gênero, raça ou etnia.

Em Amós, como em toda a Escritura, encontramos ampla prova de que os caminhos de Deus não são os nossos caminhos. Se somos ricos ou pobres, poderosos ou não, a mensagem de Amós nos confronta com o fato de que, na visão de Deus, ninguém é mais nem menos do que qualquer outro. Que encorajamento para aqueles que lutam com sentimentos de menosprezo ou inferioridade.

Por que eu?

As verdades de Amós são muito aplicáveis em tempos de crise, perda ou sofrimento. Nossa tendência em tais momentos é perguntar a nós mesmos: "Por que eu?".

> **OBJETIVOS DO CAPÍTULO**
>
> Este capítulo elucida a mensagem central do livro de Amós: da imparcialidade de Deus. É uma mensagem cheia de lições e implicações que podemos aplicar à nossa vida hoje.

Lembro-me de uma história que um amigo uma vez compartilhou comigo. Aconteceu na cidade de Nova Iorque, durante uma hora de muito movimento no metrô. As pessoas lotavam os vagões quando ele saiu da estação, e um homem — o último homem a bordo — foi espremido contra a porta, virado para fora. À medida que o metrô se afastava da estação, as paredes do túnel passavam diante de seus olhos, movendo-se cada vez mais rápido. O metrô quente e abafado balançava e batia, e o homem ficou enjoado.

Quando o trem parou na parada seguinte, a porta se abriu, e o homem vomitou em cima de um homem azarado que, por acaso, estava esperando para embarcar no metrô. Por vários segundos, ninguém se moveu. O homem enjoado, as pessoas no vagão atrás dele e o infeliz na plataforma estavam todos em pé e olhando uns para os outros, horrorizados.

Então as portas do vagão se fecharam repentinamente e o trem do metrô saiu da estação. Olhando para a bagunça que cobria seu terno, o homem na plataforma lamentou: "Por que eu?!"

O cosmos não escolheu este homem para o castigo. Não foi porque ele tivesse feito algo para merecê-lo. Ele simplesmente estava no lugar errado na hora errada. Poderia ter acontecido tão facilmente com outra pessoa, e então a pergunta da outra pessoa teria sido: "Por que eu?".

Se nos vemos como estando em alguma posição privilegiada com Deus, então essa é uma pergunta razoável: "Por que eu?". Mas, se Deus é completamente imparcial, então uma pergunta mais razoável surge: "Por que *não* eu?". Se coisas ruins acontecem a algumas pessoas, então por que elas não deveriam acontecer com você e comigo também? Se Deus é imparcial, como nos diz Amós, então não devemos esperar isenção do sofrimento. Devemos esperar que coisas ruins aconteçam conosco, assim como coisas ruins acontecem com outras pessoas.

Amós, o profeta pastor

O versículo inicial de Amós nos dá a data e o cenário para o livro, declarando Amós como um contemporâneo dos profetas Oseias e Isaías. Amós, de acordo com os indicadores neste versículo, é um dos primeiros dos escritores proféticos:

Palavras que, em visão, vieram a Amós, que era entre os pastores de Tecoa, a respeito de Israel, nos dias de Uzias, rei de Judá, e nos dias de Jeroboão, filho de Joás, rei de Israel, dois anos antes do terremoto (1:1).

Uma característica única do livro de Amós é que ele foi escrito por um homem que não era um profeta treinado. Ele era uma pessoa comum. Você poderia dizer que ele era um "pregador vaqueiro".

No capítulo 7, Amós acrescenta outra nota pessoal. Aqui está a reação à sua mensagem quando ele chegou ao Reino do Norte, Israel:

Então, Amazias, o sacerdote de Betel, mandou dizer a Jeroboão, rei de Israel: Amós tem conspirado contra ti, no meio da casa de Israel; a terra não pode sofrer todas as suas palavras. Porque assim diz Amós: Jeroboão morrerá à espada, e Israel, certamente, será levado para fora de sua terra, em cativeiro (7:10,11).

462   *As promessas de Deus*

O LIVRO DE AMÓS

Os oito julgamentos (Amós 1–2)
    Contra Damasco, Gaza, Tiro, Edom, Amom,
    Moabe, Judá e Israel...1–2

Três mensagens de julgamento (Amós 3–6)
    O julgamento contra Israel é justo 3
    Os pecados passados de Israel...4
    O futuro de Israel 5–6

Cinco visões de julgamento (Amós 7–9)
    Gafanhotos, fogo e o prumo 7
    Os frutos de verão..8
    Os pilares abalados...9:1-10
    Cinco promessas de restauração 9:11-15

Esse foi o peso da mensagem do profeta. Deus julgaria a nação e o rei, e enviaria Israel para o exílio. Amazias, o sacerdote, responde dizendo: "Não venha para nós. Volte para sua terra natal. Vá para sua terra e ali profetize". Mas o robusto e austero Amós, o pregador boiadeiro e contundente, disse: "Eu não sou profeta, nem discípulo de profeta, mas boieiro" (7:14).

Bem, ao dizer isso, Amós não quis dizer que seu pai não era profeta, mas, sim, que ele não fora aceito na escola de profetas. Ele diz que é um fazendeiro, um vaqueiro que simplesmente vai para onde Deus lhe diz para ir e faz o que Deus lhe diz para fazer.

Agora você pode ver algo da oposição à mensagem desse homem à medida que ele vai declarando o peso do Senhor sobre a terra de Israel, no Reino do Norte. O povo considera sua mensagem difícil de aceitar.

As viagens de Amós

Amós anuncia a mensagem de Deus de maneira interessante. Comparando este relato com um mapa do antigo Israel, descobre-se que Amós circunda os limites de Israel em várias direções, anunciando uma mensagem a respeito de todas as nações vizinhas.

Ele começa no capítulo 1 com Damasco, na parte nordeste acima de Israel (que agora

Aventurando-se através da Bíblia

conhecemos como Síria), e anuncia uma mensagem de que Deus julgou Damasco, especialmente pela crueldade do povo.

Em seguida, ele se desloca para baixo, para a costa oeste, para a antiga terra da Filístia, ou o que é também chamado de terra de Gaza. Novamente ele lembra a Israel de que Deus julgou esta terra. Por quê? Porque o povo participou do tráfico de escravos.

Então ele se desloca de volta para cima, à costa de Tiro, no lado noroeste de Israel. Lá ele diz que Deus julgou Tiro porque o povo quebrou os acordos que fizera.

Ele continua para a terra de Edom, o antigo país de Esaú, onde mostrou como o julgamento de Deus caiu sobre aquela nação por causa do espírito implacável do povo e seu ódio por Israel.

Amós, então, sobe para o lado leste de Israel até a terra de Amom — o que é conhecido hoje como a Jordânia. Amã, a capital da Jordânia, também era a capital de Amom na época de Amós. O profeta declara o julgamento de Deus contra esta nação por causa de sua ganância pela terra que pertence a outros.

Enquanto Amós viaja para o sul, ele pronuncia o julgamento de Deus sobre Moabe por causa de seu ódio contra Israel.

Em seguida, ele chega a Judá, o Reino do Sul. Lá ele declara que, visto que Judá desprezou a Lei de Deus, o julgamento caíra sobre a nação. Por fim, ele viaja para o centro das dez tribos do norte de Israel, onde anuncia que Deus os julgará por causa da corrupção e injustiça que estavam em seus corações.

A mensagem de Amós me lembra da história de um líder idoso e obeso que sentava na igreja domingo após domingo, sorrindo e acenando com a cabeça enquanto seu pastor pregava sobre pecados como jurar, beber e fumar. Porém, um domingo, o pastor pregou contra o pecado da gula, e o líder obeso ficou irritado. Depois do culto, ele dirigiu-se ao pregador e disse: "Você deixou de ser pregador e começou a ser intrometido!".

Ao ler o relato de Amós, pode-se ver que o povo de Israel estava completamente tranquilo enquanto ele estava falando sobre os pecados de outras nações. Mas, quando o profeta se concentrou nos pecados de Israel, então ele havia deixado de ser pregador e começado a ser intrometido. O povo disse: "Vá pregar em outro lugar!".

Isso sempre acontece quando os pregadores são fiéis à mensagem de Deus.

Caminhando e conversando com Deus

O restante do livro concentra-se no Reino do Norte, Israel. Começando no capítulo 3, o profeta destaca que o povo desfrutou de uma posição privilegiada diante de Deus:

> *Ouvi a palavra que o Senhor fala contra vós outros, filhos de Israel, contra toda a família que ele fez subir da terra do Egito, dizendo: De todas as famílias da terra, somente a vós outros vos escolhi* (3:1,2).

O povo de Israel foi o povo que o próprio Deus escolheu entre todas as famílias da Terra. Assim, as palavras seguintes que Amós pronunciou devem ter vindo como um golpe de martelo:

> *...portanto, eu vos punirei por todas as vossas iniquidades* (3:2).

A fonte de seu orgulho — o fato de que eles haviam sido escolhidos por Deus — era a razão pela qual Deus os mantinha em alto padrão de exigência e os submeteu a julgamento. Eles tinham recebido a luz do conhecimento de Deus, e esse conhecimento gera responsabilidade. O privilégio nos expõe ao juízo. Como Jesus disse: "Mas àquele a quem muito foi dado, muito lhe será exigido; e àquele a quem muito se confia, muito mais lhe pedirão" (Lc 12:48).

O povo de Israel foi escolhido não por ser formado de pessoas extremamente maravilhosas em comparação com qualquer outra raça. Deus escolheu Israel porque Ele tinha um propósito para essa nação em Seu plano eterno, e a mensagem de Amós era que o povo de Israel não estava vivendo de acordo com o propósito de Deus para eles. Então eles estavam prestes a serem julgados. Eles seriam responsabilizados pela luz que Deus havia lhes dado.

Isso é o que Pedro quer dizer no Novo Testamento quando diz: "a ocasião de começar o juízo pela casa de Deus é chegada" (1Pe 4:17). Deus sempre começa com Seu povo e então vai em direção aos outros. O profeta Joel torna esse princípio claro: só porque somos povo de Deus não significa que a Sua Palavra já não julga nossa vida. Ao contrário, a Palavra de Deus aumenta nossa responsabilidade, para que sejamos provavelmente julgados ainda mais severamente, com base no comprometimento que temos em vista do conhecimento que recebemos.

Amós descreve o relacionamento entre Deus e Seu povo como duas pessoas que caminham juntas:

Andarão dois juntos, se não houver entre eles acordo? (3:3)

Amós então descreve a conversa de Deus com Seu povo:

*Certamente, o S*ENHOR *Deus não fará coisa alguma, sem primeiro revelar o seu segredo aos seus servos, os profetas* (3:7).

Estes foram os fatos que marcaram o relacionamento peculiar e o privilégio dos israelitas diante de Deus: caminharam com Deus, conversaram com Ele, contudo, mesmo com essas vantagens, voltaram as costas para o Senhor. Por esta razão, o profeta Amós diz: Deus enviará julgamento.

Ícone russo do século 18 do profeta Amós, Mosteiro Kizhi, Karelia, Rússia

Aventurando-se através da Bíblia

Acontecimentos enviados para despertar Israel

No capítulo 4, Amós mostra ao povo como Deus tentou pacientemente despertá-los através de cinco ações de disciplina separadas. Durante anos, Deus tentou despertá-los e deter seu curso descendente. Ele tinha enviado:

- Fome e seca (4:6-8);
- Ferrugem e bolor para destruir os jardins e as vinhas (4:9);
- Pragas (4:10);
- Guerra (4:10);
- Incêndio e desastre natural — como em Sodoma e Gomorra (4:11).

Todas essas coisas terríveis aconteceram ao povo. "'Contudo, não vos convertestes a mim', disse o Senhor" (4:11). Então, vem a declaração mais ameaçadora e assustadora no livro de Amós — e talvez em toda a Escritura:

Portanto, assim te farei, ó Israel! E, porque isso te farei, prepara-te, ó Israel, para te encontrares com o teu Deus (4:12).

Prepara-te para te encontrares com o teu Deus! As palavras dão um arrepio de terror em nossa espinha. Quem de nós está pronto, de acordo com nossa própria justiça, para tal encontro? Como podemos nós, que acumulamos tal carga de pecados e fracassos, jamais esperar estar na presença daquele que criou o próprio tempo e o espaço? Sua justiça arde como uma fornalha no coração do Universo. E assim o profeta Amós nos diz: "Prepara-te para te encontrares com o teu Deus!".

Graças a Deus, estamos revestidos na justiça de Jesus e não da nossa própria justiça.

Nossa alma eterna está salva e segura, mas devemos fazer tudo o que pudermos nesta vida para termos certeza de que jamais teremos que passar pela disciplina de Deus. Podemos nos alegrar no fato de que o amor austero de Deus nos atrai de volta a Ele através da dor de circunstâncias severas.

Isso não quer dizer que, quando coisas ruins nos acontecem, é sempre o julgamento de Deus. Não, coisas ruins acontecem com pessoas piedosas mesmo enquanto andam em comunhão com o Senhor. Mas, sempre que a dor entra em nossa vida, devemos refletir e nos dedicar à vida piedosa. Tragédias e desastres — como um acidente quase fatal, uma ameaça de câncer, um assalto, um incêndio, a morte de alguém próximo — nos despertam de nosso sonambulismo espiritual e nos obrigam a ver a vida como ela realmente é.

Amós — o profeta da justiça social

Amós é chamado de o profeta da justiça social porque sua mensagem exigia severamente que as pessoas tratassem umas as outras de forma justa e compassiva. Ele disse:

Portanto, visto que pisais o pobre e dele exigis tributo de trigo, não habitareis nas casas de pedras lavradas que tendes edificado; nem bebereis do vinho das vides desejáveis que tendes plantado. Porque sei serem muitas as vossas transgressões e graves os vossos pecados; afligis o justo, tomais suborno e rejeitais os necessitados na porta. Portanto, o que for prudente guardará, então, silêncio, porque é tempo mau. Buscai o bem e não o mal, para que vivais; e, assim, o Senhor, o Deus dos Exércitos, estará convosco, como dizeis.

Aborrecei o mal, e amai o bem, e estabelecei na porta o juízo; talvez o SENHOR, o Deus dos Exércitos, se compadeça do restante de José (5:11-15).

Esses são pronunciamentos poderosos e estrondosos contra os males sociais dos dias de Amós — e com razão. Deus está sempre incomodado com a injustiça social. Contudo, o que muitos parecem deixar de ver nesse livro é o apelo de Amós a essas pessoas. Ele lhes diz para pararem de se tratar injustamente, mas isso não é tudo o que ele diz. Seu tema principal diz respeito a como parar de fazer essas coisas, e encontramos isso duas vezes nesse capítulo:

Pois assim diz o SENHOR à casa de Israel: Buscai-me e vivei [...] Buscai ao SENHOR e vivei, para que não irrompa na casa de José como um fogo que a consuma, e não haja em Betel quem o apague (5:4,6).

Qual é a resposta para o coração errante? A resposta não é apenas limpar sua vida. É *buscar o Senhor* e viver. Arrepender-se e voltar-se a Deus. Clamar por Ele. Pedir a Ele para recompô-lo e endireitar sua vida. Esse é o apelo de Deus para nós.

A ação social, a busca por justiça, a luta contra o racismo, demonstração de compaixão aos pobres — todas são atividades boas e valiosas que Deus nos ordenou que fizéssemos. Mas elas não significam nada se nosso coração não está alinhado com o Senhor.

Se buscarmos justiça sem buscar a Deus primeiro, simplesmente nos tornaremos ideólogos e demagogos, lutando por causas políticas, sem realizar nada de valor eterno

em nossa própria vida ou na vida de outros. Mas, se buscarmos primeiro a Deus, não desejando nada além de sermos obedientes a Ele, então a justiça e a compaixão fluirão naturalmente de nosso coração. Então, e só então, as palavras de Amós 5:24 se tornarão reais em nosso viver:

Antes, corra o juízo como as águas; e a justiça, como ribeiro perene.

A restauração futura

Amós encerra sua profecia quase da mesma maneira que Joel e tantos outros profetas: com uma cena de beleza, paz e glória. Essa cena revela o que Deus quer produzir no mundo e em nossa vida. Amós escreve:

Naquele dia, levantarei o tabernáculo caído de Davi, repararei as suas brechas; e, levantando-o das suas ruínas, restaurá-lo-ei como fora nos dias da antiguidade; para que possuam o restante de Edom e todas as nações que são chamadas pelo meu nome, diz o SENHOR, que faz estas coisas (9:11,12).

Essas palavras são citadas no Novo Testamento em At 15:16-18, no relato do primeiro concílio em Jerusalém. Enquanto os líderes cristãos judeus se perguntavam se Deus salvaria os gentios sem a Lei de Moisés, Tiago levantou-se e citou esse versículo de Amós. A declaração de que Deus restaurará o tabernáculo caído de Davi é um quadro profético da vinda de Cristo, que representa a casa de Davi. Tiago usa essa passagem para mostrar que Deus, como Ele havia prometido por meio dos profetas, abençoaria o mundo através de Jesus.

Aventurando-se através da Bíblia

Então vem esta bela cena:

Eis que vêm dias, diz o SENHOR, em que o que lavra segue logo ao que ceifa, e o que pisa as uvas, ao que lança a semente; os montes destilarão mosto, e todos os outeiros se derreterão. Mudarei a sorte do meu povo de Israel; reedificarão as cidades assoladas e nelas habitarão, plantarão vinhas e beberão o seu vinho, farão pomares e lhes comerão o fruto (9:13,14).

Compare a declaração de Amós de que "os montes destilarão mosto, e os outeiros manarão" com a imagem conclusiva do profeta Joel:

E há de ser que, naquele dia, os montes destilarão mosto, e os outeiros manarão leite, e todos os rios de Judá estarão cheios de águas; sairá uma fonte da Casa do SENHOR e regará o vale de Sitim (3:18).

Amós e Joel retratam um glorioso futuro milenar quando Israel finalmente será restaurado ao seu território, e sua terra fluirá com esplendor e bondade exuberantes.

Aqui vemos o coração bondoso de Deus para com a raça humana. É por isso que Ele muitas vezes fica irado com a humanidade, que está tão inclinada à injustiça, à ganância e à destruição. A crueldade humana deixa Deus zangado porque Ele quer que sejamos bondosos e compassivos uns com os outros.

A mensagem desse livro é que Deus é implacável em Sua busca pelo nosso melhor. Ele não fará concessões por causa de nosso pecado, nossas desculpas ou hipocrisia. A palavra de Amós para nós é que estamos lidando com o Deus de justiça, mas Ele é também o Deus de paciência, misericórdia e amor. Ele é totalmente imparcial. Ele não tem favoritos. Se o buscarmos, viveremos — verdadeiramente viveremos! Desfrutaremos das bênçãos que Ele deseja derramar em nossa vida. Se o ignorarmos, se seguirmos nosso próprio caminho, então Sua mensagem para nós será a mensagem de Am 4:12 — "Prepara-te para te encontrares com o teu Deus".

Se o buscarmos ou o evitarmos, não poderemos escapar dele. Um dia, encontraremos nosso Deus. Se atendermos ao chamado de Amós, poderemos encontrá-lo com confiança, porque o teremos buscado de todo o coração.

PERGUNTAS PARA DISCUSSÃO

AMÓS
Deus não tem favoritos

1. Amós era pastor nas colinas de Judá. Ele saiu daquelas colinas pronunciando esta mensagem de advertência:

> *O SENHOR rugirá de Sião e de Jerusalém fará ouvir a sua voz;*
> *os prados dos pastores estarão de luto, e secar-se-á o cimo do Carmelo* (1:2).

Por que Deus escolheu um pastor como Seu profeta a Israel? O que isso diz sobre as pessoas que Deus escolhe para cumprir Seus propósitos na história?

2. Leia Am 3:15. O que significam as diferentes casas (casa de inverno, casa de verão, casas adornadas com marfim, mansões)? O que Deus está nos dizendo sobre a inconstância dos bens do mundo?

3. Leia Am 4:1-5. Essa é uma descrição de pessoas que fazem de sua religiosidade um show, mas suas vidas estão cheias de pecado. Você acha que essa descrição se aplica a você e a sua igreja? Para sua cultura e nação? Como você supõe que Deus vê as exibições vazias de religiosidade? Como Ele lidará com o tipo de pessoas que Ele descreve nesses versículos?

4. O Dr. Martin Luther King Jr. parafraseou Am 5:24 em seu discurso "Eu tenho um sonho", proclamando que os americanos "não ficarão satisfeitos até que o juízo corra como as águas e a justiça como um poderoso ribeiro". A frase a que o Dr. King fez alusão vem no final de uma passagem em que Deus nos diz o que realmente deseja de nós. Deus diz por meio de Amós:

> *Aborreço, desprezo as vossas festas e com as vossas assembleias solenes não tenho nenhum*
> *prazer. E, ainda que me ofereçais holocaustos e vossas ofertas de manjares, não me*
> *agradarei deles, nem atentarei para as ofertas pacíficas de vossos animais cevados. Afasta*
> *de mim o estrépito dos teus cânticos, porque não ouvirei as melodias das tuas liras.*
> *Antes, corra o juízo como as águas; e a justiça, como ribeiro perene* (Am 5:21-24).

Aventurando-se através da Bíblia

O que essa passagem nos diz sobre o que os seres humanos tendem a oferecer a Deus? O que ela diz sobre o que Deus espera de nós? Se Deus instituiu as ofertas e sacrifícios, por que Ele agora diz que não os aceitará? Você acha que Deus odeia o som de nossos hinos? Que tipo de justiça Deus exige de nós? (Compare com Jr 7:22,23 e Mt 23:23,24)

5. Leia Am 7:10-17. Por que Amós disse ao sacerdote Amazias: "Eu não sou profeta, nem discípulo de profeta, mas boieiro..."? Amós está sendo modesto ou ele está paradoxalmente estabelecendo o fato de que suas "credenciais" (sendo chamado por Deus de um pasto de ovelhas) são de fato superiores às credenciais hereditárias de um sacerdote oficial? Explique sua resposta.

6. Leia Am 8:4-6. O povo nos dias de Amós guardava o sábado? Se sim, por que Deus estava irado com eles? É possível guardar as leis de Deus de modo a desonrar e desobedecer ao próprio Deus? Explique sua resposta.

7. Leia Am 8:11,12. Deus prediz que haverá fome em Israel — não uma fome de comida, mas uma fome da Palavra de Deus. Como seria essa fome? Como as pessoas poderiam andar "de mar a mar" e não serem capazes de encontrar a Palavra de Deus em lugar algum? Compare com Dn 12:4.

APLICAÇÃO PESSOAL

9. Uma das declarações mais arrepiantes em toda a Escritura é a advertência de Deus em Am 4:12: "Prepara-te para te encontrares com o teu Deus, ó Israel". Deus promete julgar o pecado, mas Ele também diz que é gracioso e compassivo. Como conciliar esses dois lados aparentemente contraditórios do caráter do Senhor? (Dica: leia Sl 86:15 e Rm 5:8)

10. Se Deus usou um mero pastor para chamar Israel ao arrependimento, não poderia Ele também usá-lo para alcançar outros para Cristo? Você está pronto para servir a Deus e testemunhar dele sempre que Ele o chamar?

OBADIAS

CAPÍTULO 38

Extermine Edom!

O profético livro de Obadias é o mais curto do Antigo Testamento: um único capítulo com apenas 21 versículos. Entretanto, contém uma mensagem para nossa vida que ultrapassa em muito a sua modesta contagem de páginas. Alguém disse que menos é mais quando se trata de transmitir sua mensagem, e o profeta Obadias valida essa afirmação.

Esse livro é um pronunciamento de destruição contra uma nação antiga e há muito esquecida: a terra de Edom. Os edomitas haviam matado, capturado e explorado refugiados judeus que tentaram escapar da espada de seus conquistadores babilônicos. Deus havia disciplinado Israel permitindo que a Babilônia conduzisse a nação ao cativeiro. Embora Deus tenha disciplinado Israel, Ele estava zangado com Edom por se regozijar pelos sofrimentos de Seu povo. Então Deus, por meio de Obadias, emitiu essa mensagem de julgamento contra Edom.

Mesmo que essa mensagem tenha sido escrita a um povo antigo numa cultura distante, estudantes diligentes do livro de Obadias encontrarão ricos tesouros da verdade para serem aplicados em sua vida hoje.

Uma história sobre duas nações e dois irmãos

Sabemos pouco sobre Obadias, exceto que ele era um dos Profetas Menores, isto é, seu livro é de menor extensão embora não seja de importância menor. Relatos do Antigo Testamento dos dias de Elias e Eliseu incluem uma referência a um profeta chamado Obadias; por isso, alguns presumem que o autor desse livro é o mesmo homem. O nome Obadias, no entanto, era muito comum entre os hebreus e é improvável que este seja o mesmo profeta.

No livro, Obadias menciona o dia em que Jerusalém foi destruída e capturada pelos exércitos estrangeiros, um fato que ocorre muito depois do tempo de Elias e Eliseu. A maioria dos estudiosos da Bíblia acredita que o autor desse livro foi contemporâneo do profeta

> **OBJETIVOS DO CAPÍTULO**
>
> Embora a nação de Edom tenha desaparecido há muito tempo, este capítulo apresenta verdades para nossa vida no pronunciamento de julgamento do profeta Obadias contra os edomitas. A luta entre Edom e Israel traça um paralelo com a velha luta entre a carne e o espírito.

Aventurando-se através da Bíblia

Jeremias, o último dos profetas, antes de Israel ir para o cativeiro.

O nome Obadias significa "o servo de Jeová", e ele realmente cumpre o papel de servo: Obadias vem, faz a sua obra, entrega a sua mensagem e depois se desvanece nas névoas da história.

O livro de Obadias conta a história de duas nações: Israel e Edom. A nação de Edom estava localizada ao sul de Israel em uma região hoje conhecida como o Neguev, ou Neguebe. Os israelitas percorreram essa antiga terra quando foram libertos da escravidão do Egito e entraram na Terra Prometida. Quando os israelitas passaram por Edom, os edomitas os perseguiram. Eles foram inimigos de Israel desde o início.

Obadias também conta a história de dois homens. Cada nação na Bíblia é uma sombra prolongada de seu fundador, e os dois homens por trás de Israel e Edom eram irmãos gêmeos. Tenho certeza de que vocês reconhecem seus nomes: Jacó e Esaú. Jacó era pai de Israel, e Esaú, seu irmão gêmeo, tornou-se o pai dos edomitas. A longa história desses dois homens, faz parte também da história dessas nações.

Jacó e Esaú viveram em estado de antagonismo perpétuo. Lemos em Gênesis que, mesmo antes de nascerem, lutaram no ventre de sua mãe (veja Gn 25:22,23). A luta marcou a vida desses dois homens, e a vida de seus descendentes, as nações de Israel e Edom.

Jacó era o queridinho de sua mãe, e Esaú era o homenzinho de seu pai. A vida deles caracterizou-se por uma rivalidade entre irmãos que continuou por séculos depois que morreram. De Gênesis a Malaquias, vemos evidências da luta entre Jacó e Esaú, entre

Israel e Edom. Em Malaquias, o último livro do Antigo Testamento, lemos:

Eu vos tenho amado, diz o Senhor; mas vós dizeis: Em que nos tens amado? Não foi Esaú irmão de Jacó? — disse o Senhor; todavia, amei a Jacó, porém aborreci a Esaú; e fiz dos seus montes uma assolação e dei a sua herança aos chacais do deserto. Se Edom diz: Fomos destruídos, porém tornaremos a edificar as ruínas, então, diz o Senhor dos Exércitos: Eles edificarão, mas eu destruirei; e Edom será chamado Terra-De-Perversidade e Povo-Contra-Quem-O-Senhor-Está-Irado-Para-Sempre (Ml 1:2-4).

O que há de tão importante sobre esses dois homens e essas duas nações? Isso é o que o livro de Obadias deixa claro. Na luta entre Edom e Israel no Antigo Testamento, vemos um paralelo com uma luta semelhante que é descrita para nós no Novo Testamento — a luta do cristão entre a carne e o espírito.

Em Gálatas 5:17, Paulo nos diz que a carne luta contra o espírito e o espírito contra a carne; eles se opõem um ao outro. Deus sempre usa imagens para que possamos entender Sua verdade mais plenamente. O retrato de Esaú e Jacó, de Edom e de Israel, representa para nós o conflito entre a carne e o espírito.

Esta é uma chave valiosa para o estudo da Bíblia. Uma vez que aprendemos a reconhecer as "constantes interpretativas" nas Escrituras — os símbolos, imagens, nomes e metáforas que consistentemente significam verdades importantes —, muitos conceitos bíblicos difíceis de entender logo se tornam claros. Por exemplo, certos símbolos têm um significado constante onde quer que você os encontre no

O LIVRO DE OBADIAS

Obadias: a história de Israel e Edom

Julgamento pronunciado contra Edom vv.1-14

O resultado do julgamento vv.15-18

Israel possuirá Edom vv.19-21

Antigo e Novo Testamento: o óleo é quase sempre um símbolo para o Espírito Santo; o vinho simboliza alegria; fermento é sempre uma imagem do mal. E esses dois homens, Jacó e Esaú, e as nações de Israel e Edom, simbolizam sempre a luta entre o espírito e a carne.

O problema do orgulho

Por que Deus odeia Esaú? Obadias nos diz:

> *A soberba do teu coração te enganou, ó tu que habitas nas fendas das rochas, na tua alta morada, e dizes no teu coração: Quem me deitará por terra?* (v.3)

A referência a "tu que habitas nas fendas das rochas" é uma referência literal à nação de Edom. Se você teve o privilégio de visitar a Terra Santa, você pode ter ido para a parte de Ma'an da Jordânia e visitou a cidade de Petra, anteriormente chamada de "cidade rosa vermelha, metade tão antiga quanto o tempo". A entrada para essa cidade incrível é através de uma fenda estreita, o Siq, que tem apenas alguns metros de largura. Ela percorre mais de um quilômetro direto através da rocha e o leva finalmente a um lugar aberto onde os templos foram esculpidos na rocha — templos gigantes com entradas de 7 metros e meio de altura ou mais. Essa era a capital de Edom.

As pessoas daquela cidade sentiam-se inatacáveis por causa dessas defesas naturais. Elas se exaltavam de orgulho e, como o Senhor disse (falando através do profeta), a soberba dos seus corações os enganou. Elas pensavam que nada poderia derrubá-las, mas Deus disse que isso aconteceria. Poucos anos após a morte de Jesus, os romanos entraram e destruíram as cidades de Edom e capturaram essa "inexpugnável" fortaleza. Que está em ruínas desde então.

O problema com Esaú é o orgulho. O princípio do orgulho é o que a Bíblia chama de "carne". Nosso orgulho luta contra o Espírito de Deus. A carne é um princípio que se opõe aos propósitos de Deus para a humanidade e desafia o que Deus está tentando realizar. Todo cristão tem essa luta interna. O orgulho é a marca identificadora da carne.

"Seis coisas o Senhor aborrece, e a sétima a sua alma abomina" (Pv 6:16). No topo da lista está o olhar altivo — um olhar de arrogância. Tudo o que segue é apenas uma variação do

Aventurando-se através da Bíblia

orgulho. Esta é a natureza corrompida que foi implantada na raça humana. Todos os que nascem de Adão têm esse toque congênito de orgulho, o ego independente que avalia tudo apenas em termos de se tal coisa alimenta ou não o eu onipotente. Para os orgulhosos, não há espaço no Universo para os rivais, menos ainda para Deus.

Esse é o orgulho da carne. Esse é Esaú. Esse é Edom. O Senhor responde aos orgulhosos no livro de Obadias:

Se te remontares como águia e puseres o teu ninho entre as estrelas, de lá te derribarei, diz o Senhor (v.4).

O orgulho assume muitas formas — inclusive a violência. Sempre que uma pessoa age violentamente contra outra, é orgulho carnal em ação:

Por causa da violência feita a teu irmão Jacó, cobrir-te-á a vergonha, e serás exterminado para sempre (v.10).

A pessoa que inflige dores violentas e danos em outra pessoa orgulhosamente acredita que tem o direito de fazê-lo — e que a vítima não tem direitos ou dignidade. O orgulho está enraizado no egoísmo e ataca qualquer coisa que se atreva a desafiar sua própria supremacia.

Certa feita, eu estava em um lar cristão e vi uma mulher com olhos roxos e hematomas em suas pernas e braços porque seu marido a tinha espancado. Esse homem era professor de Escola Bíblica! De onde vem esse tipo de violência? Ela vem de Edom. É o orgulho da carne.

Outra forma de orgulho, diz Obadias, é a indiferença:

No dia em que, estando tu presente, estranhos lhe levaram os bens, e estrangeiros lhe entraram pelas portas e deitaram sortes sobre Jerusalém, tu mesmo eras um deles (v.11).

Em março de 1964, Catherine "Kitty" Genovese, 28 anos, chegou a seu prédio de apartamentos no Kew Gardens. Tinha trabalhado no turno da noite e eram mais de três horas da manhã. Um homem aproximou-se dela na escuridão, e começou a esfaqueá-la repetidamente. Ela gritou: "Ele me esfaqueou! Socorro!". Um vizinho abriu a janela e gritou: "Deixe essa garota em paz!". O agressor fugiu, deixando Kitty Genovese ferida e cambaleante.

Quando ninguém saiu do prédio para ajudá-la, o agressor voltou. Ela lutou contra ele, mas ele continuou a esfaqueá-la, depois a agrediu sexualmente, roubou 49 dólares de sua bolsa e a deixou no corredor do prédio. O ataque durou cerca de meia hora. Pelo menos uma dúzia de vizinhos estava ciente do ataque e ouviu Kitty Genovese gritar por socorro. Só depois que o agressor foi embora, um desses vizinhos finalmente chamou a polícia. Ela morreu na ambulância a caminho do hospital.

Quando Obadias diz "estando tu presente", ele está dizendo, na verdade, "você foi como todos aqueles vizinhos desinteressados que estavam em suas janelas do apartamento e assistiram quando Kitty Genovese foi torturada e assassinada. Alguns fecharam as janelas e taparam os ouvidos. Alguns disseram mais tarde: 'Eu não quis me envolver'. Sua indiferença é uma forma de orgulho".

Ser indiferente às necessidades e mágoas dos outros é ser supremamente egocêntrico.

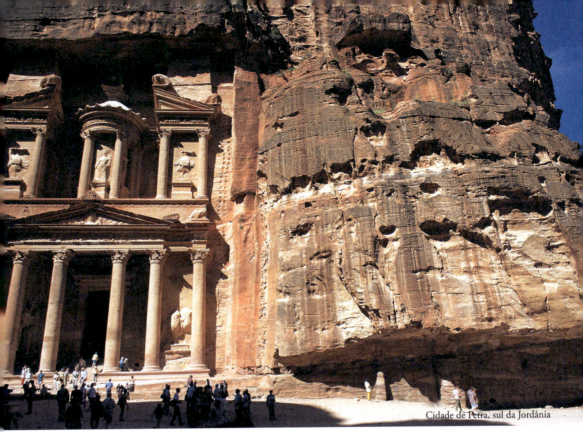

Cidade de Petra, sul da Jordânia
Wikipedia Commons

"Sou importante demais para me envolver com os problemas de outra pessoa", diz essa forma de orgulho. "Minha vida é importante demais. Meu tempo é importante demais. Minha agenda é importante demais. Se os outros tiverem um problema, bem, é problema deles, não meu".

O orgulho da indiferença causa muitos conflitos conjugais. De acordo com minha experiência em aconselhamento, tantas vezes ouvi a queixa: "Ela me ignora", ou "Ele não se importa com minhas necessidades". Muitas vezes, isso parece acontecer dentro do primeiro ou segundo ano do casamento: a indiferença infiltra-se no relacionamento, drenando o romance e a paixão do relacionamento conjugal, substituindo-o por orgulho egoísta. Durante o namoro, um homem e uma mulher perguntam um ao outro: "Em que você está pensando? Diga-me do que você gostaria. Eu faria qualquer coisa para lhe agradar". Depois do casamento, é: "Onde está o meu jantar? E quanto às minhas necessidades? Não me incomode!".

Esse é Esaú em ação no relacionamento. Esse é o orgulho da indiferença.

Em seguida, Obadias destaca outra forma de orgulho:

Mas tu não devias ter olhado com prazer para o dia de teu irmão, o dia da sua calamidade; nem ter-te alegrado sobre os filhos de Judá, no dia da sua

*ruína; nem ter falado de boca cheia, no
dia da angústia; não devias ter entrado
pela porta do meu povo, no dia da sua
calamidade; tu não devias ter olhado
com prazer para o seu mal, no dia
da sua calamidade; nem ter lançado
mão nos seus bens, no dia da sua
calamidade* (vv.12,13).

Deus acusa Edom pelo pecado de regozijar-se com as desgraças dos outros — outra manifestação de orgulho. Você já teve satisfação na dor de outra pessoa? Talvez você tenha pensado: "Ele pediu por isso!" ou "Ela mereceu!". Por que sentimos prazer nos sofrimentos de outra pessoa? Por que encontramos satisfação em colocar sal em feridas abertas? Por que gostamos de fofocar sobre as falhas e fracassos de outras pessoas? É Esaú em nós. É orgulho. É a carne guerreando contra o Espírito de Deus.

Essa é apenas uma lista parcial dos pecados de orgulho de Esaú. É por isso que Deus diz: "Amei a Jacó, porém, aborreci a Esaú". O veredito de Deus contra o orgulho de Esaú — e contra o seu e o meu orgulho — encontra-se no versículo 3: "A soberba do teu coração te enganou".

A armadilha do orgulho

O orgulho tem uma maneira de produzir sua própria destruição. O orgulho monta uma armadilha e então aciona a armadilha sobre si mesmo. Aqui está o que Obadias escreve:

*Como foram rebuscados os bens de
Esaú! Como foram esquadrinhados
os seus tesouros escondidos! Todos os
teus aliados te levaram para fora dos*

*teus limites; os que gozam da tua paz
te enganaram, prevaleceram contra
ti; os que comem o teu pão puseram
armadilhas para teus pés; não há em
Edom entendimento* (vv.6,7).

O orgulho nos ilude, engana e nos cega a respeito do perigo que nos rodeia. Não o reconhecemos até que seja tarde demais. Com um senso de invencibilidade, pisamos no tapete que foi estendido sobre o buraco, jamais suspeitando que nosso próximo passo seja o nosso último. Todos veem o perigo em nossos pés. Alguns estão gritando para nós, tentando nos alertar, mas somos muito orgulhosos para ouvir: "Eles não sabem do que estão falando. Sei o que estou fazendo!".

As famosas últimas palavras.

Todos nós temos esse princípio da carne escondido dentro de nós. É crucial que lidemos com ele, o arranquemos pela raiz para fora de nossa vida, porque Edom não tem lugar em nós. Deus julgará a Edom, e não haverá escapatória para os soberbos. Deus sempre está contra os orgulhosos, aqueles que vivem segundo a carne em vez de segundo o espírito.

Um dos netos de Esaú foi um homem chamado Amaleque cujos descendentes se opuseram aos israelitas em seu caminho para Canaã. Em Êx 17:14, Deus disse a Moisés: "porque eu hei de riscar totalmente a memória de Amaleque de debaixo do céu". Isso é o que Deus está dizendo a respeito da carne. Ele jamais fará as pazes com ela.

Mas um dia de triunfo espera por Jacó:

Mas, no monte Sião [um símbolo para Jerusalém ou Jacó], *haverá livramento;*

476   *As promessas de Deus*

*o monte será santo; e os da casa de Jacó
possuirão as suas herdades. A casa de
Jacó será fogo, e a casa de José, chama,
e a casa de Esaú, restolho; aqueles
incendiarão a este e o consumirão; e
ninguém mais restará da casa de Esaú,
porque o SENHOR o falou* (vv.17,18).

Por que Deus deve destruir Esaú e a nação de Edom? Porque Esaú e Edom são igualmente implacáveis. Você não pode fazer as pazes com a carne, porque a carne nunca fará as pazes com você. Tente apaziguar Esaú, tente fazer concessões a Edom, e eles vão se voltar e destruir você.

Quando você vai ao Novo Testamento, você encontra os mesmos dois princípios — Edom e Israel, carne e espírito — personificados nas páginas dos evangelhos. Na última semana dos sofrimentos de nosso Senhor, Ele ficou diante de Herodes — e Herodes, segundo nos dizem, era um idumeu. A Idumeia é outra ortografia de Edom; sendo assim, sabemos que Herodes era um edomita, um descendente de Esaú. Jesus ficou diante de Herodes. O representante de Jacó e o representante de Esaú estavam face a face. O rei Herodes, o edomita, era orgulhoso, arrogante e rebelde; ele observou a cruel zombaria dos soldados quando eles despojaram o Senhor e o vestiram com vestes reais. O Rei Jesus, o israelita cheio do Espírito, era humilde e obediente; Ele foi à morte por tortura de maneira espontânea, que lhe foi infligida pelas mãos de Herodes. Os evangelhos dizem que Herodes fez muitas perguntas a Jesus, mas, para o filho de Esaú, não houve resposta do filho de Jacó. Eles não tinham nada para discutir. Fazer concessões era impossível.

Deus não tem nada a dizer à carne — nada exceto o julgamento.

No final, foi o humilde Rei Jesus que se libertou da cruz e do sepulcro, e foi o orgulhoso rei Herodes que terminou sua vida com vergonha e exílio, prisioneiro das correntes do pecado e da arrogância com os quais se prendeu. O espírito foi o vencedor. A carne foi derrotada. Israel levantou-se; Edom caiu.

Israel ou Edom, espírito ou carne — de que lado você está? Essa é a questão central do pequeno, mas imponente, livro do profeta Obadias.

Aventurando-se através da Bíblia

PERGUNTAS PARA DISCUSSÃO

OBADIAS
Extermine Edom!

1. Nesse livro, Deus, por meio de Obadias, fala exclusivamente a uma nação — e não é a nação de Israel. Você acha que os edomitas foram o público ao qual a mensagem de Obadias se destinava — ou Obadias escreveu essa mensagem para os judeus, a fim de encorajá--los? Qual é a mensagem desse pequeno livro de profecia?

2. Deus diz:
Porque o Dia do SENHOR está prestes a vir
sobre todas as nações;
como tu fizeste, assim se fará contigo;
o teu malfeito tornará sobre a tua cabeça (1:15).

Isso é apenas outra maneira de dizer "O que vai, volta"? Compare com Êx 21:23-25. As palavras de Deus no versículo 14 têm o mesmo significado que a Regra de Ouro (veja Mt 7:12) ou significam o oposto dela? Explique sua resposta.

3. Leia Sl 137:7; Ez 25:12-14; Am 1:11,12 e Ml 1:2-4. Por que houve uma rivalidade his-tórica tão intensa entre Israel e Edom? Como os edomitas pecaram contra Israel?

4. Os ímpios edomitas são filhos de Deus, assim como os israelitas? Quais as bases do jul-gamento de Deus contra Edom? O Senhor os julga por serem edomitas e por não serem Seu povo escolhido ou os julga com base em alguma outra coisa?

5. Você acha que Deus só quer julgar e punir Edom ou, por fim, quer corrigir e conquistá--los para si mesmo? Explique sua resposta.

As promessas de Deus

APLICAÇÃO PESSOAL

6. Os edomitas se consideravam invencíveis porque viviam entre as montanhas a leste e sul do mar Morto. Suas fortalezas físicas lhes davam uma falsa sensação de segurança e superioridade. Em que você confia para sua sensação de segurança? Isso é realmente seguro? Explique sua resposta.

7. Edom representa a carne e seus pecados. Deus julgou Edom, diz Obadias, por causa de seu pecado de orgulho. Os edomitas acreditam orgulhosamente que estão seguros "nas fendas das rochas" onde vivem (especialmente na "cidade rosa vermelha" de Petra). Em seu orgulho, eles cometem violência contra seus irmãos israelitas e ficam distantes e indiferentes aos sofrimentos dos judeus. Até se regozijam com a desgraça do povo de Israel.

Ao examinar sua própria vida, você pode dizer honestamente que é inocente do pecado do orgulho em suas várias formas? Que passos você pode dar esta semana para se arrepender de seu orgulho e eliminá-lo de sua vida?

Aventurando-se através da Bíblia

Vale de Jezreel

JONAS

CAPÍTULO 39

O embaixador relutante

O livro de Jonas é provavelmente o livro mais conhecido da Bíblia, ainda que o menos compreendido. A história de "Jonas e o grande peixe" tornou-se parte do nosso folclore — um conto como a história de Paul Bunyan [N.E.: Gigantesco lenhador, parte do folclore americano.] ou as lendas das mitologias grega e romana. A maioria das pessoas está familiarizada com a história, mas o próprio livro é considerado uma fábula, uma grande "história de peixe". Por causa dessas atitudes, a verdadeira mensagem do livro foi obscurecida.

Jonas era um homem de carne e osso de verdade, que viveu na história. O livro de 2 Reis se refere a ele como um profeta histórico, como Jesus o faz em Mateus 12:40.

O tema dessa história é encontrado nos dois últimos capítulos do livro onde se vê Jonas indo a Nínive, como Deus havia ordenado originalmente, para proclamar a mensagem que Ele lhe deu. Se você se perguntar: "Por que Jonas inicialmente se recusou a ir a Nínive?", você chegará muito próximo ao cerne da mensagem desse livro.

Você sabe como a história começa:

Veio a palavra do SENHOR a Jonas, filho de Amitai, dizendo: Dispõe-te, vai à grande cidade de Nínive e clama contra ela, porque a sua malícia subiu até mim. Jonas se dispôs, mas para fugir da presença do SENHOR, para Társis; e, tendo descido a Jope, achou um navio que ia para Társis; pagou, pois, a sua passagem e embarcou nele, para ir com eles para Társis, para longe da presença do SENHOR (1:1-3).

Parece que quando você está tentando fugir de Deus, você pode sempre encontrar um navio que vai levá-lo. Mas não espere uma viagem tranquila! Depois que Jonas embarcou no navio para fugir do Senhor, ele logo se viu em meio a uma grande tempestade. Os marinheiros do navio individualmente clamaram para seus próprios deuses; todos, exceto Jonas.

> **OBJETIVOS DO CAPÍTULO**
>
> O objetivo deste capítulo é ajudar o leitor a ver a conhecida história de "Jonas e o grande peixe" por meio de uma nova perspectiva, de modo que as verdades espirituais deste importante livro, muitas vezes negligenciadas, tornem-se evidentes.

O LIVRO DE JONAS

Deus chama Jonas para ir a Nínive (Jonas 1–2)

A desobediência de Jonas e a disciplina de Deus
sobre Jonas por meio de um grande peixe... 1

A oração e a libertação de Jonas..2

Deus chama Jonas novamente (Jonas 3–4)

Jonas é obediente à ordem renovada de Deus 3:1-4

Nínive se arrepende e o julgamento não é executado 3:5-10

Jonas fica contrariado, ora para morrer e é repreendido por Deus......................4

Finalmente, os marinheiros lançaram sortes (o equivalente a jogar dados) para determinar de qual pessoa no navio os deuses estavam com raiva, e a sorte recaiu sobre Jonas. Então eles questionaram Jonas e ele admitiu: "Sou hebreu e temo ao SENHOR, o Deus do céu, que fez o mar e a terra" (1:9).

Os marinheiros perguntaram o que precisavam fazer para aplacar o Deus de Jonas, e ele disse: "Tomai-me e lançai-me ao mar, e o mar se aquietará".

Os marinheiros estavam relutantes em fazê-lo e tentaram remar de volta à terra firme, mas a tempestade atingiu o navio ainda mais severamente. Então, os marinheiros oraram para que Deus não os responsabilizasse pela morte de Jonas e o jogaram ao mar. O mar acalmou-se, e todos os marinheiros se tornaram seguidores do Deus dos hebreus. E quanto a Jonas,

Preparou o SENHOR um grande peixe, para que tragasse a Jonas; e esteve Jonas três dias e três noites no ventre do peixe (1:17).

O Deus de misericórdia

No segundo capítulo, Jonas implorou a Deus para que o resgatasse. No terceiro dia, Deus respondeu a oração de Jonas, e o peixe o vomitou na praia. O próprio Jesus disse que os três dias que Jonas passou dentro do peixe simbolizavam os três dias que passaria no túmulo antes da ressurreição: "Porque assim como esteve Jonas três dias e três noites no ventre do grande peixe, assim o Filho do Homem estará três dias e três noites no coração da terra" (Mt 12:40).

Depois que Jonas foi trazido pelas correntes à terra seca, Deus o lembrou de sua missão inicial:

482

As promessas de Deus

Veio a palavra do SENHOR, segunda vez, a Jonas, dizendo: Dispõe-te, vai à grande cidade de Nínive e proclama contra ela a mensagem que eu te digo (3:1,2).

A ordem de Deus é inflexível. Ele não mudou de ideia nem um pouco, mas Ele finalmente tinha mudado a mente do profeta. Mas por que Jonas estava tão ansioso para evitar o seu chamado? Por que ele não queria ir a Nínive? Por que fugiu de Deus?

Alguns estudiosos da Bíblia sugerem que Jonas tinha uma ideia tão primitiva de Deus, que o considerava apenas uma divindade tribal, só para Israel, que ele pensava que Deus não poderia realmente estar interessado em Nínive e que, se Jonas pudesse sair da terra, ele se afastaria de Deus. Creio que essa ideia é derrubada pelas próprias palavras de Jonas.

Quando os marinheiros pediram a Jonas que se identificasse, ele lhes disse: "Sou hebreu e temo ao SENHOR, o Deus do céu, que fez o mar e a terra" (Jn 1:9). Isso não soa como a descrição de uma divindade tribal para mim. Não, não foi por isso que Jonas evitou ir a Nínive.

Na verdade, a resposta é exatamente o oposto: Jonas conhecia Deus muito bem. É por isso que ele não foi a Nínive. Isso soa estranho? No capítulo 4, lemos:

Com isso, desgostou-se Jonas extremamente e ficou irado. E orou ao SENHOR e disse: Ah! SENHOR! Não foi isso o que eu disse, estando ainda na minha terra? Por isso, me adiantei, fugindo para Társis, pois sabia que és Deus clemente, e misericordioso, e tardio em irar-se, e grande em benignidade, e que te arrependes do mal (vv.1,2).

Jonas sabia exatamente como Deus era — gracioso, compassivo, abundante em amor — e, por isso, ele não iria a Nínive. Ele não queria que Nínive tivesse a oportunidade de se arrepender e ser poupada. Ele queria que Nínive fosse destruída. Jonas odiava os

Aventurando-se através da Bíblia

habitantes dessa cruel e perversa cidade — uma cidade que muitas vezes enviara invasores a Israel, sua própria terra, matando e saqueando. Jonas queria vingança, não misericórdia, para os ninivitas ímpios. Portanto, para impedir que Deus mostrasse misericórdia a seu inimigo tão odiado, Jonas fugiu para Társis.

Aqui está uma percepção incrível sobre o caráter de Deus e a prova de que o Deus do Antigo Testamento e o Deus do Novo Testamento são um e o mesmo. De tempos em tempos, aqueles que não acreditam na Bíblia — principalmente aqueles que falam sobre o que não entendem — dizem que o Deus do Antigo Testamento era um Deus vingativo e irado, enquanto o Deus do Novo Testamento é clemente e perdoador. Na realidade, contudo, Jonas admite:

Por isso, me adiantei, fugindo para Társis, pois sabia que és Deus clemente, e misericordioso, e tardio em irar-se, e grande em benignidade, e que te arrependes do mal (4:2).

A figura vingativa, furiosa, de fogo e enxofre nessa história não é Deus — é Jonas! O julgamento dos seres humanos é sempre mais duro, mais instável, mais raivoso do que o julgamento de Deus. O julgamento de Deus é justo e misericordioso. Foi Deus — o Deus do Antigo Testamento — quem inventou a graça e a misericórdia e que sempre abundou em amor paciente.

Então, Deus ordenou novamente a Jonas que fosse a Nínive. Jonas ainda não queria ir, mas se lembrou de seu passeio de três dias na barriga do peixe… e foi.

A reação de Nínive

Então Jonas chegou finalmente a Nínive, uma cidade grande — tão grande, de fato, que levou três dias para ele apenas caminhar de um lado da cidade ao outro. Um dia de viagem era calculado como cerca de 19 km, por isso uma viagem de três dias levaria cerca de 57 km. É uma cidade de bom tamanho. De muitas maneiras, ela era provavelmente um aglomerado de cidades e bairros muito parecida com Los Angeles ou Nova Iorque.

Nínive se localizava ao redor das margens do rio Tigre e formava a capital do grande Império Sírio (ou assírio). Declarar a mensagem de Deus a uma cidade tão grande levaria algum tempo. Então Jonas começou um dia de viagem pela cidade, dizendo que em 40 dias Deus destruiria a cidade.

Normalmente esse tipo de mensagem não teria muita receptividade. A Bíblia relata que, quando outros profetas com uma mensagem semelhante foram enviados para cidades ímpias, eles foram ridicularizados e expulsos da cidade, ou pior. Mas uma coisa surpreendente aconteceu:

Os ninivitas creram em Deus, e proclamaram um jejum, e vestiram-se de panos de saco, desde o maior até o menor. Chegou esta notícia ao rei de Nínive; ele levantou-se do seu trono, tirou de si as vestes reais, cobriu-se de pano de saco e assentou-se sobre cinza. E fez-se proclamar e divulgar em Nínive: Por mandado do rei e seus grandes, nem homens, nem animais, nem bois, nem ovelhas provem coisa alguma, nem os levem ao pasto, nem bebam água; mas sejam cobertos de pano de saco, tanto os homens como os animais, e clamarão

As promessas de Deus

fortemente a Deus; e se converterão, cada um do seu mau caminho e da violência que há nas suas mãos. Quem sabe se voltará Deus, e se arrependerá, e se apartará do furor da sua ira, de sorte que não pereçamos? (3:5-9)

E o povo de Nínive fez exatamente o que Deus, através de Seu servo relutante Jonas, disse-lhes para fazerem. Assim, lemos sobre a reação de Deus:

Viu Deus o que fizeram, como se converteram do seu mau caminho; e Deus se arrependeu do mal que tinha dito lhes faria e não o fez (3:10).

Por que o povo de Nínive ouviu a mensagem de Jonas? O próprio Jesus nos dá uma pista. Em Lucas 11, Jesus se refere a esse relato e diz: "Porque, assim como Jonas foi sinal para os ninivitas, o Filho do Homem o será para esta geração" (Lc 11:30). Alguns estudiosos da Bíblia acham que as características de Jonas foram alteradas através de sua experiência no ventre da baleia.

Recomendo a leitura de *Harmony of Science and Scripture* [Harmonia entre a ciência e a Bíblia], de Harry Rimmer, em que ele fala de um marinheiro inglês que caiu ao mar no Canal da Mancha e foi engolido por um peixe: um tubarão-baleia gigante. Uma frota de traineiras caçou o tubarão, matando-o dois dias depois que o marinheiro estava desaparecido. Quando a carcaça do tubarão foi aberta, eles encontraram o marinheiro desaparecido vivo, mas sem nenhum cabelo e com sua pele branqueada por ácidos estomacais. Rimmer entrevistou pessoalmente esse homem e confirmou sua história.

Se o rosto e o corpo de Jonas foram afetados da mesma forma que os do marinheiro inglês foram, então Jonas deve ter parecido uma demonstração ambulante do julgamento de Deus. Você pode ter certeza de que os ninivitas levaram Jonas a sério quando ele falou sobre o julgamento vindouro de Deus sobre sua cidade. Ele era a prova viva de que Deus cumpre o que diz. E foi por isso que a cidade se arrependeu, desde o maior até o menor, e o juízo de Deus não foi executado.

A ira de Jonas

Você poderia esperar que a história terminasse no capítulo 3, quando a cidade se arrepende e se cobre de saco e cinzas. Mas o quarto capítulo de Jonas nos mostra que o foco desse livro não está na cidade de Nínive, mas em Jonas e no coração de Deus. Lemos, nesse capítulo, que Jonas estava irado com Deus. Por quê? Porque Deus fez exatamente o que Ele disse que faria, exatamente o que Jonas temia que Ele fizesse: poupou a cidade de Nínive. Na verdade, Jonas ficou tão amargurado com Deus que queria morrer.

Depois de ouvir Jonas vociferar, depois de negar a ordem de Jonas para que Deus o matasse, Deus virou a mesa sobre Jonas. No capítulo 4, fez uma pergunta a seu servo:

E disse o SENHOR: É razoável essa tua ira? (4:4).

Jonas não respondeu. Sentou-se na rocha acima da cidade e esperou para ver o que Deus faria. Não sabemos quanto tempo se passou, mas deve ter sido vários dias, porque, no primeiro dia, Deus preparou uma planta. A planta cresceu e cobriu a cabeça de Jonas, evidência da provisão graciosa de Deus.

Aventurando-se através da Bíblia

Jonas e o peixe (1621), por Pieter Lastman.

No segundo dia, Deus preparou uma lagarta que atacou e matou a planta. Então, quando o sol se levantou, Deus preparou um vento oriental que soprou o calor do deserto sobre Jonas. Ele sentou-se suando e sofrendo até quase desmaiar. Mais uma vez, ele pediu para morrer, e novamente Deus o confrontou por sua atitude:

Então, perguntou Deus a Jonas: É razoável essa tua ira por causa da planta? Ele respondeu: É razoável a minha ira até à morte (4:9).

É fácil acusar Jonas, mas a maioria de nós disse algo semelhante a Deus em um momento ou outro: "É claro que estou zangado com você, Deus. Você é injusto. Não gosto da maneira como você está conduzindo as coisas. Você não entende como me sinto. Você não castiga os malfeitores. Tenho o direito de estar bravo com você, Deus, porque você não está fazendo as coisas corretamente".

Finalmente, Deus mostra a Jonas a loucura de sua atitude. Nos versículos 10 e 11, Ele mostra a Jonas que ele está sentando lá sentindo pena de si mesmo e de uma planta insignificante que ele nem sequer tinha plantado ou cultivado. Por que, então, ele não sentiu sequer o mínimo de compaixão pelas 120 mil pessoas na cidade de Nínive, que eram tão ignorantes quanto crianças sobre as coisas espirituais, sem saber discernir entre a mão direita e a esquerda?

Neste momento, o livro abruptamente termina. Por quê? Porque nos levou exatamente onde deveria nos levar: para o próprio coração de Deus.

A maioria de nós é muito parecida com Jonas: nós nos preocupamos com nossos próprios desejos e necessidades egoístas, com nossa própria rotina, com nossas insignificantes posses. Com Jonas, era uma planta; com você ou comigo, pode ser um carro, um emprego, uma casa ou qualquer outra coisa. Nós nos preocupamos com *coisas*. Nós nos preocupamos com o *eu*. Deus se preocupa com *pessoas*, com almas humanas viventes, com seus batimentos cardíacos e sofrimentos. Deus amava aqueles ninivitas embora Jonas os odiasse.

Quem é o seu inimigo hoje? Talvez você gostasse de ver Deus derramando Seu juízo sobre algum líder mundial ímpio. Ou em um vizinho brigão. Ou sobre a pessoa que roubou seu carro. Ou sobre um motorista bêbado que tirou a vida de um de seus entes queridos. Ou sobre um irmão em Cristo mandão que torna sua vida miserável na igreja.

Mas Deus ama essa pessoa, assim como Ele amou os ninivitas. Você quer que essa pessoa sofra, mas Deus ama essa pessoa. Você pode ficar irritado e impaciente com Deus por atrasar Seu julgamento, mas Deus quer que vejamos todas as pessoas da maneira que Ele as vê. Ele quer que nos estabeleçamos em Seu coração e vejamos o mundo através de Seus olhos.

Deus nos enviou ao mundo para declarar a palavra de Jonas — uma palavra de advertência e uma palavra de misericórdia. Todos ao nosso redor são pessoas não salvas. Podemos considerá-los ímpios e desobedientes. Podemos descartá-los de nossa vida como pessoas repugnantes, que merecem condenação. Mas espiritualmente eles são como crianças, não sabendo discernir a mão direita da esquerda. Eles são objetos do amor, misericórdia e compaixão de Deus, e o Senhor quer nos enviar a eles para lhes contar sobre Seu amor.

Deus nos enviou para sermos um sinal para nossa geração, assim como Ele enviou Jonas para ser um sinal para sua geração. Qual é esse sinal? É o sinal de Jonas, o sinal da ressurreição, o sinal de pessoas que antes estavam mortas, mas que foram vivificadas em Jesus Cristo. Nossa mensagem é clara: servimos ao Deus que pode trazer a vida da morte, que pode ressuscitar aqueles que são engolidos e estão no ventre de um grande peixe, engolidos em pecado e vergonha, engolidos em depressão e desesperança.

Jonas fugiu de seu chamado. Estava irado contra a misericórdia de Deus. Que aprendamos a lição da vida de Jonas. Que cada um de nós, em obediência, vá para onde Deus quer que vamos, digamos o que Ele quer que digamos e façamos o que Ele quer que façamos. Em vez de ficarmos irados contra a misericórdia de Deus, que a sua misericórdia nos encha de alegria e de um senso de triunfo ao declararmos a Sua mensagem em nossos dias.

Aventurando-se através da Bíblia

PERGUNTAS PARA DISCUSSÃO

JONAS
O embaixador relutante

1. O que Deus ordenou Jonas fazer? Por que Jonas fugiu do Senhor?

2. No capítulo 1, Jonas exibe tanto falha de caráter quanto pontos fortes em seu caráter. Quais falhas e pontos fortes você vê no caráter de Jonas? Explique sua resposta.

3. Enquanto ainda estava no ventre do peixe, Jonas orou:

Na minha angústia, clamei ao SENHOR, e ele me respondeu;
do ventre do abismo, gritei, e tu me ouviste a voz.
Ao SENHOR pertence a salvação! (2:2,9)

Por que Deus, muitas vezes, tem que nos levar a circunstâncias desesperadoras, até mesmo sem nenhuma esperança, a fim de chamar nossa atenção? O que você aprende sobre o caráter de Deus a partir da maneira como Deus busca Jonas e lhe prové salvamento?

4. Duas vezes, Deus disse a Jonas para ir a Nínive. Como Jonas reagiu na segunda vez (Veja o capítulo 3)? Por que Jonas não queria ir a Nínive?

5. Você já quis que Deus punisse alguém em vez de perdoá-lo? Por que frequentemente queremos reter o perdão?

6. Leia Jn 3:6-10. Como o povo de Nínive reagiu à pregação de Jonas? Como Deus reagiu ao povo de Nínive?

Leia Jn 4:1-3. Como Jonas reagiu a Deus? Parece que Jonas cresceu ou mudou desde o capítulo 1? Por quê? Jonas tem boas razões para se sentir desse jeito?

As promessas de Deus

7. O livro de Jonas termina abruptamente no capítulo 4. O final o agrada? Por quê? Por que você acha que ele termina assim?

APLICAÇÃO PESSOAL

8. Você fica irado ou ressentido quando coisas boas acontecem com "pessoas más"?

9. Você já teve uma experiência do tipo "Jonas no ventre do peixe"? Deus já o tirou de circunstâncias aparentemente sem esperança? O que essa experiência lhe ensinou? Deus já usou suas circunstâncias para levá-lo de volta a Ele?

10. Como você se sente com relação a Deus, sabendo que você não pode fugir dele? Isso o conforta ou o amedronta? Explique sua resposta.

Aventurando-se através da Bíblia

Área ao redor do mar Morto

MIQUEIAS

CAPÍTULO 40

Quem é como Deus?

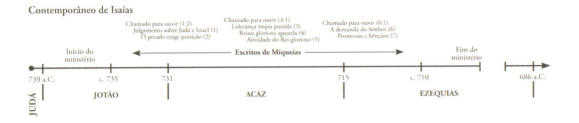

O que há em um nome? Na Bíblia, com frequência, os nomes são altamente significativos. O livro de Gênesis faz uma menção a Matusalém — um nome famoso, pois Matusalém é o homem mais velho das Escrituras (e, presumivelmente, a pessoa que mais viveu). Quando Matusalém nasceu, seu pai, Enoque, deu-lhe um nome que provou não só ser significativo, mas profético: em hebraico, o nome significa "Quando ele morrer, isto virá". Matusalém viveu 969 anos, e o ano em que morreu foi o ano do grande dilúvio de Noé.

O livro de Miqueias é mais um exemplo do significado dos nomes na Bíblia. A chave para esse pequeno livro profético pode ser encontrada no significado do nome do profeta. Em hebraico, Miqueias significa "Quem é como Deus?" ou "Quem é como Jeová?". Esta é a pergunta repetida de Miqueias. O livro indica que "Miqueias" era realmente um apelido dado a este profeta porque sua mensagem frequentemente repetida era "Miqueias? Quem é como Deus?".

A semelhança de Deus — uma expressão que pode ser definida como santidade — é o tema de Miqueias. A semelhança de Deus é também o tema da epístola de Paulo aos Efésios. É interessante e instrutivo comparar essas duas mensagens, Miqueias e Efésios, lado a lado. Ao fazer isso, vemos que o Antigo e o Novo Testamentos se complementam; eles falam com uma voz unificada e consistente.

Aqui também está a prova do princípio de que as Escrituras interpretam as Escrituras. Se não entendermos alguma coisa no Novo Testamento, podemos recorrer ao Antigo Testamento para compreensão e esclarecimento.

Miqueias foi contemporâneo do grande profeta Isaías, e seu livro tem estilo semelhante. Às vezes, na verdade, o livro de Miqueias é chamado de "Isaías em miniatura" porque é uma apresentação concisa, essencialmente, da mesma mensagem.

Miqueias é dividido em três partes. Os três primeiros capítulos descrevem o fracasso

> **OBJETIVOS DO CAPÍTULO**
>
> O objetivo deste capítulo é destacar o tema-chave de Miqueias — como viver de maneira piedosa — e aplicar esse tema às situações que surgem na nossa vida cotidiana.

Aventurando-se através da Bíblia   491

da nação. Ouvimos esse tema em muitos dos profetas, mas em Miqueias vemos que a nação judaica particularmente falhou em viver um estilo de vida de piedade. Os capítulos 4 e 5 contrastam a impiedade de Israel com a visão daquele que está por vir — o Divino. Esta é uma parte profética que aguarda a vinda de Cristo, o Messias. Os últimos três capítulos nos dão o clamor de Deus para que a nação se arrependa e volte para Ele.

O primeiro capítulo apresenta uma imagem magnífica de Deus avançando em julgamento contra a nação de Judá por causa do fracasso absoluto do povo em ser piedoso, embora Ele lhes tenha dado tudo o que era necessário para ser piedoso. Isso soa familiar, não soa? Por que não somos piedosos? Temos tudo o que é preciso, no Espírito Santo, para o sermos — contudo, falhamos demais.

Portanto, esse livro nos encontra exatamente onde estamos. Estamos no mesmo barco com o povo de Judá.

O profeta que faz trocadilhos

Em Mq 1:10-16, encontramos uma faceta interessante do texto que é difícil de apreciar na tradução em português. Esses profetas antigos faziam trocadilhos, e embora algumas pessoas digam que um trocadilho seja a forma de humor mais inferior, a Bíblia tem muitos trocadilhos. O problema para nós é que os trocadilhos estão em hebraico! Se você pudesse ler o original hebraico, você veria trocadilho após trocadilho empregado nos nomes destas cidades mencionadas por Miqueias.

Miqueias diz à cidade de Gate que não chore, pois o nome da cidade significa "choro". Ele diz a Bete-Leafra (Casa do Pó) para rolar no pó como um ato de arrependimento. Ele diz a Safir (Beleza) que sua beleza será envergonhada. Ele diz a Zaanã (Marchando) que não sairá marchando. Ele diz a Bete-Ezel (Casa dos Vizinhos) que ela acabará sendo desprotegida por seus vizinhos. Ele diz a Marote (Cidade Amarga) que ela vai sofrer amargamente. Ele diz a Laquis (Cidade do Cavalo) para atar os cavalos à carruagem e preparar-se para sair da cidade.

O capítulo 2 continua a retratar a destruição total do povo, incluindo governantes, profetas, mulheres e crianças. E no capítulo 3, encontramos a razão para o julgamento de Deus contra Judá.

Você se recorda da história do filósofo grego Diógenes? Ele saiu pelos campos carregando uma lanterna. Mesmo em plena luz do dia, ele carregava sua lanterna para despertar curiosidade e provocar perguntas. As pessoas perguntavam: "Por que você está carregando uma lanterna durante o dia?". Diógenes respondia: "Estou procurando um homem honesto".

Como Diógenes, Miqueias anda vagando pelo Reino do Sul, Judá, procurando piedade. Ele olha entre os governantes da nação, mas ele só encontra corrupção, opressão, suborno e injustiça. Miqueias expõe a desordem em Jerusalém, e diz que a razão para o julgamento de Deus sobre Seu povo é que aqueles que têm autoridade para agir em lugar de Deus se esqueceram de que eles são responsáveis perante o Senhor.

Essa acusação toca nossa própria vida hoje. O Novo Testamento nos lembra de que os mestres devem se lembrar de que eles também têm um Mestre no Céu. Deus considera toda a autoridade responsável perante Ele mesmo (veja Ef 6:9). Qualquer um que se esqueça disso está usando o poder somente para vantagem

492   *As promessas de Deus*

pessoal, e esse é o comportamento que corrompeu Judá e trouxe julgamento de Deus sobre a nação. O profeta o resume para nós:

Os seus cabeças dão as sentenças por suborno, os seus sacerdotes ensinam por interesse, e os seus profetas adivinham por dinheiro; e ainda se encostam ao SENHOR, dizendo: Não está o SENHOR no meio de nós? Nenhum mal nos sobrevirá (3:11).

Quando você tem uma posição de autoridade, seja no governo, em uma igreja, em negócios ou em uma organização, ou em sua família, você representa Deus nessa posição. Paulo declarou: "Todo homem esteja sujeito às autoridades superiores; porque não há autoridade que não proceda de Deus; e as autoridades que existem foram por ele instituídas" (Rm 13:1). Esquecer da responsabilidade que temos como líderes e autoridades leva à corrupção, opressão, suborno, sofrimento — e julgamento.

Uma visão do Messias

No capítulo 4, encontramos uma visão maravilhosamente exaltada. Aqui, o profeta contempla através dos séculos — desde a ascensão da Babilônia, do grande império oriental da Grécia, passando pelo Império Romano e o tempo dos Césares, a Idade Média, e depois a era da Reforma com Martinho Lutero, o avivamento de John Wesley, estendendo-se até nossos dias. Em sua visão, Miqueias vê a vinda

O LIVRO DE MIQUEIAS

O Juízo que há de vir (Miqueias 1–3)
O julgamento contra o povo 1–2
O julgamento contra os líderes..3

A restauração que há de vir (Miqueias 4–5)
O reino vindouro..4
O Messias vindouro 5

Dois clamores ao arrependimento (Miqueias 6–7)
O primeiro clamor de Deus e a resposta de Miqueias...6
O segundo clamor de Deus e a resposta de Miqueias..................................7:1-6
A promessa de salvação 7:7-20

de alguém que é semelhante a Deus. Esta é uma das mais belas passagens messiânicas nas Escrituras:

Mas, nos últimos dias, acontecerá que o monte da Casa do SENHOR será estabelecido no cimo dos montes e se elevará sobre os outeiros, e para ele afluirão os povos.

Irão muitas nações e dirão: Vinde, e subamos ao monte do SENHOR e à casa do Deus de Jacó, para que nos ensine os seus caminhos, e andemos pelas suas veredas; porque de Sião procederá a lei, e a palavra do SENHOR, de Jerusalém.

Ele julgará entre muitos povos e corrigirá nações poderosas e longínquas; estes converterão as suas espadas em relhas de arados e suas lanças, em podadeiras; uma nação não levantará a espada contra outra nação, nem aprenderão mais a guerra.

Mas assentar-se-á cada um debaixo da sua videira e debaixo da sua figueira, e não haverá quem os espante, porque a boca do SENHOR dos Exércitos o disse (4:1-4).

Essa passagem descreve uma cena que ainda está por vir. As nações hoje nunca se esquecerão de como fazer a guerra, jamais converterão as suas espadas em relhas de arados e suas lanças, em podadeiras até a vinda daquele que governa em piedade. As palavras de Miqueias descrevem o mundo futuro em paz. Em Miqueias 4:3, elas são quase idênticas às palavras de Isaías 2:4, que falam de um tempo em que as pessoas "converterão as suas espadas em relhas de arados e suas lanças, em podadeiras; uma nação não levantará a espada contra outra nação, nem aprenderão mais a guerra".

Essas palavras estão inscritas no pedestal de uma estátua de bronze no jardim das Nações Unidas. A estátua retrata um homem forte literalmente martelando uma espada, transformando-a em arado de fazendeiro, e foi um presente da União Soviética, dado em 1959 — três anos depois que o primeiro-ministro soviético Nikita Khrushchev prometeu ao Ocidente: "Vamos enterrá-lo". Tantos sonhos de paz mundial — pelo menos até que o próprio Messias venha impor Seu governo divino.

O restante do capítulo 4 continua descrevendo como Israel será reunido, mas acabará por derrotar seus inimigos.

O capítulo 5 começa com um novo pensamento quando o profeta diz a Israel:

Agora, ajunta-te em tropas, ó filha de tropas; por-se-á sítio contra nós; ferirão com a vara a face do juiz de Israel (5:1).

Esse versículo retrata o exército assírio sendo reunido em torno da cidade. É também um retrato do dia em que um exército maior assírio do Norte virá contra Israel. A razão pela qual eles virão é dada na declaração: eles "ferirão com a vara a face do juiz de Israel". Essa é uma referência à primeira vinda do Senhor Jesus quando Ele esteve diante de Pilatos e dos governantes da nação, e eles o golpearam com um caniço, colocaram uma coroa de espinhos em Sua cabeça e zombaram dele. Golpearam a face do governante de Israel (veja Mt 27:27-30).

De repente, o profeta vê de onde vem esse governante. Esta é uma das grandes passagens preditivas do Antigo Testamento:

E tu, Belém-Efrata, pequena demais para figurar como grupo de milhares

494   *As promessas de Deus*

Cidade de Belém, Palestina
Wikipedia Commons

de Judá, de ti me sairá o que há de reinar em Israel, e cujas origens são desde os tempos antigos, desde os dias da eternidade (5:2).

Lembra-se de quando os sábios vieram do Oriente à procura do recém-nascido rei dos judeus (veja Mt 2:1-6)? Eles disseram às autoridades de Jerusalém: "Onde está o recém-nascido Rei dos judeus?". E os principais sacerdotes disseram: "em Belém". Como eles sabiam? Eles sabiam porque, 700 anos antes, o profeta Miqueias tinha escrito essas palavras em Miqueias 5:2. Os principais sacerdotes conheciam o lugar de nascimento do Messias porque havia sido predito nas Escrituras. Miqueias prossegue descrevendo Aquele que vem de Belém:

Ele se manterá firme e apascentará o povo na força do SENHOR, *na majestade do nome do* SENHOR, *seu Deus; e eles habitarão seguros, porque, agora, será ele engrandecido até aos confins da terra* (5:4).

A visão de 700 anos de Miqueias é 20/20. Ele vê a verdadeira natureza do Messias, Jesus Cristo, o Deus-homem, a única pessoa divina que andou na Terra. Ele é o Divino "cujas origens são desde os tempos antigos" e que "será engrandecido até aos confins da terra".

O clamor de Deus

Nos capítulos 6 e 7, em uma passagem de incrível poder e beleza, Jeová clama a Seu

Aventurando-se através da Bíblia

495

povo e lhes mostra o caminho da semelhança com Deus. O profeta Miqueias escreve:

Ouvi, agora, o que diz o SENHOR:
Levanta-te, defende a tua causa perante
os montes, e ouçam os outeiros a tua voz.
Ouvi, montes, a controvérsia do SENHOR, e
vós, duráveis fundamentos da terra, porque
o SENHOR tem controvérsia com o seu povo e
com Israel entrará em juízo (6:1,2).

Isso estabelece o cenário. Agora Deus fala, e isso é o que Ele diz:

Povo meu, que te tenho feito?
E com que te enfadei? Responde-me!
Pois te fiz sair da terra do Egito e da casa
da servidão te remi; e enviei adiante de ti
Moisés, Arão e Miriã. Povo meu, lembra-te,
agora, do que maquinou Balaque, rei de
Moabe, e do que lhe respondeu Balaão,
filho de Beor, e do que aconteceu desde Sitim
até Gilgal, para que conheças os atos de
justiça do SENHOR (6:3-5).

Como as pessoas respondem a Deus?

Com que me apresentarei ao SENHOR e me
inclinarei ante o Deus excelso? Virei perante
ele com holocaustos, com bezerros de um
ano? Agradar-se-á o SENHOR de milhares
de carneiros, de dez mil ribeiros de azeite?
Darei o meu primogênito pela minha
transgressão, o fruto do meu corpo, pelo
pecado da minha alma? (6:6,7)

A resposta de Deus é a própria simplicidade:

Ele te declarou, ó homem, o que é bom e que
é o que o SENHOR pede de ti: que pratiques
a justiça, e ames a misericórdia, e andes
humildemente com o teu Deus (6:8).

Essa é a resposta, não é? Esse é o caminho para a semelhança com Deus: andar humildemente com o seu Deus. Afinal de contas, Ele é o único que pode nos fazer semelhantes a Deus. Mas os israelitas falharam em obedecer-lhe. Assim, em Miqueias 7, Deus os adverte sobre o julgamento que estava por vir. Mais uma vez, o Senhor tinha que despertar Seu povo para a sua loucura e pecado.

Lembra-se do significado do nome de Miqueias? "Quem é como Deus?". O significado do nome de Miqueias é a pergunta que continua a ressoar em nossos ouvidos: Quem é como Deus?

E a resposta: somente aquele que anda com o Messias, Jesus, o Senhor. Somente aquele que modela sua vida conforme a vida do Messias. Apenas aquele que age com justiça (como Ele agiu), mostra misericórdia (como Ele mostrou misericórdia), e caminha humildemente (como Ele foi humilde).

Abaixo do trovejar do juízo de Deus, ouvimos o batimento cardíaco constante e insistente de Seu amor. Em Sua misericórdia, Ele clama a nós. Ele espera que nos voltemos para Ele por perdão e restauração. Ele quer nos moldar para que nos tornemos o povo pelo qual Miqueias estava procurando.

Deus quer nos tornar pessoas semelhantes a Ele.

As promessas de Deus

PERGUNTAS PARA DISCUSSÃO

MIQUEIAS
Quem é como Deus?

1. Miqueias era contemporâneo de Amós, Isaías e Oseias. Você vê algum paralelo nas mensagens proféticas desses quatro profetas?

2. O autor diz que Miqueias 1 "apresenta uma imagem magnífica de Deus avançando em julgamento... por causa do fracasso absoluto do povo em ser piedoso, embora Ele lhe tenha dado tudo o que era necessário para ser piedoso". O que Deus deu à nação de Judá — e a nós — que permite às pessoas viverem de maneira piedosa? Por que, então, não somos as pessoas piedosas que devemos ser?

3. Leia Mq 3:5-11. O que havia acontecido com os líderes da nação — os anciãos, juízes, profetas e sacerdotes? Qual você acha que foi o resultado de suas ações na sociedade? Por que é importante para os líderes da igreja, do governo civil, do sistema educacional e dos militares serem pessoas de integridade e caráter forte?

4. Leia Mq 5:1-5. Embutido nesses versículos está uma profecia impressionante. A que evento ou pessoa essa profecia se refere (Dica: Compare com Mt 2:1-6)? Por que Deus daria a Israel tal palavra de promessa imediatamente após repreender e julgar a nação por seus pecados?

5. Seguindo a grande promessa de Miqueias 5, Deus constrói um caso devastador contra Israel em Miqueias 6 e 7. Leia 6:6-8. Qual é a essência da vida piedosa, de acordo com essa passagem? Em outras palavras, o que o Senhor exige de nós?

Aventurando-se através da Bíblia

APLICAÇÃO PESSOAL

6. Uma das lições de Miqueias é a de que Deus nos abençoou com muitas coisas boas, incluindo o *Sabbath* (um dia de descanso), os sacrifícios e o sistema cerimonial que nos indicam a fé autêntica em Cristo e muito mais. No entanto, nós, seres humanos, temos um incrível talento para tomar as bênçãos de Deus e transformá-las em maldição. Transformamos a dádiva do *Sabbath* em uma onerosa obrigação. Transformamos a bela Lei de Deus em um labirinto mortal de ritos legalistas e regulamentos tolos.

Olhando para sua própria vida, você já transformou as bênçãos de Deus em maldição? Explique sua resposta.

7. Se algum dos profetas do Antigo Testamento — Isaías, Jeremias, Oseias, Amós, Miqueias — pudesse ter vivido para ver Jesus em Seu ministério terreno, você acha que o teriam reconhecido como Aquele de quem eles profetizaram? Teriam compreendido Sua mensagem? Teriam compreendido Seu sacrifício na cruz?

Como ver Cristo retratado repetidamente nas páginas e profecias do Antigo Testamento afeta a sua fé? Explique sua resposta.

8. O livro de Miqueias troveja com juízo e destruição — contudo aqui e ali, escondidos em cantos estratégicos da mensagem do profeta, estão pepitas de conforto, promessa, compaixão e bênção para aqueles que se arrependerem, voltarem-se para Deus e procurarem viver de maneira piedosa. Uma dessas pepitas de conforto aparece perto do final do livro:

> *Quem, ó Deus, é semelhante a ti, que perdoas a iniquidade e te esqueces da transgressão do restante da tua herança? O Senhor não retém a sua ira para sempre, porque tem prazer na misericórdia. Tornará a ter compaixão de nós; pisará aos pés as nossas iniquidades e lançará todos os nossos pecados nas profundezas do mar* (7:18,19).

Como essa passagem o faz se sentir a respeito de Deus? Que passos você pode dar esta semana para mostrar ativamente a sua gratidão e amor a Deus por causa de Sua misericórdia, compaixão e perdão de seus pecados?

As promessas de Deus

NAUM

CAPÍTULO 41

A terrível ira de Deus

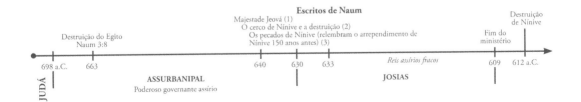

A santa ira de Deus

Quando foi a última vez que você ouviu um sermão extraído do livro de Naum? O fato é que muitos cristãos nunca ouviram a mensagem de Naum!

O livro de Naum é negligenciado e considerado obscuro por ser muito curto e, francamente, por não ser o livro mais interessante de ler. No entanto, cada porção das Escrituras é indispensável e faz sua própria contribuição para nosso crescimento e sustento espirituais. Como escreveu o apóstolo Paulo: "Toda a Escritura é inspirada por Deus e útil para o ensino, para a repreensão, para a correção, para a educação na justiça, a fim de que o homem de Deus seja perfeito e perfeitamente habilitado para toda boa obra" (2Tm 3:16,17). Esta pequena profecia de Naum não é exceção.

Ela revela certos aspectos do caráter de Deus mais claramente do que qualquer outro livro da Bíblia. Os profetas nos revelam os atributos divinos de Deus, e cada profeta vê Deus sob uma luz diferente. À medida que se lê nos profetas, portanto, vê-se um aspecto após outro do caráter de um Deus eterno. Esses vários aspectos de Deus reluzem como facetas de um diamante sob a luz solar.

Neste livro, Naum revela o atributo da ira de Deus. Nenhuma doutrina é tão repugnante para as pessoas hoje como a da ira de Deus. Essa é uma doutrina da qual muitos gostariam de se esquecer. Alguns imaginam Deus mais como um Papai Noel do que como o Criador-Pai-Rei-Juiz que Ele realmente é. Eles não podem suportar o pensamento de Deus ter que disciplinar ou punir alguém. Querem remodelar a imagem que têm de Deus em algo mais amigável, mais acolhedor e manso, mais... suave.

Embora seja verdade que nosso Deus é amoroso, paciente e misericordioso, jamais devemos negligenciar toda a abrangência do caráter de Deus. Ele também é um Juiz, e os juízes devem dar seus vereditos e impor

> **OBJETIVOS DO CAPÍTULO**
>
> Neste capítulo, nosso objetivo é lançar o holofote sobre um dos livros mais negligenciados da Bíblia, o livro de Naum. Numa época em que muitas pessoas querem suavizar e "amansar" a sua imagem de Deus, Naum certifica-se de que não nos esqueçamos de toda a abrangência do caráter de Deus — incluindo Sua ira.

sanções ou então serão vistos como juízes injustos. Ele é um Pai, e os pais devem disciplinar, caso contrário, não amam seus filhos.

Assim, a tarefa de Naum é revelar essa faceta impopular de nosso amoroso Pai celestial. E ele o faz. A justiça de Deus não nega a Sua misericórdia; ambas são facetas autênticas de Seu caráter. Ele não é um Deus de justiça no Antigo Testamento e um Deus de misericórdia no Novo, como algumas pessoas equivocadamente supõem. Ele é sempre o mesmo, ontem, hoje e eternamente. Aqui na profecia de Naum, está a faceta da solenidade e elevada majestade de Deus que reluz diante de nossos olhos. É a mesma faceta de Seu caráter que reluziu diante de nós no livro do Êxodo, quando o Senhor trovejou em grande fúria no cume do monte Sinai.

Ao começar esse livro, é importante saber por que Deus está irado e com quem. Esta profecia é dirigida contra a cidade de Nínive, a capital da Assíria — sim, a mesma cidade à qual Deus enviou o profeta Jonas. Quando Jonas pregou em Nínive, a cidade se arrependeu em saco e cinzas. Deus reteve a Sua ira sobre a cidade, porque todos os ninivitas, do rei ao mais humilde cidadão, voltaram-se para o Senhor e se arrependeram dos seus pecados.

No entanto, a profecia de Naum ocorre cerca de um século após a profecia de Jonas. Nos anos que se seguiram, Nínive se afundou em práticas degradantes, opressivas e idólatras. Esses foram os mesmos pecados que haviam trazido a advertência de Deus sobre o julgamento no tempo de Jonas.

O profeta Naum foi enviado para ministrar ao Reino do Sul, Judá, no momento da invasão do rei assírio Senaqueribe. O rei Senaqueribe, que veio da capital assíria, Nínive, invadiu Israel durante a vida do profeta Isaías. Foi a partir dessa grande, mas impiedosa cidade ao norte que os exércitos dos assírios constantemente vinham contra a terra de Judá e Israel. Porém, Deus agiu para proteger Seu povo, e Ele destruiu esses inimigos da noite para o dia (veja 2Rs 19; 2Cr 32; Is 37).

Naum significa "consolo" ou "conforto", e, enquanto o exército assírio estava acampado em torno da cidade de Jerusalém, Deus deu ao profeta uma mensagem de consolo. Imagine a cena enquanto a cidade estava sitiada pelo exército mais cruel daquela época. Os assírios eram conhecidos por não terem consciência alguma quando se tratava de queimar, torturar, estuprar, pilhar e destruir. Eles não poupavam ninguém, matando até mesmo as crianças. Porém, mesmo que Jerusalém estivesse cercada por tais inimigos, Deus disse ao povo, através de Naum, que destruiria Nínive, a orgulhosa capital dos assírios.

O livro de Naum divide-se em quatro partes, e cada parte é uma descrição única da ira de Deus.

Parte 1: A terrível ira de Deus

A primeira parte pode ser caracterizada por uma visão da terrível ira de Deus, como a vemos descrita no capítulo 1:

> *O Senhor é Deus zeloso e vingador, o Senhor é vingador e cheio de ira; o Senhor toma vingança contra os seus adversários e reserva indignação para os seus inimigos. O Senhor é tardio em irar-se, mas grande em poder e jamais inocenta o culpado; o Senhor tem o seu caminho na tormenta e na tempestade, e as nuvens são o pó dos seus pés. Ele repreende o mar, e o faz secar, e míngua*

todos os rios; desfalecem Basã e o Carmelo, e a flor do Líbano se murcha. Os montes tremem perante ele, e os outeiros se derretem; e a terra se levanta diante dele, sim, o mundo e todos os que nele habitam. Quem pode suportar a sua indignação? E quem subsistirá diante do furor da sua ira? A sua cólera se derrama como fogo, e as rochas são por ele demolidas (vv.2-6).

O profeta vê Deus em Sua ira, olhando para as hostes da Assíria. Ele foi paciente, tolerando seus pecados, dando-lhes toda oportunidade para se arrepender como nos dias de Jonas. O Senhor enviou profeta após profeta, clamando para que eles voltassem para Ele. Finalmente, a paciência de Deus se esgotou, e Sua ira chega a ponto de ebulição. Sim, Ele é tardio em irar-se — mas, uma vez que essa ira é despertada, é algo terrível de se experimentar.

É uma coisa perigosa se arrepender do arrependimento, como fizeram os ninivitas. Abandonar o mal e depois retornar para ele é um ato que provoca a ira de Deus. Sua ira não é um ataque de raiva. Não é vingativa, mesquinha ou desnecessariamente cruel. Não é caprichosa ou injusta. Não é egoísta. Não é aleatória ou caótica. A ira de Deus é controlada, mas temível de contemplar.

Nestes seis versos, Naum usa palavras hebraicas para a ira de Deus: vingança, indignação, ira, furor. O que essas palavras significam?

O LIVRO DE NAUM

A terrível ira de Deus (Naum 1:1-7)
>Princípios do julgamento de Deus

A ira pessoal de Deus (Naum 1:8-15)
>O julgamento de Deus contra Nínive e Senaqueribe

A severa ira de Deus (Naum 2:1–3:11)
>A destruição de Nínive

A irresistível ira de Deus (Naum 3:12-19)
>A destruição de Nínive era inevitável

Aventurando-se através da Bíblia

O ciúme de Deus não é como o monstro egoísta, mesquinho, de olhos verdes do ciúme humano. O ciúme de Deus é um zelo ardente por uma causa justa, um imenso interesse pelo objeto do Seu amor.

Sua vingança ou retribuição não é como a sede de vingança que muitas vezes consome os seres humanos. A vingança de Deus está enraizada na justiça e é uma avaliação exata do que é certo e errado. Quando Deus exerce a vingança, sabemos que Sua vingança é proporcional, justa e verdadeira.

A ira de Deus, Sua ira sombria e imponente, é um dos aspectos mais aterrorizantes do caráter de Deus e está enraizada na justiça e na verdade. A palavra hebraica para ira provém de um termo que literalmente significa "respiração quente". A ira de Deus é quente e intensa, e tudo em Seu caminho murcha e se queima.

Sua indignação vem de outro termo hebraico traduzido literalmente como "espuma na boca". A indignação de Deus não é meramente uma batida de pé ou um nariz empinado. É intensa e assustadora ao extremo!

O calor é um componente importante da ira. A palavra para a ferocidade em hebraico significa literalmente "calor", e a palavra fúria significa "queimar".

Parte 2: A ira pessoal de Deus

A segunda parte, começando com Naum 1:8, revela que a ira de Deus pode ser pessoal. A ira de Deus que vemos nessa parte é dirigida contra um único indivíduo: Senaqueribe, o rei pagão e general do exército assírio que conspirou para destruir o povo de Deus.

Essa passagem é paralela a Isaías 36 e 37, que descreve o cerco de Jerusalém pelo exército assírio enquanto provocava e zombava do governante de Judá, o rei Ezequias. Isaías nos diz que Ezequias tomou as mensagens do inimigo e espalhou-as perante o Senhor, pedindo a Deus que salvasse a cidade. Naquela noite, diz-se, o anjo da morte atravessou as hostes assírias e matou 185 mil soldados (veja Is 37:36). Naum refere-se a esse evento no capítulo 1:

Assim diz o SENHOR: Por mais seguros que estejam e por mais numerosos que sejam, ainda assim serão exterminados e passarão; eu te afligi, mas não te afligirei mais. Mas de sobre ti, Judá, quebrarei o jugo deles e romperei os teus laços (1:12,13).

Quando o anjo passou pelo acampamento, o general assírio foi poupado, e ele retornou a Nínive. Mas, enquanto ele estava adorando seus falsos deuses no templo depois de retornar dessa batalha contra Israel, ele foi assassinado por seus próprios dois filhos que roubaram a coroa para eles mesmos:

Porém contra ti, Assíria, o SENHOR deu ordem que não haja posteridade que leve o teu nome; da casa dos teus deuses exterminarei as imagens de escultura e de fundição; farei o teu sepulcro, porque és vil (1:14; veja também 2Rs 19:37; 2Cr 32:21; Is 37:38).

Anos antes de esse evento acontecer, Deus disse ao profeta Naum que Ele trataria com esse homem em seu próprio templo, na casa de seus deuses, e faria seu túmulo lá. A ira de Deus o procurou e o feriu.

Vemos nessa parte que a ira de Deus pode ser dirigida contra um indivíduo. Muitas

As promessas de Deus

pessoas acham isso difícil de aceitar. Elas querem acreditar que Deus, sendo um Deus de amor, é incapaz de realmente punir as pessoas. Elas se opõem à ideia de que a justiça de Deus exige punição para os malfeitores. O amor de Deus é maior do que a Sua justiça, dizem elas, e cancela todo castigo.

Mas, do ponto de vista bíblico, isso é uma ilusão. Deus escolheu Senaqueribe, o rei assírio, para castigo extremo porque seus pecados haviam chegado aos céus como fumaça das cidades que ele havia destruído.

Parte 3: A rigorosa ira de Deus

O capítulo 2 compreende uma terceira parte que revela ainda outro aspecto da ira de Deus: Ele é rigoroso. Deus se dirige a Nínive, a capital da Assíria, dizendo:

> *O destruidor sobe contra ti, ó Nínive!*
> *Guarda a fortaleza, vigia o caminho,*
> *fortalece os lombos, reúne todas as tuas*
> *forças!* (2:1)

Isso está retratado de forma dramática, como se o vigia visse os exércitos dos babilônios chegando para destruir a cidade de Nínive. A história nos diz que os exércitos unidos de Ciaxares e Nabopolasar, o pai de Nabucodonosor, vieram contra Nínive. Deus, através de Naum, relata como a cena seria quando esses exércitos invadissem a cidade:

> *Os carros passam furiosamente pelas ruas e se*
> *cruzam velozes pelas praças; parecem tochas,*
> *correm como relâmpago* (2:4).

Isso soa quase como uma descrição do sistema rodoviário de Los Angeles! Na realidade,

é uma predição da batalha que Naum previu devastando as ruas de Nínive enquanto os babilônios vinham como enxame sobre a cidade. Naum prossegue com a previsão:

> *As comportas dos rios se abrem, e o palácio é*
> *destruído* (2:6).

O historiador grego Diodoro Sículo registra como a cidade de Nínive caiu, dizendo:

> Havia uma antiga profecia de que Nínive não devia ser tomada até que o rio se tornasse um inimigo para a cidade; e no terceiro ano do cerco, o rio, cheio pelas contínuas chuvas, transbordou em todas as partes da cidade e derrubou o muro de vinte estádios; então o rei [de Nínive], pensando que o oráculo estava repleto e que o rio se tornara um inimigo da cidade, construiu uma grande pira funerária no palácio e, reunindo todas as suas riquezas e suas concubinas e seus eunucos, queimou a si mesmo e o palácio com todos eles; e o inimigo entrou na brecha que as águas haviam feito, e tomou a cidade. (Citado por John McClintock e James Strong, *Cyclopaedia of Biblical, Theological, and Ecclesiastical Literature* [Enciclopédia da literatura bíblica, teológica e eclesiástica], Vol. 7 (Nova Iorque: Harper & Bros., 1883) 124.)

Os exércitos babilônicos destruíram Nínive exatamente como Naum profetizou. Quando Nínive foi destruída, nada restou.

No início deste século, você poderia ter visitado o vasto sítio de Nínive e não saber que existiu uma cidade ali. Por quilômetros ao redor, você não teria visto nada além de uma

Aventurando-se através da Bíblia

planície deserta. Alguns anos atrás, arqueólogos escavaram na área e desenterraram fragmentos que confirmam a existência de Nínive nesse local. Escombros são tudo o que resta dessa cidade, que uma vez foi grandiosa. Ficou perdida por séculos, enterrada sob as areias do deserto.

Isso ilustra o rigor da ira e do juízo de Deus. Nada escapa. "Embora as mós de Deus moam lentamente," — observou Friedrich Von Logau — "elas moem fino".

Parte 4: A irresistível ira de Deus

Na quarta parte, Naum capítulo 3, Deus se dirige a Nínive e adverte que Sua ira é irresistível. O tom desta parte é cáustico e zombeteiro:

> *Tira água para o tempo do cerco,*
> *fortifica as tuas fortalezas, entra no*
> *barro e pisa a massa, toma a forma*
> *para os ladrilhos. No entanto, o fogo ali*
> *te consumirá, a espada te exterminará,*
> *consumir-te-á como o gafanhoto*
> (3:14,15).

Em outras palavras, "tente o mais que puder, construa suas defesas tão fortes quanto você puder, mas não lhe adiantará de nada. Minha ira é irresistível". Quando uma nação ou um indivíduo se torna orgulhoso e autossuficiente, o julgamento de Deus se escurece como uma nuvem de tempestade.

Qual é a mensagem de Naum para nós hoje? Podemos extrair uma aplicação nacional e uma individual. No âmbito nacional, devemos ficar muito preocupados com uma nação que recompensa cada vez mais o orgulho e adora no altar do ego. Devemos nos preocupar com a crescente imoralidade e desonestidade

que caracteriza nossa sociedade, nossa mídia e nossa vida nacional.

Devemos também evitar ficarmos tranquilos com o fato de que o comunismo caiu em muitas nações ao redor do mundo. Na Bíblia, os assírios não eram apenas os reais inimigos de Israel, eram também um tipo de povo ainda por vir — uma sociedade que ameaçaria a paz da Terra e desempenharia um papel importante no palco da história mundial nos últimos dias. Muitos estudiosos da Bíblia veem os assírios desta e de outras profecias bíblicas como uma imagem da Rússia e de seus estados independentes aliados. Se você quiser um estudo interessante, compare Ezequiel 38 e 39 com esta profecia de Naum. Você percebe que Deus diz:

> *Eis que eu estou contra ti,*
> *diz o Senhor dos Exércitos* (2:13).

E quando Ezequiel inicia sua grande profecia contra o rei do Norte, Gogue da Terra de Magogue, ele inicia com palavras semelhantes:

> *Assim diz o Senhor Deus: Eis que eu sou*
> *contra ti, ó Gogue, príncipe de Rôs, de*
> *Meseque e Tubal* (Ez 38:13).

Não sabemos o que o futuro reserva para a Rússia. Hoje há sinais de confusão política e econômica naquela nação anteriormente comunista. Será que a Rússia voltará ao totalitarismo ou se tornará uma nação ferozmente nacionalista e expansionista? Não sabemos. Mas a probabilidade, de acordo com a profecia bíblica, é que a Rússia vai recuperar sua estatura como uma força política e militar que ameaçará novamente a paz do mundo. Algum dia, de acordo com essas profecias, a Rússia novamente virá como um enxame do Norte para atacar Israel e enfrentará o julgamento final de Deus.

Devemos também prestar atenção ao ensinamento de Naum sobre a ira de Deus por causa de nossa vida pessoal. Não devemos nos valer do amor de Deus. Em vez disso, devemos reconhecer que a ira de Deus é um componente de Seu amor. Se você tem filhos, você conhece o sentimento quando alguém fere ou insulta seu filho ou seu cônjuge: você fica irado! Se você não se ira quando vê injustiças, então você não ama verdadeiramente. A ira é uma emoção de defesa e proteção para com aqueles que amamos. Podemos até ficar irados com a pessoa que amamos quando sentimos que ela está se envolvendo em um comportamento autoprejudicial. Ficamos irados exatamente *porque* amamos essa pessoa e queremos o melhor para ela.

A ira de Deus é muito semelhante. É desencadeada em defesa daqueles que Ele ama. Você não pode pregar o amor de Deus sem pregar a ira de Deus, porque Sua ira é uma manifestação de Seu amor. Como disse Charles Spurgeon: "Aquele que não crê que Deus castigará o pecado não crerá que Ele o perdoará pelo sangue de Seu Filho".

Como, então, podemos escapar da ira de Deus? Naum nos dá a resposta no primeiro capítulo de seu livro:

*O Senhor é bom, é fortaleza no dia
da angústia e conhece os que nele se
refugiam* (1:7).

Não precisamos enfrentar a ira de Deus. Ninguém que se volta para Deus confiando nele vai experimentar Sua ira. Ele a exerce somente contra aqueles que rejeitam Seu amor.

Anos atrás, quando meus filhos eram pequenos, uma de minhas filhas e eu tivemos um desentendimento sobre seu comportamento. Dei-lhe umas chineladas (sim, eu acredito que disciplinar — com amor e tristeza, não com raiva — é bíblico e eficaz). Depois disso, ela permaneceu desafiadora e sem se arrepender por um tempo, e eu me perguntava o que deveria fazer. Devo puni-la ainda mais, num esforço para destruir sua teimosia e levá-la ao arrependimento? Orei por orientação.

Foi então que todo o seu comportamento mudou. Sua raiva e sua vontade pareceram derreter. Ela correu para mim e lançou os braços em volta do meu pescoço, disse-me que estava arrependida e pediu perdão. Agora, o que eu deveria fazer? Continuar a discipliná-la com o chinelo? Claro que não! Ela não estava mais rebelde. Em vez disso, ela se refugiou em mim. Ela tinha depositado sua confiança em mim. Ela veio a mim pedindo perdão, e eu espontaneamente lhe perdoei.

Assim é o coração de um pai, e Deus é nosso Pai celestial. Seu coração de amor está sempre aberto àqueles que se refugiam e confiam nele para a salvação. Estes jamais terão que experimentar a Sua ira.

Como o Senhor Jesus disse: "Em verdade, em verdade vos digo: quem ouve a minha palavra e crê naquele que me enviou tem a vida eterna, não entra em juízo, mas passou da morte para a vida" (Jo 5:24).

Aventurando-se através da Bíblia

PERGUNTAS PARA DISCUSSÃO

NAUM
A terrível ira de Deus

1. Esta profecia trata da ardente ira do Senhor contra Nínive, a capital da Assíria — a mesma cidade perversa onde Jonas havia pregado 150 anos antes. Muitas pessoas acham difícil entender por que o livro de Naum, tão cheio de ira e violência, foi incluído na sagrada Palavra de Deus.

Coloque-se no lugar dos judeus em Israel durante os dias de Naum, tendo visto sua nação destruída por exércitos estrangeiros, estando continuamente em guerra com os filisteus e os edomitas, tendo visto membros da família mortos pela espada, escravizados, torturados ou levados para o cativeiro — então talvez você visse como essas promessas da ira de Deus para com os malfeitores seriam confortadoras.

Será que essa perspectiva o ajuda a apreciar melhor e aceitar o livro de Naum? Por quê?

2. O autor escreve: "Embora seja verdade que nosso Deus é amoroso, paciente e misericordioso, nunca devemos negligenciar toda a abrangência do caráter de Deus". Leia Na 1:5-8. O profeta Naum transmite com precisão toda a abrangência do caráter de Deus? Explique a sua resposta.

3. Deus amava o povo assírio de Nínive? Por que você pensa assim? Ele estaria disposto a perdoá-los se eles se arrependessem? Por quê?

4. O nome do profeta Naum significa "consolo" ou "conforto". Ele viveu de acordo com seu nome ou não? Explique sua resposta.

5. As advertências dos profetas do Antigo Testamento ainda se aplicam à nossa própria cultura e nação hoje? Deveríamos nos preocupar se nossa própria nação abandonasse a fé em Deus e se entregasse à imoralidade e à injustiça? Deveríamos nos preocupar se nossa própria

nação deixasse de ser amiga de Israel e dos judeus? Deus ainda julga as nações como fez nos tempos do Antigo Testamento? Ou Deus mudou Sua natureza? Explique a sua resposta.

APLICAÇÃO PESSOAL

6. O historiador grego Diodoro Sículo registra que Nínive foi invadida e conquistada exatamente como Naum profetizou neste livro. Saber que as profecias de Deus foram cumpridas exatamente como Ele prometeu afeta sua fé ? Explique a sua resposta.

7. Jonas pregou a Nínive 150 anos antes, e o povo se arrependeu. Mas agora os ninivitas haviam se esquecido do Senhor e menosprezado sua bondade e compaixão (Compare com Rm 2:4.). Você já se sentiu assim? Talvez tenha sido tentado a pecar e racionalizado dizendo: "Deus me perdoará. Ele não vai me responsabilizar. Posso pecar, e não haverá nenhuma consequência". Você acha que essa poderia ter sido a atitude do povo de Nínive? O livro de Naum afeta sua maneira de ver Deus?

8. É possível que a ira de Deus, longe de ser o oposto de Seu amor e compaixão, seja na verdade uma *expressão* de Seu amor e compaixão pelas pessoas? Sua ira não é mais frequentemente expressa em relação à opressão, injustiça, exploração e violência? Em outras palavras, quando Deus se ira, Ele não está irado porque as pessoas más causam dano aos inocentes? A ira de Deus é realmente uma faceta do amor de Deus? Como essa percepção influencia sua maneira de ver Deus?

Aventurando-se através da Bíblia

Cânion em Ein Avdat no deserto do Neguebe, sul de Israel

HABACUQUE

CAPÍTULO 42

Um profeta para os nossos tempos

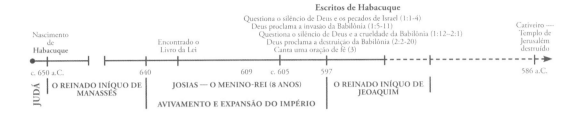

Habacuque viveu numa era muito parecida com a nossa e lutou com uma das questões centrais de nossa era: Por que Deus permite que coisas ruins aconteçam? Habacuque viveu em um momento de grande corrupção nacional: o crime, o ódio e a divisão estavam em ascensão, o mal e a imoralidade eram ostentados abertamente e os padrões éticos e valores familiares estavam em decadência.

Olhando para a injustiça que permeava a sociedade naquela época, Habacuque questionou Deus. E as perguntas que o profeta fez são as mesmas perguntas que você e eu lhe fazemos hoje.

Nas primeiras linhas de seu livro, o profeta olhou para o outro lado da terra e expressou seu horror pelo que viu:

> *Sentença revelada ao profeta Habacuque. Até quando, SENHOR, clamarei eu, e tu não me escutarás? Gritar-te-ei: Violência! E não salvarás? Por que me mostras a iniquidade e me fazes ver a opressão? Pois a destruição e a violência estão diante de mim; há contendas, e o litígio se suscita. Por esta causa, a lei se afrouxa, e a justiça nunca se manifesta, porque o perverso cerca o justo, a justiça é torcida* (1:1-4).

Aqui está um homem que está incomodado com sua nação. Ele vê tudo dando errado. As pessoas estão vivendo em iniquidade. Desordem civil, tumultos, violência, injustiça e opressão permeiam o país. Os casos de injustiça são levados a julgamento, mas os próprios tribunais são corruptos.

Habacuque clama a Deus: "Violência!" e não ouve nenhuma resposta. Ele enfrenta um problema comum a todos nós — o problema da oração não respondida. Assim, em sua perplexidade e dor, clama: "Senhor, quanto tempo tenho que suportar isso? Quando o Senhor vai fazer alguma coisa?".

> **OBJETIVOS DO CAPÍTULO**
>
> Este capítulo desvenda a mensagem central do livro de Amós — a mensagem da imparcialidade de Deus. É uma mensagem cheia de lições e implicações que podemos aplicar à nossa vida hoje.

Aventurando-se através da Bíblia   509

O LIVRO DE HABACUQUE

Habacuque questiona Deus (Habacuque 1–2)

Pergunta 1: Por que o mal de Judá fica impune?

Pergunta 2: Como Deus pode castigar Judá com uma nação ainda mais iníqua?

Habacuque louva a Deus (Habacuque 3)

Habacuque se lembra da misericórdia de Deus e confia no Senhor para a salvação

A resposta de Deus

Começando no versículo 5, Deus responde às perguntas de Habacuque. O que se segue é um diálogo entre Deus e um coração humano ferido, o coração de Habacuque. O profeta Habacuque representa cada um de nós. Suas perguntas são nossas perguntas. Sua dor é a nossa dor. Sua perplexidade é nossa perplexidade. Assim, as respostas que Deus dá ao profeta são verdadeiramente destinadas ao seu e ao meu coração:

Vede entre as nações, olhai, maravilhai-vos e desvanecei, porque realizo, em vossos dias, obra tal, que vós não crereis, quando vos for contada (1:5).

Em outras palavras, Deus diz: "Tenho respondido a sua oração, Habacuque. Você me acusa de silêncio, mas não estou em silêncio. Você simplesmente não conseguiu reconhecer minha resposta. A resposta é tão diferente do que você esperava que não vai nem mesmo acreditar quando eu lhe disser". Então Deus prossegue explicando a Sua resposta ao profeta Habacuque em termos específicos:

Pois eis que suscito os caldeus, nação amarga e impetuosa, que marcham pela largura da terra, para apoderar-se de moradas que não são suas. Eles são pavorosos e terríveis, e criam eles mesmos o seu direito e a sua dignidade. Os seus cavalos são mais ligeiros do que os leopardos, mais ferozes do que os lobos ao anoitecer são os seus cavaleiros que se espalham por toda parte; sim, os seus cavaleiros chegam de longe, voam como águia que se precipita a devorar. Eles todos vêm para fazer violência; o seu rosto suspira por seguir avante; eles reúnem os cativos como areia. Eles escarnecem dos reis; os príncipes são objeto do seu riso; riem-se de todas as fortalezas, porque, amontoando terra, as tomam. Então, passam como passa o vento e seguem; fazem-se culpados estes cujo poder é o seu deus (1:6-11).

Aqui está a resposta de Deus ao problema do profeta: Ele está preparando os babilônios, também conhecidos como os caldeus. Na época em que Habacuque escreveu, os babilônios não eram um povo importante. Mas Deus permitiu que se elevassem para que Ele

510   *As promessas de Deus*

pudesse usar esta nação perversa para julgar outras nações perversas.

Na época em que o profeta escreveu, o povo que aterrorizava e intimidava todas as outras nações da região era o assírio, cuja capital era Nínive. A Assíria era a superpotência daqueles dias. No entanto, Deus decidiu elevar esta pequena nação que estava apenas começando a ganhar destaque nos assuntos mundiais: a nação da Babilônia.

Na verdade, Deus disse: "Estou por trás disso. Esse povo é estranho, violento e cruel. Ele será tão poderoso como qualquer nação na Terra jamais foi e ele varrerá todos os territórios, conquistando tudo diante dele. Ele parecerá invencível. Sua própria força política e militar será seu deus. E mesmo que ele não me conheça ou me adore, eu, no entanto, controlarei o destino dele, e ele será a resposta para sua oração".

Isso é espantoso, não é? Habacuque não sabia o que fazer com isso. Um momento de silêncio interrompe a narrativa enquanto o profeta reflete. Em que ele se meteu? Ao buscar uma solução para o problema assírio, as orações de Habacuque podem ter provocado um problema ainda maior: os babilônios!

Isso é o que incomoda muitas pessoas ao olhar para o que está acontecendo no mundo de hoje. Isso é o que ameaça a fé de muitos que veem o problema da história. Por que Deus permite que as coisas aconteçam do jeito que elas acontecem? Por que Ele permite que acontecimentos tão terríveis ocorram?

Por que Deus permitiu os terrores e atrocidades da inquisição espanhola? A peste negra? Por que Ele permite o sofrimento causado pelo câncer, doença de *Alzheimer* e AIDS? Por que Ele permitiu os horrores do tráfico de escravos? Por que ele permitiu o Holocausto da Segunda Guerra Mundial? O que Deus estava pensando quando os gritos de morte subiram aos céus vindos de Auschwitz, de Pearl Harbor, de Bataan, de Dresden, de Hiroshima, de todas as cidades em chamas e naufrágios de um mundo em guerra? Por que Ele permitiu o sofrimento do Vietnã, Bangladesh, Camboja, as duas Guerras do Golfo, Somália, Bósnia e o 11 de setembro?

Um levantamento feito por estudantes universitários não cristãos revelou a pergunta número um na mente da maioria dos alunos: "Por que o Deus amoroso permite que as pessoas sofram?". Para alguns desses alunos, a resposta era simples — e fatalista: "A resposta

Parede em alto relevo da Babilônia

Aventurando-se através da Bíblia

é que não há Deus. Não faz sentido perguntar por que um ser inexistente permitiria o sofrimento. Você vive e morre e nunca sabe o motivo. Não tente descobrir. A questão é: não há nenhuma questão".

O poeta William Cowper disse: "Deus conduz de uma maneira misteriosa a realização de Suas maravilhas". E os caminhos de Deus são profundamente misteriosos para nós. Uma coisa que você aprende sobre Deus depois de viver com Ele por um tempo é que o Senhor está sempre fazendo o inesperado. Não é porque Ele se satisfaz em nos intrigar, mas porque a variedade de Suas obras é tão vasta que nossa limitada mente humana não pode compreendê-las.

O que fazer quando sua fé for desafiada

O que você faz quando se confronta com esse tipo de ameaça à sua fé? Habacuque oferece quatro passos simples para reavivar nosso relacionamento de fé com Deus quando essas e outras perguntas nos assaltam.

QUATRO PASSOS SIMPLES PARA QUANDO SUA FÉ FOR DESAFIADA

1) Pare e pense
2) Reafirme as coisas que você sabe sobre Deus
3) Use o conhecimento que você tem sobre Deus para tratar do problema
4) Seja paciente

Passo 1: Pare e pense. Evite reagir emocionalmente ao problema. Não deixe o pânico derrotá-lo. Use a razão que Deus lhe deu e pense.

Habacuque aborda seu questionamento da mesma maneira: ele para e pensa sobre o problema. Lembra-se da natureza de Deus.

Ele pergunta: "Não és tu desde a eternidade, ó Senhor?" (Hc 1:12). A primeira coisa que ele se lembra é que Deus é o Deus eterno. Ele é maior do que a extensão dos eventos humanos. Ele criou a história. Ele é desde o princípio e está no fim. Ele é o Deus da eternidade.

Quando os caldeus chegarem, estarão confiando em seu próprio poder como seu deus. "Ó, sim", diz Habacuque, "mas meu Deus não é assim. Meu Deus não é uma dessas divindades tribais locais. Ele é o Deus que governa todos os acontecimentos". A abordagem de Habacuque começa com a disposição de parar por um instante e aplicar a razão à situação.

Passo 2: Reafirme as coisas que você sabe sobre Deus. Pense sobre a própria natureza de Deus. Não se apresse em resolver o seu dilema imediatamente. Afaste-se do problema e comece com Deus. Volte para o que você sabe sobre Deus e Seu caráter como foi revelado a você nas Escrituras e pela experiência.

Isso é o que Habacuque faz — ele lembra a si mesmo que Deus é autoexistente e eterno. Note que ele usa um nome especial para Deus. Ele diz: "Não és tu desde a eternidade, ó Senhor?" Sempre que você encontrar a palavra Senhor em letras maiúsculas como aqui, é uma tradução da palavra hebraica para Jeová (Iavé ou YHWH). Jeová significa "Eu sou quem eu sou", o nome que Deus revelou a Moisés no Egito. Naquele tempo, Deus lhe disse: "EU SOU O QUE SOU. Disse mais: Assim dirás aos filhos de Israel: EU SOU me enviou a vós outros" (Êx 3:14).

Por que Habacuque se lembrou da natureza eterna de Deus? Porque havia pessoas em sua época que disseram que Deus estava morto. Algumas pessoas pensam que a teologia de

"Deus está morto" começou com Friedrich Nietzsche no final dos anos de 1800. Na realidade, a teologia de "Deus está morto" existe desde os tempos do Antigo Testamento e, ainda hoje, permeia nossa sociedade. Como Salomão observou, não há realmente nada de novo debaixo do Sol.

Para combater esse tipo de pensamento e fortalecer sua própria fé, Habacuque volta ao que ele tinha aprendido sobre Deus: Ele é autoexistente e não pode morrer. É impossível para uma pessoa autoexistente morrer. "Eu sou quem eu sou". Em nossos próprios dilemas de fé, devemos fazer o que Habacuque fez: afastar-nos do problema e começar com Deus.

Passo 3: Use o conhecimento que você tem sobre Deus para tratar do problema. Ao aplicar o seu conhecimento bíblico e experiencial de Deus ao problema, você começará a ver o problema com mais clareza. Habacuque aplica esse princípio lembrando-se da santidade de Deus:

Não és tu desde a eternidade, ó SENHOR, meu Deus, ó meu Santo? Não morreremos. Ó SENHOR, para executar juízo, puseste aquele povo; tu, ó Rocha, o fundaste para servir de disciplina (1:12).

"Meu Deus, ó meu Santo", diz o profeta, lembrando-se da santidade de Deus. O que significa santidade? Suspeito que muitos usam essa palavra sem qualquer ideia do que ela significa. Para colocar de forma simples e precisa, santidade é inteireza ou completude. Uma pessoa santa é uma pessoa inteira. Deus é santo e Ele é inteiro. Deus é consistente consigo mesmo. Ele é sempre o que Ele é. O Senhor nunca é falso e nunca está em conflito ou em contradição consigo mesmo. Isso é santidade.

Você pode encontrar esta verdade refletida por todas as Escrituras — a totalidade, consistência e qualidade imutável de Deus. O escritor de Hebreus diz: "Ainda: No princípio, Senhor, lançaste os fundamentos da terra, e os céus são obra das tuas mãos; eles perecerão; tu, porém, permaneces; sim, todos eles envelhecerão qual veste; também, qual manto, os enrolarás, e, como vestes, serão igualmente mudados; tu, porém, és o mesmo, e os teus anos jamais terão fim" (Hb 1:10-12). Deus, como Seu Filho, Jesus Cristo, é o mesmo ontem, hoje e eternamente.

Depois que o profeta se lembra disso, ele imediatamente acrescenta estas palavras: "Não morreremos". O que ele quer dizer? Está pensando no fato de que Deus fez uma aliança com Abraão. Deus prometeu a Abraão que este seria o pai de uma nação lembrada para sempre como povo de Deus e que a nação de Abraão nunca seria eliminada da Terra. O profeta lembra a si mesmo dessa promessa diante dessa terrível ameaça.

Os babilônios atravessarão esta terra, e Habacuque verá em breve a sua própria amada Jerusalém conquistada e seu povo levado para o cativeiro. Mas ele lembra a si mesmo de que a promessa de Deus permanece: Seu povo não morrerá. Eles serão castigados, mas não serão eliminados porque a fidelidade de Deus permanece.

Oro para que Deus não tenha que usar medidas tão drásticas em nossa própria sociedade para nos despertar para nossa necessidade espiritual e moral — mas não tenho esperança de que possamos escapar delas. À medida que

Aventurando-se através da Bíblia

nossa nação se torna gananciosa, materialista e moralmente corrupta, a probabilidade para que este padrão se repita torna-se maior.

Passo 4: Seja paciente. Finalmente, se você não chegou a uma resposta, pacientemente deixe o problema com Deus e peça a Ele que lhe mostre a resposta. Continue a agir segundo a semente de mostarda da fé que você possui até que Deus lhe dê a resposta. Você verá a sua fé e confiança nele fortalecidas enquanto espera pacientemente que Deus lhe fale ao coração.

Vemos um indício dessa resposta nas palavras do profeta:

> *Tu és tão puro de olhos, que não podes ver o mal e a opressão não podes contemplar; por que, pois, toleras os que procedem perfidamente e te calas quando o perverso devora aquele que é mais justo do que ele?* (1:13)

Habacuque diz, de fato: "Posso ver como o Senhor está levantando esta nação cruel para punir o meu povo, mas não entendo. Apesar da maldade de meu próprio povo, eles não são tão ruins quanto esses babilônios. O Senhor não tolera o mal. Como, então, pode usar um povo mal para punir Seu próprio povo? Deus, não entendo isso".

A mente de Habacuque não podia dar conta desse enorme problema — então ele segue o quarto passo: deixa o problema com Deus. Bem, esta é uma coisa sábia a fazer. Nenhuma mente humana — nem a sua, nem a minha, nem a do profeta Habacuque — é capaz de compreender plenamente os propósitos de Deus. Chegamos a um ponto em

que devemos dizer: "Deus, esperarei pacientemente por Sua resposta".

A maioria de nós, infelizmente, carece dessa paciência. "Senhor", dizemos, "tenho que entender este problema agora mesmo! Se o Senhor não me explicar, então talvez o Senhor simplesmente não exista. Se o Senhor não o explicar a mim, se o Senhor não tornar este problema compreensível à minha mente finita, então me recuso a crer no Senhor".

Em humildade, o profeta diz: "Não entendo isto, mas tu és mais poderoso do que eu. Tudo o que posso fazer é esperar pacientemente que tu reveles a Tua verdade a mim". Observe como ele começa o capítulo 2:

> *Por-me-ei na minha torre de vigia, colocar-me-ei sobre a fortaleza e vigiarei para ver o que Deus me dirá e que resposta eu terei à minha queixa* (2:1).

Na verdade, Habacuque diz: "Vou deixar o assunto com Deus e esperar que Ele dê o próximo passo. Vou vigiar e fazer o meu trabalho. Mais tarde, se Deus em Sua graça me der a resposta para o problema, então serei grato. Mas isso depende de Deus. Fui o mais longe que pude em minha própria força e sabedoria. Tudo o que posso fazer agora é ser paciente". E Deus recompensa a paciência do profeta:

> *O Senhor me respondeu e disse: Escreve a visão, grava-a sobre tábuas, para que a possa ler até quem passa correndo. Porque a visão ainda está para cumprir-se no tempo determinado, mas se apressa para o fim e não falhará; se tardar, espera-o, porque, certamente, virá, não tardará* (2:2,3).

As promessas de Deus

Deus está dizendo: "Habacuque, a resposta está chegando. Não acontecerá imediatamente, mas continue sendo paciente e aguarde por ela".

Pela fé

Então Deus prossegue declarando um princípio que é citado três vezes no Novo Testamento e que forma a base para a Reforma Protestante. Deus diz,

"...o justo viverá pela sua fé" (2:4).

Essas palavras são citadas no Novo Testamento em Romanos, Gálatas e Hebreus. Essa é a ideia que incendiou o coração de Martinho Lutero. Deus nos fez para viver *não* de acordo com nossas circunstâncias, *não* de acordo com nosso próprio raciocínio, mas pela *fé* no que Ele prometeu.

A raça humana inteira pode ser dividida em duas categorias: aqueles que vivem em dependência de Deus e aqueles que vivem em absoluta autossuficiência. Uma das coisas mais tristes que já vi — e tenho visto com demasiada frequência — é um cristão que escolheu viver segundo seu próprio raciocínio e força — mas o faz em nome do "cristianismo". Fazemos isso de muitas maneiras.

Dependemos de estudos, sensos e pesquisas para orientar o ministério de uma igreja. Exercitamos poder político, táticas de pressão e estratégias inteligentes em vez de autoridade espiritual num esforço para promover mudança social. Buscamos informações de peritos e autoridades em vez de buscar a face de Deus na tentativa de expandir a igreja e evangelizar o mundo. Não estamos vivendo pela fé. Vivemos pela visão, pela nossa própria capacidade de raciocínio humano. Não é assim que a Palavra de Deus diz que devemos viver.

Leia Hebreus 11 e examine as histórias dos grandes homens e mulheres de fé listados ali. Essas são as pessoas que mudaram seu mundo, aumentaram o reino de Deus, promoveram a mensagem de Deus e curaram feridas humanas — e o fizeram pela fé somente no poder de Deus. Eles não contrataram consultores. Eles não leram livros sobre marketing e gestão. Eles viveram pela fé — e, no processo, pelo poder de Deus, esses homens e mulheres de fé fecharam a boca de leões, dominaram reinos, derrubaram tronos, conquistaram impérios e mudaram o curso da história para a glória de Deus.

O restante de Habacuque 2 revela uma análise interessante dos babilônios e o que Deus planeja fazer com eles. Na verdade, Deus diz: "Habacuque, não se preocupe com os babilônios; é verdade que não posso tolerar o mal, e é verdade que estou levantando este povo para julgar a nação de Israel, mas tenha certeza disso: julgarei os babilônios por sua vez. A própria coisa em que confiam será a sua queda. Seus próprios deuses os derrubarão".

Deus prossegue pronunciando cinco ais contra os babilônios — ai deles por seu roubo; ai deles por tentarem construir uma base falsa para si mesmos, acumulando "segurança" material sem considerar a segurança espiritual em Deus; ai deles por edificarem suas cidades com sangue, violência, sofrimento e pecado; ai deles por governarem e escravizarem seus vizinhos; e ai deles por sua idolatria, por dizerem aos ídolos de madeira e prata: "Acorda! Desperta!".

Aventurando-se através da Bíblia

CINCO AIS CONTRA A BABILÔNIA
1) Ai contra o roubo
2) Ai contra a falsa segurança material
3) Ai contra a violência
4) Ai contra escravizar os outros
5) Ai contra a idolatria

Lições da história

No capítulo 3, o profeta conclui o livro com uma oração notável. Ele viu a resposta. O Senhor é o Deus da história e tudo está sob Seu controle. Os problemas da humanidade podem ser resolvidos apenas quando os seres humanos entrarem em um relacionamento de fé com Deus. Habacuque inicia sua oração com esta invocação:

> O S\ENHOR, porém, está no seu santo templo; cale-se diante dele toda a terra (2:20).

Depois ele ora:

> Tenho ouvido, ó S\ENHOR, as tuas declarações, e me sinto alarmado; aviva a tua obra, ó S\ENHOR, no decorrer dos anos, e, no decurso dos anos, faze-a conhecida; na tua ira, lembra-te da misericórdia (3:2).

Habacuque começou esse livro dizendo: "Senhor, por que não fazes alguma coisa?". Agora ele diz: "Senhor, cuidado! Não faça muito! Em Sua ira, não se esqueça de mostrar misericórdia". Isso é tudo o que Habacuque tem a dizer. Não há mais filosofia, nem teologia, nem discussão com Deus.

A oração de Habacuque no capítulo 3 é uma das passagens mais notavelmente poéticas em todas as Escrituras. Leia-a, e você verá como o profeta está voltando e lembrando do que Deus fez no passado. Isso é o que convence Habacuque de que Deus pode ser confiável. Ele descansa em acontecimentos que já ocorreram, acontecimentos que não podem ser questionados ou subtraídos. Deus já se moveu na história humana.

E é aqui que a fé deve descansar. Vivemos pela fé — mas não uma fé *cega*. Cremos no Deus que agiu no espaço e no tempo e que registrou indelevelmente Sua vontade no progresso dos acontecimentos humanos. O profeta olha para a ação de Deus no Egito, quando Israel estava em apuros, e lembra como Deus agiu naqueles dias:

> *Deus vem de Temã, e do monte Parã vem o Santo. A sua glória cobre os céus, e a terra se enche do seu louvor. O seu resplendor é como a luz, raios brilham da sua mão; e ali está velado o seu poder* (3:3,4).

Lembra-se de como Deus escondeu Seu poder do Faraó e então agiu com poder em súbitos atos de intervenção milagrosa? O profeta escreve:

> *Ele para e faz tremer a terra; olha e sacode as nações. Esmigalham-se os montes primitivos; os outeiros eternos se abatem. Os caminhos de Deus são eternos* (3:5,6).

Habacuque se lembra de como o povo de Israel andou errante no deserto e como eles tremeram na terra de Midiã. Ele pensa na travessia do mar Vermelho e em como Deus abriu caminho através das águas. Ele lembra da maneira como Deus deteve o rio Jordão quando os israelitas entraram na terra e que, sob o comando de Josué (pela fé no poder de Deus), o Sol e a Lua pararam no céu.

Este é o tipo de Deus que temos — o Deus que age na história humana para realizar eventos que nenhum ser humano jamais poderia.

O segredo da vida triunfal

Enquanto o profeta considera tudo isso, sua mente busca a grandeza de Deus, e ele conclui:

Ouvi-o, e o meu íntimo se comoveu, à sua voz, tremeram os meus lábios; entrou a podridão nos meus ossos, e os joelhos me vacilaram, pois, em silêncio, devo esperar o dia da angústia, que virá contra o povo que nos acomete (3:16).

Habacuque vê o problema e sabe que a calamidade está chegando. O horror dela o envolve — mas isso não é tudo:

*Ainda que a figueira não floresça, nem haja fruto na vide; o produto da oliveira minta, e os campos não produzam mantimento; as ovelhas sejam arrebatadas do aprisco, e nos currais não haja gado, todavia, eu me alegro no S*ENHOR*, exulto no Deus da minha salvação. O S*ENHOR *Deus é a minha fortaleza, e faz os meus pés como os da corça, e me faz andar altaneiramente* (3:17-19).

Você já descobriu esse tipo de vida? Habacuque descreve uma qualidade de vida alegre e triunfante mesmo em meio à luta e ao estresse. Essa é a descoberta que Habacuque fez, e é a verdade mais profunda e mais prática que podemos aprender como filhos do Deus vivo. Não importa quais provações venham em nosso caminho, mesmo que elas não sejam removidas, ainda assim podemos nos alegrar no fato de que o nosso Deus é o grande e eterno Senhor do Universo, e todas as coisas estão sob Seu controle.

"No mundo, passais por aflições", disse Jesus. "Mas tende bom ânimo; eu venci o mundo" (Jo 16:33).

Estátua de Habacuque (1423–1425), por Donatello,

Aventurando-se através da Bíblia 517

PERGUNTAS PARA DISCUSSÃO

HABACUQUE
Um profeta para os nossos tempos

1. O livro de Habacuque consiste inteiramente no diálogo entre o profeta e Deus. Quando você começar a ler o capítulo 1, seu primeiro pensamento poderá ser: "Como Habacuque ousa falar com Deus dessa maneira?". Ele vai a Deus exigindo respostas para algumas perguntas difíceis. Seu tom é praticamente acusatório. A linguagem contundente do profeta o incomoda? Por que ou por que não?

Compare com Sl 74:10,22,23 e Lc 18:1-8. Você acha que Habacuque está sendo desrespeitoso? Como Deus responde ao questionamento franco de Habacuque?

2. Em 1:5, Deus diz a Habacuque:

Vede entre as nações, olhai, maravilhai-vos e desvanecei,
porque realizo, em vossos dias, obra tal, que vós não crereis,
quando vos for contada.

Você acha que essa promessa ainda é verdade hoje? Deus está colocando em prática Seu plano entre as nações, um plano tão incrível que, se nos fosse dito, não acreditaríamos? Como esse versículo influencia sua fé? Explique a sua resposta.

3. Uma das declarações mais importantes em Habacuque é "o justo viverá pela sua fé" (Hc 2:4). Essas palavras são citadas três vezes no Novo Testamento. No contexto da passagem, Deus está dizendo a Habacuque que, embora o julgamento pareça ser tardio, ele virá em um tempo determinado, então o profeta deve esperar por eles. Os malfeitores ficarão orgulhosos, "ensoberbecidos" e cheios de maus desejos — mas aqueles que são justos viverão pela fé.

À medida que as condições em nosso mundo vão de mal a pior, que os malfeitores parecem ganhar e os justos parecem perder, o plano de Deus está prosseguindo no cronograma. Nossa responsabilidade diante de Deus é viver pela fé. Será que esta percepção o ajuda com as lutas e preocupações pelas quais você está passando agora? Por quê? É uma luta para você confiar em Deus e viver pela fé? Explique sua resposta.

As promessas de Deus

4. Compare Hc 2:14 com Is 11:9. Quando você acha que essas promessas serão cumpridas e quando a Terra se encherá do conhecimento de Deus?

APLICAÇÃO PESSOAL

5. Em Hc 2:18-20, Deus oferece uma explicação lógica de por que é tolice adorar ídolos. Compare com Sl 115:2-8 e Rm 1:25. Existe alguma "coisa criada" em sua vida que você adore? Você vê pessoas ao seu redor adorando "coisas criadas" em vez do Criador? Explique a sua resposta.

6. No capítulo 3, o tom de Habacuque muda acentuadamente. Ele deixa de questionar Deus e passa a louvar o Senhor. A justiça, tão demorada, finalmente chega. Os inimigos são esmagados. O profeta exulta:

Ainda que a figueira não floresça, nem haja fruto na vide; o produto da oliveira minta, e os campos não produzam mantimento; as ovelhas sejam arrebatadas do aprisco, e nos currais não haja gado, todavia, eu me alegro no Senhor, exulto no Deus da minha salvação. O Senhor Deus é a minha fortaleza, e faz os meus pés como os da corça, e me faz andar altaneiramente (3:17-19).

Ouvir o profeta chegar a essa conclusão motiva sua fé? Você acha que Deus ainda executa a justiça, pune os malfeitores e nos capacita a "andar altaneiramente", como diz o profeta? Por quê?

7. Enquanto você estava lendo Habacuque, descobriu alguma percepção que afetou sua visão de Deus? Explique sua resposta.

O livro de Habacuque afetou a maneira como você ora sobre suas próprias provações e lutas, ou a maneira que você ora por um amigo ou ente querido que esteja passando por um momento crítico de provações? Explique a sua resposta. Que passos você pode dar esta semana para se tornar mais determinado e persistente em sua vida de oração?

Aventurando-se através da Bíblia

Reconstrução do altar de sacrifício

SOFONIAS

O dia da ira

CAPÍTULO 43

Se alguém lhe diz: "Você é tão crítico", você considera isso um elogio ou um insulto?

O conceito de julgamento caiu em descrédito em nossos tempos. No entanto, o fato é que Deus — o Deus da Bíblia — é muito crítico. Enquanto a nossa cultura insiste em que todas as questões devem ser vistas em tons de cinza, em termos de relativismo moral, Deus insiste em ver o mundo e a raça humana em termos muito extremos de preto e branco, mal e bem, pecado e justiça, errado e certo, bodes e ovelhas, inferno e Céu.

À medida que chegamos ao livro de Sofonias, encontramos um profeta muito crítico que fala em nome de um Deus julgador. Você não encontrará nuances de cinza no livro de Sofonias, nem concessões ou relativismo moral. Embora muitos livros na Bíblia lidem com Deus como Juiz, o livro de Sofonias descreve o tratamento mais intenso e concentrado da Bíblia sobre esse tema.

O profeta do julgamento

Muitas pessoas gostariam de reescrever a Bíblia e deixar de lado todas as referências desagradáveis sobre o julgamento de Deus. Se tal projeto fosse realizado, o livro de Sofonias praticamente deixaria de existir! Não podemos simplesmente eliminar as partes da Bíblia que não se adequam às nossas delicadas sensibilidades.

A Bíblia é a verdade de Deus para nós, Sua revelação de si mesmo, para que possamos conhecê-lo e responder a Ele realisticamente. Para conhecer a Deus de fato, precisamos conhecê-lo em Suas muitas dimensões. Devemos compreender Seu vasto amor, Sua profunda misericórdia, Seu abrangente perdão — contudo, esses conceitos podem ter pouco significado para nós até que entendamos verdadeiramente Sua justiça e julgamento.

> **OBJETIVOS DO CAPÍTULO**
>
> O tema de Sofonias é o julgamento — uma palavra que não é muito bem-vinda em nossa cultura hoje. Este capítulo mostra ao leitor porque a questão do julgamento de Deus é mais urgente hoje do que jamais foi. Para conhecer a Deus, devemos conhecê-lo como Ele realmente é — e isso significa que devemos entender como Ele pretende julgar o mundo.

Aventurando-se através da Bíblia 521

Algumas pessoas cometem o erro de pensar que o Antigo Testamento apresenta um Deus de juízo, enquanto o Novo Testamento apresenta um Deus de amor. Na verdade, encontramos centenas de referências ao amor e à misericórdia de Deus no Antigo Testamento enquanto no Novo Testamento vemos muitas referências à justiça e ao julgamento de Deus. O Antigo e o Novo Testamentos testificam em harmonia do Deus ricamente multidimensional, que é tanto justo quanto amoroso, julgador e misericordioso. Vemos esses aspectos do caráter de Deus eloquentemente expressos em Sofonias, o livro do dia da ira e do juízo.

Profecia do Antigo e do Novo Testamentos

O nome Sofonias significa "escondido do Senhor" [N.T.: ou "Deus esconde"]. O profeta fala como um representante do remanescente da fé — aquelas poucas pessoas que permanecem verdadeiras a Deus e fiéis à Sua Palavra durante os tempos de angústia que virão sobre a Terra. Deus cuidará do povo de Seu remanescente para que guardem sua fé durante um tempo futuro de intensa revolta e perseguição mundiais.

O livro de Sofonias foi escrito sobre este futuro grupo de cristãos que vivem durante o futuro Dia do Senhor — o dia da ira. O profeta, então, escreve como um representante do povo de um futuro distante, pessoas que só nasceriam milhares de anos depois.

No capítulo 1, Sofonias nos dá o caráter da vingança de Deus. Não é uma passagem agradável. Ela começa depois que o profeta se identifica como um trineto de Ezequias, um dos reis de Judá:

Palavra do Senhor que veio a Sofonias, filho de Cusi, filho de Gedalias, filho de Amarias, filho de Ezequias, nos dias de Josias, filho de Amom, rei de Judá. De fato, consumirei todas as coisas sobre a face da terra, diz o Senhor. Consumirei os homens e os animais, consumirei as aves do céu, e os peixes do mar, e as ofensas com os perversos; e exterminarei os homens de sobre a face da terra, diz o Senhor. Estenderei a mão contra Judá e contra todos os habitantes de Jerusalém; exterminarei deste lugar o resto de Baal, o nome dos ministrantes dos ídolos e seus sacerdotes; os que sobre os eirados adoram o exército do céu e os que adoram ao Senhor e juram por ele e também por Milcom; os que deixam de seguir ao Senhor e os que não buscam o Senhor, nem perguntam por ele. Cala-te diante do Senhor Deus, porque o Dia do Senhor está perto, pois o Senhor preparou o sacrifício e santificou os seus convidados (1:2-7).

Algumas pessoas confundem a expressão "o Dia do Senhor". Na igreja, frequentemente chamamos o domingo de "o dia do Senhor" porque no domingo — o dia em que Jesus ressuscitou dos mortos — os cristãos vão à igreja e celebram Sua ressurreição. O que a Bíblia chama de "o Dia do Senhor" é algo completamente diferente.

O Dia do Senhor é o dia da manifestação da mão de julgamento de Deus sobre os assuntos humanos. Observe a conjugação verbal [N.T.: implícito] ao longo da passagem: "Consumirei todas as coisas... Consumirei os homens e os animais... Estenderei a mão contra Judá". Deus está agindo através dos

As promessas de Deus

O LIVRO DE SOFONIAS

O dia do Senhor (Sofonias 1:1–3:8)

Deus julga toda a terra 1:1-3

Deus julga a nação de Judá 1:4-18

Deus julga para haver arrependimento 2:1-3

O julgamento das nações 2:4-15

O julgamento de Jerusalém 3:1-7

O julgamento de toda a Terra 3:8

Salvação no dia do Juízo (Sofonias 3:9-20)

Deus promete restauração 3:9-20

acontecimentos da história, agindo por meio de nações, exércitos e calamidades de vários tipos. Sua mão está oculta na luva da história, mas todos os escritores da Palavra de Deus concordam que está chegando o dia em que Deus intervirá diretamente nos assuntos humanos.

Jesus se refere a esse tempo no evangelho de Mateus, no qual Ele fala de um tempo de grande tribulação:

Então, sereis atribulados, e vos matarão. Sereis odiados de todas as nações, por causa do meu nome. Nesse tempo, muitos hão de se escandalizar, trair e odiar uns aos outros; levantar-se-ão muitos falsos profetas e enganarão a muitos. E, por se multiplicar a iniquidade, o amor se esfriará de quase todos. Aquele, porém, que perseverar até o fim, esse será salvo. E será pregado este

evangelho do reino por todo o mundo, para testemunho a todas as nações. Então, virá o fim (Mt 24:9-14).

À medida que Jesus prossegue descrevendo esses acontecimentos, os sinais amedrontadores e os horrores chegam ao clímax nestas palavras:

...porque nesse tempo haverá grande tribulação, como desde o princípio do mundo até agora não tem havido e nem haverá jamais. Não tivessem aqueles dias sido abreviados, ninguém seria salvo; mas, por causa dos escolhidos, tais dias serão abreviados... Logo em seguida à tribulação daqueles dias, o sol escurecerá, a lua não dará a sua claridade, as estrelas cairão do firmamento, e os poderes dos céus serão abalados. Então, aparecerá no céu o

Aventurando-se através da Bíblia

*sinal do Filho do Homem; todos os
povos da terra se lamentarão e verão o
Filho do Homem vindo sobre as nuvens
do céu, com poder e muita glória. E
ele enviará os seus anjos, com grande
clangor de trombeta, os quais reunirão
os seus escolhidos, dos quatro ventos,
de uma a outra extremidade dos céus*
(Mt 24:21,22,29-31).

O apóstolo Paulo fala de forma semelhante sobre esse tempo usando a expressão específica "o dia do Senhor", em 1Ts 5:1-6. Muitas outras passagens também se referem ao Dia do Senhor e todas concordam sobre certas características desse tempo: será um tempo em que as pessoas proclamarão a paz, mas se prepararão para a guerra. Será um tempo em que as pessoas se apegarão a uma forma de piedade, mas negarão seu poder. Será um tempo em que as pessoas declararão que os problemas da vida foram resolvidos quando, de fato, o mundo estará em maior perigo do que nunca.

Essas condições anunciarão o Dia do Senhor.

O Dia do Senhor chega

Hollywood tem produzido inúmeros filmes da ficção científica que tentam mostrar como será o fim do mundo, mas não conseguem retratar com exatidão as imagens terríveis descritas pelo profeta Sofonias:

*Está perto o grande Dia do SENHOR;
está perto e muito se apressa. Atenção! O
Dia do SENHOR é amargo, e nele clama
até o homem poderoso. Aquele dia é dia
de indignação, dia de angústia e dia de*

*alvoroço e desolação, dia de escuridade e
negrume, dia de nuvens e densas trevas,
dia de trombeta e de rebate contra as
cidades fortes e contra as torres altas.
Trarei angústia sobre os homens, e eles
andarão como cegos, porque pecaram
contra o SENHOR; e o sangue deles se
derramará como pó, e a sua carne será
atirada como esterco. Nem a sua prata
nem o seu ouro os poderão livrar no dia
da indignação do SENHOR, mas, pelo
fogo do seu zelo, a terra será consumida,
porque, certamente, fará destruição total
e repentina de todos os moradores da
terra* (1:14-18).

A mente se recusa a considerar essa lista de horrores futuros. É fácil para Deus falar desta maneira? Não. Deus não se agrada com a morte e o sofrimento do ser humano. Ele não se deleita com o julgamento. O profeta Isaías chama o julgamento de Deus de "obra estranha", Seu "ato inaudito" (veja Is 28:21).

O coração de Deus se deleita em misericórdia. Mas, em última instância, se Sua vontade deve ser feita, se a humanidade deve se libertar das correntes do pecado e descobrir a gloriosa paz e liberdade da idade de ouro milenar, então a rebelião humana deve ser julgada. O mal arraigado da humanidade deve ser completa e finalmente tratado. É por isso que o dia vindouro da vingança do nosso Deus é certo. Sua Palavra fala claramente sobre isso em ambos os Testamentos.

O capítulo 2 traça a extensão da vingança de Deus. Nesta passagem, Deus fornece uma lista de nações que Ele julgará — e à primeira vista a lista é intrigante. Todas essas nações já desapareceram:

*Ouvi o escárnio de Moabe e as
injuriosas palavras dos filhos de Amom,
com que escarneceram do meu povo
e se gabaram contra o seu território.
Portanto, tão certo como eu vivo, diz o
Senhor dos Exércitos, o Deus de Israel,
Moabe será como Sodoma, e os filhos
de Amom, como Gomorra, campo de
urtigas, poços de sal e assolação perpétua;
o restante do meu povo os saqueará,
e os sobreviventes da minha nação os
possuirão* (2:8,9).

Nesses versículos, Deus pronuncia julgamento contra Moabe, Amom, os etíopes e os assírios. No entanto, todas essas nações antigas se foram, enterradas na antiguidade. Como, então, poderão ser destruídas em algum tempo futuro, no Dia do Senhor?

A resposta é que essas nações são usadas literal e simbolicamente nas Escrituras. Elas foram literalmente destruídas no curso da história, mas simbolizam aspectos da humanidade que Deus julgará no Dia do Senhor. Moabe e Amom, por exemplo, sempre simbolizam a carne da humanidade — nossa dependência persistente em nossos próprios recursos. A Etiópia é uma imagem da natureza humana obstinada e intransigente: "Pode, acaso, o etíope mudar a sua pele ou o leopardo, as suas manchas?, dizem as Escrituras (Jr 13:23). A Assíria representa a arrogância e o orgulho humanos. Deus diz que Ele é contra todas essas qualidades rebeldes da natureza humana. No Dia do Senhor, essas formas de perversidade serão vencidas para sempre.

O capítulo 3 deixa claro que o juízo de Deus será mundial:

*Esperai-me, pois, a mim, diz o Senhor,
no dia em que eu me levantar para o
despojo; porque a minha resolução é
ajuntar as nações e congregar os reinos,
para sobre eles fazer cair a minha
maldição e todo o furor da minha ira;
pois toda esta terra será devorada pelo
fogo do meu zelo* (3:8).

O que o Senhor procura destruindo as nações do mundo? Ele quer ficar quite? Não, Deus, o Criador sábio e amoroso, não destruiria simplesmente por destruir. Ele só destruiria por causa da criação. Veja o que se segue a essa visão de destruição:

Sofonias dirigindo-se às pessoas
(França, século16).

Aventurando-se através da Bíblia

Canta, ó filha de Sião; rejubila, ó Israel; regozija-te e, de todo o coração, exulta, ó filha de Jerusalém. O Senhor afastou as sentenças que eram contra ti e lançou fora o teu inimigo. O Rei de Israel, o Senhor, está no meio de ti; tu já não verás mal algum. Naquele dia, se dirá a Jerusalém: Não temas, ó Sião, não se afrouxem os teus braços. O Senhor, teu Deus, está no meio de ti, poderoso para salvar-te; ele se deleitará em ti com alegria; renovar-te-á no seu amor, regozijar-se-á em ti com júbilo (3:14-17).

Após o grande e terrível Dia do Senhor, Deus estabelece uma ordem totalmente nova, um mundo cheio de paz, alegria, contentamento e canção. É por isso que Deus está tratando da raça humana — para que, onde havia tristeza, surja uma canção, onde havia egoísmo, a adoração, e onde havia escravidão, a libertação. Essa é a consequência do julgamento de Deus — não a destruição, mas uma nova criação.

As referências a Sião e a Israel nessa passagem deixam claro, creio eu, que esse é, especificamente, um retrato do cuidado de Deus pelo remanescente de Israel, através da tribulação e do tempo de julgamento. Não creio que esta parte se refira à igreja, porque acredito que a igreja será tirada do mundo antes que esses eventos ocorram. Quando o tempo da tribulação passar e Deus chamar o remanescente de Israel para si, eles cantarão o cântico dos redimidos. Essa passagem é uma reminiscência daquela bela passagem nos escritos de Salomão:

...aparecem as flores na terra, chegou o tempo de cantarem as aves, e a voz da rola ouve-se em nossa terra (Ct 2:12).

Depois da terrível destruição, vem um tempo de cânticos, que ninguém, senão os redimidos, pode juntar-se e cantar. Isso é o que Deus quer produzir em nossa vida — redenção, alegria e cântico.

O julgamento vem sobre o mundo e está vindo sobre nossa própria vida como cristãos. Todos passamos por experiências dolorosas e purificadoras. Deus toma a dor e a escuridão de nossa vida e as usa para criar algo novo em nosso interior. Após a dor e a purificação, vem o cântico. A justiça de Deus não pode ser afastada, tampouco o Seu amor.

Essa é a mensagem sóbria, mas reconfortante, do livro de Sofonias.

PERGUNTAS PARA DISCUSSÃO

SOFONIAS
O dia da ira

1. Sf 1:12 descreve uma atitude que prevaleceu em Jerusalém durante os dias do profeta e ainda prevalece hoje: "O SENHOR não faz bem, nem faz mal". Compare com 2Pe 3:3,4. Você já se pegou pensando dessa maneira quando quer racionalizar o pecado? Qual é o resultado final de tal atitude?

2. Em 1:7 e 1:14, o profeta Sofonias refere-se ao "Dia do Senhor". A que evento ele está se referindo? Esse dia já chegou ou ainda está no futuro? Em 1:14, Sofonias diz que o Dia do Senhor está chegando rapidamente. Se esse dia ainda está no futuro, é certo dizer que ele está chegando rapidamente, já que séculos se passaram? Explique sua resposta.

3. O autor escreve: "O que Deus procura destruindo as nações do mundo? Ele quer ficar quite? Não, Deus, o Criador sábio e amoroso, não destruiria simplesmente por destruir. Ele só destruiria por causa da criação". O que Deus pretende criar a partir das cinzas dessas nações inimigas?

4. Leia 3:9-13. Quando o Dia do Senhor terminar, quem permanecerá em pé?

5. Leia 3:14-20. Quais são algumas das bênçãos que Deus dará a Seu povo quando o dia da ira estiver terminado? Quando você acha que esse dia acontecerá? Por que Deus deixa claro que a punição de Israel não durará mais do que o necessário? Como Deus removerá o castigo de Israel (Dica: Veja Rm 11:25-27)?

Aventurando-se através da Bíblia

APLICAÇÃO PESSOAL

6. No capítulo 2, Deus fala através do profeta, dizendo:

Ele estenderá também a mão contra o Norte e destruirá a Assíria; e fará de Nínive uma desolação e terra seca como o deserto [...] que dizia consigo mesma: Eu sou a única, e não há outra além de mim (2:13,15).

A nação violenta da Assíria se vangloriava, era arrogante e autoconfiante. Os assírios tinham confiança absoluta em seu poder militar, e sua autoconfiança presunçosa era uma ofensa a Deus. É pecado ter confiança? Você se considera uma pessoa confiante? Você acha que sua confiança é ofensiva a Deus? Por quê?

Que valor terá a autoconfiança no Dia do Senhor?

7. Se Deus odeia a atitude autoconfiante e presunçosa da Assíria, isso significa que Ele ama as pessoas que se consideram sem valor, sem esperança e inúteis? As pessoas que se consideram como "vermes" miseráveis não se deixam ser abusadas e exploradas pelos "assírios" neste mundo?

8. O autor escreve: "Deus não se agrada com a morte e sofrimento do ser humano. Ele não se deleita com o julgamento". Ao ler Sofonias, você concorda ou discorda da declaração do autor sobre o caráter de Deus? Explique a sua resposta.

Se você tem filhos, lembre-se de um momento em que teve de corrigi-los de maneira severa. Como você se sentiu? Deleitou-se em disciplinar seu filho ou agiu com relutância e tristeza? De que maneira essa percepção afeta a sua visão de Deus?

As promessas de Deus

AGEU

CAPÍTULO 44

Encorajamento aos construtores

538 a.C. — Edito de Ciro quanto ao retorno
Lançamento dos fundamentos do Templo
Pausa no trabalho do Templo
Templo negligenciado (1) MÊS 6
Encorajamento contínuo (Reinício da construção do Templo) (2:1-9) MÊS 7 — 520
Obediência, não sacrifício (2:10-19)
Bênção futura (2:20-23) MÊS 9 — 515
Templo finalizado
Segundo retorno — 458 a.C. Ministério de Esdras

O escritor de suspense Rex Stout considerava-se um bom arquiteto e construtor amador. Na década de 1930, ele projetou uma casa com 14 cômodos e a construiu com suas próprias mãos em uma pitoresca colina em Connecticut, EUA. Em seguida, ele convidou um dos grandes arquitetos profissionais do mundo, Frank Lloyd Wright, para vir dar sua opinião. Ele levou Wright até a colina onde estava a casa, e Wright examinou a obra de Stout com um olhar cuidadoso e experiente. Por fim, Wright falou: "Belo local, Rex", disse ele. "Alguém deveria derrubar essa coisa e construir uma casa aqui".

Não é fácil ser um construtor. As pessoas que se dispõem a construir algo de valor duradouro precisam de encorajamento.

No livro de Ageu, encontramos um grupo de pessoas que construía uma casa — a casa de Deus. Enquanto a edificavam, receberam uma poderosa palavra de encorajamento do maior arquiteto de todos os tempos: o Construtor do Universo, o próprio Deus.

Construindo a Casa do Senhor

O tema da profecia de Ageu é "mãos à obra e construam a casa do Senhor". Quando a Bíblia fala sobre a Casa do Senhor, ela não fala apenas de um edifício. De fato, o próprio

Zorobabel mostra um plano de Jerusalém para Ciro, o Grande (1640-1670), por Jacob van Loo

> **OBJETIVOS DO CAPÍTULO**
>
> A mensagem de Ageu é: "O momento para construir é agora". Quando Deus o chama, não procrastine. No tempo de Ageu, as pessoas se encontravam com Deus em um templo feito de pedras. Hoje, Deus se encontra conosco em templos humanos e nos chama para reconstruir e renovar o templo de nossa vida. Essa é a perspectiva principal deste capítulo.

Aventurando-se através da Bíblia — 529

Templo é meramente uma representação simbólica da verdadeira casa de Deus. Nós, como cristãos, somos as "casas" em que Deus habita, e quando Deus fala sobre a construção de Sua casa, Ele está falando em nos edificar para sermos uma morada adequada para Seu Espírito.

Nos dias de Ageu, antes que o Novo Testamento fosse escrito e de Deus ter revelado a verdadeira natureza de Sua habitação, o povo não sabia que o Templo era realmente um símbolo de uma realidade maior. O Templo foi chamado de "a Casa do Senhor", mas simbolizava o plano final de Deus de fazer Sua morada entre Seu povo.

Quando você lê a profecia de Ageu com os livros históricos de Esdras e Neemias, seu significado e contexto ficam muito mais claros. É possível recordar daqueles livros históricos em que os babilônios invadiram Israel, saquearam e pilharam Jerusalém, retiraram os olhos do rei e levaram o povo em escravidão por 70 anos (o período exato que o profeta Jeremias havia predito). No final dos 70 anos, Daniel, que profetizou na Babilônia, descreveu como Deus agiu para trazer o povo de volta à sua terra natal. Eles vieram primeiro debaixo da liderança de Zorobabel, o que é mencionado no versículo inicial de Ageu. Zorobabel era descendente dos reis e o capitão dos remanescentes que retornaram da Babilônia. Infelizmente, quando os remanescentes vieram para Jerusalém, eles encontraram a cidade em ruínas e o Templo completamente destruído.

Embora ainda sob o domínio persa, os israelitas receberam a permissão do rei da Medo-Pérsia para começar a reconstruir o Templo. Eles começaram a trabalhar e conseguiram estabelecer a fundação e algumas fileiras de pedras. Era um começo modesto para um Templo menor, mais humilde do que aquele originalmente construído por Salomão. O trabalho foi difícil. Com o tempo, os trabalhadores começaram a se atrasar, e o projeto eventualmente parou. Por 15 anos, o projeto enfraqueceu.

Então Deus levantou o profeta Ageu para falar.

Neste livro, Ageu entregou ao povo quatro mensagens que foram dadas dentro de um espaço de quatro meses e diziam respeito à construção do Templo. Embora o propósito imediato de Ageu nessas mensagens fosse de encorajar o povo, também se aplicam a você e a mim, como Templo ou lugar de habitação de Deus.

Assim, examinaremos a mensagem do profeta em dois níveis: superficialmente, em relação à reconstrução do Templo em Jerusalém e num nível mais profundo, em relação à nossa vida individual hoje.

A primeira tentativa

Cada uma das quatro mensagens de Ageu é datada pelo calendário e revela uma desculpa dada pelo povo para não trabalhar no Templo. A primeira mensagem está no capítulo 1:

> *No segundo ano do rei Dario, no sexto mês, no primeiro dia do mês, veio a palavra do Senhor, por intermédio do profeta Ageu, a Zorobabel, filho de Salatiel, governador de Judá, e a Josué, filho de Jozadaque, o sumo sacerdote, dizendo: Assim fala o Senhor dos Exércitos: Este povo diz: Não veio ainda o tempo, o tempo em que a Casa do Senhor deve ser edificada* (vv.1,2).

O LIVRO DE AGEU

Ordenada a reconstrução do Templo (Ageu 1)

A glória do Templo reconstruído (Ageu 2:1-9)

As bênçãos da obediência (Ageu 2:10-19)

A promessa das bênçãos de Deus (Ageu 2:20-23)
A destruição futura das nações ímpias

A profecia foi endereçada ao governador civil e ao líder religioso, Zorobabel e Josué, respectivamente. No versículo 2, o profeta repete a desculpa que o povo deu por deixar o Templo abandonado por 15 anos. Eles estavam dizendo: "O tempo ainda não chegou. Houve um erro ao calcular os 70 anos que Jeremias profetizou. Não adianta fazer nada agora porque Deus ainda não está pronto".

Mas leia a resposta que Deus dá à desculpa deles:

Veio, pois, a palavra do SENHOR, por intermédio do profeta Ageu, dizendo: Acaso, é tempo de habitardes vós em casas apaineladas, enquanto esta casa permanece em ruínas? Ora, pois, assim diz o SENHOR dos Exércitos: Considerai o vosso passado (1:3-5).

Em outras palavras, Deus diz: "Vocês realmente querem me dizer que ainda não é tempo de começar a trabalhar em minha casa? Vocês certamente não perderam tempo construindo casas para vocês enquanto minha casa permanece em ruínas". Deus recorre à ironia, e Suas palavras irônicas cutucaram suas frágeis e hipócritas desculpas. Obviamente, eles priorizaram suas próprias necessidades e colocaram a obra de Deus em segundo lugar.

O povo se esqueceu de algo importante quando desculpou-se: o fato de estarem de volta à terra provou que o tempo de Deus havia chegado e os 70 anos haviam se cumprido. Eles tinham simplesmente negligenciado Deus e Sua casa enquanto procuravam seu próprio conforto e conveniência — e há um preço a pagar por isso:

Assim diz o SENHOR dos Exércitos: Considerai o vosso passado. Subi ao monte, trazei madeira e edificai a casa; dela me agradarei e serei glorificado, diz o SENHOR. Esperastes o muito, e eis que veio a ser pouco, e esse pouco, quando o trouxestes para casa, eu com um assopro o dissipei. Por quê? — diz o SENHOR dos Exércitos; por causa da minha casa, que permanece em ruínas, ao

Aventurando-se através da Bíblia

531

passo que cada um de vós corre por causa de sua própria casa. Por isso, os céus sobre vós retêm o seu orvalho, e a terra, os seus frutos. Fiz vir a seca sobre a terra e sobre os montes; sobre o cereal, sobre o vinho, sobre o azeite e sobre o que a terra produz, como também sobre os homens, sobre os animais e sobre todo trabalho das mãos (1:7-11).

Parece que havia inflação naqueles dias também! Deus disse ao povo que todo o trabalho que eles produziram não lhes deu o que eles esperavam. "Você está tentando ser próspero", diz Deus, "mas a prosperidade o ilude. Você está tentando se satisfazer, mas nunca encontra satisfação. Há sempre algo faltando".

Por que Deus impediu os esforços do povo de se tornar próspero? Ele queria feri-los ou puni-los? Nem uma coisa nem outra. Deus estava tentando despertá-los. Ele estava tentando mostrar-lhes que existe uma regra infalível que percorre toda a Bíblia e a vida: "Buscai, pois, em primeiro lugar, o seu reino e a sua justiça, e todas estas coisas vos serão acrescentadas" (Mt 6:33). A maneira de ter o que se precisa em termos de alimento físico, abrigo material e as necessidades da vida é dedicar-se no avanço da obra de Deus. É por isso que você está aqui. Seu Pai celestial conhece suas necessidades, e Ele está disposto e é capaz de supri-las.

Deus nos chamou para edificar Sua casa em primeiro lugar — não um edifício de tijolo e argamassa, mas o Corpo de Cristo. Infelizmente, muitos cristãos são tão hipócritas e cheios de desculpas quanto o povo nos dias de Ageu. Então Ageu pergunta: "Por que você é capaz de encontrar tempo para promover seus próprios interesses, mas gasta tão pouco tempo avançando a causa de Deus? Por que você se desculpa da obra de edificar a Casa de Deus, dizendo: 'Ainda não é tempo'?"

Convencido pela mensagem de confrontação de Ageu vinda do Senhor, o povo juntou suas ferramentas e voltou à tarefa de reconstruir o Templo. Eles trabalharam arduamente até que seu entusiasmo diminuiu, suas costas começaram a doer e, como antes, o trabalho parou. Há quanto tempo eles estavam trabalhando? Há apenas três semanas.

A segunda tentativa

Novamente, Deus fala a Ageu e lhe dá uma mensagem para o povo. No capítulo 2, lemos:

No segundo ano do rei Dario, no sétimo mês, ao vigésimo primeiro do mês, veio a palavra do SENHOR por intermédio do profeta Ageu, dizendo: Fala, agora, a Zorobabel, filho de Salatiel, governador de Judá, e a Josué, filho de Jozadaque, o sumo sacerdote, e ao resto do povo, dizendo: Quem dentre vós, que tenha sobrevivido, contemplou esta casa na sua primeira glória? E como a vedes agora? Não é ela como nada aos vossos olhos? (vv.1-3)

Deve ter havido alguns idosos entre eles que se lembravam do Templo original de Salomão. Aquele Templo tinha sido uma obra de esplendor incomparável, construído com pedras talhadas, com painéis esculpidos intricadamente em cedro importado, coberto com ouro e decorado com estátuas esculpidas de anjos e desenhos de árvores e flores. O povo de Israel não podia mais adquirir tais materiais e já não possuía a habilidade artística para recriar sua mobília. Este novo Templo seria simples, humilde e modesto em comparação ao outro. Não faria sombra no Templo original de Salomão. Então o povo desiste, desencorajado.

Mas o Senhor, falando através do profeta Ageu, ofereceu encorajamento ao povo:

Ora, pois, sê forte, Zorobabel, diz o Senhor, e sê forte, Josué, filho de Jozadaque, o sumo sacerdote, e tu, todo o povo da terra, sê forte, diz o Senhor, e trabalhai, porque eu sou convosco, diz o Senhor dos Exércitos (2:4).

A resposta de Deus é sempre esta: "Trabalhe, pois estou com você. Não se preocupe com o fato de que as coisas não parecem tão boas quanto deveriam". Ele prossegue:

...segundo a palavra da aliança que fiz convosco, quando saístes do Egito, o meu Espírito habita no meio de vós; não temais. Pois assim diz o Senhor dos Exércitos: Ainda uma vez, dentro em pouco, farei abalar o céu, a terra, o mar e a terra seca (2:5,6).

Quando Deus diz que Ele vai abalar os céus, as pessoas e a terra, Ele não está falando em sentido literal, mas figurativamente. Ele quer dizer que vai reorganizar todo o quadro histórico:

...farei abalar todas as nações, e as coisas preciosas de todas as nações virão, e encherei de glória esta casa, diz o Senhor dos Exércitos. Minha é a prata, meu é o ouro, diz o Senhor dos Exércitos. A glória desta última

casa será maior do que a da primeira, diz o Senhor dos Exércitos; e, neste lugar, darei a paz, diz o Senhor dos Exércitos (2:7-9).

Em outras palavras: "Não se preocupe com as antigas glórias, com a prata e o ouro. O mundo inteiro é meu, e toda a prata e ouro no mundo pertencem a mim. Esse não é o tipo de glória que tenho em mente. Vou encher esta casa com um tipo diferente de glória, para que o esplendor do novo Templo seja maior do que o esplendor do antigo".

Essas palavras foram cumpridas séculos mais tarde, quando Jesus entrou no Templo, que até então tinha sido profanado por cambistas e ladrões. Com um açoite na mão, Jesus derrubou as mesas, expulsou os cambistas e purificou o Templo. O Filho do próprio Deus caminhou pelos pátios do Templo e tornou a Casa do Senhor uma casa de oração novamente. Ele a encheu com a glória de Seu ensinamento dizendo coisas que as pessoas jamais tinham ouvido antes. As palavras que Ele proferiu no Templo reconstruído de Jerusalém mudaram a vida da nação e transformaram a história do mundo. Por meio de Sua presença, Ele encheu o Templo com uma glória que jamais cessou, uma espécie de glória diferente da glória do Templo de Salomão.

Os construtores desanimaram porque compararam seu trabalho com os trabalhos do passado. Mas Deus lhes disse para não se apegarem ao passado. Em vez disso, Ele disse: "Continuem trabalhando, estou com vocês. E quando estou no meio de vocês, não precisam se preocupar com o resultado. Qualquer novo trabalho que eu faça através de vocês será melhor do que a obra anterior".

Aventurando-se através da Bíblia   533

A terceira tentativa

Encorajados por essa nova palavra de Deus através do profeta Ageu, o povo voltou a trabalhar. Mas, depois de apenas dois meses, o povo parou de trabalhar novamente:

Ao vigésimo quarto dia do mês nono, no segundo ano de Dario, veio a palavra do Senhor por intermédio do profeta Ageu, dizendo: Assim diz o Senhor dos Exércitos: Pergunta, agora, aos sacerdotes a respeito da lei: Se alguém leva carne santa na orla de sua veste, e ela vier a tocar no pão, ou no cozinhado, ou no vinho, ou no azeite, ou em qualquer outro mantimento, ficará isto santificado? Responderam os sacerdotes: Não (2:10-12).

Isso estava de acordo com a Lei de Moisés. Se você estiver numa situação na qual não saiba o que fazer, disse Moisés, vá pedir ao sacerdote para declarar o princípio apropriado. Esse é o mesmo processo que devemos seguir como cristãos hoje. Quando chegamos a uma situação com a qual não sabemos lidar, devemos ir à Palavra de Deus, encontrar o princípio que trata de tal situação e aplicá-lo à situação real. Ageu continua:

Então, perguntou Ageu: Se alguém que se tinha tornado impuro pelo contato com um corpo morto tocar nalguma destas coisas, ficará ela imunda? Responderam os sacerdotes: Ficará imunda. Então, prosseguiu Ageu: Assim é este povo, e assim esta nação perante mim, diz o Senhor; assim é toda a obra das suas mãos, e o que ali oferecem: tudo é imundo. Agora, pois, considerai tudo o que está acontecendo desde aquele

dia. Antes de pordes pedra sobre pedra no templo do Senhor, antes daquele tempo, alguém vinha a um monte de vinte medidas, e havia somente dez; vinha ao lagar para tirar cinquenta, e havia somente vinte. Eu vos feri com queimaduras, e com ferrugem, e com saraiva, em toda a obra das vossas mãos; e não houve, entre vós, quem voltasse para mim, diz o Senhor. Considerai, eu vos rogo, desde este dia em diante, desde o vigésimo quarto dia do mês nono, desde o dia em que se fundou o templo do Senhor, considerai nestas coisas (2:13-18).

O que Deus quer dizer? Se você ler entre as linhas, poderá ver novamente o que o povo estava dizendo: "Olha, o Senhor disse que a razão pela qual estávamos tendo dificuldades materiais e financeiras é porque estávamos atrasados na obra do Templo. Estamos trabalhando no Templo há dois meses agora e a vida ainda está difícil para nós". Em outras palavras, o povo estava impaciente. Eles queriam resultados imediatos. Queriam que Deus os recompensasse por seu trabalho no Templo. Isso lhe parece familiar? Isso parece com alguém que você conhece?

Um casal veio a mim em busca de aconselhamento conjugal. O marido reclamou: "Simplesmente não podemos viver juntos. Ela está sempre explodindo e gritando comigo sobre tudo". Depois de conversar longamente com os dois, descobri que o principal problema no relacionamento era que o marido não dava atenção à sua esposa. Sentindo-se negligenciada, ela ia aguentando até que explodia!

Ele concordou com esse diagnóstico e imediatamente começou a fazer mudanças em seu comportamento. Dentro de um ou dois dias, no entanto, ele telefonou para mim e disse: "Bem, eu a levei para jantar ontem à noite e nos divertimos muito. Ela gostou tanto que tive certeza de que você estava certo. Mas esta manhã ela explodiu comigo novamente. A coisa não funciona".

Tive que dizer a ele o que Ageu disse àquele povo: "Você acha que um padrão de comportamento que levou anos para ser construído pode ser alterado de um dia para o outro? Você precisa ser paciente. Vai levar tempo para você provar que mudou e para ela ser capaz de confiar que suas antigas maneiras de se relacionarem entre si já não se aplicam mais".

Como Paulo disse aos Gálatas: "E não nos cansemos de fazer o bem, porque a seu tempo ceifaremos, se não desfalecermos" (Gl 6:9).

A quarta tentativa

Mais uma vez — no mesmo dia, na verdade — o povo precisou de outra palavra de encorajamento para incentivá-los a concluir o projeto:

> *Veio a palavra do SENHOR segunda vez a Ageu, ao vigésimo quarto dia do mês, dizendo: Fala a Zorobabel, governador de Judá: Farei abalar o céu e a terra; derribarei o trono dos reinos e destruirei a força dos reinos das nações; destruirei o carro e os que andam nele; os cavalos e os seus cavaleiros cairão, um pela espada do outro. Naquele dia, diz o SENHOR dos Exércitos, tomar-te-ei, ó Zorobabel, filho de Salatiel, servo meu, diz o SENHOR, e te farei como um anel de selar, porque te escolhi, diz o SENHOR dos Exércitos* (2:20-23).

O Senhor envia uma palavra especial de encorajamento ao líder do povo enquanto eles ainda estavam sob a autoridade da Pérsia. Embora eles estivessem de volta à terra e construindo o Templo novamente,

Ageu (aquarela por volta de 1896), por James Tissot

Aventurando-se através da Bíblia 535

ainda estavam perturbados por muitos problemas. Para onde olhavam, viam sinais de que eram um povo subjugado, vivendo sob os pés de uma potência estrangeira. Eles viam carruagens e soldados em suas ruas e estavam cansados e temerosos depois de uma vida de escravidão. Quando eles estariam livres?

Deus diz, na verdade: "Não se preocupem. Meu plano reverterá toda a ordem das coisas. Destruirei o poder desse reino. Tornarei suas carruagens em nada. Libertarei vocês da escravidão desse povo. Colocarei um anel de sinete real no dedo de seu líder, Zorobabel".

Zorobabel era da linhagem real, a linhagem de Davi, e mesmo que essas palavras não tenham sido literalmente cumpridas na vida de Zorobabel, foram faladas a respeito de seu descendente: Jesus de Nazaré. Deus colocou Seu anel de sinete real, Seu selo de autoridade, no dedo de Jesus, que governará, finalmente, todas as nações do mundo.

Essa é uma palavra de encorajamento em um dia de escuridão. Ela fala não somente ao povo de Jerusalém enquanto construíam o Templo, mas também nos fala hoje, em nossa própria época de escuridão, à medida que os eventos do mundo nos levam cada vez mais perto do clímax da história, o Dia do Senhor. Deus quer que saibamos que hoje é a hora de construir. "Levante-se e aja agora", Ele nos diz. "Não espere. A obra de Deus precisa ser feita hoje, não no próximo ano, nem em dez anos. *Construa agora*".

Você pode ajudar a construir a Casa de Deus hoje sendo uma testemunha de Cristo em sua vizinhança, em seu local de trabalho, em sua universidade, ou onde quer que esteja. Servindo em sua igreja ou indo a uma viagem missionária de curto prazo ao redor do mundo. Convide estudantes internacionais para passarem um ano em sua casa. Conduza estudos bíblicos com o foco em fazer amigos em sua casa e convide amigos e vizinhos. Compartilhe sua fé em seu blog ou nas suas páginas das redes sociais.

As possibilidades são infinitas, mas as oportunidades não permanecerão disponíveis para sempre. Então construa agora antes que seja tarde demais.

Você e eu estamos fazendo tudo o que podemos para edificar a Casa do Senhor? Quando a obra das mãos humanas virarem pó, quando todas as grandes civilizações da história forem esquecidas, somente a Casa de Deus permanecerá. Nós somos essa casa. Nós somos a obra eterna de Deus.

Essa é a palavra de encorajamento de Ageu para nós, construtores de Deus. Portanto, vamos investir tudo o que somos e o que temos para nos tornarmos uma morada adequada e consagrada para o nosso Deus.

PERGUNTAS PARA DISCUSSÃO

AGEU
Encorajamento aos construtores

1. Leia Ageu 1:1-4. Claramente, Deus coloca uma alta prioridade no cuidado e condição de Sua Casa. Leia 1Co 6:19,20. Hoje, Sua Casa não é mais um edifício, mas o coração convertido a Ele. As prioridades de Deus mudaram quando Seu Templo mudou? Explique a sua resposta.

2. Leia Ageu 1:5-15. Nos versículos 5 a 11, Deus fala severamente ao povo de Israel, confrontando-os com o fato de que eles permitiram que Sua Casa ficasse em ruínas. Então, no versículo 12, algo muda — e no versículo 13, Deus muda seu tom e começa a falar palavras de conforto ao povo, dizendo: "Eu estou com vocês". O que aconteceu que fez Deus mudar a maneira de falar ao povo?

3. Leia Ageu 2:1-3. O autor diz que alguns dos idosos deviam se lembrar do esplendor do Templo original de Salomão. Os materiais ricos e dispendiosos daquela estrutura não poderiam mais ser adquiridos. Assim, o novo Templo parecia humilde e simples — um embaraço absoluto. Então o povo desiste.

Voltaire disse uma vez: "O perfeito é o inimigo do bom". Em outras palavras, às vezes dizemos a nós mesmos: "Se não puder ser perfeito, não o quero de jeito nenhum". Essa foi a atitude dos trabalhadores que desistiram de construir a casa de Deus. Você já viu essa atitude em outras pessoas? Você mesmo já teve essa atitude? Qual foi o resultado quando você disse: "Se eles não podem ser perfeitos, não farei de modo algum"?

4. O Templo que Deus disse ao povo para construir era o segundo Templo, que permaneceria por quase 600 anos, desde o tempo de Ageu até a destruição do Templo pelos romanos em 70 d.C. Em 19 a.C, Herodes, o Grande, reformou o Templo, embelezando-o com ouro (então ficou conhecido como o "Templo de Herodes"). Leia Mt 21:12-14; Lc 2:41-49; Lc 21:37; Jo 18:20. O que você pensa que Deus quis realizar reconstruindo o Templo?

Aventurando-se através da Bíblia

5. No capítulo 2, quando Deus disse ao povo que retomasse a tarefa de reconstruir o Templo, Ele os encorajou com estas palavras:

"...farei abalar todas as nações, e as coisas preciosas de todas as nações virão, e encherei de glória esta casa, diz o Senhor dos Exércitos. Minha é a prata, meu é o ouro, diz o Senhor dos Exércitos. A glória desta última casa será maior do que a da primeira, diz o Senhor dos Exércitos; e, neste lugar, darei a paz, diz o Senhor dos Exércitos" (2:7-9).

O povo certamente não poderia construir um Templo mais esplêndido que o Templo de Salomão, mas Deus disse que a glória do segundo Templo excederia a glória do primeiro. O que você acha que Deus quis dizer?

APLICAÇÃO PESSOAL

6. Deus sempre quer fazer algo novo em nossa vida. Qual é o perigo de se apegar às glórias do passado? Você tende a se retrair para as coisas novas que Deus quer fazer em sua vida? Quais medidas você pode tomar nesta semana para ter pensamentos de avanço, mais abertos a novas coisas, mais confiantes na vontade de Deus para o seu futuro?

7. O autor escreve: "o povo estava impaciente. Eles queriam resultados imediatos. Eles queriam que Deus os recompensasse por seu trabalho no Templo. Isso lhe parece familiar?" Você já sentiu que Deus estava demorando em recompensá-lo por seu trabalho a Ele? Veja Sl 37:9 e Is 40:31. Que meta de longo prazo você acha que Deus quer realizar em sua vida? Que medidas você pode tomar esta semana para aprender a ser mais paciente com respeito à vontade de Deus para a sua vida?

8. O profeta Ageu teve que motivar o povo *quatro vezes* para se levantar e construírem o Templo. O autor escreve: "Deus quer que saibamos que a hora de construir é agora. 'Levante-se e aja agora', Ele nos diz. 'Não espere. A obra de Deus precisa ser feita hoje, não no próximo ano, nem em dez anos. *Construa agora*'". Qual é a tarefa mais importante que Deus lhe deu — a tarefa que você está adiando para concretizar? Que medidas você pode tomar *hoje*, *agora* mesmo, para começar a obedecer Seu chamado para *construir agora*?

ZACARIAS

O Apocalipse do Antigo Testamento

CAPÍTULO 45

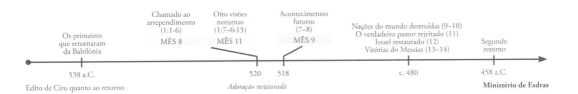

O livro de Zacarias tem sido chamado de o "Apocalipse do Antigo Testamento", o que significa que ele faz paralelo ao livro do Apocalipse no Novo Testamento. A palavra *apocalipse* vem da palavra grega *apokalypsis*, que significa "revelação". O livro do Apocalipse é realmente parte de uma longa tradição de literatura apocalíptica caracterizada por um rico simbolismo alegórico e a previsão de eventos futuros. Nesse sentido, Zacarias é um precursor do Apocalipse. Como tal, é útil estudar esses dois livros lado a lado.

O tema de Zacarias é o plano de Deus na história — que também é o tema do Apocalipse. Os dois livros diferem, no entanto, em ênfase. Em Zacarias, Israel está no primeiro plano dos acontecimentos e as nações gentias estão ao fundo. No livro do Apocalipse, as nações gentias estão em primeiro plano e o fio contínuo que as une é a nação de Israel. Vemos o foco de Zacarias na nação de Israel no primeiro versículo:

*No oitavo mês do segundo ano de Dario, veio a palavra do S*ENHOR *ao profeta Zacarias, filho de Baraquias, filho de Ido* (1:1).

Normalmente, lemos esses versículos de abertura sem considerar seu significado. Mas os nomes hebraicos geralmente carregam o peso de seu significado. Nesta passagem, temos três nomes significativos. Zacarias significa "Deus se lembra"; Baraquias, o nome de seu pai, significa "Deus abençoa"; Ido, o nome de seu avô, significa "no tempo determinado". Esse é o tema do livro de Zacarias. É um livro de encorajamento e bênção de Deus para o povo de Israel, estabelecidos no tempo determinado.

Zacarias, contemporâneo do profeta Ageu, ministrou ao remanescente que retornou do cativeiro babilônico. Embora as pessoas

> **OBJETIVOS DO CAPÍTULO**
>
> Neste capítulo, examinaremos a mensagem profética de Zacarias — uma mensagem que, em muitos aspectos, faz um paralelo com a profecia do livro do Apocalipse do Novo Testamento. Zacarias apresenta uma das mais completas e detalhadas representações proféticas de Jesus encontradas no Antigo Testamento. O tema essencial de Deus em Zacarias é um tema que podemos aplicar à nossa vida hoje: "Tornai-vos para mim, e eu me tornarei para vós outros".

Aventurando-se através da Bíblia   539

estivessem de volta a Jerusalém, reconstruindo o Templo e a cidade, ainda estavam submissas à nação gentia da Pérsia e tinham pouca esperança para o futuro. Foram tempos escuros para o povo de Israel.

Zacarias veio em meio à depressão deles com um anúncio de que Jeová abençoa e se lembra no tempo determinado. Que encorajamento esses nomes devem ter sido.

A estrutura de Zacarias

No início do primeiro capítulo, encontramos um breve esboço do livro. O esboço é dividido de forma dramática pelo nome de Deus, "o Senhor dos Exércitos" — um dos nomes incomuns de Deus. O nome "o Senhor dos Exércitos" significa realmente "o Deus das massas" ou "o Deus de todos os exércitos", embora a Nova Versão Internacional em inglês adote o termo "o Senhor Todo-Poderoso" para transmitir esse pensamento. Se os "exércitos" referidos são um exército angelical, exército humano ou exército celestial não faz diferença. O Senhor Jeová é o Deus soberano sobre todos os exércitos da Terra e do Céu. Encontramos este nome repetido três vezes nos versículos 2 e 3:

> O Senhor se irou em extremo contra vossos pais. Portanto, dize-lhes: Assim diz o Senhor dos Exércitos: Tornai-vos para mim, diz o Senhor dos Exércitos, e eu me tornarei para vós outros, diz o Senhor dos Exércitos.

Três vezes esse nome é repetido, e cada repetição marca uma das três divisões ou partes do livro de Zacarias:

- *Parte 1:* "O Senhor se irou em extremo contra vossos pais" (1:1-6).
- *Parte 2:* "Tornai-vos para mim" (1:7–6:15).
- *Parte 3:* "[Eu] me tornarei para vós outros" (7–14).

Parte 1: A ira de Deus

A primeira parte é uma breve visão geral do caso de Deus contra Seu povo, uma declaração de Seu descontentamento com um povo rebelde. Esta visão geral é tão relevante para a Igreja do Senhor hoje como foi para o povo de Deus em Israel naquela época:

> O Senhor se irou em extremo contra vossos pais. Portanto, dize-lhes: Assim diz o Senhor dos Exércitos: Tornai-vos para mim, diz o Senhor dos Exércitos, e eu me tornarei para vós outros, diz o Senhor dos Exércitos. Não sejais como vossos pais, a quem clamavam os primeiros profetas, dizendo: Assim diz o Senhor dos Exércitos: Convertei-vos, agora, dos vossos maus caminhos e das vossas más obras; mas não ouviram, nem me atenderam, diz o Senhor. Vossos pais, onde estão eles? E os profetas, acaso, vivem para sempre? Contudo, as minhas palavras e os meus estatutos, que eu prescrevi aos profetas, meus servos, não alcançaram a vossos pais? Sim, estes se arrependeram e disseram: Como o Senhor dos Exércitos fez tenção de nos tratar, segundo os nossos caminhos e segundo as nossas obras, assim ele nos fez (1:2-6).

Parte 2: "Tornai-vos para mim"

Começando com o versículo 7, Deus revela uma visão notável ao profeta. A visão se divide

540   *As promessas de Deus*

O LIVRO DE ZACARIAS

Um Deus irado pede arrependimento (Zacarias 1:1-6)

Deus pede: "tornai-vos para mim" (Zacarias 1:7–6:8)

A visão do vigia e as murteiras 1:7-17

A visão dos quatro chifres e quatro ferreiros 1:18-21

O homem com um cordel de medir 2

Josué, o sumo sacerdote 3

O candelabro e as oliveiras 4

O rolo voante... 5:1-4

A mulher em um efa 5:5-11

Os quatro carros 6:1-8

Deus diz: "e eu me tornarei para vós outros" (Zacarias 6:9–14:21)

Jejum 6:9–7:3

Zacarias repreende a hipocrisia... 7:4-7

Zacarias prega o arrependimento... 7:8-14

Zacarias prega a restauração de Israel... 8:1-17

Zacarias exalta o futuro brilhante de Israel 8:18-23

Zacarias prediz a vinda do Messias 9–14

Aventurando-se através da Bíblia

em oito cenas, todas concedidas a Zacarias na mesma noite, que se dividem em três grandes grupos. As três divisões são como três atos num drama de teatro. Ao lê-las, podemos imaginar que fomos convidados a assistir a uma apresentação na qual Deus é o autor, Zacarias é o diretor, e nós somos a plateia.

A visão cobre o período de tempo desde os dias de Zacarias até o presente, estendendo-se até a vinda do Senhor. O primeiro ato é composto de duas visões. A primeira visão, Zc 1:8-17, é de um vigia montado em um cavalo vermelho, em meio a um bosque de murteiras em um vale. Reunidos atrás do vigia, estão outros cavaleiros em cavalos de cor vermelha, marrom e branca. O anjo do Senhor interpreta a visão: Israel é simbolizado como um bosque de murtas em um lugar de sombra no vale. É um tempo de desespero e escuridão para Israel agora, mas Alguém invisível está entre eles vigiando, simbolicamente montado no poder a cavalo e apoiado por outros cavaleiros, representando os grandes recursos de Deus para satisfazer suas necessidades na hora da escuridão.

A segunda visão, Zc 1:18-21, fala de quatro chifres e quatro trabalhadores, ou ferreiros. Chifres — como os de um carneiro ou de um touro — falam de poder. Nesse caso, eles se referem a poderes estrangeiros que espalharam o povo de Israel. Os ferreiros são agentes divinos, provavelmente anjos, que Deus está enviando para aterrorizar as nações. Essa é uma imagem da necessidade desesperada de Israel de voltar a Deus. O povo estava desanimado com a exibição de poderes e forças que se opunham, oprimiam e os dispersavam. As pessoas não viam os recursos que Deus havia disponibilizado para elas. Não estavam cientes dos agentes divinos que Deus tinha preparado para agirem em favor delas.

Assim, a cortina cai no final do primeiro ato.

Em Zacarias 2, a cortina sobe no segundo ato, este é uma visão única, um ato em uma cena. É a visão de um homem com um cordel de medir na mão. Quando esse homem sai para medir a cidade de Jerusalém, o anjo que interpretava diz ao profeta:

Corre, fala a este jovem: Jerusalém será habitada como as aldeias sem muros, por causa da multidão de homens e animais que haverá nela. Pois eu lhe serei, diz o Senhor, um muro de fogo em redor e eu mesmo serei, no meio dela, a sua glória (2:4,5).

Esta bela descrição da paz vindoura de Jerusalém é seguida por cenas dos dias de bênçãos que virão sobre Israel, todas as quais devem ser literalmente cumpridas no futuro. Um olhar casual para as manchetes em qualquer dia da semana dá prova de que esses dias ainda não vieram para Israel. Mas esses dias virão, porque Deus deu Sua palavra sobre isso.

Deus sempre promete bênção aos que retornam para Ele. "Tornai-vos para mim", Ele diz, "e eu me tornarei para vós outros". Volte para Deus, e a bênção fluirá, porque Deus é a fonte de todas as bênçãos. Se sua vida está vazia, você precisa de Deus, pois só Ele pode preencher sua vida até transbordar. Se você é cristão e sua vida está vazia, você precisa voltar-se para Deus.

O homem com um cordel de medir simboliza a bênção ilimitada e sem medida que Deus está pronto a derramar na vida daquele que retorna para relacionar-se com Ele.

O terceiro ato abre agora com mais cinco visões que representam para nós como retornar a Deus. A primeira dessas visões — o que eu chamo de terceiro ato, cena 1 — é encontrada em Zacarias 3, na qual Josué, o sumo sacerdote, é revelado em pé diante de Deus. Contra Josué está Satanás, o Adversário. O povo de Israel sabia que tinha um poderoso Adversário. Eles sabiam que Satanás estava contra eles, opondo-se a cada passo que davam. Mas o que não podiam ver era o advogado, aquele que estava a favor deles e lhes ministrando.

Nesta visão comovente, vemos como Josué é purificado. Suas roupas imundas são removidas e ele é vestido com roupas novas e limpas. "Eis que", Deus diz: "tenho feito que passe de ti a tua iniquidade e te vestirei de finos trajes" (Zc 3:4). Então ouvimos esta profecia, que olha adiante para a obra de Cristo na cruz:

Ouve, pois, Josué, sumo sacerdote, tu e os teus companheiros que se assentam diante de ti, porque são homens de presságio; eis que eu farei vir o meu servo, o Renovo. Porque eis aqui a pedra que pus diante de Josué; sobre esta pedra única estão sete olhos; eis que eu lavrarei a sua escultura, diz o SENHOR dos Exércitos, e tirarei a iniquidade desta terra, num só dia (3:8,9).

Esta é uma profecia da vinda de Jesus, aquele que seria o servo de Jeová, o Renovo. Os sete olhos da pedra falam de perfeição sem pecado, e a inscrição na pedra simboliza as marcas da crucificação. Com esta pedra, o pecado e a culpa do povo serão removidos num único dia. Naquele único dia, a bênção fluirá quando Deus manifestar Seu direito e poder para purificar os pecadores sem os cobrar, acusar ou condenar. A purificação é o primeiro passo no caminho de volta para Deus.

No capítulo 4, passamos para o terceiro ato, cena 2. Aqui vemos o que se segue à obra de purificação de Deus: O desencadear do poder do Espírito Santo como revelado na visão do candelabro e da oliveira. Estes símbolos representam a vida cheia do Espírito. O óleo sempre se refere ao Espírito Santo. E a imagem das oliveiras derramando continuamente óleo de seus galhos em um candelabro indica que o Senhor nos oferece continuamente força interior através do Espírito Santo e nos capacita a brilhar intensamente no meio de uma geração em trevas.

Zacarias 5:1-4 contém o terceiro ato, cena 3 — a imagem de um rolo voante gigantesco com Escrituras em ambos os lados e maldições pronunciadas contra ladrões e blasfemadores. Ele retrata a Lei de Deus em Israel em meio à corrupção. O povo de Israel podia ver a corrupção ao seu redor, mas não podia ver a Lei. Portanto, este é o encorajamento de Deus na hora da escuridão: Deus estava agindo, impondo Seu julgamento sobre a ilegalidade para destruí-la.

O restante do capítulo 5 é dedicado ao terceiro ato, cena 4, no qual Zacarias vê uma mulher em um efa, ou cesta de medição. Enquanto o profeta e o anjo observam, asas são dadas a esta cesta e ela voa para a terra da Babilônia. O que essa coisa estranha significa? Se você tivesse uma visão como essa, você se perguntaria o que havia comido na noite anterior! Mas o profeta sabe que uma visão significativa tinha lhe sido dada. Ao meditar sobre ela, ele entende o significado da visão porque contém termos que são usados em outras partes das Escrituras.

Aventurando-se através da Bíblia

O símbolo de uma mulher nas Escrituras geralmente se refere a uma religião falsa ou falsa igreja. Aqui, então, é a imagem do julgamento da falsa fé, a falsa igreja. João reconhece este símbolo em Apocalipse, no qual uma mulher, representando um sistema religioso falso, é chamada de a grande Babilônia.

Na cena final, terceiro ato, cena 5, o profeta vê quatro carros, muito semelhante à visão no Apocalipse dos quatro cavaleiros que cavalgam para trazer julgamento sobre o mundo. Desce, então, a cortina sobre este grande drama da redenção futura. É a grande peça simbólica de Deus, cujo tema é "tornai--vos para Deus". Nela, vemos que o caminho de volta a Deus é primeiro pela purificação, depois pelo encher do Espírito Santo, depois pelo abandono do mal em suas várias formas, e finalmente pelo julgamento de toda a Terra.

Parte 3: "e eu me tornarei para vós outros"

O capítulo 7 demarca uma nova divisão no livro. Encontramos Deus falando de forma diferente. Em vez de usar visões, Ele fala ao profeta de forma direta. A essência desta parte é expressa no capítulo 8, onde o profeta anuncia:

> Assim diz o SENHOR: Voltarei para Sião e habitarei no meio de Jerusalém; Jerusalém chamar-se-á a cidade fiel, e o monte do SENHOR dos Exércitos, monte santo (8:3).

Aqui está uma ilustração de Deus habitando com Seu povo. Um dia isso vai ser cumprido na Terra. De muitas maneiras, vemos essa predição sendo cumprida na terra de Israel. O restabelecimento da nação de Israel

e o retorno de Jerusalém ao controle judaico em nossos próprios tempos tem preparado o caminho para a reconstrução do Templo em seu local original. As Escrituras há muito previram que a reconstrução do Templo, que foi destruído pelos romanos em 70 d.C., seria um dos primeiros sinais de que Deus estaria prestes a restaurar Israel ao seu lugar entre as nações.

Enquanto esta parte profética retrata eventos que estão acontecendo diante de nossos próprios olhos, ela tem também uma aplicação espiritual profunda e prática para nossa vida. A mensagem central desta passagem é que Deus está vivendo conosco e em nós. Porque Deus está em nós, uma fonte de bênção derrama de nossa vida, tornando-nos frutíferos, eficazes e uma bênção para todos que encontramos.

Os capítulos 7 e 8 comunicam o apelo de Deus para que o povo seja honesto e aberto perante Ele. É outro ensaio dos seus fracassos à Sua vista e um lembrete de que, embora Ele seja infalível em misericórdia e graça, o Senhor também é imutável em Seus padrões. Deus sempre supre o que é necessário, mas jamais reduz Seus padrões. As pessoas reagem, como costumam fazer, de três maneiras; primeira:

> Eles, porém, não quiseram atender e, rebeldes, me deram as costas e ensurdeceram os ouvidos, para que não ouvissem (7:11).

Esse é sempre o primeiro passo. Elas ignoram Deus fingindo não ouvir. Segundo:

> Sim, fizeram o seu coração duro como diamante, para que não ouvissem a lei, nem as palavras que o SENHOR dos Exércitos

enviara pelo seu Espírito, mediante os profetas que nos precederam; daí veio a grande ira do SENHOR dos Exércitos (7:12).

Em outras palavras, o povo deliberadamente desobedeceu. Terceiro e finalmente, começaram a agir com hipocrisia. As pessoas perguntam: "Continuaremos nós a chorar, com jejum, no quinto mês, como temos feito por tantos anos?" (7:3). Deus responde, então: "O que vocês estão fazendo pranteando e jejuando? Vocês estão transformando essas observâncias religiosas em um ato de culto genuíno — ou simplesmente um show religioso?" (veja 7:5).

Não fazemos a mesma coisa hoje? Não usamos essas mesmas fugas para evitar a vontade de Deus hoje?

Anos atrás, minha esposa disse a uma de nossas filhas para colocar um vestido verde. Foi interessante ver sua reação. Primeiro, ela fingiu não ouvir. Segundo, depois de sua mãe repetir esse pedido várias vezes, ela se rebelou abertamente e disse: "Não. Não quero usar esse vestido". Terceiro, quando ficou claro que sua mãe a faria usar o tal vestido, minha filha se aproximou de minha esposa e disse: "Mãe, eu quero usar o vestido verde, mas ele está muito sujo", o que não era verdade. Ela seguiu exatamente a mesma estratégia desviante dos três passos descritos em Zacarias:

1. Fingir não ouvir.
2. Desobedecer deliberadamente.
3. Agir hipocritamente.

Os capítulos 7 e 8 de Zacarias retratam com precisão o coração humano no próprio ato de engano.

Nos capítulos 9 e 10, Deus continua a nos dizer o resultado de repetidamente ensurdecermos os ouvidos à Sua voz: perdemos a capacidade de ver e ouvir o que Deus está nos dizendo. No meio da passagem, encontramos vários vislumbres incrivelmente precisos da vinda de Jesus, o Messias, começando com esta previsão da chegada de Jesus em Jerusalém no primeiro Domingo de Ramos:

Alegra-te muito, ó filha de Sião; exulta, ó filha de Jerusalém: eis aí te vem o teu Rei, justo e salvador, humilde, montado em jumento, num jumentinho, cria de jumenta (9:9).

Essas palavras foram literalmente cumpridas no Novo Testamento quando nosso Senhor enviou Seus discípulos para encontrarem um jumentinho e uma jumenta, e andou no jumento pelas ruas de Jerusalém enquanto o povo gritava: "Hosana ao Filho de Davi! Bendito o que vem em nome do Senhor!... Hosana nas maiores alturas!" (Mt 21:1-11).

Sem perceber, o povo de Jerusalém estava cumprindo essa profecia de Zacarias: "Alegra-te muito, ó filha de Jerusalém: eis aí te vem o teu Rei". Eles não o reconheceram quando Ele veio desta forma notável, cumprindo a profecia com uma precisão surpreendente. É por isso que Jesus chorou sobre a cidade quando Ele se aproximou dela, dizendo:

Ah! Se conheceras por ti mesma, ainda hoje, o que é devido à paz! Mas isto está agora oculto aos teus olhos. Pois sobre ti virão dias em que os teus inimigos te cercarão de trincheiras e, por todos os lados, te apertarão

Aventurando-se através da Bíblia

o cerco; e te arrasarão e aos teus filhos dentro de ti; não deixarão em ti pedra sobre pedra, porque não reconheceste a oportunidade da tua visitação (Lc 19:42-44).

Isso é o que acontece quando Deus toca nossa vida e nos recusamos a escutar: perdemos a capacidade de ouvir e ver. Que você e eu jamais possamos atrair tal julgamento sobre nós.

No capítulo 11, o Messias fala novamente através do profeta:

Eu lhes disse: se vos parece bem, dai-me o meu salário; e, se não, deixai-o. Pesaram, pois, por meu salário trinta moedas de prata. Então, o SENHOR me disse: Arroja isso ao oleiro, esse magnífico preço em que fui avaliado por eles. Tomei as trinta moedas de prata e as arrojei ao oleiro, na Casa do SENHOR (11:12-13).

Quanto Judas ganhou para trair o Senhor? Trinta moedas de prata. De acordo com a lei, se um escravo fosse ferido pelo chifre de um boi, o homem que fosse o dono do boi podia resolver o assunto pagando ao seu vizinho trinta moedas de prata. Aqui, de fato, o Messias diz a estas pessoas: "Se vocês me querem, digam. Se não me querem, deem-me meu salário. O quanto vocês acham que eu valho?", e estipularam o preço de trinta moedas de prata.

Em seguida, o profeta revela o segundo resultado do coração não arrependido:

O SENHOR me disse: Toma ainda os petrechos de um pastor insensato, porque eis que suscitarei um pastor na terra, o qual não cuidará das que estão perecendo, não buscará a desgarrada, não curará a que foi ferida, nem apascentará a sã; mas comerá a carne das gordas e lhes arrancará até as unhas. Ai do pastor inútil, que abandona o rebanho! A espada lhe cairá sobre o braço e sobre o olho direito; o braço, completamente, se lhe secará, e o olho direito, de todo, se escurecerá (11:15-17).

Em outras palavras, se você recusar o verdadeiro pastor, Deus permitirá que você tenha um falso pastor. O Senhor Jesus declarou este princípio aos fariseus espiritualmente cegos de Sua época: "Eu vim em nome de meu Pai, e não me recebeis; se outro vier em seu próprio nome, certamente, o recebereis" (Jo 5:43).

De um modo geral, há muitos falsos messias no mundo, e se recusarmos o verdadeiro pastor, Jesus, corremos o risco de sermos conduzidos à morte e à escuridão por um falso pastor, como Jim Jones, David Koresh e outros falsos messias de nossa era. Em um sentido mais específico, há um único falso pastor, de quem Paulo escreve:

Ninguém, de nenhum modo, vos engane, porque isto não acontecerá sem que primeiro venha a apostasia e seja revelado o homem da iniquidade, o filho da perdição (2Ts 2:3).

Esse homem virá a Israel como seu libertador e será recebido como o Messias, mas ele se tornará o antimessias, o Anticristo, o falso pastor que preenche o vácuo deixado quando as pessoas rejeitam a verdade do Senhor. Como Paulo mais tarde observa: "É por este motivo, pois, que Deus lhes manda a operação do erro, para darem crédito à mentira, a fim de serem

As promessas de Deus

julgados todos quantos não deram crédito à verdade; antes, pelo contrário, deleitaram-se com a injustiça" (2Ts 2:11,12).

A bela conclusão

Na última parte, nos capítulos 12 a 14, temos uma bela imagem da amorosa proteção na vida daqueles que retornam a Ele. Deus diz que Jerusalém será uma rocha firme e que as nações se lançarão contra ela em um esforço para destruí-la. Naquele dia, Deus derramará sobre Israel e o povo de Jerusalém um espírito de oração e compaixão. O mais importante de tudo é que elas verão o próprio Jesus e responderão a Ele em arrependimento e fé, como Zacarias prediz, falando na voz do próprio Messias:

E sobre a casa de Davi e sobre os habitantes de Jerusalém derramarei o espírito da graça e de súplicas; olharão para aquele a quem traspassaram; pranteá-lo-ão como quem pranteia por um unigênito e chorarão por ele como se chora amargamente pelo primogênito. Naquele dia, será grande o pranto em Jerusalém, como o pranto de Hadade-Rimom, no vale de Megido (12:10,11).

Quando Israel cegamente recusou seu Messias na Sua primeira vinda, eles jamais perceberam que Deus lhes concederia uma segunda chance e que eles receberiam Aquele a quem tinham traspassado quando Ele voltasse. Há novamente na profecia referências sobre as feridas de Jesus na cruz:

Se alguém lhe disser: Que feridas são essas nas tuas mãos?, responderá ele: São as

feridas com que fui ferido na casa dos meus amigos (13:6).

Então, em Zc 14:1-4, temos uma descrição do Dia do Senhor, quando todas as nações se reúnem contra Jerusalém para lutar. Parecerá como se tudo estivesse perdido e a nação de Israel estivesse derrotada — até que o próprio Senhor entra na batalha. Nesse momento, os pés de Jesus, o Messias, estarão no monte das Oliveiras. Essa é uma afirmação significativa quando comparada com passagens no Novo Testamento. O monte das Oliveiras foi o lugar onde, após Sua morte e ressurreição, Jesus estava e ascendeu ao Céu. Um anjo disse aos discípulos:

Varões galileus, por que estais olhando para as alturas? Esse Jesus que dentre vós foi assunto ao céu virá do modo como o vistes subir (At 1:11).

Jesus voltará da mesma maneira e para o mesmo lugar — o monte das Oliveiras — do qual Ele foi levado. Esta predição combina com as palavras proféticas de Zacarias:

Naquele dia, estarão os seus pés sobre o monte das Oliveiras, que está defronte de Jerusalém para o oriente; o monte das Oliveiras será fendido pelo meio, para o oriente e para o ocidente, e haverá um vale muito grande; metade do monte se apartará para o norte, e a outra metade, para o sul. Fugireis pelo vale dos meus montes, porque o vale dos montes chegará até Azal; sim, fugireis como fugistes do terremoto nos dias de Uzias, rei de Judá; então, virá o SENHOR, meu Deus, e todos os santos, com ele (14:4,5).

Aventurando-se através da Bíblia

547

> De acordo com Jerônimo, um dos primeiros teólogos, tradutor da Bíblia Vulgata em Latim, "o pranto de Hadade-Rimom no vale de Megido" refere-se ao ferimento fatal do bom rei Josias em Megido; veja 2Cr 35:20-27.

Zacarias refere-se ao monte das Oliveiras como sendo dividido em dois, fazendo o povo fugir por causa de um grande terremoto que ocorreu nos dias do rei Uzias. O profeta faz referência a um fato sobre o qual ele não poderia saber quando essas palavras foram escritas — a existência de uma falha sísmica sob o monte das Oliveiras, em Jerusalém. Essa é parte de uma cadeia de falhas ao longo da fenda do mar Morto. O último grande terremoto na região ocorreu em 11 de julho de 1927 e causou enormes danos à cidade de Jerusalém e aos edifícios em torno do monte das Oliveiras. Os cientistas acreditam que um terremoto de magnitude 6 ou 7 ocorre ao longo dessa fenda mais ou menos a cada 200 anos.

O profeta Ezequiel faz eco à previsão de Zacarias, dizendo que no Dia do Senhor "haverá um grande terremoto na terra de Israel" (Ez 38:19). Mas, depois do tremor e da divisão da terra, a cena muda. As imagens finais do livro de Zacarias são imagens de paz, alegria, prosperidade e do justo reinado do Senhor sobre o mundo inteiro:

Naquele dia, também sucederá que
correrão de Jerusalém águas vivas,
metade delas para o mar oriental, e a
outra metade, até ao mar ocidental;
no verão e no inverno, sucederá isto.
O SENHOR será Rei sobre toda a terra;

naquele dia, um só será o SENHOR, e um
só será o seu nome (14:8,9).

Essa cena representa o glorioso reinado milenar de Deus na Terra através de Seu Filho, o Rei Jesus. Assim, o livro termina com estas belas palavras:

Naquele dia, será gravado nas campainhas
dos cavalos: Santo ao SENHOR; e as panelas
da Casa do SENHOR serão como as bacias
diante do altar; sim, todas as panelas em
Jerusalém e Judá serão santas ao SENHOR dos
Exércitos; todos os que oferecerem sacrifícios
virão, lançarão mão delas e nelas cozerão
a carne do sacrifício. Naquele dia, já não
haverá mercador na Casa do SENHOR dos
Exércitos (14:20,21).

Cada panela será um recipiente sagrado. Toda coisa comum será santa ao Senhor. Que promessa incrível — e essa promessa se aplica a nossa vida agora mesmo!

Quando Deus é o centro de sua vida, cada momento dela, cada objeto comum de sua existência, é tocado com a glória de Sua presença. O que será visivelmente verdadeiro em algum dia futuro na Terra pode ser verdadeiro em nossa vida hoje.

Essa é a mensagem para nós do Apocalipse do Antigo Testamento, o livro de Zacarias.

PERGUNTAS PARA DISCUSSÃO

ZACARIAS
O Apocalipse do Antigo Testamento

1. Israel estava sob o jugo de uma força de ocupação, os babilônios, e via pouca esperança para o futuro — então Zacarias trouxe a Israel uma mensagem de Deus. Leia Zc 1:3. Qual foi a essência dessa mensagem? Essa mensagem é válida para nós ainda hoje? Por quê?

2. Zacarias 1:7 relata uma visão — são dadas ao profeta oito cenas em uma só noite. Olhando para os versículos 7 a 21, qual foi a mensagem que os homens a cavalo trouxeram de suas viagens? O que Deus prometeu a respeito de Jerusalém e do Templo?

3. Leia Zc 2:1-13. O que o homem vai fazer com o cordel de medir? O que simboliza o cordel de medir? Nessa época, Jerusalém não tinha muros ao seu redor, pois Neemias ainda não os tinha reconstruído. Que segurança as pessoas tinham vivendo em uma cidade sem muros? O que Deus disse para restaurar o senso de segurança delas?

4. O capítulo 3 começa com uma cena em que Josué, o sumo sacerdote, está diante do Anjo do Senhor, com Satanás, o Adversário, ao seu lado, acusando-o. O sacerdote está vestido com roupas imundas, mas o anjo diz: "Tirai-lhe as vestes sujas... Eis que tenho feito que passe de ti a tua iniquidade e te vestirei de finos trajes". Por que o sacerdote estava vestido com roupas sujas? O que as roupas finas representam? O que o Senhor quer dizer quando diz a Satanás que o sacerdote é "um tição tirado do fogo"?

5. Leia Zc 3:6-10. Como Deus encoraja Josué, o sacerdote? O que Deus espera de Josué? Qual é a promessa de Deus a Israel? Quem é "meu servo, o Renovo"? Por que você acha que esse servo é chamado de "o Renovo" (Compare com Is 4:2; 11:1 e Jr 23:5; 33:15)?

6. Leia Zc 6:10. Para que serve o prumo? Por que o povo se alegrará quando vir o prumo na mão de Zorobabel? (Nota: Zorobabel é o construtor que estabelece a fundação do Templo no versículo 9; ele também é citado em Esdras, Neemias e Ageu; e é mencionado na linhagem do Messias nas genealogias de Mateus e Lucas.)

O que o Senhor quer dizer ao declarar: "quem despreza o dia dos humildes começos"?

Aventurando-se através da Bíblia

7. Leia Zc 7:4-12. Que tipo de religião Deus exige de nós?

8. Leia Zc 9:9,10. Sobre quem Zacarias está escrevendo nessa passagem?

9. Leia Zc 12:10–13:6. De quem essa passagem fala? Por que o povo de Israel pranteará por essa pessoa? Qual é o resultado de seu pranto? O que essa passagem significa pessoalmente para você?

10. Leia Zc 13:7. Quem citou essas palavras de Zacarias, e qual era o contexto e o significado dessa citação (Veja Mt 26:31)?

11. A que eventos Zacarias 14 se refere? Esses eventos já aconteceram ou ainda estão por vir?

APLICAÇÃO PESSOAL

12. Como a cena de abertura do capítulo 3 lhe fala de maneira pessoal? Você está na expectativa de receber seus próprios "trajes finos"? Explique a sua resposta.

13. Leia Zc 4. O óleo quase sempre simboliza o Espírito Santo. Aqui vemos as oliveiras pingando um suprimento constante do óleo do Espírito de Deus no vaso do candelabro, que direciona o óleo para as sete chamas que acendem o candelabro. O significado dos símbolos é inconfundível, pois no versículo 6 lemos: "Esta é a palavra do SENHOR a Zorobabel: 'Não por força nem por poder, mas pelo meu Espírito', diz o SENHOR dos Exércitos".

O que essas imagens lhe dizem sobre a disponibilidade do Espírito para você em tempos de escuridão? O que Deus quer que você faça com o "óleo" de Seu Espírito? Que medidas você pode tomar esta semana para se tornar um vaso mais receptivo e obediente ao "óleo" do Espírito de Deus?

As promessas de Deus

MALAQUIAS

CAPÍTULO 46

"Eu vos tenho amado"

O exílio babilônico começou quase seis séculos antes de Cristo e aconteceu em duas deportações: a primeira durante o tempo do rei Jeconias, a segunda durante o tempo de seu sucessor, o rei Zedequias. Este exílio forçado durou 70 anos, terminando quando a nação da Babilônia caiu diante do rei persa Ciro, o Grande, que permitiu que os judeus retornassem a Jerusalém e reconstruíssem o Templo.

O povo não voltou da Babilônia em uma grande e feliz multidão. Eles voltaram em grupos, o primeiro começando em cerca de 535 a.C. Quando estes pioneiros foram autorizados a retornar à sua terra natal, encontraram a cidade de Jerusalém desolada e em ruínas. Começaram a lançar os alicerces do Templo, mas a construção logo atrasou, e foi o ministério de Ageu, 15 anos mais tarde, que estimulou o projeto em direção à conclusão. A reconstrução do Templo foi concluída durante o ministério de Zacarias, aproximadamente na mesma época em que Esdras, o sacerdote, levou outro grupo de volta da Babilônia.

Durante o cativeiro babilônico, todo o modo de vida dos israelitas mudou. Anteriormente, eles haviam sido uma cultura agrária, de pastores. Mas, na Babilônia, aprenderam a ser comerciantes e lojistas — o que significava um estilo de vida urbano.

O último retorno da Babilônia foi realizado sob o comando de Neemias, que liderou um grupo de volta a Jerusalém em 445 a.C., a fim de começar a reconstruir os muros da cidade. Pouco depois que Neemias terminou essa tarefa, Malaquias entrou em cena.

Podem-se fazer comparações fascinantes entre o livro de Neemias e o livro de Malaquias. Neemias chega ao final da parte histórica do Antigo Testamento (de Josué a Ester). Seguindo Neemias estão os livros

> **OBJETIVOS DO CAPÍTULO**
>
> Neste capítulo, aventuramo-nos através do último livro do Antigo Testamento, em que o profeta Malaquias fornece antídotos oportunos e relevantes para os males espirituais que ainda hoje assolam os cristãos: declínio moral e espiritual, negligência em relação à adoração e à Palavra de Deus, desobediência e falta de entusiasmo, uma atitude frouxa em relação a ideias e práticas ímpias e corrupção religiosa. A profecia de Malaquias é uma mensagem do amor de Deus, da justiça de Deus e da esperança do Messias.

Aventurando-se através da Bíblia

poéticos, e depois os livros proféticos. No último livro profético, Malaquias, chegamos à mesma época coberta por Neemias.

Ao percorrermos os livros históricos e proféticos do Antigo Testamento, vimos repetidamente que sempre que um reformador, um profeta ou um líder piedoso chegava a Jerusalém, encontrava os israelitas em estado desolador de declínio moral e espiritual. O povo de Israel tinha negligenciado a fé, a adoração e a leitura da Palavra de Deus. O entusiasmo deles por obedecer à Lei de Deus tinha secado e desaparecido. Ora o povo criava atalhos em sua observância de adoração, ora desconsiderava completamente a Lei de Deus. Eles ignoraram o *Sabbath*. Casaram-se com pessoas de nações idólatras. O sacerdócio se tornou corrupto, e muitos se voltaram ao culto a falsos deuses.

Encontramos essa mesma situação em Israel quando Deus levanta o último profeta do Antigo Testamento, Malaquias. A época é aproximadamente 425 a.C., e Malaquias pisa no palco da história com uma mensagem sobre o amor, a justiça de Deus, e a vinda do Messias. Embora Malaquias tenha falado à nação de Israel há mais de 2.400 anos, sua mensagem ainda hoje é notavelmente relevante para sua e minha vida.

A mensagem de Malaquias ressoou como um trovão sobre o antigo Israel — mas, quando os últimos ecos de suas palavras desapareceram no ar, um silêncio caiu sobre Israel. Malaquias foi o último dos chamados Profetas Menores e a última voz profética a falar a Israel até a vinda de João Batista e Jesus. Depois de Malaquias, Deus não falaria novamente a Israel por 400 anos.

"Meu mensageiro"

O nome de Malaquias significa "Meu mensageiro". Na verdade, esse último livro do Antigo Testamento diz respeito a um mensageiro de Deus e a previsão da vinda de outro mensageiro. Um intervalo de quatro séculos separa os escritos de Malaquias dos eventos do evangelho segundo Mateus, contudo esses dois livros estão ligados entre si de maneira notável. Vemos claramente essa conexão no capítulo 3, que começa com esta profecia: "Eis que eu envio o meu mensageiro, que preparará o caminho diante de mim" (3:1).

Como descobrimos no livro de Mateus, esse mensageiro era João Batista. Ele veio para preparar o caminho do Senhor e anunciar a vinda do segundo mensageiro de Deus. Malaquias anuncia o segundo mensageiro na próxima frase: "de repente, virá ao seu templo o Senhor, a quem vós buscais, o Anjo da Aliança, a quem vós desejais; eis que ele vem, diz o Senhor dos Exércitos" (3:1).

Observe essa frase "o Anjo da aliança". O Senhor Jesus, na noite em que foi traído, tomou vinho e comeu pão com Seus discípulos. Segurando o cálice, Ele disse: "...isto é o meu sangue, o sangue da [nova] aliança, derramado em favor de muitos, para remissão de pecados" (Mt 26:28). O mensageiro da aliança é o próprio Senhor Jesus.

Malaquias é o livro que faz a ponte entre o Antigo e o Novo Testamento, a antiga e a nova Aliança.

O amor de Deus não correspondido

O problema com o povo nos dias de Malaquias era que eles tinham esquecido a grande e central mensagem de Deus. Ao voltarmos ao

O LIVRO DE MALAQUIAS

O amor de Deus pela nação de Israel (Malaquias 1:1-5)

O pecado da nação (Malaquias 1:6–3:18)
O pecado dos sacerdotes 1:6–2:9
O pecado do povo.. 2:10–3:18

Promessas de Deus a Israel (Malaquias 4)
A vinda de Cristo é profetizada 4:1-3
A vinda de Elias é profetizada.. 4:4-6

---

início da profecia de Malaquias, vemos que o profeta inicia com esta nota:

> *Sentença pronunciada pelo SENHOR contra Israel, por intermédio de Malaquias. Eu vos tenho amado, diz o SENHOR* (1:1,2).

A mensagem dos profetas de Deus é sempre esta: "Eu vos tenho amado", diz o Senhor. Surpreendentemente, o povo responde ao profeta da seguinte forma: "Em que nos tem amado?". Esse livro inteiro contém uma série de respostas do povo às declarações e desafios de Deus. Sete vezes o povo diz: "Em quê? Como é isso? Proves o que estás dizendo para nós".

À medida que passamos pelas respostas, vemos como elas revelam a condição do coração do povo. Aqui está o Deus relacional, o Deus amoroso — mas Ele lida com um povo insensível, indiferente e impassível. Deus diz:

"Eu vos tenho amado", e o povo responde: "Em que nos tem amado? Prove".

Então Deus responde: "Não foi Esaú irmão de Jacó? [...] todavia, amei a Jacó, porém aborreci a Esaú; e fiz dos seus montes uma assolação e dei a sua herança aos chacais do deserto" (1:2,3). O Senhor os lembra de que Ele os amava mesmo no início da raça dos judeus, em Sua escolha de Jacó em detrimento a Esaú.

Na verdade, Ele diz: "Olhem para a história. A história de Esaú foi desastrosa e perturbada, mas a história de Jacó foi abençoada. Amei a Jacó, mas aborreci a Esaú. Se vocês quiserem entender meu amor por vocês, então olhem para aquele que não desfrutou do meu amor. Olhem para Esaú e vejam como a história dele é diferente da sua, embora Jacó e Esaú fossem irmãos gêmeos".

Deus dizer "Aborreci a Esaú" o incomoda? Essa declaração incomoda muitas pessoas,

Aventurando-se através da Bíblia

mas você encontra a explicação no Novo Testamento: "...nem haja algum impuro ou profano, como foi Esaú, o qual, por um repasto, vendeu o seu direito de primogenitura" (Hb 12:16). Esaú desprezou seu direito de primogenitura e não deu valor a assuntos espirituais. Ele tratou Deus com indiferença e banalizou as coisas que Deus valorizava.

Deus não escolheu odiar Esaú por despeito ou capricho. Esaú escolheu se afastar de Deus, e o Senhor permitiu que Esaú fizesse sua escolha. Deus respondeu à escolha de Esaú com estas palavras: "Amei a Jacó, mas aborreci a Esaú".

Bem, se você tivesse conhecido esses dois homens, provavelmente teria amado Esaú e odiado Jacó. Jacó era o maquinador, o vigarista bem-sucedido, o suplantador, o usurpador, o vilão indigno de confiança. Esaú era o grande homem do ar livre, um homem corajoso, aberto, franco e confiante que se vangloriava de suas façanhas como caçador. Dos dois, ele parece ser o melhor homem — entretanto, Deus diz: "Eu amei Jacó porque o coração de Jacó tem fome pelas coisas mais profundas da vida; Jacó quer algo mais do que o que está na superfície". Esse tipo de fome espiritual intensa sempre agrada a Deus.

Deus, por meio de Seu mensageiro Malaquias, prossegue acusando os israelitas por uma série de falhas específicas, e depois de cada acusação, a resposta deles é: "O que queres dizer com isso?".

Deus diz que o povo mostrou desprezo pelo Seu nome. O povo pergunta: "Em que desprezamos nós o teu nome?". Quando você faz uma pergunta a Deus, Ele fica feliz em lhe responder. Então Deus responde que os sacrifícios que eles lhe ofereciam eram imundos.

"Em que te havemos profanado?", perguntam. Deus responde que tinham sacrificado animais doentes e inferiores em Seus altares. Eles não deram a Deus o melhor. Eles ofereceram suas sobras — sacrifícios que seriam um insulto para qualquer outra pessoa.

Por que Deus é insultado por suas ofertas? Não porque Ele tenha preferência por filé mignon, mas porque Ele sabe que quando Israel lhe ofereceu o refugo de seus sacrifícios, isso significou que eles deram a Ele o refugo de suas vidas e adoração também. Um sacrifício defeituoso é um sintoma de uma atitude defeituosa em relação a Deus. O povo estava oferecendo a Deus sua fervorosa religiosidade em vez da verdadeira fé. Então, Deus recusa suas desculpas e hipocrisia e vai direto ao X da questão.

O relacionamento com o Todo-Poderoso, Criador do Universo, deve ser uma experiência carregada de emoção. Para onde foi a emoção? O que aconteceu com esse povo? Israel tinha concluído que Deus estava interessado apenas no ritual, que Ele se contentaria com algo menor do que o amor autêntico. Em essência, eles ignoraram o grande mandamento: "Amarás, pois, o Senhor, teu Deus, de todo o teu coração, de toda a tua alma e de toda a tua força" (Dt 6:5; cf. Mt 22:37; Mc 12:30; Lc 10:27).

Deus amou esse povo, mas este o desprezara. O povo não retribuía o Seu amor. Em vez disso, eles tratavam o Senhor com ar de superioridade e o ofendiam. O amor do povo por Deus havia morrido. Você já amou alguém sem ser correspondido? Já experimentou amor não correspondido durante o namoro? Em seu casamento? Como pai de um filho rebelde? Então você sabe que essa é uma das

As promessas de Deus

experiências mais dolorosas da vida. E Deus sentiu essa dor — a de não ser correspondido.

Se você quer relacionar-se com Deus, deve ser um relacionamento de amor genuíno. O Senhor não quer seus vazios rituais. Ele deseja o seu amor. Nada mais o agradará.

"Eu odeio o divórcio" (NTLH)

No capítulo 2, Deus afirma que a hipocrisia do povo tinha se tornado maligna. Como um câncer, sua falta de amor por Deus estava se espalhando e desviando os outros. Além disso, eles haviam falhado em seus padrões morais e começado a se casar com as tribos ímpias ao seu redor. Eles tinham esquecido que Deus os chamara para ser um povo especial e distinto.

Deus não estava preocupado, como alguns poderiam pensar, que a linhagem judaica ou a herança genética pudesse ser diluída; Deus não é racista. Ele criou todas as raças e ama todas as pessoas igualmente. Sua preocupação era de que, ao se casarem com outras tribos, os judeus se tornariam moral e espiritualmente contaminados pelas falsas religiões e falsos valores do mundo ao redor. Deus estava preocupado que a fé e a obediência a Ele — que é o princípio organizador central da cultura judaica — fosse diluída à medida que mais e mais pessoas idólatras fossem misturadas à nação judaica.

Outro sinal da decadência moral na nação era o fato de o divórcio ter se tornado predominante em toda a nação:

Ainda fazeis isto: cobris o altar do Senhor de lágrimas, de choro e de gemidos, de sorte que ele já não olha para a oferta, nem a aceita com prazer da vossa mão. E perguntais: Por quê? Porque o Senhor foi testemunha da aliança entre ti e a mulher da tua mocidade, com a qual tu foste desleal, sendo ela a tua companheira e a mulher da tua aliança. Não fez o Senhor um, mesmo que havendo nele um pouco de espírito? E por que somente um? Ele buscava a descendência que prometera. Portanto, cuidai de vós mesmos, e ninguém seja infiel para com a mulher da sua mocidade. Porque o Senhor, Deus de Israel, diz que odeia o repúdio e também aquele que cobre de violência as suas vestes, diz o Senhor dos Exércitos; portanto, cuidai de vós mesmos e não sejais infiéis (2:13-16).

Muitas vezes ouvi essa passagem — especialmente a frase "Eu odeio o divórcio" (NTLH) — citada como uma acusação de cristãos presunçosos contra pessoas divorciadas. Ela tem sido usada para tratar as pessoas divorciadas como cidadãos de segunda classe na igreja. Porém, essa não é a intenção dessa passagem.

Deus diz: "Eu odeio o divórcio" (NTLH), não, "odeio as pessoas divorciadas". Ao longo do livro de Malaquias, ouvimos sobre o amor de Deus repetidamente — e essa declaração do ódio de Deus contra o divórcio é, na realidade, uma de Suas mais fortes declarações de amor! Deus odeia o divórcio porque este traz dor e sofrimento às famílias e porque é um ato de quebra de votos e quebra de fé. Deus vincula o divórcio à violência, de modo que o ato de divórcio é visto como uma espécie de "violência doméstica não violenta", quando é perpetrada por um dos cônjuges contra o parceiro pressionado e inocente.

O divórcio tem muitas causas. Pode acontecer por causa do egoísmo ou imaturidade de

Aventurando-se através da Bíblia

um ou de ambos os cônjuges. Adultério por parte de um só cônjuge pode ser a causa. Pode ser que um cônjuge seja cristão e o outro não (talvez o cônjuge cristão tenha ido a Cristo depois de o casamento ter acontecido); os incrédulos muitas vezes querem sair de um casamento em que um cônjuge testemunha sobre Cristo e demonstra evidências de uma vida transformada. Quaisquer que sejam os problemas em um casamento (pequenos abusos ou violência doméstica), sempre encorajo os casais a encontrarem maneiras de curar o relacionamento e evitar o divórcio.

Mas é preciso duas pessoas para manter um casamento, e se uma delas não quer permanecer casada, então a outra pessoa pode ser uma vítima do divórcio. Mesmo se um cristão se divorciar por causa de seus próprios pecados ou falhas, a ele ou a ela não devem ser negados graça e perdão. Sim, Deus odeia o divórcio, mas a razão pela qual o Senhor abomina essa prática é porque Ele ama as pessoas, todas as pessoas, inclusive as divorciadas.

Confusão moral

Em seguida, Deus diz que o povo o deixa fatigado — e, novamente, isso é uma acusação de poderosa relevância para a igreja hoje:

> *Enfadais o Senhor com vossas palavras; e ainda dizeis: Em que o enfadamos? Nisto, que pensais: Qualquer que faz o mal passa por bom aos olhos do Senhor, e desses é que ele se agrada; ou: Onde está o Deus do juízo?* (2:17)

Nossa sociedade endossa toda a forma de mal, chamando-a boa. Já é suficientemente ruim que cineastas e estrelas do rock exaltem as "virtudes" da obscenidade, rebeldia e ilegalidade — mas, hoje, muitos educadores, políticos, sociólogos, juízes e psicólogos são do mesmo modo culpados. Dizem que a obscenidade e a pornografia são "saudáveis". Dizem que o sexo fora do casamento (seja heterossexual ou homossexual) é "normal". Justificam criminosos, dizendo que esses indivíduos cometem crimes porque a sociedade não os entende.

Vivemos hoje numa cultura que chama o mau "bom" e o bom de "mau". E o problema está ficando, pior não melhor. Grande parte do comportamento imoral que desfila nas telas de nossas TVs hoje seriam impensáveis há 10 ou 20 anos. O livro de Malaquias fala à confusão moral de nossos dias. O caos moral sempre é o resultado quando as pessoas oferecem algo menos do que o amor fervoroso por Deus, quando pensam que rituais e adornos exteriores satisfarão o coração amoroso do Eterno.

Outra questão levantada é uma pergunta que muitas vezes ouvimos hoje: "Onde está o Deus da justiça?". Deus diz que o povo de Israel afirmou: "Qualquer que faz o mal passa por bom aos olhos do Senhor, e desses é que ele se agrada". Em outras palavras: "Este é um país livre. Deus não julga mais o pecado. Você não tem o direito de impor sua moralidade sobre mim. Não há padrões morais. Tudo é relativo. Você tem a sua verdade e eu tenho a minha — não há verdade objetiva! Não há Deus de justiça que determina o que é certo e errado, então ninguém tem o direito de julgar o meu comportamento".

Pensamos que essa atitude rebelde e amoral é algo novo, inventada em nosso próprio século. Mas esse tipo de pensamento era velho antes mesmo do nascimento de Cristo.

556 *As promessas de Deus*

O Messias prometido

Em Malaquias 3, chegamos à grande profecia da vinda do Messias. Malaquias eleva seus olhos e vê que o coração do povo está tão endurecido que eles não podem ser despertados mesmo por essas acusações indiscutíveis de Deus. Eles não sabem que essas coisas estão acontecendo em sua vida, porque não têm nada ao que as comparar. Assim, o profeta, olhando através de quatro séculos, diz:

Eis que eu envio o meu mensageiro, que preparará o caminho diante de mim; de repente, virá ao seu templo o Senhor, a quem vós buscais, o Anjo da Aliança, a quem vós desejais; eis que ele vem, diz o Senhor dos Exércitos. Mas quem poderá suportar o dia da sua vinda? E quem poderá subsistir quando ele aparecer? Porque ele é como o fogo do ourives e como a potassa dos lavandeiros. Assentar-se-á como derretedor e purificador de prata; purificará os filhos de Levi e os refinará como ouro e como prata; eles trarão ao Senhor justas ofertas. Então, a oferta de Judá e de Jerusalém será agradável ao Senhor, como nos dias antigos e como nos primeiros anos (3:1-4).

Em outras palavras, "O Senhor enviará Alguém para despertá-lo e lhe dizer a verdade. Ele será o fogo de um refinador. Ele queimará toda a hipocrisia e superficialidade de sua religiosidade. Como um sabão forte, Ele o purificará e endireitará as coisas. Você será capaz de reconhecê-lo, porque um mensageiro irá adiante dele para preparar o caminho, e então Ele de repente virá ao Seu templo". Claro, essa promessa foi poderosamente cumprida no Novo Testamento.

Depois disso, segue outra série de acusações em que o Senhor fala novamente sobre a vida das pessoas. Ele suplica para elas:

Desde os dias de vossos pais, vos desviastes dos meus estatutos e não os guardastes; tornai-vos para mim, e eu me tornarei para vós outros, diz o Senhor dos Exércitos; mas vós dizeis: Em que havemos de tornar? (3:7)

Você deve se lembrar de que esse foi um tema importante em Zacarias: "Tornai-vos para mim, e eu me tornarei para vós outros". O povo responde perguntando: "Como tornaremos? Não fomos a lugar algum. Nós o estamos servindo em Seu Templo. Trazemos os sacrifícios e ofertas apropriados e passamos pelos rituais, exatamente como ordenou. O que significa dizer para retornarmos?".

Essa resposta indica a cegueira de seus corações. Eles não percebem que, embora a forma exterior esteja correta, seus corações estavam longe de Deus.

Em seguida, Deus fala sobre um assunto que é desconfortável para muitos cristãos. Ele acusa o povo de roubá-lo:

Roubará o homem a Deus? Todavia, vós me roubais e dizeis: Em que te roubamos? Nos dízimos e nas ofertas. Com maldição sois amaldiçoados, porque a mim me roubais, vós, a nação toda. Trazei todos os dízimos à casa do Tesouro, para que haja mantimento na minha casa; e provai-me nisto, diz o Senhor dos Exércitos, se eu não vos abrir as janelas do céu e não derramar sobre vós bênção sem medida (3:8-10).

Aventurando-se através da Bíblia

557

Esses versículos são frequentemente arrancados do contexto do Antigo Testamento e usados para estabelecer um padrão legalista de trazer todas as ofertas para a igreja como a casa do Tesouro. Observe que o versículo é dirigido a Israel, não à igreja, e deve ser interpretado dentro dos limites do sistema sob o qual Israel vivia no Antigo Testamento.

No entanto, há aqui um princípio amplo que é aplicável à nossa vida hoje: jamais devemos tomar tudo com que Deus nos abençoou e usar para nosso próprio avanço. Ofertar a Deus é uma parte essencial da vida cristã. Ele diz "quando você gasta todas as bênçãos que lhe dei com você mesmo, você está me roubando. Você está roubando de mim o direito de usá-lo para o avanço do meu reino".

Nosso propósito na vida

Existimos para promover a causa de Deus. Alguns cristãos realizam todos os tipos de obrigações religiosas, dedicam tempo e dinheiro às atividades do ministério — contudo, jamais avançam sequer um milímetro a causa de Deus. Por quê? Porque muitos de nós usamos atividades religiosas para promover nossas próprias agendas egocêntricas. Podemos escrever centenas de livros cristãos, podemos pregar a milhões na televisão, podemos iniciar uma série de programas de ministério na igreja, mas um dia estaremos diante de Deus e seremos julgados — e Seu julgamento pode ser: "Toda a sua vida você me roubou o direito de viver a minha vida através de você. Toda a sua vida, você viveu em função de sua agenda religiosa, não da minha".

É por isso que o apelo do Novo Testamento é apresentar nosso corpo como sacrifício vivo a Deus. É por isso que estamos aqui.

Se alguém quiser saber: "Por que estou aqui? Qual é o meu propósito na vida?" — é isso! Não há nada que confira mais significado à vida humana do que o serviço à causa de Deus — e nada que denote uma vida desperdiçada mais do que a avaliação de Deus: "Vós me roubais".

A "vida no corpo" no Antigo Testamento

Em seguida, Deus volta o foco para um remanescente fiel em Israel. Não importa o quão ruim as coisas se tornem no mundo, o holofote de Deus encontrará sempre o remanescente fiel:

> Então, os que temiam ao Senhor falavam uns aos outros; o Senhor atentava e ouvia; havia um memorial escrito diante dele para os que temem ao Senhor e para os que se lembram do seu nome. Eles serão para mim particular tesouro, naquele dia que prepararei, diz o Senhor dos Exércitos; poupá-los-ei como um homem poupa a seu filho que o serve. Então, vereis outra vez a diferença entre o justo e o perverso, entre o que serve a Deus e o que não o serve (3:16-18).

Observe as duas marcas daqueles que foram fiéis no dia da apostasia. Primeira, eles conversavam uns com os outros. Isso não significa que apenas conversavam. Significa que se abriam uns com os outros, compartilhavam uns com os outros, encorajavam-se mutuamente, confessavam seus pecados e oravam uns pelos outros. Eles experimentaram o tipo de proximidade e comunhão que chamo de "vida no corpo".

Segunda, eles honravam o nome de Deus meditando em Seu nome. Assim, vemos aqui as duas dimensões da fé bíblica e do estilo de viver da vida no corpo: o nível horizontal de se relacionar uns com os outros em profunda comunhão, e o nível vertical de se relacionar com Deus e meditar nele em profunda adoração. Precisamos de ambas as dimensões — a horizontal e a vertical — se quisermos crescer na fé e em nossa capacidade de agradar a Deus.

O que significa honrar e meditar no nome de Deus? O nome de Deus representa tudo o que Ele é, assim como o seu nome representa tudo o que você é. Você assina um contrato e tudo o que consta nele, incluindo os valores. Seu nome é o que dá valor e significado a esse contrato muito além do valor do papel e da tinta de que é feito. É o mesmo com o nome de Deus. Quando honramos Seu nome, honramos tudo o que Ele é, tudo o que Ele diz e tudo o que Ele faz. Meditamos em Seu caráter e em Seus atributos. Procuramos fazer de Sua vida parte de nossa vida, Suas qualidades parte de nossa constituição.

Ao longo dos anos, enxurradas de livros e seminários alegam ter a resposta para nos dizer o que está errado com a Igreja analisando sua fraqueza e apresentando algum truque para resolver o problema. Mas soluções rápidas não duram. A verdadeira fraqueza da Igreja é que perdemos nossa capacidade de honrar Deus e de meditar em Seu nome. Concentramo-nos em programas e projetos, e falhamos em nos concentrar no Senhor. Retire todos os adornos de uma igreja local — seus edifícios e funcionários, seus comitês e comissões, seus programas e orçamentos, sua filosofia de ministério e estratégia de crescimento, seus especialistas e

> "Ao longo dos anos, enxurradas de livros e seminários alegam ter a resposta para nos dizer o que está errado com a igreja, analisando sua fraqueza e apresentando algum truque para resolver o problema. Mas soluções rápidas não duram. A verdadeira fraqueza da Igreja é que perdemos nossa capacidade de honrar e meditar no nome de Deus".

consultores — e se você não tiver mais nada a não ser um grupo de pessoas comprometidas que possam se concentrar no nome de Deus, você não perdeu nada!

Isso é o que essa geração precisa ouvir novamente.

Jesus, o Sol da Justiça

Em Malaquias, capítulo 4, novamente o profeta eleva seus olhos para o futuro e vê Jesus, o Messias — mas, desta vez, ele não está olhando apenas 400 anos no futuro, até a primeira vinda de Cristo. Ele está olhando para um futuro mais distante, através dos séculos, além do nosso próprio tempo, para a segunda vinda de Cristo, quando o plano de Deus será cumprido:

> *Pois eis que vem o dia e arde como fornalha; todos os soberbos e todos os que cometem perversidade serão como o restolho; o dia que vem os abrasará, diz o SENHOR dos Exércitos, de sorte que não lhes deixará nem raiz nem ramo. Mas para vós outros que temeis o meu nome nascerá o sol da justiça, trazendo salvação nas suas asas; saireis e saltareis como bezerros soltos da estrebaria* (4:1,2).

Bem, isso é uma causa com dois efeitos. O Sol da Justiça surgirá, e aqueles que o recusam queimarão, mas aqueles que o receberem serão curados. É o mesmo Sol, mas tem um

Aventurando-se através da Bíblia

efeito diferente em pessoas diferentes dependendo de seu relacionamento com esse Sol.

Essa promessa é seguida por outra promessa sobre o reaparecimento na Terra do profeta Elias:

Eis que eu vos enviarei o profeta Elias, antes que venha o grande e terrível Dia do Senhor; ele converterá o coração dos pais aos filhos e o coração dos filhos a seus pais, para que eu não venha e fira a terra com maldição (4:5,6).

Mateus 17 descreve uma cena em que os discípulos de Jesus estão perturbados por essa mesma profecia (esse é o elo entre Malaquias e Mateus que mencionei anteriormente). "Por que", eles perguntam, "os escribas dizem que Elias deve vir primeiro?"

Jesus lhes dá esta dupla resposta: Elias virá, Ele diz, e "restaurará todas as coisas" — uma referência ao retorno de Elias no futuro, pouco antes do fim do plano de Deus na história humana. Mas Ele acrescenta que "Elias já veio, e não o reconheceram [...]. Então, os discípulos entenderam que lhes falara a respeito de João Batista" (Mt 17:10-13).

Quando o anjo anunciou o nascimento de João Batista, foi uma clara referência a Ml 4:5,6: "E irá adiante do Senhor no espírito e poder de Elias, para converter o coração dos pais aos filhos, converter os desobedientes à prudência dos justos e habilitar para o Senhor um povo preparado" (Lc 1:17).

Muitas pessoas identificam as duas testemunhas mencionadas em Apocalipse 11 como Elias e Moisés. Se essas duas testemunhas são ou não literalmente Elias e Moisés que voltarão à Terra em forma corporal é uma questão de especulação. O que está claro, no entanto, é que, de alguma maneira notável, Deus pretende fornecer um ministério como o de Elias antes do retorno do Senhor Jesus em poder e juízo.

Creio ser significativo que a última palavra do Antigo Testamento seja a palavra maldição. Essa palavra não é uma previsão. É um alerta. Esse livro de profecia começa com: "'Eu vos tenho amado', diz o Senhor". Ele termina com um aviso de que se esta mensagem de amor não for recebida e aceita, haverá uma maldição como resultado. Agora compare a última palavra do Antigo Testamento com a última palavra do Novo Testamento. Deixando de fora saudação final, é o nome de Jesus: "Vem, Senhor Jesus" (Ap 22:20).

Jesus é a resposta de Deus à maldição. Ele nos redimiu da maldição da Lei enviando Seu filho, que levou nossa maldição sobre si mesmo. Assim, a resposta de Deus a essa maldição é graça e amor trazendo-nos para a luz e ao conhecimento de Cristo. Todas as bênçãos que estão em nome de Jesus tornam-se nossas quando colocamos nossa confiança nele e cremos em Seu nome.

PERGUNTAS PARA DISCUSSÃO

MALAQUIAS
"Eu vos tenho amado"

1. Leia Ml 1:1-6. Qual é a atitude expressa pelo povo em relação a Deus nos dias de Malaquias? Por que Deus diz que Ele amou Jacó, mas aborreceu a Esaú? Isso faz Deus parecer injusto para você? Por quê (Compare com At 10:34,35)?

2. Leia Ml 1:14. Por que Deus diz "maldito seja o enganador" que oferece um animal defeituoso como sacrifício? Por que é tão importante que o animal do sacrifício seja sem defeito (Compare com 1Pe 1:18,19)?

3. Leia Ml 2:16. Por que Deus odeia o divórcio? Por que Ele inclui o divórcio e a violência juntos na mesma declaração de condenação? Deus odeia pessoas divorciadas? Por quê? Se Deus odeia o divórcio, por que Ele permitiu o divórcio em Dt 24:1-4 (Compare com Mt 19:3-9)?

4. Leia Ml 3:16,17. O que é o "memorial escrito"? O que significa ser o "particular tesouro" de Deus?

APLICAÇÃO PESSOAL

5. Leia Ml 3:8-10. Ao olhar para sua vida, houve alguma vez um tempo em que você roubou a Deus? Você já provou Deus para ver se Ele abriria as comportas do Céu? Qual foi o resultado dessa experiência?

6. Leia Malaquias 4. O que esse breve capítulo lhe diz sobre o futuro Dia do Senhor? Como essa passagem o faz sentir? Você pessoalmente vê o Dia do Senhor como algo a ser esperado ou algo a ser temido? Explique a sua resposta.

Aventurando-se através da Bíblia

7. O autor escreve: "Deus amou esse povo, mas este o desprezara. O povo não retribuía o Seu amor. Em vez disso, eles o tratavam com ar de superioridade e o ofendiam. Seu amor por Ele havia morrido. Você já amou alguém sem ser correspondido? Você já experimentou amor não correspondido durante o namoro? Em seu casamento? Como pai de um filho rebelde? Então você sabe que esta é uma das experiências mais dolorosas da vida. E Deus sentiu essa dor — a de não ser correspondido". Como essa declaração afeta o modo como você se sente em relação a Deus?

8. Ao longo do livro de Malaquias, o povo pareceu insensível aos sentimentos de Deus em relação a eles (veja 1:2,6,7; 2:17; 3:7,8,13). Olhando para sua vida, você pode pensar em momentos em que foi insensível ao amor de Deus, quando acreditou que o Senhor não o amasse ou simplesmente em que não deu o devido valor ao Seu amor? Em sua opinião, como Deus se sentiu com isso? Que medidas você pode tomar esta semana para mostrar-lhe que você valoriza o Seu amor e que você também o ama?

Parte 6

Jesus: O foco dos dois Testamentos

Caverna em Qumran

OS APÓCRIFOS

CAPÍTULO 47

Entre os Testamentos

Quatrocentos anos de silêncio. Esse é o período de tempo que separa o último livro do Antigo Testamento, Malaquias, do primeiro livro do Novo Testamento, Mateus. De uma perspectiva humana, o período de 4 séculos é muito tempo. Civilizações inteiras ascendem, declinam, caem e são esquecidas em menos tempo do que isso.

Durante o interlúdio de 400 anos entre Malaquias e Mateus, foi como se os céus estivessem em silêncio. Nenhuma voz falou por Deus, nenhum profeta veio a Israel, nenhuma Escritura foi registrada.

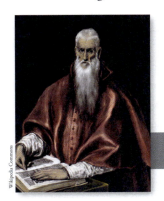

São Jerônimo, por El Greco

No entanto, isto não significa que nenhuma história dos hebreus tenha sido registrada em todo esse tempo. Durante o período de 400 a.C. até os tempos do Novo Testamento, foi produzido um conjunto de literatura que ficou conhecido como "os Apócrifos", do grego *apokryphos*, que significa "escondido". Durante alguns séculos dos primórdios da Igreja cristã, os livros Apócrifos foram aceitos como Escritura, especialmente os que constam na tradução grega do Antigo Testamento, a Septuaginta.

Quando Jerônimo, pai da Igreja primitiva (aprox. 347-420 d.C.), traduziu a Septuaginta para o latim, na edição Vulgata da Bíblia Católica, ele expressou dúvidas sobre a validade dos Apócrifos. Os concílios superiores da Igreja Católica, contudo, rejeitaram suas contestações. Como resultado, a Bíblia Católica Romana e a Ortodoxa contêm os Apócrifos até hoje.

Os Apócrifos nunca foram incluídos no Antigo Testamento dos primeiros cristãos hebreus e não foram aceitos como Escritura inspirada pelos reformadores João Calvino e Martinho Lutero. Foram também excluídos da versão autorizada (King James) de 1611.

Como uma coleção de textos históricos, os Apócrifos lançam uma luz interessante sobre o período da história dos hebreus durante a lacuna entre os Testamentos, porque este foi o período durante o qual a cultura judaica foi fortemente influenciada por ideias gregas (helenísticas). A helenização de Israel pode ser claramente vista nas obras dos Apócrifos. De fato, a Septuaginta é resultado da influência helenística.

> **OBJETIVOS DO CAPÍTULO**
>
> Este capítulo responde às perguntas: O que são os Apócrifos? E como podemos saber se os livros que compõem os Apócrifos são ou não a Palavra de Deus inspirada?

Pistas interessantes para o surgimento de certas instituições hebraicas durante os tempos do Novo Testamento, tais como a seita farisaica do judaísmo que surgiu no século 2 a.C. e o partido saduceu (ou zadoqueu) que surgiu no século 1.º a.C., também podem ser encontradas nos Apócrifos. Ambos os grupos são muito importantes em todos os relatos da vida de Jesus nos quatro evangelhos. Eles também figuram poderosamente na história do implacável fariseu que se tornou um missionário cristão, o apóstolo Paulo.

Os livros apócrifos na Septuaginta (não incluídos nas Escrituras dos judeus não helenistas) eram:

- *Tobias*, narra a história de Tobias, um israelita justo, que viveu em Nínive durante o tempo do exílio (um livro edificante de ficção histórica);
- *Judite*, narra a história de uma heroína israelita que mata um general assírio (um livro edificante de ficção histórica);
- Sabedoria de Salomão, um livro de sabedoria semelhante ao de Provérbios e Eclesiastes;
- *Siraque* (Eclesiástico), outro livro de sabedoria;
- *Baruque*, um adendo ao livro de Jeremias, supostamente escrito pelo assistente de Jeremias;

- *Primeiro* e *Segundo Macabeus*, duas obras épicas, históricas, que descrevem a revolta de um exército rebelde judeu, os Macabeus, contra a opressiva ocupação grega selêucida durante o período de 175 a 134 a.C.

Incluídos nos Apócrifos estão também textos fragmentários que foram acrescentados aos livros aceitos e inspirados do Antigo Testamento — estes incluem acréscimos ao livro de Ester (que aparecem na Septuaginta e versões católicas romanas como Et 10:4-10), a Canção dos três jovens (inserido no final de Daniel 3), a história de Susana (que aparece como Daniel 13), e a história de Bel e o dragão (que aparece como Daniel 14).

Os Apócrifos são uma leitura interessante e informativa, mas um exame cuidadoso desses livros, comparando-os com os livros aceitos da Palavra de Deus, apresenta uma forte indicação de que eles não pertencem ao cânon das Escrituras, porque não se encaixam com os grandes temas da Palavra de Deus.

Se você examinar o Antigo Testamento, livro por livro, verá claramente que as páginas de cada livro apontam claramente para Jesus, o Messias que haveria de vir. Entretanto, você não verá Jesus claramente, em absoluto, nos Apócrifos.

Talvez essa seja uma das razões pelas quais Jerônimo sentiu-se compelido a questionar a validade dos Apócrifos tantos anos atrás. Em qualquer caso, estou convencido, assim como praticamente todos os outros pesquisadores da Bíblia protestante, que qualquer que seja o valor histórico ou literário que os Apócrifos contenham, eles não são a Palavra inspirada de Deus.

LIVROS DA SEPTUAGINTA

Tobias	1 Macabeus
Judite	2 Macabeus
Sabedoria de Salomão	Adições a Ester
Siraque (ou	Canção dos três jovens
Eclesiástico)	Susana
Baruque	Bel e o dragão

DE MATEUS A ATOS

CAPÍTULO 48

Jesus e Sua Igreja

O Antigo Testamento era sombra. O Novo Testamento é o brilho do sol.

O Antigo Testamento era tipo e símbolo. O Novo Testamento é a realidade e a substância.

O Antigo Testamento era profecia. O Novo Testamento é o cumprimento.

No Antigo Testamento, temos de montar um complexo mosaico de Cristo. No Novo Testamento, Jesus salta resplandecentemente das páginas em um realismo tridimensional.

Embora o Antigo Testamento fale de Jesus, ele o faz em sombras, tipos, símbolos e profecias que antecipam o advento do Senhor. Ele aparece em quase todas as páginas na forma de símbolos, sombras, tipos, rituais, sacrifícios e profecias. Você não consegue ler o Antigo Testamento sem se conscientizar desta constante promessa que percorre o texto: "Alguém está vindo! Alguém está vindo!"

Porém, quando abrimos os evangelhos, torna-se claro que o momento tão esperado chegou. O prometido e profetizado *Alguém* chegou — e Ele dá um passo à frente na plenitude surpreendente de Sua glória. Como João diz: "E o Verbo se fez carne e habitou entre nós, cheio de graça e de verdade, e vimos a sua glória, glória como do unigênito do Pai" (Jo 1:14). Aqui, na forma de um ser humano, de "carne e osso", está Aquele que satisfaz e cumpre todos os símbolos e profecias encontradas de Gênesis a Malaquias. À medida que avançamos do Antigo Testamento para o Novo, descobrimos que Jesus de Nazaré é o ponto central de ambos os Testamentos.

Para mim, os evangelhos compreendem a mais fascinante porção da Bíblia, porque eles fornecem relatos de testemunhas oculares da vida daquele em torno do qual gira toda a Bíblia. Nos evangelhos, vemos Cristo como Ele é. Os evangelhos nos confrontam com o fato de que Jesus pode nem sempre ser o que achamos que Ele é ou o que gostaríamos que Ele fosse. Suas ações são por vezes surpreendentes. Suas palavras nos causam admiração. Não importa quantas vezes tenhamos lido os evangelhos anteriormente, Jesus continua a desafiar nossas suposições sobre quem Ele é.

Encontramos este homem, Jesus Cristo, por meio de quatro perspectivas separadas — Mateus, Marcos, Lucas e João. Muitos têm perguntado "Por que é necessário ter quatro evangelhos em vez de apenas um? Por que um desses autores não poderia ter colocado todos os fatos juntos e nos apresentado em um único livro?". Bem, isso seria como tentar usar uma fotografia de um edifício para representar adequadamente toda a sua estrutura.

> **OBJETIVOS DO CAPÍTULO**
>
> Neste capítulo, vamos dar uma visão geral dos primeiros cinco livros do Novo Testamento, os livros que relatam a parte da história no Novo Testamento. Este capítulo responde às perguntas: Por que precisamos de quatro evangelhos? Por que um evangelho não é suficiente? Por que precisamos do livro de Atos? E por que Atos termina tão de repente? Aqui, novamente, vemos evidências profundas de que esses livros, escritos por quatro escritores humanos, verdadeiramente são produto da mente de um único Autor.

Aventurando-se através da Bíblia

Uma imagem não poderia possivelmente mostrar todos os quatro lados do edifício de uma só vez.

O mesmo é verdadeiro quanto a Jesus. Sua vida, Seu caráter e Seu ministério são tão ricos e multifacetados que uma única visão não poderia contar toda a história. Deus, deliberadamente, planejou quatro evangelhos para que cada um apresentasse o nosso Senhor de forma única. Cada evangelho apresenta um aspecto distinto de Cristo, e nossa compreensão de quem Ele é seria muito mais pobre se qualquer um deles nos faltasse.

Quatro figuras de Cristo

O Antigo Testamento está cheio de figuras do Messias prometido que correspondem aos retratos de Jesus, que foram "pintados" para nós nos quatro evangelhos. Primeiro, Jesus é retratado em muitas profecias — particularmente nas de Isaías, Jeremias e Zacarias — como *o Rei de Israel que haveria de vir*. Por razões óbvias, o povo de Israel amou a figura do Messias como o rei de Israel. De fato, essa foi uma das razões que levou Israel a rejeitar Jesus quando Ele veio: o Senhor não se parecia com o rei que eles esperavam. Porém, Mateus, em seu evangelho, enfatizou os aspectos da realeza de Jesus e de Seu ministério. Mateus, então, é o evangelho que o apresenta como Rei.

Segundo, Jesus é retratado como o *Servo sofredor*. Vemos imagens do servo sofredor no livro de Isaías e no livro de Gênesis na vida José, que é considerado como um tipo daquele que viria para sofrer e servir. Os hebreus consideraram confusas estas duas representações do Messias — o Messias-Rei que governa *versus* o Messias-Servo sofredor.

Muitos eruditos judeus concluíram que deveria haver dois messias. Eles chamaram um de "Messias Ben Davi" (Messias, o filho de Davi, o messias-rei) e o outro de "Messias Ben José" (Messias, o filho de José, o messias-sofredor). Eles não conseguiam imaginar que o rei e o servo poderiam ser a mesma pessoa. Marcos, no entanto, entendeu a natureza de Cristo como servo humilde, e esse é o aspecto que ele nos apresenta em seu evangelho.

Terceiro, o Antigo Testamento apresenta, repetidas vezes, imagens do Messias vindo como homem. Ele deveria nascer de uma virgem, crescer em Belém e andar entre os seres humanos. Ele seria *o homem perfeito*. Esse é o quadro que Lucas nos apresenta em seu evangelho.

Finalmente, temos as imagens do Antigo Testamento que falam do Messias como Deus, *o Eterno*. Por exemplo, Miqueias 5:2 previu que o Messias sairia da pequena cidade de Belém-Efrata (onde, de fato, Jesus nasceu) e que Sua origem seria proveniente da eternidade (isto é, Ele é eterno e é Deus). Esta descrição se encaixa com o quadro de Jesus encontrado no evangelho de João, o evangelho do Filho de Deus.

Assim, todas as profecias do Antigo Testamento e as representações de Cristo podem ser colocadas sob estes títulos dos quatro evangelhos: rei, servo, homem e Deus. É significativo que em quatro lugares no Antigo Testamento, a palavra *eis* é usada em conexão com cada uma destas quatro imagens.

Em Zacarias, Deus diz às filhas de Sião e Jerusalém: "...eis aí te vem o teu Rei..." (9:9). Esta profecia foi cumprida na entrada triunfal de nosso Senhor em Jerusalém.

Então, em Isaías, Deus diz: "Eis aqui o meu servo…" (42:1). Observe que não é "o teu servo", mas "o meu servo". Cristo não o é servo da humanidade, mas o servo de Deus.

Ainda em Zacarias, o Senhor diz: "…Eis aqui o homem…" (6:12). Esta é uma passagem sobre o Messias.

E em Isaías 40:9 lemos: "…dize às cidades de Judá: Eis aí está o vosso Deus!"

Quatro vezes a palavra "eis" é usada, cada vez em conexão com um aspecto diferente de Cristo. Assim, podemos ver claramente que Deus teceu um padrão maravilhoso e consistente em Sua Palavra, tanto no Antigo quanto no Novo Testamento. Este padrão revela as muitas facetas e dimensões de Jesus, o Messias.

Unidade, não harmonia

É fascinante observar todas as técnicas, detalhes e nuances utilizados pelos escritores dos evangelhos para delinear um retrato abrangente de Jesus Cristo.

Em Mateus, o evangelho do Rei, vemos muitas evidências da realeza de Jesus: O livro começa com a genealogia de Cristo, traçando Sua linhagem real até chegar a Davi, rei de Israel, e Abraão, o pai da nação de Israel. Ao longo deste livro, Jesus fala e age com autoridade real: "Moisés disse a vocês assim e assim, mas eu digo a vocês isso e isso". Para os judeus, Moisés era a grande autoridade, assim, para Jesus suplantar a autoridade de Moisés, Ele tinha que agir como rei.

Jesus demonstrou autoridade para expulsar espíritos malignos, para ordenar que o doente fosse curado e para que o cego pudesse ver. Com autoridade real, Ele julgou os líderes religiosos da nação, dizendo: "Ai de vós, escribas e fariseus, hipócritas!" A principal frase que Jesus usa repetida vezes em todo o evangelho de Mateus é "o reino do céu" — que ocorre 31 vezes. No relato do nascimento do Senhor, Mateus afirma que Cristo nasceu Rei dos judeus. Em sua narrativa da crucificação, ele diz que Jesus foi crucificado como Rei dos Judeus.

Marcos, o segundo evangelho, apresenta Cristo como o Servo. Como é de se esperar, Marcos não fornece uma genealogia de Cristo. De uma perspectiva humana, quem se importaria com a genealogia de um servo? Ninguém. No evangelho de Marcos, o Senhor simplesmente aparece em cena. Repetidamente, neste evangelho, nos deparamos com a palavra "imediatamente". Essa é a palavra de ordem para um servo, não é? Quando você dá a um servo uma ordem, você quer que ela seja cumprida imediatamente. Então, repetidamente, lemos: "Imediatamente, Jesus fez isso e aquilo".

Enquanto Lucas e Mateus estão repletos de parábolas sobre muitos assuntos, Marcos, o evangelho do Servo, contém apenas quatro parábolas — e cada uma delas é uma parábola sobre serviço. As parábolas retratam Jesus como o Servo de Jeová — o servo sofredor retratado em Isaías 53. Ao longo da leitura do evangelho de Marcos, você nunca verá Jesus ser chamado de Senhor até após a Sua ressurreição — outra característica de Sua função de servo. O versículo de Marcos 13:32 ilustra profundamente o servo Jesus, e tem intrigado a muitos. Neste versículo, o Senhor fala de Sua segunda vinda: "Mas a respeito daquele dia ou da hora ninguém sabe; nem os anjos no céu, nem o Filho, senão o Pai."

Aventurando-se através da Bíblia

Como Jesus poderia ser o Deus onisciente e mesmo assim não saber o tempo de Seu próprio retorno? Isto é um mistério — pelo menos até você compreender o caráter do evangelho de Marcos. Ele descreve Cristo como o Servo sofredor de Deus. Não é próprio de um servo saber o que o seu Senhor está fazendo — mesmo quando esse Servo é o próprio Filho de Deus.

Lucas nos apresenta Cristo como um homem. Aqui vemos a perfeição de Sua humanidade — a glória, beleza, força e dignidade de Sua natureza humana. Como seria de se esperar, Lucas também contém uma genealogia de Cristo. Se Jesus é apresentado como um ser humano, queremos ter certeza de que Ele pertence à raça humana. E Lucas defende a identificação completa de Cristo com a linhagem de Adão, traçando Sua genealogia até aquele ponto.

Em Lucas, frequentemente encontramos Cristo em oração. Se você quiser ver Jesus orando, leia o evangelho de Lucas. A oração é uma ilustração do relacionamento apropriado da humanidade com Deus — a total dependência do Deus soberano e onipotente. Em Lucas, vemos a compaixão humana de Jesus mais claramente — o Seu pranto sobre a cidade de Jerusalém, a cura que Ele realizou no homem cuja orelha Pedro cortou quando os soldados o prenderam no jardim. Nenhum outro evangelho relaciona estes dois incidentes que tão poderosamente mostram a natureza compassiva e humana de nosso Senhor. Lucas narra com propriedade a profunda agonia de Cristo no jardim onde Ele transpirou gotas de sangue, uma representação tão eloquente de Sua humanidade que se identifica totalmente com os nossos sofrimentos.

O evangelho de João apresenta Cristo como Deus. Desde o primeiro verso, este é o tema poderoso e inconfundível de João. Muitas pessoas não conseguem perceber que o evangelho de João, como o de Mateus e o de Lucas, abre com uma genealogia. A razão pela qual muitas pessoas não percebem a genealogia em João é por ela ser tão curta:

No princípio era o Verbo, e o Verbo estava com Deus, e o Verbo era Deus (1:1).

É isso! Essa é toda a genealogia de Cristo em João — duas pessoas, o Pai e o Filho. Por que esta genealogia é tão curta? Porque o propósito de João é simples: Expor o relato da natureza divina de Cristo. No evangelho de João, vemos sete declarações "Eu Sou" (listadas no capítulo 5). Estas sete declarações ecoam a grande declaração que Senhor fez a Moisés na sarça ardente: "...Eu Sou o Que Sou..." (Êx 3:14).

Além destas sete dramáticas declarações "Eu sou", lemos sobre um incidente no jardim, onde a declaração "eu sou" de Jesus tem um impacto poderoso. Isso acontece quando Judas leva os soldados para o jardim a fim de prenderem o Mestre. Quando os soldados dizem ao Senhor que estão procurando um homem chamado Jesus de Nazaré, Jesus responde: "Sou eu", e a força dessa grande declaração "Eu sou" — a declaração de Sua própria divindade — é tão poderosa que os soldados caem para trás atordoados (veja Jo 18:3-8). João afirma claramente que seu propósito não é o de estabelecer uma biografia exaustiva do Senhor, mas inspirar convicção salvadora na divindade de Jesus Cristo, o Filho de Deus:

Jesus: O foco dos dois Testamentos

Na verdade, fez Jesus diante dos discípulos muitos outros sinais que não estão escritos neste livro. Estes, porém, foram registrados para que creiais que Jesus é o Cristo, o Filho de Deus, e para que, crendo, tenhais vida em seu nome (Jo 20:30,31).

Finalmente, antes de passarmos adiante para examinar esses quatro evangelhos individualmente, devemos observar que é impossível harmonizar cronologicamente estes relatos, pois eles não têm a intenção de serem relatos cronológicos. Mateus, Marcos, Lucas e João não se sentaram para registrar uma biografia cronológica de Jesus. Eles escreveram para apresentar aspectos específicos da vida e ministério do Senhor. Nenhum desses livros afirma ser uma cronologia de Sua vida. A cronologia dessas narrativas, é claro, não é a informação mais importante a ser extraída dos evangelhos. Embora não possamos harmonizar precisamente esses relatos, é possível obter uma sequência de acontecimentos bastante confiável ao compararmos os evangelhos, especialmente se nos basearmos no evangelho de João, que parece ser o mais preciso cronologicamente dos quatro.

Os evangelhos sinóticos e João

Mateus, Marcos e Lucas formam o que é chamado de Evangelhos Sinóticos (*sinótico* significa "visto em conjunto"). Embora todos os quatro evangelhos complementem e reforcem uns aos outros, o estilo, tema e ponto de vista dos evangelhos sinóticos diferem acentuadamente do evangelho de João, que tem um tom, estilo e seleção de detalhes muito diferentes. Quando lemos os Sinóticos em paralelo, eles nos impressionam com muitas semelhanças e detalhes de sobreposição, embora cada evangelho tenha seu próprio ambiente, voz e ênfase distintas.

Cada um dos quatro evangelhos é endereçado a um público específico. Mateus escreveu o seu relato principalmente para os judeus, por isso é repleto de referências e citações do Antigo Testamento. Lucas escreveu para os gregos, ou à mente filosófica, por isso é repleto de conselhos do Senhor quando Ele se sentava com Seus discípulos, em comunhão íntima, explorando as esferas de verdades espirituais. Os gregos amavam isso. Marcos escreveu para a mente romana; por isso é o evangelho da pressa e da ação, que eram características do espírito romano. E João escreveu para os cristãos, por este motivo esse é o evangelho mais querido para o coração dos cristãos; ele não só enfatiza a divindade de Cristo, mas revela o ensinamento do arrebatamento da Sua Igreja (Jo 14:1-3), o ministério do Espírito Santo (Jo 16:12-25) e a íntima comunhão e comprometimento entre o Senhor e os Seus.

Se você entender que os quatro evangelhos foram escritos com quatro propósitos diferentes, a partir de quatro perspectivas distintas, para quatro públicos específicos, você compreenderá por que encontramos certas diferenças entre eles. Por exemplo, as pessoas muitas vezes perguntam por que o evangelho de João não menciona a luta do Senhor no Getsêmani. Encontramos o registro da agonia de Jesus no Getsêmani em Mateus, Marcos e Lucas, mas nenhuma menção em João. A resposta é porque no Jardim do Getsêmani, Jesus clamou e indagou ao Pai: "Se é possível, passe de mim este cálice!"

Nessa ocorrência, não é Jesus em Seu papel de Filho de Deus que questiona o Pai, porque

Deus não pode questionar a Deus. É Jesus em Sua humanidade que faz isso. Sendo assim, o relato do Getsêmani é encontrado em Mateus, Marcos e Lucas, os quais apresentam o mais completo e convincente registro de Sua luta como ser humano. Em João, o evangelho do Filho de Deus, este acontecimento é omitido. Isto não é uma discrepância ou uma contradição entre os evangelhos; é apenas uma diferença no tema e na ênfase.

Aqui vemos a supervisão do Espírito Santo em ação, demonstrando que os evangelhos não são meras cópias uns dos outros. O Espírito Santo deliberadamente projetou a singularidade de cada um deles, bem como a unidade de todos os quatro evangelhos. Cometemos um erro se pensarmos que os evangelhos são quatro biografias do Senhor, com a intenção de relatar a vida e todos os momentos de Jesus Cristo. Eles não são biografias, mas esboços do personagem, destinados a apresentar dimensões diferentes da complexa realidade do Senhor Jesus Cristo.

O livro de Atos

Você pode pensar que eu coloquei este livro nesta seção com os evangelhos porque ele não se encaixa com as epístolas. Não, incluí Atos propositadamente com os evangelhos porque ele é uma continuação da história deles. Escrito por Lucas, este livro é uma sequência a todos os quatro evangelhos. Enquanto os evangelhos contam a história de Cristo em Seu ministério terreno, Atos conta a história do Corpo de Cristo, a Igreja, que continua a obra do Senhor na Terra depois da Sua ascensão ao Céu.

De muitas maneiras, Atos é a chave para o Novo Testamento. Não conseguiríamos entender o Novo Testamento se este livro fosse deixado de fora dele. Os quatro evangelhos nos ensinam que os apóstolos foram enviados para pregar o evangelho a Israel — somente a Israel. Mas em Atos aprendemos a ordem de Deus de que o evangelho deve ser levado a todo o mundo: aos gentios, bem como à casa de Israel.

Se deixarmos de fora o livro de Atos e saltarmos diretamente para as epístolas paulinas, vemos que outro apóstolo foi misteriosamente acrescentado — um sujeito chamado Paulo! Em vez de falar sobre o reino de Deus, os cristãos estão falando de uma nova organização — a Igreja. Em vez de um evangelho confinado aos judeus na região em torno da cidade de Jerusalém, o cristianismo se espalhou — no curto período de uma única geração — aos limites do mundo então conhecido. Tudo isso é explicado no livro de Atos.

A chave para entender Atos é a percepção de que este livro não é um registro dos atos dos apóstolos, mas dos atos do Senhor Jesus Cristo! Observe como o livro começa:

Escrevi o primeiro livro, ó Teófilo, relatando todas as coisas que Jesus começou a fazer e a ensinar (1:1).

Observe a escolha das palavras de Lucas! No evangelho de Lucas, ele registrou o que o Senhor Jesus começou a fazer. Mas agora, em Atos, Lucas nos dá o registro do que o nosso Senhor continua a fazer. Portanto, é o Senhor que age nos relatos de ambos os livros. O evangelho de Lucas é o volume um; o livro de Atos é o volume dois.

Durante a Segunda Guerra Mundial, o primeiro ministro da Grã-Bretanha, Winston

Churchill, transmitiu um pronunciamento sobre as vitórias das forças aliadas quando eles tinham varrido o norte da África e estavam prestes a irromper a invasão da Sicília. Churchill resumiu seu pronunciamento com estas palavras: "Isto não é o fim. Não é sequer o início do fim. Mas, talvez, seja o fim do começo".

Isso é o que temos nos quatro evangelhos. Quando Jesus ascende ao céu, não é o fim do ministério de nosso Senhor. É meramente o fim do começo. Porém no restante de Atos, temos o início do fim.

O livro de Atos registra o ministério contínuo de Cristo pela instrumentalidade de homens e mulheres que são exatamente como você e eu. Pouco antes de ir para a cruz, Lc 12:50, Jesus diz a Seus discípulos: "Tenho, porém, um batismo com o qual hei de ser batizado; e quanto me angustio até que o mesmo se realize!" Em outras palavras: "Como estou limitado e acorrentado até que tudo se cumpra!". Bem, esse batismo foi efetuado [em Sua morte e ressurreição]. Nosso Senhor não está mais limitado e acorrentado. Quando Ele subiu ao céu, o Espírito Santo foi enviado a nós, Seus seguidores. O batismo do Espírito Santo, a onipotência de Deus foi liberada na vida de homens e mulheres comuns, capacitando-os, como cristãos, a fazer coisas extraordinárias em Seu nome.

Atos é o único livro da Bíblia que ainda não terminou. Observe que se encerra abruptamente com os dois últimos versículos simplesmente dizendo que Paulo tinha alcançado Roma.

Jamais fecho este livro sem me perguntar: "Bem, e o que aconteceu depois?". O livro de Atos nos deixa em suspense. E há uma razão pela qual parece não ter sido terminado. É porque o texto de Atos é a biografia de uma pessoa que vive — Jesus Cristo. O último capítulo da história do Senhor ainda não foi escrito.

Tenho em minha biblioteca uma autobiografia do Dr. Harry A. Ironside, e termina com o mesmo tipo de registro. Ele o deixa em suspense. Você fica imaginando o que acontece a seguir. Não está completo porque, na época em que foi escrito, sua vida não havia terminado.

O livro de Atos continua a ser escrito hoje por meio da vida de homens e mulheres no Corpo de Cristo, a Igreja. Essa expressão "Corpo de Cristo" não é uma mera metáfora. Nós somos literalmente o Seu corpo na Terra, realizando Sua obra inacabada no mundo. Apesar de Jesus ter sido elevado às alturas, Sua vida corpórea continua! Ela continua por meio da minha vida e da sua vida. Continua e supera a duração da vida e das instituições de meros mortais, das nações e das civilizações.

Roma caiu, os impérios dos hunos, dos mongóis, dos astecas, dos chineses manchus e dos britânicos ascenderam e sucumbiram. O colonialismo entrou em colapso nas Américas, África e Ásia; o comunismo soviético veio e se foi; duas guerras mundiais foram travadas; passamos da Era das Trevas à era da internet — mesmo assim a vida do Corpo de Jesus Cristo continua, o livro de Atos continua a ser escrito. Ainda não vimos a última página.

Você e eu ainda estamos escrevendo o livro de Atos hoje, porque é o relato do que o Espírito Santo continua a fazer por meio de nós e de cristãos em todo o mundo. Somos o Corpo de Cristo. Somos Suas mãos que realizam milagres, ministram e servem. Somos Seus olhos de compaixão e amor. Somos Sua voz

Aventurando-se através da Bíblia

da verdade, chamando o mundo ao arrependimento e à fé nele. Somos Seus pés, prontos para levar Sua mensagem ao redor do mundo.

Então, à medida que estudamos os cinco livros da vida de Jesus — Mateus, Marcos, Lucas, João e Atos — vamos considerá-los como um guia para o nosso próprio modo de vida. E vamos, por meio da oração, convidar o Senhor para viver Sua vida através de nós.

MATEUS

CAPÍTULO 49

Eis o vosso rei!

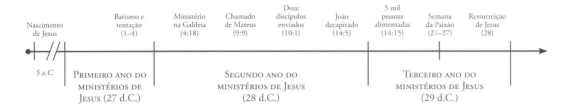

Cerca de um século atrás, um inglês chamado Greene estava andando pelo bosque quando se deparou com um estranho. Ele ficou admirado quando o estranho sorriu e acenou para ele. "Ó, olá, Sr. Greene!", disse o homem. Obviamente este "estranho" não era realmente um estranho – mas, mesmo esforçando-se muito, o Sr. Greene não conseguiu reconhecê-lo.

Envergonhado, mas não querendo admitir que tivesse uma péssima memória para nomes e rostos, Sr. Greene disse: "Olá! Bom te ver, meu velho! Há quanto tempo não nos vemos?".

"Bem", disse o outro homem, "foi na recepção da Lady Asquith em outubro passado, não foi? Há quase um ano".

OBJETIVOS DO CAPÍTULO

O objetivo deste capítulo é revelar as dimensões únicas do evangelho de Mateus que o distinguem dos outros três evangelhos. Nele encontramos a história de Jesus, o Rei. Este capítulo mostra como a dimensão real da vida e da mensagem do Senhor tem relevância e aplicação especiais para nossa vida hoje.

O Sr. Greene lembrou-se da recepção da Lady Asquith, e pensou que o rosto do cavalheiro lhe parecia familiar, mas ele simplesmente não conseguia reconhecê-lo. Ainda tateando em busca de pistas, Greene perguntou: "E como está a sua esposa?".

"Muito bem", disse o outro homem.

O Sr. Greene, em seguida, acrescentou: "E você? Ainda no mesmo negócio, eu presumo?".

"Ó, sim", disse o outro homem — George V da Casa de Windsor. "Eu ainda sou o rei da Inglaterra".

Sr. Greene, eis o vosso rei!

Essa é a mensagem do evangelho de Mateus para você e para mim: *Eis o vosso rei!* Até que tenhamos examinado de perto as credenciais de Jesus como o Rei da criação e Senhor de nossa vida, não vamos conhecê-lo plenamente em toda a Sua glória.

Selado com as impressões digitais de Deus

O primeiro livro do Novo Testamento é o evangelho de Mateus. Creio que a maioria dos cristãos começa a leitura das Escrituras pelo início do Novo Testamento ao invés de começar com o Antigo Testamento. Mateus, então, é provavelmente o livro mais lido da Bíblia. Ernest Renan, o cético francês, chamou este livro de "o livro mais importante de toda a cristandade".

O evangelho de Mateus, no entanto, tem seus críticos. Há aqueles que afirmam que o livro não contém nada além de lendas antigas da Igreja em torno de Jesus. Alguns afirmam que o livro de Mateus não foi escrito até o século 4.º d.C. Portanto, é incerto quanto do livro é realmente verdadeiro. Outros críticos afirmam que Mateus é apenas um de muitos evangelhos que foram propagados no início da Era cristã.

Manuscrito do período neotestamentário

É verdade que outros "evangelhos" foram propagados, além dos quatro do Novo Testamento. Alguns foram supostamente escritos por Barnabé, Pedro, Tomé, até mesmo por Pôncio Pilatos! De fato, você pode encontrar mais de uma centena de documentos conhecidos como "os Apócrifos do Novo Testamento", que consistem em evangelhos, epístolas e profecias irreais (a palavra apócrifo originalmente significava "escondido", mas também passou a significar "de autenticidade duvidosa"). Quando lê esses textos, você quase sempre consegue perceber que são absurdos, improváveis, e não pertencem ao cânon aceito das Escrituras. Muitos deles foram escritos por adeptos da heresia gnóstica que crescia desenfreadamente no início da Era cristã.

Alguns críticos dizem que é por mero acaso que os quatro evangelhos sobreviveram e foram escolhidos como parte do Novo Testamento. Por volta do século 16, um teólogo alemão chamado Pappas começou a propagar a lenda de que os quatro evangelhos foram selecionados no Conselho de Niceia, em 325 d.C., da seguinte forma: todos os evangelhos em circulação naquela época foram reunidos e jogados debaixo de uma mesa, em seguida, retiraram dentre eles Mateus, Marcos, Lucas e João!

A tolice desta afirmação é evidente para qualquer um que lê os evangelhos com reflexão e cuidado, uma vez que estes quatro livros contêm as impressões digitais de Deus. O próprio padrão desses livros reflete a marca divina, e você não consegue lê-los ou compará-los com o Antigo Testamento, sem perceber que são oriundos de uma fonte inspirada.

O autor e a data de Mateus

Mateus, conhecido também como Levi, escreveu esse evangelho e era um cobrador de impostos antes de se tornar seguidor de Cristo. Seu nome significa "dom de Deus", e foi, provavelmente, lhe dado após sua conversão. Possivelmente foi um nome dado pelo próprio Senhor, assim como Jesus mudou o nome de Simão para Pedro. Estudiosos acreditam que Mateus viveu e ensinou na Palestina por 15 anos depois da crucificação, e depois começou a viajar como missionário, primeiramente para a Etiópia e, em seguida, para a Macedônia, Síria e Pérsia. Alguns historiadores acreditam que ele morreu de causa natural na Etiópia ou na Macedônia, mas isso não está comprovado.

Mateus foi escrito obviamente muito cedo — é quase certo que na metade do primeiro século. É citado, por exemplo, no famoso Didaquê, os ensinamentos dos doze apóstolos que data do início do segundo século. Papias, discípulo do apóstolo João, diz: "Mateus compôs seu evangelho em hebraico, e cada um o interpreta como é capaz". Irineu e Orígenes, dois pais da Igreja Primitiva bem familiarizados com o evangelho de Mateus, confirmam a declaração de Papias.

Mesmo no século 1.º, temos vozes judaicas que comprovam a existência anterior de Mateus. Gamaliel Segundo, um proeminente rabino, e sua irmã, Immashalom (que, aliás, significa "mulher de paz", embora ela não o fosse) pronunciaram uma maldição sobre os cristãos como "leitores das escrituras evangelísticas". Já que as únicas Escrituras evangelísticas existentes nos dias deles (cerca de 45 ou 50 d.C.) eram o evangelho de Mateus e, talvez, o evangelho de Marcos, a data da escrita deste evangelho teria que ser aproximadamente 45 ou 50 d.C.

A estrutura de Mateus

O próprio Espírito Santo forneceu o esboço do evangelho de Mateus, assim como Ele faz em vários outros livros das Escrituras. As divisões principais de Mateus estão marcadas pela repetição de uma frase em particular que aparece duas vezes e divide o livro em três seções. Primeiro, existe uma seção introdutória, a vinda do Rei, capítulos 1 a 4. Em seguida, no capítulo 4, a frase "daí por diante" marca o início da segunda seção:

Daí por diante, passou Jesus a pregar e a dizer: Arrependei-vos, porque está próximo o reino dos céus (4:17).

Quando chegamos ao capítulo 16, vemos também a frase, "desde esse tempo", introduzindo a terceira seção do livro:

Desde esse tempo, começou Jesus Cristo a mostrar a seus discípulos que lhe era necessário seguir para Jerusalém e sofrer muitas coisas dos anciãos, dos principais sacerdotes e dos escribas, ser morto e ressuscitado no terceiro dia (16:21).

Essa é a primeira menção da crucificação em Mateus. Deste ponto em diante, a cruz torna-se (literalmente) o ponto crucial do livro.

Há também subdivisões em Mateus, que são marcadas pela frase "quando [ou "depois"] Jesus acabou". A primeira é encontrada em 7:28,29, no final do Sermão do Monte: "Quando Jesus acabou de proferir estas palavras, estavam as multidões maravilhadas da sua doutrina; porque ele as ensinava como quem tem autoridade e não como os escribas."

Em 11:1, outra subdivisão é indicada: "Ora, tendo acabado Jesus de dar estas instruções a seus doze discípulos, partiu dali a ensinar e a pregar nas cidades deles."

Então, em 13:53,54, outra subdivisão é indicada: "Tendo Jesus proferido estas parábolas, retirou-se dali. E, chegando à sua terra, ensinava-os na sinagoga, de tal sorte que se

Aventurando-se através da Bíblia

577

O LIVRO DE MATEUS

A vinda do Rei (Mt 1:1–4:16)

A genealogia real 1:1-17

O nascimento do Rei Jesus... 1:18-25

A visita dos magos.. 2:1-12

A fuga para o Egito e matança dos inocentes......................... 2:13-23

João Batista anuncia e batiza o Rei 3

A tentação do Rei no deserto 4:1-16

O ministério do Rei, a pregação do Reino (Mt 4:17–16:20)

O Rei Jesus chama os Seus discípulos e ministra na Galileia.................. 4:17-25

O Sermão do Monte...5–7

    A. As Beatitudes 5:1-12

    B. As similitudes.. 5:13-16

    C. O comentário do Rei sobre a lei, assassinato, adultério,
    divórcio, juramentos, perdão, amor, caridade, oração, jejum,
    dinheiro e julgar os outros 5:17–7:6

    D. Instrução sobre a vida no reino 7:7-29

Milagres do poder do Rei, incluindo as curas dos leprosos,
o servo do centurião e da sogra de Pedro; acalmar o mar;
autoridade sobre os demônios; o perdão dos pecados do paralítico........8:1–9:34

A entrega de poder do Rei aos Seus discípulos.....................9:35–11:1

João Batista; Jesus é rejeitado...11:2–12:50

Parábolas de Jesus sobre as consequências por rejeitá-lo......................... 13:1-53

Israel continua a rejeitar o Rei.......................................13:54–16:20

Jesus: O foco dos dois Testamentos

O Rei se volta para a cruz (Mt 16:21–28:20)

Jesus fala a Seus discípulos sobre Sua morte iminente,
o surgimento da Igreja, e Sua segunda vinda 16:21-28

A transfiguração de Jesus no monte.. 17:1-13

Jesus instruiu Seus discípulos sobre uma variedade
de assuntos práticos, incluindo a fé, a humildade,
lidar com ofensas, impostos, divórcio 17:14–20:28

O Rei é reconhecido pelos cegos 20:29-34

A entrada triunfal e a purificação do Templo.. 21:1-17

A maldição sobre a figueira 21:18-22

Conflito com os líderes religiosos 21:23–23:39

Previsões da segunda vinda do Rei..24–25

A Ceia do Senhor e o Rei é traído 26:1-35

Jesus preso no jardim, julgado diante de Caifás e Pilatos 26:36–27:25

A crucificação do Rei 27:26-66

O túmulo vazio.. 28:1-8

Jesus aparece às mulheres e a Seus discípulos 28:9-17

A Grande Comissão 28:18-20

maravilhavam e diziam: Donde lhe vêm esta sabedoria e estes poderes miraculosos?"

Por fim, em 19:1,2, outra subdivisão é indicada: "E aconteceu que, concluindo Jesus estas palavras, deixou a Galileia e foi para o território da Judeia, além do Jordão. Seguiram-no muitas multidões, e curou-as ali."

Observe que cada uma dessas subseções introduz uma completa mudança de direção no ministério do Senhor e na direção do livro. Elas marcam as divisões do evangelho de Mateus.

A genealogia do Rei

Pelo fato de Mateus ser o evangelho do Rei, a primeira divisão do livro (Mt 1:1–4:16) diz respeito a preparação do Rei para o ministério e Sua genealogia.

A ancestralidade de um rei é muito importante dado que o seu direito ao reinado é baseado em sua linhagem real. Então Mateus inicia com uma genealogia completa, traçando a ascendência de Jesus desde Abraão até José, Seu padrasto ou pai adotivo, que era o marido de Maria. O Senhor recebe de José o Seu direito real sobre o trono e Seu direito hereditário por meio de Maria, sua mãe genética, que era também da linhagem real de Davi.

Os dois primeiros capítulos de Mateus estabelecem a conexão terrena de Jesus — Sua linhagem real e nascimento humano. Estes capítulos o firmam na história humana, no tempo e no espaço. No terceiro capítulo, Seu batismo estabelece Suas credenciais divinas e autoridade. Aqui lemos sobre os céus se abrindo e Deus Pai declarando que Jesus é Seu Filho amado. Naquele momento, a realeza de Jesus foi estabelecida não de acordo com uma linhagem humana, mas de acordo com o padrão celestial. Jesus é Rei por direito de ser o Filho do Rei-Criador do Universo.

O teste de Jesus em Sua humanidade

Em Mateus 4, testemunhamos o teste do Rei no deserto, onde foi tentado pelos poderes das trevas. Com fome, cansado e sozinho, Jesus foi conduzido pelo Espírito a um lugar onde o inferno foi liberado sobre Ele, onde foi permitido ao próprio Satanás tentar a sua melhor jogada. A tentação de nosso Senhor é a chave para o evangelho de Mateus. Ele foi testado como um representante da raça humana. Jesus foi para o deserto como o Filho do Homem e é testado para provar se poderia ou não cumprir a intenção de Deus em favor da humanidade. Os seres humanos são constituídos de corpo, alma e espírito, e Jesus foi testado no deserto em cada um desses três níveis.

Primeiro, Jesus foi testado no nível das exigências do corpo. A paixão dominante do corpo é a autopreservação. A primeira tentação de nosso Senhor veio sobre esse nível mais básico. Ele continuaria a ser a pessoa de Deus, mesmo quando confrontado por um desafio extremo à Sua própria vida? Durante 40 dias e noites Ele não comeu, e então: "...o tentador, aproximando-se, lhe disse: Se és Filho de Deus, manda que estas pedras se transformem em pães" (4:3). Mas Ele firmemente permaneceu na vontade do Pai apesar de Sua grande fome e necessidade.

Em seguida, Jesus foi testado em sua da alma — isto é, através da paixão dominante da alma, que é a autoexpressão. Nesse nível, todos nós desejamos revelar o nosso ego, mostrar o que podemos fazer, nos expressar. Este é o principal impulso da alma humana. Foi durante este teste que o Senhor foi levado até o topo do Templo e teve a oportunidade de lançar-se para baixo a fim de ser resgatado pelos anjos, e conquistar a aclamação de Israel. Tal tentação age sobre o desejo de status, para manifestar o orgulho da vida. Porém, Jesus se mostrou fiel a Deus apesar dessa pressão que lhe sobreveio.

Finalmente, Jesus foi testado no mais profundo, na parte mais essencial de Sua humanidade — o espírito. A paixão dominante do espírito humano é a adoração. O espírito está sempre procurando algo para adorar. Por isso é que os seres humanos são seres essencialmente religiosos; nosso espírito anseia por um ídolo, um herói, algo ou alguém para adorar:

Levou-o ainda o diabo a um monte muito alto, mostrou-lhe todos os reinos do mundo e a glória deles e lhe disse: Tudo isto te darei se, prostrado, me adorares.

Então, Jesus lhe ordenou: Retira-te, Satanás, porque está escrito: Ao Senhor, teu Deus, adorarás, e só a ele darás culto.

Com isto, o deixou o diabo, e eis que vieram anjos e o serviram (4:8-11).

Portanto, Jesus passou no teste triplo. Ele revelou ser plenamente humano conforme Deus planejou que fosse Sua humanidade.

No Sermão do Monte, Jesus começa a colocar esse mesmo teste para o povo de Israel. Em todo o Antigo Testamento, vemos que Deus tinha escolhido Israel para ser o Seu canal de comunicação com a humanidade. Em contrapartida, esse povo se considerava o favorito de Deus. Agora, a nação é provada com o mesmo teste pelo qual o próprio Jesus tinha passado.

Esta é a essência do evangelho de Mateus. Ele traça para nós o caminho por meio do qual o Filho de Deus veio ao mundo, apresentou-se como Rei de Israel — primeiro no nível do físico, em seguida, no nível da alma. Quando Ele foi rejeitado nesses dois níveis, Ele passou para o reino do mistério do espírito humano. Na escuridão e mistério da cruz, Ele realizou a obra redentora que restauraria os seres humanos ao seu Criador — em corpo, alma e espírito.

Redenção, portanto, começa com o espírito. A obra de Cristo em nossa própria vida não nos muda até que tenha alcançado o nível de nosso espírito, a fonte de nossa adoração. Podemos ser atraídos para Cristo no nível do corpo, porque Ele supre a nossa necessidade física de segurança, abrigo e sustento diário. Ou podemos ser atraídos a Ele no nível da alma, porque o Senhor satisfaz nossa necessidade de afirmação, autoestima e autoexpressão.

Mas se o nosso relacionamento com Cristo não adentra as profundezas do nosso espírito, não fomos de fato transformados mediante a vida dele. Devemos estar integralmente comprometidos com Ele — corpo, alma e espírito.

Israel é testado na esfera do físico

O ministério de Jesus começa, como vimos em Mt 4:17, com as palavras: "Daí por diante, passou Jesus a pregar e a dizer: Arrependei-vos, porque está próximo o reino dos céus." Então vem o Sermão do Monte, onde temos a apresentação do Rei e as leis do reino. Isso vai do restante do capítulo 4 até o capítulo 7.

As regras para viver o reino, propostas no Sermão do Monte, são vistas como uma das mensagens mais significativas jamais

Aventurando-se através da Bíblia

entregues, e nos confronta em nossa vida física comum. Dois pecados no corpo são relacionados: assassinato e adultério. A vida de Deus nos é ilustrada no campo das esmolas e do jejum: atos físicos. Vemos Deus como Aquele que cuida de nós de tal maneira que não é necessário pensar no amanhã — como se alimentar ou vestir, preocupações que nos chegam no nível físico. Ao invés de se preocupar com comida ou bebida, Jesus diz: "...buscai, pois, em primeiro lugar, o seu reino e a sua justiça, e todas estas coisas [físicas] vos serão acrescentadas" (6:33). De fato, o Senhor está dizendo: "Eu sou a resposta a todas as suas necessidades físicas". Ele primeiro oferece a si mesmo à nação — e a nós — nesse nível.

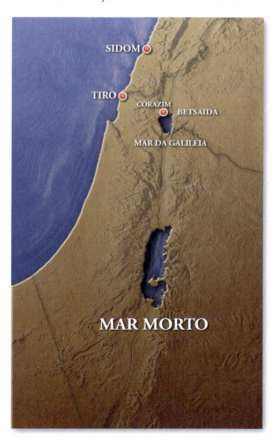

O Sermão do Monte é seguido por uma seção sobre milagres, e nos capítulos 8 a 12, testemunhamos os milagres físicos do reino. Estes milagres são ilustrações dos benefícios que o nosso Senhor concede no nível da vida física. Não é apenas uma demonstração de efeitos especiais ao estilo de Hollywood. Na verdade, é incrível como esses milagres são corriqueiros. Não há exibição de luzes, fogo, ou efeitos sonoros — apenas uma demonstração simples e digna do poder de nosso Senhor sobre todas as forças que afetam o corpo: demônios, doença e morte. Sua autoridade na área do corpo é régia, soberana e suprema.

Na sequência dos milagres vem uma seção contendo várias parábolas sobre o reino, onde a rejeição do reino é declarada em forma de mistério. É óbvio que a nação rejeitaria a oferta do Senhor de si mesmo como rei nesse nível físico, desta forma, uma nova palavra aparece: "Ai". No capítulo 11, Jesus declara: "Ai de ti, Corazim! Ai de ti, Betsaida!" Ai daqueles que não creram. O julgamento é pronunciado sobre a nação na esfera física.

Os mistérios do reino são encontrados no capítulo 13, onde as parábolas são proferidas com a verdade incorporada em símbolos — a parábola do semeador e as sementes, a parábola do trigo e do joio, a parábola do grão de mostarda, a parábola do fermento e a parábola da rede de peixes. Esta seção inteira — Mt 13:54 a 16:20 — está relacionada com alimento. Há o alimentar de 5 mil homens, além de mulheres e crianças no capítulo 14; as perguntas sobre o que contamina uma pessoa no capítulo 15; o episódio com a mulher cananeia que pediu a Jesus para curar sua filha, comparando seu pedido à mendicância por migalhas da mesa do Senhor; a alimentação de 4 mil homens, além de mulheres e crianças no capítulo 15; e o fermento dos fariseus e dos saduceus no capítulo 16.

Por fim, em 16:13-20, encontramos a revelação da pessoa de nosso Senhor a Pedro naquele momento maravilhoso quando Pedro tem a primeira percepção sobre a verdadeira natureza de seu Amigo, Jesus:

> *Respondendo Simão Pedro, disse: Tu és o Cristo, o Filho do Deus vivo. Então, Jesus lhe afirmou: Bem-aventurado és, Simão Barjonas, porque não foi carne e sangue que to revelaram, mas meu Pai, que está nos céus* (16:16,17).

Neste momento, a mensagem de nosso Senhor dá uma virada significativa. Aqui está o ponto de transição de onde Jesus vai além da esfera física da nossa humanidade e começa a adentrar as profundezas da alma humana.

Israel é testado na esfera da alma

O teste de Israel na área física foi composto por uma passagem narrativa detalhando o ministério de Jesus, seguido de várias parábolas. A seção seguinte é estruturada da mesma forma — uma narrativa do ministério do Senhor seguida por Suas parábolas.

Começando com 16:21, vemos o segundo ministério de Jesus à nação, desta vez Ele se oferece a Israel na esfera da alma. Sua primeira revelação (16:21–18:35) foi somente aos discípulos, pois eles deveriam ser o núcleo da futura Igreja. Aqui encontramos a transfiguração e a primeira citação de Sua morte.

Em seguida, vêm as parábolas do Rei, que são primeiramente dirigidas aos discípulos e depois à nação. Cada parábola apresenta Jesus como o Rei, que tem o direito não só de comandar, mas de julgar o caráter dos outros. Os discípulos estavam dispostos a segui-lo? Estavam dispostos a obedecê-lo? Dispostos a deixar o Senhor moldar o caráter deles?

Em Mateus 18, o Senhor dá instruções sobre como conviver bem com as outras pessoas, como amar, perdoar e reconciliar-se uns com os outros. É uma obra-prima de instruções práticas para a vida cotidiana e relacionamentos saudáveis. Se praticássemos fielmente os princípios de Mateus 18 na Igreja, o mundo seria transformado por nosso exemplo.

Em Mateus 19, Jesus ensina sobre casamento, divórcio, ética sexual e moral, também sobre manter promessas e a veracidade. Mais uma vez, Sua instrução é direcionada à nossa alma — e se guardássemos o Seu ensinamento, mudaríamos o mundo.

Alegra-te muito, ó filha de Sião! Escreveu o profeta Zacarias. *Exulta, ó filha de Jerusalém: eis aí te vem o teu Rei, justo e salvador, humilde, montado em jumento, num jumentinho, cria de jumenta* (Zc 9:9). A profecia de Zacarias foi cumprida quando Jesus entrou triunfalmente na cidade de Jerusalém, exatamente da maneira descrita pelo profeta. Mateus 21 apresenta a história da entrada triunfal de Jesus em Jerusalém.

"Entrada triunfal de Jesus em Jerusalém" por Pedro Orrente (1620).

Aventurando-se através da Bíblia

Entretanto, o triunfo logo dá lugar ao julgamento, enquanto o Senhor entra na cidade e pronuncia o Seu julgamento sobre os pecados da nação. Ele adentra ao Templo, interrompe as ofertas e expulsa os cambistas corruptos.

Em Mateus 23 você pode ouvir a palavra *ai* pronunciada como num ritmo do açoite de um chicote: Versículo 13 — "Ai de vós, escribas e fariseus, hipócritas!" Versículo 15 — "Ai de vós, escribas e fariseus, hipócritas!" Versículo 16 — "Ai de vós, guias cegos!" Versículo 23 — "Ai vós, escribas e fariseus, hipócritas!" A mesma frase continua a ressoar nos versículos 25, 27 e 29.

Os capítulos 24 e 25 contêm a famosa seção de instrução conhecida como o Sermão Profético. Esse discurso contém as instruções do Senhor para o remanescente cristão sobre o que fazer até que Ele volte. Ele revela como a história do mundo vai se moldar, o que vai acontecer nos anos seguintes, quais forças vão atuar sobre a Terra, e como o julgamento daqueles dias vai abalar e testar o próprio povo de Deus. O Senhor declara que estes poderão suportar somente na força do Espírito Santo.

Finalmente, nos capítulos 26 a 28, vemos a traição, o julgamento e a crucificação do Senhor Jesus Cristo. Voluntariamente, Jesus entra no vale da sombra da morte. Lá, sozinho e abandonado por Seus amigos, Ele entra em luta com os poderes das trevas. No mistério da cruz, Cristo se apodera das forças que dominam o espírito humano e as destrói. Embora Mateus apresente Jesus como Rei, a única coroa que Ele usou em Sua vida terrena foi a coroa de espinhos; Seu único trono foi a cruz sangrenta; Seu único cetro foi um caniço quebrado.

Israel é testado na esfera do espírito

Após a crucificação ocorre um evento tão surpreendente que representa uma completa ruptura histórica de tudo o que aconteceu anteriormente: A ressurreição de Jesus Cristo. Quando Jesus ressurgiu dos mortos, Ele transcendeu a esfera do físico e da alma. Ele adentrou para a esfera do espírito humano. O espírito é a chave para o domínio da vida.

Por meio da cruz e da ressurreição, o Senhor possibilitou a entrada no Santo dos Santos da nossa humanidade — o espírito — a fim de que Deus pudesse fazer em nós Sua morada. A grande mensagem do evangelho, então, é que Deus não está fora, mas dentro de nós. Ele está pronto e esperando para fazer Sua habitação no centro do coração da pessoa faminta e sedenta, e derramar Sua bênção, caráter e o Seu ser nessa vida. Quando o Rei é entronizado numa vida humana, o reino de Deus está presente na Terra.

Esta é a mensagem central do livro de Mateus: *Arrependei-vos, porque está próximo o*

Monte Calvário ou Gólgota, a leste de Jerusalém.

reino dos céus. O céu não é algum lugar no espaço; está aqui entre nós, invisível, mas real na vida daqueles que recebem Jesus como Senhor e Salvador. Onde o Rei estiver, lá estará o reino. Se o Rei Jesus estiver entronizado no coração, então, o reino de Deus terá chegado.

O evangelho de Mateus nos desafia com a questão mais crucial e pessoal que confronta cada ser humano: "Jesus Cristo é rei de sua vida?". Um rei é mais do que um salvador; um rei é soberano. O Rei Jesus quer ocupar cada canto de nossa vida. Se tivermos recebido Jesus apenas como o Salvador de nosso corpo ou o Salvador de nossa alma, então, ainda não o tornamos nosso Rei. Ele deve adentrar e conquistar cada milímetro quadrado de nossa vida, até mesmo os lugares mais profundos do espírito.

Jesus já entrou em seu espírito e dominou o seu coração? Até que você o conheça e o receba como Rei, você ainda não terá encontrado Jesus de verdade.

Que possamos responder em obediência à mensagem de Mateus. Que possamos contemplar nosso Rei e permitir que Ele reine em nossa vida. Que possamos lançar fora o trono de nosso próprio ego, vontade e orgulho, e substituí-lo pelo trono glorioso de Jesus, a cruz do Calvário. Então, Seu governo em nossa vida será completo — corpo, alma e espírito.

PERGUNTAS PARA DISCUSSÃO

MATEUS
Eis o vosso rei!

1. A genealogia de Jesus, o Rei, em Mateus, contém os nomes de quatro mulheres com credenciais questionáveis: Tamar, a nora de Judá (ela se disfarçou de prostituta e seduziu Judá em Gn 38), Raabe (a prostituta que ajudou os espias de Josué, Js 2), Rute (uma mulher gentia de Moabe, Rt 1) e Bate-Seba (que cometeu adultério com o Rei Davi, 2Sm 11). Por que você acha que Deus incluiu estas mulheres na linhagem de Jesus?

2. Leia Mt 2:1-12. Por que Deus guiou os magos — três astrólogos pagãos — para encontrar o menino Jesus? Os magos tinham pesquisado as Escrituras hebraicas para aprender sobre o nascimento do Rei dos judeus e viajaram centenas de quilômetros para achá-lo. Embora os líderes religiosos em Jerusalém tivessem as mesmas Escrituras e vivessem apenas a alguns quilômetros do local do nascimento do Rei, eles perderam esse acontecimento! Por que os líderes religiosos judeus não reconheceram este evento, há tanto profetizado, que acontecia debaixo de seus narizes? Será que, às vezes, estamos muito perto da verdade para vê-la?

3. Em Mateus 4, o Rei Jesus foi testado no deserto. Ele foi tentado por Satanás nas três áreas de Sua humanidade — corpo, alma e espírito. Como Jesus resistiu a este teste e tentação? O que podemos aprender com a tentação de Cristo e praticar em nossa vida?

4. Depois de ter sido tentado, Jesus começou a pregar: "Arrependei-vos, porque está próximo o reino dos céus." Então, em Mt 5-7, Ele estabeleceu as leis do reino no Sermão do Monte. Como, na sua opinião, Seus ouvintes responderam a essa mensagem? Imagine como você teria respondido a afirmações como estas:

- *Bem-aventurados sois quando vos perseguirem.*
- *Se alguém te obrigar a andar uma milha, vai com ele duas.*
- *Amai os vossos inimigos e orai pelos que vos perseguem.*
- *Não podeis servir a Deus e às riquezas.*
- *Buscai, pois, em primeiro lugar, o seu reino e a sua justiça.*
- *Tudo quanto, pois, quereis que os homens vos façam, assim fazei-o vós também a eles.*
- *Porque estreita é a porta, e apertado, o caminho que conduz para a vida.*

Se você nunca tivesse ouvido tais ensinamentos antes, seria atraído para este Rei — ou rejeitaria Sua mensagem?

5. No Sermão do Monte, de fato, Jesus disse: "Eu sou o Rei e estas são as regras do meu reino. Eu sou a resposta às suas necessidades." Depois, em Mateus 8 a 12, Jesus realiza uma série de milagres — os milagres físicos do reino. Estes são demonstrações do poder soberano de nosso Senhor sobre demônios, doença e morte. Um dos milagres foi a ressurreição da filha de um governante. Essa história está relacionada à dignidade e simplicidade:

Tendo Jesus chegado à casa do chefe e vendo os tocadores de flauta e o povo em alvoroço, disse: Retirai-vos, porque não está morta a menina, mas dorme. E riam-se dele. Mas, afastado o povo, entrou Jesus, tomou a menina pela mão, e ela se levantou (Mt 9:23-25).

Por que Jesus disse que a menina estava "dormindo" quando ela estava realmente morta? Que ação ou ações Jesus executou a fim de levantá-la dos mortos? Por que você acha que Mateus conta esta história em tão poucas palavras, sem teatralidade? O que essa história nos conta sobre a autoridade do reino de Jesus?

6. Leia Mt 11:1-14. Por que João Batista (que estava na prisão) enviou discípulos para perguntar a Jesus se Ele era o Messias prometido? Por que João começou a duvidar de que Jesus era o Ungido de Deus? Era simplesmente porque a prisão de João o tinha deixado deprimido e desanimado? Ou João esperava um tipo diferente de Messias e Rei do que Jesus agora aparentava ser?

7. Leia Mt 13:10-17 e 34–35. Ray Stedman escreve: "Na sequência dos milagres vem uma seção contendo várias parábolas sobre o reino, onde a rejeição do reino é declarada em forma de mistério. É óbvio que a nação rejeitaria a oferta do Senhor de si mesmo como rei [...]. Os mistérios do reino são encontrados no capítulo 13, onde as parábolas são proferidas com a verdade incorporada em símbolos."

Por que muito do ensino de Jesus foi apresentado em parábolas? Ele estava tentando revelar a verdade, esconder a verdade — ou as duas coisas? Explique sua resposta.

Aventurando-se através da Bíblia

APLICAÇÃO PESSOAL

8. Em Mt 26–28, testemunhamos a traição, julgamento e crucificação de Jesus, o Rei. O autor escreve: "Embora Mateus apresente Jesus como Rei, a única coroa que Ele usou em Sua vida terrena foi a coroa de espinhos; Seu único trono foi a cruz sangrenta; Seu único cetro foi um caniço quebrado".

Por que Jesus teve que morrer? A vida lhe foi tomada — ou Ele a entregou voluntariamente? Sua morte foi necessária para sermos salvos dos nossos pecados? Você tem certeza de que foi salvo dos seus pecados? Se sim, qual a base de sua salvação? (Veja 1Pe 2:24 e Ef 2:8,9).

9. Jesus demonstrou a Sua autoridade real sobre a vida e a morte, Céu e inferno, tempo e eternidade. O autor escreve que o Senhor "tornou possível a entrada no Santo dos Santos da nossa humanidade — o espírito — a fim de que Deus pudesse fazer em nós Sua morada. […] Onde o Rei estiver, lá estará o reino. Se o Rei Jesus estiver entronizado no coração, então, o reino de Deus terá chegado".

O Rei Jesus está entronizado em seu coração, em seus pensamentos, vontade e ações? Ele é o seu Senhor e Rei, bem como seu Salvador? Se ainda não, por que não? Quais passos você pode dar esta semana para entronizar Jesus como Rei da sua vida?

Observação: Para uma pesquisa mais aprofundada sobre as profecias de Jesus em Seu Sermão Profético, leia *What on Earth Is Happening? What Jesus Said about the End of the Age* [O que é isso que está acontencendo? O que Jesus disse sobre o fim dos tempos], escrito por Ray C. Stedman (Discovery House Publishers, 2003).

MARCOS

CAPÍTULO 50

Ele veio para servir

Mohandas Karamchand "Mahatma" Gandhi andava descalço, vestindo as roupas simples dos pobres, e viajava a pé ou de trem na classe mais barata. Ele escolheu construir sua casa na favela, entre as pessoas pobres que amava. Gandhi liderou uma batalha sem violência para que o povo da Índia tivesse seu próprio governo. Embora ele fosse da religião hindu, estudou a vida de Jesus e modelou suas ações espelhando-se no modelo de serviço de Cristo.

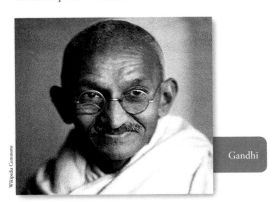

Gandhi

Em 1931, Gandhi foi a vários países europeus para visitar seus líderes. Onde quer que fosse, ele levava uma cabra consigo como símbolo de sua humildade. Quando foi a Roma para ver o ditador italiano Mussolini, chegou como sempre, vestido com roupas de mendigo, levando sua cabra puxada por uma corda. Os filhos de Mussolini riram quando viram o homem magro, calvo, aparentemente frágil — mas o ditador exclamou: "Este velho esquelético e sua velha cabra esquelética estão sacudindo o Império Britânico".

Esse é o poder de um servo genuíno: o poder de sacudir reinos, poder que foi primeiramente exemplificado para nós pelo maior servo de todos os tempos, Jesus Cristo, o Servo-Senhor.

O evangelho de Marcos, o segundo livro do Novo Testamento, é o mais breve dos quatro evangelhos, com apenas 16 capítulos. É facilmente lido em um só dia. Sua brevidade

OBJETIVOS DO CAPÍTULO

O objetivo deste capítulo é apresentar os temas singulares do evangelho de Marcos, o evangelho de Jesus, o Servo. Este capítulo investiga a atitude de servo de Jesus e mostra como tanto Sua autoridade de servo (como o Servo de Deus Pai) como Sua atitude humilde de servo são especialmente relevantes para nossa vida cristã hoje.

O LIVRO DE MARCOS

O ministério do Servo (Mc 1:1–8:30)

As credenciais do Servo; João Batista anuncia e batiza Jesus...................... 1:1-11

O teste do Servo; tentação no deserto 1:12,13

O ministério do Servo; milagres, curas,
autoridade sobre os demônios e doenças 1:14–2:12

Controvérsia e oposição à amizade de Jesus
com os pecadores; trabalhar no sábado..2:13–3:35

Quatro parábolas do Servo: os solos, a candeia,
a semente, o grão de mostarda.. 4:1-34

Quatro milagres do Servo: o mar é acalmado,
demônios entram nos porcos, a ressurreição da filha
de Jairo, a cura da mulher com um fluxo de sangue............................4:35–5:43

Oposição crescente ao servo, e a morte de João Batista........................6:1–8:21

A cura do cego de Betsaida... 8:22-26

A confissão de Pedro sobre o Cristo.. 8:27-30

A obra de resgate do Servo (Mc 8:31–16:20)

Jesus começa a ensinar sobre a Sua morte iminente 8:31–8:38

Jesus é transfigurado no Monte 9:1-13

Jesus liberta um menino endemoninhado 9:14-29

Jesus prepara Seus discípulos para Sua morte... 9:30-32

Ensinamentos sobre serviço; morte e inferno;
casamento e divórcio; crianças; riqueza; e a recompensa
eterna, incluindo a história do jovem rico 9:33–10:31

Jesus outra vez prediz a Sua morte e ensina sobre serviço..................... 10:32-45

O cego Bartimeu é curado 10:46-52

A entrada triunfal em Jerusalém e a purificação do Templo 11:1-19

Instrução sobre oração 11:20-26

Oposição dos líderes religiosos 11:27–12:44

Jesus no final dos tempos, a tribulação e a segunda vinda 13

O julgamento e a crucificação 14–15

A ressurreição, aparições e a ascensão de Jesus 16

Aventurando-se através da Bíblia

é, provavelmente, a razão pela qual este é o livro mais traduzido do Novo Testamento. Os tradutores da *Wycliffe* geralmente começam seu trabalho de tradução com o evangelho de Marcos, porque ele fornece sucintamente toda a história do evangelho.

O autor de Marcos

O escritor do evangelho de Marcos foi um jovem chamado João Marcos, que acompanhou Paulo em sua primeira viagem missionária e provou ser um servo em quem não se podia confiar. Ele não aguentou a pressão e voltou para casa. Curiosamente, o Espírito Santo escolheu este homem, que tinha mostrado características de não ser confiável no início de sua carreira, para registrar a absoluta confiança, credibilidade e fidelidade do Servo de Deus, o Senhor Jesus Cristo.

Marcos foi companheiro de Pedro, um dos amigos mais próximos do Senhor em Seu ministério terreno. Assim, o evangelho de Marcos contém muitos dos pensamentos, ensinamentos e primeiras impressões de Pedro. Dos quatro evangelistas, Mateus e João foram discípulos de Jesus, Lucas recebeu seu evangelho por meio do ensino do apóstolo Paulo, e Marcos recebeu seu evangelho aos pés de Pedro — embora o apóstolo Pedro tenha escrito duas cartas do Novo Testamento, ele não escreveu um evangelho.

Em Atos 10, Pedro nos dá um breve resumo de tudo o que está registrado no evangelho de Marcos. Na casa de Cornélio, Pedro ficou em pé e disse às pessoas "como Deus ungiu a Jesus de Nazaré com o Espírito Santo e com poder, o qual andou por toda parte, fazendo o bem e curando a todos os oprimidos do diabo, porque Deus era com ele" (At 10:38).

Se você quiser conhecer Marcos pessoalmente, vá ao capítulo 14. Lá, no relato da prisão de Jesus no Jardim do Getsêmani, pouco antes da crucificação, encontramos o único relato da aparição de Marcos entre os discípulos. Nos versículos 51,52, lemos:

Seguia-o um jovem, coberto unicamente com um lençol, e lançaram-lhe a mão. Mas ele, largando o lençol, fugiu desnudo.

Nenhum outro evangelho registra isso, e é quase certo que esse jovem era Marcos. Ele era filho de uma mulher rica em Jerusalém e é muito provável que sua mãe fosse a proprietária da casa onde os discípulos se reuniram no cenáculo. Marcos, portanto, estava presente em alguns desses eventos. A maioria dos estudiosos da Bíblia está convencida de que este incidente está incluído neste evangelho porque ele próprio estava envolvido.

Esboço de Marcos, o evangelho do Servo

Todo o evangelho de Marcos é resumido em uma frase: "Pois o próprio Filho do Homem não veio para ser servido, mas para servir" (Mc 10:45). Nesse curto versículo, você tem o esboço deste evangelho, porque a frase conclusiva deste versículo continua dizendo: "e dar a sua vida em resgate por muitos." De Mc 1:1 a 8:30, o tema do livro é o ministério do Servo. A partir do 8:31 até o fim do livro, o tema é a obra de resgate do Servo.

Na primeira metade do livro, de 1:1 a 8:30, dois aspectos do ministério do Servo estão enfatizados: Sua autoridade e Seu impacto sobre as pessoas. Observe primeiramente os sinais de Sua autoridade.

592   *Jesus: O foco dos dois Testamentos*

A autoridade do Servo

Aqueles que ouviram Jesus falar se encheram de admiração. Na verdade, disseram: "Ele não ensina como os escribas e fariseus... fala com autoridade e com poder. O que Ele nos diz perfura nossos corações como uma furadeira!".

Por que Jesus falava com tanta autoridade? Porque, como o Servo de Deus, Ele conhecia os segredos do Pai. Ele tornou esses segredos manifestos aos seres humanos. A verdade em Suas palavras nos faz parar e nos convence do nosso pecado e de nossa necessidade por Ele.

Os escribas e fariseus precisavam reforçar suas palavras com referências a autoridades e citações de outros, mas não Cristo. Jesus nunca cita qualquer outra fonte a não ser a Palavra de Deus. Ele fala com determinação e autoridade. Ele nunca arrisca uma mera opinião, jamais hesita ou se equivoca. Fala com a mesma autoridade que Aquele que certa vez disse: *Haja luz*, e o Universo veio a existir.

Esta parte de Marcos ressalta a autoridade de Jesus sobre o mundo das trevas, um mundo sobre o qual ponderamos muito casualmente. Um exemplo importante de quão seriamente subestimamos os poderes das trevas é a observância, em alguns países, de uma data chamada *Halloween* [Dia das Bruxas]. Nesta data, mostramos nosso fraco conhecimento quanto à existência de espíritos malignos. O dia é celebrado como uma divertida homenagem a um panteão de duendes, fantasmas e bruxas em vassouras — uma distorção da verdadeira natureza do mal que entorpeceu nossos sentidos para a realidade do mundo espiritual. Por trás da fachada divertida do Halloween está um mundo real e mortal de poder demoníaco que oprime o ser humano e influencia acontecimentos humanos.

Repetidamente em todo o evangelho de Marcos, vemos a autoridade do Servo de Deus sobre as forças das trevas. Jesus conhece os poderes do mau, as paixões das trevas que trabalham atrás dos bastidores da história. Paulo chama esses poderes demoníacos de "espíritos enganadores" (1Tm 4:1). Jesus tem a autoridade

Localização da casa de Pedro em Cafarnaum, segundo a tradição.

Aventurando-se através da Bíblia

final sobre esses poderes — mas eles podem nos causar grandes danos se não nos colocarmos sob a proteção do senhorio de Cristo.

Marcos retrata fielmente a atividade demoníaca. Esses poderes influenciam as pessoas a fazer coisas estranhas — a isolarem-se no deserto, longe do restante da comunidade, a se comportarem sem respeito às leis (ilegalidade é sempre uma marca de influência demoníaca), a atormentarem-se e atacarem os outros, a tornarem-se uma ameaça para a sociedade.

Marcos descreve um endemoninhado como alguém que "está fora de si" (Mc 3:21 na ARA e na NVI). Bem, *fora de si* é uma frase significativa, não é? Imagine ele estando ao seu lado — uma personalidade dividida, alienado de seu próprio eu. Essa é uma das marcas da influência demoníaca. Apesar do imenso poder dos demônios, o Senhor Jesus tem autoridade sobre todos eles.

Cristo, o Servo, também tem autoridade sobre as doenças. O primeiro relato desse poder em ação é a cura da sogra de Pedro. Isso sempre foi uma cena tocante para mim. As pessoas hoje fazem piadas sobre sogras, mas Pedro amava e estava muito preocupado em relação à mãe de sua esposa. Jesus a tocou e a febre a deixou. Então as pessoas da cidade reuniram-se à porta e Ele curou cada uma delas (Mc 1:30-34).

O relato seguinte envolve a cura de um leproso (Mc 1:40-45). Jesus não só curou o leproso, mas *tocou* nele. Ninguém tocava em um leproso naqueles dias. A Lei de Moisés (que legislava sobre saúde, higiene e a moral) não permitia que as pessoas tocassem em leprosos, e leprosos tinham que gritar o aviso — "Imundo! Imundo!" — por onde quer

que fossem. Ninguém pensaria em tocar em alguém com lepra, mas o coração compassivo do Servo é revelado quando Jesus toca o leproso, cura-o e o envia ao sacerdote. Este é o primeiro exemplo em toda a Escritura de um leproso sendo curado de acordo com a Lei de Moisés e enviado ao sacerdote, conforme exigido pela lei.

O impacto do Servo sobre as pessoas

A segunda grande ênfase do evangelho de Marcos diz respeito ao impacto poderoso que Jesus tinha sobre as pessoas. Um servo sempre impacta as pessoas a quem serve. À medida que Jesus, o Servo, realizava Seu ministério, as pessoas lhe correspondiam. Algumas dessas respostas eram fortemente favoráveis; outras fortemente desfavoráveis. Ninguém tratava Jesus com indiferença. Ele inspirava devoção — ou ódio.

Vemos o impacto que Ele teve sobre Seus próprios discípulos depois de alimentar as 5 mil pessoas, em seguida, caminhar sobre as águas e acalmar a tempestade no mar.

E subiu para o barco para estar com eles, e o vento cessou. Ficaram entre si atônitos, porque não haviam compreendido o milagre dos pães; antes, o seu coração estava endurecido (6:51,52).

Este endurecimento do coração era característico das atitudes de muitos em relação ao Senhor em Seu ministério como Servo.

No capítulo 7, você encontra a hipocrisia e a crítica dos fariseus — mas também a aceitação admirada de muitos que foram profundamente impactados depois de verem Seus milagres de cura.

Maravilhavam-se sobremaneira, dizendo: Tudo ele tem feito esplendidamente bem; não somente faz ouvir os surdos, como falar os mudos (7:37).

Essa é a marca de um coração que crê, o coração de alguém que pode dizer de Jesus: "Ele faz todas as coisas bem". Marcos continua e registra um ato muito significativo de nosso Senhor.

Então, chegaram a Betsaida; e lhe trouxeram um cego, rogando-lhe que o tocasse. Jesus, tomando o cego pela mão, levou-o para fora da aldeia e, aplicando-lhe saliva aos olhos e impondo-lhe as mãos, perguntou-lhe: Vês alguma coisa?
Este, recobrando a vista, respondeu: Vejo os homens, porque como árvores os vejo, andando.
Então, novamente lhe pôs as mãos nos olhos, e ele, passando a ver claramente, ficou restabelecido; e tudo distinguia de modo perfeito. E mandou-o Jesus embora para casa, recomendando-lhe: Não entres na aldeia (8:22-26).

Observe que essa história se passa na aldeia de Betsaida. Mateus descreve Betsaida como uma dessas cidades sobre a qual Jesus tinha pronunciado julgamento, dizendo:

Ai de ti, Corazim! Ai de ti, Betsaida! Porque, se em Tiro e em Sidom se tivessem operado os milagres que em

Aventurando-se através da Bíblia

vós se fizeram, há muito que elas se teriam arrependido com pano de saco e cinza (Mt 11:21).

Aqui está uma aldeia que tinha rejeitado o ministério do Senhor e Sua pessoa, e Ele não permitia que nenhum outro testemunho fosse dado àquele lugar. Ele conduziu o cego para fora da aldeia antes de curá-lo. (Esse é o único caso em que a cura não aconteceu instantânea e completamente na primeira vez em que Jesus falou). Quando completou a cura, Ele nem sequer permitiu que o homem curado voltasse para a aldeia, pois Betsaida estava sob o julgamento divino por ter rejeitado o ministério do Servo de Deus.

Em Mc 8:27-30, encontramos a história da grande confissão de fé de Pedro de que Jesus é o Cristo, o Messias cuja vinda foi profetizada no Antigo Testamento. Este acontecimento fecha a primeira seção do evangelho de Marcos. Na segunda parte do livro, começando em 8:31, Jesus instrui cada vez mais a Seus discípulos sobre Sua iminente morte na cruz — o ministério resgatador do Servo.

O Servo resgatador

Chegamos ao segundo grande tema do evangelho de Marcos: Jesus veio para dar Sua vida como resgate de muitos. Aqui, Jesus intensifica Sua instrução aos discípulos a respeito de Sua iminente morte na cruz — o ministério resgatador do Servo. Ele apresenta este tema sombrio enquanto instrui os discípulos sobre Sua morte.

Então, começou ele a ensinar-lhes que era necessário que o Filho do Homem sofresse muitas coisas, fosse rejeitado pelos anciãos,

pelos principais sacerdotes e pelos escribas, fosse morto e que, depois de três dias, ressuscitasse. E isto ele expunha claramente. Mas Pedro, chamando-o à parte, começou a reprová-lo.

Jesus, porém, voltou-se e, fitando os seus discípulos, repreendeu a Pedro e disse: Arreda, Satanás! Porque não cogitas das coisas de Deus, e sim das dos homens (8:31-33).

Deste ponto em diante, o rosto de nosso Senhor está voltado em direção a Jerusalém e à cruz. O Servo vai entregar a si mesmo como sacrifício em resgate daqueles a quem Ele veio salvar e servir. A revelação de Seu plano é fornecida nessa passagem. Ele veio para sofrer, ser rejeitado, ser morto, e depois de três dias, ressuscitar.

E quem se levantou para frustrar esse plano? Não foi Judas Iscariotes. Nem Pôncio Pilatos. Não foi algum espírito demoníaco. Não, foi o amigo mais próximo e confiável do Senhor — aquele que acabara de confessar que Jesus é o Cristo, o Messias. Sua resposta a Jesus foi: "Não se sacrifique, Senhor — poupe-se disso". Esse é sempre o caminho da humanidade corrompida. A filosofia do mundo é: "Sirva a você mesmo". Contudo, Jesus não veio para ser servido, mas para servir.

Assim, Jesus repreendeu Seu amigo. "Pedro", disse o Mestre: "Eu reconheço de onde vem seu pensamento. Essa é a 'sabedoria' de Satanás, e não de Deus. Mantenha esse tipo de conversa fora do meu caminho".

Então Jesus chamou a multidão para si, e também Seus discípulos, e lhes disse: "Se alguém quer vir após mim, a si mesmo se negue, tome a sua cruz e siga-me" (8:34). Poupar-se e servir a si mesmo é o modo como o diabo atua. Doar-se é a maneira de Deus. Esse é o plano que Jesus realiza até o fim do evangelho de Marcos — o plano de se entregar como o resgate sacrificial por você e por mim.

O relato de Sua transfiguração está no capítulo 9. Nele, Jesus revela Sua intenção e propósito:

> *Dizia-lhes ainda: Em verdade vos afirmo que, dos que aqui se encontram, alguns há que, de maneira nenhuma, passarão pela morte até que vejam ter chegado com poder o reino de Deus.*
>
> *Seis dias depois, tomou Jesus consigo a Pedro, Tiago e João e levou-os sós, à parte, a um alto monte. Foi transfigurado diante deles; as suas vestes tornaram-se resplandecentes e sobremodo brancas, como nenhum lavandeiro na terra as poderia alvejar. Apareceu-lhes Elias com Moisés, e estavam falando com Jesus.*
>
> *Então, Pedro, tomando a palavra, disse: Mestre, bom é estarmos aqui e que façamos três tendas: uma será tua, outra, para Moisés, e outra, para Elias. Pois não sabia o que dizer, por estarem eles aterrados. A seguir, veio uma nuvem que os envolveu; e dela uma voz dizia: Este é o meu Filho amado; a ele ouvi.*
>
> *E, de relance, olhando ao redor, a ninguém mais viram com eles, senão Jesus* (9:1-8).

Jesus levou Pedro, Tiago e João para o topo do monte, e lá — como Jesus prometera — eles viram "o reino de Deus vir com poder". Aqueles discípulos não tiveram que passar pela morte para ver a glória do Rei — eles a viram com seus próprios olhos terrenos e mortais. Pedro se refere a este evento em sua segunda carta:

> *Porque não vos demos a conhecer o poder e a vinda de nosso Senhor Jesus Cristo seguindo fábulas engenhosamente inventadas, mas nós mesmos fomos testemunhas oculares da sua majestade, pois ele recebeu, da parte de Deus Pai, honra e glória, quando pela Glória Excelsa lhe foi enviada a seguinte voz: Este é o meu Filho amado, em quem me comprazo. Ora, esta voz, vinda do céu, nós a ouvimos quando estávamos com ele no monte santo* (2Pe 1:16-18).

Por que Jesus abriu este evento com a afirmação de que *alguns há que, de maneira nenhuma, passarão pela morte até que vejam ter chegado com poder o reino de Deus?* Porque Sua intenção para a raça humana, o propósito de Sua obra redentora, é que os seres humanos não deveriam ter que provar a morte. Ele veio para nos livrar da dor da morte, do terrível sabor da morte. Os cristãos morrem, mas eles nunca provam a morte. Para aqueles que colocam sua confiança em Jesus, a morte é apenas uma porta de entrada para outra vida.

Por que o apóstolo Paulo diz com tal confiança: "Onde está, ó morte, a tua vitória? Onde está, ó morte, o teu aguilhão" (1Co 15:55)? Porque, como Hb 2:9 nos diz, Jesus provou a morte por todos, por você e por mim, de modo que não tenhamos que prová-la. Mas os discípulos não entenderam o propósito do Senhor ou Suas palavras sobre vida e morte:

> *Ao descerem do monte, ordenou-lhes Jesus que não divulgassem as coisas*

*que tinham visto, até o dia em que
o Filho do Homem ressuscitasse
dentre os mortos. Eles guardaram a
recomendação, perguntando uns aos
outros que seria o ressuscitar dentre os
mortos (9:9,10).*

O que significa "ressuscitar dentre os mortos"? Significa justamente isso! Jesus não podia ter falado mais claramente. Ele ia sofrer, morrer, ressuscitar e viver novamente. Os discípulos estavam à procura de figuras de linguagem quando Jesus estava lhes dando a verdade literal e prática.

No capítulo 10, Jesus fala da família, das crianças e das bênçãos materiais e financeiras de Deus. Ele entra no ferro-velho da vida humana e leva estes presentes divinos, que as pessoas distorceram e usaram egoisticamente, e lindamente os restaura para o propósito inicial de Deus.

A última semana

No capítulo 11, encontramos o início da última semana do Senhor enquanto Ele vai decididamente em direção ao Seu encontro com a cruz. Nesse capítulo, vemos outro ato significativo que apenas Marcos registra:

*E foram para Jerusalém. Entrando ele
no Templo, passou a expulsar os que
ali vendiam e compravam; derribou as
mesas dos cambistas e as cadeiras dos
que vendiam pombas. Não permitia que
alguém conduzisse qualquer utensílio pelo
Templo; também os ensinava e dizia: Não
está escrito:*

*A minha casa será chamada casa de
oração para todas as nações? Vós, porém,*

*a tendes transformado em covil de
salteadores (11:15-17).*

Esta não é a mesma purificação do Templo registrada por João em seu evangelho (Jo 2:13-16). No evangelho de João, este incidente ocorreu no início do ministério do Senhor. Mas, numa segunda vez — desta vez no final de Seu ministério — Ele derruba as mesas dos cambistas e purifica o Templo.

Do Templo, Jesus vai ao monte das Oliveiras, até o Cenáculo, em seguida, ao jardim do Getsêmani, e para a cruz.

Os últimos capítulos do livro de Marcos tratam das perguntas que as pessoas fizeram a Jesus. No capítulo 11, Ele responde aos sacerdotes e aos anciãos que tentaram pegá-lo em uma armadilha. No capítulo 12, responde aos fariseus e herodianos que também tentaram pegá-lo em armadilha, bem como aos saduceus (os materialistas que não acreditavam em vida após a morte).

Por fim, um escriba com um coração honesto faz-lhe a única pergunta honesta do capítulo 12: "Qual é o principal de todos os mandamentos?" (12:28). Eis a resposta de Jesus:

*Respondeu Jesus: O principal é: Ouve,
ó Israel, o Senhor, nosso Deus, é o único
Senhor! Amarás, pois, o Senhor, teu Deus,
de todo o teu coração, de toda a tua alma,
de todo o teu entendimento e de toda a
tua força. O segundo é: Amarás o teu
próximo como a ti mesmo. Não há outro
mandamento maior do que estes.*

*Disse-lhe o escriba: Muito bem, Mestre,
e com verdade disseste que ele é o único, e
não há outro senão ele, e que amar a Deus
de todo o coração e de todo o entendimento*

e de toda a força, e amar ao próximo como a si mesmo excede a todos os holocaustos e sacrifícios.

Vendo Jesus que ele havia respondido sabiamente, declarou-lhe: Não estás longe do reino de Deus. E já ninguém mais ousava interrogá-lo (12:29-34).

As respostas do Senhor puseram fim a todos os questionamentos. Esse é o poder da verdade — ela eleva o coração honesto, envergonha o coração culpado e silencia a língua mentirosa.

No capítulo 13, os discípulos vêm a Jesus perguntando sobre os eventos futuros. Neste capítulo, Cristo revela a era vindoura — o tempo da tribulação e o tempo de Seu retorno em glória.

O capítulo 14 descreve duas atitudes de grande contraste. Primeiro, uma mulher chamada Maria oferece como sacrifício um perfume caro, que ela derrama sobre os pés de Jesus. Em seguida, Judas Iscariotes trai o Senhor por dinheiro. O primeiro é um ato de desprendimento absoluto, e o outro, de extremo egoísmo.

Começando com o capítulo 15, encontramos o relato da cruz. No registro de Marcos este é um ato de incrível brutalidade realizado em nome da justiça. O Senhor exteriormente parece um homem derrotado, um fracasso trágico. Sua causa está perdida. Ele é ridicularizado, espancado e cuspido. Como Ele disse em Mc 8:31: "…era necessário que o Filho do Homem sofresse muitas coisas…".

A morte e a ressurreição do Servo

Por fim, o Servo vai voluntariamente à cruz. Parece tão diferente da imagem do milagreiro da Galileia do início desse evangelho — a pessoa cheia de poder e energia, o Servo com autoridade vinda do alto. Não é de se admirar que os sumos sacerdotes, enquanto observavam-no morrer, dissessem: "…Salvou os outros, a si mesmo não pode salvar-se" (Mc 15:31). Essa é uma declaração estranha — ela revela como Deus é capaz de fazer que até os Seus inimigos o louvem. O paradoxo dessa afirmação é que os sumos sacerdotes usaram essas palavras como zombaria de Seu aparente desamparo — entretanto, Jesus estava, de fato, salvando os outros ao recusar-se a salvar-se a si mesmo!

À medida que leio esse relato, fico impressionado com as três ações que os inimigos de Jesus não puderam forçá-lo a realizar. Primeiro, não puderam fazê-lo falar:

Tornou Pilatos a interrogá-lo: Nada respondes? Vê quantas acusações te fazem!
Jesus, porém, não respondeu palavra, a ponto de Pilatos muito se admirar (15:4,5).

Por que Ele não falou? Porque Ele teria salvado a si próprio se tivesse falado diante de

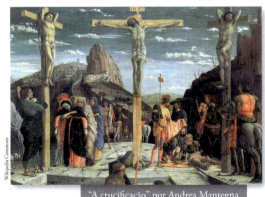

"A crucificação" por Andrea Mantegna (entre 1457 e 1459).

Aventurando-se através da Bíblia 599

Pilatos. Os sumos sacerdotes estavam certos. Ele salvou os outros, mas não podia — não iria — salvar-se.

Segundo, eles não puderam fazê-lo beber:

Deram-lhe a beber vinho com mirra; ele, porém, não tomou (15:23).

Por que não? Porque Ele poderia ter salvado a si mesmo se tivesse bebido. O vinho e a mirra formavam uma mistura narcótica para entorpecer os sentidos. Se Ele tivesse bebido, teria salvado a si próprio do efeito completo da agonia da cruz. Teria entorpecido o horror de se tornar pecado por nós. Ele não iria salvar a si mesmo de qualquer um dos sofrimentos da cruz.

Por fim, eles não puderam ao menos fazê-lo morrer. Na Nova Versão Internacional, lemos: *Mas Jesus, com um alto brado, expirou* (Mc 15:37), que não é literalmente o que o texto original grego transmite. No grego, este versículo diz: "Com um grito, Jesus retirou de si mesmo o espírito". Ele entregou Seu espírito. Não morreu nas mãos dos assassinos. Deixou Seu espírito partir por Sua própria vontade. Em outro lugar, Jesus disse:

Eu dou a minha vida para a reassumir. Ninguém a tira de mim; pelo contrário, eu espontaneamente a dou. Tenho autoridade para a entregar e também para reavê-la. Este mandato recebi de meu Pai (Jo 10:17,18).

Jesus poderia ter se recusado a morrer; e os soldados, governantes e líderes religiosos não teriam sido capazes de tirar Sua vida. Ele poderia ter se pendurado na cruz e insultado a incapacidade deles de matá-lo, mas não o

fez. Ele morreu, *retirou de si mesmo o espírito*, voluntária e deliberadamente.

Quando chegamos ao capítulo final de Marcos, na ressurreição, aprendemos por que o nosso Senhor não permitiu essas três ações.

Ele ficou em silêncio e se recusou a apelar para Pilatos ou para a multidão, porque estava lançando a base para um dia que virá em que, no poder da ressurreição, apelaria a uma multidão muito maior, quando todo joelho se dobrará e toda língua confessará que Jesus Cristo é Senhor, para glória de Deus Pai.

Não beberia a fim de entorpecer seus sentidos porque estava lançando uma base sobre a qual mesmo aqueles que estavam próximos à cruz poderiam entrar em uma vida tão maravilhosa, tão abundante, que os momentos mais emocionantes, vibrantes e intensos da vida na Terra se tornariam insignificantes quando comparados a ela.

Finalmente, Jesus não permitiria que seres humanos tirassem Sua vida porque Ele precisava entregá-la voluntariamente para que pudesse superar o maior inimigo do homem — a morte. E assim, livrar para sempre a todos os que crerem nele do poder e do aguilhão da morte. Esse é o evangelho. Salvou os outros, mas a si mesmo Ele não podia — não iria — se salvar. Esse é o coração do Servo (Fp 2:5-7).

PERGUNTAS PARA DISCUSSÃO

MARCOS
Ele veio para servir

1. O autor nos diz que o evangelho de Marcos está resumido em uma frase de Mc 10:45: "Pois o próprio Filho do Homem não veio para ser servido, mas para servir." Isso é o exato oposto do tema do evangelho de Mateus: "Eis o vosso rei!" Um servo é o oposto de um rei. Jesus é Servo — ou Rei? Ele não poderia ser ambos, poderia? Explique sua resposta.

2. Leia Mc 2:23-28. Por que Jesus diz que o sábado foi feito para o homem, não o homem para o sábado? Ele está abolindo o quarto mandamento? Será que este mesmo princípio se aplica a quaisquer outros mandamentos? Ele está dizendo que a lei do sábado deveria ser uma bênção em vez de uma maldição? (Dica: Nos dias de Jesus, os líderes religiosos tinham desenvolvido mais de 1.500 normas que regiam como o sábado deveria ser observado.)

3. Na primeira parte de seu evangelho, a partir de 1:1 a 8:30, Marcos salienta os sinais da autoridade do Servo. Como o Servo de Deus, Jesus falava com a mesma autoridade com que, uma vez disse: Haja luz. Ele demonstrou autoridade sobre o mundo dos demônios ao expulsar espíritos imundos. Demonstrou autoridade sobre doenças através de uma série de curas. Sempre dizia às pessoas para não contarem a ninguém o que Ele tinha feito (veja 5:43; 7:36 e 8:26). Por que Ele não queria que ninguém soubesse sobre estas curas? Como as pessoas geralmente respondiam à Sua ordem?

4. Leia Mc 8:22-26. Jesus muitas vezes curava pessoas apenas com uma palavra, mas neste caso Ele usou a saliva e o toque — e o homem não conseguiu enxergar perfeitamente após o primeiro toque. Depois de um segundo, o homem viu claramente. Por que você acha que esta cura ocorreu em fases? A saliva tinha "poderes de cura", era um símbolo ou poderia até ter sido um placebo? Jesus teve um propósito na realização de um milagre passo a passo, em vez de uma cura instantânea?

5. Leia Mc 8:27-30. Por que Jesus pergunta primeiro: "Quem dizem os homens que eu sou?".

Aventurando-se através da Bíblia

Depois pergunta: "Mas vós, quem dizeis que eu sou?" Pedro responde: "Tu és o Cristo, o Messias." Pedro está respondendo apenas por si mesmo ou como porta-voz de todos os discípulos? Por que havia uma diferença tal entre o que as pessoas diziam sobre Jesus e o que os discípulos afirmaram?

Quem você diz que Jesus é? Um bom mestre e modelo? Um líder e fundador de uma das grandes religiões do mundo? Uma figura de mito e lenda? O Messias, o Filho de Deus, o Filho do homem, seu Senhor e Salvador?

6. Leia Mc 8:31-33. Por que Jesus repreendeu Pedro de forma tão dura: "Arreda, Satanás!"? De alguma forma, será que Satanás havia possuído Pedro? Jesus estava usando Satanás como uma figura de linguagem? Como Jesus pôde dizer tal coisa a Seu amigo?

7. Leia Mc 9:1-13. Qual é o significado da transfiguração de Jesus — a mudança em Sua aparência, o brilho ofuscante de Suas roupas? Por que Moisés e Elias foram escolhidos para estarem juntos e falarem com Jesus no monte da transfiguração? (Dica: Lc 16:16 e Rm 3:21.) Sobre o que você supõe que eles conversaram? O que a presença de Moisés e de Elias indica a respeito da identidade de Jesus?

A voz de Deus diz: "Este é o meu Filho amado; a ele ouvi". O que Jesus teria a dizer para que Pedro, Tiago e João ouvissem (2Pe 1:16-18)? Aqui Pedro afirma o relato da transfiguração. Como esta afirmação impacta sua fé?

APLICAÇÃO PESSOAL

8. Jesus disse que o mandamento mais importante é: "Ouve, ó Israel, o Senhor, nosso Deus, é o único Senhor! Amarás, pois, o Senhor, teu Deus, de todo o teu coração, de toda a tua alma, de todo o teu entendimento e de toda a tua força. O segundo [mandamento mais importante] é este: Amarás o teu próximo como a ti mesmo. Não há outro mandamento maior do que estes".

Como você se avaliaria (de 1 a 10) na observância do mandamento mais importante? Como você se avaliaria com relação ao segundo mandamento mais importante? Explique como chegou a essa avaliação. Quais passos você pode tomar esta semana para melhorar esses resultados?

Jesus: O foco dos dois Testamentos

9. Leia Fp 2:5-7. Ray Stedman conclui: "Salvou os outros, mas a si mesmo não podia – não iria – salvar-se. Esse é o coração do Servo". Como essa declaração impacta a maneira como você vê Jesus, o Servo? Como isso afeta seus sentimentos em relação a Ele? Que passos você pode dar esta semana para mostrar seu amor por Jesus e para demonstrar que deseja ser um servo como Ele?

Observação: Para aprofundar-se mais, versículo por versículo do evangelho de Marcos, leia *The Servant Who Rules: Exploring the Gospel of Mark, vol. I* [O Servo que domina: Explorando o evangelho de Marcos, vol. 1] e *The Ruler Who Serves: Exploring the Gospel of Mark, vol. II* [O governante que serve: Explorando o evangelho de Marcos, vol. 2] escritos por Ray C. Stedman (Discovery House Publishers, 2002).

Mar da Galileia

LUCAS

CAPÍTULO 51

O homem perfeito

Canuto, o rei dinamarquês da Inglaterra no século 11, estava cercado por uma corte de bajuladores e aduladores. "Ó, rei", eles diziam, "tu és o maior governante que já viveu! Tu és invencível! Não há nada que tu não saibas!"

Cansado de todo esse louvor vazio, Canuto ordenou a sua guarda do palácio para levar seu trono à praia. Lá, ele sentou-se em seu trono à beira da água enquanto bajuladores perplexos se perguntavam o que o rei tinha em mente.

Olhando para o mar, o rei Canuto estendeu os braços e ordenou: "Ondas, se aquietem! Maré, pare!". Mas as ondas continuaram a rolar para a praia e a maré continuava a subir. O mar chegou aos tornozelos do Rei Canuto, em seguida, às suas coxas, então ao seu peito. No entanto, ele continuava a ordenar: "Ondas, se aquitem! Maré, pare!". Por fim, uma onda rebentou nele, derrubou o trono e deixou o rei coberto de areia, ofegante e irritado.

Os bajuladores olharam para ele, pensando que tivesse perdido completamente a cabeça. O rei levantou-se, totalmente molhado, e ordenou aos guardas para levar seu trono de volta ao castelo. Quando a comitiva chegou à sala do trono, o rei Canuto apontou para um crucifixo na parede – de Jesus na cruz. "Vocês veem este Homem? Ele dava ordens às ondas do mar. Ele é o homem perfeito. Quanto a mim — sou apenas um homem".

O evangelho de Lucas é a história do Homem que era a perfeição encarnada, o único ser humano perfeito que já viveu.

A estrutura de Lucas

O terceiro evangelho apresenta Jesus como o Filho do homem. Este era o título favorito do nosso Senhor para si mesmo — um título que utilizava mais frequentemente do que qualquer outro. À medida que ler o evangelho de Lucas, você perceberá a mesma pessoa que

> **OBJETIVOS DO CAPÍTULO**
>
> Neste capítulo, olhamos para o livro de Lucas como o evangelho do Filho do Homem, o Homem perfeito. Aqui olhamos para os temas que separam Lucas dos outros evangelhos e que apresentam Jesus na riqueza da Sua perfeita humanidade. Desta forma, colocamos a atenção em Jesus, que não é apenas nosso Senhor e Salvador, mas um grande exemplo do que realmente significa ser humano.

O LIVRO DE LUCAS

A vinda do Filho do Homem (Lc 1:1–4:13)

Introdução: O propósito do evangelho de Lucas 1:1-4

Acontecimentos que levaram ao nascimento de Cristo 1:5-56

O nascimento de João Batista 1:57-80

O nascimento de Jesus Cristo.. 2:1-38

A infância de Jesus Cristo.. 2:39-52

O ministério de João Batista 3:1-20

O batismo de Jesus por João Batista.. 3:21,22

A genealogia do Filho do Homem.. 3:23-38

A tentação do Filho do Homem... 4:1-13

Seu ministério — o Filho do Homem busca (Lc 4:14–19:27)

O início do Seu ministério, Sua aceitação na Galileia,
Sua rejeição em sua cidade natal.. 4:14-30

Milagres demonstrando Seu poder sobre os demônios,
doenças e paralisia; o chamado dos primeiros discípulos.....................4:31–5:28

Jesus e os fariseus 5:29–6:11

Jesus instrui os discípulos, as bem-aventuranças,
o modo de vida cristão, parábolas.. 6:12-49

Milagres, a cura do filho do centurião,
a ressurreição do filho da viúva... 7:1-16

Jesus exalta João Batista.. 7:17-35

Jesus janta na casa de um fariseu; uma mulher unge
Seus pés com um perfume muito caro.. 7:36-50

Parábolas e milagres; a tempestade se acalma;
demônios entram nos porcos; uma mulher com um
fluxo de sangue é curada; a filha de Jairo ressuscita 8

Os Doze são enviados a pregar 9:1-11

Jesus alimenta os cinco mil... 9:12-17

A confissão de fé do apóstolo Pedro.. 9:18-26

A transfiguração 9:27-36

O endemoninhado é curado 9:37-42

Jesus prediz que Sua morte se aproxima 9:43-50

A oposição dos samaritanos... 9:51-56

Os setenta e dois são enviados em uma missão 9:57–10:24

A fonte da vida eterna 10:25-28

A parábola do bom samaritano 10:29-37

Maria e Marta... 10:38-42

Jesus ensina sobre a oração (a oração do Senhor)..................................... 11:1-13

Jesus é rejeitado pelos líderes religiosos.. 11:14-54

Jesus ensina sobre as consequências de rejeitá-lo................................12:1–13:9

Jesus cura uma mulher e é criticado por isso.. 13:10-17

Jesus ensina sobre o reino... 13:18-30

Jesus chora por Jerusalém... 13:31-35

Jesus e os fariseus 14:1-24

Ensinamentos sobre discipulado... 14:25-35

Ensinamentos sobre o arrependimento, a ovelha perdida,
a moeda perdida, o filho perdido — ou pródigo...15

Ensinamentos sobre mordomia 16

Ensinamentos sobre ofensas 17:1-10

Dez leprosos curados... 17:11-19

Ensinamentos sobre a segunda vinda.. 17:20-37

Ensinamentos sobre oração 18:1-14

Jesus abençoa as crianças.. 18:15-17

Ensinamentos sobre uma vida sacrificial —
o jovem e rico governante 18:18-30

Jesus prediz Sua morte e ressurreição... 18:31-34

Jesus cura o cego Bartimeu... 18:35-43

Jesus e Zaqueu 19:1-10

Parábola dos servos que receberam dinheiro... 19:11-27

Aventurando-se através da Bíblia

Sua morte e ressurreição — o Filho do Homem salva (Lc 19:28–24:53)

A última semana de Jesus Cristo 19:28–23:56

    A. Domingo: Sua entrada triunfal em Jerusalém 19:28-44

    B. Segunda-feira: A purificação do Templo 19:45-48

    C. Terça-feira: Ministério em Jerusalém 20:1-4

    D. O Sermão do Monte..21:5–21:38

    E. Judas trai Jesus.. 22:1-6

    F. Quinta-feira: Páscoa e a prisão de Jesus 22:7-53

    G. Sexta-feira: Jesus é julgado e crucificado..............................22:54–23:55

    H. Sábado: Jesus está no túmulo...23:56

A ressurreição.. 24:1-12

Jesus aparece a dois discípulos no caminho
de Emaús e aos demais discípulos.. 24:13-43

A Grande Comissão 24:44-48

A ascensão de Jesus 24:49-53

encontra no evangelhos de Mateus, Marcos e João. Mas observe as diferenças de ênfases entre os quatro evangelhos. Em Mateus, a ênfase está na realeza de Jesus; em Marcos, em Seu serviço; em João, em Sua divindade. Mas aqui em Lucas, a ênfase está em Sua humanidade.

A humanidade de Cristo é continuamente enfatizada neste evangelho. A chave para esse livro é encontrada em Lc 19:10. Na verdade, esse versículo estabelece um esboço prático de todo o livro: "Porque o Filho do Homem veio buscar e salvar o perdido." Nesta única sentença, temos a estrutura e três divisões deste evangelho.

Primeira seção: "O Filho do Homem veio". No início deste evangelho, a partir de 1:1 a 4:13, Lucas nos conta como Jesus começou a fazer parte na raça humana, incluindo Sua genealogia.

Segunda seção: "buscar". Grande parte do ministério terreno do Senhor consistia em buscar pessoas e mexer com o coração da humanidade, embrenhando-se profundamente em suas emoções, pensamentos e sentimentos humanos. Na seção intermediária de Lucas, a partir de 4:14 até 19:27, vemos Jesus nos procurando, tocando os centros latejantes do pecado e do sofrimento humano, e a nossa humanidade com Seu poder de cura.

A busca do Senhor pela humanidade atinge o seu ápice com Sua viagem a Jerusalém, o lugar onde Ele será sacrificado, como lemos em Lc 9:51: "E aconteceu que, ao se completarem os dias em que devia ele ser assunto ao céu, manifestou, no semblante, a intrépida resolução de ir para Jerusalém." O registro de Sua viagem a Jerusalém ocupa os capítulos 9 a 19 e narra uma série de acontecimentos importantes ao longo do caminho.

Terceira seção: "e salvar o perdido". Aqui o Senhor vai para o ato final do drama de Sua vida; para salvar a humanidade por meio da cruz e da ressurreição. Em Lc 19:28, lemos: "E, dito isto, prosseguia Jesus subindo para Jerusalém."

Este versículo marca o fim de Seu ministério de busca e o início de Seu ministério salvífico. Ele introduz a última seção do livro, na qual Jesus entra na cidade, vai ao Templo, sobe ao monte das Oliveiras, é levado à sala de julgamento de Pilatos, e depois à cruz, ao túmulo e ao dia da ressurreição.

O segredo perdido da humanidade

Observe as palavras exatas que Jesus usa na passagem principal de Lc 19:10: salvar o perdido. Ele não está falando apenas sobre vir para salvar pessoas perdidas. Ele veio para salvar o que estava perdido.

Portanto, temos que nos perguntar: O que estava perdido? Não apenas as próprias pessoas, mas a *essência* do propósito para o qual os seres humanos foram criados. Jesus veio para salvar e restaurar a humanidade que nos foi dada por Deus, que foi feita à imagem de Deus.

Esse é o segredo de nossa humanidade. Esquecemos o propósito para o qual fomos criados. Todo o dilema da vida é que ainda temos, dentro de nós, uma espécie de memória do que deveríamos ser, do que queremos ser, para o que fomos feitos — mas não sabemos como efetivá-la. O segredo de nossa humanidade se perdeu há muito tempo.

Um grupo de cientistas encontrou-se certa vez na Universidade de Princeton para

Aventurando-se através da Bíblia

discutir as mais recentes descobertas na astronomia. Um famoso astrônomo levantou-se e disse: "Quando consideramos as enormes distâncias entre as estrelas em uma única galáxia, em seguida, consideramos as distâncias ainda maiores entre as próprias galáxias, então consideramos o fato de que as próprias galáxias estão dispostas em grupos, e os aglomerados de galáxias estão separados por distâncias ainda maiores, nós, astrônomos, temos que concluir que o homem não é nada mais do que um ponto insignificante em um Universo infinito".

Então, uma figura conhecida se levantou, sua cabeça com uma juba branca despenteada, seu suéter poído jogado sobre sua estrutura magra. "Insignificante, você disse?", disse o professor

Einstein. "Sim, muitas vezes senti que o homem é um ponto insignificante no Universo — mas então lembrei-me de que o mesmo ponto insignificante que é o homem… é também o astrônomo".

Essa é a essência da humanidade; essa é a grandeza que Deus criou dentro de nós quando Ele nos fez à Sua imagem. Sim o Universo é vasto e somos pequenos — mas não somos insignificantes. Deus nos criou para buscar respostas e compreender o enorme cosmos que nos rodeia. Há algo inexplicavelmente grandioso sobre os seres humanos, algumas *especialidades* escondidas que Deus colocou dentro de nós — algo que ainda brilha em nosso interior, mesmo que seja manchado e distorcido pelo pecado. O Senhor Jesus veio para restaurar e salvar o mistério perdido da imagem de Deus, que foi estampada em nós na criação.

O autor

O autor deste evangelho é Lucas, o médico, companheiro e amigo leal de Paulo. Lucas, que era grego, está escrevendo para Teófilo, que também era grego. Sabemos pouco sobre Teófilo, mas evidentemente era um amigo de Lucas (veja Lc 1:1-4), que tinha conhecido a fé cristã. Lucas agora tenta explicar a fé cristã mais detalhadamente para ele. Não é de admirar que Lucas escrevesse o evangelho que concentra-se na humanidade de nosso Senhor. O ideal da filosofia grega era a perfeição da humanidade — um ideal que Jesus alcançou.

Uma leitura cuidadosa do evangelho de Lucas revela algumas semelhanças impressionantes com a carta de Hebreus. Alguns estudiosos da Bíblia acreditam que Hebreus foi escrito por Paulo, ou Apolo, ou Barnabé, ou Silas. Acredito (embora não possa ser provado) que Lucas escreveu a epístola aos Hebreus. Acredito que seja de Paulo a autoria dos pensamentos de Hebreus e que seu companheiro Lucas provavelmente a escreveu em hebraico e a enviou para os judeus em Jerusalém. Em seguida, Lucas, querendo tornar essas verdades disponíveis para o mundo gentio, provavelmente, traduziu do hebraico para o grego, razão pela qual muitos dos próprios maneirismos expressivos de Lucas são encontrados em Hebreus. Isso explicaria alguns dos paralelos notáveis entre Hebreus e o evangelho de Lucas.

A mensagem de Hebreus é a de que Jesus Cristo tornou-se homem para que pudesse entrar na condição humana e servir como nosso representante — nosso Sumo Sacerdote. Hebreus está edificado em torno do simbolismo do tabernáculo no deserto, do Antigo Testamento. O livro de Hebreus explica o significado da imagem simbólica

Jesus: O foco dos dois Testamentos

do tabernáculo de Deus. Quando Moisés subiu ao monte, Deus lhe deu um padrão específico para seguir na construção do tabernáculo, e este padrão tem significado simbólico.

À medida que lemos Hebreus, descobrimos que o tabernáculo era uma representação da humanidade. O tabernáculo foi construído em três seções: o átrio exterior, no qual até mesmo os gentios podiam entrar; o Lugar Santo, que era restrito; e o Santo dos Santos, que era altamente restrito. Os sacrifícios eram oferecidos no átrio exterior. O sacerdote pegava o sangue e o levava para o Santo Lugar, onde era aspergido no altar.

Uma vez por ano, o sumo sacerdote, sob as mais precisas condições, tinha permissão para ir por trás do véu no Santo dos Santos. Com exceção desse evento anual, ninguém era autorizado a entrar no Santo dos Santos sob pena de morrer, pois o mistério da *Shekinah*, a extraordinária presença de Deus, vivia naquele lugar sagrado e incrível.

O que tudo isso significa? É uma imagem da humanidade em estado caído. Somos o tabernáculo onde Deus planejou fazer Sua morada, desde o início.

Temos um átrio exterior — o corpo, que é feito da terra e nos coloca em contato com a Terra e a vida material que nos cerca.

Temos um Lugar Santo — a alma, o lugar de intimidade, a sede da mente, da consciência, da memória, e de outros aspectos misteriosos do interior de nossa humanidade. É a alma — o que o Novo Testamento em grego chama de *psuche* (ou psique) — e a psicologia e a psiquiatria a estudam.

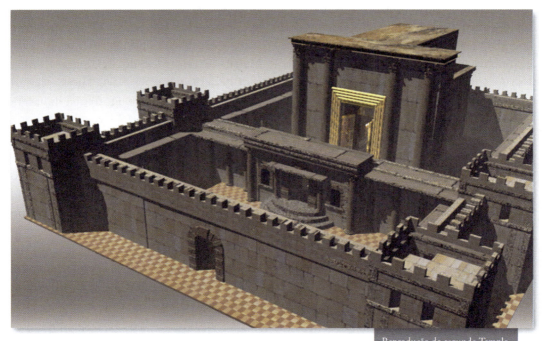

Reprodução do segundo Templo em Jerusalém.

Aventurando-se através da Bíblia

Temos um Santo dos Santos — aquilo que está por trás do véu e é impenetrável. Não podemos entrar lá. Sabemos que algo mais profundo, está escondido atrás dos aspectos anímicos de nossa vida. Alguns dos grandes pensadores de hoje estão reconhecendo a existência desta dimensão oculta de nosso ser, o centro de nossa existência humana. Este Santo dos Santos é o espírito humano.

Pelo fato de o espírito ser, em grande parte, inoperante na humanidade decaída, as pessoas tendem a agir como animais inteligentes — ou pior. Escondido sob nosso corpo e nossa alma, o espírito não pode ser observado ou estudado, mas é real e é o lugar onde Deus quer viver entre nós — a morada final da glória de Sua *Shekinah*.

No evangelho de Lucas, traçamos a vinda daquele que finalmente adentra esse lugar secreto, no misterioso espírito humano e rasga o véu, para que os seres humanos possam descobrir o mistério de seu ser mais íntimo — e encontrar completa alegria, paz e realização. Isso é o que as pessoas em todos os lugares procuram desesperadamente.

Não há nada mais vibrante do que um senso de realização, a experiência de alcançar plenas possibilidades de nossas personalidades. Todos nós o buscamos — mas temos perdido a chave. Até que essa chave seja colocada em nossas mãos novamente pelo Filho do Homem, nossas possibilidades de plenitude permanecem perdidas.

Jesus veio buscar e salvar o que estava perdido dentro de nós. Essa é a boa notícia de Lucas.

A entrada do Senhor

O corpo representa o átrio exterior, e em Lc 1:1–4:13 vemos o Senhor, o Filho do Homem, vindo para o átrio exterior da nossa humanidade ao tornar-se um ser humano com corpo humano. Lucas registra três fatos sobre a entrada de Jesus em nosso mundo, nosso átrio exterior.

Primeiro fato: Seu nascimento virginal. Algumas pessoas negam abertamente o nascimento virginal de Jesus. Alguns até declaram de púlpito que este fato da entrada do Senhor em nosso mundo é realmente sem importância e não é histórico. Mas isso é extremamente importante. Lucas (que era médico e, como tal, coloca seu selo médico de aprovação sobre este mistério biológico notável) nos diz que um ser humano nasceu de uma virgem. Maria teve um filho, e Seu nome era Jesus. A maravilha desse mistério é dada na simples e direta história que Lucas nos apresenta.

Além disso, o nascimento de Jesus está enraizado na história por meio de uma genealogia humana. É importante notar a diferença entre a genealogia de Lucas e a de Mateus. Mateus, o evangelho do Rei, traça a linhagem de Jesus até o rei Davi. Lucas, o evangelho do Filho do Homem, traça a linhagem de Jesus até Adão, o primeiro ser humano, a quem Lucas chama de "o filho de Deus", já que Adão não teve um pai terreno, mas foi diretamente criado pela mão de Deus. Então Lucas liga o primeiro Adão com o segundo Adão (Jesus Cristo) neste evangelho do Filho do Homem.

Segundo fato: A visita do Senhor Jesus ao Templo com a idade de doze anos. Lucas conta como Jesus surpreendeu os homens doutos da lei com Sua capacidade de fazer perguntas investigativas e compreender questões profundas das Escrituras. Aqui vemos a Sua incrível habilidade mental e Sua sabedoria. Assim

Jesus: O foco dos dois Testamentos

como Seu corpo era perfeito e sem pecado através do nascimento virginal, também Sua mente e alma (ou psique) revelam-se perfeitas.

Terceiro fato: A tentação no deserto. Foi no deserto, onde o Senhor foi revelado como sendo perfeito nos recantos mais íntimos do Seu espírito. Isso é indicado com antecedência quando Ele é proclamado pela voz de Deus: "Tu és o meu Filho amado, em ti me comprazo" (3:22).

Então, o vimos passar do átrio exterior da nossa humanidade, ao Lugar Santo da alma, ao mais íntimo Santo dos Santos do espírito. Ele adentrou ao âmago de nosso ser, vida e pensamento, onde (como Hebreus coloca) Ele se tornou... "semelhante aos irmãos, para ser misericordioso e fiel sumo sacerdote nas coisas referentes a Deus e para fazer propiciação pelos pecados do povo" (Hb 2:17).

O que Ele veio fazer

Esta seção começa com o incrível relato da visita de Jesus à sinagoga de Nazaré, onde o livro de Isaías foi trazido ao Senhor, e Ele o desenrolou e encontrou o lugar em que estava escrito:

> *O Espírito do Senhor está sobre mim, pelo que me ungiu para evangelizar os pobres; enviou-me para proclamar libertação aos cativos e restauração da vista aos cegos, para pôr em liberdade os oprimidos, e apregoar o ano aceitável do Senhor* (Lc 4:18,19).

Aqui, Jesus declara o que Ele veio fazer: Participar da experiência dos pobres, oprimidos, cegos, cativos e libertá-los. Os capítulos que se seguem prosseguem com os detalhes de como Ele embrenhou-se em meio às

Representação de como possivelmente seria o Lugar Santo do segundo Templo.

experiências humanas, alcançando as pessoas onde elas viviam em condições de pobreza, escuridão, escravidão e morte.

Por fim, em Lc 19:28, vemos o Filho do Homem se preparando para entrar como o grande Sumo Sacerdote no Santo dos Santos dos seres humanos, para restaurar o que havia sido perdido há muitos séculos. Você possivelmente se lembra de seu estudo do Antigo Testamento que no Lugar Santo ficavam, entre outros móveis, o altar do incenso e o compartimento dos Santo dos Santos, que continha a arca da aliança (onde a glória da *Shekinah* de Deus habitava), com seu propiciatório de ouro batido com dois querubins de asas estendidas. Estes objetos simbolizam o que está escondido nas profundezas da humanidade.

O propiciatório fala do relacionamento do homem com Deus. Hebreus nos diz que apenas o sangue pode tornar possível e aceitável o relacionamento com Deus: *Com efeito, quase todas as coisas, segundo a lei, se purificam com sangue; e, sem derramamento de sangue, não há remissão* (Hb 9:22).

Foi o sangue sobre o propiciatório que liberou o perdão e a graça de Deus. Nosso Senhor agora se prepara para entrar no espírito escondido da humanidade e oferecer Seu próprio sangue. Como nos é dito em Hebreus: "...não por meio de sangue de bodes e de bezerros, mas pelo seu próprio sangue, entrou no Santo dos Santos, uma vez por todas, tendo obtido eterna redenção" (Hb 9:12).

O altar do incenso, que estava diante da cortina que separava o Lugar Santo do Santo dos Santos, fala da comunicação entre as pessoas e seu Deus. O incenso simboliza as orações do povo de Deus, subindo ao Céu. A oração é a ação mais profunda do ser humano. Quando você se prostra de joelhos por desespero, derrota, exaustão, ou necessidade, você descobre que atingiu o fundo do poço de seu ser. A oração, em seu nível mais fundamental, é o clamor do espírito.

A cruz de Cristo entra nessa região mais profunda da nossa humanidade.

O segredo é revelado

À medida que você continua a percorrer o evangelho de Lucas, você vê o Senhor descendo do monte das Oliveiras e indo à cidade, purificando o Templo, ensinando e pregando no Templo, em seguida, retornando ao monte para proferir o Sermão da Montanha. Depois, Ele vai ao cenáculo para a Festa da Páscoa, onde instituiu o sacramento da Santa Ceia. Do cenáculo, Jesus vai ao Jardim do Getsêmani, e depois para o tribunal de Pilatos, e de lá para a cruz. Quando chegamos aos capítulos finais, fazemos uma importante, surpreendente e tremenda descoberta:

> *Já era quase a hora sexta, e, escurecendo-se o sol, houve trevas sobre toda a terra até à hora nona. E rasgou-se pelo meio o véu do santuário* (23:44,45).

Por que esta espessa cortina se rasgou de cima a baixo? Porque o Santo dos Santos agora seria aberto pela primeira vez aos olhos humanos! E também porque o Santo dos Santos do espírito humano seria aberto pela primeira vez para a habitação de Deus!

Quando o Filho do Homem morreu, Deus rasgou completamente o véu. Passou pelo Lugar Santo e entrou no Santo dos Santos, no segredo da humanidade — e a realidade do espírito da humanidade foi revelada.

Em seguida, temos a maravilha da manhã da ressurreição e o relato de Lucas sobre os dois discípulos que caminhavam na estrada para Emaús. Neste ínterim, um estranho apareceu e conversou com eles. Ele discorreu acerca das Escrituras para esses homens enlutados — Escrituras a respeito de Cristo e do que tinha sido predito sobre Ele. Depois que o estranho os deixou, eles de repente perceberam que aquele era, de fato, o Senhor Jesus ressurreto.

> *E disseram um ao outro: Porventura, não nos ardia o coração, quando ele, pelo caminho, nos falava, quando nos expunha as Escrituras?* (24:32).

Um coração ardente é aquele que se encontra cativo pelo entusiasmo e pela glória de uma humanidade plena. O segredo está revelado. Nossa humanidade está totalmente atraída e regenerada por nosso Criador. Ele entrou no Santo dos Santos. O que estava perdido foi salvo. O perfeito paralelo com a mensagem triunfante do evangelho de Lucas é encontrado em Hebreus:

Tendo, pois, irmãos, intrepidez para entrar no Santo dos Santos, pelo sangue de Jesus, pelo novo e vivo caminho que ele nos consagrou pelo véu, isto é, pela sua carne, e tendo grande sacerdote sobre a casa de Deus, aproximemo-nos, com sincero coração, em plena certeza de fé, tendo o coração purificado de má consciência e lavado o corpo com água pura (Hb 10:19-22).

É onde estamos agora. O segredo da humanidade está revelado a qualquer um que abrir seu coração para o Filho do Homem, o Homem perfeito. Somente Ele alcançou as profundezas do espírito humano. Somente Ele restabelece o relacionamento perdido com Deus e nos capacita a sermos o que Deus planejou que fôssemos. Somente Ele salva e restaura o que foi perdido na queda do homem, quando o pecado entrou no mundo. Somente Ele pode restaurar a imagem desfigurada e distorcida de Deus em nossa vida.

Toda a possibilidade de uma humanidade plena está disponível para qualquer pessoa na qual o Espírito de Cristo habita. Tudo o que você deseja, profundamente, ser nos recônditos mais íntimos de seu coração, você pode ser. Não estou falando sobre seus projetos de vida, como se tornar um milionário ou um medalhista de ouro olímpico. Estou falando sobre os mais profundos e inefáveis anseios de seu coração — seu desejo de estar unido a Deus, de conhecê-lo e de ser conhecido por Ele; o desejo de que sua vida valha algo para o propósito eterno das coisas; seu desejo de ser puro, íntegro e perdoado. Jesus torna isso possível para que você possa cumprir o que Deus tem de melhor para sua vida, a fim de que você seja espiritualmente maduro, cheio do amor de Cristo, de Seu perdão e de boas obras.

Por que agimos da forma como agimos? Por que queremos fazer o bem enquanto fazemos tanto mal? Por que somos capazes de realizar tão grandes feitos tecnológicos, de engenharia, medicina, atletismo, arte, literatura e música — contudo, não podemos erradicar a pobreza, a guerra, o racismo, o crime, e tantos outros males? Para onde estamos indo? Qual é o objetivo de tudo isso?

Este desconcertante mistério dos séculos foi respondido pela vinda de Jesus Cristo, o Filho do Homem, à nossa humanidade. Lucas revelou tudo isso para nós em seu evangelho — o evangelho do Filho do Homem.

Aventurando-se através da Bíblia

PERGUNTAS PARA DISCUSSÃO

LUCAS
O homem perfeito

1. Compare as genealogias de Jesus em Mt 1:1-17 e Lc 3:23-38. Por que Mateus começa a partir de Abraão, enquanto Lucas vai mais atrás, terminando com Adão? Você acha que as diferenças nessas genealogias refletem os diferentes propósitos destes dois evangelhos? Como uma genealogia terminando com Adão serviria para salientar o propósito de Lucas de apresentar Jesus como o Filho do Homem e o homem perfeito?

2. Por que Lucas foi o único evangelista dos quatro a registrar a maioria dos eventos relacionados com o nascimento, infância e juventude de Jesus? Por que Lucas foi o único a registrar a história do jovem Jesus no Templo? O que a história de Jesus questionando os mestres da lei aos doze anos nos diz sobre Ele?

3. Leia Lc 4:1-13, a tentação de Jesus. Duas vezes neste relato, Satanás começa a tentar Jesus com as palavras: "Se és o Filho de Deus…" Você acha que Satanás sabia que Jesus era o Filho de Deus? Ou ele estava testando Jesus, a fim de descobrir isso? Explique sua resposta.

O relato da tentação termina com estas palavras: "Passadas que foram as tentações de toda sorte, apartou-se dele o diabo, até momento oportuno." O que *até momento oportuno* sugere? Você consegue pensar em outros acontecimentos em que Satanás foi além para testar Jesus?

4. Leia Lc 4:14-30. Jesus vai à sinagoga em Sua cidade natal de Nazaré e lê uma passagem de Isaías 61 e acrescenta: "Hoje, se cumpriu a Escritura que acabais de ouvir." Como as pessoas inicialmente reagem às Suas palavras? (Veja 4:22).

Em seguida, Jesus faz uma declaração adicional nos versículos 24-27. Como as pessoas reagem a essas palavras (4:28,29)? Por que a reação deles mudou tão radicalmente? O que Ele lhes disse nos versículos 24-27 para fazê-los reagir dessa maneira? Você acha que Jesus queria provocar esta reação? Por quê?

Jesus: O foco dos dois Testamentos

5. Algumas ações e parábolas de Jesus estão registradas somente em Lucas, e não nos outros três evangelhos. São elas:

- *A ressurreição do filho da viúva em Naim* (7:11-17)
- *Os nomes das mulheres que o seguiam* (8:1-3)
- *O envio dos setenta e dois* (10:1-12)
- *A parábola do bom samaritano* (10:25-37)
- *Maria aos pés de Jesus enquanto Marta servia* (10:38-42)
- *A parábola do rico insensato* (12:13-21)
- *A cura da mulher encurvada no sábado* (13:10-17)
- *A cura do homem com hidropisia no sábado* (14:1-6)
- *As parábolas da ovelha perdida, da moeda perdida e do filho pródigo* (Lc 15)
- *A parábola do rico e de Lázaro* (16:19-31)
- *Os dez leprosos curados* (17:11-19)
- *A parábola da viúva persistente e o juiz* (18:1-8)
- *A parábola do fariseu e do publicano* (18:9-24)
- *Zaqueu, o publicano* (19:1-10)
- *A cura da orelha do servo* (22:51)
- *Jesus diante de Herodes* (23:6-12)
- *Jesus e os dois discípulos no caminho de Emaús* (Lc 24:13-35)

Você vê algum padrão nesses registros? É significativo o fato de que Lucas, um médico, registrou o maior número de curas? Ao contrário de Mateus, Marcos e João, Lucas não foi testemunha ocular desses acontecimentos; onde você acha que ele ouviu falar sobre as várias curas, a história de Zaqueu e a aparição do Senhor após Sua ressurreição na estrada para Emaús? Sendo Lucas um médico e um homem das ciências, o que ele poderia ter feito a fim de verificar esses relatos antes de incluí-los em seu evangelho?

APLICAÇÃO PESSOAL

6. Leia Lc 15:11-32. O que a história do filho pródigo nos diz sobre Deus e Seu amor por nós? Observe em 15:1 quem era o público destas três parábolas. Como o público destas parábolas afeta sua compreensão a respeito do significado delas?

A parábola do filho pródigo o impacta pessoalmente? Ela mexe com as suas emoções? Com qual personagem da parábola você mais se identifica? Explique suas respostas.

Aventurando-se através da Bíblia

7. O autor diz que a chave para o evangelho de Lucas é encontrada em Lc 19:10, onde Jesus diz: "Porque o Filho do Homem veio buscar e salvar o perdido." O autor acrescenta: "O que estava perdido? Não apenas as próprias pessoas, mas a *essência* do propósito para o qual os seres humanos foram criados. Jesus veio para salvar e restaurar a humanidade dada por Deus, que fora criada à imagem de Deus".

Quando você olha para trás, para sua própria vida, você pode dizer que Jesus não só o salvou de sua condição de perdido, mas que Ele também o está restaurando à imagem de Deus que foi perdida na queda? Explique sua resposta.

8. Leia Lc 24:13-35. Por que os discípulos não reconheceram Jesus, uma vez que o conheciam e o seguiram antes da crucificação? Eles estavam cegos quanto a isso ou Jesus se disfarçou enquanto falava com eles? Explique sua resposta.

Já teve uma experiência em que Deus lhe falava por meio de acontecimentos e circunstâncias de sua vida, mas você não reconheceu a "voz" do Senhor na ocasião, somente mais tarde? Explique sua resposta.

Observação: Para uma pesquisa mais aprofundada dos ensinos do Senhor sobre oração, leia *Talking With My Father: Jesus Teaches on Prayer* [Conversando com meu pai: Jesus ensina sobre oração], escrito por Ray C. Stedman (Discovery House Publishers, 1997).

JOÃO

O Deus-homem

(15 DIAS DA VIDA DE CRISTO)

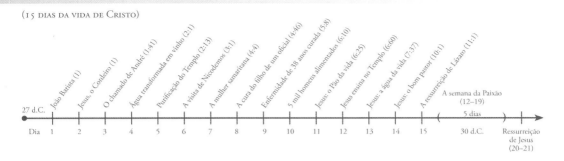

Uma senhora socialite inglesa, a viúva do falecido embaixador na França, foi à festa do centésimo aniversário do filantropo Robert Mayer no Festival Hall, em Londres. Durante a recepção, a socialite (que estava com problemas de visão) conversou com uma mulher por vários minutos antes de perceber, de repente, que estava conversando com a Rainha Elizabeth II. Percebendo sua gafe, a mulher enrubesceu, inclinou-se e gaguejou: "Senhora, ó senhora, sinto muito! Não a reconheci sem sua coroa!".

A rainha sorriu gentilmente. "Esta é a noite de Sir Robert", disse ela. "Portanto, decidi deixá-la em casa".

O evangelho de João é a história de Jesus, o Senhor da criação, aquele que estava com Deus no início, e que realmente é Deus — contudo escolheu deixar a Sua coroa em casa. E pelo fato de Jesus vir à Terra sem a Sua coroa, as pessoas deste mundo não o reconheceram.

João, o quarto evangelho, foi escrito pelo discípulo mais próximo do Senhor Jesus. Quando você lê o evangelho de Mateus, está lendo a pessoa de Jesus através dos olhos de um discípulo muito dedicado. O autor deste evangelho é o apóstolo amado que se reclinou sobre o peito de Jesus na Última Ceia (13:23-25), que estava ao pé da cruz enquanto o Senhor morria, e a quem foi confiado, pelo próprio Jesus, o cuidado de Sua mãe, Maria (19:26,27).

Os apóstolos João, Pedro e Tiago fizeram parte do círculo íntimo de discípulos que passaram com o Senhor pelas mais íntimas e dramáticas circunstâncias de Seu ministério. João ouviu e viu mais do que qualquer um dos outros — por isso é que o evangelho de João é frequentemente chamado de "o evangelho da intimidade".

OBJETIVOS DO CAPÍTULO

O quarto evangelho é "o evangelho da intimidade". Neste capítulo, investigamos o livro de João, que apresenta Jesus como o Deus-homem, plenamente Deus e plenamente homem. Olhamos também para os acontecimentos e temas que fazem o retrato de Jesus delineado por João tão diferente (mais pessoal e próximo) do que os outros três. Este capítulo se concentra especialmente em como aplicar a mensagem única de João em nossa vida diária — e eterna.

O LIVRO DE JOÃO

A encarnação do Filho de Deus (Jo 1:1-18)

Sua divindade, Seu precursor (João Batista),
Sua rejeição por Seu próprio povo e Sua acolhida
por aqueles chamados "filhos de Deus" 1:1-13

O Verbo se fez carne 1:14-18

O Filho de Deus é apresentado ao mundo (Jo 1:19–4:54)

Jesus é apresentado por João Batista 1:19-51

Jesus começa Seu ministério na Galileia,
transforma água em vinho em Caná.. 2:1-12

Jesus na Judeia, a primeira purificação
do Templo e Sua instrução a Nicodemos..2:13–3:36

Jesus em Samaria, a mulher no poço 4:1-42

Jesus é recebido na Galileia, cura o filho
de um oficial do rei 4:43-54

O Filho de Deus enfrenta oposição (Jo 5:1–12:50)

Jesus recebe oposição na festa em Jerusalém 5:1-47

Jesus recebe oposição durante a Páscoa na Galileia 6

Jesus recebe oposição na Festa dos Tabernáculos
e na Festa da Dedicação em Jerusalém.. 7-10

Jesus recebe oposição em Betânia; ressuscita Lázaro,
e os líderes religiosos conspiram Sua morte 11

Maria unge Jesus... 12:1-11

A entrada triunfal em Jerusalém, a oposição
dos líderes religiosos... 12:12-50

Jesus: O foco dos dois Testamentos

A morte do Filho de Deus se aproxima (Jo 13–17)

O cenáculo: Jesus lava os pés dos discípulos e
anuncia Sua iminente morte 13–14

Jesus instrui os discípulos em seu relacionamento
com Ele, uns com os outros e com o mundo;
promete o Espírito Santo 15:1–16:15

Jesus prediz Sua morte e ressurreição.. 16:16-33

Jesus ora no jardim do Getsêmani por si, por Seus
discípulos e por todos os que crerem nele..17

A crucificação e a ressurreição do Filho de Deus (Jo 18–21)

Jesus é preso, julgado e condenado..18:1–19:16

Jesus é crucificado e sepultado... 19:17-42

A ressurreição e as aparições de Jesus a
Maria Madalena, aos discípulos e a Tomé... 20:1-29

O propósito do evangelho de João e a primeira conclusão 20:30,31

Postscript, Cristo aparece aos sete discípulos e a Pedro.......................................21

Aventurando-se através da Bíblia

Quem é este homem?

O evangelho de João começa com uma declaração surpreendente, ecoando as linhas iniciais de Gênesis:

No princípio era o Verbo, e o Verbo estava com Deus, e o Verbo era Deus. Ele estava no princípio com Deus (1:1,2).

"O Verbo", obviamente, é Jesus Cristo. João começa seu evangelho com a surpreendente declaração de que Jesus — este homem que este discípulo conhecia tão bem como amigo e companheiro — era nada menos que o Deus-Criador do Universo, que estava lá no início de todas as coisas. João acompanhou a vida de Jesus mais de perto do que qualquer outra pessoa na Terra — e se convenceu da divindade do Senhor.

Às vezes parece difícil acreditar que Jesus é Deus. Nunca conheci um cristão que, em algum momento, não tenha considerado os argumentos que fazem dele nada mais do que um ser humano. Há momentos em que consideramos difícil compreender a completa intenção destas palavras: *No princípio era o Verbo.*

Mas se consideramos difícil, imagine o quanto mais Seus discípulos acharam difícil aceitar! Eles conviveram com Ele e viram Sua humanidade como nenhum de nós jamais viu ou verá. Devem ter sido confrontados repetidamente com uma pergunta que os intrigava e inquietava: "Quem é este homem? Que tipo de pessoa é esta que cura os enfermos, ressuscita os mortos, aquieta o vento, e transforma água em vinho?". Mesmo depois de presenciar Seus sinais, milagres e sabedoria, deve ter sido um grande salto entre perguntar: "Quem é este homem?", e afirmar "Senhor meu e Deus meu!".

Com frequência imagino os discípulos dormindo sob as estrelas com Jesus em uma noite de verão, no mar da Galileia. Posso imaginar Pedro ou João ou um dos outros acordando no meio da noite, apoiando-se sobre um dos cotovelos e, enquanto olha o Senhor dormindo ao lado dele, diz para si mesmo: "Isso é verdade? Este homem pode ser o Deus eterno?". Não é de se admirar que eles continuassem intrigados com o mistério das ações e palavras do Mestre.

No entanto, tão convincente foi a evidência que eles viram e ouviram que quando João escreveu suas memórias daqueles dias incríveis, ele começou corajosamente declarando a divindade de Jesus. Este é o tema deste evangelho: *Jesus é Deus.*

Na verdade, há dois finais para o evangelho de João. Capítulo 21 se lê como um *postscript*, um adendo, a respeito de eventos que ocorreram após a ressurreição. Mas acredito que João realmente finalizou seu evangelho com estas palavras:

Na verdade, fez Jesus diante dos discípulos muitos outros sinais que não estão escritos neste livro. Estes, porém, foram registrados para que creiais que Jesus é o Cristo, o Filho de Deus, e para que, crendo, tenhais vida em seu nome (20:30,31).

Aqui vemos a dupla finalidade deste livro: (1) João está nos fornecendo provas para que qualquer pessoa possa acreditar plenamente que Jesus é o Cristo (ou, na forma hebraica, o Messias, o Ungido); e (2) João está mostrando que Jesus é o Filho de Deus, para que aqueles que vierem a crer em Cristo tenham vida em Seu nome.

O autor e o tema

João não escreveu seu evangelho até o final da última década do século 1. Nessa época, ele era um homem velho recordando-se de tudo o que tinha visto, ouvido e experimentado. João empregou o princípio da seleção à medida que pensava nos 3 anos e meio que tinha passado com o Senhor. Alguns críticos alegaram que não podemos nos apoiar no evangelho de João porque é o relato de um idoso tentando recordar acontecimentos de sua juventude. Lembre-se, contudo, que estes eventos estavam no coração, na língua e na memória desse apóstolo todos os dias de sua vida. Ele estava sempre falando a respeito deles.

Quando João escreveu o seu evangelho, Mateus, Marcos e Lucas já haviam escrito os deles. Assim, João une e completa o registro que eles fizeram do nascimento, vida, ministério, morte e ressurreição de Jesus. Mateus nos apresenta Jesus como o Rei; Marcos nos apresenta Jesus como o Servo; Lucas nos apresenta Jesus como o Filho do Homem; e João nos apresenta Jesus como o Filho de Deus.

Muito se tem falado do título "Filho de Deus" na contemporaneidade, como se houvesse uma distinção a ser feita entre Deus e o Filho de Deus, mas nenhum hebreu jamais entenderia dessa forma. Para os hebreus, chamar alguém de "filho" de alguma coisa era dizer que ele está identificado com aquela coisa ou pessoa. Por exemplo, o nome Barnabé literalmente significa "Filho da Consolação". Por quê? Porque ele era um encorajador e um consolador. Seu apelido significava que ele era o modelo de consolação — a expressão viva e personificada de encorajamento.

Para os hebreus, o uso do termo "o Filho de Deus" queria dizer "este homem é Deus". Ele era literalmente a personificação da divindade na Terra. Por isso é que quando Jesus usou esse termo em referência a si mesmo, Ele foi furiosamente confrontado pelos escribas e fariseus incrédulos. De fato, eles disseram: "Como você se atreve! Quem você pensa que é? Você está se igualando a Deus. Isso é blasfêmia!".

E Jesus realmente se descreveu como igual a Deus. Mas isso não era uma blasfêmia. Era uma simples declaração da verdade.

O Messias

Em todo o Antigo Testamento, as Escrituras repetiam a seguinte ideia: "Alguém está vindo!". Então, quase no fim de Malaquias, o profeta anuncia o surgimento do *sol da justiça*, o Messias, trazendo salvação em suas asas (Ml 4:2). Além disso, em Malaquias Deus promete que enviaria "o profeta Elias antes que venha o grande e terrível Dia do Senhor" (Ml 4:5).

Como o povo gemia sob a opressão romana, eles pensavam na promessa de Malaquias em termos políticos. Eles esperavam que o Messias viesse e tirasse o jugo do totalitarismo romano de seus pescoços. Assim, sempre que alguém vinha a Israel, pregando uma mensagem de libertação (e houve muitos desses pretensos líderes), o povo judeu se perguntava: "É este? É este o Cristo, o Messias prometido?".

Então, quando João Batista — aquele fervoroso pregador à semelhança de Elias — apareceu em cena, pregando uma mensagem de

Aventurando-se através da Bíblia

Réplica de um aprisco típico no antigo Israel.

arrependimento, as pessoas lhe perguntavam: "És tu o Cristo? És tu aquele que viria antes do grande e terrível Dia do Senhor?".

"Não", disse João Batista, "mas aquele que vocês procuram vem depois de mim".

Quando Jesus começou o Seu ministério público e viajou por todas as colinas da Judeia e Galileia, as pessoas se perguntavam: "É este? É este o Messias?".

O Senhor Jesus declarou que Ele veio com as credenciais autorizadas do Messias. Isso é o que Ele quis dizer quando afirmou:

Em verdade, em verdade vos digo: o que não entra pela porta no aprisco das ovelhas, mas sobe por outra parte, esse é ladrão e salteador. Aquele, porém, que entra pela porta, esse é o pastor das ovelhas (Jo 10:1,2).

O aprisco é a nação de Israel. Jesus está dizendo que há uma pessoa (Ele mesmo) que vem com autorização, e entra pela porta. Ele veio exatamente como as profecias do Antigo Testamento previram que viria. Com relação a todos os outros pretensos "messias", eles não tinham as credenciais de Jesus. Não se encaixavam ou cumpriam as profecias do Antigo Testamento. Estavam tentando entrar no aprisco escalando a cerca, não entrando pela porta. Qualquer um que venha de qualquer outra forma é ladrão e mentiroso, mas aquele que entra pela porta, a entrada lícita, será reconhecido como o Grande Pastor.

Jesus prosseguiu dizendo:

Para este o porteiro abre, as ovelhas ouvem a sua voz, ele chama pelo nome as suas próprias ovelhas e as conduz para fora (10:3).

Quem é o vigia que abre a porta? João Batista, o precursor do Messias. Como vimos no evangelho de Lucas, Jesus oferece Suas credenciais como aquele que está autorizado a ser o Messias quando Ele se levanta na sinagoga em Nazaré e lê o livro do profeta Isaías:

O Espírito do Senhor está sobre mim, pelo que me ungiu para evangelizar os pobres; enviou-me para proclamar libertação aos cativos e restauração da vista aos cegos, para pôr em liberdade os oprimidos, e apregoar o ano aceitável do Senhor (Lc 4:18,19).

O que o nome *Messias* quer dizer? "O Ungido". E o que Jesus leu no livro de Isaías? *O Espírito do Senhor [...] me ungiu.*

Quando Ele parou de ler e colocou o livro de lado, na verdade, parou no meio de uma frase. Depois da frase "para proclamar o ano aceitável do Senhor", a passagem que Ele estava lendo em Isaías 61, continua a dizer "e o dia da vingança do nosso Deus". Por que não continuou a ler o restante da frase? Porque o dia da vingança ainda não tinha chegado.

Jesus, em Sua primeira vinda, veio para cumprir a primeira metade da missão messiânica — pregar as boas-novas aos pobres, curar os de coração quebrantado, libertar os cativos. A segunda metade de Sua missão — proclamar o dia da vingança de Deus — está reservada para Sua segunda vinda.

Assim, quando Jesus parou de ler naquele ponto do livro, Ele o fechou, sentou-se e disse a todos reunidos na sinagoga: "Hoje, se cumpriu a Escritura que acabais de ouvir" (Lc 4:21). Em outras palavras: "Esta passagem das Escrituras fala sobre mim. Eu sou o Messias prometido".

AS SETE MARCAS DO MESSIAS NO EVANGELHO DE JOÃO

1) Transformou água em vinho (2:1-11)
2) Curou o filho do oficial do rei (4:46-54)
3) Curou o paralítico em Betesda (5:1-9)
4) Alimentou mais de 5 mil pessoas (6:1-14)
5) Andou sobre as águas (6:15-20)
6) Curou um cego (9:1-12)
7) Ressuscitou Lázaro dentre os mortos (11:1-44)

Marcas do Messias

Para demonstrar a autoridade de Jesus como o Ungido de Deus, o Messias, João seleciona sete acontecimentos do ministério do Senhor — sete marcas do Messias. Vamos examiná-las na ordem em que elas aparecem:

Primeira marca do Messias: O primeiro milagre de nosso Senhor — transformou água em vinho (Jo 2:1-11). Este milagre foi, na verdade, uma parábola encenada. O Senhor realizou um ato profundamente simbólico em um casamento em Caná da Galileia. Ele tomou algo que pertencia ao reino do mundo inanimado — água — e a transformou em uma substância viva — vinho. Tomou algo que pertencia ao reino da mera matéria e a transformou em algo que é sempre uma expressão de alegria e vida. Por meio desse ato, declarou de forma simbólica o que viera fazer: Proclamar o ano aceitável do Senhor. Ele veio para realizar obras de transformação. Veio para declarar que o propósito de Deus é tomar os seres humanos em sua fragilidade, seu vazio e sua inércia e dar-lhes uma nova vida.

Segunda marca do Messias: Curou o filho do oficial do rei (Jo 4:46-54). A figura central nesta história não é o filho, que se encontra doente e morrendo, mas o oficial, que vem ao Senhor com o coração angustiado. Em sua agonia, o

Aventurando-se através da Bíblia

625

oficial clama a Jesus dizendo: "Desce e cura o meu filho". O Senhor não só cura o menino a distância com apenas uma palavra (o mesmo poder criativo que trouxe o mundo à existência), mas cura também o coração abatido do pai. Como Jesus afirmara, Ele foi ungido para curar os quebrantados de coração.

Terceira marca do Messias: Curou o paralítico que estava deitado no tanque de Betesda (Jo 5:1-9). Lembre-se de que aquele homem tinha estado lá por 38 anos. Havia sido prisioneiro desta doença paralisante, de modo que era incapaz, por si só, de entrar no tanque. Fora levado àquele lugar, na esperança de ser curado e liberto. O Senhor escolheu aquele paralítico entre todos os enfermos concentrados ali e lhe disse: "Levanta-te, toma o teu leito e anda". Aqui, Jesus demonstrou Sua capacidade de pôr em liberdade os oprimidos e aprisionados. Por 38 anos, o homem fora um cativo, mas Jesus o libertou instantaneamente.

Quarta marca do Messias: Alimentou 5 mil homens, além de mulheres e crianças (Jo 6:1-14). Este milagre aparece em todos os quatro evangelhos e está ligado ao milagre de Jesus andar sobre a água. O que esses sinais significam? Você não pode ler a história dos 5 mil homens, além de mulheres e crianças, alimentados sem ver que é uma maravilhosa demonstração do desejo do Senhor de atender a necessidade mais profunda do coração humano, a fome por Deus. Ele usa o símbolo do pão, tendo Ele mesmo dito: "Está escrito: Não só de pão viverá o homem, mas de toda palavra que procede da boca de Deus" (Mt 4:4). Em seguida, Ele demonstra a que tipo de pão Ele está se referindo ao dizer: "Eu sou o pão da vida" (Jo 6:35). Tomando o pão, partiu-o, e com ele alimentou a multidão, simbolizando quão

completamente Ele pode atender a necessidade e a fome da alma humana.

Quinta marca do Messias: Andou sobre as águas (Jo 6:15-20). Depois de alimentar a multidão, Jesus envia Seus discípulos num barco para o meio de uma tempestade — então Ele vem andando por sobre as ondas, no meio da tempestade, em direção a eles. As ondas estavam altas, o barco, prestes a afundar. O coração de cada um dos discípulos estava cheio de medo. Jesus vem a eles, acalma-os e diz: "Sou eu. Não temais" (Jo 6:20)! O duplo milagre: alimentar uma multidão e caminhar sobre as águas, fornece uma representação simbólica da capacidade do Senhor Jesus em satisfazer a necessidade do coração humano e libertar as pessoas de seus medos.

Sexta marca do Messias: Curou o cego (Jo 9:1-12). A história quase não necessita de comentários. O Senhor disse que Ele veio para "restauração da vista aos cegos" (Lc 4:18). Escolheu um homem que era cego de nascença, assim como os seres humanos são espiritualmente cegos de nascença, e o curou.

Sétima marca do Messias: Ressuscitou Lázaro dentre os mortos (Jo 11:1-44). Isto simboliza a libertação daqueles que estão sob o jugo do medo da morte durante toda a vida.

Estes sete sinais provam, indubitavelmente, que Jesus é o Messias. Ele é o Ungido, prometido por Deus no Antigo Testamento.

O tema de João é duplo: Primeiro, quando vê Jesus em Seu poder libertador, você está, de fato, vendo o Libertador prometido, o Messias. Mas esse não é o maior segredo a ser revelado sobre Ele. Ao longo dos séculos de história do Antigo Testamento, um segredo surpreendente foi guardado. No decorrer dos séculos, os profetas esperaram a vinda do Messias, um grande homem de Deus — mas quem poderia saber, quem poderia imaginar que este grande homem de Deus seria, na verdade, Deus em forma humana? Pois esse é o segundo tema de João: Jesus é Deus.

Quando você está na presença da humanidade do Senhor, você pode ver Seus olhos amorosos, sentir a batida de Seu coração humano, sentir a compaixão de Sua vida derramada a serviço de outros seres humanos. No entanto, a verdade surpreendente é que quando está na presença de Jesus, você está na presença do próprio Deus. Você entende como é Deus. No primeiro capítulo de seu evangelho, João declara:

Ninguém jamais viu a Deus; o [Filho] Deus unigênito, que está no seio do Pai, é quem o revelou (1:18).

[**Nota:** Alguns manuscritos gregos de Jo 1:18 usam a palavra "Deus", onde eu coloquei "Filho" entre colchetes. O texto da NVI segue os manuscritos que usam a palavra "Deus". Acredito que a tradução mais clara e precisa é a que indiquei acima.]

"Ninguém jamais viu a Deus." Essa é a declaração de um fato. As pessoas têm fome de Deus e estão sempre à procura dele, mas ninguém jamais o viu. No entanto, João continua a dizer que o Filho o fez conhecido. Jesus revelou como Deus é.

Os sete "Eu Sou"

Em seu evangelho, João escolhe sete grandes palavras de nosso Senhor que comprovam sua afirmação de que Jesus é o Filho de Deus. Ele

OS SETE "EU SOU" DE CRISTO
1) Eu sou o Pão da vida (6:35)
2) Eu sou a Luz do mundo (8:12)
3) Eu sou a Porta (10:7)
4) Eu sou o Bom Pastor (10:11)
5) Eu sou a Ressurreição e a Vida (11:25)
6) Eu sou o Caminho, e a Verdade, e a Vida (14:6)
7) Eu sou a Videira (15:5)

baseia tudo no grande nome de Deus revelado a Moisés na sarça ardente. Quando Moisés viu a sarça queimando e virou-se para o lado a fim de saber o seu segredo, Deus falou com ele e disse: "Eu Sou o Que Sou" (Êx 3:14). Essa é a expressão de Deus sobre Sua própria natureza autoexistente. Ele diz: "Eu sou exatamente o que sou — nem mais, nem menos. Eu sou o eterno eu sou".

Sete vezes em seu evangelho, João usa essa expressão. E enquanto os milagres de Jesus estabelecem o fato de que Ele é o Messias, o Prometido, o Ungido; são Suas palavras que estabelecem Sua afirmação de ser Deus:

Eu sou o Pão da vida (6:35). — Em outras palavras, "Eu sou o sustentador da vida, aquele que satisfaz a vida".

Eu sou a Luz do mundo (8:12). — Jesus é o iluminador da vida, aquele que explica todas as coisas, que lança luz sobre todos os mistérios e enigmas da vida, e os soluciona.

Eu sou a Porta (10:7). — Jesus afirma que Ele é a única entrada que conduz à vida eterna. Ele é o caminho aberto.

Eu sou o Bom pastor (10:11). — Jesus é o Guia da vida, o único que é capaz de nos orientar com segurança e nos proteger dos

Aventurando-se através da Bíblia

perigos de todos os lados. Ele é o único cuja vara da disciplina e o cajado da orientação nos confortam, nos dão paz, nos levam às águas tranquilas e restauram nossa alma.

Eu sou a Ressurreição e a Vida (11:25). — Ele é o poder milagroso da vida, o doador e o restaurador da vida. O poder da ressurreição é o único poder que salva quando toda esperança está perdida. O poder da ressurreição age durante o desespero, fracasso, e até mesmo na morte. Quando nada mais pode ser feito, Jesus aparece e diz: "Eu sou a ressurreição e a vida".

Eu sou o Caminho, e a Verdade, e a Vida (14:6). — Isto é, "Eu sou a realidade final. Eu sou a substância real por trás de todas as coisas".

Eu sou a Videira "...sem mim nada podeis fazer" (15:5). — Ele é a fonte de toda a produção de fruto e a razão de toda a comunhão.

Sete vezes o Senhor faz a declaração "Eu Sou", usando o nome de Deus do Antigo Testamento e relacionando-o com símbolos simples, embora profundos, no Novo Testamento; utilizando muitas imagens para permitir que saibamos com certeza que Ele e Deus são um.

A mensagem que requer uma resposta

Jo 1:14 anuncia: "E o Verbo se fez carne e habitou entre nós, cheio de graça e de verdade, e vimos a sua glória, glória como do unigênito do Pai". A frase "habitou entre nós" significa literalmente que Ele "tabernaculou" entre nós, ou armou Sua tenda entre nós. O Deus que é todo glória tornou-se um ser humano. Esse é o extraordinário tema do livro de João.

Não há maior tema em todo o Universo do que o fato de estarmos diante da plena humanidade e da plena divindade de Jesus. Ele é o Deus-homem e nos revela como é Deus. Ele é aquele que cura, ama, serve, espera, abençoa, morre e ressuscita. Ele é o supremo ser humano — e Ele é Deus. Essa é a verdade revelada no evangelho de João.

Perto do final de seu evangelho, João escreveu: "Estes, porém, foram registrados para que creiais que Jesus é o Cristo, o Filho de Deus, e para que, crendo, tenhais vida em seu nome" (20:31). Jesus é a chave para a vida. Todos nós queremos viver — jovens e velhos igualmente. Todos nós buscamos a chave para a vida. Buscamos realização. Estes são os nossos anseios mais profundos. E quando chegamos ao fim de nossa busca, encontramos Jesus esperando por nós de braços abertos. Ele é o objetivo de toda a nossa busca e desejo. Ele nos leva a ser tudo o que fomos criados para ser.

O evangelho de João não se limita a apresentar-nos uma história sobre Jesus. Ele não simplesmente nos informa ou mesmo nos inspira. Ele nos confronta. Faz-nos uma exigência e requer uma resposta. Ao forçar-nos a reconhecer a divindade autêntica de Cristo, João nos chama a adorar ou rejeitá-lo. Não há meio termo.

Como você pode estar na presença deste divino mistério e não sentir o seu coração sendo atraído para adorá-lo? Como nas palavras de Charles Wesley:

Será possível eu ganhar
Favor no sangue do Senhor?

Por mim sofreu? Me quer salvar
A mim, Seu crucificador.
Incomparável, tanto amor
Por mim morreu o Salvador!
(Louvor e adoração, 168)

Isso é verdadeira adoração — reconhecimento de que Jesus é Deus, e que Deus tenha se entregado à morte por nós. A verdadeira adoração nos leva à ação, ao serviço e à obediência. Como nas palavras de Isaac Watts:

Amor tão incrível, tão divino,
requer minha alma, minha vida, meu tudo.

Quando nosso coração está cheio da verdadeira adoração, quando nossas mãos estão envolvidas em verdadeiro serviço, estamos unidos Àquele que fez todo o Universo, Àquele que é o grande "Eu Sou". Essa é a mensagem do evangelho de João.

Aventurando-se através da Bíblia

PERGUNTAS PARA DISCUSSÃO

JOÃO
O Deus-homem

1. Os evangelhos de Mateus e Lucas incluem genealogias do Senhor Jesus. O evangelho de João também inclui uma "genealogia" de Jesus, mas muitas pessoas não conseguem percebê-la por ser muito breve, e porque se refere ao tema central deste evangelho: apresentar Jesus como o Deus-homem. A "genealogia" de Jesus, em João, é encontrada nos dois primeiros versículos do capítulo 1. Em suas próprias palavras, explique o significado desta "genealogia".

2. Leia Jo 2:1-11. Como o primeiro milagre de Jesus — transformação da água em vinho nas bodas de Caná — confirma Sua identidade como o Deus-homem?

3. Leia Jo 3:1-21, a história do encontro tarde da noite do Senhor com Nicodemos, o fariseu. O versículo 16 é provavelmente o mais famoso em toda a Escritura. Quando você lê este versículo no contexto da história de Jesus e Nicodemos, seu significado o impacta de modo novo ou diferente? Escreva em suas próprias palavras a mensagem do Senhor a Nicodemos nesta passagem. Há alguma parte de Sua mensagem que o impacta com uma percepção que você nunca teve anteriormente? Explique sua resposta.

4. Leia Jo 4:46-54. Qual é a característica mais marcante e incomum deste ato de cura? Como este milagre de Jesus confirma Sua identidade como o Deus-homem?

5. Espalhados por todo o evangelho de João estão as sete declarações "Eu Sou", nas quais Jesus ecoa as palavras de Deus a Moisés na sarça ardente: Eu Sou o Que Sou (Êx 3:14). Leia cada uma dessas declarações "Eu Sou" e explique como cada uma delas confirma a afirmação de Jesus de ser Deus:

- *Eu sou o Pão da vida* (6:35)
- *Eu sou a Luz do mundo* (8:12)
- *Eu sou a Porta* (10:7)
- *Eu sou o bom Pastor* (10:11)
- *Eu sou a Ressurreição e a Vida* (11:25)

- *Eu sou o Caminho, e a Verdade, e a Vida* (14:6)
- *Eu sou a Videira [...] sem mim nada podeis fazer* (15:5).

APLICAÇÃO PESSOAL

6. Leia Jo 4:39-42. Enquanto os líderes religiosos se opunham ferozmente a Jesus, muitos samaritanos na cidade de Sicar, onde o Senhor encontrou com a mulher no poço, passaram a crer em Cristo. A elite religiosa se orgulhava de conhecer as Escrituras (que falam repetidamente do Messias), mas não reconheceu o Messias quando Ele veio. Porém, os samaritanos (que eram desprezados, considerados párias e sectários pelos judeus) avidamente o receberam.

Se você foi criado na igreja, alguma vez sentiu que crescer no ambiente religioso o cegou para percepções que os estrangeiros e os recém-chegados conseguiam facilmente ver? Explique sua resposta.

7. Jesus declarou que Ele veio com as credenciais autorizadas como Messias, e Ele disse: "Em verdade, em verdade vos digo: o que não entra pela porta no aprisco das ovelhas, mas sobe por outra parte, esse é ladrão e salteador. Aquele, porém, que entra pela porta, esse é o pastor das ovelhas" (Jo 10:1,2).

Jesus estava nos advertindo para não sermos enganados por falsos messias. Esses ainda são uma ameaça hoje no século 21? Como as pessoas podem se proteger de serem desviadas por falsos mestres e falsos messias? Quais passos você pode tomar esta semana para proteger sua mente, alma e espírito dos falsos mestres e falsos messias?

8. Leia o capítulo 11. Por que Jesus esperou tanto tempo antes de ir a Betânia para ressuscitar Lázaro dos mortos? Por que Jesus disse aos Seus discípulos: Nosso amigo Lázaro adormeceu, mas vou para despertá-lo (11:11)?

Após a ressurreição de Lázaro, muitas pessoas creram em Jesus — mas em 11:46-50, vemos um grupo de pessoas que não só não creu nele, mas conspirou para matá-lo. Por que esse milagre não os conquistou? Por que eles continuaram a opor-se a Jesus e a tramar contra Ele?

O autor escreve que a ressurreição de Lázaro "simboliza a libertação daqueles que estão sob o jugo do medo da morte durante toda a vida". Como a ressurreição de Lázaro impacta sua fé? Esse relato ajuda a diminuir o seu medo da morte? Como a ressurreição de Lázaro se diferencia da ressurreição de Jesus Cristo? Por qual tipo de ressurreição você anseia — ser ressuscitado como Lázaro ou ser ressuscitado como Cristo? De que maneira essa expectativa impacta o seu medo da morte?

Observação: Para aprofundar-se ainda mais no evangelho de João, leia *God's Loving Word: Exploring the Gospel of John* [A Palavra amorosa de Deus: Explorando o evangelho de João], escrito por Ray C. Stedman (Discovery House Publishers, 1993). E para saber mais sobre os ensinos do Senhor sobre oração, leia *Talking with My Father: Jesus Teaches on Prayer* [Conversando com meu Pai: Jesus ensina sobre a oração], escrito por Ray C. Stedman (Discovery House Publishers, 1997).

ATOS

CAPÍTULO 53

A história inacabada

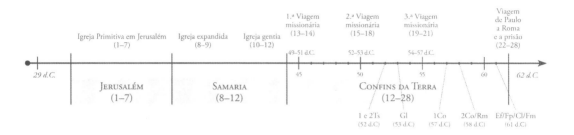

Quando eu era aluno no Seminário Teológico de Dallas, todos os seminaristas tinham que pregar enquanto os demais ouviam e avaliavam. Ao observar e ouvir aqueles pregadores em treinamento, eu podia dizer quem havia influenciado cada um deles.

Alguns dos seminaristas tinham vindo da Universidade Bob Jones e eles ficavam numa perna só, encostavam-se no púlpito, gritavam e acenavam exatamente como Bob Jones. Outros claramente tinham origem na *Young Life* [N.E.: Missão para jovens que atua em 70 países] — ficavam com as mãos nos bolsos, gesticulavam com o punho cerrado e falavam vagarosamente exatamente como Jim Rayburn da *Young Life*. Em cada seminarista, eu reconhecia várias influências.

Percebi também outra coisa: Ao mesmo tempo que aqueles seminaristas imitavam as virtudes de seus heróis do púlpito, estavam propensos a imitar suas falhas também. Isso, penso eu, é o que muitos cristãos e Igrejas têm feito com o livro de Atos. Lemos a história de Atos, estudamos o exemplo da Igreja Primitiva e imitamos aquela igreja — falhas e tudo mais.

Assim, ao examinarmos o registro dos primórdios da Igreja, devemos evitar qualquer análise superficial. Mesmo que nossa pesquisa de Atos venha a ser concisa, vamos tentar garantir que não seja superficial.

O livro de Atos revela o poder da Igreja do Senhor. Sempre que uma igreja local em nosso próprio século começa a perder seu poder, sempre que uma igreja começa a ficar sem cor e monótona em seu testemunho, ela precisa redescobrir o livro de Atos. Este livro conta a história de como o Espírito Santo foi derramado sobre um pequeno grupo de crentes em Cristo, enchendo-os com poder e entusiasmo vindos do alto — e os fez explodir em uma chuva de labaredas, espalhando-se

> **OBJETIVOS DO CAPÍTULO**
>
> O livro de Atos é a "história inacabada" do que o Senhor Jesus está fazendo por meio de Sua Igreja nos dias, anos e séculos após Sua ressurreição e ascensão. A história está inacabada porque nós, a Igreja do século 21, ainda a estamos escrevendo! O objetivo deste capítulo é capturar o senso de aventura à medida que a primeira geração de cristãos se tornou testemunha do Senhor em Jerusalém, na Judeia e Samaria e até os confins da Terra. Este livro deve inspirar a nossa própria aventura de fé.

O LIVRO DE ATOS

A vinda do Espírito Santo (At 1–2)

Prólogo, a ressurreição, aparição e a ascensão de Jesus Cristo 1:1-10

A promessa do Espírito Santo 1:11

A escolha de Matias 1:12-26

Pentecostes, a dramática vinda do Espírito 2

O testemunho do Espírito Santo de Jerusalém aos confins da Terra (At 3–28)

Testemunho em Jerusalém 3–7

A. Pedro cura e prega 3

B. Pedro e João ministram estando presos 4:1-31

C. A Igreja Primitiva cresce e compartilha....................................... 4:32-37

D. Ananias e Safira: não mintam ao Espírito Santo............................ 5:1-11

E. Milagres dos apóstolos.. 5:12-16

F. Perseguição dos apóstolos... 5:17-42

G. Nomeação dos diáconos, Estevão martirizado 6–7

Testemunho na Judeia e Samaria...8–12

A. Saulo persegue a Igreja 8:1-3

B. O testemunho de Filipe aos samaritanos
e ao eunuco etíope 8:4-40

C. A conversão de Saulo (Paulo) 9:1-31

D. O testemunho de Pedro, incluindo curas,
a ressurreição de Dorcas, testemunho a Cornélio,
começo do ministério aos gentios 9:32–11:18

E. O testemunho da igreja em Antioquia...................................... 11:19-30

F. Herodes persegue a Igreja...12

634   *Jesus: O foco dos dois Testamentos*

Testemunho aos confins da Terra 13–28

A. A primeira viagem missionária de
Saulo/Paulo e Barnabé 13–14

B. O Concílio de Jerusalém: lei *versus* graça 15:1-35

C. A segunda viagem missionária (incluindo:

1. a discussão entre Paulo e Barnabé por causa
de João Marcos, 15:36-41;
2. o ministério em Filipos e, a conversão
do carcereiro de Filipos, 16;
3. os bereanos investigam as Escrituras, 17:10-15;
4. o ministério de Paulo com Áquila e Priscila, 18:1-3)......... 15:36–18:22

D. A terceira viagem missionária..18:23–21:16

E. Paulo se volta para Roma..21:17–28:31

pelo mundo, iniciando novas chamas e novas igrejas.

Foi assim que o evangelho se espalhou como um incêndio incontrolável no primeiro século d.C.

O livro da porta giratória

Gosto de pensar no livro de Atos como uma porta giratória. Uma porta giratória é projetada para permitir que as pessoas entrem e saiam ao mesmo tempo: entram por um lado e saem por outro. O livro de Atos é assim — o judaísmo do Antigo Testamento está saindo e a Igreja do Novo Testamento está entrando. Ambos, por um instante, estão na porta giratória ao mesmo tempo, assim como duas pessoas estão em uma porta giratória indo a direções opostas.

Mas não se posicione permanentemente em uma porta giratória — você será derrubado! Uma porta giratória não é planejada para ser habitada; ela é projetada para ser transitável.

De forma semelhante, não devemos nos basear exclusivamente no livro de Atos para doutrina e ensino. Ele não foi planejado para isso. É um livro de história, de acontecimentos rápidos e de transição. Atos foi projetado para nos estimular, para nos encorajar e nos abençoar, e para nos revelar o que Deus deseja fazer por intermédio de Sua Igreja. Atos não é essencialmente um livro de doutrina.

O livro de Atos foi escrito por Lucas, o amado companheiro de Paulo e autor do evangelho que leva seu nome. Infelizmente, esse livro foi intitulado erroneamente. Na maioria das edições e traduções da Escritura, ele é chamado de Atos dos Apóstolos. Mas, à medida que você lê o livro, os únicos apóstolos cujos atos são destacados são Pedro e Paulo. A maioria dos outros apóstolos passa despercebida em Atos.

O livro deveria realmente ser intitulado Os Atos do Espírito Santo — ou mais apropriadamente ainda, Os Atos Contínuos do Senhor Jesus Cristo. Lucas, o escritor desse livro, na verdade, sugere tal título na introdução do livro. Dirigindo-se a seu amigo Teófilo (para quem também escreveu o evangelho de Lucas), ele escreve:

Escrevi o primeiro livro, ó Teófilo, relatando todas as coisas que Jesus começou a fazer e a ensinar (1:1).

Obviamente, então, o evangelho de Lucas foi o volume um e Atos seria o volume dois dos registros de Lucas. Atos é a sequência, a continuação, do que Jesus começou a fazer e a ensinar. Lucas diz:

…até ao dia em que, depois de haver dado mandamentos por intermédio do Espírito Santo aos apóstolos que escolhera, foi elevado às alturas. A estes também, depois de ter padecido, se apresentou vivo, com muitas provas incontestáveis, aparecendo-lhes durante quarenta dias e falando das coisas concernentes ao reino de Deus. E, comendo com eles, determinou-lhes que não se ausentassem de Jerusalém, mas que esperassem a promessa do Pai, a qual, disse ele, de mim ouvistes. Porque João, na verdade, batizou com água, mas vós sereis batizados com o Espírito Santo, não muito depois destes dias (1:2-5).

Esta é a essência do livro de Atos. É o relato da maneira como o Espírito Santo, movendo-se na Igreja, continuou o que Jesus começou a fazer em Seu ministério terreno. O registro dos evangelhos é *apenas o começo* da obra do Senhor Jesus Cristo. Quando você chega ao fim dos evangelhos, não chegou ao fim da história, nem mesmo ao começo do fim, mas ao fim do começo. Em Atos, o Espírito Santo começou a realizar o plano de Deus efetuando a obra do Senhor Jesus por meio da Igreja.

Quando Jesus ascendeu ao Céu, Ele substituiu Seu próprio corpo ressurreto na Terra por um tipo diferente de Corpo na Terra — a Igreja, que o Novo Testamento chama de "o Corpo de Cristo". Em vez de um único corpo humano que pode estar ou na Galileia ou Samaria ou Judeia, e precisa parar de vez em quando para dormir, Jesus agora tem um Corpo que alcança os confins da Terra e está ativo 24 horas por dia.

Vivemos agora na Era do Espírito — uma era inaugurada no dia de Pentecostes, o primeiro grande acontecimento no livro de Atos.

O esboço do livro de Atos

Encontramos o esboço do livro de Atos nas palavras finais do Senhor aos Seus discípulos pouco antes de Ele ascender ao Céu:

> *Mas recebereis poder, ao descer sobre vós o Espírito Santo, e sereis minhas testemunhas tanto em Jerusalém como em toda a Judeia e Samaria e até aos confins da terra* (1:8).

Os dois primeiros capítulos de Atos são resumidos na seguinte declaração: "Mas recebereis poder, ao descer sobre vós o Espírito Santo". Estes dois capítulos narram a vinda do Espírito Santo.

A próxima frase "e sereis minhas testemunhas" estabelece o tema do restante do registro Atos, do capítulo 3 a 28. A frase de conclusão "em Jerusalém como em toda a Judeia e Samaria e até aos confins da terra", divide esses capítulos em três partes.

Ao estudarmos o livro de Atos, vemos como este esboço, que foi inspirado pelo Espírito Santo, é literalmente cumprido na vida da Igreja Primitiva. A história de Atos começa em Jerusalém, o centro da nação judaica, e termina em Roma, o centro do mundo gentio. Ele nos conduz do evangelho limitado do reino — ao final dos quatro evangelhos —, à difusão do evangelho da graça e até o mundo todo, no final de Atos.

A restauração dos doze

Após a morte de Judas Iscariotes, o discípulo que traiu Jesus, Pedro ficou diante da igreja e disse: "Porque está escrito no livro dos Salmos: Fique deserta a sua morada; e não haja quem nela habite, e, tome outro o seu encargo" (At 1:20). Assim, uma das primeiras ações que os crentes de Jerusalém tomaram depois da ascensão de Cristo foi a de preencher a posição de liderança deixada vazia por Judas. Eles buscaram a mente de Deus ao lançar sortes e a sorte caiu para Matias. Então, o número de apóstolos foi restaurado para doze.

Por que isso foi necessário? Porque tinha que ter doze apóstolos para realizar fielmente o ministério apostólico, e foi sobre os Doze que o Espírito Santo foi derramado no dia de Pentecostes. (É importante observar que no livro de Apocalipse os nomes restaurados dos Doze formam as fundações da cidade que João viu descendo do Céu. Veja Ap 21:14).

Aventurando-se através da Bíblia

No entanto, parece também que o encargo de Judas foi realmente preenchido não por um homem, mas por dois. Enquanto Matias tornou-se o apóstolo substituto para Israel, o apóstolo Paulo tornou-se o apóstolo especial para os gentios. Isto não significa que os outros apóstolos não tinham um ministério aos gentios, pois certamente o tinham. De fato, Deus deu a Pedro uma visão mostrando-lhe que o evangelho era para ser levado aos gentios bem como à casa de Israel (At 10).

Mas ao passo que Deus escolheu Pedro para ser o principal apóstolo a Israel, Paulo o foi principalmente aos gentios. Os outros apóstolos foram divinamente escolhidos como testemunhas a Israel, e eles cumpriram seu ministério completamente.

O derramamento do Espírito Santo

Após o número dos apóstolos ser restaurado, a grande marca do livro de Atos — o derramamento do Espírito Santo — ocorre. Todo o restante flui a partir deste acontecimento no capítulo 2. O interessante é ver quantos cristãos puseram sua atenção nas eventualidades e negligenciaram os fatos fundamentais.

As eventualidades aqui — o vento impetuoso, o fogo que tremulava sobre as cabeças dos discípulos e as muitas línguas ou idiomas através dos quais eles falaram — eram simplesmente acontecimentos periféricos que ocorreram. Eram sinais anunciando que algo importante estava acontecendo.

O acontecimento fundamental foi a formação de uma nova e distinta comunidade, a Igreja do Senhor. Cento e vinte pessoas reuniram-se numa casa. Elas eram tão diferentes umas das outras como quaisquer pessoas nascidas em partes completamente dispersas da Terra podem ser. Mas quando o Espírito Santo foi derramado, elas foram batizadas em

um corpo. Tornaram-se um organismo vivo. Não estavam apenas ligadas ao Senhor; estavam também ligadas umas às outras como irmãos e irmãs em Cristo. Elas se tornaram o Corpo de Cristo.

Sendo o Corpo de Cristo, receberam novas instruções e novo propósito. Com o Espírito Santo habitando nelas, começaram a evangelizar Jerusalém e, em seguida, além, na Judeia, em Samaria e até os confins da Terra.

O mesmo Corpo de Cristo que passou a existir no dia de Pentecostes está vivo hoje e permanecerá vivo, ativo e cheio de fervor até o dia da volta do Senhor. O fato fundamental de Atos 2 é o nascimento do Corpo de Cristo, o início da Igreja. É neste Corpo que o Espírito Santo habita e no qual Ele sopra poder e vida. Apesar deste corpo, o Espírito de Deus está ativo no mundo hoje, realizando Seu plano eterno.

O chamado de Paulo

O restante de Atos trata em grande parte do chamado e ministério do apóstolo Paulo — o sábio mestre-construtor, aquele a quem o Espírito Santo selecionou para ser o padrão para os cristãos gentios. Por isso é que Paulo foi submetido a tal período de treinamento intensivo pelo Espírito Santo, durante o qual ele ficou sujeito a um dos julgamentos mais rigorosos que qualquer ser humano poderia sofrer.

Paulo foi enviado de volta para sua própria cidade natal para viver na obscuridade durante sete anos, até que aprendesse a grande lição que o Espírito Santo procura ensinar a todos os cristãos. Nas palavras de nosso Senhor: "Em verdade, em verdade vos digo: se o grão de trigo, caindo na terra, não morrer, fica ele só; mas, se morrer, produz muito fruto" (Jo 12:24).

À medida que traçamos a carreira do apóstolo Paulo, descobrimos que (como a maioria de nós), ele não entendeu este princípio de imediato, assim que veio a Cristo. Ele acreditava que estava especialmente preparado para ser o tipo de instrumento que Deus poderia usar para alcançar Israel para Cristo. Sem dúvida, como Paulo revela em Fp 3:4-6 (cf. At 22:3), ele tinha a origem e o treinamento necessários. Era hebreu de nascimento; educado na lei do Antigo Testamento; o aluno preferido do maior mestre de Israel, Gamaliel; o fariseu entre os fariseus; entendia tudo sobre a lei, a fé e a cultura dos hebreus.

Repetidamente em suas cartas, vê-se o desejo profundo de Paulo de ser um instrumento para alcançar Israel para Cristo. Em Romanos, ele escreve: "...tenho grande tristeza e incessante dor no coração; porque eu mesmo desejaria ser anátema, separado de Cristo, por amor de meus irmãos, meus compatriotas, segundo a carne" (Rm 9:2,3). Na verdade, Deus disse a Paulo: "Eu não quero que você vá a Israel com o evangelho. Estou chamando-o para ser um apóstolo aos gentios, para levar o meu nome perante os reis e pregar aos gentios as insondáveis riquezas de Cristo".

Paulo tentou anunciar a Cristo em Damasco, mas o fez na força de sua própria carne. Ele falhou e foi expulso da cidade, sendo baixado em um cesto pelos muros da cidade como um criminoso procurado. Contrito e derrotado, ele se dirigiu a Jerusalém e pensou que os apóstolos, pelo menos, iriam recebê-lo, mas eles não confiaram neste antigo perseguidor da Igreja. Foi somente quando Barnabé

Aventurando-se através da Bíblia

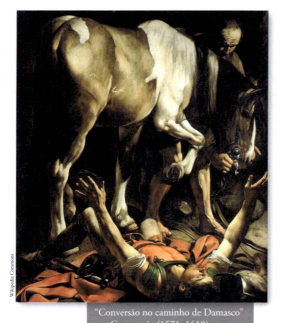
"Conversão no caminho de Damasco" por Caravaggio (1571–1610)

O avanço do evangelho

O livro de Atos termina com Paulo em Roma, pregando em sua própria casa alugada, acorrentado dia e noite a um soldado romano, incapaz de sair como missionário. Ele é um prisioneiro; contudo seu coração transborda com a consciência de que, embora esteja preso, a Palavra de Deus não está.

Quando Paulo escreve aos seus amigos em Filipos, ele diz: "Quero ainda, irmãos, cientificar-vos de que as coisas que me aconteceram têm, antes, contribuído para o progresso do evangelho" (Fp 1:12). Estes obstáculos e decepções podem ter acorrentado Paulo, mas não puderam acorrentar o Espírito de Deus. As circunstâncias apenas serviram para o avanço das boas-novas de Jesus Cristo. Paulo cita duas formas específicas em que o evangelho estava avançando:

1. O soldado pretoriano estava sendo alcançado para Cristo (Fp 1:12,13). Ao comando do imperador, os guardas romanos estavam acorrentados ao apóstolo por seis horas a cada vez. Isso sim era um público cativo! O imperador inadvertidamente expôs seus melhores homens a horas de instrução na fé cristã. Um a um, os soldados romanos que guardavam Paulo vieram a conhecer a Cristo. Não é de se admirar que Paulo escreva no final da carta: "Todos os santos vos saúdam, especialmente os da casa de César" (Fp 4:22).

2. Por causa da prisão de Paulo, os outros cristãos na cidade estavam pregando o evangelho com mais poder e ousadia (Fp 1:14). "Estimulados por minhas algemas," escreveu Paulo, "ousam falar com mais desassombro a palavra de Deus." Ironicamente, o evangelho se espalhava em Roma com ainda maior força e intensidade desde que Paulo fora preso, pois

finalmente intercedeu por Paulo que ele foi, relutantemente, aceito pelos apóstolos.

Então, entrando no Templo, ele encontrou o Senhor, que lhe disse: "Apressa-te e sai logo de Jerusalém, porque não receberão o teu testemunho a meu respeito. Vai, porque eu te enviarei para longe, aos gentios" (At 22:17-21).

Retornando à sua casa em Tarso, Paulo finalmente aceitou o que Deus estava lhe dizendo: A menos que ele estivesse disposto a morrer para si próprio para ser um apóstolo aos gentios, nunca poderia ser um servo de Cristo. E quando, enfim, recebeu essa comissão e a aceitou de coração, pôde dizer: "Senhor, aonde quiseres. Qualquer coisa que quiseres. A qualquer lugar que desejares me enviar. Estou pronto para ir".

Deus, então, enviou Barnabé a ele, conduzindo-os a Antioquia, aos gentios de lá. E assim o apóstolo Paulo começou seu ministério em Antioquia.

as pessoas pararam de contar com ele como o único evangelizador daquela nação.

Se a tarefa de evangelizar Roma era para acontecer, outros teriam de pegar de onde Paulo parou e continuar em seu lugar. Paulo disse: "Alegro-me com isso". (Tenho me perguntado muitas vezes se a melhor maneira de evangelizar uma cidade não seria de trancar todos os pregadores na cadeia!)

Havia outra vantagem da prisão de Paulo em Roma — uma vantagem que até mesmo o próprio apóstolo não podia ter imaginado. Podemos ver agora, com a perspectiva de 2 mil anos de retrospectiva, que a maior obra que Paulo realizou em sua vida não foi a de sair pregando e começando igrejas, embora esse tenha sido um grande trabalho. Sua maior realização foi o conjunto de cartas que compôs, muitas das quais foram escritas enquanto ele estava na prisão. Há pouca dúvida de que muitas epístolas de Paulo jamais teriam sido escritas se ele não tivesse estado na prisão. Devido a essas cartas, a Igreja tem sido nutrida, fortalecida e encorajada ao longo de vinte séculos de História Cristã.

O erro da Igreja

Há muitos séculos a Igreja tem sofrido de um equívoco trágico. De fato, grande parte da fraqueza da Igreja hoje é devido a este equívoco. Durante séculos, os cristãos se reúnem e recitam a Grande Comissão de Jesus Cristo para levar o evangelho para os cantos mais distantes da Terra: "Ide, portanto, fazei discípulos de todas as nações, batizando-os em nome do Pai, e do Filho, e do Espírito Santo" (Mt 28:19). E isso é sem dúvida a vontade de Deus.

Porém, um dos truques favoritos do diabo é fazer os cristãos buscarem a vontade de Deus

de sua própria maneira, de acordo com sua própria sabedoria limitada. Com muita frequência, nossa abordagem é dizer: "Vamos planejar a estratégia para a realização da vontade de Deus". De acordo com este ponto de vista, o plano de Deus para o mundo depende de nossas estratégias, de nossa engenhosidade e de nossos esforços. Sem a nossa força humana, Jesus jamais terminaria a obra. Esta visão é um engano satânico.

A razão pela qual estamos tão enganados é porque ouvimos apenas uma parte da Grande Comissão. Veja novamente as palavras que a compõem:

Ide, portanto, fazei discípulos de todas as nações, batizando-os em nome do Pai, e do Filho, e do Espírito Santo; ensinando-os a guardar todas as coisas que vos tenho ordenado. E eis que estou convosco todos os dias até à consumação do século (Mt 28:19,20).

Realizamos a primeira parte — o "ide". Temos elaborado estratégias, mobilizado e ido "até os confins da terra". Mas quase esquecemos completamente a última parte dessa comissão: "E eis que estou convosco todos os dias até à consumação do século".

O Senhor nunca pretendeu que cumpríssemos a Grande Comissão em nossa própria força, enquanto Ele fica de lado e observa. Cristo está sempre conosco — e devemos permitir que Ele esteja no comando de Sua própria estratégia para alcançar o mundo.

Quando nos voltamos a Jesus, exaustos, derrotados e desanimados — inevitavelmente clamamos: "Senhor, nunca poderemos terminar essa obra. Não podemos cumprir essa

Aventurando-se através da Bíblia

tarefa". É então que Ele nos lembra de que Seu plano era para ser realizado por meio da Igreja, mas na força do Espírito Santo. Que, afinal, é o que o livro de Atos diz. Essa é a história de como o Espírito Santo realizou o plano de Jesus em todo o mundo conhecido.

Deus não chamou os apóstolos e a Igreja Primitiva para realizar toda a obra. Em vez disso, a mensagem central de Atos está resumida nas palavras de Paulo em 1Ts 5:24: "Fiel é o que vos chama, o qual também o fará". Sempre foi intenção de Deus não só colocar o plano diante de nós, mas cumpri-lo em Sua própria força.

A estratégia divina

À medida que lemos o livro de Atos, vemos vários aspectos do ministério do Espírito Santo. Em primeiro lugar, Ele é visível na direção das atividades da Igreja. É o Espírito de Deus — não algum ser humano — que toma a iniciativa e lança novos empreendimentos para a realização do plano divino. Por exemplo, quando Filipe estava em Samaria pregando o evangelho, um grande avivamento aconteceu em toda a cidade como resultado de sua pregação. Toda a cidade estava cheia do espírito de avivamento.

A sabedoria humana diria: "Tem algo acontecendo aqui! Vamos investir mais recursos em Samaria! Vamos expandir nossos esforços evangelísticos e desenvolver uma estratégia 'Vamos ganhar Samaria para Jesus!'". Mas esse não foi o plano de Deus. Em vez disso, como em Atos 8, o Espírito de Deus disse a Filipe para ir ao deserto e encontrar um homem — um solitário etíope — e testemunhar para ele.

Bem, que tipo de estratégia é essa? Por que Deus diria a Filipe para deixar uma campanha

em toda a cidade onde o Espírito de Deus estava se movendo com poder, e onde multidões estavam indo a Cristo — para descer ao deserto e falar somente a um homem?

Mas quem era esse homem? Ele era o tesoureiro do governo etíope. O Espírito Santo estava preparando seu coração para seu encontro com Filipe.

Enquanto Filipe se aproximava da carruagem do etíope, ele viu que o homem estava lendo Isaías 53 — uma poderosa profecia do Antigo Testamento sobre o Messias. Filipe perguntou ao homem se ele entendia o que estava lendo, e o homem respondeu: "Como poderei entender, se alguém não me explicar?".

Então Filipe sentou-se ao lado dele e contou-lhe a história do Messias que tinha finalmente vindo, sofrido e morrido, e que ressuscitara. E o homem entregou sua vida a Cristo ali mesmo.

O influente oficial etíope retornou para seu próprio país, e a tradição sustenta que muitos etíopes foram levados a Cristo por meio dele. Foi assim que o alcance do evangelho foi primeiramente estendido para o continente africano.

Isso é o que significa um testemunho guiado pelo Espírito: A pessoa certa, no lugar certo, no momento certo, dizendo a coisa certa, à pessoa certa. Esta é a uma das primeiras evidências encontradas no livro de Atos da atividade de condução do Espírito Santo.

Em Atos 9, o Espírito Santo alcança um homem na estrada de Damasco — Saulo de Tarso, um perseguidor da Igreja. Ele, então, envia outro homem para orar com Saulo — um discípulo chamado Ananias — que fica absolutamente estupefato com essa comissão:

642 *Jesus: O foco dos dois Testamentos*

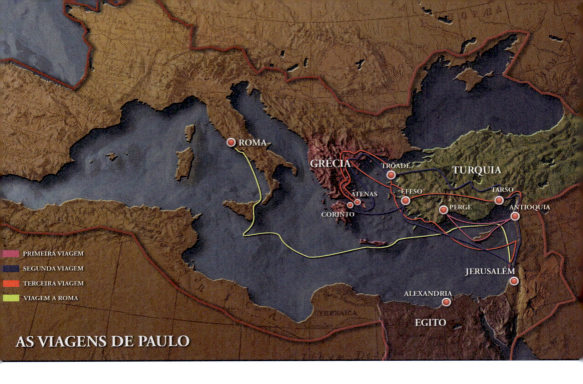

AS VIAGENS DE PAULO

Ananias, porém, respondeu: Senhor, de muitos tenho ouvido a respeito desse homem, quantos males tem feito aos teus santos em Jerusalém; e para aqui trouxe autorização dos principais sacerdotes para prender a todos os que invocam o teu nome.

Mas o Senhor lhe disse: Vai, porque este é para mim um instrumento escolhido para levar o meu nome perante os gentios e reis, bem como perante os filhos de Israel; pois eu lhe mostrarei quanto lhe importa sofrer pelo meu nome (9:13-16).

Este homem Saulo, é claro, estava destinado a tornar-se o apóstolo Paulo. Ele realmente era o "instrumento escolhido" de Deus para espalhar a fé cristã em todo o Império Romano.

No capítulo 13, a igreja em Antioquia jejua e ora, e no meio do culto, o Espírito Santo diz: "Separai-me, agora, Barnabé e Saulo para a obra a que os tenho chamado" (13:2). Mais adiante, lemos:

E, percorrendo a região frígio-gálata, tendo sido impedidos pelo Espírito Santo de pregar a palavra na Ásia, defrontando Mísia, tentavam ir para Bitínia, mas o Espírito de Jesus não o permitiu (16:6,7).

Em todo o livro de Atos vemos que a estratégia divina foi trabalhada com antecedência — não por pessoas, mas pelo Espírito Santo. À medida que os cristãos se colocam disponíveis ao Espírito, Ele desvenda a estratégia passo a passo. Ninguém pode elaborar este tipo de plano. Nós apenas podemos nos permitir sermos usados como instrumentos escolhidos de Deus enquanto o Espírito de Deus conduz o trabalho da Igreja. Essa é a estratégia divina.

E como descobrimos e lançamos mão da estratégia divina? Seguindo o exemplo de um

Aventurando-se através da Bíblia

A IGREJA, UM GOVERNO INVISÍVEL

Não há razão para que a Igreja no século 21 não seja como a do primeiro século. O verdadeiro cristianismo opera exatamente na mesma base agora, como o fez no passado. O mesmo poder que transtornou o mundo no livro de Atos está disponível para nós hoje.

Será que realmente percebemos o poder que está disponível para nós? Temos qualquer conceito do poder que Jesus pretendeu que Sua Igreja exercesse neste mundo em trevas e perigoso? Ou nossa visão sobre o Corpo de Cristo tornou-se tão enfraquecida que a palavra Igreja nos sugere apenas um edifício na esquina aonde vamos uma vez por semana para cantar hinos e ouvir sermões?

A Igreja, como Deus projetou e a Bíblia descreve, é uma força incrível, dinâmica e transformadora. Ela é, na verdade, uma espécie de governo invisível, influenciando e movendo governos visíveis da Terra. Por causa da poderosa influência da Igreja, as pessoas deste planeta são capazes de experimentar os benefícios da estabilidade social, da lei e da ordem, da justiça e da paz. Sim, o mundo está conturbado e em crise — mas não vimos sequer uma fração de um por cento da tribulação, tirania, anarquia e massacre que ocorreria se a Igreja de repente fosse retirada daqui.

Encontramos a verdade e as instruções de Deus sobre a Sua Igreja em todo o Novo Testamento, e especialmente nos escritos do apóstolo Paulo... Lá, vamos encontrar nosso guia para a verdade de Deus sobre a vida do Corpo de Cristo, a Igreja.

Ray C. Stedman
Body Life ([Vida do Corpo] Discovery House Publishers, 1995)

"nobre" grupo de pessoas que encontramos em Atos 17:

> *E logo, durante a noite, os irmãos enviaram Paulo e Silas para Bereia; ali chegados, dirigiram-se à sinagoga dos judeus. Ora, estes de Bereia eram mais nobres que os de Tessalônica; pois receberam a palavra com toda a avidez, examinando as Escrituras todos os dias para ver se as coisas eram, de fato, assim. Com isso, muitos deles creram, mulheres gregas de alta posição e não poucos homens* (17:10-12).

Quem dera fôssemos mais como os nobres bereanos, que avidamente examinavam as Escrituras, comparando as palavras de Paulo com a Palavra de Deus! Enquanto estamos nos aventurando juntos através da Bíblia nestas páginas, espero que você não simplesmente tome minha palavra como verdade a respeito de qualquer assunto sobre as verdades espirituais. Seja como os nobres bereanos! Verifique a Palavra de Deus por si mesmo, ouça a liderança do Espírito Santo, ore por entendimento, em seguida, ouça em silêncio a resposta do Senhor. Essa é a coisa nobre a fazer!

Instrumentos do Espírito

Mais adiante em Atos, encontramos o Espírito Santo envolvido em outro aspecto do ministério, fazendo o que nenhum ser humano pode fazer: Comunicar vida àqueles que ouvem o evangelho. Onde quer que a mensagem de salvação seja pregada, onde quer que a Palavra de Deus seja preservada, o Espírito Santo está lá para comunicar vida.

Você já reparou em quem faz os apelos no livro de Atos? São quase invariavelmente *aqueles que estão ouvindo a pregação,* não os pregadores. No dia de Pentecostes, o Espírito de Deus pregou através de Pedro a milhares de pessoas. Estas pessoas foram atraídas pelo milagre das línguas de fogo do Espírito Santo e dos diferentes idiomas. As pessoas foram tão convencidas pela mensagem de Pedro que elas o interromperam no meio do sermão, gritando: "O que devemos fazer para sermos salvos?" (Paráfrase de At 2:37). Pedro não teve que fazer o apelo — seu público o atendeu antes mesmo de ele o fazer!

E em Atos 16, foi o carcereiro de Filipos, impressionado por Paulo e Silas estarem cantando por volta da meia-noite, que fez o apelo quando o terremoto derrubou as paredes da prisão, perguntando: "Senhores, que devo fazer para que seja salvo?". Caso após caso, evento após evento, é o Espírito Santo que comunica aos corações carentes e os prepara com antecedência para crer e responder quando a mensagem é proclamada.

Hoje, existem muitos grupos cristãos e indivíduos cuja única ocupação na vida parece ser a de defender a fé — preservar, se puderem, a pureza da Igreja. Eles encurralam pastores desavisados, inspecionam cada frase de seus sermões em busca de uma evidência de doutrina falha, depois a pregam nas paredes por causa do mais fraco cheiro de "heresia". Apesar de ser apropriado querer que a Igreja seja fiel à Palavra de Deus, o livro de Atos nos mostra que é o Espírito de Deus o responsável por manter a pureza da Igreja.

Por exemplo, há um acontecimento surpreendente no início do livro de Atos que ilustra isso — a hipocrisia de Ananias e Safira. Seu pecado foi revelado quando eles se apresentaram como sendo mais generosos à obra de Deus do que eles realmente eram (At 5:1-11). Eles tentaram ganhar uma reputação de santidade que não era nada além de fachada. O julgamento do Espírito Santo veio imediatamente sob a forma de morte física.

Não creio que Deus exerce tais julgamentos dramáticos na Igreja de hoje. Em vez disso, em Sua Palavra, Deus apresenta Ananias e Safira como um exemplo para nós, um padrão para indicar o que o Espírito de Deus faz no nível espiritual. Na Igreja Primitiva, Ele julgou estes dois hipócritas no nível físico, a fim de que pudéssemos ver este princípio em ação. Mas, quer seja espiritual ou físico, o resultado é o mesmo.

Quando alguém começa a usar sua posição religiosa para elevar sua reputação aos olhos de outras pessoas, o que acontece? O Espírito de Deus separa-os da manifestação da vida de Cristo. Instantaneamente a vida dessa pessoa torna-se tão impotente e ineficaz como os corpos de Ananias e Safira caídos aos pés de Pedro. Esse é um princípio sério da vida cristã, e um que todos os cristãos deveriam considerar séria e honestamente.

Os cristãos eram a maravilha e a sensação do mundo do primeiro século. O que havia com essas pessoas que deixaram o mundo todo alvoroçado? Só uma coisa: O Espírito de Deus estava vivo nelas. O Espírito lhes concedeu poder, coragem e ousadia.

Aventurando-se através da Bíblia

Observe a ousadia deles: Após a crucificação, Pedro e João se esconderam atrás de portas trancadas, com medo de sair às ruas de Jerusalém por causa daqueles que crucificaram o Senhor. Mas depois que o Espírito de Deus veio sobre eles, nós os vemos nos pátios do Templo proclamando a verdade de Jesus Cristo — e praticamente desafiando os líderes religiosos corruptos a prendê-los.

E às vezes eles eram presos. Mas no momento em que eram libertos, voltavam aos pátios do Templo a pregar novamente. Eles não podiam ser parados! Eram invencíveis! E cada vez que eram presos, ou apedrejados, ou espancados, pelo que esses cristãos oravam? Não por segurança. Não por proteção. Não, eles oravam por mais ousadia!

Esse era o plano de Deus. O Espírito Santo faz tudo no livro de Atos. Ele é que concede todo o vigor, orientação, direção, planejamento, capacitação, preparação e comunicação. Ele faz tudo. Não cabe a nós fazermos qualquer coisa, exceto sermos Seus instrumentos, irmos aonde Ele quiser, abrirmos nossa boca e falarmos Suas palavras. É trabalho do Espírito conduzir o ministério. É por isso que este livro deveria ser chamado de os Atos do Espírito Santo, não os Atos dos Apóstolos.

O livro inacabado

O livro de Atos termina abruptamente com essas palavras:

> *Por dois anos, permaneceu Paulo na sua própria casa, que alugara, onde recebia todos que o procuravam, pregando o reino de Deus, e, com toda a intrepidez, sem impedimento algum, ensinava as coisas referentes ao Senhor Jesus Cristo* (28:30,31).

Sabemos, evidentemente, que este não é o fim da história de Paulo porque o apóstolo fala sobre sua iminente morte em At 20:24,38. E na carta carregada de emoção de Paulo a Timóteo, seu filho na fé, ele escreve com uma sensação de que seus dias estavam contados:

> *Quanto a mim, estou sendo já oferecido por libação, e o tempo da minha partida é chegado. Combati o bom combate, completei a carreira, guardei a fé. Já agora a coroa da justiça me está guardada, a qual o Senhor, reto juiz, me dará naquele Dia; e não somente a mim, mas também a todos quantos amam a sua vinda* (2Tm 4:6-8).

Segundo a tradição, Paulo foi executado em Roma, em fevereiro de 62 d.C. O fato de

"Apóstolo Paulo na prisão" por Rembrandt (1627)

que Atos não registra a morte de Paulo, nem menciona eventos importantes tais como a perseguição de Nero (64 d.C.) ou a destruição de Jerusalém (70 d.C.), sugere que o livro de Atos foi provavelmente escrito antes da morte de Paulo.

De qualquer forma, é claramente um livro inacabado. Ele termina — mas não está concluído. Por quê? Certamente Lucas poderia ter voltado ao livro em anos posteriores e anexado um pós-escrito, mesmo se o registro tivesse sido concluído antes de 62 d.C. Mas por que ele não o fez?

Porque o Espírito Santo deliberadamente pretendia que ficasse inacabado!

O livro de Atos ainda está sendo escrito. Como o evangelho de Lucas, esse livro é mais um registro das coisas que Jesus começou tanto a fazer como a ensinar. Sua obra na Terra não está acabada. Ele começou Seu ministério em Seu corpo humano, como registrado nos evangelhos. Continuou em Seu Corpo, a Igreja, como está no livro de Atos. E continua Seu hoje por intermédio de você, de mim e de todos os outros cristãos no mundo.

O livro de Atos será concluído algum dia. E quando for concluído, você e eu teremos a oportunidade de lê-lo na glória, na eternidade, quando o plano de Deus estiver cumprido.

Qual será a *sua* parte nessa grande história?

Aventurando-se através da Bíblia

PERGUNTAS PARA DISCUSSÃO

ATOS
A história inacabada

1. O livro de Atos começa com a instauração da Igreja. Em 1:4,5, o Senhor Jesus ressurreto diz aos Seus seguidores: "Não se ausentem de Jerusalém, mas esperem a promessa do Pai, a qual de mim ouvistes. Porque João batizou com água, mas vós sereis batizados com o Espírito Santo". Mais tarde, quando os discípulos se reuniram com o Senhor ressuscitado, perguntaram-lhe: "Senhor, será este o tempo em que restaures o reino a Israel?".

O que esta pergunta lhe diz sobre as expectativas dos discípulos? Que tipo de reino eles estavam esperando? Será que os seguidores de Jesus entenderam que Deus planejava transformar não só Israel, mas também todo o mundo com o evangelho? Por quê?

2. Em At 1:8, Jesus diz aos Seus seguidores: "Mas recebereis poder, ao descer sobre vós o Espírito Santo, e sereis minhas testemunhas tanto em Jerusalém como em toda a Judéia e Samaria e até aos confins da terra". Este versículo nos dá o esboço do livro de Atos:

- *Testemunhas do Senhor em Jerusalém* (1:1–8:3)
- *Testemunhas do Senhor na Judeia e Samaria* (8:4–12:25)
- *Testemunhas do Senhor aos confins da Terra* (13:1–28:31)

O fato de sermos Suas testemunhas é um tema que percorre todo o livro de Atos. O que significa ser uma testemunha de um evento histórico? O que significa ser uma testemunha em um tribunal? Tendo em conta estes significados da palavra "testemunha", o que significa ser uma testemunha de Jesus Cristo? Você é uma testemunha de Jesus Cristo? Por quê?

3. Muitas pessoas têm a impressão de que a primeira menção da presença do Espírito Santo está em Atos 1 e 2. Na verdade, o Espírito Santo é mencionado em muitos lugares em todo o Antigo Testamento, começando com o segundo versículo da Bíblia: "A terra, porém, estava sem forma e vazia; havia trevas sobre a face do abismo, e o Espírito de Deus pairava por sobre as águas" (Gn 1:2). Para outras referências ao Espírito Santo antes de Atos, veja Gn 6:3; Êx 31:3; 35:31; Nm 11:29; 24:2; Jz 3:10; 6:34; 1Sm 10:10; Sl 51:11; Jo 14:15-27; 16:5-15.

Antes da crucificação, Jesus disse aos Seus discípulos: "Convém-vos que eu vá, porque, se eu não for, o Consolador não virá para vós outros; se, porém, eu for, eu vo-lo enviarei" (Jo 16:7). O que Jesus quer dizer? Por que Ele deve ir para que o Espírito venha até nós? Esta promessa de Jesus foi confirmada mais tarde? (Dica: Veja At 1:9-11; 2:1-4.)

4. Leia At 2:1-21. Nos versículos 17-21, Pedro cita Jl 2:28-32 onde o profeta escreve que nos últimos dias Deus derramará Seu Espírito sobre todas as pessoas. Quais manifestações do Espírito Joel promete? Algumas dessas manifestações, diz esse profeta, ocorrerão entre "todas as pessoas", enquanto outras acontecerão "nos céus" e "na terra". Quais destes sinais prometidos foram manifestados em At 2:1-4? Quais permanecem para serem cumpridos? Joel escreve: "E acontecerá que todo aquele que invocar o nome do Senhor será salvo" (2:32). O que significa invocar o nome do Senhor?

5. Em At 4:12, Pedro diz: "E não há salvação em nenhum outro; porque abaixo do céu não existe nenhum outro nome, dado entre os homens, pelo qual importa que sejamos salvos". O que significa sermos salvos por Seu nome? (Veja At 8:12; 1Co 1:2; Fp 2:10; 1Pe 4:14).

APLICAÇÃO PESSOAL

6. Leia em At 4:1-22 sobre a história de Pedro e João testemunhando sua fé em Cristo diante do Sinédrio. O Sinédrio era o corpo de líderes religiosos que havia planejado crucificar Jesus — e Pedro e João tinham todas as razões para acreditar que eles os matariam também. Mas Pedro fala com ousadia e sem medo em "nome de Jesus Cristo, o Nazareno, a quem vós crucificastes, e a quem Deus ressuscitou dentre os mortos".

Por que Pedro e João foram tão corajosos diante das ameaças dos líderes religiosos? Você já sentiu o chamado de Deus para falar em Seu nome? O que você fez? Quais passos você pode tomar na próxima semana para se tornar uma testemunha ousada e sem medo de Jesus Cristo, independentemente do custo pessoal?

7. O apóstolo Paulo pensava que Deus o havia chamado para ser um apóstolo para o seu próprio povo, os judeus. Mas em At 22:21, Jesus falou com ele e disse: "Vai, porque eu te enviarei para longe, aos gentios".

Aventurando-se através da Bíblia

Alguma vez você já sentiu Deus o chamando para fazer algo que realmente não queria fazer? Alguma vez sentiu que estava se preparando para uma coisa, mas Deus o estava guiando para uma direção diferente? Você se opôs? Por fim se rendeu à vontade do Senhor para a sua vida? Qual a consequência da vontade de Deus para você?

8. Paulo mais tarde chegou a aceitar uma cela de prisão como vontade de Deus para sua vida — e pôde escrever: "Quero ainda, irmãos, cientificar-vos de que as coisas que me aconteceram têm, antes, contribuído para o progresso do evangelho" (Fp 1:12). Você aprendeu a confiar em Deus tão completamente que poderia aceitar uma cela de prisão como dádiva do Senhor? Por quê? Quais os passos que você pode tomar esta semana para se render mais completamente à vontade de Deus para sua vida?

9. O autor escreve que o livro de Atos "é claramente um livro inacabado. Termina — mas não está concluído. Por quê?... Porque o Espírito Santo deliberadamente pretendeu que fosse inacabado!" Se você pudesse acrescentar um parágrafo ao livro de Atos a respeito de como Deus o está usando como Sua testemunha no século 21, o que escreveria? Escreva três ou quatro frases para resumir como Deus o está usando exatamente onde você está. Se não tem nada para escrever, pense em como gostaria que fosse seu parágrafo.

Liste os nomes das pessoas por quem você está orando e a quem você está falando sobre Jesus. Liste alguns passos que você pode tomar esta semana para se tornar uma testemunha de Deus a eles.

Observação: Para uma pesquisa mais aprofundada do livro de Atos, leia *God's Unfinished Book: Journeying through the Book of Acts* [O livro inacabado de Deus: Uma jornada pelo livro de Atos], escrito por Ray C. Stedman (Discovery House Publishers, 2008).

Parte 7
Cartas do Senhor

Oliveiras no jardim do Getsêmani

DE ROMANOS A FILEMOM CAPÍTULO 54

Cartas à Igreja: As epístolas de Paulo

O propósito da revelação divina é a transformação de vidas humanas.

Não devemos apenas *ler* a Bíblia, mas, sim, *vivenciá-la*. Nosso encontro com a Palavra de Deus deveria transformar nossa vida. Se a Bíblia não está nos transformando, então há algo muito errado com a maneira como nos aproximamos dela.

A Bíblia é um livro vivo, com uma mensagem viva, que Deus nos deu para transformar nosso modo de vida. O propósito do Antigo Testamento é nos *preparar* para a verdade. O propósito do Novo Testamento é nos ajudar a *compreender* a verdade.

No Novo Testamento, os evangelhos e Atos se unem para nos apresentar a pessoa e a obra de Jesus Cristo, em Seu corpo físico e em Seu corpo de cristãos, a Igreja.

Em seguida, vêm as 13 epístolas (ou cartas) de Paulo. Depois, temos a carta aos Hebreus e as cartas de Tiago, Pedro, João e Judas. Estas epístolas nos explicam a pessoa de Jesus Cristo e o modo de viver do cristão.

Finalmente, chegamos ao último livro da Bíblia, o capítulo final da revelação bíblica. Não é apenas o relato do fim da história e o ápice do plano de Deus, mas ele também contém as únicas cartas escritas a nós pelo Senhor ressurreto — as sete cartas às igrejas do primeiro século.

As epístolas

Quando chegamos às epístolas — que ocupam a maior parte do Novo Testamento — não estamos lidando com a preparação ou o cumprimento, mas com a experiência. As cartas do Novo Testamento contêm os aspectos fundamentais da vida cristã. Elas nos dizem tudo o que implica conhecer o mistério de Cristo e da vida cristã.

Há profundezas e alturas em Jesus Cristo que nenhuma mente pode captar. Por meio destas cartas, escritas por vários apóstolos (embora a maioria tenha sido escrita por Paulo), o Espírito Santo nos mostra como descobrir e explorar as profundezas do conhecer e do seguir a Jesus Cristo.

As epístolas de Paulo se concentram em três temas. Romanos, 1 e 2 Coríntios e Gálatas tratam do tema "Cristo em vós". Embora a frase, "Cristo em vós, a esperança da glória" seja encontrada em Cl 1:27, é realmente o tema de Romanos a Gálatas, e é o princípio transformador da vida cristã. É isso que torna os cristãos diferentes de todos os outros seres humanos na Terra: Cristo vive em nós.

> ### OBJETIVOS DO CAPÍTULO
>
> Neste capítulo, apresentaremos uma visão geral das epístolas (ou cartas) do apóstolo Paulo, nas quais ele reúne todos os grandes temas teológicos e doutrinários do Antigo e do Novo Testamento e os aplica à vida cotidiana. As cartas de Paulo podem ser divididas em dois grandes temas retirados de Cl 1:27: "Cristo em vós, a esperança da glória". As primeiras quatro epístolas, de Romanos a Gálatas, se concentram em "Cristo em vós", o princípio transformador da vida cristã e o que significa ter Jesus vivendo em e através de nós. As últimas nove cartas, Efésios a Filemom, lidam com "vós em Cristo", ou seu relacionamento com outros cristãos.

Aventurando-se através da Bíblia

Efésios, Filipenses, Colossenses, 1 e 2 Tessalonicenses, 1 e 2 Timóteo, Tito e Filemom concentram-se todas no tema "vós em Cristo" — isto é, seu relacionamento com o restante do Corpo de Cristo. Aqui você tem um vislumbre da Igreja — o fato de que não mais vivemos nossa vida cristã como indivíduos. Pertencemos a uma comunidade de cristãos.

Hebreus, Tiago, 1 e 2 Pedro, 1, 2 e 3 João, e Judas concentram-se no tema "como andar pela fé".

Cristo em vós: *Romanos a Gálatas*

Começamos com o primeiro grupo — Romanos, 1 e 2 Coríntios e Gálatas os livros que se agrupam em torno do tema "Cristo em vós". Romanos vem primeiro não porque foi escrito primeiro (não o foi), mas porque é a grande carta de fundamento do Novo Testamento. Nesta epístola, você encontra a completa abrangência da salvação, do começo ao fim. Se quiser ver o que Deus está fazendo com você como indivíduo, e com a humanidade como um todo, então conheça o livro de Romanos.

Ao estudar esta carta, você descobrirá que ele desenvolve a salvação em três tempos: passado, presente e futuro. Passado: *fui salvo* quando cri em Jesus; presente: *estou sendo salvo* à medida que o caráter de Jesus Cristo se manifesta em minha vida; e futuro: *serei salvo* quando, por fim, na ressurreição, com um corpo glorificado, estarei na presença do Filho de Deus e entrarei na plenitude da vida eterna.

Estes três tempos da salvação podem ser reunidos em três palavras: justificação, santificação e glorificação. *Justificação* (passado), fui justificado quando cri em Jesus Cristo. A justificação é a posição de justiça diante de Deus que recebemos quando Jesus entra em nossa vida — o estado de estar sem mancha ou defeito, como se nunca tivéssemos pecado.

Santificação (presente), uma palavra muito mal compreendida. A santificação não é nada mais ou nada menos do que o processo de se tornar mais e mais semelhante a Cristo. Oswald Chambers explica desta forma:

> "O segredo mais maravilhoso de viver uma vida santa não consiste em imitar Jesus, mas em permitir que as qualidades perfeitas de Jesus se manifestem em mim. Santificação é "…Cristo em vós…" (Colossenses 1:27). É a Sua maravilhosa vida que me é concedida na santificação…
>
> A santificação significa a implantação das qualidades santas de Jesus Cristo em mim. É a dádiva de Sua paciência, santidade, fé, pureza, amor e piedade exibida em e por meio de cada alma santificada. A santificação não é extrair de Jesus o poder

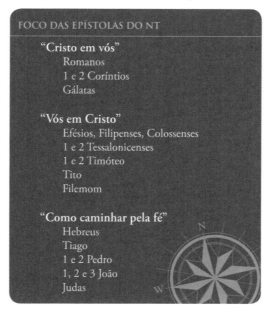

FOCO DAS EPÍSTOLAS DO NT

"Cristo em vós"
   Romanos
   1 e 2 Coríntios
   Gálatas

"Vós em Cristo"
   Efésios, Filipenses, Colossenses
   1 e 2 Tessalonicenses
   1 e 2 Timóteo
   Tito
   Filemom

"Como caminhar pela fé"
   Hebreus
   Tiago
   1 e 2 Pedro
   1, 2 e 3 João
   Judas

de ser santo — é extrair de Jesus a própria santidade que foi revelada nele, e que agora se manifesta em mim." —Oswald Chambers, *Tudo para Ele* (Publicações Pão Diário, 2013)

A *glorificação* (futuro) é a conclusão de nossa transformação quando estivermos na presença de Cristo na eternidade.

A primeira carta aos Coríntios contrasta carnalidade e espiritualidade — viver de acordo com a vontade da carne *versus* viver segundo o Espírito. Primeiro, vamos considerar a carnalidade. Se você leu 1 Coríntios, sabe o que quero dizer. A Igreja de Corinto era uma bagunça! Havia pessoas divididas em facções, guerreando umas contra as outras, arrastando-se mutuamente aos tribunais, fofocando, arruinando os relacionamentos, e até mesmo ficando embriagadas na Ceia do Senhor! As formas mais vergonhosas de imoralidade desfilavam a plena vista na Igreja de Corinto. Paulo, em 1 Coríntios, mostra que a vida carnal é resultado do rompimento de nossa comunhão com Jesus Cristo. Comunhão com Cristo produz espiritualidade, para que possamos caminhar no poder da ressurreição.

A segunda carta aos Coríntios é a demonstração prática da vitória do cristão sob pressão. Esta é a grande carta de provações e triunfos. O tema da carta está declarado no capítulo 2:

> *Graças, porém, a Deus, que, em Cristo, sempre nos conduz em triunfo e, por meio de nós, manifesta em todo lugar a fragrância do seu conhecimento* (2Co 2:14).

Quando Paulo escreve aos Gálatas, ele não mergulha sua pena em tinta, mas em um inflamado azul — então nos golpeia com ela para nos acordar e nos levar à ação. Esta é a epístola "mais inflamada" do Novo Testamento, porque Paulo está profundamente desgostoso com os cristãos da Galácia. Por quê? Porque eles se desviaram com muita facilidade da verdade que claramente compreenderam. Eles se deixaram influenciar por uma doutrina enfraquecida e debilitada que esgotou a força espiritual deles. O tema da carta é a liberdade em Cristo:

> *Para a liberdade foi que Cristo nos libertou. Permanecei, pois, firmes e não vos submetais, de novo, a jugo de escravidão* (Gl 5:1).

Gálatas é a resposta para todo o legalismo morto que facilmente infecta a Igreja, até mesmo nos dias de hoje. A vida carnal traz culpa, condenação e fracasso. Mas o Espírito de Deus traz vida e liberdade. À medida que lemos Gálatas, percebemos o desejo de Paulo de ver cristãos libertos dos grilhões do legalismo para que possam experimentar a riqueza da vida cristã guiada pelo Espírito.

Todos esses livros, de Romanos a Gálatas, se reúnem em torno do tema "Cristo em vós" — o maior tema que a mente humana jamais contemplou. Essas cartas ilustram para nós o que significa ser filho do Deus vivo, o Criador do Universo, permitindo que Ele viva Sua vida ilimitada em nós e através de nós.

Vós em Cristo: *Efésios a Filemom*

A próxima seção das epístolas de Paulo nos dá um modelo para vivermos de modo digno de Deus. O tema abrangente desta seção é "vós em Cristo". Todo o propósito da revelação, o objetivo de toda a Bíblia, é o alvo expresso por Paulo em Efésios 4:

Aventurando-se através da Bíblia

...com vistas ao aperfeiçoamento dos santos para o desempenho do seu serviço, para a edificação do corpo de Cristo, até que todos cheguemos à unidade da fé e do pleno conhecimento do Filho de Deus, à perfeita varonilidade, à medida da estatura da plenitude de Cristo (Ef 4:12,13).

Deus quer cresçamos para nos tornarmos maduros em Cristo. Ele não está interessado na formação de capítulos da A.E.B. — Associação de Esquentadores de Banco. Ele quer homens e mulheres de ação, compromisso, ousadia e entusiasmo — um grupo de cristãos que se lançará de bom grado em uma batalha pelo Seu reino. Ele deseja homens e mulheres que não tenham medo de mudança, que estejam comprometidos com o crescimento dinâmico.

Infelizmente, muitos parecem achar que a música-tema do cristianismo é "Venha a bênção ou infortúnio, nossa condição é a mesma de antes". O *status quo* é a última coisa que Deus quer para nossa vida! É por isso que Ele nos deu as epístolas de Efésios a Filemom.

Este grupo de epístolas apresenta o tema "vós em Cristo", que ecoa o que o Senhor Jesus disse: "vós, em mim, e eu, em vós" (Jo 14:20). Quando falamos sobre Cristo em nós, estamos falando da vida interior, de andar no Espírito. Quando falamos sobre nós em Cristo, estamos falando do nosso relacionamento com o Corpo de Cristo — o fato de sermos membros de Seu corpo.

Não somos apenas cristãos individualmente; somos também cristãos corporativamente. Pertencemos uns aos outros, bem como a Cristo. Sozinhos, jamais alcançaremos o desenvolvimento pleno de nossa fé. Precisamos uns dos outros no Corpo de Cristo. As epístolas que contêm a seção "vós em Cristo" são como os livros na biblioteca de um médico:

O livro de fisiologia do Novo Testamento: a ciência e estudo do corpo humano — Efésios. Um estudo cuidadoso da natureza do Corpo de Cristo.

O livro de patologia do Novo Testamento: o tratamento de doenças do Corpo de Cristo — Filipenses. Nesta carta, Paulo faz uma abordagem prática dos problemas e doenças que ameaçam a saúde do corpo. À medida que lemos este livro, vemos que os males que afligiam a Igreja do primeiro século são os mesmos males que vemos na Igreja atual. Se você está incomodado com o desânimo, ou ferido por outro cristão, ou confuso com um novo ensino e se perguntando se ele vem de Deus, estude Filipenses.

O livro de biologia do Novo Testamento: o estudo daquilo que faz as células do corpo funcionar e viver — Colossenses. Aqui vemos o que dá poder e energia ao Corpo de Cristo e o que lhe dá vida. Descobrimos a força que mantém os cristãos unidos.

Os livros sobre boa saúde mental do Novo Testamento são as duas cartas aos Tessalonicenses. Esses livros nos mostram como tratar a depressão e a aflição dentro do Corpo de Cristo. Quando você (como os cristãos de Tessalônica) sente-se incomodado e pessimista com relação às suas circunstâncias atuais ou é atingido por pesar ou medo, recorra a Tessalonicenses. Essas epístolas olham para o futuro e estabelecem a certeza da segunda vinda de Cristo. A chave para 1 e 2 Tessalonicenses é encontrada em 1Ts 5:23.

O mesmo Deus da paz vos santifique em tudo; e o vosso espírito, alma e corpo sejam conservados íntegros e irrepreensíveis na vinda de nosso Senhor Jesus Cristo.

Deus quer nos dar paz. Ele quer que sejamos íntegros e irrepreensíveis em todo nosso ser, não só no corpo e no espírito, mas na alma — a psique, o ser mental e emocional. Isso é a essência dessas duas cartas.

Nas duas cartas de Paulo a Timóteo, o jovem que o acompanhava em suas viagens, temos a analogia do Novo Testamento à neurologia — o estudo e a ciência do sistema nervoso. No Corpo de Cristo, encontram-se certas pessoas que foram especialmente dotadas por Deus para agir como os centros nervosos, caminhos e estimuladores do corpo, levando a mensagem do Cabeça ao corpo. Este dom especial é sugerido em Efésios 4, onde Paulo diz que Cristo deu apóstolos, profetas, evangelistas e pastores mestres à Igreja, a fim de edificar os cristãos para que possam realizar a obra do ministério.

Aqui está um daqueles dons à Igreja — um jovem chamado Timóteo. Paulo lhe fornece instruções especiais sobre como estimular, ativar e mobilizar o corpo, como instruir seus líderes e como investigar, incentivar, corrigir e repreender onde houver necessidade. A primeira carta é uma mensagem de instrução e encorajamento para um jovem pastor que ministra sob o fogo, enquanto a segunda oferece instrução especializada em vista da crescente apostasia e declínio.

Na epístola de Paulo a Tito, encontramos uma discussão semelhante sobre o funcionamento do corpo. No entanto, aqui, a ênfase não está tanto sobre o ministério do sistema nervoso do corpo como está sobre o próprio

EPÍSTOLAS DO NT COMPARADAS ÀS DISCIPLINAS MÉDICAS	
EFÉSIOS	Livro de fisiologia (estudo do corpo como um todo).
FILIPENSES	Livro de patologia (tratamento de doenças do corpo).
COLOSSENSES	Livro de biologia (estudo daquilo que faz o corpo funcionar e viver).
1 e 2 TESSALONICENSES	Livros de boa saúde mental (como tratar a depressão e aflição no corpo).
1 e 2 TIMÓTEO	Livros de neurologia (estudo do sistema nervoso do corpo e como ele funciona).
TITO	Livro de anatomia (estudo do tônus muscular e preparo físico do corpo).
FILEMOM	Livro de nutrição (quais nutrientes são necessários para um corpo saudável).

Aventurando-se através da Bíblia

corpo, sobre o tônus muscular e o preparo físico do corpo. Você pode pensar que Tito seja um livro sobre condicionamento e preparo físico. Ele mostra que tipo de treinamento disciplinado o corpo deve ser submetido regularmente a fim de mantê-lo pronto para a luta. Vemos essa ênfase sobre a disciplina na passagem principal do livro:

> *...educando-nos para que, renegadas a impiedade e as paixões mundanas, vivamos, no presente século, sensata, justa e piedosamente, aguardando a bendita esperança e a manifestação da glória do nosso grande Deus e Salvador Cristo Jesus* (Tt 2:12,13).

A carta de conclusão de Paulo, Filemom, é como o livro de um médico sobre boa nutrição. O Corpo de Cristo precisa de boa nutrição para viver, e os nutrientes que encontramos nas epístolas de Paulo — especialmente na carta de Paulo a Filemom — são amor, a graça, aceitação e perdão. Sem esses nutrientes, o Corpo de Cristo esmaece e morre.

Filemom, um dos livros mais curtos da Bíblia, enfatiza a unidade do corpo. Trata-se de um escravo, Onésimo, que fugiu de Filemom, seu dono. Paulo diz: "...solicito-te em favor de meu filho Onésimo, que gerei entre algemas" (v.10). Onésimo é o "filho" espiritual de Paulo, porque este apóstolo o levou a Cristo.

Agora Paulo envia Onésimo de volta a Filemom, tentando fazê-lo aceitar Onésimo de volta — não como escravo, mas como um amado irmão em Cristo. Nesta epístola, mais que em qualquer outra, vemos que o chão está nivelado ao pé da cruz; todas as distinções

entre cristãos desaparecem no Corpo de Cristo. Como disse Jesus: "...um só é vosso Mestre, e vós todos sois irmãos" (Mt 23:8).

Isso é o que significa estar em Cristo e ter Cristo em nós. Agora, vamos abrir essas epístolas e começar a construir suas ricas e poderosas verdades em nossa vida.

ROMANOS CAPÍTULO 55

A chave-mestra para as Escrituras

Conheço uma igreja em Great Falls, Montana, que, certa vez, foi considerada a igreja mais liberal da cidade. Aconteceu que o pastor estava em Chicago um fim de semana, e decidiu visitar a Igreja Moody para ver o que os fundamentalistas estavam dizendo. Ele estava procurando, para ser franco, algo que pudesse criticar. Lá ele ouviu o Dr. Harry A. Ironside ensinar o livro de Romanos — e aquele pastor liberal percebeu seu coração ser gradualmente desafiado e foi convencido pela mensagem.

Após o culto, ele foi à frente e conversou com o Dr. Ironside, que lhe deu uma cópia de suas palestras sobre Romanos. O pastor leu as palestras no trem de volta para Montana. Antes de chegar a Great Falls, ele era um homem transformado. No domingo seguinte, foi ao púlpito e começou a proclamar as verdades do livro de Romanos — como resultado, a Igreja foi transformada. Com meus próprios olhos, vi esta Igreja deixar de ser um mausoléu de teologia morta e liberal e se tornar uma poderosa e intensa testemunha evangélica — e tudo dentro do espaço de poucos anos. Aquela Igreja foi transformada pelo poder da mensagem da carta de Romanos.

Paulo escreveu esta carta aos cristãos em Roma, enquanto passava alguns meses em Corinto. Logo após escrever a epístola aos Romanos, ele foi a Jerusalém levando o dinheiro arrecadado pelas igrejas da Ásia para os cristãos necessitados. Não sabemos como a Igreja em Roma foi fundada, embora possa ter sido iniciada por cristãos que se converteram no Pentecostes e voltaram para a capital imperial. Paulo estava escrevendo aos romanos porque havia ouvido falar da fé que manifestavam, e desejava que estivessem solidamente fundamentados na verdade.

Esta carta constitui uma magnífica explicação de toda a mensagem do cristianismo e

> **OBJETIVOS DO CAPÍTULO**
>
> A carta de Romanos desvenda todos os grandes temas do Antigo e do Novo Testamento, fornecendo uma visão panorâmica do plano de Deus para a nossa redenção. O objetivo deste capítulo é mostrar como os capítulos doutrinários, os capítulos históricos e a parte final de aplicação prática se harmonizam para dar ao cristão um entendimento completo e profundo das grandes verdades da fé cristã.

fornece um panorama do plano de Deus para a redenção da humanidade. De alguma forma, ela contém quase todas as doutrinas cristãs — e é por isso que chamo a carta de Romanos de "a chave mestra para as Escrituras". Se você compreender essa epístola em sua totalidade, se sentirá à vontade em qualquer outra parte das Escrituras.

Um esboço de Romanos

Na introdução da carta, contida nos primeiros dezessete versículos, Paulo escreve sobre Cristo, os cristãos romanos e ele próprio. Como em toda boa introdução, ele declara os principais temas que abordará, e a própria carta está dividida em três grandes partes:

Capítulos 1 a 8: Explicações doutrinárias do que Deus está fazendo por meio da raça humana e a redenção de todo o nosso ser — corpo, alma e espírito.

Capítulos 9 a 11: Ilustração de Paulo dos princípios dos primeiros oito capítulos, como demonstrados na vida e na história da nação de Israel.

Capítulos 12 a 16: Aplicação prática destas poderosas verdades para todas as situações cotidianas dos seres humanos.

Estas três divisões surgem naturalmente uma das outras, e, juntas, cobrem toda a vida.

O poder do evangelho

Esta carta é tão logicamente desenvolvida que a melhor maneira de compreendê-la é seguir o fluxo do argumento de Paulo sem se deter nos detalhes. Para começar, no capítulo 1, temos a afirmação central dessa epístola: o poder do evangelho de Jesus Cristo.

> *Pois não me envergonho do evangelho, porque é o poder de Deus para a salvação de todo aquele que crê, primeiro do judeu e também do grego* (1:16).

O LIVRO DE ROMANOS

A justiça de Deus revelada (Romanos 1–8)

Introdução 1:1-17

O problema: nossa culpa diante de Deus............................... 1:18–3:20

    A. A culpa dos gentios 1:18-32

    B. A culpa dos judeus 2:1–3:8

    C. Conclusão, todos são culpados...................................... 3:9-20

Justificação: realizada por meio da justiça de Deus 3:21–5:21

Santificação: A justiça de Deus demonstrada em nossa vida 6–8

Lições sobre a justiça de Deus na nação de Israel (Romanos 9–11)

O passado de Israel: Escolhido pelo Deus soberano.................................. 9:1-29

O presente de Israel: Israel busca a "justiça" das obras,
rejeita a justiça de Cristo 9:30–10:21

O futuro de Israel: No final, a nação de Israel
será restaurada por Deus 11

**Os aspectos fundamentais da justiça: Aplicação prática
dos princípios de Romanos** (Romanos 12–16)

Deveres e responsabilidades dos cristãos 12–13

Princípios da liberdade cristã... 14:1–15:13

Conclusão, bênção e saudações pessoais 15:14–16:27

Aventurando-se através da Bíblia

O evangelho de Jesus Cristo é poder — o dinâmico poder de Deus para salvar todos os que creem. Quem poderia ter vergonha de possuir o poder infinito de Deus, a maior força no Universo? O evangelho de Jesus Cristo pode transformar vidas, curar relacionamentos e resgatar pessoas de vícios, depressão, desespero e aflição. Esse é o poder de Deus em ação. Esse é o evangelho de Jesus Cristo.

Em seguida, Paulo explica o poder do evangelho, citando o livro de Habacuque, do Antigo Testamento, enquanto apresenta seu tema central: A justiça de Deus é revelada no evangelho. Ele escreve:

...visto que a justiça de Deus se revela no evangelho, de fé em fé, como está escrito: O justo viverá por fé (1:17).

Este é o versículo que inflamou o coração de Martinho Lutero, dando início à Reforma Protestante.

A ira de Deus é revelada

No restante do capítulo 1 e adentrando aos capítulos 2 e 3, Paulo olha para o mundo ao seu redor e analisa o estado do homem observando as duas aparentes divisões da humanidade: os justos e os injustos.

Alguém disse apropriadamente: "Há apenas duas classes de pessoas, as justas e as injustas, e a classificação é sempre feita pelas justas". Tenho visto a verdade dessa declaração no meu próprio quintal.

Um dia, quando meus filhos eram pequenos, fui ao quintal e descobri que alguém tinha feito uma linha com giz branco no centro de um painel na cerca do quintal. Um lado da cerca indicava "pessoas boas" e do outro lado "pessoas más". Sob o título "pessoas más" foram listados os nomes das crianças da vizinhança. Sob o título "pessoas boas" estavam os nomes dos meus filhos. Estava óbvio quem tinha feito aquelas classificações: Os justos, é claro!

O apóstolo Paulo começa com as "pessoas más":

A ira de Deus se revela do céu contra toda impiedade e perversão dos homens que detêm a verdade pela injustiça (1:18).

O problema com as pessoas é que elas têm a verdade, mas se recusam a olhar para ela ou viver por ela. Em vez disso, elas a suprimem. Se quisermos alguma prova, só temos que olhar honestamente para nossa própria vida. Não é verdade que, se houver uma verdade desagradável ou indesejada nos confrontando, o nosso primeiro impulso é nos defender, atacar a verdade e até mesmo atacar a pessoa que nos confronta com ela? A negação e a supressão da verdade são os problemas mais vexatórios da existência humana.

Apóstolo Paulo por Bartolomeo Montagna

Devido à supressão da verdade do Senhor, a ira de Deus está sendo continuamente derramada sobre a humanidade. Sua ira é descrita para nós à medida que este capítulo se desenvolve. O resultado não é um raio do céu arremessado contra pessoas más. Pelo contrário, Deus diz a todos nós: "Eu amo você, e porque eu o amo, não quero que faça coisas que trarão prejuízos a você e aos outros. Mas eu também lhe dei o livre-arbítrio, de modo que não vou controlar suas escolhas. Se insistir em se machucar, não vou impedi-lo, mas você terá que arcar com as consequências".

Três vezes neste capítulo, vemos como a ira de Deus age enquanto Paulo repete a frase "Deus os entregou". Paulo escreve sobre os maus:

...cheios de toda injustiça, malícia, avareza e maldade; possuídos de inveja, homicídio, contenda, dolo e malignidade; sendo difamadores, caluniadores, aborrecidos de Deus, insolentes, soberbos, presunçosos, inventores de males, desobedientes aos pais, insensatos, pérfidos, sem afeição natural e sem misericórdia (1:29-31).

Aqui, Paulo descreve aqueles que, de forma incontestável e rebelde, desobedecem a Deus. O resultado é decadência moral e a perversão do curso natural da vida. Mesmo os impulsos sexuais tornam-se pervertidos, Paulo ressalta, de modo que os homens se entregam a homens e as mulheres a mulheres. Vemos a verdade das palavras de Paulo demonstradas em nossa sociedade hoje, na forma de rebelião moral aberta e perversão sexual desenfreada. Deus não odeia as pessoas que fazem tais coisas; Ele as ama — mas não vai privá-las de seu livre-arbítrio ou das consequências de suas ações.

No capítulo 2, o apóstolo se volta para as "pessoas boas", as chamadas pessoas morais e religiosas. Elas encontram satisfação em apontar o dedo para as "pessoas más" — porém, Paulo lhes diz: "Espere um minuto! Vocês chamados de 'pessoas boas' não vão escapar da punição facilmente". Ele escreve:

Portanto, és indesculpável, ó homem, quando julgas, quem quer que sejas; porque, no que julgas a outro, a ti mesmo te condenas; pois praticas as próprias coisas que condenas (2:1).

Você vê o que Paulo está fazendo? Ele está lançando uma rede que prende a todos nós — até mesmo a mim e a você! Podemos não nos entregar à imoralidade sexual ou à rebelião, mas no fim, somos forçados a admitir que somos tão culpados quanto qualquer outra pessoa. Ninguém é justo.

Aqueles que apontam o dedo para o homossexual ou o dependente químico devem enfrentar a verdade sobre si mesmos: Os pecados das chamadas "pessoas boas" são muitos, e incluem atos de ódio, malícia, fofoca, calúnia e fraude, dentre outros. Então, Paulo segura um espelho para cada um de nós — e a imagem que vemos não é agradável. Deus julgou todos igualmente culpados, e afastados de Sua própria justiça.

Em seguida, um judeu entra em cena e diz: "E eu? Afinal, sou judeu, um dos escolhidos de Deus, e tenho certas vantagens diante do Senhor". Paulo examina esta reivindicação e mostra que o judeu está exatamente no mesmo barco que todos os outros. Apesar

Aventurando-se através da Bíblia

de serem descendentes de Abraão e Jacó, os judeus não são melhores do que os gentios. Portanto Paulo conclui que toda a humanidade tem necessidade de um Redentor.

Este diagnóstico da condição humana prepara o caminho para o evangelho, como Paulo escreve:

Ora, sabemos que tudo o que a lei diz, aos que vivem na lei o diz para que se cale toda boca, e todo o mundo seja culpável perante Deus, visto que ninguém será justificado diante dele por obras da lei, em razão de que pela lei vem o pleno conhecimento do pecado (3:19,20).

A Lei de Deus nos condenou a todos, sem exceção porque, como Romanos 3:23 nos diz: "...pois todos pecaram e carecem da glória de Deus". A paráfrase J. B. Phillips deste versículo diz: "Todos pecaram e perderam a beleza do plano de Deus". Estamos condenados de acordo com a Lei de Deus, mas a graça de Deus está pronta para nos resgatar e redimir.

Vemos esta redenção ganhar forma em Romanos 4. Na verdade, Paulo nos descreve as três fases da redenção: justificação, santificação e glorificação.

Três fases da redenção

Começando nos versículos finais de Romanos 3 e continuando em Romanos 4, Paulo ilustra o significado de justificação. Ele começa nos mostrando que justificação significa que Deus nos dá uma posição justa diante dele com base na obra de Cristo. Outra pessoa morreu em nosso lugar. Outra pessoa supriu nossa necessidade. Nunca poderíamos fazer isso por nós mesmos, pois somos incapazes de agradar a Deus com nossa desprezível justiça. Não podemos conquistar a retidão; podemos apenas aceitar a dádiva da retidão de Deus por meio da fé em Jesus Cristo. Isso é justificação.

Quando Deus nos justifica, Ele justifica toda a nossa humanidade — corpo, alma e espírito. Ele começa com o espírito, a parte mais íntima do nosso ser. Ali, implanta Seu Espírito Santo. O Espírito sela nossa condição de justos diante de Deus. É por isso que a justificação é permanente e imutável.

A justificação é muito mais do que o perdão do pecado, ainda que inclua o perdão. É — e isso é realmente incrível — a condição de estar diante de Deus como se nunca tivéssemos pecado. É a retidão de Cristo imputada a nós. Quando isso acontece, somos libertos da punição do pecado.

Paulo ilustra esta verdade no capítulo 4, onde ele diz que tanto Abraão quanto Davi foram justificados com base no dom gratuito da graça de Deus, aceito pela fé — não por causa da circuncisão ou obediência à Lei ou com base em qualquer das coisas que as pessoas fazem para agradar a Deus. Nenhum "abracadabra" religioso, nenhum esforço para obedecer a um padrão moral inatingível seria apropriado aos olhos de Deus. Somente a graça de Deus, que flui da cruz, é adequada.

Abraão olhou adiante e viu a vinda do Messias (Cristo) e creu em Deus; como resultado, ele foi justificado por sua fé. Davi, embora fosse culpado dos pecados de adultério e assassinato, creu em Deus e foi justificado para que pudesse cantar sobre a pessoa "a quem o SENHOR não atribui iniquidade". Portanto, estes homens são exemplos do Antigo Testamento de como Deus justifica.

Infelizmente, muitos cristãos param aí. Eles pensam que a salvação não é nada senão uma maneira de escapar do inferno e ir para o Céu. Porém, existe mais para a vida humana do que o espírito e mais para a vida cristã do que a salvação do espírito. Somos constituídos também de alma e corpo — e a alma e o corpo devem ser também libertos.

Começando no capítulo 5, Paulo estabelece o plano de Deus para libertar a alma (isto é, a mente, as emoções e a vontade). A alma da humanidade, nascida de Adão, está sob o domínio do pecado. A carne (para usar o termo bíblico) nos controla. A vida de Adão nos possui, com todas as suas características egocêntricas. Apesar de nosso espírito ter sido justificado, é possível continuar a vida com a alma ainda sob a escravidão e o domínio do pecado.

Assim, embora nosso destino esteja estabelecido em Cristo, nossa experiência ainda está sob o controle do mal. É por isso que muitas vezes experimentamos altos e baixos com o Senhor — às vezes, olhamos para Ele como nosso Salvador, vivemos para Ele como nosso Senhor, enquanto outras vezes, retornamos à terrível escravidão do pecado.

Qual é a solução de Deus para esta existência tipo ioiô na qual nos encontramos? A santificação.

A palavra santificar significa "dedicar a Deus" ou "separar para Deus". Vem da mesma raiz que a palavra *santo* — porque um santo não é mais nem menos do que uma pessoa que é separada para Deus. Todos os cristãos genuínos, todos os seguidores comprometidos de Cristo, são santos, santificados e separados para o Seu serviço. Deus quer nos ver não apenas salvos, mas libertos — livres do domínio do pecado em nossa vida.

Paulo descreve o processo de santificação em Romanos 5. Ele toma as duas divisões básicas da humanidade — o ser natural em Adão e o ser espiritual em Cristo — e os contrasta lado a lado. Escreve: "…porque, se, pela ofensa de um só, morreram muitos, muito mais a graça de Deus e o dom pela graça de um só homem, Jesus Cristo, foram abundantes sobre muitos" (5:15).

Em outras palavras, Paulo está dizendo: "Quando você estava em Adão, antes de se tornar cristão, você agia com base na vida que herdou de Adão. Pecado e morte são a herança natural que recebeu de seu pai, Adão. Mas agora, como cristão, você não está mais unido a Adão; está unido ao Cristo ressuscitado e sua vida está ligada com a dele".

À medida que você cresce em santidade, torna-se mais fácil e mais natural viver de maneira dedicada a Cristo, assim como era anteriormente mais fácil e mais natural viver de acordo com o princípio do pecado e morte em Adão. Ao longo do tempo, descobre que onde o pecado teve poder sobre você, Cristo assume cada vez mais o controle de sua vida. Você perde o desejo de pecar; seu novo desejo é tornar-se cada vez menos como Adão e cada vez mais como Cristo.

Romanos 6 revela como podemos experimentar vitória e santificação em nosso cotidiano. Aqui, Paulo declara que Deus, mediante a morte de Jesus, não só morreu por

TRÊS FASES DA REDENÇÃO	
Justificação	Espírito
Santificação	Alma
Glorificação	Corpo

Aventurando-se através da Bíblia

nós, mas que nós também morremos com Ele. Sua morte por nós produz nossa justificação; nossa morte com Ele produz nossa santificação. Essa é uma verdade poderosa.

Quando Deus diz que nos libertou da vida de Adão e nos uniu à vida de Cristo, Ele realmente o fez! Nós nem sempre nos sentimos unidos a Ele, porque os sentimentos são volúveis e muitas vezes enganosos. Os sentimentos podem ser influenciados por muitos fatores — circunstâncias, desequilíbrios hormonais, níveis de açúcar no sangue, medicamentos, depressão clínica ou até mesmo o clima. Os sentimentos mudam, mas nosso relacionamento com Jesus não se altera com o nosso humor. Quando Deus promete soldar nossa vida à Sua, ela permanece soldada, e devemos crer na promessa de Deus, quaisquer que sejam os nossos sentimentos.

Deus nos capacita a viver de maneira piedosa em Cristo, em contraste com a vida ímpia que experimentamos em Adão. Dia a dia, à medida que você experimenta pressão e tentação, lembre-se de que o que Deus diz é verdade e aja de acordo com ela, independentemente de você senti-la ou não. Um pensamento lhe virá no sentido de que, se viver de maneira santa, você estará perdendo, vai estar em desacordo com o mundo ao seu redor, e não terá satisfação na vida. Estas são as mentiras da carne. Em vez disso, confie na verdade do Espírito que vem de Deus.

Quando pressões e tentações vierem, em quem você acreditará? Naquele que o ama? Naquele que se entregou por você? Se você crer nele, Ele provará que Sua Palavra é verdadeira em sua vida, e Ele o conduzirá em segurança a um lugar de liberdade e libertação.

Romanos 7 apresenta a questão de nossa luta interior, a guerra que se passa entre a nossa velha natureza adâmica — a carne — e a nossa nova natureza em Cristo — o espírito. É uma luta que, ao longo da vida, todos os cristãos desejam que desapareça. Paulo escreve:

Porque nem mesmo compreendo o meu próprio modo de agir, pois não faço o que prefiro, e sim o que detesto. Ora, se faço o que não quero, consinto com a lei, que é boa [...]. Desventurado homem que sou! Quem me livrará do corpo desta morte? (7:15,16,24).

Pode-se ouvir a angústia da alma de Paulo enquanto ele descreve este conflito interior. O problema é que tentamos "ser bons" em nossa própria força — a força da carne. Mas a carne é fraca e ineficaz contra a tentação. A carne é o Adão em nós. O melhor que a carne pode fazer ainda é irremediavelmente pecaminoso aos olhos de Deus. Então, qual é a solução? Paulo escreve:

Graças a Deus por Jesus Cristo, nosso Senhor. De maneira que eu, de mim mesmo, com a mente, sou escravo da lei de Deus, mas, segundo a carne, da lei do pecado. Agora, pois, já nenhuma condenação há para os que estão em Cristo Jesus. Porque a lei do Espírito da vida, em Cristo Jesus, te livrou da lei do pecado e da morte. Porquanto o que fora impossível à lei, no que estava enferma pela carne, isso fez Deus enviando o seu próprio Filho em semelhança de carne pecaminosa e no tocante ao pecado; e, com efeito, condenou Deus, na carne, o pecado (7:25–8:3).

Não há nada que possamos fazer por Deus, mas Ele tem a intenção de fazer tudo através de nós. Quando, finalmente, chegamos a perceber isso, experimentamos libertação. Neste momento começamos a perceber o que significa ter nossa mente, emoção e vontade submissas ao controle de Jesus Cristo e experimentamos o poder triunfante que Ele disponibilizou para nós. Esse é o processo (é realmente um processo, não um ato instantâneo) de santificação da alma.

Olhamos a justificação do espírito e a santificação da alma. Mas o que acontece com o corpo? Romanos 8 nos dá a resposta. Aqui, Paulo nos mostra que, enquanto ainda estamos nesta vida, o corpo permanece não redimido. Porém, o fato de o espírito ter sido justificado e a alma santificada é uma garantia de que Deus um dia irá *redimir e glorificar o corpo* também. Quando finalmente entrarmos na presença de Cristo, estaremos em um estado perfeito, no corpo, alma e espírito diante dele. Este pensamento jubiloso irrompe em um hino de louvor no final do capítulo:

Em todas estas coisas, porém, somos mais que vencedores, por meio daquele que nos amou. Porque eu estou bem certo de que nem a morte, nem a vida, nem os anjos, nem os principados, nem as coisas do presente, nem do porvir, nem os poderes, nem a altura, nem a profundidade, nem qualquer outra criatura poderá separar-nos do amor de Deus, que está em Cristo Jesus, nosso Senhor (8:37-39).

A soberania de Deus e a liberdade humana

Nos capítulos 9 a 11, Paulo responde as perguntas que naturalmente surgem a partir de uma análise cuidadosa de seu argumento nos oito primeiros capítulos. Em Romanos 9, Paulo aborda a questão da soberania de Deus, incluindo o paradoxo de que os seres humanos têm o livre-arbítrio, ao mesmo tempo em que Deus em Sua soberania nos escolhe — a questão da eleição e predestinação.

Temos a tendência de pensar que Deus é injusto se Ele não escolher salvar todas as pessoas, mas o fato é que toda nossa raça está perdida em Adão. Nenhum de nós tem o direito de ser salvo, ou de questionar as escolhas de Deus… absolutamente nenhum direito. É apenas a graça de Deus que nos salva, e não temos o direito de reclamar a Deus que apenas alguns são salvos enquanto outros estão perdidos.

Em Romanos 10, Paulo relaciona a soberania de Deus com a responsabilidade moral e a liberdade do homem. Deus escolhe, mas nós também — o grande paradoxo espiritual do livre-arbítrio e da predestinação é que, embora Deus nos tenha escolhido, nós também o escolhemos. Todas as pessoas têm o mesmo livre-arbítrio, que opera em harmonia com a soberania e a predestinação de Deus de alguma forma misteriosa que está além do nosso entendimento. Como Paulo observa:

Mas a justiça decorrente da fé assim diz: Não perguntes em teu coração: Quem subirá ao céu?, isto é, para trazer do alto a Cristo; ou: Quem descerá ao abismo?, isto é, para levantar Cristo dentre os mortos. Porém que se diz? A palavra está perto de ti, na tua boca e no teu coração; isto é, a palavra da fé que pregamos. Se, com a tua boca, confessares Jesus como Senhor e, em teu coração, creres que Deus

Coliseu de Roma

o ressuscitou dentre os mortos, serás salvo. Porque com o coração se crê para justiça e com a boca se confessa a respeito da salvação (10:6-10).

Você não precisa subir ao céu para trazer Cristo ou descer à sepultura para trazê-lo dos mortos — isso é o que você teria que fazer para ser salvo por seus próprios esforços. Isso não pode ser feito. A palavra que Jesus é o Senhor já está em sua boca; somente creia em seu coração que Deus o ressuscitou dentre os mortos e você será salvo.

Em Romanos 11, Paulo nos mostra que, da mesma forma que Deus separou Israel por um tempo a fim de que a graça pudesse agir entre os gentios, Ele separou completamente a carne, a natureza caída, para que pudéssemos aprender o que Deus fará por nós e através de nós. Quando livremente admitirmos que sem Cristo não podemos fazer nada e vivermos de acordo com essa verdade, totalmente dependentes dele — então, descobriremos que podemos fazer todas as coisas por meio daquele que nos fortalece (veja Fp 4:13).

Portanto, o orgulho é a nossa maior tentação e nosso mais cruel inimigo. Algum dia, mesmo a nossa carne servirá a Deus por causa de Sua graça — nossa carne glorificada. No dia em que a criação for liberta da escravidão do pecado e o povo de Deus se apresentar em corpos ressuscitados, então, até mesmo o que uma vez foi rejeitado e amaldiçoado deverá demonstrará o poder e a sabedoria de Deus.

Um sacrifício vivo

A parte final de Romanos, capítulos 12 a 16, começa com estas palavras:

Rogo-vos, pois, irmãos, pelas misericórdias de Deus, que apresenteis o vosso corpo por sacrifício vivo, santo e agradável a Deus, que é o vosso culto racional (12.1).

A coisa espiritual mais razoável, inteligente, pensada, proposital, que você pode fazer com sua vida, diante de todas as grandes verdades que Paulo declarou, é entregar-se a Deus e viver para Ele. Nada mais pode satisfazê-lo. Portanto, se entregue a Ele como sacrifício vivo. É a única coisa razoável a se fazer!

Como podemos fazê-lo? De que maneira podemos oferecer nosso corpo como sacrifício vivo a Deus? O restante do livro de Romanos é sobre a aplicação prática dessas verdades em nossa vida diária.

Como vemos em Rm 12:9-21, estes princípios vão também transformar a maneira como demonstramos nosso amor às outras pessoas, mesmo aos nossos inimigos. Em Rm 13:1-7, descobrimos que estes princípios transformarão o nosso relacionamento com os governantes e a sociedade em geral. Em 13:8-14, vemos que eles transformarão nosso caráter e comportamento, de modo que vamos nos vestir com a semelhança de Cristo em vez de satisfazer a natureza pecaminosa.

Até mesmo nossas atitudes interiores serão diferentes, como Paulo nos diz em Romanos 14 e 15. Vamos nos tornar mais tolerantes com aqueles que discordam de nós e que têm valores diferentes dos nossos. Aceitaremos mais e perdoaremos mais — e teremos mais paixão por alcançar os perdidos com as boas-novas de Jesus Cristo.

Para encerrar este breve estudo de Romanos, permita-me deixar-lhe esta reflexão sobre Romanos escrita por Martinho Lutero, em 1522: "Esta Epístola é realmente a parte principal do Novo Testamento e o mais puro evangelho, sendo digna não apenas de que todo cristão a conheça, de coração, palavra por palavra, mas que se ocupem diariamente com ela, como o puro pão diário para a alma. Seu conteúdo jamais pode ser esgotado, e quanto mais nos dedicamos ao seu estudo, mais preciosa se torna, e mais saborosa fica".

PERGUNTAS PARA DISCUSSÃO

ROMANOS
A chave-mestra para as Escrituras

1. Romanos 1:16 é a afirmação central desta carta de Paulo: "Pois não me envergonho do evangelho, porque é o poder de Deus para a salvação de todo aquele que crê, primeiro do judeu e também do grego". Por que Paulo sente que precisa dizer que "não se vergonha" do evangelho? Por que ele declararia seus sentimentos dessa forma em vez de dizer incisivamente "Tenho orgulho do evangelho"? (Veja 1Co 1:18-25).

2. Leia Rm 1:16,17. Paulo diz que o poder do evangelho é tanto universal quanto limitado em seu âmbito. É universal visto que o poder da salvação de Deus está disponível para judeus e gentios (não-judeus), de modo que ninguém está excluído por motivo de raça ou etnia. Mas o poder do evangelho é limitado na medida, pois é apenas para "todo aquele que crê", o que significa que aqueles que não creem estão excluídos. Pelo poder do evangelho, podemos obter "uma justiça que é pela fé".

Que justiça é essa sobre a qual Paulo fala? Como podemos obtê-la? O que Paulo quer dizer quando afirma que essa justiça é "de Deus" e que é "pela fé do começo ao fim"? Paulo cita o livro de Habacuque, do Antigo Testamento: "O justo viverá pela sua fé". A salvação foi oferecida na mesma base, tanto no Antigo Testamento quanto no Novo Testamento, ou em uma base diferente? Se as pessoas nos tempos do Novo Testamento são salvas pela fé, como eram salvas as pessoas no Antigo Testamento?

3. Em Rm 1:18-32, Paulo acusa a raça humana por seu pecado, lembrando-nos de que "a ira de Deus se revela do céu contra toda impiedade e perversão dos homens que detêm a verdade pela injustiça". Em 2:1-16, Paulo nos diz que o juízo de Deus sobre a raça humana pecaminosa é justo, e que somos indesculpáveis. Por que Paulo nos diz que quando julgamos os outros, na verdade, estamos condenando a nós mesmos? Isso significa que nunca deveríamos confrontar de forma amável um irmão que caiu em pecado, nunca nos sentar em um júri, nunca criticar um ladrão, alguém que vê pornografia ou um político corrupto? O que Paulo quer dizer quando nos adverte a não "julgarmos" os outros?

Cartas do Senhor

4. Leia Rm 7:15-24. Aqui, Paulo apresenta a questão da luta interior entre a velha natureza adâmica e a nova natureza em Cristo, entre a carne e o espírito. Por que nessa vida não conseguimos chegar a um ponto em que possamos escapar dessa luta? Como podemos vencer essa luta? Qual é a solução de Deus para essa luta de toda a vida entre a carne e o espírito?

Leia Rm 8:37-39. Como Deus nos torna mais que vencedores (literalmente, no grego original "supervencedores") através de Cristo?

5. Em Rm 12:1, Paulo escreve: "Rogo-vos, pois, irmãos, pelas misericórdias de Deus, que apresenteis o vosso corpo por sacrifício vivo, santo e agradável a Deus, que é o vosso culto racional". Em outras palavras, adoração não é algo que fazemos na igreja no domingo de manhã. Adoração é o modo como vivemos sete dias por semana. Como fazemos isso? Como podemos nos oferecer como um sacrifício vivo a Deus todos os dias? Como podemos adorá-lo com nosso estilo de vida?

6. Em Rm 13:1-7, Paulo nos diz que devemos nos submeter ao governo, porque não há governo, exceto aquele que Deus estabeleceu. Devemos pagar nossos impostos e respeitar as autoridades. Surpreendentemente, Paulo e seus leitores viviam sob o governo romano, que era opressivo e pagão! Isso quer dizer que jamais podemos nos opor às políticas do nosso governo? Ou que nunca deveríamos protestar contra a injustiça do governo? Ou que não deveríamos pedir a nossos líderes para baixar os impostos, acabar com uma guerra injusta, ou abolir o aborto? É possível submeter-se ao governo de uma maneira piedosa e ainda se opor às ações governamentais? Explique sua resposta.

APLICAÇÃO PESSOAL

7. Leia Rm 12:9-21. Você já foi maltratado por alguém em sua família, em seu local de trabalho ou na igreja? É difícil para você "bendizer os que vos perseguem" e não os amaldiçoar? É uma luta "dar lugar à ira"? Que medidas podem ser tomadas esta semana para "vencer o mal com o bem"?

8. Leia Rm 13:8-10. Há pecados ocultos e tentações contra as quais você luta frequentemente? Paulo diz que todos os mandamentos de Deus "nesta palavra se resumem: Amarás o teu próximo como a ti mesmo. O amor não pratica o mal contra o próximo; de sorte que o cumprimento da lei é o amor". Você acha que esta simples formulação pode ajudá-lo em

Aventurando-se através da Bíblia

sua luta contra o pecado? Suponhamos que, em vez de dizer para si mesmo: "Tenho que parar de cobiçar, tenho que parar de invejar, tenho que parar de odiar", você dissesse: "Senhor, ajuda-me a viver o Seu amor e demonstrá-lo às pessoas ao meu redor". Você acha que centrar-se em viver o amor de Deus pode ajudar a dar-lhe poder sobre a tentação e o pecado? Por quê?

9. Paulo escreve: "...acolhei-vos uns aos outros, como também Cristo nos acolheu para a glória de Deus" (15:7). Como acolher uns aos outros traz louvor a Deus? Existe alguém em sua vida a quem Deus o está desafiando a acolher, perdoar e se reconciliar? Que medidas podem ser tomadas esta semana para curar esse relacionamento, a fim de trazer louvor a Deus?

Observação: Para uma pesquisa mais aprofundada da epístola aos Romanos, leia *Reason to Rejoice: Love, Grace, and Forgiveness in Paul's Letter to the Romans* (Razão para se alegrar: Amor, graça e perdão na carta de Paulo aos romanos), escrito por Ray C. Stedman (Discovery House Publishers, 2004).

1 CORÍNTIOS

CAPÍTULO 56

A epístola para o século 21

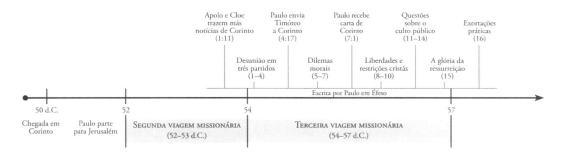

Nossa cultura é voltada ao sensualismo e ao prazer. Nada é muito extremo, nada é censurado, nada é proibido. É também uma sociedade orientada pela informação, devotada a uma transmissão rápida e a uma infindável análise de acontecimentos, ideias e filosofias. Vivemos em uma era pós-moderna e pós-cristã — de sensualidade escancarada em nossa mídia de entretenimento, prostituição descontrolada e pornografia disseminada.

A primeira epístola de Paulo aos Coríntios capta os problemas e tentações que enfrentamos como cristãos em nossa própria cultura. De todas as cidades citadas no Novo Testamento, Corinto se assemelha muito à cultura ocidental da contemporaneidade.

Esta era uma cidade "resort", a Meca da sensualidade e da busca do prazer mundano no primeiro século. Localizada na península do Peloponeso, era uma bela cidade com palmeiras e edifícios magníficos. Ela também atraía grandes pensadores e oradores da Grécia, que se reuniam nos fóruns públicos e falavam sem parar sobre ideias e questões — de política a filosofia, de economia a metafísica.

Corinto também era devotada à adoração da deusa do sexo. Na cidade, havia um templo dedicado à deusa grega do amor, Afrodite. Como parte do culto a Afrodite havia certas cerimônias religiosas que envolviam atividade sexual. As quase 10 mil sacerdotisas que serviam no templo eram, na verdade, prostitutas. A cidade era abertamente dada às formas mais depravadas de atividade sexual. O erotismo desenfreado não era apenas tolerado, mas aprovado pelos líderes e formadores de opinião da sociedade em Corinto.

Paulo em Corinto

O apóstolo Paulo foi a esta cidade com a mensagem do evangelho.

> **OBJETIVOS DO CAPÍTULO**
>
> O objetivo deste capítulo é demonstrar a notável relevância dos ensinamentos de 1 Coríntios para nossa vida hoje. A cultura pagã e hedonista da Corinto do primeiro século era notavelmente semelhante à cultura do nosso próprio mundo do século 21. Paulo oferece bons conselhos e percepção profunda àqueles que estão vivendo em tempos corrosivos, tanto em termos morais quanto espirituais.

Aventurando-se através da Bíblia   673

Você se lembra da história contada no livro de Atos? Paulo tinha viajado a Tessalônica e foi expulso daquela cidade por uma revolta dos judeus contra ele. De lá, ele passou rapidamente pela pequena cidade de Bereia e depois foi para Atenas. Ao caminhar por Atenas, ele notou os muitos templos a deuses pagãos, e ele mais tarde pregou aos atenienses no Areópago. Quando deixou Atenas, ele se deparou com o pequeno canal onde Corinto estava localizada. Lá permaneceu aproximadamente 2 anos, pregando o evangelho e confeccionando tendas para seu sustento.

Em Corinto, Paulo encontrou Áquila e Priscila, um casal missionário judeu-cristão natural do Ponto, uma região da costa norte da Ásia Menor, ao longo do mar Negro (atual Turquia). Eles tinham recém chegado de Roma após o imperador romano Cláudio ter expulsado os judeus em 49 d.C. Priscila e Áquila, o casal mais famoso no Novo Testamento, são mencionados em At 18:2,3,18,19,26; Rm 16:3,4; 1Co 16:19; 2Tm 4:19.

Priscila e Áquila confeccionavam tendas, então, Paulo se uniu a eles no ramo de fazer tendas, enquanto organizava uma Igreja na casa deles. Logo o evangelho se espalhou por toda a cidade de Corinto. Muitos coríntios, ao ouvir o evangelho, creram e foram batizados e tornaram-se membros da Igreja naquela cidade. Áquila e Priscila deixaram Corinto para acompanhar Paulo em sua viagem missionária, e mais tarde se estabeleceram em Ponto, sua região de origem (portanto, eles já não estavam em Corinto quando Paulo escreveu esta carta).

À medida que você lê essa epístola de Paulo, você descobre que a Igreja de Corinto havia se tornado problemática — provavelmente a mais problemática no Novo Testamento! No entanto, a Igreja de Corinto, também tinha muito a seu favor. No início da carta, Paulo lhes lembra de seu chamado para serem santificados e santos, separados para o serviço de Deus.

À igreja de Deus que está em Corinto, aos santificados em Cristo Jesus, chamados para ser santos, com todos os que em todo lugar invocam o nome de nosso Senhor Jesus

674   Cartas do Senhor

Cristo, Senhor deles e nosso: graça a vós outros e paz, da parte de Deus, nosso Pai, e do Senhor Jesus Cristo (1Co 1:2,3).

Paulo continua a escrever sobre os grandes temas da fé cristã, nos quais os coríntios tinham crido e colocado em prática. Ele chama a atenção ao fato de que eles receberam Cristo pela fé e graça, e que tinham iniciado uma nova vida. Paulo, então, chega a uma declaração muito importante — a declaração sob a qual todos os outros pontos na carta estão firmados.

Fiel é Deus, pelo qual fostes chamados à comunhão de seu Filho Jesus Cristo, nosso Senhor (1:9).

Essa é a verdade central da vida cristã: Somos chamados para compartilhar a vida do Filho de Deus. Tudo o que se segue nesta carta firma-se nesse versículo e no conceito de comunhão com Jesus Cristo.

A carta de 1 Coríntios

A carta aos Coríntios apresenta duas divisões principais: os capítulos 1 a 11 abordam o que poderíamos chamar de "carnalidade" e os capítulos 12 a 16 concentram-se no que Paulo chama de "espiritualidade". A carnalidade inclui tudo o que está errado com a Igreja de Corinto. A espiritualidade inclui tudo o que a Igreja precisa fazer para corrigir o que está errado.

À medida que lemos essa carta, vemos não apenas os problemas da Igreja de Corinto, mas também reconhecemos os problemas que afligem a Igreja hoje. Como os coríntios do primeiro século, nós sofremos a carnalidade

— pelo menos em princípio. E, a fim de endireitarmos nossa vida, precisamos da espiritualidade. A primeira carta aos Coríntios é dirigida aos cristãos que vivem em um ambiente saturado pelo sexo, dominado pelo constante fluxo e refluxo de ideias e informações; aos cristãos que vivem em meio a pressões e tentações do tipo que você e eu enfrentamos todos os dias.

Na primeira seção, Paulo identifica e aborda as três principais áreas problemáticas nessa Igreja: Primeiro, existe o problema de divisões; segundo, existe o problema de escândalos; e terceiro, ele responde a certas perguntas que os cristãos coríntios lhe fizeram.

A carnalidade — O que há de errado com a igreja de Corinto?

O primeiro problema — divisões entre os cristãos — foi resultado direto da cultura da sociedade que infectou a Igreja. E este é um problema que enfrentamos hoje. Repetidamente ouvimos o seguinte: "A Igreja está ficando para trás! A Igreja é atrasada! Precisamos estar atualizados com os tempos em que vivemos!".

Embora eu jamais fosse querer que a Igreja se tornasse indigesta e resistente à mudança, ficaria ainda mais horrorizado em ver a Igreja se tornar indistinguível do mundo ao meu redor. Quando uma Igreja começa a refletir o espírito da época em que vive, deixa de refletir Jesus Cristo. Ela deixa de ser santificada, separada e distinta da cultura. Quando isso acontece, a Igreja perde o seu poder — e isso foi o que tinha acontecido com a Igreja em Corinto.

Os cristãos de Corinto tinham permitido que divisões a respeito de filosofias humanas entrassem em sua comunhão. Eles se reuniram

Aventurando-se através da Bíblia

A CARTA DE 1 CORÍNTIOS

A carnalidade – o que está errado (1 Coríntios 1–11)

Introdução 1:1-9

Paulo aborda a questão da divisão na igreja 1:10–4:21

Paulo aborda a questão da imoralidade sexual 5

Paulo aborda os litígios entre cristãos 6:1-11

Advertências contra a imoralidade sexual 6:12-20

Paulo responde perguntas da igreja de Corinto.............................7–11

    A. Conselhos sobre casamento 7

    B. A liberdade cristã e o cristão mais fraco 8:1–11:1

    C. Sobre a oração em público 11:2-16

    D. Falta de ordem à Mesa do Senhor.............................. 11:17-34

A espiritualidade – como corrigir o que está errado (1 Coríntios 12–16)

Dons espirituais 12–14

Aplicação da realidade da ressurreição
de Jesus Cristo à nossa vida diária 15

Oferta para os necessitados.. 16:1-4

Conclusão.. 16:5-24

Cartas do Senhor

em torno de certos líderes religiosos e agora estavam divididos em facções, dizendo: "Eu sigo fulano de tal, e suas percepções são melhores e mais verdadeiras do que a tolice em que você e seu líder acreditam!".

Seitas, facções e panelinhas surgiram. Alguns na Igreja de Corinto se viam como seguidores de Pedro, outros como seguidores de Apolo. Alguns se reuniram em torno dos ensinos do próprio Paulo. Havia até um pequeno grupo exclusivo que dizia ser o mais puro de todos — os que diziam seguir apenas a Cristo. Dentre todos, eles eram os piores causadores de problemas por causa de seu orgulho espiritual.

Paulo começa por mostrar que a sabedoria humana é inútil. Ele a coloca completamente de lado e diz que as percepções humanas são sempre parciais e indignas de confiança. Os coríntios nunca aprenderão nada, ele insiste, até que se entreguem à sabedoria de Deus.

Visto como, na sabedoria de Deus, o mundo não o conheceu por sua própria sabedoria, aprouve a Deus salvar os que creem pela loucura da pregação (1:21).

As questões profundas sobre Deus e a vida do espírito não podem ser resolvidas por um concurso de popularidade ou debate filosófico, elas só podem ser resolvidas pela Palavra de Deus. A Igreja nunca resolverá seus problemas, enquanto estiver seguindo este escritor, aquele mestre, este pastor ou aquele preletor. O discernimento vem do Espírito de Deus falando a nós através da Sua Palavra.

Eu ficaria horrorizado se você lesse este livro e, em seguida, saísse por aí citando Ray Stedman, elevando-me como autoridade

final. Este livro se propõe a ser um guia para ajudá-lo em seu estudo pessoal da Palavra de Deus. Se você emergir de nossa aventura juntos mais capacitado para sair e dizer: "Isto é o que a Bíblia diz sobre tal coisa", então ficarei satisfeito.

O apóstolo Paulo responde às facções e divisões em Corinto confrontando aquela Igreja com a mensagem da cruz — a mensagem que apresenta a Cruz de Cristo como o instrumento pelo qual Deus lança fora toda a sabedoria humana. Isso não significa que a sabedoria humana é inútil, pelo menos, em sua esfera limitada. Porém, a história mostra conclusivamente que a sabedoria humana é inútil para resolver os problemas mais profundos dos seres humanos. A sabedoria do homem nunca foi capaz de impedir a guerra, acabar com a pobreza ou solucionar as questões inquietantes do ser humano em relação ao seu significado e existência.

De fato, a sabedoria humana considera a sabedoria de Deus como loucura. Como o apóstolo Paulo observa:

Certamente, a palavra da cruz é loucura para os que se perdem, mas para nós, que somos salvos, poder de Deus. Pois está escrito: Destruirei a sabedoria dos sábios e aniquilarei a inteligência dos instruídos (1:18,19).

Quando entendemos isso, percebemos que nunca vamos começar a aprender até que primeiramente aprendamos que não sabemos nada. Quando viermos a apreciar a mensagem da cruz, entenderemos que Deus escolheu Seu próprio Filho, fez dele um ser humano semelhante a nós, em todos os sentidos, e o enviou

Aventurando-se através da Bíblia

para morrer. Essa é a mensagem da cruz. É por isso que parece tão louca ao ser humano natural.

A Cruz de Cristo age de acordo com um princípio totalmente diferente da sabedoria do mundo. É como uma serra que corta o grão da sabedoria deste mundo. Uma vez que entendemos e aceitamos esse fato, diz Paulo, começamos a descobrir a sabedoria secreta e escondida que desvenda as questões da vida e as responde uma por uma. Começamos a compreender a nós mesmos e a ver por que este mundo é do jeito que é e para onde está indo, e por que toda a confusão e problemas desta vida existem.

Na verdade, Paulo está dizendo "não vou perder tempo discutindo com você sobre as filosofias de Sócrates, Platão ou Aristóteles ou de qualquer outro ser humano. Eles têm o seu lugar. Mas quando se trata de resolver os problemas profundos da natureza humana, só há uma sabedoria que tem as respostas, e essa sabedoria é a mensagem da cruz".

Deus nos criou para aprender, questionar e imaginar, mas Ele jamais teve a intenção de que todo o nosso conhecimento viesse de fontes do mundo. Ele nos criou para aprender com Ele, a buscar nossas respostas nele. O Senhor providenciou as respostas na forma de revelação nas Escrituras. Nosso conhecimento deve ter um fundamento correto, por isso Deus constantemente nos chama a voltar ao princípio que Ele estabeleceu no Antigo Testamento.

O temor do Senhor é o princípio da sabedoria, e o conhecimento do Santo é prudência (Pv 9:10).

Essa é a verdadeira fonte de conhecimento e sabedoria. E é aí que devemos começar.

A causa das divisões na Igreja de Corinto não era devido a diferenças de pontos de vista humanos. Não, você pode ter muitos pontos de vista sobre muitas questões em uma Igreja e ainda ter unidade e comunhão. Como Paulo deixa claro em 1 Coríntios 3, as causas dessas divisões eram a carnalidade, o orgulho, o desejo natural de ter preeminência e de ser exaltado. Paulo lhes diz que, enquanto a carnalidade tiver lugar na vida deles, eles permanecerão crianças espirituais e nunca crescerão (veja 1Co 3:1-5).

Tudo o que fazemos na carne é madeira, feno e palha e só servem para ser queimado (1Co 3:11-15). Todo elogio que ansiamos e buscamos dos outros é sem valor — não, é pior do que sem valor, pois quando o ansiamos e buscamos, trazemos divisão e destruição para a obra de Deus. Seu julgamento é verdadeiro e implacável. Ele não fica nem um pouco impressionado com as obras que fazemos na carne. Apenas o que é realizado no Espírito vai permanecer. A mensagem da cruz deve penetrar e cortar a carne antes de podermos experimentar crescimento e maturidade. Até que isso aconteça, divisão e conflito reinarão na Igreja e em nossa vida.

Começando no capítulo 5, Paulo se volta para a questão dos escândalos na Igreja. Eles eram, é claro, resultado da carnalidade dos membros da comunidade cristã de Corinto. Paulo confronta de forma franca a imoralidade sexual na Igreja e cita um caso específico — um caso que estava sendo abertamente aceito e tolerado. A resposta de Paulo: Este pecado deve ser tratado. "Expulsai, pois, de entre vós o malfeitor", citando um princípio de Dt 17:7; 19:9; dentre outros. Sempre que o pecado irrompe notoriamente e não há arrependimento, a Igreja deve agir com disciplina — ou o pecado pode contaminá-la por inteiro. A Igreja de Corinto falhou em agir. Como resultado, a imoralidade estava corroendo o coração do corpo.

Aqui, novamente, vemos um paralelo com a Igreja de hoje. É assustador vermos certos líderes em algumas igrejas defendendo abertamente a imoralidade sexual, incentivando os jovens a dormir juntos e a viver juntos, e apoiar ao ministério essas pessoas que estão vivendo, abertamente, relacionamentos imorais. Hoje em dia, como na Corinto do primeiro século, estamos rodeados por uma cultura que aceita a imoralidade como algo normal, e até mesmo saudável. Porém, nós como a Igreja do Senhor devemos ficar com a verdade de Deus porque a violação das leis do Senhor a respeito da conduta sexual é, de fato, uma violação da humanidade das pessoas envolvidas.

Não é apenas a ira de Deus que se acende quando há pecado sexual. O amor do Senhor se acende da mesma forma. Deus nos ama demais para permitir que nos machuquemos por abusar sexualmente um do outro e usar um ao outro por mera satisfação pessoal. Não é apenas a Lei de Deus, mas também o amor de Deus por nós, que são transgredidos quando pecamos sexualmente um contra o outro.

Se quisermos que os jovens se mantenham sexualmente puros, devemos ajudá-los a entender que o sexo é mais do que apenas uma questão de "não farás". Eles precisam entender que o corpo deles é o templo do Espírito Santo. O próprio Filho de Deus habita em nós, e nunca estamos fora de Sua presença. Onde quer que vamos, Ele está conosco e em nós. Tudo o que fazemos é feito na presença do próprio Filho de Deus.

Será que arrastaríamos Jesus para uma casa de prostituição ou à presença de pornografia? Que pensamento horrível! Se nossos jovens puderem aprender a vivenciar Sua presença e conscientemente levá-lo para onde forem, eles estarão mais fortalecidos para suportar as pressões e as tentações que atravessarem o caminho deles.

Respondendo às perguntas

Começando com o capítulo 7, Paulo se volta para os quatro principais temas sobre os quais os coríntios lhe questionaram — casamento, carne oferecida aos ídolos, véus das mulheres e a Ceia do Senhor.

Primeiro, os coríntios perguntaram a Paulo se era certo se casar, tendo em vista as pressões que os rodeavam. Eles imaginavam se, talvez, devessem se entregar totalmente ao serviço de Deus vivendo um estilo de vida ascético. Embora o próprio Paulo não fosse casado, ele lhes disse que é melhor, se possível, que homens e mulheres se casem, e que o casamento é uma maneira perfeitamente apropriada de vida. Cada homem deveria ter sua própria esposa e cada mulher seu próprio marido.

Paulo continua a dizer que também é bom ter uma vida de solteiro, se Deus concede isso

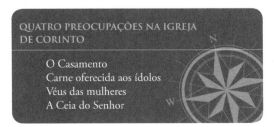

QUATRO PREOCUPAÇÕES NA IGREJA DE CORINTO

O Casamento
Carne oferecida aos ídolos
Véus das mulheres
A Ceia do Senhor

Ruínas de Corinto, Grécia

como um chamado especial a uma pessoa. O estado de solteiro também é uma forma perfeitamente honrosa de vida. O casamento não é uma necessidade, embora frequentemente seja uma vantagem. Porém, a união conjugal pode também ser um problema. Paulo lida cuidadosamente com a questão do casamento.

Segundo, os coríntios perguntaram a Paulo sobre a carne oferecida aos ídolos. Eles estavam preocupados com a ofensa a Deus e com a consciência de um cristão mais fraco sobre esta questão. Embora não sejamos mais perturbados pelo problema de comermos ou não carne oferecida aos ídolos, ainda nos confrontamos com problemas semelhantes. Temos tabus cristãos sobre muitas questões que não são abordados diretamente ou declarados como maus nas Escrituras: fumar, beber socialmente, dançar, mídia de entretenimento e muitas outras questões.

É interessante que Paulo era um apóstolo, com toda a autoridade de um apóstolo, mas ele se recusou terminantemente a estabelecer regras sobre estas questões. Por quê? Porque cristãos fracos e imaturos sempre querem alguém que os coloque debaixo da Lei. Mas se você colocar cristãos debaixo da Lei, então eles não estão mais debaixo da graça, e Paulo sabia que os cristãos devem aprender a lidar com o que ele chama de "a Lei da liberdade".

Paulo relaciona "a Lei da liberdade" com outras duas leis. À primeira, ele chama de "Lei do amor" que diz: "Posso ser livre para fazer isso, mas se eu vier a colocar uma pedra de tropeço no caminho de alguém, não o faço". Esta limitação não é imposta por minha consciência, mas pela consciência da outra pessoa — e pelo meu amor cristão por aquela pessoa. Deixo de lado meus direitos, a fim de evitar ofender a pessoa cuja consciência é mais legalista ou frágil.

E a outra de "Lei da conveniência". Tudo é legal e legítimo, mas nem tudo é útil ou conveniente. Há muitas coisas que eu *poderia* fazer, e muitas direções para as quais eu poderia ir como cristão, mas se eu passar todo o meu tempo fazendo as coisas para as quais tenho liberdade, já não terei tempo para fazer as coisas às quais sou chamado a praticar. Isso não é útil ou conveniente.

Terceiro, os coríntios perguntaram a Paulo sobre a preocupação com o véu das mulheres. Véus? Sim, véus! Pode parecer tolice hoje em nossa cultura, mas era um grande problema naquela época e lugar — e não tão tolo quanto se poderia pensar. Esta Igreja em particular tinha um problema por causa da cultura local. Se uma mulher fosse vista com a cabeça descoberta em Corinto, ela era imediatamente identificada como prostituta, uma das sacerdotisas do templo. É por isso que Paulo escreve a essas pessoas em Corinto: "Vocês, mulheres, quando vierem à Igreja, coloquem um véu! É um sinal de que você é uma mulher cristã sujeita a seu marido" (paráfrase minha, veja 1Co 11:3-16).

O quarto problema com o qual os coríntios estavam preocupados era a Ceia do Senhor. Havia certos indivíduos participando da Ceia de maneira mecânica, sem ver nenhum significado e sem ter nenhuma percepção do que estavam fazendo. Assim, o apóstolo teve que lhes mostrar que tudo que o cristão faz deve ser feito com coração sincero e compreensão clara do significado da Ceia do Senhor.

Corrigindo a carnalidade

Começando com o capítulo 12, Paulo aborda os dons espirituais, que são as correções para os problemas em Corinto. Esses problemas não podiam ser corrigidos por esforços humanos, mas devem começar com o reconhecimento do ministério do Espírito Santo na vida do cristão. Observe que o capítulo 12 começa justamente com essa palavra, *espiritualidades*:

> *A respeito dos dons espirituais, não quero, irmãos, que sejais ignorantes* (12:1).

A tradução para o português usa duas palavras, "dons espirituais", mas no grego original, há apenas uma palavra, e ela pode ser literalmente interpretada como "espiritualidades".

Paulo diz que não quer que os coríntios sejam ignorantes a respeito das espiritualidades. Por que não? Bem, porque o reino espiritual, embora invisível, é o reino da realidade principal. As espiritualidades fazem todas as outras áreas da vida funcionar. É a presença do Espírito que torna Cristo real para nós, e os dons do Espírito — as espiritualidades — têm a finalidade de fazer o Corpo de Cristo funcionar de forma eficaz. À medida que a Igreja desempenha sua função, ela alcança e influencia a sociedade em todos os lados, realizando o eterno plano de Deus.

Temos perdido muito da riqueza da provisão de Cristo para Sua Igreja. Sabemos tão pouco sobre os dons do Espírito. Qual é o seu dom? Você sabe? Você já o descobriu? Você o está usando? Ou você precisa do mesmo estímulo espiritual que Paulo deu a Timóteo?

> *Por esta razão, pois, te admoesto que reavives o dom de Deus que há em ti pela imposição das minhas mãos* (2Tm 1:6).

O Corpo de Cristo funciona ao exercitar seus dons, e cada cristão tem pelo menos um dom. Há muitos dons diferentes, e nós não temos todos os mesmos dons. Por isso é que precisamos uns dos outros no Corpo de Cristo: Não há dois cristãos iguais e nenhum cristão é dispensável. Se um cristão falhar no exercício de seus dons, todo o Corpo de Cristo sofre.

O capítulo 12 é um belo capítulo. Ele nos mostra, claramente, que não devemos desprezar ou ofender um ao outro por causa de diferença de dons. Uma das mais belas — e condenatória — passagens neste capítulo é a passagem que claramente define a Igreja como um corpo formado por muitas partes indispensáveis.

Mas Deus dispôs os membros, colocando cada um deles no corpo, como lhe aprouve. Se todos, porém, fossem um só membro, onde estaria o corpo? O certo é que há muitos membros, mas um só corpo. Não podem os olhos dizer à mão: Não precisamos de ti; nem ainda a cabeça, aos pés: Não preciso de vós. Pelo contrário, os membros do corpo que parecem ser mais fracos são necessários; e os que nos parecem menos dignos no corpo, a estes damos muito maior honra; também os que em nós não são decorosos revestimos de especial honra. Mas os nossos membros nobres não têm necessidade disso. Contudo, Deus coordenou o corpo, concedendo muito mais honra àquilo que menos tinha, para que não haja divisão no corpo; pelo contrário, cooperem os membros, com igual cuidado, em favor uns dos outros (1Co 12:18-25).

À medida que vivermos em unidade, realizando nossas funções na Igreja e no mundo ao exercitar nossas espiritualidades, ou dons espirituais, no poder do Espírito Santo, o mundo será abalado pela força do nosso amor e de nosso testemunho. A prova de que Deus é real e age no mundo é aquela que demonstramos em nossa vida.

Demonstraremos a verdade e o poder de Deus quando tivermos aprendido o segredo declarado no próximo capítulo — o famoso capítulo do amor do Novo Testamento, 1 Coríntios 13. O aspecto mais surpreendente da descrição de amor feita por Paulo é a maneira como ele define amor; não como uma emoção, mas como uma decisão ou ato da vontade.

O amor é paciente, é benigno; o amor não arde em ciúmes, não se ufana, não se ensoberbece, não se conduz inconvenientemente, não procura os seus interesses, não se exaspera, não se ressente do mal; não se alegra com a injustiça, mas regozija-se com a verdade; tudo sofre, tudo crê, tudo espera, tudo suporta. O amor jamais acaba (13:4-8).

No capítulo 14, Paulo aborda outro problema que historicamente tem causado muita confusão na Igreja: o uso indevido de um dos dons — o dom de línguas. O falso uso deste dom é um problema na Igreja da contemporaneidade tanto quanto era quando Paulo o abordou neste capítulo. Para corrigir estes abusos, Paulo dedica esta seção à importância do dom de profecia. Sempre me surpreendo ao observar quantas pessoas leem este capítulo e perdem completamente o objetivo do apóstolo.

O propósito do capítulo é encorajar aqueles com o dom de profecia a exercitá-lo. Mas você quase nunca ouve nada sobre isso atualmente.

Estátua de São Paulo por Pierre-Étienne Monnot (1704–08).

Hoje em dia, ouvimos muito sobre o dom de línguas, mas muito pouco sobre o dom de profecia. Paulo estava tentando minimizar o dom de línguas e salientar o dom de profecia. Este último é simplesmente a capacidade de explicar e expor as Escrituras, de falar de conforto, edificação e encorajamento usando as Escrituras.

O capítulo 15 coloca grande ênfase na ressurreição, e por boas razões. De que valeria qualquer uma dessas verdades se não tivéssemos o Cristo vivo e ressurreto para torná-las reais? A ressurreição é o grande eixo sobre o qual toda a fé cristã gira. Sem a ressurreição, o cristianismo desaba. Se Jesus Cristo não foi ressuscitado dentre os mortos, escreve Paulo, "é vã a vossa fé, e ainda permaneceis nos vossos pecados" (15:17). Não apenas isso, mas se Cristo não ressuscitou, "somos os mais infelizes de todos os homens" (15:19) — somos tolos.

Mas, louvado seja Deus, a ressurreição foi um acontecimento real. Não ocorreu na imaginação de alguém; ocorreu na história. Jesus está vivo! É por isso que Paulo pode fechar o capítulo 15 com estas palavras de confiança e encorajamento:

Portanto, meus amados irmãos, sede firmes, inabaláveis e sempre abundantes na obra do Senhor, sabendo que, no Senhor, o vosso trabalho não é vão (15:58).

O capítulo 16 é o pós-escrito de Paulo no qual ele atualiza a Igreja a respeito de determinadas questões, como a necessidade de ofertar regularmente, da recomendação de certos missionários, dos planos pessoais de Paulo e algumas palavras finais de encorajamento.

Sede vigilantes, permanecei firmes na fé, portai-vos varonilmente, fortalecei-vos. Todos os vossos atos sejam feitos com amor (16:13,14).

Como os coríntios do primeiro século, vivemos em um mundo de pressões, tentações e constantes batalhas espirituais e morais. Mas você e eu temos tudo o que precisamos para vencer. Temos as espiritualidades de Deus, e elas são mais do que suficientes para nos tornar supervencedores com relação à carnalidade e a Satanás.

DONS ESPIRITUAIS

Onde quer que você veja Deus agindo, encontra-se ali diversidade equilibrada com unidade. Encontram-se muitos dons espirituais, mas um só Espírito. Encontram-se muitos tipos de serviço, mas um só Senhor sobre todos eles. "E há diversidade nas realizações", escreve Paulo, "mas o mesmo Deus é quem opera tudo em todos" (1Co 12:6). Deus Pai é responsável pelas obras — e resultados. Nosso Deus é ativo e inovador. Ele está atuando hoje em dia — e Ele está agindo através de Seu povo a quem Ele capacitou por meio de Seu Espírito.

Os dons do Espírito são habilidades ou graças que sobrenaturalmente nos são dadas pelo Espírito de Deus para nos capacitar a cumprir a missão e o propósito da Sua Igreja. Os dons espirituais não devem ser confundidos com habilidades ou talentos naturais, nem devem ser confundidos com o fruto do Espírito (Gl 5:22,23), que são nove qualidades de caráter manifestadas por aqueles cujas vidas são controladas pelo Espírito Santo.

Jamais devemos presumir que o único lugar onde podemos usar os nossos dons seja dentro das quatro paredes do templo. Sim, esses dons foram dados para edificar a Igreja — mas eles também foram dados para os usarmos em nossos lares, bairros, locais de trabalho, e onde quer que vivamos. Ninguém é deixado de fora; todos têm um dom. Muitos cristãos ainda não descobriram seus dons, contudo, todos os cristãos os têm.

O Novo Testamento apresenta pelo menos 20 dons espirituais distintos: apóstolo, profeta, evangelista, pastor-mestre, serviço, exortação, contribuição, liderança, misericórdia, auxílio, administração, sabedoria, conhecimento, discernimento, profecia, línguas, interpretação, fé, cura e milagres. Os dons do Espírito são listados principalmente em 1 Coríntios 12, Romanos 12 e Efésios 4; 1 Pedro 4 também faz referência a eles.

A seguir veja uma lista dos dons do Espírito e onde eles são encontrados no Novo Testamento.

ROMANOS 12:6-8	1 CORÍNTIOS 12:8-10	1 CORÍNTIOS 12:28	EFÉSIOS 4:11	1 PEDRO 4:11
Profeta	Palavras de sabedoria	Apóstolo	Apóstolo	Falar as palavras de Deus
Serviço	Palavras de conhecimento	Profeta	Profeta	Serviço
Ensino	Fé	Mestre	Evangelista	
Exortação	Dons de cura	Milagres	Pastor	
Contribuição	Milagres	Cura	Mestre	
Liderança	Profecia	Auxílio		
Misericórdia	Discernimento	Administração		
	Línguas	Línguas		
	Interpretação de línguas			

Cartas do Senhor

PERGUNTAS PARA DISCUSSÃO

1 CORÍNTIOS
A epístola para o século 21

1. Leia 1Co 1:1-17. Paulo salta rapidamente para o problema das divisões na igreja de Corinto. Por que facções e divisões na Igreja são tão prejudiciais para a causa de Cristo?

As divisões têm sido um problema em sua Igreja? Em sua opinião, qual a causa dessas divisões? Como isso afetou a você e sua fé? Se você tivesse que avaliar sua Igreja em "ser inteiramente unidos, na mesma disposição mental e no mesmo parecer" (1:10), que nota você daria a ela? Que nota você daria a seus próprios esforços para viver em harmonia e unidade com outros cristãos?

2. Leia 1Co 1:18–2:15. Como a cultura ao seu redor define sabedoria? O que a "sabedoria" do mundo produz? Riqueza? Poder? Fama? Sucesso? Como a sabedoria de Deus difere da "sabedoria" do mundo?

Paulo escreve que "a loucura de Deus é mais sábia do que os homens; e a fraqueza de Deus é mais forte do que os homens [...]. Deus escolheu as coisas loucas do mundo para envergonhar os sábios e escolheu as coisas fracas do mundo para envergonhar as fortes" (1:25,27). Por que Deus escolheria as coisas fracas e loucas do mundo para envergonhar as fortes? Você já viu este princípio agindo em sua própria vida ou no mundo ao seu redor? Explique sua resposta.

3. Leia o capítulo 3. As divisões na igreja de Corinto são causadas apenas por diferenças de opinião — ou há alguma outra razão? Explique.

Qual é o alimento sólido do qual Paulo quer que os cristãos de Corinto se alimentem? Como o alimento espiritual sólido ajudaria na cura das divisões na Igreja de Corinto?

4. Começando no capítulo 5, Paulo se volta para a questão dos escândalos nessa igreja, que resultavam da carnalidade entre os cristãos de Corinto. Quando você sabe de pecado em sua família ou igreja, você tende a reagir com dureza ou indulgência? Quais pecados são os mais difíceis para você enfrentar? (Veja também 6:9-11). Em sua opinião, sua igreja tende a ser dura demais com o pecado — ou suave demais?

Aventurando-se através da Bíblia

Leia 1Co 5:6-8. Do que Paulo tem medo que aconteça com a Igreja de Corinto se eles não confrontarem o pecado?

5. Leia 1Co 6:12-20. O autor escreve: "Se quisermos que os jovens se mantenham sexualmente puros, devemos ajudá-los a entender que o sexo é mais do que apenas uma questão de 'não farás'. Eles precisam entender que o corpo deles é o templo do Espírito Santo… Tudo o que fazemos é feito na presença do próprio Filho de Deus". O que Paulo quer dizer quando afirma que nosso corpo é templo do Espírito Santo? Se você quiser honrar a Deus com o seu corpo (veja 6:20), o que você precisa parar de fazer? O que você precisa começar a fazer?

6. Leia o capítulo 12. Dos dons espirituais listados nesta passagem, quais os dons que você recebeu? Quais dons você gostaria de ter, mas não tem? Você acha correto pedir a Deus por dons específicos? Com que eficácia você está usando seus dons espirituais? O que você poderia fazer para ser um administrador mais eficaz dos dons que Deus lhe deu?

Concentre-se especialmente em 12:12,13. Como uma compreensão adequada da diversidade dos dons espirituais pode contribuir para uma maior unidade na Igreja, o Corpo de Cristo? Qual deve ser a nossa atitude em relação às pessoas cujos dons são diferentes dos nossos?

APLICAÇÃO PESSOAL

7. Leia 1Co 1:4-9. Esses versículos se concentram em uma atitude de ação de graças. Eles descrevem a sua atitude? Por quê? Pelo que você é mais grato? A atitude de Paulo o desafia a demonstrar mais gratidão a Deus?

8. Paulo diz no capítulo 3 que estamos edificando nossa vida sobre um alicerce — e este consiste de ouro, prata, pedras preciosas, madeira, feno ou palha. Quão forte é o seu fundamento espiritual? Quais passos você pode tomar esta semana para reforçar seu alicerce espiritual?

9. Do capítulo 3: Você se considera um bebê espiritual ou um adulto espiritual, ou algo entre os dois? Você consegue ingerir alimento espiritual sólido ou ainda só pode tomar leite espiritual? Explique sua resposta.

10. Leia o capítulo 13. O amor descrito nesse capítulo é um sentimento ou uma escolha? Por que esse "capítulo do amor" é uma descrição tão apropriada do caráter de Cristo?

Quem é a pessoa em sua vida que mais se aproxima de viver esse tipo de amor? Qual o aspecto desse tipo de amor que é algo natural para você? Qual deles você precisa trabalhar conscientemente? Quais mudanças você pode fazer em sua atitude e comportamento para que você seja um melhor exemplo do amor de 1 Coríntios 13? Quais passos você pode dar esta semana para fazer essas mudanças e se tornar uma pessoa mais amorosa e semelhante a Cristo?

Observação: Para uma pesquisa mais aprofundada nas epístolas de 1 e 2 aos Coríntios, leia *Letters to a Troubled Church: 1 and 2 Corinthians* (Cartas a uma igreja problemática: 1 e 2 Coríntios), escrito por Ray C. Stedman (Discovery House Publishers, 2007).

Campos de pastores perto de Belém

2 CORÍNTIOS   CAPÍTULO 57

Quando sou fraco, então, é que sou forte

Certa vez visitei Corinto. Resta pouca coisa da cidade original, que foi destruída pelos romanos pouco tempo depois de Paulo tê-la visitado. A cidade está em ruínas desde então. Entretanto, algumas colunas do templo, o mercado e outras áreas públicas da cidade ainda permanecem lá. A pavimentação real do pretório do procônsul romano também está bem preservada.

Nos dias de Paulo, Corinto era um reduto de prazer, de discurso público e debate filosófico, e um grande centro comercial. Era uma cidade de grande beleza, com muitos templos ricamente adornados, dedicados a deuses e deusas pagãos.

Como observamos no capítulo anterior, Corinto era também centro de adoração lasciva — adoração à deusa do amor, Afrodite. Seu templo era o local onde cerca de 10 mil "sacerdotisas de Afrodite" (na realidade, prostitutas) realizavam seus negócios. Corinto era uma sociedade saturada de sexo, e você pode ver indicações disso nas cartas de Paulo à Igreja de Corinto.

Esta é a cidade onde Paulo conheceu Priscila e Áquila, e onde fundou a Igreja de Corinto na casa deles. Enquanto eu estava parado entre as ruínas da cidade onde Paulo havia pregado e trabalhado em nome de Deus, durante o tempo em que se sustentou como fazedor de tendas, não pude deixar de pensar em certas frases da segunda carta de Paulo à Igreja de Corinto, uma das mais pessoais e emocionantes de todas as suas cartas.

Pano de fundo de 2 Coríntios

Para entender esta carta, é importante entender o pano de fundo e o contexto em que foi escrita. Depois que Paulo tinha estabelecido a Igreja em Corinto e trabalhado na cidade por quase 2 anos, ele se mudou para a cidade de

> **OBJETIVOS DO CAPÍTULO**
>
> A segunda carta de Paulo aos cristãos de Corinto é uma das mais pessoais e emocionantes de todas as cartas de Paulo. Ele escreve por causa da profunda preocupação e dor pela igreja de Corinto. Oriundos desta preocupação surgem alguns dos maiores ensinamentos espirituais do Novo Testamento — ensinamentos sobre o ministério da igreja, a autoridade da igreja e a unidade da igreja. O objetivo deste capítulo é demonstrar quão relevantes e importantes são essas percepções para a nossa vida hoje.

Aventurando-se através da Bíblia   689

Éfeso, no continente asiático (atual Turquia). De Éfeso, ele escreveu sua primeira carta aos Coríntios, a fim de corrigir algumas das divisões que tinham surgido na Igreja em Corinto desde sua partida e lidar com alguns dos escândalos na Igreja.

Mais ou menos na época em que Paulo escreveu sua primeira carta aos cristãos de Corinto, um grupo de desordeiros surgiu nessa Igreja. Eles queriam reintroduzir o judaísmo linha-dura e legalista no cristianismo. Isso causou muito conflito na Igreja à medida que esta facção ganhou influência sobre o povo. O grupo era liderado por um mestre que se opunha a Paulo e provavelmente tinha vindo de Jerusalém, ensinando aos cristãos de Corinto que eles deviam observar a Lei de Moisés. Autointitulando-se como "partido de Cristo", eles se apresentavam como os únicos verdadeiros seguidores de Cristo e da Lei de Deus. Afirmavam que os grandes temas da graça ensinados por Paulo não eram o cristianismo autêntico.

Paulo faz referência a esta facção em sua primeira carta, referindo-se a eles como as pessoas que afirmam seguir apenas a Cristo (veja 1Co 1:12). Este grupo, aparentemente, assumiu o controle dos cristãos em Corinto, e Paulo revisitou a cidade por pouco tempo, sendo rejeitado por aqueles líderes eclesiásticos. A Igreja que Paulo tinha plantado havia se tornado tão permeada com o falso cristianismo que o próprio Paulo não era bem-vindo lá.

Assim que retornou a Éfeso, ele escreveu uma carta emocional, direta e curta, repreendendo e reprovando os cristãos de Corinto por se permitirem ser enganados. Essa carta em particular, foi perdida, mas está claro que Paulo a escreveu. Não sabemos por que ela não foi preservada — talvez porque Paulo, escrevendo com raiva, tenha dito coisas que estavam além do que o Espírito Santo pretendia. Ou talvez essa carta simplesmente tratasse de assuntos temporais da Igreja de Corinto — assuntos que não seriam significativos para nós hoje. De qualquer forma, essa carta perdida não tem a força das Escrituras. Ela não teria sido perdida, se Deus quisesse que fosse preservada.

Essa carta agora perdida foi levada à Igreja de Corinto por Tito, enquanto o apóstolo permanecia em Éfeso, esperando ansiosamente por ouvir qual seria a resposta dos coríntios. Esta é a carta à qual Paulo se refere no início de 2 Coríntios, quando diz aos cristãos de Corinto que estava ansioso e preocupado com eles:

> *E isto escrevi para que, quando for, não tenha tristeza da parte daqueles que deveriam alegrar-me, confiando em todos vós de que a minha alegria é também a vossa. Porque, no meio de muitos sofrimentos e*

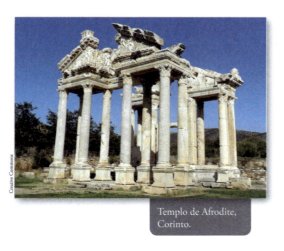

Templo de Afrodite, Corinto.

A CARTA DE 2 CORÍNTIOS

Ministério dentro da Igreja (2 Coríntios 1–4)

Introdução 1:1–11

A mudança de planos de Paulo, impossibilidade de
chegar a Corinto 1:12–2:4

Perdoar e restaurar o pecador arrependido 2:5-13

Cristo nos faz triunfar 2:14-17

O ministério de Paulo, um ministério de vidas transformadas,
um ministério da nova aliança, um ministério de Cristo 3:1–4:7

As provações do ministério 4:8-15

Nossa motivação para servir a Deus 4:16-18

Ministério da contribuição e serviço da Igreja (2 Coríntios 5–10)

Nossa recompensa futura por servir a Cristo 5:1-16

O ministério da reconciliação 5:17-21

Não ofender a outros 6:1-10

O apelo de Paulo para a reconciliação na igreja
e separação de influências prejudiciais 6:11–7:1

Paulo e Tito 7:2-7

A resposta dos coríntios à carta de 1 Coríntios 7:8-16

A coleta de Paulo para os cristãos carentes e
os princípios da contribuição piedosa 8–9

Paulo responde as acusações contra ele 10

Autoridade e sábia liderança (2 Coríntios 11–13)

O próprio apostolado e autoridade de Paulo 11:1–12:6

O espinho na carne de Paulo e a graça suficiente de Deus 12:7-10

Os sinais da autoridade de Paulo como apóstolo 12:11-13

Paulo discute seus planos de uma futura visita 12:14–13:10

Conclusão 13:11-14

Aventurando-se através da Bíblia

angústias de coração, vos escrevi, com muitas lágrimas, não para que ficásseis entristecidos, mas para que conhecêsseis o amor que vos consagro em grande medida (2:3,4).

Ele também diz que passou por intenso sofrimento enquanto esperava em Éfeso por uma palavra deles:

Porque não queremos, irmãos, que ignoreis a natureza da tribulação que nos sobreveio na Ásia, porquanto foi acima das nossas forças, a ponto de desesperarmos até da própria vida. Contudo, já em nós mesmos, tivemos a sentença de morte, para que não confiemos em nós, e sim no Deus que ressuscita os mortos (1:8,9).

Enquanto Paulo esperava por uma resposta da Igreja de Corinto, surgiram problemas na Igreja em Éfeso, conforme registrado em Atos 19. Lá, os ourives causaram uma grande comoção na cidade, e Paulo foi ameaçado de ser arrastado para diante dos juízes romanos. Ele escapou e decidiu prosseguir para a Macedônia para se encontrar com Tito, que vinha através da Macedônia, retornando de Corinto. Pelo fato de sua ansiedade em relação aos coríntios ser tão grande, Paulo não conseguiu esperar mais pelas notícias. Também pretendia levantar dinheiro para o sustento dos cristãos em Jerusalém, que estavam sofrendo devido a fome.

Com estas duas preocupações pesando muito em seu coração, Paulo foi para Filipos, na Macedônia. Lá ele encontrou-se com Tito e recebeu notícias que a carta repreensiva que ele havia escrito para os coríntios tinha alcançado seu propósito. A maioria dos cristãos de Corinto havia se arrependido de sua rejeição ao ministério de Paulo e começado a viver novamente à semelhança de Jesus Cristo.

Entretanto, uma minoria ainda era inflexível, e continuou a se rebelar contra a autoridade do apóstolo. Assim, da cidade de Filipos, Paulo escreveu esta carta, 2 Coríntios, expressando sua ansiedade e preocupação pelos cristãos de Corinto.

Ministério dentro da Igreja

Nos capítulos iniciais desta carta, descobrimos uma declaração de como o verdadeiro ministério cristão deve ser. Paulo escreve em 2Co 3:6 que Deus "nos habilitou para sermos ministros de uma nova aliança". Ou seja, não pregamos a velha aliança da Lei de Moisés, mas a nova aliança da graça mediante a fé em Jesus. A letra da velha aliança da Lei mata, diz Paulo, mas o Espírito da nova aliança dá vida.

Em outras palavras, a mensagem cristã não se trata das exigências da Lei sobre as pessoas, que as obriga a seguir regras e regulamentos. Qualquer um que apresentar a fé cristã como um conjunto de regras de "faça isso" e "não faça aquilo" distorceu a mensagem cristã, tornando-a algo mortal, embrutecida e perigosa. A fé em Cristo é um relacionamento vivo com o Senhor amoroso — não uma determinação severa para colocar os pingos em todos os is da Lei.

Paulo nos diz que a antiga aliança, exemplificada pelos Dez Mandamentos, nos impõe exigências sem nos dar o poder para cumprir a Lei. É um ministério de morte.

Em seguida, esse apóstolo traça a história da nova aliança — o novo modo de viver. A antiga aliança fora dada a Israel em palavras gravadas em tábuas de pedra no monte Sinai. A nova aliança no Novo Testamento está gravada no coração dos homens pelo Espírito de Deus. A antiga aliança veio em glória "...a ponto de os filhos de Israel não poderem fitar a face de Moisés, por causa da glória do seu rosto, ainda que desvanecente" (3:7,8). Mas, Paulo afirma, se "...o ministério da condenação foi glória, em muito maior proporção será glorioso o ministério da justiça" (3:9).

A antiga aliança envolvia uma determinação severa para se preparar e tentar fazer o que Deus exigia. Porém, o relacionamento da nova aliança é a percepção de que Deus providenciou o Espírito Santo para ministrar a vida do Senhor ressurreto na vida dos que nele crê. O mesmo poder que ressuscitou Jesus dentre os mortos está disponível para nós como força e graça para fazer tudo o que a vida exige de nós. Paulo prossegue descrevendo os maravilhosos recursos que podemos usufruir na vida cristã.

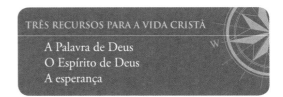

TRÊS RECURSOS PARA A VIDA CRISTÃ
A Palavra de Deus
O Espírito de Deus
A esperança

Primeiro recurso: A Palavra de Deus. A ocupação de um ministro de Jesus Cristo (e lembre-se, todos os cristãos são chamados para serem Seus ministros — não apenas pastores e mestres) é anunciar a Palavra de Deus. Observe como Paulo coloca isso:

Pelo que, tendo este ministério, segundo a misericórdia que nos foi feita, não desfalecemos; pelo contrário, rejeitamos as coisas que, por vergonhosas, se ocultam, não andando com astúcia, nem adulterando a palavra de Deus; antes, nos recomendamos à consciência de todo homem, na presença de Deus, pela manifestação da verdade (4:1,2).

Aqui vemos não só o fracasso da Igreja do primeiro século, mas o da Igreja atual, em tantas áreas — a manipulação inteligente e sutil da Palavra de Deus, minando sua autoridade, subvertendo sua mensagem, ignorando seu testemunho e se recusando a agir de acordo com sua verdade.

Segundo recurso: A misteriosa habitação do tesouro do Espírito de Deus. Paulo explica este recurso:

> *Temos, porém, este tesouro em vasos de barro, para que a excelência do poder seja de Deus e não de nós* (4:7).

A vida vitoriosa não é o resultado de uma personalidade fascinante ou por se ser inteligente ou culto. A vida cristã vitoriosa é decorrente desse tesouro escondido dentro do vaso de barro de nossa vida. A fonte de poder de uma vida vitoriosa é o Espírito Santo. Esse é o segredo pelo qual o poder de Deus é liberado em nossa vida.

Terceiro recurso: A esperança. Paulo prossegue em declarar a grande esperança do cristão:

> *…não atentando nós nas coisas que se veem, mas nas que se não veem; porque as que se veem são temporais, e as que se não veem são eternas* (4:18).

Temos um corpo que não pode ser destruído — uma casa "eterna, nos céus", que é, como lemos em 5:1, "não feita por mãos" humanas. Deus tem um grande futuro para nós. A vida que experimentamos agora é preparação para a vida que há de vir. O presente é apenas um prólogo para o futuro eterno.

O capítulo 5 também revela a transformação radical que ocorre quando nos comprometemos com Cristo:

> *E, assim, se alguém está em Cristo, é nova criatura; as coisas antigas já passaram; eis que se fizeram novas* (v.17).

Somos novas pessoas em Cristo, e, como resultado, Deus nos deu um novo ministério e uma nova mensagem — o ministério e a mensagem da reconciliação.

> *Ora, tudo provém de Deus, que nos reconciliou consigo mesmo por meio de Cristo e nos deu o ministério da reconciliação, a saber, que Deus estava em Cristo reconciliando consigo o mundo, não imputando aos homens as suas transgressões, e nos confiou a palavra da reconciliação* (5:18,19).

Esse é o nosso tema. Esse é o nosso lema, anunciado diante das pessoas da Terra: Você pode se reconciliar com Deus por meio da fé em Jesus Cristo. Com isso, como nossa mensagem e ministério, nos tornamos o que Paulo chama de embaixadores de Cristo, Seus representantes para o mundo.

> *De sorte que somos embaixadores em nome de Cristo, como se Deus exortasse por nosso intermédio. Em nome de Cristo, pois, rogamos que vos reconcilieis com Deus. Aquele que não conheceu pecado, ele o fez pecado por nós;*

*para que, nele, fôssemos feitos justiça
de Deus* (5:20,21).

Em poucas palavras, essa é a mensagem do evangelho.

Contribuição e serviço realizados pela Igreja

Nos capítulos 8 e 9, encontramos a declaração de Paulo sobre o ministério de contribuição e serviço da Igreja. Por causa da grande fome em Jerusalém, Paulo estava fazendo uma coleta para o sustento dos santos naquela cidade. Doar, disse Paulo, é a prova do verdadeiro amor cristão, e ele apelou aos irmãos de Corinto para abrirem seus corações para doar, da mesma forma como receberam de Jesus Cristo:

> *…pois conheceis a graça de nosso Senhor Jesus Cristo, que, sendo rico, se fez pobre por amor de vós, para que, pela sua pobreza, vos tornásseis ricos* (8:9).

Aqui, como em muitos lugares nas Escrituras, vemos um paradoxo espiritual em ação: o cristianismo age na pobreza, enriquecendo a muitos. Jesus, o Criador do Universo, deixou de lado Suas riquezas e adentrou em Sua criação, em estado de pobreza, a fim de enriquecer a todos com Sua graça. Ele é o nosso padrão. Devemos doar para enriquecer os outros com a graça de Jesus Cristo.

Essa passagem não é uma justificativa para grandes campanhas financeiras ou esforços para constranger os cristãos a doar. Na economia de Deus, ninguém deve ser colocado sob qualquer coação. Devemos doar de acordo com a consciência pessoal. Como Paulo escreve:

> *E isto afirmo: aquele que semeia pouco pouco também ceifará; e o que semeia com fartura com abundância também ceifará. Cada um contribua segundo tiver proposto no coração, não com tristeza ou por necessidade; porque Deus ama a quem dá com alegria. Deus pode fazer-vos abundar em toda graça, a fim de que, tendo sempre, em tudo, ampla suficiência, superabundeis em toda boa obra* (9:6-8).

Você já se atreveu a testar o plano econômico de Deus? Sua Palavra é tão verdadeira na contemporaneidade como fora no primeiro século.

Autoridade e liderança eclesiástica sábia

Nos capítulos 10, 11 e 12, o tom de Paulo muda quando ele começa a referir-se à minoria rebelde de cristãos de Corinto, que se recusava a aceitar a autoridade de seu ministério. É importante notar que Paulo não estava confrontando a desobediência deles em relação a ele, mas em relação a Deus. Esses falsos mestres tinham se exaltado com base em sua linhagem e instrução. Eram orgulhosos e arrogantes, e por isso Paulo confrontou a base de suas alegações de serem líderes do povo.

De forma irônica, quase sarcástica, Paulo mostra a esses líderes pretensiosos a verdadeira base de autoridade; e ele o faz, contrastando as credenciais que mantinham como importantes (posição, origem, títulos acadêmicos) com as credenciais que Deus vê como importantes (o conhecimento do próprio Deus). Paulo diz, de fato, "se vocês insistirem em ficar impressionados com estes símbolos mundanos de autoridade, bem que eu podia me

Aventurando-se através da Bíblia

695

gabar diante de vocês também. Se eu o fizesse, eu seria um tolo. Mas já que vocês estão tão impressionados com tais coisas, muito bem, vou jogar o seu joguinho tolo e me gabar um pouco. Vou dizer-lhes o que Deus tem feito através de mim".

Com isso, chegamos a uma grande passagem no capítulo 11:

Ingloriamente o confesso, como se fôramos fracos. Mas, naquilo em que qualquer tem ousadia (com insensatez o afirmo), também eu a tenho. São hebreus? Também eu. São israelitas? Também eu. São da descendência de Abraão? Também eu. São ministros de Cristo? (Falo como fora de mim.) Eu ainda mais: em trabalhos, muito mais; muito mais em prisões; em açoites, sem medida; em perigos de morte, muitas vezes. Cinco vezes recebi dos judeus uma quarentena de açoites menos um; fui três vezes fustigado com varas; uma vez, apedrejado; em naufrágio, três vezes; uma noite e um dia passei na voragem do mar; em jornadas, muitas vezes; em perigos de rios, em perigos de salteadores, em perigos entre patrícios, em perigos entre gentios, em perigos na cidade, em perigos no deserto, em perigos no mar, em perigos entre falsos irmãos; em trabalhos e fadigas, em vigílias, muitas vezes; em fome e sede, em jejuns, muitas vezes; em frio e nudez. Além das coisas exteriores, há o que pesa sobre mim diariamente, a preocupação com todas as igrejas. Quem enfraquece, que também eu não enfraqueça? Quem se escandaliza, que eu não me inflame? Se tenho de gloriar-me, gloriar-me-ei no que diz respeito à minha fraqueza (11:21-30).

Credenciais inacreditáveis! No entanto, Paulo rapidamente acrescenta que essas credenciais não passam de mera loucura — nada além de vã ostentação. Na verdade, o que ele diz é "não é nisso que minha autoridade se baseia. Se vocês realmente querem saber em que minha autoridade se baseia e de onde o verdadeiro poder espiritual vem, deixe-me dizer-lhes como comecei a aprender a lição. Isso não vai soar muito impressionante, mas quero que vocês saibam que estou dizendo a verdade. Este é o acontecimento do qual eu mais me gabo do que tudo na vida — o momento em que comecei a aprender o segredo do verdadeiro poder".

Começando com 11:31, Paulo descreve quando ele teve que ser baixado pelos muros da cidade de Damasco, só para que pudesse escapar na escuridão dos guardas do rei Aretas que o perseguiam — como se ele fosse um ladrão comum! Essa não é uma história de grande vitória e heroísmo — é uma história de derrota e desânimo. No entanto, essa é a forma como Paulo aprendeu o segredo da vida cristã vitoriosa: "Quando sou fraco, então, é que sou forte".

Ele continua no 12:6-10 a descrever seu espinho na carne — algum aspecto feio e doloroso de sua vida, talvez uma deformidade física — e como ele orou fervorosamente, três vezes, para que Deus o removesse. Mas Deus permitiu que Paulo continuasse com seu espinho na carne:

Então, ele me disse: A minha graça te basta, porque o poder se aperfeiçoa na fraqueza. De boa vontade, pois, mais me gloriarei nas fraquezas, para que sobre mim repouse o poder de Cristo.

Pelo que sinto prazer nas fraquezas, nas injúrias, nas necessidades, nas perseguições, nas angústias, por amor de Cristo. Porque, quando sou fraco, então, é que sou forte (12:9,10).

Esse é o segredo da verdadeira força do cristão — não força exterior, nem certificados e títulos ou prêmios. O poder espiritual vem do coração de seres humanos humildes que vivem dependentes do Senhor ressurreto. Quanto mais fraco você estiver, mais forte Cristo poderá ser em sua vida. Em uma epístola rica de significado, essa é talvez a mais rica de todas as verdades: Nossa força vem de nossas fraquezas — a força de Cristo.

Paulo encerra a epístola dirigindo-se às pessoas em Corinto, assim como se dirige a nós hoje:

Examinai-vos a vós mesmos se realmente estais na fé; provai-vos a vós mesmos. Ou não reconheceis que Jesus Cristo está em vós? Se não é que já estais reprovados (13:5).

Você realmente acredita e confia em Deus, mesmo em seus momentos de provação e fraqueza? Você está contando com a força de Deus em vez de contar com a sua própria? Você está ousando corajosamente fazer coisas grandes para Ele — não de maneira tola, mas com confiança, sabendo que Ele o levou onde você está e quer usá-lo em sua fraqueza, de modo que Seu poder e força possam ser demonstrados ao mundo que o observa? Esse é o grande segredo da verdadeira vida cristã:

Nossa fraqueza — Sua força!

Aventurando-se através da Bíblia

PERGUNTAS PARA DISCUSSÃO

2 CORÍNTIOS
Quando sou fraco, então, é que sou forte

1. Leia 2Co 1:1-11. Paulo começa falando sobre as dificuldades e os sofrimentos que ele suportou, e também sobre a fidelidade de Deus que o livrou de suas dificuldades repetidamente. Por que você acha que Paulo queria que os coríntios soubessem sobre as dificuldades deles? Como podemos ser mais sensíveis e encorajadores em relação a outros cristãos que estão passando por provações e sofrimentos?

2. Leia 2Co 3:6-11, em que Paulo contrasta a antiga aliança com a nova. Quais são algumas maneiras em que a nova aliança é superior à antiga?

3. Leia 2Co 4:7-12. Por que Deus colocou esse "tesouro" em "vasos de barro"? Qual é esse tesouro? O que são os vasos de barro? Por que Paulo mais uma vez fala sobre suas dificuldades e sofrimentos nos versículos 8-12?

Leia 2Co 4:18. Que perspectiva esse versículo nos dá sobre os nossos sofrimentos?

4. Leia 2Co 5:1-4. O que espera o cristão após a morte (ou no retorno de Cristo)? Que perspectiva esta esperança nos dá sobre os nossos sofrimentos?

5. Leia 2Co 5:18–6:2. Qual é o grande ministério que o Senhor Jesus Cristo confiou a nós? O que devemos fazer a fim de cumprir esse ministério? O que significa ser reconciliado com Deus? O que significa a expressão: "não recebais em vão a graça de Deus"? Como podemos ter certeza de que não recebemos a graça de Deus em vão?

6. No capítulo 10, o tom de Paulo muda. Ele aborda um problema envolvendo uma minoria de membros da igreja de Corinto que foram desviados por alguns pregadores visitantes que se opunham ao apóstolo Paulo. Nos versículos 3-6, Paulo compara o ministério da Igreja à batalha. Nessa analogia, o que são as "fortalezas" que precisam ser demolidas e capturadas? Que tipo de vitória Paulo procura atingir?

APLICAÇÃO PESSOAL

7. Leia 2Co 9:6-8. Qual é o plano econômico de Deus? Como o Seu plano econômico difere das teorias econômicas e filosofias do mundo? Você se atreveu a testar o plano econômico de Deus? Por que ou por que não? Explique

8. Leia 2Co 11:1-4, com Gl 1:6-9. O que aconteceu nas igrejas de Corinto e da Galácia que surpreendeu e chocou Paulo? O que essas igrejas começaram a tolerar? Isso ainda é um perigo na Igreja de hoje? "Outro Jesus" está sendo pregado hoje nos púlpitos ou nas rádios e TV?

Você já foi "enganado" por um falso mestre pregando um "falso Jesus"? Como você se sentiu quando descobriu seu erro? Como podemos distinguir quem, de fato, é falso mestre e quem está ensinando a verdade?

9. Leia 2Co 11:16–12:10. Mais uma vez, Paulo fala sobre suas dificuldades e sofrimentos. Ele, jocosamente, até mesmo "se gaba" de seus sofrimentos, dizendo: "falo como por loucura". Mas ele ressalta algo importante. À medida que você lê sobre os sofrimentos de Paulo listados nos versículos 23-29, por que você acha que ele devia "se gabar" dessas dificuldades?

No início do capítulo 12, Paulo fala sobre seu "espinho na carne". Por que Deus não respondeu à oração de Paulo e o curou? O que mudou a atitude de Paulo em relação ao seu "espinho na carne"?

Qual é o seu "espinho na carne", a sua provação que nada, nem mesmo a oração, o extrai? Qual é a sua atitude com relação a essa provação? O que pensa sobre o que Deus quer que você aprenda por meio dessa provação? Você acredita que Deus pode aperfeiçoar Sua força em sua fraqueza? Explique sua resposta.

Observação: Para uma pesquisa mais aprofundada das epístolas de 1 e 2 Coríntios, leia: *Letters to a Troubled Church: 1 and 2 Corinthians* (Cartas a uma igreja problemática: 1 e 2 Coríntios), escrito por Ray C. Stedman (Discovery House Publishers, 2007). *Authentic Christianity: The Classic Bestseller on Living the Life of Faith with Integrity* (Cristianismo autêntico: O clássico *bestseller* sobre viver com fé e integridade), escrito por Ray C. Stedman (um estudo em 2 Coríntios, Discovery House Publishers, 1996).

Aventurando-se através da Bíblia

Rolinha, Jardim do Túmulo de Jesus

GÁLATAS

CAPÍTULO 58

Como ser livre

Dois dos grandes líderes da Revolução Americana de 1776 foram Benjamin Franklin, americano de nascimento, e o inglês Thomas Paine. Certa vez, enquanto esses dois homens discutiam suas paixões pela crença na liberdade, Franklin comentou: "Onde quer que haja liberdade, ali estará o meu país".

Paine respondeu: "Onde quer que não haja liberdade, ali estará o meu país". Paine estava comprometido a ir onde quer que houvesse opressão e injustiça e a tentar trazer liberdade para esses países. E assim o fez, apaixonadamente trabalhou pela liberdade — pagando um grande custo pessoal — na Inglaterra, Estados Unidos e França.

A atitude de Paine era muito parecida com a do apóstolo Paulo, conforme expressa em sua carta aos Gálatas. Ver tanto a opressão política quanto a religiosa de todos os lados, ver pessoas aprisionadas pelo direito romano e o legalismo judaico levaram Paulo a perceber que grande parte de sua missão era ir onde não havia liberdade, a fim de levar liberdade às pessoas cujo espírito e alma estavam aprisionados.

Nossa "declaração de emancipação" espiritual

Gálatas é, provavelmente, a epístola mais vibrante do Novo Testamento, cheia de linguagem vívida e forte. Está estreitamente relacionada com as epístolas de Paulo aos Romanos e Hebreus. Estas três cartas do Novo Testamento — Romanos, Gálatas e Hebreus — formam o que pode ser considerado um comentário inspirado a respeito de um único versículo do Antigo Testamento:

> ...*o justo viverá pela sua fé* (Hc 2:4).

Tanto Romanos quanto Gálatas e Hebreus citam este versículo de Habacuque, e cada um

> **OBJETIVOS DO CAPÍTULO**
>
> A epístola de Paulo aos Gálatas é o seu grande tratado sobre nossa liberdade em Jesus Cristo. Este capítulo explora a declaração de Paulo sobre ser independente do legalismo religioso e escravidão. Hoje, como nos dias de Paulo, há aqueles que roubariam nossa liberdade em Cristo. Enquanto outras religiões do mundo nos prenderiam a uma ou outra forma de legalismo, a mensagem de Paulo em Gálatas é que *Jesus Cristo nos libertou*.

apresenta um aspecto diferente ou dimensão dessa profunda verdade. Em Romanos, Paulo coloca a ênfase nas palavras "o justo", detalhando o que significa ser justo e como uma pessoa se torna justificada diante de Deus e declarada justa em Cristo. A epístola aos Romanos libertou Martinho Lutero de seu terrível legalismo e mostrou-lhe a verdade da graça de Deus através da fé.

Em Hebreus, a ênfase está sobre as últimas palavras "pela [...] fé". Hebreus é o grande tratado do Novo Testamento sobre a fé, culminando naquela parte memorável sobre os heróis da fé no capítulo 11, demonstrando que a salvação sempre foi pela graça por meio da fé, em ambos os Testamentos: Antigo e Novo.

Em Gálatas, Paulo coloca a ênfase nas palavras "viverá", à medida que ele enfrenta a questão do que significa viver verdadeiramente a vida cristã. A resposta pode ser enquadrada em uma única palavra: liberdade. Gálatas é a carta sobre a liberdade cristã, a expressão mais completa de vida e fé.

Como cristãos, somos chamados à liberdade em Jesus Cristo. O objetivo desta carta é possibilitar que os cristãos descubram a liberdade de viver de acordo com tudo o que Deus planejou para eles. Paulo quer que experimentemos a liberdade ao máximo em nosso espírito, restritos apenas no que for necessário para harmonizar-se com os propósitos de Deus.

Por isso, é com razão que essa carta tem sido chamada de Declaração de Direitos da Vida Cristã ou a Carta Magna da Liberdade Cristã, ou ainda Nossa Proclamação de Emancipação Espiritual. A mensagem de Gálatas nos liberta de todas as formas de legalismo e aprisionamento na vida cristã.

A identidade singular de Gálatas

Ao contrário das cartas que Paulo escreveu às igrejas individuais, tais como suas cartas a Corinto e Éfeso, esta epístola é dirigida a certo número de igrejas em uma extensa região. Na introdução à carta podemos ler:

Paulo, apóstolo, não da parte de homens, nem por intermédio de homem algum, mas por Jesus Cristo e por Deus Pai, que o ressuscitou dentre os mortos, e todos os irmãos meus companheiros, às igrejas da Galácia (1:1,2).

As igrejas da Galácia, descritas em Atos 13 e 14, foram estabelecidas por Paulo em sua primeira viagem missionária, quando ele viajou com Barnabé para as cidades de Antioquia, Icônio, Derbe e Listra. Em Listra, ele foi logo recebido e honrado como um deus, em seguida apedrejado e arrastado para fora da cidade e deixado como morto. Na verdade, ele experimentou perseguição em cada uma das cidades na região da Galácia.

A antiga Galácia era uma região montanhosa no centro da Ásia Menor, que agora é conhecida como Turquia. A Galácia recebeu este nome por causa dos gauleses, que tinham vindo originalmente da área que conhecemos hoje como França. Cerca de 300 anos antes de Cristo, os gauleses invadiram o Império Romano e saquearam a cidade de Roma. Depois, eles cruzaram a fronteira norte da Grécia e continuaram através dos estreitos de Dardanelos na Ásia Menor. A convite de um dos reis da região, eles se estabeleceram lá.

Portanto, os gálatas não eram árabes nem turcos nem asiáticos. Eles eram uma raça celta, de ascendência semelhante a dos

A CARTA DE GÁLATAS

O evangelho da liberdade (Gálatas 1–4)

Introdução — Por que os Gálatas abandonaram
o evangelho da liberdade?... 1:1-9

O evangelho de liberdade veio diretamente de Deus 1:10-24

O evangelho de liberdade confirmado em
Jerusalém e pela repreensão de Paulo em Pedro 2

A salvação vem pela fé, não por obras nem pela lei 3–4

Como viver livremente (Gálatas 5–6)

Permaneçam firmes em sua liberdade 5:1-12

Em liberdade, amem uns aos outros.. 5:13-15

Andem no Espírito, e não na carne 5:16-21

O fruto do Espírito... 5:22-26

Vivam livremente, façam o bem a todos,
cuidem uns dos outros 6:1-10

Conclusão, incluindo uma maldição sobre aqueles
que impõem seu legalismo sobre os cristãos que
estão debaixo da graça.. 6:11-18

Aventurando-se através da Bíblia

escoceses, irlandeses, bretões e franceses. Júlio César, em seu Comentários sobre a Guerra da Gália, escreveu: "A enfermidade dos gauleses é que eles são inconstantes em suas resoluções e apreciadores de mudanças, e não são confiáveis". O historiador francês Augustin Thierry escreveu sobre os gauleses: "Francos, impetuosos, impressionáveis, eminentemente inteligentes, mas ao mesmo tempo, extremamente mutáveis, inconstantes, apreciadores de demonstrações, constantemente briguentos, tudo fruto de vaidade excessiva".

Em sua segunda viagem missionária, acompanhado desta vez por Silas, Paulo novamente visitou as cidades da Galácia e as igrejas que tinham sido estabelecidas lá. Em sua segunda viagem, Paulo passou um tempo considerável em várias cidades da região devido a uma enfermidade. Ele se refere a essa enfermidade de forma um tanto indireta nesta carta. Evidentemente que era algum tipo de problema grave nos olhos, pois ele diz aos Gálatas:

E, posto que a minha enfermidade na carne vos foi uma tentação, contudo, não me revelastes desprezo nem desgosto; antes, me recebestes como anjo de Deus, como o próprio Cristo Jesus. Que é feito, pois, da vossa exultação? Pois vos dou testemunho de que, se possível fora, teríeis arrancado os próprios olhos para mos dar (4:14,15).

Alguns estudiosos da Bíblia acham que Paulo estava com os olhos inflamados, o que tornava sua aparência repulsiva. No entanto, esses Gálatas o receberam com grande alegria, tratando-o como se fosse um anjo de Deus ou

mesmo o próprio Cristo Jesus. Eles se regozijaram no evangelho da graça que o apóstolo transmitira, pois ele os revelou — com grande clareza — a obra do Senhor crucificado. Como resultado, eles tinham entrado na plenitude da vida pelo Espírito e tinham recebido o amor, a alegria e a paz que Jesus Cristo concede quando Ele adentra ao coração humano.

A ira do apóstolo

Porém, enquanto Paulo escrevia esta carta (provavelmente na cidade de Corinto), algo muito errado acontecia na Galácia. Certas pessoas, a quem Paulo denomina em outro lugar de "lobos" (veja At 20:29), haviam se infiltrado entre os cristãos da Galácia e os faziam desviar-se para longe do evangelho que Paulo lhes tinha pregado. Quem eram esses lobos? Eram os judaizantes — extremos legalistas que vieram de Jerusalém com o que Paulo chama de "outro evangelho", uma mistura de cristianismo e práticas do judaísmo. O evangelho dos judaizantes não era apenas um evangelho completamente diferente, mas uma perversão do verdadeiro evangelho.

Os cristãos gentios tinham recebido de Paulo o evangelho de Jesus Cristo, que era novo e libertador. Agora, esses lobos declaravam um evangelho de escravidão, de regras e rituais. A fim de se tornarem cristãos genuínos, segundo eles, os gentios teriam que ser circuncidados, guardar a Lei de Moisés e obedecer a todos os regulamentos do Antigo Testamento.

Como ficavam Jesus Cristo e Sua obra completa na cruz? Bem, os judaizantes não tinham deixado totalmente Jesus de lado. Em vez disso, eles mantiveram uma camada exterior de cristianismo, mas no centro de seu

1.ª E 2.ª VIAGENS DE PAULO

falso evangelho não estavam a graça nem a fé; estavam as obras. Ao Senhor Jesus Cristo foi relegado um lugar secundário no evangelho. Cumprir as regras e rituais da Lei de Moisés era primordial.

Além disso, os judaizantes minaram a autoridade apostólica de Paulo. Eles o desafiaram por ele ser (na opinião deles) independente, pouco confiável e excessivamente entusiasmado. Eles até afirmaram que ele tinha se formado no seminário errado! Eles estavam tentando influenciar os gálatas a rejeitarem a autoridade apostólica de Paulo.

Paulo ficou muito aborrecido com estas notícias e sua ira é demonstrada em alto e bom som nestas palavras:

Mas, ainda que nós ou mesmo um anjo vindo do céu vos pregue evangelho que vá além do que vos temos pregado, seja anátema (1:8).

Para ser bem franco, Paulo diz que qualquer um que prega um evangelho diferente daquele que ele pregou deve ser condenado ao inferno. Isso não deixa dúvida sobre a força dos sentimentos do apóstolo sobre este assunto. Ele repete a mesma maldição no versículo seguinte:

Assim, como já dissemos, e agora repito, se alguém vos prega evangelho que vá além daquele que recebestes, seja anátema (1:9).

Quando ouvimos palavras como *condenado*, pensamos em maldições e insultos. Mas Paulo não está sendo profano. Ele está apenas afirmando que qualquer um que pregue um evangelho diferente já está condenado, pois tais pessoas rejeitam a verdade da graça de Jesus Cristo. Aqueles que rejeitam Sua graça e procuram trilhar seu próprio caminho para chegar a Deus por meio de rituais ou boas obras já estão amaldiçoados.

No final da carta, as emoções de Paulo se voltam contra aqueles que pregam a circuncisão e o legalismo, em vez de pregarem a graça libertadora de Jesus.

Tomara até se mutilassem os que vos incitam à rebeldia (5:12).

Em outras palavras: "Já que os judaizantes são tão zelosos para colocar os cristãos sujeitos à escravidão da circuncisão, desejo que, enquanto eles estiverem fazendo isso, eles removam completamente sua masculinidade!".

Aqui você pode ver claramente o fogo que incendeia toda essa carta. O apóstolo está profundamente incomodado. De fato, Paulo é tão intenso e apaixonado que ele nem mesmo consegue esperar por um secretário para tomar nota do que ele diz. Apesar de sua visão limitada, ele dolorosa e indignadamente rabisca essa epístola de próprio punho em letras grandes.

Por que o apóstolo está tão irado com esses judaizantes? Porque perverteram a pureza do evangelho. E ao fazê-lo, eles tentaram reescravizar aqueles que estão acabando de se tornar livres através da graça de Jesus Cristo. Eles estão desfazendo tudo que o próprio Paulo está realizando por meio da pregação do evangelho que diz: a salvação é pela graça mediante a fé em Jesus Cristo.

O evangelho é a simplicidade em si mesmo: primeiro, Cristo entregou-se por nossos pecados — isso é *justificação*; segundo, Cristo entregou-se para nos livrar do mal desta era — isso é *santificação*. Tudo isso é pela graça e não pelas obras. É o ataque deles a essas verdades que perturbaram tão profundamente

o apóstolo. Ele sabe que injetar legalismo no cristianismo mata a própria pulsação do coração do evangelho e leva as pessoas de volta à servidão, ao fracasso e à miséria.

Estes dois aspectos do evangelho — justificação e santificação — formam o esboço básico da carta aos Gálatas.

O evangelho da liberdade

Os capítulos 1 a 4 dessa epístola tratam da justificação pela fé. Cristo morreu por nossos pecados — essa é a declaração básica do evangelho, as boas-novas de que Cristo tomou sobre si os nossos pecados. Portanto, Paulo defende essas boas-novas em Gálatas 1.

Primeiro, ele mostra que o evangelho foi revelado a ele diretamente por Jesus Cristo e que ele não o recebeu de ninguém, nem mesmo dos apóstolos. O próprio Cristo apareceu e lhe contou essas boas-novas. Paulo escreve:

Faço-vos, porém, saber, irmãos, que o evangelho por mim anunciado não é segundo o homem, porque eu não o recebi, nem o aprendi de homem algum, mas mediante revelação de Jesus Cristo (1:11,12).

Segundo, os outros apóstolos reconheceram que o evangelho de Paulo era o mesmo evangelho que eles haviam recebido de Cristo. Algumas pessoas afirmaram que Paulo pregou um evangelho diferente daquele que Pedro, Tiago, João e os outros pregaram — que o evangelho de Paulo é superior ao deles. Porém, o próprio Paulo nessa carta diz que 14 anos depois de sua conversão, ele subiu a Jerusalém e teve a oportunidade de comparar suas anotações com as dos outros apóstolos.

Quando ele fez isso, os outros apóstolos ficaram maravilhados ao descobrir que esse homem, que não tinha feito parte do grupo original dos doze, sabia tanto sobre a verdade do evangelho quanto eles. Na verdade, ele sabia até do que tinha acontecido em segredo, reuniões particulares que eles tinham tido com o Senhor Jesus Cristo. Pode-se ver um exemplo disso em 1 Coríntios, onde o apóstolo descreve a Ceia do Senhor. Ele diz:

Porque eu recebi do Senhor o que também vos entreguei: que o Senhor Jesus, na noite em que foi traído, tomou o pão; e, tendo dado graças, o partiu e disse: Isto é o meu corpo, que é dado por vós; fazei isto em memória de mim (1Co 11:23,24).

Como Paulo sabia de tudo isso? Ele o recebeu diretamente do Senhor Jesus. Assim, quando Pedro, Tiago e João ouviram que esse homem sabia tanto quanto eles sobre o que tinha acontecido no Cenáculo, eles reconheceram que ali, na verdade, estava um homem chamado por Deus. Seu apostolado, que veio diretamente de Jesus Cristo, se baseava nesse fato.

Terceiro, não só foi revelado a ele por Cristo e reconhecido pelos outros apóstolos, mas foi justificado quando Pedro chegou a Antioquia.

Pedro, o aparente líder dos apóstolos, cometeu um erro em Antioquia. Pode-se ler a história em Gálatas 2:11-21. A dificuldade entre Pedro e Paulo envolvia a questão de ingerir comida *kosher versus* comida gentia. Pedro era judeu, foi criado sem comer nada além de comida *kosher*. Mas quando ele se tornou um seguidor de Cristo, ele comia com os gentios e, assim, demonstrava a liberdade que tinha em Cristo.

Porém, quando certos líderes chegaram de Jerusalém, Pedro começou a ceder e voltou a comer somente com judeus, dessa forma, negando a própria liberdade que ele tinha anteriormente proclamado. Paulo ficou irado com Pedro e o confrontou publicamente. Pense nisso! Este apóstolo independente desafiou Pedro, a Pedra — e, ao fazê-lo, Paulo defendeu o evangelho.

Salvação pela fé, não pelas obras

Nos capítulos 2 a 4, Paulo nos mostra que o evangelho é sobre a salvação pela fé e não pelas obras. Não podemos fazer nada para garantir a nossa salvação. Jesus fez tudo. Além disso, a salvação é o resultado de uma promessa e não da Lei. Essa promessa é anterior à Lei de Moisés, que foi dada a Abraão 400 anos antes de Moisés nascer. A Lei, portanto, não pode alterar a promessa.

Paulo também mostra que aqueles que estão em Cristo são filhos, não escravos. Eles não são mais servos; eles são parte da família de Deus. Paulo, então, explica um evento da história do Antigo Testamento — a história dos dois filhos de Abraão, um nascido de Agar, uma escrava; o outro nascido de sua esposa Sara, uma mulher livre. O filho da escrava nasceu "segundo a carne", disse Paulo. O filho da livre nasceu "mediante a promessa". Em seguida, ele explica o significado alegórico desse evento histórico de Gênesis.

Estas coisas são alegóricas; porque estas mulheres são duas alianças; uma, na verdade, se refere ao monte Sinai, que gera para escravidão; esta é Agar. Ora, Agar é o monte Sinai, na Arábia, e corresponde à Jerusalém atual, que está em escravidão

Aventurando-se através da Bíblia

com seus filhos. Mas a Jerusalém lá de cima é livre, a qual é nossa mãe [...]. Vós, porém, irmãos, sois filhos da promessa, como Isaque. Como, porém, outrora, o que nascera segundo a carne perseguia ao que nasceu segundo o Espírito, assim também agora. Contudo, que diz a Escritura? Lança fora a escrava e seu filho, porque de modo algum o filho da escrava será herdeiro com o filho da livre. E, assim, irmãos, somos filhos não da escrava, e sim da livre (4:24-26,28-31).

Em outras palavras, aqueles que são escravos da Lei e do legalismo não podem compartilhar a herança daqueles que são livres, que são salvos pela graça de Deus que é recebida pela fé. Aqueles que vivem sob o legalismo são filhos da antiga aliança, e são filhos da escravidão. Aqueles que vivem sob a graça da nova aliança são livres, e são filhos da promessa. Nós, que somos livres, somos como "a Jerusalém do céu", e pertencemos ao que o apóstolo João chamou de "...a cidade santa, a nova Jerusalém, que descia do céu..." (Ap 21:2).

Com essa alegoria e essas figuras de linguagem, Paulo declara uma grande verdade: Somos justificados pela graça através da fé, não pelas obras, não pela Lei. E porque estamos justificados pela graça de Deus apenas, em cumprimento da promessa e da nova aliança, somos livres.

Essa é a verdade que libertou a alma de Martinho Lutero, o monge de Wittenberg que afixou suas 95 Teses na porta da Igreja do castelo e assim começou o que chamamos de a Reforma Protestante. Lutero tinha tentado encontrar seu caminho para o Céu

através de obras. Ele tinha feito tudo o que a Igreja de sua época exigia. Ele havia tentado jejum, indulgências, sacramentos, a intercessão dos santos, penitências e confissões. Ele fazia longas vigílias noturnas e dias de trabalho pesado, mas quanto mais ele trabalhava, mais sua angústia interior aumentava.

Por fim, desesperado, ele foi ao líder de sua ordem agostiniana para se aconselhar. O idoso líder da ordem pouco sabia sobre a Palavra de Deus — tamanha era a miserável condição da Igreja organizada naquela época. No entanto, aquele homem disse a Lutero uma coisa: "Coloque sua fé não em si mesmo, mas nas chagas de Cristo".

Um fraco raio de luz brilhou sobre a alma perturbada de Martinho Lutero. Mas nada aconteceu até o momento em que ele estava em seu pequeno quarto na torre, preparando palestras sobre os Salmos para seus alunos, e a plena luz brilhou sobre ele. Ele foi impactado por um versículo de Salmos:

Em ti, Senhor, me refugio; não seja eu jamais envergonhado; livra-me por tua justiça (Sl 31:1).

Este versículo atraiu o coração de Martinho Lutero quando ele, de repente, percebeu que a justiça de Deus era, para ele, uma coisa terrível. Ele a viu como um justo juízo inflexível pelo qual Deus destruiria todos os que não conseguissem alcançar a medida da santidade de Deus. Lutero disse que ele chegou até mesmo a odiar a palavra justiça.

Porém, então, quando ele começou a investigar a Palavra, ela o levou à epístola aos Romanos onde ele leu: *O justo viverá por fé.* Isso incendiou o seu coração, e ele entendeu pela primeira vez que Alguém já havia pago o preço pelo pecado, para que ele não tivesse que pagá-lo. Cristo entrou na raça humana e levou nossa culpa para que Deus possa, em justiça, nos aceitar — não de acordo com nosso mérito, mas de acordo com o dele.

Martinho Lutero nunca mais foi o mesmo homem novamente. Essa descoberta o levou a desafiar o sistema de indulgências e todas as outras práticas legalistas que mantinham as pessoas aprisionadas à Igreja organizada e à letra da Lei.

Como viver livremente

É interessante, como alguém destacou, que cada uma das religiões humanas conhecidas seja uma religião baseada em obras — exceto o evangelho de Jesus Cristo! O hinduísmo diz que se renunciarmos ao mundo e nos relacionarmos com o "espírito do universo", finalmente encontraremos nosso caminho para a paz. O budismo apresenta oito princípios pelos quais os seres humanos devem

andar e, assim, encontrar o caminho para a salvação. O judaísmo diz que devemos guardar a Lei e assim seremos salvos. O islamismo diz que uma pessoa deve orar cinco vezes ao dia, dar esmolas, jejuar durante o mês do Ramadá e obedecer aos mandamentos de Alá. O unitarianismo diz que ter um bom caráter pode nos salvar. O humanismo moderno diz que a salvação é alcançada por meio do serviço humanitário.

Todos são sistemas de obras. Em todos os casos, a salvação é alcançada pelo esforço humano. Mas as boas-novas do evangelho é que Jesus Cristo já fez tudo isso! Só Ele *fez* o que ninguém pode fazer — *e Ele nos libertou.*

Em Gálatas 5 e 6, Paulo se volta para o segundo e igualmente importante aspecto do evangelho, resumido nas seguintes palavras:

[O Senhor Jesus Cristo] se entregou a si mesmo pelos nossos pecados, para nos desarraigar deste mundo perverso, segundo a vontade de nosso Deus e Pai (1:4).

SISTEMAS DE SALVAÇÃO EXISTENTES NO MUNDO	
HINDUÍSMO	Alcança-se a salvação pela renúncia ao mundo e pelo relacionamento com o "espírito do universo".
BUDISMO	Aquele que tem os oito princípios é salvo (visão correta, pensamento correto, linguagem correta, ação correta, modo de vida correto, esforço correto, mente correta, concentração correta).
JUDAÍSMO	Quem guarda a Lei tem a salvação.
ISLAMISMO	Para obter a salvação deve-se: orar cinco vezes ao dia, entregar esmolas, jejuar durante o mês do Ramadá e obedecer aos mandamentos de Alá.
UNITARIANISMO	O bom caráter traz a salvação.
HUMANISMO	O serviço humanitário garante a salvação.

Aventurando-se através da Bíblia

O cristianismo não é apenas ir para o Céu ao morrer (justificação). Também é viver agora no presente (santificação). É ser liberto da servidão do mundo e de seus caminhos maus e perversos. É ser liberto aqui e agora. Isso, também, é pelo dom de Jesus Cristo. Ele veio não só para nos livrar da morte, mas também do mal no presente século. De que maneira Ele nos liberta aqui e agora? Vivendo Sua vida através de nós. Essa é a chave para a santificação.

Sabemos que esse século é mau. Sentimos suas pressões para nos conformar, baixar nossos padrões, acreditar em todas as mentiras anunciadas pela TV, filmes, música e pessoas ao nosso redor. Mas caímos na armadilha de pensar que podemos nos livrar a nós mesmos.

Então, criamos nossos programas cristãos, enchemos nossos dias com atividade, ensinamos na escola bíblica, cantamos no coral, fazemos parte de um estudo bíblico ou de um grupo cristão — e pensamos que somos livres. Todas essas coisas são boas, é claro, mas elas não nos salvam. Se pensarmos que somos salvos por todas as boas obras religiosas que praticamos, ainda estamos aprisionados. Estamos ainda mergulhados no galacianismo — somos salvos pela graça, mas, após isto, somos guardados pela Lei. Estamos vivendo pelas obras — não pela fé.

Nos dois capítulos finais de Gálatas, vemos que toda a questão de nossa caminhada cristã é repudiar o viver na carne, com seu egocentrismo, e confiar na obra do Espírito de Deus para reproduzir em nós a vida de Jesus Cristo. Isso tudo é resumido em um dos versículos mais conhecidos de toda a carta:

...logo, já não sou eu quem vive, mas Cristo vive em mim; e esse viver que, agora, tenho na carne, vivo pela fé no Filho de Deus, que me amou e a si mesmo se entregou por mim (2:20).

O velho egocêntrico "eu" foi crucificado com Cristo para que o ego não tenha mais nenhum direito de viver. A minha e a sua tarefa é a de repudiar o velho eu, exterminá-lo juntamente com "as obras da carne" — listadas no capítulo 5 — prostituição, impureza, lascívia, idolatria, feitiçarias (uma palavra que, no original grego, está ligada ao abuso de drogas para alteração da mente, alteração do humor, alteração de propósitos), inimizades, porfias, ciúmes, iras, discórdias, dissensões, facções, invejas, bebedices, glutonarias e coisas semelhantes a estas (vv.19-21). Todos esses atos e atitudes horríveis são as obras da carne, a antiga vida egocêntrica que Paulo declara foi julgada e extirpada na cruz, para ser substituída pela vida de Jesus Cristo que brilha através de nós.

Em vez de ser controlada pela carne, nossa vida deve evidenciar o crescente controle do Espírito Santo. A evidência de que Deus está gradativamente nos santificando e tomando, cada vez mais, o controle da nossa vida é encontrada em uma lista de qualidades de caráter que Paulo chama de "o fruto do Espírito" — amor, alegria, paz, longanimidade, benignidade, bondade, fidelidade, mansidão e domínio próprio (Gl 5:22,23).

Aqui entra a liberdade cristã. Você não começa a viver como Deus deseja que você viva até o fruto do Espírito ser consistentemente manifesto em sua vida. Qualquer coisa menos que isso é escravidão ao legalismo, com frustração, medo e fracasso decorrentes dela.

Em Gálatas 6, Paulo descreve como ser cheios do Espírito nos capacita a experimentar a verdadeira comunhão uns com os outros no Corpo de Cristo. Quando nossa vida evidencia o habitar do Espírito de Deus em nós, começamos a fazer as coisas que levam à totalidade e unidade no Corpo de Cristo: começamos a carregar os fardos uns dos outros, a restaurar um ao outro em mansidão e benignidade. Começamos a contribuir generosamente para atender as necessidades dos outros e começamos a semear no Espírito em vez de semear na carne.

O pós-escrito pessoal de Paulo

Paulo termina sua carta aos Gálatas com um dos pós-escritos pessoais mais intensos em todo o Novo Testamento. Ele escreve:

Vede com que letras grandes vos escrevi de meu próprio punho (6:11).

Dolorosamente rabiscando cada letra, dificultado por uma visão limitada, ele diz "não me glorio na minha carne como esses judaizantes o fazem. Eles adoram obrigar os outros a ser circuncidados. Para eles, cada circuncisão realizada é outro escalpo que podem pendurar em seus cintos como sinal de que fizeram algo para Deus. Não me glorio nas obras da carne. Eu me glorio apenas na Cruz de Cristo, que crucificou o 'velho homem' com toda a sua arrogância, ambição e egoísmo".

Paulo sabia que suas fortes palavras nessa carta suscitariam ira e oposição entre alguns na Igreja, mas ele estava pronto para isso, ele escreveu:

Quanto ao mais, ninguém me moleste; porque eu trago no corpo as marcas de Jesus (6:17).

Em outras palavras, "se alguém quiser dificultar minha vida — nem pense nisso! Minha vida como apóstolo tem me custado muito. Recebi o ódio e a perseguição de muitos. Trago no meu corpo as cicatrizes por servir ao Senhor Jesus".

Se você desafiar o mundo e seus modos — mesmo se você desafiar o mundanismo na Igreja — você irá receber oposição, ódio e perseguição. Você irradiará a luz da verdade de Deus sobre aqueles que amam a escuridão — e eles vão revidar.

Porém, tenha bom ânimo! Siga o exemplo de Paulo quando ele, de fato, diz: "Não faz nenhuma diferença para mim. Tenho cicatrizes, sou golpeado e espancado, mas me glorio no Senhor Jesus Cristo, que me ensinou o que é a verdadeira liberdade. Onde não houver liberdade, onde as pessoas estiverem mantidas em escravidão e opressão, é para lá que irei — e mostrarei o caminho para a liberdade em Cristo".

Aventurando-se através da Bíblia

PERGUNTAS PARA DISCUSSÃO

GÁLATAS
Como ser livre

1. Leia Gl 1:11-24. Como Paulo estabeleceu o fato de que seu evangelho chegou a ele como uma revelação de Deus? Por que isso é importante?

2. Leia Gl 2:1-21. Qual foi a motivação de Paulo para confrontar Pedro? Concentre-se especialmente nos versículos 20 e 21. Como o argumento de Paulo sobre estar crucificado com Cristo nos ajuda a sermos libertos?

3. Leia Gl 3:15-25. Se o objetivo da Lei não era o de nos salvar, qual era seu propósito?

Paulo escreve: Mas, tendo vindo a fé, já não permanecemos subordinados ao aio. Quer dizer então que a Lei do Antigo Testamento foi abolida e não precisamos mais obedecê-la? É essa a liberdade sobre a qual Paulo fala? Por quê?

4. Leia Gl 4:8-20. Por que Paulo está preocupado com os Gl? O que ele teme que eles façam? É possível que as pessoas que são livres em Cristo voltem à escravidão? Explique.

5. Leia Gl 5:2-12. O que a circuncisão significa neste contexto? O que há de errado em ser circuncidado? O que resultaria se os Gl praticassem a circuncisão?

Leia Gl 5:13-15. De que maneira devemos, como cristãos, usar nossa liberdade?

6. Leia Gl 5:22-26. De onde vem o fruto do Espírito? Qual é o processo pelo qual o fruto do Espírito se torna evidente em nossa vida?

O que Paulo quer dizer quando escreve: "Se vivemos no Espírito, andemos também no Espírito"?

APLICAÇÃO PESSOAL

7. Quando você olha para sua vida, você pode dizer honestamente que se sente "liberto" em Cristo? Por quê?

8. A mentalidade do mundo vê a satisfação dos desejos pecaminosos como "liberdade". Mas o apóstolo Paulo, em Gl 5:16,17, retrata a satisfação dos desejos pecaminosos como escravidão. Você concorda que a "liberdade" para pecar é realmente uma forma de "escravidão"? Você já experimentou "escravidão" por se envolver com o pecado? Explique sua resposta. O que o despertou para o fato de que você tinha sido escravizado por sua suposta "liberdade" para pecar?

9. Que medidas você pode adotar esta semana para consciente e intencionalmente desenvolver o fruto do Espírito (veja 5:22,23) em sua vida?

Aventurando-se através da Bíblia

Cesareia vista pelo mar

EFÉSIOS

CAPÍTULO 59

O chamado dos santos

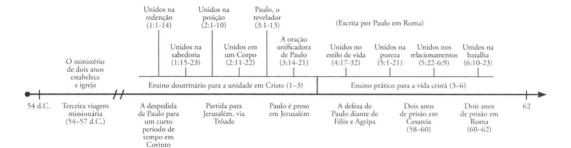

A epístola aos Efésios é, de muitas formas, a coroa de glória do Novo Testamento. Talvez você se surpreenda em saber que essa carta não deveria se chamar "Efésios". O fato é que, na verdade, não se sabe para quem ela foi escrita. Os cristãos de Éfeso foram certamente os destinatários dessa carta, mas, sem dúvida, havia outros.

Em muitos dos manuscritos originais em grego, existe, de fato, um espaço em branco onde a versão *King James* e a Nova Versão Internacional inserem as palavras *em Éfeso*. Essa é razão pela qual a [versão americana] *Revised Standard Version* não usa: "Aos santos em Éfeso", mas simplesmente: "Aos santos que também são fiéis em Cristo Jesus".

Em Colossenses 4:16, Paulo se refere a uma carta que escreveu à Igreja de Laodiceia. Já que a nossa Bíblia não inclui uma epístola aos de Laodiceia, muitos presumem que essa carta aos laodicenses foi perdida. Muitos outros estudiosos da Bíblia, no entanto, sentem que a carta à Igreja de Laodiceia é realmente esta mesma carta, a epístola aos Efésios.

Éfeso está localizada não muito longe de Laodiceia na Ásia Menor (atual Turquia), e é possível que Éfeso e Laodiceia tenham sido duas entre as várias cidades da região às quais essa epístola foi endereçada. Esta pode ser a explicação para essa carta perdida do apóstolo Paulo à Igreja de Laodiceia.

O esboço de Efésios

O tema dessa epístola é grandioso e elevado, e Paulo o define de uma forma que é exclusiva para esta carta entre todas as suas cartas no Novo Testamento. É o tema sobre a natureza da verdadeira Igreja, o Corpo de Cristo.

> **OBJETIVOS DO CAPÍTULO**
>
> O objetivo deste capítulo é obter uma visão geral da epístola de Paulo aos Efésios — uma carta que descortina a realidade e nos mostra as maravilhas e horrores do que as Escrituras chamam de "lugares celestiais". Este é o lugar da guerra espiritual, no qual lutamos contra os governantes, autoridades e poderes deste mundo decaído. O ensino de Paulo em Efésios é extremamente prático, porque quanto mais entendermos quem somos como santos de Deus, mais eficazes seremos ao nos envolvermos na batalha, vestidos com toda a armadura de Deus e empunhando a espada do Espírito. A mensagem de Efésios é que estamos envolvidos em uma guerra sobrenatural — e estamos do lado vencedor.

A CARTA DE EFÉSIOS

Nossa posição como cristãos (Efésios 1–3)

Introdução: Somos redimidos pelo Filho,
selados pelo Espírito 1

Nossa posição diante de Deus: antes mortos,
agora vivos em Cristo 2:1-10

Nossa posição na Igreja: judeus
e gentios reconciliados 2:11-22

O mistério da Igreja revelado 3

Nosso estilo de vida como cristãos (Efésios 4–6)

Unidade na Igreja.. 4:1-6

Uma Igreja, muitos dons espirituais 4:7-16

Despojar-se do velho homem, revestir-se do novo 4:17-29

Não entristecer o Espírito Santo,
mas encher-se do Espírito 4:30–5:21

Submissão cristã: maridos e esposas,
filhos aos pais...5:22–6:4

Serviço no local de trabalho 6:5-9

Batalha espiritual: a armadura de Deus,
orando por ousadia 6:10-20

Conclusão.. 6:21-24

Você em Cristo

Como já abordamos no capítulo "Romanos a Filemom: Cartas à Igreja", as quatro primeiras cartas do Novo Testamento — Romanos, 1 e 2 Coríntios e Gálatas — desenvolvem o tema "Cristo em vós", ensinando o que significa "Cristo habitar em nós". Começando com Efésios, o tema principal das epístolas de Paulo muda de "Cristo em vós" para "vós em Cristo". De Efésios a Filemom, descobrimos o que significa estarmos em Cristo e compartilharmos a vida da Igreja como corpo, o Corpo de Cristo. Assim, o grande tema dessa carta diz respeito ao cristão que está em Cristo e o relacionamento dele com os membros do Corpo.

Após a saudação nos dois primeiros versículos de Efésios, Paulo dá o tom dessa sua epístola:

> *Bendito o Deus e Pai de nosso Senhor Jesus Cristo, que nos tem abençoado com toda sorte de bênção espiritual nas regiões celestiais em Cristo* (1:3).

É fácil entender mal a frase "lugares celestiais", que aparece várias vezes nessa carta. Se você interpretar isso apenas como uma referência ao Céu depois que morrermos, você perderá o ponto central da mensagem de Paulo em Efésios. Embora essa frase, na verdade, inclua o fato de que iremos para o Céu algum dia, ela fala principalmente sobre a maneira que você deve viver aqui e agora, na Terra. Os lugares celestiais não estão longe em algum canto distante do espaço ou em algum planeta ou estrela. Eles são simplesmente os lugares da realidade invisível em que o cristão vive neste momento, em contato com Deus e em conflito com os reinos satânicos com os quais estamos diariamente envolvidos.

Nos lugares celestiais Cristo exerce total autoridade e poder como Paulo explica no capítulo 2:

> *...e, juntamente com ele, nos ressuscitou, e nos fez assentar nos lugares celestiais em Cristo Jesus* (2:6).

Porém, os lugares celestiais também contêm o quartel-general dos principados e potestades do mal. Paulo descreve a natureza do nosso conflito com esses poderes no capítulo 6:

> *...porque a nossa luta não é contra o sangue e a carne, e sim contra os principados e potestades, contra os dominadores deste mundo tenebroso, contra as forças espirituais do mal, nas regiões celestes* (6:12).

Então, quando Paulo fala sobre os lugares celestiais, ele não está falando sobre o Céu, mas sobre um lugar invisível e muito real aqui na Terra e em todo o Universo. Ele está falando de um reino espiritual que constantemente nos cerca, nos influencia e afeta, para o bem — e para o mal.

Nesse lugar, onde cada um de nós vive, o apóstolo declara que Deus já nos abençoou com toda a bênção espiritual. Isto é, Ele nos deu tudo o que precisamos para viver nas circunstâncias e relacionamentos presentes. Pedro diz a mesma coisa em sua segunda carta:

Visto como, pelo seu divino poder, nos têm sido doadas todas as coisas que conduzem à vida e à piedade, pelo conhecimento completo daquele que nos chamou para a sua própria glória e virtude (2Pe 1:3).

Isso significa que quando você recebe Jesus Cristo como Senhor, você recebe tudo o que Deus planeja lhe dar. Isso não é fantástico? Os cristãos mais fracos têm em suas mãos tudo o que já foi usado pelo mais poderoso dos santos de Deus. Já temos tudo, porque temos Cristo, e nele está cada bênção espiritual e tudo que diz respeito à vida e à piedade.

Você e eu temos o que é preciso para viver da maneira como Deus planejou. Quando falhamos, não é porque nos falta alguma coisa. É porque *não estamos nos apropriando e usando totalmente aquilo que já é nosso.*

Você é a Igreja

A maioria de nós tem a tendência de pensar na Igreja como um lugar que frequentamos ou uma organização que está separada de nós. Mas Paulo, nessa poderosa carta aos Efésios, quer que entendamos que somos a Igreja e a igreja local é formada por nós.

De vez em quando, enquanto eu ainda pastoreava, alguém vinha a mim e dizia: "A Igreja deve fazer isso e isso". E eu respondia: "Bem, você é a Igreja. Por que você não vai em frente e o faz?". A pessoa sempre me olhava com um pouco de espanto — então dizia: "Está bem, vou fazê-lo!".

Quando alguém diz: "A Igreja deve ser mais amigável", eu digo: "Tudo bem, você e eu somos a Igreja — vamos ser mais amigáveis". Quando alguém diz: "A Igreja precisa fazer mais para alcançar a comunidade", eu digo: "Muito bem, você e eu somos a Igreja — vamos pensar em algumas coisas que podemos fazer para ter um ministério mais eficaz na comunidade".

Esse pensamento é sempre um grande avanço, uma revelação — e ele muda a maneira como as pessoas levam a vida como membros do Corpo de Cristo. A Igreja é composta de pessoas. Cada cristão é um membro do Corpo de Cristo, a Igreja.

À medida que avançarmos por esta carta, vou usar a palavra "Igreja" de forma intercambiável com a palavra "cristão", porque cada cristão é um microcosmo de toda a Igreja. Se entendermos que Deus habita a Igreja, então, temos que reconhecer que Ele também habita em cada cristão. Assim, ao examinarmos Efésios, devemos perceber que Paulo não está falando para a Igreja num sentido institucional. Ele está falando a cada um de nós como cristãos individuais.

A Igreja é o Corpo

Em Efésios, Paulo usa seis metáforas para explicar a natureza da Igreja, a natureza do cristão, em relação a Jesus Cristo. Na primeira dessas metáforas, ele se refere à Igreja como um corpo:

E pôs todas as coisas debaixo dos pés e, para ser o cabeça sobre todas as coisas, o deu à igreja, a qual é o seu corpo, a plenitude daquele que a tudo enche em todas as coisas (1:22,23).

O primeiro capítulo de Efésios é dedicado à admiração e espanto, por que nós — seres humanos comuns, falhos, repletos de pecado — deveríamos ser chamados por Deus, de uma forma admirável, para nos tornarmos membros do Seu corpo? O apóstolo Paulo jamais superou seu espanto de que ele, um homem de pernas arqueadas, calvo, meio cego e ex-perseguidor da Igreja, deveria se tornar membro do próprio Corpo do Senhor. Parecia que ele estava continuamente surpreso pelo fato de que Deus o tinha chamado antes da fundação do mundo, e o havia abençoado e capacitado com tudo o que ele precisava para servir ao Senhor.

Qual é o propósito do Corpo? Paulo diz que o Corpo de Cristo é para ser "a plenitude daquele que a tudo enche em todas as coisas". Você pensa assim sobre sua vida? Você ousa pensar de si mesmo da maneira como Deus pensa de você — como um corpo a ser cheio com a plenitude do próprio Deus? Isso é uma percepção que deveria nos transformar.

Um corpo humano é uma expressão da cabeça. Quando o corpo age como foi concebido para agir, ele se move, atua, trabalha e se comporta como a cabeça o dirige. Da mesma forma, o Corpo de Cristo é uma expressão de Cristo, o Cabeça. Quando a Igreja, e os cristãos individualmente, agem da maneira como foram concebidos para agir, eles se movem, atuam, trabalham e se comportam como Cristo, o Cabeça, os dirige. Cada corpo

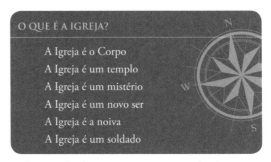

O QUE É A IGREJA?

A Igreja é o Corpo
A Igreja é um templo
A Igreja é um mistério
A Igreja é um novo ser
A Igreja é a noiva
A Igreja é um soldado

é desenvolvido para expressar e obedecer aos comandos de sua cabeça.

Porém, é possível que um corpo responda a um estímulo que não venha da cabeça. Por exemplo, se o seu médico bater em seu joelho no lugar certo com um martelo, sua perna chutará, sem que sua cabeça planeje fazê-lo. Às vezes, me pergunto se grande parte das atividades da Igreja (e o ativismo de cristãos) não são parecidas com isso — uma ação reflexa involuntária na qual o corpo age por conta própria sem a direção do Cabeça.

A Igreja é um Templo

Em seguida, Paulo usa a metáfora de um templo para descrever a natureza da Igreja:

...no qual todo o edifício, bem ajustado, cresce para santuário dedicado ao Senhor, no qual também vós juntamente estais sendo edificados para habitação de Deus no Espírito (2:21,22).

Quando todos os resultados inúteis do esforço humano virarem pó, quando todas as instituições e organizações que construímos estiverem há muito esquecidas, o Templo que Deus está construindo agora — a Sua Igreja — será o centro das atenções por toda a eternidade. Isso é o que esta passagem quer dizer.

Templo de Adriano

Somos os blocos de construção de Deus. Ele está nos moldando, desbastando, encaixando juntos, colocando e usando de acordo com Seu plano, posicionando-nos em Seu Templo em locais onde poderemos ser mais eficazes para o Seu propósito. Nós somos Seu templo, Sua casa, Sua habitação. Tornemo-nos um Templo acolhedor onde Deus possa entrar e dizer: "Esta é minha casa. Este é o lugar onde tenho prazer em habitar".

A Igreja é um mistério

Efésios 3 apresenta a terceira metáfora, da qual aprendemos que a Igreja é um mistério, um segredo sagrado:

A mim, o menor de todos os santos, me foi dada esta graça de pregar aos gentios o evangelho das insondáveis riquezas de Cristo e manifestar qual seja a dispensação do mistério, desde os séculos, oculto em Deus, que criou todas as coisas, para que, pela igreja, a multiforme sabedoria de Deus se torne conhecida, agora, dos principados e potestades nos lugares celestiais (3:8-10).

Há indícios maravilhosos aqui de que Deus tem um plano secreto em andamento através dos séculos, um plano que Ele nunca revelou a ninguém. E a Igreja é o instrumento por meio do qual Ele está realizando este plano. Paulo está dizendo que, por intermédio da Igreja, a múltipla sabedoria de Deus — todos os muitos níveis do conhecimento de Deus e todas as profundezas de Sua ilimitada sabedoria — serão agora conhecidos por todos os principados e potestades que habitam os lugares celestiais.

O propósito do mistério da Igreja é esclarecer e informar o Universo, tornar a sabedoria de Deus conhecida aos governantes espirituais desses lugares invisíveis.

A Igreja é um novo ser

No capítulo 4, o apóstolo usa uma quarta metáfora:

> ...e vos revistais do novo homem, criado segundo Deus, em justiça e retidão procedentes da verdade (4:24).

A Igreja é um novo ser, um novo "eu" com uma nova natureza, porque cada cristão que integra a Igreja é um novo ser. Esta metáfora está ligada à declaração de Paulo em outra carta:

> E, assim, se alguém está em Cristo, é nova criatura; as coisas antigas já passaram; eis que se fizeram novas (2Co 5:17).

A presente criação, que começou no início dos céus e da Terra, há muito está avançada em idade e perecendo. O mundo com toda a sua riqueza e sabedoria pertence ao que está perecendo. Porém, Deus está levantando uma nova geração, uma nova raça de seres, uma nova ordem de almas ou *eus*, como os que o mundo nunca viu anteriormente. É uma geração que é ainda melhor do que Adão, melhor do que a criação original — é uma nova criação.

Em Romanos, aprendemos que tudo que perdemos em Adão foi recuperado em Cristo — e mais:

> Se, pela ofensa de um e por meio de um só, reinou a morte, muito mais os que recebem

> a abundância da graça e o dom da justiça reinarão em vida por meio de um só, a saber, Jesus Cristo (Rm 5:17).

Em outra parte de Romanos, Paulo diz que toda a criação "aguarda em ardente expectativa" (literalmente "está na ponta dos pés") para ver a manifestação dos filhos de Deus, o dia da revelação desta nova criação (veja Rm 8:19).

Mas lembre-se, esta nova criação está sendo feita *agora mesmo*. Você está convidado a revestir-se deste novo eu, momento a momento, dia a dia, a fim de ir ao encontro das pressões e problemas da vida no mundo de hoje. É por isso que a Igreja está aqui. A Igreja é um novo *eu*, e o propósito desse novo ser é exercer um novo ministério. Paulo continua a dizer em Efésios 4:

> E a graça foi concedida a cada um de nós segundo a proporção do dom de Cristo (4:7).

Esse novo ser em cada um de nós recebeu um dom (é isso que a palavra graça significa aqui) — um dom que nunca tivemos antes de nos tornarmos cristãos. Nossa tarefa é descobrir e exercer esse dom. Quando a Igreja vacila e perde sua direção, é porque os cristãos perderam esta grande verdade, e os dons que Ele nos deu permanecem desconhecidos e sem uso.

O Senhor ressurreto lhe deu um dom, assim como o senhor na parábola deu os talentos para cada um dos seus servos, confiando-lhes sua propriedade até o seu retorno (veja Mt 25). Quando nosso Senhor voltar, Seu julgamento será baseado no que fizemos com o dom ou dons que Ele nos concedeu.

Aventurando-se através da Bíblia

A Igreja é a Noiva

Efésios 5 apresenta outra metáfora para descrever a verdadeira natureza da Igreja. Ele nos diz que a Igreja é a Noiva:

Maridos, amai vossa mulher, como também Cristo amou a igreja e a si mesmo se entregou por ela, para que a santificasse, tendo-a purificado por meio da lavagem de água pela palavra, para a apresentar a si mesmo igreja gloriosa, sem mácula, nem ruga, nem coisa semelhante, porém santa e sem defeito (5:25-27).

Em seguida, Paulo cita as palavras de Deus em Gênesis:

Eis por que deixará o homem a seu pai e a sua mãe e se unirá à sua mulher, e se tornarão os dois uma só carne. Grande é

BATALHA ESPIRITUAL: NOSSO INIMIGO É REAL

Estou bem ciente do desdém que muitas pessoas na nossa sociedade demonstram em relação a qualquer discussão séria sobre o diabo e as forças espirituais do mal. Elas dizem: "Você vai insultar nossa inteligência falando sobre a personificação do mal? Isso é um conceito medieval — vindo direto da superstição da Idade das Trevas! Você está realmente sugerindo que o diabo está na raiz de todos os problemas do mundo de hoje?". Eu mesmo já me deparei com esta atitude dentro da igreja cristã.

Certa vez, passei uma noite em Berlim discutindo estas questões com quatro ou cinco clérigos inteligentes — homens que conheciam a Bíblia intimamente, de capa a capa. Embora não tivéssemos aberto a Bíblia, passamos toda a noite juntos discutindo várias passagens. Todas as passagens bíblicas que mencionei eram-lhe conhecidas. Na verdade, eles podiam citar essas passagens de olhos fechados. No entanto, cada um daqueles clérigos rejeitava a ideia da personificação do mal. No final da noite, eles admitiram que, por terem rejeitado a crença na existência do diabo, não tinham respostas para as questões mais intrigantes da vida, tais como a prevalência óbvia do mal em nosso mundo. Tivemos que finalizar o assunto.

Deveríamos nos perguntar: Se o diabo não existe, como então explicar todo o mal no mundo? Quando olhamos, ao longo da história, para as várias tentativas de destruir a nação escolhida de Deus, Israel, incluindo o Holocausto... como podemos dizer que o diabo não existe? Como podemos dizer que uma força pessoal e intencional para o mal não está deliberadamente tentando destruir o plano de Deus para o mundo? E quando olhamos para a perseguição da Igreja de Cristo ao redor do mundo... como podemos dizer que não há nenhum diabo?

O diabo é real, está ativo e trabalha dia e noite, tentando subverter, desfazer e derrotar o plano de Deus na história da humanidade. O diabo é nosso inimigo. E isso é guerra.

Ray Stedman
Desmascarando Satanás
(Publicações Pão Diário, 2010)

este mistério, mas eu me refiro a Cristo e à igreja (5:31,32).

A Igreja é a Noiva e Paulo diz que Cristo está preparando a Igreja como a Noiva para que Ele possa apresentá-la a si mesmo. Não é isso o que todo noivo deseja — que sua noiva seja apenas dele? Durante o seu tempo de namoro, ela pode sair com alguns amigos, mas uma vez que eles estejam noivos, ela promete ser dele. Durante seu noivado, eles aguardam o dia em que isso venha a ser completa e finalmente realizado.

Por fim, o dia do casamento chega. Eles ficam diante do altar e prometem amar, honrar e se dedicar um ao outro até que a morte os separe. Então, eles passam a ser um do outro — ela é dele e ele é dela, para a alegria mútua durante toda a vida. Isso é uma representação do cristão (a noiva) em relação a Cristo (o noivo).

Você sempre pensa de si mesmo dessa maneira? Minha própria vida devocional foi revolucionada quando me dei conta de que o Senhor Jesus desejava passar tempo comigo. Se eu falhasse em passar esse tempo na presença do Mestre, Ele ficaria desapontado! Percebi que não só eu estava ganhando com isso, mas que Ele também estava, e que Ele ama e tem prazer em nossos momentos de comunhão.

A Igreja é um Soldado

A última metáfora relacionada à Igreja, que Paulo traça para nós em Efésios, é a metáfora de um soldado:

Portanto, tomai toda a armadura de Deus, para que possais resistir no dia mau e,

depois de terdes vencido tudo, permanecer inabaláveis. Estai, pois, firmes, cingindo-vos com a verdade e vestindo-vos da couraça da justiça. Calçai os pés com a preparação do evangelho da paz; embraçando sempre o escudo da fé, com o qual podereis apagar todos os dardos inflamados do Maligno. Tomai também o capacete da salvação e a espada do Espírito, que é a palavra de Deus (6:13-17).

Qual é o propósito do soldado? Ele trava batalhas! E isso é o que Deus está fazendo em nós e por nosso intermédio agora mesmo. Ele nos deu o privilégio de servir no campo de batalha onde Suas grandes vitórias são conquistadas.

Na verdade, há realmente uma sensação muito real de que estamos no campo de batalha. Essa é a essência da história de Jó. Este homem que amava muito a Deus foi atingido sem aviso prévio por uma série de tragédias. Em apenas um dia, ele perdeu tudo o que lhe era importante, tudo o que valorizava, inclusive toda a sua família... exceto sua mulher. Jó não entendia o que estava acontecendo, mas Deus o tinha escolhido para ser o campo de batalha para um conflito com Satanás.

O Senhor permitiu que Satanás afligisse Jó física, emocional e materialmente, porque Deus sabia que Jó era o campo de batalha perfeito onde Ele conquistaria uma grande vitória contra os poderes invisíveis dos lugares celestiais. Jó era um soldado em uma árdua batalha espiritual — assim como você e eu.

Em sua primeira carta, João escreve assim a seus jovens amigos cristãos:

Aventurando-se através da Bíblia

723

Filhinhos, eu vos escrevi, porque conheceis o Pai. Pais, eu vos escrevi, porque conheceis aquele que existe desde o princípio. Jovens, eu vos escrevi, porque sois fortes, e a palavra de Deus permanece em vós, e tendes vencido o Maligno (1Jo 2:14).

Em outras palavras: "Vocês aprenderam a lutar, a se mover como soldados em uma batalha espiritual, a lançar fora as amarras enganosas do mundo, a não se conformar à era em que vivem — e ao fazê-lo, superaram Satanás e glorificaram a Deus".

Eu amo a história de Daniel, que, ainda adolescente, era um prisioneiro numa terra estrangeira. Era prisioneiro em uma cultura pagã e teve que enfrentar essa batalha diariamente. Contava unicamente com a fidelidade de Deus para defendê-lo quando tudo estava contra ele. As pressões que enfrentava eram incríveis, mas Daniel passou nos testes repetidamente. Ele venceu as batalhas, derrotou Satanás e glorificou a Deus. Nessa tremenda batalha espiritual, Daniel foi um soldado fiel.

Este é o privilégio para o qual Deus está nos chamando nestes dias de tumulto e trevas crescente. Esta é a batalha para a qual Deus nos chama à medida que nosso mundo caminha para mais perto da mãe de todas as batalhas, o Armagedom. Deus está nos chamando para sermos soldados, para andarmos nos passos daqueles que venceram a batalha antes de nós. Eles nos mostram como nos mantermos fiéis, mesmo que enfrentemos a morte. Golpeados, feridos e sangrando, eles consideraram isso um distintivo de honra por servirem no exército de Deus, ser ferido a serviço do Rei.

Esse, então, é o nosso sêxtuplo chamado. Deus nos capacitou com todas as bênçãos espirituais, com todos os dons que precisamos, para que possamos nos tornar um corpo, um templo, um mistério, um novo ser, a noiva e um soldado para Jesus Cristo. É um chamado considerável. A palavra final de encorajamento nesta carta é encontrada em Efésios 4:

Rogo-vos, pois, eu, o prisioneiro no Senhor, que andeis de modo digno da vocação a que fostes chamados (4:1).

Efésios nos dá um vasto panorama — na verdade, uma série de imagens — para nos revelar a grandiosidade da Igreja no plano de Deus e a importância crucial de cada cristão aos olhos de Deus. Jamais perca de vista o que Deus está fazendo por seu intermédio (por intermédio da Igreja).

O mundo não pode vê-lo, porque o mundo não está ciente dos lugares celestiais. O mundo não tem ideia do que está acontecendo por intermédio de você e de mim (da Igreja). Mas você sabe o que Deus está fazendo por seu intermédio. Seu poder se manifesta através de sua vida. Seu amor pelo mundo flui por seu intermédio. Sua coragem para a batalha o encoraja. Por isso, não desanime.

Há uma guerra em andamento — e você está do lado vencedor!

PERGUNTAS PARA DISCUSSÃO

EFÉSIOS
O chamado dos santos

1. Quais são algumas das metáforas que Paulo usa em Efésios para descrever a Igreja?

2. Se você é o Corpo e Cristo é a cabeça, quem deve comandar? Quem está realmente no comando de seus pensamentos e comportamento na maior parte do tempo? Quais passos você pode tomar para se colocar, mais conscientemente, sob o controle de Cristo, o Cabeça?

3. Leia Ef 2:1-10. Do que fomos salvos? Para o que fomos salvos? O que Paulo quer dizer quando afirma que fomos ressuscitados e estamos assentados com Cristo em lugares celestiais? Ele está falando sobre ir para o céu no futuro ou ele está falando sobre algo que está acontecendo aqui e agora?

4. Leia Ef 3:1-13. Como Paulo se tornou um "prisioneiro" de Jesus Cristo e um "servo deste evangelho"? Por que Deus escolheu Paulo?

5. Leia Ef 4:20–5:2. Paulo nos diz que devemos abandonar o velho eu, que está corrompido por desejos enganosos, e nos revestir do novo eu, o qual é criado para ser justo e santo por Deus. Liste as ações e pecados específicos que Deus quer que você "elimine" de sua vida. Em seguida, liste as coisas que Deus quer que sejam "colocadas" em seu lugar. (Observe que Paulo nos dá um motivo pelo qual devemos efetuar essa mudança em cada pecado ou mau hábito que Deus quer que abandonemos e em todas as virtudes com as quais Ele quer que nos revistamos.)

6. Leia Ef 6:10-24. Por que a vida cristã muitas vezes é descrita como uma "guerra"? Por que o conflito é parte inevitável da vida cristã? Para você a vida cristã parece ser uma luta? Por quê?

Aventurando-se através da Bíblia

APLICAÇÃO PESSOAL

7. Alguma vez já lhe ocorreu, num momento de conflito com outra pessoa (um amigo, um membro da família, um colega de trabalho, irmão em Cristo, vizinho ou patrão) que a sua luta não é tanto contra "carne e sangue", mas que existem forças espirituais por trás de sua batalha? Você, às vezes, sente que forças espirituais estão promovendo conflitos em sua vida para impedir as suas orações? Para dificultar o seu testemunho? Para bloquear seu relacionamento com Deus? Para lhe roubar a alegria de ser cristão?

8. Descreva em termos pessoais, práticos e cotidianos o que significa revestir-se com o que se segue:

- toda a armadura de Deus
- o cinto da verdade
- a couraça da justiça
- sapatos da prontidão do evangelho da paz
- o escudo da fé
- o capacete da salvação
- a espada do Espírito

De que maneira você transforma essas metáforas em realidades práticas em sua vida? Quais passos para reforçar sua armadura espiritual você pode tomar esta semana?

Observação: Para Para uma pesquisa mais aprofundada da epístola aos Efésios, leia *Body Life: The Book That Inspired a Return to the Church's Real Meaning and Mission* (A vida do Corpo: O livro que inspira a Igreja a retornar ao seu verdadeiro significado e missão), Ray C. Stedman (Discovery House Publishers, 1995). *Our Riches in Christ: Discovering the Believer's Inheritance in Ephesians* (Nossas riquezas em Cristo: Descobrindo a herança dos cristãos em Efésios), Ray C. Stedman (Discovery House Publishers, 1998). *Desmascarando Satanás: Vencendo a batalha contra Satanás*, Ray C. Stedman (Publicações Pão Diário, 2010).

FILIPENSES

CAPÍTULO 60

Cristo, nossa confiança e nossa força

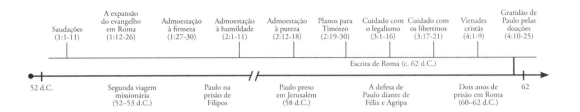

A carta aos Filipenses é considerada a mais afetuosa de todas as cartas de Paulo — e a mais agradável de ser lida. Ela está repleta de expressões de louvor, confiança e regozijo, apesar do fato de que essa é uma das epístolas de Paulo escrita na prisão, em seu confinamento em Roma. Encontramos o pano de fundo dessa carta em Atos 16 (que fala da visita de Paulo a Filipos e da fundação da igreja nesta cidade) e em Atos 28 (que conta a história da prisão domiciliar de Paulo em Roma).

A fundação da Igreja de Filipos aconteceu durante os emocionantes e perigosos dias quando Paulo e Silas viajaram juntos na segunda viagem missionária. Chegando a esta cidade, eles encontraram um grupo de mulheres fazendo uma reunião de oração à beira do rio e compartilharam o evangelho com elas. Uma das mulheres, Lídia, vendedora de tecidos de púrpura (isto é, ela tingia roupas para a realeza e para os ricos), convidou Paulo e Silas para irem à sua casa. Ao longo dos séculos, Lídia é conhecida por sua bondade e hospitalidade com o apóstolo Paulo. A Igreja de Filipos começou na casa dela.

A pregação de Paulo em toda a cidade causou grande reação, despertando o ressentimento das autoridades. Ele e Silas foram presos, açoitados e lançados na prisão. Naquela mesma noite, enquanto Paulo e Silas oravam e cantavam hinos a Deus, aconteceu um terremoto tão violento que os alicerces da prisão foram abalados, a ponto da porta da prisão se abrir e as cadeias de todos os prisioneiros se partirem.

O carcereiro, vendo que todos os prisioneiros estavam livres para escapar, sacou a espada e teria se suicidado se Paulo não gritasse: "Não te faças nenhum mal, porque estamos todos aqui".

O carcereiro correu para dentro, caiu aos pés dos dois missionários e perguntou-lhes: "Que preciso fazer para ser salvo?".

> **OBJETIVOS DO CAPÍTULO**
>
> O objetivo deste capítulo é apresentar a epístola de Paulo aos Filipenses em suas dimensões pessoais e práticas como um guia para o contentamento e um manual para a resolução dos problemas do dia a dia. Filipenses não é um livro de doutrina ou um confronto contra algum pecado ou escândalo na igreja. Embora Paulo tenha escrito essa carta da prisão, ela está cheia de esperança e alegria.

Aventurando-se através da Bíblia

A CARTA DE FILIPENSES

Cristo, nossa vida (Filipenses 1)

Gratidão de Paulo por suas aflições servirem
ao avanço do evangelho... 1:1-26

Paulo encoraja os que estão aflitos... 1:27-30

Cristo, nosso exemplo (Filipenses 2)

Cristo, nosso exemplo de humildade.. 2:1-16

O exemplo da humildade de Paulo 2:17,18

O exemplo da humildade de Timóteo.. 2:19-24

O exemplo da humildade de Epafrodito... 2:25-30

Cristo, nossa confiança (Filipenses 3)

Não ponha a confiança na carne... 3:1-9

Cristo é a fonte de nossa confiança... 3:10-16

Não viva para a carne 3:17-21

Cristo, nossa força (Filipenses 4)

Busque paz e unidade na força do Senhor 4:1-3

Substitua ansiedade por contentamento
na força do Senhor.. 4:4-9

O segredo do contentamento: podemos tudo
naquele que nos fortalece 4:10-19

Conclusão.. 4:20-23

Cartas do Senhor

"Crê no Senhor Jesus", eles responderam, "e serás salvo, tu e tua casa".

Mais tarde, Paulo foi para as cidades de Tessalônica, Bereia, Atenas, Corinto e outros locais na Grécia.

Anos mais tarde, quando era prisioneiro do Imperador Nero em Roma, Paulo lembrou-se de seus amados amigos que estavam na Igreja que ele havia fundado em Filipos, e lhes escreveu esta carta. Embora estivesse autorizado a permanecer em uma casa alugada enquanto aguardava o julgamento perante o imperador, Paulo estava acorrentado dia e noite a um soldado romano. Ele sabia que, possivelmente, enfrentaria uma sentença de morte, mas esta carta irradia alegria, confiança e força.

Se você está passando por momentos de pressão e provação, exorto-o a ler esta pequena carta. Ela vai encorajá-lo muito, especialmente se você se lembrar das circunstâncias nas quais foi escrita.

O esboço de Filipenses

Uma das frustrações existentes para muitos professores bíblicos é a arbitrariedade das divisões de capítulo nas Escrituras. Essas divisões, é claro, não faziam parte do texto original, mas foram acrescentadas muito mais tarde. Em muitas passagens das Escrituras, as divisões de capítulos são inseridas exatamente no meio de um pensamento, dividindo o texto e obstruindo o fluxo do argumento do escritor.

Filipenses, no entanto, consiste de quatro capítulos que representam quatro divisões naturais. As divisões de capítulos em Filipenses fazem muito sentido e ajudam a organizar a mensagem deste livro encorajador do Novo Testamento.

O tema geral desta carta é o fato de Jesus Cristo estar disponível a nós com relação aos problemas da vida. A Igreja em Filipos não estava perturbada por sérios problemas doutrinários ou comportamentais, como algumas das outras igrejas. Ela experimentava apenas os problemas normais da vida cotidiana — cristãos que tinham problemas de relacionamento uns com os outros, dores de crescimento, estresse de ministério e distúrbios causados por certos indivíduos cujas crenças e práticas não estavam em pleno acordo com a verdadeira fé cristã.

Para lidar com esses problemas, Paulo estruturou essa carta como um guia para a vida comum. O refrão recorrente em toda a carta é de alegria e regozijo. Repetidamente o apóstolo usa frases como, "alegrai-vos", "alegrai-vos comigo", "alegrai-vos no Senhor". Paulo deseja que os cristãos se alegrem em seus sofrimentos e em suas aflições. Portanto, essa é uma carta na qual somos instruídos a viver vitoriosa e alegremente em meio às dificuldades normais da vida.

Cristo, nossa vida

Os temas de Filipenses são vistos em quatro versículos principais, o primeiro pode ser encontrado em Filipenses 1:21: "Porquanto, para mim, o viver é Cristo, e o morrer é lucro". Creio que muitas vezes tratamos esse versículo como uma declaração de escapismo cristão. Colocamos a ênfase no final da frase, *o morrer é lucro*, e pensamos: *Sim, seria muito bom escapar de todas as pressões, dor e lutas da vida.* Mas não é isso o que Paulo está dizendo.

Olhe atentamente e você verá que ele está realmente dizendo: "Não sei o que escolher. Para mim, o viver é ter Cristo, mas, por outro lado, morrer é ganhar o Céu! Amo viver a aventura da vida, mas desejo muito experimentar a próxima aventura da realidade vindoura". Paulo certamente não estava farto da vida. Ele amava viver, porque queria que

Cristo tivesse todas as oportunidades de viver por meio dele!

Como Paulo poderia estar tão animado quando era forçado a viver sob condições de encarceramento? A resposta é simples, porque ele via o que Deus estava fazendo através dele mesmo enquanto estava preso. Um empreendimento evangelístico único estava ocorrendo em Roma, um daqueles que jamais tinham sido vistos desde então. E Paulo — mesmo entre cadeias, guardas, prisão domiciliar, e tudo mais — estava no centro desse empreendimento evangelístico. Deus tinha um plano para alcançar o Império Romano. E você sabe quem Deus tinha colocado no comando de toda a organização deste grande esforço evangelístico em Roma? O imperador Nero! Como o próprio Paulo explica,

...de maneira que as minhas cadeias, em Cristo, se tornaram conhecidas de toda a guarda pretoriana e de todos os demais (1:13).

Se você ler nas entrelinhas, poderá ver o que estava acontecendo. Nero, o imperador, tinha ordenado que a cada seis horas um dos jovens que formavam a guarda pessoal de Paulo fosse trazido e acorrentado ao apóstolo Paulo. O propósito de Nero era manter uma nova guarda para este homem perigoso. Porém, Deus tinha um propósito maior do que o do imperador: Ele usou Nero para enviar uma sucessão dos melhores e mais brilhantes jovens para serem instruídos por Paulo a respeito de Cristo!

Não é incrível? Um por um, esses jovens vinham a Cristo, porque podiam ver a realidade de Jesus Cristo vivendo através de

Paulo. Se você duvida disso, olhe para um dos últimos versículos do último capítulo dessa carta em que Paulo diz:

Todos os santos vos saúdam, especialmente os da casa de César (4:22).

Nenhuma mente humana poderia ter concebido um plano tão singular para evangelizar o Império Romano. Mas esse é o tipo do Deus que Paulo servia, e é por isso que ele podia dizer: "Para mim, o viver é Cristo. Não sei o que Ele vai fazer a seguir, mas seja o que for, será interessante e emocionante!". Isso é o que significa viver em Cristo.

Cristo, nosso exemplo

No capítulo 2, Paulo lida com o problema de desunião que ameaçava a Igreja em Filipos. Certos indivíduos estavam discutindo, causando divisões, o que é um problema constante na maioria das igrejas. As pessoas ficam irritadas e chateadas com a maneira como as outras pessoas fazem as coisas. Talvez elas não gostem da atitude ou do tom de voz de alguém. Então facções e divisões se desenvolvem, o que é sempre destrutivo para a vitalidade de uma Igreja. Paulo salienta que Cristo é o nosso exemplo na resolução de problemas. A passagem principal nesta parte é:

Tende em vós o mesmo sentimento que houve também em Cristo Jesus (2:5).

Ele imediatamente passa a explicar o que é a atitude de Jesus, a mente de Cristo:

...pois ele, subsistindo em forma de Deus, não julgou como usurpação o ser igual a Deus; antes, a si mesmo se esvaziou, assumindo a forma de servo, tornando-se em semelhança de homens; e, reconhecido em figura humana, a si mesmo se humilhou, tornando-se obediente até à morte e morte de cruz (2:6-8).

Essa foi a humildade de Jesus Cristo. Ele esvaziou-se de tudo e se tornou servo por nossa causa. Isso, diz Paulo, é a mente de Jesus Cristo. Em seus desentendimentos uns com os outros, mantenham essa mesma atitude uns para com os outros: Não se apeguem aos seus chamados "direitos". Em vez disso, coloquem os outros em primeiro lugar.

O Dr. H. A. Ironside costumava contar uma história que ocorreu quando ele tinha 9 ou 10 anos. Sua mãe o levou a uma assembleia da Igreja. A reunião deu lugar a uma discussão entre dois homens. Um deles levantou-se e bateu na mesa, dizendo: "Tudo que eu quero são os meus direitos".

Sentado próximo estava um idoso escocês, com dificuldade de audição, que colocou sua mão atrás da orelha e disse: "Sim, irmão, o que é que você disse? O que você quer?".

O cavalheiro irritado respondeu: "Eu apenas disse que quero os meus direitos, é só isso!".

O idoso escocês bufou: "Seus direitos, irmão? Bem, digo que se você recebesse seus direitos, você estaria no inferno. O Senhor Jesus Cristo não veio para obter Seus direitos, Ele veio para obter as Suas injúrias. E Ele as obteve".

Aquele senhor que estava brigando ficou imóvel por um momento, então abruptamente sentou-se e disse: "O senhor está certo. Resolva da maneira como quiser".

Aventurando-se através da Bíblia

O conflito foi resolvido quando os combatentes foram desafiados a assumir a mente de Cristo, atitude daquele que jamais exigiu Seus direitos, mas que se humilhou, tornando-se obediente até a morte na cruz. Mas não para por aí. Qual foi o resultado da humildade e sacrifício de Jesus?

Pelo que também Deus o exaltou sobremaneira e lhe deu o nome que está acima de todo nome, para que ao nome de Jesus se dobre todo joelho, nos céus, na terra e debaixo da terra, e toda língua confesse que Jesus Cristo é Senhor, para glória de Deus Pai (2:9-11).

Quando Jesus abriu mão de Seus direitos, voluntariamente, Deus lhe deu todo o direito no Universo. Paulo diz a cristãos briguentos: Com Cristo como seu exemplo, deixe seus direitos de lado e aceite seus erros. Substitua o egoísmo pela humildade, e confie em Deus para vindicá-lo. Essa é a mente de Cristo.

E se verdadeiramente colocássemos essa admoestação em prática, seríamos pessoas diferentes. Não haveria discussões nas igrejas e nenhuma divisão entre os cristãos, se realmente seguíssemos a Cristo, nosso exemplo, e padronizássemos nossas mentes de acordo com a dele.

Cristo, nossa confiança

O capítulo 3 apresenta Cristo como nossa confiança, nosso poder motivador. Ele é o único que nos move para dar passos corajosos de fé, crendo que podemos realizar a tarefa que Deus estabeleceu para nós. E não é disso que maioria de nós carece hoje?

Onde quer que olhemos, vemos livros, áudios e seminários nos oferecendo um impulso motivacional, anunciando que podem construir nossa confiança para que possamos alcançar nossos objetivos. Se realmente entendêssemos o que significa estar em Cristo e Cristo estar em nós, teríamos toda a confiança e a motivação que precisamos para alcançar qualquer objetivo estabelecido por Deus. Que maior motivação poderíamos ter do que saber que Jesus está do nosso lado, e que com Ele como nosso incentivador e nosso treinador, não há como fracassar?

Tudo o que falta em nós é o verdadeiro conhecimento do que já temos em Cristo. É por isso que Paulo diz:

...para o conhecer, e o poder da sua ressurreição, e a comunhão dos seus sofrimentos, conformando-me com ele na sua morte (3:10).

O poder de Cristo, que é a nossa confiança, está em contraste gritante com o poder do eu — no qual a maioria de nós coloca a confiança. Cristãos autênticos, diz Paulo, são aqueles "...que adoram a Deus no Espírito, e se gloriam em Cristo Jesus, e não confiam na carne" (3:3). Contraste essa definição com todos os livros mais vendidos e com os comerciais, transmitidos durante a madrugada, que tentam nos levar a descobrir "o poder interior" e prometem aumentar nossa própria confiança em nosso poder humano e em nossa carne.

Se alguém tinha o direito de ter orgulho em suas próprias realizações, ter confiança em sua própria carne, esse alguém era Paulo:

Bem que eu poderia confiar também na carne. Se qualquer outro pensa que pode confiar na carne, eu ainda mais:

circuncidado ao oitavo dia, da linhagem de Israel, da tribo de Benjamim, hebreu de hebreus; quanto à lei, fariseu, quanto ao zelo, perseguidor da igreja; quanto à justiça que há na lei, irrepreensível (3:4-6).

Paulo tinha o ancestral certo, o ritual perfeito e a observância religiosa, o perfeito zelo religioso e moralidade e um desempenho perfeito na mais severa seita da religião hebraica. Ele tinha tudo. No entanto, apesar de todas essas razões para o orgulho humano, Paulo as considerava inúteis comparadas à confiança que Jesus Cristo concede:

Mas o que, para mim, era lucro, isto considerei perda por causa de Cristo (3:7).

Cristo, nossa energia

Nas décadas de 1980 e 1990 havia uma propaganda muito popular: O coelho rosa "energizado" com o grande tambor na frente e as pilhas em suas costas. Seu lema: "Ele continua e continua e continua…".

Em Filipenses 4, Paulo nos diz que somos como aquele pequeno coelho rosa. Com Cristo vivendo em nós, dando-nos energia e capacitação, podemos continuar e continuar e continuar servindo ao Senhor, cumprindo Sua vontade, alcançando pessoas em Seu nome.

Posso pensar em poucas coisas mais frustrantes do que ter um grande desejo sem ter a capacidade para realizá-lo. Em Filipenses 4, Paulo nos diz que Deus não só nos deu o desejo de viver a serviço dele e de outros, mas também nos concede a força e a energia para realizar esse desejo:

…tudo posso naquele que me fortalece (4:13).

Essa afirmação é mero pensamento ilusório por parte do apóstolo? Ou é uma verdade prática e confiável?

Só para nos mostrar como o poder "energizante" de Cristo é prático e confiável para nossa vida, Paulo aborda um dos problemas mais comuns na Igreja — conviver bem com os outros. Dois membros da Igreja de Filipos, Evódia e Síntique, estavam envolvidas em um sério desentendimento. Então, Paulo roga-lhes que resolvam seu conflito e que tenham a mesma mente no Senhor.

Paulo está pedindo o impossível? Não! Como ele diz no versículo 13: "…tudo posso naquele que me fortalece". Mesmo tolerar pessoas odiosas? Sim! Mesmo se relacionar bem com pessoas melindrosas? Com certeza! Quando Cristo é nossa energia, podemos conviver com as pessoas, e podemos continuar amando-as, aceitando-as, e perdoando-as por amor do Senhor Jesus.

Em seguida, Paulo aborda a questão da preocupação. Em Filipenses 4:6,7, ele é um homem com todas as razões para se preocupar: está encarcerado e enfrentando uma possível sentença de morte do imprevisível governante de Roma, Nero. No entanto, escreve:

Não andeis ansiosos de coisa alguma; em tudo, porém, sejam conhecidas, diante de Deus, as vossas petições, pela oração e pela súplica, com ações de graças. E a paz de Deus, que excede todo o entendimento, guardará o vosso coração e a vossa mente em Cristo Jesus (4:6,7).

Que receita para a paz de espírito e serenidade emocional! Paulo não está negando a seriedade da vida e seus cuidados. Ele apenas não quer que sejamos dominados por essas coisas. Deseja que apresentemos nossa ansiedade a Deus e permitamos que Ele nos dê Sua paz — uma paz que vai além da nossa capacidade de compreensão. Não sabemos de onde vem essa paz ou como ela funciona, mas todos os cristãos podem lhe confirmar que ela é real.

Pessoalmente, posso testificar sobre isso. Muitas vezes, em minha própria vida quando eu estava deprimido, preocupado ou com medo, depois de compartilhar esses sentimentos com Deus em oração, senti a minha alma, de repente, repleta de paz e de uma sensação de bem-estar. De onde veio essa paz? Não posso compreender — tal paz transcende todo entendimento. Porém, ela é real. Aqui, novamente, vemos que o Senhor Jesus Cristo inunda nossa vida com o Seu poder, permitindo-nos seguir em frente, mesmo em meio aos nossos medos e preocupações.

Por fim, há a questão da pobreza e da bênção material. Paulo conheceu ambas, e ele quer transmitir aos cristãos de Filipos — e a você e a mim — qual deveria ser a atitude semelhante à de Cristo com relação a essas condições.

Digo isto, não por causa da pobreza, porque aprendi a viver contente em toda e qualquer situação. Tanto sei estar humilhado como também ser honrado; de tudo e em todas as circunstâncias, já tenho experiência, tanto de fartura como de fome; assim de abundância como de escassez (4:11,12).

Qual é o segredo do contentamento de Paulo? Ele conta qual esse segredo aos cristãos em Filipos e a nós:

Basílica Romana, Filipos.

E o meu Deus, segundo a sua riqueza em glória, há de suprir, em Cristo Jesus, cada uma de vossas necessidades (4:19).

Nosso Senhor Jesus Cristo — que é nossa força e energia — irá suprir todas as nossas necessidades, capacitando-nos a prosseguir.

A carta aos Filipenses incorpora os segredos da vida de um homem que correu toda a carreira, que lutou o bom combate, que guardou a fé, que perseverou por Deus. Essa pequena carta embalada em poder contém o roteiro de Paulo para viver com poder, entusiasmo e senso de aventura. E Aquele que viveu Sua vida através de Paulo também vive em você e em mim.

Cristo é a nossa vida; Cristo é nosso exemplo; Cristo é a nossa confiança; e Cristo é a nossa energia e força.

PERGUNTAS PARA DISCUSSÃO

FILIPENSES
Cristo, nossa confiança e nossa força

1. Leia Fp 1:12-26. Paulo está na prisão e escreve estas palavras, mas ele parece alegre e triunfante. Como Paulo pôde enfrentar a situação em que estava dessa maneira? Que lição podemos aprender com ele sobre como reagir à oposição, aos reveses da vida e ao sofrimento?

2. Qual foi a atitude de Paulo com relação à vida? Qual foi a atitude dele em relação à morte? Enfrentando vida ou morte, estando livre ou na prisão, qual foi a principal preocupação de Paulo? Como a atitude de Paulo na prisão influencia a sua atitude?

3. Leia Fp 2:1-11. Por que a desunião entre cristãos traz descrédito a Jesus Cristo e a Seu evangelho? Quando Paulo diz aos filipenses para pensar "a mesma coisa", ele está dizendo que todos devem pensar igual? Explique sua resposta.

Aqui, novamente, temos outra declaração de que Jesus é Deus (2:6). No entanto, Jesus não se apegou a Sua própria divindade, mas tomou a forma de servo. O que esse exemplo de Jesus nos ensina sobre como se manter unido ao corpo de cristãos?

4. Leia Fp 2:19-30. Paulo escreve sobre Timóteo e Epafrodito. Observe como esses dois homens parecem exemplificar as qualidades de Cristo sobre as quais Paulo escreve em 2:1-11. Note também uma frase que aparece três vezes nessa breve passagem: "Espero no Senhor... Estou persuadido no Senhor... recebei-o no Senhor". Paulo não desperdiça palavras. Essa frase aparece nove vezes em Filipenses. O que você acha que Paulo quer dizer, enfatizando as palavras "no Senhor"?

Aventurando-se através da Bíblia

APLICAÇÃO PESSOAL

7. Em Fp 3:1-10, o apóstolo Paulo contrasta a confiança na carne com a confiança em Cristo. Paulo escreve que ele tem tanta razão como qualquer pessoa para colocar a sua confiança na carne, em sua herança religiosa e étnica, em seu zelo, em seu modo correto de vida. No entanto, também diz que tudo isso é inútil, diante da "sublimidade do conhecimento de Cristo, meu Senhor; por amor do qual perdi todas as coisas".

Em que você coloca sua confiança? Qual é a fonte de sua segurança na vida? Do que você se orgulha? O que você sente que o separa da multidão? Está disposto a deixar tudo — seu orgulho, bens, status, posição na comunidade, reputação, tudo — a fim de conhecer a Cristo e o poder da Sua ressurreição? Se não, por quê?

6. Leia Fp 3:17. Paulo exorta os líderes filipenses a seguir seu exemplo e o exemplo daqueles que vivem de acordo com o próprio padrão de vida de Paulo. Você diria a outras pessoas: "Se você quiser ser um cristão maduro, siga meu exemplo"? Por quê? Isso foi egocêntrico de Paulo? Por quê? Devemos nos esforçar para viver conforme esses exemplos de vida para podermos fazer tal afirmação com toda a humildade?

7. Leia Fp 4:4. Você sempre se alegra no Senhor? Se não, por quê? O que o impede de se alegrar, mesmo em circunstâncias difíceis?

8. Leia Fp 4:8. Este seria um excelente versículo para colocar no espelho do seu banheiro, na porta da geladeira, no painel do seu carro, em sua mesa de trabalho, no mural de recados no quarto de seus filhos, e onde quer que você e sua família se reúnam. É uma excelente palavra de conselho para recordar quando selecionar um filme para assistir ou um livro para ler; sempre que você se conectar à internet, e sempre que estiver tentado a fazer fofoca. Será que este versículo o condena — ou afirma seu procedimento? Dia a dia e momento a momento, você tenta se concentrar em tudo que é "verdadeiro, tudo o que é respeitável, tudo o que é justo, tudo o que é puro, tudo o que é amável, tudo o que é de boa fama?". Quais passos você pode dar esta semana para se tornar o tipo de cristão cuja mente está centrada na pureza e no louvor?

COLOSSENSES
CAPÍTULO 61
Poder e alegria

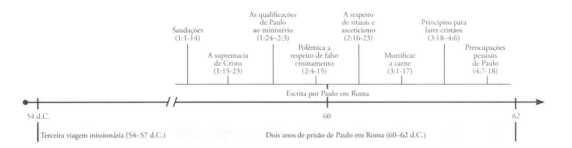

Paulo escreveu a maioria de suas cartas para as igrejas que ele fundou, tais como as igrejas em Corinto e Filipos. Ele não estabeleceu a igreja em Roma nem a igreja em Colossos, à qual esta carta foi escrita.

Não podemos saber ao certo quem estabeleceu a Igreja em Colossos, mas provavelmente foi Epafrodito (também conhecido como Epafras), um homem mencionado em algumas das outras cartas de Paulo. Essa carta menciona que Epafrodito era de Colossos. E, embora não saibamos onde Epafrodito ouviu o evangelho, depois de ouvir e crer, ele aparentemente levou o evangelho para sua cidade natal, onde proclamou Cristo. A Igreja à qual esta carta foi escrita foi provavelmente o resultado do testemunho ousado de Epafrodito em sua cidade natal. Os cristãos em Colossos nunca se encontraram com Paulo face a face.

As cartas de Colossenses, Filipenses e Efésios foram escritas mais ou menos ao mesmo tempo, durante a primeira prisão de Paulo, e são, portanto, chamadas de "Epístolas da prisão". Note que a estrutura e conteúdo dessa carta são semelhantes à carta de Paulo aos Efésios.

Jesus, o primogênito

Os cristãos em Colossos tinham um problema, o qual Paulo abordou nessa carta. Parece que eles estavam próximos de perder sua compreensão do poder que sustenta a vida cristã. Essa carta é a grande explicação de Paulo sobre o poder e a alegria que Deus dá para viver de maneira cristã. Paulo expressa o tema de Colossenses nessa oração introdutória:

> *[Oro] a fim de viverdes de modo digno do Senhor, para o seu inteiro agrado, frutificando em toda boa obra e crescendo no pleno conhecimento de Deus; sendo fortalecidos com todo o poder, segundo a força da sua glória, em toda a perseverança*

> **OBJETIVOS DO CAPÍTULO**
>
> O objetivo deste capítulo é revelar o tema central da epístola de Paulo aos Colossenses: Como obter o poder de Deus para viver de maneira cristã? Conforme o autor escreve: "O problema com a maioria dos cristãos [...] é que eles não entendem o que a Bíblia ensina sobre o poder da ressurreição". As percepções nesta carta são tremendamente relevantes para nossa vida hoje, como cristãos do século 21. Colossenses é o livro do poder da ressurreição.

Aventurando-se através da Bíblia

e longanimidade; com alegria, dando graças ao Pai, que vos fez idôneos à parte que vos cabe da herança dos santos na luz (1:10-12).

A oração de Paulo é para que os cristãos sejam *fortalecidos com todo o poder* (é por isso que ele escreveu a carta) *segundo a força da sua glória* (a questão central desta carta). Começando com esta nota, Paulo estabelece a fonte de todo poder na vida cristã: Jesus Cristo. Como pode Jesus — um homem que nasceu como bebê, viveu como homem e morreu em uma cruz — ser a fonte de todo o poder? Simples: Jesus é Deus. Paulo mostra isso de maneira poderosa:

Este é a imagem do Deus invisível, o primogênito de toda a criação; pois, nele, foram criadas todas as coisas, nos céus e sobre a terra, as visíveis e as invisíveis, sejam tronos, sejam soberanias, quer principados, quer potestades. Tudo foi criado por meio dele e para ele. Ele é antes de todas as coisas. Nele, tudo subsiste. Ele é a cabeça do corpo, da igreja. Ele é o princípio, o primogênito de entre os mortos, para em todas as coisas ter a primazia, porque aprouve a Deus que, nele, residisse toda a plenitude e que, havendo feito a paz pelo sangue da sua cruz, por meio dele, reconciliasse consigo mesmo todas as coisas, quer sobre a terra, quer nos céus (1:15-20).

Qualquer um que afirme que Jesus não é verdadeiramente Deus tem pelo menos dois grandes problemas. Um deles é o evangelho de João, um livro inteiramente dedicado ao tema da divindade de Cristo. O outro é essa passagem, que é uma declaração inequívoca de que Cristo é Deus. Naturalmente, o tema da divindade de Cristo está entrelaçado ao longo das Escrituras, mas João e Colossenses trazem o assunto em termos incontestáveis.

Cartas do Senhor

O LIVRO DE COLOSSENSES

Cristo, o Cabeça da criação e o Cabeça da Igreja (Colossenses 1–2)

Introdução e oração pelos colossenses... 1:1-14

Cristo, o cabeça da criação 1:15-17

Cristo, o cabeça da Igreja 1:18–2:3

Nossa liberdade em Cristo 2:4-23

Submissão a Cristo, o Cabeça (Colossenses 3–4)

Despir-se do velho eu.. 3:1-11

Revestir-se do novo eu 3:12–4:6

Conclusão.. 4:7-18

Duas vezes em Colossenses 1, Paulo refere-se a Jesus como o "primogênito", um termo que confunde alguns. Ele não quer dizer, como algumas pessoas o têm entendido, que Jesus teve um princípio — que Ele não é verdadeiramente eterno. Aqui, a palavra "primogênito" se refere não à *cronologia* de Jesus Cristo, mas à sua *posição*. Na cultura em que Colossenses foi escrita, "primogênito" era entendido como o herdeiro, o primeiro na linhagem como proprietário ou senhor.

Esta frase, *o primogênito de toda a criação* significa que o Senhor Jesus ocupa a posição em relação a toda a criação, como um herdeiro em relação à propriedade dos pais. Jesus não faz parte da ordem criada. Em vez disso, Ele é seu dono e regente, como o herdeiro do Pai.

Nessa passagem, Paulo declara Jesus Cristo o Criador, aquele que trouxe o mundo à existência com uma palavra. Como Deus, o Filho, Ele estava presente no princípio com Deus, o Pai:

Ele é antes de todas as coisas. Nele, tudo subsiste (1:17).

Um dos enigmas da ciência que continua a existir é a questão do que mantém o Universo unido. Sabemos que tudo é feito de átomos minúsculos que consistem nos elétrons girando em torno de um núcleo. Sabemos também que o Universo é governado em nível atômico por quatro forças fundamentais — a força forte, a força eletromagnética, a força fraca e a força gravitacional. Os físicos esperam descobrir, um dia, uma simples "teoria unificadora grandiosa" que irá explicar como essas quatro forças funcionam juntas, mas por enquanto essas forças são em grande parte um mistério.

A busca científica pela força desconhecida que mantém o Universo unido me faz

Aventurando-se através da Bíblia

PAULO E O JUGO DE CRISTO

Muitas pessoas erroneamente pensam que Saulo de Tarso se tornou o poderoso apóstolo Paulo durante um encontro-relâmpago único com Cristo. Embora Saulo tenha se tornado cristão no caminho para Damasco, ele não começou a viver a plenitude da vida cristã até anos mais tarde. Saulo de Tarso tinha muito a aprender antes de se tornar o apóstolo Paulo.

Jesus disse aos discípulos: "Vinde a mim, todos os que estais cansados e sobrecarregados, e eu vos aliviarei" (Mt 11:28). Depois acrescentou: "Tomai sobre vós o meu jugo e aprendei de mim, porque sou manso e humilde de coração; e achareis descanso para a vossa alma" (Mt 11:29). Esses versículos descrevem duas fases distintas no desenvolvimento do cristão. O versículo 28 fala de conversão, e contém a mais simples declaração possível do evangelho: "Vinde a mim". Basta ir a Jesus, trazer sua culpa e problemas, e Ele vos aliviará. Esse é o Seu convite.

Então, no versículo 29, Ele acrescenta: "Tomai sobre vós o meu jugo e aprendei de mim". Vir a Jesus tira o seu pecado e preocupação — mas Ele não terminou aí. Você ainda precisa aprender a viver como Cristo. Como? Tomando o Seu jugo sobre si.

Um jugo é um "travessão" de madeira maciça que se prende ao pescoço de dois bois. Ao unir os animais, você os faz trabalhar juntos para puxar uma carga. Assumir o jugo de Cristo significa estar ligado a Ele em Sua obra. À medida que você trabalha ao lado de Jesus, com o Seu jugo sobre seu pescoço, você descobre o que significa viver como Ele.

Paulo teve que aprender a vida cristã. Ele teve que levar o jugo de Cristo e aprender a vida cristã, dia a dia e lição por lição. Muitos cristãos imaturos são assim. Eles precisam levar o jugo de Cristo sobre si e aprender com Ele. O que eles precisam aprender? Jesus disse: *aprendei de mim, porque sou manso e humilde de coração.* Cristãos imaturos precisam abrandar seu zelo com mansidão e humildade. Se tivermos zelo como Saulo, mas não a humildade de Cristo, vamos ser empecilhos para o evangelho.

Saulo teve que aprender esta lição. Então, por insistência do próprio Senhor, Saulo relutantemente saiu de Jerusalém e foi para sua casa em Tarso. Ele ficou lá, pelo menos, sete anos e, possivelmente, dez. Durante esses anos, ele aprendeu mansidão e humildade.

A essa altura, Saulo sai fora da narrativa, por um momento. Mas quando faz sua próxima aparição, vemos que ele é um homem transformado — tornou-se humilde, foi disciplinado e se tornou obediente a Deus.

Como vamos reconhecer este novo Saulo, este homem que em breve se tornará o poderoso apóstolo Paulo? Vamos reconhecê-lo pelo jugo de Cristo sobre seu pescoço.

Ray Stedman
God's Unfinished Book: Journeying through the Book of Acts
(O livro inacabado de Deus: caminhando pelo livro de Atos),
Discovery House Publishers, 2008.

lembrar a experiência de Paulo em Atenas, onde ele encontrou um altar ao "Deus desconhecido". É esse "Deus desconhecido" com quem a ciência está lutando hoje: Seu nome é Jesus de Nazaré. Jesus é a grande força unificadora que mantém o Universo unido. Todo o poder no mundo natural vem dele; Ele é antes de todas as coisas, e nele tudo subsiste.

Paulo prossegue dizendo que aquele que criou o Universo e o mantém unido é também quem criou a Igreja e a mantém unida:

Ele é a cabeça do corpo, da igreja. Ele é o princípio, o primogênito de entre os mortos, para em todas as coisas ter a primazia (1:18).

Note, mais uma vez, o termo "primogênito". Jesus, diz Paulo, é "o primogênito de entre os mortos". O que isso significa? Em primeiro lugar, isso não significa que Jesus foi a primeira pessoa a ser ressuscitada dentre os mortos, porque as Escrituras registram outros que o precederam. De fato, o próprio Jesus ressuscitou alguns deles.

Paulo quer dizer que Jesus é o herdeiro, o Senhor de toda a nova criação. Ele é o Cabeça da nova criação, como o apóstolo nos diz, e nós somos parte de um novo Corpo, o novo Corpo de homens e mulheres que Deus está formando — um Corpo chamado Igreja. Jesus é a cabeça desse Corpo, e dele flui todo poder — *poder da ressurreição* que Ele demonstrou na primeira Páscoa.

Estou cada vez mais convencido de que o problema com a maioria dos cristãos e a maioria das igrejas é que nós não entendemos o que a Bíblia ensina sobre o poder da ressurreição. Se tivéssemos alguma ideia de como seu poder funciona, nunca viveríamos novamente como vivemos agora.

O poder da ressurreição não é ruidoso. É o tipo de poder que era evidente no Senhor Jesus. Ele veio em silêncio do túmulo — nenhum efeito sonoro, nenhuma pirotecnia, nenhuma luz piscando. Havia apenas o poder silencioso e irresistível de uma vida ressurreta. A pedra foi removida — não para deixar Jesus sair, mas para deixar as pessoas entrarem, de modo que pudessem ver que o túmulo estava vazio.

Este é o mesmo poder que Deus liberou em nós. Seu poder silencioso, porém irresistível, muda corações, vidas e atitudes, recriando a partir de dentro. Isso é poder da ressurreição. Ele flui para nós vindo do Cabeça da nova criação, o Cristo ressurreto, a fonte de todo o poder.

Cristo em vós, a esperança da glória

Em seguida, Paulo prossegue mostrando a quem Deus estende Seu poder:

E a vós outros também que, outrora, éreis estranhos e inimigos no entendimento pelas vossas obras malignas, agora, porém, vos reconciliou no corpo da sua carne, mediante a sua morte, para apresentar-vos perante ele santos, inculpáveis e irrepreensíveis (1:21,22).

Nessa passagem, Paulo se dirige não só aos colossenses, mas a você e a mim também. Nós também éramos estrangeiros, inimigos de Deus por causa do pecado; mas agora Deus nos reconciliou por meio da morte física de Jesus, desencadeando Seu poder de ressurreição, a fim de nos tornar santos e inculpáveis diante dele. Então, Paulo continua a nos dar uma demonstração desse poder em sua própria vida. Ele diz que Deus o chamou e o colocou no ministério para proclamar um mistério:

> ...da qual me tornei ministro de acordo com a dispensação da parte de Deus, que me foi confiada a vosso favor, para dar pleno cumprimento à palavra de Deus: o mistério que estivera oculto dos séculos e das gerações; agora, todavia, se manifestou aos seus santos; aos quais Deus quis dar a conhecer qual seja a riqueza da glória deste mistério entre os gentios, isto é, Cristo em vós, a esperança da glória (1:25-27).

Em outras palavras, você não vai encontrar este mistério explicado no Antigo Testamento. Foi vivenciado lá, mas nunca explicado. No entanto, agora ele é desvendado aos santos, aos seguidores de Jesus Cristo. O que é este mistério? "Cristo em vós, a esperança da glória".

Cristo vivendo em você — esta é a declaração suprema da Igreja cristã. Você nunca terá pregado o evangelho até que tenha dito às pessoas não só que seus pecados serão perdoados quando vierem a Cristo, mas que o próprio Jesus vai habitar neles e capacitá-los. Esse é o poder transformador do evangelho: Jesus vive em nós e através de nós, dando-nos o poder da criação, o poder da ressurreição, para fazer tudo o que Deus espera que façamos e tudo para o que Ele nos criou.

Jesus morreu por nós para que Ele pudesse viver em nós. Essa é a glória suprema do evangelho cristão.

Conectado à fonte

Paulo prossegue descrevendo o que significa viver pelo poder de Cristo:

> ...o qual nós anunciamos, advertindo a todo homem e ensinando a todo homem em toda a sabedoria, a fim de que apresentemos todo homem perfeito em Cristo; para isso é que eu também me afadigo, esforçando-me o mais possível, segundo a sua eficácia que opera eficientemente em mim (1:28,29).

O que Paulo quer dizer quando fala sobre "esforçando-me o mais possível, segundo a sua eficácia que opera eficientemente em mim"? Bem, basta pensar na vida que Paulo viveu e no trabalho que ele realizou. Pense neste apóstolo incrível, com sua incansável jornada noite e dia, passando por naufrágio e dificuldades de todos os tipos, trabalhando com suas mãos, resistindo à perseguição, apedrejamentos, espancamentos e oposição, enquanto levava o evangelho de um lado a outro do Império Romano.

Alguns de nós pensamos que mal podemos fazer o que precisamos de um fim de semana a outro na nossa jornada de 8 horas de trabalho diário. Mas este homem deixou-se gastar dia e noite, sete dias por semana, pelo amor a Jesus Cristo. Ele não poderia fazê-lo em sua própria força ou energia. Então, ele se conectou a uma fonte de poder exterior, a suprema fonte de poder, e permitiu que esse poder fluísse através dele, fazendo a vontade de Deus.

Em outras palavras, Cristo em vós — a esperança da glória!

Se nós, cristãos, simplesmente entendêssemos o poder que Deus colocou à nossa disposição, nunca mais seríamos os mesmos. Jamais teríamos que implorar às pessoas na Igreja para realizar os ministérios ou as funções necessárias. Nunca teríamos escassez de obreiros para os nossos ministérios nos bairros, ou pessoas para atuar como conselheiros em viagens missionárias dos jovens. Nunca teríamos escassez de professores para a Escola Bíblica, líderes de estudo bíblico, conselheiros de jovens, ou voluntários para a equipe de visitação. Não daríamos desculpas: "Ah, não tenho força para fazer isso. Não tenho energia", porque todos temos essa energia disponível. A fonte é Cristo, o cabo de extensão é o Espírito Santo, e somos os pequenos aparelhos elétricos que Deus quer avivar com Seu poder de ressurreição e usar de acordo com Seu plano eterno.

Tesouros de sabedoria e conhecimento escondidos

Há ainda mais profundezas no mistério de Cristo. Ele não é apenas a fonte de energia. É também a fonte de compreensão, sabedoria e conhecimento. No capítulo 2, Paulo continua sua exploração nos mistérios de Cristo:

> ...para que o coração deles seja confortado e vinculado juntamente em amor, e eles tenham toda a riqueza da forte convicção do entendimento, para compreenderem plenamente o mistério de Deus, Cristo, em quem todos os tesouros da sabedoria e do conhecimento estão ocultos (2:2,3).

Paulo também nos alerta sobre certos falsos poderes que nos atrairiam para longe do verdadeiro poder que Cristo nos deu. Estes avisos são tão válidos e relevantes hoje como foram quando escritos. Mais do que nunca, as pessoas estão à procura de poder para alcançar objetivos, riqueza, posição e sucesso. As pessoas gastam milhões comprando os best-sellers dos últimos gurus de seitas, telefonando para linhas diretas com médiuns, ou frequentando seminários sobre "ciência da mente" em busca de poder pessoal. Ironicamente, estão à procura de falso poder enquanto ignoram o *verdadeiro* poder que está livremente disponível na pessoa de Jesus Cristo.

Se Jesus vive em nós, então já temos o que é preciso para viver neste mundo. Não precisamos de mais poder do que já possuímos. Não precisamos de mais Jesus; Ele só precisa mais de nós. Agora que temos o poder, nosso trabalho é viver por esse poder diariamente. Como Paulo nos diz:

> Ora, como recebestes Cristo Jesus, o Senhor, assim andai nele, nele radicados, e edificados, e confirmados na fé, tal como fostes instruídos, crescendo em ações de graças (2:6,7).

Não é suficiente apenas receber Jesus. Devemos viver nele. Quando fazemos isso, uma atitude de gratidão permeia nossa vida. Quando olha para alguns cristãos, você até poderia pensar que nossas Bíblias traduzem este versículo "crescendo em murmuração". Paulo ressalta a necessidade da gratidão em nossa vida.

O que nos rouba o espírito de gratidão? Principalmente, a ideia de que o poder vem do conhecimento humano, como Paulo explica:

> Cuidado que ninguém vos venha a enredar com sua filosofia e vãs sutilezas, conforme a tradição dos homens, conforme os rudimentos do mundo e não segundo Cristo (2:8).

Já vi esse princípio tragicamente ser praticado em muitas vidas. Vi jovens de lares cristãos partirem para a faculdade, cheios de

Aventurando-se através da Bíblia 743

Moedas de Colossos com o busto de Demos.

fé e entusiasmo, mas retornando com sua fé destruída e seu entusiasmo transformado em ceticismo. Por quê? Porque foram expostos aos astutos e sutis ensinamentos da sabedoria humana. Ninguém os avisou — ou talvez eles tenham ignorado os avisos que receberam sobre a falsidade da sabedoria do mundo. Foram vítimas do conhecimento humano.

Esta afirmação pode parecer implicar que o evangelho é anti-intelectual. Mas a Bíblia não é contra o conhecimento. É contra o conhecimento que se opõe à Palavra de Deus. Nem todo o conhecimento deste mundo é conhecimento falso — muito dele é bom e verdadeiro. Da mesma forma, nem todo o conhecimento é encontrado nas Escrituras. Por exemplo, conhecimentos médicos e técnicas cirúrgicas; conhecimentos técnicos, tais como a forma de fabricar um computador ou um ônibus espacial; conhecimento histórico, como a derrota de Napoleão em Waterloo ou eventos da Guerra da Secessão — tudo isso é conhecimento humano valioso, que não pode ser encontrado nas Escrituras.

Paulo quer nos fazer entender que há um conhecimento enganoso que vem de fontes falsas — tradições e filosofias que se acumularam, ideia após ideia, ao longo dos séculos. Muitas dessas tradições e filosofias misturam verdade e erro de tal forma que os dois se tornam indistinguíveis. Aqueles que aceitam estas ideias acriticamente são obrigados a aceitar tanto erro como verdade.

O conhecimento enganoso deste mundo vai levar as pessoas para tais falsas noções como a que afirma que "o espírito humano é reciclado repetidamente através da reencarnação". Ou "Como ser humano, você tem potencial ilimitado para ser seu próprio deus, para construir sua própria moralidade". Ou "Um ser humano é apenas um ajuntamento de moléculas que nasce, vive e morre — não há vida após a morte, nenhum significado, nenhum Deus. Esta breve existência é tudo o que há". Essas filosofias são predominantes hoje, e todas são falsas — completamente contrárias ao verdadeiro conhecimento das Escrituras.

Paulo prossegue dizendo que há também o conhecimento enganoso que é construído sobre "os princípios básicos deste mundo, em vez de sobre os princípios de Cristo". O que ele quer dizer? Paulo refere-se aqui aos poderes das trevas que regem este mundo, obscurecem o intelecto humano e levam os seres humanos a erros destrutivos. Muito do que os seres humanos consideram "conhecimento" é, na verdade, engano demoníaco.

Mesmo o mais verdadeiro e puro conhecimento humano não chega ao cerne da realidade como a Palavra de Deus o faz. A verdade deste mundo, quando é validada pela Palavra de Deus, pode complementar a verdade das

Escrituras (como quando descobertas arqueológicas confirmam relatos bíblicos). Mas o conhecimento humano nunca pode substituir, contradizer ou invalidar a Palavra de Deus. A sabedoria de Deus está sempre acima de qualquer conhecimento deste mundo.

Pense nas coisas lá do alto

Paulo prossegue alertando contra uma segunda fonte falsa de poder que pode desviar as pessoas:

> *Ninguém, pois, vos julgue por causa de comida e bebida, ou dia de festa, ou lua nova, ou sábados, porque tudo isso tem sido sombra das coisas que haviam de vir; porém o corpo é de Cristo [...] Se morrestes com Cristo para os rudimentos do mundo, por que, como se vivêsseis no mundo, vos sujeitais a ordenanças: não manuseies isto, não proves aquilo, não toques aquiloutro, segundo os preceitos e doutrinas dos homens? Pois que todas estas coisas, com o uso, se destroem* (2:16,17, 20-22).

O que é essa falsa fonte de poder? É conhecida por muitos nomes: zelo desenfreado, legalismo, extremismo religioso, a prática de fazer julgamentos e farisaísmo. Esta falsa fonte de poder se manifesta na observação de dias, festas especiais, bem como os regulamentos e práticas ascéticas — flagelar o corpo, vestir roupas especiais ou trabalhar por longas horas por zelo por uma causa. Tais práticas podem parecer fontes de poder espiritual, mas, conforme o apóstolo, elas não o são.

> *Tais coisas, com efeito, têm aparência de sabedoria, como culto de si mesmo, e de falsa humildade, e de rigor ascético; todavia, não têm valor algum contra a sensualidade* (2:23).

Veja só, você pode vestir uma roupa feita de pano de saco e estar cheio de luxúria. Você pode bater em seu corpo até deixá-lo roxo e ainda ser culpado de pensamento lascivo. Estas armadilhas exteriormente legalistas e ascéticas não fornecem nenhuma confirmação à indulgência da carne. Portanto, elas não geram qualquer poder para levar ao tipo de vida para a qual fomos chamados.

Por fim, Paulo menciona uma terceira fonte de falso poder — uma das fontes mais enganosas de todas!

> *Ninguém se faça árbitro contra vós outros, pretextando humildade e culto dos anjos, baseando-se em visões, enfatuado, sem motivo algum, na sua mente carnal* (2:18).

Aqui, Paulo está falando de um engano espiritual que é tão real e perigoso hoje quanto era no primeiro século d.C. É a crença de que, se pudermos entrar em contato com espíritos invisíveis, ou com os mortos, e receber mensagens deles, então, poderemos ter acesso ao poder espiritual oculto e ao conhecimento. Os cristãos de Colossos estavam incomodados com essas influências, assim como nós estamos. Hoje, vemos uma crescente influência da Nova Era, ocultismo, astrologia, satanismo, magia, sessões espíritas e muito mais. Todas essas práticas são substitutos satânicos para o poder de Jesus Cristo que habita em nós.

No capítulo 3, o apóstolo abordou novamente a *verdadeira manifestação de poder,*

Aventurando-se através da Bíblia   745

o poder de Cristo, e como podemos lançar mão dele:

Portanto, se fostes ressuscitados juntamente com Cristo, buscai as coisas lá do alto, onde Cristo vive, assentado à direita de Deus. Pensai nas coisas lá do alto, não nas que são aqui da terra (3:1,2).

Paulo não está dizendo que devemos andar constantemente pensando no Céu. Ele está simplesmente dizendo "não deixe seus desejos e atitudes serem governados pela vontade de ter riqueza terrena, fama, prazer ou poder. Em vez disso, deixe seus desejos serem moldados pela Palavra de Deus". Devemos exibir amor, verdade, fé e paciência — as qualidades que marcam a vida do Senhor ressurreto. Devemos manifestar o céu na nossa vida cotidiana. Paulo prossegue dizendo:

Fazei, pois, morrer a vossa natureza terrena: prostituição, impureza, paixão lasciva, desejo maligno e a avareza, que é idolatria (3:5).

Deus já condenou a natureza terrena à morte na cruz. Quando ela se manifesta em nós, devemos tratá-la como um prisioneiro culpado sob sentença de morte. Não devemos ceder a qualquer uma dessas práticas. Devemos abandoná-las. Esse é o primeiro passo. O segundo passo é encontrado nestes versículos:

Revesti-vos, pois, como eleitos de Deus, santos e amados, de ternos afetos de misericórdia, de bondade, de humildade, de mansidão, de longanimidade. Suportai-vos uns aos outros, perdoai-vos mutuamente,

caso alguém tenha motivo de queixa contra outrem. Assim como o Senhor vos perdoou, assim também perdoai vós; acima de tudo isto, porém, esteja o amor, que é o vínculo da perfeição (3:12-14).

O que Paulo quer dizer? Ele está nos dizendo que Cristo já habita em nós. Uma vez que Ele vive dentro de nós, nosso desafio é simplesmente deixar de obstruir Seu caminho e permitir que Sua vida se manifeste em nós. Devemos permitir que essas características semelhantes às de Cristo borbulhem em nossa vida. Sua vida em nós as tornará autênticas, não artificiais.

Paulo continua listando algumas áreas específicas em que essas características devem ser exibidas em nossa vida:

Esposas, sede submissas ao próprio marido, como convém no Senhor. Maridos, amai vossa esposa e não a trateis com amargura. Filhos, em tudo obedecei a vossos pais; pois fazê-lo é grato diante do Senhor. Pais, não irriteis os vossos filhos, para que não fiquem desanimados. Servos, obedecei em tudo ao vosso senhor segundo a carne, não servindo apenas sob vigilância, visando tão somente agradar homens, mas em singeleza de coração, temendo ao Senhor. Senhores, tratai os servos com justiça e com equidade, certos de que também vós tendes Senhor no céu (3:18-22; 4:1).

Todos os nossos relacionamentos, desde os familiares até o relacionamento com os que estão debaixo de nossa autoridade ou sobre nós em autoridade, devem apresentar o

746   *Cartas do Senhor*

caráter e o amor de Jesus Cristo. A vida do Senhor deve brilhar por nosso intermédio.

Paulo conclui sua carta aos colossenses com estas advertências práticas:

Perseverai na oração, vigiando com ações de graças. Suplicai, ao mesmo tempo, também por nós, para que Deus nos abra porta à palavra, a fim de falarmos do mistério de Cristo, pelo qual também estou algemado; para que eu o manifeste, como devo fazer. Portai-vos com sabedoria para com os que são de fora; aproveitai as oportunidades (4:2-5).

Em seguida, Paulo continua com saudações pessoais daqueles que estão com ele. Ele conclui a carta, como era seu costume, tomando a pena em sua própria mão e escrevendo:

A saudação é de próprio punho: Paulo. Lembrai-vos das minhas algemas. A graça seja convosco (4:18).

A chave de Colossenses e o fundamento para a alegria

Eu disse no início deste capítulo que Paulo expressa o tema de Colossenses em sua oração introdutória (1:9-11), e é aqui onde encontramos o versículo-chave para o todo o livro:

…não cessamos de orar por vós e de pedir que transbordeis de pleno conhecimento da sua vontade, em toda a sabedoria e entendimento espiritual; a fim de viverdes de modo digno do Senhor […] sendo fortalecidos com todo o poder, segundo a força da sua glória… (1:9-11).

Que tremenda verdade! Não é isso que todos nós queremos? Não queremos, como cristãos, ver o poder de Cristo e Sua vida manifesta em nós? Essa é a chave para experimentar tudo o que Deus planejou para nós: "com alegria, dando graças ao Pai, que vos fez idôneos à parte que vos cabe da herança dos santos na luz" (1:11,12). E o que Ele planeja que experimentemos é nada menos do que alegria!

O mundo não pode produzir vida alegre. Ele pode nos dar entusiasmo, emoções e êxtase — uma gama de emoções intensas e passageiras. Mas o mundo não pode nos dar alegria genuína. O mundo não pode nos ajudar a suportar provações com coragem ou aceitar as dificuldades com fé e paciência. Isso requer o poder que só vem de Jesus Cristo. Seu poder transforma nossas dificuldades e provações em alegria — genuína, duradoura e sobrenatural!

Isso é o que Paulo quer dizer quando escreve: "Cristo em vós, a esperança da glória". Essa é a mensagem de Colossenses.

Aventurando-se através da Bíblia

PERGUNTAS PARA DISCUSSÃO

COLOSSENSES
Poder e alegria

1. Leia Cl 1:15-23. Qual é o relacionamento do Senhor Jesus com o Universo criado e com a Igreja? Como essa percepção afeta sua fé e sua vida? Do que Jesus nos resgatou? E que bênçãos e benefícios Ele nos deu?

2. O que é poder da ressurreição? Como é esse poder? De onde ele vem? Como podemos obtê-lo?

3. Observe em Cl 1:27 a frase, "Cristo em vós, a esperança da glória". O que essa frase significa para você de maneira prática e pessoal? Como essa frase afeta o modo como você vê sua fé e a vida cristã? Como podemos nos conectar à fonte de poder da ressurreição que é "Cristo em vós"? Como essa frase afeta seu testemunho de Jesus Cristo?

4. Leia Cl 2:1-8. O que precisamos a fim de ficarmos firmes na fé cristã e não sermos enganados por filosofias enganosas? Quais são alguns dos sinais de falso ensinamento no versículo 8?

5. Leia Cl 3:1-4. O que significa, em termos práticos e cotidianos "pensai nas coisas lá do alto, não nas coisas terrenas"? Que tipos de "coisas terrenas" devemos deixar de fora de nossa mente? Em que tipos de "coisas do alto" devemos nos concentrar? É possível ter uma mente tão voltada para o céu que deixemos de ser bom para o Senhor em termos terrenos? Explique sua resposta.?

Cartas do Senhor

APLICAÇÃO PESSOAL

6. Leia Colossenses capítulo 3. Viver a ressurreição requer que nos dispamos do velho eu e nos revistamos do novo eu. Quais são algumas das marcas da pessoa que foi ressuscitada com Cristo e se revestiu do novo eu?

Quais são algumas das atitudes e ações semelhantes às de Cristo que você deseja desenvolver em sua vida e em seu caráter? Quais passos você pode tomar esta semana para se tornar o tipo de pessoa cuja mente esteja nas coisas do alto, não nas coisas terrenas? À medida que você cresce nessas qualidades, que impacto você acha que elas vão ter em seu testemunho por Jesus Cristo?

7. Leia Cl 4:2-6. O apóstolo Paulo condensa várias instruções cruciais em alguns versículos. Ele diz aos colossenses para dedicarem-se às seguintes coisas:

- orar (louvor e petição)
- vigiar (ansiosamente esperar a volta do Senhor)
- ser grato
- orar pelos outros (oração de intercessão)
- testemunhar
- exercer a hospitalidade com estranhos
- aproveitar ao máximo cada oportunidade
- falar graciosamente
- estar sempre pronto com uma resposta sobre sua fé em Cristo

Você tem se dedicado a essas disciplinas espirituais importantes? Que passos podem ser tomados esta semana para começar a tornar essas disciplinas espirituais hábitos diários?

Aventurando-se através da Bíblia

Fontes de água quente em Hierápolis

1 TESSALONICENSES

CAPÍTULO 62

Esperança para um mundo desesperançado

Alguns anos atrás, uma equipe de arqueólogos estava escavando numa parte antiga da cidade grega de *Thessaloniki* — também chamada de Salônica ou Tessalônica — uma cidade portuária na Macedônia, nordeste da Grécia. Enquanto os arqueólogos escavavam, descobriram um cemitério que datava do primeiro século d.C. Entre as lápides pagãs, eles encontraram uma inscrição em grego com as palavras "Sem esperança". Que ironia, pois ao examinarmos a primeira carta de Paulo aos cristãos que viviam naquela cidade durante aquela época, vemos que seu tema é a *esperança do cristão*.

À medida que nos aventuramos pelo livro de 1 Tessalonicenses, vemos que os cristãos a quem Paulo escreveu esta carta viveram durante um tempo de grande turbulência e perseguição. O mundo estava em processo de degradação. No entanto, a mensagem de Paulo para eles era: "Há esperança! Deus está no controle e Jesus está voltando!".

O pano de fundo e a estrutura de 1 Tessalonicenses

Muitas cidades onde Paulo pregou e fundou igrejas há muito estão em ruínas, mas Thessaloniki ainda é uma metrópole próspera e movimentada. Apesar de ter sido uma província romana nos dias de Paulo, a cidade teve uma história conturbada: ocupada pelos sarracenos no século 10.º, pelos normandos no século 12, pelos turcos de 1430 a 1912, e pelos nazistas durante a Segunda Guerra Mundial.

O relato de Atos 17 fala sobre a fundação da Igreja por Paulo em Tessalônica. Depois que Paulo e Silas foram presos em Filipos por pregar o evangelho, um terremoto sacudiu a prisão, quebrando as portas e libertando os prisioneiros. Felizmente para o carcereiro de Filipos, que teria sido executado se qualquer prisioneiro tivesse escapado, nenhum deles fugiu. Paulo, então, foi oficialmente libertado

> **OBJETIVOS DO CAPÍTULO**
>
> O objetivo deste capítulo é mostrar que a mensagem de 1 Tessalonicenses nunca foi tão relevante como é hoje. A cultura que cercava a igreja de Tessalônica é muito semelhante à nossa própria devido a imoralidade desenfreada e a hostilidade contra a fé cristã. Os cristãos de Tessalônica estavam confusos e perturbados com falsos ensinamentos a respeito da volta de Cristo, da mesma forma como muitas igrejas estão atualmente. Paulo escreveu esta carta que nos ensina a perseverar — uma mensagem de esperança para os tempos difíceis como os nossos.

Aventurando-se através da Bíblia   751

pelos magistrados romanos e deixou Filipos para viajar para Tessalônica.

Com o relato de Atos, aprendemos que Paulo esteve lá por cerca de três semanas antes que a perseguição iniciasse, forçando-o a deixar a cidade para sua própria segurança. Ele foi para Atenas e enviou Timóteo de volta a Tessalônica para ver como os cristãos estavam, pois temia que a perseguição comprometesse a fé recém-nascida professada por eles.

Paulo, então, prosseguiu para Corinto, onde fundou outra Igreja depois de vários meses de trabalho árduo. Posteriormente, Timóteo retornou para ele em Corinto, trazendo-lhe notícias de como os tessalonicenses estavam.

A primeira carta de Paulo aos tessalonicenses foi escrita por volta do ano 50 d.C, tornando-a (cronologicamente) a primeira das epístolas de Paulo. Na verdade, ela pode muito bem ser o primeiro livro escrito do Novo Testamento (embora alguns estudiosos da Bíblia acreditem que os evangelhos de Mateus e Marcos possam ser datados de 43 a 45 d.C.).

Essa carta foi escrita a uma Igreja aguerrida e vigorosa que tinha apenas alguns meses de vida. Era formada por cristãos que tinham acabado de vir a Cristo por meio do ministério de Paulo. É uma carta encantadoramente pessoal, revelando o coração do apóstolo com relação a esses novos cristãos. Também revela as lutas intensas que os primeiros cristãos enfrentaram naquela cidade.

A primeira carta aos Tessalonicenses pode ser dividida em duas partes principais. Nos três primeiros capítulos, o apóstolo derrama seu coração a respeito de seu relacionamento com eles. Nos dois últimos capítulos, Paulo dá instruções práticas sobre como experimentar esperança em meio às pressões da vida.

Problemas que parecem familiares

Hoje, vivemos num mundo que é cada vez mais hostil ao cristianismo. Em muitos países, os cristãos são perseguidos ou mortos por causa de sua fé. Na verdade, não é difícil imaginar que, mesmo no Ocidente, os cristãos em

Cartas do Senhor

A CARTA DE 1 TESSALONICENSES

Relacionamento pessoal de Paulo com os cristãos tessalonicenses (1 Tessalonicenses 1–3)

Paulo reconhece os tessalonicenses pelo seu crescimento 1

Como Paulo fundou a igreja em Tessalônica... 2:1-16

Como Timóteo fortaleceu a Igreja...2:17–3:10

O desejo de Paulo de visitar os tessalonicenses.. 3:11-13

Instruções práticas de Paulo aos tessalonicenses — e esperança eterna (1 Tessalonicenses 4–5)

Instruções para o crescimento 4:1-12

Os mortos em Cristo serão ressuscitados... 4:13-18

O Dia da vinda do Senhor 5:1-11

Instruções para uma vida justa 5:12-22

Conclusão.. 5:23-28

Aventurando-se através da Bíblia

breve poderão ser perseguidos ativamente, por causa de sua fé, devido a sociedade ser cada vez mais ímpia.

Esse era o ambiente que cercava Paulo e os cristãos de Tessalônica. Onde quer que o apóstolo Paulo fosse, ele era perseguido por um grupo de judaizantes linha-dura que contavam aos outros que ele não era um apóstolo genuíno porque não fazia parte dos doze originais. Da mesma forma, os cristãos de Tessalônica foram severamente perseguidos pelos pagãos de Tessalônica, que os ameaçavam e apreendiam suas propriedades. Aqui estavam novos cristãos — alguns apenas com dias ou semanas de idade na fé — sendo chamados a suportar extrema dificuldade por causa de seu novo Senhor.

Atualmente, vivemos numa era de permissividade sexual e promiscuidade totalmente escancaradas, como o povo da sociedade grega do primeiro século. Na verdade, a religião pagã grega concordava com a promiscuidade sexual. As sacerdotisas dos templos pagãos eram, com muita frequência, prostitutas, fazendo seu comércio nos templos.

Outro desafio para a Igreja tessalonicense era a confusão sobre o retorno de Jesus Cristo. Paulo, evidentemente, havia lhes dito sobre a volta futura do Senhor, mas eles entenderam mal parte de seu ensinamento. Alguns esperavam que Cristo voltasse tão em breve que pararam de trabalhar para sobreviver e estavam simplesmente esperando que o Senhor voltasse para levá-los embora. Já que não estavam trabalhando, tinham se tornado sanguessugas para o restante da congregação. Além disso, havia tensões crescentes entre a congregação e a liderança da Igreja. Por fim, alguns se

tornaram indiferentes à obra do Espírito Santo entre eles, e à verdade bíblica.

Não podemos negar esses paralelos entre a Igreja contemporânea e a Igreja de Tessalônica, entre a cultura que nos rodeia e a sociedade de Tessalônica. É por isso que 1 Tessalonicenses é uma mensagem para a nossa época.

Três qualidades dos tessalonicenses

Nos capítulos 1 a 3, Paulo derrama o seu coração para esses cristãos. Temia que eles pudessem não ter compreendido por que ele deixou Tessalônica, achando que os abandonara para evitar a perseguição. Assim, Paulo os relembra que acabara de passar por uma terrível perseguição em Filipos e que está profundamente preocupado com eles. O acesso ao coração de Paulo é encontrado no início desta parte:

Damos, sempre, graças a Deus por todos vós, mencionando-vos em nossas orações e, sem cessar, recordando-nos, diante do nosso Deus e Pai, da operosidade da vossa fé, da abnegação do vosso amor e da firmeza da vossa esperança em nosso Senhor Jesus Cristo (1:2,3).

Três qualidades marcavam os cristãos de Tessalônica: sua obra de fé, seu trabalho de amor e sua firmeza na esperança. Essas qualidades são explicadas mais adiante neste capítulo onde lemos:

…como, deixando os ídolos, vos convertestes a Deus [esta era sua obra de fé], *para servirdes o Deus vivo e verdadeiro* [seu trabalho de amor] *e para aguardardes dos céus o seu Filho, a quem ele ressuscitou dentre os mortos, Jesus* [sua firmeza, evidenciada por sua esperança na volta

do Filho de Deus], *que nos livra da ira vindoura* (1:9,10).

Curiosamente, essas três qualidades dos tessalonicenses servem como um breve resumo que se encontra no texto dos primeiros três capítulos do livro: a obra da fé (capítulo 1), o trabalho de amor (capítulo 2) e a firmeza na esperança (capítulo 3).

No capítulo 1, Paulo relembra aos tessalonicenses que as palavras que ele lhes falou quando fundou a Igreja não foram palavras de um ser humano:

> *...porque o nosso evangelho não chegou até vós tão somente em palavra, mas, sobretudo, em poder, no Espírito Santo e em plena convicção, assim como sabeis ter sido o nosso procedimento entre vós e por amor de vós* (1:5).

O evangelho que Paulo pregou não veio só em palavras, mas também em poder e no Espírito Santo. Quando os tessalonicenses acreditaram em sua palavra e deixaram sua devoção anterior aos ídolos, eles realizaram a obra da fé. De repente, as pessoas que viviam sem poder receberam o poder. As pessoas que uma vez viviam na desesperança tinham esperança. Elas tinham uma razão para viver, tinham propósito, e tinham o Espírito Santo se manifestando através da vida delas.

No capítulo 2, Paulo nos dá uma maravilhosa descrição do trabalho de amor. Isso não é apenas o trabalho dos tessalonicenses, mas o de Paulo também. Ele escreve:

> *Porque, vos recordais, irmãos, do nosso labor e fadiga; e de como, noite e dia*

TRÊS QUALIDADES ESPIRITUAIS DOS TESSALONICENSES
- Obras de fé
- Trabalho de amor
- Firmeza de esperança

> *labutando para não vivermos à custa de nenhum de vós, vos proclamamos o evangelho de Deus. Vós e Deus sois testemunhas do modo por que piedosa, justa e irrepreensivelmente procedemos em relação a vós outros, que credes. E sabeis, ainda, de que maneira, como pai a seus filhos, a cada um de vós, exortamos, consolamos e admoestamos* (2:9-12).

Este foi o trabalho de amor de Paulo. E os tessalonicenses, evidentemente, fizeram o que Paulo os exortou a fazer, pois ele prossegue dizendo:

> *Tanto é assim, irmãos, que vos tornastes imitadores das igrejas de Deus existentes na Judeia em Cristo Jesus; porque também padecestes, da parte dos vossos patrícios, as mesmas coisas que eles, por sua vez, sofreram dos judeus, os quais não somente mataram o Senhor Jesus e os profetas, como também nos perseguiram, e não agradam a Deus, e são adversários de todos os homens* (2:14,15).

Este é o serviço, o trabalho de amor dos tessalonicenses.

O capítulo 3 diz como Paulo enviou Timóteo aos tessalonicenses, e como este trouxe notícias da perseguição que eles estavam sofrendo — mas, especialmente, de sua paciência e firmeza em meio àquela perseguição. Essa é uma poderosa descrição da firmeza da esperança, que capacitou os tessalonicenses a suportar suas provações com alegria.

Conselhos práticos de como viver

Os capítulos 4 e 5 são divididos em quatro partes curtas que abordam os problemas que os tessalonicenses enfrentavam. A primeira exortação do apóstolo é viver de forma pura no meio de uma sociedade saturada de sexo, e ele começa por lembrar-lhes de que ele já os ensinou a viver:

Finalmente, irmãos, nós vos rogamos e exortamos no Senhor Jesus que, como de nós recebestes, quanto à maneira por que deveis viver e agradar a Deus, e efetivamente estais fazendo, continueis progredindo cada vez mais (4:1).

Paulo não tinha lhes ensinado que deviam viver uma vida boa e pura, como muitas pessoas creem que o cristianismo ensina. O budismo ensina isso. O islamismo ensina isso. A maioria das religiões advoga um estilo de vida moral — e o cristianismo certamente o faz, mas isso não é a sua ênfase principal. O cristianismo não está tão preocupado com regras e leis, mas com um relacionamento. Pelo fato de termos um relacionamento de amor com Deus por meio de Jesus Cristo, naturalmente, queremos agradá-lo.

Bem, qual tipo de vida é essencial para agradar a Deus? Fé! Sem fé é impossível agradar a Deus. Você não pode agradá-lo por seus próprios esforços, lutando para alcançar um padrão moral. Você agrada a Deus dependendo somente dele e permitindo a Ele viver através

de você. A vida do Senhor em nós produz o comportamento que é moralmente puro.

Isso não quer dizer que seremos perfeitos, mas vamos fazer progresso, e a perfeição em Cristo será nossa meta contínua. Se a nossa vida é marcada pela impureza, é um sinal claro de que não estamos manifestando a vida de fé. Como Paulo diz:

Pois esta é a vontade de Deus: a vossa santificação, que vos abstenhais da prostituição; que cada um de vós saiba possuir o próprio corpo em santificação e honra, não com o desejo de lascívia, como os gentios que não conhecem a Deus; e que, nesta matéria, ninguém ofenda nem defraude a seu irmão; porque o Senhor, contra todas estas coisas, como antes vos avisamos e testificamos claramente, é o vingador, porquanto Deus não nos chamou para a impureza, e sim para a santificação. Dessarte, quem rejeita estas coisas não rejeita o homem, e sim a Deus, que também vos dá o seu Espírito Santo (4:3-8).

Isso é o que Deus espera daqueles que estão em um relacionamento vivo com Ele.

A segunda preocupação de Paulo é a questão de viver de forma honesta e produtiva. Como ele diz em 1Ts 4:9-12, devemos mostrar amor para com o outro, e a manifestação prática desse amor é que todos possam se ocupar e trabalhar com suas mãos para que não dependam de ninguém mais para sustento. Deus não quer que incentivemos a preguiça ou subsidiemos pessoas improdutivas. Em vez disso, Paulo diz a cada pessoa para se esforçarem:

Cartas do Senhor

...para ter uma vida tranquila, cuidar dos seus próprios negócios e trabalhar com as próprias mãos, como nós os instruímos; a fim de que andem descentemente aos olhos dos que são de fora e não dependam de ninguém (4:11,12 NVI).

Nossa esperança presente e futura

No versículo 13, chegamos ao grande problema na Igreja de Tessalônica, e também ao tema culminante da carta: a incompreensão dos tessalonicenses sobre a vinda do Senhor e a razão da esperança deles. Os cristãos de Tessalônica tinham a ideia de que quando Jesus Cristo voltasse a Terra pela segunda vez para começar seu reino milenar, aqueles que estivessem vivos entrariam com Ele neste reino. Eles esperavam a volta do Senhor enquanto ainda estivessem vivos. Mas e quanto àqueles que tinham morrido neste meio tempo? Eles não perderiam todos os benefícios e as bênçãos do milênio?

Esse pensamento provavelmente surgiu por causa de um mal-entendido sobre a doutrina da ressurreição. Eles pensavam em termos de apenas uma ressurreição, um único evento que ocorreria no final do milênio, quando os mortos seriam ressuscitados, bons e maus de igual forma, para estar diante do tribunal de Deus. E há passagens, é claro, que falam de uma ressurreição que virá no final do milênio. Paulo indica que a ressurreição não ocorre em um único evento, mas que grupos de cristãos são ressuscitados em vários momentos. Observe seu argumento:

Não queremos, porém, irmãos, que sejais ignorantes com respeito aos que dormem, para não vos entristecerdes como os demais,

que não têm esperança. Pois, se cremos que Jesus morreu e ressuscitou, assim também Deus, mediante Jesus, trará, em sua companhia, os que dormem (4:13,14).

Em outras palavras, aqueles que morreram em Cristo vão ser ressuscitados; e voltarão com Jesus quando Ele retornar para estabelecer o Seu reino milenar. Mas isso apresenta outro problema: Como eles voltarão com Jesus em forma corpórea, quando seus corpos foram colocados na sepultura? Que garantia os cristãos podem ter de que esta afirmação é verdadeira? "Ah", diz o apóstolo Paulo, "deixe-me dar-lhe uma revelação que recebi do Senhor!":

Ora, ainda vos declaramos, por palavra do Senhor, isto: nós, os vivos, os que ficarmos até à vinda do Senhor, de modo algum precederemos os que dormem. Porquanto o Senhor mesmo, dada a sua palavra de ordem, ouvida a voz do arcanjo, e ressoada a trombeta de Deus, descerá dos céus, e os mortos em Cristo ressuscitarão primeiro; depois, nós, os vivos, os que ficarmos, seremos arrebatados juntamente com eles, entre nuvens, para o encontro do Senhor nos ares, e, assim, estaremos para sempre com o Senhor. Consolai-vos, pois, uns aos outros com estas palavras (4:15-18).

Paulo está descrevendo um aspecto do retorno do Senhor que ocorre antes que Ele estabeleça o reino milenar. Cristo virá para o Seu povo, a fim de reunir os que são Seus para estar com Ele, em Sua presença, antes do Seu retorno final para estabelecer o Seu reino. Este primeiro evento é chamado de

Aventurando-se através da Bíblia   757

Parousia em grego, e não se refere à segunda vinda de Cristo. Na *Parousia*, os mortos em Cristo serão ressuscitados, para que todos nós estejamos com Ele quando Ele estiver pronto para retornar e estabelecer o Seu reino. Os tessalonicenses que perderam entes queridos não precisavam lamentar por aqueles que tinham morrido, porque os que morreram em Cristo precederão aqueles que estiverem vivos quando o Senhor vier para os Seus.

Ao comparar esta passagem com outras passagens do Antigo e Novo Testamentos, sabemos que, entre essa *Parousia* e a segunda vinda do Senhor para estabelecer o Seu reino, haverá um período de sete anos de grande tribulação mundial. Paulo prossegue falando desse período no capítulo 5:

Irmãos, relativamente aos tempos e às épocas, não há necessidade de que eu vos escreva; pois vós mesmos estais inteirados com precisão de que o Dia do Senhor vem como ladrão de noite (5:1,2).

Ninguém pode definir uma data para esse evento. Acontecerá de repente e rapidamente. E quando o Senhor vier na *Parousia*, duas grandes sequências de eventos serão colocadas em movimento. O Senhor começará uma série de ocorrências em que todos os cristãos serão arrebatados para estar com Ele, e, ao mesmo tempo, Ele começará outra série de eventos na Terra conhecida como a grande tribulação — ou, como é chamado no Antigo Testamento, o Dia do Senhor.

Há dois "dias" que precisamos distinguir nas Escrituras: o Dia do Senhor e o Dia de Cristo. Ambos começam exatamente ao mesmo tempo, mas dizem respeito a dois grupos distintos de pessoas. O Dia de Cristo refere-se aos cristãos, ao passo que o Dia do Senhor se refere ao que vai acontecer com os incrédulos durante esse tempo.

Minha convicção pessoal, com base nos meus estudos das Escrituras, é que quando o Senhor vier para os Seus, quando os mortos em Cristo ressuscitarem e quando nós, os vivos, formos arrebatados com eles para estarmos com o Senhor, *nós não deixaremos este planeta*. Ficaremos aqui com o Senhor, administrando visivelmente os acontecimentos do período da tribulação à medida que eles se tornam julgamento sobre os vivos que permanecem na Terra. As cenas terríveis daquele dia são vividamente retratadas no livro de Apocalipse.

O apóstolo Paulo diz aos cristãos tessalonicenses que ninguém sabe quando isso vai acontecer:

Quando andarem dizendo: Paz e segurança, eis que lhes sobrevirá repentina destruição, como vêm as dores de parto à que está para dar à luz; e de nenhum modo escaparão. Mas vós, irmãos, não estais em trevas, para que esse Dia como ladrão vos apanhe de surpresa (5:3,4).

Esse dia surpreenderá as pessoas do mundo como um ladrão — mas ele não precisa nos surpreender, porque nós o aguardamos. Como podemos ter certeza de que não nos surpreenderemos com esses eventos? A resposta, diz Paulo, é ficar acordado:

Assim, pois, não durmamos como os demais; pelo contrário, vigiemos e sejamos sóbrios. Ora, os que dormem dormem de noite, e os que se embriagam é de noite que se embriagam (5:6,7).

Devemos permanecer acordados, sóbrios e alertas. Jamais presuma que a vida está simplesmente acontecendo como de costume. Devemos estar cientes do que Deus está fazendo ao longo da história, e devemos agir em conformidade com isso. Esses sinais nos são dados nas Escrituras para que possamos estar espiritualmente preparados e não para que não sejamos pegos de surpresa, como Paulo nos diz:

Nós, porém, que somos do dia, sejamos sóbrios, revestindo-nos da couraça da fé e do amor e tomando como capacete a esperança da salvação (5:8).

Paulo não está falando aqui sobre a salvação do inferno. Ele está se referindo à salvação que está para vir — a que nos livra da ira de Deus durante o tempo do julgamento. Ele prossegue dizendo:

...porque Deus não nos destinou para a ira, mas para alcançar a salvação mediante nosso Senhor Jesus Cristo, que morreu por nós para que, quer vigiemos, quer durmamos, vivamos em união com ele. Consolai-vos, pois, uns aos outros e edificai-vos reciprocamente, como também estais fazendo (5:9-11).

Aqui estava a resposta completa à aflição dos tessalonicenses. Eles não precisavam ficar desencorajados ou amedrontados. Ao contrário, eles podiam continuar com suas vidas, confiando que Deus estava no comando de todos os assuntos relativos à vida, à morte e ao

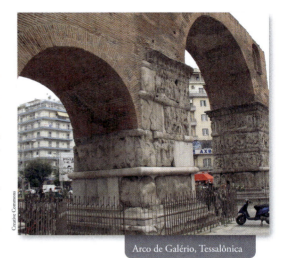

Arco de Galério, Tessalônica

além. E que, embora os tempos fossem extremamente perigosos, eles podiam se ocupar com a obra do Senhor, sabendo que estavam investindo num futuro certo.

Vivendo em paz

A parte final dessa carta fala de viver com confiança e de viver pacificamente em meio a condições problemáticas e incertas:

Agora, vos rogamos, irmãos, que acateis com apreço os que trabalham entre vós e os que vos presidem no Senhor e vos admoestam; e que os tenhais com amor em máxima consideração, por causa do trabalho que realizam. Vivei em paz uns com os outros (5:12,13).

Estava se desenvolvendo animosidade entre alguns líderes da Igreja, por isso é que Paulo diz "...lembrem-se de que essas pessoas estão preocupadas com o bem-estar de suas almas, e, embora eles tenham que falar de forma contundente às vezes, não é porque querem feri-los, mas ajudá-los. Lembrem-se disso e vivam

Antigas muralhas bizantinas, Tessalônica

em paz com eles e uns com os outros. Amem seus líderes, porque eles os servem".

Paulo prossegue com admoestações contra a ociosidade, encorajamento aos temerosos, ajuda aos necessitados e paciência com todos. Então, vem a admoestação mais importante de todas:

> *Evitai que alguém retribua a outrem mal por mal; pelo contrário, segui sempre o bem entre vós e para com todos* (5:15).

Este é um dos mandamentos mais frequentemente quebrados nas Escrituras. Havia um famoso adesivo de carro que dizia: "Não fique zangado, vingue-se", e muitos cristãos obedecem a este adesivo em vez de obedecer a Palavra de Deus. Pagar o mal com o mal não tem lugar na Igreja, o Corpo de Cristo. Se formos imitadores de Cristo, exemplificando Seu evangelho, devemos então praticar a virtude do perdão em todos os momentos.

Paulo então passa a dizer aos tessalonicenses para se alegrar, orar continuamente e dar graças. Depois de várias outras admoestações, sua oração final por eles — e para todos os cristãos que leem esta carta poderosa, incluindo você e eu — é esta bela oração:

> *O mesmo Deus da paz vos santifique em tudo; e o vosso espírito, alma e corpo sejam conservados íntegros e irrepreensíveis na vinda de nosso Senhor Jesus Cristo* (5:23).

Essas palavras resumem o grande e abrangente tema de 1 Tessalonicenses, pois elas resumem a esperança de todos os cristãos: Um dia todos nós estaremos diante de Deus, e todo o nosso espírito, alma e corpo serão irrepreensíveis naquele dia, graças ao que Jesus Cristo fez por nós.

Que benção, e que esperança!

PERGUNTAS PARA DISCUSSÃO

1 TESSALONICENSES
Esperança para um mundo desesperançado

1. Leia 1Ts 1. Paulo descreve a fé e o caráter dos cristãos de Tessalônica em termos elogiosos. Liste alguns dos atributos louváveis destes crentes. Sua igreja é caracterizada por esses atributos? Sua vida é caracterizada por esses atributos? Por quê?

2. Ao ler a descrição de Paulo dos cristãos tessalonicenses, que sinais ou evidências da ação do Espírito Santo você vê na vida deles?

3. Veja 1Ts 2. Nesse capítulo, Paulo escreve sobre duas obras de amor: sua própria obra de amor pelos tessalonicenses e a obra de amor dos tessalonicenses por Jesus. Quais são as marcas ou evidências do amor de Paulo? Quais são as evidências do amor dos tessalonicenses?

4. Leia 1Ts 4:1-12. Aqui, Paulo encoraja os cristãos de Tessalônica a viver para agradar a Deus. Quais instruções Paulo lhes dá a este respeito? Como Paulo esperava que esses cristãos apresentassem vidas santas, uma vez que viviam em uma cidade onde a tentação ao pecado era grande? Como os cristãos podem viver em santidade hoje em um ambiente que está saturado com a imoralidade na mídia de entretenimento, na internet e em toda a cultura?

5. Veja 1Ts 4:13-18. Discorra, em suas próprias palavras sobre o que Paulo diz que acontecerá quando o Senhor voltar. Estas palavras de Paulo lhe trazem conforto e encorajamento? Por quê? Qual é a base da nossa esperança relacionada a volta do Senhor?

6. Leia 1Ts 5:1-11. Segundo Paulo, em que data e a hora exatas o Senhor voltará (veja Mc 13:32)? Como podemos ter certeza de que estamos prontos para a volta do Senhor? O que esse dia significará para a humanidade em geral? O que esse dia significará para os cristãos? O que devemos fazer com as informações que Paulo nos fornece nestes versículos?

Aventurando-se através da Bíblia

APLICAÇÃO PESSOAL

7. Veja 1Ts 5:12-28. Como devemos viver à luz do futuro retorno do Senhor? Quais conselhos práticos Paulo dá aos cristãos de Tessalônica sobre como viver para Cristo em tempos de incerteza?

Considerando sua própria caminhada de fé, em qual dessas ações você se destaca? Em qual delas falha? Quais passos específicos você pode tomar esta semana para se tornar um cristão mais completo que se destaca em todas essas ações?

8. Essa carta aos tessalonicenses traz esperança. Como está seu nível de esperança neste momento? Em meio a todas as pressões, tentações e provações da vida, você está fortemente alicerçado na esperança que tem em Jesus Cristo, especialmente na esperança de Sua volta? Essa esperança o encoraja, lhe dá energia e poder para sua fé? Por quê?

Quais passos você pode tomar esta semana para recarregar suas "baterias de esperança"?

Observação: Para uma pesquisa mais aprofundada das epístolas de 1 e 2 Tessalonicenses, leia *Waiting for the Second Coming: Studies in Thessalonians* (Esperando pela segunda vinda: Estudos em Tessalonicenses), Ray C. Stedman, (Discovery House Publishers, 1990.)

2 TESSALONICENSES

CAPÍTULO 63

Detendo a iniquidade

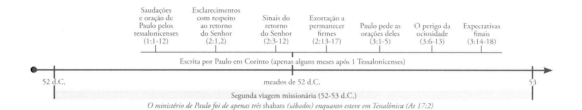

Antes de Jesus Cristo deixar esta Terra, Ele disse que retornaria — mas que, antes de Seu retorno, haveria um tempo de provação, perseguição e iniquidade generalizada. Os fundamentos sociais seriam destruídos e a violência se tornaria tão generalizada que o coração das pessoas, literalmente, desfaleceria por causa do medo dos acontecimentos futuros. Seria um tempo de tribulação global, disse Jesus, "como desde o princípio do mundo até agora não tem havido e nem haverá jamais" (Mt 24:21).

Como os cristãos de Tessalônica estavam passando por um tempo de provação, muitos pensaram que já estivessem experimentando esse tempo predito de tribulação. O apóstolo Paulo escreveu essa segunda carta para corrigir alguns mal-entendidos que eles tinham sobre o Dia do Senhor.

Essa carta tem apenas três capítulos, e cada um é a correção de uma atitude comum que muitas pessoas, mesmo hoje, têm sobre os tempos turbulentos.

Encorajamento para provações e perseguição

O primeiro capítulo dessa carta é dedicado ao desânimo em tempos de provação. Os cristãos de Tessalônica estavam passando por perseguição, e embora eles estivessem suportando-a notavelmente bem, muitos estavam ficando desencorajados. "Por que tentar mais?", murmuravam. "Não há justiça. Tudo está sempre contra nós."

Como antídoto para essa atitude, Paulo os lembra de que chegará o dia quando Deus acertará as contas e irá recompensá-los por seus sofrimentos:

...a tal ponto que nós mesmos nos gloriamos de vós nas igrejas de Deus, à vista da vossa constância e fé, em todas as vossas perseguições e nas tribulações que suportais, sinal evidente do reto juízo de Deus, para

> **OBJETIVOS DO CAPÍTULO**
>
> Este capítulo explora os dois principais objetivos de 2 Tessalonicenses: (1) Encorajar os cristãos tessalonicenses em tempo de provação e pressão, e (2) ajudá-los a compreender os sinais e acontecimentos em torno do Dia do Senhor, que há tanto tempo vinha sendo profetizado. Paulo queria que os cristãos naquela igreja estivessem bem supridos de esperança como um escudo contra a crescente perseguição que enfrentavam. Esta mensagem de esperança é tão oportuna hoje como era há 20 séculos.

que sejais considerados dignos do reino de Deus, pelo qual, com efeito, estais sofrendo; se, de fato, é justo para com Deus que ele dê em paga tribulação aos que vos atribulam e a vós outros, que sois atribulados, alívio juntamente conosco, quando do céu se manifestar o Senhor Jesus com os anjos do seu poder (1:4-7).

Nos Estados Unidos não passamos por muita perseguição durante os primeiros 200 e poucos anos de nossa história, embora hoje possamos ver indicações de que um tempo de perseguição possa ser iminente. Nossa cultura, meios de comunicação, tribunais e governo desafiam cada vez mais nossa liberdade religiosa, bem como a nossa fé cristã e moralidade. Em muitas partes do mundo, os cristãos sofrem e morrem devido a sua fé, e poderá chegar um dia quando nós, também, teremos que escolher entre permanecer firmes na fé e por nossa própria vida. Se esse dia chegar, iremos apreciar plenamente o significado das palavras de Paulo nessa carta.

Paulo lembra aos tessalonicenses que Deus não se esqueceu deles e que, por fim, Sua vontade e julgamento irão prevalecer.

Quando as pessoas passam por um momento de grande perseguição, elas dizem: "Será que não chegará o dia quando essa injustiça será reparada? Como Hitler pôde escapar da punição por ter matado milhões de judeus? Como Stalin conseguiu escapar da punição por ter matado tantos de seu próprio povo? Por que ditadores e líderes corruptos permanecem no poder? Por que Deus não pune esses malfeitores agora? Por que Ele espera tanto para acertas as coisas?".

Mas Paulo diz: "Tenham fé! Sejam pacientes! Está chegando o dia quando uma recompensa tripla será efetuada: *Primeiro*, os cristãos serão recompensados por seus sofrimentos, porque essas provações estabelecem sua resistência e os tornam dignos do reino de Deus que está por vir. *Segundo*, os incrédulos serão recompensados por sua incredulidade e más obras. *Terceiro*, o próprio Senhor será recompensado, pois Ele será *glorificado nos seus santos* e será *admirado em todos os que creram*. Isso inclui você, "porquanto foi crido entre vós o nosso testemunho" (2Ts 1:10).

Note que Paulo não diz que Deus vai ser glorificado *por* Seu povo, mas *em* Seu povo, quando Ele infundir Seu caráter em nossa vida para todo o mundo ver. Não é uma questão de louvor a ser oferecido a Deus pelos nossos lábios, mas de Deus receber glória no mundo à medida que Sua personalidade for vivida através do exemplo silencioso de nossa vida. Essa é uma das formas mais poderosas pela qual Deus é glorificado.

Agora, vamos dar uma olhada mais de perto no pagamento que os incrédulos receberão. Esse pagamento é o que a Bíblia chama de "inferno". Muitas pessoas veem o inferno como uma fornalha ardente onde as pessoas acorrentadas passam pelo tormento de serem continuamente queimadas pelo fogo. A Bíblia faz uso de símbolos do inferno que apoiam essa ideia, mas creio que a compreensão mais literal que podemos ter deste lugar é que é uma condição de estar para sempre excluído da presença do Senhor.

Deus é a fonte de tudo que é bom: beleza, verdade, vida, amor, alegria, paz, graça, força e perdão. Todas essas coisas só podem vir de Deus, e se alguém escolher o pecado e a

A CARTA DE 2 TESSALONICENSES

O encorajamento de Paulo para momentos de provação
(2 Tessalonicenses 1)

Gratidão de Paulo pelos tessalonicenses.. 1:1-4

Encorajamento para provações e perseguição.. 1:5-10

A oração de Paulo pela bênção de Deus...1:11,12

O Dia do Senhor (2 Tessalonicenses 2)

Sinais da proximidade do Dia do Senhor 2:1-7

A segunda vinda de Cristo 2:8-12

A esperança do cristão no Dia do Senhor... 2:13-17

A conduta dos cristãos sob pressão (2 Tessalonicenses 3)

Paciência; evitar a desordem.. 3:1-15

Conclusão.. 3:16-18

Aventurando-se através da Bíblia

vontade própria em detrimento dessas coisas boas, Deus por fim dirá: "Tenho procurado dar-lhe o meu melhor, mas você prefere o pior. Que seja como você quer". Quando essa pessoa receber o que exigiu ao longo da vida, isso será o inferno.

Explicação sobre o Dia do Senhor

No início de 2Ts 2, Paulo aborda os medos dos cristãos de Tessalônica:

Irmãos, no que diz respeito à vinda de nosso Senhor Jesus Cristo e à nossa reunião com ele, nós vos exortamos a que não vos demovais da vossa mente, com facilidade, nem vos perturbeis, quer por espírito, quer por palavra, quer por epístola, como se procedesse de nós, supondo tenha chegado o Dia do Senhor (2:1,2).

Os tessalonicenses, que já estavam passando por perseguição, tinham evidentemente recebido uma carta de alguém que assinara o nome de Paulo, dizendo-lhes que o Dia do Senhor havia chegado, e que os tempos iriam de mal a pior. Então, Paulo lhes diz: "não se deixem abalar pelo que está acontecendo ou por pessoas que estão tentando alarmá-los".

Paulo os lembra de que ele já havia explicado a diferença entre o Dia do Senhor e o tempo da vinda do Senhor para reunir o Seu povo para estar com Ele. Quando o Senhor vier para o Seu povo, Ele descerá do Céu com alarido e a voz do arcanjo e a trombeta de Deus. Os mortos em Cristo serão ressuscitados, e nós, que permanecemos vivos, seremos arrebatados juntamente com eles, nas nuvens,

para encontrar o Senhor nos ares. Esse é o nosso encontro com Jesus.

Mas o Dia do Senhor, o momento terrível de julgamento, é um evento completamente diferente. Tendo apresentado o assunto do Dia do Senhor, Paulo prossegue lhes dizendo como será esse dia e como eles podem dizer que ele está chegando:

Ninguém, de nenhum modo, vos engane, porque isto não acontecerá sem que primeiro venha a apostasia e seja revelado o homem da iniquidade, o filho da perdição, o qual se opõe e se levanta contra tudo que se chama Deus ou é objeto de culto, a ponto de assentar-se no santuário de Deus, ostentando-se como se fosse o próprio Deus (2:3,4).

Creio que a palavra *apostasia* utilizada em algumas traduções é enganosa. Traduzido literalmente, a palavra original no grego significa "uma partida". Muitos tradutores tomaram essa palavra para sugerir um afastamento da fé — isto é, apostasia. Eu não concordo. Creio que essa partida se refere à saída da Igreja, quando Jesus vier para reunir o Seu povo a Ele mesmo.

Considero essa uma passagem incrível, especialmente quando a ligamos com o restante das Escrituras, como os evangelhos. Quando Jesus estava aqui, Ele ofereceu-se ao povo judeu como o Messias prometido, e a maioria deles o rejeitou. Isso é o que João diz nos versículos iniciais de seu evangelho: "Veio para o que era seu, e os seus não o receberam" (Jo 1:11). E isto é o que Jesus disse ao povo: "Eu vim em nome de meu Pai, e não me recebeis; se outro vier em seu próprio nome, certamente, o recebereis" (Jo 5:43).

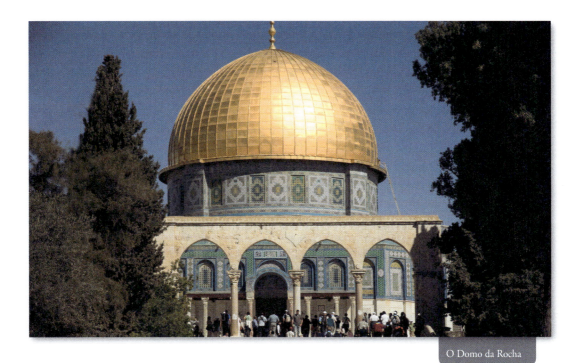

O Domo da Rocha

Quem é esta pessoa sobre quem Jesus está falando, esse "outro" que viria em seu próprio nome e seria aceito onde o próprio Messias fora rejeitado? É a mesma pessoa sobre quem Paulo fala, aquele a quem chama de *homem da iniquidade. [...] o filho da perdição*. Quem é este homem da iniquidade?

Paulo nos diz que ele será um indivíduo totalmente alheio a Deus, mas tão notável que as pessoas vão realmente aceitá-lo como um ser divinamente capacitado. Ele terá poderes extraordinários de comunicação e persuasão, e as pessoas ao vê-lo acreditarão que o mal é bom. O mundo está sedento para seguir tal líder. Mesmo os diplomatas, políticos e líderes de hoje estão à procura de um único líder que possa unir e trazer a paz ao mundo. Este homem da iniquidade será revelado no Templo de Deus em Jerusalém, diz Paulo.

Quando Paulo escreveu esta carta em mais ou menos 52 d.C., o Templo em Jerusalém ainda estava de pé; mas em 70 d.C., ele foi destruído, e nunca mais foi reconstruído. Na verdade, um grande local sagrado islâmico, o Domo da Rocha, agora se localiza onde o Templo costumava estar. As Escrituras predizem que os judeus encontrarão uma maneira de reconstruir outro Templo em Jerusalém, onde o Domo da Rocha está agora. Nesse futuro Templo, o homem da iniquidade vai tomar o seu lugar. Paulo prossegue dizendo:

Não vos recordais de que, ainda convosco, eu costumava dizer-vos estas coisas? E, agora, sabeis o que o detém, para que ele seja revelado somente em ocasião própria. Com efeito, o mistério da iniquidade já opera e aguarda somente que seja afastado aquele que agora o detém, então, será, de fato,

Aventurando-se através da Bíblia   767

revelado o iníquo, a quem o Senhor Jesus matará com o sopro de sua boca e o destruirá pela manifestação de sua vinda (2:5-8).

Esse mistério, "o poder secreto da iniquidade", tem confundido nossos líderes mundiais e pensadores ao longo dos séculos. Como o embaixador das Filipinas para os Estados Unidos, Carlos Romulo, disse certa vez: "Aproveitamos o poder do átomo, mas como podemos refrear as paixões dos homens?". O espírito da iniquidade e do desejo pelo poder se coloca como o maior perigo para qualquer nação. De fato, nesta época de armas de destruição em massa, ele ameaça toda a raça humana.

Mas Paulo diz que algo está detendo o poder da iniquidade, impedindo a total anarquia. Jesus deixou claro qual era essa força de detenção: "Vós sois o sal da terra", disse Ele. "Vós sois a luz do mundo" (Mt 5:13,14). O sal impede que a corrupção se espalhe. A luz dissipa a escuridão. Portanto, é a presença do povo de Deus na Terra que detém o poder secreto da iniquidade e do mal.

No entanto, precisamos entender que não somos nós que detemos a escuridão, mas é o Espírito de Deus que vive em nós e age por nosso intermédio. Assim, devemos ter certeza de que o Espírito Santo é dono de tudo o que há em nós, para que Ele possa estar totalmente presente no mundo guardando-o contra a corrupção e iluminando seus cantos escuros.

"O mistério da iniquidade já opera", diz Paulo, "mas aquele que agora o detém [o Espírito Santo] aguarda somente que seja afastado" (2Ts 2:7). Quando Jesus vier para reunir Seu povo fora deste mundo, o Espírito Santo — que vive em todos nós que somos

seguidores de Jesus Cristo — será removido do mundo. A força de detenção irá embora. A iniquidade reinará sobre a Terra, mas apenas por um breve período de tempo. No final desse período, o homem da iniquidade, o Anticristo, será derrotado e o reino do mal chegará ao fim. Como Paulo escreve:

...então, será, de fato, revelado o iníquo, a quem o Senhor Jesus matará com o sopro de sua boca e o destruirá pela manifestação de sua vinda. Ora, o aparecimento do iníquo é segundo a eficácia de Satanás, com todo poder, e sinais, e prodígios da mentira, e com todo engano de injustiça aos que perecem, porque não acolheram o amor da verdade para serem salvos. É por este motivo, pois, que Deus lhes manda a operação do erro, para darem crédito à mentira, a fim de serem julgados todos quantos não deram crédito à verdade; antes, pelo contrário, deleitaram-se com a injustiça (2:8-12).

Deus plantou a verdade dentro de cada ser humano, no entanto, alguns optam por acreditar na mentira. Assim, Deus os entrega a uma ilusão poderosa, e aqueles que voluntariamente sentem prazer com a maldade permanecem atolados na mentira, até o seu autoengano e autodestruição estarem completos. A vinda de Jesus, o Filho do Homem, que destruirá o destruidor e a mentira — e todos aqueles que nela acreditam.

A conduta dos cristãos sob pressão

O capítulo 3 trata da conduta dos cristãos durante a perseguição e a pressão. Certas pessoas em Tessalônica estavam dizendo: "Por que não esperar até Jesus voltar por nós?

Por que deveríamos nos preocupar em ganhar a vida? Vamos apenas nos divertir e esperar por Sua vinda". Paulo lhes diz:

Nós vos ordenamos, irmãos, em nome do Senhor Jesus Cristo, que vos aparteis de todo irmão que ande desordenadamente e não segundo a tradição que de nós recebestes (3:6).

A declaração de Paulo é ocasionada por fatos que ele descreve mais tarde:

Pois, de fato, estamos informados de que, entre vós, há pessoas que andam desordenadamente, não trabalhando; antes, se intrometem na vida alheia. A elas, porém, determinamos e exortamos, no Senhor Jesus Cristo, que, trabalhando tranquilamente, comam o seu próprio pão. E vós, irmãos, não vos canseis de fazer o bem (3:11-13).

À medida que ficamos mais perto do tempo da volta de Cristo, diz Paulo, continuem a viver normalmente, continuem trabalhando, continuem arcando com suas responsabilidades. A vida cristã é normal, natural, e envolve o cumprimento de todas as responsabilidades que Deus coloca sobre nós. Portanto, Paulo rejeita o fanatismo irracional que diz: "Vamos largar tudo e esperar até que Jesus nos leve". Isso não é nem realista nem espiritual. É apenas preguiça e tolice. Ninguém sabe quando Jesus voltará. Apesar de muitos sinais parecerem indicar que o Seu retorno é iminente, Ele pode não vir nos próximos mil ou dez mil anos. Só Deus, o Pai, sabe o dia e a hora do retorno do Senhor.

Muitos cristãos de Tessalônica tinham sido enganados anteriormente por uma carta forjada que aparentava ser de Paulo. Para ter a certeza de que isso não aconteça novamente, Paulo lhes dá uma amostra da escrita de seu próprio punho:

A saudação é de próprio punho: Paulo. Este é o sinal em cada epístola; assim é que eu assino. A graça de nosso Senhor Jesus Cristo seja com todos vós (3:17,18).

Com essas palavras, Paulo fecha essa carta prática, poderosa e oportuna — até mesmo em nossos próprios dias e época. A aplicação prática dessa carta é a seguinte: o povo de Deus é chamado para ser aquele que detém a iniquidade, mas para isso, devemos permitir que Deus reine completamente em nossa vida. Se agirmos, mesmo que seja com o menor grau de iniquidade, como poderemos deter a iniquidade deste mundo? A medida com que subjulgarmos a iniquidade do nosso próprio coração determinará quão efetivamente Deus pode nos usar para deter a iniquidade deste mundo.

Depois de todos esses anos, a esperança da Igreja não diminuiu. Jesus está voltando, e nossa tarefa é trabalhar, vigiar, esperar pacientemente e ter esperança até ouvirmos o brado de triunfo e vê-lo vindo nas nuvens para nos buscar.

Aventurando-se através da Bíblia

PERGUNTAS PARA DISCUSSÃO

2 TESSALONICENSES
Detendo a iniquidade

1. Leia 2Ts 1:5-10. O que Paulo oferece como conforto para os sofrimentos pelos quais os tessalonicenses estavam passando?

2. Veja 2Ts 1:11,12. Como Paulo ora pelos tessalonicenses? O que podemos aprender com essa oração?

3. Leia 2Ts 2:1,2. Que conselho Paulo dá para os momentos quando as pessoas ouvirem rumores inquietantes ou profecias alarmantes sobre a volta do Senhor?

4. Qual é a diferença entre o dia da volta do Senhor para reunir a Igreja e o Dia do Senhor profetizado por tanto tempo?

O autor argumenta que a palavra "apostasia" em 2:3 deveria ser traduzida como "partida", e é uma referência à partida da Igreja quando Jesus levar Seu povo para fora do mundo. Uma vez que o Espírito Santo vive no povo de Deus, quando eles forem removidos do mundo, o Espírito Santo deixará o mundo e o "homem da iniquidade", o Anticristo, será revelado. Você concorda ou não com esta interpretação? Explique sua resposta.

Quem será enganado naquele dia? Por que eles serão enganados?

5. Veja 2Ts 2:13-17. Qual é a essência da mensagem de Paulo aos tessalonicenses nesses versículos? O que ele os encoraja a fazer? Qual é a oração dele por eles?

6. Leia 2Ts 3:6-15. Por que Paulo emitiu uma forte advertência contra a ociosidade? Essa passagem dá a impressão de que este era um grande problema na igreja de Tessalônica? Essa mensagem é relevante para os tempos em que vivemos hoje? Por quê?

Cartas do Senhor

APLICAÇÃO PESSOAL

7. As profecias bíblicas sobre o retorno do Senhor nos enchem de ansiedade ou expectativa? Como a esperança do retorno de Jesus afeta a sua fé?

8. Compare 2Ts 3:6-15 com Cl 3:23. Isso o ajuda em sua caminhada de fé por saber que o seu trabalho diário e as tarefas rotineiras são uma forma de serviço ao Senhor? As palavras de Paulo nessa carta o ajudam a ver o valor e a honra de simplesmente trabalhar para viver e se comportar como um cidadão responsável em sua sociedade? Como essa percepção afeta a maneira como você lida com suas tarefas diárias e sua carreira?

9. Você está enfrentando alguma pressão, perseguição, ou tentação semelhante àquelas sofridas pelos cristãos tessalonicenses? Os amigos no trabalho ou na escola o ridicularizam ou o atacam por causa de sua fé? As palavras de encorajamento de Paulo o ajudam em sua luta para manter seu testemunho, sua integridade e sua confiança em Deus? Explique sua resposta.

Observação: Para uma pesquisa mais aprofundada das epístolas de 1 e 2 Tessalonicenses, leia *Waiting for the Second Coming: Studies in Thessalonians* (Aguardando a segunda vinda: Estudos em Tessalonicenses), Ray C. Stedman (Discovery House Publishers, 1990).

Aventurando-se através da Bíblia

Passarela em mosaico, próximo ao mar. Cesareia

1 TIMÓTEO

Como edificar a Igreja

CAPÍTULO 64

O que acontece quando os cristãos se reúnem na igreja? Charles Swindoll responde essa pergunta em seu livro *Come Before Winter and Share My Hope* (Venha antes do inverno e compartilhe da minha esperança):

> Até domingo. É quando o Corpo e o Cabeça se encontram para celebrar esta união misteriosa... quando pessoas muito comuns como nós se reúnem em torno daquele que é o mais importante. Para culto. Para encorajamento. Para instrução. Para expressão. Para apoio. Para a realização de um papel dado por Deus, que nunca será igualado ou superado na Terra — mesmo que seja a coisa que o mundo ao nosso redor considera estranho e fraco (Charles R. Swindoll II, *Come Before Winter and Share My Hope* [Wheaton, IL: Tyndale, 1985], 403-4).

Sim! Embora o mundo realmente considere a Igreja "estranha e fraca", sabemos que a Igreja é o instrumento mais poderoso na história da humanidade. O próprio Jesus disse: "...sobre esta pedra edificarei a minha Igreja, e as portas do inferno não prevalecerão contra ela" (Mt 16:18).

Na primeira carta de Paulo a Timóteo, recebemos um conjunto de instruções detalhadas, um projeto de construção nos mostrando como construir a Igreja. O próprio Jesus é o arquiteto, o mestre de obras, mas nós somos os carpinteiros, pedreiros, pintores e colocadores de piso. Assim, se queremos construir a Sua Igreja de uma forma que o agrade, é melhor lermos o projeto que Ele nos deu — este encontra-se em 1 Timóteo.

OBJETIVOS DO CAPÍTULO

Este capítulo examina o projeto de construção de Deus para construirmos uma igreja funcional e saudável — regras para o culto, papéis dos líderes e obreiros, como se proteger contra falsos ensinamentos, como disciplinar o comportamento pecaminoso, como cuidar de pessoas necessitadas e como evitar o favoritismo e tratamento injusto de membros da igreja. Em 2 mil anos, o padrão para uma igreja saudável não mudou.

As cartas de Paulo a Timóteo

Paulo escreveu duas cartas a Timóteo, um jovem que ele tinha ganhado para Cristo quando pregou em Listra. A segunda foi, sem dúvida, a última carta que temos escrita por sua pena. A primeira foi escrita alguns anos antes, provavelmente imediatamente depois que o apóstolo Paulo foi preso em Roma pela primeira vez.

Timóteo provavelmente não tinha mais do que 16 anos no momento em que encontrou Cristo, e tinha 20 e poucos anos ou 30 quando 1 Timóteo foi escrita. Timóteo acompanhou Paulo em sua segunda viagem missionária e foi um ministro fiel e filho na fé para o resto da vida de Paulo.

A primeira carta a Timóteo é uma das três cartas pastorais no Novo Testamento — cartas escritas do ponto de vista de um pastor; as outras duas são 2 Timóteo e Tito. Nessas cartas, Paulo expressa seus pensamentos íntimos aos jovens que ele mentoreou durante o ministério, ambos que frequentemente o acompanharam em suas viagens.

Apesar de seu relacionamento de professor-mentor e de pai-filho com Timóteo, Paulo começa ambas as cartas com declarações semelhantes e um tanto formais:

Paulo, apóstolo de Cristo Jesus, pelo mandato de Deus, nosso Salvador, e de Cristo Jesus, nossa esperança (1:1).

Paulo, apóstolo de Cristo Jesus, pela vontade de Deus, de conformidade com a promessa da vida que está em Cristo Jesus (2Tm 1:1).

Timóteo certamente não precisava do lembrete de que Paulo era um apóstolo de Cristo Jesus; ele conhecia bem a posição de Paulo. Mas Paulo esperava que essas cartas fossem lidas por mais leitores do que apenas por

2.ª VIAGEM MISSIONÁRIA DE PAULO

A CARTA DE 1 TIMÓTEO

Doutrinas verdadeiras e falsas (1 Timóteo 1)

O perigo da falsa doutrina; ensinar a verdade 1:1-17

Combater o bom combate, manter a fé 1:18-20

Culto na Igreja (1 Timóteo 2)

Regras para o culto público; o papel das mulheres 2

Liderança eclesiástica (1 Timóteo 3)

Qualificações dos líderes da Igreja (bispos e diáconos) 3:1-13

Conduta na casa de Deus.. 3:14-16

Advertências contra falsos mestres (1 Timóteo 4)

Comparação entre os falsos e os verdadeiros mestres 4:1-10

Não negligencie o dom de Deus.. 4:11-16

A disciplina eclesiástica (1 Timóteo 5)

Tratamento para todas as pessoas 5:1,2

Tratamento para as viúvas 5:3-16

Tratamento para os anciãos 5:17-20

Evitar preconceito na disciplina eclesiástica 5:21-25

As motivações de um líder eclesiástico (1 Timóteo 6)

Exortações aos servos 6:1,2

Piedade com contentamento é lucro 6:3-16

Exortação aos ricos.. 6:17-19

Guardar o que lhes foi confiado 6:20,21

Aventurando-se através da Bíblia

Timóteo. Suas cartas anteriores tinham frequentemente circulado entre as igrejas, e ele sabia que essas cartas também circulariam. Portanto, é com a autoridade de um apóstolo que Paulo começa essas duas cartas.

O esboço de 1 Timóteo

A primeira carta de Paulo a Timóteo diz respeito ao próprio ministério da Igreja: seu caráter, sua natureza e sua função no mundo. Sua segunda carta refere-se à mensagem que a Igreja deve transmitir ao mundo — o evangelho de Jesus Cristo — e o relacionamento de Timóteo com essa mensagem.

A verdadeira Igreja cristã e o verdadeiro amor cristão

Dois temas se entrelaçam em 1 Timóteo: a verdadeira natureza da Igreja cristã e a verdadeira natureza do amor cristão. A

O QUE É UM APÓSTOLO?

Os apóstolos eram homens com um ministério singular que tinham sido comissionados pelo próprio Senhor. Eles receberam a tarefa de falar com autoridade sobre doutrina e prática na igreja. No primeiro século, algumas pessoas falaram depreciativamente de Paulo, assim como pessoas às vezes fazem hoje: "Bem, como você sabe, Paulo escreveu algumas coisas que não podemos tomar como tendo autoridade. Ele era um solteirão inveterado, e o que ele disse sobre as mulheres não é realmente significativo". Mas, para dizer tal coisa é necessário negar o ofício apostólico e recusar a autoridade que o Senhor Jesus deu aos Seus apóstolos, incluindo o apóstolo Paulo.

expressão poderosa desse primeiro tema, a verdadeira natureza da Igreja, é encontrada no capítulo 3:

> *Escrevo-te estas coisas, esperando ir ver-te em breve; para que, se eu tardar, fiques ciente de como se deve proceder na casa de Deus, que é a igreja do Deus vivo, coluna e baluarte da verdade* (3:14,15).

Quando Paulo escreve sobre "a Igreja do Deus vivo", obviamente ele não está falando de um *edifício*; ele está falando de *pessoas*. Na verdade, está falando de uma família, a família de Deus. Uma das grandes fraquezas do cristianismo atual é que temos a tendência de pensar na Igreja como um edifício ou uma organização. Paulo queria que Timóteo soubesse como conduzir-se no ministério e nos relacionamentos do Corpo de Cristo, a Igreja do Deus vivo.

Encontramos uma expressão poderosa do segundo tema desta carta, a verdadeira natureza do amor cristão, no capítulo 1:

> *Ora, o intuito da presente admoestação visa ao amor que procede de coração puro, e de consciência boa, e de fé sem hipocrisia* (1:5).

Esse é um tema mais pessoal, a respeito do relacionamento do indivíduo com o mundo, com outros cristãos e com Deus. De acordo com o que o apóstolo coloca, esse segundo tema afirma que os relacionamentos do cristão devem consistir em amor — amor cristão puro e sincero.

O amor cristão autêntico sempre começa com uma fé sincera, pois é assim que entramos para a vida cristã: crendo na Palavra de Deus e exercitando a fé no que ela diz. Então, somos levados a uma boa consciência e a um coração puro que ama em obediência à Sua Palavra. Todos nós viemos a Deus, carentes de sermos purificados por meio da lavagem da Palavra de Deus e pela purificação do sangue de Cristo. Mas se tivermos uma boa consciência sobre a nossa fé, ela irá resultar em um coração puro; e a partir desse coração puro um rio incessante de amor fluirá.

O perigo do falso ensino

Quando Paulo escreveu essa carta, Timóteo era o pastor da Igreja em Éfeso. A cidade de Éfeso era muito devotada ao culto à deusa pagã Diana (também chamada Artemis), a deusa romana da caça. A tarefa de Timóteo era ministrar a um corpo de cristãos que viviam naquele ambiente moral e espiritualmente corrupto. A Igreja se opunha firmemente à idolatria e superstição da cultura espiritualmente obscura que os cercava, tanto quanto somos chamados a nos opor à escuridão espiritual e idolatria que nos rodeiam hoje.

Assim, o primeiro conselho que o apóstolo oferece a Timóteo é uma exortação para se opor ao falso ensino. A Igreja Primitiva tinha a sua quota de hereges e falsos mestres, como a Igreja de hoje também os tem. A Igreja de Éfeso tinha, aparentemente, sido invadida por falsos mestres, então Paulo adverte Timóteo:

Quando eu estava de viagem, rumo da Macedônia, te roguei permanecesses ainda em Éfeso para admoestares a certas pessoas, a fim de que não ensinem outra doutrina, nem se ocupem com fábulas e genealogias sem fim, que, antes, promovem discussões do que o serviço de Deus, na fé (1:3,4).

Um dos problemas na igreja era um entendimento errado da Lei. Parece que alguns líderes da igreja estavam tentando controlar a conduta dos cristãos de Éfeso através de regras — isto é, através do legalismo. Esses legalistas que invadiram a Igreja não entendiam o poder da vida e da graça do Senhor Jesus Cristo que habitava neles.

Usar a Lei para controlar as pessoas, diz Paulo, é destrutivo e enganoso. A Lei destina-se a um propósito específico e válido, no entanto, esses legalistas estavam fazendo mau uso da Lei:

...pretendendo passar por mestres da lei, não compreendendo, todavia, nem o que dizem, nem os assuntos sobre os quais fazem ousadas asseverações. Sabemos, porém, que a lei é boa, se alguém dela se utiliza de modo legítimo, tendo em vista que não se promulga lei para quem é justo, mas para transgressores e rebeldes, irreverentes e pecadores, ímpios e profanos, parricidas e matricidas, homicidas, impuros, sodomitas, raptores de homens, mentirosos, perjuros e para tudo quanto se opõe à sã doutrina, segundo o evangelho da glória do Deus bendito, do qual fui encarregado (1:7-11).

A Lei, diz Paulo, é feita para os injustos, não para os justos. Se você veio a Cristo, e seu coração tem a intenção de agradá-lo, por que você precisa da Lei? Você certamente não precisa dela para impedi-lo de fazer coisas erradas. O amor vai cuidar disso!

Mas lembre-se de que o amor é interpretado pela Lei. Entendemos o que o amor é apenas quando o vemos escrito para nós em termos da Lei: Não minta, roube, mate,

Aventurando-se através da Bíblia 777

Portão de Augusto, Éfeso

cometa adultério, e assim por diante. Essas leis descrevem como o verdadeiro amor se comporta.

Instruções para o culto público

No capítulo 2, Paulo se volta às instruções para o culto público. Ele começa fazendo diferenciação entre os papéis dos homens e das mulheres no culto público. Os homens, diz ele, devem liderar na oração, orando pelos reis e por aqueles que exercem autoridade, para que os cidadãos possam viver em paz e piedade. Em seguida, ele se volta para o papel das mulheres na Igreja; uma passagem que é por vezes utilizada (geralmente por homens) para sugerir que as mulheres têm uma posição inferior na Igreja.

Devemos entender a diferença significativa entre o *papel* de alguém e a *importância* de alguém. Na Igreja, todos nós temos papéis diferentes, mas somos todos igualmente importantes. Como Paulo nos diz em 1 Coríntios 12, o olho não pode dizer à mão, nem a cabeça aos pés: "Eu sou o único importante aqui. O corpo não precisa de você tanto quanto precisa de mim". Todos são necessários, todos são igualmente importantes, mas cada um tem um papel diferente a desempenhar. Paulo diferença os papéis de homens e mulheres na Igreja nestes versículos:

Quero, portanto, que os varões orem em todo lugar, levantando mãos santas, sem ira e sem animosidade. Da mesma sorte, que as mulheres, em traje decente, se ataviem com modéstia e bom senso, não com cabeleira frisada e com ouro, ou pérolas, ou vestuário dispendioso, porém com boas obras (como é próprio às mulheres que professam ser piedosas). A mulher aprenda em silêncio, com toda a submissão. E não permito que a mulher ensine, nem exerça autoridade de homem; esteja, porém, em silêncio. Porque, primeiro, foi formado Adão, depois, Eva. E Adão não foi iludido, mas a mulher, sendo enganada, caiu em transgressão. Todavia, será preservada através de sua missão de mãe, se ela permanecer em fé, e amor, e santificação, com bom senso (2:8-15).

Paulo não está dizendo que as mulheres não têm o direito de ministrar e orar em público, como os homens, embora alguns tenham interpretado mal a passagem dessa maneira. Em vez disso, ele está dizendo que as mulheres não devem ensinar os homens com autoridade. Elas não devem ter a palavra final na Igreja quanto à doutrina ou ensino, e Paulo dá duas razões. Primeira, diz ele, Adão foi formado antes, depois veio Eva. Segunda, a mulher foi enganada e, portanto, caiu em transgressão. É interessante notar que o pecado de Eva foi principalmente o de tentar chegar a uma conclusão teológica que ia além do conselho de seu marido.

Em um versículo que tem sido um pouco truncado na tradução e muito mal compreendido, o apóstolo prossegue mostrando que as mulheres têm um ministério maravilhoso. Às mulheres, diz Paulo no versículo 15, serão salvas dando à luz filhos, se permanecerem na fé e no amor e santidade, com modéstia ou decoro.

Temos a tendência de presumir que o pronome "ela" na frase "se ela permanecer" refere-se às mulheres. Eu mesmo costumava fazer essa pressuposição. Mas cheguei à conclusão de que o pronome "ela" não se refere às mulheres, mas aos seus filhos. Paulo está dizendo que as mulheres serão "salvas" não em sentido espiritual, mas no sentido de ser realizada em seu papel como mães, se seus filhos continuarem

na fé, demonstrando qualidades de caráter de amor, santidade e decoro. Em outras palavras, uma mulher não precisa sentir que suas habilidades ministeriais foram desperdiçadas se ela não pode ser uma mestra com autoridade na Igreja. Seu potencial ministerial será salvo, porque ela pode ter o maravilhoso ministério de criar seus filhos para andar com Deus.

À primeira vista, você pode pensar que esta é uma má interpretação da palavra "salvo". Mas vamos olhar esta palavra com cuidado. Poderia a palavra "salvo" ser interpretada no sentido de que Paulo está dando uma garantia firme de que uma mulher que vive na fé, amor, santidade e decoro jamais morrerá durante o parto — que ela será *fisicamente* salva, não importando que complicações médicas possam surgir? Certamente, não é isso o que Paulo está dizendo. Essa garantia seria irracional. Ao longo dos séculos, muitas mulheres cristãs piedosas, fiéis e modestas morreram ao dar à luz.

E está igualmente claro a partir do contexto que a palavra "salvo" não se refere à salvação espiritual, a "nascer de novo" pela graça através da fé em Jesus Cristo. Assim, a palavra "salvo" deve ter um significado diferente. Paulo alguma vez usa a palavra "salvo" com um sentido diferente de salvação espiritual? Sim. Na verdade, ele o faz nesta mesma carta, em sua exortação a Timóteo:

Tem cuidado de ti mesmo e da doutrina. Continua nestes deveres; porque, fazendo assim, salvarás tanto a ti mesmo como aos teus ouvintes (4:16).

O que Paulo quer dizer aqui com a palavra "salvar"? Timóteo já era salvo no sentido espiritual; ele era cristão há muitos anos. E, certamente, outras pessoas não podiam ser salvas pelo estilo de vida perseverante de Timóteo na obediência à verdade. Portanto, o que Paulo quer dizer? Ele está usando a palavra "salvar" no sentido de *cumprir seu chamado*. Ele está dizendo que o propósito na vida de Timóteo será salvo, não desperdiçado, se ele perseverar na obediência à verdade.

Paulo usa "salvo" em um sentido semelhante em sua carta aos Filipenses, na qual ele escreve: "desenvolvei a vossa salvação com temor e tremor" — isto é, desenvolvam as soluções para os problemas que enfrentam com temor e tremor, "porque Deus é quem efetua em vós tanto o querer como o realizar, segundo a sua boa vontade" (Fp 2:12,13.). Então, aqui em 1 Timóteo 2:15, acredito que Paulo quer dizer que uma mulher "será salva" no sentido de que o seu desejo por um ministério será cumprido dando luz a filhos, se ela criar seus filhos para continuarem na fé, amor e na santidade, com modéstia.

Liderança eclesiástica

Em seguida, Paulo se volta para as qualificações dos líderes da Igreja, que se dividem em duas grandes categorias: bispos (ou anciãos) e diáconos. Uma definição abrangente diz que os bispos, ou anciãos, são os que tomam as decisões na Igreja. Diáconos são homens e mulheres que realizam uma tarefa especial ou trabalham na Igreja, cuidando dos doentes e idosos, trabalhando em um ministério de evangelização, ou ensinando numa classe de Escola Dominical.

Paulo começa declarando três qualificações cruciais para os bispos, ou anciãos. Primeiramente, eles devem ser "irrepreensíveis", de modo a evitar serem reprovados. Segundo, eles devem ser puros; isto é, eles devem ser pessoas de integridade comprovada que entendem como diferenciar entre o bem e o mal, e que vivem de acordo com a Palavra de Deus. Paulo faz esta exigência de pureza, de modo a evitar o orgulho. O grande risco em colocar uma pessoa espiritualmente imatura na liderança é que ele ou ela possa se exaltar com orgulho e venha a cair na armadilha do diabo. Terceiro, essas pessoas devem ter boa reputação, evitar um escândalo público que levaria todo o ministério da Igreja à desgraça.

Os diáconos são tratados da mesma forma, mas Paulo adiciona uma grande instrução que lhes diz respeito: eles são os primeiros a ser testados, receber um trabalho para fazer em meio à provação. Se eles o realizarem bem, eles serão reconhecidos como pessoas que podem ser confiáveis e receber responsabilidade na obra da Igreja. A importância dessa atribuição é que tudo isso se relaciona ao fato de que a Igreja está ligada ao mistério de Jesus. Cristo é a maior figura no Universo — tudo se relaciona a Ele. Paulo cita um hino do primeiro século para mostrar o que ele quer dizer:

Evidentemente, grande é o mistério da piedade: Aquele que foi manifestado na carne foi justificado em espírito, contemplado por anjos, pregado entre os gentios, crido no mundo, recebido na glória (3:16).

Paulo coloca a Igreja em uma perspectiva adequada. Devemos selecionar os líderes com grande cuidado, porque a Igreja representa Jesus Cristo no mundo.

A importância de se pregar a verdade

No capítulo 4, Paulo se volta ao tema sobre apostasia. Embora os termos "apóstata" e "herege" sejam muitas vezes utilizados como sinônimos, eles não são iguais. Um herege é um cristão equivocado, aquele que aceita e conhece o Senhor Jesus Cristo, mas que se afastou da sã doutrina bíblica em alguma área da fé. Um apóstata é uma pessoa que afirma ser cristão, mas nunca foi realmente um cristão, e cujo "evangelho" é uma falsa mensagem que leva as pessoas para longe da verdade. O apóstolo João descreve um grupo de apóstatas em sua primeira carta: "Eles saíram de nosso meio; entretanto, não eram dos nossos; porque, se tivessem sido dos nossos, teriam permanecido conosco; todavia, eles se foram para que ficasse manifesto que nenhum deles é dos nossos" (1Jo 2:19).

Biblioteca em Éfeso

Em Mateus 13, o Senhor conta a história do semeador que saiu a semear a boa semente do reino. No meio da noite, um inimigo veio atrás dele, semeando ervas daninhas nos mesmos campos. Os grãos bons e as ervas daninhas cresceram juntos. Jesus disse que essas plantas boas e ruins permaneceriam misturadas até a colheita. Esse é o porquê nunca vamos nos livrar dos apóstatas na Igreja.

As atitudes apóstatas surgem quando as pessoas seguem doutrinas de demônios e espíritos enganadores. A apostasia não está enraizada nas ideias distorcidas do ser humano, mas nas ideias deliberadamente enganosas dos espíritos maus que semeiam "ervas daninhas" espirituais, a fim de poluir o reino de Deus e desviar as pessoas.

Paulo continua dizendo que é só quando o mal dos apóstatas se tornar evidente, é que Timóteo deve excomungá-los, não antes. Sua prioridade não é eliminar o mal e o engano, mas pregar a verdade. Sua prioridade seguinte é estabelecer um exemplo para as pessoas em sua vida pessoal:

Até à minha chegada, aplica-te à leitura, à exortação, ao ensino. Não te faças negligente para com o dom que há em ti, o qual te foi concedido mediante profecia, com a imposição das mãos do presbitério (4:13,14).

Muitos cristãos se esqueceram da mensagem de Jesus e Paulo com respeito à apostasia. Eles veem seus ministérios na Igreja como sendo o de um cristão que elimina as ervas daninhas, cortando todas aquelas que estão no jardim do Senhor. O problema com esse tipo de cortador é que, ao mesmo tempo, é fácil de cortar muitas plantas frutíferas, especialmente quando as ervas daninhas e as plantas boas estão crescendo juntas.

Tanto Jesus como Paulo nos dizem para não usar a abordagem do cortador de ervas daninhas. Em vez disso, nosso objetivo é manter as boas plantas no jardim mais fortes e resistentes a ervas daninhas quanto possível através da pregação, ensino e leitura da Palavra de Deus.

Disciplina na igreja e outras advertências

No capítulo 5, Paulo discute questões e problemas específicos de dentro da Igreja, incluindo como tratar as pessoas mais jovens e as mais idosas, e conselhos às mulheres em vários assuntos práticos. Paulo, em seguida, aborda o problema de como lidar com acusações contra os anciãos. Por fim, o apóstolo exorta Timóteo a permanecer puro e lhe dá alguns conselhos do tipo remédio caseiro para seus problemas digestivos crônicos.

O capítulo 6 começa dirigindo-se àqueles cristãos que vivem "debaixo de jugo". Ele os lembra de que devem considerar seus senhores dignos de respeito, para que o nome de Deus e os ensinos cristãos não sejam caluniados.

Tendo começado dirigindo-se aos pobres e escravizados, Paulo conclui através da atribuição de responsabilidades cristãs àqueles que prosperaram materialmente. Eles foram abençoados por Deus, para que eles pudessem ser uma bênção para os outros, não para que eles pudessem saciar seus próprios desejos. Os ricos têm uma responsabilidade de serem ricos em boas obras e generosidade, estabelecendo uma base para o futuro, para que possam se apropriar da vida verdadeiramente abundante agora mesmo — não abundante em bens materiais, mas abundante nas coisas de Deus (1Tm 6:18,19).

Na conclusão, Paulo confia a Timóteo uma mensagem de advertência que ele deveria compartilhar com aqueles que colocam sua confiança no conhecimento humano:

E tu, ó Timóteo, guarda o que te foi confiado, evitando os falatórios inúteis e profanos e as contradições do saber, como falsamente lhe chamam, pois alguns, professando-o, se desviaram da fé. A graça seja convosco (6:20,21).

A primeira carta de Paulo a Timóteo é uma carta para nossa própria época e nossas próprias igrejas. Ela fornece um padrão objetivo com o qual podemos ponderar sobre nossa maneira de adorar, avaliar os líderes da Igreja e mantermo-nos fiéis às crenças e sãs doutrinas. Em suma, essa carta oferece instruções claras de Deus sobre como edificar uma Igreja.

Verdadeiramente, 1 Timóteo é uma carta para o primeiro século, e também para o século 21. Que Deus nos conceda corações desejosos e obedientes para lê-la, compreender e vivê-la dia a dia.

Anfiteatro em Éfeso

PERGUNTAS PARA DISCUSSÃO

1 TIMÓTEO
Como edificar a Igreja

1. Leia 1Tm 1:1-11. Com que tipo de ensino falso Paulo está preocupado? O que ele diz é o oposto do (e antídoto para) ensino falso?

2. Leia 1Tm 1:12-17. Que efeito o evangelho de Jesus Cristo produziu na vida de Paulo? Por que, de acordo com o apóstolo, Deus mostrou misericórdia para com ele?

3. Você concorda ou discorda com o ensinamento de Paulo em relação às mulheres que ensinam na igreja (veja 2:8-15). Por quê? Você acha que as instruções de Paulo foram para aquele momento em particular na igreja, ou para todos os tempos? Explique sua resposta.

4. Leia 1Tm 3:1-7. Ao listar as qualificações para a liderança da igreja, Paulo se concentra no caráter pessoal de um líder, experiência na fé cristã, a reputação geral e habilidades de liderança. Por que Paulo colocou tanta ênfase nas questões de fé, caráter e integridade? A sua igreja seleciona líderes na mesma base que Paulo afirma aqui, ou sua igreja tende a escolher os líderes que são líderes empresariais de sucesso?

Leia 1Tm 3:8-13. Como as qualificações para os diáconos diferem das qualificações para um líder / bispo? Por que as qualificações são diferentes para esses respectivos papéis?

5. Leia 1Tm 3:15, onde Paulo afirma sua visão exaltada da igreja. É assim que você vê a igreja? Por quê? De que maneira esse versículo afeta a forma como você vê seus irmãos e irmãs em sua igreja local?

APLICAÇÃO PESSOAL

6. Você é um ministro, presbítero, membro do conselho, professor de Escola Dominical, ou de alguma forma envolvido no ministério em sua igreja, ou organização paraeclesiástica? Leia 1 Timóteo 4, e com base nos critérios estabelecidos no referido capítulo, avalie-se com a letra (A, B, C, D, F) como "um bom ministro de Cristo Jesus".

7. Considerando as qualificações para a liderança da igreja em 1Tm 3:1-7, como você se encontra? Quais são as suas áreas fortes? E as fracas? Além disso, compare-se às qualificações para diácono, 1Tm 3:8-13. Você sente que Deus o chama para se envolver mais num papel de liderança ou serviço em sua igreja?

8. Leia 1Tm 6:3-10. Você está insatisfeito com o nível atual de sua renda? Você se sente enganado pela vida, porque os outros prosperaram e você não? Concorda com Paulo quando ele diz grande fonte de lucro é a piedade com o contentamento? Que passos você pode dar esta semana para tornar-se mais satisfeito com a piedade e mais grato pelo que Deus tem lhe dado?

Observação: Para um estudo mais aprofundado das epístolas de 1 e 2 Timóteo e Tito, leia *The Fight of Faith: Studies in the Pastoral Letters of Paul* (O combate da fé: Estudos sobre as cartas pastorais de Paulo), Ray C. Stedman, (Discovery House Publishers, 2009).

2 TIMÓTEO CAPÍTULO 65

Cristãos firmes em um mundo decadente

Em 68 d.C., um homem velho senta-se em uma cela redonda imunda, com paredes de pedra, em uma prisão romana. Este homem, que uma vez viajou o mundo contando a milhares de pessoas como conhecer o Criador do Universo, está agora confinado num espaço sombrio de mais ou menos 6 metros de diâmetro. Dessa cela de prisão, ele escreve uma carta a um jovem que está na distante Éfeso, do outro lado dos mares Egeu e Adriático. O assunto de sua carta: Como manter-se firme em meio a uma civilização decadente.

Na segunda carta de Paulo a Timóteo, seu filho na fé, ele escreve a um jovem incomodado por um frágil estado físico (um estômago debilitado, para ser exato), um espírito temeroso e uma visão tímida sobre a vida. Deve-se notar que Timóteo tem muito sobre o que ficar temeroso! A sociedade romana no primeiro século estava em rápido declínio. O mundo estava em crise política e caos social, e Timóteo estava rodeado por uma intensa perseguição.

Enquanto isso, Paulo está na prisão por causa de sua fé, diante de uma sentença de morte. Sabe que em breve estará com o Senhor, e quer passar a tocha para este jovem.

Ele o faz nessa carta, que, na verdade, é a última que temos escrita por Paulo. Essa é a sua mensagem de despedida, seu legado, sua última vontade e testamento.

O conteúdo e o esboço de 2 Timóteo

Ao desenvolver o tema de sua segunda carta a Timóteo — como manter-se firme em meio a uma civilização decadente — Paulo se concentra em quatro desafios que ele quer comunicar ao seu jovem filho na fé.

1. Guarde a verdade.
2. Seja forte no Senhor.
3. Evite as armadilhas e ciladas da vida.
4. Pregue a Palavra.

> **OBJETIVOS DO CAPÍTULO**
>
> Este capítulo examina a segunda carta de Paulo a Timóteo, que foi escrita em tempos de revolta política e social. É a última carta que temos do apóstolo Paulo, escrita de uma cela de prisão pouco antes de sua morte, em um momento que é profundamente pessoal e doloroso de se ler. As últimas palavras de Paulo a Timóteo são palavras que todos nós precisamos nestes tempos conturbados: fuja da tentação, evite discussões tolas, mantenha-se firme, enfrente as dificuldades e pregue a Palavra.

Estes desafios atemporais se aplicam igualmente a nossa vida hoje. Se eu fosse escrever a um jovem, estou certo de que nunca conseguiria encontrar palavras melhores do que as palavras de 2 Timóteo.

Guarde a verdade

Paulo começa recordando a Timóteo de que Deus lhe deu um depósito de verdade, e que é sua responsabilidade guardá-lo.

Guarda o bom depósito, mediante o Espírito Santo que habita em nós (1:14).

Paulo, então, sugere algumas maneiras de realizar esta incumbência. Timóteo vivia numa sociedade pagã e secularizada, e Paulo imprimiu sobre ele a responsabilidade de fortalecer as defesas da Igreja de Éfeso, que estava ameaçada pelas pressões, tentações e perseguições da perversa sociedade que o cercava.

Embora esta carta seja dirigida a Timóteo, um jovem pastor, o desafio de Paulo deve penetrar o coração de todos os cristãos. Como Timóteo, nós recebemos este mesmo depósito de verdade, esta mesma revelação das Escrituras a respeito da natureza da realidade. A partir de nosso estudo da Palavra de Deus, sabemos como é o mundo, como Deus é, como são as pessoas, e o que precisamos fazer a fim de sermos salvos de nossa condição pecadora.

Dos dias de Timóteo até agora, as pessoas se perguntam: O que faz o mundo funcionar da maneira que funciona? Por que o mundo parece estar sempre se desintegrando devido à guerra, distúrbios civis, injustiça e problemas econômicos? Por que o mal prospera? Por que a justiça e a verdade estão sempre sob ataque?

As respostas a estas perguntas são encontradas no depósito de verdade que nos foi dado por meio de Jesus Cristo, e devemos guardar essa verdade. Paulo sugere três formas específicas para fazer isso:

- Guarde a verdade, exercitando o dom espiritual que Deus lhe deu;
- Guarde a verdade, sofrendo pacientemente;
- Guarde a verdade, seguindo o padrão da sã doutrina (isto é, estude e ensine a Palavra de Deus).

Paulo aborda a primeira dessas formas de guardar a verdade no capítulo 1:

Por esta razão, pois, te admoesto que reavives o dom de Deus que há em ti pela imposição das minhas mãos. Porque Deus não nos tem dado espírito de covardia, mas de poder, de amor e de moderação (vv.6,7).

Ao longo dos anos, durante as várias crises mundiais, as pessoas na minha congregação vêm a mim e perguntam: O que vai acontecer ao mundo? O que esses ataques contra Israel significam? O que esta guerra no Oriente Médio significa? O que significam a queda do comunismo e do Muro de Berlim? O que está acontecendo na Rússia? O que vai acontecer com os Estados Unidos após esta eleição?

Embora eu tenha estudado profecias bíblicas, não tenho bola de cristal (nem quero uma!). Não acho que seja útil ou sábio tentar combinar esta ou aquela manchete com versículos específicos nas Escrituras. Definitivamente vemos que o padrão de eventos históricos e atuais combina com o padrão de profecia, mas

A CARTA DE 2 TIMÓTEO

Responsabilidade de um cristão em um mundo decadente (2 Timóteo 1–2)

Paulo expressa gratidão pela fé de Timóteo 1:1-5

Responsabilidade de Timóteo como pastor 1:6-18

A descrição das tarefas de um pastor fiel 2

    A. Professor-discipulador 2:1,2

    B. Soldado de Deus 2:3,4

    C. Atleta que compete de acordo com as regras...................................2:5

    D. Agricultor paciente e trabalhador... 2:6-13

    E. Obreiro diligente.. 2:14-19

    F. Instrumento para uso de Deus 2:20-23

    G. Servo-mestre gentil 2:24-26

A força do cristão em um mundo decadente (2 Timóteo 3–4)

A chegada dos tempos de apostasia...3

Pregue a Palavra 4:1-5

Paulo se aproxima do fim de sua vida;
palavras e despedida 4:6-22

Aventurando-se através da Bíblia

não sei como este ou aquele evento específico se encaixa no plano eterno de Deus.

Como alguém sabiamente já disse, não sabemos o que o futuro nos reserva, mas sabemos quem guarda o futuro. Ainda mais importante, sabemos que Deus não nos deu um espírito de covardia e medo. Se estivermos ansiosos e preocupados com o que está acontecendo em nosso mundo, essa ansiedade não vem de Deus.

O Espírito de Deus é o Espírito de poder que nos prepara para a ação. Ele é o Espírito de amor que nos permite responder às pessoas de forma que produza cura e graça. Ele é o Espírito de uma mente sã, o que nos permite ser proposital em tudo o que fazemos. O modo para descobrir este Espírito é exercendo os dons espirituais que Deus nos deu.

Se você é cristão, o Espírito Santo que habita em nós lhe deu uma habilidade especial. Se você não estiver colocando esse dom espiritual em ação, você está desperdiçando sua vida. No julgamento de Deus — o único julgamento que conta — tudo o que você realizar fora da vontade e força do Senhor será contado como madeira, feno e palha — serve apenas para ser queimado.

Que obra Deus lhe deu para fazer? Quais dons espirituais Ele lhe deu? Você já descobriu os seus dons? Você sabe pelo que procurar?

> ### COMO GUARDAR A VERDADE DIVINA?
>
> - Guarde a verdade, exercendo o dom espiritual que Deus lhe deu.
> - Guarde a verdade, sofrendo pacientemente.
> - Guarde a verdade, seguindo o padrão da sã doutrina.

Você sabe como encontrá-los? Quando você descobrir seus dons e começar a usá-los para os propósitos de Deus, o avanço do Seu reino, você descobrirá que Deus não nos dá um espírito de medo, mas de poder, amor e uma mente sã. Essa é a primeira palavra de Paulo a Timóteo sobre como guardar a verdade.

Você pode perguntar: "Como isso funciona? Como o uso dos meus dons espirituais pode ajudar a guardar a verdade?". É simples: quando você exercita seus dons espirituais, você literalmente liberta a verdade para agir no mundo. A verdade não é algo frágil que se quebra; a verdade de Deus é poderosa, vigorosa, ativa e transformadora. A maneira mais eficaz de se guardar a verdade de Deus é liberá-la no mundo!

Charles Spurgeon estava muito certo quando disse: "A verdade é como um leão. Quem já ouviu falar em defender um leão? Solte-o e ele se defenderá". Isso é o que nós precisamos fazer com esta verdade. Não precisamos pedir desculpas por causa da verdade de Deus ou combater os ataques à verdade do Senhor. Precisamos apenas liberá-la no mundo, agir de acordo com ela, vivê-la, usar nossos dons espirituais e deixar Sua verdade cuidar de si mesma!

A segunda maneira que Paulo diz que devemos guardar a verdade é sofrer pacientemente. Ele lembra a Timóteo que todos os cristãos, sem exceção, são chamados a sofrer pela causa do evangelho.

Não te envergonhes, portanto, do testemunho de nosso Senhor, nem do seu encarcerado, que sou eu; pelo contrário, participa comigo dos sofrimentos, a favor do evangelho, segundo o poder de Deus (1:8).

TODO CRISTÃO É EQUIPADO PARA O MINISTÉRIO

É significativo que em todos os lugares onde os dons do Espírito são descritos nas Escrituras, a ênfase é posta sobre o fato de que cada cristão tem, pelo menos, um deles. Esse dom pode estar adormecido dentro de você, em estágio embrionário e não sendo utilizado. Você pode não saber o que é, mas está aí. O Espírito Santo não faz exceções com relação a essa capacitação básica de cada cristão. O não-cristão pode dizer: "Não posso servir a Deus; não tenho qualquer capacidade ou habilidade para servi-lo". Nós recebemos, como autênticos seguidores de Cristo, uma "graça" do Espírito.

É extremamente essencial que você descubra o dom, ou dons, que você possui. O valor de sua vida como cristão será determinado pelo grau em que você usar o dom que Deus lhe deu.

Ray C. Stedman
Body Life ([Vida do Corpo] Discovery House Publishers, 1995)

Mais tarde, na mesma carta, Paulo faz uma declaração relacionada:

Ora, todos quantos querem viver piedosamente em Cristo Jesus serão perseguidos (3:12).

Muitos cristãos ao redor do mundo sofrem perseguição e perigo como uma condição normal de crer em Jesus. Mais cristãos foram torturados e mortos por amor a Cristo no século 20 do que em qualquer outro momento da história, e o século 21 aparentemente vai ser ainda pior, devido à crescente hostilidade em relação aos que seguem a Cristo.

O sofrimento que enfrentamos, no entanto, nem sempre é físico; ele também pode ser mental, emocional e espiritual. Este é o sofrimento pelo qual passamos quando nossa fé é ridicularizada, quando somos excluídos por causa de nossa posição moral e espiritual, quando somos tratados com desprezo ou desdém, quando nossos valores e crenças são ridicularizados. Estas são formas de sofrer

pelo evangelho, e devemos aceitar esse sofrimento com paciência, diz Paulo. Quando assim o fazemos, liberamos a verdade de Deus no mundo, e sem sequer nos defender, guardamos a verdade de Deus.

Uma das razões pelas quais o evangelho não é amplamente aceito em muitos lugares hoje é porque os cristãos têm sido impacientes com o sofrimento. Em vez de pacientemente suportar o maltrato do mundo, ficam ofendidos e indignados com a perseguição, ou desistem e se juntam à multidão para escapar do sofrimento por amar o Senhor. Não podemos desafiar o pecado e a corrupção do mundo sem provocar a ira do mundo.

Obviamente, não devemos extrapolar e ofender as pessoas, mas a verdade de Deus por si só trará ofensa e revolta. As Escrituras deixam claro que Deus é capaz de utilizar o nosso sofrimento paciente por causa de Sua verdade como uma ferramenta para expandir Sua influência no mundo. Nosso sofrimento paciente é uma poderosa forma de guardar a verdade de Deus.

Aventurando-se através da Bíblia

A terceira maneira pela qual Paulo diz que guardamos a verdade está contida em sua admoestação a Timóteo: "Mantém o padrão das sãs palavras que de mim ouviste" (1:13). Em outras palavras: Ouça a Palavra de Deus, confie nela e pratique-a diariamente.

Amo essa frase, *o padrão das sãs palavras.* Tantos cristãos e igrejas estão se afastando do padrão da sã doutrina. Eles acreditam que algum escritor secular, na cegueira e escuridão de seu próprio coração, tem mais percepção sobre os problemas da vida do que as Escrituras. Se vivermos como Paulo diz a Timóteo que ele deveria viver — guardando a verdade que Deus confiou a nós através do exercício de nossos dons, sofrendo pacientemente e confiando nas Escrituras — então Deus nos manterá seguros na fé, mesmo em meio a esse mundo corrompido e decadente.

Seja forte no Senhor

A segunda exortação de Paulo é: "Seja forte no Senhor". Paulo sabia que Timóteo tinha capacidade de resistência — você e eu também temos. Esta não é uma força que fabricamos em nosso interior, mas é a força que vem da confiança no poder infinito de Jesus Cristo. Há um ditado: "Quando eu tento, eu falho. Quando eu confio, *Ele* consegue". Lembre-se de que a força de Deus se aperfeiçoa na fraqueza (veja 2Co 12:9,10). Essa é a verdade central sobre como a vida cristã deve ser vivida.

Paulo usa uma série de figuras de linguagem para descrever o que significa ser forte no Senhor. Primeiro, devemos ser fortes como um soldado e totalmente dedicado à tarefa. Segundo, devemos ser fortes como um atleta, disciplinado e que respeita as regras da vida cristã, para que possamos competir ao máximo. Terceiro, devemos ser fortes como um agricultor é forte; diligentes em nosso trabalho, sem diminuir o ritmo ou se descuidando, porque sabemos que se trabalharmos arduamente plantando e cultivando, então teremos uma grande colheita. Dedicação, disciplina e diligência — esse é o segredo da força conforme essa descrição visual que Paulo forneceu aos cristãos.

Paulo encerra este segundo desafio com um lembrete sobre a força do Senhor. Não devemos apenas ser fortes, mas, ser fortes *no Senhor*. Ele escreve:

Lembra-te de Jesus Cristo, ressuscitado de entre os mortos, descendente de Davi, segundo o meu evangelho (2:8).

Paulo quer que Timóteo se lembre de duas coisas sobre o Senhor Jesus: (1) Ele é o Cristo ressurreto, o Messias, e Ele é ilimitado no tempo e no espaço; (2) Ele é o Cristo humano, o Filho de Davi, aquele que esteve onde estamos e sentiu o que sentimos — nossas pressões, nossos medos, nossas tentações e nossa dor. Ele é o Filho de Deus e o Filho de Homem, e Ele é a fonte de nossa força em um mundo decadente.

Evite as armadilhas e as ciladas da vida

O próximo desafio de Paulo se encontra em 2:14–3:17. Aqui, ele nos diz para evitar três armadilhas que ficam à espreita durante a vida cristã:

Armadilha 1: Contendas de palavras. Você já notou como os cristãos muitas vezes entram em discussões sobre pequenas palavras nas Escrituras? Ou acerca de um modo de batismo em particular? Ou sobre o momento exato do Milênio? Já vi isso acontecer muitas vezes — cristãos dividindo-se em acampamentos, escolhendo armas e combatendo uns contra os outros.

Paulo diz que devemos evitar esse tipo de conflito por causa de palavras. São controvérsias inúteis, dividindo os cristãos, e elas se espalham como gangrena. Não estou dizendo que tais doutrinas como a do batismo e a do Milênio não sejam importantes. É claro que são áreas de importância bíblica e de pesquisa acadêmica, e os cristãos podem participar de uma forte discussão sobre tais questões. Porém, eles jamais devem se separar ou atacar uns aos outros por causa de tais questões.

Armadilha 2: Paixões e tentações perigosas. Aqui há uma palavra de conselho a um jovem que deve ter sentido os apelos do desejo sexual normal, enquanto vivia em uma sociedade saturada por sexo, muito parecida com a nossa.

Ora, numa grande casa não há somente utensílios de ouro e de prata; há também de madeira e de barro. Alguns, para honra; outros, porém, para desonra. Assim, pois, se alguém a si mesmo se purificar destes erros, será utensílio para honra, santificado e útil ao seu possuidor, estando preparado para toda boa obra (2:20,21).

Paulo usa uma linda figura de linguagem aqui, quando descreve todo o mundo como uma grande casa. Na casa existem utensílios ou vasos, representando pessoas. Deus usa esses diferentes utensílios tanto para fins nobres ou fins indignos. Em outras palavras, algumas pessoas são como belos vasos e taças de cristal.

Outras são como batentes de porta de tijolos e escarradeiras de latão. De uma forma ou de outra, Deus nos usará para Seus propósitos. Depende completamente de nós que tipo de vaso escolheremos ser. Deus usa cristãos comprometidos para dizer ao mundo sobre Seu amor, para atrair outros à fé nele, para cuidar ativamente dos feridos e necessitados.

Mas Deus também usa pessoas ímpias. Em seu livro *Love, Acceptance and Forgiveness* (Amor, Aceitação e Perdão), Jerry Cook conta uma história que ilustra essa verdade.

Alguns anos atrás, um jovem casal estava vivendo junto, os dois solteiros, em um apartamento no centro da cidade de Portland. O jovem era traficante de drogas, e ele e sua namorada desfrutavam de um estilo de vida hedonista centrada no uso de drogas. O jovem chegou a um ponto em que percebeu que estava descontente com sua vida. Então disse a sua namorada: "Eu gostaria de ser livre desse vício de drogas".

"Eu sei como você pode fazer isso. Se você confiar em Jesus como seu Salvador, Ele o libertará", sua namorada respondeu. "O que significa isso?", ele perguntou.

"Eu não vou lhe dizer", disse ela. "Se eu lhe disser, você se tornará cristão, irá embora e eu não o verei mais." Embora ela estivesse vivendo um estilo de vida rebelde, esta jovem tinha sido criada em um lar cristão e ela conhecia a verdade do evangelho — mas ela se recusava a compartilhar essa boa-nova com seu namorado.

O jovem continuou insistindo. Por fim, frustrada, ela disse: "Tudo bem, eu vou

Aventurando-se através da Bíblia

dizer". Ela recitou João 3:16, o versículo da salvação que ela tinha memorizado quando criança, e explicou ao seu namorado como ele poderia ser salvo. O jovem entrou no quarto ao lado, orou para receber a Cristo — então se afastou de seu estilo de vida de drogas, sexo e pecado.

A jovem permaneceu em seu estilo de vida pecaminoso — e Jerry Cook conclui, até onde ele sabe, "ela ainda não é cristã. Essa menina não foi salva, não queria ser salva, e não queria que ele fosse salvo. Ainda assim, ela conseguiu mostrar o caminho da salvação" (tradução livre). (Jerry Cook com Stanley C. Baldwin, *Love, Acceptance and Forgiveness: Being Christian in a Non-Christian World* [Ventura, Ca.: Regal Books, 1979, 2009], 74).

A jovem era um vaso indigno e indisposto, usado por Deus para transformar a vida de seu namorado. Ela não queria que Deus a usasse. Ela não queria nada com o Senhor. Mas Deus a usou, mesmo assim — e como resultado, seu namorado tornou-se um cristão convicto, um vaso nobre, entregue e disposto a ser usado pelo Senhor.

Nosso objetivo como cristãos é nos tornarmos o vaso mais nobre e mais belo para o serviço do Senhor. A fim de sermos usados para um propósito nobre, em vez de indigno,

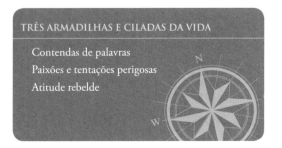

TRÊS ARMADILHAS E CILADAS DA VIDA
- Contendas de palavras
- Paixões e tentações perigosas
- Atitude rebelde

diz Paulo, devemos nos separar das coisas que destruiriam nossa vida.

Foge, outrossim, das paixões da mocidade. Segue a justiça, a fé, o amor e a paz com os que, de coração puro, invocam o Senhor (2:22).

Uma das grandes forças destrutivas de nosso tempo é a imoralidade sexual. Doenças fatais sexualmente transmissíveis, como a AIDS, são apenas os danos mais visíveis que esse comportamento causa. A promiscuidade sexual destrói famílias, fere as emoções e a psique de homens, mulheres e adolescentes, e rasga o tecido da nossa civilização. A maioria das pessoas em nossa sociedade parece cega para esse fato. Mas os cristãos foram instruídos e alertados: Fuja dos maus desejos, busque a pureza diante de Deus. Então, Ele poderá usá-lo para fins nobres, não indignos.

Armadilha 3: Atitude rebelde. Paulo descreve a armadilha de uma atitude rebelde em termos claros:

Sabe, porém, isto: nos últimos dias, sobrevirão tempos difíceis, pois os homens serão egoístas, avarentos, jactanciosos, arrogantes, blasfemadores, desobedientes aos pais, ingratos, irreverentes, desafeiçoados, implacáveis, caluniadores, sem domínio de si, cruéis, inimigos do bem, traidores, atrevidos, enfatuados, mais amigos dos prazeres que amigos de Deus, tendo forma de piedade, negando-lhe, entretanto, o poder. Foge também destes (3:1-5).

Entenda que a frase "últimos dias" refere-se ao fim do tempo da Igreja na Terra. Ele inclui o período de tempo inteiro entre a primeira e a segunda vinda de Cristo. Desde o dia que o Senhor ressuscitou dentre os mortos, estamos nos últimos dias. Durante estes últimos dias em que vivemos agora, diz Paulo, haverá ciclos recorrentes de aflição.

Estamos passando por esses tempos agora quando as pessoas anseiam por paz, mas estão ansiosas com respeito ao futuro. Forças demoníacas estão agindo no mundo, causando divisões, guerras, conflitos raciais, tensões entre gerações e conflito sem precedentes entre os sexos. Hoje vemos essas características desenfreadas que Paulo descreve: egocentrismo, ganância, arrogância e orgulho, grosseria, desobediência e desrespeito. Essas são características de rebelião — uma atitude de iniquidade. Mesmo cristãos professos frequentemente assumem tais atitudes e comportamentos. Paulo diz: "Evite essas pessoas. Não se una à sua iniquidade".

Paulo, então, mostra a Timóteo duas formas de escapar de todas estas armadilhas: (1) paciência no sofrimento, e (2) persistência na verdade (3:10 ss.). Na verdade, Paulo diz: "Lembre-se da maneira como me comportei. Você viu como tenho suportado todas as provações que me sobrevieram. Lembre-se de que se você for paciente no sofrimento e continuar firmado na verdade da Palavra de Deus, você vai passar com segurança por todos os perigos e ciladas deste mundo decadente".

No capítulo 4, Paulo dá a Timóteo um desafio final:

> *Conjuro-te, perante Deus e Cristo Jesus, que há de julgar vivos e mortos, pela sua manifestação e pelo seu reino: prega a palavra, insta, quer seja oportuno, quer*

Nero

não, corrige, repreende, exorta com toda a longanimidade e doutrina (4:1,2).

Em outras palavras, não apenas creia na Palavra; compartilhe-a com os outros. Declare a grande verdade que Deus lhe deu. Note que há três dimensões para declarar a verdade de Deus: corrigir, repreender e encorajar todos os que ouvirão a verdade, a fim de neutralizar a influência corruptora desta era agonizante. Paulo ressalta a urgência de seu conselho a Timóteo, acrescentando: "Pois haverá tempo em que não suportarão a sã doutrina" (4:3).

Palavras de despedida de Paulo

Paulo encerra esta carta com uma nota pungente, porém, triunfante:

> *Quanto a mim, estou sendo já oferecido por libação, e o tempo da minha partida*

é chegado. Combati o bom combate, completei a carreira, guardei a fé. Já agora a coroa da justiça me está guardada, a qual o Senhor, reto juiz, me dará naquele Dia; e não somente a mim, mas também a todos quantos amam a sua vinda (4:6-8).

Esta declaração vitoriosa é ainda mais surpreendente quando você se lembra do contexto no qual foi escrita. Paulo estava preso em uma pequena cela com paredes de pedra, apertada e fria, escrevendo na penumbra produzida por uma lamparina a óleo. Ele sabia que seu destino estava selado. Ele já tinha aparecido uma vez diante de Nero — aquele monstro em forma humana e devia comparecer perante este imperador romano novamente. Paulo já esperava ser levado para fora dos muros da cidade e, com o reluzir de uma espada, ser decapitado.

Porém, perceba onde estava fixo o olhar de Paulo — não no momento de sua morte, mas *além* da morte, na coroa da justiça que o aguardava. A morte é apenas um incidente para aquele que verdadeiramente crê. Além da morte, a vitória o aguarda.

No entanto, misturado a este grito apaixonado de triunfo, ouvimos um acorde de forte emoção humana — especialmente a emoção da solidão.

Somente Lucas está comigo. Toma contigo Marcos e traze-o, pois me é útil para o ministério. Quanto a Tíquico, mandei-o até Éfeso. Quando vieres, traze a capa que deixei em Trôade, em casa de Carpo, bem como os livros, especialmente os pergaminhos (4:11-13).

Embora Paulo pudesse olhar além de sua atual circunstância para a glória que o aguardava, ele era humano, e experimentava a emoção e o sofrimento humanos. Isto é normal. Isto é aceitável a Deus, porque Ele sabe do que somos feitos. Ele sabe que é difícil para um ser humano permanecer esperançoso durante momentos de solidão, isolamento e sofrimento. Podemos admitir esses sentimentos a Deus, sabendo que Ele nos aceita plenamente. Não há nada de pecaminoso na emoção humana normal em momentos de provação.

Ainda assim, a única preocupação de Paulo naquele momento era de que ele fosse capaz de proclamar a mensagem de Deus com ousadia.

Na minha primeira defesa, ninguém foi a meu favor; antes, todos me abandonaram. Que isto não lhes seja posto em conta! Mas o Senhor me assistiu e me revestiu de forças, para que, por meu intermédio, a pregação fosse plenamente cumprida, e todos os gentios a ouvissem; e fui libertado da boca do leão. O Senhor me livrará também de toda obra maligna e me levará salvo para o seu reino celestial. A ele, glória pelos séculos dos séculos. Amém! (4:16-18).

Apenas como um adendo, tenho frequentemente pensado sobre quando Paulo apareceu perante Nero. Naquela época, o nome de Nero era honrado e louvado em todo o mundo conhecido. Ele era o todo-poderoso imperador do grandioso Império Romano. Quem era Paulo de Tarso, senão um pregador itinerante, com uma fé estranha num judeu crucificado? No entanto, mais de 2 mil anos depois, a situação se inverte. Hoje, as pessoas

Cartas do Senhor

Muralhas de Corinto, Grécia

dão a seus filhos o nome Paulo, e a seus cães o nome Nero.

Paulo termina sua carta a Timóteo com algumas palavras pessoais aos seus amigos — alguns com nomes conhecidos como Priscila e Áquila, junto a alguns nomes menos conhecidos.

Eu adoraria ter recebido uma carta como essa de Paulo. Você não? No entanto, de fato, esta é uma carta que veio diretamente do coração de Paulo ao seu e ao meu coração. E é uma carta diretamente do coração de Deus. Ele quer que saibamos disso, não importa o quão assustador e perigoso este mundo se torne, Deus é fiel. Ele não nos deu um espírito de covardia, mas um espírito de poder, de amor e de uma mente sã.

PERGUNTAS PARA DISCUSSÃO

2 TIMÓTEO
Cristãos firmes em um mundo decadente

1. Leia 2Tm 1:3-7. O que esses versículos lhe dizem sobre a importância de criar filhos em um lar cristão?

2. Leia 2Tm 1:13,14. O que significa "o bom depósito que lhe foi confiado"? Por que Timóteo deve guardá-lo? Como vamos guardar esse "bom depósito"?

3. Leia 2Tm 2. Aqui, Paulo enumera algumas das duras exigências da vida cristã. De onde vem a força para suportar as dificuldades como um bom soldado, ou para fugir dos maus desejos da juventude? Qual é o fim dos que perseveram e alcançam essas duras exigências?

4. Leia 2Tm 3:1-9. Aqui, Paulo descreve o mal que infectará o mundo nos últimos dias. Será que essas terríveis características descrevem um tempo que ainda está por vir ou os tempos em que vivemos hoje? Explique sua resposta.

5. Leia 2Tm 3:10-17. Paulo diz: "...todos quantos querem viver piedosamente em Cristo Jesus serão perseguidos". Você já descobriu se isso é verdade? Explique sua resposta. Os últimos quatro versículos dessa passagem falam do poder e propósito das Escrituras. Você concorda ou discorda da visão de Paulo sobre as Escrituras? Explique sua resposta. Como esses versículos afetam a maneira como você vê a Palavra de Deus?

APLICAÇÃO PESSOAL

6. Leia 2Tm 4:1-5. Como esses versículos o desafiam pessoalmente sobre o seu próprio serviço cristão?

7. Leia 2Tm 1:15-18 e 4:6-22. Como esses versículos afetam sua visão do apóstolo Paulo? Eles ajudam a torná-lo mais real, mais humano e mais vulnerável para você? Você sente maior afinidade com Paulo como um companheiro sofredor?

Você tem amigos cristãos com quem você pode se abrir, ser honesto e vulnerável como Paulo foi com Timóteo nestes versículos? Se não, por quê? Você já pensou em se unir a um pequeno grupo de estudo bíblico em sua Igreja para que possa construir amizades e comunidade de koinonia (comunhão) com outros cristãos? Quais passos você pode tomar esta semana para tornar-se mais envolvido com a "a vida do corpo" de sua Igreja?

Observação: Para um estudo mais aprofundado das epístolas de 1 e 2 Timóteo e Tito, leia *The Fight of Faith: Studies in the Pastoral Letters of Paul* (O combate da fé: Estudos sobre as cartas pastorais de Paulo), Ray C. Stedman, (Discovery House Publishers, 2009).

Típica habitação do Novo Testamento

TITO

CAPÍTULO 66

Esperança para o futuro, auxílio para o presente

O best-seller de Alvin Toffler em 1970, *Future Shock* (Choque futuro), descreve o tipo de reação emocional assombrada que as pessoas experimentam enquanto o mundo muda muito rapidamente ao redor delas — a isso ele chamou de "muita mudança em um período de tempo tão curto". As pessoas experimentam "choque futuro", à medida que começam a sentir que, ao mudar tão rapidamente, o mundo as deixa para trás. O resultado de tal transformação vertiginosa, disse ele, seria "o estresse arrasador" e "a sobrecarga de informação".

Desde a publicação de "Future Shock", o mundo continuou a mudar — talvez em uma velocidade que o futuro tenha chocado até mesmo o Sr. Toffler. Como alguém poderia prever o mundo em que vivemos hoje — um mundo de computadores de bolso, internet móvel, smartphones, televisores de tela plana, guerras que se iniciam com o simples apertar de um botão, bombas inteligentes, e muito mais? Nosso mundo continua a mudar a uma velocidade cada vez maior e, como resultado, muitas pessoas desistiram do futuro e se acomodaram em um estado de desespero.

A carta de Paulo a Tito contém um poderoso antídoto para o choque futuro. Paulo chama esse antídoto de "nossa bendita esperança". Mesmo que o mundo esteja mudando, apesar de nossa cabeça estar girando enquanto tentamos nos manter atualizados com as transformações ao nosso redor, temos uma esperança que ancora nosso futuro e nos permite sentir seguros, diz Paulo:

> ...*aguardando a bendita esperança e a manifestação da glória do nosso grande Deus e Salvador Cristo Jesus* (2:13).

Jesus aparecerá em glória para colocar todas as coisas no lugar certo. Essa é a nossa esperança. Essa é a cura para nosso choque futuro. Esse é um dos temas que Paulo tece em sua carta a Tito.

> **OBJETIVOS DO CAPÍTULO**
>
> Este capítulo nos guia através da curta, mas prática, carta de Paulo a Tito, um pastor na ilha de Creta. O tema principal de Tito é "nossa bendita esperança", e o objetivo de Paulo é encorajar este jovem enquanto ele ministra em tempos conturbados e de rápidas mudanças.

O pano de fundo e a estrutura de Tito

Tito foi um dos jovens que acompanhou o apóstolo Paulo em muitas de suas viagens missionárias. Era um grego que veio a Cristo na cidade de Antioquia. Quando esta carta foi escrita, ele estava na ilha de Creta, a grande ilha do Mediterrâneo, ao sul da Grécia.

Paulo e Tito provavelmente começaram a Igreja em Creta depois da primeira prisão de Paulo em Roma. Aparentemente, o apóstolo foi libertado da prisão, como registrado em Atos. Você deve se lembrar que Paulo tinha manifestado o desejo ir à Espanha, e muitos estudiosos acreditam que depois de sua viagem à Espanha, ele e Tito foram para a ilha de Creta e lá estabeleceram uma Igreja. De acordo com esta carta, Paulo deixou Tito em Creta "para que [este pusesse] em ordem as coisas restantes, bem como, em cada cidade, [constituísse] presbíteros", conforme Paulo lhe instruíra (1:5). Esta carta a Tito fornece uma visão interessante do que ocorreu na Igreja Primitiva quando Paulo viajava e enviava esses jovens em seu nome como representantes apostólicos.

A carta de Paulo a Tito é curta e prática, entretanto, é rica em instrução e encorajamento. Seus temas se entrelaçam ao longo do texto, por isso vamos explorá-la tema por tema. Assim, teremos que saltar do capítulo 3 para o capítulo 1 e voltar, mas creio que você considerará este método uma maneira útil para examinar as verdades desta epístola.

O caráter dos cretenses

Em uma das passagens mais incomuns no Novo Testamento, Paulo faz citações de um antigo escritor de seus dias, um poeta grego secular que caracterizava as pessoas de Creta, entre as quais o jovem Tito viveu e trabalhou:

Foi mesmo, dentre eles, um seu profeta, que disse: Cretenses, sempre mentirosos, feras terríveis, ventres preguiçosos (1:12).

Paulo deseja que Tito entenda o problema aterrador que ele enfrenta, então alerta o jovem sobre esse povo desonesto, brutal, preguiçoso e glutão. Paulo ressalta esse aviso, acrescentando: "Tal testemunho é exato" (1:13). À medida que avançamos na leitura da carta, Paulo amplifica e explora essas características do povo de Creta. Por exemplo, diz:

Todas as coisas são puras para os puros; todavia, para os impuros e descrentes, nada é puro. Porque tanto a mente como a consciência deles estão corrompidas. No tocante a Deus, professam conhecê-lo; entretanto, o negam por suas obras; é por isso que são abomináveis, desobedientes e reprovados para toda boa obra (1:15,16).

Esse foi o tipo de ambiente ímpio em que a Igreja de Creta existia. A mente e a consciência das pessoas estavam corrompidas. Eles professavam conhecer a Deus, contudo o negavam por meio dos atos e atitudes de uns para com outros. Paulo estende esse tema no capítulo 3:

Evita discussões insensatas, genealogias, contendas e debates sobre a lei; porque não têm utilidade e são fúteis. Evita o homem faccioso, depois de admoestá-lo primeira e segunda vez, pois sabes que tal pessoa está

A CARTA DE TITO

Liderança eclesiástica (Tito 1)

Observações introdutórias.. 1:1-4

As qualificações dos anciãos (líderes da igreja) 1:5-9

Lidando com os falsos mestres na igreja 1:10-16

A vida cristã em tempos difíceis (Tito 2–3)

Ensine a sã doutrina...2

Dedique-se às boas obras.. 3:1-11

Conclusão.. 3:12-15

Aventurando-se através da Bíblia

pervertida, e vive pecando, e por si mesma está condenada (3:9-11).

Essas palavras referem-se principalmente àqueles que professam ser cristãos, mas cuja vida reflete as atitudes do mundo mal que os rodeia. O propósito da Igreja é inundar o mundo com o amor de Jesus Cristo. Quando a Igreja está cheia de problemas, é normalmente porque o mundo invadiu suas portas. Sempre que a Igreja é fiel à sua mensagem autêntica, torna-se um corpo revolucionário. A revolução que traz é de amor e pureza que desafia o *status quo* ímpio e brutal.

Sã doutrina e boas obras

No capítulo 3, Paulo fala não só dos cretenses, mas de si mesmo e de toda a humanidade, de como somos antes de aceitarmos a Cristo. Aqui está uma descrição de como Deus vê esse mundo decaído:

Pois nós também, outrora, éramos néscios, desobedientes, desgarrados, escravos de toda sorte de paixões e prazeres, vivendo em malícia e inveja, odiosos e odiando-nos uns aos outros (3:3).

Esse é o tipo de mundo ao qual Paulo enviou Tito com o poder do evangelho. O que o povo de Creta precisava? Várias vezes em toda esta carta lemos a frase "sã doutrina". Paulo sabia que, a fim de mudar a sociedade, as pessoas deviam ouvir a verdade. As pessoas andam nas trevas e agem como animais, dilacerando uns aos outros e odiando uns aos outros. As pessoas se comportam como animais por uma de duas razões: ou elas

rejeitaram a verdade — ou nunca ouviram a verdade. Então, Paulo aconselha: Comece ensinando-lhes a verdade.

Outra necessidade básica é "boas obras". Essa frase aparece cinco vezes em Tito. O capítulo 1 termina com uma descrição daqueles que são "reprovados para toda boa obra" (v.16). O capítulo 2 diz: "Torna-te, pessoalmente, padrão de boas obras" (v.7), e o capítulo termina com a ideia de que Jesus entregou-se para "purificar, para si mesmo, um povo exclusivamente seu, zeloso de boas obras" (v.14). No capítulo 3, Paulo diz: "para que os que têm crido em Deus sejam solícitos na prática de boas obras" (v.8), e, em seguida, acrescenta que os cristãos devem aprender "também a distinguir-se nas boas obras" (v.14). A sã doutrina por si só não é o suficiente. O mundo está à procura de boas obras que validem nossa boa doutrina.

Continuamos tentando mudar a maneira como as pessoas são e a forma como se comportam. Tentamos mudar as pessoas com educação, com leis mais rígidas, ou com incentivos e recompensas — mas nada funciona. Pessoas são pessoas, e a natureza humana é hoje a mesma que sempre foi. Como alguém bem disse: "Se você trouxer um porco para a sala de estar, isso não vai mudar o porco, mas certamente mudará a sala de estar!". E esse é o problema.

Não é o suficiente tentar mudar o comportamento das pessoas. Sua própria natureza tem que ser transformada. A verdade da salvação significa isso, e essa é a verdade que Paulo diz ser desesperadamente necessária — por todas as pessoas em todos os tempos. No capítulo 3, Paulo diz:

Baía de Balos, Ilha de Creta, Grécia

Pois nós também, outrora, éramos néscios, desobedientes, desgarrados, escravos de toda sorte de paixões e prazeres, vivendo em malícia e inveja, odiosos e odiando-nos uns aos outros. Quando, porém, se manifestou a benignidade de Deus, nosso Salvador, e o seu amor para com todos, não por obras de justiça praticadas por nós, mas segundo sua misericórdia, ele nos salvou mediante o lavar regenerador e renovador do Espírito Santo (3:3-5).

As boas obras não são suficientes; nossa maior necessidade não é apenas nos tornarmos pessoas melhores. Precisamos ser virados do avesso e sacudidos. Precisamos ser transformados, necessitamos ser salvos. Isso é o que Paulo quer dizer com "o lavar regenerador e renovador". Deus não nos conserta do lado de fora como a uma velha câmara de ar. Ele nos renova completamente de dentro para fora. Ele nos derrete e nos molda novamente à Sua própria imagem, com o lavar da regeneração e da renovação do Espírito Santo.

A mensagem suprema da Igreja é proclamar esta grande boa-nova: "...a esperança da vida eterna" (3:7).

Esperança: A resposta ao choque futuro e ao desespero do presente

Quando a Bíblia fala de esperança, ela não usa a palavra da mesma forma que o fazemos hoje, significando um leve lampejo de uma possibilidade: "Espero ganhar na loteria" ou, "Espero que esse barulho no motor não seja o que penso que é!" Quando o Novo Testamento fala de esperança, ele fala de certeza. A esperança da vida eterna repousa sobre Aquele que veio para nos dar a vida eterna, e somos justificados por Sua graça. Essa é uma realidade inabalável.

Aqui está nossa esperança à prova de choque para o futuro. O mundo está mudando rapidamente. A moralidade está desmoronando, comportamento depravado é chamado de "normal", os valores morais e a fé cristã são abertamente ridicularizados. O bem é chamado de "mal", e o mal de "bem". A arrogância e o hedonismo são aplaudidos, enquanto a humildade e a virtude são ridicularizadas. Se não tivermos uma esperança inabalável em meio a tal mudança rápida, instável e nauseante, sucumbiremos ao desespero. Paulo descreve a esperança que Deus nos deu:

Porquanto a graça de Deus se manifestou salvadora a todos os homens, educando-nos para que, renegadas a impiedade e as paixões mundanas, vivamos, no presente século, sensata, justa e piedosamente, aguardando a bendita esperança e a manifestação da glória do nosso grande Deus e Salvador Cristo Jesus (2:11-13).

Esta é a resposta ao choque futuro e ao desespero presente — nossa bendita esperança, a gloriosa manifestação do nosso grande Deus e Salvador, Jesus Cristo.

Nesta passagem, Paulo identifica claramente Jesus como *Deus*. Muitas pessoas hoje tentam escapar desta verdade das Escrituras, mas a vemos claramente indicada em todo o evangelho de João, em Filipenses 2 e em Tito 2:13. E onde quer que não esteja declarada com tal clareza inequívoca e óbvia como a vemos aqui, está sempre implícita em todo o Antigo e Novo Testamentos: Jesus, o Messias, é o eterno Deus em forma humana.

Qualificações para a liderança

Outra questão importante que Paulo aborda em sua carta é a liderança eclesiástica. Os cretenses precisavam entender como uma Igreja ordenadamente cristã deve funcionar, então, no capítulo de abertura, descreve as qualificações para os líderes da Igreja (A palavra *presbítero* refere-se à pessoa que ocupa um cargo de liderança enquanto a palavra *bispo* refere-se ao próprio cargo de liderança). Paulo escreve:

[O presbítero deve ser] alguém que seja irrepreensível, marido de uma só mulher, que tenha filhos crentes que não são acusados de dissolução, nem são

insubordinados. Porque é indispensável que o bispo seja irrepreensível como despenseiro de Deus, não arrogante, não irascível, não dado ao vinho, nem violento, nem cobiçoso de torpe ganância; antes, hospitaleiro, amigo do bem, sóbrio, justo, piedoso, que tenha domínio de si (1:6-8).

Onde você encontra essas pessoas? Paulo esperava que Tito os encontrasse em Creta. Ele esperava que Deus levantasse pessoas de caráter, fé e dons espirituais comprovados dentre aqueles que tinham sido caracterizados como "mentirosos, feras terríveis, ventres preguiçosos". O evangelho produz exatamente esse tipo radical de transformação. Devidamente entendida, a Igreja é uma comunidade de mudança.

Paulo também diz a Tito que ele precisava ensinar aos cristãos em Creta sobre responsabilidade cívica:

Lembra-lhes que se sujeitem aos que governam, às autoridades; sejam obedientes, estejam prontos para toda boa obra, não difamem a ninguém; nem sejam altercadores, mas cordatos, dando provas de toda cortesia, para com todos os homens (3:1,2).

Paulo exorta a Igreja a reconhecer que as autoridades são, em certo sentido, ministros de Deus (quer eles se vejam desta forma ou se entreguem a Deus como tais, ou não). O Senhor ordenou o governo para manter a ordem na sociedade humana, de modo que devemos ser respeitosos e obedientes à Lei em todas as áreas, exceto nos casos em que o governo se opõe diretamente à Lei de Deus.

À medida que Paulo dá estas orientações, está silenciosamente injetando na comunidade cretense um poder que poderia potencialmente transformar o caráter nacional de Creta. Se seguíssemos a prescrição de Paulo nesta carta, também veríamos o nosso próprio caráter nacional ser transformado.

Palavras de admoestação e conselho

Paulo termina sua carta a Tito com algumas palavras pessoais de admoestação e conselho, dando-nos um intenso vislumbre de sua própria vida.

Quando te enviar Ártemas ou Tíquico, apressa-te a vir até Nicópolis ao meu encontro. Estou resolvido a passar o inverno ali (3:12).

Nicópolis ficava na costa oeste da Grécia, do outro lado do mar Adriático, no calcanhar da bota italiana. Paulo, provavelmente escrevendo de Corinto, na Grécia, estava enviando dois jovens para substituir Tito em Creta, de modo que este pudesse se unir ao apóstolo. Mais tarde, lemos que Tito continuou subindo para a Dalmácia, na costa norte, enviando Zenas, o advogado, e Apolo (talvez para Alexandria, que era a terra natal de Apolo), e Paulo admoesta Tito a ter certeza de que nada lhes falte.

Paulo encerra a carta com o versículo de abertura. Ele começou a carta com esta afirmação:

Paulo, servo de Deus e apóstolo de Jesus Cristo, para promover a fé que é dos eleitos de Deus e o pleno conhecimento da verdade segundo a piedade (1:1).

E encerra com estas palavras:

Agora, quanto aos nossos, que aprendam também a distinguir-se nas boas obras a favor dos necessitados, para não se tornarem infrutíferos. Todos os que se acham comigo te saúdam; saúda quantos nos amam na fé. A graça seja com todos vós (3:14,15).

A verdade conduz à piedade. A sã doutrina e as boas obras andam de mãos dadas. Devemos conhecer a verdade — e, em seguida, devemos praticá-la. A base da verdade do evangelho que transforma nossa vida é, como diz Paulo em Tt 1:2: "...esperança da vida eterna que o Deus que não pode mentir prometeu antes dos tempos eternos".

A promessa da qual Paulo fala é encontrada em Gênesis, em que Deus falou sobre um Redentor que viria e traria vida para a humanidade (Gn 3:15), antes que Adão e Eva fossem expulsos do Éden. Esse Redentor veio; Seu nome é Jesus. Essa esperança é agora não apenas a expectativa do céu, mas a força para viver nestes tempos conturbados.

Estamos vivendo a esperança da vida eterna agora mesmo, hoje, à medida que vivemos na dependência dele.

Palácio de Minos em Knossos, Creta

PERGUNTAS PARA DISCUSSÃO

TITO
Esperança para o futuro, auxílio para o presente

1. Leia Tt 1:1-3. De que fonte Paulo recebeu seu evangelho e seu ministério?

2. Leia Tt 1:5-9 e compare com 1Tm 3:1-7. Observe que, ao listar as qualificações para a liderança eclesiástica, Paulo concentra-se no caráter do líder: maturidade cristã, reputação e habilidades de liderança. Por que Paulo enfatiza essas características particulares? Existem quaisquer qualidades que devem ser incluídas que Paulo tenha omitido? Sua igreja faz um bom trabalho de seleção de líderes com essa base bíblica?

3. Leia Tt 2:1-7. Como você definiria "sã doutrina"? Qual a origem da sã doutrina? O que significa ser "sadios na fé, no amor e na constância"? O que é "linguagem sadia e irrepreensível"? De que forma características como integridade, seriedade e linguagem sadia ajudam a silenciar os oponentes?

4. Leia Tt 2:9,10. Aqui, Paulo diz a Tito para instruir escravos em seu comportamento com relação aos seus senhores. Estes princípios são aplicáveis na relação entre empregados e empregadores na cultura de hoje? Por quê? Qual é o princípio fundamental nestes versículos que é verdadeiramente atemporal?

5. Leia Tt 2:15. O que Paulo quer dizer quando afirma: "Ninguém te despreze"? Há um princípio mais amplo neste versículo sobre como devemos viver com relação às pessoas incrédulas?

Aventurando-se através da Bíblia

APLICAÇÃO PESSOAL

6. Leia Tt 3:1,2. Como Paulo faz em outros lugares em suas cartas, ele escreve que os cristãos devem ser submissos às autoridades civis e viver com humildade e em paz com os outros. Dê uma nota a si mesmo (0 a 10), avaliando como você tem seguido essa instrução. Por exemplo, como seu histórico de registro de multas de trânsito reflete sua submissão às autoridades de trânsito que patrulham as ruas e rodovias? Como sua conversa reflete a instrução de Paulo de "não difamem a ninguém"? Se a espera na fila na loja for muito longa, ou se um funcionário dos correios for grosseiro, você seria "cordato"?

7. Leia Tt 3:9-11. Quando controvérsias, discussões e brigas surgem em sua igreja, como você se comporta? Você está no meio da confusão, incitando a raiva e divisões? Ou você age como pacificador? Que passos você pode tomar para se tornar um promotor de paz e amor em sua família ou na igreja?

Observação: Para um estudo mais aprofundado das epístolas de 1 e 2 Timóteo e Tito, leia *The Fight of Faith: Studies in the Pastoral Letters of Paul* (O combate da fé: Estudos sobre as cartas pastorais de Paulo), Ray C. Stedman, (Discovery House Publishers, 2009).

FILEMOM

CAPÍTULO 67

Um irmão restaurado

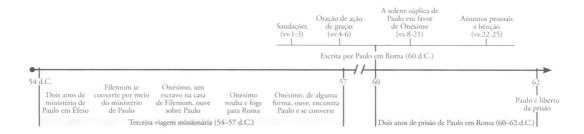

C lara Barton, fundadora da Cruz Vermelha Americana, certa vez foi dolorosamente traída por um colega de trabalho. Anos mais tarde, um amigo a lembrou do incidente. "Não me lembro disso", respondeu a senhorita Barton.

"Você não se lembra?", perguntou o amigo admirado. "Mas você ficou tão magoada na época! Com certeza você deve se lembrar!"

"Não", Clara insistiu gentilmente. "Lembro-me nitidamente de ter esquecido que isso jamais aconteceu".

Clara Barton

Esta é a verdadeira natureza do perdão — *uma decisão deliberada* de esquecer o mal sofrido. A graça perdoadora de Cristo é a força mais poderosa no Universo. É o poder para restaurar relacionamentos quebrados, para curar igrejas divididas, para unir famílias mais uma vez.

O perdão é o coração do evangelho — e é a chave da carta a Filemom.

Esta é a quarta das cartas pessoais de Paulo (depois das suas duas cartas para Timóteo e uma carta a Tito), e ela se difere de todas as outras cartas de Paulo porque não contém qualquer instrução destinada à Igreja como um todo, nem qualquer doutrina básica. Em vez disso, esta carta aplica, de maneira poderosa e prática, todos os princípios e valores contidos em outros escritos de Paulo: amor, aceitação, perdão, graça e fraternidade cristã.

> **OBJETIVOS DO CAPÍTULO**
>
> O objetivo deste capítulo é revelar o drama carregado de emoção por trás desta pequena e notável história de perdão na carta de Paulo a Filemom. Embora a história não nos diga se Filemom perdoou ou não seu servo Onésimo, podemos confiar que ninguém poderia ter resistido à mensagem de perdão de Paulo. Esta carta continua a suavizar corações e a curar relacionamentos quebrados até hoje. É por isso que sua mensagem permanece atemporal — e oportuna — hoje.

A CARTA DE FILEMOM

O apelo de Paulo a Filemom (Filemom 1-25)

Paulo dá graças a Deus por seu amigo Filemom vv.1-7

Paulo pede a Filemom para perdoar Onésimo vv.8-16

A promessa de Paulo a Filemom... vv.17-21

Observações pessoais, saudações de outros, bênção............................... vv.22-25

Filemom e Onésimo

A epístola a Filemom foi escrita quando Paulo estava preso em Roma pela primeira vez. Filemom, que viveu na cidade grega de Colossos, era um amigo que Paulo tinha ganhado para Cristo, e ele aparentemente tinha um irmão jovem chamado Onésimo. Embora muitos acreditem que não havia laços de sangue entre Filemom e seu escravo, Onésimo, estou convencido, por causa do que Paulo diz no versículo 16, que eles eram irmãos "na carne". Cito aqui da versão João Ferreira de Almeida Atualizada:

> *Porque bem pode ser que ele se tenha separado de ti por algum tempo, para que o recobrasses para sempre, não já como escravo, antes mais do que escravo, como irmão amado, particularmente de mim, e quanto mais de ti, tanto na carne como também no Senhor* (vv.15,16).

O que mais um irmão "na carne" poderia ser a não ser irmão por nascimento, uma distinção que Paulo parece ressaltar quando ele acrescenta que Onésimo é também um irmão cristão, um irmão "no Senhor". Esta distinção, que é forte no original grego, é obscura na NVI, onde se lê: "Para mim ele é um irmão muito amado, e ainda mais para você, tanto como pessoa quanto como cristão". Embora a NVI seja, de forma geral, uma excelente tradução, acredito que a João Ferreira de Almeida Atualizada seja mais precisa neste ponto.

Dada a visão de que Onésimo era irmão de sangue de Filemom, encontramos algumas aplicações poderosas nesta carta que podemos utilizar com relação uns aos outros, não apenas como cristãos, mas dentro de nossas famílias. Um dos lugares mais difíceis para se aplicar as lições de amor, aceitação e perdão é em casa, dentro de nossos próprios relacionamentos familiares. Há um antigo ditado que diz "familiaridade gera desdém", que explica por que tantos de nós parecem ter um enorme ponto cego em nossos relacionamentos mais próximos. Tratamos os membros da família de uma maneira que nem pensaríamos em tratar um estranho grosseiro na rua.

Acredito que Onésimo tenha entrado em algum tipo de apuro financeiro. Talvez ele fosse um jogador, ou tivesse algum outro problema de caráter que o levou à ruína financeira. Naqueles dias, as pessoas com dificuldades financeiras não podiam apelar para o tribunal de falências para socorrê-los. Eles poderiam, no entanto, por vezes, obter dinheiro vendendo-se como escravos. É possível supor que Onésimo foi a seu irmão Filemom e disse: "Fil, você poderia me ajudar? Estou em apuros e preciso de algum dinheiro".

"Bem, Onésimo, que tipo de garantia você tem?"

"Nada além de mim mesmo. Pague a dívida, Fil, e serei seu escravo."

Não sabemos se isso aconteceu dessa forma, mas é um provável cenário.

Se a irresponsabilidade colocou Onésimo nesta situação difícil, é fácil ver por que ele pode ter optado por fugir de suas responsabilidades com relação a seu irmão. Qualquer que tenha sido a situação, Onésimo fugiu e refugiou-se em Roma. Lá, ele aparentemente conheceu o apóstolo Paulo e encontrou a Cristo.

Senhores e escravos

Filemom provavelmente era cristão há algum tempo quando esta carta foi escrita, pois sabemos que em Colossenses 4:9 ele é elogiado como sendo um irmão fiel e amado que tinha sido de grande utilidade para Paulo e para o evangelho.

Portanto, temos que nos perguntar: Por que um cristão fiel seria proprietário de escravo? Esta pergunta nos ocorre naturalmente, pelo fato da escravidão ser tão abominável para nós hoje. No entanto, ela era aceita como parte das culturas grega e romana. Em outras epístolas de Paulo vemos várias admoestações aos cristãos que eram escravos:

Quanto a vós outros, servos, obedecei a vosso senhor segundo a carne com temor e tremor, na sinceridade do vosso coração, como a Cristo, não servindo à vista, como para agradar a homens, mas como servos de Cristo, fazendo, de coração, a vontade de Deus (Ef 6:5,6).

Servos, obedecei em tudo ao vosso senhor segundo a carne, não servindo apenas sob vigilância, visando tão somente agradar homens, mas em singeleza de coração, temendo ao Senhor (Cl 3:22).

Quanto aos servos, que sejam, em tudo, obedientes ao seu senhor, dando-lhe motivo de satisfação; não sejam respondões (Tt 2:9).

E Paulo também dá essas admoestações aos proprietários de escravos:

E vós, senhores, de igual modo procedei para com eles, deixando as ameaças, sabendo que o Senhor, tanto deles como vosso, está nos céus e que para com ele não há acepção de pessoas (Ef 6:9).

Senhores, tratai os servos com justiça e com equidade, certos de que também vós tendes Senhor no céu (Cl 4:1).

A razão pela qual não temos escravidão na civilização ocidental hoje é que corações e mentes foram transformados pelo evangelho de Cristo, e por princípios cristãos de amor, graça, igualdade e pelos nossos deveres cristãos com relação aos outros. A escravidão ainda é praticada em culturas onde o evangelho cristão não é considerado, especialmente

Aventurando-se através da Bíblia

no mundo muçulmano. A abolição da escravidão era uma questão importante na Igreja cristã durante os séculos 18 e 19.

Nos dias de Paulo, a escravidão era uma realidade que tinha de ser tratada. Embora os escravos continuassem a servir seus senhores, Paulo desafiou tanto escravos quanto senhores a se verem como família, e adorarem juntos na Igreja em pé de igualdade — o que deve ter sido um conceito surpreendente para os senhores de escravos daquela época.

No Império Romano, a vida de um escravo era normalmente dura, cruel e implacável. Se um escravo fugisse de seu senhor, ele poderia ser morto ou enviado de volta ao seu senhor para ser punido. E praticamente não havia nenhum limite para a severidade da punição (ou mesmo tortura) que um dono de escravos poderia infligir.

Quando Onésimo fugiu, ele pode ter agravado os seus problemas roubando dinheiro de Filemom, visto que Paulo acrescenta: "E, se algum dano te fez ou se te deve alguma coisa, lança tudo em minha conta" (v.18). Onésimo foi a Roma, se converteu a Cristo por meio do ministério de Paulo, e se tornou assistente deste apóstolo.

Contudo, Paulo estava determinado a enviá-lo de volta a Filemom para que Onésimo pudesse limpar sua consciência de todas as transgressões passadas contra seu senhor. Portanto, Paulo escreveu este gracioso bilhete que foi preservado para nós nas Escrituras, e ele o enviou de volta pelas mãos do próprio Onésimo.

O retorno de Onésimo

Imagine a cena na casa de Filemom quando esta carta e seu portador chegaram. Filemom está de pé em sua varanda certa manhã, olha para a estrada e vê alguém se aproximando. Ele diz à sua esposa, Áfia: "Aquele não parece ser o inútil do meu irmão fujão?".

Com certeza, é Onésimo mesmo. A ovelha negra retornou. A ira toma conta de Filemom e, à medida que Onésimo se aproxima, ele resmunga: "Então, finalmente você voltou para casa! O que o traz de volta aqui?".

Sem nenhuma palavra de defesa, Onésimo entrega a seu irmão um rolo. Filemom o pega e o lê:

Paulo, prisioneiro de Cristo Jesus, e o irmão Timóteo, ao amado Filemom, também nosso colaborador, e à irmã Áfia, e a Arquipo, nosso companheiro de lutas, e à igreja que está em tua casa, graça e paz a vós outros, da parte de Deus, nosso Pai, e do Senhor Jesus Cristo (vv.1-3).

"É de Paulo", Filemom diz a sua esposa. "É dessa maneira que ele sempre começa suas cartas. Não sei como meu irmão obteve essa carta, mas ela é autêntica".

Observe a referência nesses versículos iniciais "à Igreja que está em tua casa". Cristãos se reuniam na casa de Filemom para estudar e orar juntos. Esta é a Igreja que Paulo saúda. Não um edifício de paredes de pedra, vitrais e bancos de madeira, mas pessoas que se reuniam na casa de Filemom para estudar a Palavra de Deus, orar juntas e compartilhar suas lutas e sua força.

Filemom continua lendo:

Dou graças ao meu Deus, lembrando-me, sempre, de ti nas minhas orações, estando ciente do teu amor e da fé que tens para com o Senhor Jesus e todos os santos, para que a comunhão da tua fé se torne eficiente no pleno conhecimento de todo bem que há em nós, para com Cristo (vv.4-6).

Filemom diz: "Imagine, Paulo tem orado por nós, mesmo na prisão. Isso não é incrível!". Ele prossegue sua leitura e vê a primeira indicação do motivo pelo qual Paulo está lhe escrevendo:

Pois bem, ainda que eu sinta plena liberdade em Cristo para te ordenar o que convém, prefiro, todavia, solicitar em nome do amor, sendo o que sou, Paulo, o velho e, agora, até prisioneiro de Cristo Jesus; sim, solicito-te em favor de meu filho Onésimo, que gerei entre algemas (vv.8-10).

Na verdade, Paulo diz: "Eu poderia lhe ordenar fazer isso por minha autoridade como apóstolo, mas em vez disso, apelo a você com base em seu próprio amor cristão". Ele então passa a descrever Onésimo como alguém que gerou "entre algemas".

Creio que lágrimas provavelmente encheram os olhos de Filemom enquanto ele lia isso. Aqui estava o velho e querido Paulo, que o tinha levado a Cristo, sentado naquela prisão solitária, escrevendo: "Filemom, velho amigo, você me faria um favor? Estou apelando a você, mesmo podendo lhe dar uma ordem. Agradeceria muito que me fizesse um favor especial enquanto estou aqui na prisão". Como o coração de Filemom não se derreteria com essas palavras?

Imagino Filemom voltando-se para sua esposa e dizendo: "Olhe! Paulo, o apóstolo que me levou ao Senhor, levou também meu irmão Onésimo a Cristo. Não apenas temos o mesmo pai na carne, mas agora Paulo é um pai espiritual para nós dois!".

No versículo seguinte, encontramos um interessante jogo de palavras:

Ele, antes, te foi inútil; atualmente, porém, é útil, a ti e a mim (v.11).

Claramente, Onésimo era menos do que um inútil para Filemom. Ele o roubara e fugira. Ele era um incômodo — nada além de má notícia! E o irônico de tudo isso é que o nome Onésimo significa literalmente "útil" ou "rentável".

Paulo tem um maravilhoso senso de humor e aprecia um bom trocadilho de vez em quando. Assim, ele diz, de fato: "O Sr. Útil pode ter sido o Sr. Inútil para você no passado, mas ele é agora o Sr. Útil mais uma vez!". E como acrescenta no versículo 12, ele está enviando o Sr. Útil de volta a Filemom, onde ele pode viver dignamente de acordo com seu nome. Paulo considera o serviço de Onésimo a Filemom como um serviço a ele mesmo. Embora Paulo quisesse manter esse jovem útil consigo, preferiu ver Onésimo pagar sua dívida com Filemom, a quem ele ofendera.

Servos de um único Senhor

A chave para esta pequena carta é o versículo 16, onde Paulo diz a Filemom que está enviando de volta Onésimo para ele "não como escravo; antes, muito acima de escravo, como irmão caríssimo, especialmente de mim e, com maior razão, de ti, quer na carne, quer no Senhor". Com estas poucas palavras, Paulo apaga a linha de distinção entre escravos e livres. Os rígidos limites de pontos de vista

Aventurando-se através da Bíblia

Inscrição de Pilatos em Cesareia

culturais são superados pelo amor e parentesco em Cristo.

Independentemente da posição — se alguém é escravo ou senhor de acordo com os costumes romanos — ambos são servos de um único Senhor, Jesus Cristo. Esse também deve ser nosso ponto de vista quando nos dirigimos às pessoas ao nosso redor. Ao invés de rotularmos os outros de acordo com a situação econômica, pontos de vista político, raça ou qualquer outra característica, devemos começar a vê-los como pessoas por quem Cristo morreu. Sendo cristãos, deste modo, são também pessoas que servem ao mesmo Senhor e Mestre, Jesus Cristo.

A carta de Paulo, sem dúvida, acertou o seu alvo — o coração de Filemom. Posso imaginar Filemom dizendo: "Se Onésimo é tão querido para nosso irmão Paulo, como não o perdoaria? Afinal de contas, Paulo diz nesta carta: 'Se, portanto, me consideras companheiro, recebe-o, como se fosse a mim mesmo' (1:17). Não posso simplesmente receber Onésimo de volta como escravo. Não posso simplesmente abrigá-lo no alojamento de escravos e enviá-lo de volta ao trabalho.

Tenho que receber Onésimo como se ele fosse o próprio Paulo!".

E Áfia responde: "Nesse caso, devemos dar a Onésimo o melhor quarto da casa".

Do que essa história o relembra? Você ouve os ecos da parábola do amoroso pai e do filho pródigo de Lucas 15? Isso é graça. Isso é o evangelho em ação.

E assim como Jesus pagou nossa dívida do pecado na cruz, Paulo cancela a dívida de Onésimo com Filemom. Aqui está a doutrina da substituição maravilhosamente retratada para nós em uma lição viva. Na verdade, Martinho Lutero observou certa vez: "Todos nós fomos o Onésimo de Deus". Éramos escravos. Éramos devedores. Éramos pecadores. Não merecíamos nada. Se fosse por nós, estaríamos nus e miseráveis diante de um Deus justo e santo, mas o Senhor Jesus diz ao Pai: "Se este fez algo de errado, ou lhe deve alguma coisa, ponha na minha conta. Eu o pago".

Esse é o evangelho. Isso é o que Deus fez por nós por intermédio de Jesus Cristo.

O alcance da graça

O coração de Filemom deve ter se derretido por causa dessa expressão incrível de graça vinda do coração de Paulo, procedente da solidão de uma cela fria de prisão. Paulo não tinha nada — nenhum dinheiro com o qual pudesse pagar a dívida de Onésimo — entretanto, ele escreveu: "...se te deve alguma coisa, lança tudo em minha conta. Eu mesmo te pagarei quando retornar".

Penso que esse foi o toque final de todo o apelo de Paulo. Com isso, acredito que o coração de Filemom se quebrantou, ele abriu seus braços, abraçou Onésimo e o perdoou.

O relacionamento de irmão com irmão foi restaurado.

Paulo entendeu que os dois irmãos não poderiam viver juntos como família enquanto um fosse escravo e o outro senhor. Ambos tinham que ser libertos das correntes que os prendiam. Onésimo tinha que ser livre das correntes de sua dívida para com Filemom, e este devia ser livre das correntes de sua cegueira cultural que considerava o senhorio sobre seu irmão como seu direito legal e moral.

No final, essas correntes foram quebradas não pela força da Lei. Foram dissolvidas pelo amor e pela graça.

À medida que esta breve carta chega ao fim, Paulo faz esta declaração:

Certo, como estou, da tua obediência, eu te escrevo, sabendo que farás mais do que estou pedindo (v.21).

Aqui vemos como a graça pode ir mais longe e influenciar vidas, relacionamentos e comportamentos. Paulo apelou a Filemom com base na graça. Se ele tivesse escolhido impor exigências sobre Filemom com base na Lei, com base em sua autoridade como apóstolo, ele teria dito: "Filemom! Como santo apóstolo da Igreja, eu lhe ordeno que aceite esse jovem de volta em sua casa e lhe devolva seu emprego!". Isso é o mais longe que a Lei pode ir. E Filemom teria obedecido à ordem legal.

Porém, a graça alcança muito mais longe do que a Lei. A graça não apenas recuperou o emprego de Onésimo na casa de Filemom, mas restaurou seu relacionamento, seu lugar de amor e pertença na família de Filemom. A graça rompe todas as barreiras, suaviza

Aventurando-se através da Bíblia

o atrito, limpa a amargura e cura a dor do passado.

Paulo, em seguida, acrescenta este pedido:

E, ao mesmo tempo, prepara-me também pousada, pois espero que, por vossas orações, vos serei restituído (v.22).

O apóstolo esperava ser liberto da prisão. Mas como? "Espero que, por vossas orações, *vos serei restituído*", escreve. E sabemos que Deus realmente concedeu estes pedidos. Paulo foi liberto e pregou a Palavra de Deus por mais alguns anos antes de se encarcerado pela segunda vez.

Paulo encerra com saudações daqueles que estavam com ele. Epafras era bem conhecido em Colossos, pois ele tinha fundado a Igreja lá. Mas agora como companheiro de prisão de Paulo em Roma, ele envia saudações, como também Marcos, autor do evangelho de mesmo nome, e Aristarco, um dos discípulos de Paulo. Demas era um jovem que mais tarde abandonou Paulo (como descobrimos na última carta que Paulo escreveu), porque "amou o presente século" (2Tm 4:10). Lucas, autor do evangelho de Lucas e do livro de Atos, também estava com Paulo em Roma e enviou saudações a Filemom.

As últimas palavras de Paulo são tão características do apóstolo da graça:

A graça do Senhor Jesus Cristo seja com o vosso espírito (v.25).

Aqui está o tema de Filemom, o tema do apóstolo Paulo, o tema de toda a Palavra de Deus aos seres humanos, que estão perdidos em pecado: A graça é a resposta para todos os nossos problemas e toda a nossa dor. É a resposta para a nossa culpa e pecado. É a resposta para os nossos relacionamentos conturbados. É a resposta para o nosso medo da morte.

A graça de Deus foi derramada sobre nós através do Senhor Jesus Cristo. E Sua graça nos chama a mostrar a mesma graça de Cristo àquelas almas carentes de graça ao nosso redor, pessoas como Onésimo que encontramos todos os dias — e especialmente aqueles em nossos próprios lares.

Que Deus nos dê graça para representar Seu caráter gracioso todos os dias.

PERGUNTAS PARA DISCUSSÃO

FILEMOM
Um irmão restaurado

1. Leia a carta de Paulo a Filemom e compare-a com Colossenses 3:12-14. Cite exemplos específicos, mostrando como Paulo pratica o que prega.

2. Você acha que Paulo está preocupado se Filemom vai amar, aceitar e perdoar Onésimo? Ou está totalmente confiante quanto ao que Filemom vai fazer?

3. Paulo diz a Filemom: "E, se algum dano te fez ou se te deve alguma coisa, lança tudo em minha conta" (v.18). Paulo escreveu esta carta enquanto era prisioneiro em Roma, e provavelmente tinha recursos muito limitados para reembolsar Filemom. No entanto, o fato de dizer "lança tudo em minha conta" deve ter sido muito agradável a Filemom. É difícil imaginar Filemom tendo rancor contra Onésimo depois de um apelo tão sincero.

O que mais que Paulo diz para amolecer o coração de Filemom? Paulo é sincero ou está manipulando as emoções de Filemom? Como você sabe?

4. Leia a parábola do filho pródigo em Lucas 15:11-32. Quais paralelos você vê entre a parábola do Senhor e a situação entre Filemom e Onésimo? Quais diferenças importantes ou contrastes você vê?

APLICAÇÃO PESSOAL

5. O autor escreve: "Um dos lugares mais difíceis para se aplicar as lições de amor, aceitação e perdão é em casa, dentro de nossos próprios relacionamentos familiares. Há um antigo ditado que diz que a 'familiaridade gera desdém', o que explica por que tantos de nós parecem ter um enorme ponto cego em nossos relacionamentos mais próximos. Tratamos os membros da família de uma maneira que nem pensaríamos em tratar um estranho grosseiro na rua". Você concorda ou discorda? Você tem um relacionamento rompido com alguém de sua própria família? Quais passos pode tomar esta semana para começar a curar esse relacionamento?

6. Quem é o Onésimo de sua vida? Quem é a pessoa que lhe roubou, traiu, ou maltratou? Quem precisa do seu perdão agora mesmo? Há alguma coisa que esteja lhe impedindo de perdoar essa pessoa? Quais passos você pode tomar esta semana para eliminar o distanciamento entre você e seu Onésimo?

7. Quem é o Filemom em sua vida? A quem você feriu ou maltratou? Quem é a pessoa a quem você precisa ir e dizer: "Eu estava errado, desculpe-me, por favor, perdoe-me?". Quais passos você pode dar esta semana para acabar com o impasse e começar a cura?

Parte 8
Guardando a fé

Igreja de todas as Nações, em Jerusalém

DE HEBREUS A JUDAS

CAPÍTULO 68

Tudo sobre a fé

O famoso apresentador de programa de entrevistas Larry King certa vez encontrou-se em uma posição incomum — ser o entrevistado em vez do entrevistador. Ele apareceu no programa de David Letterman, e durante a conversa, Letterman perguntou a King: "Se você pudesse entrevistar qualquer pessoa da história, quem seria?".

King respondeu: "Jesus Cristo".

Letterman ficou surpreso. "O que você perguntaria para Ele?"

"Ó, muitas coisas", King respondeu, "mas a minha primeira pergunta seria: 'Você realmente nasceu de uma virgem?' A resposta dele a essa pergunta definiria a história".

É verdade, não é mesmo? A resposta a essa pergunta realmente define a história. Se Jesus verdadeiramente nasceu de uma virgem e verdadeiramente nasceu de Deus, o Verbo se fez carne, então temos algo tremendo em que acreditar. Se Ele não nasceu de uma virgem, então nossa fé não tem sentido. Verdadeiramente nossa fé deve estar enraizada na verdade — a verdade da encarnação, da vida, da morte e da ressurreição de Jesus Cristo — ou não temos nada pelo que viver.

Fé não é magia. Não é um sentimento. Não é um conjunto de doutrinas ou credos. Fé é confiar na realidade suprema do Universo. Ela é a chave que abre a porta para Deus. Sem fé não podemos chegar a Deus ou receber Sua salvação. Por isso, é extremamente importante que descubramos o que a fé é realmente. Esse é o tema das epístolas de Hebreus a Judas. Elas

nos contam tudo sobre a fé — de onde vem, em que ela se baseia, como se apropriar dela, e como vivê-la em nosso cotidiano.

Vez após outra, durante meus muitos anos como pastor, ouvi as pessoas darem desculpas tanto por falharem em receber a Jesus como Salvador ou por falharem em se apropriar de Seu poder para viver a vida cristã, e a desculpa número um é esta: "Eu simplesmente não consigo crer. Eu simplesmente não tenho fé". No entanto, crer é precisamente para o que os seres humanos são criados. A prova é encontrada nesta passagem bem conhecida:

De fato, sem fé é impossível agradar a Deus, porquanto é necessário que aquele que se aproxima de Deus creia que ele existe e que se torna galardoador dos que o buscam (Hb 11:6).

Em outras palavras, este é o nível mínimo de fé: Se não nos aproximarmos de Deus, não podemos ser salvos. Se a fé é verdadeiramente impossível para qualquer ser humano, então

---

OBJETIVOS DO CAPÍTULO

Neste capítulo, apresentaremos uma visão geral do restante das epístolas — a carta anônima de Hebreus e as cartas de Tiago, Pedro, João e Judas. Embora compostas por vários escritores, um tema comum une essas cartas — o tema da defesa da fé. Cada carta apresenta uma faceta diferente da fé, e juntas elas nos instruem e inspiram a aprofundar nosso relacionamento de fé com Deus e a defender essa fé da subversão por falsos mestres.

Aventurando-se através da Bíblia

essa pessoa está além do alcance da salvação e da redenção. Mas sabemos que isso não é verdade. Todo ser humano pode crer. Fomos feitos para colocar nossa confiança em alguém ou em algo muito maior e mais poderoso do que nós.

Continuamos a colocar nossa confiança nas coisas que nos cercam. Aceitamos pela fé que a cadeira na qual nos sentamos aguentará nosso peso, ou que o teto não desabará sobre nossas cabeças. A fé é a resposta automática do espírito humano. O problema é que nós, com muita facilidade, colocamos nossa fé em coisas que nos decepcionam. Colocamos nossa fé em pessoas, sistemas ou falsos deuses e filosofias que nos levam ao sofrimento ou à destruição.

A equipe dos comediantes Stan Laurel e Oliver Hardy (*O Gordo e o Magro*) uma vez fez um filme chamado *O grande negócio*, no qual os comediantes demoliam completamente uma casa de forma hilária; eles jogavam os móveis pelas janelas, derrubavam uma porta, destruíam a chaminé, quebravam vasos com um taco de beisebol e arrancavam árvores e arbustos. A fim de realizar esse caos a um custo razoável, os produtores localizaram a uma casa em Los Angeles que já estava para ser demolida.

No dia marcado, o elenco e a equipe chegaram, encontraram a casa destrancada, instalaram as câmeras e começaram a filmar. No espaço de algumas horas, eles tinham transformado a casa em uma completa ruína. Quando estavam quase terminando, o proprietário da casa chegou — e ficou irado. A casa que Laurel e Hardy deveriam destruir era a do lado. A equipe de filmagem sinceramente acreditava que estavam demolindo a casa certa. Porém, a fé equivocada provou ser muito cara. Nossa fé deve estar fundamentada na verdade.

Como sabemos que a Bíblia é verdadeira? Muitos livros foram escritos sobre apologética, o conjunto de evidências que verifica a verdade bíblica através da razão e da pesquisa histórica. A evidência para a nossa fé é verdadeira e convincente. A fé cristã é uma fé racional, porque servimos a um Deus lógico que diz: "Vinde, pois, e arrazoemos, diz o SENHOR" (Is 1:18).

Algumas pessoas dizem que "ver é crer", mas acho que é mais preciso dizer "crer é ver". Quando você crê em Jesus Cristo e age com base nisso, você começa a experimentar confirmação e confiança nessas suas crenças. Como consequência disso, sua fé se torna mais forte e mais profunda. Quanto mais você experimenta Jesus, mais claramente você o vê.

Crer é ver. Esse é o princípio expresso pelo pai que pediu a Jesus que curasse o seu filho "…possesso de um espírito mudo" (Mc 9:17).

E imediatamente o pai do menino exclamou [com lágrimas]: Eu creio! Ajuda-me na minha falta de fé! (Mc 9:24)

Você começa com a pequena partícula de fé que tem, ainda que fraca, ainda que pequena, e a oferece a Deus, dizendo: "Senhor, eu mal tenho fé, mas o pouco que há, eu ofereço a ti. Vou agir de acordo com ela. Ajuda-me a conhecer a verdade e acreditar nela. Revela Tua verdade a mim".

À medida que nos aventuramos juntos através destas epístolas, de Hebreus a Judas, vamos aprender muito sobre fé.

Hebreus: a galeria de heróis da fé

O tema de Hebreus é "O que é fé?". O autor deste livro ilustra o significado de fé através de uma série de resumos de biografias de heróis do Antigo Testamento tais como Moisés, Josué, Melquisedeque e Arão. Todas essas histórias demonstram que fé é simplesmente ter consciência de certas realidades invisíveis que não podem ser percebidas pelos cinco sentidos. Em vez disso, essas realidades invisíveis são verificadas por meio de nossa experiência diária com Deus. À medida que nos tornamos cada vez mais conscientes dessas realidades, Deus espera que cresçamos por confiar nele cada vez mais. Se não crescermos em nossa fé, ela vai murchar. Hebreus nos adverte a não recuar, e sim a mergulhar completamente em nossa fé no Senhor.

Em Hebreus 11, encontramos a galeria de heróis da fé, o grande registro de homens e mulheres que viveram pela fé e realizaram coisas incríveis para Deus. Estas foram pessoas comuns (como você e eu) que fizeram coisas extraordinárias, conectando-se ao poder de Deus através do simples ato de fé. Elas começaram com uma fé do tamanho de uma semente de mostarda e a nutriram até que florescesse, colocando-a à prova. Vemos como a fé das pessoas do Antigo Testamento foi exercitada e pressionada até que elas fossem capazes de obedecer a Deus sem ter qualquer ideia do que Ele tinha planejado para suas vidas:

Pela fé, Abraão, quando chamado, obedeceu, a fim de ir para um lugar que devia receber por herança; e partiu sem saber aonde ia (11:8).

Esse acontecimento na vida de Abraão demonstra o princípio declarado no versículo tema de Hebreus:

Ora, a fé é a certeza de coisas que se esperam, a convicção de fatos que se não veem (11:1).

Aqui está o princípio fundamental da fé: não é uma questão de ter certeza de todas as evidências em notas de rodapé, fotografadas e de firma reconhecida que nossos sentidos possam confirmar. É uma questão de estar certo a respeito do que não vemos. Como isso é possível? O que nos leva à convicção da fé? Simplesmente isto: À medida que agimos com base em nossa crença, crescemos em nossa experiência com a realidade de Deus em nossa vida. Sua Palavra soa como um sino em nosso coração, e é verdadeira. Então, nossa experiência se alinha com a verdade da Palavra de Deus.

Tiago: a obra da fé

A epístola de Tiago é extremamente prática. Você pode aplicar suas verdades à sua vida continuamente, para todas as suas interações e relacionamentos. Tiago apresenta a fé como uma força ativa e transformadora na vida do cristão. A chave para Tiago é este famoso versículo:

Porque, assim como o corpo sem espírito é morto, assim também a fé sem obras é morta (2:26).

Em outras palavras, a fé não é realmente fé até que você aja baseado nela. Dizer "creio" enquanto se vive como se não cresse é o mesmo que não crer. Muitas pessoas pensam que fé é uma atitude ou uma concordância com certa doutrina. Isso não é fé de modo algum. Fé genuína nos transforma, afeta nosso comportamento e controla nossas ações. Fé que não é nada mais do que assentimento intelectual é inútil, sem vida e ineficaz. A fé deve agir — ou qual o benefício, então?

De acordo com Tiago, a fé genuína salta em ação, fica firme diante da tentação, não

Aventurando-se através da Bíblia

823

TEMAS CENTRAIS DE HEBREUS A JUDAS	
HEBREUS	O que é fé?
TIAGO	Fé sem obras é morta
1 & 2 PEDRO	Fé que é testada e provada
1, 2 & 3 JOÃO	Fé e amor cristão
JUDAS	Protegendo nossa fé

demonstra preconceito, é amável e sensível às necessidades humanas, fala de bênção e de amor, em vez de maldição, espalha a paz em vez de conflito e ensina paciência e oração. Essas são as obras da fé genuína e ativa sobre a qual lemos em Tiago.

1 e 2 Pedro: Força para a provação da fé

Pedro foi o apóstolo cuja fé falhou quando testada sob fogo enquanto seu Senhor estava a caminho da cruz. Embora Pedro tivesse declarado enfaticamente que jamais negaria Jesus, mesmo que todos os outros discípulos o negassem, foi ele próprio que acabou negando Jesus três vezes, selando uma daquelas negações com uma vil maldição. Depois de negar o seu Senhor, Pedro lembrou-se das palavras do Mestre: "…tu, pois, quando te converteres, fortalece os teus irmãos" (Lc 22:32).

Nas duas cartas de Pedro, vemos o apóstolo fazendo exatamente isso: fortalecendo seus irmãos e irmãs em Cristo para os momentos de provação e perseguição. Os cristãos que verdadeiramente exercitam sua fé terão sua fé testada e provada, e esse é o tema dessas cartas.

O sofrimento faz a fé tremer. A catástrofe provoca nossos questionamentos mais profundos. Nessas duas cartas, Pedro responde a esses questionamentos. Nossa fé em Cristo nos une à vida dele, incluindo o Seu sofrimento. Viver como cristão em um mundo hostil e rebelde vai, inevitavelmente, nos causar dor e perseguição. Quando nos tornamos uma parte de Cristo, nos tornamos instrumentos para realizar Sua obra neste mundo decaído.

1, 2 e 3 João: Fé vivida em amor

As três curtas epístolas subsequentes a 1 e 2 Pedro foram escritas por João, que também é o autor do evangelho que leva seu nome e do livro de Apocalipse. Elas foram escritas perto do fim do primeiro século. O versículo-chave de todas as três cartas é encontrado na primeira delas. Ele reforça o vínculo entre a vida de fé e a vida de amor cristão:

Ora, o seu mandamento é este: que creiamos em o nome de seu Filho, Jesus Cristo, e nos amemos uns aos outros, segundo o mandamento que nos ordenou (1Jo 3:23).

É assim que a fé age. Ela crê, e essa crença produz amor. Ter fé em Deus significa manifestar a vida de Deus, e *Deus é amor*. Como podemos dizer que realmente temos fé em Deus se não amarmos uns aos outros como Deus, em Cristo, nos amou?

Tanto a primeira quanto a segunda carta de João tratam da questão sobre os verdadeiros mestres *versus* os falsos mestres na igreja. Essas duas epístolas foram escritas para contrariar certos mestres apóstatas que afirmavam que Jesus, na verdade, não tinha vindo em carne, mas que veio à Terra apenas em um sentido espiritual.

Em 1 João, a resposta para o falso ensino é encontrada em três temas interligados: caminhar na luz, manifestar amor e refletir a vida de Cristo — luz, amor e vida. A luz é a verdade na qual caminhamos. O amor é a maneira como vivemos como filhos da luz. E a vida de Cristo é a vida que Ele vive por nosso intermédio.

Em 2 João, novamente o tema é o amor, mas aqui o apóstolo amado mostra-nos que o amor é vivido por meio da obediência à verdade de Deus:

E o amor é este: que andemos segundo os seus mandamentos. Este mandamento, como ouvistes desde o princípio, é que andeis nesse amor (2Jo 1:6).

A terceira carta de João é o livro mais curto da Bíblia, e foi escrito para um cristão chamado Gaio. Na carta, João elogia um grupo de cristãos sinceros liderado por um mestre piedoso chamado Demétrio — e adverte Gaio contra um grupo de falsos cristãos que seguem um falso mestre chamado Diótrefes. João também aborda um problema na igreja, o problema das pessoas que agem como se fossem donos da igreja. João contrasta aqueles que amam uns aos outros no Corpo de Cristo com aqueles que amam ser os primeiros na igreja.

Fé e amor estão interligados nestas três cartas. Uma pessoa de fé é aquela que vive a fé cristã através do seu amor pelos outros.

Judas: Protegendo nossa fé

A epístola de Judas aborda os perigos que ameaçam nossa fé. Judas esboça um plano para salvaguardar a fé contra essas forças sutis que tentam miná-la, incluindo o desejo de fazermos tudo do nosso jeito, a atração da imoralidade, a armadilha da ganância, os perigos da falsa autoridade, divisão e influências do mundo. Próximo do encerramento de sua carta, Judas faz uma advertência que é muito oportuna para nós hoje:

Vós, porém, amados, edificando-vos na vossa fé santíssima [essa é a chave], orando no Espírito Santo [esse é o exercício da fé], guardai-vos no amor de Deus [novamente, o exercício da fé], esperando a misericórdia de nosso Senhor Jesus Cristo, para a vida eterna (vv.20,21).

Para proteger nossa fé, devemos exercitá-la. Como o corpo humano, a fé deve ser exercitada para evitar que se torne flácida e pouco saudável. Exercitamos nossa fé confiando em Deus e ousando realizar grandes coisas para Ele, apresentando-nos corajosamente para o serviço e ministério para Ele, e descobrindo e usando nossos dons espirituais.

A fé é uma aventura — uma jornada grandiosa, emocionante e de suspense. Isso é o que descobrimos à medida que nos aventuramos através dessas epístolas, de Hebreus a Judas, e aprendemos tudo sobre este empreendimento ousado chamado *fé*. Vivenciar essas cartas nos faz aprender a confiar em coisas invisíveis, amar e servir de forma mais intensa e guardar e exercitar nossa fé. Fazendo assim, podemos adicionar nosso nome àquela gloriosa galeria de homens e mulheres fiéis que colocaram sua confiança em Deus desde o princípio do mundo.

Aventurando-se através da Bíblia

As escadarias ao sul de Jerusalém

HEBREUS

CAPÍTULO 69

A galeria dos heróis da fé

A Galeria da Fama do Beisebol está em Cooperstown, Nova Iorque. A Galeria da Fama do Futebol Americano está em Canton, Ohio. E a Galeria da Fama do Basquetebol está em Springfield, Massachusetts. Mas onde está a Galeria da Fama para os heróis da fé cristã?

É encontrada em Hebreus. Vamos explorar a Galeria de Heróis de Hebreus quando chegarmos ao capítulo 11 dessa rica carta de fé.

O tema de Hebreus é a fé. De fato, Hebreus é um dos três comentários do Novo Testamento sobre um único versículo do Antigo Testamento, Habacuque 2:4, que nos diz que o "justo viverá pela sua fé". Esse versículo do Antigo Testamento abriu os olhos de Agostinho e o inspirou a tornar-se um poderoso homem de fé. Esse versículo também iniciou uma chama no coração de Martinho Lutero e começou a Reforma Protestante. Ele ainda inflama nosso coração hoje, e encontramos essa ideia ampliada nos livros neotestamentários de Romanos, Efésios e Hebreus.

A carta de Romanos fala sobre "o justo" e nos diz o que significa ser justificado, ser aceito como justo em Jesus Cristo. A epístola de Efésios enfatiza as palavras "viverá", e nos encoraja a viver como povo justificado, a andar no Espírito, e a permitir que a vida de Jesus viva em nós. O livro de Hebreus toma as palavras "pela fé" e nos mostra como ter a fé pela qual somos justificados.

O objeto de nossa fé

A fé em si mesma é sem sentido e impotente. Muitas pessoas depositam sua fé em coisas que não podem salvá-las, e que ainda podem realmente causar a sua destruição. O poder da fé não se deriva da fé em si, mas daquele

> **OBJETIVOS DO CAPÍTULO**
>
> Este capítulo nos guia através dos principais temas de um dos livros mais fascinantes da Bíblia, a carta aos Hebreus. Um mistério envolve este livro; não sabemos ao certo quem o escreveu, onde foi escrito, ou para quem. Porém, conhecemos o seu objetivo: Hebreus foi escrito para encorajar e exortar os cristãos (principalmente cristãos judeus) a suportar a perseguição e a conservar a sua fé. A epístola concentra-se (1) na essencialidade da fé à vida cristã, (2) na doutrina e identidade de Jesus Cristo em Seu papel como sacerdote e mediador entre Deus e a humanidade, e (3) nas advertências contra afastar-se da fé.

em quem depositamos nossa fé, o objeto dela, Jesus Cristo.

Frequentemente ouço pessoas dizerem: "Se eu tivesse fé suficiente, poderia fazer isso e isso", como se a fé fosse uma mercadoria vendida por quilo. Jesus nos diz que a quantidade de fé que temos não tem nenhum significado. "Pois em verdade vos digo", disse Ele, "se tiverdes fé como um grão de mostarda, direis a este monte: Passa daqui para acolá, e ele passará. Nada vos será impossível" (Mt 17:20).

Não é a quantidade de fé que é importante; é ao que a sua fé está vinculada. Se estiver ligada a Jesus Cristo, você tem todo o poder que precisa para realizar a vontade de Deus em sua vida. Se sua fé está focada em qualquer outra coisa que não em Jesus Cristo, então ela é sem significado.

A carta de Hebreus é sobre fé, mas ainda mais importante, é sobre o objeto de nossa fé, Jesus Cristo. À medida que você a ler, verá que Hebreus é o livro mais cristocêntrico do Novo Testamento. Ele centra-se no caráter e no poder redentor de Jesus Cristo, o que o torna uma das leituras que mais curam quando buscado em tempos de desânimo, derrota ou depressão. Se o virmos como Ele é, nos fortaleceremos em fé.

A misteriosa origem de Hebreus

A versão *King James* da Bíblia intitula este livro de "A Epístola do Apóstolo Paulo aos Hebreus". No entanto, é improvável que Paulo tenha escrito esta carta. Os mais antigos e confiáveis manuscritos se referem a ela simplesmente como "aos Hebreus". Não sabemos quando ou para quem foi escrita. Evidências internas mostram que foi escrita para cristãos judeus com a intenção de impedi-los de retornarem aos ritos e legalismo do judaísmo, mas não sabemos se esses cristãos viviam na Palestina, Ásia Menor, Grécia ou Roma.

A lista de prováveis autores de Hebreus é longa e inclui Paulo, Barnabé, Lucas, Clemente de Roma, Apolo, Silas, Filipe e Priscila. Embora haja algumas semelhanças entre Hebreus e as epístolas de Paulo — similaridades de linguagem e teologia, para exemplificar — os contrastes são ainda maiores. Nas outras epístolas de Paulo, ele sempre assina seu nome, geralmente tanto no início como próximo ao final de cada carta:

Paulo, chamado pela vontade de Deus para ser apóstolo de Jesus Cristo, e o irmão Sóstenes (1Co 1:1).

A saudação, escrevo-a eu, Paulo, de próprio punho (1Co 16:21).

O nome de Paulo aparece em todas as suas outras cartas, mas não aparece em lugar algum em Hebreus. Além disso, o estilo geral da língua grega usado em toda carta aos Hebreus tende a ser polido e culto, contrário ao tom pessoal e mais coloquial das epístolas reconhecidas de Paulo. Em todas as suas epístolas, Paulo afirma ser apóstolo e testemunha ocular de Jesus Cristo (devido à sua experiência na estrada de Damasco), enquanto o escritor de Hebreus refere-se ao evangelho como tendo sido "depois confirmada pelos que a ouviram" (Hb 2:3). Paulo, como testemunha ocular de Cristo, não precisa ter o evangelho confirmado a ele por outra pessoa. Além disso, o autor de Hebreus cita textos apenas do Antigo Testamento grego (a Septuaginta), enquanto Paulo frequentemente cita do Antigo Testamento hebraico.

Guardando a fé

A CARTA DE HEBREUS

Cristo, o objeto da nossa fé (Hebreus 1:1–4:13)

Cristo, anterior e superior a todos os profetas... 1:1-3

Cristo, anterior e superior a todos os anjos
(Sua divindade e humanidade) 1:4–2:18

Cristo, anterior e superior a Moisés... 3:1-6

O desafio de entrar no descanso de Deus 3:7–4:13

A obra superior de Cristo (Hebreus 4:14–10:18)

O sacerdócio de Cristo *versus* os sacerdócios de Arão
e de Melquisedeque...4:14–7:28

A aliança superior de Cristo 8

O santuário e o sacrifício superiores de Cristo 9:1–10:18

A caminhada de fé cristã (Hebreus 10:19–13:25)

Guarde firme a fé que recebeu... 10:19-39

A definição de fé (versículos-chave de Hebreus) 11:1-3

A galeria da fé (a Galeria dos Heróis de Hebreus) Abel,
Enoque, Noé, Abraão e Sara, Isaque, Jacó, José,
os pais de Moisés, Moisés, Josué, Raabe e outros 11:4-40

Perseverança pela fé..12

O fruto da fé: o amor cristão... 13:1-17

Observações finais... 13:18-25

Aventurando-se através da Bíblia

O que tudo isso significa? Simplesmente que Paulo provavelmente não foi o autor da carta aos Hebreus. Dito isso, essa epístola não precisa ter sido escrita por Paulo para ser reconhecida como poderosa, autorizada e inspirada pelo Espírito de Deus. Encontramos a manifestação do coração de Deus em cada página. Quem quer que tenha escrito essa magnífica mensagem o fez sob a inspiração divina, e, afinal, é apenas Sua autoria que realmente importa.

Os primeiros desafiantes: os profetas do Antigo Testamento

De Hebreus 1:1 a 10:18, Jesus Cristo é comparado a vários líderes, sistemas e valores religiosos nos quais os destinatários dessa carta confiaram anteriormente. O contraste entre Cristo e essas outras pessoas e sistemas é apresentado como uma competição atlética ou como um jogo eliminatório no qual competidores disputam um campeonato. Repetidamente, um desafiante se levanta para enfrentar o herói, Jesus Cristo, e um após o outro, o oponente é derrotado. Repetidamente, o herói emerge triunfante, superior a todos os participantes. Por toda a carta, Cristo, o objeto da nossa fé, é comparado a todas as coisas inferiores em que as pessoas depositam sua fé, e cada desafiante é considerado insuficiente. Apenas Cristo é supremo:

Havendo Deus, outrora, falado, muitas vezes e de muitas maneiras, aos pais, pelos profetas, nestes últimos dias, nos falou pelo Filho, a quem constituiu herdeiro de todas as coisas, pelo qual também fez o universo (1:1,2).

O escritor de Hebreus relembra os profetas que muito significaram para a mente e o coração dos hebreus, os grandes nomes da história tais como Isaías, Jeremias, Ezequiel, Daniel, Oseias e Habacuque. Esses profetas viveram na mesma época que os grandes filósofos seculares tais como Sócrates, Platão e Aristóteles, mas a visão da verdade e realidade que eles tinham ultrapassou em muito o pensamento de seus contemporâneos seculares. Deus falou por meio dos profetas no passado, mas "nestes últimos dias, nos falou pelo Filho".

Imediatamente, o autor de Hebreus descarta os profetas afirmando que eles não têm igualdade com Jesus Cristo. Afinal, eram apenas porta-vozes e canais, mas Jesus é o próprio Deus, entronizado como rei do Universo. Sua vida define a divisão da história, e Ele sustenta tudo pela palavra de Seu poder. Como um mero profeta pode ser comparado a Ele?

Os segundos desafiantes: os anjos

Os próximos desafiantes são os anjos. No mundo grego da igreja do Novo Testamento, os anjos eram considerados seres importantes. Aos olhos dos gregos, os deuses e deusas eram praticamente o equivalente a anjos — poderosos, mas seres sobrenaturais limitados. O panteão grego de divindades não continha um ser supremo único, todo-poderoso, onisciente e amoroso — apenas um grande número de subdivindades, que foram consideradas muito parecidas aos anjos da teologia judaico-cristã.

Nesta passagem, o escritor aos Hebreus considera a questão sobre quem é maior, os anjos ou o Filho de Deus. Ele ressalta imediatamente que o Filho, o Senhor Jesus, é superior a qualquer anjo:

Pois a qual dos anjos disse jamais: Tu és meu Filho, eu hoje te gerei? E outra vez: Eu lhe serei Pai, e ele me será Filho? E, novamente, ao introduzir o Primogênito no mundo, diz: E todos os anjos de Deus o adorem. Ainda, quanto aos anjos, diz: Aquele que a seus anjos faz ventos, e a seus ministros, labareda de fogo; mas acerca do Filho: O teu trono, ó Deus, é para todo o sempre; e: Cetro de equidade é o cetro do seu reino (1:5-8).

Deus nunca disse a nenhum anjo: "Tu és meu Filho, eu hoje te gerei". O Filho é superior aos anjos. E mais ainda, os anjos adoraram e obedeceram ao Filho. Os próprios anjos confessaram que Jesus é superior.

O segundo Adão

Nos capítulos 2 e 3, o escritor de Hebreus apresenta Jesus como o verdadeiro homem, o segundo Adão. Jesus veio para cumprir o destino dos seres humanos, um destino perdido que Adão jogou fora quando pecou. Deus criou os seres humanos para serem criaturas de esplendor e autoridade — reis e rainhas no Universo. Essa verdade é refletida nas palavras do salmista:

Quando contemplo os teus Céus, obra dos teus dedos, e a lua e as estrelas que estabeleceste, que é o homem, que dele te lembres e o filho do homem, que o visites? Fizeste-o, no entanto, por um pouco, menor do que Deus e de glória e de honra o coroaste. Deste-lhe domínio sobre as obras da tua mão e sob seus pés tudo lhe puseste (Sl 8:3-6).

Esse é o plano de Deus para a humanidade, mas nossa condição de pecado nos impede de cumprir o destino que Ele planejou para nós. Porém, Jesus — "o filho do homem", como Ele é chamado nesse Salmo, cumpriu nosso destino inicial. Ele viveu nosso potencial não cumprido e agora está assentado à mão direita de Deus. Ele é o verdadeiro homem — a humanidade que Deus esperava que fôssemos.

Somos superiores aos anjos porque o Senhor nos criou para sermos superiores a eles. Deus disse da humanidade: "Façamos o homem à nossa imagem". Ele não disse isso a respeito dos anjos — apenas da humanidade, você e eu. Então Jesus — o Filho do homem, o ser humano perfeito, o segundo Adão — é superior aos anjos.

A carta aos Hebreus contém cinco advertências. No texto a seguir encontramos a primeira:

Por esta razão, importa que nos apeguemos, com mais firmeza, às verdades ouvidas, para que delas jamais nos desviemos. Se, pois, se tornou firme a palavra falada por meio de anjos, e toda transgressão ou desobediência recebeu justo castigo, como escaparemos nós, se negligenciarmos tão grande salvação? A qual, tendo sido anunciada inicialmente pelo Senhor, foi-nos depois confirmada pelos que a ouviram (2:1-3).

CINCO ADVERTÊNCIAS DE HEBREUS
1) Não deixe de ouvir o Filho.
2) Permita que Deus o leve ao Seu descanso.
3) Não demore em se apropriar da verdade de Deus.
4) Não se engane.
5) Não rejeite a Deus.

Aventurando-se através da Bíblia

831

Se Jesus é maior do que os profetas e os anjos, diz Hebreus, então devemos ouvi-lo. Se os profetas influenciaram o fluxo da história de tal forma, e os anjos são os agentes invisíveis de Deus trabalhando ao longo de toda a história, então, certamente, devemos ouvir o Filho. Não deixe de ouvi-lo!

Os próximos desafiantes: Moisés e Josué

Os desafiantes seguintes que entram em cena são Moisés e Josué. O povo hebreu quase os idolatrou como indivíduos que Deus usou de maneira poderosa. No capítulo 3, Jesus é comparado a Moisés; no capítulo 4, Ele é comparado a Josué. Qual é o argumento do escritor? Simplesmente este: Moisés foi um servo na casa de Deus. Jesus, no entanto, é o Filho a quem a casa pertence e para quem ela foi construída. Obviamente, Ele tem a supremacia.

Quando eu era menino em Montana, fui convidado a visitar uma fazenda de propriedade de uma família rica. O convite não veio da família, mas de um dos peões contratados. Ele me levou à fazenda, e à medida que nos dirigíamos à imponente casa de dois andares da fazenda, ele virou em direção ao barracão nos fundos.

"Como é naquela casa grande?", perguntei.

"Não sei", disse o peão. "Nunca estive lá. Aquela casa pertence ao proprietário e sua família. Não posso levá-lo lá dentro".

Algum tempo depois, vi um belo cavalo Palomino no pasto e disse: "Puxa, eu com certeza adoraria dar um passeio naquele cavalo".

"Desculpe, menino", disse o peão. "Aquele cavalo pertence à família". Fiquei frustrado o dia todo porque não podia fazer as coisas que queria fazer, pois aquele homem era apenas um empregado.

Mais tarde, conheci o filho daquela família, um menino da minha idade, e tudo mudou. Cavalgamos aquele cavalo Palomino por toda parte, entramos na casa e corremos por toda ela. Nós até nos servimos de comida da geladeira. Por quê? Porque um filho tem maior liberdade do que um servo.

Moisés era apenas um servo, mas Jesus é o Senhor. Moisés conduziu o povo de Deus para fora do Egito a fim de levá-lo à terra de Canaã, que simbolizava o descanso e a paz que o Senhor deseja que todos nós experimentemos através da fé em Jesus Cristo. Moisés conduziu seu povo em direção a um símbolo do descanso de Deus, mas Jesus nos conduz para a realidade de Seu descanso, como o escritor de Hebreus explica:

Portanto, resta um repouso para o povo de Deus. Porque aquele que entrou no descanso de Deus, também ele mesmo descansou de suas obras, como Deus das suas (4:9,10).

Moisés e Josué no Tabernáculo, domínio público.

A questão é esta: Se você parar de depender de si mesmo e de seu próprio esforço, você aprenderá a entrar no descanso divino porque começará a depender de Deus que age em e através de você. Esse é o segredo perdido da humanidade. Esse é o segredo que Adão e Eva perderam no jardim do Éden. Esse é o segredo que Jesus Cristo veio restaurar para nós.

Quando aprendemos a viver de acordo com a obra de Deus em nós, em vez de nossa própria obra, experimentamos um viver pacífico, calmo, confiante e imperturbável pelas circunstâncias. Podemos realizar grandes coisas para Deus, porque Ele está agindo em nós. O paradoxo desse princípio é que nada é mais ativo, eficaz e poderoso do que o viver no descanso de Deus.

Josué tentou, mas não conseguiu levar o povo ao verdadeiro descanso. Ele apenas o levou ao símbolo do descanso, a Terra Prometida de Canaã. Apenas Jesus pode nos dar o verdadeiro descanso. Hebreus nos diz: "Esforcemo-nos, pois, por entrar naquele descanso" (4:11), para que possamos evitar a queda daqueles no deserto que, através da desobediência, caíram e perderam a bênção de Deus para suas vidas.

Em seguida, o escritor apresenta uma segunda advertência:

Tende cuidado, irmãos, jamais aconteça haver em qualquer de vós perverso coração de incredulidade que vos afaste do Deus vivo; pelo contrário, exortai-vos mutuamente cada dia, durante o tempo que se chama Hoje, a fim de que nenhum de vós seja endurecido pelo engano do pecado. Porque nos temos tornado participantes de Cristo, se, de fato, guardarmos firme, até ao fim, a confiança que, desde o princípio, tivemos. Enquanto se diz: Hoje, se ouvirdes a sua voz, não endureçais o vosso coração, como foi na provocação (3:12-15).

Não endureçam seu coração, não resistam à liderança de Deus e digam para si mesmos: "Estou bem do jeito que estou. Estou indo bem. Não preciso fazer nenhum progresso no meu relacionamento com Deus. Não preciso entrar em Seu descanso".

Deixe Deus levá-lo ao Seu descanso.

Os desafiantes seguintes: Arão e Melquisedeque

O próximo desafiante à superioridade de Cristo é Arão, o sumo sacerdote de Israel,

Sumo sacerdote, por Andreas F. Borchert. Igreja da Imaculada Conceição, Ballymote, Condado de Sligo, Irlanda.

junto a todo o sistema do sacerdócio. Grande parte desta carta tem a ver com o tema do sacerdócio. Isso é significativo, porque os sacerdotes tinham grande valor na cultura hebraica. No Antigo Testamento, os sacerdotes tinham duas funções importantes: abrandar a culpa e abrandar a confusão. O escritor de Hebreus nos diz:

> *Porque todo sumo sacerdote, sendo tomado dentre os homens, é constituído nas coisas concernentes a Deus, a favor dos homens, para oferecer tanto dons como sacrifícios pelos pecados, e é capaz de condoer-se dos ignorantes e dos que erram, pois também ele mesmo está rodeado de fraquezas* (5:1,2).

O escritor de Hebreus simboliza o sumo sacerdócio de Cristo por meio do exemplo de uma misteriosa figura do Antigo Testamento chamada Melquisedeque. Ele surge das sombras em Gênesis e se encontra com Abraão, em seguida, retorna à obscuridade. Gênesis apresenta Melquisedeque como rei de Salém (a cidade que mais tarde seria conhecida como Jerusalém) e como sacerdote de *El Elyon* ("o Deus Altíssimo"). Melquisedeque traz pão e vinho (os elementos da Ceia do Senhor) e abençoa Abraão. Melquisedeque é a primeira pessoa no Antigo Testamento a ser chamado de sacerdote.

Melquisedeque é mencionado no Antigo Testamento somente em Gênesis 14 e no Salmo 110:4, e ele é uma figura misteriosa até que você leia o Novo Testamento. Aqui em Hebreus, Melquisedeque é mencionado várias vezes nos capítulos de 5 a 7 — e vemos o que este homem estranho significava: as características de Melquisedeque eram as que o sacerdócio de Cristo apresenta hoje. Observe as características da função sacerdotal de Melquisedeque semelhantes às de Cristo:

Como Cristo, Melquisedeque estava prontamente disponível. Após Abraão derrotar os cinco reis, Abraão vai ao encontro do rei de Sodoma. Embora Abraão não o soubesse, ele estava em apuros. O rei de Sodoma planejou lhe fazer uma oferta sutil que desviaria Abraão de sua caminhada de fé. Abraão não podia ter detectado a sutileza dessa oferta, então, de repente, Melquisedeque aparece. De imediato, ele estava disponível.

Como Cristo, Melquisedeque era rei sem pai ou mãe. Hebreus 7:3 nos diz: "sem pai, sem mãe, sem genealogia; que não teve princípio de dias, nem fim de existência, entretanto, feito semelhante ao Filho de Deus, permanece sacerdote perpetuamente". Em outras palavras, Melquisedeque simbolizava Cristo em Seu relacionamento eterno com Deus.

Como Cristo, Melquisedeque fortaleceu Abraão com a força de Cristo, simbolizada pelos elementos da Santa Ceia. Melquisedeque fortaleceu Abraão com pão e vinho; da mesma forma que Jesus Cristo nos fortalece com a Sua própria vida. O pão e o vinho, afinal, são

Encontro de Abraão e Melquisedeque, por Dieric Bouts, Bélgica.

símbolos do corpo e sangue de Cristo — isto é, a *vida* do Senhor Jesus.

Em Hebreus, a imagem de Melquisedeque é evocada para representar o ministério sacerdotal de Jesus Cristo. O sacerdócio de Cristo é muito superior a qualquer outro sacerdócio porque Jesus está imediatamente disponível, Ele é eterno, e nos dá Seu próprio poder e força infinitos.

Em seguida, vem uma terceira advertência — a advertência contra o atraso. Esta é uma das mais graves advertências no livro:

> *Por isso, pondo de parte os princípios elementares da doutrina de Cristo, deixemo-nos levar para o que é perfeito, não lançando, de novo, a base do arrependimento de obras mortas e da fé em Deus, o ensino de batismos e da imposição de mãos, da ressurreição dos mortos e do juízo eterno. Isso faremos, se Deus permitir. É impossível, pois, que aqueles que uma vez foram iluminados, e provaram o dom celestial, e se tornaram participantes do Espírito Santo, e provaram a boa palavra de Deus e os poderes do mundo vindouro, e caíram, sim, é impossível outra vez renová-los para arrependimento, visto que, de novo, estão crucificando para si mesmos o Filho de Deus e expondo-o à ignomínia* (6:1-6).

Embora possamos ter provado as experiências exteriores do cristianismo e pareça ter muito do que é verdadeiro em nossa vida cristã, devemos nos apressar para este lugar de descanso e confiar em Jesus Cristo, ou essas evidências externas da nossa fé não terão nenhum valor para nós. Aqui está uma séria advertência: Se você confiar por muito tempo naquilo que é falso, incerto, não confiável, o dia de desespero virá, quando você procurará pela verdade, mas não será capaz de encontrá-la.

O tabernáculo e a Lei

O tabernáculo e a Lei são mais duas coisas nas quais as pessoas confiam — edifícios e esforço pessoal (representados pela lei). O escritor de Hebreus traça um contraste acentuado entre o tabernáculo e a Lei de um lado e Cristo de outro. O autor olha para o antigo tabernáculo no deserto e diz: "Isso é apenas um edifício que simboliza a *verdadeira* casa de Deus, que é uma vida humana — um homem, uma mulher, um menino, uma menina. Deus não quer viver em edifícios, Ele quer viver em nós!".

Gosto da história do menino que estava mascando chicletes em uma igreja, e uma mulher disse ao pastor: "Olhe para aquele menino mascando chicletes na igreja. Você deixa as crianças fazerem isso na casa de Deus?".

"Minha cara senhora", o pastor respondeu, "é a casa de Deus que está mascando chicletes!". E ele está totalmente certo. O antigo tabernáculo, o Templo em Jerusalém, a catedral, a igrejinha branca com uma torre — não são nada além de edifícios. A verdadeira casa de Deus é você. E sou eu. É cada cristão. Nós somos Sua casa, e Ele habita em nós: "Cristo em vós, a esperança da glória" (Cl 1:27).

Intimamente relacionada com o tabernáculo está a Lei do Antigo Testamento: os Dez Mandamentos e as outras leis, ritos e restrições da Lei de Moisés. Os Dez Mandamentos são diretrizes sem falhas para a conduta humana. Eles falham na prática, não porque são falhos, mas porque nós somos falhos. Somos fracos e impotentes para guardar as exigências da lei.

Aventurando-se através da Bíblia

Mesmo quando fazemos o melhor que podemos, tudo o que conseguimos alcançar é uma obediência exterior, motivada pelo medo da punição. O interior do coração ainda abriga o erro, e sabemos disso.

O Senhor Jesus tem uma solução para isso: *Ele escreve a lei no coração do cristão.* Ele coloca o Espírito de Deus dentro de você para capacitá-lo a amar, pois o amor é o cumprimento da lei.

Aqui nos deparamos com mais uma advertência: Não se engane. Não permita que o pecado estabeleça um ponto de apoio enganoso em sua vida. Se você fizer pouco caso da graça de Deus desta forma, o escritor de Hebreus diz, não restará nada para você no final, além do mal:

> *Porque, se vivermos deliberadamente em pecado, depois de termos recebido o pleno conhecimento da verdade, já não resta sacrifício pelos pecados; pelo contrário, certa expectação horrível de juízo e fogo vingador prestes a consumir os adversários. Sem misericórdia morre pelo depoimento de duas ou três testemunhas quem tiver rejeitado a lei de Moisés. De quanto mais severo castigo julgais vós será considerado digno aquele que calcou aos pés o Filho de Deus, e profanou o sangue da aliança com o qual foi santificado, e ultrajou o Espírito da graça?* (10:26-29).

Pense nisso! Um custo infinito — o custo do Seu próprio Filho — Deus providenciou uma forma para sermos justos diante dele. Como poderíamos pensar em deixar isso de lado e dizer: "Não, Deus, eu vou fazer isso sozinho?". Poderia haver insulto maior ao Senhor?

Assim, o escritor de Hebreus nos adverte a não fazermos pouco caso da graça de Deus.

A galeria de heróis

Na parte final da carta, o escritor de Hebreus declara o meio pelo qual nós obtemos tudo o que Deus coloca a nossa disposição, que é a fé. No capítulo 11, aprendemos o que é fé, como ela se comporta, e como reconhecê-la. O versículo-chave de todo o livro de Hebreus é o seguinte:

> *Ora, a fé é a certeza de coisas que se esperam, a convicção de fatos que se não veem* (11:1).

As pessoas estão sempre à procura de evidências para provar a fé cristã. E elas estão disponíveis porque o cristianismo é uma fé racional, baseada no fato histórico da vida de Cristo e na realidade da ressurreição.

Porém, a verdadeira evidência da fé não vem de uma escavação arqueológica na Palestina ou do telescópio espacial Hubble ou da caneta de um grande teólogo, mas da experiência. Fé não é uma questão de ter certeza de todas as provas que podemos ver. Fé é uma questão de estar certo do que não vemos!

Como estar certo de algo que não vemos? Ao experimentar a realidade do amor e amizade de Deus em nossa vida diária. Ver não é crer, crer é ver. Quando tomamos a decisão de viver pela fé — mesmo quando pensamos que a nossa fé é fraca ou quase inexistente — Deus nos encontra, revela-se a nós, e aumenta nossa fé através do relacionamento diário com Ele.

No restante do capítulo 11, o escritor de Hebreus apresenta a galeria da fé. E à medida que você lê este maravilhoso capítulo que lista os heróis da fé, percebe que a fé antecipa o futuro, age no presente, avalia o passado, ousa prosseguir e persiste até ao fim. Enquanto você lê a lista de nomes na galeria dos fiéis a Deus do Antigo Testamento, você lê as histórias de:

- Abel, que pela fé ofereceu um sacrifício melhor do que seu irmão Caim;
- Enoque, que não provou a morte por causa de seu serviço fiel a Deus;
- Noé, que salvou sua família do dilúvio do julgamento de Deus por causa de sua fé na palavra de Deus;
- Abraão e Sara, que seguiram a Deus pela fé, sem saber para onde Deus os conduziria;
- Isaque, que abençoou seus filhos pela fé;
- Jacó, que abençoou os filhos de José pela fé;
- José, que previu pela fé o êxodo de Israel do Egito para a Terra Prometida;
- Os pais de Moisés, que pela fé esconderam seu filho, o futuro líder de Israel, da ira de Faraó;
- Moisés, que escolheu pela fé se identificar com o sofrimento de seu povo, embora pudesse ter escolhido os prazeres, a riqueza e a segurança do pecaminoso Egito;
- Josué, que pela fé pôs abaixo as muralhas de Jericó;
- Raabe, a prostituta que recebeu os espias de Israel por causa de sua fé no Deus de Israel;
- E outros – Gideão, Baraque, Sansão, Jefté, Davi, Samuel, os profetas, e muitos outros santos sem nome, mas

lembrados para sempre por Deus por combater pela fé até o fim de suas vidas e suportar horrenda perseguição enquanto confiavam em Deus para proporcionar-lhes superior ressurreição.

É uma lista inspiradora de feitos heroicos — pessoas comuns de fé fazendo coisas extraordinárias pela fé. É uma lista de pessoas que, pela fé, permitiram que Deus manifestasse Sua vida por intermédio delas.

A caminhada de fé

Os dois capítulos finais nos dizem como a fé é desenvolvida em nossa vida e como Deus nos fortalece na fé, para que possamos viver a caminhada cristã diária. Primeiro, somos fortalecidos por olhar para Jesus:

> ...*olhando firmemente para o Autor e Consumador da fé, Jesus, o qual, em troca da alegria que lhe estava proposta, suportou a cruz, não fazendo caso da ignomínia, e está assentado à destra do trono de Deus* (12:2).

Ao ler as histórias de Abraão, Davi, Moisés, Baraque, Sansão, Martinho Lutero, John Wesley, D. L. Moody, Jim Elliott, e C. S. Lewis você ficará *inspirado*. Mas quando você olha para Jesus, receberá *poder*. Por Isso é que nos dizem para fixar o olhar em Jesus, o autor e consumador de nossa fé, porque somente Ele pode nos fortalecer quando estamos fracos.

O escritor de Hebreus prossegue dizendo:

> *Ora, na vossa luta contra o pecado, ainda não tendes resistido até ao sangue*

e estais esquecidos da exortação que, como a filhos, discorre convosco: Filho meu, não menosprezes a correção que vem do Senhor, nem desmaies quando por ele és reprovado; porque o Senhor corrige a quem ama e açoita a todo filho a quem recebe. É para disciplina que perseverais (Deus vos trata como filhos); pois que filho há que o pai não corrige? (12:4-7)

A fé cresce em momentos de dificuldade e de disciplina de nossa vida. Deus não aprecia nossa dor, mas Ele usa o sofrimento como mão disciplinadora para nos ensinar a exercitar nossa fé. Se você nunca teve quaisquer problemas, como poderia exercitar a fé? Se nunca experimentou tempos de vacas magras e de perdas, como poderia aprender a depender unicamente de Deus? Por isso é que podemos ter certeza de que teremos problemas nessa vida.

Porém, essa não é a única maneira de exercitar nossa fé. Também a exercitamos encorajando uns aos outros na esperança gloriosa que nos aguarda:

Ora, não tendes chegado ao fogo palpável e ardente, e à escuridão, e às trevas, e à tempestade, e ao clangor da trombeta, e ao som de palavras tais, que quantos o ouviram suplicaram que não se lhes falasse mais, pois já não suportavam o que lhes era ordenado: Até um animal, se tocar o monte, será apedrejado. Na verdade, de tal modo era horrível o espetáculo, que Moisés disse: Sinto-me aterrado e trêmulo! Mas tendes chegado ao monte Sião e à cidade do Deus vivo, a Jerusalém celestial, e a incontáveis hostes de anjos,

e à universal assembleia e igreja dos primogênitos arrolados nos Céus, e a Deus, o Juiz de todos, e aos espíritos dos justos aperfeiçoados, e a Jesus, o Mediador da nova aliança, e ao sangue da aspersão que fala coisas superiores ao que fala o próprio Abel (12:18-24).

O primeiro parágrafo desta passagem fala da dureza da Lei. A Lei é tão rigorosa e terrível que ninguém pode suportar o peso dela. Mesmo Moisés tinha pavor dela. Mas não fomos trazidos ao monte Sinai, uma montanha de lei e fogo, fumaça e julgamento, tempestade e medo. Fomos trazidos para o monte Sião, uma cidade de luz reluzente, um lugar de graça e alegria onde as pessoas têm sido aperfeiçoadas e onde Jesus reina como o Mediador da nova aliança.

Essa não é uma bela figura de linguagem de nosso futuro com Ele? Isso não encoraja sua fé? Encoraja a minha.

Mas relacionada a esta figura de linguagem poderosa de encorajamento encontra-se a quinta advertência:

Tende cuidado, não recuseis ao que fala. Pois, se não escaparam aqueles que recusaram ouvir quem, divinamente, os advertia sobre a terra, muito menos nós, os que nos desviamos daquele que dos Céus nos adverte, aquele, cuja voz abalou, então, a terra; agora, porém, ele promete, dizendo: Ainda uma vez por todas, farei abalar não só a terra, mas também o Céu. Ora, esta palavra: Ainda uma vez por todas significa a remoção dessas coisas abaladas, como tinham sido feitas, para que as coisas que não são abaladas permaneçam (12:25-27).

Acredito que estejamos naqueles tempos em que tudo que pode ser abalado está sendo estremecido. Do que este mundo depende? Governos, política, educação, legislação? Todas essas coisas são os fundamentos da história, as instituições nas quais as pessoas investem suas esperanças, no entanto, cada uma dessas instituições humanas pode ser abalada e o será.

Mesmo agora, estamos enfrentando tempos em que Deus permitirá que tudo o que pode ser abalado seja abalado. Neste nosso vasto Universo, apenas uma coisa existe que não pode ser abalada:

Por isso, recebendo nós um reino inabalável, retenhamos a graça, pela qual sirvamos a Deus de modo agradável, com reverência e santo temor; porque o nosso Deus é fogo consumidor (12:28,29).

O reino de Deus, Seu governo sobre nosso coração, e o senhorio de Jesus Cristo em nossa vida jamais podem ser abalados. Falsidade e engano estão sendo sacudidos e testados hoje. Mas a fé e a verdade não podem ser estremecidas. Na contemporaneidade, vemos muitas pessoas afirmando ser cristãs, que por fora parecem fortes na fé — mas estão se afastando, renunciando ou traindo sua fé, sempre que são abaladas ou expostas. Porém, as coisas que não podem ser abaladas permanecerão, mesmo enquanto tudo o mais desmorona e cai.

Alguns versículos perto do final de Hebreus resumem o significado desta carta para nossa vida nestes tempos perigosos:

Ora, o Deus da paz, que tornou a trazer dentre os mortos a Jesus, nosso Senhor, o grande Pastor das ovelhas, pelo sangue da eterna aliança, vos aperfeiçoe em todo o bem, para cumprirdes a sua vontade, operando em vós o que é agradável diante dele, por Jesus Cristo, a quem seja a glória para todo o sempre. Amém! (13:20,21)

Essas palavras são tanto uma oração quanto uma bênção. Que possamos levar a paz de nosso Grande Pastor conosco, não importando aonde formos, o que enfrentaremos, à medida que fizermos a caminhada da fé.

Aventurando-se através da Bíblia

PERGUNTAS PARA DISCUSSÃO

HEBREUS
A galeria dos heróis da fé

1. Leia Hb 1:1-4. De que maneira Cristo é maior do que os profetas e os anjos?

2. Leia Hb 2:1-4. Para o que devemos "prestar atenção mais cuidadosa"? Contra o que o escritor de Hebreus está nos advertindo nesses versículos?

Leia Hb 3:7-19. Qual o alerta do escritor nessa passagem?

3. Leia Hb 3:12-15. Esses versículos mostram por que é importante estarmos envolvidos em uma igreja? Se você não está envolvido na igreja, que tipo de bênção e encorajamento pode estar perdendo, conforme mencionado nesses versículos? Compare com Hb 10:24,25.

4. Leia Hb 4:14-5:10. Aqui, o autor apresenta Jesus como nosso Grande Sumo Sacerdote. Por que precisamos de um sumo sacerdote? O que um sacerdote faz por nós? Quais qualificações para o sacerdócio Hebreus estabelece em 5:1-4? Como Jesus preenche essas qualificações?

5. Leia Hb 6:1-3. O que significa abandonar os ensinamentos elementares sobre Cristo? Que ensinamentos são esses? O que significa prosseguir para a maturidade?

6. Leia Hb 7:1-14. Por que o autor de Hebreus nos diz que Melquisedeque é maior que Abraão? De que forma Melquisedeque se assemelha a Jesus, o Filho de Deus? Por que Jesus é um sacerdote segundo a ordem de Melquisedeque, não segundo a ordem de Arão? Compare com Sl 110:4.

7. Leia Hb 11:1. Como esse versículo define "fé"? Como é possível ter a certeza do que esperamos, mas não podemos ver? A fé é cega? Existe tal coisa como fé racional e informada?

Guardando a fé

Leia Hebreus 11, a "Galeria da Fé". Qual é o exemplo de fé que mais o inspira? Selecione dois ou três exemplos dessa "Galeria" e explique como cada um deles tinha certeza do que esperava, mas não podia ver?

Veja os versículos 32-38. Como você explica a disposição dessas pessoas de enfrentar tal sofrimento, tortura, prisão e morte por causa de sua fé em algo que elas não podiam ver? Como elas tinham tanta certeza de uma realidade invisível?

APLICAÇÃO PESSOAL

8. Quando você olha a fé desses heróis, eles o inspiram com fé e coragem? Ou você pensa "eu nunca poderei ter esse tipo de fé"? Você pensa que esses heróis da fé perceberam que eram heróis — ou eles estavam tão assustados e prostrados como você está agora? Poderia ser que Deus supria a fé que eles precisavam no momento em que mais precisavam dela?

9. Qual é o aspecto de sua vida neste momento em que você sente que lhe falta a fé de que precisa? O que Deus o está chamando para fazer que você não tem confiança para começar? Com quem Deus o está chamando para conversar, ainda que lhe falte a coragem para falar? Qual é o desafio que Ele lhe deu do qual você se esconde e diz "eu nunca conseguiria fazer isso"?

Quais passos você pode tomar esta semana para começar a expandir e exercitar sua fé? Para quem você pode ligar e pedir oração para ter mais fé? Quem é a pessoa que pode cobrar de você a responsabilidade de avançar e correr riscos pela fé? Quem é essa pessoa de grande fé que pode servir como seu exemplo e mentor? Como disse o escritor de Hebreus: "Considerando atentamente o fim da sua vida, imitai a fé que tiveram".

Aventurando-se através da Bíblia

Vale de Kidron

TIAGO

CAPÍTULO 70

Fé em ação

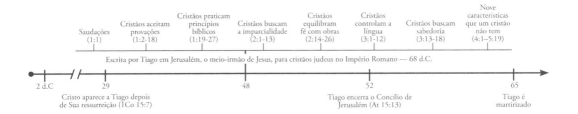

A epístola de Tiago tem apresentado uma série de problemas para os teólogos, ao longo dos anos. Por exemplo, Martinho Lutero teve dificuldade em aceitar Tiago como Escritura inspirada, chamando-a de "uma epístola de palha". Sua dificuldade era que Tiago colocou uma forte ênfase nas obras tanto quanto na fé. Três vezes nesta carta, Tiago faz uma declaração como esta: "Porque, assim como o corpo sem espírito é morto, assim também a fé sem obras é morta" (2:26).

Para Lutero, essas palavras pareciam contradizer diretamente os ensinamentos de Paulo sobre a salvação pela graça somente através da fé, separada das obras. Como, Lutero se perguntava, Tiago poderia dizer que a fé sem obras é morta quando Paulo diz "porque pela graça sois salvos, mediante a fé; e isto não vem de vós; é dom de Deus; não de obras, para que ninguém se glorie" (Ef 2:8,9)?

Em quem devemos acreditar? Paulo ou Tiago? Somos salvos pela graça através apenas da fé, separada das obras? Ou a fé está realmente morta sem obras?

Na verdade, esta é uma falsa dicotomia. Paulo e Tiago estão corretos, porque ambos estão escrevendo sob a inspiração e a autoridade do Espírito de Deus. As epístolas de Paulo e a epístola de Tiago não se contradizem — elas se complementam.

Paulo está dizendo que as boas obras não podem nos salvar. Somente a graça de Deus, que alcançamos pela fé, pode nos salvar. Tiago jamais argumentaria contra a afirmação de Paulo de que a graça de Deus é suficiente para salvar. Na verdade, Tiago pressupõe que o leitor já entende essas doutrinas que são tão claramente afirmadas nas cartas de Paulo.

Porém, Tiago vai um passo além. Ele quer que compreendamos um princípio que é totalmente aceito e compreendido nas cartas de Paulo: A fé significa mais do que

> **OBJETIVOS DO CAPÍTULO**
>
> Este capítulo leva o leitor a uma visita guiada a uma das cartas mais fortes e dramáticas no Novo Testamento, a epístola de Tiago. Aqui esse autor procura encorajar os cristãos (principalmente os cristãos judeus) que estão submetidos a uma severa provação de perseguição. Tiago incita seus leitores a não apenas professar a crença nas doutrinas cristãs, mas viverem sua fé de maneira arrojada e aventureira.

Aventurando-se através da Bíblia

simplesmente concordar com um conjunto de doutrinas. A fé genuína envolve compromisso que se expressa através de ações. Se não demonstrarmos comportamento coerente com nossa fé, então de que serve a nossa fé? Que benefício traz uma fé que não influencia nosso comportamento? A fé sem obras é de fato morta. As obras não podem nos salvar, mas as obras demonstram que temos a fé salvadora.

A carta de Tiago — longe de ser uma epístola de palha — é a aplicação prática de todos os ensinamentos de Paulo sobre a graça e fé. Essa epístola é indispensável ao nosso entendimento do que é fé e de como a vida cristã deve ser vivida. Esse é realmente um dos livros mais poderosos e transformadores da Bíblia.

Tiago é o nosso roteiro para a caminhada de fé.

Tiago: testemunha da divindade de seu meio-irmão, Jesus Cristo

Tiago é um livro de significado único para nós, porque se trata de alguém que provavelmente conhecia mais sobre o Senhor Jesus do que qualquer outro ser humano: Tiago, o meio-irmão de nosso Senhor. O apóstolo Tiago foi criado com Jesus na mesma casa em Nazaré por José e Maria. Ele cresceu com Jesus, o viu ao longo de todos aqueles anos de silêncio, dos quais não temos nenhum registro, e se juntou a seus outros três irmãos — José, Simão e Judas — para se oporem ao Senhor Jesus durante os primeiros dias de Seu ministério.

Tiago converteu-se à fé em Cristo através da inconfundível evidência da ressurreição. O apóstolo Paulo nos diz que após a ressurreição, o Senhor apareceu a Tiago (1Co 15:7).

Que prova maior Tiago poderia pedir do que ver pessoalmente o Senhor ressuscitado?

Algumas pessoas questionam se Tiago, o irmão de Jesus, era o mesmo Tiago que escreveu esta carta. Mas se você olhar com cuidado para o pano de fundo desta epístola, você encontrará evidência suficiente para isso. Nos primeiros dias após a ressurreição, Tiago, irmão do Senhor, tornou-se o líder reconhecido da igreja em Jerusalém, e foi considerado por todos como "Tiago, o Justo".

A tradição nos diz (como também Eusébio, um dos Pais da Igreja Primitiva e historiador) que Tiago foi martirizado por sua fé, sendo empurrado do pináculo do Templo de Jerusalém, o mesmo lugar onde o diabo tentou Jesus (veja Lc 4:9-12). O pináculo era a ponta na parede ao redor do Templo que se projetava sobre o vale de Kidron (veja p.24). Do topo da parede até o vale é uma queda de 30 metros, aproximadamente.

Eusébio nos diz que por volta do ano 66 d.C., judeus, que tinham ficado irados com Tiago, o Justo, por causa de seu testemunho cristão, empurraram-no do pináculo. De acordo com Eusébio, a queda não matou Tiago, e ele conseguiu ficar de joelhos para orar por seus assassinos. Estes, então, terminaram o serviço apedrejando-o até a morte. Assim, ele passou a fazer parte da galeria dos mártires.

Se você colocar esta carta de Tiago ao lado do Sermão de Jesus no monte, você verá mais de uma dúzia de paralelos exatos. Assim, parece certo que Tiago, o escritor desta carta, ouviu o Senhor Jesus e Suas mensagens, mesmo que possa ter lutado com elas naquele momento. Esta epístola, como o ensinamento do próprio Senhor, usa muitas figuras de

844   *Guardando a fé*

A CARTA DE TIAGO

O teste da fé (Tiago 1:1-18)

O propósito do teste 1:1-12

A fonte da tentação 1:13-18

A ação da fé genuína (Tiago 1:19–5:6)

A fé genuína é obediente 1:19-27

A fé genuína não é preconceituosa 2:1-13

A fé genuína é demonstrada pelas boas obras 2:14-26

A fé genuína controla a língua 3:1-12

A fé genuína demonstra sabedoria 3:13-18

A fé genuína demonstra humildade 4:1-12

A fé genuína demonstra dependência de Deus 4:13–5:6

A fé espera, cuida e triunfa (Tiago 5:7-20)

A fé genuína fé suporta provações e aguarda
o retorno do Senhor 5:7-12

A fé genuína é demonstrada na oração eficaz 5:13-18

A fé genuína confronta o pecado e, sempre que possível,
restaura irmãos que erram 5:19-20

Aventurando-se através da Bíblia

linguagem tiradas da natureza — figuras de ondas do mar, do reino animal, das florestas, dos peixes, e mais — assim como o próprio Jesus fez com tanta frequência.

A carta começa com estas palavras:

Tiago, servo de Deus e do Senhor Jesus Cristo, às doze tribos que se encontram na Dispersão, saudações (1:1).

É surpreendente que um homem que cresceu com Jesus Cristo, que o conheceu durante toda a vida e uma vez se opôs a Ele, agora se dirigiria a Jesus como "o Senhor Jesus Cristo". Tiago escreveu com reverência e respeito inigualáveis no Novo Testamento, pela pessoa do Senhor. É uma mensagem tremendamente poderosa e prática de alguém que não apenas tinha visto e ouvido o Senhor Jesus, mas que o conhecia desde criança.

De que maneira a fé cresce

O tema de Tiago, como o de Hebreus, é a fé. "Sem fé", Hebreus nos diz, "é impossível agradar a Deus" (Hb 11:6). A fé é o canal pelo qual todas as bênçãos de Deus vêm a nós; sem fé, tudo o que você pode fazer é pecar. "Tudo o que não provém de fé", diz o apóstolo Paulo, "é pecado" (Rm 14:23). Se suas ações não são coerentes com sua fé cristã, então, tudo que você fizer será desagradável a Deus, mesmo que as pessoas venham a aplaudi-lo.

Tiago escreve para nos dizer várias verdades fundamentais sobre a fé. Tiago 1 responde à pergunta: O que faz a fé crescer? Jesus disse que a quantidade de fé não é importante. Se você tiver fé como um minúsculo grão de mostarda — a menor partícula de fé — terá fé suficiente para agir. Mesmo que esta

minúscula partícula de fé esteja cercada de dúvidas, se você estiver comprometido o suficiente para agir com base nela, isto será o suficiente. Sua fé moverá montanhas.

Duas forças na vida fazem a fé crescer. A primeira são as provações. "Oh, não!", você pode estar pensando. "Isso não!", mas é verdade. As provações são o fertilizante da fé. O capítulo 1 é maravilhoso para aqueles que estão passando por provações. Tiago escreve:

Meus irmãos, tende por motivo de toda alegria o passardes por várias provações, sabendo que a provação da vossa fé, uma vez confirmada, produz perseverança. Ora, a perseverança deve ter ação completa, para que sejais perfeitos e íntegros, em nada deficientes (1:2-4).

Precisamos de provações. Essa é uma verdade bíblica. Tiago prossegue descrevendo como reagir às provações: Aceite-as, diz ele, como vindas de Deus. E isso pode ser muito difícil. É necessária muita sabedoria para aceitar de bom grado as provações e saber que Deus quer usá-las para produzir o bem em nossa vida. De onde vem essa sabedoria? Tiago responde:

Se, porém, algum de vós necessita de sabedoria, peça-a a Deus, que a todos dá liberalmente e nada lhes impropera; e ser-lhe-á concedida (1:5).

E qual é o resultado de passar por provações enquanto se busca conforto e sabedoria de Deus para suportar essas provações? Bênção!

Bem-aventurado o homem que suporta, com perseverança, a provação; porque, depois de ter sido aprovado, receberá a coroa da vida, a qual o Senhor prometeu aos que o amam (1:12).

De quais tipos de provações Tiago estava falando? Apedrejamentos, espancamentos, prisão, morte, escárnio, a destruição de famílias inteiras — e para quê? Para algo que normalmente consideramos como nosso direito — a capacidade de dizer: "Jesus é Senhor". Apenas pense nos tipos de "provações" que podem arruinar totalmente o dia de uma pessoa hoje: matinho na grama, perda das chaves do carro, ou levar uma fechada no trânsito. Quando lemos Tiago, ele mostra o grau de importância de nossas irritações e aborrecimentos triviais.

As provações nos ensinam lições que nunca poderíamos aprender de outro modo. Sem o golpe das provações em nossa vida seríamos fracos, cristãos incompletos, incapazes de assumir as grandes responsabilidades que serão colocadas sobre nós no dia em que entrarmos no reino do Senhor e na plenitude do Seu serviço.

Vemos esse princípio na natureza. Borboletas devem se esforçar para sair de seus casulos e os pintinhos devem lutar para se libertar da casca dos ovos. Se quebrarmos o casulo ou a casca do ovo, pensando que estamos fazendo um favor a essa pequena criatura, a borboleta ou o pintinho ficará fraco e doente porque nunca teve a oportunidade de se esforçar e emergir plenamente em seu tempo de provação. Assim é conosco.

Portanto, o primeiro instrumento que Deus usa para nos ajudar a crescer é o instrumento das provações. O segundo instrumento que Ele usa para produzir crescimento em nós é a Sua Palavra. Tiago escreve:

Tornai-vos, pois, praticantes da palavra e não somente ouvintes, enganando-vos a vós mesmos. Porque, se alguém é ouvinte da palavra e não praticante, assemelha-se ao homem que contempla, num espelho, o seu rosto natural; pois a si mesmo se contempla, e se retira, e para logo se esquece de como era a sua aparência. Mas aquele que considera, atentamente, na lei perfeita, lei da liberdade, e nela persevera, não sendo ouvinte negligente, mas operoso praticante, esse será bem-aventurado no que realizar (1:22-25).

Tiago nos lembra de que a Palavra de Deus faz a nossa fé crescer, sobretudo quando essa Palavra se expressa através de nossas ações. A fé vem pela pregação, diz o apóstolo Paulo, e a pregação, pela palavra de Cristo (Rm 10:17). A única maneira de conhecer os grandes pensamentos de Deus e os segredos profundos da vida é investir tempo com esse livro que os revela. Então, deixe sua fé crescer, alegrando-se em suas provações e meditando na Palavra de Deus.

Tornando a fé visível

Nos capítulos 2 e 3, Tiago nos mostra como tomar algo tão intangível e invisível como a fé e torná-la tangível e visível. Ele começa a considerar as realidades práticas e sugere três indicações visíveis de que a fé de uma pessoa é real.

Primeiro, não deve haver parcialidade ou preconceito. Se uma pessoa é preconceituosa com relação aos outros por causa de raça ou do tamanho de sua conta bancária, então essa pessoa não tem fé verdadeira. Se uma pessoa trata os outros como inferiores por causa do

Aventurando-se através da Bíblia

847

seu baixo status social ou falta de influência, essa pessoa não tem a verdadeira fé. Tiago escreve:

Meus irmãos, não tenhais a fé em nosso Senhor Jesus Cristo, Senhor da glória, em acepção de pessoas. Se, portanto, entrar na vossa sinagoga algum homem com anéis de ouro nos dedos, em trajos de luxo, e entrar também algum pobre andrajoso, e tratardes com deferência o que tem os trajos de luxo e lhe disserdes: Tu, assenta-te aqui em lugar de honra; e disserdes ao pobre: Tu, fica ali em pé ou assenta-te aqui abaixo do estrado dos meus pés, não fizestes distinção entre vós mesmos e não vos tornastes juízes tomados de perversos pensamentos? Ouvi, meus amados irmãos. Não escolheu Deus os que para o mundo são pobres, para serem ricos em fé e herdeiros do reino que ele prometeu aos que o amam? Entretanto, vós outros menosprezastes o pobre. Não são os ricos que vos oprimem e não são eles que vos arrastam para tribunais? (2:1-6)

O preconceito destrói a fé. A fé destrói o preconceito. Os dois não podem coexistir em uma igreja ou em um cristão.

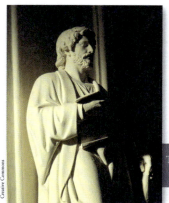

Tiago irmão de Jesus, por Ad Meskens

Lembro-me de ter sido convidado para falar sobre o tema da violência racial no campus de uma faculdade estadual durante os anos 1960. Destaquei que uma das causas trágicas do conflito racial nos Estados Unidos era a Igreja de Jesus Cristo. Essa declaração chocou muitas pessoas, pois elas esperavam que eu, um pastor, iria defender o histórico da Igreja nas relações raciais. Pelo contrário, prossegui dizendo que se a Igreja tivesse sido o que deveria ter sido, se os cristãos, tanto do norte quanto do sul, na verdade, recebessem os afro-americanos e outras minorias como irmãos e irmãs em Cristo Jesus, esse conflito todo teria desaparecido há muito tempo.

A Igreja tem um enorme impacto sobre as atitudes na sociedade. Se a Igreja pratica discriminação, então, o preconceito forma raízes como erva daninha no solo da nossa sociedade.

Segundo, a fé torna-se visível através de atos de misericórdia. Tiago é eminentemente prático e nos apresenta alguns cenários práticos, para que possamos ver a sua ideia com clareza inequívoca:

Meus irmãos, qual é o proveito, se alguém disser que tem fé, mas não tiver obras? Pode, acaso, semelhante fé salvá-lo? Se um irmão ou uma irmã estiverem carecidos de roupa e necessitados do alimento cotidiano, e qualquer dentre vós lhes disser: Ide em paz, aquecei-vos e fartai-vos, sem, contudo, lhes dar o necessário para o corpo, qual é o proveito disso? Assim, também a fé, se não tiver obras, por si só está morta. Mas alguém dirá: Tu tens fé, e eu tenho obras; mostra-me essa tua fé sem as obras, e eu, com as obras, te mostrarei a minha fé (2:14-18).

Observe que Tiago não está dizendo que as boas obras podem nos salvar. Ele está dizendo claramente que só a fé pode nos salvar. Mas a fé genuína é validada e confirmada pela ação. Que bem há em dizer a uma pessoa passando fome "eu sinto por você, vou orar por você", no entanto não fazer nada para aliviar sua fome? Isso não é fé. Isso é apenas uma demonstração de pena. Você pode imaginar o próprio Jesus tratando alguém assim? A fé verdadeira não apenas fala, ela age.

Esse é o mesmo princípio do qual Jesus fala em Mateus 25, onde Ele descreve um tempo futuro quando "o Filho do Homem vier em sua glória" e julgar o mundo de Seu trono celestial. Quem são os declarados justos no julgamento final? Não será necessariamente aqueles com maior conhecimento teológico ou aqueles com posições doutrinárias mais ortodoxas. Os justos, diz Jesus, são aqueles que manifestaram atos cristãos de amor e de compaixão:

Porque tive fome, e me destes de comer; tive sede, e me destes de beber; era forasteiro, e me hospedastes; estava nu, e me vestistes; enfermo, e me visitastes; preso, e fostes ver-me [...]. Em verdade vos afirmo que, sempre que o fizestes a um destes meus pequeninos irmãos, a mim o fizestes (Mt 25:35,36,40).

É a fé em Jesus que nos justifica e salva — mas nossas boas obras provam que nossa fé é genuína.

Em seguida, Tiago dedica todo o capítulo 3 à terceira maneira pela qual a fé se torna visível e reconhecível: uma língua controlada. A língua, diz Tiago, é o membro de nosso corpo mais intimamente ligado à nossa verdadeira natureza. O que você diz revela o que você é em seu interior. Tiago quer que entendamos que, se declaramos ter fé em Jesus Cristo, nossa língua deve se submeter ao Seu controle.

Quando a fé falha

No capítulo 4 e na maior parte do capítulo 5, Tiago responde à pergunta: "O que acontece quando a fé falha? O que acontece se não formos capazes de demonstrar a nossa fé através da nossa forma de viver e falar?". Resposta: a guerra eclode. Essas guerras e brigas entre irmãos e irmãs em Cristo são o resultado da falta de oração, o que em si é uma demonstração de falta de fé. Demonstramos nossa fé por meio da oração, e a oração produz amor e paz. Quando a fé falha, a oração falha; então surgem brigas, discussões, ódio e desconfiança. Tiago escreve:

Cobiçais e nada tendes; matais, e invejais, e nada podeis obter; viveis a lutar e a fazer guerras. Nada tendes, porque não pedis (4:2).

Esse é o problema! Brigamos entre nós, porque não pedimos nada a Deus. Não recebemos dele a natureza do amor e compaixão que Ele nos oferece. Escolhemos não receber dele a doçura da língua que irá afastar a hostilidade e produzir paz. Em vez disso, atacamos e brigamos uns com os outros.

A próxima coisa é que o amor ao mundo entra e polui nosso relacionamento com Deus. Tiago escreve:

Infiéis, não compreendeis que a amizade do mundo é inimiga de Deus? Aquele, pois, que quiser ser amigo do mundo constitui-se inimigo de Deus (4:4).

Aventurando-se através da Bíblia

Tiago também aborda a questão prática da nossa forma de julgar uns aos outros e falar sobre os outros:

Irmãos, não faleis mal uns dos outros. Aquele que fala mal do irmão ou julga a seu irmão fala mal da lei e julga a lei; ora, se julgas a lei, não és observador da lei, mas juiz (4:11).

As pessoas que criticam os outros se puseram acima da Palavra de Deus e assumiram o papel de Deus como juiz. Ao invés de deixar a Palavra ser o juiz, elas se tornam os juízes dos outros.

Outro resultado da falta de fé é sermos presunçosos quanto aos nossos planos, e não permitir Deus ser soberano sobre nossa vida e nosso futuro. Tiago escreve:

Atendei, agora, vós que dizeis: Hoje ou amanhã, iremos para a cidade tal, e lá passaremos um ano, e negociaremos, e teremos lucros (4:13).

Isso não quer dizer que não devemos fazer planos ou traçar metas para nossa vida. É claro que devemos. Porém, jamais devemos nos tornar arrogantes ou presunçosos. Nunca devemos pensar que somos donos de nossa vida ou que controlamos nosso próprio destino.

Um estudante universitário certa vez me disse: "Não preciso de cristianismo. Tenho tudo o que preciso para viver. Não preciso de qualquer ajuda de Deus".

"Sério?", disse eu. "Bem, diga-me, como você mantém seu coração batendo e seus pulmões funcionando?".

"O que você quer dizer com isso?".

"Bem", eu disse, "seu coração está batendo e seu diafragma continua se movendo para cima e para baixo, forçando o ar para dentro e fora de seus pulmões. Como você faz isso?".

Ele pareceu frustrado. "Eu… Eu não sei. Eles simplesmente cuidam de si próprios, eu acho".

"Não", retruquei. "Nada cuida de si mesmo. Alguém está operando os processos involuntários do corpo, mantendo-o vivo em todos os momentos".

Então eu lhe contei a história de meu amigo que estava em Washington, D.C., durante a Segunda Guerra Mundial. Ele queria ir de avião de Washington para Nova Iorque durante aqueles dias em que era necessário uma permissão para viagens aéreas. Então foi ao balcão da agência comprar a passagem e disse à atendente: "Quero uma passagem para Nova Iorque".

"Você tem permissão?", ela perguntou.

"Não sabia que eu precisava de uma", ele respondeu. "Como faço para obter uma permissão?".

"Bem, se você trabalha para o governo ou para a companhia aérea, eu poderia dar-lhe uma".

"Não trabalho para nenhum deles", meu amigo respondeu. "Mas eu vou lhe dizer para quem eu trabalho. Trabalho para Aquele que é dono do ar através do qual os aviões de sua companhia aérea voam!".

"Bem", ela disse, "Eu não acho que isso é suficiente para eu lhe dar uma permissão".

Ele se inclinou e disse: "Você já pensou no que aconteceria se o meu chefe extinguisse esse ar por dez minutos?".

Ela piscou perplexa, então disse: "Só um minuto. Vou ver o que posso fazer".

Ausentou-se por alguns instantes e depois voltou — com uma permissão em mãos. "Você pode embarcar", disse. Ela reconheceu que meu amigo trabalhava para a mais alta autoridade de todas.

Ao contrário do que muitas pessoas parecem pensar, não somos a autoridade final sobre nossa vida — Deus é. Nunca devemos nos tornar arrogantes ou presunçosos a respeito de nossos planos para o futuro. Quanto mais respeitarmos a soberania do Senhor sobre nossa vida, melhor equipados estaremos para nos ajustarmos às circunstâncias imprevistas que surgem em nosso caminho. O tempo está nas mãos de Deus, não nas nossas.

A comunidade cristã

No capítulo 5, Tiago traça um lindo retrato da autêntica comunidade cristã. Essa imagem de comunhão gira em torno de quatro práticas: confissão, oração, honestidade e amor. Tiago escreve:

Confessai, pois, os vossos pecados uns aos outros e orai uns pelos outros, para serdes curados. Muito pode, por sua eficácia, a súplica do justo (5:16).

A autêntica comunhão cristã envolve a conversa franca com irmãos e irmãs em Cristo confiáveis sobre nossos problemas e a oração uns pelos outros. Significa sair de trás de nossas máscaras e não fingir mais sermos algo que não somos. À medida que confessamos nossas falhas uns aos outros e oramos uns pelos outros, tornamo-nos uma verdadeira comunidade de fé. O mundo vai querer descobrir coisas sobre nós: o que temos e como se tornar o que somos.

O elemento em falta na sociedade de hoje é a comunhão e a comunidade genuínas — o que o Novo Testamento no grego chama de *koinonia*. Está em falta mesmo em muitas igrejas, onde temos cristãos vivendo em pequenas cápsulas de isolamento, não dispostos a deixar outros entrarem em suas vidas, não dispostos a permitir que vejam quem realmente são. Você lhes pergunta como vão as coisas, e eles respondem automaticamente: "Muito bem!". Enquanto estão morrendo por dentro. Tiago diz que essa hipocrisia deve acabar. Deus estará em nosso meio se derrubarmos as cercas, nos unirmos a outros cristãos e honestamente nos tornarmos parte da vida um do outro.

O verdadeiro amor cristão deve estar presente em, através, ao redor, acima e abaixo de nossa comunidade. Esse amor é manifesto em um intenso cuidado uns para os outros — um cuidado que se atreve a dizer a verdade e não vai deixar um irmão ou irmã se perder. Os versículos finais de Tiago nos dão o padrão:

Meus irmãos, se algum entre vós se desviar da verdade, e alguém o converter, sabei que aquele que converte o pecador do seu caminho errado salvará da morte a alma dele e cobrirá multidão de pecados (5:19,20).

Aqui temos uma visão maravilhosa da vida da Igreja Primitiva e da Igreja como ela

---

QUATRO PRÁTICAS DE UMA
COMUNIDADE CRISTÃ

1) Confissão
2) Oração
3) Honestidade
4) Amor

deveria ser hoje. Não é de se admirar que estes cristãos virassem a cidade de Jerusalém de cabeça para baixo! Sob a liderança deste homem, Tiago, o Justo, a Igreja cresceu até que houvesse uma vasta multidão de crentes que vivia mutuamente com base na confissão, oração, honestidade e amor. O mundo de hoje necessita desesperadamente de cristãos que retornem a esse padrão, que se tornem uma comunidade de *koinonia* genuína, uma família de fé, modelada ao caráter de Cristo.

Essa é a afirmação da fé cristã em nossa vida. Esse é o chamado do evangelho. Essa é a mensagem da epístola de Tiago a você e a mim hoje. Se realmente acreditamos nessa mensagem, que vivamos de acordo com ela!

E por Jesus, vamos virar o mundo de cabeça para baixo mais uma vez.

PERGUNTAS PARA DISCUSSÃO

TIAGO
Fé em ação

1. Leia Tg 1:1-12. Como deve ser nossa atitude em relação às provações e aos sofrimentos? Qual é a finalidade e a função das provações em nossa vida? Qual o papel da sabedoria na resposta às provações?

2. Leia Tg 1:13-15. De onde vem a tentação? Qual é o resultado quando cedemos à tentação? Qual é o resultado quando superamos a tentação? Como podemos evitar ser enganados e vencidos pela tentação?

3. Leia Tg 2:1-13. Veja também Tg 5:1-6. Por que Tiago condena o comportamento esnobe e a acepção de pessoas na igreja? Por que foi feita acepção de certas pessoas na Igreja Primitiva? Você percebe sinais semelhantes de favoritismo em si mesmo ou em sua própria igreja? Qual é a solução para o favoritismo e parcialidade na igreja?

4. Leia Tg 2:14-26. É possível ter a fé salvadora se suas obras e seu modo de vida não a demonstram? Se a fé sem obras é morta, então, sua fé — ou suas obras o salva? Explique.

5. Leia Tg 3:1. Por que Tiago desencoraja o leitor a ficar ansioso demais para ensinar?

6. Leia Tg 3:3-12. Tiago faz várias analogias poderosas para demonstrar o poder da língua humana. Quais são algumas das maneiras em que usamos mal esse poder? Você já viu igrejas, famílias, relacionamentos, ou pessoas prejudicadas pelo mau uso da língua? Como podemos domar a língua?

Aventurando-se através da Bíblia

7. Leia Tg 3:13-18 e compare com Tg 1:5-8. Quais são os resultados dos dois tipos de sabedoria que Tiago descreve nestes versículos? Você pode pensar em alguém que encarna a sabedoria celestial descrita nos versículos 17 e 18? De onde vem essa sabedoria celestial? Os sinais de sabedoria celestial são visíveis em sua vida? Explique sua resposta.

APLICAÇÃO PESSOAL

8. Leia Tg 2:14-17. Usando as palavras de Tiago nestes versículos como critério, como você avaliaria sua fé em uma escala de 0 a 10? Se você se deu um 5 ou menos, você acha que sua fé é real, mas você simplesmente não a demonstra? Ou você se preocupa por não ter uma fé genuína? Quais passos você pode tomar esta semana para garantir que a sua fé não é apenas um assentimento intelectual a um credo, mas uma força ativa, dinâmica e salvadora em sua vida?

9. Leia Tg 5:7-10. Você é paciente, especialmente em tempos de angústia e sofrimento? Avalie sua paciência usando uma escala de 0 a 10.

Por que você se deu essa nota? Quais passos você pode dar esta semana para se tornar mais persistente e paciente nas provações e sofrimentos? Quais benefícios e bênçãos, você acha, podem resultar de suas atuais provações?

1 PEDRO

CAPÍTULO 71

Pedras vivas

Em julho de 64 d.C., houve um grande incêndio na cidade de Roma. Rapidamente, a cidade inteira estava envolta em chamas. Centenas de edifícios públicos totalmente queimados, milhares de casas foram destruídas, e a maioria dos habitantes da cidade ficou desabrigada.

A História conclui que o Imperador Nero colocou fogo para destruir os edifícios em ruínas de Roma e abrir espaço para erguer palácios de mármore e outros monumentos em sua homenagem. Este evento deu origem ao ditado "Nero tocava violino enquanto Roma ardia", embora o violino ainda não tivesse sido inventado. Os historiadores da época alegam que o Imperador Nero foi visto observando e apreciando a cidade em chamas.

As pessoas se inflamaram ao ponto de desejarem uma revolução, então Nero criou um bode expiatório. Ele disse aos cidadãos de Roma que um grupo de pessoas chamadas cristãs era culpado pelo incêndio. Esses cristãos seguiam um homem chamado Cristo, sobre quem coisas estranhas eram ditas. Ele supostamente havia sido crucificado, em seguida, voltou à vida.

Havia fortes rumores sobre as práticas estranhas desses cristãos. Eles foram considerados canibais porque diziam beber o sangue e comer o corpo de seu Mestre. Eles falavam sobre "festas de amor *ágape*", onde se cumprimentavam com um beijo santo e compartilhavam seus problemas mais íntimos uns com os outros (para uma explicação sobre o amor *ágape*, consulte 1 João). Essas histórias se tornaram a base para rumores sobre intensas orgias sexuais.

Os cristãos já eram considerados suspeitos, por isso, quando Nero os culpou pelo incêndio de Roma, o povo acreditou nele. Com o apoio do povo, Nero deu início a uma série de perseguições contra os cristãos. Alguns eram mergulhados em piche e queimados vivos como

> **OBJETIVOS DO CAPÍTULO**
>
> Este capítulo explora os principais temas de uma carta escrita por um dos amigos mais próximos do Senhor, o apóstolo Pedro. Os dois temas principais são: (1) encorajamento para os cristãos submetidos à perseguição e (2) a chamada à vida santa. Se você enfrenta tempos difíceis em sua vida, ou se você luta contra a tentação e a pressão para se conformar com este mundo, então, Pedro tem uma mensagem importante para você.

Aventurando-se através da Bíblia   855

tochas para iluminar os jardins do imperador. Os romanos amarravam os cristãos nas bigas e os arrastavam pelas ruas de Roma até a morte. Outros eram jogados aos leões, ou enrolados em bolsas de couro e jogados na água para que, quando o couro encolhesse, os cristãos fossem espremidos e sufocassem até a morte.

Esse tempo de perseguição satânica aos cristãos em Roma era o contexto da epístola de 1 Pedro.

Uma carta para provações e pressões

A maioria dos estudiosos da Bíblia acredita que Pedro escreveu a primeira de suas duas cartas na cidade de Roma. Ele começa com estas palavras:

Pedro, apóstolo de Jesus Cristo, aos eleitos que são forasteiros da Dispersão no Ponto, Galácia, Capadócia, Ásia e Bitínia, eleitos, segundo a presciência de Deus Pai, em santificação do Espírito, para a obediência e a aspersão do sangue de Jesus Cristo, graça e paz vos sejam multiplicadas (1:1,2).

Mais adiante nesta epístola, Pedro escreve:

Aquela que se encontra em Babilônia, também eleita, vos saúda, como igualmente meu filho Marcos (5:13).

Pedro não estava falando sobre a antiga cidade da Babilônia às margens do rio Eufrates. A maioria dos estudiosos concorda que ele estava, sem dúvida, usando o termo como era comumente usado entre os cristãos do primeiro século, que muitas vezes se referiam a Roma como "Babilônia", porque a idolatria, sede de sangue e imoralidade da

antiga Babilônia haviam infectado a capital do Império Romano. Sua saudação "àquela que se encontra em Babilônia", sugere que o próprio Pedro estava na Babilônia — ou Roma — naquele momento.

Pedro provavelmente escreveu esta carta na cidade de Roma por volta do ano 67 d.C. Ele a endereçou aos cristãos espalhados pelas cidades da província nordeste da Ásia Menor (atual Turquia) que estavam sendo caçados e perseguidos por todo o império, por causa da proclamação de Nero contra eles. Então, o apóstolo Pedro escreve para encorajar e incentivá-los a enfrentar a perseguição mortal do Estado romano.

A epístola é especialmente útil a qualquer pessoa que esteja enfrentando provações ou sofrimento seja de que tipo for. Se você quer saber o que Deus está fazendo no mundo e como suportar as pressões e dor da oposição, então você deve estar intimamente familiarizado com a carta de 1 Pedro.

Uma esperança viva

A epístola começa com o maior fato na vida de qualquer cristão: O relacionamento com Jesus Cristo, através do milagre do novo nascimento.

Bendito o Deus e Pai de nosso Senhor Jesus Cristo, que, segundo a sua muita misericórdia, nos regenerou para uma viva esperança (1:3).

Quando era menino, ouvi muitas vezes cristãos dando seus testemunhos. Eles diziam: "A melhor coisa que me aconteceu foi conhecer Jesus Cristo". Bem, eu era cristão, mas no fundo do meu coração, realmente não

Guardando a fé

A CARTA DE 1 PEDRO

Nossa salvação como cristãos (1 Pedro 1:1–2:12)

Saudação de Pedro 1:1,2

Salvação: nossa esperança em tempos de provação.....................................1:3-12

Santificação: viver a nossa esperança..1:13–2:12

    A. Sede santos... 1:13-21

    B. Amem-se uns aos outros.. 1:22-25

    C. Desejem o leite puro da Palavra 2:1-10

    D. Abstenham-se das concupiscências pecaminosas 2:11,12

Nossa submissão como cristãos (1 Pedro 2:13–3:12)

Submissão às autoridades 2:13-17

Submissão em assuntos de negócios 2:18-25

Submissão no relacionamento conjugal.. 3:1-7

Submissão em todas as áreas da vida cristã... 3:8-12

Nosso sofrimento como cristãos (1 Pedro 3:13–5:14)

Como suportar o sofrimento pacientemente 3:13-17

O exemplo de Jesus Cristo 3:18–4:6

Mais instruções sobre como suportar o sofrimento..................................... 4:7-19

Como ministrar por meio do sofrimento
(instruções aos presbíteros e aos santos)... 5:1-9

Conclusão e bênção 5:10-14

Aventurando-se através da Bíblia

acreditava que era a melhor coisa que já tinha acontecido comigo. Na verdade, parecia ser um incidente pequeno em minha vida.

Não tive uma experiência emocional arrasadora na minha conversão. As janelas do Céu não se abriram e inundaram minha alma com luz. Eu tinha 10 anos quando convidei a Jesus para entrar em minha vida, e embora tenha sido uma experiência preciosa, o que não ignoro, não se comparava a algumas das outras experiências e decisões importantes da minha vida.

Mas agora, à medida que olho para trás, ao longo de minha jornada cristã, posso dizer que a minha decisão por Cristo foi a melhor decisão que tomei em minha vida. Tudo o mais que me aconteceu está relacionado a esse momento de virada em minha existência, quando eu tinha apenas 10 anos. A razão pela qual a experiência do novo nascimento é tão importante não é só porque temos uma esperança de Céu quando morremos, mas temos uma esperança viva que nos sustenta ao longo desta vida. Como Pedro escreve:

Bendito o Deus e Pai de nosso Senhor Jesus Cristo, que, segundo a sua muita misericórdia, nos regenerou para uma viva esperança, mediante a ressurreição de Jesus Cristo dentre os mortos, para uma herança incorruptível, sem mácula, imarcescível, reservada nos Céus para vós outros que sois guardados pelo poder de Deus, mediante a fé, para a salvação preparada para revelar-se no último tempo (1:3-5).

Aqui está uma manifestação da esperança de Céu, um lugar na eternidade que já está reservado para nós. Mas isso não é tudo. Pedro afirma que além de uma esperança futura para toda a eternidade, temos poder — agora, hoje! Somos mantidos e sustentados por esse poder, guardados, mediante a fé, para a salvação que está prestes a ser revelada.

O amor que se regozija

Pedro também nos lembra de outro benefício que desfrutamos por termos recebido Jesus como Senhor e Salvador. Este benefício nos sustenta em momentos de provação — o amor que se regozija:

...a quem, não havendo visto, amais; no qual, não vendo agora, mas crendo, exultais com alegria indizível e cheia de glória (1:8).

Pedro está falando sobre o tipo de alegria tranquila que enche o seu coração simplesmente por conhecer Jesus de uma maneira íntima e pessoal. Essa alegria não é o resultado de qualquer coisa que Ele faça por você, mas simplesmente por quem Ele é. Apesar de não poder vê-lo, você o ama.

Pedro prossegue dizendo que os profetas do Antigo Testamento predisseram o plano de salvação divino quando escreve:

Foi a respeito desta salvação que os profetas indagaram e inquiriram, os quais profetizaram acerca da graça a vós outros destinada, investigando, atentamente, qual a ocasião ou quais as circunstâncias oportunas, indicadas pelo Espírito de Cristo, que neles estava, ao dar de antemão testemunho sobre os sofrimentos referentes a Cristo e sobre as glórias que os seguiriam (1:10,11).

Essa não é uma nova ficção ou uma fábula descabida. O nascimento, vida, morte e ressurreição de Jesus Cristo — nossa esperança de salvação — foi planejada desde o início dos tempos e predita ao longo de todo o Antigo Testamento.

As três características do genuíno cristão

Pedro apresenta três marcas peculiares que todo cristão deve possuir.

Primeira marca: *"Sejam santos"* (1Pe 1:14-16). O que você pensa quando ouve a palavra santo? Você pensa em alguém que foi preservado em vinagre? Alguém tão piedosamente carrancudo que está sempre declamando palavras de justiça, falando uma linguagem super-religiosa? É isso que a santidade significa para você? Se assim for, então você não entendeu o significado bíblico do mandamento para "ser santo".

O Antigo Testamento fala sobre a "beleza da santidade". Obviamente, uma personalidade tipo pepino azedo não é o que você chamaria de "a beleza da santidade". Uma pessoa verdadeiramente santa tem uma personalidade atraente e bela. Na origem, a palavra santidade significa "separado". Uma pessoa santa é uma pessoa que foi separada de alguma coisa, ou para alguma coisa.

O povo santo é separado para que suas vidas sejam dedicadas a Deus e comprometidas em amar, aceitar e perdoar os outros. Eles vivem de maneira diferente do mundo; são dedicados a viver justa e alegremente. Além disso, essas pessoas têm as personalidades mais saudáveis que você possa imaginar. A conversa delas é piedosa e seu estilo de vida se reflete em sua fala. Não há conflito entre suas palavras e sua vida. Elas são bem-ajustadas e contentes, porque sua confiança está em Deus. Isso é a verdadeira santidade.

Amo pessoas santas. Gostaria que todos na igreja fossem santos; isso faria a ida à igreja muito mais divertida! Quando as igrejas vivenciam brigas, divisões e discórdia, é porque o povo de Deus não está vivendo de maneira santa.

Segunda marca: *"Tenham temor reverente"* (veja 1Pe 1:17-19). Pedro diz: "portai-vos com temor". Temor? Sim, Deus realmente quer que tenhamos temor, mas essa palavra temor precisa de alguma explicação. Pedro não está dizendo que devemos ser tímidos ou paralisados de medo. Em vez disso, nos desafia para o que ele chama de temor reverente:

Ora, se invocais como Pai aquele que, sem acepção de pessoas, julga segundo as obras de cada um, portai-vos com temor durante o tempo da vossa peregrinação, sabendo que não foi mediante coisas corruptíveis, como prata ou ouro, que fostes resgatados do vosso fútil procedimento que vossos pais vos legaram, mas pelo precioso sangue, como de cordeiro sem defeito e sem mácula, o sangue de Cristo (1:17-19).

O tipo de temor que Pedro descreve é um profundo respeito pelo Senhor. Pedro diz, na verdade: "Lembrem-se, Deus não é um mero ser humano que pode ser enganado. Você está lidando com Aquele que o conhece melhor do que você conhece a si mesmo. Assim, comporte-se com temor, admiração e respeito perante o onisciente Deus do Universo. Seja honesto com o Senhor e com você mesmo, lembre-se de que você não é dono de si próprio, mas foi comprado com o precioso sangue de Jesus Cristo".

Terceira marca: *"Sejam sacerdotes".* O apóstolo escreve:

Chegando-vos para ele, a pedra que vive, rejeitada, sim, pelos homens, mas para com Deus eleita e preciosa, também vós mesmos, como pedras que vivem, sois edificados casa espiritual para serdes sacerdócio santo, a fim de oferecerdes sacrifícios espirituais agradáveis a Deus por intermédio de Jesus Cristo (2:4,5).

Aqui, Pedro nos dá a resposta a uma pergunta que as pessoas muitas vezes fazem: "O que Jesus quis dizer quando disse a este apóstolo 'eu te digo que tu és Pedro, e sobre esta pedra edificarei a minha igreja'?" (Mt 16:18). Sabemos que o nome Pedro significa "pedra", e que a Igreja Católica Romana afirma que Jesus quis dizer que Ele ia edificar Sua Igreja sobre Pedro. Porém, Pedro diz que não. Ele estava lá, e ele deve saber. Esse apóstolo diz: "Jesus é a rocha". E todo cristão que vem a Cristo é como uma pedra colocada sobre essa Rocha, a grande Rocha fundamental sobre a qual Deus está edificando a instituição chamada Igreja. Qual é o objetivo de nos edificar como pedras sobre Rocha? Ele está nos edificando como um sacerdócio, como um povo

dedicado e oferecido a Deus, especial e santo, separado para Deus. Pedro escreve:

Vós, porém, sois raça eleita, sacerdócio real, nação santa, povo de propriedade exclusiva de Deus, a fim de proclamardes as virtudes daquele que vos chamou das trevas para a sua maravilhosa luz (2:9).

Isso é o que Deus quer: Ele deseja que declaremos ao mundo o que Ele fez por nós. Ao fazermos isso, oferecemos a Deus um sacrifício de cheiro suave e uma adoração agradável a Ele. Assim, são essas as três características peculiares que Pedro diz que devem marcar a vida de todo cristão: Sejam santos. Tenham um temor reverente. Sejam sacerdotes, separados para Deus.

Conselho prático

Em seguida, Pedro lida com os aspectos mais práticos da vida; como devemos viver independentemente da nossa nacionalidade. Embora os cristãos do primeiro século tenham vivido sob perseguição, eles ainda tinham certas obrigações. Hoje, muitos de nós vemos o nosso próprio governo comportando-se de maneira que desaprovamos, formas que sentimos ser injustas e até mesmo prejudiciais a nós, entretanto, ainda temos certas obrigações como cidadãos. Pedro escreve:

Amados, exorto-vos, como peregrinos e forasteiros que sois, a vos absterdes das paixões carnais, que fazem guerra contra a alma, mantendo exemplar o vosso procedimento no meio dos gentios, para que, naquilo que falam contra vós outros como de malfeitores, observando-vos em vossas

---

TRÊS MARCAS PECULIARES DO CRISTÃO

1) Sejam santos
2) Tenham temor reverente
3) Sejam sacerdotes

VOCÊ É UM SACERDOTE

Quinhentos anos atrás na Alemanha, um monge chamado Martinho Lutero redescobriu certas verdades há muito negligenciadas nas Escrituras. Uma das mais radicais e transformadoras dessas verdades era "o sacerdócio de todos os crentes", que está embasada em 1Pe 2:9 — "Vós, porém, sois raça eleita, sacerdócio real, nação santa, povo de propriedade exclusiva de Deus, a fim de proclamardes as virtudes daquele que vos chamou das trevas para a sua maravilhosa luz".

Antes da época de Martinho Lutero, a igreja ensinava que o sacerdócio era limitado a um seleto grupo de homens que agiam como intermediários entre Deus e as pessoas comuns. Firmado sobre o claro ensino bíblico, Lutero pôs abaixo essa ideia. Ele ensinou que toda pessoa que passa a conhecer Jesus Cristo é, de fato, um sacerdote sob a autoridade de Deus, e que todo cristão se une a esse grande Sumo Sacerdote, o próprio Jesus Cristo, em um ministério de misericórdia, bênção e ministério ao mundo. Esse é o sacerdócio para o qual Deus chamou a você e a mim.

Nos cinco séculos desde a época de Lutero, a ideia do sacerdócio de todos os cristãos tornou-se novamente uma verdade muito negligenciada. Hoje, poucos cristãos percebem que eles próprios são sacerdotes diante de Deus. Eles vão à igreja no domingo de manhã, absorvem a música e o sermão, depois, voltam para casa sem nenhuma mudança. Eles recebem, mas não dão. Ouvem, mas não amam nem servem. Não experimentam o entusiasmo da vida cristã, porque não se veem como sacerdotes.

Todo o cristão foi criado para servir a Deus e servir aos outros. Todo o cristão foi criado para estar em campo, não nas arquibancadas. Minha oração é para que Deus nos chame a uma vibrante redescoberta do que significa ser um sacerdócio real, povo exclusivo de Deus, declarando as virtudes e as boas-novas daquele que nos chamou das trevas para a Sua maravilhosa luz. Oro para que Deus nos chame a uma emocionante redescoberta do que significa para cada cristão ser um sacerdote de Deus.

Ray C. Stedman
The Way to Wholeness: Lessons from Leviticus ([O caminho para a santidade: Lições de Levítico] Discovery House Publishers, 2005)

---

boas obras, glorifiquem a Deus no dia da visitação. Sujeitai-vos a toda instituição humana por causa do Senhor, quer seja ao rei, como soberano, quer às autoridades, como enviadas por ele, tanto para castigo dos malfeitores como para louvor dos que praticam o bem. Porque assim é a vontade de Deus, que, pela prática do bem, façais emudecer a ignorância dos insensatos;

como livres que sois, não usando, todavia, a liberdade por pretexto da malícia, mas vivendo como servos de Deus. Tratai todos com honra, amai os irmãos, temei a Deus, honrai o rei (2:11-17).

Honrar o rei? Mas o rei a quem Pedro se refere aqui é Nero! Aquele que arrastava cristãos para a morte com sua biga e usava-os como tochas vivas em seu jardim! Honrá-lo? Certamente, Pedro deveria estar fora de si! No entanto, essa é a palavra de Deus para nós: Como cidadãos, devemos honra àqueles que têm autoridade sobre nós.

Isso não significa que, como cidadãos de uma república constitucional, não podemos falar contra a injustiça ou líderes que agem mal enquanto ocupam seus cargos. Podemos discordar e criticar nossos líderes. Porém, nossa crítica deve ser declarada com respeito, com honra pelo cargo, e sem insulto ou maldição.

Depois, Pedro fala sobre servos:

Servos, sede submissos, com todo o temor ao vosso senhor, não somente se for bom e cordato, mas também ao perverso; porque isto é grato, que alguém suporte tristezas, sofrendo injustamente, por motivo de sua consciência para com Deus. Pois que glória há, se, pecando e sendo esbofeteados por isso, o suportais com paciência? Se, entretanto, quando praticais o bem, sois igualmente afligidos e o suportais com paciência, isto é grato a Deus. Porquanto para isto mesmo fostes chamados, pois que também Cristo sofreu em vosso lugar, deixando-vos exemplo para seguirdes os seus passos, o qual não cometeu pecado, nem dolo algum se achou em sua boca (2:18-22).

Pedro convoca os servos para obedecer e respeitar seus senhores. Esse princípio também significa que os empregados devem obedecer e respeitar seus patrões. Se um patrão ou senhor for injusto, não devemos revidar nos comportando de maneira injusta. Não devemos pagar injúria com injúria. Em vez disso, nosso compromisso é com o Senhor.

Em 3:1-7, Pedro se dirige ao lar cristão, encorajando-os a honrar uns aos outros e a se comportar de forma justa e gentil.

Em 3:8-14, ele se dirige a toda a Igreja, encorajando a família da fé a viver em unidade, amando uns aos outros como irmãos e irmãs, comportando-se terna e humildemente em relação ao outro. Essa é a marca da nossa comunhão e comunidade cristã.

Pedro nos diz para estarmos sempre prontos a compartilhar as boas-novas de Jesus Cristo com os que estão ao nosso redor:

…antes, santificai a Cristo, como Senhor, em vosso coração, estando sempre preparados para responder a todo aquele que vos pedir razão da esperança que há em vós, fazendo-o, todavia, com mansidão e temor, com boa consciência, de modo que, naquilo em que falam contra vós outros, fiquem envergonhados os que difamam o vosso bom procedimento em Cristo (3:15,16).

Observe que Pedro espera que os cristãos vivam de forma positiva, esperançosa e exemplar a ponto das pessoas desejarem saber o porquê deste comportamento. Na verdade, ele diz: "Quando as pessoas perguntarem por que você é tão otimista, alegre e justo, tenha uma resposta pronta para elas. Esteja preparado para dizer-lhes que Jesus é a resposta". São Francisco de Assis entendeu esse princípio muito bem, ao dizer: "Pregue o evangelho em todo tempo. Se necessário, use palavras".

Uma passagem difícil

Em seguida, vem uma passagem difícil sobre espíritos em prisão e o batismo — passagens que muitos cristãos têm se esforçado para entender. Porém, a chave para o capítulo 3 é este versículo:

Pois também Cristo morreu, uma única vez, pelos pecados, o justo pelos injustos, para conduzir-vos a Deus; morto, sim, na carne, mas vivificado no espírito (3:18).

Jesus sofreu para nos levar a Deus. Ele veio em carne e morreu em carne. Ele fez tudo isso para que pudesse cumprir o grande objetivo do plano divino: levar-nos a Deus.

Pedro recorda a forma como o evangelho foi pregado nos dias de Noé e como o Espírito de Cristo, falando por intermédio de Noé, pregou às pessoas para que ele pudesse levá-las a Deus. Mas elas se recusaram a acreditar em Noé, e assim a arca torna-se um símbolo da vida do Senhor Jesus Cristo, sustentando-nos em meio aos dilúvios do julgamento e levando-nos a Deus. O batismo, que também é uma imagem que se relaciona com a arca, nos salva da mesma maneira que a arca salvou Noé e sua família. O batismo é aquilo que agora nos salva, mas Pedro é muito claro neste ponto; ele não está falando sobre o batismo nas águas:

...a qual, figurando o batismo, agora também vos salva, não sendo a remoção da imundícia da carne, mas a indagação de uma boa consciência para com Deus, por meio da ressurreição de Jesus Cristo (3:21).

O batismo do Espírito ocorre no momento da salvação e nos coloca na arca da segurança, nosso Senhor Jesus. O batismo nas águas é o símbolo visível do verdadeiro batismo que nos salva, o batismo do Espírito Santo. A salvação remove de nossa vida a mancha da culpa e do pecado, substituindo-a por uma consciência limpa por meio da ressurreição de Jesus Cristo.

Se você ler a passagem sob essa ótica, creio que você não terá nenhuma dificuldade em compreendê-la.

Retribua o mal com o bem

Pedro, então, conclui sua discussão sobre a questão do sofrimento, encorajando-nos como cristãos a nos lembrarmos de que não devemos viver como o mundo que retribui o mal com o mal. Em vez disso, devemos retribuir o mal com o bem. Não devemos nos preocupar com a nossa própria satisfação e os nossos próprios direitos. Devemos estar preocupados em como viver segundo o padrão de Jesus Cristo, o Servo sofredor. Quando insistimos em nossos próprios direitos, mesmo de maneira insignificante, anulamos nosso testemunho. Deixamos de nos assemelhar a Cristo.

Certa vez, um menino ficou preocupado com todas as tarefas domésticas que ele tinha que realizar em casa. Ele começou a se sentir explorado, então, ele decidiu exigir seus direitos. Ele fez isso mediante a apresentação de uma conta para todas as tarefas que ele tinha feito:

Cortar a grama	$ 1,00
Fazer minha cama	$ 0,50
Aspirar o tapete	$ 0,50
Arrancar os matinhos	$ 1,00
Tirar o lixo	$ 0,50
Limpar a sujeira do cachorro	$ 0,50
Lavar os pratos	$ 1,00
Total:	**$ 5,00**

Aventurando-se através da Bíblia

Pela manhã seguinte, o menino colocou a conta ao lado da xícara de café de sua mãe. Ela leu a conta, mas não disse nada. Na manhã seguinte, ele encontrou uma lista ao lado do seu prato. Lia-se:

Lavar suas roupas	de graça
Fazer sua comida	de graça
Fornecer abrigo	de graça
Levá-lo de carro ao treino de futebol	de graça
Levá-lo de carro ao treino de beisebol	de graça
Ajudá-lo com a lição de casa	de graça
Viagem para a Disneylândia	de graça
Ensiná-lo a diferença entre certo e errado	de graça
Ensiná-lo sobre Jesus	de graça
Etc., etc., etc.	de graça

Total: Totalmente de graça, feito por amor

O menino leu o bilhete de sua mãe, em seguida, abraçou-a e fez todas as suas tarefas sem reclamar.

Façamos o que essa mãe fez — retribuir o mal com o bem. Ela poderia ter feito um discurso sobre a ingratidão e o egoísmo do menino. Em vez disso, ela mostrou-lhe o quanto ela o amava, e ele correspondeu a esse amor.

O fim de todas as coisas

A parte final desta carta trata da vida na Igreja, o Corpo de Cristo. Pedro escreve:

Ora, o fim de todas as coisas está próximo; sede, portanto, criteriosos e sóbrios a bem das vossas orações.

Acima de tudo, porém, tende amor intenso uns para com os outros, porque o amor cobre multidão de pecados. Sede, mutuamente, hospitaleiros, sem murmuração. Servi uns aos outros, cada um conforme o dom que recebeu, como bons despenseiros da multiforme graça de Deus. Se alguém fala, fale de acordo com os oráculos de Deus; se alguém serve, faça-o na força que Deus supre, para que, em todas as coisas, seja Deus glorificado, por meio de Jesus Cristo, a quem pertence a glória e o domínio pelos séculos dos séculos. Amém! (4:7-11)

Aqui está o programa do Senhor para o final dos tempos, e Ele pretende realizá-lo por seu e meu intermédio na Igreja. À medida que o fim se aproxima e o mundo apresenta um desleixo com relação ao Armagedom, Deus espera que Sua Igreja apresente um gritante contraste à escuridão do mundo. Ele deseja que nossa vida, tanto no aspecto individual quanto coletivo, seja caracterizada pelo amor *ágape* (para uma explicação sobre amor *ágape*, veja 1 João). O amor *ágape* cristão é tão abrangente e profundo que cobre qualquer pecado ou erro. O Senhor também deseja que sejamos caracterizados pela generosidade e hospitalidade para com nossos irmãos e irmãs em Cristo; exercitando nossos dons espirituais; falando de forma verdadeira e amorosa uns com os outros; e servindo uns aos outros ao máximo, de modo que Jesus seja louvado e glorificado.

Este é o plano de Deus. Pode não parecer um plano impressionante aos olhos do mundo. Porém, aos olhos do Céu, este é o grande plano, o propósito que vai cumprir a vontade de Deus na história humana.

Guardando a fé

Pedro prossegue em 4:12-19 falando do sofrimento como um privilégio, porque temos uma oportunidade de compartilhar os sofrimentos e Cristo — não sofrimento como malfeitores, mas regozijando-nos no fato de que Deus está agindo por meio do *sofrimento que não merecemos.*

No capítulo 5, Pedro fala do ministério mútuo dos presbíteros aos membros, e dos membros uns para com os outros. Em seguida, ele retorna uma última vez à questão do sofrimento:

Ora, o Deus de toda a graça, que em Cristo vos chamou à sua eterna glória, depois de terdes sofrido por um pouco, ele mesmo vos há de aperfeiçoar, firmar, fortificar e fundamentar (5:10).

Este sofrimento atual é apenas por um pouco de tempo. Então, o próprio Cristo nos restaurará a força e a saúde — uma força que jamais falhará, uma vitalidade que nunca desaparecerá, reservadas para nós no Céu. O mundo é temporal e temporário. Deus trará um fim ao mundo — *mas você e eu iremos permanecer para sempre com Ele.* Este é o plano de Deus.

À medida que vemos o fim se aproximar, conforme sofremos e suportamos por causa de Jesus, as palavras de 1 Pedro são uma bênção e um conforto. "Paz a todos vós que vos achais em Cristo", Pedro diz na última linha desta carta. Em meio a nossas provações e sofrimentos, em meio a um mundo que está se desintegrando ao nosso redor — paz!

Essa é a mensagem encorajadora de 1 Pedro.

Aventurando-se através da Bíblia

PERGUNTAS PARA DISCUSSÃO

1 PEDRO
Pedras vivas

1. Leia 1Pe 1:1-12. Pedro diz que os cristãos são "guardados pelo poder de Deus, mediante a fé, para a salvação preparada para revelar-se no último tempo" (v.5). Como você define "salvação"? Quais são os benefícios e bênçãos da salvação? A salvação no Novo Testamento é algo novo — uma mudança radical da salvação na religião hebraica do Antigo Testamento (1:10,11)?

2. Consulte 1Pe 1:3-9, em que Pedro apresenta seu primeiro tema principal: suportar a perseguição e o sofrimento com alegria. De que maneira é possível ter alegria em meio ao sofrimento? Como você definiria "alegria"? Quais são as razões para esta alegria, conforme Pedro lista nesses versículos?

Veja também 1Pe 3:13–4:19. Como podemos usar nosso sofrimento como meio de testemunhar e evangelizar? De que maneira devemos explicar a nossa fé a um interlocutor hostil?

3. Leia 1Pe 1:13-25, em que Pedro apresenta o seu segundo tema principal: Sede santos. O que Deus providenciou para possibilitar sermos redimidos e experimentar o novo nascimento? Quais são algumas das mudanças que precisam acontecer em nossa vida para provar que pertencemos a Cristo?

4. Leia 1Pe 2:4,5. O que Pedro quer dizer quando chama os cristãos de "pedras vivas"? O que ele quer dizer ao chamar os cristãos de "e sacerdócio santo"? Quais são os "sacrifícios espirituais" que oferecemos a Deus por meio de Jesus Cristo? Qual é o objetivo de Deus em nos edificar como pedras sobre Jesus, a Rocha?

5. Leia 1Pe 2:11-22. Aqui, Pedro fala sobre uma vida santa em termos de humilde submissão às autoridades governamentais e aos senhores. Ele diz que devemos nos submeter ao rei "por causa do Senhor" (mesmo que o rei seja o assassino Imperador Nero!), aos governadores e outras autoridades, e até mesmo aos severos senhores de escravos. Como você aplicaria esse mandamento de Pedro ao governo atual e para o relacionamento empregado-patrão? Se possível, dê exemplos específicos de sua própria experiência.

6.
Leia 1Pe 3:15,16. Por que Pedro diz que devemos sempre estar prontos para dar uma resposta? Quem nos fará perguntas? Por que eles perguntarão? Que tipo de resposta devemos estar preparados para dar?

APLICAÇÃO PESSOAL

7.
Você está passando ou passou recentemente por sofrimento ou perseguição? Você é capaz de experimentar alegria autêntica em suas provações? Por quê? Se sim, como você explica essa alegria? Caso contrário, por que você acha que não experimentou a alegria sobre a qual Pedro escreve nesta carta?

Isso o ajuda saber que os sofrimentos são temporários e que vamos permanecer eternamente com Deus?

8.
Você já usou suas provações e sofrimentos como meio para testemunhar aos outros? As pessoas lhe pediram para explicar sua esperança durante as provações? O que você respondeu? Como sua resposta impactou o interlocutor?

9.
Você luta com o desafio de Pedro para ser santo? Há hábitos ou pecados que o impedem de viver um estilo de vida santo? Quais passos você pode dar esta semana para viver a santidade de Deus em seu cotidiano?

Roma, Italia

2 PEDRO

CAPÍTULO 72

Fé diante da falsidade

Parece até que 2 Pedro foi escrita especificamente para nós neste momento tão crítico do século 21. Cada palavra desta carta é tão pertinente, tão contemporânea, tão cheia de conselhos práticos para hoje, que confirma duas verdades: 1) A Bíblia é relevante, atual e essencial; nunca se torna obsoleta; e 2) a História fechou um ciclo completo; vivemos em dias muito semelhantes aos do primeiro século, e enfrentamos condições semelhantes às enfrentadas pela Igreja Primitiva.

Enquanto o tema de 1 Pedro dizia respeito a como se alegrar em face ao sofrimento, o tema de 2 Pedro é como manter a fé diante da falsidade — de que maneira detectar o erro, evitar a atração do engano e como saber e fazer o que é certo em um mundo equivocado.

A carta de 2 Pedro pode ser esboçada muito facilmente. Cada um dos seus três capítulos retrata uma faceta diferente do tema principal.

Apóstolos poderosos ou cristãos comuns

Esta carta foi escrita provavelmente de Roma, como foi a de 1 Pedro. Na verdade, Pedro provavelmente era prisioneiro do Imperador Nero quando escreveu essa epístola. No mínimo, ele estava em grande perigo.

Nesta carta, Pedro relata que sente que o tempo de ele deixar o seu corpo — ao qual ele se refere como sua tenda, ou habitação — e de ir e estar com o Senhor está se aproximando (veja 1:13-15). Pedro diz que o próprio Senhor lhe mostrou isso, o que está registrado no final do evangelho de João. Em João 21:18, Jesus diz a Pedro que chegaria um momento quando alguém amarraria suas mãos e o levaria para onde ele não queria ir. Pedro entendeu que isso significava sofrer e morrer como nosso Senhor morreu, em uma cruz. A tradição diz que Pedro foi, de fato, crucificado, e que ele se sentiu tão honrado por ter sido considerado digno de morrer a mesma morte

OBJETIVOS DO CAPÍTULO

Este capítulo examina a segunda carta de Pedro, a qual ele escreveu pouco antes de experimentar a morte de mártir. O apóstolo preocupou-se com a dupla ameaça de heresia e imoralidade, que tinha começado a contaminar a Igreja. Com respeito a isso, pouco mudou em 2 mil anos, e o alerta de Pedro é tão urgente hoje como quando foi escrito pela primeira vez.

que seu Senhor, que pediu a seus algozes para crucificá-lo de cabeça para baixo.

Pedro abre sua segunda carta com estas palavras:

Simão Pedro, servo e apóstolo de Jesus Cristo, aos que conosco obtiveram fé igualmente preciosa na justiça do nosso Deus e Salvador Jesus Cristo, graça e paz vos sejam multiplicadas, no pleno conhecimento de Deus e de Jesus, nosso Senhor (1:1,2).

Observe a frase "aos que conosco obtiveram fé igualmente preciosa". Pense nisso! Os cristãos de hoje são tentados a pensar nos apóstolos como homens poderosos de fé sobre-humana. Note, no entanto, que os apóstolos nunca pensaram sobre si dessa forma. O mais fraco dos cristãos tem em suas mãos todo o poder que o santo mais poderoso jamais possuiu. Esse é o tema do capítulo de abertura de Pedro. Veja estas palavras:

Visto como, pelo seu divino poder, nos têm sido doadas todas as coisas que conduzem à vida e à piedade, pelo conhecimento completo daquele que nos chamou para a sua própria glória e virtude (1:3).

Todos nós que genuinamente viemos a Jesus Cristo — sem exceção — temos tudo o que precisamos para lidar com a vida e manifestar santidade (que literalmente significa "a semelhança de Deus").

Você crê que esta declaração de Pedro se aplica a sua vida hoje? Muitas pessoas não creem. Elas estão sempre à procura de algo mais — alguma experiência nova, alguma nova verdade transformadora, alguma revelação a mais, alguma elevação emocional — pois pensam que sem essas coisas nunca serão o tipo de cristão que devem ser.

Pedro diz, no entanto: "Vocês não precisam de nenhuma nova experiência ou revelação. Por favor, vocês já têm tudo o que precisam para ter poder espiritual para servir e imitar a Deus em seu estilo de vida. Se vocês vieram a Cristo, vocês têm tudo o que há nele, e vocês têm tudo o que Ele tem para lhes dar. Se algo estiver faltando, não é porque vocês precisam

A CARTA DE 2 PEDRO

Do que se trata a vida cristã (2 Pedro 1)

Saudação de Pedro 1:1,2

Como crescemos em Cristo 1:3-14

A base de nossa fé 1:15-21

Alerta contra os falsos mestres (2 Pedro 2)

O perigo dos falsos mestres 2:1-3

A destruição dos falsos mestres 2:4-9

A descrição dos falsos mestres 2:10-22

A certeza do retorno de nosso Senhor (2 Pedro 3)

Escarnecedores nos últimos dias 3:1-7

A chegada do Dia do Senhor 3:8-10

Como viver na expectativa do Seu retorno 3:11-18

mais de Cristo. Pode ser que Cristo precise mais de vocês. Simplesmente precisam entregar mais de sua vida e de sua vontade a Ele".

Dois canais do poder de Deus

Se o que Pedro diz é verdade (e é), então não há nenhuma desculpa para o fracasso. Se temos tudo em Cristo, precisamos apenas saber e produzir mais para Ele. Para mim, o importante sobre ser cristão é que, em Jesus Cristo, encontro respostas práticas para todos os problemas que me confrontam.

Obviamente que vir a Cristo não nos capacita automaticamente a conhecer todas as coisas. Mas, de fato, adquirimos perspectiva e compreensão para lidar com as dificuldades, sofrimentos e problemas da vida. Também adquirimos o poder para viver piedosamente, à medida que o poder de Deus chega a nós por meio de dois canais: 1) Suas promessas, e 2) ao colocarmos nossa fé em prática.

Sobre as promessas de Deus, Pedro escreve:

...pelas quais nos têm sido doadas as suas preciosas e mui grandes promessas, para que por elas vos torneis coparticipantes da natureza divina, livrando-vos da corrupção das paixões que há no mundo (1:4).

Pedro fala de garantias que Deus nos deu, às quais Ele honrará com todo o Seu poder e autoridade como o Deus Criador do Universo, visto que Sua natureza e caráter estão em jogo.

Assim, a primeira coisa que precisamos fazer é aprender sobre o que Deus nos prometeu, o que está contido nas Escrituras. Você não pode encontrar satisfação e vitória na vida e descobrir o tipo de pessoa que o Senhor quer que você seja sem compreender a Palavra de Deus.

À medida que passamos a confiar nas promessas de Deus, nos tornamos fortalecidos e com poder, "livrando-nos da corrupção das paixões que há no mundo". Estamos cercados pelo mal e corrupção. As ondas de rádio, a internet, a TV a cabo, livros, revistas, e até mesmo nossos locais de trabalho estão irremediavelmente contaminados pelo mal deste mundo. Não podemos escapar de tal corrupção generalizada a menos que tenhamos nos equipado com a verdade de Deus.

Pedro prossegue descrevendo o segundo meio para receber o poder de Deus:

...por isso mesmo, vós, reunindo toda a vossa diligência, associai com a vossa fé a virtude; com a virtude, o conhecimento; com o conhecimento, o domínio próprio; com o domínio próprio, a perseverança; com a perseverança, a piedade; com a piedade, a fraternidade; com a fraternidade, o amor (1:5-7).

Em outras palavras, uma vez que você tem fé, deve colocá-la em prática. Você deve aplicar sua fé a cada momento e a cada situação da vida cotidiana. Sempre que você identificar uma nova área de sua vida que precisa ser tratada — um problema com a ira, falta de autocontrole, rispidez no trato com os outros, ou falta de perseverança — deve trabalhar para alinhar essa área com sua fé.

A fé não é um evento, mas um processo. À medida que crescemos e amadurecemos em Cristo, Ele gradualmente abre nossos olhos para diferentes aspectos de nosso caráter que não estão sob Seu controle. Ele paulatinamente desbasta nossas imperfeições, moldando-nos à semelhança de Seu próprio caráter perfeito.

E qual é o resultado de colocar nossa fé em prática diariamente? Pedro escreve:

Porque estas coisas, existindo em vós e em vós aumentando, fazem com que não sejais nem inativos, nem infrutuosos no pleno conhecimento de nosso Senhor Jesus Cristo (1:8).

A receita para o sucesso na vida cristã é a fé somada à obediência, isto é, a convicção correta mais a vontade de agir com base nessa convicção. Somos chamados a confiar nas promessas de Deus e estar dispostos a aplicar essas promessas a situações específicas na vida.

E os que não conhecem ou aplicam as promessas de Deus a sua vida? Pedro responde:

Pois aquele a quem estas coisas não estão presentes é cego, vendo só o que está perto, esquecido da purificação dos seus pecados de outrora (1:9).

Os cristãos que não conseguem viver de acordo com sua fé estão cegos. Suas experiências de conversão parecem ter pouco ou nenhum efeito sobre eles. Eles se deixam levar por dúvidas e se afastam da fé. Portanto, Pedro escreve:

Por isso, irmãos, procurai, com diligência cada vez maior, confirmar a vossa vocação e eleição; porquanto, procedendo assim, não tropeçareis em tempo algum. Pois desta maneira é que vos será amplamente suprida a entrada no reino eterno de nosso Senhor e Salvador Jesus Cristo (1:10,11).

Quando o Senhor o chamar para casa, as trombetas soarão em triunfo assim que você entrar no reino. Por quê? Por você ter encontrado o segredo de uma vida de sucesso e ter sido eficaz em seu serviço a Deus.

Duas formas de evidenciar nossa fé

Pedro revela duas formas de evidência que garantem a fé que ele nos recomenda: 1) Seu próprio relato de ser uma testemunha ocular da vida do Senhor Jesus Cristo, e 2) a voz dos profetas do Antigo Testamento. Escreve ele:

Porque não vos demos a conhecer o poder e a vinda de nosso Senhor Jesus Cristo seguindo fábulas engenhosamente inventadas, mas nós mesmos fomos testemunhas oculares da sua majestade, pois ele recebeu, da parte de Deus Pai, honra e glória, quando pela Glória Excelsa lhe foi enviada a seguinte voz: Este é o meu Filho amado, em quem me comprazo. Ora, esta voz, vinda do Céu, nós a ouvimos quando estávamos com ele no monte santo (1:16-18).

Pedro se refere ao evento citado em Mateus 17 e Marcos 9, onde Jesus foi transfigurado no monte, quando Seu rosto resplandeceu e Suas vestes tornaram-se como a luz. Pedro diz: "Fomos testemunhas oculares da Sua majestade". A fé cristã repousa sobre os relatos de testemunhas oculares confiáveis de homens e mulheres que simplesmente relataram o que ouviram e viram Jesus fazer.

Pedro prossegue declarando a segunda evidência. Nossa fé é confirmada, diz ele, por outra voz — a dos profetas do Antigo Testamento. Ele escreve:

Aventurando-se através da Bíblia

873

Temos, assim, tanto mais confirmada a palavra profética, e fazeis bem em atendê-la, como a uma candeia que brilha em lugar tenebroso, até que o dia clareie e a estrela da alva nasça em vosso coração, sabendo, primeiramente, isto: que nenhuma profecia da Escritura provém de particular elucidação; porque nunca jamais qualquer profecia foi dada por vontade humana; entretanto, homens [santos] falaram da parte de Deus, movidos pelo Espírito Santo (1:19-21).

Esses homens, afirma Pedro, não escreveram suas próprias opiniões e as passaram adiante como profecias. Eles escreveram sob a instrução do Espírito de Deus e previram com exatidão eventos que ocorreriam séculos mais tarde. Essas duas formas de evidência — testemunhas oculares e profecias cumpridas — garantem a confiabilidade da nossa fé.

Um alerta contra os falsos mestres

No capítulo 2, Pedro faz soar um alerta contra os falsos mestres, e suas palavras são tão relevantes hoje como foram quando a tinta ainda estava úmida no papiro:

Assim como, no meio do povo, surgiram falsos profetas, assim também haverá entre vós falsos mestres, os quais introduzirão, dissimuladamente, heresias destruidoras, até ao ponto de renegarem o Soberano Senhor que os resgatou, trazendo sobre si mesmos repentina destruição. E muitos seguirão as suas práticas libertinas, e, por causa deles, será infamado o caminho da verdade (2:1,2).

Hoje vemos essas palavras cumpridas de muitas maneiras. Vemos seitas nas quais os líderes afirmam ser Jesus Cristo e nas quais os membros são por vezes exterminados por meio de suicídios em massa. Esses são casos extremos. Mas há também casos mais sutis em que falsos mestres introduzem nas igrejas — ou até mesmo em denominações inteiras — heresias inteligentes, porém destruidoras.

Observe que Pedro diz "os quais introduzirão, dissimuladamente, heresias destruidoras, até ao ponto de renegarem o Soberano Senhor que os resgatou", significando que esses falsos mestres não são meros ateus antagonistas do cristianismo. Esses mestres alegam ser cristãos e professam amar Jesus, no entanto, seus ensinos, na verdade, negam tudo que o Senhor representa!

Como resultado desses falsos mestres, diz Pedro, a verdade do evangelho será vista com descrédito. As pessoas vão menosprezar aqueles que acreditam na Bíblia; vão considerá-los simplórios, ignorantes da Idade das Trevas, ou pior — fanáticos bitolados.

Pedro nos assegura em 2:3-9, que Deus vai certamente julgar esses falsos mestres, assim como Ele lidou com os anjos rebeldes, com os pecadores do mundo antigo que pereceram no dilúvio e com as cidades pecadoras de Sodoma e Gomorra. Pedro diz que os piedosos serão resgatados, assim como Noé foi salvo do dilúvio e Ló foi salvo da destruição de Sodoma.

Descrição dos falsos mestres

Em 2:10-22, Pedro nos dá uma vívida descrição das características desses falsos mestres. São elas:

- Presunção; eloquência com palavras impressionantes sobre questões da

vida, salvação e espiritualidade, mas ignorância quanto a verdade de Deus;
- Como animais, criaturas instintivas insultam as questões sobre as quais são ignorantes;
- Vergonhosos; encorajam a licenciosidade e o mau comportamento sexual;
- Ganância; por causa do dinheiro, vão ensinar qualquer doutrina falsa que as pessoas queiram ouvir;
- Arrogância e insensatez;
- Escravos da corrupção, mesmo quando prometem liberdade (muito parecidos com aqueles hoje que defendem o uso de drogas e a depravação sexual); e
- Cientes do que as Escrituras dizem, negam sua verdade e poder, escolhendo seguir suas próprias ilusões.

Encorajamento para os últimos dias

No capítulo 3, Pedro encoraja seus leitores a não se desmotivarem por essa atmosfera prevalecente de erro. Lembre-se de que Jesus está voltando, e Ele colocará tudo em ordem. Embora os escarnecedores e falsos mestres possam dizer que o Universo seja estável e imutável, nós sabemos que o Universo está chegando ao seu fim. Deus interveio no passado e vai intervir no futuro. O dilúvio de Gênesis ocorreu no passado, mas ele indica uma realidade futura, quando o mundo será destruído novamente — não pela água, mas pelo fogo. Pedro escreve:

> *Virá, entretanto, como ladrão, o Dia do Senhor, no qual os Céus passarão com estrepitoso estrondo, e os elementos se desfarão abrasados; também a terra e as obras que nela existem serão atingidas* (3:10).

Pode muito bem ser que a vívida descrição de Pedro apresentada nesse versículo sugira o terrível poder da devastação nuclear ou da colisão de um asteroide ou cometa com a Terra. Tudo que mantém a vida funcionando em nosso mundo é a vontade e a Palavra sustentadora de Deus. Tudo que Ele precisa fazer é alterar alguns aspectos do nosso Universo físico e todo esse mecanismo entra em colapso.

Olhamos ao redor para todo o mal do mundo e ficamos impacientes. Queremos saber por que o Senhor não vem e coloca a casa em ordem agora mesmo. Por que Ele demora? Precisamos lembrar de que um dia para o Senhor é como mil anos, e mil anos é como um dia. Nosso conceito de tempo não é o mesmo que o dele.

"Apóstolo Pedro", Igreja de Santa Maria e São Miguel, New Ross, Irlanda.

Também precisamos lembrar de que Deus tem um propósito na demora, pelo qual deveríamos ser gratos. Uma vez que o julgamento divino começar, não poderá ser interrompido. O Senhor espera para dar aos homens e mulheres uma chance de repensar as coisas e de reconsiderar seus caminhos. Ele retarda o julgamento a fim de dar a todos nós a chance do arrependimento. Pedro, então, nos confronta de forma direta:

Visto que todas essas coisas hão de ser assim desfeitas, deveis ser tais como os que vivem em santo procedimento e piedade (3:11).

O que Pedro nos diz é claro:

...deveis ser tais como os que vivem em santo procedimento e piedade, esperando e apressando a vinda do Dia de Deus, por causa do qual os Céus, incendiados, serão desfeitos, e os elementos abrasados se derreterão (3:11,12).

Três meios de apressar a vinda do Senhor

Observe que Pedro diz que, à medida que vivemos de maneira santa e piedosa, não apenas aguardamos com expectativa o Dia de Deus, na realidade, nós *aceleramos sua vinda*! Como podemos apressar a vinda do Senhor Jesus Cristo? Como podemos ajudar a pôr fim no mal global e a contribuir para realização da grande esperança da humanidade — um mundo em paz, um mundo de abundância, um mundo de bênção e alegria? De três maneiras:

Nossas orações. Lembra que o Senhor Jesus nos ensinou a orar? "Pai nosso, que estás nos Céus, santificado seja o teu nome; *venha o teu reino*" (Mt 6:9,10, grifo do autor). Essa é uma oração para apressar o Dia de Deus. Lembra da oração de João no final do livro de Apocalipse? "Vem, Senhor Jesus" (Ap 22:20). Devemos orar pelo fim deste sistema mundial e a vinda do reino do Senhor à Terra, pois é a única maneira para que os males e sofrimentos deste mundo cheguem ao fim.

Nosso testemunho. O evangelho do reino deve ser pregado a todas as nações, e então virá o fim, diz o Senhor Jesus (Mt 24:14). Sempre que compartilhamos as boas-novas de Jesus Cristo com outras pessoas, contribuímos para que o retorno de Jesus Cristo fique um pouco mais próximo.

Nossa obediência. Os judeus dizem que se todos em Israel obedecessem totalmente à Lei por um dia, o Messias viria. Deus está procurando homens e mulheres que serão obedientes, que pertencerão realmente a Ele. A única liberdade que temos é a liberdade para servir a Deus ou ao diabo. Não há meio-termo. A "liberdade" oferecida pelo pecado e por Satanás, no fim das contas, leva ao desespero e à escravidão. Porém, a liberdade genuína que vem de pertencer a Cristo leva à vida eterna abundante.

Assim, tendo em vista a aproximação do retorno de Jesus Cristo e a aproximação do fim deste sistema mundial corrupto, Pedro conclui: "...empenhai-vos por serdes achados

TRÊS MANEIRAS DE ACELERAR A VOLTA DO SENHOR
1) Oração
2) Testemunho
3) Obediência

por ele em paz, sem mácula e irrepreensíveis" (2Pe 3:14).

Em um pós-escrito, os versículos 15 e 16, Pedro diz que Paulo concorda que a espera em oração e em obediência pela volta do Senhor significa estar pronto — não ser pego de surpresa e despreparado quando os terríveis acontecimentos do fim do mundo começarem a acontecer. Enquanto o resto do mundo treme de terror e desespero, nós que oramos e trabalhamos para apressar esse dia estaremos esperando e sem medo.

Pedro acrescenta outra advertência contra falsos ensinos, desta vez em relação àqueles que mudam e distorcem os ensinos de Paulo, assim como fazem com as demais Escrituras. Não lhes deem ouvidos, Pedro adverte. Não se deixem enganar.

Palavras finais de alerta, bênçãos e encorajamento

O apóstolo Pedro termina com uma advertência final — e uma palavra final de bênção e encorajamento:

> *Vós, pois, amados, prevenidos como estais de antemão, acautelai-vos; não suceda que, arrastados pelo erro desses insubordinados, descaiais da vossa própria firmeza; antes, crescei na graça e no conhecimento de nosso Senhor e Salvador Jesus Cristo. A ele seja a glória, tanto agora como no dia eterno* (3:17,18).

Temos todos os fatos que precisamos à fé e para nos defendermos contra a falsidade. Temos a verdade imutável de Jesus Cristo. Estejamos atentos para que não sejamos levados ou prejudicados pelos falsos mestres que querem aniquilar nossa fé. Embora nossa fé esteja sob ataque, ainda que a verdade esteja continuamente sendo estrangulada, temos a vitória. O Senhor está vindo em breve, e estamos orando, testemunhando e obedecendo a Ele, a fim de apressar esse dia.

Amém! Vem, Senhor Jesus!

Aventurando-se através da Bíblia

PERGUNTAS PARA DISCUSSÃO

2 PEDRO
Fé diante da falsidade

1. Leia 2Pe 1:1-15. Do que Pedro lembra seus leitores nesses versículos? Por que os cristãos precisam desse tipo de lembrete? Por que Pedro menciona sua iminente morte?

2. Leia 2Pe 1:16-18. Compare com Mateus 17:1-13 e Marcos 9:2-13. O testemunho de Pedro é confiável? Por quê?

3. Leia 2Pe 1:19-21. Como sabemos que podemos nos apoiar na Palavra de Deus? Como sabemos que a Bíblia é realmente a Palavra de Deus e não apenas uma coleção de lendas e banalidades escritas por falíveis seres humanos?

4. Leia 2Pe 2. Neste capítulo, Pedro adverte que falsos mestres se infiltrarão na Igreja. O autor escreve que os falsos mestres sobre os quais Pedro adverte "alegam ser cristãos e professam amar o Senhor Jesus, no entanto, seus ensinos, na verdade, negam tudo que Ele representou". Observe especialmente a descrição de Pedro desses mestres em 2:10-22.

À medida que você observa a cultura que o cerca, pode perceber falsos mestres que alegam ser "cristãos" enquanto negam as verdades essenciais do evangelho? Qual é o motivo? Qual a influência que eles estão tendo sobre as igrejas e os cristãos? Como Pedro diz que será o fim de tais mestres?

5. Leia 2Pe 3:10-12. Qual a motivação que Pedro nos sugere para vivermos de maneira santa e piedosa? Observe que Pedro não apenas sugere que deveríamos esperar ansiosamente por este evento, mas que podemos realmente "acelerar sua vinda"! Você acredita que suas ações e sua vida santa podem realmente impactar o calendário do plano eterno de Deus? Quais são as três ações que podemos adotar (de acordo com o autor) para acelerar a chegada deste evento?

Guardando a fé

6. Pedro diz que "virá, entretanto, como ladrão, o Dia do Senhor". O que isso significa? Quando você acha que esse dia virá? Muito em breve ou depois de muitos anos ainda? (Veja 3:8,9).

APLICAÇÃO PESSOAL

7. Pedro escreve: "...nós, porém, segundo a sua promessa, esperamos novos Céus e nova terra, nos quais habita justiça. Por essa razão, pois, amados, esperando estas coisas, empenhai-vos por serdes achados por ele em paz, sem mácula e irrepreensíveis" (2Pe 3:13,14). Você está ansioso por um novo Céu e uma nova terra? Está fazendo todos os esforços para não pecar, ser irrepreensível e estar em paz com Deus, quando o Senhor retornar? Por quê?

8. Pedro adverte: "vós, pois, amados, prevenidos como estais de antemão, acautelai-vos; não suceda que, arrastados pelo erro desses insubordinados, descaiais da vossa própria firmeza" (2Pe 3:17). Alguma vez você já se deparou com o tipo de erro sobre o qual Pedro adverte? Você já o observou em sua igreja? Já o encontrou em livros ou nos meios de comunicação? Você reconhece erro e falsa doutrina quando você os vê? Quais passos você pode dar esta semana para se proteger contra falsos ensinos e o "erro desses insubordinados"?

Ilha de Patmos, Grécia

1 JOÃO

CAPÍTULO 73

Cristianismo autêntico

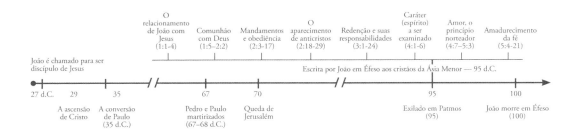

J esus teve dois discípulos que eu realmente gostaria de tê-los conhecido. Um deles era Pedro, o outro era João. Gosto muito de ler sobre esses dois discípulos. Eles eram muito diferentes um do outro em caráter e personalidade, mas ambos eram próximos do Senhor Jesus.

Simão Pedro era instável, impulsivo e impetuoso. Sempre que ele entrava em cena, era com muito barulho. No entanto, o Senhor escolheu torná-lo uma "pedra" constante, estável e confiável (que é o que seu nome, Pedro, literalmente significa). Ele se tornou um ponto de unificação para os cristãos do primeiro século naqueles dias de intensa perseguição.

João foi outro discípulo que foi dramaticamente transformado por causa de seu encontro com Jesus. Na verdade, muitos estudiosos da Bíblia acreditam que ele era adolescente quando conheceu Jesus, talvez tivesse 17 ou 18 anos. O registro do evangelho mostra que ele era um jovem impetuoso, dado a um discurso incisivo e impulsivo e uma tendência a estourar — daí o apelido que Jesus deu a João e a seu irmão, Tiago: "Filhos do trovão". Essa foi a maneira gentil de nosso Senhor denominar o problema de João. Ele mantinha o trovão acionado o tempo todo.

Surpreendentemente, no entanto, "o trovejante João" tornou-se conhecido em última análise não por seu trovejar, mas por sua gentileza e bondade. Não temos registro de que João tenha se casado; a história indica que ele dedicou a vida ao serviço a Jesus.

João, "o apóstolo do amor", é o autor das cartas de 1, 2 e 3 João. A primeira delas foi um dos últimos livros do Novo Testamento a ser escrito, provavelmente, depois do evangelho de João, perto do fim do primeiro século, na cidade de Éfeso, onde João passou seus últimos anos. João escreveu esta epístola para os cristãos que viviam em um mundo ímpio e

> **OBJETIVOS DO CAPÍTULO**
>
> Neste capítulo, vamos examinar o tema de 1 João, o cristianismo autêntico. João, o apóstolo amado, mostra que cristianismo autêntico consiste de três ingredientes essenciais: verdade, justiça e amor. Esses três ingredientes são mais importantes do que nunca numa época em que a "verdade" é considerada subjetiva, a moralidade é relativa e o amor se esfriou.

Aventurando-se através da Bíblia   881

sexualmente perverso. Foi escrito para pessoas como você e eu.

Três marcas do cristianismo autêntico

A principal preocupação de João nesta carta é o cristianismo autêntico. Ele nos lembra dos três aspectos da nossa fé que tornam a vida cristã vigorosa e eficaz: a verdade, a justiça e o amor. O apóstolo se concentra nesses três aspectos em 1 João 2:18–4:21.

Mas, primeiro, João descreve o relacionamento com Jesus Cristo do qual essas três qualidades fluem. É um relacionamento de unidade com Ele. Separado desse relacionamento, não podemos viver uma vida de verdade, justiça e amor.

Os ensinamentos de Sócrates, Aristóteles, Platão, Confúcio e Buda contêm muito do mesmo conselho para a vida que você encontra no Novo Testamento. Em outras palavras, se tudo o que você precisa é de um bom conselho, você não precisa da Bíblia. Porém, uma coisa que esses filósofos não lhe dão é o poder de vivenciar seu maravilhoso conselho. O mundo está repleto de bons conselhos, mas o poder de fazer o que sabemos que devemos fazer está escasso.

Todos nós conhecemos a Regra Áurea de nosso Senhor Jesus: "Como quereis que os homens vos façam, assim fazei-o vós também a eles". Embora isso também se expresse em outras religiões, Jesus dá um passo adiante e nos capacita a viver de acordo com a Regra Áurea. Como Ele faz isso? Ao nos mostrar o segredo da unidade com Ele.

A comunhão com o Senhor Jesus nos dá o poder de viver o conselho que Ele nos dá. Como Paulo escreveu: "Cristo em vós, a esperança da glória" (Cl 1:27). A presença de Jesus habitando em nós, o relacionamento mais íntimo na experiência humana, nos dá o poder de viver os preceitos de nossa fé.

Primeiro aspecto: *verdade*

Ao longo desta carta, João enfatiza o fato de que Jesus realmente apareceu na história e é ao mesmo tempo Deus e homem.

Essa mensagem era diametralmente oposta à heresia pseudocristã que surgiu no primeiro século chamada gnosticismo. A coisa mais próxima do gnosticismo hoje é a Ciência Cristã, o que é quase puro gnosticismo. Os gnósticos acreditam que a matéria é má e o espírito é bom, e que o nosso bom espírito humano está aprisionado em um corpo material mau. Eles dizem que o propósito da vida é nos ensinar como superar o mal de nossos corpos e liberar o bom espírito da prisão do corpo material, de modo que ele possa atingir perfeição espiritual.

Na verdade, João diz: "Não sejam enganados pela heresia gnóstica, pois Jesus veio em verdade. Ele é o Deus-homem, o Espírito eterno ligado a um corpo humano, e qualquer

Representação de gnosticismo feita por um artista, Flammarion (1888).

A CARTA DE 1 JOÃO

A base do cristianismo autêntico (1 João 1:1–2:27)

Introdução 1:1-4

Andar na luz, amar uns aos outros 1:5–2:14

Evitar o amor do mundo, o espírito do anticristo 2:15–2:27

O comportamento do cristianismo autêntico (1 João 2:28–5:21)

Praticar a verdade, justiça e amor 2:28–5:3

A vitória sobre o mundo 5:4,5

Certeza da salvação 5:6-13

Confiança na oração 5:14-17

Vitória sobre o pecado habitual 5:18-21

---

um que negar essa verdade sobre Jesus Cristo é um mentiroso".

João não escreve esta carta para refutar aqueles que estavam empenhados em eliminar o cristianismo. Ele estava alertando contra um ataque mais sutil e astuto contra nossa fé do que qualquer oposição definitiva e impetuosa. Os gnósticos simplesmente queriam "melhorar" o cristianismo. Então, eles minimizaram a verdade da humanidade de Jesus e sutilmente mudaram e distorceram Seu ensino de modo que a imagem que eles tinham de Jesus se ajustasse às suas crenças gnósticas.

As ramificações sedutoras e sinuosas do gnosticismo ainda estão conosco hoje, embora essas falsidades antigas venham disfarçadas de "nova verdade". Nossas listas de best-sellers estão repletas de autores de autoajuda que estão fazendo fortunas vendendo as últimas heresias egocêntricas. A maioria dos livros de espiritualidade do tipo "faça você mesmo" tem muito em comum com o gnosticismo antigo.

Eles ensinam que o espírito é bom, e que o mundo material mantém nossos espíritos presos. Apelam para a mentalidade superficial daqueles que dizem: "Eu sou espiritual, mas não sou religioso" (o que significa, "rejeito Jesus e a Igreja, mas gosto de criar minha própria religião"). Ensinam que você deve se sentir livre para acreditar no que quiser (desde que não seja o cristianismo bíblico). Eles falam de "doutrina" e "dogma" depreciativamente (palavras-código para o cristianismo bíblico), enquanto exaltam a virtude do "processo" e "transformação". Eles usam frases como "siga sua felicidade" e "expresse o seu ser", e alegam

Aventurando-se através da Bíblia

ser sensíveis a "campos de energia" e "vibrações". Dizem que não há problema em acreditar em Jesus — mas não o Jesus do Novo Testamento. Em vez disso, siga o "Jesus de sua contemplação", o Jesus que você cria em sua própria imaginação.

A mensagem de 1 João é tão urgente hoje como sempre. João diz: Não se deixe enganar. Não seja enganado por distorções da história do evangelho. Você vai acabar seguindo a mentira gnóstica para sua própria destruição espiritual.

Segundo aspecto: *justiça*

A verdade é importante, mas é preciso mais para ser um cristão do que simplesmente o assentimento intelectual a uma doutrina ou credo. A verdade não tem sentido se não mudar nosso comportamento, de modo que à nossa verdade, temos que acrescentar a justiça.

A mensagem de João é esta: Se você realmente tem Jesus Cristo vivendo em você, não pode continuar a viver em pecado. Deve mudar seu modo de vida. Porém, na verdade, os gnósticos diziam: "Se o espírito é bom e a matéria é má, então a única coisa que importa é o espírito. O que você faz com seu corpo material não importa, por isso, se você quiser saciar suas concupiscências, vá em frente porque suas ações não vão afetar seu posicionamento com Deus". João responde a esta distorção:

> *Todo aquele que é nascido de Deus não vive na prática de pecado; pois o que permanece nele é a divina semente; ora, esse não pode viver pecando, porque é nascido de Deus* (3:9).

João também nos adverte que se professarmos ser cristãos, enquanto vivemos uma vida ímpia, somos (para ser franco) mentirosos:

> *Aquele que diz: Eu o conheço e não guarda os seus mandamentos é mentiroso, e nele não está a verdade* (2:4).

Terceiro aspecto: *amor*

Verdade e justiça são difíceis de dominar, ainda que esses dois aspectos sejam relativamente fáceis quando comparados ao terceiro: amor.

Muitos cristãos podem dizer: "Conheço a verdade e me baseio nela. A minha doutrina é sã. E além do mais, abandonei os pecados e atitudes do mundo. Costumava beber, farrear, trapacear nos negócios, ler o pior tipo de revista e ver o pior tipo de filme, mas não faço mais essas coisas". Jamais devemos minimizar as mudanças na vida de uma pessoa que se torna verdadeiramente comprometida com Jesus Cristo, defendendo Sua verdade e abandonando o comportamento pecaminoso.

Mas se a verdade e a justiça são as medidas do seu testemunho, logo você perceberá que os outros não se impressionam. Muitas das coisas que você não faz mais são coisas que as pessoas no mundo gostam de fazer e não querem abandonar, por isso, se o seu evangelho consiste em "tenho a verdade, e não bebo e fumo mais", você vai descobrir que a maioria das pessoas dá de ombros e vira as costas. Elas dirão: "Isso é bom para você, mas eu gosto de beber e de fumar, portanto, não quero sua fé".

O mundo não se impressiona com o que você *não* faz. Isso é negativo. O mundo se impressiona com o que você faz. Isso é positivo. E a ação positiva que impressiona o mundo e torna o nosso evangelho atraente

"AQUELE QUE TEM O FILHO TEM A VIDA"

Não podemos alcançar a vida eterna por meio de um mero exercício intelectual. Não nos tornamos cristãos autênticos ao compreendermos intelectualmente e aceitarmos os fatos históricos sobre Jesus. Nem nos tornamos cristãos autênticos ao entender as implicações teológicas de Sua morte e ressurreição. Não nos tornamos cristãos autênticos ao aderirmos a certos padrões morais e éticos que Jesus ensinou. Nem nos tornamos cristãos autênticos ao tentarmos nos relacionar com Deus sem ser por intermédio de Jesus Cristo.

Nossa vida deve estar unida à vida dele. Tornamo-nos cristãos autênticos quando pedimos a Jesus para entrar em nossa vida como Senhor e Mestre e ao confiar nele para realizar e cumprir Sua vida eterna em nós por meio do Espírito Santo. Quando isso acontece, um milagre ocorre — mesmo que esse milagre possa ser de um tipo silencioso e quase invisível. Uma nova qualidade de vida — vida eterna — é transmitida a nós e "nos dá vida juntamente com Cristo". É essa ação divina que nos torna cristãos autênticos. Nada mais pode fazê-lo. "Aquele que tem o Filho tem a vida; aquele que não tem o Filho de Deus não tem a vida" (1Jo 5:12).

Simples assim.

Ray C. Stedman
Authentic Christianity ([Cristianismo autêntico]
Discovery House Publishers, 1996)

para as pessoas lá de fora é o nosso amor. É por isso que João diz que a terceira característica de um verdadeiro cristão é o *amor*.

O amor do qual João fala — na verdade, o amor que nos é apresentado em todo o Novo Testamento — é um tipo especial de amor. O grego neotestamentário chama esse amor de *ágape*. Esse é o amor que se baseia na vontade, não nas emoções. É o amor que é baseado em uma decisão de procurar o bem dos outros, não em se outras pessoas são "amáveis" ou não. Na verdade, o amor *ágape* indica principalmente àqueles que são os mais difíceis de amar!

Qualquer um pode amar alguém que seja amável. Porém, é preciso um esforço especial da vontade, mais a força do Espírito capacitador de Deus, para amar aos que o odeiam, o maltratam, o ignoram e o atacam. É preciso

um esforço especial para amar aqueles que são miseráveis, sofredores, malcheirosos, sujos, pobres, carentes, de má aparência e desagradáveis que estão ao nosso redor.

Não é difícil amar as pessoas bonitas que o convidam para uma festa muito bem servida no jardim. Mas é preciso esforço para amar o desamparado desdentado, com cheiro de vinho barato, segurando seu prato de papel na fila da assistência social. No entanto, esse é o tipo de amor para o qual Deus nos chama, o tipo de amor que a carta de 1 João ensina.

É o mesmo tipo de amor que Jesus demonstrou quando foi ao encontro dos leprosos, das prostitutas, dos publicanos, dos pobres, e quando Ele perdoou aqueles que pregaram os cravos em Suas mãos e pés na cruz, bem como as multidões que zombaram dele em Seus momentos finais. É por isso que João escreve:

Aventurando-se através da Bíblia

Nós amamos porque ele nos amou primeiro. Se alguém disser: Amo a Deus, e odiar a seu irmão, é mentiroso; pois aquele que não ama a seu irmão, a quem vê, não pode amar a Deus, a quem não vê. Ora, temos, da parte dele, este mandamento: que aquele que ama a Deus ame também a seu irmão (4:19-21).

Ter comunhão com o Senhor Jesus significa que vamos experimentar paulatinamente uma abertura gradual do nosso coração, como o abrir de uma flor ao sol da manhã. À medida que Seu amor brilha sobre nós, nos tornaremos mais receptivos aos outros, permitindo que a fragrância do nosso amor atraia aqueles ao nosso redor com as boas-novas de Jesus. Enquanto o poder de Jesus nos transforma, cresceremos não apenas na verdade e na justiça, mas em amor em relação aos nossos irmãos e irmãs em Cristo e em amor em relação àqueles que não têm fé.

Nossa certeza: *"Sabemos..."*

João encerra sua primeira carta com uma garantia: O que Deus nos disse é verdadeiro e inabalável. O que Ele revelou sobre o mundo é absolutamente certo. Três versículos consecutivos — 1 João 5:18-20 — começam com a confiante afirmação: "Sabemos". João escreve:

Sabemos que todo aquele que é nascido de Deus não vive em pecado; antes, Aquele que nasceu de Deus o guarda, e o Maligno não lhe toca. Sabemos que somos de Deus e que o mundo inteiro jaz no Maligno. Também sabemos que o Filho de Deus é vindo e nos tem dado

entendimento para reconhecermos o verdadeiro; e estamos no verdadeiro, em seu Filho, Jesus Cristo. Este é o verdadeiro Deus e a vida eterna (5:18-20).

Sabemos, diz João, que somos de Deus, que possuímos a própria natureza e existência de Deus, e que o mundo inteiro está sob o poder do maligno. É por isso que o mundo não pode participar do amor ágape. O mundo fala sobre amor e tem fome de amor, mas não entende exatamente aquilo que busca. O mundo não tem o poder para praticar o amor porque não conhece Aquele que é o amor personificado.

Deus é amor. Uma vez que somos de Deus, João escreve, Ele nos deu o entendimento para conhecê-lo e assim experimentar a vida eterna.

Que declaração! Vivemos numa época de relativismo moral, na qual as pessoas afirmam que não podemos conhecer nada com certeza, na qual há muita incerteza e confusão. Mas nós sabemos que somos filhos de Deus. É por isso que podemos nos manter firmes e seguros em um mundo que está desmoronando.

Idolatria dos dias atuais

Aqui está a palavra final de João, e à primeira vista pode parecer irrelevante em nossa sofisticada era e de alta tecnologia:

Filhinhos, guardai-vos dos ídolos (5:21).

Não temos deuses de madeira ou pedra em nossas casas, certo? Portanto, não precisamos nos preocupar com ídolos hoje em dia, não é? Errado. O fato é que, na contemporaneidade,

Guardando a fé

corremos mais perigo com a idolatria do que nunca! Facilmente entregamos nossa devoção às coisas que são menores do que Deus. Idolatria significa amar qualquer coisa mais do que a Deus.

Se você dedicar uma hora para verificar o canhoto de seu talão de cheques e a fatura de seu cartão de crédito, você descobrirá quais são alguns de seus ídolos. Em que você gasta seu dinheiro e para o que você o economiza? Em que você gasta o seu tempo? Em que você pensa quando acorda pela manhã e quando vai para a cama? O que é mais importante para você? Seja o que for, esse é o seu deus. Se o seu deus não for o próprio Deus, você está praticando idolatria.

Para alguns de nós, o nosso deus pode ser o narcisismo, o deus do amor-próprio, a ambição egoísta e a obsessão pelo sucesso ou autoembelezamento; por ver os outros admirar, desejar ou invejar nossa beleza ou nossas posses. Para alguns de nós, o nosso deus pode ser Vênus, a deusa do amor e do sexo; ou Baco, o deus da folia e prazer, da comida e bebida, do uso de substâncias e de drogas que alteram o estado mental. Para alguns de nós, o nosso deus pode ser Marte, o deus da guerra e da competição, vencendo a oposição, ganhando a todo o custo, ou cortando as gargantas daqueles que se opõem a nós.

Qual é o seu ídolo? O perigo da idolatria não é menos real para nós hoje do que era para os cristãos do primeiro século. Estejamos vigilantes contra a realidade da idolatria em nossa própria vida.

Oração de libertação
Nossa oração para libertação dessas formas de idolatria deve ser "Senhor, livra-me dos falsos deuses que roubam a minha fé, meu amor pela verdade, o meu amor pela justiça, meu amor pelos meus irmãos e irmãs em Cristo, e o meu amor pela humanidade perdida. Faz-me apaixonar profundamente pelo Senhor Jesus, que é verdadeiramente Deus, que veio para me dar um entendimento de mim mesmo e do mundo ao meu redor, e que veio para me ensinar a verdade, a justiça e o amor".

Se você encontrou o verdadeiro Deus, diz João, mantenha-se longe dos ídolos, de deuses substitutos que roubam o seu amor por Cristo. Entregue-se completamente Àquele que pode satisfazer todos os desejos do seu coração.

Aventurando-se através da Bíblia

PERGUNTAS PARA DISCUSSÃO

1 JOÃO
Cristianismo autêntico

1. Leia 1Jo 1:1-4. Compare com Jo 1:14 e Mt 17:1-8. Quando João fala de que "o que temos ouvido, o que temos visto com os nossos próprios olhos, o que contemplamos, e as nossas mãos apalparam", sobre qual ou quais acontecimentos você crê que ele está falando? Como João descreve essa experiência? Que impacto você crê que essa experiência teve sobre a fé e a vida de João?

2. Leia 1Jo 1:5-10. O que significa ter comunhão com Deus? O que significa andar na luz? O que significa ter comunhão uns com os outros? Como Deus nos possibilitou andarmos na luz, termos comunhão com Ele e uns com os outros?

3. A primeira característica do cristianismo autêntico é a verdade. O conceito de verdade está presente em toda 1 João. Exemplos:

- "Se dissermos que mantemos comunhão com ele e andarmos nas trevas, mentimos e não praticamos a verdade" (1:6);
- "Se dissermos que não temos pecado nenhum, a nós mesmos nos enganamos, e a verdade não está em nós" (1:8);
- "E vós possuís unção que vem do Santo e todos tendes conhecimento" (2:20);
- "Filhinhos, não amemos de palavra, nem de língua, mas de fato e de verdade" (3:18);
- "Nisto reconhecemos o espírito da verdade e o espírito do erro" (4:6);
- "E o Espírito é o que dá testemunho, porque o Espírito é a verdade" (5:6).

De que maneira podemos discernir a verdade da mentira? Como podemos garantir que a verdade está em nós? O que significa amar de fato e de verdade?

4. Leia 1Jo 2:4. A segunda característica do cristianismo autêntico é a justiça. Qual é o valor da verdade de Deus para nossa vida, se ela não produzir um estilo de vida de justiça e obediência?

Guardando a fé

5. A terceira característica do cristianismo autêntico é o amor. Leia 1Jo 3:11-14 e 4:7-21. É possível amar a Deus e ainda ter ódio por um irmão ou irmã em Cristo? Como deve ser o nosso amor? Qual é o verdadeiro teste do nosso amor por Deus?

APLICAÇÃO PESSOAL

6. Existe um cristão em sua vida a quem você seja incapaz de perdoar ou amar? Os ensinamentos dessa carta se aplicam à sua situação? Por quê? Quais passos você pode tomar esta semana para acabar com o impasse e restaurar o amor nesse relacionamento?

7. Você é um cristão autêntico? Sua vida é marcada pela verdade e justiça? Por quê? Quais passos você pode tomar esta semana para tornar-se conhecido como uma pessoa de verdade absoluta e de justiça absoluta?

Nazaré

2 JOÃO

O equilíbrio vital

CAPÍTULO 74

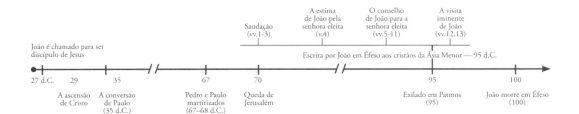

A segunda carta de João é a única em todo o Novo Testamento que foi escrita especialmente para uma mulher. Entendemos, a partir da própria epístola, que ela foi escrita para uma mãe que tinha vários filhos, talvez uma viúva, para responder às suas perguntas em relação a problemas específicos que surgiram. Naqueles dias, as pessoas eram dependentes dos apóstolos e dos líderes da igreja para orientação em relação à verdade cristã e respostas aos problemas.

É claro que, então, surge uma pergunta: Como podemos saber que um determinado líder que afirma falar em nome de Deus, de fato, fala a verdade? Como podemos fazer a distinção entre os profetas *de Deus* e os *falsos* profetas?

Evidentemente, alguns que afirmavam ser profetas tinham vindo à casa dessa mulher (provavelmente, na cidade de Éfeso), e tinham levantado certas questões doutrinárias que a perturbaram. Não sabendo como avaliar a opinião deles, ela escreveu a João e pediu seu conselho.

A carta que conhecemos como 2 João é a resposta do apóstolo à sua pergunta. À medida que lermos esta epístola, veremos como ela também responde a muitas perguntas que temos hoje, especialmente a questão de como lidar com as pessoas que ensinam conceitos espirituais que não estão em harmonia com a verdade de Deus.

O equilíbrio entre verdade e amor

Os primeiros seis versículos dessa carta apresentam tanto o problema quanto a abordagem de João ao respondê-la:

> *O presbítero à senhora eleita e aos seus filhos, a quem eu amo na verdade e não somente eu, mas também todos os que conhecem a verdade, por causa da verdade que permanece em nós e conosco estará para sempre, a graça, a misericórdia e a paz, da parte de Deus Pai e de Jesus Cristo, o Filho*

OBJETIVOS DO CAPÍTULO

Este capítulo examina a segunda carta de João, um breve comunicado escrito à "senhora eleita e seus filhos", para responder às suas conturbadas perguntas sobre certos falsos mestres.

Ruínas da biblioteca em Éfeso

do Pai, serão conosco em verdade e amor. Fiquei sobremodo alegre em ter encontrado dentre os teus filhos os que andam na verdade, de acordo com o mandamento que recebemos da parte do Pai. E agora, senhora, peço-te, não como se escrevesse mandamento novo, senão o que tivemos desde o princípio: que nos amemos uns aos outros. E o amor é este: que andemos segundo os seus mandamentos. Este mandamento, como ouvistes desde o princípio, é que andeis nesse amor (vv.1-6).

Aqui João prepara o terreno para a resposta ao problema dessa mulher. Ele está destacando dois fatores que devem ser levados em consideração quando se enfrentam dúvidas sobre verdadeiros e falsos mestres: verdade e amor. Note como ele liga estes dois no versículo 3: "a graça, a misericórdia e a paz, da parte de Deus Pai e de Jesus Cristo, o Filho do Pai, serão conosco em verdade e amor".

Verdade e amor: Essas duas qualidades devem caracterizar nossa vida como cristãos. Essas são as mesmas qualidades que Paulo ordena a nós em Efésios 4:15 — "seguindo a verdade em amor". O grande desafio que enfrentamos na vida cristã é o desafio de aprender a manter a verdade e o amor em equilíbrio.

Certa vez alguém disse que uma vida cristã bem equilibrada contém sal e açúcar. O sal é a verdade. O açúcar é o amor. Alguns cristãos querem apenas o sal, e então esses cristãos salgados saem espalhando seu sal onde quer que seja. Eles "são todo verdade", mas não amor. São cheios de doutrinas, dogmas e leis. São frios e julgadores, não tendo nenhuma consideração pelos sentimentos, necessidades ou sofrimentos dos outros. Defendem a

A CARTA DE 2 JOÃO

Verdade e amor (2 João 1-6)

A saudação de João vv.1-3

Andar na verdade de Cristo v.4

Andar no amor de Cristo vv.5,6

O perigo dos falsos mestres (2 João 7-13)

Como reconhecer os falsos mestres vv.7-9

Como lidar com falsos mestres (evitá-los) vv.10,11

Conclusão e bênção vv.12,13

---

verdade à custa do amor. De fato, eles não têm nenhum problema em falar a verdade com crueldade! A verdade é tudo o que importa. Essas pessoas não são nada além de religiosos que espalham sal.

Outros são açucareiros. Eles são todo amor, mas nenhuma verdade. Eles jamais confrontariam alguém pego em pecado, porque isso implicaria dizer a essa pessoa uma dura verdade — mesmo que fosse para o próprio bem da pessoa e para o bem da igreja. Todos conhecemos pessoas que só querem o açúcar de seus irmãos e irmãs; elas fogem do sal da verdade. Dizem: "Dê-me graça, amor, aceitação — mas não cobre nada de mim, não me confronte quando eu me desvio. Se eu pecar, diga 'Tudo bem. Não se sinta mal. Um pequeno pecado nunca fez mal a ninguém'.

Não diga que eu tenho que mudar; isso é muito crítico! Não seja honesto comigo. Basta ser bom para mim. Guarde seu sal. Tudo que eu quero é o açúcar".

Nosso objetivo como cristãos deve ser o de manter a verdade e o amor — o sal e o açúcar — em equilíbrio. O Senhor Jesus nos dá um exemplo perfeito. Ele andou na verdade e no amor. Ele tratou com ternura os pecadores e marginalizados, e lidou com sinceridade com os arrogantes fariseus.

Em João 4, quando Jesus encontra a mulher samaritana no poço, Ele lhe diz a verdade sobre todos os pecados que ela tinha cometido, mesmo assim Ele a trata com amor e lhe oferece água viva para sua alma sedenta. Em João 8, depois de amorosamente livrar a mulher adúltera de ser apedrejada e lhe

Aventurando-se através da Bíblia

assegurar de que Ele não a condenava, Jesus em verdade a confronta com a necessidade de mudança. "Vai", disse Ele, "e não peques mais". Jesus falou a verdade em amor. Ele manteve a verdade e o amor em perfeito equilíbrio, e nós também devemos fazê-lo.

Enganadores e anticristos

Na próxima seção, João responde à pergunta da mulher em relação à confiabilidade aos que afirmam ser mestres e líderes espirituais:

> *Porque muitos enganadores têm saído pelo mundo fora, os quais não confessam Jesus Cristo vindo em carne; assim é o enganador e o anticristo. Acautelai-vos, para não perderdes aquilo que temos realizado com esforço, mas para receberdes completo galardão. Todo aquele que ultrapassa a doutrina de Cristo e nela não permanece não tem Deus; o que permanece na doutrina, esse tem tanto o Pai como o Filho* (vv.7-9).

Duas declarações nesta passagem descrevem as duas formas fundamentais do falso ensino. Na verdade, todo erro e heresias no meio cristão surgem de uma destas duas formas de falsidade:

1. Engano a respeito da pessoa do Senhor Jesus. Ele é aquele que veio de Deus para o mundo e se tornou humano; Ele é o único Messias. A encarnação é uma doutrina essencial da fé cristã. Se você rastrear a origem de alguém desde o nascimento e descobrir que a pessoa adentrou à humanidade por meio do processo reprodutivo normal, e ainda afirma ser o Salvador enviado por Deus, você pode desconsiderar as reivindicações dessa pessoa.

Muitos falsos cristos estão no mundo na contemporaneidade, e João claramente nos adverte para não crer neles.

Muitas pessoas distorcem a verdade sobre Jesus. Uma das distorções mais comuns é a afirmação de que Jesus era uma boa pessoa, um mestre de boa moral, mas não verdadeiramente Deus. Essa parece uma boa afirmação porque diz que Jesus tinha muitas coisas boas a dizer. No entanto, ela ignora a mensagem central de Jesus, porque Sua mensagem era Ele mesmo: "Eu sou o caminho, e a verdade, e a vida; ninguém vem ao Pai senão por mim" (João 14:6). Se Jesus não era Deus, então Sua declaração é uma mentira — e um mentiroso não pode ser um "mestre de boa moral".

Jesus afirmou ser tanto Deus quanto homem. Qualquer um que negar seja Sua divindade ou Sua humanidade faz dele um mentiroso. Qualquer um que nega a encarnação do Filho de Deus é um enganador e não fala por Deus. Na verdade, João diz que qualquer pessoa que faz tal afirmação é um "anticristo", e se opõe à verdade sobre Jesus.

2. Engano a respeito do ensino do Senhor Jesus. João diz que qualquer um que não permaneça na doutrina ou ensinamento de Cristo não conhece a Deus (v.9). Esta declaração reveladora é endereçada às pessoas que dizem que a Bíblia não é uma revelação adequada de Deus, e que precisamos de alguma revelação adicional vinda de outro mestre, guru ou livro. Essas pessoas podem ser muito persuasivas, e podem parecer muito sinceras, mas se elas não concordam com o ensinamento de Jesus Cristo, então não conhecem a Deus.

Agora observe o perigo nestas duas formas de falsidade: "Acautelai-vos, para não

Guardando a fé

perderdes aquilo que temos realizado com esforço, mas para receberdes completo galardão" (v.8). O que você perde, como cristão, se sua fé se tornar poluída por seitas, heresias e pela diluída teologia liberal tão prevalente na contemporaneidade? Você perderá sua salvação? Não, se você é realmente nascido de novo, é claro. A salvação baseia-se na obra de Cristo. Você não vai perder seu lugar no Céu, nem sua redenção, nem sua parte no Corpo de Cristo.

Porém, você vai perder muito, João deixa isso muito claro. Vai perder o valor de sua vida aqui. Você terá desperdiçado o tempo que Deus lhe deu para servi-lo de forma eficaz e obediente. Sua atividade religiosa será revelada como nada mais do que madeira, feno e palha para ser consumida no fogo do juízo de Deus. Você perderá sua recompensa.

A resposta aos falsos mestres
Como, então, devemos responder àqueles que se aproximam de nós com falsas doutrinas e heresias a respeito do Senhor e de Seu ensino? João responde:

Se alguém vem ter convosco e não traz esta doutrina, não o recebais em casa, nem lhe deis as boas-vindas. Porquanto aquele que lhe dá boas-vindas faz-se cúmplice das suas obras más (vv.10,11).

João não está sugerindo que a nossa hospitalidade esteja sujeita a algum teste doutrinário decisivo. Seríamos pessoas muito ofensivas, se fosse esse o caso, e nós certamente teríamos pouquíssimo impacto em nosso testemunho. Afinal, a quem testemunharíamos se fôssemos conversar apenas com aqueles que são doutrinariamente puros?

O que João quer dizer? Ele está nos dizendo que a verdade deve ser dita em amor, e o amor deve ser equilibrado pela verdade. Em outras palavras, não devemos receber os enganadores, de tal maneira que pareça que endossamos ou aceitamos seu ensino. Nos dias de João, pregadores e mestres itinerantes ficavam nas casas das pessoas. Se você recebesse um determinado mestre, você seria visto como se apoiasse e sustentasse financeiramente sua mensagem. João está dizendo que nunca devemos nos deixar ser colocados em uma posição que dê a entender que apoiamos ou sustentamos o ensino de um anticristo.

João ressalta a importância de sua advertência contra receber falsos mestres, quando escreve:

Ainda tinha muitas coisas que vos escrever; não quis fazê-lo com papel e tinta, pois espero ir ter convosco, e conversaremos de viva voz, para que a nossa alegria seja completa (v.12).

Naqueles dias, o correio era lento e incerto porque tinha que ser transportado por viajantes que estavam indo para certas cidades. Como muitos de nós, João achava difícil se sentar e escrever cartas. Então ele disse "Tenho muito a dizer-lhe mais tarde, quando for vê-la pessoalmente — mas esta questão sobre falsos mestres é tão urgente que não pode esperar. Tinha que escrever agora para avisá-la sobre esses enganadores e anticristos". Então, ele conclui com saudações da família cristã com a qual ele está evidentemente hospedado.

Verdade e amor caminham juntos — esse é o equilíbrio vital que devemos buscar na vida cristã. Esse é o objetivo de João nessa breve, mas poderosa carta.

PERGUNTAS PARA DISCUSSÃO

2 JOÃO
O equilíbrio vital

1. Leia os versículos 5 e 6. O que João nos ordena? De que maneira esse apóstolo define amor nessa passagem? Por que João une amor a obediência aos mandamentos de Deus?

2. Leia os versículos 7-11. Por que você acha que falsos mestres e enganadores eram um problema na Igreja Primitiva? O que João quer dizer quando ele identifica um falso mestre como "o enganador e o anticristo"? Contra o que João nos adverte?

João até mesmo adverte à destinatária de sua epístola a não receber qualquer um desses mestres enganadores em sua casa ou recebê-los de qualquer forma. "Aquele que lhe dá boas-vindas", diz ele, "faz-se cúmplices das suas obras más". Por que isso é um problema sério?

APLICAÇÃO PESSOAL

3. Existem enganadores e anticristos atualmente na igreja? Quais são algumas das doutrinas enganadoras que você ouve hoje nos meios de comunicação e de cultura? Por que você acha que as pessoas são enganadas por essas falsas ideias? Quais passos você deve dar para evitar de ser enganado?

3 JOÃO

CAPÍTULO 75

Cristãos e donos de igrejas

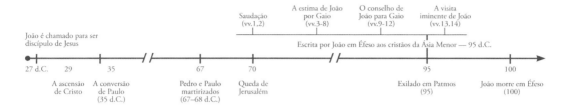

A terceira carta de João nos dá um vislumbre muito particular da vida da Igreja Primitiva. É um importante complemento à segunda carta de João, que foi escrita para uma mulher cristã a respeito de como lidar com falsos mestres.

Esta epístola foi escrita para um homem cristão a respeito de como cuidar dos verdadeiros mestres que viajavam longas distâncias para ministrar a Palavra de Deus. Ela também mostra como lidar com um tipo de personalidade preocupante que é tão comum nas igrejas hoje como o era na igreja do primeiro século d.C. Assim, vemos um contraste e uma semelhança entre as cartas de 2 e 3 João.

A terceira carta de João nos dá uma perspectiva quanto ao problema de personalidades na igreja, ilustrado por três pessoas: Gaio (a quem esta carta é escrita), um cristão cheio de graça e generosidade; Diótrefes, uma personalidade problemática; e Demétrio, um cristão confiável e verdadeiro. Estas três pessoas representam três tipos de cristãos encontrados na igreja de qualquer época.

Este é o menor livro da Bíblia — mas é profundamente relevante e instrutivo para nós, como cristãos hoje.

Gaio, um cristão gracioso e generoso

A terceira carta de João foi escrita para encorajar e fortalecer um cristão chamado Gaio e adverti-lo contra uma facção liderada por um homem perigoso chamado Diótrefes. Mas quem era Gaio?

Há várias pessoas chamadas Gaio que são mencionadas no Novo Testamento. Houve um Gaio que acompanhou Paulo durante a viagem do apóstolo pela Macedônia (veja At 19:29). Outro Gaio era de Derbe, conhecido como companheiro de Paulo, que esperou por ele em Trôade (veja At 20:4). Paulo batizou um homem chamado Gaio em Corinto

> **OBJETIVOS DO CAPÍTULO**
>
> Este capítulo analisa a terceira carta de João, que foi escrita para resolver o problema de personalidades difíceis na igreja — e especialmente o problema sempre presente dos donos de igreja.

Aventurando-se através da Bíblia 897

(veja 1Co 1:14). E temos a referência a um Gaio no final de Romanos (veja Rm 16:23). Não sabemos se essas passagens, mais a de 3 João, se referem ao mesmo Gaio ou a vários indivíduos com o mesmo nome. Obviamente, Gaio era um nome bastante comum nos tempos do Novo Testamento.

Porém, sabemos que o Gaio mencionado em 3 João é um homem bom e um homem de fé. João o conhecia bem, porque ele se dirige a Gaio de forma calorosa nesta carta. Gaio é evidentemente um indivíduo gentil e generoso, de acordo com três coisas que João diz sobre ele nesta carta. Primeiro, Gaio tinha uma alma firme. João escreve:

Amado, acima de tudo, faço votos por tua prosperidade e saúde, assim como é próspera a tua alma (v.2).

É maravilhoso dizer isso sobre alguém, não é? João diz: "Desejo que você possa estar tão forte no corpo como está em sua alma". Seria interessante aplicar este teste às pessoas de hoje. Se a sua aparência física refletisse seu estado espiritual e emocional, como você se pareceria? Você pareceria robusto e forte — ou fraco e doente? João elogiou Gaio por ser um homem espiritualmente vivo e vigoroso.

Segundo, Gaio era uma pessoa coerente, um homem íntegro. Seu modo de vida era condizente com sua declaração honesta da verdade cristã. João observa:

Pois fiquei sobremodo alegre pela vinda de irmãos e pelo seu testemunho da tua verdade, como tu andas na verdade (v.3).

Gaio demonstrou a verdade de Jesus Cristo através da forma como viveu. Ele não pregava uma coisa e fazia outra. Ele andava na verdade.

Terceiro, Gaio era generoso em sua contribuição. João escreve:

Amado, procedes fielmente naquilo que praticas para com os irmãos, e isto fazes mesmo quando são estrangeiros, os quais, perante a igreja, deram testemunho do teu amor. Bem farás encaminhando-os em sua jornada por modo digno de Deus (vv.5,6).

Um sinal de que uma pessoa foi realmente tocada por Deus é que ela abre sua carteira. Essa pessoa se torna alguém que contribui com alegria. João diz que Gaio era "fiel" em sua contribuição. Isso significa que ele era um contribuinte regular e sistemático. Ele não apenas doava quando era tangido em suas emoções — ele tinha o hábito de contribuir consciente e regularmente. Então, João elogia Gaio por ser um cristão de coração aberto, cheio de graça e generosidade.

Diótrefes, dono de igreja

Em seguida, chegamos ao problema de personalidade na igreja de Gaio, um homem chamado Diótrefes. João escreve:

Escrevi alguma coisa à igreja; mas Diótrefes, que gosta de exercer a primazia entre eles, não nos dá acolhida. Por isso, se eu for aí, far-lhe-ei lembradas as obras que ele pratica, proferindo contra nós palavras maliciosas. E, não satisfeito com estas coisas, nem ele mesmo acolhe os irmãos, como impede os que querem recebê-los e os expulsa da igreja.

898   *Guardando a fé*

A CARTA DE 3 JOÃO

Gaio é elogiado (3 João 1-8)

A saudação de João v.1

A graça (piedade) de Gaio vv.2-4

A generosidade de Gaio vv.5-8

Diótrefes é condenado (3 João 9-11)

Demétrio é enaltecido .... (3 João 12-14)

Demétrio é confiável e verdadeiro v.12

Conclusão e bênção vv.13,14

Amado, não imites o que é mau, senão o que é bom. Aquele que pratica o bem procede de Deus; aquele que pratica o mal jamais viu a Deus (vv.9-11).

Este é o primeiro exemplo na igreja do Novo Testamento de um dono de igreja, alguém que sente que é seu trabalho controlar tudo e todos na igreja. Um dono de igreja pode ser um presbítero, diácono, um pastor ou até mesmo um leigo que não tem nenhum papel oficial na igreja. Muitas vezes, é alguém rico, influente, respeitado ou mesmo temido na igreja e na comunidade em geral.

Donos de igreja frequentemente representam a base de poder real, porém escondida, de uma igreja. Mesmo que o conselho da igreja e o pastor possam ser o centro da liderança oficial da igreja, o poder *real* (mas *não oficial*) pode residir em outra pessoa que realmente "dá as cartas". Isso, é claro, não é como a Igreja de Jesus Cristo deve funcionar.

Um dono de igreja pode ser um homem ou uma mulher. No filme de 1947 *"The Bishop's wife"* (A Esposa do Bispo), o bispo (interpretado por David Niven) é forçado a se prostrar diante de uma dona de igreja dominadora, uma viúva rica chamada Sra. Hamilton (interpretada por Gladys Cooper). O bispo quer construir uma nova igreja, e ele deve receber ordens da Sra. Hamilton ou ela vai cortar os recursos para o projeto. Há uma cena impagável na qual o bispo e a Sra. Hamilton discutem a respeito de uma janela de vitral na igreja nova, a ser dedicada em honra do falecido marido da Sra. Hamilton.

Aventurando-se através da Bíblia

—Não terei o nome dele em alguma horrível e pequena placa de bronze, diz ela.

—O nome dele vai ser gravado em mármore, em letras grandes, em dourado. O bispo, desejoso por agradar a exigente mulher, responde.

—Será na janela grande, aquela que retrata São Jorge e o dragão. Gostaria que a face de São Jorge retratasse a fisionomia de meu falecido marido.

—Entendo. E quem a senhora vê como o dragão?

Felizmente para o bispo, a Sra. Hamilton não percebe quem o bispo vê como o dragão!

O dragão na igreja de Gaio era Diótrefes. Aparentemente, a igreja de Gaio mantinha um rol de membros. Se Diótrefes, o dono de igreja, decidisse que não gostava de alguém, ele riscava o nome dessa pessoa da lista e colocava a pessoa para fora da igreja. Isto, diz João, está errado. Diótrefes era culpado de quatro atitudes e ações incorretas em particular.

Primeiro, Diótrefes era egoísta e dominador. Ele insistia em ter a primazia na igreja, uma atitude que mostrava claramente que ele agia na carne. Esta é sempre a exigência da carne: "eu primeiro". Ao fazer isso, ele roubava de Jesus Cristo Sua prerrogativa na igreja. O Senhor tinha o direito de preeminência, mas era Diótrefes quem reivindicava a honra e a glória. Infelizmente, vemos muitas pessoas nas igrejas hoje em dia com o espírito de Diótrefes.

Será que essas versões modernas de Diótrefes já leram a carta de 3 João? Em caso afirmativo, elas se reconheceram na descrição de João? Dr. H. E. Robertson, um líder excepcional entre os batistas do Sul dos Estados Unidos e um notável estudioso de grego, certa vez escreveu um editorial sobre Diótrefes em uma publicação denominacional. O editor da revista informou que 25 indivíduos de várias igrejas escreveram para cancelar suas assinaturas, por sentirem que tinham sido atacados pessoalmente! Em vez disso, eles poderiam ter deixado suas maneiras controladoras.

Segundo, o apóstolo diz que Diótrefes caluniou João e rejeitou sua autoridade como apóstolo. "Diótrefes […] não terá nada a ver conosco", diz João, acrescentando que ele está continuamente "fofocando maliciosamente sobre nós".

Os apóstolos tinham um papel único na história da igreja. Eles deviam lançar seus fundamentos e tinham autoridade para resolver questões dentro da igreja. Os apóstolos não estão mais conosco, mas suas palavras, inspiradas pelo Espírito, foram entregues a nós na Palavra de Deus. Quando Diótrefes caluniou João e rejeitou sua autoridade apostólica, ele estava difamando a mensagem do Espírito Santo como proclamada por intermédio de João.

Terceiro, Diótrefes negou-se a acolher os irmãos que vieram em nome do Senhor.

Ruínas da Basílica de São João em Éfeso.

Ele, no entanto, não tinha nada em comum com eles e se recusou a permitir que falassem na igreja.

Quarto, Diótrefes colocou para fora da igreja qualquer um que tivesse oferecido hospitalidade a estes irmãos. Diótrefes exerceu o que hoje chamamos de "separação secundária". Ele se opôs não só aos missionários que vieram à igreja, mas até mesmo àqueles que os receberam. Esta tem sido uma das maldições da igreja desde então. Devido a esta tendência de se recusar a ter comunhão com alguém que gosta de alguém que você não gosta, a igreja ainda está dividida e sem o poder que a unidade em Cristo traz.

Como, então, devemos lidar com os donos de igreja? João nos dá um duplo conselho. Primeiro, os donos de igreja devem ser confrontados e expostos para seu próprio bem e para o bem da igreja. "Se eu for aí", diz João, "far-lhe-ei lembradas as obras que ele pratica, proferindo contra nós palavras maliciosas". A igreja deve exercer sua autoridade legítima para lidar com o pecado em suas fileiras. Se os pastores ou presbíteros se comportarem arrogantemente, os outros presbíteros devem confrontá-los. Se os membros leigos se comportarem como donos de igreja, a liderança da igreja deve lhes mostrar seu erro e restaurá-los, gentil e amorosamente, mas com firmeza — mesmo que isso signifique provocar a ira de contribuintes ricos.

O processo para confrontar o pecado na igreja é encontrado em passagens como Pv 27:5,6; Mt 18:15-20; Gl 6:1-3. Mais importante de tudo é o princípio de João para lidar com o assunto abertamente: "far-lhe-ei lembradas as obras que ele pratica". Donos de igreja tendem a agir nas sombras; quando suas ações são trazidas à luz, eles perdem seu poder de intimidar e controlar os outros.

A segunda palavra de conselho que João dá a Gaio é evitar tornar-se como Diótrefes. Ele não aconselha Gaio a organizar uma divisão na igreja ou a tentar arrancar o poder de Diótrefes por meio de estratégias sutis ou propósito oculto. Ele não sugere uma campanha silenciosa contra Diótrefes.

Em vez disso, ele aconselha Gaio a evitar ser contaminado pela atitude e espírito de Diótrefes: "não imites o que é mau, senão o que é bom" (v.11). Se você se tornar como Diótrefes, então ele o derrotou. Ele conseguiu distanciá-lo do objetivo de se tornar semelhante a Cristo e o fez se tornar como ele.

Lembre-se de que Cristo não era um dono de igreja; Ele era um servo.

Demétrio, um cristão confiável e verdadeiro

A terceira personalidade que descobrimos em 3 João é um homem chamado Demétrio, de quem João escreve:

Quanto a Demétrio, todos lhe dão testemunho, até a própria verdade, e nós também damos testemunho; e sabes que o nosso testemunho é verdadeiro (v.12).

João escreve como um apóstolo com o dom do discernimento. Ele diz: "Eu quero ressaltar o que todos pensam sobre Demétrio. Ele é alguém em que você pode confiar. Ele é uma pessoa verdadeira". Demétrio era aparentemente o carteiro, o portador desta carta a Gaio, e provavelmente era um daqueles missionários que viajavam de um lugar para

Aventurando-se através da Bíblia

901

Túmulo de João em Éfeso.

outro. João caracterizou tais missionários (a quem ele chama de "os irmãos"):

> *Amado, procedes fielmente naquilo que praticas para com os irmãos, e isto fazes mesmo quando são estrangeiros, os quais, perante a igreja, deram testemunho do teu amor. Bem farás encaminhando-os em sua jornada por modo digno de Deus; pois por causa do Nome foi que saíram, nada recebendo dos gentios. Portanto, devemos acolher esses irmãos, para nos tornarmos cooperadores da verdade* (vv.5-8).

Estas palavras descrevem o primeiro grupo de missionários itinerantes, e Demétrio era, evidentemente, parte deste grupo. À medida que eles iam de lugar a lugar, desfrutavam da hospitalidade de várias igrejas e trabalhavam como evangelistas sustentados pela igreja em cada área, evangelizando em lugares onde a igreja ainda não tinha chegado.

João diz três coisas a respeito desses missionários. Primeiro, eles foram; deixaram para trás o conforto de casa. Segundo, eles deixaram renda e segurança para obedecer um chamado superior. Nem todos são chamados ao trabalho missionário. Somente alguns são chamados para esta tarefa especial em nome do Senhor Jesus. Outros, como Gaio, deviam ficar e sustentar aqueles que eram enviados. E terceiro, eles trabalhavam em nome de Jesus. João escreve: "por causa do Nome foi que saíram" (v.7). O nome de

Jesus era muito especial para estes primeiros cristãos.

Nos tempos do Antigo Testamento, os judeus tratavam o nome de Deus de uma forma singular. O nome, Jeová, aparece em todo o Antigo Testamento e é tratado como Tetragrama Inefável. *Inefável* significa indescritível ou indizível, e *tetragrama* significa quatro letras (YHWH).

Sempre que os judeus encontravam essas quatro letras hebraicas para Deus, eles não ousavam dizê-las. Mesmo o escriba que escrevia o tetragrama mudava as penas e continuava a escrever com uma pena diferente. Os escribas também mudavam suas vestes em reverência ao nome de Deus antes de escrevê-lo. Quando eles escreveram as palavras de Deuteronômio 6:4 — "Ouve, Israel, o SENHOR (YHWH), nosso Deus, é o único SENHOR (YHWH)" — os escribas tinham que trocar de roupa duas vezes e mudar as penas quatro vezes para escrever aquela única linha, já que o tetragrama (YHWH) ocorre duas vezes.

No Novo Testamento, um alto grau de respeito e devoção é reservado para o nome de Jesus. O apóstolo Paulo diz:

Pelo que também Deus o exaltou sobremaneira e lhe deu o nome que está acima de todo nome, para que ao nome de Jesus se dobre todo joelho, nos Céus, na terra e debaixo da terra, e toda língua confesse que Jesus Cristo é Senhor, para glória de Deus Pai (Fp 2:9-11).

O amor pelo precioso nome de Jesus tem sido o motivo para os esforços sacrificiais de missionários desde o primeiro século. Homens e mulheres sofreram e morreram pelo belo nome que as pessoas de todo o mundo precisam ouvir. Mesmo que não sejamos chamados a sair pelo mundo como missionários, ainda podemos evangelizar em nossos bairros e locais de trabalho, em nome de Jesus. Podemos ser testemunhas em Seu nome onde quer que estivermos. E podemos ser parceiros com os missionários que estão compartilhando a história de Jesus ao redor do mundo, como escreve João:

Portanto, devemos acolher esses irmãos, para nos tornarmos cooperadores da verdade (v.8).

Em seguida, João encerra sua carta com uma conclusão calorosa e pessoal:

Muitas coisas tinha que te escrever; todavia, não quis fazê-lo com tinta e pena, pois, em breve, espero ver-te. Então, conversaremos de viva voz (vv.13,14).

Assim termina a poderosa e particular carta que parece vir não apenas de João, mas do próprio Senhor. Sempre que leio essas palavras, sinto como se estivesse ouvindo o Senhor Jesus Cristo me dizer: "Há muito que eu gostaria de dizer a você, mas prefiro não escrever em uma carta. Em vez disso, estou voltando em breve. Então, vamos conversar face a face. Enquanto isso, deixo a minha paz com você. Com amor eterno, seu amigo, Jesus".

Aventurando-se através da Bíblia

PERGUNTAS PARA DISCUSSÃO

3 JOÃO
Cristãos e donos de igrejas

1. Quem são as três principais personalidades mencionadas na carta de 3 João? Quais são as características essenciais de cada uma?

2. Todos esses três homens professam ser cristãos? Todos os três demonstram as característi-cas do cristianismo autêntico em seu caráter? Quem demonstra? Quem não?

3. Quais as características específicas de Gaio que João menciona?

4. Quais as características específicas de Diótrefes mencionadas por João?

5. Quais as características específicas de Demétrio que João menciona? Quem (e o que) fala bem de Demétrio?

6. Qual é o perigo de ouvir os falsos mestres? Qual é a verdadeira motivação dos falsos mestres (veja o versículo 9)?

APLICAÇÃO PESSOAL

7. Você já fez uma boa ação, voluntariou-se na igreja, ou testemunhou a alguém para que as pessoas vissem o que fez e pensassem bem da sua pessoa? Alguma vez você fez qualquer coisa na igreja na esperança de que os outros notassem? Você acha que esta é a mesma motivação que Diótrefes tinha quando amava ser o primeiro na igreja?

8. Como você acha que os donos de igreja e falsos mestres começam? Será que eles come-çam por querer fazer o mal? Ou será que eles começam por querer fazer algo bom, mas com motivos corrompidos?

JUDAS CAPÍTULO 76
Batalhando pela fé

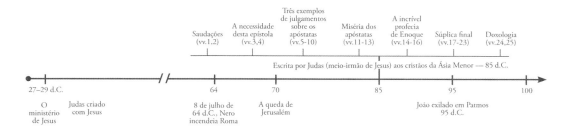

Um ressoar de címbalos! Um estrondo de tímpanos! Uma explosão de canhão e uma cascata de fogos de artifício! A carta de Judas é isso! As palavras deste apóstolo ressoam da página. Quem é Judas? Você pergunta. No versículo introdutório, ele se refere a si mesmo simplesmente como:

Judas, servo de Jesus Cristo e irmão de Tiago.

Isso o identifica claramente para o leitor do primeiro século, pois o irmão de Judas, Tiago (que escreveu a epístola de Tiago) era bem conhecido como um líder na Igreja Primitiva em Jerusalém. Note que Judas, o irmão de Tiago, era também um meio-irmão de sangue do Senhor Jesus. Ele cresceu na cidade de Nazaré, como Jesus. Observe, no entanto, que ele não diz nada sobre ser fisicamente relacionado com o Senhor. Você poderia pensar que seria uma credencial que vale a pena destacar em luzes de néon, mas Judas chama a si de irmão de Tiago, servo de Jesus Cristo. Por quê?

Creio que podemos supor com segurança que Judas tinha aprendido a ver Jesus não como "meu irmão Jesus", mas como Ele realmente era: Deus manifesto em carne humana, o Filho de Deus, o Salvador do mundo. Judas e Tiago tinha uma perspectiva única sobre Jesus: Eles adoravam e eram discípulos daquele com quem tinham crescido.

Como em tantas outras passagens da Bíblia, encontramos aqui outro testemunho claro da divindade do Senhor Jesus. Se alguém estivesse em posição de refutar a Sua alegação de ser Deus, seriam os irmãos de Jesus. Embora Judas, como Tiago, só veio a crer em Jesus depois de Sua ressurreição, esta declaração no início da carta de Judas é outro selo que confirma a divindade de Jesus de Nazaré.

Batalhando pela fé

Em suas observações introdutórias, Judas nos diz como ele chegou a escrever esta carta:

> **OBJETIVOS DO CAPÍTULO**
>
> Este capítulo examina o breve, mas poderoso, livro de Judas. O autor desta carta está preocupado com o mal e a falsidade que estavam se infiltrando na igreja e colocando em risco a vida espiritual dos cristãos. Referindo-se ao Antigo Testamento, Judas procura suscitar os cristãos a ficarem firmes na verdade e na justiça. Esta carta neotestamentária tão negligenciada tem muito a dizer aos cristãos no século 21.

Amados, quando empregava toda a diligência em escrever-vos acerca da nossa comum salvação, foi que me senti obrigado a corresponder-me convosco, exortando-vos a batalhardes, diligentemente, pela fé que uma vez por todas foi entregue aos santos (v.3).

Judas tinha começado a escrever uma carta contendo certas percepções sobre a fé. Talvez outras pessoas tivessem insistido para que ele escrevesse suas memórias como irmão do Senhor. Mas então, Judas soube a respeito de um surto de alguns ensinamentos falsos e reprováveis. Assim, sentiu-se constrangido pelo Espírito Santo a deixar de lado seu planejado tratado e escrever um texto breve, mas com duras palavras. Não sabemos se o outro tratado foi escrito; no entanto, esta carta tornou-se uma parte poderosamente importante do Novo Testamento.

Aqui, Judas exorta seus leitores a "batalhar pela fé que uma vez por todas foi entregue aos santos". Judas está nos dizendo: (1) Nossa fé não foi fabricada por pessoas. (2) Nossa fé é um único corpo de fatos consistentes. (3) Nossa fé foi confiada aos apóstolos, cuja autoridade é indiscutível, porque eles foram inspirados por Deus. (4) A nossa fé foi entregue uma vez por todas; por isso, é completa.

Esta carta é uma resposta oficial às alegações de seitas e falsas doutrinas de hoje. Creio que a epístola de Judas responde a todas as falsas doutrinas que já foram ensinadas. Por exemplo, o Mormonismo ensina que novos livros e revelações foram acrescentados desde o encerramento do Novo Testamento, mas Judas diz claramente que devemos batalhar por essa fé que já foi entregue a nós, uma vez por todas.

Por que precisamos batalhar pela fé? Judas escreve, porque os falsos mestres se infiltraram na igreja:

Pois certos indivíduos se introduziram com dissimulação, os quais, desde muito, foram antecipadamente pronunciados para esta condenação, homens ímpios, que transformam em libertinagem a graça de nosso Deus e negam o nosso único Soberano e Senhor, Jesus Cristo (v.4).

Judas estava especialmente incomodado com o fato de que falsos mestres infiltrados na igreja estavam atacando com ensinamentos enganosos. Estes mestres professavam ser cristãos, tinham surgido de dentro da igreja e estavam fazendo duas coisas: (1) transformando a graça de Deus em libertinagem para viver uma vida imoral e sexualmente degradada; (2) dizendo que a graça de Deus é tão grande que Ele perdoa qualquer coisa que você fizer. Quanto mais você peca, mais graça abunda, então vá em frente!

Esta mesma ideia destrutiva também permeia nossa sociedade. Muitas pessoas hoje, mesmo dentro da igreja, afirmam que se você "ama" alguém, qualquer coisa que você fizer com essa pessoa está justificada. Esta não é uma nova moralidade; é uma heresia antiga! E Judas com razão a condena.

O julgamento de Deus contra os falsos mestres é infalível

Como Judas vê o problema dos falsos mestres? Primeiro, ele afirma que o julgamento de Deus é infalível. Deus não ignorará aqueles que distorcem Sua verdade. Judas apresenta evidência bíblica para sustentar sua visão:

A CARTA DE JUDAS

Observações preliminares (Judas 1-4)

O perigo dos falsos mestres (Judas 5-23)

Deus julgou os falsos mestres no passado vv.5-7

Como detectar um falso mestre.. vv.8-13

Deus julgará os falsos mestres no porvir vv.14-16

Como lidar com os falsos mestres.. vv.17-23

Bênção (Judas 24-25)

Deus tirou o povo do cativeiro no Egito — mais de um milhão de pessoas, na verdade. Alguns eram crentes, alguns não eram, mas Deus conduziu a todos através do mar Vermelho e do deserto, mostrando-lhes milagre após milagre da proteção e provisão divinas. Aqueles que murmuraram e reclamaram contra Deus foram julgados e pereceram no deserto. Aqueles que confiaram em Deus entraram na Terra Prometida.

Uma segunda evidência sobre o julgamento de Deus são os anjos. Eles viviam na presença de Deus, ministrando diante dele; no entanto, alguns seguiram a Satanás em sua rebelião. Eles também foram julgados. Até mesmo os anjos não ficaram isentos do julgamento divino quando se renderam ao orgulho e ao pecado.

A última evidência de Judas são as cidades de Sodoma e Gomorra, no extremo sul do mar Morto, que tinham caído em práticas sexuais pervertidas. Quando os anjos de Deus visitaram Ló, os homens da cidade cercaram a casa de Ló e ordenaram-lhe que enviasse seus convidados para que pudessem saciar seus desejos. Deus julgou aquela cidade por seu pecado.

Judas nos lembra de que Deus não trata o pecado e a rebelião com condescendência. Ele os julga. O julgamento divino pode vir de repente, como no caso de Sodoma e Gomorra, ou pode ser adiado, como no caso dos anjos. Pode até ocorrer no curso natural dos acontecimentos, como no caso daqueles que saíram do Egito. Mas, seja rápido ou lento, o julgamento de Deus é sempre inevitável.

O pecado triplo dos falsos mestres

Judas escreve que os falsos mestres pecam contra Deus de três formas:

Ora, estes, da mesma sorte, quais sonhadores alucinados, não só contaminam a carne,

Aventurando-se através da Bíblia

Destruição de Sodoma e Gomorra, Hartmann Schedel.

como também rejeitam governo e difamam autoridades superiores (v.8).

Nos versículos 8-13, Judas refere-se a essas três formas de pecado, tomando-as em ordem inversa. Ele explica como os falsos mestres caluniam os "seres celestiais" (anjos), rejeitam a autoridade e contaminam seus próprios corpos.

Primeiro, eles caluniam seres celestiais. Judas se refere a um incidente não registrado em nossa Bíblia. Ele vem de um livro chamado a *Assunção de Moisés*, que era conhecido dos leitores do primeiro século. Muitos cristãos têm sido incomodados por esta referência, porque pensam que Judas se refere a um livro que não está em nossa Bíblia. Mas o livro não se perdeu; ele ainda existe. Ele simplesmente não faz parte do cânon aceito das Escrituras.

Você pode encontrar a *Assunção de Moisés* na maioria das bibliotecas públicas e em praticamente todas as bibliotecas de seminário.

Este livro, como muitos outros livros apócrifos da época, contém uma mistura de verdade e erro. Se um escritor do Novo Testamento se remete a um desses "livros perdidos", um livro que não é Escritura inspirada, ele o faz sob a inspiração do Espírito Santo, e podemos ter certeza de que o incidente citado é confiável, mesmo que esse livro perdido, tomado como um todo, não seja Escritura inspirada.

Os versículos 14-15 de Judas incluem uma citação de outro livro perdido, o *Livro de Enoque*, que também pode ser encontrado na maioria das bibliotecas dos seminários. A citação que Judas usa é válida e confiável. O livro todo do qual ela foi tirada não é confiável; porque não é Escritura.

Aqui está a história que Judas cita da *Assunção de Moisés*: Quando Moisés morreu, o arcanjo Miguel disputou com o diabo o corpo de Moisés. A alegação do diabo foi dupla: Primeiro, Moisés era um assassino (ele havia matado um egípcio); e, segundo, o corpo de

Moisés era parte do reino material, sobre o qual o diabo era o senhor. Miguel contestou a exigência do diabo, reivindicando o corpo para o Senhor; as Escrituras dizem que nossos corpos são importantes para Deus, e que Ele tem um plano para eles, assim como para o nosso espírito.

O ponto de vista de Judas é este: somente um ser tão grande como o arcanjo Miguel não se dirigiria a Satanás diretamente, mas simplesmente disse: "O Senhor te repreenda!" O argumento de Judas é que, se o grande arcanjo respeitou a dignidade de um anjo caído, então, como se atrevem os seres humanos a falarem com desprezo dos principados e potestades nos lugares celestiais? As pessoas do mundo se comportam presunçosamente quando zombam da existência de anjos ou demônios.

Segundo, os falsos mestres rejeitam a autoridade:

Ai deles! Porque prosseguiram pelo caminho de Caim, e, movidos de ganância, se precipitaram no erro de Balaão, e pereceram na revolta de Corá (v.11).

Aqui Judas traça o caminho como o pecado — especialmente o pecado da rebelião — se desenvolve na vida de uma pessoa. Ele cita três indivíduos como personificações de rebelião humana: Caim, Balaão e Corá. Primeiro, ele fala do "caminho de Caim", que era o egoísmo. Caim pensava apenas em si mesmo, não tinha amor por seu irmão, e então cometeu assassinato. O egoísmo é o primeiro passo para a rebelião.

O segundo passo foi o "erro de Balaão". O Antigo Testamento contém duas histórias sobre Balaão. Em uma história, um rei pagão contratou Balaão para amaldiçoar os filhos de Israel (Nm 22:21-35). Enquanto Balaão ia montado em uma jumenta para cumprir a ordem do rei, a jumenta empacou porque viu o anjo de Deus bloqueando o caminho. Porque Balaão não podia ver o anjo, a jumenta finalmente teve que falar com voz humana, a fim de repreender o pecado deste profeta.

Na segunda história, Balaão novamente recebe dinheiro, desta vez por enviar mulheres pagãs ao acampamento de Israel para seduzir o exército e introduzir adoração de ídolos e ritos sexuais (Nm 31:15). Balaão fazia qualquer coisa por dinheiro, até mesmo levar Israel a pecar. Seu pecado era a ganância e desviar os outros — esse foi o erro de Balaão. Quando um mestre leva alguém a pecar, o resultado é julgamento do mestre.

Jesus disse aos Seus discípulos: "É inevitável que venham escândalos, mas ai do homem pelo qual eles vêm! Melhor fora que se lhe pendurasse ao pescoço uma pedra de moinho, e fosse atirado no mar, do que fazer tropeçar a um destes pequeninos" (Lc 17:1,2).

Do egoísmo de Caim ao pecado de Balaão — ganância e levar os outros ao pecado — falsos mestres cometem o pecado de Corá, o pecado da rebelião desafiadora. Em Números, lemos como Corá e seus seguidores se rebelaram e se opuseram a Moisés e Arão no deserto:

Corá, filho de Isar, filho de Coate, filho de Levi, tomou consigo a Datã e a Abirão, filhos de Eliabe, e a Om, filho de Pelete, filhos de Rúben. Levantaram-se perante Moisés com duzentos e cinquenta homens dos filhos de Israel, príncipes da congregação, eleitos por ela, varões de renome, e se ajuntaram contra Moisés e contra Arão e lhes

Aventurando-se através da Bíblia

disseram: Basta! Pois que toda a congregação é santa, cada um deles é santo, e o Senhor está no meio deles; por que, pois, vos exaltais sobre a congregação do Senhor? (Nm 16:1-3).

Corá descaradamente desafiou a autoridade dada por Deus a Moisés e Arão. Em resposta, Deus disse a Moisés e ao restante das pessoas para se separarem de Corá e de seus seguidores. Quando Moisés e as pessoas tinham se afastado a uma distância segura, o chão se abriu debaixo de Corá e dos outros rebeldes, e eles desceram vivos para o abismo. Esta foi a maneira dramática de Deus de advertir o povo contra o pecado do desafio contra autoridade dada por Deus.

Terceiro, os falsos mestres contaminam a sua carne.

À medida que você lê esta carta, você ouve Judas ficando mais e mais aflito, como um pregador do interior em uma noite de avivamento. No versículo 12, o apóstolo vocifera contra os falsos mestres como sendo manchas nas festas cristãs de amor-*ágape*, porque levam as pessoas para a farra desenfreada. As festas de amor eram realmente jantares "junta-panelas", onde os cristãos primitivos se reuniam e traziam comida com eles para o culto de domingo. Após o culto, todos eles participavam juntos; eles chamavam estas refeições de "festas do amor". Que nome abençoado! Eu amo jantares "junta-panelas", mas eu preferiria muito mais se voltássemos para o nome cristão original para elas: festas de amor.

Estas festas eram momentos maravilhosos de comunhão, mas começaram a se deteriorar quando as pessoas se dividiam em panelinhas. Alguns ficavam com a travessa de pedaços de frango para eles mesmos, outros ficavam com

o bolo dos anjos, e logo havia divisão. Em vez de amor, estas festas começaram a celebrar o egoísmo. Os falsos mestres foram os mais egoístas de todos — desfruntando e participando, sem doar nada, olhando apenas para si mesmos.

À medida que Judas prossegue, ele acrescenta imagens e mais imagens, como Tiago faz em sua epístola e, como Jesus faz em suas parábolas. Nos versículos 12 e 13, Judas descreve esses mestres inúteis como nuvens sem água (prometendo chuva, mas não chovendo); árvores infrutíferas (prometendo frutas, produzindo nada); duas vezes mortos (mortos não apenas em Adão, mas mortos em Cristo também, já que uma vez eles o rejeitaram); ondas furiosas do mar, lançando a espuma da sua própria vergonha; e estrelas perdidas na escuridão eterna.

Nos versículos 14 e 15, Judas cita do livro de Enoque, prevendo o julgamento que está vindo sobre esses falsos mestres. No versículo 16, Judas descreve os falsos mestres como murmuradores, descontentes, que andam segundo as suas paixões, aduladores das pessoas para ganhar vantagens.

Por fim, depois de vociferar e bater no púlpito, Judas chega a um silêncio. À medida que os ecos de seu último grito desaparecem no ar, ele abaixa a voz e diz:

Vós, porém, amados, lembrai-vos das palavras anteriormente proferidas pelos apóstolos de nosso Senhor Jesus Cristo, os quais vos diziam: No último tempo, haverá escarnecedores, andando segundo as suas ímpias paixões. São estes os que promovem divisões, sensuais, que não têm o Espírito. Vós, porém, amados, edificando-vos na vossa fé santíssima, orando no Espírito Santo, guardai-vos no amor de Deus, esperando a misericórdia de nosso Senhor Jesus Cristo, para a vida eterna (vv.17-21).

Em outras palavras, "os apóstolos previram que esses enganadores se levantariam entre vocês e tentariam dividir você. Isto não deveria vir como surpresa. Então, meus amigos, o que vocês farão sobre isso?" Judas sugere quatro maneiras de responder aos falsos mestres que tentam nos seduzir, levando-nos para longe da verdadeira fé.

Quatro respostas aos falsos mestres

A primeira resposta de Judas aos falsos mestres é: *edificando-vos na vossa fé santíssima*. Em outras palavras, conheça a verdade. Temos que aprender qual é a verdade, e isso significa que devemos estudar a Bíblia. Observe que Judas não convoca uma contrainsurgência contra os falsos mestres. Ele não convoca uma inquisição. Sua solução não é negativa; é positiva. Ele diz: "Lute contra as mentiras com a verdade! Conheça a verdade e as mentiras não poderão prejudicá-lo".

Uma segunda maneira de responder a falsos mestres é *orar no Espírito*. O que significa orar de acordo com Seus ensinamentos e em Seu poder, na dependência de Deus. Estude e aprenda o que é oração; siga o ensino das Escrituras. Obedeça ao Espírito Santo em sua vida de oração.

A terceira maneira como respondemos aos falsos mestres é *guardando-nos no amor de Deus*. Judas está nos dizendo: "O amor de Deus é como o brilho do sol, sempre brilhando sobre você — portanto, não coloque barreiras para fazer sombra e esconder-se de Seu amor.

Em vez disso, permaneça sob o brilho do sol do amor de Deus. Continue caminhando na experiência de Sua bondade". Quando escolhemos nos esconder nas sombras, Seu amor ainda continua a existir, mas nós continuamos no escuro por nossa própria escolha. Deus nos ama caso estivermos ou não em comunhão com Ele, mas quando caminhamos em comunhão com Ele, experimentamos o aconchego de Seu amor.

A quarta e última maneira de responder aos falsos mestres é *esperar a misericórdia de nosso Senhor Jesus Cristo, para a vida eterna*. Isso se refere à nossa expectativa da segunda vinda de Cristo. Devemos manter a nossa esperança viva e alerta, esperando que Jesus intervenha na história, pondo fim à era de pecado e sofrimento. Nossa oração de expectativa é: "...venha o teu reino; faça-se a tua vontade, assim na terra como no Céu" (Mt 6:10).

Vem, Senhor Jesus.

Conclusão e bênção

Judas conclui sua carta com algumas instruções práticas de como atender às necessidades espirituais dos que nos rodeiam:

> *E compadecei-vos de alguns que estão na dúvida; salvai-os, arrebatando-os do fogo; quanto a outros, sede também compassivos em temor, detestando até a roupa contaminada pela carne* (vv.22,23).

O que Judas quer dizer com "compadecei-vos de alguns que estão na dúvida"? Basicamente, Deus quer que sejamos compreensivos e não críticos com aqueles que lutam em sua fé. Alguém que tem perguntas ou dúvidas sobre a fé cristã não deve ser tratado como um

Aventurando-se através da Bíblia

incrédulo, inimigo da fé, ou uma pessoa que está em pecado. Não condene tais pessoas. Em vez disso, responda às suas perguntas, raciocine com elas, ore por elas e as ame.

Judas, em seguida, aborda o problema dos cristãos que se tornaram um perigo para si mesmos por causa de atitudes e comportamentos pecaminosos. A esses devemos arrebatá-los do fogo, se possível. Devemos amá-los o suficiente para tentar tirá-los da beira do desastre. Mas observe que Judas diz que nossa misericórdia deve estar unida "com temor, detestando até a roupa contaminada pela carne".

Precisamos sempre lembrar que é mais fácil para uma pessoa que está caída nos puxar para baixo do que para nós a puxarmos para cima. Nem sempre é possível salvar alguém que está determinado a pecar. Não podemos salvar uma pessoa que escolhe não ser salva. Se você sentir essa pessoa puxando-o para o fogo, você deve deixá-la e salvar a si mesmo. Você não é responsável pelas más escolhas de outra pessoa. Resgate o irmão que está caído, se possível; se não for possível, pelo menos, salve a si mesmo.

Judas conclui sua carta com estas palavras:

Ora, àquele que é poderoso para vos guardar de tropeços e para vos apresentar com exultação, imaculados diante da sua glória, ao único Deus, nosso Salvador, mediante Jesus Cristo, Senhor nosso, glória, majestade, império e soberania, antes de todas as eras, e agora, e por todos os séculos. Amém! (vv.24,25).

Esta é uma das bênçãos mais radiantes no Novo Testamento. É também uma bênção solene. Judas afirma que Deus é capaz de nos impedir de cair. A escolha de cair ou permanecer em pé é nossa. Se obedecermos a Deus, Ele nos impedirá de cair.

Judas também afirma que Deus é capaz de nos apresentar sem mácula e com grande alegria. Deus tratou completamente do nosso pecado. Se colocarmos nossa confiança nele, Ele apagará nossos pecados e nos apresentará irrepreensíveis diante dele em glória.

Por fim, Judas exalta nosso Salvador, o Senhor Jesus Cristo, e dá-lhe glória, majestade, poder e autoridade desde antes de todos os tempos passados, agora e para sempre. Todo o Universo, todo o tempo e espaço, reúnem-se ao Seu redor e o adoram — o Deus a quem servimos e confiamos. Essa é a fé pela qual batalhamos.

PERGUNTAS PARA DISCUSSÃO

JUDAS
Batalhando pela fé

1. No versículo 1, Judas utiliza uma tripla descrição dos cristãos a quem ele está escrevendo. Resuma esta tripla descrição e contraste-a com a tripla descrição dos falsos mestres no versículo 4, que estão se infiltrando na igreja.

2. Leia Jd 5-11. Judas quer que levemos a sério a ameaça dos falsos mestres. Ele escreve sobre o destino deles, comparando-os às pessoas que pecaram no Antigo Testamento — e foram destruídas por causa de seu pecado. O que aconteceu com as pessoas que Deus tirou do Egito, mas que se recusaram a crer? Qual foi o destino de Sodoma e Gomorra? Qual foi o caminho de Caim (veja Gn 4)? Qual foi o erro de Balaão (Nm 22–24)? Qual foi o resultado da rebelião de Corá (veja Nm 16)?

3. Leia Jd 12,13, onde Judas apresenta muitas metáforas. O que essas figuras de linguagem dizem sobre os falsos mestres?

4. Em 3Jo 1:9, o apóstolo João descreve "Diótrefes, que gosta de exercer a primazia". No versículo 16 de Judas, lemos: "A sua boca vive propalando grandes arrogâncias; são aduladores dos outros, por motivos interesseiros". O que parece ser uma característica comum das pessoas más que contaminam a igreja e distorcem a verdade?

5. Em Jd 17-19 o que esses ímpios causam à igreja? Nos versículos 20 e 21, Judas oferece conselhos sobre como proteger a si mesmo e a igreja desses mestres predatórios. Quais são esses conselhos?

Aventurando-se através da Bíblia

APLICAÇÃO PESSOAL

6. Leia Jd 3. O que significa "batalhar pela fé que uma vez por todas foi entregue aos santos"? Você está batalhando pela fé? Dê exemplos das maneiras que você está batalhando pela fé. (Ou, se você não está batalhando pela fé, por que não?) Que atitudes você pode tomar esta semana para se tornar um batalhador mais eficaz pela fé?

7. No versículo 22, Judas diz: "compadecei-vos de alguns que estão na dúvida". Você luta com a dúvida? Suas dúvidas lhe fazem sentir culpado, como se você não fosse um bom cristão ou como se sua fé fosse muito pequena? Isso o ajuda a ler estas palavras: "compadecei-vos de alguns que estão na dúvida"? Isso o encoraja saber que Deus é misericordioso com você quando está em dúvida? Quais passos você pode dar esta semana para lidar com suas dúvidas a fim de fortalecer e tornar sua fé mais duradoura?

Parte 9

Os sinais dos tempos

Ilha de Patmos

APOCALIPSE

CAPÍTULO 77

O fim — e o novo começo

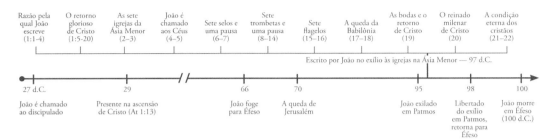

O que nos faz querer ler este último capítulo antes dos outros?

Por alguma razão, muitas pessoas começam a ler a Bíblia pelo Apocalipse. Isso é compreensível — mas geralmente é um erro. Ao mesmo tempo em que o Apocalipse é vívido, dramático e emocionante, ele o mergulha em um redemoinho confuso de dragões e trombetas, taças e selos e símbolos e imagens estranhos do Antigo Testamento. Se você começar a ler a Bíblia pelo Apocalipse, poderá desistir de lê-la por pensar: "Não consigo ver sentido nisso!". Sem um pano de fundo, tanto do Antigo quanto do Novo Testamento, o Apocalipse o deixará confuso.

Contudo, não é um livro impossível de se entender. Se você estiver familiarizado com o restante da Bíblia, será capaz de relacionar os acontecimentos no Apocalipse com todo o padrão de profecia da Palavra de Deus. A partir de um estudo cuidadoso e paciente, tudo fará sentido.

O Apocalipse é a coroação das Escrituras, colocado estrategicamente no final da Bíblia. É o ápice de toda a revelação de Deus para o Seu povo. É também a lente através da qual a história humana e a profecia bíblica entram em foco. Este livro nos mostra como todos os acontecimentos da história humana apontam na direção de um único evento: o retorno de Jesus Cristo para estabelecer Seu reino.

O livro do Apocalipse é o único de profecia no Novo Testamento, embora outros livros do Novo Testamento contenham passagens proféticas. Os evangelhos contêm palavras proféticas de Jesus, e as revelações proféticas dadas a Paulo são encontradas principalmente em suas cartas aos Tessalonicenses. No entanto, o Apocalipse é o único livro do Novo Testamento que é dedicado principalmente à profecia.

O tema do livro está contido no primeiro versículo do livro: *Revelação de Jesus Cristo...*

OBJETIVOS DO CAPÍTULO

Chegamos ao último capítulo deste volume e ao último ato da história humana. Nosso objetivo é retirar o sensacionalismo e a confusão em torno do Apocalipse, e revelar a palavra final de Deus sobre os acontecimentos mundiais. Embora este livro seja repleto de símbolos e imagens estranhos, o Apocalipse pode ser colocado em foco de forma clara. Estas páginas servirão como lentes.

Aventurando-se através da Bíblia

O LIVRO DO APOCALIPSE

"As coisas que viste" (Apocalipse 1)

Introdução 1:1-8

A revelação de Cristo 1:9-20

"As que são" (Apocalipse 2–3)

Carta do Senhor à Igreja de Éfeso 2:1-7

Carta do Senhor à Igreja de Esmirna.. 2:8-11

Carta do Senhor à Igreja de Pérgamo 2:12-17

Carta do Senhor à Igreja de Tiatira.. 2:18-29

Carta do Senhor à Igreja de Sardes 3:1-6

Carta do Senhor à Igreja de Filadélfia....................................... 3:7-13

Carta do Senhor à Igreja de Laodiceia 3:14-22

"As que hão de acontecer depois" (Apocalipse 4–22)

O trono de Deus e o Cordeiro / Leão..4

O livro selado 5

Profecias sobre a grande tribulação 6:1–19:3

    A. Os sete selos do julgamento...6:1–8:5

    B. As sete trombetas do julgamento 8:6–11:19

    C. Profecias sobre a mulher, a besta, os 144 mil,
       e a colheita do julgamento 12–14

    D. As sete taças do julgamento 15–16

    E. A grande prostituta derrotada..17

    F. A destruição do mistério Babilônia.................................18:1–19:3

Profecias sobre a segunda vinda de Cristo (Apocalipse 19:4-21)

**Profecias sobre o milênio, o reinado dos santos
enquanto Satanás é preso por mil anos,
terminando no julgamento do Grande Trono Branco** (Apocalipse 20)

**Profecias sobre o novo Céu,
a nova terra e a nova Jerusalém** (Apocalipse 21:1–22:5)

Conclusão, bênção e oração: "Vem, Senhor Jesus" (Apocalipse 22:6-21)

Aventurando-se através da Bíblia

SUPORTE PARA OS LIVROS DA BÍBLIA

Não é por acaso que o livro do Apocalipse está colocado no final da Bíblia. O Apocalipse reúne todos os segmentos dos acontecimentos históricos contidos por toda as Escrituras e os tece num conjunto harmonioso. O escopo todo da história humana — e da própria eternidade — entra em foco resplandecente no livro de Apocalipse.

Alguém observou com propriedade que o livro de Gênesis e o do Apocalipse são como dois suportes de livros que mantêm toda a Bíblia junta. Em Gênesis, temos a história da origem do pecado humano; no Apocalipse temos a vitória completa e definitiva sobre o pecado. Gênesis apresenta o início da história humana e da civilização; Apocalipse apresenta o fim de ambas. Em Gênesis, aprendemos sobre os inícios do julgamento de Deus e de Sua graça sobre a humanidade; no Apocalipse vemos o resultado maravilhoso de Seu julgamento o triunfo de Sua graça. Os grandes temas desses dois livros estão estreitamente interligados.

Ray C. Stedman
God's Final Word: Understanding Revelation
([A palavra final de Deus: Compreendendo o Apocalipse]
Discovery House Publishers, 1991)

Observe que não são *revelações*, plural. Esta é uma revelação singular a respeito de uma pessoa sem igual: Jesus Cristo. João continua:

…que Deus lhe deu para mostrar aos seus servos as coisas que em breve devem acontecer e que ele, enviando por intermédio do seu anjo, notificou ao seu servo João (1:1).

Deus Pai concedeu essa revelação a Jesus Cristo. Jesus, por sua vez, a revelou a João por intermédio de um anjo. O propósito desta revelação é mostrar aos servos do Senhor — você e eu e todos os outros seguidores de Cristo — o que acontecerá em breve. O livro foi escrito pelo apóstolo João, por volta de 95 d.C., quando ele era um prisioneiro exilado na ilha de Patmos, no mar Egeu.

João diz que ele se achava em espírito no Dia do Senhor, quando começou a ter visões das coisas que devem acontecer em breve. Portanto, este é claramente um livro profético.

O uso de símbolos por parte de Deus em Apocalipse

Observe essa declaração no final de 1:1, "…deu para mostrar [...] as coisas que em breve devem acontecer [...], enviando por intermédio do seu anjo…". As palavras, "deu para mostrar", são uma tradução de uma palavra grega que significa "Ele significou". Note que a palavra *significou* traz a ideia de "usar sinais para mostrar". Isto é, Deus tornou esta revelação conhecida por sinais, por símbolos.

Por que Deus usou símbolos? Por que Ele simplesmente não revelou o futuro em linguagem simples? Uma razão é porque Ele estava lidando com eventos futuros, que estavam além da imaginação e da compreensão dos homens e mulheres do primeiro século: guerra nuclear, guerra biológica, pragas em todo o mundo, tecnologias de informação e tecnologias espaciais. Como esses conceitos poderiam ser explicados a uma geração que não sabia nada sobre computadores, mísseis, energia nuclear ou combate aéreo?

Os símbolos encontrados no Apocalipse são consistentes com os símbolos encontrados em outras passagens proféticas da Bíblia. Eles são parte da tapeçaria profética geral das Escrituras. Então, se você quiser entender o Apocalipse, deve começar comparando-o com Daniel, Ezequiel e outras partes do Antigo e Novo Testamentos.

Creio que o Espírito Santo sabia que este livro seria difícil para muitos, assim encontramos estas palavras no início do livro:

> *Bem-aventurados aqueles que leem e aqueles que ouvem as palavras da profecia e guardam as coisas nela escritas, pois o tempo está próximo* (1:3).

Nós que buscamos a bênção de Deus para o viver e que queremos entender a configuração das coisas que estão por vir, estamos ansiosos para compreender os símbolos encontrados no Apocalipse.

O pano de fundo do livro de Apocalipse

O Apocalipse é endereçado, primeiramente, às sete igrejas da Ásia Menor (a atual Turquia). Havia mais de sete igrejas naquela região, é claro, mas estas sete foram selecionadas porque eram representantes das igrejas de todas as épocas da história, inclusive a nossa.

Estas cartas não vêm do apóstolo João, mas do Deus trino que inspirou estas palavras. Em uma passagem introdutória, João apresenta a natureza trina do autor divino destas cartas, embora estas devam ser lidas com cuidado para ser entendidas:

Ruínas de uma antiga igreja em Sardes.

Aventurando-se através da Bíblia

João,
às sete igrejas que se encontram na Ásia,
graça e paz a vós outros, da parte daquele
que é, que era e que há de vir, da parte
dos sete Espíritos que se acham diante do
seu trono e da parte de Jesus Cristo, a Fiel
Testemunha, o Primogênito dos mortos e o
Soberano dos reis da terra. Àquele que nos
ama, e, pelo seu sangue, nos libertou dos
nossos pecados (1:4,5).

Pai, Filho e Espírito Santo, conjuntamente, entregaram estas sete cartas às sete igrejas — e a nós. O Deus trino também concedeu a previsão incrível que se segue. Como ocorre com a maioria dos livros modernos, o antigo livro do Apocalipse contém uma dedicatória:

...e da parte de Jesus Cristo, a Fiel
Testemunha, o Primogênito dos mortos e
o Soberano dos reis da terra. Àquele que
nos ama, e, pelo seu sangue, nos libertou
dos nossos pecados, e nos constituiu reino,
sacerdotes para o seu Deus e Pai, a ele a
glória e o domínio pelos séculos dos séculos.
Amém! (1:5,6).

O Apocalipse é dedicado a Jesus Cristo, Aquele que lançou o fundamento para toda bênção humana. Em seguida, é apresentado o tema do livro:

Eis que vem com as nuvens, e todo olho o
verá, até quantos o traspassaram. E todas
as tribos da terra se lamentarão sobre ele.
Certamente. Amém! (1:7)

Este é um livro sobre a segunda vinda de Jesus Cristo — como será realizada, os

acontecimentos na Terra que acompanham este evento, e o que ocorrerá depois. O Senhor, então, acrescenta a Sua assinatura pessoal como o autor do livro:

Eu sou o Alfa e Ômega, diz o Senhor Deus,
aquele que é, que era e que há de vir, o
Todo-Poderoso (1:8).

Este livro foi escrito durante uma época de intensa perseguição à Igreja do Senhor, durante o reinado do terrível Imperador Romano Domiciano, que se declarou senhor e deus do povo romano. Os cristãos da época estavam desesperados por encorajamento e segurança, e por isso receberam bem esta mensagem do Senhor, aquele que é o Alfa e o Ômega, o princípio e o fim. Eles precisavam ouvir que toda a história, incluindo o seu tempo de sofrimento, estava sob o controle do Senhor.

Esboço e divisões do livro de Apocalipse

A estrutura do livro é encontrada em 1:19, onde João registra o que o Senhor lhe disse: "Escreve, pois, as coisas que viste, e as que são, e as que hão de acontecer depois destas". O livro está dividido nestas três seções: (1) as coisas que João viu — capítulo 1; (2) "as que são", condições atuais, tal como expressas nas sete cartas às sete igrejas — capítulos 2 e 3; e (3) "as que hão de acontecer depois" — eventos futuros como descritos nos capítulos 4 a 22.

Creio que a frase "as que hão de acontecer depois" refere-se aos acontecimentos que se seguem ao arrebatamento da Igreja. Enquanto os capítulos 2 e 3 cobrem toda a idade atual (desde o tempo de João até o nosso), todos os capítulos que se seguem dizem respeito ao

Os sinais dos tempos

término dos acontecimentos humanos. Em outros lugares da Bíblia, este evento surpreendentemente é chamado de a grande tribulação, ou o tempo do fim, ou a septuagésima semana de Daniel. Toda a assustadora turbulência da contemporaneidade está se movendo na direção deste evento, e neste capítulo, vamos abordar brevemente alguns destaques do desdobramento do plano de Deus.

Sete cartas a sete igrejas

Nos capítulos 2 e 3, temos as cartas para as sete igrejas, que devem ser vistas em três patamares. Primeiro, elas são dirigidas a igrejas reais com problemas verdadeiros. Segundo, essas igrejas simbolizam os vários tipos de igrejas que existiram, existem e existirão ao longo da história. A igreja que você frequenta, sem dúvida, se encaixa no padrão de uma dessas igrejas. Terceiro, essas igrejas representam os sete estágios no processo da história da igreja, desde o primeiro século até hoje.

Vejamos cada uma dessas sete cartas.

A igreja em *Éfeso* (2:2-7) era aparentemente bem-sucedida, mas estava começando a perder seu primeiro amor, a motivação tão necessária para a eficácia na vida cristã. Quando olhamos para essa carta do ponto de vista da história da igreja, vemos que muitas igrejas começaram a perder seu primeiro amor imediatamente após a morte dos apóstolos.

O período efésio da história da igreja cobre os anos de 70 d.C., da destruição do Templo em Jerusalém, a aproximadamente 160 d.C. Durante esse tempo, literalmente, centenas de igrejas tinham se afastado do ministério acolhedor e compassivo para com o mundo, e seguido rumo a uma religião institucional formal e sem amor. Como resultado, a igreja daquela época tornou-se rica em conflitos e discussões teológicas.

A palavra *Esmirna* significa "mirra", uma especiaria perfumada ou perfume obtido quando a casca macia da árvore florida de mirra é perfurada ou moída. É um nome apropriado para a igreja de Esmirna do primeiro século (2:8-11), que exalava o perfume de Cristo por toda a região, pois era uma igreja que tinha sido muitas vezes afligida.

Historicamente, a igreja em Esmirna representa um período chamado de a *Era dos Mártires,* que durou desde 160 d.C. até a ascensão do primeiro e famoso imperador cristão, Constantino, o Grande, em 324 d.C. Nomear este período de a *Era dos Mártires* não é sugerir que essa foi a única época na história em que os cristãos foram martirizados. Mais do que isso, essa foi uma época em que os cristãos foram perseguidos com crueldade inigualável.

Pérgamo significa "casado" e era uma igreja (2:12-17) que tinha se casado com o mundo. Ela tentava conviver com o sistema mundano, sem Deus, que a cercava. Todas as atitudes e sistemas de valores de um mundo incrédulo tinham se infiltrado na dinâmica da igreja em Pérgamo.

O estágio de Pérgamo da história da igreja ocorreria entre a ascensão de Constantino, o Grande, em 324 d.C. ao século 6, e o início da era dos papas. Esse foi o tempo do primeiro "casamento" entre a Igreja e o Estado, quando Constantino tornou o cristianismo a religião oficial do Império Romano. Durante esse tempo, a Igreja desfrutou de

Aventurando-se através da Bíblia

923

uma popularidade considerável. Era vista não como uma família de fé, mas como um reino mundano, assim como qualquer outro. À medida que a influência política da Igreja crescia, sua influência espiritual decaía.

A Igreja em *Tiatira* (2:18-29) passava por um período de adultério espiritual. Ela tinha perdido sua pureza e precisava se purificar a fim de que o próprio Senhor não a purificasse por meio da disciplina. Ela era a mais corrompida das sete Igrejas.

A era de Tiatira foi um período escuro e corrupto na história cristã — melhor conhecida como a *Idade das Trevas*. A Igreja tinha perdido seu zelo e pureza, e tornando-se cheia de superstição e paganismo. A Idade das Trevas durou do século 7 ao século 16, quando a Reforma teve início.

A Igreja em *Sardes* (3:1-6) redescobriu a verdade de Deus, mas lhe faltava vitalidade. A Igreja tinha construído uma boa reputação, mas estava realmente morta e corrompida em seu interior. Hoje, chamaríamos os cristãos de Sardes de "cristãos nominais" — nominal da raiz da palavra "nome". Os cristãos de Sardes eram cristãos apenas de nome. Jesus lhes disse: "Conheço as tuas obras, que tens nome de que vives e estás morto". Aparentemente, a Igreja de Sardes era composta em grande parte de pessoas que exteriormente professavam a Cristo, mas não possuíam vida espiritual verdadeira.

Esse é um retrato do período da Reforma, do século 16 ao século 18. Embora as Igrejas da Reforma Protestante começassem num fogo flamejante de zelo, elas logo se deixavam levar pelas cinzas embranquecidas de uma ortodoxia morta.

A Igreja de *Filadélfia* (3:7-13) é uma Igreja maravilhosa. O Senhor não tem nenhuma crítica que seja desta Igreja. Ele elogiou a Igreja de Filadélfia porque era fiel à Palavra. Ela tinha pouca força, Ele diz, falando da calma força interior do Espírito Santo, em contraste com o poder ostensivo da estrutura política do mundo.

Essa Igreja tipifica a era da Igreja do século 19, o grande despertamento evangélico, quando a Igreja cristã se concentrou menos na aquisição de poder político e mais em obedecer ao Espírito Santo, sua força interior. A Igreja daquela época foi impelida à ação, e expandiu-se para os cantos mais remotos do planeta em um grande movimento missionário.

A Igreja de *Laodiceia* (3:14-22), a Igreja rica, declara: "Estou rico e abastado e não preciso de coisa alguma". E Deus diz: "Tu és infeliz, sim, miserável, pobre, cego e nu. Aconselho-te que de mim compres ouro refinado pelo fogo". O Senhor se descreve como estando do lado de fora da porta da Igreja, batendo para entrar. "Nem és frio nem quente", diz o Senhor. Os laodicenses não eram como a Igreja de Sardes, que era tão fria como a morte. Também não eram como a Igreja de Filadélfia, que era quente e viva. Eles eram apenas mornos.

Cada uma das sete Igrejas do Apocalipse representa uma época específica na história da Igreja. Olhando para trás, através de 20 séculos de história da Igreja, podemos ver como é preciso cada um desses símbolos proféticos. A história como as profecias confirmam claramente, Laodiceia simboliza a Igreja da última era — a nossa! Sim, vivemos na era de Laodiceia, quando a Igreja se considera rica,

Os sinais dos tempos

mas na verdade é pobre. A Igreja de nossa época é morna — nem quente nem fria.

É claro, isto é uma generalização. Vemos muitas Igrejas vivas, muitos cristãos fervorosos, mesmo nessa era morna. Nosso desafio é ter certeza de que vivemos como cristãos de Filadélfia, mesmo na era de Laodiceia. Mesmo se todas as outras Igrejas ao nosso redor parecerem contaminadas com laodiceanismo, ainda podemos escolher brilhar como fogo, emitindo a luz de Jesus nesta era da Igreja. Se assim fizermos, Jesus afirma que a promessa de conclusão de Apocalipse 3 é nossa:

Ao vencedor, dar-lhe-ei sentar-se comigo no meu trono, assim como também eu venci e me sentei com meu Pai no seu trono. Quem tem ouvidos, ouça o que o Espírito diz às Igrejas (3:21,22).

As que hão de acontecer depois

O livro de Apocalipse faz uma virada abrupta no capítulo 4. Observe a frase-chave no versículo 2: "em espírito". Esta frase ocorre quatro vezes em Apocalipse: uma em 1:10, quando João está na ilha de Patmos e ouve a voz de trombeta que apresenta esta visão a ele; aqui em 4:2; em 17:3, quando um anjo leva-o para o deserto onde ele vê uma mulher sentada sobre uma besta escarlate; e também em 21:10, quando João é levado para uma montanha e avista a cidade santa, a nova Jerusalém, que descia do Céu. Sempre que João diz que está "em espírito", sinaliza-se que algo muito significativo está acontecendo.

Imediatamente, eu me achei em espírito, e eis armado no Céu um trono, e, no trono, alguém sentado (4:2).

Essa conjuntura é importante porque a cena muda agora da Terra para o Céu. Com a palavra Céu, não me refiro a algum lugar no espaço. Na Bíblia, o Céu é o reino do invisível — outra dimensão, se você preferir assim, de onde Deus reina oculto aos nossos olhos, mas presente entre nós. É um reino espiritual que nos cerca por todos os lados, mas um reino que não podemos provar, tocar ou ver. O reino celestial é muito real — mais real do que este plano de existência ao qual chamamos de "vida real". O que consideramos como realidade é um mero vapor em comparação com a realidade da dimensão espiritual.

O reino dos Céus está aberto a João, e ele vê um trono e aquele que se senta nele. Imediatamente João soube quem era; não era necessário que lhe dissessem. Era o trono de Deus, e Deus estava no controle de toda a história. João teve uma visão notável da impotência e fraqueza da humanidade comparadas ao poder e autoridade ilimitados de Deus.

João então vê um Cordeiro em pé em frente ao trono — um Cordeiro com sua garganta cortada. Isso pode parecer um símbolo estranho para o Filho de Deus, mas é símbolo apropriado — um cordeiro inocente abatido, um sacrifício. Enquanto João observava, o Cordeiro se transformou em Leão, e João viu que esse Leão, que era Cordeiro, era também o rei de todos. Ele parou diante daquele no trono, que tinha na mão um pequeno livro.

Este pequeno livro é extremamente significativo no livro do Apocalipse: É o programa de Deus para o estabelecimento de Seu reino na Terra. No Céu, Deus governa inquestionável; na Terra, Sua vontade é constantemente desafiada por frágeis humanos que se atrevem a levantar os punhos contra

Aventurando-se através da Bíblia

925

o Deus-Criador do Universo. Porém, Deus mudará tudo isso, e Ele irá fazê-lo por meio do Cordeiro que é o Leão, aquele que sozinho tem o direito de tomar o livro (na verdade, um rolo) e abri-lo.

Os sete selos

O livro é mantido lacrado por sete selos. À medida que os sete selos são abertos, o pergaminho é desenrolado até que seu texto fica finalmente evidente para todos. João chora quando vê pela primeira vez o livro, porque ele acha que ninguém tem o direito de abri-lo. Então, vê o Filho do Homem, e João sabe que somente Jesus tem o direito de abrir o livro que vai trazer o reino de Deus à Terra.

O número de selos — sete — é significativo. O número sete aparece com frequência nesse livro, e é sempre um número relevante. Já vimos as sete igrejas. Agora vemos sete selos, cada um revelando uma nova força agindo na Terra. Os sete selos são seguidos por sete trombetas e, em seguida, sete taças, que estão cheias da ira de Deus.

Em Apocalipse 6, testemunhamos o início deste período de sete anos, que é o término da história humana, de acordo com o profeta Daniel. Todos os acontecimentos mundiais de nossos dias atuais estão caminhando em direção a um período de sete anos chamado de a grande tribulação, que será precedido por uma pregação mundial do evangelho, como sabemos a partir da conversa de nosso Senhor com os discípulos no monte das Oliveiras:

E será pregado este evangelho do reino por todo o mundo, para testemunho a todas as nações. Então, virá o fim (Mt 24:14).

O livro do Apocalipse trata primeiramente da Igreja como uma unidade, em seguida, volta-se para acontecimentos históricos sobre o restante do mundo. À luz disso, creio que a Igreja é arrebatada para estar com o Senhor antes do período da tribulação de sete anos. O primeiro acontecimento dessa era é a pregação mundial do evangelho, simbolizada pelo primeiro desses sete selos:

Vi, então, e eis um cavalo branco e o seu cavaleiro com um arco; e foi-lhe dada uma coroa; e ele saiu vencendo e para vencer (6:2).

O branco sempre simboliza divindade, bem como pureza e santidade. O arco representa conquista. Este é uma representação da conquista do mundo pelo evangelho.

O segundo selo significa guerra. João escreve:

E saiu outro cavalo, vermelho; e ao seu cavaleiro, foi-lhe dado tirar a paz da terra para que os homens se matassem uns aos outros; também lhe foi dada uma grande espada (6:4).

Essa grande espada poderia simbolizar o terrível poder de armas nucleares? Ou armas convencionais de guerra em uma escala inimaginável?

O terceiro selo e o terceiro cavaleiro simbolizam a fome, que é inevitável, no início da guerra mundial.

O quarto selo e o quarto cavaleiro trazem a morte calamitosa de quatro maneiras — espada, fome, peste e animais selvagens:

E olhei, e eis um cavalo amarelo e o seu cavaleiro, sendo este chamado Morte; e o

Inferno o estava seguindo, e foi-lhes dada
autoridade sobre a quarta parte da terra
para matar à espada, pela fome, com
a mortandade e por meio das feras da
terra (6:8).

No segundo, terceiro e quarto selos, João descreve as forças agindo na humanidade para produzir os acontecimentos da história nos últimos dias. O poder humano é, portanto, importante em todo esse tempo, e vemos que Deus permite que a raça humana pecaminosa desencadeie acontecimentos horríveis.

O quinto selo é uma expressão do poder interior da humanidade, a oração dos mártires. Isso é seguido por distúrbios cósmicos, que fornecem uma chave para todo o livro:

Vi quando o Cordeiro abriu o sexto selo, e
sobreveio grande terremoto. O sol se tornou
negro como saco de crina, a lua toda, como
sangue, as estrelas do Céu caíram pela terra,
como a figueira, quando abalada por vento
forte, deixa cair os seus figos verdes, e o Céu
recolheu-se como um pergaminho quando se
enrola. Então, todos os montes e ilhas foram
movidos do seu lugar (6:12-14).

O terremoto nesta passagem nos dá uma pista para a compreensão deste livro. O acontecimento final mostrado no sexto selo é uma calamidade mundial marcada por um grande terremoto, granizo e fogo. Este evento assinala o fim do período de sete anos que Jesus descreveu quando disse: "Logo em seguida à tribulação daqueles dias, o sol escurecerá, a lua não dará a sua claridade, as estrelas cairão do firmamento, e os poderes dos Céus serão abalados"

(Mt 24:29). Isso acontecerá pouco antes de Jesus Cristo retornar com Sua Igreja.

O sétimo selo resume os acontecimentos da última metade deste período de sete anos, que nos é revelado em Apocalipse 10 e 11. Mais uma vez nos deparamos com o terremoto , ao soar da sétima trombeta:

Abriu-se, então, o santuário de Deus,
que se acha no Céu, e foi vista a arca da
Aliança no seu santuário, e sobrevieram
relâmpagos, vozes, trovões, terremoto e
grande saraivada (11:19).

A mulher, a besta e o dragão

Os capítulos 12 a 14 apresentam diversos personagens heroicos que atuam no terrível drama na Terra. Primeiro, uma mulher (facilmente reconhecível como Israel) gera um filho homem, que a história já nos informou ser o Filho de Deus. Os anjos caídos do diabo e o grande dragão chamado Satanás estão dispostos para a batalha contra Ele. Enquanto João observa, uma besta sobe do mar, e o apóstolo reconhece que a besta é uma forma de governo humano ligado à Roma, o quarto grande reino mundial mencionado por Daniel. De alguma forma, o Império Romano deve existir até o fim dos tempos.

Se você olhar para o nosso mundo ocidental, pode ver como isso é verdade. Cada nação do Ocidente foi estabelecida por uma nação membro do Império Romano. Somos romanos até os ossos; todo o mundo ocidental é romano em seus pensamentos, filosofia e atitudes. Associada a essa besta do mar está outra besta, ou líder religioso, que sobe da Terra, a quem muitos especialistas bíblicos relacionam com o anticristo.

Aventurando-se através da Bíblia 927

As taças da ira de Deus

Os capítulos 14 a 16 tratam em grande parte de uma descrição das taças da ira de Deus. Estes recipientes da ira de Deus são exatamente os mesmos julgamentos terríveis dos quais Jesus falou quando disse que "o sol escurecerá, a lua não dará a sua claridade, as estrelas cairão do firmamento, e os poderes dos Céus serão abalados". Naquele tempo, a ira de Deus seria derramada sobre a Terra.

Na última parte do capítulo 16 e continuando pelos capítulos 17 e 18, encontramos o julgamento da grande prostituta religiosa chamada "UM MISTÉRIO: BABILÔNIA, A GRANDE". Na antiguidade, Babilônia era fonte de idolatria, e é usada como um símbolo do que podemos chamar de "impiedade religiosa" — algo parece piedoso e espiritual, mas é essencialmente ímpio. É uma religião que exerce o poder político por meio da autoridade religiosa.

Se você ler essa passagem com cuidado, verá que "Mistério Babilônia" não é qualquer sistema, instituição ou denominação, mas sim uma atitude que permeia toda a Igreja. Onde quer que você encontre alguém agindo religiosamente, tentando ganhar poder político ou autoridade, você terá o mistério Babilônia, e é encontrado em todas as Igrejas. Como Jesus disse, referindo-se ao joio plantado no meio do trigo: "Deixai-os crescer juntos até à colheita" (Mt 13:30). E a cena em Apocalipse 19 é essa colheita. João também tem uma visão da colheita da Terra no capítulo 14:

Olhei, e eis uma nuvem branca, e sentado sobre a nuvem um semelhante a filho de homem, tendo na cabeça uma coroa de ouro e na mão uma foice afiada. Outro anjo saiu do santuário, gritando em grande voz para aquele que se achava sentado sobre a nuvem: Toma a tua foice e ceifa, pois chegou a hora de ceifar, visto que a seara da terra já amadureceu! (vv.14,15).

Essa colheita ocorre quando Jesus Cristo voltar à Terra.

Vi o Céu aberto, e eis um cavalo branco. O seu cavaleiro se chama Fiel e Verdadeiro e julga e peleja com justiça. Os seus olhos são chama de fogo; na sua cabeça, há muitos diademas; tem um nome escrito que ninguém conhece, senão ele mesmo. Está vestido com um manto tinto de sangue, e o seu nome se chama o Verbo de Deus; e seguiam-no os exércitos que há no Céu, montando cavalos brancos, com vestiduras de linho finíssimo, branco e puro. Sai da sua boca uma espada afiada, para com ela ferir as nações; e ele mesmo as regerá com cetro de ferro e, pessoalmente, pisa o lagar do vinho do furor da ira do Deus Todo-Poderoso (19:11-15).

A esta altura, todas as nações da Terra se reúnem no campo de batalha chamado Armagedom, na terra de Israel, e é lá onde o Filho de Deus aparece com os exércitos celestiais. Agora, finalmente, todas as forças sobrenaturais — forças que os seres humanos há tanto tempo e arrogantemente negam — de repente se revelam aos olhos humanos, de tal forma a eliminar toda a oposição deliberada do mal contra a vontade e autoridade de Deus.

Novo Céu e nova Terra

O livro do Apocalipse se encerra quando o Filho de Deus estabelece Seu reino na Terra,

Ruínas em Éfeso.

assim como Ele prometeu. Após o julgamento dos mortos surgem um novo Céu e uma nova Terra, e a cidade de Deus, a Nova Jerusalém, desce do Céu. Lá, Deus faz Sua habitação com a raça humana. É o cumprimento da oração que Jesus nos ensinou a orar: "Venha o teu reino; faça-se a tua vontade, assim na terra como no Céu" (Mt 6:10).

Essa cidade é belíssima. João não vê nenhum templo nela, pois ela não precisa de um templo, nem precisa que o Sol ou a Lua brilhe sobre ela. A luz dentro dela é a presença do próprio Deus. As suas portas nunca mais se fecharão de dia ou de noite. O Universo inteiro estará finalmente livre da rebelião humana, e não haverá nada o que temer. Todos os belos sonhos dos profetas estarão cumpridos neste momento. Espadas serão transformadas em arados e lanças em ganchos para podar as árvores carregadas de frutos.

E não haverá mais guerra.

"Venho em breve"

No final do livro, somos exortados a esperarmos pela vinda de Jesus e a trabalharmos para isso, a sermos diligentes, fiéis e obedientes até que o Filho de Deus retorne. Você pode se surpreender ao saber que este é um livro de esperança e otimismo. Embora o Apocalipse seja mais conhecido por suas cenas de morte e destruição em massa, ele não para por aí. O Apocalipse olha para além da tribulação, para além do Armagedom, até a vitória final de Deus, mais certo do que o nascer do sol pela amanhã.

C. S. Lewis escreve este comentário sobre a vinda desse dia glorioso:

> É certo que Deus vai invadir. Mas não sei se as pessoas que pedem que Deus interfira aberta e diretamente em nosso mundo sabem exatamente o que estão pedindo. Quando Ele o fizer, será o fim do mundo.

Aventurando-se através da Bíblia

Quando o autor sobe ao palco, é porque a peça já terminou. A invasão divina vai acontecer, não há dúvida quanto a isso; mas o que vamos ganhar se só então anunciarmos que estávamos do lado dele? De que nos valerá isso quando o Universo se dissolver como um sonho e algo até então inconcebível para nossa mente sobrevier com estrépito — algo tão magnífico para alguns e tão terrível para outros? De que isso nos valerá quando não pudermos mais escolher? Dessa vez, Deus se apresentará sem disfarce, e virá com tamanho poder que causará em cada criatura um amor irresistível ou um irresistível horror. Será tarde demais, então, para escolher um dos lados. Quando não é mais possível ficar em pé, de nada adianta você dizer que decidiu ficar deitado. Aquele não será o tempo das escolhas, mas sim da revelação do lado a que pertencíamos, tivéssemos consciência disso ou não. Hoje, agora, neste momento, temos a oportunidade de escolher o lado correto. Deus tarda a aparecer para nos dar essa chance, que não durará para sempre. É pegar ou largar. (*Cristianismo puro e simples,* Ed. Martins Fontes, São Paulo, 2005, 28).

O Apocalipse está repleto de encorajamento. É um livro que vai ou inspirar sua fé ou aterrorizá-lo. Ele lhe dará grande conforto e encorajamento, se você conhecer o Senhor de todos os tempos e todo o espaço. Mas é também um livro solene elaborado para nos fazer entender que Aquele que abre o livro é o mesmo que morreu na Cruz do Calvário, o Cordeiro levado ao matadouro para que Ele pudesse ganhar o direito de ser o Leão, o Rei de toda a Terra.

O Senhor está voltando, e agora não vai demorar muito. Aqueles que o conhecem, esperam por aquele dia, com expectativa, por isso trabalham e oram para agilizá-lo. As pessoas que não conhecem o Senhor, ou zombam daquele dia ou têm medo dele. O livro do Apocalipse termina com a promessa do próprio Jesus:

Aquele que dá testemunho destas coisas diz: Certamente, venho sem demora. Amém! Vem, Senhor Jesus! A graça do Senhor Jesus seja com todos (22:20,21).

PERGUNTAS PARA DISCUSSÃO

APOCALIPSE
O fim — e o novo começo

1. Leia Ap 1:3. Por que aqueles que estudam o Apocalipse são abençoados por Deus? Esta profecia foi dada há mais de 2 mil anos, no entanto, João escreve: "o tempo está próximo". Será que João achava que esses acontecimentos ocorreriam enquanto estivesse vivo? O tempo para esses acontecimentos ainda está próximo? Como devemos interpretar essa declaração?

2. Leia Ap 1:12-20. Em uma análise aprofundada, isso é realmente uma imagem impressionante do Senhor Jesus Cristo. Essa descrição pretendia ser um retrato fiel do que Jesus parece ser, ou essas características são destinadas a serem interpretadas como símbolos? Caso sejam símbolos, o que você acha que esses símbolos sugerem? O que Jesus diz sobre si mesmo e sobre Sua mensagem às igrejas?

3. Leia Ap 4. Você acha que as imagens nessa passagem devem ser interpretadas literal ou simbolicamente? O que ela nos diz sobre o caráter e a natureza de Deus? O que esse texto nos diz sobre o Céu?

4. Leia Ap 5:1-5. Qual é o significado do livro? Qual é o significado dos selos? Leia Ap 5:6-14. Qual é o significado do Cordeiro? Compare com Is 53:7; Jr 11:19; Jo 1:29.

5. Leia Ap 6 e compare-o com Mt 24:4-14. Quais paralelos você encontra? Isso lhe sugere algo sobre o curso que a história está tomando? O que os sete selos significam?

6. Leia Ap 8:3-5. O que acontece com as orações dos santos de Deus? Leia Ap 10:9-11 e compare-o com Ez 3:1-4. O que o livro simboliza? O que a doçura do livro significa? Por que o livro seria doce ao paladar e amargo ao ser digerido?

Aventurando-se através da Bíblia

7. Leia Ap 14:14,15. Qual é o significado da colheita que ocorrerá na Terra?

APLICAÇÃO PESSOAL

8. Essa profecia o enche de esperança e expectativa — ou medo? A oração do seu coração é "Vem, Senhor Jesus"? Ou "Ainda não, Senhor — não estou pronto?".

9. Como o conhecimento dos acontecimentos futuros, incluindo a colheita que ocorrerá na Terra, afetam a maneira como você olha para as pessoas ao seu redor? Você se entristece por aqueles que podem ter que passar por esses acontecimentos sem Cristo? Você está mais motivado a compartilhar as boas-novas de Jesus Cristo com as pessoas ao seu redor? Por quê?

10. Leia Apocalipse 2–3. Qual igreja simboliza mais apropriadamente o seu estado espiritual? Enquanto você lê a mensagem do Senhor às sete igrejas, que mudanças você entende que precisa fazer em sua vida? Quais passos você pode dar esta semana para iniciar essas mudanças?

Observação: Para uma pesquisa mais aprofundada do livro do Apocalipse, leia *God's Final Word: Understanding Revelation* [(A palavra final de Deus: Compreendendo Apocalipse, Ray C. Stedman) Discovery House Publishers, 1991].

Leia a Bíblia em um ano

Plano cronológico

Leia a Bíblia aproximadamente na mesma ordem que esses eventos aconteceram na história bíblica. Por exemplo, estudiosos da Bíblia acreditam que Jó provavelmente viveu antes de Abraão. Então, os textos de Jó estão interpostos dentro do livro de Gênesis, depois da criação e do dilúvio, mas antes da história de Abraão.

1.º de janeiro....................................Gn 1–3	3 de fevereiro.............................Êx 13–15
2 de janeiro ....Gn 4–7	4 de fevereiro.............................Êx 16–18
3 de janeiro ....Gn 8–11	5 de fevereiro.............................Êx 19–21
4 de janeiro ....Jó 1–5	6 de fevereiro.............................Êx 22–24
5 de janeiro ....Jó 6–9	7 de fevereiro.............................Êx 25–27
6 de janeiro ....Jó 10–13	8 de fevereiro.............................Êx 28–29
7 de janeiro ....Jó 14–16	9 de fevereiro.............................Êx 30–32
8 de janeiro ....Jó 17–20	10 de fevereiro...........................Êx 33–35
9 de janeiro ....Jó 21–23	11 de fevereiro...........................Êx 36–38
10 de janeiro ....Jó 24–28	12 de fevereiro...........................Êx 39–40
11 de janeiro ....Jó 29–31	13 de fevereiro.............................Lv 1–4
12 de janeiro ....Jó 32–34	14 de fevereiro.............................Lv 5–7
13 de janeiro ....Jó 35–37	15 de fevereiro............................Lv 8–10
14 de janeiro ....Jó 38–39	16 de fevereiro...........................Lv 11–13
15 de janeiro ....Jó 40–42	17 de fevereiro...........................Lv 14–15
16 de janeiro ....Gn 12–15	18 de fevereiro...........................Lv 16–18
17 de janeiro ....Gn 16–18	19 de fevereiro...........................Lv 19–21
18 de janeiro ....Gn 19–21	20 de fevereiro...........................Lv 22–23
19 de janeiro ....Gn 22–24	21 de fevereiro...........................Lv 24–25
20 de janeiro ....Gn 25–26	22 de fevereiro...........................Lv 26–27
21 de janeiro ....Gn 27–29	23 de fevereiro...........................Nm 1–2
22 de janeiro ....Gn 30–31	24 de fevereiro...........................Nm 3–4
23 de janeiro ....Gn 32–34	25 de fevereiro...........................Nm 5–6
24 de janeiro ....Gn 35–37	26 de fevereiro..............................Nm 7
25 de janeiro ....Gn 38–40	27 de fevereiro...........................Nm 8–10
26 de janeiro ....Gn 41–42	28 / 29 de fevereiro ....Nm 11–13
27 de janeiro ....Gn 43–45	1.º de março....................Nm 14–15; Sl 90
28 de janeiro ....Gn 46–47	2 de março ....Nm 16–17
29 de janeiro ....Gn 48–50	3 de março ....Nm 18–20
30 de janeiro ....Êx 1–3	4 de março ....Nm 21–22
31 de janeiro ....Êx 4–6	5 de março ....Nm 23–25
1.º de fevereiro ....Êx 7–9	6 de março ....Nm 26–27
2 de fevereiro................................Êx 10–12	7 de março ....Nm 28–30

8 de março	Nm 31–32
9 de março	Nm 33–34
10 de março	Nm 35–36
11 de março	Dt 1–2
12 de março	Dt 3–4
13 de março	Dt 5–7
14 de março	Dt 8–10
15 de março	Dt 11–13
16 de março	Dt 14–16
17 de março	Dt 17–20
18 de março	Dt 21–23
19 de março	Dt 24–27
20 de março	Dt 28–29
21 de março	Dt 30–31
22 de março	Dt 32–34; Sl 91
23 de março	Js 1–4
24 de março	Js 5–8
25 de março	Js 9–11
26 de março	Js 12–15
27 de março	Js 16–18
28 de março	Js 19–21
29 de março	Js 22–24
30 de março	Jz 1–2
31 de março	Jz 3–5
1.º de abril	Jz 6–7
2 de abril	Jz 8–9
3 de abril	Jz 10–12
4 de abril	Jz 13–15
5 de abril	Jz 16–18
6 de abril	Jz 19–21
7 de abril	Ruth
8 de abril	1 Sm 1–3
9 de abril	1 Sm 4–8
10 de abril	1 Sm 9–12
11 de abril	1 Sm 13–14
12 de abril	1 Sm 15–17
13 de abril	1 Sm 18–20; Sl 11, 59
14 de abril	1 Sm 21–24
15 de abril	Sl 7, 27, 31, 34, 52

16 de abril	Sl 56, 120, 140–142
17 de abril	1 Sam 25–27
18 de abril	Sl 17, 35, 54, 63
19 de abril	1 Sm 28–31; Sl 18
20 de abril	Sl 121, 123–125, 128–130
21 de abril	2 Sm 1–4
22 de abril	Sl 6, 8–10, 14, 16, 19, 21
23 de abril	1 Cr 1–2
24 de abril	Sl 43–45, 49, 84–85, 87
25 de abril	1 Cr 3–5
26 de abril	Sl 73, 77–78
27 de abril	1 Cr 6
28 de abril	Sl 81, 88, 92–93
29 de abril	1 Cr 7–10
30 de abril	Sl 102–104
1.º de maio	2 Sm 5:1–10; 1 Cr 11–12
2 de maio	Sl 133
3 de maio	Sl 106–107
4 de maio	2 Sm 5:11–6:23; 1 Cr 13–16
5 de maio	Sl 1–2, 15, 22–24, 47, 68
6 de maio	Sl 89, 96, 100–101, 105, 132
7 de maio	2 Sm 7; 1 Cr 17
8 de maio	Sl 25, 29, 33, 36, 39
9 de maio	2 Sm 8–9; 1 Cr 18
10 de maio	Sl 50, 53, 60, 75
11 de maio	2 Sm 10; 1 Cr 19; Sl 20
12 de maio	Sl 65–67, 69–70
13 de maio	2 Sm 11–12; 1 Cr 20
14 de maio	Sl 32, 51, 86, 122
15 de maio	2 Sm 13–15
16 de maio	Sl 3–4, 12–13, 28, 55
17 de maio	2 Sm 16–18
18 de maio	Sl 26, 40, 58, 61–62, 64
19 de maio	2 Sm 19–21
20 de maio	Sl 5, 38, 41–42
21 de maio	2 Sm 22–23; Sl 57
22 de maio	Sl 95, 97–99
23 de maio	2 Sm 24; 1 Cr 21–22; Sl 30
24 de maio	Sl 108–110

Aventurando-se através da Bíblia

25 de maio	1 Cr 23–25
26 de maio	Sl 131, 138–139, 143–145
27 de maio	1 Cr 26–29; Sl 127
28 de maio	Sl 111–118
29 de maio	1 Rs 1–2; Sl 37, 71, 94
30 de maio	Sl 119:1–88
31 de maio	1 Rs 3–4; 2 Cr 1; Sl 72
1.º de junho	Sl 119:89–176
2 de junho	Cântico dos Cânticos
3 de junho	Pv 1–3
4 de junho	Pv 4–6
5 de junho	Pv 7–9
6 de junho	Pv 10–12
7 de junho	Pv 13–15
8 de junho	Pv 16–18
9 de junho	Pv 19–21
10 de junho	Pv 22–24
11 de junho	1 Rs 5–6; 2 Cr 2–3
12 de junho	1 Rs 7; 2 Cr 4
13 de junho	1 Rs 8; 2 Cr 5
14 de junho	2 Cr 6–7; Sl 136
15 de junho	Sl 134, 146–150
16 de junho	1 Rs 9; 2 Cr 8
17 de junho	Pv 25–26
18 de junho	Pv 27–29
19 de junho	Ec 1–6
20 de junho	Ec 7–12
21 de junho	1 Rs 10–11; 2 Cr 9
22 de junho	Pv 30–31
23 de junho	1 Rs 12–14
24 de junho	2 Cr 10–12
25 de junho	1 Rs 15:1–24; 2 Cr 13–16
26 de junho	1 Rs 15:25–16:34; 2 Cr 17
27 de junho	1 Rs 17–19
28 de junho	1 Rs 20–21
29 de junho	1 Rs 22; 2 Cr 18
30 de junho	2 Cr 19–23
1.º de julho	Ob; Sl 82–83
2 de julho	2 Rs 1–4
3 de julho	2 Rs 5–8
4 de julho	2 Rs 9–11
5 de julho	2 Rs 12–13; 2 Cr 24
6 de julho	2 Rs 14; 2 Cr 25
7 de julho	Jonas
8 de julho	2 Rs 15; 2 Cr 26
9 de julho	Is 1–4
10 de julho	Is 5–8
11 de julho	Am 1–5
12 de julho	Am 6–9
13 de julho	2 Cr 27; Is 9–12
14 de julho	Miquéias
15 de julho	2 Cr 28; 2 Rs 16–17
16 de julho	Is 13–17
17 de julho	Is 18–22
18 de julho	Is 23–27
19 de julho	2 Rs 18:1–8; 2 Cr 29–31; Sl 48
20 de julho	Os 1–7
21 de julho	Os 8–14
22 de julho	Is 28–30
23 de julho	Is 31–34
24 de julho	Is 35–36
25 de julho	Is 37–39; Sl 76
26 de julho	Is 40–43
27 de julho	Is 44–48
28 de julho	2 Rs 18:9–19:37; Sl 46, 80, 135
29 de julho	Is 49–53
30 de julho	Is 54–58
31 de julho	Is 59–63
1.º de agosto	Is 64–66
2 de agosto	2 Rs 20–21
3 de agosto	2 Cr 32–33
4 de agosto	Naum
5 de agosto	2 Rs 22–23; 2 Cr 34–35
6 de agosto	Sofonias
7 de agosto	Jr 1–3
8 de agosto	Jr 4–6
9 de agosto	Jr 7–9
10 de agosto	Jr 10–13

11 de agosto .... Jr 14–17	19 de setembro .... Ed 4–6; Sl 137
12 de agosto .... Jr 18–22	20 de setembro .... Ageu
13 de agosto .... Jr 23–25	21 de setembro .... Zc 1–7
14 de agosto .... Jr 26–29	22 de setembro .... Zc 8–14
15 de agosto .... Jr 30–31	23 de setembro .... Et 1–5
16 de agosto .... Jr 32–34	24 de setembro .... Et 6–10
17 de agosto .... Jr 35–37	25 de setembro .... Ed 7–10
18 de agosto .... Jr 38–40; Sl 74, 79	26 de setembro .... Ne 1–5
19 de agosto .... 2 Rs 24–25; 2 Cr 36	27 de setembro .... Ne 6–7
20 de agosto .... Habacuque	28 de setembro .... Ne 8–10
21 de agosto .... Jr 41–45	29 de setembro .... Ne 11–13; Sl 126
22 de agosto .... Jr 46–48	30 de setembro .... Malaquias
23 de agosto .... Jr 49–50	1.º de outubro .... Lc 1; Jo 1:1–14
24 de agosto .... Jr 51–52	2 de outubro .... Mt 1; Lc 2:1–38
25 de agosto .... Lm 1:1–3:36	3 de outubro .... Mt 2; Lc 2:39–52
26 de agosto .... Lm 3:37–5:22	4 de outubro .... Mt 3; Mc 1; Lc 3
27 de agosto .... Ez 1–4	5 de outubro .... Mt 4; Lc 4–5; Jo 1:15–51
28 de agosto .... Ez 5–8	6 de outubro .... Jo 2–4
29 de agosto .... Ez 9–12	7 de outubro .... Mc 2
30 de agosto .... Ez 13–15	8 de outubro .... Jo 5
31 de agosto .... Ez 16–17	9 de outubro .... Mt 12:1–21; Mc 3; Lc 6
1.º de setembro .... Ez 18–19	10 de outubro .... Mt 5–7
2 de setembro .... Ez 20–21	11 de outubro .... Mt 8:1–13; Lc 7
3 de setembro .... Ez 22–23	12 de outubro .... Mt 11
4 de setembro .... Ez 24–27	13 de outubro .... Mt 12:22–50; Lc 11
5 de setembro .... Ez 28–31	14 de outubro .... Mt 13; Lc 8
6 de setembro .... Ez 32–34	15 de outubro .... Mt 8:14–34; Mc 4–5
7 de setembro .... Ez 35–37	16 de outubro .... Mt 9–10
8 de setembro .... Ez 38–39	17 de outubro .... Mt 14; Mc 6; Lc 9:1–17
9 de setembro .... Ez 40–41	18 de outubro .... Jo 6
10 de setembro .... Ez 42–43	19 de outubro .... Mt 15; Mc 7
11 de setembro .... Ez 44–45	20 de outubro ..... Mt 16; Mc 8; Lc 9:18–27
12 de setembro .... Ez 46–48	21 de outubro ..... Mt 17; Mc 9; Lc 9:28–62
13 de setembro .... Joel	22 de outubro .... Mt 18
14 de setembro .... Dn 1–3	23 de outubro .... Jo 7–8
15 de setembro .... Dn 4–6	24 de outubro .... Jo 9:1–10:21
16 de setembro .... Dn 7–9	25 de outubro .... Lc 10; Jo 10:22–42
17 de setembro .... Dn 10–12	26 de outubro .... Lc 12–13
18 de setembro .... Ed 1–3	27 de outubro .... Lc 14–15

Aventurando-se através da Bíblia

28 de outubro	Lc 16–17:10
29 de outubro	Jo 11
30 de outubro	Lc 17:11–18:14
31 de outubro	Mt 19; Mc 10
1.º de novembro	Mt 20–21
2 de novembro	Lc 18:15–19:48
3 de novembro	Mc 11; Jo 12
4 de novembro	Mt 22; Mc 12
5 de novembro	Mt 23; Lc 20–21
6 de novembro	Mc 13
7 de novembro	Mt 24
8 de novembro	Mt 25
9 de novembro	Mt 26; Mc 14
10 de novembro	Lc 22; Jo 13
11 de novembro	Jo 14–17
12 de novembro	Mt 27; Mc 15
13 de novembro	Lc 23; Jo 18–19
14 de novembro	Mt 28; Mc 16
15 de novembro	Lc 24; Jo 20–21
16 de novembro	At 1–3
17 de novembro	At 4–6
18 de novembro	At 7–8
19 de novembro	At 9–10
20 de novembro	At 11–12
21 de novembro	At 13–14
22 de novembro	Tiago
23 de novembro	At 15–16
24 de novembro	Gl 1–3
25 de novembro	Gl 4–6
26 de novembro	At 17–18:18
27 de novembro	1 Ts; 2 Ts
28 de novembro	At 18:19–19:41
29 de novembro	1 Co 1–4
30 de novembro	1 Co 5–8
1.º de dezembro	1 Co 9–11
2 de dezembro	1 Co 12–14
3 de dezembro	1 Co 15–16
4 de dezembro	2 Co 1–4
5 de dezembro	2 Co 5–9

6 de dezembro	2 Co 10–13
7 de dezembro	At 20:1–3; Rm 1–3
8 de dezembro	Rm 4–7
9 de dezembro	Rm 8–10
10 de dezembro	Rm 11–13
11 de dezembro	Rm 14–16
12 de dezembro	At 20:4–23:35
13 de dezembro	At 24–26
14 de dezembro	At 27–28
15 de dezembro	Colossenses; Filemom
16 de dezembro	Efésios
17 de dezembro	Filemom
18 de dezembro	1 Timóteo
19 de dezembro	Tito
20 de dezembro	1 Pedro
21 de dezembro	Hb 1–6
22 de dezembro	Hb 7–10
23 de dezembro	Hb 11–13
24 de dezembro	2 Timóteo
25 de dezembro	2 Pedro; Judas
26 de dezembro	1 João
27 de dezembro	2 e 3 João
28 de dezembro	Ap 1–5
29 de dezembro	Ap 6–11
30 de dezembro	Ap 12–18
31 de dezembro	Ap 19–22

Índice temático

A

Abdom 162

Abede-Nego 425, 428, 429

Abel.. 68, 224

Abirão 109

Abraão..................... 18, 29, 71, 164, 224

    sua fé 664, 837

Absalão.. 196

Acabe 209, 212

Ação demoníaca 593, 594

    (veja também engano, demoníaco)

Acaz 237, 440

Adão 66–68, 92, 311

    como senhor da criação................. 69

Agague 138, 276

Ageu.. 251

Ageu, livro de............................... 529–538

    construção da casa do Senhor

    (quatro tentativas)............... 529–536

    esboço.. 531

    mensagem............................. 38, 529

    promessa.................................... 531

Agostinho.. 827

Água viva.. 416, 417

Agur 328

Ai 37, 135

Alegria / felicidade.................. 69, 487, 548,
              612, 704, 710, 729, 737,
              747, 756, 838, 858, 912

Alianças.. 385, 707

Altares 119, 160, 203, 209,
            237, 238, 248, 249, 554

Amaleque 84, 476

Amalequitas.................. 182, 183, 190,
            192, 261, 276

Amazias 462, 463

Amom................................... 522, 525

Amor................................... 682, 884–886,

amor cristão........................ 776, 777

e fé... 824, 825

    equilíbrio entre a verdade

e o amor 891–894

regozijando-se no amor........ 858, 859

    veja também amor ágape;
    amor de Deus; amor de Jesus Cristo

Amor ágape................... 864, 865, 885, 886

    festas do amor ágape 910, 855

Amós

    profeta da justiça social 466, 467

    profeta pastor...................... 462, 463

    suas viagens...................... 463, 464

Amós, livro de............................. 461–470

    a restauração 467, 468

    acontecimentos para

    despertar Israel........................... 466

    andando e conversando

    com Deus 464, 465

    esboço.. 463

    mensagem..................... 38, 461, 462

    promessa.................................... 363

Ana 176

Ananias 642, 643, 645

Anjos............. 542, 569, 830, 831, 907, 908

Anticristo 546, 768

Antigo Testamento 27

    a mensagem da história

    (Josué a Ester)......................... 36, 37

    as promessas de Deus

    (Isaías a Malaquias) 38

    como um livro incompleto............ 29

    desejos insatisfeitos 29

    divisões 35, 133, 134

    livros históricos 133, 360

    livros poéticos 287, 360

    livros proféticos.................. 359, 360

    música pela qual viver

    (Jó a Cântico dos cânticos)............ 37

organização 28, 29

    os cinco passos para a maturidade

(os livros de Moisés) 36

perspectiva 51, 52

profecia 522–524

profecias messiânicas 364, 365

profecias não cumpridas 29

propósito 359

    representações de

Jesus Cristo 568, 569

vida do corpo 558, 559

voz 30, 31, 32

Apocalipse, livro de 19, 421, 539, 560, 917–932

    a mulher, a besta e o dragão 927

    as taças da ira de Deus 928

    cartas às sete igrejas 923–925

    divisões 922, 923

    esboço 918, 919, 922, 923

    mensagem 917, 920

    o novo Céu e na nova Terra .. 928, 929

    os sete selos 926, 927

    pano de fundo 921, 922

    uso de símbolos 920, 921

Apócrifos 565, 566

Apostasia .. 67, 154, 378, 388, 558, 657, 781

Apóstolos 572, 577, 636–639, 642, 706, 707, 776, 869, 870, 891, 900, 906, 923

Áquila 674, 689

Arão 108, 109, 833

Arca da aliança 51, 85, 119, 150, 178, 203, 613

Aristóteles 678, 830, 882

Arrependimento 209, 366, 373, 383, 385, 454, 492, 501, 505, 547, 679

    de Davi 139, 140, 195

    dos ninivitas 38, 366, 501

Artaxerxes 251, 255, 257

Asa 238, 239

Assíria 500, 501, 511, 525

seu reino 376, 377

Assunção de Moisés 908

Ataque a Pearl Harbor 511, 294

Atenas 674, 729, 741

Atos, livro de 633–650

    autor (Lucas) 636

    chamado de Paulo na estrada

para Damasco 639, 640

    como o livro da

"porta giratória" 636, 637

    derramamento do Espírito Santo

(Pentecostes) 638, 639

    esboço 634, 635, 637

    estratégia divina 642

    instrumentos do

Espírito Santo 644–646

    mensagem 633

    o avanço do evangelho 640, 641

    o erro da igreja 641, 642

    restauração dos Doze 637, 638

    um livro inacabado 646, 647

Autocontrole 326, 872

Azarias 425

B

Baal 160, 161, 209, 216

Baasa 209

Babilônia / Babilônios 245, 247, 425, 429, 511, 530, 543, 551

    antiga fonte de idolatria 928

    cinco aflições pronunciadas

sobre a Babilônia 516, 517

    seu exército 400

Aventurando-se através da Bíblia

seu reino 376, 429

Balaão 909, 111

Baraque 837

Barnabé 576, 610, 623, 640, 702

Bate-Seba 194, 196

Batismo 790, 862

    de Jesus 606

    no Espírito Santo 573, 863

    por meio da água 54, 82,
    147, 148

Bebês 77, 78, 80

Beecher, Henry Ward 59

Belsazar 430

    Beltessazar. *Veja* Daniel

Bereia / Bereanos 644, 674, 729

Betesda 625, 626

Bíblia 18, 23, 24, 29,
    39, 45, 52, 61, 64, 65,
    69, 98, 273, 361, 371, 385,
    450, 677, 743

    como livro de Jesus Cristo 22

    conteúdo literário 40

    descrição do inferno 764

    divisões 58

    suporte para os seus livros
    (de Gênesis a Apocalipse) 920

    mulheres como símbolos
    da falsa religião 544

    propósito 19–21

    poder de ressurreição 741, 742

    profecia 421, 422, 431, 432,
    921, 924

    promessas 360

    unicidade 133, 134

    veja também Novo Testamento;
    Antigo Testamento; Vulgata

Bíblias

    católica romana 565

    ortodoxa oriental 565

"Biblioteca divina" 23

Bicri 197

Boas obras 802, 803

    Boas notícias. *Veja* o evangelho (as
    boas-novas)

Boaz 169, 170

Bonhoeffer, Dietrich 269

Buda 882

Budismo 709, 756

C

Caim 67, 68, 224, 837, 909

Cainã 224

Caldeus 241, 510, 512

Cananeus 70, 122, 147, 158

Cântico dos Cânticos, livro de 347–355

    enredo 348, 349

    esboço 350

    linguagem 349, 351, 352

    mensagem 37, 290, 291, 347, 348

    natureza alegórica 352, 353

Canuto 605

Ceia do Senhor 148, 391, 681, 707, 834

Céu 23, 24, 127, 216,
    242, 289, 304, 402, 521,
    614, 710, 717, 730, 746,
    766, 846, 858, 925

    fogo do Céu 209

    novo Céu 371, 376, 928, 929

Chambers, Oswald 654, 655

Churchill, Winston 573

Cidades de refúgio 111, 118, 122, 152

Ciência 52, 61, 64, 65,
    336, 656, 657, 739, 741

Ciência cristã 882

Ciências naturais 60

Circuncisão 149, 664, 706

Ciro 246, 247, 250, 551

Cláudio 674

Colossenses, epístola aos 737–749

    análise dos mistérios

    de Cristo 743–745

    chave do livro 747

    como livro de biologia 656

Cristo como primogênito 737–739, 741

Cristo vivendo em nós 741, 742

    esboço 739

    sintonia da mente com as coisas

    que são do alto 745, 746, 747

Comunhão 247, 289, 571, 678,

    711, 851, 862, 901

    com Adão 53

    com Deus 53, 66, 70,

    97, 252, 257, 392

    com Jesus Cristo 655, 675

Comunidade 135, 851, 862

Comunismo 258, 377, 450,

    504, 573, 786

Confúcio 834

Constantino, o Grande 923

Conversão 260, 279

Corá 109, 909

Corinto 673, 689, 752

1 Coríntios, epístola aos 673–687

    carnalidade dos coríntios 675,

    677–679

    esboço 676

    mensagem 653–655, 675

    repreensões de Paulo

    aos Coríntios 681–683

    respostas de Paulo às perguntas

    dos coríntios 679–681

2 Coríntios, epístola aos 689–699

    esboço 691

    mensagem 653–655, 675

    ministério, serviço e autoridade da

    igreja 693–697

    pano de fundo 689, 690, 692, 693

Cowper, William 512

Crença. Veja fé

Creta 799–805

Criação 49, 60, 64, 303, 311, 415, 451

    relato 30, 49

Crianças 17, 66, 86, 133, 287, 678

Cristãos / vida cristã 108, 109, 134, 141,

    150, 227, 530, 534, 555,

    597, 656, 665, 675,

    737, 738, 811, 906

    a comunidade cristã 851

    amor cristão 680, 776

    armadilhas da vida cristã 790–793

    características do cristão

    genuíno 859, 860

    conduta dos cristãos

    sob pressão 768, 777

    cristãos autênticos 885, 732

    liberdade cristã 702, 710

    perseguição 752, 855, 856

    provações 846, 847

    sacerdócio 861

Cristianismo 644, 704, 710, 836

    cristianismo autêntico 881,

    882–886

    como a religião oficial do

    Império Romano 923

    indo mais fundo 415, 416

    hostilidade para com 751, 789

1 Crônicas, livro de 223–231

    esboço 225

    genealogias 223, 224, 226

    mensagem 36, 37, 139, 140

2 Crônicas, livro 233–242

    construção do Templo 233, 234

    esboço 235

Aventurando-se através da Bíblia

mensagem 36, 37, 140

reforma e restauração de Judá 237–241

Culpa 67, 81, 195, 247,
373, 543, 655, 740,
816, 834, 863

D

Dagom 178

Dalila 162, 164

Daniel 30, 143, 530, 927

interpretação do sonho de
Nabucodonosor 426, 427

na cova dos leões 430, 431

testado pelo fogo 427–429

Daniel, livro de 421–438

choque entre o bem
e o mal 435, 436

firmes sob pressão 425, 426

esboço 423

escrita na parede 429, 430

estrutura 424, 425

mensagem 38, 421

promessa 362

realidade invisível 432–434

parte profética 431, 432

septuagésima semana
de Daniel 434, 435

testemunho de Nabucodonosor ... 429

Dario 430, 431, 251, 257

Darwin, Charles 59, 77

Datã 109

Davi 18, 137–140, 171,
190, 223, 467, 664, 837

arrependimento 139, 140

como homem de fé 183–185

como um guerreiro e um
homem de paz 228, 229

como um homem segundo
o coração de Deus 226–228

como um tipo de
Jesus Cristo 190, 364

fracasso e perdão 194, 195

lições aprendidas 198

restauração 195–197

Débora 162

Demétrio 825, 897, 901, 902

Democracia 449, 460

Deus 294, 333, 375, 450, 677

andando e conversando
com Deus 464, 465

como a fonte de tudo de bom 764

como o Deus da eternidade 512

temor a Deus 302, 324, 341

não está limitado
ao tempo 404, 405

o futuro 456, 457

propósito da Sua revelação 51, 52

reconstruindo a nossa imagem
(idolatria) 86, 87

Seu amor 67, 439, 445, 552–555

Seu caráter 305, 366, 410, 484, 499

Seu ciúme 502

Seu conhecimento / sabedoria 21, 302,
465, 720

Seu encorajamento 533, 536, 543

Seu Espírito 60, 133, 234, 247

Seu humor 78

Seu julgamento / juízo 109, 385, 388,
401–403, 477, 521,
522, 906, 907

Seu poder 872

Shekinah, glória de Deus 55, 207,
611–613

Sua ação na história 516, 517

Sua aliança 123, 126–128

Sua autoridade 492, 493

Sua disciplina 403, 404

Sua fidelidade 51, 111, 185, 361, 402, 403, 513, 724

Sua graça 51, 71, 87, 160–162, 197, 228, 401, 414, 389, 664–667, 702, 816, 843

Sua justiça 69, 135, 436, 630, 664, 708

Sua lei (s) 84, 118, 119, 122, 123, 127

Sua misericórdia 482–484, 487

Sua natureza 512

Sua natureza imutável 84

Sua obra de restauração 246, 247, 454

Sua paciência 38, 57, 241, 363, 366, 450, 468, 501

Sua palavra 465

Sua raiva / ira de Deus 161–164, 499–505, 662–664, 928

Sua suficiência 56, 69–71

Sua santidade 55, 106, 513, 708

Sua soberania e liberdade humana 667, 668

Sua soberania sobre os assuntos humanos 432–434

Sua verdade 333, 786, 788–790

Suas bênçãos 542

Suas promessas 369, 872, 873
    veja também comunhão com Deus; Lei de Deus

Deuteronômio, livro de 115–130
    código deuteronômico 124, 125
    como o livro da "segunda lei" ... 57, 58
    esboço 117
    estrutura (três grandes sermões) 116, 118, 119,

122, 123, 126–128
    mensagem 36, 51, 288
    sobre a Lei e a libertação 115, 116
    três festas (Deuteronômio 16) 120, 121

Dez Mandamentos 32, 118, 127

Dia das bruxas (Halloween) 593

Dia do Senhor 450, 451, 453, 522, 547
    chegada 524–526
    sinais 523, 524

Diabo 67, 139

Diáconos 780

Diógenes 492

Diótrefes 825, 897–901

Discípulos no caminho de Emaús 27, 28

Divórcio 123, 205, 555, 556, 583

Dízimo 122

Dom de línguas, mau uso 682, 683

Domingo de Ramos 545

Dons espirituais / bênçãos 718, 724, 684

Eclesiastes, livro de 333–344
    "vaidade das vaidades" 334, 336
        abordagem sobre o desespero existencial 338, 339
        debate sobre a falta de sentido na vida 339–341
    esboço 335
    mensagem 37, 290, 333
        nova perspectiva quando Deus está entronizado no coração humano 341, 342
    Salomão como autor 334
    tratando com o hedonismo .. 336, 337

E

Economia 450, 673

Edom 464, 471–474, 476, 477

Aventurando-se através da Bíblia

Efésios, epístola aos 715–726
    as "regiões celestiais" 717, 718
    batalha espiritual......................... 722
    como livro de fisiologia 656
    esboço.. 716
    sobre a natureza da Igreja 718–724

Éfeso, igreja de 923
    cidade 690, 715, 881, 891

Egito 202, 208

Egoísmo 183, 429, 474, 526,
    555, 599, 711,
    864, 909, 910

Ehrman, Bart 397

Einstein, Albert 64, 65, 610

Elcana 176

Eleição 667

Elias 128, 209, 212,
    215, 216, 471, 560

Eliasibe.. 268

Eliseu 215, 216, 471

Eliú 300–302

Elizabeth II.. 619

Elliot, Jim... 837

Elom 162

Engano............................ 34, 545, 745,
    781, 839, 869
    demoníaco 641, 744

Enoque... 68, 837

Enos.. 224

Epafrodito 737

Epístolas..................... 19, 42, 43, 653, 654
    tema "Cristo em vós"
    (Romanos a Gálatas) 654, 655,
    741, 742
    tema "vós em Cristo" (Efésios
    a Filemom) 655–658, 717, 718
    o cristão é equipado
    para o ministério................. 789, 851

Era dos Mártires 923

Esaú 224, 276, 363, 464,
    472–475, 553, 554

Escravidão.................... 19, 37, 50, 80, 141,
    151, 239, 258, 472,
    530, 536, 665, 706,
    710, 811–815

Esdras.. 223

Esdras, livro de 367, 530, 245–254
    esboço.. 246
    mensagem..................... 37, 142, 245,
    246, 249, 251
    restauração vinda de Deus.... 246, 247

Esmirna, igreja de.................................. 923

Esperança 19, 68, 97, 309,
    338, 376, 389, 401,
    445, 551, 628, 694, 751,
    752, 754, 755, 757,
    799, 803, 804, 856, 858
    em Jesus Cristo (a "esperança
    da glória") 44, 45, 653, 741,
    742, 747

Espírito Santo............... 326, 327, 415, 457,
    543, 577, 636, 637, 639,
    768, 788, 858
    batismo.............................. 573, 863
    fruto 171, 684, 710
    inspiração 19, 830, 843, 908
    instrumentos........................ 644–646
    maná como Seu símbolo 106
    obediência 220
    Seu derramar 638, 639
    Sua plenitude.............................. 282
    supervisão do trabalho
    dos Evangelhos 572

Ester... 257, 258

Ester, livro de 273–284
    coragem de Ester................. 279, 280
    esboço.. 274
    história de Xerxes e Vasti...... 274–276

mensagem...................... 36, 37, 142,
273, 274, 277–279

Estevão.. 18

Eternidade.................... 185, 339, 647, 655,
719, 858, 920

Etiópia 525, 577

Eúde.. 157, 162

Eusébio 844

Eva... 67, 68

Evangelho ("as boas-novas")............... 23, 24

    avanço 640, 641

    poder 660, 662

    simplicidade................................. 706

Evangelhos 567, 568

    evangelhos Sinópticos 571, 572

    propósito 19–21

    revelação 18

    unidade................................ 569–571

Evangelização 234, 236

Evolução 77

Existencialismo........................... 338, 339

Êxodo, livro de................................. 77–89

    esboço.. 79

    estrutura 78, 80

    idolatria (o bezerro de ouro)..... 86, 87

    mensagem............ 36, 50, 54, 55, 288

    plano para libertação................ 77, 78

    principais temas 80–86

    revelação do Novo Testamento....... 86

Expiação............................. 50, 55, 96, 97,
121, 364

Ezequias 202, 215, 218,
310, 440, 502

    purificação do Templo 240, 241

Ezequiel.. 548

Ezequiel, livro de.......................... 409–419

    esboço................................ 412, 413

    julgamento........................... 411, 414

    mensagem............................ 38, 409

    promessa................................... 362

    revelação de Jesus Cristo 409–411

    rio de águas vivas 415–417

    visão dos ossos secos............ 414, 415

F

Falsos mestres 874

    descrição 874, 875

    julgamento divino............... 906, 907

    pecado triplo..................... 907–911

    respostas a eles 895, 911

Fariseus 569, 593

Fatalismo....................................... 338

Fé.......................... 515, 702, 706–709

    batalhando pela fé............... 905, 906

    caminhar por fé 837–839

    como ela cresce 846, 847

    de Abraão 71, 664

    de Sara 837

    desafios 512–515

    e amor 824, 825

    evidência............................. 873, 874

    força nas provações de fé 824

    galeria de heróis 822, 823,
836, 837

    objeto da fé......................... 827, 828

    obra 823, 824

    protegendo a fé 825

    quando ela falha.................. 849–851

    salvação pela fé..................... 707–709

    tornando-a visível 847–849

    veja também fidelidade; justificação pela fé

Festas...................................... 58, 122, 745

    em Deuteronômio 120, 121

    veja também festas de amor ágape; Festa
da Colheita; Festa dos Tabernáculos;
Festa das Semanas; Páscoa

Aventurando-se através da Bíblia   947

Festa da Colheita 248

Festa das Semanas 120, 121

Festa dos Tabernáculos 121, 248, 268

Fidelidade 37, 119, 137, 194, 444, 592, 710

    de Jó 295

    de Rute 171

    veja também Deus, fidelidade de Deus

Filadélfia, igreja de 924

Filemom, epístola a 809–818

    esboço 810

    Onésimo 810–813

    sobre o alcance da graça 815, 816

"Filhos do trovão" 881

Filipe 642

Filipenses, epístola aos 727–736

    como um livro de patologia 656

    encarceramento de Paulo 727, 729

    esboço 728–730

    mensagem do que Cristo significa para os cristãos 730–734

Filístia 464

Fim dos tempos / últimos dias 864, 865, 875, 876

Fofoca 107, 160, 325, 476, 663

Francisco de Assis 862

Franklin, Benjamin 701

Freud, Sigmund 347

G

Gade 116

Gaio, identificação de 897, 898

Gálatas, epístola aos 701–713

    como uma "declaração de emancipação espiritual" 701, 702

    esboço 703

    identidade singular de Gálatas 702, 704

    mensagem 654, 655

    o evangelho da liberdade 706, 707

Gamaliel, Segundo 577, 639

Gandhi, Karamchand (Mahatma) 589

Gaza 464

Gênesis, livro de 59–75

    antiguidade 60, 61

    esboço 62, 63

    graça de Deus 161–164

    mensagem 36, 45, 52–54, 288

    o mundo da natureza 61, 64–66

    o segredo da vida 73

    raça humana 66–68

    suficiência dos seres humanos com Deus 69–73

Genovese, Catherine 474

Gibeão 150, 211

Gideão 157, 162, 228, 837

Glorificação 281, 655

Gnosticismo 882, 883

Gômer 440–444

Graça 87, 702, 815, 816

    em Ester 257

    em Juízes 157, 158

    veja também graça de Deus; graça de Jesus Cristo

Grande Comissão 641

Grande mandamento 353

Grande Muralha da China 258

Griffith, W. H. 29

Guerra / batalha 68, 104, 106, 119, 267, 376, 786, 920, 926

    e cristãos 134

    veja também a guerra espiritual

Guerra espiritual 134, 143, 146, 151, 722

Gunther, Johnny 293

H

Habacuque, livro de 509–519, 630
    esboço... 510
    lições de história 516, 517
    mensagem.............................. 38, 509
    o segredo da vida triunfal 517
    os cinco ais pronunciados
    contra a Babilônia............... 515, 516
    promessa.............................. 366, 367
    resposta de Deus a
Habacuque...................................... 510–512
    quando a fé é desafiada 512–515
Hamã, o agagita 276–278
    enforcado...................................... 280
    orgulho e loucura................. 280, 281
Hananias....................................... 390, 425
Hebreus, epístola aos 29, 827–841
    caminhada de fé.................. 837–839
    cinco advertências....................... 831
    desafiantes de Jesus Cristo.... 830–835
    esboço... 829
    mensagem.................. 610, 611, 613,
                 822, 823, 827
    o objeto da fé...................... 827, 828
    o tabernáculo e a Lei........... 835, 836
    origem misteriosa................. 828, 830
Hedonismo 336, 803
Heidegger, Martin 338
Hemingway, Ernest 337
Hereges 777
              veja também falsos mestres
Heresia 576, 645, 869, 874, 882
Herodes.. 477
Heródoto 60, 273
Hilquias 384, 385
Hinduísmo.. 709
Holocausto.. 273
Humanismo.. 709

Humildade................... 263, 282, 366, 514,
                  589, 732, 740, 803

I

Ibsã 162
Idolatria 928
Idolatria (baal e astarote) 160, 161
Idolatria (bezerro de ouro)................. 86, 87
Idolatria contemporânea................ 886, 887
Igreja
    amor cristão............................... 776
    autoridade e liderança
    sábia 695–697
    como soldado..................... 723, 724
    como templo 719, 720
    como um governo invisível 644
    como um mistério............... 720, 721
    como um novo ser 721
    como uma noiva 722, 723
    criada por Deus 644
    disciplina na igreja 782
    contribuição e serviço 695
    erro....................................... 641, 642
    instruções de Paulo
    para o culto público 778–780
    liderança eclesiástica............. 780, 901
    ministério dentro da igreja ... 693–695
    natureza............................... 719–724
Igreja Católica Romana 860
Immashalom 577
Império Romano............................. 923, 927
Inferno 44, 405, 521, 580,
                  705, 731, 764
Ingersoll, Robert..................................... 59
Iniquidade..................... 509, 763, 768, 769
    o homem da iniquidade.............. 767,
                  546, 766

Aventurando-se através da Bíblia

Inquietação 69

Inspiração... 260

    de Isaías 374

    inspiração divina.................. 333, 830

    pelo Espírito Santo 18, 843, 908

    por Deus... 43

Ira. Veja raiva / ira de Deus

Irineu 577

Ironside, Harry A. 32–34, 573, 659, 731

Isaías 18, 491, 502

    filhos.. 441

Isaías, livro de............................ 371–381

    esboço 372

    fonte...................................... 373, 374

    mensagem..................... 38, 371, 372

    promessa... 360

    revelação 349, 350

    visão do Senhor.................. 374, 375

Isaque...................................... 18, 72, 837

Islã 709, 756, 767

Ismael.. 224

Israel 220, 390, 466, 467,
                            472, 477, 624

    cativeiro.............................. 236, 237
       veja também Babilônia / Babilônios

    como um reino dividido 208,
                            209, 212

    falha sísmica........................ 547, 548

    helenização 565

    decadência moral 555, 663

    primeiro retorno do
    cativeiro babilônico.............. 247–249

    segundo retorno do
    cativeiro babilônico.............. 251, 252

    as dez tribos perdidas 142

Israelitas

    idolatria (bezerro de ouro)........ 86, 87

    idolatria (baal e astarote) 160, 161

    preservados no deserto 83, 84

J

Jabez.. 224

Jacó 18, 49, 53, 67, 72,
                      299, 363, 472, 473,
                      476, 553, 554, 837

Jair 162

Jefté 162, 164

Jeorão 236, 237

Jeremias 18, 361

    como herói 383–385

Jeremias, livro de 383–396

    desânimo 391–393

    mensagem............................... 38, 383

    nova aliança 390, 391

    esboço................................... 386, 387

    promessa............................... 360, 361

    temas de julgamento
    e tristeza................................ 385, 388

    doze sermões proféticos........ 388–390

Jericó 134, 135, 258

    lição.. 150

Jeroboão 140, 141, 208, 440

Jerônimo 548, 565

Jerusalém..................... 241, 242, 492, 500,
                  540, 542, 547, 548, 923

    como um símbolo da
    cidade de Deus 925, 926

    destruição 361, 388, 444, 647

    significado das portas 262–267

Jesua.. 250

Jesus Cristo 18, 229, 247, 276, 291,
                456, 567, 569, 570, 573,
                589, 592, 600, 622, 653,
                654, 665, 675, 683, 694,
                710, 731, 734, 821

    calvário 416

    como "o Verbo"............................. 622

    como Deus 622

950   *Índice temático*

como grande Resgatador 171

como homem perfeito................. 568

como o Cordeiro de Deus... 120, 364, 925, 926

como o Eterno 568

como o futuro rei de Israel 568

como o homem perfeito de Deus ... 22

como o mensageiro da aliança...... 552

como o Messias........... 492, 623–625

como o Messias-Rei 568

como o Primogênito 737–739, 741

como o sacrifício perfeito 86

como o segundo Adão.......... 831, 832

como o Servo sofredor 568, 569, 863

como o Sol da Justiça................. 559, 560, 623

como servo 592–594

comunhão com Cristo 655

liberdade por meio de Cristo........ 701

marcas / milagres 625–627

o significado de viver em Cristo .. 730, 731

profecias a seu respeito no AT 364

purificação do Templo 216, 598

regra áurea 882

relacionamento com Cristo 22, 666, 882

Seu amor 22, 615

Seu batismo 580, 573

Seu discurso no monte das Oliveiras 424, 453

Seu ministério..................... 269, 571

Seu mistérios............................. 743

Seu nascimento virginal 612

Seu teste físico e espiritual.... 580, 581

Seus milagres 43, 54, 69, 582, 594, 622

Sua cruz 677

Sua divindade 905

Sua genealogia 29, 171

Sua graça.................. 216, 317, 415, 695, 705, 706, 777, 816

Sua humildade.................... 713, 740

Sua imagem quádrupla nos evangelhos.................... 568, 569

Sua justiça............................ 466, 664

Sua morte 600

Sua profecia da Grande Tribulação 523

Sua rejeição................................. 361

Sua ressurreição................. 584, 599, 600, 683, 741

Sua revelação............... 371, 409–411

Sua segunda vinda.............. 757–759, 793, 763, 769, 876, 877, 929, 930

Sua tentação no deserto........ 580, 581

Sua transfiguração........ 583, 597, 598

Sua tristeza................................. 398

Sua visita ao Templo quando criança 612, 613

Suas declarações de "Eu sou" 627, 628

Suas parábolas............. 404, 569, 577, 582, 583, 910

veja também Dia do Senhor

Jezabel.. 209, 442

Jezreel.. 441, 442

Jó, livro de.................................... 293–304

"consoladores" de Jó..... 295, 298–300

como poesia épica 293, 294

esboço................................. 296, 297

mensagem de Eliú............... 300–302

mensagem...................... 37, 287, 288

posses de Jó antes e depois de suas provações 303

Aventurando-se através da Bíblia

resposta de Deus a Jó 302–305

tragédias de Jó 294, 295

João Batista ... 269, 369, 371, 375, 552, 623, 625

como o "retroescavadeira"
de Deus 373

João Marcos 592

Joaquim 241, 384

Joás 202, 239, 240

Joel, livro de 449–459

dia do Senhor 450–452

esboço 451

futuro da humanidade nas
mãos de Deus 456, 457

mensagem 449

predição do Pentecostes 455

profecia relhas de arado
e podadeiras 456

promessa 363, 454

visão da invasão 453, 454

João, o Apóstolo 18, 432

como o "apóstolo do amor" 881

João, evangelho de 619–632

autor e tema 623

esboço 620, 621

"Eu sou", declarações
em João 627, 628

introdução 619

Jesus apresentado como
o Messias 623–627

mensagem 622, 628, 629

1 João, epístola de 824, 825, 881–889

autoria e data 881

características de cristianismo
autêntico 882–886

esboço 883

garantias oferecidas 886

idolatria contemporânea 886, 887

2 João, epístola de 824, 825, 891–896

enganadores e anticristos 894, 895

equilíbrio entre verdade
e amor 891–894

única carta escrita especialmente
para uma mulher 891

esboço 893

resposta aos falsos mestres 895

3 João, epístola de 823, 825, 895–897

e Demétrio 901–903

e Diótrefes 898–901

e Gaio 897, 898

esboço 899

falsos mestres 906–911

mensagem 897

Jonas, livro de 481–489

ira de Jonas 485–487

misericórdia de Deus 482–484

mensagem 38, 481, 482

reação dos ninivitas à
mensagem de Jonas 484, 485

esboço 482

promessa 363, 366

Josafá 202, 239

José (Antigo Testamento) 53, 54, 72, 73, 364, 426, 837

Josias 240, 548

Josué 18, 128, 134–135, 823, 832

Josué, livro de 143–156

conquista de Canaã 148–150

entrada em Canaã 145, 146

esboço 144

guia para a vitória 143–146

lição de Jericó 150

lições de Ai, Gibeão e
Bete-Horom 150–152

partilha de Canaã 152–154

Jotão 440

Judá .... 208, 209, 220, 390, 450, 451, 464, 492 declínio 216–218

Judaísmo 566, 604, 690, 704, 709, 828

Judaizantes 704–706, 711, 754

Judas Iscariotes 596, 599, 637

Judas 19

Judas, epístola de 905–914
    conclusão 911
    batalhando pela fé 905, 906
    esboço 907
    sobre a divindade de Jesus 905
    sobre a proteção da fé 825

Juízes, livro de 157–165
    esboço 159
    julgamento 107, 385, 388,
        401, 402, 906, 907
    mensagem 37, 136, 137
    padrão de derrota e
    livramento 158, 160
    panorama da derrota 157, 158

Justiça 69–71, 127, 135, 216,
        269, 277, 315, 360, 436,
        466, 499, 582, 663, 786,
        882, 884, 886
    veja também justiça de Deus;
        justiça de Jesus Cristo

Justiça social 466, 467

Justificação pela fé 654, 664,
        666, 667, 706, 710

K

Kennedy, John F. 69

King, Larry 821

L

Lamentações, livro de 397–407

as lamentações de Jeremias
e de Jesus 397, 398

como um hino de pesar 400, 401

esboço 399

estrutura 398, 400

lição da disciplina de Deus ... 403, 404

lição da fidelidade de Deus ... 402, 403

lição do julgamento
de Deus 401–403

lição que Deus não está
limitado ao tempo 404, 405

lições da tristeza 401

mensagem 38

promessa 361, 362

Laodiceia, igreja de 715, 924, 925

Lázaro 626

Legalismo 655, 701, 702,
        706, 708, 710,
        745, 777, 828

Lei de Deus 84, 118, 119,
        122, 123, 664, 804

e graça 87

veja também Lei de Moisés

Lemuel 328

Leprosos 594, 885

Letterman, David 821

Levítico, livro de 91–101

aproximar-se de Deus 94, 96

esboço 95

estrutura 94, 96–98

mensagem 36, 50, 55, 56, 288

o clamor do espírito humano 97

princípios fundamentais 55, 56

santidade e integridade 96–98

santificação e santidade

tema principal 98, 99

Lewis, C. S. 288, 837, 929

Lia 72, 123

Liderança 637, 780, 899

liderança na igreja 754, 901

liderança piedosa.................. 255, 257

qualificações para
liderança 804, 805

Lincoln, Abraham 77, 143

Livre-arbítrio 49, 175, 663, 667

Ló 60, 67, 874

Lucas... 636

Lucas, evangelho de........................ 605–618

autor................................... 610–612

entrada e missão de
Jesus Cristo 612–614

esboço................................. 606–608

estrutura 605, 609

mensagem................................... 605

o segredo perdido da
humanidade......... 609, 610, 614, 615

Lutero, Martinho 269, 367, 493,
515, 565, 662, 669,
702, 708, 709, 815,
827, 837, 843, 861

M

Maalalel.. 224

Malaquias, significado do seu nome........ 552

Malaquias, livro de 551–562

comparações com o livro
de Neemias 551, 552

divórcio e confusão moral 555, 556

mensagem...................... 38, 551, 552

esboço... 553

promessa........................... 368, 369

profecia da vinda
do Messias 557–560,
623–625

amor de Deus não
correspondido..................... 552–555

Maná....................... 83, 106, 116, 119, 149

Manassés 218, 236

Marcos, evangelho de 589–603

a última semana de Jesus...... 599, 599

autor...................................... 592

autoridade do Servo 593, 594

esboço................................. 590–592

influência do Servo sobre
as pessoas 594–596

o Servo resgatador............... 596–598

Marx, Karl.. 450

Mateus, evangelho de 29, 223, 575–588

autor e data........................ 576, 577

críticos................................ 575, 576

esboço................................. 578, 579

estrutura 577, 580

genealogia 580

mensagem................................... 575

Matias 637

Mayer, Robert 619

McGee, J. Vernon.................................... 9

Médium de En-Dor 185

Melquisedeque 364, 833–835

Mesaque................................. 425, 428, 429

Metafísica... 673

Miguel.. 908, 909

Milagres

de Elias 209

de Deus 313

de Jesus Cristo 43, 54, 69,
582, 594, 622, 625–627

Milênio 248, 757, 791

Miller, Keith.. 67

Miqueias, como o profeta
dos trocadilhos 492, 493

Miqueias, livro de......................... 491–498

esboço... 493

mensagem................... 38, 491, 492

nosso propósito na vida............... 558

o apelo de Deus ao

Seu povo 495, 496

promessa 366

visão do Messias 493–495

Misael 425

Moabe 51, 525

Moisés 50, 51, 78, 80, 81,
108, 109, 116, 118,
119, 310, 467, 476, 512,
534, 832, 837, 908

e a Lei de Deus 118, 119, 122, 123

e Josué 128

lei de Moisés 193, 226, 227,
240, 245, 248, 315,
385, 467, 534, 594,
690, 693, 704, 705,
707, 835

Monte da Transfiguração 128

Monte das Oliveiras 547, 548

Moody, D. L. 837

Mordecai 275–280

More, Hannah 115

Mormonismo 906

Mulheres 18, 22, 77, 110,
274, 383, 461, 573,
656, 663, 776,
780, 876, 903

ministério 778–780

posição 162

Müller, George 17, 18

Muro de Berlim 258, 786

N

Nabucodonosor 218, 241, 400, 425, 429

sonho 426, 427

Nadabe 209

Napoleão 77, 744

Nascimento virginal 123, 141, 612

Natã 193, 195

Natureza 61, 65, 212, 424, 846, 847

Naum, livro de 499–507

esboço 501

ira de Deus 499–505

mensagem 38, 499

promessa 366

Neemias 255

Neemias, livro de 255–271

cronologia invertida 255, 257, 258

esboço 256

mensagem 37, 142

oposição a Neemias 267

processo de reconstrução
em cinco etapas 259–262

reconstrução dos muros
de Jerusalém 258, 259

reinstrução a Israel 267–269

significado das portas 262–267

Nero 729, 730, 733, 794, 855

Newton, John 115, 116

Nietzsche, Friedrich 338, 513

Nínive 500

arrependimento 38, 366, 501

queda 503, 504

veja também livro de Jonas

Noé 66, 67, 70, 71, 837

Noemi 137, 167, 168

Novo Testamento 39, 477, 491, 545

a Palavra e o Espírito juntos 40

as divisões 42–44

como um livro de
cumprimento 40–42

epístolas 19, 43, 44, 653–658

evangelhos 42, 43

mensagem 44, 45

profecia 522–524

Números, livro de 103–113

Aventurando-se através da Bíblia

955

disciplina 103, 104

esboço.. 105

estrutura 104

jornada do fracasso à vitória . 110, 111

mensagem 36, 50, 56, 288

provisão de Deus para orientação
e batalha 104, 106

queixa e rebelião dos
israelitas 106–110

O

Obadias, livro de 471–479

um conto de duas nações 471–473

esboço.. 473

mensagem 38, 471

problema do orgulho 473–477

promessa...................................... 363

Obede 171

Obediência.......................... 50, 55, 56, 82,
119, 242, 436, 555,
629, 780, 825, 876, 877

a Deus 21, 118, 273, 393, 428

a Moisés...................................... 128

ao Espírito Santo 220

de Davi.. 228

de Jesus Cristo 401

de José 426

de Josué 128

de Oseias 439, 441

obediência submissa..................... 288

obediência incompleta 153

Ociosidade 328, 760

Onésimo 658, 810–813

Oração 282, 432, 614,
727, 734, 760, 778,
824, 839, 849, 851, 852

compromisso com........................ 248

de Daniel...................................... 433

de Esdras 268

de Habacuque............................... 516

de Jabez 224

de Jeremias................................... 392

de Jesus Cristo 929

de Jonas 482

de Neemias 260, 261

de Paulo....................................... 738

de Salomão 234

Orgulho 473–476

sua armadilha...................... 476, 477

Orígenes.. 577

Oseias, livro de 439–447

esboço.. 441

história de vergonha e
redenção 442–444

mensagem 38, 439, 440

o retorno a Deus 445

ordem de Deus a Oseias.............. 440

profecias 444, 445

promessa...................................... 362

significado dos nomes 440–442

Otniel 162

Ousadia.............................. 390, 392, 393,
645, 646, 656, 794

P

Paciência 326, 514, 746, 747,
760, 793, 824

de esperança........................ 754, 755

veja também paciência de Deus

Papias.. 577

Parábolas 404, 569, 569, 577, 583, 910

Parousia... 758

Páscoa 36, 50, 54, 71,
80–82, 84, 149, 218, 240, 251, 444

festa 120, 122, 614

Paulo 18–20, 32, 198, 220,
238, 266, 269, 472, 493,
524, 535, 566, 717

  como apóstolo aos gentios 638

  em Corinto 673–675

  ira direcionada aos gálatas 704–706

  justiça por meio da Lei 127

  o jugo de Cristo 740

  seu chamado na estrada
  para Damasco 639, 640, 642, 643

  seu sofrimento 692

  sobre as mulheres 778–780

  sua execução 647

  sua prisão 641, 737, 800,
816, 640

  suas cartas a Timóteo 774, 776

  suas epístolas 653–658

  suas instruções para o
  culto público 778–780

  suas palavras de despedida 793–795

Paz 69, 759, 760

Pecado 84, 249, 266, 665, 863

  queda 30, 49

  desejos carnais 135, 139

  natureza pecaminosa 57, 84, 196,
251, 282, 669

Pedro 374, 465, 567,
576, 592, 619,
637, 638, 645

  sua confissão de fé 596

  sua personalidade 881

1 Pedro, epístola de 18, 824, 855–867

  conselho prático 860–862

  esboço 857

  sobre a esperança 856, 858

  sobre as características de
  um cristão genuíno 859, 860

  sobre as provações dos cristãos 856

sobre o amor 858, 859

sobre o batismo espiritual 862, 863

sobre o fim dos tempos 864, 865

2 Pedro, epístola de 18, 824, 869–879

  a iminente volta do Senhor .. 876, 877

  apóstolos e crentes 869, 870

  esboço 871

  mensagem 869

  os dois canais do poder
  de Deus 872, 873

  sobre falsos mestres 874, 875

  sobre o fim dos tempos 875, 876

Pentateuco 78, 133, 270, 311, 360

  livros 52–58

  padrão quíntuplo 58, 288, 289

Pentecostes 637–639, 645

Pérgamo, igreja de 923, 924

Pilatos 599, 600, 614

Platão 678, 830, 882

Poder da ressurreição 42, 147,
238, 600, 628, 741, 742

Predestinação 667

Preservação no deserto 83, 84

Priscila 674, 689, 795

Profecia

  compreensão 421, 422, 424

  profecias do Antigo e
  do NT 522–524

Profetas 18, 28, 111, 180,
209, 384, 392, 440, 453,
462, 467, 499, 830,
873, 843, 929

  falsos profetas 119, 122, 390, 891

  veja também os livros proféticos
  do Antigo Testamento

Provérbios, livro de 321–331

  como um guia para
  escolher com sabedoria 322, 324

  esboço 323

Aventurando-se através da Bíblia

estrutura 322

mensagem.............. 37, 289, 290, 321

primeira coleção de provérbios
de Salomão 325–327

provérbios de Agur e
Lemuel 328, 329

sabedoria contida 324, 325

segunda coleção de provérbios
de Salomão 327, 328

Q

Quemos 208

R

Raabe 146, 147, 837

Rainha de Sabá............................. 207, 234

Raquel.. 72

Rebelião 49, 106–109,
140, 311, 362, 376,
378, 436, 442,
524, 663, 929

características 792, 793

contra Deus 217

de Absalão 196

de Adonias.................................. 202

de Corá... 909

de Satanás 907

de Seba 197

Regeneração 70, 80, 803

Regozijo 471, 730

Regra Áurea... 882

1 Reis, livro de 201–213

cronologia........................... 210, 211

esboço.. 204

mensagem...................................... 37

2 Reis, livro de 215–222

esboço................................... 219, 220

mensagem............................... 37, 220

Relacionamento espiritual 61–69

Relativismo moral 521, 886

Relativismo. Veja relativismo moral

Renan, Ernest...................................... 576

Retrocesso 178

Rimmer, Harry..................................... 485

Rituais........................... 55, 85, 94, 98, 182,
555, 557, 567, 704, 705

Robertson, H. E. 900

Roboão....................................... 208, 236

Romanos, epístola aos 32, 654, 659–673

esboço................................. 660, 661

fases da redenção................. 664–667

mensagem.................... 659, 660, 621

soberania de Deus e a
liberdade humana 667, 668

Romulo, Carlos 768

Rúben 116

Rússia................................. 786, 504, 505

Rute 18, 167

linhagem 137

Rute, livro de.............................. 167–173

esboço.. 168

mensagem.................. 37, 136, 137

plano de redenção 170, 171

S

Sacerdócio... 861

Sacrifício 29, 55, 86, 203, 209, 248, 301,
444, 554, 668, 669

de Maria 599

sacrifício humano 164

Sadraque 425, 428, 429

Saduceus 583, 598, 216

Safira 645

Salmos 58, 195

Salmos, livro de 309–320

   autoria 310

   como "canções populares"
   da Bíblia 310

   como hinário do AT 309–311

   dificuldades 314

   esboço 312

   estrutura 311

   mensagem 37, 288, 289

   profecia messiânica cumprida
   no NT 315–317

   livro 1 (parte de Gênesis) 311, 313

   livro 2 (parte de Êxodo) 313

   livro 3 (parte de Levítico) 313

   livro 4 (parte de Números) 313

   livro 5 (parte de
   Deuteronômio) 313, 314

   salmos relacionados com
   Jesus Cristo 315

Salomão 140, 202, 203,
                    224, 233, 310,

   começo do reinado
   de Salomão 202, 203

   como autor de Eclesiastes 334

   como um tipo de Cristo 364

   declínio e queda 207, 208

   glória de seu reino 206, 207, 234

   seu pedido a Deus
   por sabedoria 205, 206

               veja também Provérbios

Salvação 36, 81, 87, 374, 375,
                  505, 623, 645, 654,
                  759, 779, 780, 802,
                  821, 843, 858, 863

   pela fé e não pelas obras 707–709

Samaritanos 249, 250

Samuel, como juiz e profeta 175, 176

1 Samuel, livro de 175–187

   captura da arca e o declínio
   de Israel 178

   esboço 177

   mensagem 37, 137, 138

2 Samuel, livro de 189–200

   adoração e vitória 192–194

   esboço 191

   mensagem 37, 139, 140

Sangar 162

Sansão 136, 157, 162, 837

Santidade 92, 96–98, 266,
                  366, 779, 780,
                  859, 926

   veja também Deus, santidade de Deus

Santificação 96–98, 654, 664,
                  665, 706, 710

Santo dos Santos 611, 612

   altar de incenso 613, 614

      propiciatório 613, 614

Sara 837

Sardes, igreja de 924

Sartre, Jean-Paul 338

Satanás 294, 348

   rebelião 907

Saul (Antigo Testamento) 137, 138,
                 178–183, 276

   sua morte 190, 192

Seba (filho de Bicri) 197

"Segunda lei" 36, 57, 58, 118, 127

Semaías 390

Semelhança de Cristo /
de Deus 23, 28, 491, 492, 669

Senaqueribe 373, 500–503

Septuagésima semana 432, 434, 435, 923

Seres humanos 375

   degradação 411, 414

   espírito humano e o relacionamento
   com Deus 68, 69

Aventurando-se através da Bíblia   959

futuro está nas mãos
de Deus 456, 457

ideal humano.......................... 21–23

liberdade e soberania
de Deus 667, 668

natureza humana 66–68, 523,
678, 802

nossa suficiência sem Deus /
autojustificação 60, 61

relações humanas 60

suficiência com Deus 69–73

Sermão do Monte.......... 207, 577, 581, 582

Sermão profético 424

Sete 68, 224

Sexo / sexualidade........................... 237, 875

contexto............................. 347, 348

desejos carnais..................... 139, 425

expressão.................................... 347

Shekinah................... 55, 207, 415, 611–613

Silas... 704, 727

Sócrates 678, 830, 882

Sofonias, livro de 521–528

a chegada do Dia
do Senhor 524–526

a profecia do julgamento...... 521, 522

esboço.. 523

mensagem............................. 38, 521

promessa..................................... 367

Spurgeon, Charles H. 505, 788

Stout, Rex 529

Swindoll, Charles 773

T

Tabernáculo........................ 84–86, 835, 836

Templo................................ 206, 207, 218,
223, 227, 236,
417, 530

a purificação feita
por Ezequias 218, 240

a purificação feita por
Jesus Cristo 216, 533, 598

segundo Templo...................... 142

sua construção 119, 140,
193, 208, 233, 234

sua contaminação........................ 241

sua destruição 242, 361, 384, 400

sua glória 234, 532

sua reconstrução 245, 248,
250, 255, 260,
530, 532, 533

Tennyson, Alfred..................................... 77

Tentação............................... 190, 194, 336,
262, 277, 666,
668, 823

Teologia "Deus-está-morto".................... 513

Tessalônica 729

1 Tessalonicenses, epístola aos......... 751–762

a esperança do retorno
de Cristo........................... 757–759

como um livro que descreve
a boa saúde mental.............. 656, 657

conselhos práticos 756, 757,
759, 760

esboço.. 753

pano de fundo e estrutura 751, 752

problemas enfrentados
pelos cristãos....................... 752, 754

qualidades dos
tessalonicenses 754–756

2 Tessalonicenses, epístola aos......... 763–771

como um livro que descreve
a boa saúde mental.............. 656, 657

esboço.. 765

encorajamento 763, 764, 766

explicação sobre o
Dia do Senhor 766–768

sobre a conduta dos cristãos
sob opressão 768, 769
Testemunhando 642, 863, 873,
876, 877, 895
Tiago 467, 619
como testemunha de
Jesus Cristo 844, 846
Tiago, epístola de 19, 843–854
a obra da fé 823, 824, 843,
844, 846–851
esboço 845
Tiatira, igreja de 924
Timóteo 752, 773, 774
1 Timóteo, epístola a 773–784
como um livro de neurologia 657
esboço 775, 776
instruções para o culto
público 778–780
mensagem 773
sobre a disciplina na igreja 782
sobre a importância de
pregar a verdade 781
sobre a verdadeira Igreja Cristã
e amor cristão 776, 777
sobre o perigo do falso
ensino 777, 778
2 Timóteo, epístola a 785–797
como um livro de neurologia 657
esboço 787
conteúdo 785, 786
palavras de despedida
de Paulo 793–795
sobre as armadilhas da vida .. 790–793
sobre guardar a
verdade 786, 788–790
Tito, epístola a 799–808
admoestação e conselho 805, 806
doutrina e boas obras 802, 803
esboço 801

mensagem 799
pano de fundo e estrutura 800
questões sobre o corpo 656–658
sobre as qualificações
para liderança 804, 805
Tobias 239, 261
Toffler, Alvin 799
Tolá 162
Transfiguração. Veja transfiguração
de Jesus Cristo
Travessia do mar Vermelho 50, 54,
80–83, 148

U

União com Deus e com Jesus 171, 445
Unitarianismo 709
Urias 194
Uzá 192, 193, 226
Uzias 440, 548

V

Vaidade 290, 334, 336,
337, 342, 704
Vale do juízo 456
Vasti 274–276
Verdade 786, 788–790,
882–884
equilíbrio com o amor 891–894
veja também verdade de Deus

Vida eterna 18, 23, 28,
41, 45, 81, 110, 342,
654, 803, 806, 885
Vida ressurreta 71, 99, 654
Vingança 122, 164, 326,

Aventurando-se através da Bíblia

376, 484, 501, 502,
522, 524, 625
Visão orbital 24, 25
Vitoriano 348
Vulgata 548, 565

W

Watergate 266
Watts, Isaac 629
Wesley, Charles 269, 628
Wesley, John 302, 493, 837
Wright, Frank Lloyd 529

X

Xerxes 273–276, 280, 281

Y

Yancey, Philip 288, 298

Z

Zacarias 251
Zacarias, livro de 539–550
como o "Apocalipse do
Antigo Testamento" 539, 548
conclusão 547, 548
esboço 541
estrutura 540, 542–546
mensagem 38, 539, 540, 557
paralelos com o livro
de Apocalipse 539, 540
previsão de terremotos 548
profecia da vinda de Jesus 543
promessa 368
Zedequias 218, 241, 384, 391, 551
Zelofeade, filhas de 110
Zimri 209
Zorobabel 247, 257, 530, 531, 536

Monte Arbel